KB184414

법학총서

간추린
신형사소송법
[제17판]

신 동 운 저

法 文 社

제 17 판 머리말

이번에 『간추린 신형사소송법』 제17판을 내어놓게 되었다. 제17판에 이르기까지 변함없이 성원해 주신 독자 여러분들께 깊이 감사드린다.

『간추린 신형사소송법』 제17판의 개정 목표는 2024년 12월 말을 기준 시점으로 삼아 최근에 개정된 법령과 공표된 판례들을 신속하고 정확하게 소개하는 데에 있다.

형사소송법의 경우를 보면, 형사공탁과 관련한 조문의 보완이 있었다. 입법자는 「공탁법」을 개정하여 형사공탁제도를 도입하였다. 그런데 피고인 측이 양형에 유리한 사유로 삼기 위해 판결선고가 임박한 시점에 피해자의 의사와 무관하게 기습적으로 형사공탁을 하는 폐단이 문제되었다. 이에 입법자는 형사소송법을 개정하여 법원으로 하여금 판결선고 전에 형사공탁에 대한 피해자 측의 의견을 듣도록 의무화하였다.

특별법의 경우를 보면, 「성폭력범죄의 처벌 등에 관한 특례법」의 개정이 주목된다. 입법자는 「아동·청소년의 성보호에 관한 법률」을 개정하여 아동·청소년 대상 디지털 성범죄에 대해 신분비공개수사 및 신분위장수사의 특례를 규정한 바가 있었다. 입법자는 「성폭력범죄의 처벌 등에 관한 특례법」을 개정하여 성인 대상 디지털 성범죄에 대해서도 신분비공개수사 및 신분위장수사의 특례를 도입하였다.

판례의 경우를 보면, 위법수집증거배제법칙과 관련하여 압수·수색의 법리가 지속적으로 발전하고 있음을 알 수 있다. 이 가운데에서도 압수·수색절차에의 참여자 범위, 유류물 압수의 특수성 등에 관한 판례는 특별히 주목된다.

『간추린 신형사소송법』 제17판의 내용 면에서 보면, 2024년 11월에 간행된 저자의 교과서 『신형사소송법』 제6판을 대본으로 하면서 최근 개정된 법령과 최신 판례들을 추가로 소개하였다. 12·3 비상계엄 사건을 계기로 고위공직자범죄수사처가 관심의 대상이 됨에 따라 공수처의 수사 대상과 권한 범위에 대한 서술을 추가하였다.

이번의 『간추린 신형사소송법』 제17판에서는 본문의 판례번호에 ☞ 표시를 붙인 판례들에 대해 판례분석을 시도하여 이를 부록으로 수록하였다. 분석된 판례들은 2024년에 공표된 것들을 주된 대상으로 하였으나 필요한 경우 그 이전의 판례들도 분석 대상에 포함시켰다. 제시된 사실관계와 대법원의 판시 내용이 형사소송법의 최신 쟁점에 대한 이해를 높이고 본문의 서술에 현장감을 불어넣어 줄 수 있기를 기대한다.

본서의 출간에 이르기까지 여러 관계자분들의 도움을 받았다. 법문사의 김제원 이사님, 유진걸 과장님께 감사를 표한다. 동국문화사의 이정은 선생님은 언제나와 마찬가지로 전문가의 원숙한 기량으로 본서의 신속한 출간에 도움을 주셨다. 특별히 감사의 마음을 전하는 바이다.

2025년 1월
영종도에서

저자 씀

제 16 판 머리말

이번에 『간추린 신형사소송법』 제16판을 내어놓게 되었다. 제16판에 이르기까지 변함없이 성원해 주신 독자 여러분들께 깊이 감사드린다.

이번의 『간추린 신형사소송법』 제16판은 종전과 구별되는 새로운 시도를 하였다. 이미 제15판 서문에서 밝힌 바와 같이, 『간추린 신형사소송법』의 구상은 강학상 체계에 입각한 본격적 해설서로 『신형사소송법』을 집필하고, 이를 축약하여 『간추린 신형사소송법』이라는 교과서로 출간하는 것이었다. 그런데 검경수사권 조정을 둘러싼 형사소송법 및 특별법의 빈번한 개정, 정보저장매체의 압수·수색을 둘러싼 판례의 급속한 전개 등 새로운 여건변화에 따라 충실한 해설서보다는 신속하고 정확한 내용전달이 더욱 중요하게 되었고, 급한 대로 이 작업을 『간추린 신형사소송법』이 담당하게 되었다. 그리하여 '간추린'이라는 표현이 '신속한'이라는 의미를 함축하면서 본서의 내용이 점점 더 늘어나는 상황에 이르게 되었다.

이번의 『간추린 신형사소송법』 제16판은 『간추린 신형사소송법』의 본래 구상을 충실하게 구현하기 위하여 체제와 집필내용을 과감하게 혁신하였다. 형사소송법에 관한 순수 이론분야의 설명, 문제되는 규정의 입법연혁, 관련 제도의 비교법적 검토 등은 과감하게 생략하였다. 제15판과 비교하여 내용이 절반 정도로 간추려진 본서가 시간에 쫓기는 독자들에게 도움이 되기를 바란다. 관련된 내용들이 필요한 독자들은 곧이어 출간될 『신형사소송법 제6판』을 참고하시기 바란다.

『간추린 신형사소송법』 제16판의 개정 목표는 2023년 12월 말까지를 기준으로 그동안의 개정 법령과 새로운 판례를 신속하고 정확하게 소개하는 데에 있다. 그런데 『간추린 신형사소송법』 제16판 원고를 교정하는 단계에서 2024년 2월 형사소송법이 일부 개정되었다. 형사소송법 제249조 제2항은 공소제기된 범인(피고인)에 대해 판결의 확정 없이 25년을 경과하면 공소시효가 완성된 것으로 의제하고 있다. 형사소송법 제253조 제3항은 공소제기 당시 범인(피의자)이 형사처분을 면할 목적으로 국외에 있는 경우 그 기간 동안 공소시효는 정지된다고 규정하고 있다. 그러나 공소제기된 범인(피고인)에 대해서는 이에 상응하는 규정이 없었다. 판례는 피의자에 대한 공소시효정지규정을 피고인에게 유추적용하는 것을 허용하지 않았다. 이러한 문제상황을 극복하기 위하여 입법자는 형사소송법

제253조 제4항을 신설하여 국외도피 피고인에 대한 공소시효정지규정을 마련하였다.

특별법의 경우를 보면, 「전기통신사업법」의 개정이 주목된다. 전기통신에 대한 수사기법을 통신수사라고 한다. 이와 관련된 법률로 「통신비밀보호법」과 「전기통신사업법」이 있다. 이들 법률에 따른 통신수사기법으로 통신제한조치, 통신사실확인자료 제공, 통신자료 제공이라는 세 가지 유형이 있었다. 입법자는 「전기통신사업법」을 개정하여 '통신자료 제공'이라는 표현을 '통신이용자정보 제공'으로 변경하였다. '통신사실확인자료 제공'이라는 용어와의 혼동을 피하기 위한 개정이라고 생각된다.

판례의 경우를 보면, 정보저장매체와 전자정보의 압수·수색에 관한 법리의 지속적인 전개가 주목된다. 증거은닉범이 본범으로부터 은닉을 교사받아 소지·보관하고 있던 본범의 정보저장매체를 임의제출한 경우 본범에게 압수·수색절차에 참여하는 권리를 인정할 것인지가 문제되었다. 이에 관한 대법원 전원합의체 판결은 전자정보의 압수·수색 법리와 관련하여 주목되는 또 하나의 판례라고 할 수 있다. 이 자리에서는 관련되는 그 밖의 판례들을 일일이 거론할 수 없으나, 정보저정매체 및 전자정보의 압수·수색에 관한 법리를 상세히 소개한 것은 본서의 특징 가운데 하나라고 할 수 있다.

본서의 출간에 이르기까지 여러 관계자분들의 도움을 받았다. 법문사의 김제원 이사님, 유진걸 과장님께 감사를 표한다. 동국문화사의 이정은 선생님은 언제나와 마찬가지로 전문가의 원숙한 기량으로 본서의 신속한 출간에 도움을 주셨다. 특별히 감사하는 마음을 전한다.

2024년 2월

영종도에서

저자 씀

제 15 판 머리말

이번에 『간추린 신형사소송법』 제15판을 내어놓게 되었다. 제15판에 이르기까지 변함없이 성원해 주신 독자들께 감사드린다. 제15판의 개정 목표는 2022년 12월 말까지를 기준으로 그동안의 개정 법령과 새로운 판례를 신속하고 정확하게 소개하는 데에 있다.

2022년 5월 9일 검사의 직접 수사권 제한을 내용으로 하는 「형사소송법」과 「검찰청법」의 일부 개정이 있었다. 개정 법률은 2022년 9월부터 시행되었다. 그런데 본서 제14판은 2022년 3월에 출간되었으므로 저자는 부득이 제14판의 별쇄본 추록 형태로 개정 법률의 내용을 소개할 수밖에 없었다. 이번의 제15판은 2022년 5월 개정된 「형사소송법」과 「검찰청법」의 내용을 보다 충실하게 소개하였다. 특별법의 영역으로 오면, 특히 긴급통신제한조치에 대해 사후영장을 규정한 「통신비밀보호법」의 개정이 주목된다.

판례의 경우를 보면, 무엇보다도 정보저장매체에 저장된 전자정보의 압수·수색과 관련한 다각적인 법리 전개가 주목된다. 수사기관의 전자정보 압수·수색절차에 대해 형사소송법은 '피의자 또는 변호인'의 참여권을 규정하고 있다. 대법원은 이를 '피압수자 또는 변호인'으로 해석하면서, 제삼자가 소유·소지하는 정보저장매체에 대한 압수·수색절차에 피의자가 '실질적 피압수자'로 인정되는 경우라면 제삼자 외에 피의자에게도 참여권을 인정할 수 있다고 판단하였다. 아울러 대법원은 원격지 서버에 대한 전자정보 압수·수색과 관련하여 그 대상의 명확성을 요구하였다.

전자정보 압수·수색 이외의 영역을 보면, 우선 비약적 상고에 대해 상대방의 항소제기가 있을 경우 상고는 물론 항소의 효력까지도 부정하였던 종전 판례를 변경하여 항소의 효력을 인정한 대법원 전원합의체 판결이 주목된다. 특별법의 영상녹화물 본증사용규정에 대해 헌법재판소가 위헌결정을 내렸다는 점에 대해서는 제14판에서 이미 언급한바가 있었다. 대법원은 이 위헌결정의 취지를 발전시켜 피고인의 반대신문권 보장을 강화하는 일련의 판례들을 제시하였다.

『간추린 신형사소송법』의 모태가 되었던 것은 2008년에 출간된 저자의 『신형사소송법』이었는데, 이 책은 다시 1993년에 초판이 발간된 『형사소송법』을 토대로 하고 있다. 돌이켜 보면 이번의 『간추린 신형사소송법』 제15판은 저자의 형사소송법 교과서가 세상에 빛을 본 때로부터 꼭 30년이 되는 해에 나오는 셈이다.

여기에서 본서의 책이름에 사용되고 있는 '간추린'의 의미에 대해 약간의 해명을 하고자 한다. 저자의 원래 구상은 강학상 체계에 입각한 본격적 해설서로 『신형사소송법』을 집필하고, 이를 축약하여 『간추린 신형사소송법』이라는 교과서로 출간하는 것이었다. 그런데 검경수사권 조정을 둘러싼 형사소송법 및 특별법의 빈번한 개정, 정보저장매체의 압수·수색을 둘러싼 판례의 급속한 전개 등 새로운 여건변화에 따라 충실한 해설서보다는 신속하고 정확한 내용전달이 더욱 중요하게 되었고, 이를 『간추린 신형사소송법』이 담당하게 되었다. 그리하여 '간추린'이라는 표현이 '신속한'이라는 의미를 함축하면서 본서의 내용이 점점 더 늘어나는 상황에 이르게 되었다.

이제 『간추린 신형사소송법』의 책이름을 『신형사소송법』으로 바꾸고, 가칭 『입문 신형사소송법』으로 축약한 소형 교과서 집필이 필요한 시점이 아닌가 하는 생각을 가져본다. 그러나 실무에서 살아 움직이는 형사절차의 실체를 신속하고 정확하게 소개하고자 하는 마음에서 일단 『간추린 신형사소송법』이라는 제명(題名)을 사용하여 본서 제15판을 출간하기로 하였다.

본서의 출간에 이르기까지 여러 관계자분들의 도움을 받았다. 법문사의 김제원 이사님, 유진걸 과장님께 감사를 전한다. 동국문화사의 이정은 선생님은 전문가의 원숙한 기량으로 본서의 신속한 출간에 도움을 주셨다. 감사를 표하는 바이다.

2023년 2월
우면산을 바라보며

저자 씀

머 리 말

2007년 6월 1일 사법개혁의 일환으로 추진되던 「형사소송법일부개정법률」이 공포되었다. 새로운 형사소송법은 「국민의 형사재판 참여에 관한 법률」과 함께 2008년 1월 1일부터 시행된다. 국회를 통과할 당시 개정법률안의 명칭에는 '일부개정법률안'이라는 표현이 들어 있었으나 이번의 형사소송법 개정은 사실 전면개정이다.

새로운 형사소송법은 국민참여재판의 실시와 밀접한 관계가 있다. 국민참여재판이란 국민이 배심원으로 참여하는 형사재판을 말하는데 형사소송법은 직업법관에 의한 통상재판은 물론 국민참여재판에도 그대로 적용된다. 「국민의 형사재판 참여에 관한 법률」에 일부 특칙이 있으나 배심원단의 구성과 관련한 것이 대부분이며 재판절차 자체에 관한 특칙의 수는 매우 적다.

국민참여재판에서는 법률문외한인 배심원이 유·무죄의 심증을 형성하게 된다. 배심원은 종래의 직업법관과 달리 절차진행에 적극적으로 관여할 수 없다. 객관적 관찰자로서 검사와 피고인 측이 벌이는 공격·방어를 지켜보고 심증을 형성할 뿐이다. 이러한 구조적 특성 때문에 국민참여재판의 공판절차는 당사자주의적으로 구성되지 않을 수 없다. 재판은 구두로 진행되어야 하며 수사기관의 각종 조서는 중요성이 대폭 줄어들고 있다. 수사절차에 있어서도 인권보장을 도모하기 위한 각종 장치들이 보강되고 있으며 위법수집증거배제법칙의 도입을 통하여 수사법의 각종 규정이 재판규범으로 가동하게 되었다.

필자는 이번의 형사소송법 개정이 1954년에 제정되었던 구형사소송법의 틀을 버리고 새로운 시대에 발맞추기 위한 노력의 일환이라고 생각한다. 제정 이후 반세기를 넘은 이 시점에 단행된 형사소송법의 변모는 단순히 개정형사소송법이라는 표현으로 담아낼 수 없다. 심판자로 참여하는 국민을 염두에 둔 개정형사소송법은 그 접근방법부터가 획기적이다. 그래서 필자는 이미 필자의 판례교재 『판례분석 신형사소송법』 서문에서 밝힌 바와 같이 이번의 개정형사소송법을 '신형사소송법'이라고 부르고 있다. 신형사소송법의 전문은 인터넷 사이트 '법제처 종합법령센터'(www.klaw.go.kr)에서 확인할 수 있다.

필자는 이번의 신형사소송법이 성안되는 과정에서 여러 가지 형태로 관여하였다. 사법개혁위원회 위원, 사법제도개혁추진위원회 실무위원, 법무부 형사법개정특별심의위원회 위원 등의 직책을 수행하면서 필자는 개정법률안의 성립배경과 쟁점들을 가까운 거리에서 지켜볼 수 있었고, 국회 법제사법위원회의 공청회에 출석하여 의견을 진술하기도 하였다. 신형사소송법이 국회에서 심의되는 과정에 직접 참여할 기회는 없었으나 속기록을 정밀하게 검토하여 입법자의 최종 구상을 가능한 한 현실감 있게 체득하려고 노력하였다.

필자는 이와 같은 일련의 경험을 바탕으로 신형사소송법을 해설하는 교과서를 준비하고 있다. 그런데 신형사소송법의 구체화를 위한 형사소송규칙과 그 밖의 관련 법령들이 대법원을 위시한 관계 부처의 심의 도중에 있기 때문에 해설의 완벽을 기하기 위하여 교과서의 출간을 미루고 있다. 그러나 그렇다고 마냥 미룰 수만은 없는 처지이다. 우선 2007학년도 2학기 강의를 위하여 신형사소송법을 해설하는 교과서가 시급하게 요구되고 있기 때문이다.

이러한 상황에서 필자는 문제해결의 방안으로 본서를 구상하게 되었다. 종래 필자의 교과서에 대해 필자는 수험가의 독자들로부터 지나치게 분량이 방대하다는 지적을 받아왔다. 필자는 차제에 부속법령을 생략하고 신형사소송법을 압축적으로 해설하면 시간에 쫓기는 수험생들이나 일선 실무가들에게 도움이 될 수 있으리라고 생각하게 되었다. 그리하여 그 구체적인 해결책으로 『간추린 신형사소송법』으로 제목을 붙인 본서를 출간하게 되었다.

본서는 제목 그대로 필자의 교과서를 간추려 놓은 것이지만 단순한 축약은 아니다. 신형사소송법의 해설 부분을 미리 공개하여 대학과 수험가의 요구에 부응하고자 한 점에서 새로운 형태의 교과서라고도 할 수 있다. 본서는 어디까지나 제한된 지면에 형사소송법의 기본법리를 간추려 놓은 해설서이다. 필자의 교과서 『형사소송법』 제4판의 체제를 기본적으로 유지하되 판례나 문헌의 상세한 인용은 과감하게 생략하였다.

그런데 간추리는 작업에 치중하게 되면 형사소송법의 해설이 지나치게 무미건조해질 우려가 있다. 이러한 문제점을 피하기 위하여 필자는 해설의 요소요소에 판례번호를 적어 두었다. 일반적으로 교과서에서 판례는 다툼이 있는 논점에 대해 사법부의 유권적 입장이 어떠한가를 보여주기 위하여 인용되고 있다. 그러나 본서에서 필자는 두 가지 기능을 염두에 두고 판례를 인용하고 있다. 본서에서 판례는 쟁점에 대한 사법부의 태도를 확인시켜 줌과 동시에 해설의 대상이 되는 법리가 현실세계에서 구체화되는 맥락을 보여주기 위하여 인용되고 있다. 한정된 지면을 사용하는 간추린 해설서의 취지를 살리기 위하여 판례는 사건번호만을 적어두었으나 구체적인 사실관계와 쟁점 및 판시사항은 본서의 자매편인 『판례분석 신형사소송법』을 참고하면 확인할 수 있을 것이다. 그러나 시간이 없는 독자들이라면 본서만을 일독하여도 전체내용을 파악할 수 있도록 해설의 체계화와 평이화에 노력하였다.

본서의 출간에 이르기까지 여러분들의 도움을 받았다. 서울대학교 법과대학의 조교이자 박사학위논문을 준비중인 김현숙 법학석사는 국회 속기록과 동영상자료를 빠짐없이 수집하여 필자가 신형사소송법의 국회 심의과정을 확인하는 데에 도움을 주었다. 법문사의 현근택 차장님, 김영훈 차장님, 그리고 동국문화의 이정은 선생님은 언제나와 마찬가지로 본서의 출간을 친절하게 도와주셨다. 이 자리를 빌려서 이분들께 감사의 인사를 전하는 바이다.

간추린 형태의 해설서가 본격적인 교과서를 갈음할 수는 없다. 대학의 강의와 수험가의 요청을 감안하여 서둘러 출간하는 본서가 미흡하나마 신형사소송법의 내용을 독자들에게 해설·전달하는 데 도움이 되었으면 한다. 2008년 1월부터 시행되는 국민참여재판, 그리고 그 토대를 이루는 신형사소송법의 입법취지와 주요내용이 널리 알려져서 우리나라 형사사법이 한 단계 더 높은 차원으로 발전하기를 기원하면서 이상으로 머리말에 갈음하고자 한다.

2007년 8월

우면산 기슭에서

필자 씀

차   례

제1편 수   사

제2편　수사종결과 공소제기

제1장　수사종결 (145~159)

제 2 장 공소제기 (160~198)

제3편 공판절차

제1장 소송주체 (201~228)

제 4 편 상소와 그 밖의 절차

제 1 장 상 소 (445~496)

제2장 비상구제절차 (497~511)

제 3 장   특별절차 (512~519)

제 4 장   재판의 집행절차 (520~528)

□ 부 록 (531~604)

약 어 표

법 령 명	약 어
「형사소송법」	형소법 (법)
「형사소송규칙」	형소규칙 (규칙)
「국민의 형사재판 참여에 관한 법률」	국민참여재판법
「성폭력범죄의 처벌 등에 관한 특례법」	성폭력처벌법
「아동·청소년의 성보호에 관한 법률」	청소년성보호법
「아동학대범죄의 처벌 등에 관한 특례법」	아동학대처벌법
「즉결심판에 관한 절차법」	즉결심판법
「검사와 사법경찰관의 상호협력과 일반적 수사준칙에 관한 규정」	수사준칙

제1편 수 사

수사소송법

제1장   형사소송법의 기본개념

제1절   형사소송법의 의의와 성격

제1 형사소송법과 적법절차의 원칙

형사소송법이란 형사절차를 규율하는 국가의 법체계이다. 형사절차란 범죄에 대하여 국가의 형벌권을 실현하는 절차이다. 형사절차는 범죄의 수사, 범인의 검거, 공소의 제기, 공판절차, 유·무죄의 선고, 형의 집행 등으로 구성된다. 형사소송법은 형벌권을 실현하기 위한 일련의 절차를 규율하는 법률이다.

형사절차의 기본적 임무는 범죄사실과 범죄인을 적발하여 국가의 형벌권을 실현시키는 것이다. 그러나 형사절차는 적법절차의 원칙을 준수하지 않으면 안 된다. 헌법 제12조 제1항은 법률과 적법한 절차에 의하지 아니하고는 형사처벌을 받지 않는다고 규정하고 있다. 나아가 헌법 제12조 제3항은 체포·구속·압수 또는 수색을 할 때 적법한 절차에 따를 것을 요구하고 있다.

이때 '적법절차에 의한다' 함은 법공동체의 구성원들 사이에 지속적으로 공유되고 있는 법의식의 근저에서 유래하는 기본적 요청을 준수한다는 의미를 갖는다. 헌법재판소는 적법절차를 "기본권 보장을 위한 정당한 절차 즉 근본적인 공정성을 담보하는 절차"라고 파악하고 있다(94헌바1). 요컨대 적법절차는 법공동체가 공유하는 가장 기본적인 규범의식이 요구하는 것, 즉 기본적 인권이 보장되는 절차를 말한다. 다시 말하자면 적법절차란 문명화된 사회공동체의 지반을 구성하는 절차적 요청이다.

국가기관은 형벌권을 실현하는 절차에서 적법절차를 준수하지 않으면 안 된다. 적법절차에 따르지 않고 수집된 증거는 유죄의 증거로 사용될 수 있는 자격을 상실한다(법308의2). 적법절차에 위반하여 수집된 증거를 유죄의 증거로 사용할 수 없게 하는 법리를 가리켜서 위법수집증거배제법칙이라고 한다(후술 379면).

제2 실체적 진실주의

1. 실체적 진실주의와 형식적 진실주의

형사절차의 본질적 과제는 실체형법에 위반할 때 발생하는 형벌권을 구체적으로 실현시키는 데에 있다. 국가기관은 이를 위하여 형벌권의 발생근거가 되는 범죄사실의 객관적 진실을 발견하여야 한다. 형사절차에서 범죄사실의 객관적 진실을 밝혀야 한다는 요청을 가리켜서 실체적 진실주의라고 한다.

실체적 진실주의는 형식적 진실주의에 대립하는 개념이다. 사인간의 이해관계에 관한 분쟁을 해결하려고 하는 절차가 민사소송이다. 민사소송의 경우에는 대립당사자의 공격과 방어를 토대로 사실관계를 확정하고 법적 판단을 내린다. 따라서 법원은 대립당사자가 제출한 증거를 비교하여 증거가 우위에 있는 당사자에게 유리한 판단을 내리게 된다. 이러한 판단원칙을 가리켜서 형식적 진실주의라고 한다.

그러나 형사절차는 사인간의 이해관계가 아닌, 국가의 형벌권을 실현하는 절차이다. 이 때문에 형사절차에서는 민사소송과 같이 형식적 진실에 만족할 수 없고 사안의 객관적 진실을 규명할 것이 요구된다.

2. 소극적 진실주의와 적극적 진실주의

실체적 진실주의는 적극적 측면과 소극적 측면을 가지고 있다. 형사절차의 일차적 임무는 적극적으로 범죄를 적발하고 범인을 색출하여 그에게 범죄에 상응하는 국가 형벌을 부과하는 데에 있다. 이러한 적극적 측면을 가리켜서 적극적 실체적 진실주의라고 한다. 이에 대해 형사절차는 무고한 시민을 범죄의 혐의에서 벗어나게 함으로써 부정의한 형벌의 부과가 일어나지 않도록 하는 것도 또 하나의 임무로 하고 있다. 이러한 소극적 측면을 가리켜서 소극적 실체적 진실주의라고 한다.

일반적으로 실체적 진실주의라고 하면 소극적 실체적 진실주의를 의미한다. 소극적 실체적 진실주의는 적극적 실체적 진실주의의 단순한 이면의 차원을 넘어서는 원리이다. 소극적 실체적 진실주의의 입장에서는 특히 유죄판결의 경우에 보다 엄격한 심사를 가할 것을 요구한다. 형소법 제307조 제2항이 "범죄사실의 인정은 합리적 의심이 없는 정도의 증명에 이르러야 한다."고 규정한 것은 소극적 실체적 진실주의를 입법적으로 천명한 것이다.

제 3 직권주의와 당사자주의

1. 직권주의와 당사자주의의 비교

형사절차는 실체적 진실의 규명을 목표로 하고 있다. 그런데 이와 같은 기본목표를 달성함에 있어서 사용해야 할 구체적 방안에 대해 직권주의와 당사자주의라는 상이한 모델이 제시되고 있다.

직권주의란 실체적 진실발견의 책무를 기본적으로 법원에 부과하는 태도를 말한다. 이 입장에서는 형사절차가 지향하는 객관적 진실발견의 최종적 담보자를 법원으로 본다. 객관적 진실발견을 도모하기 위하여 직권주의 입장에서는 법관에게 진실발견을 위한 주도적 권한을 인정한다.

당사자주의란 실체적 진실발견의 원동력을 갈등·투쟁하는 대립당사자의 소송활동에서 구하는 태도를 말한다. 당사자는 소송의 결과에 대하여 직접적인 이해관계를 가지고 있다. 이 때문에 당사자는 적극적으로 증거를 제출하고 상대방이 제출한 증거를 비판적으로 음미한다. 대립당사자의 적극적인 공격과 방어를 통하여 실체적 진실이 변증법적으로 부각되어 간다고 보는 것이 당사자주의의 입장이다.

직권주의와 당사자주의는 모두 형사절차에서 실체적 진실을 발견하기 위한 노력의 일환이다. 두 접근방법은 각각 나름대로의 타당성을 가지고 있어서 이론적으로 그 우열을 논할 수 없다. 다만 역사적·문화적 배경과 함께 형사사법의 주변 여건에 비추어서 두 가지 접근방법 가운데 어느 하나를 기본입장으로 선택해야 한다.

2. 국민참여재판과 당사자주의

2008년부터 국민참여재판제도가 실시되었다. 국민참여재판이란 국민이 배심원으로 참여하는 형사재판을 말한다. 이에 대해 직업법관만에 의한 종전 방식의 재판을 통상재판이라고 한다. 배심재판은 직업법관과는 별도로 배심원단을 구성하여 실체판단에 임하는 재판형식을 말한다. 우리나라의 국민참여재판은 영미식의 전형적인 배심재판과 달리 유·무죄 및 양형에 관하여 직업법관에게 권고적 의견을 제시하는 형태를 취하고 있다.

국민참여재판이 실시됨에 따라 형사절차는 당사자주의에 따라 진행되지 않으면 안 된다. 배심원은 사건의 실체심리에 주도적으로 참여할 수 없다. 배심원은 객관적인 관찰자의 입장에서 제시되는 증거를 음미할 뿐이다. 증거를 배심원의 면전에 제출하고 그에 대해 비판을 가하는 것은 당사자들의 몫이다. 검사와 피고인은 대립하는 당사자로서 공격과 방어를 행할 책임을 지지 않으면 안 된다.

국민참여재판제도의 도입은 우리나라 형사절차의 구조에 근본적인 변화를 가져오게 하였다. 수치상으로 볼 때 국민참여재판은 일부 사건에 대해 실시되고 있다. 그러나 형사소송법은 국민참여재판까지 염두에 두고 형사절차를 규정하고 있다. 2008년부터 실시된 개정형사소송법을 '신형사소송법'이라고 부르게 되는 이유는 지금까지의 직권주의 소송구조를 탈피하여 본격적인 당사자주의 소송구조로 전환하였기 때문이다.

제2절 형사소송법의 법원

제1 형사절차법률주의

1. 형사소송법과 기타 특별법

우리 헌법은 제12조 제1항 제2문에서 "누구든지 … 법률과 적법한 절차에 의하지 아니하고는 처벌 … 을 받지 아니한다."고 규정하고 있다. 이 조문은 형사절차를 법률로써 규정할 것을 요구하고 있는데, 이 경우 법률은 국회를 통과한 성문법률을 말한다. 이처럼 형사절차를 반드시 성문법률로 규율해야 한다는 원리를 가리켜서 형사절차법률주의라고 한다.

형사절차를 규율하는 성문법률로서 대표적인 것이 「형사소송법」이다. 형사소송법은 형사절차에 관하여 가장 중요하고도 기본적인 규정들을 한 곳에 모아놓은 것이다. 그러나 형사소송법 이외에 각종의 특별법들이 형사절차를 규정하고 있다. 「경찰관 직무집행법」이나 「통신비밀보호법」 등은 여기에 속하는 예들이다.

2. 대법원규칙

헌법 제108조는 법률에 저촉되지 아니하는 범위 안에서 소송에 관한 절차, 법원의 내부규율과 사무처리에 관한 규칙을 제정할 수 있는 규칙제정권을 대법원에 부여하고 있다. 이에 따라 형사절차에 관한 대법원규칙으로 형사소송규칙이 제정되어 있다.

대법원규칙과 구별되는 것으로 대법원예규가 있다. 이것은 사법부 내부의 복무지침이나 업무처리의 통일을 기하기 위하여 마련된 준칙이다. 그러나 대법원예규는 법률이나 대법원규칙이 아니기 때문에 형사절차를 직접적으로 규율하는 근거가 될 수 없다.

제 2 대통령령 등 행정입법의 지위

1. 형사절차와 위임입법

근래에 들어 형사소송법이 세부내용을 행정입법에 위임하는 경우들이 나타나고 있다. 형소법 제195조 제2항은 검사와 경찰공무원인 사법경찰관 사이에 수사를 위하여 준수해야 하는 일반적 수사준칙에 관한 사항을 대통령령으로 정하도록 위임하고 있다. 또한 형사소송법은 전문수사자문위원의 지정(법245의3⑤), 벌금 등의 분납(법477⑥) 등에 관한 사항을 법무부령으로 정하도록 하고 있다. 또한「검찰청법」제11조는 검찰청의 사무에 관하여 필요한 사항을 법무부령으로 정하도록 규정하고 있다.

2. 행정입법의 법원성 여부

헌법 제12조 제1항 제2문은 "누구든지 법률에 의하지 아니하고는 체포·구속·압수·수색 또는 심문을 받지 아니하며, 법률과 적법한 절차에 의하지 아니하고는 처벌·보안처분 또는 강제노역을 받지 아니한다."고 규정하여 형사절차법률주의를 천명하고 있다. 권력분립의 관점에서 형사절차는 입법부가 법률로써 규율해야 하며, 그에 대한 예외를 인정하려면 헌법에 근거가 있어야 한다.

「형사소송규칙」은 헌법 제108조에 근거를 두고 있어서 예외적으로 형사소송법의 법원(法源)이 될 수 있다. 그러나 그와 같은 헌법적 근거가 없는 대통령령이나 행정안전부령·법무부령 등의 행정입법은 대법원예규의 경우와 마찬가지 이유에서 수사기관 내부의 업무처리지침을 규정한 것에 불과하다. 따라서 이러한 행정입법은 형사소송법의 직접적인 법원(法源)을 구성하지는 못한다(2007도4961).

제2장 수사기관과 피의자

제1절 수사의 의의

제1 수사절차의 개념

1. 수사와 내사의 의의

수사기관은 범죄의 혐의가 있다고 사료하는 때에는 범인, 범죄사실과 증거를 수사한다(법196①, 197① 참조). 여기에서 수사란 범죄혐의의 유무를 명백히 하여 공소를 제기·유지할 것인가를 결정하기 위해 범인을 발견·확보하고 증거를 수집·보전하는 수사기관의 활동을 말한다. 범죄가 발생하였다고 인정되는 경우 수사기관은 범인을 발견·검거하며 증거를 수집·보전하는 일련의 조사활동을 하게 된다. 이때 수사활동이 연속적으로 진행되는 일련의 과정을 가리켜서 수사절차라고 한다.

수사는 '범죄혐의가 있다'고 사료되는 때에 개시되는 수사기관의 조사활동이다. 아직 '범죄혐의가 있다'고 판단되지 아니한 상태에서 행하는 각종의 조사활동은 수사에 해당하지 않는다. 수사기관이 형사사건으로 입건하기 전에 범죄를 의심할 만한 정황이 있어 수사개시 여부를 결정하기 위하여 사실관계를 확인하는 등의 필요한 조사활동을 가리켜 내사라고 한다. 내사는 범죄에 관한 기사, 익명의 신고 또는 풍설이 있을 때 사법경찰관이나 검사가 그 진상을 조사하는 형태로 나타난다. 내사는 아직 '범죄혐의가 있다'고 판단하기 전에 이루어지는 조사활동이므로 형사소송법의 규율대상이 되지 않는다.

2. 수사와 내사의 구별기준

수사는 '범죄혐의가 있다'고 판단될 때 개시되는 조사활동이다(법196①, 197①). 그런데 수사기관의 조사활동이 내사를 떠나 수사로 넘어가는 시점이 구체적으로 어느 때인지 문제된다. 이에 대해서는 형식설과 실질설이 대립하고 있다.

형식설은 입건시를 수사가 개시되는 시점으로 보는 견해이다. 입건이란 형사사건등재부에 사건번호가 부여되는 것을 가리킨다. 이에 대해 실질설은 아직 사건수리절차를 밟지 아니하였더라도 수사기관이 범죄혐의 있음을 객관적으로 외부에 표시할 때 수사가 개시된다고 보는 견해이다. 판례는 실질설을 취하고 있다(2000도2968).

「검사와 사법경찰관의 상호협력과 일반적 수사준칙에 관한 규정」(수사준칙)은 검사 또는 사법경찰관이 다음의 어느 하나에 해당하는 행위에 착수한 때에는 수사를 개시한 것으로 보고 있다(수사준칙16① 1문). 수사준칙이 제시한 기준은 실질설의 관점에 입각한 것이라고 생각된다.

① 피혐의자의 수사기관 출석조사 (1호)
② 피의자신문조서의 작성 (2호)
③ 긴급체포 (3호)
④ 체포·구속영장의 청구 또는 신청 (4호)
⑤ 사람의 신체, 주거, 관리하는 건조물, 자동차, 선박, 항공기 또는 점유하는 방실에 대한 압수·수색 또는 검증영장(부검을 위한 검증영장은 제외한다)의 청구 또는 신청 (5호)

실질설에 따르면 입건 이전이라도 임의동행 형식으로 상대방을 연행하거나, 긴급체포(법200의3①) 또는 현행범체포(법212) 등을 행하여 수사기관이 범죄혐의 있음을 외부적으로 표시하는 활동을 하는 경우에는 그 때로부터 수사가 개시되는 것이며, 상대방은 피의자로 된다.

3. 수사와 내사의 구별실익

수사와 내사는 그 성질을 달리하므로 내사단계에서의 조사대상자는 피의자의 경우와 달리 증거보전(법184)을 청구할 수 없다(79도792). 또 진정에 기하여 이루어진 내사사건에서 내사종결처분이 내려지더라도 진정인은 고소사건의 경우와 달리 재정신청(법260)을 제기할 수 없다(91모68). 내사사건의 종결처리는 수사기관의 내부적 사건처리방식에 지나지 않는다는 것이 판례가 제시하는 이유이다.

내사사건의 피혐의자를 수사기관으로 임의동행하여 조사하는 것은 피혐의자의 수사기관 출석조사에 해당하여 수사가 개시된 것으로 간주된다(수사준칙16① 1문). 따라서 이 경우 피내사자는 피의자가 된다. 변호인과의 접견교통권은 피의자의 인권보장과 방어준비를 위해 필수불가결한 권리이므로 임의동행의 형식으로 연행된 피내사자의 접견교통권은 제한할 수 없다(96모18).

제2 수사기관

수사기관이라 함은 법률상 범죄수사의 권한이 인정되어 있는 국가기관을 말한다. 형사소송법은 수사기관으로 경찰공무원인 사법경찰관과 검사를 규정하고 있다. 특별법에 의하여 인정되는 수사기관으로는 「검찰청법」에 의한 검찰청 직원, 「사법경찰관리의 직무를 수행할 자와 그 직무범위에 관한 법률」에 의한 특별사법경찰관리, 「고위공직자범죄수사처 설치 및 운영에 관한 법률」에 의한 수사처검사 등이 주목된다. 특별법에 의하여 설치된 수사기관은 수사대상이 일정한 범죄로 한정된다는 점에서 형사소송법상의 수사기관과 구별된다.

제2절   사법경찰관

제1 경찰조직

1. 국가경찰과 자치경찰

경찰청의 조직·직무범위 등을 규율하는 법률은 「국가경찰과 자치경찰의 조직 및 운영에 관한 법률」(경찰법)과 「경찰공무원법」이다. 치안에 관한 사무를 관장하기 위하여 행정안전부장관 소속으로 경찰청을 둔다(정부조직법34⑤, 경찰법12). 경찰청에 경찰청장을 두며, 경찰청장은 치안총감으로 보한다(경찰법14①).

경찰법 제3조는 경찰의 임무를 다음과 같이 규정하고 있다.

① 국민의 생명·신체 및 재산의 보호 (1호)

② 범죄의 예방·진압 및 수사 (2호)

③ 범죄피해자 보호 (3호)

④ 경비·요인경호 및 대간첩·대테러 작전 수행 (4호)

⑤ 공공안녕에 대한 위험의 예방과 대응을 위한 정보의 수집·작성 및 배포 (5호)

⑥ 교통의 단속과 위해의 방지 (6호)

⑦ 외국 정부기관 및 국제기구와의 국제협력 (7호)

⑧ 그 밖에 공공의 안녕과 질서유지 (8호)

경찰사무는 국가경찰사무와 자치경찰사무로 나누어진다. 국가경찰사무는 경찰법 제3조가 규정한 경찰의 임무를 수행하기 위한 사무로서 자치경찰사무를 제외한 것을 말한다(경찰법4① i). 국가경찰사무는 경찰청장이 총괄한다(동법14③). 범죄수사의 영역에서 국가경찰은 범죄의 예방·진압 및 수사, 범죄피해자 보호의 사무를 담당한다(경찰법3 ii, iii). 국가경찰의 수사개시 대상범죄에는 제한이 없다.

자치경찰사무는 경찰법 제3조에서 정한 경찰의 임무 범위에서 관할 지역의 생활안전·교통·경비·수사 등에 관한 다음 각 목의 사무를 말한다(경찰법4① ii).

① 지역 내 주민의 생활안전 활동에 관한 사무 (가목)

② 지역 내 교통활동에 관한 사무 (나목)

③ 지역 내 다중운집 행사 관련 혼잡 교통 및 안전 관리 (다목)

④ 다음의 어느 하나에 해당하는 수사사무 (라목)

자치경찰사무에 속하는 수사사무(라목)의 내용은 다음과 같다.

① 학교폭력 등 소년범죄

② 가정폭력, 아동학대 범죄

③ 교통사고 및 교통 관련 범죄

④ 형법 제245조에 따른 공연음란 및 「성폭력범죄의 처벌 등에 관한 특례법」 제12조에 따른 성적 목적을 위한 다중이용장소 침입행위에 관한 범죄

⑤ 경범죄 및 기초질서 관련 범죄

⑥ 가출인 및 「실종아동등의 보호 및 지원에 관한 법률」 제2조 제2호에 따른 실종아동 등 관련 수색 및 범죄

2. 경찰청장과 국가수사본부장

경찰청에 국가수사본부를 두며, 국가수사본부장은 치안정감으로 보한다(경찰법16①). 국가수사본부장은 형사소송법에 따른 경찰의 수사에 관하여 각 시·도경찰청장과 경찰서장 및 수사부서 소속 공무원을 지휘·감독한다(동조②).

경찰청장은 경찰의 수사에 관한 사무의 경우에는 개별 사건의 수사에 대하여 구체적으로 지휘·감독할 수 없다(경찰법14⑥ 본문). 다만, 국민의 생명·신체·재산 또는 공공의 안전 등에 중대한 위험을 초래하는 긴급하고 중요한 사건의 수사에 있어서 경찰의 자원을 대규모로 동원하는 등 통합적으로 현장 대응할 필요가 있다고 판단할 만한 상당한 이유가 있는 때에는 국가수사본부장을 통하여 개별 사건의 수사에 대하여 구체적으로 지휘·감독할

수 있다(동항 단서).

제2 사법경찰관리

1. 검사와 사법경찰관의 협력관계

형사소송법은 크게 보아 경찰과 검사라는 두 가지 수사기관을 규정하고 있다. 여기에서 경찰은 국가경찰 소속 경찰공무원을 의미한다. 종전에는 검사가 수사의 주재자였으며, 경찰은 수사의 보조자였다. 이러한 수직관계는 2020년의 수사권조정에 의하여 협력관계로 전환되었다.

검사와 사법경찰관은 수사, 공소제기 및 공소유지에 관하여 서로 협력하여야 한다(법195①). 검사와 사법경찰관이 서로 협력하는 수사를 위하여 준수하여야 하는 일반적 수사준칙에 관한 사항은 대통령령으로 정한다(동조②). 이를 위한 대통령령으로 「검사와 사법경찰관의 상호협력과 일반적 수사준칙에 관한 규정」이 제정되어 있다.

2021년부터 범죄사건에 대한 일차적 수사개시권 및 수사종결권은 경찰에게 부여되었다. 검사는 제한된 범위에서 일차적 수사개시권을 행사한다(검찰청법4① i).

2. 사법경찰관과 사법경찰리

경찰공무원 가운데 경무관, 총경, 경정, 경감, 경위는 사법경찰관으로서 범죄의 혐의가 있다고 사료하는 때에는 범인, 범죄사실과 증거를 수사한다(법197①). 경사, 경장, 순경은 사법경찰리로서 수사의 보조를 하여야 한다(동조②). 사법경찰관과 사법경찰리를 통칭하여 사법경찰관리라고 부른다.

입법자는 일차적 수사권 및 수사종결권을 경찰에 부여하면서 검사에게 일련의 통제권한을 부여하였다. 검사의 보완수사요구(법197의2), 검사의 시정조치요구(법197의3), 수사경합시 검사의 사건송치요구(법197의4), 경찰 불송치사건에 대한 검사의 재수사요청(법245의8) 등은 여기에 속하는 예이다.

제 3 절 검   사

제1 검찰제도의 의의

1. 검찰청과 검사의 직급

검사는 법무부 산하의 검찰청(정부조직법32②)에 소속되어 있다. 검찰청은 대검찰청, 고등검찰청, 지방검찰청으로 구성되며 각각 대법원, 고등법원, 지방법원에 대응한다(검찰청법2②, 3①). 지방법원 지원 설치지역에는 이에 대응하여 지방검찰청 지청을 둘 수 있다(동법3②). 검사의 직급은 검찰총장과 검사로 구분된다(검찰청법6). 검사는 사법시험에 합격하여 사법연수원 과정을 마친 사람과 변호사 자격이 있는 사람 중에서 임명한다(검찰청법29 참조). 검사의 직무상 독립성과 중립성을 보장하기 위하여 검찰총장을 제외한 모든 검사의 직급은 검사로 일원화되어 있다(검찰청법6). 한편 검찰조직의 노령화나 무사안일을 방지하기 위하여 7년 단위로 실시되는 검사적격심사제도가 마련되어 있다(동법39①).

2. 검사의 직무

검사는 검찰권을 행사하는 국가기관을 말한다. 검사는 공익의 대표자로서 다음 각 호의 직무와 권한이 있다(검찰청법4).

① 범죄수사, 공소의 제기 및 그 유지에 필요한 사항. 다만, 검사가 수사를 개시할 수 있는 범죄의 범위는 다음 각 목과 같다. (1호)

　가. 부패범죄, 경제범죄 등 대통령령으로 정하는 중요 범죄 (가목)

　나. 경찰공무원(다른 법률에 따라 사법경찰관리의 직무를 행하는 자를 포함한다) 및 고위공직자범죄수사처 소속 공무원(「고위공직자범죄수사처 설치 및 운영에 관한 법률」에 따른 파견공무원을 포함한다)이 범한 범죄 (나목)

　다. 가목·나목의 범죄 및 사법경찰관이 송치한 범죄와 관련하여 인지한 각 해당 범죄와 직접 관련성이 있는 범죄 (다목)

② 범죄수사에 관한 특별사법경찰관리 지휘·감독 (2호)

③ 법원에 대한 법령의 정당한 적용 청구 (3호)

④ 재판 집행 지휘·감독 (4호)

⑤ 국가를 당사자 또는 참가인으로 하는 소송과 행정소송 수행 또는 그 수행에 관한 지휘·감독 (5호)

⑥ 다른 법령에 따라 그 권한에 속하는 사항 (6호)

형사절차와 관련하여 검사는 (가) 범죄수사, 공소의 제기 및 그 유지에 필요한 사항(1호), (나) 범죄수사에 관한 특별사법경찰관리 지휘·감독(2호), (다) 법원에 대한 법령의 정당한 적용 청구(3호), (라) 재판 집행 지휘·감독(4호)을 그의 직무와 권한으로 하고 있다(검찰청법4① 참조). 이처럼 검사는 수사절차, 공판절차, 재판집행절차 등 형벌권의 실현절차 전반에 걸쳐서 중추적 기능을 수행한다.

3. 검사의 수사개시권 제한

검사는 범죄의 혐의가 있다고 사료하는 때에는 범인, 범죄사실과 증거를 수사한다(법196①). 원칙적으로 검사의 수사대상 범죄에는 제한이 없다. 그러나 검사가 바로 수사개시를 할 수 있는 범죄는 위의 가목, 나목, 다목의 범죄로 제한된다(검찰청법4① i 단서). 검사가 바로 수사를 개시할 수 있는 중요 범죄(가목)를 구체적으로 정하기 위하여 대통령령으로 「검사의 수사개시 범죄 범위에 관한 규정」이 제정되어 있다.

사법경찰관이 일차적으로 수사한 결과 범죄혐의가 있다고 판단하여 검사에게 송치한 사건(법245의5 i)에 대해서는 이후 검사의 수사권에 제한이 없다. 그러나 검사의 시정조치 불이행에 따른 송치사건(법197의3⑥), 검사의 체포·구속장소감찰에 의한 송치사건(법198의2②), 고소인의 이의신청에 따른 송치사건(법245의7②)에 관하여는 검사는 해당 사건과 동일성을 해치지 아니하는 범위 내에서만 수사할 수 있다(법196②).

제2 검사의 법적 지위

1. 준사법기관으로서의 검사

검사는 검찰권을 행사하는 국가기관이다. 검사는 준사법기관이며 단독관청이다. 검사는 행정부에 소속되어 있다. 원래 행정부는 합목적성의 원리에 따라 지휘·감독의 피라미드 조직을 이루면서 권한을 행사한다. 그런데 검사는 개개의 형사사건을 놓고 수사와 공소제기 및 공소유지의 직무를 수행한다. 형사처벌에 직면한 피의자·피고인의 기본적 인권을 보장하기 위하여 형사절차는 합목적성이 아니라 합법성의 원리에 따라 진행되어야 한다.

검사는 그 직무를 수행할 때 국민 전체에 대한 봉사자로서 헌법과 법률에 따라 국민의 인권을 보호하고 적법절차를 준수하며, 정치적 중립을 지켜야 하고 주어진 권한을 남용하여서는 아니 된다(검찰청법4②). 검사의 적법절차 준수의무는 피고사건의 심판과 관련하여 법관이 이행해야 할 적법절차 준수의무와 거의 대등한 정도에 이른다. 행정부에 소속하는 검사가 법관에 준하는 적법절차 준수의무를 진다는 점에 착안하여 검사를 준사법기관이라고 부른다.

검사는 준사법기관이다. 따라서 검사의 직무수행은 법관의 직무수행에 준하여 직무상의 독립성이 보장되어야 한다. 검사는 법관에 준하는 신분보장을 받는다. 검사는 탄핵이나 금고 이상의 형을 선고받은 경우를 제외하고는 파면되지 아니하며, 징계처분이나 적격심사에 의하지 아니하고는 해임·면직·정직·감봉·견책 또는 퇴직의 처분을 받지 아니한다(검찰청법37).

행정조직상 최고책임자인 법무부장관도 검찰사무에 관한 한 일반적으로만 검사를 지휘·감독할 수 있다. 구체적 사건에 대해서는 검찰총장만을 지휘·감독할 수 있을 뿐이다(검찰청법8).

검사를 준사법기관이라고 하더라도 행정부에 소속하기 때문에 법관과 같은 정도의 독립성을 기대할 수는 없다. 그리하여 검사가 내리는 처분에는 법관의 재판에 부여되는 일사부재리의 효력이 없다. 따라서 불기소처분 후에 검사가 다시 공소를 제기하는 것도 가능하다(94도2598). 그러나 기소유예 처분을 받은 종전 사건의 피의사실과 현재 사건의 공소사실 사이에 기소유예 처분을 번복하고 공소를 제기해야 할 만한 의미 있는 사정변경이 없음에도 검사가 공소를 제기하였다면 현재 사건에 대한 기소는 소추재량권을 현저히 일탈한 경우로서 공소권남용에 해당하여 공소기각판결(법327ii)의 대상이 된다(2016도14772).

2. 단독관청으로서의 검사

검사는 단독관청이다. 단독관청이라 함은 그 자신의 이름으로 공권적 의사표시를 할 수 있는 국가기관이라는 뜻이다. 검찰조직 내에는 다수의 검사가 상하관계로 연결되어 있다. 이 점은 일반 행정부서의 경우에도 마찬가지이다. 그러나 개개의 검사는 단독관청이므로 자신의 이름으로 각종 처분을 내린다. 상급자의 대리인이나 보조인으로 직무를 수행하는 것이 아니다.

개별 검사가 검찰조직 내부의 방침이나 결재 등을 거치지 않고 대외적으로 의사표시를 하였다면 그 의사표시는 단독관청의 처분으로서 대외적 효력을 갖는다. 다만 대내적으로 당해 검사에 대한 징계가 내려질 수 있으나 이것은 내부적 복무규율의 문제에 지나지 않는다.

제3 검사동일체의 원칙

1. 검사동일체원칙의 의의

검사는 단독관청이다. 따라서 검찰청의 조직 내에는 다수의 단독관청이 존재하는 결과가 된다. 다수의 단독관청이 존재할 때 검찰권 운용에 혼선과 모순이 생길 수 있다. 여기에서 검찰권의 통일적 행사를 기할 수 있는 장치가 필요하다. 이와 관련하여 모든 검사가 검찰총장을 정점으로 상하의 위계질서를 이루면서 단일의 유기적 조직체로 활동하는 계층구조의 원리를 가리켜서 검사동일체의 원칙이라고 한다.

검찰조직에서 검사동일체의 원칙이 요청되는 이유로 두 가지를 들 수 있다. 하나는 전국적으로 통일된 형사정책을 수립하고 형사사건의 처리에서 지역적 불균형을 시정할 필요가 있다. 다른 하나는 현대사회에서 날로 지능화, 광역화, 기동화해 가는 범죄양상에 대처하기 위하여 전국적으로 통일된 수사망을 확립하고 이를 효율적으로 가동할 필요가 있다.

2. 검사동일체원칙의 구성원리

(1) 지휘 · 감독의 관계

「검찰청법」 제7조 제1항은 검사는 검찰사무에 관하여 소속 상급자의 지휘 · 감독에 따라야 한다고 규정하여 별도로 지휘 · 감독의 관계를 천명하고 있다. 이것은 검사가 개개의 형사사건을 중심으로 수사, 공소제기 및 공소유지, 형집행 등과 관련하여 상급자의 지휘 · 감독에 따라야 함을 의미한다. 즉 단독관청이자 준사법기관인 검사 상호간에 지휘감독의 관계를 규정한 것이다.

단독관청이며 준사법기관인 검사에게 상사의 지휘 · 감독에 따라야 할 의무를 부과하는 것은 검사동일체의 원칙을 유지하기 위하여 필요한 부득이한 조치이다. 「검찰청법」이 규정한 지휘 · 감독의 관계는 합법적인 상급자의 지휘 · 감독에만 복종하는 것을 의미한다. 하급자는 구체적 사건과 관련된 소속 상급자의 지휘감독의 적법성이나 정당성에 대해 이견이 있을 때 이의를 제기할 수 있다(검찰청법7②). 불법한 지시에 의하여 담당 검사로 하여금 내사나 수사를 중도에서 그만두고 종결처리하게 하는 상사의 행위는 직권남용권리행사방해죄(형법123)를 구성한다(2004도5561).

(2) 직무승계 및 직무이전의 권한

검찰총장과 각급 검찰청의 검사장 및 지청장은 소속 검사의 직무를 자신이 직접 처리하거나 그 소속의 다른 검사로 하여금 이를 처리하게 할 수 있다(검찰청법7의2②). 이때 각급 검찰청의 장이 하급자로부터 사건을 가져와서 직접 처리하는 권한을 직무승계의 권한이라 하고, 각급 검찰청의 장이 다른 검사로 하여금 사건을 처리하도록 하는 권한을 직무이전의 권한이라고 한다.

하급자인 검사가 구체적 사건과 관련된 상급자의 지휘·감독의 적법성 또는 정당성에 대해 이의를 제기하는 경우가 있다(검찰청법7②). 이때 이의가 제기된 사건에 관한 검사의 직무를 다른 검사에게 이전할 수 있는 권한은 각급 검찰청의 장에게 있다(동법7의2②). 검찰청의 장이 아닌 상급자가 하급자가 이의를 제기한 사건을 다른 검사에게 적법하게 이전하기 위해서는 검사 직무의 이전에 관한 검찰청의 장의 구체적·개별적인 위임이 있거나 그러한 상황에서의 검사 직무의 이전을 구체적이고 명확하게 정한 위임규정 등이 있어야 한다(2014두45734).

검사동일체의 원칙을 유지하는 장치의 하나로 직무대리권이 있다. 검찰총장, 각급 검찰청의 검사장 및 지청장은 소속 검사로 하여금 자신의 권한에 속하는 직무의 일부를 처리하게 할 수 있다(검찰청법7의2①). 이것은 직무승계 및 직무이전의 권한을 역으로 구성해 놓은 것이라고 할 수 있다. 직무대리권에 기하여 소속 상급자는 별도의 구체적인 수권 없이 하급자로 하여금 지휘·감독, 직무승계, 직무이전의 권한을 행사하게 할 수 있다. 그러나 하급자가 이의를 제기한 사건의 경우에는 제한이 있다.

3. 검사동일체원칙의 효과

개개의 검사는 단독관청이다. 그러나 기능적인 면에서 볼 때 검사동일체의 원칙에 입각하여 검찰조직 전체가 마치 1명의 검사처럼 활동하게 된다. 따라서 형사사건의 수사, 공소제기, 공소유지, 형집행 등 일련의 절차가 진행되는 도중에 그 검찰사무를 취급하던 검사가 전보·퇴직 등의 사유로 물러나고 새로운 검사가 그 사무를 담당하게 되더라도 소송법상 아무런 영향을 받지 않는다.

검사동일체의 원칙과 관련하여 검사의 제척·기피의 문제가 논의되고 있다. 긍정설은 법관에 대해 제척(법17)과 기피(법18)가 인정되고 있는데 준사법기관인 검사에게도 이를 인정해야 한다고 주장한다. 이에 대해 부정설은 검사동일체의 원칙에 비추어 볼 때 검사를 교체하더라도 아무런 소송법적 효과가 발생하지 않는다는 이유를 들어서 검사의 제척·기피를 부정한다. 판례는 검사가 피해자인 사안에서 그 검사에게 당해 사건의 수사를 허용하여 부정설을 취하고 있다(2011도12918).

4. 법무부장관과의 관계

검사동일체의 원칙에 의하여 검찰조직은 피라미드 형태를 취하게 된다. 이때 검찰조직의 정점에는 검찰총장이 위치한다. 따라서 개개 검사에 대한 지휘·감독의 권한은 물론 직무승계 및 직무이전의 권한도 최종적으로 검찰총장에게 귀속된다.

그런데 검찰조직은 법무부에 소속되어 있다(정부조직법32②). 정치적으로 법무행정의 최고책임자는 법무부장관이다. 법무부장관은 법무행정의 일 분야인 검찰사무에 대해서도 최고감독자가 된다. 그러나 법무부장관은 검사가 아니다. 따라서 법무부장관은 검사동일체의 원칙에 의하여 개개 검사에게 지휘감독권을 행사할 수 없다. 법무부장관은 일반적으로 검사를 지휘·감독할 수 있을 뿐 구체적 사건에 대해서는 검찰총장만을 지휘·감독한다(검찰청법8). 이때 검찰총장은 그 자신이 검사로서 정치적 중립의무를 지며(동법4②) 법무부장관의 정치적 영향력 행사로부터 검찰사무의 독립성을 확보해야 할 책무를 진다.

제4 검사의 수사보조자

1. 검경 수사권 조정과 검사의 수사보조자

2020년의 검찰·경찰 수사권 조정에 의하여 경찰공무원인 사법경찰관과 검사는 대등한 지위에 서게 되었다. 검사와 경찰공무원인 사법경찰관은 수사, 공소제기 및 공소유지에 관하여 서로 협력하여야 한다(법195①). 그러나 경찰공무원 아닌 사법경찰관의 수사영역에서는 검사가 여전히 수사의 주재자이고, 경찰공무원이 아닌 사법경찰관은 수사의 보조자이다. 검사의 수사보조자로서의 사법경찰관에는 검찰청 직원과 특별사법경찰관이 있다.

2. 검찰청 직원인 사법경찰관리

검찰청 직원으로서 사법경찰관리의 직무를 행하는 자와 그 직무의 범위는 법률로 정한다(법245의9①). 「검찰청법」 제47조와 제49조는 사법경찰관 및 사법경찰리의 직무를 수행하는 검찰청 직원을 규정하고 있다. 검찰청 직원으로 구성되는 사법경찰관리는 검사에 대해 수사보조자로서의 지위를 갖는다(법245의9② · ③). 검찰청 직원으로 구성되는 사법경찰관리는 검사의 수사보조자이므로 검사가 직접 수사를 개시할 수 있는 범죄(법196①, 검찰청법4① i 단서)에 대해서만 직접 수사의 보조를 할 수 있다.

사법경찰관리의 직무를 행하는 검찰청 직원에 대하여는 경찰공무원인 사법경찰관에게 인정되는 수사종결권이 없다. 그리하여 보완수사(법197의2), 시정조치(법197의3), 수사경합시 사건송치(법197의4), 영장이의신청권(법221의5), 사건송치ㆍ불송치(법245의5), 고소인 불송치 통지(법245의6), 고소인 이의신청(법245의7), 불송치사건 재수사(법245의8)의 규정들은 검찰청 직원인 사법경찰관리에게 적용되지 않는다(법245의9④).

3. 특별사법경찰관리

삼림, 해사, 전매, 세무, 군수사기관 기타 특별한 사항에 관하여 사법경찰관리의 직무를 행하는 자를 특별사법경찰관리라고 한다(법245의10① 전단). 특별사법경찰관리의 직무를 행할 자와 그 직무의 범위는 법률로써 정한다(동항 후단). 이를 위하여 「사법경찰관리의 직무를 수행할 자와 그 직무범위에 관한 법률」(사법경찰직무법)이 제정되어 있다. 이 법률에 규정되지 아니한 선거관리위원회 위원ㆍ직원 및 세무공무원(2022도8824)은 특별사법경찰관에 해당하지 않는다.

특별사법경찰관리는 그 권한의 범위가 사항별로 제한되어 있다는 점에서 일반사법경찰관리와 구별된다. 그렇지만 일단 그 권한에 속하는 사항에 관하여는 일반사법경찰관리와 동일한 지위와 권한을 갖는다. 한편 일반사법경찰관리의 수사권한은 특별사법경찰관리에 관한 관련 법률의 규정에도 불구하고 배제되지 않는다(2008도7724).

특별사법경찰관은 범죄의 혐의가 있다고 인식하는 때에는 범인, 범죄사실과 증거에 관하여 수사를 개시ㆍ진행하여야 한다(법245의10③). 경찰공무원인 사법경찰관리와 달리 특별사법경찰관리는 모든 수사에 관하여 검사의 지휘를 받는다(동조②). 특별사법경찰관리는 검사의 지휘가 있는 때에는 이에 따라야 한다(동조④ 1문). 특별사법경찰관은 범죄를 수사한 때에는 지체 없이 검사에게 사건을 송치하고, 관계 서류와 증거물을 송부하여야 한다(동조⑤). 특별사법경찰관리에 대한 검사의 지휘에 관한 구체적 사항은 법무부령으로 정한다(법245의10④ 2문). 이와 관련된 법무부령으로 「특별사법경찰관리에 대한 검사의 수사지휘 및 특별사법경찰관리의 수사준칙에 관한 규칙」이 제정되어 있다.

특별사법경찰관에게는 수사종결권이 없다. 그리하여 특별사법경찰관에게는 경찰공무원인 사법경찰관에게 적용되는 보완수사(법197의2), 시정조치(법197의3), 수사경합시 사건송치(법197의4), 영장이의신청권(법221의5), 사건송치ㆍ불송치(법245의5), 고소인 불송치통지(법245의6), 고소인 이의신청(법245의7), 불송치사건 재수사(법245의8)의 규정들은 적용되지 않는다(법245의10⑥).

제 4 절   고위공직자범죄수사처

제 1   고위공직자범죄수사처의 설치

1. 고위공직자범죄수사처

2020년 1월 14일 「고위공직자범죄수사처 설치 및 운영에 관한 법률」(공수처법)이 새로이 제정되어 공포되었다. 공수처법은 2020년 7월 15일부터 시행되었다. 공수처법은 일정한 범위의 고위공직자 및 그 가족이 범한 일정 범위의 범죄를 고위공직자범죄로 규정하고 있다(공수처법2ⅲ). 공수처법은 고위공직자범죄 및 관련범죄(동조ⅳ)와 관련된 직무를 수행하기 위하여 고위공직자범죄수사처(공수처)를 설치하고 있다(동법3①). 공수처는 형사소송법과 「검찰청법」에 의하여 직무를 수행하는 검사와는 별도의 독립한 기구이다.

공수처는 그 권한에 속하는 직무를 독립하여 수행한다(공수처법3②). 대통령, 대통령비서실의 공무원은 공수처의 사무에 관하여 업무보고나 자료제출 요구, 지시, 의견제시, 협의, 그 밖에 직무수행에 관여하는 일체의 행위를 하여서는 안 된다(동조③). 공수처 소속 공무원은 정치적 중립을 지켜야 하며, 그 직무를 수행함에 있어 외부로부터 어떠한 지시나 간섭을 받지 아니한다(동법22).

2. 수사대상 범죄

(1) 고위공직자의 범위

공수처의 수사대상 범죄는 고위공직자와 그 가족이 범한 범죄 및 관련범죄이다.

고위공직자란 다음 각 목의 어느 하나의 직(職)에 재직 중인 사람 또는 그 직에서 퇴직한 사람을 말한다. 다만, 장성급 장교는 현역을 면한 이후도 포함된다(공수처법2ⅰ). 가족은 배우자, 직계존비속을 말한다. 다만, 대통령의 경우에는 배우자와 4촌 이내의 친족을 말한다(공수처법2ⅱ).

　　가. 대통령

　　나. 국회의장 및 국회의원

　　다. 대법원장 및 대법관

　　라. 헌법재판소장 및 헌법재판관

마. 국무총리와 국무총리비서실 소속의 정무직공무원

바. 중앙선거관리위원회의 정무직공무원

사. 「공공감사에 관한 법률」 제2조 제2호에 따른 중앙행정기관의 정무직공무원

아. 대통령비서실·국가안보실·대통령경호처·국가정보원 소속의 3급 이상 공무원

자. 국회사무처, 국회도서관, 국회예산정책처, 국회입법조사처의 정무직공무원

차. 대법원장비서실, 사법정책연구원, 법원공무원교육원, 헌법재판소사무처의 정무직공
   무원

카. 검찰총장

타. 특별시장·광역시장·특별자치시장·도지사·특별자치도지사 및 교육감

파. 판사 및 검사

하. 경무관 이상 경찰공무원

거. 장성급 장교

너. 금융감독원 원장·부원장·감사

더. 감사원·국세청·공정거래위원회·금융위원회 소속의 3급 이상 공무원

(2) 고위공직자범죄

공수처는 (가) 고위공직자범죄와 (나) 관련범죄를 수사한다.

고위공직자범죄란 고위공직자로 재직 중에 본인 또는 본인의 가족이 범한 다음 각 목의 어느 하나에 해당하는 죄를 말한다. 다만, 가족의 경우에는 고위공직자의 직무와 관련하여 범한 죄에 한정한다(공수처법2 iii 본문·단서).

① 형법 제122조부터 제133조까지의 죄[각종 뇌물죄](다른 법률에 따라 가중처벌되는 경우
   를 포함한다) (가목)

② 직무와 관련되는 형법 제141조[공용서류무효], 제225조[공문서위조], 제227조[허위공문
   서작성], 제227조의2[공전자기록위작], 제229조[위조공문서행사](제225조, 제227조 및 제
   227조의2의 행사죄에 한정한다), 제355조부터 제357조까지[횡령, 배임, 배임수증재] 및
   제359조[미수범]의 죄(다른 법률에 따라 가중처벌되는 경우를 포함한다) (나목)

③ 「특정범죄 가중처벌 등에 관한 법률」 제3조[알선수재]의 죄 (다목)

④ 「변호사법」 제111조[알선·청탁]의 죄 (라목)

⑤ 「정치자금법」 제45조[정치자금부정수수]의 죄 (마목)

⑥ 「국가정보원법」 제21조[정치관여] 및 제22조[직권남용]의 죄 (바목)

⑦ 「국회에서의 증언·감정 등에 관한 법률」 제14조 제1항[위증]의 죄 (사목)

⑧ 가목부터 마목까지의 죄에 해당하는 범죄행위로 인한 「범죄수익은닉의 규제 및 처
벌 등에 관한 법률」 제2조 제4호의 범죄수익 등과 관련된 같은 법 제3조[은닉 · 가
장] 및 제4조[수수]의 죄 (아목)

고위공직자범죄 관련범죄란 다음 각 목의 어느 하나에 해당하는 죄를 말한다.

① 고위공직자와 형법 제30조부터 제32조[공동정범, 교사범, 방조범]까지의 관계에 있는
자가 범한 제3호[고위공직자범죄] 각 목의 어느 하나에 해당하는 죄 (가목)

② 고위공직자를 상대로 한 자의 형법 제133조[뇌물공여], 제357조 제2항[배임증재]의
죄 (나목)

③ 고위공직자범죄와 관련된 형법 제151조 제1항[범인은닉], 제152조[위증], 제154조부
터 제156조[허위감정통역, 증거인멸, 무고]까지의 죄 및 「국회에서의 증언 · 감정 등에
관한 법률」 제14조 제1항[위증]의 죄 (다목)

④ 고위공직자범죄 수사 과정에서 인지한 그 고위공직자범죄와 직접 관련성이 있는
죄로서 해당 고위공직자가 범한 죄 (라목)

제 2 공수처의 조직과 운영

1. 공수처의 조직

고위공직자범죄수사처(공수처)는 처장, 차장, 공수처검사, 공수처수사관, 그 밖의 직원
등으로 구성된다. 처장은 공수처의 사무를 통할하고 소속 직원을 지휘 · 감독한다(공수처법
17①). 처장은 그 직무를 수행함에 있어서 필요한 경우 대검찰청, 경찰청 등 관계 기관의
장에게 고위공직자범죄 등과 관련된 사건의 수사기록 및 증거 등 자료의 제출과 수사활동
의 지원 등 수사협조를 요청할 수 있다(동조④). 차장은 처장을 보좌하며, 처장이 부득이한
사유로 그 직무를 수행할 수 없는 때에는 그 직무를 대행한다(공수처법18①).

공수처검사는 7년 이상 변호사의 자격이 있는 사람 중에서 공수처에 설치된 인사위원
회(공수처법9)의 추천을 거쳐 대통령이 임명한다(동법8① 1문). 공수처검사는 직무를 수행함
에 있어서 「검찰청법」 제4조에 따른 검사의 직무 및 「군사법원법」 제37조에 따른 군검사
의 직무를 수행할 수 있다(공수처법8④).

공수처수사관은 (가) 변호사 자격을 보유한 사람, (나) 7급 이상 공무원으로서 조사,
수사업무에 종사하였던 사람, (다) 공수처규칙으로 정하는 조사업무의 실무를 5년 이상
수행한 경력이 있는 사람의 어느 하나에 해당하는 사람 중에서 처장이 임명한다(공수처

법10①).

2. 공수처검사 동일체의 원칙

공수처의 처장과 차장은 공수처검사의 직을 겸한다(공수처법17⑤, 18②). 공수처검사는 처장을 정점으로 한 동일체의 원칙에 따라 직무를 수행한다. 처장은 공수처검사로 하여금 그 권한에 속하는 직무의 일부를 처리하게 할 수 있다(동법19①). 처장은 공수처검사의 직무를 자신이 처리하거나 다른 공수처검사로 하여금 처리하게 할 수 있다(동조②). 공수처검사는 처장의 지휘·감독에 따르며, 공수처수사관을 지휘·감독한다(공수처법20②). 공수처검사는 구체적 사건과 관련된 처장의 지휘·감독의 적법성 또는 정당성에 대하여 이견이 있을 때에는 이의를 제기할 수 있다(동조③).

공수처검사는 고위공직자범죄 및 관련범죄에 관한 수사를 한다(동법20①). 공수처검사는 고위공직자범죄의 혐의가 있다고 사료하는 때에는 범인, 범죄사실과 증거를 수사하여야 한다(공수처법23). 공수처수사관은 공수처검사의 지휘·감독을 받아 직무를 수행한다(동법21①). 공수처수사관은 고위공직자범죄 등에 대한 수사에 관하여 형사소송법 제197조 제1항에 따른 사법경찰관의 직무를 수행한다(동조②).

3. 공수처검사의 권한 제한

공수처검사에게는 원칙적으로 공소제기의 권한이 없다. 공수처검사는 예외적으로 공소제기가 허용되는 사건(공수처법3① ii)을 제외하고, 고위공직자범죄 및 관련범죄에 관한 수사를 한 때에는 관계 서류와 증거물을 지체 없이 서울중앙지방검찰청 소속 검사에게 송부하여야 한다(공수처법26①). 이 경우 해당 사건에 대한 공소제기 여부는 서울중앙지방검찰청 소속 검사가 결정한다. 공수처검사로부터 관계 서류와 증거물을 송부받아 사건을 처리하는 서울중앙지방검찰청 소속 검사는 공수처 처장에게 해당 사건의 공소제기 여부를 신속하게 통보하여야 한다(동조②).

공수처검사는 고위공직자가 (가) 대법원장 및 대법관, (나) 검찰총장, (다) 판사 및 검사, (라) 경무관 이상 경찰공무원인 경우에는 예외적으로 수사권한 외에 공소제기 및 유지의 권한을 갖는다. 공수처검사는 이들이 고위공직자로 재직 중에 본인이나 본인의 가족이 범한 고위공직자범죄 및 관련범죄에 대해 공소제기와 그 유지를 할 수 있다(공수처법3① ii, 26①).

4. 고위공직자범죄의 통보와 이첩

(1) 고위공직자범죄의 통보

공수처 이외의 다른 수사기관은 범죄를 수사하는 과정에서 고위공직자범죄 및 관련범죄를 인지한 경우 그 사실을 즉시 공수처에 통보하여야 한다(공수처법24②). 다른 수사기관으로부터 고위공직자범죄 및 관련범죄 사실의 통보를 받은 공수처 처장은 통보를 한 다른 수사기관의 장에게 공수처규칙으로 정한 기간과 방법으로 수사개시 여부를 회신하여야 한다(동조④).

공수처 외의 다른 수사기관이 검사의 고위공직자범죄 혐의를 발견한 경우에는 그 수사기관의 장은 단순 통보를 넘어서서 사건을 공수처에 이첩하여야 한다(공수처법25②). 공수처 처장이 공수처검사의 범죄 혐의를 발견한 경우에는 관련 자료와 함께 이를 대검찰청에 통보하여야 한다(동조①).

(2) 고위공직자범죄의 이첩

공수처의 범죄수사와 중복되는 범죄수사를 다른 수사기관이 행하는 경우가 있다. 이 경우 공수처 처장이 수사의 진행 정도 및 공정성 논란 등에 비추어 공수처에서 수사하는 것이 적절하다고 판단하여 이첩을 요청하면 해당 수사기관은 이에 응하여야 한다(공수처법24①).

공수처 처장은 피의자, 피해자, 사건의 내용과 규모 등에 비추어 다른 수사기관이 고위공직자범죄 및 관련범죄를 수사하는 것이 적절하다고 판단될 때에는 해당 수사기관에 사건을 이첩할 수 있다(공수처법24③).

제5절 피 의 자

제1 피의자의 의의

1. 피의자 지위의 발생

수사는 수사기관이 범죄의 혐의가 있다고 사료하는 때(법196①, 197① 참조)에 개시된다. 이때 수사기관에 의하여 범죄혐의를 받고 수사의 대상으로 되어 있는 사람을 피의자라고 한다. 이에 대하여 수사종결 후 검사가 법원에 공소를 제기하거나 경찰서장이 즉결심판을 청구한 사람을 가리켜 피고인이라고 부른다.

피의자의 지위는 수사기관이 범죄혐의를 인정하여 수사를 개시한 때로부터 발생한다. 고소사건이나 고발사건의 경우에는 수사기관에 고소 또는 고발이 접수·수리될 때 피의자의 지위가 발생한다. 수사가 개시되지 아니한 용의자를 피내사자라고 한다. 형식설은 피의자 지위의 발생시점을 형식적으로 파악하여 입건시로 본다. 그러나 실질설에 따라서 사건수리 절차를 밟지 아니하였더라도 수사기관이 범죄혐의 있음을 객관적으로 외부에 표시하였으면 그 때에 피의자의 지위가 개시된다고 볼 것이다. 판례는 실질설을 취하고 있다(2000도2968). 수사와 내사의 구별기준 및 구별실익에 대해서는 전술하였다(전술 8면).

범죄수사는 수사기관이 적극적으로 범죄를 인지하여 수사를 개시하는 경우와 수사기관 이외의 자가 고소, 고발, 자수 등의 형태로 범죄사실을 신고하여 형사처벌을 구함으로써 수사를 개시하는 경우로 나누어 볼 수 있다. 그러나 양자 모두 수사기관이 범죄혐의를 인정하게 되었다는 점에서는 차이가 없다.

2. 피의자의 대리 · 대표

형법 제9조 내지 제11조의 규정[형사미성년자, 심신장애인, 청각 및 언어장애인]의 적용을 받지 아니하는 범죄사건에 관하여 피의자가 의사능력이 없는 때에는 그 법정대리인이 소송행위를 대리한다(법26). 피의자가 법인인 때에는 그 대표자가 소송행위를 대표한다(법27①). 여러 사람이 공동하여 법인을 대표하는 경우에도 소송행위에 관하여는 각자가 대표한다(동조②).

피의자를 대리 또는 대표할 자가 없는 때에는 법원은 검사 또는 이해관계인의 청구에 의하여 특별대리인을 선임하여야 한다(법28① 후단). 특별대리인은 피의자를 대리 또는 대표하여 소송행위를 할 자가 있을 때까지 그 임무를 행한다(동조②).

3. 피의자 지위의 소멸

피의자는 검사의 공소제기(법254), 공수처검사의 공소제기(공수처법20①, 3① ii 참조) 또는 경찰서장의 즉결심판청구(즉결심판법3)에 의하여 피고인으로 그 지위가 전환된다. 경우에 따라 공소제기 후에 수사기관이 수사를 진행하는 경우가 있으나(후술 179면) 이것은 피고인에 대한 수사이지 피의자에 대한 수사가 아니다.

피의자의 지위는 일차적으로 경찰공무원인 사법경찰관의 사건불송치처분(법245의5 ii)에 의하여 소멸한다. 그러나 (가) 사법경찰관이 검찰송치처분(법245의5 i)을 한 사건, (나) 사법경찰관이 검사의 시정조치 요구를 이행하지 아니하여 검사에게 송치된 사건(법197의3⑥), (다) 고소인의 이의신청에 따라 검사에게 송치된 사건(법245의7②), (라) 검사와 사법경찰관이 동일한 범죄사실을 수사하여 검사가 사법경찰관에게 송치를 요구한 사건(법197의4①) 등의 경우에는 검사의 공소제기 또는 불기소처분에 의하여 피의자의 지위가 소멸한다.

한편 검사의 불기소처분에 대하여 고소인 또는 고발인이 검찰항고(검찰청법10)(후술 153 면), 재정신청(법260)(후술 155면)을 하거나 피의자가 헌법소원(헌법재판소법68①)을 제기한 경우에는 그 절차가 종결되기 전까지는 피의자의 지위가 소멸하지 않는다.

제 2 피의자의 소송법상 지위

수사기관에 의하여 범죄의 혐의가 인정된 피의자는 수사의 대상이 된다. 그러나 피의자는 단순히 수동적인 수사의 객체에 그치지 않는다. 법원에 의한 유·무죄의 판단은 수사절차 단계에서 이루어지는 수사기관의 활동에 의하여 결정적으로 좌우되는 일이 많기 때문에 우리 형사소송법은 여러 가지 형태로 피의자의 법적 지위를 강화하고 있다.

피의자는 수사기관의 수사대상이 된다. 검사 또는 사법경찰관은 수사에 필요한 때에는 피의자의 출석을 요구하여 진술을 들을 수 있다(법200). 그러나 수사기관의 피의자출석요구권이 강제수사권을 의미하는 것은 아니다. 피의자는 수사기관의 처분에 좌우되는 수사의 객체가 아니기 때문이다. 따라서 피의자는 피의자신문을 위한 수사기관의 출석요구를 거부할 수 있고 또 피의자신문을 받는 장소에서 언제든지 퇴거할 수 있다.

피의자에게 피의자신문을 수인(受忍)할 의무는 없다. 수사기관의 출석요구(법200)는 원칙적으로 임의수사에 속하지만 피의자의 출석불응은 체포영장에 의한 체포(법200의2①)의 요건이 되므로 강제수사로서의 색채가 다소 가미되어 있다.

헌법과 형사소송법은 피의자의 지위를 강화하기 위하여 여러 가지 장치를 마련하고 있으며, 특히 체포·구속된 피의자의 권리를 보호하기 위하여 상세한 배려를 하고 있다. 이러한 법적 장치들은 법률전문가인 변호인의 조력 없이는 실현되기 어렵다. 수사절차에서 피의자의 방어권으로 특히 주목되는 것으로 진술거부권, 무죄추정을 받을 권리, 변호인의 조력을 받을 권리를 들 수 있다.

제 3 피의자의 방어권

1. 진술거부권

(1) 의 의

우리 헌법 제12조 제2항은 "모든 국민은 고문을 받지 아니하며, 형사상 자기에게 불리한 진술을 강요당하지 아니한다."고 규정하고 있다. 형사책임에 관하여 자기에게 불리한 진술을 거부할 수 있는 권리를 진술거부권이라고 한다.

피의자·피고인의 진술거부권은 검사에 대한 무기대등의 원칙을 실현시키며 피의자·피고인의 소송주체성을 확인하는 점에서 그 의미가 매우 크다. 형사소송법은 공판절차에서 피고인의 진술거부권을 규정할 뿐만 아니라(법283의2, 266의8⑥) 수사절차에서 피의자를 위한 진술거부권 고지를 명시하여(법244의3) 형사절차 전반에 걸친 피의자·피고인의 주체적 지위를 보장하고 있다. 피고인의 진술거부권은 공판절차 항목에서 검토하기로 하고(후술 224면) 아래에서는 피의자의 진술거부권을 살펴본다.

(2) 진술강요의 금지

진술거부권은 단순히 진술거부권의 고지라는 차원을 넘어서서 법률상 또는 사실상의 어떠한 이유에서든지 진술자에게 진술을 강요하지 못하도록 한다. 즉 진술자의 자발적이고 주체적인 의사표현을 해치는 진술강요는 금지된다.

헌법과 형사소송법은 자백배제법칙과 관련하여 진술강요에 해당하는 경우를 예시하고 있다(헌법12②·⑦, 법309). 고문은 어떠한 경우에도 절대적으로 금지된다(헌법12②·⑦). 폭행, 협박, 신체구속의 부당한 장기화, 기망 등의 방법이 진술강요의 수단으로 사용될 수 없음은 물론이며(헌법12⑦, 법309), 형사소추의 면제를 약속하는 것도 진술강요에 해당한다. 수사기관은 다른 사건의 수사를 통하여 확보된 증거 또는 자료를 내세워 관련 없는 사건에 대한 자백이나 진술을 강요해서는 안 된다(법198④). 또한 진술은 법률로써도 강제할 수 없다. 거짓 진술을 처벌한다는 형벌법규는 당해 혐의사실의 대상자에게는 적용되지 않는다(2015도3136).

(3) 피의자의 진술거부권

피의자는 진술거부권을 갖는다. 수사기관은 피의자를 신문하기 전에 진술거부권을 고지해야 한다(법244의3). 피의자가 의사무능력자인 경우에는 그의 법정대리인(법26)이나 특별대리인(법28)이, 피의자가 법인인 경우에는 법인의 대표자(법27), 특별대리인(법28) 또는 대리인(법276 단서 참조)이 진술거부권을 갖는다.

수사기관에 의한 진술거부권 고지의 대상이 되는 피의자의 지위는 수사기관이 조사대상자에 대한 범죄혐의를 인정하여 수사를 개시하는 행위를 한 때에 인정된다(2011도8125). 수사기관이 공범에 대해 수사를 개시할 수 있는 상태이었는데도 진술거부권 고지를 잠탈할 의도로 피의자신문이 아닌 참고인 조사의 형식을 취하여 조사하는 것은 허용되지 않는다(2011도8125).

(4) 진술거부권의 대상

진술거부권의 대상은 진술이다. 진술인 이상 구술에 의한 진술뿐만 아니라 서면에 기재된 진술도 포함한다. 따라서 피의자는 수사기관이 요구하는 진술서의 제출을 거부할 수 있다. 그러나 지문이나 족형의 채취, 신체의 측정, 사진촬영, 음주측정을 위한 호흡측정(96헌가11) 등은 진술이 아니므로 이에 대해서는 진술거부권이 미치지 않는다.

형사소송법상 진술거부권의 적용대상은 형사상 자기에게 불리한 진술이다. 따라서 민사책임이나 행정상의 책임과 관련하여 자기에게 불리한 진술은 진술거부권의 대상에 포함되지 않는다. 한편 형사책임에 관련되는 진술인 한 범죄사실 자체뿐만 아니라 간접사실이나 범죄사실의 발견에 단서를 제공하는 사항에 관한 진술도 진술거부권의 대상이 된다.

(5) 진술거부권의 고지

진술거부권을 현실적으로 행사하려면 진술자가 자신에게 그러한 권리가 있음을 알아야 한다. 이 때문에 우리 형사소송법은 피의자에 대한 진술거부권 고지규정(법244의3)을 마련하고 있다. 수사기관이 피의자를 신문함에 있어서 피의자에게 미리 진술거부권을 고지하지 않은 때에는 그 피의자의 진술은 위법하게 수집된 증거로서 진술의 임의성이 인정되는 경우라도 증거능력이 부인된다(2011도8125)(후술 387면).

2. 무죄추정을 받을 권리

(1) 의 의

헌법 제27조 제4항은 "형사피고인은 유죄의 판결이 확정될 때까지는 무죄로 추정된다."고 규정하고 있다. 헌법은 피고인을 대상으로 무죄추정의 원칙을 선언하고 있다. 피고인은 검사의 공소제기에 의하여 유죄판결의 가능성이 보다 구체화된 사람이다. 아직 검사의 공소제기를 받지 아니한 피의자에 대하여 무죄추정의 원칙이 적용되는 것은 당연하다(91헌마111). 피고인에 대한 무죄추정의 원칙에 대해서는 뒤에서 검토하기로 하고(후술 226면), 아래에서는 피의자의 무죄추정권에 대해 살펴본다.

무죄추정의 원칙은 (가) (ㄱ) 아직 공소제기가 없는 피의자는 물론 (ㄴ) 공소가 제기된 피고인이라도 (나) 유죄의 확정판결이 있기까지는 (다) 원칙적으로 죄가 없는 자에 준하여 취급하여야 하고 불이익을 입혀서는 안 되며, (라) 가사 불이익을 입힌다 하여도 필요한 최소한도에 그쳐야 한다는 원칙을 말한다(2010헌마418).

(2) 피의자의 무죄추정권

범죄수사가 개시되어 아직 유죄판결이 확정되지 아니하였다는 사실이 다른 분야에서 피의자를 위한 전면적 면책사유가 될 수는 없다. 무죄추정의 원칙상 금지되는 '불이익'은 범죄사실의 인정 또는 유죄를 전제로 그에 대하여 법률적·사실적 측면에서 가하는 유형·무형의 차별취급을 말한다. 범죄수사의 기초를 이루는 공무원의 비위사실을 토대로 징계처분을 내리는 것은 무죄추정의 권리를 침해하는 것이 아니다(84누110).

무죄추정의 원칙에 의하여 수사는 불구속수사를 원칙으로 한다(법198①). 구속은 예외적으로 구속 이외의 방법에 의하여서는 범죄에 대한 효과적인 투쟁이 불가능하여 형사소송의 목적을 달성할 수 없다고 인정되는 경우에 한하여 최후의 수단으로만 사용되어야 한다. 구속수사가 허용될 경우라도 그 구속기간은 가능한 한 최소한에 그쳐야 한다(2002헌마193). 피의자의 무죄추정권에 비추어 볼 때 구속피의자는 가능한 한 사회 일반인과 동일한 처우를 받아야 한다. 피의자를 신문하는 경우에 수사기관은 원칙적으로 피의자의 신체를 구속하지 못한다(2001헌마728).

피의자에게 인정되는 무죄추정의 권리는 유죄판결이 확정될 때까지 존속한다. 따라서 검사가 범죄혐의를 인정하면서도 기소편의주의(법247)에 입각하여 피의자에게 기소유예처분을 한 경우에도 무죄추정은 유지된다.

3. 변호인의 조력을 받을 권리

우리 형사소송법은 피의자·피고인의 방어권을 보장하기 위하여 여러 가지 법적 장치를 마련하고 있다. 그런데 이러한 권리들이 실질적으로 행사되어 피의자·피고인과 국가기관 사이에 무기대등의 관계가 이루어지려면 법률전문가로부터 충분한 조력을 받지 않으면 안 된다. 이 점을 고려하여 우리 헌법은 "누구든지 체포 또는 구속을 당한 때에는 즉시 변호인의 조력을 받을 권리를 가진다."고 규정하고(헌법12④ 본문), 나아가 형사피고인이 스스로 변호인을 구할 수 없을 때를 대비하여 국선변호인제도를 보장하고 있다(동항 단서). 아래에서는 수사절차와 공판절차 전반에 걸쳐 피의자·피고인의 변호인의 조력을 받을 권리를 검토하기로 한다.

제6절 변호인

제1 형식적 변호와 실질적 변호

형사절차에 소송주체로 관여하는 법원과 검사는 무고한 시민이 처벌받거나 절차의 대상이 되지 않도록 보호해야 할 책임을 진다. 이러한 관점에서 국가기관인 검사나 법원이 피의자·피고인에게 유리한 사항을 조사하여 이들의 방어에 조력하는 활동(법242 후단, 286② 참조)을 실질적 변호라고 한다. 이에 대해 전적으로 피의자·피고인의 입장에서 그들의 미비한 방어능력을 보충하면서 조력하는 법률전문가가 변호인이다. 변호인에 의한 변호활동을 검사나 법원이 행하는 실질적 변호에 대립시켜 형식적 변호라고 부른다.

변호인은 원칙적으로 법률전문가로서의 자격을 갖춘 변호사 중에서 선임하여야 한다(법31 본문), 변호인은 피의자·피고인 또는 그와 일정한 관계에 있는 사인이 선임한 사선변호인과 법원에 의하여 선정된 국선변호인으로 나누어 볼 수 있다.

제2 사선변호인

1. 변호인의 선임

피의자·피고인 및 그와 일정한 관계에 있는 사람에 의하여 선임되는 변호인을 사선변호인이라고 한다. 피의자 또는 피고인은 변호인을 선임할 수 있다(법30①). 피의자 또는 피고인의 법정대리인·배우자·직계친족·형제자매는 독립하여 변호인을 선임할 수 있다(동조②). 변호인선임의 시기에 제한은 없다. 사선변호인은 사건의뢰인과 변호인 사이에 체결되는 사법상의 계약 외에 법원에 대하여 행하는 변호인선임이라는 소송행위를 통해 변호인으로서의 지위를 취득한다.

변호인은 변호사 중에서 선임하여야 한다(법31 본문). 대법원 이외의 법원은 특별한 사정이 있으면 변호사 아닌 자를 변호인으로 선임하는 것을 허가할 수 있다(동조 단서). 이러한 자를 특별변호인이라고 한다. 그러나 상고심에는 변호사가 아닌 자를 변호인으로 선임하지 못한다(법386).

변호인의 선임은 변호인과 연명날인한 서면으로 제출하여야 한다(법32①). 변호인선임서는 수사 단계에서는 검사 또는 사법경찰관에게, 공소제기 후에는 수소법원에 제출하여야 한다. 변호인선임서는 심급마다 제출하여야 한다(법32①). 상소법원에 변호인선임서를 제출하지 아니한 채 상소이유서(법361의3①, 379①)만을 제출하고 상소이유서 제출기간이 경과한 후에 변호인선임서를 제출하였다면 그 상소이유서는 적법·유효한 상소이유서가 될 수 없다(2013도9605). 이는 그 변호인이 원심변호인(법341①)으로서 원심법원에 상소장을 제출하였다 하더라도 마찬가지이다(2013도9605)(후술 477면).

2. 변호인선임의 효력

변호인선임이라는 소송행위는 수임변호사에게 변호인으로서의 권리와 의무를 발생시키는 소송법적 효력을 가진다. 변호인선임은 소송행위이다. 하나의 사건에 관하여 한 변호인선임은 동일 법원의 동일 피고인에 대하여 병합된 다른 사건에 관하여도 그 효력이 있다(규칙13 본문). 다만, 피고인 또는 변호인이 이와 다른 의사표시를 한 때에는 그러하지 아니하다(동조 단서). 이처럼 변호인선임의 효력범위를 병합된 다른 사건에까지 확장한 것은 변호인의 조력이 누락되지 않도록 하기 위함이다.

변호인선임의 효력은 심급단위로 미치는 것이 원칙이며, 이 때문에 변호인선임은 심급마다 이루어져야 한다(법32①). 공소제기 전의 변호인선임은 제1심에도 그 효력이 있다(동조②). 수사절차와 제1심 공판절차는 서로 절차의 주재자를 달리하지만 법원의 공권적 판단은 결국 1회에 그치게 되므로 양 절차를 하나의 단위로 묶어서 파악한 것이다.

제 3 국선변호인

1. 국선변호인제도의 의의

국선변호인이란 법원에 의하여 선정된 변호인을 말한다. 국가가 변호인을 붙이는 행위를 가리켜서 국선변호인의 선정이라고 한다. 우리 헌법은 형사절차에서 평등원칙과 사회국가의 이념을 실현하기 위하여 국선변호인의 조력을 받을 권리를 기본권으로 보장하고 있다(헌법12④ 단서). 형사소송법은 국선변호인제도의 실질화를 도모하기 위하여 피의자에 대한 구속영장청구 단계에서부터 국선변호인 선정을 의무화하는 등 국선변호제도의 적용범위를 대폭 확장하고 있다.

헌법상 보장되는 '변호인의 조력을 받을 권리'는 변호인의 '충분한 조력'을 받을 권리를 의미한다. 그러므로 피고인에게 국선변호인의 조력을 받을 권리를 보장하여야 할 국가의 의무에는 피고인이 국선변호인의 실질적 조력을 받을 수 있도록 할 의무가 포함된다(2015도9951).

2. 국선변호의 유형

형사소송법은 필요국선, 청구국선, 재량국선이라는 세 가지 유형의 국선변호인을 인정하고 있다. 필요국선은 법원이 반드시 국선변호인을 선정해야 하는 경우를 말한다. 법원은 다음 각 호의 어느 하나에 해당하는 경우에 변호인이 없는 때에는 직권으로 변호인을 선정하여야 한다(법33①).

① 피고인이 구속된 때 (1호)

② 피고인이 미성년자인 때 (2호)

③ 피고인이 70세 이상인 때 (3호)

④ 피고인이 듣거나 말하는 데 모두 장애가 있는 사람인 때 (4호)

⑤ 피고인이 심신장애가 있는 것으로 의심되는 때 (5호)

⑥ 피고인이 사형, 무기 또는 단기 3년 이상의 징역이나 금고에 해당하는 사건으로 기소된 때 (6호)

1호 사유인 '피고인이 구속된 때'의 의미에 대해 종래 대법원판례는 피고인이 해당 형사사건에서 구속되어 재판을 받고 있는 경우로 한정된다는 입장을 취하고 있었다. 2024년 대법원은 전원합의체 판결로 (가) 피고인이 해당 형사사건에서 구속되어 재판을 받고 있는 경우에 한정된다고 볼 수 없고, (나) 피고인이 별건으로 구속영장이 발부되어 집행되거나, (다) 다른 형사사건에서 유죄판결이 확정되어 그 판결의 집행으로 구금 상태에 있는 경우 또한 '피고인이 구속된 때'에 포함된다는 입장으로 판례를 변경하였다(2021도6357 ☞ 560면).

청구국선은 피고인의 청구에 기하여 법원이 국선변호인을 선정하는 경우를 말한다. 법원은 피고인이 빈곤이나 그 밖의 사유로 변호인을 선임할 수 없는 경우에 피고인이 청구하면 변호인을 선정하여야 한다(법33②).

재량국선은 필요국선의 사유가 없고 피고인의 청구가 없더라도 법원이 재량으로 국선변호인을 선정하는 경우를 말한다. 법원은 피고인의 나이·지능 및 교육 정도 등을 참작하여 권리보호를 위하여 필요하다고 인정하면 피고인의 명시적 의사에 반하지 아니하는 범위에서 변호인을 선정하여야 한다(법33③). 시각장애인 또는 청각장애인은 듣거나 말하는 데 모두 장애가 있는 사람은 아니므로 직권에 의한 국선변호인 선정(동조① iv)의 대상이 아니다. 그러나 법원은 재량으로 국선변호인을 선정해야 한다(2014도4496).

3. 국선변호인 선정이 필요한 그 밖의 경우

국선변호인의 선정이 요구되는 기본적인 사유는 앞에서 살펴보았다. 위에서 소개한 경우는 공소제기 후 수소법원에 소송계속(訴訟繫屬)이 발생한 경우를 전제로 하고 있다. 그런데 이와 같은 일반적인 경우 이외에 국선변호인의 선정이 필요한 경우가 있다. 형사소송법이 국선변호인 선정을 규정한 그 밖의 경우들을 살펴보면 다음과 같다.

구속영장이 청구된 피의자에 대해 영장실질심사를 할 때 심문할 피의자에게 변호인이 없는 때에는 지방법원판사는 직권으로 변호인을 선정하여야 한다(법201의2⑧ 1문). 구속영장이 청구된 피의자에 대한 국선변호인의 선정은 피의자에 대한 구속영장청구가 기각되어 효력이 소멸한 경우를 제외하고는 제1심까지 효력이 있다(동항 2문).

체포·구속적부심사절차에서 체포되거나 구속된 피의자에게 변호인이 없는 때에는 피고인에 대한 국선변호인선정을 규정한 형소법 제33조가 준용된다(법214의2⑩). 그런데 구속된 피의자에게는 형소법 제201조의2 제8항에 의하여 이미 국선변호인이 선정되어 있다. 그렇기 때문에 실제로 적부심절차에서 국선변호인 선정이 의미를 가지는 것은 체포된 피의자가 적부심을 청구하는 경우이다.

법원은 검사, 피고인 또는 변호인의 의견을 들어 공판준비기일을 지정할 수 있는데(법266의7①), 공판준비기일이 지정된 사건에 관하여 변호인이 없는 때에는 법원은 직권으로 변호인을 선정하여야 한다(법266의8④).

재심개시결정(법435①)이 확정되어 재심심판절차(법438①)에 들어간 사건의 심판과 관련하여 국선변호인이 선정되는 경우가 있다. 재심을 청구한 자가 변호인을 선임하지 아니한 때에는 재판장은 직권으로 변호인을 선정하여야 한다(법438④)(후술 506면). 그러나 재심사건의 심판절차(법438 이하)가 아니라 재심개시결정을 구하는 재심청구절차(법420 이하)에는 국선변호인 선정에 관한 규정(법438④)이 적용되지 않는다(92모49).

「국민의 형사재판 참여에 관한 법률」에 의한 국민참여재판은 배심원이 참여하는 형사재판이다(국민참여재판법2ⅱ). 국민참여재판은 중형이 예상되는 합의부 관할사건을 대상으로 하고 있다(동법5①). 국민참여재판에 관하여 변호인이 없는 때에는 법원은 직권으로 변호인을 선정하여야 한다(동법7).

제 4 변호인의 지위와 권리

1. 변호인의 지위

「변호사법」 제2조는 "변호사는 공공성을 지닌 법률 전문직으로서 독립하여 자유롭게 그 직무를 수행한다."고 규정함으로써 변호인을 순수한 소송대리인으로 파악하거나 사법기관의 하나로 파악하는 견해를 배제하는 절충적 입장을 취하고 있다. 여기에서 '독립하여'라 함은 피의자·피고인의 지시로부터 독립함을 의미하고, '자유롭다' 함은 법원, 검사 등 국가 형사사법기관에의 협조의무로부터 자유로움을 의미한다. 이와 같은 복합적 요청을 조화롭게 수행하도록 하기 위하여 변호인에게는 고도의 법률적 기량과 직업윤리적 자질이 요구되고 있다.

2. 변호인의 고유권과 대리권

변호인에게는 피의자·피고인의 방어권 행사를 돕기 위하여 여러 가지 권리가 인정되고 있다. 변호인의 권리는 사선변호인과 국선변호인 사이에 차이가 없다.

(1) 고유권

고유권이란 변호인의 권리로 규정된 것 가운데 변호인이라는 지위에서 그에게 독자적으로 인정된 권리를 말한다. 피의자·피고인의 권리가 소멸하면 변호인의 권리도 소멸하는 대리권의 경우와 달리 고유권은 소송행위를 할 수 있는 피의자·피고인의 권리가 소멸하더라도 이에 영향을 받지 않고 변호인이 그 권리를 독자적 입장에서 행사할 수 있다는 점에서 의미가 크다.

변호인의 고유권 가운데 특히 중요한 것으로는 피의자·피고인과의 접견교통권(법34, 243의2①), 피의자신문시의 변호인참여권(법243의2①), 압수·수색영장 집행시의 참여권(법121, 219)(2020도10729 ☞ 545면), 서류 및 증거물의 열람·복사권(법35①), 피고인신문권(법296의2) 등이 있다.

(2) 대리권

형소법 제36조 본문은 "변호인은 독립하여 소송행위를 할 수 있다."고 규정하고 있다. 이 조문의 해석을 둘러싸고 고유권설은 형소법 제36조의 의미를 변호인에게 고유권을 부여하기 위한 것이라고 본다. 이 입장에서는 형소법 제36조가 '독립하여'라는 문언을 사용하고 있다는 점과 변호인의 조력자로서의 지위를 강화할 필요가 있다는 점을 논거로 제시한다.

그러나 변호인의 소송법적 권한을 원칙적으로 고유권이라고 새기는 견해에 대해서는 여러 가지 난점들이 지적된다. 고유권설에 대해서는 (가) 피의자·피고인이 소송행위의 권리를 상실하더라도 변호인에게 권리가 잔존하게 됨으로써 소송주체 간의 법률관계가 불명확하게 된다는 점, (나) 소송행위의 경중에 따라 변호인의 권리에 차이를 두는 것이 반드시 변호인의 조력자로서의 지위를 약화시키는 것은 아니라는 점, (다) 형소법 제36조 단서가 법률에 다른 규정이 있는 경우를 예정하고 있다는 점 등을 반대논거로 제시할 수 있다. 이렇게 볼 때 형소법 제36조는 변호인의 독립대리권을 규정한 조문이라고 새기는 대리권설이 타당하다고 본다.

형사소송법은 변호인에게 여러 가지 대리권을 명시적으로 인정하고 있다. 명문의 규정이 있는 대리권은 이를 다시 피의자·피고인의 의사로부터 완전히 독립하여 행사할 수 있는 것과 그렇지 아니한 것으로 나누어 볼 수 있다. 변호인의 대리권은 원칙적으로 전자에 해당한다(법36 본문 참조). 이에 반해 변호인의 대리권행사가 피의자·피고인의 의사에 종속한다고 명시된 예로는 기피신청권(법18②), 상소제기권(법341②), 상소취하권(법351), 정식재판청구권(법458, 341) 또는 정식재판청구취하권(법458, 351) 등을 들 수 있다.

3. 변호인의 접견교통권

(1) 접견교통권의 주체와 상대방

피의자·피고인이 방어권을 충분히 행사하려면 피의자·피고인이 변호인과 만나서 사실관계 및 법률적 측면 전반에 걸쳐서 충분한 상담을 나눌 수 있어야 한다. 이를 위하여 법질서가 보장하고 있는 권리가 접견교통권이다.

변호인과 피의자·피고인 간의 접견교통권에는 두 가지 측면이 내포되어 있다. 하나는 피의자·피고인이 변호인을 접견하고 교통하는 권리이다. 접견교통권의 또 다른 측면은 변호인이 피의자·피고인을 접견·교통하는 권리이다. 형소법 제34조는 "변호인이나 변호인이 되려는 자는 신체가 구속된 피고인 또는 피의자와 접견[할 수 있다.]"고 규정하고 있다.

피의자·피고인을 조력할 헌법상의 기본권은 '변호인이 되려는 자'에게도 인정된다(2015헌마1204). 여기에서 변호인이 되려는 자는 (가) 변호인 선임의뢰를 받았으나 아직 변호인선임신고를 하지 아니한 사람 외에 (나) 스스로 변호인으로 활동하려는 자도 포함된다(2015헌마1204). 변호인이 되려는 자는 변호인이 되려는 의사를 표시한 자로서 객관적으로 변호인이 될 가능성이 있다고 인정되는 사람을 말한다(2013도16162).

형사소송법은 수사절차에서 피의자와 변호인 사이의 접견교통권을 대폭 강화하고 있다. 변호인의 피의자신문참여권에 대해서는 피의자신문절차 항목에서 상세히 검토하기로 한다(후술 76면). 공판절차에서 검사의 좌석과 피고인 및 변호인의 좌석은 대등하며, 법대의 좌우측에 마주보고 위치하도록 되어 있다(법275③ 본문). 이러한 좌석배치에 따라 공판기일에 변호인의 법적 조언과 상담이 물리적으로 가능하게 되고, 이를 통해 피고인과 변호인 사이의 접견교통이 실효적으로 보장된다.

변호인이 행하는 접견·교통의 상대방은 피의자 또는 피고인이다. 형소법 제34조는 신체구속된 피의자·피고인에 대한 변호인의 접견교통권만을 명시하고 있으나, 형소법 제243조의2 제1항은 신체구속 여부를 묻지 않고 모든 피의자와 변호인 사이에 접견교통권을 인정하고 있다. 이에 따라 변호인은 불구속피의자에 대해서도 접견교통권을 갖는다.

(2) 접견교통권의 내용

변호인이나 변호인이 되려는 자는 피의자·피고인과 접견할 수 있다. 변호인이나 변호인이 되려는 자와 피의자·피고인은 서로 만나서 사실관계 및 법률적 측면 전반에 걸쳐서 충분한 상담을 나눌 수 있어야 한다.

「형의 집행 및 수용자의 처우에 관한 법률」(형집행법)은 구속피의자·피고인과 변호인 사이의 접견교통에 대해 일부 제한을 가하고 있다(동법41 이하 참조). 그러나 미결수용자와 변호인 또는 변호인이 되려는 사람과의 접견에는 교도관이 참여하지 못하며 그 내용을 청취 또는 녹취하지 못한다. 다만, 보이는 거리에서 미결수용자를 관찰할 수 있다(동법84① 본문·단서).

변호인이나 변호인이 되려는 자는 신체가 구속된 피의자·피고인을 위하여 서류나 물건을 수수(授受)할 수 있다(법34). 서류 및 물건의 수수권은 신체가 구속된 피의자·피고인의 방어준비와 기본적 생활수준의 유지, 심리적 고립감의 해소를 위하여 인정된 것이다. 변호인의 서류·물건 수수권(법34)은 일반인의 경우(법89 참조)와 달리 원칙적으로 제한 없이 인정된다.

형집행법 제43조 제4항 본문은 수용자가 주고받는 편지의 내용은 검열받지 아니한다고 규정하면서, 단서에서 일정한 사유가 있으면 검열을 허용하고 있다. 그러나 형집행법 제43조 제4항 단서에도 불구하고 미결수용자와 변호인 또는 변호인이 되려는 사람 간의 편지는 교정시설에서 상대방이 변호인 또는 변호인이 되려는 사람임을 확인할 수 없는 경우를 제외하고는 검열할 수 없다(동법84③).

변호인이나 변호인이 되려는 자는 의사로 하여금 신체가 구속된 피의자·피고인을 진료하게 할 수 있다(법34). 의사의 진료는 피의자·피고인에 대한 인도적 배려에서 요청될 뿐만 아니라, 신체가 구속된 피의자·피고인의 신체적·정신적 건강상태를 조사하여 인권침해를 방지함은 물론 의사능력(법306 참조) 등 소송주체로서의 기본적 요건을 확인하는 점에서도 의미가 크다.

(3) 접견교통의 제한

변호인의 조력을 받을 권리는 다른 기본권과 마찬가지로 국가안전보장·질서유지 또는 공공복리를 위해 법률로써 제한할 수 있다(헌법37② 참조)(2015헌마1204). 수용자의 접견이 이루어지는 일반적인 시간대를 대통령령으로 규정하는 것은 가능하다. 따라서 공휴일에 신체가 구속된 피의자·피고인과 변호인 또는 변호인이 되려는 자와의 접견을 제한하는 교정당국의 조치는 허용된다(2009헌마341).

신체가 구속된 피의자·피고인과 변호인 또는 변호인이 되려는 자 사이에 보장되는 접견교통권은 신체구속제도 본래의 목적을 침해하지 아니하는 한도 내에서 행사되어야 한다. 변호인 또는 변호인이 되려는 자가 구체적인 시간적·장소적 상황에 비추어 현실적으로 보장할 수 있는 한계를 벗어나 신체가 구속된 피의자·피고인을 접견하려고 하는 것은 정당한 접견교통권의 행사에 해당하지 아니하여 허용되지 않는다(2015헌마1204).

법정에 출정한 구속피고인에게도 변호인과의 면접·교섭권은 최대한 보장해야 한다. 그러나 계호의 필요성과 접견의 비밀성을 위하여 비례의 원칙에 따라 일반적 기준 아래에서 그 절차, 시간, 장소, 방식 등이 제한될 수 있다(2007헌마992).

4. 변호인의 열람·복사권

(1) 열람·복사권의 의의와 범위

변호인은 소송계속 중의 관계서류 또는 증거물을 열람하거나 복사할 수 있다(법35①). 형사소송법은 피고인의 방어권을 실질적으로 보장하기 위하여 열람·복사권을 피고인 및 법정대리인, 특별대리인(법28), 보조인(법29) 또는 피고인의 배우자·직계친족·형제자매에게도 인정하고 있다(법35① · ②). 변호인의 열람·복사권은 방어전략의 수립, 공판절차의 신속한 진행, 공정한 재판의 보장 등을 위하여 중요한 의미가 있다.

변호인과 피고인은 소송계속중의 관계 서류 또는 증거물을 열람하거나 복사할 수 있는데(법35①), '소송계속 중의 관계 서류 또는 증거물'의 범위가 어디까지인지 문제된다. 형소법 제35조 제1항에서 말하는 '소송계속(訴訟繫屬)'이란 원칙적으로 검사의 공소제기로 인하여 발생하는, 수소법원이 피고사건을 심리할 수 있는 상태를 의미한다(후술 177면). 그러므로 변호인과 피고인은 공소제기가 이루어진 후에 비로소 '소송계속 중의 관계 서류 또는 증거물'을 열람·복사할 수 있다.

공소제기 후의 열람·복사를 가능하게 하는 장치로 형소법 제266조의3 이하에 규정된 증거개시제도가 주목된다. 국민참여재판의 실시를 계기로 형사소송법은 공판준비절차를 대폭 강화하였다. 공판준비절차란 제1회 공판기일을 열기에 앞서서 집중심리를 가능하게 하기 위하여 쟁점이나 증거조사할 사항을 미리 정리하는 절차를 말한다(법266의5 이하 참조).

공판준비를 실효성 있게 진행하려면 피고인과 변호인은 관련되는 증거의 내용을 미리 알 수 있어야 한다(법266의3, 266의4). 때로는 검사도 피고인 측의 증거 내용을 미리 알아야 할 경우가 있다(법266의11). 이러한 관계로 형사소송법은 공판준비절차(법266의5)에 앞서서 증거개시(證據開示)에 관한 규정을 두고 있다(후술 238면 참조).

형소법 제272조 제1항은 "법원은 직권 또는 검사, 피고인이나 변호인의 신청에 의하여 공무소 또는 공사단체에 조회하여 필요한 사항의 보고 또는 그 보관서류의 송부를 요구할 수 있다."고 규정하고 있다. 이에 따라 피고인과 변호인은 법원에 대해 문서송부촉탁 신청권을 가진다.

(2) 수사절차상의 열람·복사

열람·복사(법35①·②)의 대상이 되는 '소송계속 중의 관계 서류 또는 증거물'은 공소제기 후의 관계 서류 또는 증거물을 의미한다. 따라서 수사절차에서의 관계 서류나 증거물은 열람·복사나 증거개시의 대상이 되지 않는 것이 원칙이다. 그러나 예외적으로 열람·복사가 허용되는 경우가 있다.

형사소송규칙은 피의자구속과 관련한 영장실질심사절차 및 체포·구속적부심사절차에서 관련 수사기록의 열람권을 규정하고 있다. 다만, 형사소송규칙은 수사기록 열람권을 피의자의 변호인에게만 인정하고 있다. 영장실질심사절차에서 피의자심문에 참여할 변호인은 (가) 지방법원판사에게 제출된 구속영장청구서 및 그에 첨부된 고소·고발장, (나) 피의자의 진술을 기재한 서류와 (다) 피의자가 제출한 서류를 열람할 수 있다(규칙96의21①). 영장실질심사절차에서의 수사기록 열람에 관한 규정(규칙96의21)은 체포·구속적부심사를 청구한 변호인에게 준용된다(규칙104의2).

(3) 검사의 열람·등사권

형사소송법은 국민참여재판의 실시를 계기로 집중심리주의(법267의2)를 천명하면서 피고인 측 증거에 대한 증거개시를 인정하고 있다. 검사는 피고인 또는 변호인이 공판기일 또는 공판준비절차에서 현장부재·심신상실 또는 심신미약 등 법률상·사실상의 주장을 한 때에는 피고인 또는 변호인에게 일정한 서류 또는 물건의 열람·등사 또는 서면의 교부를 요구할 수 있다(법266의11①). 검사는 공판준비 또는 공판기일에서 법원의 허가를 얻어 구두로 상대방에게 서류 등의 열람 또는 등사를 신청할 수 있다(규칙123의5①)(후술 242면).

제 5 보 조 인

보조인이란 피의자 또는 피고인과 일정한 신분관계에 있는 자로서 피의자·피고인의 이익을 보호하는 자를 말한다(법29 참조). 보조인은 피의자·피고인과 일정한 신분관계에 있는 자라는 점에서 원칙적으로 법률전문가인 변호사 가운데에서 선임·선정되는 변호인 (법31 본문)과 구별된다. 또 보조인은 법원에 신고를 함으로써 그 지위가 발생하는 점(법29 ③)에서 법원의 허가에 의하여 변호인의 지위를 얻게 되는 특별변호인(법31 단서)과 차이가 있다.

피의자·피고인의 법정대리인, 배우자, 직계친족, 형제자매는 보조인이 될 수 있다 (법29①). 보조인이 될 수 있는 자가 없거나 장애 등의 사유로 보조인으로서 역할을 할 수 없는 경우에는 피의자·피고인과 신뢰관계 있는 자가 보조인이 될 수 있다(동조②). 보조인이 되고자 하는 자는 심급별로 그 취지를 신고하여야 한다(동조③).

보조인은 독립하여 피의자·피고인의 명시한 의사에 반하지 아니하는 소송행위를 할 수 있다. 단, 법률에 다른 규정이 있는 때에는 예외로 한다(법29④ 본문·단서). 보조인은 변호인과 같이 독립대리권을 가지지만(법36 참조) 변호인과 달리 피의자·피고인의 명시한 의사에 반하는 소송행위를 할 수 없다. 또 보조인에게는 변호인이 가지는 고유권이 인정되지 않는다.

제3장 수사조건과 수사단서

제1절 수사조건

제1 수사조건의 의의

수사란 범죄혐의의 유무를 명백히 하여 공소를 제기·유지할 것인가의 여부를 결정하기 위해 범인을 발견·확보하고 증거를 수집·보전하는 수사기관의 활동을 말한다(2014헌마843). 수사절차는 일반적으로 범죄혐의의 발견으로부터 시작하여 사법경찰관의 사건불송치처분(법245의5 ii), 검사의 공소제기(법254①) 또는 불기소처분(수사준칙52① ii) 등의 수사종결처분에 의하여 종료한다.

수사활동이 이루어지는 일련의 과정을 수사절차로 파악할 때 수사절차의 개시·유지·발전에 필요한 조건을 수사조건이라고 한다. 이를 수사기관의 관점에서 보면 수사조건이란 수사권의 발동·행사를 위한 조건이라고도 말할 수 있다.

제2 수사의 일반적 조건

1. 범죄혐의

수사는 수사기관이 '범죄의 혐의가 있다고 사료하는 때'(법196①, 197①)에 개시할 수 있다. 범죄의 혐의 없음이 명백한 사건에 대한 수사는 허용되지 않는다. 수사개시를 위한 범죄혐의는 수사기관의 주관적 혐의를 의미하며 아직 객관적 혐의로 발전함을 요하지 않는다.

수사기관의 주관적 혐의는 수사기관의 자의적 혐의를 의미하지 않는다. 범죄혐의는 주위의 사정을 합리적으로 판단하여(경찰관직무집행법3① i 참조) 그 유무를 결정해야 한다. 따라서 수사기관의 주관적 혐의는 구체적 사실에 근거를 둔 혐의일 것을 요한다.

2. 수사의 필요성

수사기관은 수사에 관하여 그 목적을 달성하기 위하여 필요한 조사를 할 수 있다(법

199① 본문). 이때 '수사의 목적을 달성하기 위하여 필요한 조사'란 수사의 목적을 달성함에 필요한 경우에 한하여 사회통념상 상당하다고 인정되는 방법으로 수행되는 조사를 의미한다(98도3329).

피의자에 대한 수사는 불구속 상태에서 함을 원칙으로 한다(법198①). 수사기관이 아무리 수사의 필요성을 인정한다고 하더라도 강제처분은 형사소송법에 특별한 규정이 없으면 하지 못하며, 강제수사가 허용되는 경우에도 필요한 최소한도의 범위 안에서만 하여야 한다(법199① 단서).

수사의 필요성은 수사기관이 자의적으로 판단해서는 안 된다. 수사기관은 수사의 필요성을 합리적으로 판단하여야 한다(경찰관직무집행법3① i 참조). 이때 합리성의 판단은 합리적인 평균인을 기준으로 하여야 하는바, 담당 검사 및 사법경찰관의 경험과 전문지식은 중요한 판단자료의 하나가 된다.

수사의 일차적 임무는 공소제기 여부를 결정하는 것이다. 그런데 처음부터 당해 사건에 대해 법원이 적법하게 심리와 재판을 행하기 위한 조건(즉 소송조건)이 결여된 경우에 굳이 수사의 필요성을 인정할 수 있겠는가 하는 문제가 생긴다. 이와 관련하여 논의되는 것으로 친고죄 등의 고소·고발과 수사의 필요성 문제가 있다.

친고죄는 고소가 있어야 공소를 제기할 수 있는 범죄이다. 친고죄의 경우(예컨대 모욕죄; 형법311, 312①) 유효한 고소가 있어야 법원은 당해 사건에 대하여 심판할 수 있다(법327 v 참조). 반의사불벌죄는 피해자의 명시한 의사에 반하여 공소를 제기할 수 없는 범죄이다. 반의사불벌죄의 경우(예컨대 폭행죄: 형법260①·③)에는 피해자가 처벌을 원하지 않는다는 의사표시를 하거나 처벌을 원하는 의사표시를 철회하면 법원은 당해 사건에 대해 심리와 재판을 할 수 없다(법327 vi). 또한 각종 특별법에서 관계 당국의 고발이 있어야 법원이 당해 사건에 대해 심판할 수 있도록 하는 경우가 있다. 이러한 사건을 가리켜서 즉고발사건 또는 즉시고발사건이라고 한다.

법률에 의하여 고소나 고발이 있어야 논할 수 있는 죄에 있어서 고소 또는 고발은 소추조건에 불과하고 당해 범죄의 성립요건이나 수사의 조건은 아니다. 따라서 이러한 범죄에 관하여 고소나 고발이 있기 전에 수사를 하였다고 하더라도, 그 수사가 장차 고소나 고발이 있을 가능성이 없는 상태하에서 행해졌다는 등의 특단의 사정이 없는 한, 고소나 고발이 있기 전에 수사를 하였다는 이유만으로 그 수사가 위법하게 되는 것은 아니다(2008도7724).

3. 수사의 상당성

(1) 함정수사와 수사의 상당성

수사기관은 수사의 목적을 달성하기 위해 필요한 조사를 할 수 있다(법199① 본문 참조). 이때 필요한 조사는 상당한 것이어야 한다. 사실관계를 분명하게 파악하기 위하여 수사기관은 강제처분을 제외하고는(법199① 단서) 원칙적으로 수사상 필요한 한도 내에서 상당하다고 판단되는 어떠한 형태의 조사활동도 할 수 있다. 그런데 여기에서 수사기관이 함정수사의 방법으로 수사를 하는 것이 수사의 상당성에 부합하는지 문제된다.

함정수사란 수사기관이 시민에게 범죄를 범하도록 교사한 후 범죄의 실행을 기다렸다가 범인을 검거하는 수사방법을 말한다. 함정수사의 특징은 수사기관이 적극적으로 시민에게 구체적인 범행동기를 부여하고 범행기회를 제공하며 실제로 범죄실행에 나아가도록 유인한다는 점에 있다. 역으로 말한다면 함정수사란 수사기관의 유인이나 기망이 없었다면 그 상대방은 범죄를 범하지 않았을 것으로 판단되는 경우이다.

함정수사는 수사기관의 수사방법이다. 사인은 함정수사의 주체가 될 수 없다. 유인자가 수사기관과 직접적인 관련을 맺지 아니한 상태에서 피유인자를 상대로 단순히 수차례 반복적으로 범행을 교사하였을 뿐, 수사기관이 사술이나 계략 등을 사용하였다고 볼 수 없는 경우는, 설령 그로 인하여 피유인자의 범의가 유발되었다 하더라도 위법한 함정수사에 해당하지 않는다(2007도10804).

함정수사는 이미 범죄의사를 가지고 있는 사람에 대하여 범죄를 범할 기회를 부여하는 기회제공형 함정수사와 전혀 범죄의사가 없는 사람에게 새로운 범죄의사를 유발하는 범의유발형 함정수사로 나누어 볼 수 있다(2007도1903). 이 가운데 기회제공형 함정수사는 수사의 상당성을 충족하여 적법하다는 점에 대체로 의견이 모아지고 있다.

범의유발형 함정수사에 대해서는 수사의 상당성을 긍정하는 견해와 부정하는 견해가 각각 제시되고 있다. 또한 부정설의 입장에서는 범의유발형 함정수사로 기소된 피고인에 대해 공소기각판결(법327 ii)을 선고해야 한다는 견해, 면소판결(법326)을 선고해야 한다는 견해, 무죄판결(법325)을 선고해야 한다는 견해가 서로 대립하고 있다. 판례는 공소기각판결설을 취하고 있다(2005도1247).

함정수사의 법리는 위법수집증거배제법칙과 구별된다. 형소법 제308조의2는 적법절차를 위반하여 수집한 개별 증거에 대해 증거능력을 부정하고 있다. 그러나 적법하게 수집한 증거가 달리 존재한다면 유죄 판단이 가능하다. 이에 대해 위법한 함정수사의 경우에는 유죄·무죄의 판단을 하지 않고 공소기각판결에 의하여 당해 형사절차 자체가 종결된다.

(2) 신분위장수사와 수사의 상당성

입법자는 디지털 성범죄를 사전에 예방하고 증거능력 있는 자료를 확보하기 위하여 사법경찰관리에게 신분비공개수사와 신분위장수사를 할 수 있도록 수사 특례규정을 마련하였다. 아동·청소년 대상 디지털 성범죄에 대한 특례규정의 법적 근거는 「아동·청소년의 성보호에 관한 법률」(동법25의2 이하 참조)이며, 성인 대상 디지털 성범죄에 대한 특례규정의 법적 근거는 「성폭력범죄의 처벌 등에 관한 특례법」(동법22의2 이하 참조)이다.

신분비공개수사란 일정한 디지털 성범죄에 대하여 신분을 비공개하고 범죄현장(정보통신망을 포함한다) 또는 범인으로 추정되는 자들에게 접근하여 범죄행위의 증거 및 자료 등을 수집하는 수사활동을 말한다(청소년성보호법25의2①, 성폭력처벌법22의2① 참조).

신분위장수사란 (가) 일정한 디지털 성범죄를 계획 또는 실행하고 있거나 실행하였다고 의심할 만한 충분한 이유가 있고, (나) 다른 방법으로는 그 범죄의 실행을 저지하거나 범인의 체포 또는 증거의 수집이 어려운 경우에 한정하여 수사 목적을 달성하기 위하여 부득이한 때에 허용되는 수사활동이다. 신분위장수사의 경우에는 (가) 신분을 위장하기 위한 문서, 도화 및 전자기록 등의 작성, 변경 또는 행사, (나) 위장 신분을 사용한 계약·거래, (다) 불법 촬영물 또는 복제물(복제물의 복제물을 포함한다)의 소지, 판매 또는 광고 행위를 할 수 있다(청소년성보호법25의2②, 성폭력처벌법22의2② 참조).

제 2 절 수사의 단서

제 1 수사단서의 의의

수사기관은 범죄의 혐의가 있다고 사료하는 때에는 범인, 범죄사실과 증거를 수사하게 된다(법196①, 197① 참조). 이때 수사기관이 범죄혐의가 있다고 판단하게 되는 원인을 수사단서라고 한다. 수사단서는 수사개시의 출발점이 된다.

수사단서는 수사기관 자신의 체험에 의한 경우와 타인의 체험을 근거로 한 경우로 나누어 볼 수 있다. 현행범체포(법212), 변사자검시(법222), 불심검문(경찰관직무집행법3), 기사 또는 풍설에 기한 범죄혐의확인, 타사건 수사중의 범죄 발견 등은 전자에 해당한다. 이에 반하여 고소(법223), 고발(법234), 자수(법240), 진정·탄원·투서 등에 의한 범죄혐의 확인 등은 후자의 경우에 속한다.

제2 불심검문

1. 불심검문의 의의

불심검문이란 「경찰관 직무집행법」에 따라 경찰관이 행동이 수상한 자를 발견한 경우에 그 사람을 정지시켜 조사하는 행위를 말한다. 이 경우 '경찰관'은 경찰공무원만을 가리킨다(경찰관직무집행법1). 「경찰관 직무집행법」에 따라 경찰관은 ① 수상한 행동이나 그 밖의 주위 사정을 합리적으로 판단하여 볼 때 어떠한 죄를 범하였거나 범하려 하고 있다고 의심할 만한 상당한 이유가 있는 사람이나, ② 이미 행하여진 범죄나 행하여지려고 하는 범죄행위에 관한 사실을 안다고 인정되는 사람에 대하여 불심검문을 할 수 있다(동법3①).

불심검문의 방법에는 (가) 거동수상자를 정지시켜 질문하는 직무질문(경찰관직무집행법3①), (나) 정지시킨 장소에서 질문을 하는 것이 그 사람에게 불리하거나 교통에 방해가 된다고 인정될 때 질문을 하기 위하여 가까운 경찰관서로 동행할 것을 요구하는 동행요구(동조②), (다) 직무질문시 흉기를 가지고 있는지를 조사하는 흉기소지검사(동조③) 등이 있다.

2. 불심검문의 방법

(1) 직무질문

경찰관은 수상한 행동이나 그 밖의 주위 사정을 합리적으로 판단하여 볼 때 어떠한 죄를 범하였거나 범하려 하고 있다고 의심할 만한 상당한 이유가 있는 사람이나 이미 행하여진 범죄나 행하여지려고 하는 범죄행위에 관한 사실을 안다고 인정되는 사람을 정지시켜 질문할 수 있다(경찰관직무집행법3①).

직무질문은 거동수상자에게 행선지나 용건 또는 성명, 주소, 연령을 묻고 소지품 등의 내용을 물어보는 조사방법이다. 직무질문을 할 때 경찰관은 상대방에게 자신의 신분을 표시하는 증표를 제시하면서 소속과 성명을 밝히고 질문의 목적과 이유를 설명하여야 한다(경찰관직무집행법3④). 판례는 상황을 종합적으로 고려할 때 검문하는 사람이 경찰관이고 검문하는 이유가 범죄행위에 관한 것임을 상대방이 충분히 알고 있었다고 보이는 경우에는 신분증을 제시하지 않았다고 해도 그 불심검문이 위법한 공무집행으로 되지 않는다는 입장이다(2014도7976).

불심검문 대상자인지 여부를 판단함에 있어서는 불심검문 당시의 구체적 상황은 물론 사전에 얻은 정보나 전문적 지식 등에 기초하여 해당 여부를 객관적 · 합리적인 기준에 따라 판단해야 한다. 그러나 반드시 불심검문 대상자에게 형사소송법상 체포나 구속에 이를 정도의 범죄혐의가 있을 것을 요하지는 않는다(2011도13999).

경찰관의 직무질문은 어디까지나 임의수사의 일종이므로 질문상대방은 그 의사에 반하여 답변을 강요당하지 않는다(경찰관직무집행법3⑦ 후단). 직무질문은 임의수사이므로 어떠한 형태의 강제도 허용되지 않는다. 예컨대 수갑을 채운 뒤 질문을 하는 것은 적법한 직무질문이 되지 않는다. 따라서 이 경우에는 위법수집증거배제법칙(법308의2)에 따른 증거능력 제한이 따르게 된다. 다만 상대방이 답변을 거부하고 질문 장소를 떠나려고 하는 경우에 강제에 이르지 않을 정도로 설득하여 번의(翻意)를 구하는 것은 허용된다.

직무질문을 행하기 위하여 상대방을 정지시킬 필요가 생기는 경우가 있다(경찰관직무집행법3①). 경찰관은 직무질문의 대상자에게 질문을 하기 위하여 범행의 경중, 범행과의 관련성, 상황의 긴박성, 혐의의 정도, 질문의 필요성 등에 비추어 그 목적 달성에 필요한 최소한의 범위 내에서 사회통념상 용인될 수 있는 상당한 방법으로 그 대상자를 정지시킬 수 있고 질문에 수반하여 흉기의 소지 여부도 조사할 수 있다(2010도6203).

경찰관의 검문에 불응하고 막무가내로 검문 현장 바깥으로 나가려고 하는 대상자를 막아선 정도로 유형력을 행사하는 것은 그 목적 달성에 필요한 최소한의 범위에서 사회통념상 용인될 수 있는 방법으로 이루어진 것으로 볼 수 있다(2014도7976).

직무질문에 필요한 정지의 시간은 신체구속이라고 볼 수 있을 정도로 장시간이어서는 안 된다(경찰관직무집행법3⑦ 전단 참조). 그 구체적인 시간은 개별적 상황에 따라서 달라질 수 있을 것이지만, 동행요구에 기한 동행의 상한선이 6시간(동법3⑥)이라는 점은 정지시간의 한계를 정하는 기준으로 고려되어야 한다.

(2) 동행요구

경찰관은 직무질문 대상자를 정지시킨 장소에서 직무질문을 하는 것이 그 사람에게 불리하거나 교통에 방해가 된다고 인정될 때에는 질문을 하기 위하여 가까운 경찰서 · 지구대 · 파출소 또는 출장소(지방해양경찰관서를 포함한다)로 동행할 것을 요구할 수 있다(경찰관직무집행법3② 1문). 이를 가리켜 동행요구라고 한다. 이 경우 동행을 요구받은 사람은 경찰관의 동행요구를 거절할 수 있다(동항 2문).

상대방에 대하여 경찰관서로 동행을 요구할 때 경찰관은 상대방에게 자신의 신분을 표시하는 증표를 제시하면서 소속과 성명을 밝히고 동행의 목적과 이유를 설명해야 하며, 동행 장소를 밝혀야 한다(경찰관직무집행법3④). 동행요구에 의한 동행을 한 경우에 경찰관은

(가) 동행한 사람의 가족이나 친지 등에게 동행한 경찰관의 신분, 동행 장소, 동행 목적과 이유를 알리거나 (나) 본인으로 하여금 즉시 연락할 수 있는 기회를 주어야 하며, (다) 변호인의 도움을 받을 권리가 있음을 알려야 한다(경찰관직무집행법3⑤).

동행요구에 의한 동행을 한 경우에 경찰관은 동행한 사람을 6시간을 초과하여 경찰관서에 머물게 할 수 없다(경찰관직무집행법3⑥). 그 이상을 초과하는 동행은 신체구속에 해당하며 이는 형사소송에 관한 법률에 의하지 아니하고는 허용되지 않는다(동법3⑦, 법199① 단서).

(3) 흉기소지검사

경찰관은 직무질문 대상자에게 질문을 할 때 그 사람이 흉기를 가지고 있는지를 조사할 수 있다(경찰관직무집행법3③). 흉기소지검사는 직무질문 대상자의 의복이나 휴대품을 가볍게 손으로 만지면서 혐의물품의 존부를 확인하고 흉기소지의 혐의가 있는 경우 상대방으로 하여금 이를 제출하게 하거나 경찰관이 직접 이를 꺼내는 조사방법이다.

흉기소지를 검사하기 위한 조사는 상대방의 의복이나 손가방 등의 휴대품에 한정되며 잠금장치가 되어 있는 물품이나 조사받는 사람의 직접적인 접촉범위 내에 존재하지 않는 물건에 대해서는 소지품검사를 할 수 없다. 이는 흉기발견을 위한 소지품검사가 원칙적으로 공무를 수행하는 경찰관의 생명과 신체의 안전을 도모하기 위하여 인정된 것이기 때문이다. 한편, 어떠한 죄를 범하였다고 의심되는 사람이나 이미 행하여진 범죄에 관한 사실을 안다고 인정되는 사람을 대상으로 하는 흉기소지검사의 경우에는 증거물의 발견도 부차적인 목적에 포함되고 있다.

3. 자동차검문

자동차검문이란 경찰관이 통행중인 자동차를 정지시켜서 운전자 또는 동승자에게 질문을 하는 것을 말한다. 자동차검문은 이를 교통검문, 경계검문 및 긴급수배검문으로 나누어 볼 수 있다. 교통검문이란 「도로교통법」 위반사범의 단속을 위한 검문을 말하며 「도로교통법」 제47조에서 법적 근거를 찾을 수 있다. 교통검문은 교통경찰행정 작용에 속한다.

경계검문이란 불특정한 일반범죄의 예방과 검거를 목적으로 하는 자동차검문이다. 경계검문으로서의 자동차검문의 법적 근거는 「경찰관 직무집행법」 제3조에서 찾아 볼 수 있다. 불특정한 범죄의 예방과 검거를 목적으로 하는 경계검문은 「경찰관 직무집행법」 제3조 제1항이 규정하고 있는 대상자 가운데 '어떠한 죄를 범하려 하고 있다고 의심할 만한 상당한 이유가 있는 사람' 및 '행하여지려고 하는 범죄행위에 관한 사실을 안다고 인정되는 사람'에 대한 직무질문의 일종으로 볼 수 있기 때문이다.

긴급수배검문이란 특정범죄가 발생한 경우에 범인의 검거와 수사정보의 수집을 목적으로 하는 검문을 말한다. 긴급수배검문으로서의 자동차검문은 전형적인 사법경찰작용에 속하며 원칙적으로 형사소송법의 규율대상이 될 것이다. 그러나 우리 형사소송법은 특별히 자동차검문을 위한 규정을 두고 있지 않다. 이 때문에 긴급수배검문의 법적 근거는 일단「경찰관 직무집행법」제3조 제1항이 되지 않을 수 없다. 그리하여 경찰관은 수상한 행동이나 그 밖의 주위 사정을 합리적으로 판단하여 볼 때 '어떠한 죄를 범하였다고 의심할 만한 상당한 이유가 있는 사람' 또는 '이미 행하여진 범죄에 관한 사실을 안다고 인정되는 사람'이 탑승한 자동차를 정지시켜 질문하는 불심검문의 방법으로 긴급수배검문을 할 수 있다.

제3 변사자의 검시

1. 의 의

형사소송법은 수사개시의 단서로서 변사자의 검시를 규정하고 있다(법222). 변사자란 통상의 병사 또는 자연사가 아닌 사체를 의미한다. 검시(檢視)란 죽음의 범죄 관련성 여부를 조사하는 것을 말한다. 검시(檢視)는 사체 및 그 주변 현장을 포함하여 관련 상황을 종합적으로 조사하는 형태로 이루어진다.

검시(檢視)는 검시(檢屍)와 구별된다. 검시(檢屍)는 검증(檢證)의 일종이다. 검증(檢證)이란 사물의 성질과 상태를 오관을 통하여 감득하는 행위를 말한다. 수사절차에서 검증은 원칙적으로 법관이 발부한 영장이 있을 때 가능하다(법215 참조).

검증(檢證)의 일종으로 행해지는 검시(檢屍)는 죽음에 대한 의학적 판단을 위해 시체에 대하여 시행하는 검사이다. 검시(檢屍)는 주로 의사에 의하여 행해지며 검안과 부검으로 이루어진다. 검안(檢案)은 시체를 손괴하지 않고 외표검사를 통하여 검사하는 행위이고, 부검(剖檢)은 사망의 종류 및 사인을 알아내기 위하여 시체를 해부하여 검사하는 행위를 말한다.

원래 변사자의 검시(檢視)는 변사자에 대한 국가의 확인·관리라는 행정검시의 관점에서 인정된 것이므로 엄밀한 의미에서는 수사의 단서라고 할 수 없다. 그러나 검시의 결과 범죄혐의가 있다고 판단되는 경우에는 바로 수사가 개시되므로 검시(檢視)는 수사의 단서가 된다. 이 점에서 우리 입법자는 형소법 제222조에서 변사자 검시를 수사의 단서로 규정하고 있으며, 검시(檢視)의 주체를 변사자 또는 변사의 의심 있는 사체의 소재지를 관할하는 지방검찰청 검사로 정하고 있다(법222①).

2. 변사자 검시의 절차

(1) 사법경찰관의 검시

형소법 제222조는 검시(檢視)의 주체를 검사로 정하고 있다. 그런데 검사가 직접 수사를 개시할 수 있는 범죄의 범위가 대폭 제한됨에 따라(검찰청법4①ⅰ단서) 검사가 직접 수사를 개시할 수 없는 범죄의 경우에는 사법경찰관이 사실상 검시(檢視)의 주체로 활동하게 된다. 사법경찰관은 검시(檢視)로 범죄의 혐의를 인정하고 긴급을 요할 때에는 검사의 명을 받아 영장 없이 검증(檢證)할 수 있다(법222② · ③). 원래 수사상 검증에는 법관의 영장이 있어야 하지만(법215) 그 대상이 사체라는 특수성과 수사의 긴급성 때문에 영장주의에 대한 예외가 인정되고 있다.

부검 등의 검증처분은 수사가 개시된 이후의 처분이므로 수사의 단서인 변사자 검시와 구별되며 검증영장에 의해야 한다. 사법경찰관은 범죄수사에 필요한 때에는 피의자가 죄를 범하였다고 의심할 만한 정황이 있고 해당 사건과 관계가 있다고 인정할 수 있는 것에 한정하여 검사에게 신청하여 검사의 청구로 지방법원판사가 발부한 영장에 의하여 검증을 할 수 있다(법215②). 사법경찰관은 범행 중 또는 범행 직후의 범죄 장소에서 긴급을 요하여 법원판사의 영장을 받을 수 없는 때에는 영장 없이 검증을 할 수 있다. 이 경우에는 사후에 지체 없이 영장을 받아야 한다(법216③).

검사가 사법경찰관이 신청한 검증영장을 정당한 이유 없이 판사에게 청구하지 아니한 경우 사법경찰관은 그 검사 소속의 지방검찰청 소재지를 관할하는 고등검찰청에 영장 청구 여부에 대한 심의를 신청할 수 있다(법221의5①). 사법경찰관은 영장심의위원회에 출석하여 의견을 개진할 수 있다(동조② · ④).

(2) 검사의 검시

변사자 또는 변사의 의심 있는 사체가 있는 때에는 그 소재지를 관할하는 지방검찰청 검사가 검시(檢視)하여야 한다(법222①). 검사는 변사자 또는 변사의 의심 있는 사체에 대한 검시로 범죄의 혐의를 인정하고 긴급을 요할 때에는 영장 없이 검증할 수 있다(법222②). 원래 수사상 검증에는 법관의 영장이 있어야 하지만(법215) 그 대상이 사체라는 특수성과 수사의 긴급성 때문에 영장주의에 대한 예외가 인정되고 있다.

부검 등의 검증처분은 수사가 개시된 이후의 처분이므로 수사의 단서인 변사자 검시와 구별되며 검증영장에 의하여야 한다(법215①). 검사는 범행 중 또는 범행 직후의 범죄 장소에서 긴급을 요하여 법원판사의 영장을 받을 수 없는 때에는 영장 없이 검증을 할 수 있다. 이 경우에는 사후에 지체 없이 영장을 받아야 한다(법216③).

제4 고   소

1. 고소의 의의

고소란 범죄의 피해자 또는 그와 일정한 관계에 있는 고소권자가 수사기관에 범죄사실을 신고하여 범인의 처벌을 원하는 의사표시이다. 고소는 피해자 등 고소권자가 행하는 의사표시라는 점에서 일반인이 하는 고발이나 범인이 하는 자수와 구별된다. 또 고소는 범인의 처벌을 원한다는 의사표시를 핵심요소로 한다는 점에서 단순한 범죄사실의 신고나 진정·탄원·투서 등과 구별된다.

원래 범죄사실을 수사하여 범인을 처벌하는 것은 형벌권의 행사로서 국가의 책무이며 사인(私人)이 관여할 바는 아니다. 사인의 고소는 수사기관에 대하여 범죄사실을 신고하고 범인의 처벌을 원한다는 의사표시이다. 고소는 어디까지나 수사단서의 하나에 그치며 원칙적으로 특별한 소송법적 의미를 갖지 않는다.

범인의 처벌을 원한다는 사인(私人)의 의사표시에 대해 법이 독자적인 의미를 부여하여 국가가 독점한 형사소추권에 일정한 제한을 가하는 경우가 있다. 우리 입법자는 국가가 형사소추권을 행사할 때 사인의 의사표시를 존중하는 방안으로 친고죄와 반의사불벌죄를 인정하고 있다.

2. 친고죄와 반의사불벌죄

(1) 친고죄

친고죄란 피해자의 명예보호나 침해이익의 경미성을 감안하여 피해자가 처벌을 원한다는 의사표시를 할 때 비로소 공소를 제기할 수 있도록 하는 범죄이다. 형법의 경우 사자(死者)의 명예훼손죄(형법308, 312①), 모욕죄(형법311, 312①), 비밀침해죄(형법316, 318), 업무상 비밀누설죄(형법317, 318) 등이 여기에 해당한다.

특별법 가운데에는 「저작권법」(동법140① 본문), 「실용신안법」(동법45②), 「디자인보호법」(동법220②) 등의 위반죄가 친고죄로 주목된다. 「저작권법」상 저작재산권 침해범죄는 원칙적으로 친고죄이다. 그러나 영리를 목적으로 하거나 상습적으로 저작재산권 침해행위를 한 경우는 친고죄에서 제외된다(동법140① 본문·단서 참조). 「저작권법」은 양벌규정을 두고 있다(동법141). 양벌규정을 적용할 때에는 행위자인 법인의 대표자나 법인 또는 개인의 대리인·사용인 그 밖의 종업원을 기준으로 친고죄인지 여부를 판단해야 한다(2011도1435).

친고죄의 고소는 보통 그 고소에 의하여 비로소 수사가 진행된다는 점에서 전형적인 수사단서로 파악되지만, 동시에 형사절차의 진행을 좌우하는 조건으로서 소송조건의 성질을 갖는다. 친고죄는 사자명예훼손죄나 모욕죄와 같이 신분관계의 유무를 묻지 않는 절대적 친고죄와 친족상도례(형법328②, 344, 354, 361, 365①)의 경우와 같이 일정한 신분자 사이에만 친고죄로 인정되는 상대적 친고죄로 나누어진다.

(2) 반의사불벌죄

반의사불벌죄는 일단 국가기관이 수사절차와 공판절차를 독자적으로 진행할 수 있도록 하되 피해자가 처벌을 원하지 않는다는 명시적 의사표시를 하는 경우에 그 의사에 반하여 형사절차를 진행할 수 없도록 하는 범죄이다. 피해자에 대하여 신속한 피해배상을 촉진하고 가해자와 피해자 사이에서 이루어지는 분쟁해결을 존중하려는 취지에서 우리 입법자가 인정한 범죄유형이다.

형법의 경우 폭행죄(형법260① · ② · ③), 과실치상죄(형법266① · ②), 협박죄(형법283① · ② · ③), 명예훼손죄(형법307① · ②, 309① · ②, 312②) 등이 반의사불벌죄에 해당한다. 특별법 가운데에는 「교통사고처리 특례법」 위반죄(업무상과실치사상)(동법3② 본문, 4① 본문), 「부정수표 단속법」 위반죄(부정수표발행)(동법2④), 「근로기준법」 위반죄(임금체불등)(동법109②), 「특허법」 위반죄(특허권침해죄)(동법225②), 「정보통신망 이용촉진 및 정보보호 등에 관한 법률」 위반죄(불안문자전송)(동법74① ⅲ, ②) 등이 주요한 예이다.

반의사불벌죄는 피해자의 고소가 없더라도 수사기관이 직접 인지하여 수사를 개시할 수 있다는 점에서 친고죄와 차이가 있다. 반의사불벌죄의 경우에는 피해자에게 죄를 자복(自服)하였을 때 형을 감경하거나 면제할 수 있다(형법52②).

3. 고소권자

(1) 범죄피해자

범죄로 인한 피해자는 고소할 수 있다(법223). 고소권이 인정되는 범죄의 피해자는 원칙적으로 법익의 직접적 귀속주체이어야 한다. 따라서 원칙적으로 개인적 법익을 침해하는 범죄의 경우에만 고소권이 발생할 수 있다. 간접적으로 법익이 침해되는 경우에는 고소권이 발생하지 않는다. 그러나 사회적 법익이나 국가적 법익을 침해하는 범죄의 경우라 하더라도 범죄의 수단이나 행위의 상대방이 된 사람은 피해자로서 고소권을 갖는다(92헌마262). 고소권자인 범죄의 피해자는 자연인에 한정되지 않고 법인, 법인격 없는 사단 또는 재단도 포함한다. 법인 또는 단체가 피해자가 된 경우에는 법인 또는 단체의 대표자가 고소권을 행사한다.

고소를 함에는 고소능력이 있어야 한다. 고소능력이란 피해를 받은 사실을 이해하고 고소에 따른 사회생활상의 이해관계를 알아차릴 수 있는 사실상의 의사능력이다. 사실상의 의사능력으로 충분하므로 민법상의 행위능력이 없는 자라도 위와 같은 의사능력을 갖춘 자에게는 고소능력이 인정된다. 범행 당시 고소능력이 없던 피해자가 그 후에 비로소 고소능력이 생겼다면 그 고소기간은 고소능력이 생긴 때로부터 기산된다(2007도4962). 의사능력 있는 피해자는 단독으로 고소를 할 수 있다. 미성년자인 피해자의 경우 고소에 법정대리인의 동의가 있어야 한다거나 법정대리인에 의해 고소가 대리되어야 하는 것은 아니다(2009도6058).

(2) 법정대리인

피해자의 법정대리인은 독립하여 고소할 수 있다(법225①). 고소권은 일신전속적인 권리로서 피해자가 이를 행사하는 것이 원칙이다. 그러나 형사소송법이 예외적으로 법정대리인으로 하여금 독립하여 고소권을 행사할 수 있도록 한 경우가 있다. 그 이유는 피해자가 고소권을 행사할 것을 기대하기 어려운 경우 피해자와 독립하여 고소권을 행사할 사람을 정하여 피해자를 보호하려는 데 있다(2021도2488 ☞ 559면).

법정대리인의 고소권과 관련하여, '독립하여 고소할 수 있다'는 의미에 대해 독립대리권설과 고유권설이 대립하고 있다. 독립대리권설의 입장에서는 일단 피해자의 고소권이 소멸하면 피해자의 대리인인 법정대리인의 고소권도 소멸된다고 본다. 또한 같은 이유에서 피해자 본인은 법정대리인이 한 고소를 취소할 수 있다고 새긴다.

고유권설의 입장에서는 법정대리인의 고소권은 제한능력자 등의 보호를 위하여 법정대리인에게 특별히 부여된 고유권이라고 본다. 피해자 본인의 고소권 소멸에 관계없이 법정대리인은 고소권을 행사할 수 있으며, 그의 고소기간은 법정대리인 자신이 범인을 알게 된 날로부터 진행한다고 본다. 같은 이유에서 피해자 본인은 법정대리인의 고소를 취소할 수 없다고 본다. 판례는 고유권설을 취하고 있다(99도3784).

(3) 피해자의 친족 등

피해자가 사망한 때에는 그 배우자, 직계친족 또는 형제자매가 고소할 수 있다(법225② 본문). 그러나 배우자 등은 피해자의 명시한 의사에 반하여 고소하지 못한다(법225② 단서). 친족 등의 고소권을 고유권이라고 보는 견해가 있으나, 피해자의 명시한 의사에 반하지 못한다는 규정에 비추어 볼 때 독립대리권으로 볼 것이다(4288형상109).

피해자의 친족은 (가) 피해자의 법정대리인이 피의자이거나, (나) 법정대리인의 친족이 피의자인 때에는 독립하여 고소할 수 있다(법226). 사자(死者)의 명예를 훼손한 범죄에 대하여는 그 친족 또는 자손은 고소할 수 있다(법227). 이 경우는 친족이나 자손이 피해자의 고소권을 대리행사하는 것이 아니라 사자에 대한 명예훼손죄(형법308)의 특수성에 기하여 고유권으로서 고소권을 행사하는 것이다. 사망자의 고소권행사란 생각할 수 없기 때문이다.

친고죄에 대하여 고소할 자가 없는 경우에 이해관계인의 신청이 있으면 검사는 10일 이내에 고소할 수 있는 자를 지정하여야 한다(법228). 고소할 자가 없게 된 사유는 묻지 않으며, 이해관계는 법률상의 사유와 사실상의 사유를 모두 포함한다. 그러나 단순한 감정상의 사유는 여기에 해당하지 않는다.

4. 고소의 제한

고소권 있는 자라 할지라도 여러 가지 정책적 고려에 의하여 고소권 행사가 제한되는 경우가 있다. 자기 또는 배우자의 직계존속은 고소하지 못한다(법224). 이는 효(孝)라는 우리 고유의 전통규범을 수호하기 위한 제한이다(2008헌바56). 그러나 피해자가 제한능력자인 경우에 피해자의 친족이 독립하여 법정대리인을 고소할 수 있는 것은 별개의 문제이다 (법226 참조).

형소법 제224조의 제한에도 불구하고 특별법에 의하여 자기 또는 배우자의 직계존속을 고소할 수 있는 경우가 있다. 「가정폭력범죄의 처벌 등에 관한 특례법」에 의하여 가정폭력범죄로 분류된 범죄(동법2ⅲ)의 경우에는 자기 또는 배우자의 직계존속을 고소할 수 있다. 법정대리인이 고소하는 경우에도 또한 같다(동법6②).

5. 고소기간

친고죄에 대하여는 범인을 알게 된 날부터 6개월을 경과하면 고소하지 못하는 것이 원칙이다(법230① 본문). 친고죄의 고소기간은 고소할 수 없는 불가항력의 사유가 있을 때에는 진행되지 않는다. 이 경우에는 그 사유가 없어진 날부터 고소기간을 기산한다(동항 단서).

친고죄의 고소기간 제한은 형벌권의 행사가 처벌을 원한다는 사인의 의사표시 유무에 의하여 장기간 좌우되는 폐단을 방지하기 위하여 마련된 것이다. 그러나 비친고죄 고소의 경우에는 고소기간에 제한이 없다. 이 경우는 처벌을 원한다는 의사표시라기보다 단순히 범죄사실의 신고라는 측면에서 수사단서로서의 의미를 가질 뿐이기 때문이다.

친고죄에 있어서 고소기간의 시기(始期)는 원칙적으로 범인을 알게 된 날이다(법230① 본문). '범인을 알게 된 날'이란 범죄행위가 종료된 후에 범인을 알게 된 날을 가리킨다. 고소권자가 범죄행위가 계속되는 도중에 범인을 알았다 하여도, 그 날부터 곧바로 친고죄의 고소기간이 진행된다고는 볼 수 없다. 이러한 경우 고소기간은 범죄행위가 종료된 때부터 계산해야 한다. 동종행위의 반복이 당연히 예상되는 영업범 등 포괄일죄의 경우에는 최후의 범죄행위가 종료한 때에 전체 범죄행위가 종료된 것으로 보아야 한다(2004도5014). 범인에는 정범뿐만 아니라 교사범과 방조범도 포함된다. 단순히 범죄사실을 알게 된 것만으로는 부족하고 범인까지도 알아야 한다. 범인이 누구인가를 특정할 수 있을 정도로 알면 족하고 범인의 주소, 성명 기타 인적 사항까지 알아야 할 필요는 없다.

법정대리인(법225①)의 고소기간은 법정대리인 자신이 범인을 알게 된 날부터 진행한다. 이에 대해 대리인(법236)에 의한 고소의 경우에는 대리고소인이 아니라 정당한 고소권자를 기준으로 고소권자가 범인을 알게 된 날로부터 고소기간을 기산한다(2001도3081). 고소할 수 있는 자가 여러 사람인 경우에 한 사람의 기간의 해태(懈怠)는 타인의 고소에 영향을 미치지 않는다(법231).

6. 고소의 방식

(1) 고소의 방식과 상대방

고소는 검사 또는 사법경찰관에게 하여야 한다(법237①). 피해자가 피고인을 심리하고 있는 법원에 대해 범죄사실을 적시하고 피고인을 처벌하여 줄 것을 요구하는 내용의 의사표시를 하였다 하더라도 이는 고소로서의 효력이 없다(84도709).

고소는 서면 또는 구술로써 하여야 한다(법237①). 검사 또는 사법경찰관이 구술에 의한 고소를 받은 때에는 조서를 작성하여야 한다(법237②). 그 조서는 독립된 조서일 필요는 없다. 수사기관이 고소권자를 증인 또는 피해자로서 신문한 경우에 그 진술에 범인의 처벌을 요구하는 의사표시가 포함되어 있고 그 의사표시가 조서에 기재되었다면 고소는 적법하게 이루어진 것이다(2011도4451). 전화, 팩시밀리, 이메일 등에 의한 고소는 조서가 작성되지 않는 한 유효한 고소라고 볼 수 없다. 사법경찰관이 고소를 받은 때에는 신속히 조사하여 관계서류와 증거물을 검사에게 송부하여야 한다(법238).

고소에 조건을 붙이는 것은 허용되지 않는다. 고소불가분의 원칙(법233)에 따를 때 친고죄의 공범 중 일부에 대해서만 처벌을 구하고 나머지에 대하여는 처벌을 원하지 않는다는 내용의 고소는 적법한 고소라고 할 수 없다(2008도7462).

(2) 고소의 특정과 효력범위

고소는 고소권자가 수사기관에 범죄사실을 신고하여 범인의 처벌을 원하는 의사표시이므로 범죄사실 등이 구체적으로 특정되어야 한다. 그러나 그 특정의 정도는 고소인의 의사가 수사기관에 대해 일정한 범죄사실을 지정·신고하여 범인의 소추·처벌을 원하는 의사표시가 있었다고 볼 수 있으면 족하다. 고소인은 범죄사실을 특정하여 신고하면 족하고 범인이 누구인지, 나아가 범인 중 처벌을 구하는 자가 누구인지를 적시할 필요가 없다(94도2423).

양벌규정은 직접 위법행위를 한 행위자 이외에 그 업무의 사업주를 처벌하도록 하는 규정으로서 당해 위법행위와 별개의 범죄를 규정한 것이 아니다. 친고죄의 경우에도 직접 행위자의 범죄에 대한 고소가 있으면 족하다. 양벌규정에 의하여 처벌받는 사업주에 대하여 별도의 고소를 요하지 않는다(94도2423).

(3) 고소의 대리

고소는 대리인으로 하여금 하게 할 수 있다(법236). 대리인에 의한 고소의 경우, 대리권이 정당한 고소권자에 의하여 수여되었음이 실질적으로 증명되면 충분하고, 그 방식에 특별한 제한은 없다. 그러므로 고소를 할 때 반드시 위임장을 제출한다거나 '대리'라는 표시를 하여야 하는 것은 아니다(2001도3081). 친고죄는 처벌을 원한다는 사인의 의사표시가 예외적으로 국가의 형사소추권 행사에 영향을 미치는 범죄이다. 고소의 대리는 표시대리에 한정되며 처벌을 원한다는 의사표시의 결정 자체를 대리하는 의사대리는 포함하지 않는다(2010도11550).

특별법에 의하여 피해자에게 변호사가 선임되거나 국선변호사가 선정되는 경우가 있다. 「성폭력범죄의 처벌 등에 관한 특례법」(동법27①), 「아동·청소년의 성보호에 관한 법률」(동법30), 「아동학대범죄의 처벌 등에 관한 특례법」(동법16) 등은 범죄피해자에 대해 피해자변호사제도를 도입하고 있다. 피해자의 변호사는 형사절차에서 피해자 및 그 법정대리인의 대리가 허용될 수 있는 모든 소송행위에 대한 포괄적인 대리권을 가진다(성폭력처벌법27⑤). 따라서 피해자의 변호사는 처벌을 원한다는 의사표시의 결정 자체를 포함하여 피해자를 대리하여 고소할 수 있다(2019도10678 ☞ 536면).

7. 고소불가분의 원칙

(1) 의 의

고소의 효력은 일정한 범위에서 불가분이라는 원칙을 고소불가분의 원칙이라고 한다. 형소법 제233조는 "친고죄의 공범 중 그 1인 또는 수인에 대한 고소 또는 그 취소는 다른 공범자에 대하여도 효력이 있다."고 규정하여 고소불가분의 원칙을 주관적인 측면에서 명문으로 인정하고 있다.

원래 고소는 수사기관에 범죄사실을 신고하여 범인의 처벌을 원한다는 의사표시이며 소송행위로서의 성질을 갖는다. 원칙적으로 소송행위는 당해 형사사건의 단일성을 단위로 하여 그 효력범위가 결정된다. 사건단위의 결정은 주관적으로는 피의자 · 피고인의 수를 기준으로 하고, 객관적으로는 죄수론상의 과형상 일죄를 기준으로 하여 이루어진다. 이때 1명의 피의자 · 피고인과 1개의 과형상 일죄를 기준으로 하여 결정되는 사건의 단위를 사건의 단일성이라고 한다.

그런데 형사소송법은 친고죄의 특수성을 고려하여 고소의 효력이 미치는 범위에 관하여 일정한 수정을 가하고 있다. 고소불가분의 원칙(법233)이 그것이다. 고소불가분의 효력이 미치는 범위는 객관적 측면과 주관적 측면에서 이를 검토해 볼 필요가 있다.

(2) 고소의 객관적 효력범위

친고죄의 고소가 영향을 미치는 객관적 범위는 기본적으로 죄수론상의 일죄를 기준으로 결정된다. 객관적 측면의 경우에는 원칙적으로 통상적인 소송행위와 친고죄의 고소 사이에 차이가 없기 때문에 우리 형사소송법은 이 부분에 대하여 특별한 규정을 두고 있지 않다. 다만 피해자의 의사를 존중한다는 친고죄의 특수성에 따라서 이론상 약간의 수정이 필요한 경우가 있다. 고소의 객관적 불가분의 원칙은 단순일죄, 과형상 일죄, 과형상 수죄의 경우로 나누어 고찰할 필요가 있다.

단순일죄의 경우에는 일부사실에 대한 고소가 있더라도 그 효력이 전부에 미친다. 예컨대 여러 개의 「저작권법」 위반행위가 포괄일죄의 관계에 있는 경우에 일부의 행위만을 고소하였더라도 그 고소는 포괄일죄의 관계에 있는 행위 전부에 미친다(2008도7462).

과형상 일죄의 경우에는 친고죄의 특수성에 비추어 경우를 세 가지로 나누어서 검토하여야 한다.

첫째로, 과형상 일죄의 구성부분들이 모두 친고죄이고 피해자가 동일한 경우가 있다. 예컨대 동일 피해자에 대한 「저작권법」 위반죄와 모욕죄가 상상적으로 경합(형법40)하는 경우를 생각해 본다. 이 경우에는 과형상 일죄의 일부에 대한 고소는 전체 범죄에 효력이 미친다. 즉 모욕죄에 대한 고소는 「저작권법」 위반죄에 대한 고소로서도 효력이 있다.

둘째로, 동일한 피해자에 대한 관계에서 과형상 일죄의 일부분만이 친고죄이고 나머지 부분은 친고죄가 아닌 경우가 있다. 예컨대 동일한 피해자에 대한 모욕죄(형법311, 312①)와 감금죄(형법276①)가 상상적으로 경합하는 경우를 생각해 본다. 이 경우 비친고죄에 대한 고소는 친고죄에 대하여 효력이 미치지 않는다. 역으로 친고죄에 대한 고소의 취소는 비친고죄에 대하여 효력이 없다. 처벌을 원한다는 피해자의 의사표시는 친고죄 부분에 대해서만 효력이 있기 때문이다.

셋째로, 과형상 일죄의 각 부분이 모두 친고죄이지만 피해자가 서로 다른 경우가 있다. 예컨대 갑이 하나의 문서로서 A, B, C 세 사람에 대하여 모욕죄를 범하는 사례가 여기에 해당한다. 이때 A가 행한 고소는 갑의 B 또는 C에 대한 모욕죄 부분에 대하여 효력이 없다. 친고죄에서는 처벌을 원한다는 개별 피해자의 의사표시가 중요하기 때문이다.

형법상 실체적 경합관계(형법37)에 있는 여러 개의 범죄사실은 과형상 수죄에 해당한다. 과형상 수죄는 소송법상 여러 개의 사건이다. 따라서 과형상 수죄의 일부 범죄사실에 대한 고소가 있거나 또는 그에 대한 고소가 취소되더라도 그 효과는 실체적 경합관계에 있는 다른 범죄사실에 미치지 않는다.

(3) 고소의 주관적 효력범위

형사소송법은 고소불가분의 원칙에 관하여 그 주관적 효력범위를 명시하고 있다(법233). 주관적 고소불가분의 원칙은 절대적 친고죄와 상대적 친고죄로 경우를 나누어 검토해야 한다.

절대적 친고죄는 범인과 피해자 사이에 일정한 신분관계 등을 요구하지 않고 인정되는 친고죄이다. 친고죄는 원칙적으로 절대적 친고죄이다. 절대적 친고죄의 경우에 친고죄의 공범 중 그 1인 또는 수인에 대한 고소는 다른 공범자에 대하여도 효력이 있다(법233). 이때 공범은 형법총칙상의 임의적 공범(2013도7987)뿐만 아니라 필요적 공범도 포함한다. 절대적 친고죄의 경우에 고소의 효력은 필요적 공범에게도 미친다.

고소의 주관적 불가분의 원칙은 (가) 친고죄의 고소가 원래 범죄사실에 대한 형사소추권의 발동을 촉구하는 취지를 가지고 있어서 범죄사실의 획일적 규명이 필요하다는 점과 (나) 고소권자의 의사 여하에 따라서 국가의 형벌권 행사가 지나치게 좌우되는 일이 없어야 한다는 점에서 인정된 기준이다. 고소의 주관적 불가분의 원칙상 친고죄의 공범 중 일부에 대하여만 처벌을 구하고 나머지에 대하여는 처벌을 원하지 않는 내용의 고소는 적법한 고소가 될 수 없다(2008도7462).

친족상도례(형법328②, 344, 354, 361, 365①)와 같이 범인과 피해자 사이에 일정한 신분관계가 있는 경우에 한하여 친고죄로 되는 것이 상대적 친고죄이다. 상대적 친고죄의 경우에는 신분관계 있는 자만을 기준으로 고소의 효력을 결정한다. 친족상도례가 적용되는 친족의 범위는 민법의 규정에 의한다. 범인과 피해자가 사돈지간인 경우는 민법상 친족에 해당하지 않는다(2011도2170).

상대적 친고죄의 경우에 비신분자에 대한 고소가 있더라도 신분자에 대하여는 효력이 발생하지 않는다. 역으로 신분관계 있는 자에 대한 고소취소는 비신분자에 대하여 효력이 없다. 그러나 친족상도례의 관계를 이루는 여러 사람의 친족이 공범인 경우에는 한 사람의 친족에 대한 고소 또는 고소취소는 공범자인 다른 친족에 대하여도 효력이 있다.

8. 고소의 취소

(1) 의 의

고소는 제1심 판결선고 전까지 취소할 수 있다(법232①). 고소권자가 비친고죄로 고소한 사건이더라도 검사가 사건을 친고죄로 구성하여 공소를 제기하였다면, 공소장 변경절차를 거쳐 공소사실이 비친고죄로 변경되지 아니하는 한, 친고죄로서 고소취소의 대상이 된다(2013도7987).

고소취소의 형태는 (가) 친고죄의 경우에 이미 행한 고소를 철회하는 경우(법327 v), (나) 반의사불벌죄의 경우에 이미 행한 고소를 철회하는 경우(법327 vi 후단) 및 (다) 고소 없이 수사가 진행된 반의사불벌죄에 있어서 적극적으로 처벌을 원하지 않는다는 의사표시를 하는 경우(법327 vi 전단)로 각각 나타난다. 고소의 취소는 친고죄의 경우는 물론 반의사불벌죄의 경우에도 불기소처분의 사유 또는 공소기각판결의 사유로 되어 중요한 의미를 갖는다.

(2) 고소취소권자

고소를 취소할 수 있는 자는 원칙적으로 범인의 처벌을 원한다는 의사표시를 한 자, 즉 고소를 한 자이다. 고소권자의 고소권이 고유권인가 독립대리권인가는 묻지 않는다. 고유의 고소권자가 행한 고소는 대리권에 근거하여 고소한 자가 취소할 수 없다. 고소인이 아닌 피해자의 부는 고소인이 아니므로 대리권의 수권 없이는 고소를 취소할 수 없다(69도376). 역으로 대리권에 기초하여 고소한 자의 고소는 고유의 고소권자가 이를 취소할 수 있다(법225② 단서 참조).

고소취소를 둘러싸고 미성년자인 피해자와 법정대리인의 관계가 문제된다. 소송능력 있는 미성년자는 피해자 단독으로 고소취소를 할 수 있다(2009도6058). 반의사불벌죄에서 성년후견인은 명문의 규정이 없는 한 의사무능력자인 피해자를 대리하여 피의자 또는 피고인에 대하여 처벌을 희망하지 않는다는 의사를 결정하거나 처벌을 희망하는 의사표시를 철회하는 행위를 할 수 없다(2021도11126).

(3) 고소취소의 가능시점

고소는 제1심 판결선고 전까지 취소할 수 있다(법232①). 제1심판결이 선고된 이후에는 고소가 취소되더라도 고소취소로서의 효력이 발생하지 않는다. 법원은 처벌을 원한다는 피해자의 의사표시가 적법하게 철회되었는지를 직권으로 조사하여 판단해야 한다(2019도10678 ☞ 536면). 고소취소가 가능한 제1심 판결선고의 시점은 형식적·획일적으로 판단되어야 한다. 사인의 의사표시가 국가의 형벌권 행사를 지나치게 좌우하는 일이 없도록 하기 위함이다. 따라서 항소심에서 비로소 친고죄임이 판명된 경우 또는 항소심에서 비로소 반의사불벌죄로 공소장이 변경된 경우라 하더라도 고소취소는 인정되지 않는다.

(4) 고소취소의 방식과 처리

고소취소의 방식은 원칙적으로 고소의 경우와 같다(법239). 고소취소는 처벌을 원하지 않는다는 의사표시로서 법률행위적 소송행위이며, 수사 단계에서는 수사기관에, 공소제기 이후에는 법원에 대하여 이루어져야 한다. 범인과 피해자 사이의 합의서 작성만으로는 아직 고소의 취소라고 할 수 없다. 형식상 합의서가 제출되었더라도 고소인이 제1심에서 고소취소의 의사가 없다고 증언하였다면 이 합의서의 제출만으로 고소취소의 효력은 발생하지 않는다.

고소취소는 대리인으로 하여금 하게 할 수 있다(법236). 이 경우 처벌을 원한다는 의사표시의 철회는 고소권자 본인의 의사에 의해야 하며, 대리인은 단지 표시대리만 할 수 있다(2010도11550).

「성폭력범죄의 처벌 등에 관한 특례법」(동법27), 「아동·청소년의 성보호에 관한 법률」(동법30), 「아동학대범죄의 처벌 등에 관한 특례법」(동법16) 등은 일정한 범죄피해자에 대해 피해자 변호사제도를 도입하고 있다. 성폭력처벌법 등 특별법이 인정한 피해자의 변호사는 형사절차에서 피해자 및 그 법정대리인의 대리가 허용될 수 있는 모든 소송행위에 대한 포괄적인 대리권을 가진다(성폭력처벌법27⑤ 참조). 따라서 피해자의 변호사는 피해자를 대리하여 고소취소를 할 수 있다(2019도10678). 이 경우 피해자 변호사의 고소취소 대리는 의사대리를 포함한다.

(5) 고소취소의 효과

고소를 취소한 자는 다시 고소할 수 없다(법232②). 즉 고소의 취소에 의하여 고소권은 소멸한다. 협박죄는 반의사불벌죄이지만(형법283③) 협박이 공갈죄(형법350①) 등 일반범죄의 수단으로 되어 있는 경우에는 고소취소의 효력이 미치지 않는다. 공갈죄 등 일반범죄의 수단으로서 한 협박은 공갈죄 등에 흡수될 뿐 별도로 협박죄를 구성하지 않기 때문이다(96도2151).

친고죄의 경우 고소취소에는 불가분의 원칙이 적용된다. 즉 친고죄의 공범 중 그 1인 또는 수인에 대한 고소취소는 다른 공범자에 대하여도 효력이 있다(법233). 따라서 앞에서 서술한 고소불가분의 원칙에 대한 설명은 원칙적으로 고소취소에도 그대로 적용된다. 그런데 반의사불벌죄의 경우에도 친고죄와 같이 주관적 불가분의 효력이 인정되는지 문제된다.

(6) 반의사불벌죄와 주관적 불가분의 관계

형사소송법은 반의사불벌죄에 대하여 친고죄의 고소취소 시한(법232①)과 재고소금지(동조②)의 규정을 준용하도록 하면서(동조③) 고소의 주관적 불가분을 규정한 제233조를 준용하는 규정을 두고 있지 않다. 이 점에 대하여 입법의 침묵은 주관적 불가분의 원칙을 반의사불벌죄에 적용하지 않겠다는 입법자의 의지가 표현된 것으로 보아야 한다는 준용불허설과 이것은 단순한 입법의 불비로서 반의사불벌죄의 경우에도 당연히 주관적 불가분의 원칙이 준용된다는 준용긍정설이 대립하고 있다. 판례는 반의사불벌죄의 경우 친고죄와 달리 (가) 처벌을 원하지 않는다는 의사표시를 범죄사실 자체에 대하여 할 수도 있고 (나) 범죄인을 특정하여 그에 대하여서만 하게 할 수도 있도록 할 필요가 있다는 점을 들어서 준용불허설을 취하고 있다(93도1689).

(7) 고소권의 포기

고소권의 포기란 (가) 친고죄의 경우에 고소기간 내에 장차 고소권을 행사하지 아니한다는 의사표시를 하거나, (나) 반의사불벌죄의 경우에 처음부터 처벌을 원하지 않는다는 의사표시를 하는 것을 말한다. 판례는 불허설의 입장을 취하고 있다(67도471).

9. 일반적 고소사건의 처리

(1) 경찰공무원인 사법경찰관의 고소사건 처리

2020년의 수사권 조정에 의하여 경찰은 일차적 수사개시권과 수사종결권을 가지고,

검사는 경찰의 일차적 수사를 감독하는 권한과 일부 범죄에 대한 직접 수사개시권을 가지게 되었다. 고소사건에 대한 경찰의 수사종결절차는 일반 범죄사건의 경우와 다르지 않다.

고소인은 사법경찰관의 고소사건 수사과정에서 법령위반, 인권침해 또는 현저한 수사권 남용이 의심되는 사실이 있으면 이를 검사에게 신고할 수 있다(법197의3① 참조). 검사는 사법경찰관리의 수사과정에서 법령위반, 인권침해 또는 현저한 수사권 남용이 의심되는 사실의 신고가 있거나 그러한 사실을 인식하게 된 경우에는 사법경찰관에게 사건기록 등본의 송부를 요구할 수 있다(법197의3①).

사건기록 등본의 송부를 받은 검사는 필요하다고 인정되는 경우에는 사법경찰관에게 시정조치를 요구할 수 있다(법197의3③). 사법경찰관은 검사의 시정조치 요구가 있는 때에는 정당한 이유가 없으면 지체 없이 이를 이행하고, 그 결과를 검사에게 통보하여야 한다(법197의3④).

사법경찰관으로부터 시정조치 이행결과의 통보를 받은 검사는 시정조치 요구가 정당한 이유 없이 이행되지 않았다고 인정되는 경우에는 사법경찰관에게 사건을 송치할 것을 요구할 수 있다(법197의3⑤). 사건송치 요구를 받은 사법경찰관은 검사에게 사건을 송치하여야 한다(법197의3⑥). 사건송치 이후에는 검사가 고소사건을 조사하게 된다. 이 경우 검사는 사법경찰관으로부터 송치받은 사건에 관하여 해당 사건과 동일성을 해치지 아니하는 범위 내에서 수사할 수 있다(법196②, 197의3⑥).

고소사건에 대한 경찰 단계에서의 수사종결결정 형태는 일반사건과 마찬가지로 사건송치결정(법245의5 i)과 사건불송치결정(법245의5 ii)의 두 가지이다. 사법경찰관은 고소사건을 수사하여 범죄의 혐의가 있다고 인정되는 경우에는 지체 없이 검사에게 사건을 송치하고, 관계 서류와 증거물을 송부하여야 한다(법238, 245의5 i). 사법경찰관은 고소사건을 수사하여 검사에게 사건을 송치하지 않는 경우에는 그 이유를 명시한 서면과 함께 관계 서류와 증거물을 지체 없이 검사에게 송부하여야 한다(법245의5 ii).

사법경찰관으로부터 사건불송치결정(법245의5 ii)의 통지(법245의6)를 받은 고소인은 해당 사법경찰관의 소속 관서의 장에게 이의를 신청할 수 있다(법245의7①). 사법경찰관은 사건불송치 결정의 통지에 대해 고소인의 이의신청이 있는 때에는 지체 없이 검사에게 사건을 송치하고 관계 서류와 증거물을 송부하여야 하며, 처리결과와 그 이유를 이의신청을 한 고소인에게 통지하여야 한다(법245의7②).

고소인의 이의신청에 따른 사건송치 이후에는 검사가 고소사건을 조사하게 된다. 이 경우 검사는 사법경찰관으로부터 송치받은 사건에 관하여 해당 사건과 동일성을 해치지 아니하는 범위 내에서 수사할 수 있다(법196②, 245의7②).

형소법 제245조의8은 사법경찰관이 검찰에 송치하지 않은 사건(법245의5ⅱ)에 대한 검사의 재수사 요청권을 규정하고 있다. 이 규정은 고소사건에도 적용된다. 사법경찰관은 고소사건을 검찰에 송치하지 않는 경우에는 그 이유를 명시한 서면과 함께 관계 서류와 증거물을 지체 없이 검사에게 송부하여야 한다. 이 경우 검사는 송부받은 날부터 90일 이내에 관계서류와 증거물을 사법경찰관에게 반환하여야 한다(법245의5ⅱ). 검사는 이 90일의 반환기간 내에 송부된 관계 서류와 증거물을 검토하여 사법경찰관의 사건불송치결정(법245의5 ⅱ)의 위법·부당 여부를 판단한다.

검사는 사법경찰관이 고소사건을 송치하지 아니한 것(법245의5ⅱ)이 위법 또는 부당한 때에는 그 이유를 문서로 명시하여 사법경찰관에게 재수사를 요청할 수 있다(법245의8①). 사법경찰관은 검사의 요청이 있는 때에는 사건을 재수사하여야 한다(동조②).

(2) 검사의 고소사건 처리

2020년 수사권 조정에 따라 검사는 「검찰청법」 제4조 제1항 제1호 단서 각 목에 규정된 범죄에 대해서만 직접 수사를 개시할 수 있게 되었다. 이에 해당하지 않는 범죄에 대한 고소·고발·진정 등이 접수된 때에는 검사는 사건을 검찰청 외의 수사기관에 이송해야 한다(수사준칙18① i). 「검찰청법」 제4조 제1항 제1호 단서 각 목에 규정된 직접수사 가능 범죄에 대해 고소가 있는 경우 검사는 고소를 수리한 날로부터 3개월 이내에 수사를 완료하여 공소제기 여부를 결정해야 한다(법257).

검사는 고소 있는 사건에 관하여 공소를 제기하거나 제기하지 아니하는 처분, 공소의 취소 또는 타관송치 등의 처분을 한 때에는 그 처분한 날부터 7일 이내에 서면으로 고소인에게 그 취지를 통지하여야 한다(법258①). 검사는 불기소 또는 타관송치(법256)의 처분을 한 때에는 피의자에게 즉시 그 취지를 통지하여야 한다(동조②). 검사는 고소 있는 사건에 관하여 공소를 제기하지 아니하는 처분을 한 경우에 고소인의 청구가 있는 때에는 7일 이내에 고소인에게 그 이유를 서면으로 설명하여야 한다(법259).

검사의 불기소처분에 불복하는 고소인은 그 검사가 속한 지방검찰청 또는 지청을 거쳐 서면으로 관할 고등검찰청 검사장에게 항고할 수 있다(검찰청법10①). 또 고소권자로서 고소를 한 자는 검사로부터 공소를 제기하지 아니한다는 통지를 받은 때에는 원칙적으로 「검찰청법」 제10조에 따른 항고를 거친 다음(법260② 본문) 그 검사 소속의 지방검찰청 소재지를 관할하는 고등법원에 그 당부에 관한 재정을 신청할 수 있다(법260①)(후술 153면 참조).

제5 고   발

1. 고발의 의의

(1) 일반적 고발사건

고발이란 고소권자 및 범인 이외의 제삼자가 수사기관에 범죄사실을 신고하여 범인의 처벌을 원한다는 의사표시를 말한다. 고발은 고소권자가 아닌 자에 의한 의사표시라는 점에서 고소와 구별되며, 범인 본인의 의사표시가 아니라는 점에서 자수와 구별된다. 고발도 고소와 마찬가지로 처벌을 원한다는 의사표시를 그 핵심요소로 한다. 따라서 제삼자의 단순한 범죄사실 신고는 고발이 아니다. 단순한 진정·탄원·투서는 실무상 내사사건으로 처리된다.

(2) 즉고발사건

고발은 원칙적으로 단순한 수사의 단서에 그친다. 그러나 예외적으로 관할 관청의 고발을 기다려 공소를 제기하게 되는 경우가 있다. 「조세범 처벌법」(동법21)이나 「관세법」(동법284①) 등의 경우가 여기에 해당하는 예이다. 이와 같이 관할 관청의 고발을 기다려 공소를 제기하는 사건을 가리켜서 즉고발사건 또는 즉시고발사건이라고 한다. 즉고발사건에서 '즉'은 고발을 기다린다는 의미를 가지고 있다. 즉고발사건의 경우에는 고발이 친고죄의 고소와 같이 소송조건으로서의 성질을 갖는다.

즉고발사건의 경우 관할 관청의 고발이 없으면 검사는 공소를 제기할 수 없다. 즉고발사건의 고발은 그 법적 성질이 친고죄의 고소와 비슷하므로 즉고발사건에 대한 나머지 설명은 친고죄의 항목에서 설명한 것에 준한다. 그러나 즉고발사건의 경우 친고죄와 달리 고소불가분의 원칙은 적용되지 않는다(2008도4762).

2. 고발권자와 고발의 방식

누구든지 범죄가 있다고 사료하는 때에는 고발할 수 있다(법234①). 공무원은 그 직무를 행함에 있어 범죄가 있다고 사료하는 때에는 고발하여야 한다(동조②). 그러나 공무원이 직무집행과 관계없이 또는 우연히 알게 된 범죄에 대하여는 고발의무가 없다. 특별법에 의하여 일정한 사람에게 신고의무가 부과되는 경우가 있다. 「가정폭력범죄의 처벌 등에 관한 특례법」(동법4②), 「아동·청소년의 성보호에 관한 법률」(동법34②), 「아동학대범죄의 처벌 등에 관한 특례법」(동법10②) 등은 그 예이다.

고발의 방식이나 처리절차는 고소의 경우에 준한다(법239, 237, 238, 257). 자기 또는 배우자의 직계존속은 고발하지 못한다(법235, 224). 고발의 경우에는 고소와 달리 대리고발이 허용되지 않는다(법236 참조). 고발은 취소할 수 있다. 사법경찰관으로부터 사건불송치결정(법245의5ⅱ)의 통지(법245의6)를 받은 고발인은 고소인과 달리 해당 사법경찰관의 소속 관서의 장에게 이의를 신청할 수 없다(법245의7①).

즉고발사건의 경우 고발취소는 그 시기(법232①)와 방법(법237, 238)에 있어서 친고죄의 고소취소에 준한다(법239 참조). 그러나 즉고발사건의 고발취소에 대해서는 주관적 불가분의 원칙이 인정되지 않는다(2008도4762).

검사는 고발 있는 사건에 관하여 공소를 제기하거나 제기하지 아니하는 처분, 공소의 취소 또는 타관송치(법256)를 한 때에는 그 처분한 날로부터 7일 이내에 서면으로 고발인에게 그 취지를 통지하여야 한다(법258①). 검사는 고발 있는 사건에 관하여 공소를 제기하지 아니하는 처분을 한 경우에 고발인의 청구가 있는 때에는 7일 이내에 고발인에게 그 이유를 서면으로 설명하여야 한다(법259).

고발사건에 대한 불기소처분에 대해서는 고발인에게 검찰항고(검찰청법10①)가 인정된다(후술 153면). 고등법원에의 재정신청은 형법 제123조부터 제126조까지의 죄에 대해 고발한 자에게만 허용된다. 다만, 형법 제126조(피의사실공표)의 죄에 대하여는 피공표자의 명시한 의사에 반하여 재정신청을 할 수 없다(법260① 본문·단서)(후술 155면).

제 6 자   수

자수란 범인이 자발적으로 자신의 범죄사실을 수사기관에 신고하여 그 소추를 구하는 의사표시이다(2011도12041). 자수는 수사단서의 일종이면서 동시에 양형상의 참작사유가 된다(형법52①). 자수는 수사책임 있는 관서에 대한 의사표시라는 점에서 반의사불벌죄의 경우에 범인이 피해자에게 자신의 범죄사실을 알려서 용서를 구하는 자복과 구별된다(형법52②).

자수는 서면 또는 구술로써 검사 또는 사법경찰관에게 하여야 한다(법240, 237①). 검사 또는 사법경찰관이 구술에 의한 자수를 받은 때에는 조서를 작성하여야 한다(법240, 237②). 사법경찰관이 자수를 받은 때에는 신속히 조사하여 관계서류와 증거물을 검사에게 송부하여야 한다(법240, 238).

제 4 장 임의수사와 강제수사

제1절 임의수사와 강제수사의 구별

제1 임의수사와 강제수사의 구별기준

1. 학설의 개관

(1) 임의수사와 강제수사

수사기관은 수사에 관하여 그 목적을 달성하기 위하여 필요한 조사를 할 수 있다. 다만 강제처분은 형사소송법에 특별한 규정이 있는 경우에 한하며, 필요한 최소한도의 범위 안에서만 하여야 한다(법199① 본문·단서). 즉, 강제처분은 형사소송법에 특별한 규정이 없으면 하지 못한다. 여기에서 강제처분에 의한 수사를 강제수사라 하고, 강제수사 이외의 수사를 임의수사라고 한다. 형사소송법은 임의수사의 원칙을 더욱 강조하기 위하여 제198조 제1항에서 "피의자에 대한 수사는 불구속상태에서 함을 원칙으로 한다."는 규정을 두고 있다.

우리 헌법은 강제수사에 의한 인권침해의 폐해를 우려하여 강제수사에 영장주의를 도입하고 있다(헌법12③, 16). 그런데 사회의 변화와 과학기술의 발달에 따라 형사소송법이 예상하지 못하였던 새로운 수사방법이 등장하게 되면서 강제수사와 임의수사의 한계에 관한 논란이 제기되고 있다. 임의수사와 강제수사의 구별에 관한 학설은 크게 형식설, 실질설, 적법절차기준설로 나누어 볼 수 있다.

(2) 형식설

형식설은 형사소송법이 명시적으로 규정하고 있는 수사처분만을 강제수사로 보는 견해이다. 이에 따르면 강제수사는 체포·구속(법200의2 이하), 압수·수색·검증(법215 이하), 증거보전(법184), 판사에 의한 증인신문(법221의2), 공무소에의 조회(법199②) 등 형사소송법에 특별한 규정들이 마련되어 있는 수사방법을 말한다.

그러나 형식설은 예컨대 감청, 사진촬영, 거짓말탐지기의 사용, 디엔에이 검사 등과 같은 새로운 수사방법의 대두에 따른 인권침해 가능성에 대처하지 못한다는 흠을 안고 있다. 만일 형사소송법에 규정된 수사방법 및 그에 준하는 방법만을 강제수사로 파악한다면 새로운 수사기법은 모두 임의수사에 해당하여 법적 통제를 받지 않게 될 것이기 때문이다.

(3) 실질설

실질설은 강제수사와 임의수사의 한계에 관하여 실질적 기준을 제시하려는 견해이다. 그러나 그 구체적 기준에 대하여는 다시 견해가 나뉘고 있다. 먼저 강제수사와 임의수사의 구별기준을 수사기관의 물리적 강제력의 행사 유무에서 구하려는 견해가 있다. 이에 따르면 물리적 강제력의 행사에 의하여 상대방의 의사를 제압하는 경우를 강제수사라고 보고, 그 이외의 경우를 임의수사라고 보게 된다. 판례의 입장이라고 생각된다(2019도7891 ☞ 535면).

이에 반하여 강제수사의 유무를 상대방의 의사 여하에서 구하려는 견해가 있다. 이에 따르면 강제수사란 상대방의 의사에 반하여 실질적으로 그의 법익을 침해하는 처분을 말하며, 반대로 상대방의 법익침해를 수반하지 않는 수사는 임의수사라고 본다.

(4) 적법절차기준설

우리 헌법은 형사절차의 기본원칙으로 적법절차의 원칙을 선언하면서(헌법12① 2문 후단) 강제수사에 관하여 적법절차의 원칙을 재차 확인하고 있다(헌법12③). 또한 형소법 제308조의2는 "적법한 절차에 따르지 아니하고 수집한 증거는 증거로 할 수 없다."고 규정하여 적법절차원칙의 구체적 실천방안을 마련하고 있다.

헌법과 형사소송법이 적법절차를 강조하고 있는 것은 국민의 기본적 인권이 수사기관의 강제처분에 의하여 가장 심각하게 침해될 수 있다는 현실적 인식에 바탕을 둔 것으로서 강제수사의 한계를 헌법적으로 천명한 것이라고 할 수 있다. 따라서 강제수사와 임의수사의 한계는 적법절차의 원칙과 관련하여 구하지 않으면 안 된다고 본다.

이러한 관점에서 볼 때 수사기관의 처분이 헌법상 개별적으로 명시된 기본권을 침해하거나, 또는 명시되지 아니하였더라도 법공동체가 공유하고 있는 최저한도의 기본적 인권마저도 침해할 우려가 있는 것인 때에는 강제처분으로 보아 영장주의를 비롯한 법적 규제를 받게 하고, 그와 같은 요구범위에 들지 않는다면 임의수사라고 보는 것이 타당하다고 생각된다. 이와 같이 적법절차의 원칙에서 요구되는 기본권 존중의 관점에서 강제수사와 임의수사를 구별하게 되면 강제수사를 형사소송법전에 규정되어 있는 수사처분에만 한정시키는 폐단을 방지할 수 있으며, 나아가 새로운 수사방법의 등장에 탄력적으로 대응할 수 있다.

2. 임의수사의 원칙

수사는 원칙적으로 임의수사에 의하고 강제수사는 법률에 규정된 경우에 한하여 예외적으로 허용된다는 원칙을 임의수사의 원칙이라고 한다(법199① 본문·단서). 임의수사의 원칙은 강제수사법정주의와 표리관계에 있다. 합목적성의 원리에 지배되기 쉬운 수사활동은 자칫하면 기본적 인권의 침해를 야기할 우려가 있으므로, 수사는 원칙적으로 임의수사에 의하고 강제수사는 예외적으로 형사소송법에 명문의 규정이 있는 경우에만 허용되어야 한다.

형사소송법의 기본원칙인 적법절차의 원칙(헌법12① 2문 후단)에 비추어 볼 때 아무리 임의수사라 할지라도 수사기관은 최소한도의 법적 절차를 준수하지 않으면 안 된다. 따라서 검사, 사법경찰관리 그 밖에 직무상 수사에 관계있는 자는 피의자 또는 다른 사람의 인권을 존중하고 수사과정에서 취득한 비밀을 엄수하며 수사에 방해되는 일이 없도록 하여야 한다(법198②). 검사·사법경찰관리와 그 밖에 직무상 수사에 관계있는 자는 수사과정에서 수사와 관련하여 작성하거나 취득한 서류 또는 물건에 대한 목록을 빠짐없이 작성하여야 한다(동조③). 수사기관은 수사 중인 사건의 범죄 혐의를 밝히기 위한 목적으로 합리적인 근거 없이 별개의 사건을 부당하게 수사하여서는 아니 되고, 다른 사건의 수사를 통하여 확보된 증거 또는 자료를 내세워 관련 없는 사건에 대한 자백이나 진술을 강요하여서도 아니 된다(법198④).

3. 강제수사법정주의

수사상 강제처분은 형사소송법에 특별한 규정이 없으면 하지 못한다는 원칙(법199① 단서 전단)을 강제수사법정주의라고 한다. 기본적 인권의 제약을 의미하는 강제수사는 형사소추권의 행사과정에서 불가피하게 발생하는 필요악이므로 이를 최소한으로 한정시키는 법적 규제장치가 필요하게 된다.

형사소송법이 예정하지 못하였던 새로운 수사방법이 사용되는 경우에 그것이 적법절차의 요청(헌법12① 2문·③)이 담보하는 최저한도의 기본권에 대한 침해를 야기한다면 그 수사방법은 강제수사라고 보아야 한다. 이 때에는 강제수사에 대한 법적 통제의 근거를 헌법상의 적법절차의 원칙(헌법12③)에서 직접 구해오지 않으면 안 된다.

형사소송법에 근거를 둔 강제수사라 할지라도 임의수사의 경우와 마찬가지로 그 구체적 실행과 기간 및 방법은 수사비례의 원칙에 따르지 않으면 안 된다. 따라서 체포·구속은 기대되는 형벌의 범위를 넘을 수 없고, 강제처분은 임의수사에 의하여서는 형사절차의 목적을 달성할 수 없는 경우에 필요최소의 한도 내에서만 허용되어야 한다. 이러한 요청을 분명히 하여 형사소송법은 "강제처분은 … 필요한 최소한도의 범위 안에서만 하여야 한다."고 규정하여(법199① 단서 후단) 강제수사비례의 원칙을 명시하고 있다.

제2 강제수사와 영장주의

1. 영장주의의 의의

(1) 영장주의와 법관의 영장

영장주의는 형사절차와 관련하여 체포·구속·압수·수색의 강제처분을 할 때 헌법에 의하여 신분이 보장되고(헌법106) 사법권의 독립(헌법103)이 담보되는 법관이 발부한 영장에 의하지 않으면 안 된다는 원칙이다(2007헌마1468).

우리 헌법은 제12조 제3항 본문에서 "체포·구속·압수 또는 수색을 할 때에는 적법한 절차에 따라 검사의 신청에 의하여 법관이 발부한 영장을 제시하여야 한다."고 규정하고, 제16조 제2문에서 "주거에 대한 압수나 수색을 할 때에는 검사의 신청에 의하여 법관이 발부한 영장을 제시하여야 한다."고 규정하여 영장주의를 헌법적 차원에서 보장하고 있다. 우리 헌법은 법관의 영장발부에 앞서서 법률전문가인 검사의 영장신청을 거치도록 함으로써 강제처분에 대한 합법성 통제를 더욱 강화하고 있다.

(2) 영장주의와 적법절차의 원칙

우리 헌법 제12조는 신체의 자유를 보장하기 위하여 인신구속에 관한 여러 규정을 두면서 제1항과 제3항에서 거듭하여 '적법절차'의 원칙을 강조하고 있다. 우리 헌법상 적법절차의 원칙은 국가작용으로서 기본권 제한과 관련되든 아니든 모든 입법작용 및 행정작용에 광범위하게 적용되는 원칙이다(2011헌가36).

적법절차원칙은 법률이 정한 형식적 절차와 실체적 내용이 모두 합리성과 정당성을 갖춘 적정한 것이어야 한다는 실질적 의미를 지니고 있다. 형사절차와 관련하여 적법절차는 형사절차의 전반을 기본권 보장의 측면에서 규율하여야 한다는 기본원리를 천명하고 있는 것으로 이해된다. 헌법 제12조 제1항은 적법절차원칙의 일반조항이다. 헌법 제12조 제3항의 적법절차원칙은 기본권 제한 정도가 가장 심한 형사상 강제처분의 영역에서 기본권을 더욱 강하게 보장하려는 의지를 담아 중복 규정된 것이다(2011헌가36).

2. 영장주의의 구체적 내용

(1) 법관에 의한 영장발부의 원칙

영장의 발부는 수사절차로부터 독립된 법관에 의한 재판의 일종으로 수사기관에 피의자에 대한 강제처분의 권한을 부여하고 피의자에게는 수사기관의 강제처분을 수인(受忍)할 의무를 부담하게 하는 효력을 지닌다(2012도13611). 수사기관이 강제처분을 하려면 법관이 발부한 영장에 의하여야 한다. 검사, 사법경찰관, 법원사무관, 사법보좌관 등은 영장을 발부할 수 없다.

(2) 사전영장의 원칙

법관에 의한 영장은 사전영장을 원칙으로 한다(헌법12③ 본문, 16). 그러나 현행범인인 경우와 장기 3년 이상의 형에 해당하는 죄를 범하고 도피 또는 증거인멸의 염려가 있는 때에는 사후에 영장을 청구할 수 있다(헌법12③ 단서). 사후영장에 의한 영장주의의 완화는 초동수사의 긴급성과 중범죄에 대한 효율적 범죄투쟁의 필요성 때문에 인정되고 있다. 그러나 긴급을 요하고 범죄의 혐의가 분명하다고 하더라도 사후적으로 법관의 영장을 필요로 한다는 점에서 사후영장에도 영장주의 정신이 관철되고 있다.

(3) 일반영장의 금지

법관이 발부하는 영장은 그 내용이 특정되어야 한다. 내용이 특정되지 아니한 영장을 일반영장 또는 포괄영장이라고 한다. 일반영장 내지 포괄영장의 발부는 금지된다. 범죄사실과 피의자는 물론 인치구금할 장소 등도 특정되어야 한다(법209, 75). 압수·수색의 대상도 구체적으로 특정되어야 한다. 압수·수색의 대상을 특정하지 아니하고 포괄적 강제처분을 허용하는 일반영장은 금지된다(2024모2020 ☞ 602면). 입법자는 압수·수색·검증영장의 발부에 '해당 사건과 관계가 있다고 인정될 수 있는 것에 한정하여'라는 요건을 추가하여 일반영장의 위험에 대처하고 있다(법215① · ②).

(4) 영장제시 및 사본교부의 원칙

입법자는 공판절차에서 피고인의 방어권을 실질적으로 보장하기 위하여 영장제시 요건에 더하여 영장사본을 피고인에게 교부하도록 하는 요건을 추가하였다(법85①, 118①). 영장사본 교부의 요건은 형소법 제200조의6, 제209조, 제219조의 준용규정에 의하여 수사절차에도 적용된다.

수사기관은 강제처분을 함에 있어서 법관이 발부한 영장을 반드시 제시하고 피의자에게는 그 사본을 교부하여야 한다(헌법12③, 법85①, 200의6, 209, 118, 219). 영장제시라는 특정한 형식을 거치도록 하는 것은 수사기관이 행하는 강제처분의 적법성을 시민에게 가시적으로 납득시킴과 동시에 수사기관의 강제처분 남용을 심리적으로 견제하는 이중의 효과가 있다. 이러한 점을 강조하여 형사소송법은 영장을 '반드시' 제시하여야 한다고 규정하고 있다(법85①, 200의6, 209, 118, 219). 제시되는 영장은 원본이어야 하며 사본의 제시는 허용되지 않는다(2015도10648).

(5) 영장주의 위반과 위법수집증거배제법칙

적법한 절차에 따르지 아니하고 수집한 증거는 증거로 할 수 없다(법308의2). 헌법과 형사소송법이 정한 영장주의에 따르지 아니하고 수집한 증거는 물론 이를 기초로 하여 획득한 이차적 증거 역시 기본적 인권 보장을 위해 마련된 적법한 절차에 따르지 않은 것으로서 원칙적으로 유죄 인정의 증거로 삼을 수 없다(2007도3061).

다만, 그 증거의 증거능력을 배제하는 것이 헌법과 형사소송법이 형사소송에 관한 절차조항을 마련하여 적법절차의 원칙과 실체적 진실규명의 조화를 도모하고 이를 통하여 형사사법 정의를 실현하려고 한 취지에 반하는 결과를 초래하는 것으로 평가되는 예외적인 경우라면, 법원은 예외적으로 그 증거를 유죄 인정의 증거로 사용할 수 있다(2007도3061)(후술 380면).

3. 특별법과 영장주의

형사소송법은 강제수사를 위하여 여러 가지 영장을 규정하고 있다. 한편, 각종 특별법이 특수 분야에서의 강제수사를 위하여 여러 가지 형태의 영장을 규정하고 있다. 아래에서는 그 가운데 주요한 것들을 살펴본다.

「통신비밀보호법」은 (가) 통신제한조치(동법5~8 참조), (나) 통신제한조치로 취득한 자료의 관리(동법12의2), (다) 통신사실확인자료제공(동법13)과 관련하여 법원의 허가 또는 승인을 얻도록 규정하고 있다(후술 133면).

「금융실명거래 및 비밀보장에 관한 법률」(금융실명법)은 금융거래의 비밀보장을 규정하고 있다. 다만, 일정한 경우에는 그 사용 목적에 필요한 최소한의 범위에서 거래정보 또는 자료를 제공하거나 그 제공을 요구하는 것이 예외적으로 허용된다. 예외에 해당하는 경우의 하나로 법원의 제출명령 또는 법관이 발부한 영장에 따른 거래정보 또는 자료의 제공이 있다(동법4① 단서 i). 검사 또는 사법경찰관은 법관의 영장이 없는 한 수사를 위하여 금융기관에 거래정보등의 제공을 요구할 수 없다. 이에 위반하여 수집한 금융거래정보는 증거능력이 없다(2012도13607).

「디엔에이신원확인정보의 이용 및 보호에 관한 법률」(디엔에이법)은 디엔에이 감식시료를 채취하는 경우로 (가) 일정한 범위의 대상범죄(동법5① 참조)로 형의 선고를 받아 확정된 사람 등에 대한 경우(동법5), (나) 일정한 범위의 대상범죄(동법5① 참조)로 구속된 피의자 등에 대한 경우(동법6), (다) 범죄현장으로부터 디엔에이 감식시료를 채취하는 경우(동법7)를 규정하고 있다. 디엔에이감식시료의 채취는 법관이 발부한 영장에 의한 경우(동법8① · ②)와 채취대상자의 동의(동법8③)에 의한 경우가 있다.

4. 영장주의의 한계영역

(1) 임의동행과 영장주의

임의동행이란 수사기관이 범죄용의자나 피의자의 동의를 근거로 이들과 함께 수사관서로 가는 수사방법을 말한다. 임의동행이 과연 적법한 것인가 하는 문제를 놓고 견해가 나뉘고 있다. 임의동행의 적법성 논쟁은 구체적으로 임의동행을 형소법 제199조 제1항 본문이 예정하고 있는 임의수사의 일종으로 볼 것인가 하는 형태로 나타난다.

판례는 임의동행을 원칙적으로 강제수사라고 보고 있다. 판례는 임의동행에 대해, 상대방의 신체의 자유가 현실적으로 제한되어 실질적으로 체포와 유사한 상태에 놓이게 됨에도 영장에 의하지 아니하고 그 밖에 강제성을 띤 동행을 억제할 방법도 없어서 제도적으로는 물론 현실적으로도 임의성이 보장되지 않는다고 판단하고 있다. 또한 판례는 임의동행이 아직 정식의 체포 · 구속단계 이전이라는 이유로 상대방에게 헌법 및 형사소송법이 체포 · 구속된 피의자에게 부여하는 각종의 권리보장 장치가 제공되지 않는 등 형사소송법의 원리에 반하는 결과를 초래할 가능성이 크다는 점을 지적하고 있다(2005도6810).

한편 판례는 일부 제한적으로 임의동행의 가능성을 열어놓고 있다. 판례는 (가) 수사관이 동행에 앞서 피의자에게 동행을 거부할 수 있음을 알려 주었거나 (나) 동행한 피의자가 언제든지 자유로이 동행과정에서 이탈하거나 동행장소로부터 퇴거할 수 있었음이 인정되는 등 오로지 피의자의 자발적인 의사에 의하여 수사관서 등에의 동행이 이루어졌음이 '객관적인 사정'에 의하여 '명백하게 입증'된 경우에 한하여 예외적으로 임의동행의 적법성을 인정하고 있다(2020도398).

피의자가 동행을 거부하는 의사를 표시하였음에도 불구하고 경찰관이 영장에 의하지 아니하고 피의자를 강제로 연행하는 행위는 수사상의 강제처분에 관한 형사소송법상의 절차를 무시한 채 이루어진 것으로 위법한 체포에 해당한다(2012도13611). 위의 예외적 허용요건을 갖추지 못한 임의동행은 강제연행이다.

(2) 지문채취와 영장주의

수사기관이 영장 없이 피의자의 지문을 채취하는 것이 영장주의에 위반하는 것이 아닌지 문제된다. 이 문제에 대해 헌법재판소는 다음의 판단기준을 제시하고 있다(2002헌가17). 첫째로, 피의자가 수사기관의 지문채취에 동의하는 경우에 지문채취는 임의수사로서 법률상 특별한 규정 없이도 허용된다(법199① 본문). 둘째로, 수사기관은 법관의 검증영장(법215① · ②)을 발부받은 후 그 검증영장에 기하여 피의자의 손을 잡아 강제로 펴서 지문을 찍도록 할 수 있다. 셋째로, 체포 · 구속시에 부수되어 이루어지는 직접강제의 일환으로 피의자의 손을 잡아 강제로 펴서 지문을 찍게 할 수 있다. 넷째로, 지문채취 불응자에게 「경범죄처벌법」상의 벌칙(동법3① 34호)을 과하여 간접적으로 지문채취에 응하도록 할 수 있다. 「경범죄 처벌법」상의 벌칙규정을 통한 지문채취의 강요는 영장주의에 의해야 할 강제처분에 해당하지 않는다. 다섯째로, 체포 또는 구속되지 않는 피의자에 대하여 법관이 발부한 영장 없이 직접 물리력을 사용하여 강제로 지문을 채취하는 것은 허용되지 않는다.

(3) 사진촬영과 영장주의

범죄수사를 위한 수사기관의 사진촬영 행위가 영장 없이 허용될 것인지 문제된다. 이와 관련하여 판례는 다음의 기준을 제시하고 있다. 수사기관의 촬영행위는 일반적 인격권, 개인정보자기결정권 등 기본권 제한을 수반하는 것이므로 필요최소한에 그쳐야 한다(법199① 단서 참조). 따라서 범죄수사를 위한 수사기관의 촬영행위는 (가) 현재 범행이 이루어지고 있거나 행하여진 직후이고, (나) 증거보전의 필요성 및 긴급성이 있으며, (다) 일반적으로 허용되는 상당한 방법에 의한 경우로 제한되어야 한다. 그러한 경우라면 그 촬영행위가 영장 없이 이루어졌다 하더라도 위법하다고 할 수 없다(2014헌마843).

수사기관의 촬영행위는 일반적으로 허용되는 상당한 방법에 의하여야 한다. 수사기관이 비디오 촬영(99도2317)이나 동영상 촬영(2013도2511) 등 일반적인 카메라 촬영방법으로 타인의 모습을 촬영하는 것은 일반적으로 허용되는 상당한 방법에 해당한다. 그러나 수사기관이 영장 없이 특별한 네트워크 카메라 장비를 미리 설치하여 피의자를 몰래 촬영하는 행위는 수사의 비례성 · 상당성 원칙과 영장주의 등을 위반한 것이다. 그러므로 그로 인해 취득한 영상물 등의 증거는 증거능력이 없다(2017도9747).

수사기관이 범죄를 수사하면서 불특정, 다수의 출입이 가능한 장소에 통상적인 방법으로 출입하여 아무런 물리력이나 강제력을 행사하지 않고 통상적인 방법으로 위법행위를 확인하는 것은 특별한 사정이 없는 한 임의수사의 한 방법으로서 허용되므로 영장 없이 사진촬영이 이루어졌다고 하여 위법하다고 할 수 없다(2019도7891 ☞ 535면).

무인장비에 의한 제한속도 위반차량 단속은 (가) 제한속도를 위반하여 차량을 주행하는 범죄가 현재 행하여지고 있고, (나) 그 범죄의 성질 · 태양으로 보아 긴급하게 증거보전을 할 필요가 있는 상태에서, (다) 일반적으로 허용되는 한도를 넘지 않는 상당한 방법에 의한 것이라고 판단된다. 그러므로 무인장치를 통하여 피의자 운전 차량의 차량번호 등을 촬영한 사진을 두고 위법하게 수집된 증거로서 증거능력이 없다고 말할 수 없다(98도3329).

제2절   임의수사의 방법

제1   공무소 등에의 조회

수사기관은 수사에 관하여 공무소 기타 공사단체에 조회하여 필요한 사항의 보고를 요구할 수 있다(법199②). 이를 공무소 등에의 조회라고 한다. 전과조회, 신원조회 등은 여기에 해당하는 예이다. 수사기관의 조회요청이 있으면 그 상대방인 공무소 등은 이에 협조할 의무가 있으므로 이를 강제처분이라고 보는 견해도 있다. 그러나 공무소 등에 대하여 의무의 이행을 강제할 방법이 없고 또 영장에 의하지 아니하고 조회요청을 할 수 있다는 점에서 공무소 등에의 조회는 임의수사로 보아야 할 것이다.

제2   피의자신문

1. 피의자신문의 의의

(1) 피의자신문의 법적 성질

검사 또는 사법경찰관은 수사에 필요한 때에는 피의자의 출석을 요구하여 진술을 들을 수 있다(법200). 피의자는 수사기관의 출석요구에 응할 의무가 없으며 일단 출석한 경우에도 언제든지 퇴거할 수 있으므로 피의자신문은 원칙적으로 임의수사에 속한다. 그러나 출석불응을 사유로 하는 체포영장제도(법200의2)에 의하여 사실상 수사기관의 출석요구에 강제적 측면이 강하게 부각되고 있다. 체포영장에 의한 출석은 본격적인 강제수사에 해당한다.

(2) 피의자신문과 피의자 보호장치

형사소송법은 피의자가 신문의 객체로 전락하는 것을 방지하기 위하여 여러 가지 법적 장치를 마련하고 있다.

형소법 제244조의3은 검사 또는 사법경찰관에게 피의자를 신문하기 전에 피의자에게 진술거부권과 관련된 사항을 알려주도록 의무화하고(동조①), 이를 입증하기 위하여 피의자의 답변을 조서에 기재하도록 하고 있다(동조②). 피의자의 진술거부권에 대해서는 앞에서 피의자의 법적 지위와 관련하여 검토하였다(전술 26면).

사법경찰관은 피의자를 신문하기 전에 수사과정에서 법령위반, 인권침해 또는 현저한 수사권 남용이 있는 경우 검사에게 구제를 신청할 수 있음을 피의자에게 알려주어야 한다(법197의3⑧). 검사는 사법경찰관리의 수사과정에서 법령위반, 인권침해 또는 현저한 수사권 남용이 의심되는 사실의 신고가 있거나 그러한 사실을 인식하게 된 경우에는 사법경찰관에게 사건기록등본 송부요구(법197의3①), 시정조치요구(동조③), 사건송치요구(동조⑤) 등의 조치를 할 수 있다.

형사소송법은 수사과정에서의 고문이나 기타 가혹행위를 방지함과 동시에 이러한 행위의 사후입증을 용이하게 하기 위하여 수사과정기록을 의무화하고 있다. 검사 또는 사법경찰관은 피의자가 조사장소에 도착한 시각, 조사를 시작하고 마친 시각, 그 밖에 조사과정의 진행경과를 확인하기 위하여 필요한 사항을 피의자신문조서에 기록하거나 별도의 서면에 기록한 후 수사기록에 편철하여야 한다(법244의4①).

검사·사법경찰관리와 그 밖에 직무상 수사에 관계있는 자는 수사과정에서 수사와 관련하여 작성하거나 취득한 서류 또는 물건에 대한 목록을 빠짐없이 작성하여야 한다(법198③). 수사기록 목록작성은 공소제기 후 피고인이 갖는 증거개시신청권(법266의3)의 실효성을 제고하기 위한 장치이기도 하다.

2. 피의자신문절차

(1) 피의자의 출석요구

검사 또는 사법경찰관은 수사에 필요한 때에는 피의자의 출석을 요구하여 진술을 들을 수 있다(법200). 사법경찰리라 할지라도 검사 또는 사법경찰관의 지휘를 받고 수사사무를 보조하면 사법경찰관의 사무를 취급할 권한이 인정되는데, 이러한 사법경찰리를 사법경찰관사무취급이라고 한다. 사법경찰관사무취급이 작성한 피의자신문조서도 사법경찰관이 작성한 경우와 같이 형소법 제312조 제3항에 의하여 증거능력이 인정된다(82도1080).

(2) 진술거부권의 고지

검사 또는 사법경찰관은 피의자를 신문하기 전에 다음 각 호의 사항을 알려주어야 한다(법244의3①)(전술 26면 참조).

① 일체의 진술을 하지 아니하거나 개개의 질문에 대하여 진술을 하지 아니할 수 있다는 것 (1호)

② 진술을 하지 아니하더라도 불이익을 받지 아니한다는 것 (2호)

③ 진술을 거부할 권리를 포기하고 행한 진술은 법정에서 유죄의 증거로 사용될 수 있다는 것 (3호)

④ 신문을 받을 때에는 변호인을 참여하게 하는 등 변호인의 조력을 받을 수 있다는 것 (4호)

아울러 경찰공무원인 사법경찰관은 피의자를 신문하기 전에 수사과정에서 법령위반, 인권침해 또는 현저한 수사권 남용이 있는 경우 검사에게 구제를 신청할 수 있음을 피의자에게 알려주어야 한다(법197의3⑧).

검사 또는 사법경찰관은 진술거부권 고지사항을 알려 준 때에는 피의자가 진술을 거부할 권리와 변호인의 조력을 받을 권리를 행사할 것인지의 여부를 질문하고, 이에 대한 피의자의 답변을 조서에 기재하여야 한다. 이 경우 피의자의 답변은 피의자로 하여금 자필로 기재하게 하거나 검사 또는 사법경찰관이 피의자의 답변을 기재한 부분에 기명날인 또는 서명하게 하여야 한다(법244의3).

조사대상자(갑)의 진술내용이 단순히 제삼자(을)의 범죄에 관한 경우라면 진술거부권이 인정되지 않는다. 그러나 조사대상자(갑)의 진술내용이 (가) 자신(갑)과 제삼자(을)에게 공동으로 관련된 범죄에 관한 것이거나 (나) 제삼자(을)의 피의사실뿐만 아니라 자신(갑)의 피의사실에 관한 것이기도 하여 그 실질이 조사대상자(갑)에 대한 피의자신문의 성격을 가지는 경우라면 진술거부권이 인정된다. 따라서 이러한 경우에 수사기관은 조사대상자(갑)에게 그 진술을 듣기 전에 미리 진술거부권을 고지해야 한다(2014도5939).

수사기관이 어느 피의자(을)로부터 범행 부인의 진술을 듣고 '범의가 없음'을 확인하기 위하여 공범관계가 의심되는 다른 사람(갑)을 참고인으로 조사하는 경우가 있다. 이러한 경우에 조사대상자(갑)는 아직 수사기관에 의해 범죄혐의를 인정받아 수사가 개시된 피의자의 지위에 있었다고 할 수 없다. 따라서 이러한 경우에는 그 조사대상자(갑)에게 진술거부권이 인정되지 않으며, 수사기관은 그 조사대상자(갑)에게 진술거부권을 고지할 필요가 없다(2011도8125).

수사기관이 피의자를 신문함에 있어서 피의자에게 미리 진술거부권을 고지하지 않은 때에는 그 피의자의 진술은 위법하게 수집된 증거로서 진술의 임의성이 인정되는 경우라도 증거능력이 부인된다(2011도8125)(후술 387면).

(3) 피의자신문의 실시

피의자신문의 주체는 검사 또는 사법경찰관이다. 검사가 피의자를 신문함에는 검찰청 수사관 또는 서기관이나 서기를 참여하게 하여야 하고, 사법경찰관이 피의자를 신문함에는 사법경찰관리를 참여하게 하여야 한다(법243). 검사 또는 사법경찰관이 피의자를 신문함에는 먼저 그 성명, 연령, 등록기준지, 주거와 직업을 물어 피의자임에 틀림없음을 확인하여야 한다(법241). 이를 인정신문(人定訊問)이라고 한다.

검사 또는 사법경찰관은 피의자에 대하여 범죄사실과 정상에 관한 필요사항을 신문하여야 한다(법242 전단). 검사 또는 사법경찰관은 피의자에 대하여 범죄사실과 정상에 관하여 그 이익되는 사실을 진술할 기회를 주어야 한다(동조 후단).

수사기관은 수사 중인 사건의 범죄 혐의를 밝히기 위한 목적으로 합리적인 근거 없이 별개의 사건을 부당하게 수사하여서는 아니 되고, 다른 사건의 수사를 통하여 확보된 증거 또는 자료를 내세워 관련 없는 사건에 대한 자백이나 진술을 강요하여서도 아니 된다(법198④). 검사 또는 사법경찰관은 사실을 발견하는 데에 필요한 때에는 피의자와 다른 피의자 또는 피의자 아닌 자와 대질하게 할 수 있다(법245).

검사 또는 사법경찰관은 피의자를 신문하는 경우 (가) 피의자가 신체적 또는 정신적 장애로 사물을 변별하거나 의사를 결정·전달할 능력이 미약한 때, (나) 피의자의 연령·성별·국적 등의 사정을 고려하여 그 심리적 안정의 도모와 원활한 의사소통을 위하여 필요한 경우의 어느 하나에 해당하는 때에는 직권 또는 피의자·법정대리인의 신청에 따라 피의자와 신뢰관계에 있는 자를 동석하게 할 수 있다(법244의5).

동석한 신뢰관계인은 피의자를 대신하여 진술해서는 안 된다. 동석한 사람이 피의자를 대신하여 진술한 부분이 피의자신문조서에 기재되어 있다면 그 부분은 피의자의 진술을 기재한 것(법312① · ③)이 아니라 동석한 사람의 진술을 기재한 조서(법312④)에 해당한다(2009도1322).

(4) 조사수인 의무

피의자신문은 원칙적으로 임의수사이다. 피의자는 수사기관의 출석요구에 응할 의무가 없으며 일단 출석한 경우에도 언제든지 퇴거할 수 있기 때문이다. 그러나 체포·구속된 피의자는 조사를 수인(受忍)할 의무가 있다. 체포·구속영장 발부에 의하여 적법하게 구금된 피의자가 피의자신문을 위한 출석요구에 응하지 아니하면서 수사기관 조사실에의 출석을 거부한다면 수사기관은 그 체포·구속영장의 효력에 의하여 피의자를 조사실로 구인할 수 있다(2013모160).

피의자를 조사실로 구인하는 경우에도 그 피의자신문절차는 어디까지나 임의수사의 한 방법으로 진행되어야 한다. 피의자는 일체의 진술을 하지 아니하거나 개개의 질문에 대하여 진술을 거부할 수 있다(헌법12②). 수사기관은 피의자를 신문하기 전에 그와 같은 권리를 알려주어야 한다(법244의3)(2013모160).

3. 피의자신문과 변호인의 참여

(1) 변호인 참여의 중요성

수사기관은 수사주체로서의 권한뿐만 아니라 법률 등 전문지식의 측면에서 피의자보다 우월한 지위에 있다. 그러므로 피의자가 수사기관에 대응하는 당사자의 지위에 있기보다는 수사기관이 진행하는 신문의 객체로만 존재할 위험이 상존한다. 형소법 제243조의2가 규정한 변호인의 피의자신문 참여는 이와 같은 위험을 방지하기 위한 장치이다(2016헌마503).

(2) 변호인 참여의 신청

피의자신문에 변호인을 참여하게 하려면 피의자 또는 그 변호인·법정대리인·배우자·직계친족 또는 형제자매가 변호인참여를 신청하여야 한다(법243의2①). 변호인뿐만 아니라 변호인이 되려는 자도 피의자신문을 신청할 수 있다. 여기에서 '변호인이 되려는 자'는 변호인이 되려는 의사를 표시한 자로서 객관적으로 변호인이 될 가능성이 있다고 인정되는 사람을 말한다(2013도16162).

'변호인이 되려는 자'에는 (가) 변호인 선임의뢰를 받았으나 아직 변호인선임신고를 하지 아니한 사람 외에 (나) 스스로 변호인으로 활동하려는 자도 포함된다(2015헌마1204). 변호인이 되려는 의사를 표시한 자가 객관적으로 변호인이 될 가능성이 있다고 인정되는데도 '변호인이 되려는 자'가 아니라고 보아 피의자신문 참여를 제한해서는 안 된다(2013도16162).

(3) 변호인의 피의자신문 참여

수사기관은 피의자 또는 그 변호인·법정대리인·배우자·직계친족·형제자매의 신청에 따라 정당한 사유가 없는 한 피의자에 대한 신문에 변호인을 참여하게 하여야 한다(법243의2① 후단). 피의자신문절차에서 변호인 참여는 단순히 피의자신문에 입회하는 것에 그치지 않는다. 변호인의 참여는 (가) 피의자가 조언과 상담을 요청할 경우 이를 제공하고, (나) 피의자가 요청하지 않더라도 스스로의 판단에 따라 신문 후 의견을 진술하고(법243의

②③ 본문), (다) 신문 중이라도 부당한 신문방법에 대하여 이의를 제기하거나(동항 단서 전문), (라) 신문 중이라도 검사 또는 사법경찰관의 승인을 얻어 의견을 진술하는 형태(동항 단서 후문)로 이루어진다(2016헌마503).

검사 또는 사법경찰관의 부당한 신문방법에 대한 변호인의 이의제기는, (가) 고성, 폭언 등 그 방식이 부적절하거나 또는 (나) 합리적 근거 없이 반복적으로 이루어지는 등의 특별한 사정이 없는 한, 원칙적으로 변호인에게 인정된 권리의 행사에 해당하며, 신문을 방해하는 행위로 볼 수 없다(2015모2357). 변호인이 피의자신문 중에 부당한 신문방법에 대한 이의제기를 하였다는 이유만으로 변호인을 조사실에서 퇴거시키는 조치는 정당한 사유 없이 변호인의 피의자신문 참여권을 제한하는 것으로서 허용될 수 없다(2015모2357).

검사 또는 사법경찰관은 변호인의 신문참여 및 그 제한에 관한 사항을 피의자신문조서에 기재하여야 한다(법243의2⑤). 피의자신문에 참여한 변호인의 의견이 기재된 피의자신문조서는 변호인에게 열람하게 한 후 변호인으로 하여금 그 조서에 기명날인 또는 서명하게 하여야 한다(법243의2④).

(4) 변호인참여권 침해의 법적 효과

피의자가 변호인의 참여를 원한다는 의사를 명백하게 표시하였음에도 수사기관이 정당한 사유 없이 변호인을 참여하게 하지 아니한 채 피의자를 신문하여 작성한 피의자신문조서는 형소법 제312조 제1항 및 제3항에서 정한 '적법한 절차와 방식'에 위반된 증거일 뿐만 아니라, 형소법 제308조의2에서 정한 '적법한 절차에 따르지 아니하고 수집한 증거'에 해당하므로 이를 유죄의 증거로 할 수 없다(2010도3359). 검사 또는 사법경찰관의 변호인참여 등에 관한 처분에 불복이 있으면 그 직무집행지의 관할법원 또는 검사의 소속 검찰청에 대응한 법원에 그 처분의 취소 또는 변경을 청구할 수 있다(법417)(2007모26)(후술 496면).

4. 피의자신문조서

(1) 피의자신문조서

피의자의 진술은 조서에 기재하여야 한다(법244①). 피의자신문조서는 피의자에게 열람하게 하거나 읽어 들려주어야 하며, 진술한 대로 기재되지 아니하였거나 사실과 다른 부분의 유무를 물어 피의자가 증감 또는 변경의 청구 등 이의를 제기하거나 의견을 진술한 때에는 이를 조서에 추가로 기재하여야 한다. 이 경우 피의자가 이의를 제기하였던 부분은 읽을 수 있도록 이를 남겨두어야 한다(법244②). 피의자가 조서에 대하여 이의나 의견이 없음을 진술한 때에는 피의자로 하여금 그 취지를 자필로 기재하게 하고 조서에 간인한 후 기명날인 또는 서명하게 한다(동조③).

검사 또는 사법경찰관은 피의자가 조사장소에 도착한 시각, 조사를 시작하고 마친 시각, 그 밖에 조사과정의 진행경과를 확인하기 위하여 필요한 사항을 피의자신문조서에 기록하거나 별도의 서면에 기록한 후 수사기록에 편철하여야 한다(법244의4①). 수사과정기록 부분에 대한 열람, 이의제기와 정정, 이의 없다는 취지의 자필기재, 간인과 기명날인 또는 서명 등은 피의자신문조서의 경우와 같다(법244의4, 244② · ③). 검사 · 사법경찰관리와 그 밖에 직무상 수사에 관계있는 자는 수사과정에서 수사와 관련하여 작성하거나 취득한 서류 또는 물건에 대한 목록을 빠짐없이 작성하여야 한다(법198③).

우리 형사소송법은 사법경찰관 또는 검사의 조서작성 과정에서 빚어지기 쉬운 고문 등 강압수사의 방지를 위하여 소위 내용인정의 요건을 설정하고 있다. 즉 사법경찰관 또는 검사가 작성한 피의자신문조서는 적법한 절차와 방식에 따라 작성된 것으로 공판준비 또는 공판기일에 그 피의자였던 피고인 또는 변호인이 그 내용을 인정한 때에 한하여 증거로 할 수 있다(법312① · ③). 이에 따라 피고인이 법관의 면전에서 자신에 대한 수사기관 작성 피의자신문조서의 내용을 부인한다면 그 조서는 증거능력을 잃게 된다(후술 341면 참조).

(2) 피의자진술서

피의자를 조사하는 과정에서 피의자의 진술이 피의자신문조서 이외의 형태로 서면에 기재되는 경우가 있다. 이 경우의 서면을 피의자진술서라고 한다. 피의자(이후 피고인이 됨)가 수사과정에서 작성한 진술서에 대해서는 피의자신문조서의 증거능력에 관한 규정(법312① · ③)이 준용된다(동조⑤). 피의자신문조서의 증거능력 요건을 진술서라는 형태로 우회하는 것을 방지하기 위한 장치이다.

형소법 제312조 제5항은 '피고인이 … 수사과정에서 작성한 진술서'라는 표현을 사용하고 있다. 피의자의 진술을 기재한 서류 또는 문서가 수사기관에서의 조사과정에서 작성된 것이라면, 그것이 '진술조서, 진술서, 자술서'라는 형식을 취하였다고 하더라도 피의자신문조서와 달리 볼 수 없다(2014도5939).

(3) 조사자 증언

수사기관 작성의 피의자신문조서에 내용인정이 증거능력 요건으로 규정됨에 따라 조서보다는 피의자신문에 참여하였던 조사자의 증언이 보다 중요한 의미를 가지게 되었다. 공판절차에서 피의자였던 피고인이 수사기관 작성의 피의자신문조서에 대해 내용을 부인하면 해당 피의자신문조서는 증거능력을 상실한다(법312① · ③). 피고인은 진술거부권(헌법

12②, 법283의2)을 가지고 있으므로 공판절차에서 동일한 내용의 진술을 피고인으로부터 획득하는 것은 기대하기 어렵다. 이러한 상황에 대비하여 마련된 것이 조사자증언제도이다 (후술 364면).

공소제기 전에 피고인을 피의자로 조사하였거나 그 조사에 참여하였던 자를 통칭하여 조사자라고 한다. 조사자는 피고인이 아닌 자로서 공판준비 또는 공판기일에 출석하여 피의자로부터 청취한 진술을 증언할 수 있다. 피의자였던 피고인의 진술을 내용으로 하는 조사자의 진술은 그(피고인) 진술이 특히 신빙할 수 있는 상태하에서 행하여졌음이 증명된 때에 한하여 이를 증거로 할 수 있다(법316①).

(4) 피의자진술의 영상녹화물

수사기관은 피의자의 진술을 영상녹화할 수 있다(법244의2① 1문). 영상녹화 여부는 수사기관의 재량에 속한다. 피의자에게는 영상녹화를 요구하거나 거부할 수 있는 권리가 없다. 영상녹화는 녹음이 포함된 것을 말하며(법56의2① 참조), 수사기관이 영상녹화한 기록물을 영상녹화물이라고 한다. 피의자의 진술을 영상녹화할 때에는 피의자에게 미리 영상녹화 사실을 알려주어야 한다(법244의2① 2문 전단).

피의자의 진술을 녹화한 영상녹화물의 증거사용은 제한된다. 피의자진술에 대한 영상녹화물은 그 자체로 범죄사실을 인정하기 위한 증거(본증)로 사용할 수 없다(2012도5041). 피의자진술에 대한 영상녹화물은 피고인진술의 증명력을 탄핵하기 위한 증거로도 사용할 수 없다(법318의2② 반대해석). 피고인의 진술을 내용으로 하는 영상녹화물은 공판준비 또는 공판기일에 피고인이 진술함에 있어 기억이 명백하지 아니한 사항에 관하여 기억을 환기시켜야 할 필요가 있다고 인정되는 때에 한하여 피고인에게 재생하여 시청하게 할 수 있다(법318의2②).

영상녹화물은 피고사건의 범죄사실을 증명하는 데에는 대단히 제한된 의미를 가지고 있다. 그렇지만 수사기관의 위법수사를 입증하는 데에는 영상녹화물이 제한 없이 증거능력을 가질 수 있다.

제3 참고인조사

1. 참고인조사의 의의

참고인은 피의자 이외의 제삼자로서 수사기관에게 일정한 체험사실을 진술하는 사람이다. 참고인은 제삼자로서 법원에 대하여 체험사실을 진술하는 증인(법146)과 비슷하다. 그러나 참고인은 수사기관에게 진술하는 자이므로 선서의무를 지지 않는다. 또한 참고인에 대하여는 과태료(법151①), 구인(법152)의 또는 감치(법151②)의 제재가 가해지지 않는다. 이러한 점에서 참고인조사는 임의수사에 속한다.

참고인조사는 임의수사이므로 수사기관에의 출석을 강제할 수 없다. 그러나 증거보전의 방법으로 법관의 면전에 출석하게 하여 진술하게 하는 방법은 있다. 검사는 미리 증거를 보전하지 아니하면 그 증거를 사용하기 곤란한 사정이 있는 때에는 제1회 공판기일 전이라도 판사에게 증인신문을 청구할 수 있다(법184①). 또한 검사는 범죄의 수사에 없어서는 아니될 사실을 안다고 명백히 인정되는 자가 출석 또는 진술을 거부한 경우에는 제1회 공판기일 전에 한하여 판사에게 그에 대한 증인신문을 청구할 수 있다(법221의2①)(후술 138면).

증거보전을 통한 참고인의 증인으로서의 출석은 피의자 또는 변호인의 청구(법184①)나 검사의 청구(법184①, 221의2①)에 의하여서만 가능하다는 점, 판사의 면전에 출석한다는 점, 그리고 증인으로서 선서하고 판사 면전에서 진술하게 된다는 점에서 검사 및 사법경찰관 면전에서의 참고인 출석 및 진술과 구별된다.

2. 참고인조사의 방법

참고인조사의 방법과 조서작성은 피의자신문절차에 준한다. 다만 참고인에 대해서는 진술거부권을 고지하지 않는다. 그러나 참고인조사에 있어서도 헌법상의 기본권인 절대적 고문금지(헌법12② 전단)와 불이익한 진술의 강요금지(헌법12② 후단)는 그대로 보장된다. 수사기관이 범죄로 인한 피해를 참고인으로 하여 진술을 듣는 경우에는 일정한 사정을 고려하여 피해자와 신뢰관계 있는 자를 동석하게 할 수 있다(법221③, 163의2①~③ 참조).

참고인의 진술을 들을 때에는 진술의 임의성(법317)이 보장되어야 하며 조금이라도 진술을 강요하는 일이 있어서는 안 된다(2004도517). 수사기관은 다른 사건의 수사를 통하여 확보된 증거 또는 자료를 내세워 참고인에게 관련 없는 사건에 대한 진술을 강요해서는 안 된다(법198④ 후단). 참고인의 진술에 대해 법정에서 진술의 임의성이 다투어지는 경우가 있다. 이 경우 참고인 진술의 임의성을 의심할 만한 합리적이고 구체적인 사실은 피고인이 증명할 것이 아니고 검사가 그 임의성의 의문점을 없애는 증명을 해야 한다. 검사가 그 임의성의 의문점을 없애는 증명을 하지 못한 경우에는 그 진술증거는 증거능력이 부정된다(2004도7900).

3. 참고인진술조서

참고인의 진술은 조서에 기재된다. 참고인진술조서의 작성방식은 피의자신문조서의 작성방식에 준한다(법244의4③ 참조). 참고인이 수사과정에서 작성한 진술서는 참고인진술조서와 같이 취급된다(법312⑤). 수사기관은 참고인이 조사장소에 도착한 시각, 조사를 시작하고 마친 시각, 그 밖에 조사과정의 진행경과를 확인하기 위하여 필요한 사항을 참고인진술조서에 기재하거나 별도의 서면에 기록한 후 수사기록에 편철하여야 한다(법244의4③·①). 수사기관이 참고인을 조사하는 과정에서 진술조서가 아닌 진술서를 작성·제출받는 경우에도 조사과정 기록절차는 준수되어야 한다(2013도3790).

참고인진술조서는 (가) 적법한 절차와 방식에 따라 작성된 것으로서, (나) 그 조서가 검사 또는 사법경찰관 앞에서 진술한 내용과 동일하게 기재되어 있음이 원진술자의 공판준비 또는 공판기일에서의 진술이나 영상녹화물 기타 객관적인 방법에 의하여 증명되고, (다) 피고인 또는 변호인이 공판준비 또는 공판기일에 그 기재 내용에 관하여 원진술자를 신문할 수 있었고, (라) 그(참고인) 진술이 특히 신빙할 수 있는 상태 하에서 행하여졌음이 증명된 때에 한하여 증거로 할 수 있다(법312④ 본문·단서). 참고인이 수사과정에서 작성한 진술서도 참고인진술조서에 준하여 증거능력이 인정된다(법312⑤)(후술 346면).

4. 참고인진술의 영상녹화물

검사 또는 사법경찰관은 피의자 아닌 자의 진술을 들을 때 그의 동의를 얻어 영상녹화를 할 수 있다(법221① 2문). 참고인의 진술을 영상녹화할 때에는 반드시 그의 동의를 얻어야 한다. 동의를 얻지 못하면 영상녹화를 할 수 없다. 이 점은 수사기관의 재량적 판단에 의하여 영상녹화가 허용되는 피의자진술(법244의2①)과 구별되는 부분이다.

참고인진술에 대한 영상녹화물은 먼저 참고인진술조서 또는 참고인진술서의 진정성립 입증방법으로 사용된다(법312④). 참고인진술에 대한 영상녹화물은 그 밖에도 증인의 기억 환기용(법318의2②)으로 사용될 수 있다. 그러나 범죄사실 증명을 위한 독립증거(본증)로는 사용할 수 없다(2012도5041). 수사기관의 위법수사를 입증하는 데 참고인진술에 대한 영상녹화물이 제한 없이 증거능력을 가질 수 있다는 점은 피고인진술에 대한 영상녹화물과 같다.

제 4 수사상의 감정 · 통역 · 번역

검사 또는 사법경찰관은 수사에 필요한 때에는 감정, 통역 또는 번역을 위촉할 수 있다(법221②). 수사기관의 위촉을 받은 자는 이를 수락할 의무가 없으며, 감정, 통역, 번역을 위하여 출석하였다가 퇴거하는 것도 자유이다. 그리고 감정인, 통역인, 번역인은 다른 사람으로 갈음할 수 있는 대체성이 있으므로 특정인에 대하여 감정, 통역, 번역을 강제할 필요도 없다. 따라서 수사상의 감정, 통역, 번역은 임의수사에 속한다.

그러나 검사가 감정을 위촉하는 경우에 피의자의 정신 또는 신체에 관한 감정을 위하여 감정유치처분이 필요한 때에는 판사에게 이를 청구하여야 한다(법221의3①). 이 경우는 전형적인 강제수사로서 영장주의원칙이 지배한다. 감정위촉을 받은 자는 검사의 청구를 거쳐 판사의 허가를 얻어 감정에 필요한 처분을 할 수 있다(법221의4 참조).

제 5 장   수사상 강제처분

제 1 절   수사상 신체구속

제 1   신체구속의 의의

수사상 신체구속이란 피의자의 신체의 자유를 제한하는 대인적 강제처분을 말한다. 수사상 신체구속은 체포와 구속으로 대별된다. 체포는 초동수사 단계에서 피의자에게 가해지는 단기간의 신체구속을 말한다. 이에 대해 구속은 체포 후에 계속되거나 또는 선행의 체포 없이 단독으로 피의자에게 가해지는 비교적 장기간의 신체구금을 가리킨다.

체포(법200의2, 200의3, 212)는 초동수사 단계에서 구속보다 완화된 요건하에서 피의자의 신병을 단기간 확보할 수 있도록 하는 인신구속장치이다. 이에 반해 구속은 장기간의 신체구속으로서 체포보다 엄격한 요건(법201, 70)하에 인정되며, 영장실질심사제도(법201의2)에 따라 구속영장의 발부시에 법관이 피의자를 직접 심문한다는 점에서 체포와 구별된다.

체포는 다시 (가) 영장에 의한 체포(법200의2), (나) 긴급체포(법200의3), (다) 현행범체포(법212)의 세 가지 형태로 나누어진다. 이에 대하여 구속은 (가) 체포 이후에 피의자의 신병을 계속 확보할 필요가 있을 때 행해지는 구속(법201의2① 참조)과 (나) 체포를 거치지 아니하고 피의자를 곧바로 장기간 구금하는 구속(동조② 참조)으로 나누어진다.

아래에서는 (가) 영장에 의한 체포(법200의2), (나) 긴급체포(법200의3), (다) 현행범체포(법212)의 요건을 살펴보고, 이어서 체포의 집행절차를 검토한다. 세 가지 형태의 체포는 집행절차에서 약간의 차이가 있으나 전체적으로 공통된다. 구속에 대한 설명은 체포에 대한 설명 이후에 진행하기로 한다.

제 2   피의자의 체포

1. 체포영장에 의한 체포

체포영장에 의한 체포는 사전에 발부된 체포영장에 의하여 행하는 체포를 말한다. 체포영장에 의한 체포의 요건은 (가) 피의자가 죄를 범하였다고 의심할 만한 상당한 이유가

있고, (나) 수사기관의 출석요구에 응하지 아니하거나 응하지 아니할 우려가 있는 때라는
두 가지이다(법200의2①). 그런데 명백히 체포의 필요가 없다고 인정되는 때에는 체포영장
이 기각된다(법200의2② 단서). 그리하여 체포영장의 요건에는 '체포의 필요성'이 추가된다.
체포의 필요성은 (가) 피의자가 도망할 염려가 있거나 (나) 피의자가 증거를 인멸할 염려
가 있음을 의미한다(규칙96의2). 체포의 필요성은 구속의 경우 구속사유(법201①, 70①)에 상
응하는 요건이다(후술 293면).

　사법경찰관이 수사하는 경우 사법경찰관은 검사에게 신청하여 검사의 청구에 의하여
지방법원판사가 발부한 영장에 의하여 피의자를 체포할 수 있다(법200의2① 본문 후단). 검
사가 수사하는 경우 검사는 자신의 청구에 의하여 지방법원판사가 발부한 영장에 의하여
피의자를 체포할 수 있다(법200의2① 본문 전단).

　사법경찰관이 검사에게 영장을 신청한 경우에 검사는 사법경찰관이 신청한 영장의 청
구 여부 결정에 관하여 필요하면 사법경찰관에게 보완수사를 요구할 수 있다(법197의2① ⅱ).
검사가 사법경찰관이 신청한 체포영장을 정당한 이유 없이 판사에게 청구하지 아니한 경
우 사법경찰관은 그 검사 소속의 지방검찰청 소재지를 관할하는 고등검찰청에 영장 청구
여부에 대한 심의를 신청할 수 있다(법221의5①). 사법경찰관은 영장심의위원회에 출석하여
의견을 개진할 수 있다(동조② · ④).

　체포영장의 청구를 받은 지방법원판사는 상당하다고 인정할 때에는 체포영장을 발부
한다(법200의2② 본문). 체포영장의 청구를 받은 지방법원판사는 체포의 사유가 있다고 인정
되는 경우에도 명백히 체포의 필요가 없다고 인정되는 때에는 체포영장의 청구를 기각한
다(법200의2② 단서). 체포영장의 발부를 기각한 재판에 대하여는 준항고(법416)나 재항고(법
415) 등 불복이 허용되지 않는다(2006모646)(후술 421면).

　체포영장은 검사의 지휘에 의하여 사법경찰관리가 집행한다(법200의6, 81① 본문). 체포영
장을 집행할 때에는 피의자에게 반드시 영장을 제시하고 그 사본을 교부하여야 한다(법200
의6, 85①). 제시되는 영장은 원본이어야 하며 사본의 제시는 허용되는 않는다(2015도10648
참조). 체포영장을 소지하지 아니한 경우에 급속을 요하는 때에는 피의자에 대하여 공소사실
의 요지와 영장이 발부되었음을 고하고 집행할 수 있다(법200의6, 85③). 이 경우 집행을 완료
한 후에는 신속히 체포영장을 제시하고 그 사본을 교부하여야 한다(법200의6, 85④).

2. 긴급체포

　검사 또는 사법경찰관은 (가) 피의자가 사형 · 무기 또는 장기 3년 이상의 징역이나 금고
에 해당하는 죄를 범하였다고 의심할 만한 상당한 이유가 있고 (나) 피의자가 증거를 인멸할

염려가 있거나 피의자가 도망하거나 도망할 우려가 있는 경우에 (다) 긴급을 요하여 지방법
원판사의 체포영장을 받을 수 없는 때에는 그 사유를 알리고 영장 없이 피의자를 체포할
수 있다(법200의3① 1문). 이러한 경우의 체포를 긴급체포라고 한다. (나)의 피의자가 증거를
인멸할 염려가 있거나 피의자가 도망하거나 도망할 우려가 있을 때의 요건을 가리켜서 체포
의 필요성이라고 한다(법200의2② 단서 참조).

긴급체포의 필수적 요건인 '긴급을 요한다' 함은 피의자를 우연히 발견한 경우 등과 같
이 체포영장을 받을 시간적 여유가 없는 때를 말한다(법200의3① 2문). 경찰관이 피의자가 자
기 집에서 마약을 투약한다는 제보를 받은 후 피의자를 집 밖으로 유인하여 불러내려 하였
으나 실패하자 피의자의 주거지 문의 잠금장치를 해제하여 강제로 문을 열고 들어가 수색
한 끝에 피의자를 긴급체포하였다면 그 긴급체포는 미리 체포영장을 받을 시간적 여유가
없었던 경우에 해당하지 않는다(2016도5814).

긴급체포는 법관의 영장에 의한 통제가 없는 상태에서의 신체구속장치이다. 따라서 법
관의 영장에 준하는 통제장치가 필요하다. 검사 또는 사법경찰관이 피의자를 긴급체포한
경우에는 즉시 긴급체포서를 작성하여야 한다(법200의3③). 긴급체포서에는 범죄사실의 요
지, 긴급체포의 사유 등을 기재하여야 한다(동조④). 사법경찰관이 피의자를 긴급체포한 경
우에는 즉시 검사의 승인을 얻어야 한다(법200의3②).

3. 현행범체포

현행범인은 누구든지 영장 없이 체포할 수 있다(법212). 이 경우의 체포를 현행범체포라
고 한다. 범죄를 실행하고 있거나 실행하고 난 직후의 사람을 현행범이라고 한다(법211①).
'범죄를 실행하고 있다' 함은 범죄의 실행에 착수하여 종료하지 못한 상태를 말한다. '범죄
를 실행하고 난 직후'란 실행행위를 종료한 순간 또는 이에 접착한 시간적 단계를 말한다.
결과발생의 유무와 관계없고 실행행위를 전부 종료하였을 것도 요하지 않는다. 이와 같이
현행범인은 시간적 단계의 개념이지만, 범인이 범행장소를 이탈한 때에는 시간적 접착성이
인정되지 않으므로 동시에 장소적 접착성도 필요하다(2010헌마672).

범죄용의자가 (가) 범인으로 불리며 추적되고 있을 때, (나) 장물이나 범죄에 사용되었
다고 인정하기에 충분한 흉기나 그 밖의 물건을 소지하고 있는 때, (다) 신체나 의복류에
증거가 될 만한 뚜렷한 흔적이 있을 때, (라) 누구냐고 묻자 도망하려 할 때에는 현행범인
으로 본다(법211②). 이와 같이 현행범으로 간주되는 자를 준현행범이라고 한다. 용의자의
신체 내지 의복류에 주취로 인한 냄새가 강하게 나는 경우에는 주취운전죄(도로교통법44①,
148의2① · ③)의 증거가 될 만한 뚜렷한 흔적이 있는 준현행범으로 볼 수 있다(2011도15258).

현행범으로 체포하려면 체포의 필요성이 인정되어야 한다. 체포의 필요성은 (가) 도망의 염려가 있거나 (나) 증거인멸의 염려가 있음을 말한다. 체포의 필요성은 구속의 경우 구속사유(법201①, 70①)에 상응하는 요건이다. 현행범체포의 경우에는 체포의 필요성에 관한 명시적 규정이 없으나 판례는 이를 요구하고 있다(2021도12213).

경미범죄의 경우에는 체포의 필요성 요건이 더욱 강화된다. 다액 50만원 이하의 벌금, 구류 또는 과료에 해당하는 죄의 현행범인에 대하여는 범인의 주거가 분명하지 아니한 때에 한하여 현행범체포(법212)의 규정이 적용된다(법214). 대부분의 「경범죄 처벌법」 위반사범은 10만원 또는 20만원 이하의 벌금, 구류 또는 과료의 법정형으로 처벌되므로(동법3①·②) 피의자가 주거부정인 때에만 현행범체포의 필요성이 인정된다. 그러나 (가) 관공서에서의 주취소란행위나 (나) 거짓신고행위는 60만원 이하의 벌금, 구류 또는 과료의 형으로 처벌되기 때문에(동조③) 주거부정이 아니더라도 현행범체포의 필요성이 인정될 수 있다.

현행범인으로 체포하기 위하여는 (가) 행위의 가벌성, (나) 범죄의 현행성·시간적 접착성, (다) 범인·범죄의 명백성 이외에 (라) 체포의 필요성, 즉 도망 또는 증거인멸의 염려가 있어야 한다(2021도12213). 이러한 요건을 갖추지 못한 현행범인 체포는 법적 근거에 의하지 아니한 영장 없는 체포로서 위법한 체포에 해당한다(2011도3682).

현행범체포의 요건을 갖추었는지 여부는 체포 당시의 상황을 기초로 판단해야 한다. 이에 관한 검사나 사법경찰관 등 수사주체의 판단에는 상당한 재량의 여지가 있다(2021도12213). 그러나 체포 당시의 상황으로 보아서도 그 요건의 충족 여부에 관한 검사나 사법경찰관 등의 판단이 경험칙에 비추어 현저히 합리성을 잃은 경우에는 그 체포는 위법하다(2011도3682).

현행범인과 준현행범은 누구든지 영장 없이 체포할 수 있다(법212). 검사 또는 사법경찰관리 아닌 자가 현행범인을 체포한 때에는 즉시 검사 또는 사법경찰관리에게 인도하여야 한다(법213①). 여기서 '즉시'라고 함은 반드시 체포시점과 시간적으로 밀착된 시점이어야 하는 것은 아니고, '정당한 이유 없이 인도를 지연하거나 체포를 계속하는 등으로 불필요한 지체를 함이 없이'라는 뜻이다(2011도12927). 사법경찰관리가 현행범인의 인도를 받은 때에는 체포자의 성명, 주거, 체포의 사유를 물어야 하고 필요한 때에는 체포자에 대하여 경찰관서에 동행함을 요구할 수 있다(법213②).

4. 체포시의 절차

수사기관이 체포영장에 의한 체포, 긴급체포, 현행범체포를 할 때에는 (가) 피의사실의 요지, (나) 체포의 이유와 (다) 변호인을 선임할 수 있음을 말하고 (라) 변명할 기회를 주어야 한다(법200의5, 213의2). 체포현장에서 이루어지는 권리고지를 가리켜서 미란다 고지라고 부른다(2017도10866). 체포영장에 의한 체포의 경우에는 영장제시와 미란다 고지가 동시에 이루어진다. 수사기관이 피의자를 체포·구속할 때 일정한 경우 사후영장에 의한 압수·수색·검증이 허용된다(후술 122면).

미란다 고지는 체포를 위한 실력행사에 들어가기 전에 미리 해야 하는 것이 원칙이다. 그러나 (가) 달아나는 피의자를 쫓아가 붙잡는 경우나 (나) 폭력으로 대항하는 피의자를 실력으로 제압하는 경우에는 (ㄱ) 붙들거나 제압하는 과정에서 미란다 고지를 하거나, (ㄴ) 그것이 여의치 않은 경우에는 일단 붙들거나 제압한 후에 지체 없이 하여야 한다(2007도10006). 체포영장에 의한 체포의 경우 피의자가 경찰관과 마주하자마자 도망가려는 태도를 보이거나 먼저 폭력을 행사하며 대항한 바 없는 등 경찰관이 체포를 위한 실력행사에 나아가기 전에 체포영장을 제시하고 미란다 고지를 할 여유가 있었음에도 애초부터 미란다 고지를 체포 후에 할 생각으로 먼저 체포행위에 나선 경찰관의 행위는 적법한 공무집행이라고 볼 수 없다(2017도10866).

수사기관이 피의자를 체포한 때에는 체포된 피의자를 신속히 지정된 구치소 기타 장소에 인치하여야 한다(법200의6, 85①). 체포·구속된 피의자를 호송할 경우에 필요하면 가장 가까운 교도소 또는 구치소에 임시로 유치할 수 있다(법200의6, 86). 피의자를 체포·구속한 때에는 변호인이 있는 경우에는 변호인에게, 변호인이 없는 경우에는 변호인선임권자(법30②) 중 피의자가 지정한 자에게 (가) 피의사건명, (나) 체포의 일시·장소, (다) 범죄사실의 요지, (라) 체포의 이유와 (마) 변호인을 선임할 수 있음을 알려야 한다(법200의6, 213의2, 87①). 피의자를 체포한 수사기관은 (가) 체포된 피의자와 (나) 피의자의 변호인, 법정대리인, 배우자, 직계친족, 형제자매나 가족, 동거인 또는 고용주 중에서 피의자가 지정하는 사람에게 체포적부심사를 청구할 수 있음을 알려야 한다(법214의2②).

체포된 피의자는 검사, 사법경찰관, 교도소장·구치소장 또는 그 대리자에게 변호사를 지정하여 변호인의 선임을 의뢰할 수 있다(법200의6, 213의2, 90①). 피의자의 의뢰를 받은 검사, 사법경찰관, 교도소장·구치소장 또는 그 대리자는 급속히 피의자가 지명한 변호사에게 그 취지를 통지하여야 한다(법200의6, 209, 90②). 변호인 또는 변호인이 되려는 자는 체포된 피의자와 접견하고 서류 또는 물건을 수수할 수 있으며 의사로 하여금 진료하게 할 수 있다(법34).

체포된 피의자는 법률이 정한 범위에서 타인과 접견하고 서류 또는 물건을 수수하며 의사의 진료를 받을 수 있다(법200의6, 209, 89). 지방법원판사는 도망하거나 범죄의 증거를 인멸할 염려가 있다고 인정할 만한 상당한 이유가 있는 때에는 직권 또는 검사의 청구에 의하여 체포된 피의자와 변호인 또는 변호인이 되려는 자(법34) 이외의 타인과의 접견을 금지할 수 있고, 서류나 그 밖의 물건을 수수하지 못하게 하거나 검열 또는 압수할 수 있다. 다만, 의류 · 양식 · 의료품은 수수를 금지하거나 압수할 수 없다(법200의6, 209, 91).

5. 피의자의 석방

체포영장에 의한 체포, 긴급체포, 현행범체포로 체포한 피의자에 대해 체포한 때부터 48시간 이내에 구속영장을 청구하지 아니하는 때에는 피의자를 즉시 석방하여야 한다(법200의2⑤ 후단, 200의4②, 213의2). 구속영장이 청구되었으나 발부받지 못한 때에도 피의자를 즉시 석방하여야 한다(법200의4②).

체포영장에 의하여 피의자를 체포한 경우 수사기관은 동일한 범죄사실에 관하여 다시 체포영장을 청구할 수 있다(법200의2④ 참조). 그러나 수사기관이 피의자를 긴급체포한 경우에는 석방된 피의자를 다시 긴급체포할 수 없다. 긴급체포되었다가 석방된 자는 체포영장 없이는 동일한 범죄사실에 관하여 체포하지 못하기 때문이다(법200의4③).

체포영장을 발부받은 후 피의자를 체포하지 아니하거나 체포한 피의자를 석방한 때에는 검사는 지체 없이 체포영장을 발부한 법원에 그 사유를 서면으로 통지하여야 한다(법204). 검사가 구속영장을 청구하지 아니하고 긴급체포된 피의자를 석방한 경우에는 석방한 날부터 30일 이내에 서면으로 관련 사항을 법원에 통지하여야 한다(법202의4④). 긴급체포 후 석방된 자 또는 그 변호인 · 법정대리인 · 배우자 · 직계친족 · 형제자매는 통지서 및 관련 서류를 열람하거나 등사할 수 있다(법200의4⑤). 수사기관의 긴급체포 남용을 방지하기 위한 장치이다.

6. 체포취소와 체포적부심사

체포된 피의자에 대해서는 체포취소가 가능하다. 체포의 사유가 없거나 소멸된 때에는 지방법원판사는 직권 또는 검사, 피의자, 변호인과 피의자의 법정대리인, 배우자, 직계친족과 형제자매(법30②)의 청구에 의하여 결정으로 체포를 취소한다(법200의6, 93). 이에 대해 체포의 효력을 유지하면서 체포의 집행만을 정지하는 체포집행정지는 허용되지 않는다. 명문의 준용규정이 없기 때문이다. 구속된 피의자에 대해 구속집행정지가 인정되는 것(법209, 101①)과 대비되는 점이다.

체포된 피의자는 체포적부심사절차를 통하여 석방될 수 있다(법214의2① · ④). 체포된 피의자에 대해서는 구속된 피의자와 달리 피의자보석(법214의2⑤)이 허용되지 않는다(97모21)

(후술 99면 참조). 국회의원은 현행범인인 경우를 제외하고는 회기중 국회의 동의 없이 체포되지 아니한다(헌법44①). 국회의원이 회기전에 체포된 때에는 현행범인이 아닌 한 국회의 요구가 있으면 회기중 석방된다(동조②).

제3 피의자의 구속

1. 구속영장의 종류와 영장청구권자

피의자구속은 체포에 비하여 보다 장기간 계속되는 신체구속을 의미한다. 피의자구속은 (가) 체포에 이어서 행해지는 경우와 (나) 체포 없이 곧바로 행해지는 경우로 나누어진다. 양자의 구별실익은 영장실질심사에서 나타난다. 체포 후의 구속에는 피의자를 법관의 면전에 인치하기 위한 별도의 장치가 필요 없으나, 체포를 거치지 아니하고 바로 구속하는 경우에는 법관이 구인을 위한 구속영장을 발부하여 피의자를 구인해야 비로소 심문할 수 있다(법201의2②). 따라서 구속영장에는 통상의 구속영장과 그 전 단계에서 발부되는 구인을 위한 구속영장의 두 가지가 있다.

수사절차상 구속영장의 청구권자는 검사이다(헌법12③, 법200의4①, 201① 본문 전단). 사법경찰관에게는 독자적인 구속영장청구권이 없다. 우리 헌법이 구속영장의 청구권자를 검사로 명시한 취지(헌법12③)는 신체구속의 억제와 경찰 수사권의 감독에 있다. 사법경찰관은 검사에게 신청하여 검사의 청구로 법관의 구속영장을 발부받을 수 있다(법200의4① 1문, 201① 본문 후단).

2. 구속의 요건

(1) 범죄혐의

구속영장을 발부하려면 먼저 피의자가 죄를 범하였다고 의심할 만한 상당한 이유가 존재해야 한다(법201① 본문). 형사소송법은 체포영장 발부요건으로서의 범죄혐의(법200의2①)와 구속영장 발부요건으로서의 범죄혐의(법201①) 사이에 아무런 차이를 두고 있지 않다.

'피의자가 죄를 범하였다' 함은 주관적으로 피의자가 죄를 범한 사람이라는 점에 대한 고도의 개연성이 있고, 객관적으로 범죄성립요건과 소송조건이 모두 구비되어 있음을 의미한다. 따라서 친고죄의 경우에 적법한 고소가 존재하지 않거나 고소가 취소된 경우, 반의사불벌죄의 경우에 처벌을 원하지 않는다는 의사표시가 명시된 경우, 피의사건에 대해 위법성조각사유나 책임조각사유 등이 인정되는 경우에는 피의자를 구속할 수 없다.

피의자에게 범죄혐의를 인정하려면 상당한 이유가 있어야 한다. 상당한 이유에 해당하는지는 일반인의 관점을 기준으로 법관이 판단하게 된다. 범죄혐의의 유무는 구속시를 기준으로 판단한다. 그러므로 수사절차의 진행상황에 따라서 범죄혐의가 증가 또는 소멸할 수 있다.

(2) 구속사유

구속영장을 발부하려면 구속사유가 인정되어야 한다. 즉 (가) 피의자가 증거를 인멸할 염려가 있는 때, (나) 피의자가 도망하거나 도망할 염려가 있는 때, (다) 피의자가 일정한 주거가 없는 때의 어느 하나에 해당하는 사유가 존재하여야 한다(법201①, 70①)(후술 293면). 구속사유는 체포의 필요성 요건에 상응한다.

증거인멸은 피의자가 증거물이나 증거서류 등 물적 증거방법을 위조, 변조, 은닉, 손괴, 멸실하는 경우와 공범자, 참고인, 감정인 등 인적 증거방법에 대하여 허위의 진술을 부탁하거나 강요하는 등 부정한 영향력을 행사하는 경우를 말한다. 아직 수사가 종결되지 아니한 상황 또는 피의자가 범죄사실을 다투거나 자백을 거부하는 상황 등은 그 자체만으로는 증거인멸의 염려가 있는 때에 해당하지 않는다.

도망한 때란 예컨대 피의자가 외국에 체재하면서 수사기관의 소환에 응하지 않는 경우 또는 피의자가 잠적한 경우 등을 가리킨다. 도망할 염려가 있는 때란 피의자가 수사, 공판, 형집행 등 일련의 형사절차를 피하여 영구히 또는 장기간 숨으려고 하는 것을 말한다.

구속사유 가운데 주거부정(법201①, 70①)은 피의자가 도망할 염려가 있는 때에 포함되는 하위사유로서 독자적 의미는 없다. 그러나 다액 50만원 이하의 벌금, 구류 또는 과료에 해당하는 범죄에 관하여는 피의자가 일정한 주거가 없는 경우에 한하여 구속영장을 청구할 수 있다(법201① 단서). 이 경우에는 피의자의 주거부정이 독자적인 구속사유로 작용한다. 대부분의「경범죄 처벌법」위반사범은 10만원 또는 20만원 이하의 벌금, 구류 또는 과료의 법정형으로 처벌되므로(동법3①·②) 피의자가 주거부정인 때에만 구속사유가 인정된다. 그러나 (가) 관공서에서의 주취소란행위나 (나) 거짓신고행위는 60만원 이하의 벌금, 구류 또는 과료의 형으로 처벌되기 때문에(동조③) 주거부정이 아니더라도 구속사유에 해당할 수 있다.

(3) 의무적 고려사항

형소법 제209조는 형소법 제70조 제2항의 준용을 통해 구속사유를 심사할 때 (가) 범죄의 중대성, (나) 재범의 위험성, (다) 피해자 및 중요 참고인 등에 대한 위해 우려 등을 고려하도록 요구하고 있다. 형소법 제70조 제2항은 새로운 구속사유를 신설하거나 추가한 것이 아니라, 구속사유를 심사할 때 고려해야 할 사항을 명시한 것이다(2009헌바8).

형소법 제70조 제2항이 규정한 고려사항은 구속사유를 판단할 때 고려해야 할 구체적이고 전형적인 사례를 거시한 것이다. 따라서 구속사유가 없거나 구속의 필요성이 적은데도 의무적 고려사항만을 고려하여 구속하는 것은 허용되지 않는다. 반면에 구속사유가 존재한다고 하여 바로 구속이 결정되는 것은 아니다. 구속사유에 더하여 의무적 고려사항인 범죄의 중대성, 재범의 위험성, 중요 참고인 등에 대한 위해 우려를 종합적으로 판단하여 구속 여부를 결정해야 한다(2009헌바8).

3. 영장실질심사제도

(1) 구속영장의 신청과 청구

구속영장은 검사가 곧바로 관할 지방법원판사에게 청구하거나 사법경찰관이 검사에게 신청하여 검사가 청구하여야 한다(법201① 본문, 200의4① 1문). 사법경찰관이 구속영장을 신청한 경우 검사는 사법경찰관이 신청한 영장의 청구 여부 결정에 관하여 필요한 경우에 사법경찰관에게 보완수사를 요구할 수 있다(법197의2① ii). 검사가 사법경찰관이 신청한 구속영장을 정당한 이유 없이 판사에게 청구하지 아니한 경우 사법경찰관은 그 검사 소속의 지방검찰청 소재지를 관할하는 고등검찰청에 구속영장 청구 여부에 대한 심의를 신청할 수 있다(법221의5①). 사법경찰관은 영장심의위원회에 출석하여 의견을 개진할 수 있다(동조② · ④).

검사는 구속영장을 청구할 때 구속의 필요를 인정할 수 있는 자료를 제출하여야 한다(법201②). 검사가 구속영장의 청구를 함에 있어서 동일한 범죄사실에 관하여 그 피의자에 대하여 전에 구속영장을 청구하거나 발부받은 사실이 있을 때에는 다시 구속영장을 청구하는 취지 및 이유를 기재하여야 한다(동조⑤). 구속영장이 청구된 피의자, 그 변호인, 법정대리인, 배우자, 직계친족, 형제자매나 동거인 또는 고용주는 구속영장청구서를 보관하고 있는 법원사무관등에게 그 등본의 교부를 청구할 수 있다(규칙101).

(2) 영장실질심사의 유형

형사소송법은 구속영장의 발부와 관련하여 영장실질심사제도를 도입하고 있다. 형사소송법은 구속영장의 실질심사 방식을 (가) 피의자가 이미 수사기관에 체포되어 있는 경우와 (나) 피의자가 체포되지 아니한 경우로 나누어 이원적으로 규정하고 있다.

첫째로, 체포된 피의자에 대하여 구속영장이 청구된 경우가 있다. 이때 구속영장을 청구받은 판사는 지체 없이 피의자를 심문하여야 한다. 이 경우 판사는 특별한 사정이 없는 한 구속영장이 청구된 날의 다음날까지 피의자를 심문하여야 한다(법201의2①).

둘째로, 체포되지 아니한 피의자에 대하여 구속영장이 청구된 경우가 있다. 이 때에는 그 피의자를 법관의 면전에 인치하는 장치가 필요하게 된다. 구속영장을 청구받은 판사는 피의자가 죄를 범하였다고 의심할 만한 이유가 있는 경우에 구인을 위한 구속영장을 발부하여 피의자를 구인한 후 심문하여야 한다. 다만, 피의자가 도망하는 등의 사유로 심문할 수 없는 경우에는 그러하지 않다(법201의2② 본문·단서).

법원은 인치받은 피의자를 유치할 필요가 있는 때에는 교도소·구치소 또는 경찰서 유치장에 유치할 수 있다. 이 경우 유치기간은 인치한 때부터 24시간을 초과할 수 없다(법201의2⑩, 71의2). '구인을 위한 구속영장'에 의하여 구인한 피의자를 법원에 인치한 경우에 구금할 필요가 없다고 인정한 때에는 즉시 석방하여야 한다(법201의2⑩, 71).

(3) 영장실질심사의 절차

검사는 구속영장을 청구할 때 구속의 필요를 인정할 수 있는 자료를 제출하여야 한다(법201②). 이를 위하여 검사는 법원에 수사 관계 서류 및 증거물을 제출한다. 영장실질심사 절차에서 심문할 피의자에게 변호인이 없는 때에는 지방법원판사는 직권으로 변호인을 선정하여야 한다. 이 경우 변호인의 선정은 피의자에 대한 구속영장청구가 기각되어 효력이 소멸한 경우를 제외하고는 제1심까지 효력이 있다(법201의2⑧).

체포된 피의자의 경우 판사는 즉시 검사, 피의자 및 변호인에게 심문기일과 장소를 통지하여야 한다(동조③). 검사는 심문기일에 체포된 피의자를 출석시켜야 한다(법201의2③ 후단). 미체포 피의자의 경우 판사는 피의자를 인치한 후 즉시 검사, 피의자 및 변호인에게 심문기일과 장소를 통지하여야 한다(법201의2③).

영장실질심사란 지방법원판사가 피의자를 직접 심문하는 것을 말한다. 따라서 심문기일에는 원칙적으로 피의자가 출석하여야 한다(법201의2②, ③). 판사는 (가) 피의자가 신체적 또는 정신적 장애로 사물을 변별하거나 의사를 결정·전달할 능력이 미약한 경우 또는 (나)피의자의 연령·성별·국적 등의 사정을 고려하여 그 심리적 안정의 도모와 원활한 의사소통을 위하여 필요한 경우에는 피의자와 신뢰관계에 있는 자를 동석하게 할 수 있다(동조⑩, 276의2). 판사는 피의자를 심문할 때 공범의 분리심문이나 그 밖에 수사상의 비밀보호를 위하여 필요한 조치를 하여야 한다(동조⑤). 검사와 변호인은 심문기일에 출석하여 의견을 진술할 수 있다(법201의2④).

판사가 피의자를 심문하는 경우에 법원사무관등은 심문의 요지 등을 조서로 작성하여야 한다(법201의2⑥). 판례는 체포·구속적부심사절차에서 작성된 조서를 형소법 제315조 제3호의 '특히 신용할 만한 정황에 의하여 작성된 문서'로 보아 증거능력을 긍정하되, 체포·구속적부심사절차가 피고인의 권리보장을 위한 절차라는 점에 주목하여 조서에 기재된 진술의 신빙성 판단에 신중을 기할 것을 요구하고 있다(2003도5693). 동일한 판단기준은 영장실질심사에서 작성된 조서의 경우에도 그대로 해당된다.

(4) 구속영장의 발부와 기각

구속영장의 청구를 받은 지방법원판사는 신속히 구속영장의 발부 여부를 결정하여야 한다(법201③). 구속영장의 청구를 받은 지방법원판사는 상당하다고 인정할 때에는 구속영장을 발부한다(법201④ 1문). 관할 지방법원판사가 구속영장을 발부하지 아니할 때에는 구속영장청구서에 영장을 발부하지 아니한다는 취지 및 이유를 기재하고 서명날인하여 청구한 검사에게 교부한다(법201④ 2문). 체포된 자에 대하여 구속영장청구가 기각된 경우에는 피의자를 즉시 석방하여야 한다(법200의4②).

구속영장의 발부를 기각한 재판에 대하여는 준항고(법416)나 재항고(법415)가 허용되지 않는다(2006모646). 검사의 각종 영장청구에 대한 지방법원판사의 재판은 항고(법402)의 대상이 되는 '법원의 결정'에 해당하지 않고, 준항고(법416①)의 대상이 되는 '재판장 또는 수명법관의 구금 등에 관한 재판'에도 해당하지 않기 때문이다(2006모646)(후술 421면). 항고 또는 준항고가 허용되지 않으므로 대법원에의 재항고(법415)도 허용되지 않는다.

구속영장청구의 기각으로 석방된 자는 법관의 영장실질심사(법201의2)를 거친 자이므로 단순히 체포 후 석방된 자보다 강하게 보호되어야 한다. 검사 또는 사법경찰관에 의하여 구속되었다가 석방된 자는 다른 중요한 증거를 발견한 경우를 제외하고는 동일한 범죄사실에 관하여 재차 구속하지 못한다(법208①). 이 경우 1개의 목적을 위하여 동시 또는 수단결과의 관계에서 행하여진 행위는 동일한 범죄사실로 간주한다(동조②).

'1개의 목적을 위하여 동시에 행하여진 행위'란 동일한 전체고의에 기하여 동종의 법익을 동종의 행위에 의하여 반복적으로 침해하는 소위 연속범을 가리킨다. '1개의 목적을 위하여 수단·결과의 관계에서 행하여진 행위'는 소위 견련범을 가리킨다. 우리 형법은 연속범과 견련범을 인정하지 않는다(형법 부칙4② 참조). 그 결과 수 개의 행위들은 특별히 포괄일죄로 포착되지 않는 한 각각 별개의 범죄사실로 파악된다. 그러나 형사소송법은 석방된 피의자에 대한 재구속금지의 특례에 있어서는 연속범 및 견련범 관계에 있는 수 개의 죄를 하나의 범죄사실로 파악하고 있다. 이것은 피의자의 신체자유를 보다 강하게 보호하기 위한 입법자의 배려이다.

(5) 피의자 구속기간의 계산

사법경찰관에 의한 수사절차에서 피의자 구속기간은 10일이다. 사법경찰관이 피의자를 구속한 때에는 10일 이내에 피의자를 검사에게 인치하지 아니하면 석방하여야 한다(법202). 사법경찰관에게는 구속기간의 연장이 인정되지 않는다.

검사에 의한 수사절차에서도 피의자 구속기간은 10일이다. 검사에 의한 구속의 경우에는 구속기간 연장을 신청할 수 있다. 검사가 피의자를 구속한 때 또는 사법경찰관으로부터 피의자의 인치를 받은 때에는 10일 이내에 공소를 제기하지 아니하면 석방하여야 한다(법 203). 지방법원판사는 수사를 계속함에 상당한 이유가 있다고 인정한 때에는 10일을 초과하지 아니하는 한도에서 검사의 구속기간연장을 1차에 한하여 허가할 수 있다(법205①).

구속기간의 연장기간은 반드시 10일로 고정된 것은 아니다. 강제수사비례의 원칙(법199① 단서 참조)에 따라서 지방법원판사는 연장기간을 적절히 축소할 수 있다. 구속기간연장불허의 재판(97모1)에 대하여는 영장기각재판의 경우(2006모646)와 마찬가지로 준항고나 재항고가 허용되지 않는다.

피의자가 체포 또는 구인된 경우에 사경단계에서의 구속기간(법202) 또는 검찰단계에서의 구속기간(법203)은 피의자를 체포 또는 구인한 날부터 기산한다(법203의2). 구속기간의 초일은 시간을 계산함이 없이 1일로 산정한다(법66① 단서). 기간의 말일이 공휴일 또는 토요일에 해당하는 날은 기간에 산입하지 않는 것이 원칙이지만, 구속의 기간에 관하여서는 예외적으로 산입된다(동조③ 본문 · 단서). 영장실질심사절차 및 체포 · 구속적부심사절차에서 수사 관계 서류 등이 법원에 접수된 날로부터 검찰청에 반환된 날까지의 기간은 구속기간의 적용에 있어서 이를 산입하지 않는다(법201의2⑦, 214의2⑬). 구속기간연장허가결정이 있는 경우에 그 연장기간은 검사의 구속기간(법203) 만료 다음날로부터 기산한다(규칙98).

4. 구속영장의 집행과 피의자의 석방

(1) 구속영장의 집행절차

구속영장은 검사의 지휘에 의하여 사법경찰관리가 집행한다(법209, 81① 본문). 구속영장의 집행절차는 체포영장의 집행절차에 준한다. 영장교부 및 사본제시(법200의6, 85①), 미란다 고지(법209, 200의5), 구속현장에서의 압수 · 수색(법216① i), 피의자 인치(법209, 85①), 권리고지(법209, 87①, 214의2②), 구속통지(법209, 87②), 변호인 선임의뢰(법209, 90), 변호인과의 접견교통(법34), 비변호인과의 접견교통(법209, 89) 등 일련의 절차는 체포와 공통된다(전술 86면).

(2) 구속취소, 구속집행정지, 피의자보석

구속피의자에 대해서는 구속취소가 인정된다. 구속의 사유가 없거나 소멸된 때에는 지방법원판사는 직권 또는 검사, 피의자, 변호인과 피의자의 법정대리인, 배우자, 직계친족과 형제자매(법30②)의 청구에 의하여 결정으로 구속을 취소하여야 한다(법209, 93).

구속된 피의자에 대해서는 체포된 피의자의 경우와 달리 구속집행정지가 인정된다. 지방법원판사는 상당한 이유가 있는 때에는 구속된 피의자를 친족, 보호단체, 기타 적당한 자에게 부탁하거나 피의자의 주거를 제한하여 구속의 집행을 정지할 수 있다(법209, 101①). 구속집행정지는 구속영장의 효력은 유지하면서 그 집행만을 유예하는 것이다. 구속집행정지는 지방법원판사의 직권에 의하여 이루어진다. 구속취소(법209, 93)와 달리 피의자측에게 청구권이 인정되지 않는다. 불구속수사의 원칙(법198①)과 신속한 신체자유의 회복이라는 관점에서 볼 때 검사에 의한 구속집행정지도 가능하다고 볼 것이다.

구속된 피의자에 대해서는 피의자보석이 허용된다. 구속된 피의자는 관할법원에 적부심사를 청구할 수 있다(법214의2①). 법원은 구속된 피의자에 대하여 피의자의 출석을 보증할 만한 보증금의 납입을 조건으로 하여 석방을 명할 수 있다(법214의2⑤). 체포된 피의자에 대해서는 피의자보석이 허용되지 않는다(97모21)(전술 99면).

국회의원은 현행범인인 경우를 제외하고는 회기 중 국회의 동의 없이 체포 또는 구금되지 않는다(헌법44①). 국회의원이 회기 전에 구속된 때에는 현행범인이 아닌 한 국회의 요구가 있으면 회기 중 석방된다(동조②). 헌법 제44조에 의하여 구속된 국회의원에 대한 석방요구가 있으면 당연히 구속영장의 집행이 정지된다(법101④).

제4 수사상 신체구속에 대한 통제장치

1. 의 의

피의자에 대한 신체구속은 수사상 강제처분 가운데에서도 가장 강력한 것이다. 이 때문에 우리 헌법은 피의자의 신체구속과 관련하여 특별히 적법절차원칙과 영장주의를 천명하고 있다(헌법12③). 수사상 신체구속이 적법절차에 반하여 위법하게 행해지는 경우에 대비하여 효율적인 통제방안이 마련되어야 한다. 이러한 문제의식과 관련하여 형사소송법은 사전적 억제방안으로 위법수집증거배제법칙을 도입하고 있다(법308의2).

위법한 수사상 신체구속을 사후적으로 통제할 수 있는 구제방안으로 형사소송법은 검사의 구속장소감찰제도(법198의2), 체포·구속적부심사제도(법214의2), 수사절차상의 준항고제도(법417)를 규정하고 있다.

2. 검사의 구속장소감찰제도

지방검찰청검사장 또는 지청장은 불법체포·구속의 유무를 조사하기 위하여 검사로 하여금 매월 1회 이상 관하 수사관서의 피의자의 체포·구속장소를 감찰하게 하여야 한다(법198의2① 1문). 감찰하는 검사는 체포·구속된 자를 심문하고 관계서류를 조사하여야 한다(동항 2문). 이와 같이 수사관서 내에 소재하는 체포·구속피의자에 대한 검사의 조사권을 가리켜서 구속장소감찰권이라고 부른다.

검사는 적법한 절차에 의하지 아니하고 체포 또는 구속된 것이라고 의심할 만한 상당한 이유가 있는 경우에는 (가) 즉시 체포·구속된 자를 석방하거나 (나) 사건을 검찰에 송치할 것을 명하여야 한다(법198의2②). 검사는 (나)의 경우, 즉 구속장소 감찰과 관련하여 사법경찰관으로부터 송치받은 사건에 관하여는 해당 사건과 동일성을 해치지 아니하는 범위 내에서 수사할 수 있다(법196②).

검사의 구속장소감찰권은 불법적인 임의동행 및 그에 따른 보호실유치나 긴급체포의 형식을 빌린 불법구속에 대한 견제장치로서 유력하다. 그러나 구속장소감찰권은 체포·구속을 당한 피의자를 위한 권리구제장치라기보다는 사법경찰관에 대한 검사의 감독권의 일부로서 내부적 통제장치라는 성질을 갖는다. 이것은 체포·구속된 피의자 및 그와 일정한 관계에 있는 자에게 감찰권행사를 구하는 청구권이 부여되어 있지 않고 검사의 직권에 의한 구속장소감찰만 인정되고 있는 점에서 그러하다.

3. 체포·구속적부심사제도

(1) 체포·구속적부심사제도의 의의

체포·구속적부심사제도란 체포·구속된 피의자, 그 변호인 및 일정한 범위의 자가 체포·구속에 대한 적부(適否)의 심사를 법원에 청구하고 그에 기초하여 법원이 부적법 또는 부당하게 체포·구속된 피의자를 석방시키는 제도이다. 우리 헌법은 제12조 제6항에서 체포·구속적부심사청구권을 기본권으로 보장하고 있다.

체포·구속적부심사제도는 사법부가 신체구속된 피의자를 석방시키는 장치라는 점에서 단순히 수사기관 내부의 자체통제나 직권발동 장치에 그치는 검사의 구속장소감찰제도(법198의2)와 구별된다. 또 수사단계에서 체포·구속된 피의자를 석방시키는 제도라는 점에서 공소제기 후 수소법원이 구속된 피고인의 구속집행을 정지시키는 피고인보석(법94 이하)과 차이가 있다. 체포·구속적부심사제도는 또한 법원의 결정으로 체포·구속된 피의자의 석방을 명하는 장치라는 점에서 지방법원판사 또는 검사가 행하는 체포·구속의 취소(법93, 200의6, 209)와 구별된다.

(2) 적부심사청구권자

체포·구속된 피의자 또는 그 변호인, 법정대리인, 배우자, 직계친족, 형제자매, 동거인, 가족 또는 고용주는 체포·구속의 적부심사를 청구할 수 있다(법214의2①). 단순한 동거인이나 가족 또는 고용주까지도 체포·구속의 적부심사를 청구할 수 있다는 점에서 변호인선임권자(법30②)보다 체포·구속적부심사청구권자의 범위가 확장되어 있다.

체포·구속된 자라면 누구든지 적부심사청구권을 가진다(헌법12⑥). 따라서 체포영장 또는 구속영장이 발부되지 아니하고 사실상 신체구속 상태에 있는 피의자도 적부심사를 청구할 수 있다. 임의동행에 의하여 보호실유치의 상태에 있는 피의자나 현행범체포 또는 긴급체포하에 있으면서 검사에의 사후승인신청이나 구속영장청구가 행해지고 있지 않은 피의자 등이 여기에 해당하는 경우이다.

체포·구속적부심사를 청구할 수 있는 피의자는 수사기관에 의하여 신체의 자유가 제한되어 있는 피의자이다. 사인(私人)에 의하여 불법하게 신체구속을 당하고 있는 자의 구제는 체포·구속적부심사제도가 예정하고 있는 문제가 아니다. 국가, 지방자치단체, 공법인 또는 개인, 민간단체 등이 운영하는 의료시설·복지시설·수용시설·보호시설에 수용·보호 또는 감금되어 있는 자의 신체자유를 회복하기 위하여 「인신보호법」이 제정되어 있다(동법2① 참조).

체포·구속적부심사청구권자는 피의자를 중심으로 결정된다(법214의2①). 형사소송법의 명문규정에 의할 때 피고인은 체포·구속적부심사의 청구권자가 될 수 없다. 공소제기 이후의 피고인은 체포·구속적부심사청구권이 없다. 공소제기 이후에는 보석청구가 가능하다(법94). 그런데 피고인이 적부심사절차의 청구인 지위에 들어서는 경우가 있다. 소위 전격기소된 피고인의 경우가 그것이다.

전격기소란 체포·구속된 피의자 측이 적부심사를 청구하여 적부심 관할법원이 적부심사에 임한 상황에서 검사가 공소를 제기하는 것을 말한다. 형사소송법은 체포·구속적부심사청구 후에 검사가 공소를 제기하더라도 피고인의 지위에 들어선 적부심사청구인에 대하여 적부심 관할법원이 판단을 계속할 수 있도록 하고 있다(법214의2④ 2문).

(3) 적부심사 청구와 국선변호인 선정

체포·구속적부심사청구권자는 피의사건의 관할법원에 체포 또는 구속의 적부심사를 청구하여야 한다(법214의2①). 체포적부심사의 청구가 있는 경우에 체포된 피의자에게 변호인이 없는 때에는 적부심 관할법원은 국선변호인을 선정하여야 한다(법214의2⑩, 33). 구속된 피의자에 대해서는 이미 영장실질심사 단계에서 국선변호인이 선정되므로(법201의2⑧) 구속적부심사를 청구한 피의자에게 변호인이 없는 경우는 없다.

(4) 적부심사 심리절차

적부심 관할법원은 청구서가 접수된 때부터 48시간 이내에 체포·구속된 피의자를 심문하고 수사관계서류와 증거물을 조사하여야 한다(법214의2④). 체포·구속적부심사청구 후 피의자에 대하여 공소제기가 있는 경우에도 적부심 관할법원은 계속 심사하여 석방 여부를 결정하여야 한다(동항 2문).

관할법원은 먼저 체포·구속적부심사청구서의 형식요건 구비 여부와 공소제기의 유무 등을 심사한다. 특히 (가) 청구권자 아닌 사람이 체포·구속적부심사를 청구한 때, (나) 동일한 체포영장 또는 구속영장의 발부에 대하여 재청구한 때, (다) 공범이나 공동피의자의 순차청구가 수사방해를 목적으로 하고 있음이 명백한 때 등은 형식적 요건의 심사대상으로 명시되어 있다(법214의2③).

형식적 요건이 불비된 경우에 관할법원은 피의자심문 없이 결정으로 청구를 기각할 수 있다(법214의2③). 이를 간이기각결정이라고 한다. 형식적 요건의 심사에는 당해 체포영장 또는 구속영장을 발부한 법관도 관여할 수 있다(동조⑫ 반대해석). 형식적 요건의 심사는 객관적·외형적인 요건의 존부만을 판단하는 것이기 때문이다.

체포·구속적부심사청구가 형식적 요건을 구비하였으면 관할법원은 청구의 실질적 요건이 구비되었는지를 심사하여야 한다. 이 경우 실질심사의 대상은 체포 또는 구속의 적부(適否)이다. 이때 체포·구속의 적부에는 체포·구속의 불법 여부뿐만 아니라 신체구속의 계속 필요성에 대한 판단도 포함된다. 체포·구속적부심사는 체포·구속 후의 사정변경까지도 고려한다는 점에서 단순히 체포영장·구속영장 발부의 적법성에 대한 사후심사 이상의 의미를 갖는다.

체포영장이나 구속영장을 발부한 법관은 적부심사의 실질심사와 관련된 심문·조사·결정에 관여할 수 없다(법214의2⑫ 본문). 체포영장이나 구속영장을 발부한 법관으로 하여금 실질적 심사를 허용하는 것은 제삼자의 판단이어야 한다는 사법판단의 본질에 반하기 때문이다. 다만 체포영장이나 구속영장을 발부한 법관 외에 심문·조사·결정을 할 판사가 없는 경우에는 그러하지 아니하다(동항 단서).

적부심 관할법원은 적부심사를 위한 피의자 심문을 함에 있어 공범의 분리심문이나 그 밖에 수사상의 비밀보호를 위한 적절한 조치를 하여야 한다(법214의2⑪). 검사·변호인·체포·구속적부심사청구인은 관할법원의 심문기일에 출석하여 의견을 진술할 수 있다(동조⑨).

적부심 관할법원이 피의자를 심문하는 경우 법원사무관등은 심문의 요지 등을 조서로 작성하여야 한다(법214의2⑭, 201의2⑥). 판례는 체포·구속적부심사절차에서 작성된 조서를 형소법 제315조 제3호의 '특히 신용할 만한 정황에 의하여 작성된 문서'로 보아 일단 증거능력을 긍정하고 있다. 그러나 동시에 판례는 체포·구속적부심사절차가 피고인의 권리보장을 위한 절차라는 점에 주목하여 그 체포·구속적부심사조서에 기재된 진술의 신빙성 판단에 신중을 기할 것을 요구하고 있다(2003도5693).

(5) 법원의 결정

관할법원은 체포·구속적부심사청구의 실질적 요건이 결여되어 그 청구가 이유 없다고 인정한 경우에는 결정으로 청구를 기각한다(법214의2④ 1문 전단). 관할법원은 체포·구속적부심사청구의 실질적 요건이 구비되어 그 청구가 이유 있다고 인정한 경우에는 결정으로 체포·구속된 피의자의 석방을 명하여야 한다(법214의2④ 1문 후단). 심사 청구 후 피의자에 대하여 공소제기가 있는 경우에도 또한 같다(동항 2문).

법원의 결정에 대하여는 기각결정과 석방결정을 가리지 않고 항고할 수 없다(법214의2⑧). 석방결정에 의하여 조건 없이 석방된 피의자는 피의자가 도망하거나 범죄의 증거를 인멸하는 경우를 제외하고는 동일한 범죄사실에 관하여 재차 체포하거나 구속하지 못한다(법214의3①).

법원은 구속된 피의자(심사청구 후 공소제기된 사람을 포함한다)에 대하여 피의자의 출석을 보증할 만한 보증금의 납입을 조건으로 하여 결정으로 구속된 피의자의 석방을 명할 수 있다(법214의2⑤ 본문). 그러나 '체포된 피의자'에 대해서는 보증금납입조건부 석방결정을 할 수 없다(97모21). 구속피의자에 대한 보석결정에 대해서는 즉시항고를 할 수 없고 보통항고만 할 수 있다(97모21)(후술 489면).

구속피의자에 대한 보석은 법원의 재량에 속한다(법214의2⑤ 본문). 그러나 (가) 범죄의 증거를 인멸할 염려가 있다고 믿을 만한 충분한 이유가 있는 때와 (나) 피해자, 당해 사건의 재판에 필요한 사실을 알고 있다고 인정되는 사람 또는 그 친족의 생명·신체나 재산에 해를 가하거나 가할 염려가 있다고 믿을 만한 충분한 이유가 있는 때에는 피의자보석이 허용되지 않는다(동항 단서).

구속적부심사절차에서 보증금납입을 조건으로 석방된 피의자에 대하여는 (가) 도망한 때, (나) 도망하거나 범죄의 증거를 인멸할 염려가 있다고 믿을 만한 충분한 이유가 있는 때, (다) 출석요구를 받고 정당한 이유 없이 출석하지 아니한 때, (라) 주거의 제한이나 그 밖에 법원이 정한 조건을 위반한 때의 사유가 있는 경우를 제외하고는 동일한 범죄사실로 재차 체포하거나 구속할 수 없다(법214의3②).

4. 수사절차상의 준항고제도

검사 또는 사법경찰관의 구금에 관한 처분에 대하여 불복이 있으면 그 직무집행지의 관할법원 또는 검사의 소속검찰청에 대응한 법원에 그 처분의 취소 또는 변경을 청구할 수 있다(법417)(후술 494면). 수사기관의 구금처분 사례로는 수사기관의 접견불허처분(법200의6, 209, 91), 구속장소의 임의적 변경, 피의자신문시 보호장구의 불해제(2015모2357) 등이 있다. 준항고의 대상이 되는 수사기관의 구금처분은 적극적인 처분뿐만 아니라 소극적인 부작위도 포함된다(91모24).

제2절 수사상 압수 · 수색 · 검증 · 감정

제1 수사상 압수 · 수색

1. 수사상 압수 · 수색의 의의

체포 · 구속이 대인적 강제처분이라면 압수 · 수색은 대물적 강제처분이다. 수사기관의 압수 · 수색에 관한 기본규정은 형소법 제215조이다. 일단 공소가 제기된 후에는 그 피고사건에 관하여 검사는 형소법 제215조에 의하여 압수 · 수색을 할 수 없다. 검사가 공소제기 후 형소법 제215조에 따라 발부받은 영장에 의하여 압수 · 수색을 하였다면, 그와 같이 수집된 증거는 원칙적으로 유죄의 증거로 삼을 수 없다(2009도10412).

수사상 압수란 물건의 점유를 취득하기 위한 수사기관의 강제처분을 말한다. 이에 대해 수사상 수색이란 압수할 물건이나 피의자를 발견할 목적으로 수사기관이 사람의 신체나 물건 또는 일정한 장소에 대하여 행하는 강제처분을 말한다. 수사상 수색은 압수를 위하여 행해지는 일이 많으며, 이 때문에 실무상으로는 '압수수색영장'이라는 단일영장이 사용되고 있다.

수사상 압수의 형태에는 압류와 영치의 두 가지가 있다. 법원이 행하는 압수의 한 형태인 제출명령(법106②)은 수사상 압수에는 인정되지 않는다. 압류는 물리적 강제력을 사용하여 목적물의 점유를 점유자 또는 소유자의 의사에 반하여 수사기관에 이전하는 강제처분이다. 영치는 유류물이나 임의제출물의 경우와 같이 수사기관에 대한 점유의 이전이 점유자나 소유자의 의사에 반하지 않는 경우를 말한다. 그러나 영치도 압류와 마찬가지로 일단 수사기관에 이전된 목적물의 점유를 임의로 회복할 수 없다는 점에서 압수의 일종으로 파악된다. 형사소송법은 유류물과 임의제출물의 경우를 명시하여 이를 압수로 파악하고 있다(법218).

2. 수사상 압수의 대상

(1) 압수의 대상물

수사기관은 필요한 때에는 법관의 영장을 받아 피의사건과 관계가 있다고 인정할 수 있는 것에 한정하여 증거물 또는 몰수할 것으로 사료하는 물건을 압수할 수 있다. 단, 법률에 다른 규정이 있는 때에는 예외로 한다(법215① · ②, 219, 106① 본문 · 단서). 증거물의 압수는 증거물의 멸실을 방지하면서 앞으로의 형사절차 진행에 대비하려는 것이다. 이에 반하여 몰수대상물의 압수는 장래의 형집행을 확보하려는 목적을 갖는다.

압수의 대상에는 정보처리장치와 정보저장매체가 포함된다(2024모2020 ☞ 602면). 정보처리장치는 컴퓨터, 노트북, 태블릿 등 전자정보를 입력 · 연산 · 출력하는 기기를 말한다. 정보저장매체란 컴퓨터용디스크, USB, 외장하드 그 밖에 이와 비슷한 매체로서 전자정보를 저장하고 있는 것을 말한다(법106③ 참조). 휴대전화는 정보처리장치나 정보저장매체의 특성을 가지고 있기는 하지만 기본적으로 통신매체의 특성을 가지고 있다. 휴대전화는 컴퓨터, 노트북 등 정보처리장치나 USB, 외장하드 등 정보저장매체와는 명확히 구별되는 특성을 가지고 있다(2024모2020).

정보처리장치와 정보저장매체는 유체물이다. 이에 대해 정보처리장치 및 정보저장매체에 수록된 전자정보는 무형적이다. 물건은 소유와 소지(점유)의 대상이 된다. 판례는 '전자정보의 소유자 · 소지자'라는 개념을 사용하여 무형적 존재인 전자정보를 유체물에 준하여 취급하고 있다(2017도9747).

일반적으로 압수는 대상물 자체에 대한 사실상의 지배, 즉 소지(점유)를 수사기관으로 이전하는 형태를 취한다. 수사기관은 피의자를 상대로 피의자가 소유 · 소지하는 정보처리장치 또는 정보저장매체에 저장되어 있는 전자정보 자체를 압수 · 수색할 수 있다. 이 경우는 유체물인 정보처리장치나 정보저장매체에 대한 압수·수색을 넘어서서 전자정보의 소유자 내지 소지자를 상대로 해당 전자정보를 압수·수색하는 대물적 강제처분으로 볼 수 있다(2017도9747).

전자정보가 인터넷으로 연결된 원격지 서버에 저장되어 있는 경우가 있다. 이 경우 수사기관이 (가) 피의자의 이메일 계정에 대한 접근권한에 갈음하여 발부받은 영장에 따라 (나) 영장 기재 수색장소에 있는 컴퓨터 등 정보처리장치를 이용하여 (다) 적법하게 취득한 피의자의 이메일 계정 아이디와 비밀번호를 입력하는 등 피의자가 접근하는 통상적인 방법에 따라 원격지의 저장매체에 접속하고 (라) 그곳에 저장되어 있는 피의자의 이메일 관련 전자정보를 수색장소의 정보처리장치로 내려받거나 그 화면에 현출시키는 것이 허용된다. 이 경우에도 피의자가 소유·소지하는 전자정보를 대상으로 압수·수색이 이루어지는 것이기 때문이다(2017도9747).

정보처리장치 또는 정보저장매체에 저장된 전자정보를 압수·수색하는 경우에는 압수가 (가) 기억된 전자정보의 범위를 정하여 문서로 출력하는 형태 또는 (나) 기억된 전자정보의 범위를 정하여 다른 정보저장매체에 복제하는 형태로 이루어진다(법106③). 정보처리장치나 정보저장매체는 대용량인 경우가 많다. 정보처리장치 또는 정보저장매체에 수록된 전자정보에 대한 압수·수색은 포괄적으로 이루어져서는 안 되고, 비례의 원칙에 따라 필요한 최소한의 범위 내에서 이루어져야 한다(2011모1839)(후술 115면).

(2) 우체물과 전기통신에 관한 물건

수사기관은 필요한 때에는 피의사건과 관계가 있다고 인정할 수 있는 것에 한정하여 (가) 우체물 또는 (나) 「통신비밀보호법」 제2조 제3호에 따른 전기통신에 관한 것으로서 체신관서, 그 밖의 관련 기관 등이 소지 또는 보관하는 물건을 압수할 수 있다(법219, 107①). 이 경우 수사기관은 지방법원판사에게 청구하여 발부받은 영장에 의하여 압수하여야 한다(법215). 형사소송법에 의한 '우체물의 압수'나 '전기통신에 관한 물건의 압수'(법219, 107①)는 「통신비밀보호법」에 의한 '우편물 검열'이나 '전기통신의 감청'과 구별된다.

「통신비밀보호법」은 '통신제한조치'를 규정하고 있는데, 그 내용은 '우편물의 검열' 또는 '전기통신의 감청'이다(동법3②)(후술 133면). 우편물 검열은 우편물에 대하여 당사자의 동의 없이 이를 개봉하거나 기타의 방법으로 그 내용을 지득 또는 채록하거나 유치하는 것을 말한다(통신비밀보호법2 vi). 우편물 검열은 우편물의 발송 시점부터 도착 시점까지의 우편물을 대상으로 한다. 발송 전이나 도착 후의 편지 등과 같은 우편물의 압수는 우편물 검열의 대상에 포함되지 않는다. 이 경우는 형사소송법에 의한 우편물 압수의 대상이 된다

(법219, 107①).

전기통신의 감청은 전기통신에 대하여 당사자의 동의 없이 전자장치·기계장치 등을 사용하여 통신의 음향·문언·부호·영상을 청취·공독하여 그 내용을 지득 또는 채록하거나 전기통신의 송·수신을 방해하는 것을 말한다(통신비밀보호법2 vii). 「통신비밀보호법」에 의한 전기통신의 감청은 전기통신이 이루어지고 있는 상황에서 실시간으로 그 전기통신의 내용을 지득·채록하는 경우와 통신의 송·수신을 직접적으로 방해하는 경우를 의미한다. 이미 수신이 완료된 전기통신에 관하여 남아 있는 기록이나 내용을 열어보는 등의 행위는 '전기통신의 감청'에 포함되지 않는다(2016도8137). 이 경우는 '전기통신에 관한 물건의 압수'로서 형사소송법의 규율대상이 된다(법219, 107①).

형사소송법에 따라 수사기관이 체신관서, 그 밖의 관련 기관 등이 소지 또는 보관하는 '우체물'을 압수하거나 '전기통신에 관한 물건'의 압수를 할 때에는 발신인이나 수신인에게 그 취지를 통지하여야 한다. 단, 수사에 방해될 염려가 있는 경우에는 예외로 한다(법219, 107③).

「관세법」에 의하여 국제우편물 통관검사절차에서 이루어지는 우편물의 개봉, 시료채취, 성분분석 등의 검사(동법265)는 수출입물품에 대한 적정한 통관 등을 목적으로 한 행정조사의 성격을 가지는 것으로서 수사기관의 강제처분에 해당하지 않는다. 그러므로 압수수색영장 없이 우편물의 개봉, 시료채취, 성분분석 등의 검사가 진행되었다 하더라도 특별한 사정이 없는 한 위법하다고 볼 수 없다(2013도7718).

검사가 「마약류 불법거래 방지에 관한 특례법」에 근거하여 마약류를 외국으로 반출하거나 대한민국으로 반입하는 수사기법을 통제배달(controlled delivery)이라고 한다. 통제배달의 경우 세관공무원이 특정한 수출입물품을 개봉하여 검사하고 그 내용물의 점유를 취득하는 행위는 수출입물품에 대한 적정한 통관 등을 목적으로 조사를 하는 경우와 달리 범죄수사인 압수 또는 수색에 해당하여 사전 또는 사후에 영장을 받아야 한다(2014도8719).

(3) 압수의 제한

군사상 비밀을 요하는 장소에 소재하고 있는 물건은 그 책임자의 승낙 없이는 압수·수색할 수 없다(법219, 110①). 이 경우 그 책임자는 국가의 중대한 이익을 해하는 경우를 제외하고는 승낙을 거부하지 못한다(법219, 110②).

공무원 또는 공무원이었던 자가 소지 또는 보관하는 물건에 관하여는 본인 또는 그 당해 공무소가 직무상의 비밀에 관한 것임을 신고한 때에는 그 소속 공무소 또는 당해 감독관서의 승낙 없이는 압수하지 못한다(법219, 111①). 이 경우 소속 공무소 또는 당해 감독 관공서는 국가의 중대한 이익을 해하는 경우를 제외하고는 승낙을 거부하지 못한다(법 219, 111②).

변호사, 변리사, 공증인, 공인회계사, 세무사, 대서업자, 의사, 한의사, 치과의사, 약사, 약종상, 조산사, 간호사, 종교의 직에 있는 자 또는 이러한 직에 있던 자가 그 업무상 위탁을 받아 소지 또는 보관하는 물건으로 타인의 비밀에 관한 것은 압수를 거부할 수 있다. 단, 그 타인의 승낙이 있거나 중대한 공익상 필요가 있는 때에는 예외로 한다(법219, 112 본문·단서).

지방법원판사는 도망하거나 범죄의 증거를 인멸할 염려가 있다고 인정할 만한 상당한 이유가 있는 때에는 직권 또는 검사의 청구에 의하여 체포·구속된 피의자와 변호인 또는 변호인이 되려는 자(법34) 이외의 타인과의 사이에 서류나 그 밖의 물건을 수수하지 못하게 하거나 검열 또는 압수할 수 있다(법200의6, 209, 91 본문). 다만, 의류·양식·의료품은 수수를 금지하거나 압수할 수 없다(법200의6, 209, 91 단서).

제2 수사상 검증

1. 수사상 검증의 의의와 유형

검증이란 사람이나 물건 또는 장소의 성질과 상태를 시각·청각 등 오관의 작용에 의하여 감득(感得)하는 강제처분을 말한다. 원래 검증이란 수소법원이 증거조사(법139)의 방법으로 행하거나 법관이 증거보전(법184)의 방법으로 행하는 것으로서 영장을 요하지 않지만, 수사절차상 증거확보를 목적으로 검사 또는 사법경찰관이 행하는 검증은 반드시 법관의 영장에 근거하도록 규정되어 있다(법215① · ②).

수사상 검증은 그 대상을 기준으로 분류해 볼 때 사람의 신체에 대하여 행해지는 경우와 물건이나 장소에 대하여 행해지는 경우로 나누어 볼 수 있다. 양자는 원칙적으로 검증이라는 점에서 차이가 없으나 형사소송법은 피검증자의 인격을 고려하여 사람에 대한 경우를 특별히 신체검사라고 명명하고 그 절차에 관하여 별도의 규정을 두고 있다(법219, 141).

2. 수사절차상 검증의 절차

수사기관은 범죄수사에 필요한 때에는 지방법원판사가 발부한 영장에 의하여 검증을 할 수 있다(법215① · ②). 검증을 함에는 신체의 검사, 사체의 해부, 분묘의 발굴, 물건의 파괴 기타 필요한 처분을 할 수 있다(법219, 140). 신체의 검사에 관하여는 검사를 받는 사람

의 성별, 나이, 건강상태, 그 밖의 사정을 고려하여 그 사람의 건강과 명예를 해하지 아니
하도록 주의하여야 한다(법219, 141①). 피의자 아닌 사람의 신체검사는 증거가 될 만한 흔
적을 확인할 수 있는 현저한 사유가 있는 경우에만 할 수 있다(법219, 141②). 여자의 신체
를 검사하는 경우에는 의사나 성년 여자를 참여하게 하여야 한다(법219, 141③). 시체의 해
부 또는 분묘의 발굴을 하는 때에는 예(禮)에 어긋나지 아니하도록 주의하고 미리 유족에
게 통지하여야 한다(법219, 141④).

3. 신체수색과 체내검사

신체검사와 관련하여 특히 문제되는 것으로는 체내검사가 있다. 체내검사란 혈액이나
오줌, 정액 등의 직접 채취를 위시하여 항문 내부, 위장 내부의 검사 등과 같이 신체의 내
부에 대한 검사를 의미한다. 체내검사는 신체에 대한 수색(법219, 109① · ②)과 구별해야 한
다. 신체의 표면이나 구강(口腔) 내부의 검사 등과 같이 특별한 조치를 요하지 않고 자연적
으로 관찰할 수 있는 신체의 공동(空洞) 부분을 조사하는 것은 체내검사가 아니라 신체수
색에 해당한다. 체내검사는 신체검사(법219, 141① · ② · ③)의 일종으로 수사상 검증에 포함
된다. 따라서 체내검사를 하려면 법관이 발부한 검증영장이 있어야 한다(법215① · ②).

제3 수사상 압수 · 수색 · 검증의 공통요건

1. 규정의 방식

압수의 대상물이 형사소송법이 규정한 목적물에 해당하는 경우에 압수물을 발견하기
위한 활동(수색)과 발견된 압수물의 점유취득(압수)이 필요하게 된다. 이와 같이 압수는 수
색을 전제로 하게 되므로 우리 입법자는 압수와 수색을 병렬적으로 규정하는 방식을 취하
고 있다. 한편 사람이나 물건의 성질과 상태를 오관으로 확인하는 검증도 수색에 준하는
것으로 볼 수 있으므로 입법자는 검증도 압수 · 수색과 함께 병렬하여 규정하고 있다.

수사절차에서 수사기관이 압수 · 수색 · 검증을 하려면 법관이 발부한 압수수색검증영
장이 있어야 한다(법215① · ②). 압수수색검증영장이 발부되려면 일정한 압수 · 수색 · 검증
의 요건이 갖추어져야 한다. 압수 · 수색 · 검증의 공통된 요건으로는 범죄혐의, 필요성, 관
련성의 요건을 들 수 있다. 여기에 강제수사비례의 원칙(법199① 단서)이 추가된다. 이 요건
들은 특히 위법수집증거배제법칙(법308의2)의 적용 여부를 결정하는 기준으로서 중요한 의
미를 가진다.

2. 범죄혐의

　수사상 압수·수색·검증을 함에 있어서는 수사상의 신체구속과 마찬가지로 범죄혐의의 존재가 요구된다. 형사소송법은 '범죄수사에 필요한 때'라는 표현을 통하여 이를 밝히고 있다(법215①·②). 범죄혐의가 없다면 처음부터 수사를 개시할 수 없기 때문이다(법196①, 197① 참조).

　형사소송법은 수사절차상 체포·구속에 관하여는 '피의자가 죄를 범하였다고 의심할 만한 상당한 이유'를 요구하고 있다(법200의2①, 200의3①, 201①). 이에 대해 형소법 제215조 제1항·제2항은 수사절차상 압수·수색·검증에 대해 '피의자가 죄를 범하였다고 의심할 만한 정황'을 요구하고 있다. 단순히 죄를 범하였다고 '의심할 만한 정황'을 요구하여 범죄혐의의 정도에 차이를 두는 이유로는 압수·수색·검증이 실무상 체포·구속에 앞서서 행해지는 일이 많다는 점과 대물적 강제처분이 대인적 강제처분에 비하여 기본권 침해의 정도가 상대적으로 약하다는 점을 들 수 있다. 범죄혐의 정도가 입법적으로 완화됨에 따라 압수·수색·검증요건으로서의 범죄혐의는 최초의 혐의 또는 단순한 혐의로 족하다고 판단된다.

3. 필 요 성

　수사상 압수·수색·검증은 '범죄수사에 필요한 때'에 할 수 있다(법215①·②). 이 경우 필요성이란 압수·수색·검증에 의하여 취득되는 목적물에 증거로서의 가치 및 중요성이 있음을 의미한다. 수사상 압수·수색·검증의 필요성은 일차적으로 수사기관의 관점에서 접근하게 될 것이다. 따라서 검사 또는 사법경찰관의 직무상 경험이나 전문지식은 압수·수색·검증의 필요성을 판단함에 있어서 중요한 참고자료가 될 수 있다. 그러나 그렇다고 해서 필요성 요건 심사를 검사 또는 사법경찰관의 자의적(恣意的) 판단에 맡기는 것은 아니며, 최종적으로는 법관이 합리적 평균인의 관점에서 판단해야 한다.

　수사상 압수·수색·검증의 필요성은 범죄의 형태와 경중, 대상물의 증거가치, 대상물의 중요성 및 멸실의 우려, 처분을 받는 자의 불이익의 정도 등 제반사정을 고려하여 결정해야 한다.

4. 관 련 성

　수사상 압수·수색·검증은 '해당 사건과 관계가 있다고 인정할 수 있는 것에 한정하여' 이를 행할 수 있다(법215①·②). 이러한 제한을 가리켜서 압수·수색·검증의 관련성 요건이라고 한다. 관련성 요건은 객관적 관련성과 인적 관련성으로 나누어진다(2017도13458).

혐의사실과의 객관적 관련성은 (가) 압수수색영장에 기재된 혐의사실 자체, (나) 그와 기본적 사실관계가 동일한 범행과 직접 관련되어 있는 경우(2019도14341 ☞ 537면), (다) (ㄱ) 범행 동기와 경위, (ㄴ) 범행 수단과 방법, (ㄷ) 범행 시간과 장소 등을 증명하기 위한 간접증거나 정황증거 등으로 사용될 수 있는 경우(2017도13458)에 인정된다. 객관적 관련성은 압수수색영장에 기재된 혐의사실의 내용과 수사의 대상, 수사 경위 등을 종합하여 구체적·개별적 연관관계가 있는 경우에만 인정된다. 혐의사실과 단순히 동종 또는 유사 범행이라는 사유만으로 관련성이 인정되는 것은 아니다(2017도13458).

예컨대 "을이 A에게 선거운동 관련 금품을 공여하였다."는 혐의사실을 대상으로 갑의 주거에 대한 압수수색영장이 발부된 후 그 영장의 집행에 의하여 "갑이 선거운동 관련 금품을 요구하고 병이 금품공여를 약속하였다."는 혐의사실에 관한 증거물이 발견된 경우를 생각해 본다. 이 경우 객관적인 측면에서 보면, 을의 피의사실과 갑과 병의 피의사실은 선거와 관련한 금품수수 범행으로서 동종·유사한 범죄에 해당한다. 그러나 갑과 병의 혐의사실은 압수수색영장에 기재된 을의 혐의사실 내용과 구체적·개별적 연관관계가 있는 경우에 해당하지 않는다(2013도7101).

인적 관련성은 압수수색영장 대상자와 피의자 사이의 관련성을 말한다. 인적 관련성은 압수수색검증영장에 기재된 대상자의 공동정범, 교사범·방조범 등 공범, 간접정범은 물론 필요적 공범에 대한 피의사건에 대해서도 인정될 수 있다(2017도13458).

예컨대 "을이 A에게 선거운동 관련 금품을 공여하였다."는 혐의사실을 대상으로 갑의 주거에 대한 압수수색영장이 발부된 후 그 영장의 집행에 의하여 "갑이 선거운동 관련 금품을 요구하고 병이 금품공여를 약속하였다."는 혐의사실에 관한 증거물이 발견된 경우를 인적 관련성의 측면에서 살펴본다. 이 경우 발부된 압수수색영장의 피의자는 을이며, 압수된 증거물은 다른 피의자 갑과 병에 대한 것이다. 을이 갑과 병 사이의 범행에 가담 내지 관련되었다는 등의 인적 관련성은 찾아 볼 수 없다(2013도7101).

압수·수색은 영장 발부의 사유로 된 범죄 혐의사실과 관련된 증거에 한하여 할 수 있다. 영장 발부의 사유로 된 범죄 혐의사실과 무관한 별개의 증거를 압수하였을 경우 이는 원칙적으로 유죄 인정의 증거로 사용할 수 없다(2013도7101). 수사기관이 압수수색영장으로 관련성 없는 다른 사건의 증거물을 발견한 경우에는 즉시 압수·수색을 중단하고 그 다른 사건의 혐의사실에 대해 별도의 압수수색영장(법215①·②)을 발부받아 해당 증거물을 압수해야 한다(2013도11233).

5. 비 례 성

형소법 제215조는 수사상 압수·수색·검증의 공통적 요건으로 범죄혐의, 필요성, 관련성의 세 가지 요건을 명시하고 있다. 여기에 추가하여 형소법 제199조가 규정한 강제수사비례의 요건이 있다. 수사의 목적을 달성하기 위하여 압수·수색·검증이 필요하다고 하더라도 압수·수색·검증은 필요한 최소한도의 범위 안에서만 하여야 한다(법199① 단서). 즉 압수·수색·검증의 필요성과 관련성 요건이 인정되더라도 압수·수색·검증의 비례성 요건이 추가로 요구되는 것이다.

압수·수색·검증이 비례성의 범위 내에 있다는 판단을 내리기 위해서는 (가) 압수·수색·검증을 통해서만 증거물이나 범인을 확보할 수 있는 불가피성이 인정되어야 하고, (나) 임의수사에 의해서는 수사의 목적을 달성할 수 없는 경우이어야 하며, (다) 압수·수색·검증에 의한 기본권 침해가 범죄사실의 중대성과 균형관계를 이루고 있어야 한다. 이러한 요건이 갖추어지지 않은 경우에는 압수·수색·검증이 허용되지 않는다.

제4 수사상 압수·수색·검증의 절차

1. 사전영장에 의한 압수·수색·검증

(1) 압수·수색·검증영장의 청구와 발부

사법경찰관은 검사에게 신청하여 검사의 청구로 지방법원판사가 발부한 영장에 의하여 압수·수색·검증을 할 수 있다(법215②). 검사는 사법경찰관이 신청한 영장의 청구 여부 결정에 관하여 필요한 경우에 사법경찰관에게 보완수사를 요구할 수 있다(법197의2①ⅱ). 검사가 사법경찰관이 신청한 압수수색검증영장을 정당한 이유 없이 판사에게 청구하지 아니한 경우 사법경찰관은 그 검사 소속의 지방검찰청 소재지를 관할하는 고등검찰청에 영장 청구 여부에 대한 심의를 신청할 수 있다(법221의5①). 검사는 지방법원판사에게 청구하여 발부받은 영장에 의하여 압수·수색·검증을 할 수 있다(법215①).

범죄혐의와 압수·수색·검증의 필요성, 관련성 및 비례성이 인정되면 지방법원판사는 압수수색검증영장을 검사에게 발부한다. 압수수색검증영장에는 일정한 사항을 기재하고 지방법원판사가 서명날인해야 한다(법219, 114① 본문). 다만, 압수·수색할 물건이 전기통신에 관한 것인 경우에는 작성기간을 기재하여야 한다(법219, 114① 단서).

압수수색영장에 기재할 사항은 (가) 피의자의 성명, (나) 죄명, (다) 압수할 물건, (라)

수색할 장소·신체·물건, (마) 영장 발부 연월일, (바) 영장의 유효기간과 그 기간이 지나면 집행에 착수할 수 없으며 영장을 반환하여야 한다는 취지, (사) 그 밖에 대법원규칙으로 정하는 사항이다(법219, 114① 본문). 형사소송규칙은 압수·수색영장에 압수수색의 사유를 기재하도록 규정하고 있다(규칙109, 58). 피의자의 성명이 분명하지 아니한 때에는 인상, 체격, 기타 피의자를 특정할 수 있는 사항으로 피의자를 표시할 수 있다(법219, 114 ②, 75②).

압수·수색·검증의 대상은 압수수색검증영장에 반드시 특정되어야 한다(2007도3061). 특정성이 결여된 영장을 일반영장이라고 한다. 일반영장에 의한 압수·수색·검증은 금지된다. 일반영장에 의한 압수·수색·검증은 사생활의 보호와 재산권 보장을 지향하는 헌법상의 영장주의(헌법12③, 16)에 반하기 때문이다. 법관이 압수수색영장을 발부하면서 '압수할 물건'을 특정하기 위하여 기재한 문언은 엄격하게 해석해야 하고, 함부로 피압수자 등에게 불리한 내용으로 확장해석 또는 유추해석을 하는 것은 허용되지 않는다(2020모735).

압수수색영장에 압수할 물건을 '압수장소에 보관중인 물건'이라고 기재하고 있는 것을 '압수장소에 현존하는 물건'으로 해석할 수는 없다(2008도763).

휴대전화는 정보처리장치나 정보저장매체의 특성을 가지고 있기는 하지만 기본적으로 통신매체의 특성을 가지고 있다. 휴대전화, 특히 스마트폰에는 (가) 전화·문자메시지·SNS 등 통신, (나) 개인 일정, 인터넷 검색기록, 전화번호, 위치정보 등 통신의 비밀이나 사생활에 관한 방대하고 광범위한 정보가 집적되어 있다. 압수수색영장에 기재된 '압수할 물건'에 '정보처리장치(컴퓨터, 노트북, 태블릿 등) 및 정보저장매체(USB, 외장하드 등)에 저장되어 있는 전자정보'가 기재되어 있을 뿐 '휴대전화에 저장된 전자정보'가 포함되어 있지 않다면, 특별한 사정이 없는 한 그 영장으로 휴대전화에 저장된 전자정보를 압수할 수 없다(2024모2020 ☞ 602면).

(2) 압수·수색·검증영장의 집행

압수수색검증영장은 검사의 지휘에 의하여 사법경찰관리가 집행한다(법219, 115① 본문). 압수수색검증영장은 처분을 받는 자에게 반드시 제시하고, 처분을 받는 자가 피의자인 경우에는 그 사본을 교부하여야 한다(법219, 118 본문). 영장은 원본을 제시해야 한다. 사본의 제시는 허용되지 않는다(2015도10648).

압수수색영장을 집행하는 경우에 피압수자에게 반드시 압수수색영장을 제시하도록 한 것은 (가) 법관이 발부한 영장 없이 압수·수색을 하는 것을 방지하여 영장주의 원칙을 절차적으로 보장하고, (나) 압수수색영장에 기재된 물건, 장소, 신체에 대해서만 압수·수색을 하도록 하여 개인의 사생활과 재산권의 침해를 최소화하는 한편, (다) 준항고 등 피압수자의 불복신청 기회를 실질적으로 보장하기 위함이다(2015도12400).

수사기관이 피압수자로부터 영장 내용의 구체적인 확인을 요구받았음에도 압수수색영장의 내용을 보여주지 않았다면 이후 피압수자의 변호인이 피압수자에 대한 조사에 참여하면서 영장을 확인하였다고 하더라도 적법한 압수수색영장의 제시로 인정되지 않는다(2019모3526). 현장에서 피압수자가 여러 명일 경우에 압수수색영장은 그들 모두에게 개별적으로 제시해야 한다. 수사기관이 압수·수색에 착수하면서 그 장소의 관리책임자에게 영장을 제시하였다고 하더라도, 물건을 소지하고 있는 다른 사람으로부터 이를 압수하고자 할 때에는 그 사람에게 따로 영장을 제시해야 한다(2015도12400).

수사기관의 압수·수색절차 과정에서 처분을 받는 자가 미성년자인 경우가 있다. 이러한 경우 의사능력이 있는 한 미성년자에게 영장이 반드시 제시되어야 한다. 의사능력이 있는 미성년자의 친권자에 대한 영장제시로 이를 갈음할 수 없다(2022도2071 ☞ 568면).

영장제시의 원칙에 대해서는 예외가 인정된다. (가) 피처분자가 현장에 없거나 현장에서 그를 발견할 수 없는 경우 등 영장제시가 현실적으로 불가능한 경우(2014도10978) 또는 (나) 처분을 받는 자가 영장의 제시나 사본의 교부를 거부한 때이다(법219, 118 단서).

(3) 피압수자와 변호인의 참여권

형소법 제121조는 "검사, 피고인 또는 변호인은 [공판절차에서의] 압수·수색영장의 집행에 참여할 수 있다."고 규정하고 있다. 형소법 제121조는 형소법 제219조에 의하여 수사기관의 압수·수색에 준용된다. 여기에서 준용규정을 풀어서 적어보면 "검사, 사법경찰관, 피의자 또는 변호인은 수사절차에서의 압수·수색영장의 집행에 참여할 수 있다."라는 규정으로 정리할 수 있다.

압수수색영장이 피의자가 소유·소지·보관하는 물건을 대상으로 하는 경우에는 위와 같은 준용규정의 해석에 아무런 문제가 없다. 피압수자와 피의자가 일치하기 때문이다. 논란이 되는 것은 피해자 등 제삼자가 소유·소지·보관하는 물건을 대상으로 수사기관이 압수수색영장을 집행할 경우이다. 이 경우 참여권자가 '피의자 또는 그의 변호인'인가 아니면 '피압수자(제삼자) 또는 그의 변호인'인가 하는 물음이 제기된다. 이 문제에 대해 대법원은 '피압수자 또는 그의 변호인'에게 참여의 기회를 보장해야 한다는 입장을 취하고 있다(2021도11170 ☞ 563면). 생각건대, 판례의 입장이 타당하다고 본다. 압수는 대상물에 대한 사실상의 지배(점유)를 수사기관으로 이전하는 강제처분이며, 압수에 따른 재산권행사의 제한이나 사생활비밀·영업비밀의 침해 등은 피압수자의 부담으로 돌아가기 때문이다.

수사기관의 압수·수색절차 과정에서 처분을 받는 자가 미성년자인 경우가 있다. 이러한 경우 의사능력이 있는 미성년자나 그 변호인에게 압수·수색영장 집행 절차에 참여할 기회가 보장되어야 한다. 의사능력이 있는 미성년자의 친권자에게 참여의 기회가 보장되었다는 이유만으로 압수·수색이 적법하게 되는 것은 아니다(2022도2071 ☞ 568면).

수사기관의 지시·요청에 따라 사인(私人)이 자기 외의 제3자가 지배·관리하는 물건을 취거하여 수사기관에 전달하는 행위를 한 경우가 있다. 만일 제3자가 지배·관리하는 물건을 취거하는 행위를 수사기관이 직접 하였다면 그러한 행위는 강제처분인 압수·수색에 해당하게 될 것이다. 그러므로 수사기관의 지시·요청에 따라 사인(私人)이 자기 외의 제3자가 지배·관리하는 물건을 취거하여 수사기관에 전달하는 행위를 한 경우에는, 특별한 사정이 없는 이상, 원칙적으로 (가) 수사기관이 사인을 이용하여 강제처분을 하였다고 보아, (나) 제3자에 대한 영장 제시, 참여권 보장 등 절차의 준수를 수사기관에게 요구하는 것이 헌법과 형사소송법이 구현하고자 하는 적법절차와 영장주의의 정신에 부합한다(2022도2071).

다만, 수사기관의 지시·요청에 따라 사인(私人)이 자기 외의 제3자가 지배·관리하는 물건을 취거하여 수사기관에 전달하는 행위가 (가) 오로지 사인(私人) 자신의 이익이나 목적 추구를 위해 이루어진 것이라거나 (나) 수사기관이 해당 물건의 실제 점유자가 제3자임을 미처 인식·예견하지 못하였다는 등의 특별한 사정이 있는 경우에는 예외적으로 제3자에 대한 영장 제시, 참여권 보장 등 절차준수가 수사기관에게 요구되지 않는다(2022도2071).

판례는 피해자 등 제삼자가 소유·소지·보관하는 물건을 대상으로 수사기관이 압수수색영장을 집행하는 상황일지라도 제삼자에 더하여 피의자에게 참여권을 부여해야 하는 경우를 인정하고 있는데, 이러한 경우의 피의자를 실질적 피압수자라고 한다. 실질적 피압수자의 개념은 정보저장매체에 저장된 전자정보를 압수·수색할 때 주로 문제된다. 정보저장매체의 소유·소지자와 전자정보의 소유·소지자가 달라지는 경우가 있기 때문이다. 이 문제에 대해서는 전자정보의 압수·수색 항목에서 상세히 검토하기로 한다(후술 115면).

형소법 제219조, 제121조는 피압수자 외에 그의 변호인에게도 압수·수색 참여권을 인정하고 있다. 피압수자의 변호인이 가지는 참여권은 피압수자의 보호를 위하여 변호인에게 주어진 고유권이다. 따라서 설령 피압수자가 수사기관에 압수수색영장의 집행에 참여하지 않겠다는 의사를 명시하였다고 하더라도, 특별한 사정이 없는 한 그 변호인에게는 형소법 제219조, 제122조에 따라 미리 집행의 일시와 장소를 통지하는 등으로 압수수색영장의 집행에 참여할 기회를 별도로 보장하여야 한다(2020도10729 ☞ 545면).

압수수색영장을 집행할 때에는 피압수자와 그의 변호인에게 미리 집행의 일시와 장소를 통지하는 것이 원칙이다(법219, 122 본문). 다만, (가) 피압수자와 그의 변호인이 참여하지 아니한다는 의사를 명시한 때 또는 (나) 급속을 요하는 때에는 예외로 한다(법219, 122 단서). 여기에서 '급속을 요하는 때'라고 함은 피압수자에게 압수수색영장 집행 사실을 미리 알려주면 증거물을 은닉할 염려 등이 있어 압수·수색의 실효를 거두기 어려울 경우를 말한다(2012도7455).

(4) 영장집행과 책임자의 참여

공무소, 군사용 항공기 또는 선박·차량 안(공무소 등)에서 압수수색영장을 집행하려면 그 책임자에게 참여할 것을 통지하여야 한다(법219, 123①).

위의 장소 외에 타인의 주거, 간수자 있는 가옥, 건조물, 항공기 또는 선박·차량 안(이상 주거지 등)에서 압수수색영장을 집행할 때에는 (가) 주거주(住居主), (나) 간수자 또는 (다) 이에 준하는 사람(이상 주거주 등)을 참여하게 하여야 한다(법219, 123②). 주거주나 간수자 등을 참여하게 하지 못할 때에는 (라) 이웃 사람 또는 (마) 지방공공단체의 직원(이상 이웃 등)을 참여하게 하여야 한다(법219, 123③). 또한 (바) 여자의 신체에 대하여 수색할 때에는 성년의 여자를 참여하게 하여야 한다(법219, 124).

형사소송법은 주거주 등이나 이웃 등의 참여 참여 없이 압수·수색영장을 집행할 수 있는 예외를 인정하지 않고 있다. 주거지 등에 대한 압수·수색영장의 집행이 주거주 등이나 이웃 등의 참여 없이 이루어진 경우 특별한 사정이 없는 한 그러한 압수·수색영장의 집행은 위법하다(2020도11223 ☞ 548면).

주거지 등에서 압수·수색영장을 집행할 때 주거주 등이나 이웃 등을 참여하도록 한 것은 주거의 자유나 사생활의 비밀과 자유와 같은 기본권 보호의 필요성이 특히 요구되는 장소에 관하여 밀접한 이해관계를 갖는 사람을 참여시켜 영장집행절차의 적정성을 담보함으로써 수사기관이나 법원의 강제처분을 받는 당사자를 보호하고 궁극적으로 국민의 기본권을 보호하려는 데 그 취지가 있다(2020도11223).

압수·수색영장의 집행에 참여하는 주거주 등 또는 이웃 등은 최소한 압수·수색절차의 의미를 이해할 수 있는 정도의 능력, 즉 참여능력을 갖추고 있어야 한다(2020도11223). 압수·수색영장의 집행에 주거주 등 또는 이웃 등이 참여하였다고 하더라도 그 참여자에게 참여능력이 없거나 부족한 경우에는, 주거주 등이나 이웃 등의 참여 없이 이루어진 것과 마찬가지로 형소법 제123조 제2항, 제3항에서 정한 압수수색절차의 적법요건이 갖추어졌다고 볼 수 없으므로 그러한 압수·수색영장의 집행도 위법하다(2020도11223).

이러한 법리는 주거지 등에 대한 압수·수색에서 피의자가 동시에 주거주 등인 경우에도 동일하게 적용된다. 피의자가 주거주 등인 주거지 등에서 압수·수색영장을 집행하는 경우 피의자에게 참여능력이 없다면 그 피의자만 참여하는 것으로는 부족하다. 수사기관은 형소법 제123조 제3항에 따라 참여능력이 있는 이웃 등을 함께 참여시켜야 한다. 이때 참여능력이 없는 피의자만이 참여하였다면 그 압수·수색은 형소법 제123조 제2항, 제3항을 위반한 것으로 원칙적으로 위법하다(2020도11223).

형소법 제123조 제2항, 제3항, 제219조에 따라 압수수색절차에 참여한 참여자와 관련하여 해당 절차의 적법요건이 갖추어졌는지는 (가) 수사기관이 인식하였거나 인식할 수 있었던 사정 등을 포함하여 (나) 압수·수색 당시를 기준으로 (다) 외형적으로 인식 가능한 사실상의 상태를 살펴 판단하여야 한다. 압수·수색 당시 수사기관이 인식할 수 없었던 참여자의 내부적, 주관적 사정이나 참여자의 객관적 능력에 관한 법률적·사후적인 판단은 고려대상이 아니다(2020도11223).

형소법 제199조 제1항 단서는 "강제처분은 이 법률에 특별한 규정이 있는 경우에 한하며, 필요한 최소한도의 범위 안에서만 하여야 한다."라고 규정하여 강제처분 법정주의를 규정하고 있다. 그러므로 형사소송법에 근거하지 아니한 수사기관의 강제처분은 허용될 수 없다. 압수·수색은 주거의 자유나 사생활의 비밀과 자유를 중대하게 제한하는 강제처분이다. 그러므로 수사기관은 원칙적으로 압수·수색 현장에 형사소송법상 참여권자나 참여할 수 있도록 규정된 사람 이외의 사람을 참여시킬 수 없다. 참여가 허용된 사람 이외의 제3자를 임의로 참여하게 하여 압수수색영장을 집행하거나 영장 없이 압수·수색을 한 것은 원칙적으로 위법하다(2020모3326 ☞ 554면).

다만, 다음과 같은 경우에는 예외적으로 수사기관이 제삼자를 압수·수색절차에 참여하게 할 수 있다. (가) 강제채혈, 강제채뇨 등과 같이 강제처분이 법률상 의료인 아닌 자가 수행할 수 없는 의료행위를 수반하는 경우, (나) 잠금장치 해제, 전자정보의 복호화와 같이 단순한 기술적 보조가 필요한 경우, (다) 중량 압수물의 운반과 같이 단순한 사실적 보조가 필요한 경우, (라) 압수·수색 후 환부 대상이 될 도품의 특정을 위하여 필요한 경우 등이 여기에 해당한다(2020모3326). 이러한 예외적이고 제한적인 경우에 압수·수색영장의 집행기관인 사법경찰관리의 엄격한 감시·감독 하에 이루어질 때 제삼자의 집행 조력이 정당화될 수 있다(2020모3326).

검사가 압수, 수색, 검증을 함에는 검찰청수사관 또는 서기관이나 서기를 참여하게 하여야 한다(규칙110, 법243). 사법경찰관이 압수, 수색, 검증을 함에는 사법경찰관리를 참여하게 하여야 한다(규칙110, 법243).

(5) 영장집행에 필요한 조치

압수수색검증영장의 집행중에는 타인의 출입을 금지할 수 있다. 이 금지를 위배한 자에게는 퇴거하게 하거나 집행종료시까지 간수자를 붙일 수 있다(법219, 119). 압수수색검증영장의 집행에 있어서는 자물쇠[鍵錠]를 열거나 개봉 기타 필요한 처분을 할 수 있다(법219, 120①). 이러한 처분은 압수물에 대하여도 할 수 있다(법219, 120②).

일출 전, 일몰 후에는 압수수색검증영장에 야간집행을 할 수 있는 기재가 없으면 그 영장을 집행하기 위하여 타인의 주거, 간수자 있는 가옥, 건조물, 항공기 또는 선박·차량 안에 들어가지 못한다(법219, 125). 그러나 (가) 도박 기타 풍속을 해하는 행위에 상용(常用)된다고 인정되는 장소, 또는 (나) 여관, 음식점 기타 야간에 공중이 출입할 수 있는 장소로서 공개한 시간 내인 경우에는 일출 전, 일몰 후의 제한을 받지 아니하고 압수수색검증영장을 집행할 수 있다(법219, 126). 압수수색검증영장의 집행을 중지한 경우에 필요한 때에는 집행이 종료될 때까지 그 장소를 폐쇄하거나 간수자를 둘 수 있다(법219, 127).

사인(私人)이 수사기관의 지시·요청에 따라 자기 외의 제3자가 지배·관리하는 물건을 취거하여 수사기관에 전달하는 행위를 한 경우가 있다. 만일 제3자가 지배·관리하는 물건을 취거하는 행위를 수사기관이 직접 하였다면 그러한 행위는 강제처분인 압수·수색에 해당하게 될 것이다. 그러므로 수사기관의 지시·요청에 따라 사인(私人)이 자기 외의 제3자가 지배·관리하는 물건을 취거하여 수사기관에 전달하는 행위를 한 경우에는, 특별한 사정이 없는 이상, 원칙적으로 (가) 수사기관이 사인을 이용하여 강제처분을 하였다고 보아, (나) 제3자에 대한 영장 제시, 참여권 보장 등 절차의 준수를 수사기관에게 요구하는 것이 헌법과 형사소송법이 구현하고자 하는 적법절차와 영장주의의 정신에 부합한다(2022도2071 ☞ 568면).

다만, 사인(私人)이 수사기관의 지시·요청에 따라 자기 외의 제3자가 지배·관리하는 물건을 취거하여 수사기관에 전달하는 행위가 (가) 오로지 사인(私人) 자신의 이익이나 목적 추구를 위해 이루어진 것이라거나 (나) 해당 물건의 실제 점유자가 제3자임을 수사기관이 미처 인식·예견하지 못하였다는 등의 특별한 사정이 있는 경우에는 예외적으로 제3자에 대한 영장 제시나 참여권 보장 등의 절차준수가 수사기관에게 요구되지 않는다(2022도2071).

(6) 압수목록 및 압수조서의 작성

수사기관은 압수대상물을 압수한 경우에는 압수목록을 작성하여 소유자, 소지자, 보관자 기타 이에 준하는 자에게 교부하여야 한다(법219, 129). 압수물 목록은 공무원인 수사기관이 작성하여 피압수자 등에게 교부해야 하는 문서이다. 압수물 목록에는 작성연월일이 기재되어야 하고(법57①) 그 내용도 사실에 부합하여야 한다(2008도763).

압수물 목록은 피압수자 등이 압수물에 대한 환부·가환부신청(법218의2)을 하거나 압수처분에 대한 준항고(법417)를 하는 등 권리행사절차를 밟는 가장 기초적인 자료가 된다. 그러므로 수사기관은 이러한 권리행사에 지장이 없도록 압수 직후 현장에서 압수물 목록을 바로 작성하여 교부하는 것이 원칙이다(2017도13263). 압수수색영장을 집행하였으나 증거물 또는 몰수할 물건이 없는 때에는 수사기관은 그 취지의 증명서를 압수·수색 대상자에게 교부하여야 한다(법219, 128).

검사 또는 사법경찰관은 증거물 또는 몰수할 물건을 압수했을 때에는 압수의 일시·장소, 압수 경위 등을 적은 압수조서를 작성해야 한다(수사준칙40 본문). 다만, 피의자신문조서, 진술조서, 검증조서에 압수의 취지를 적은 경우에는 그렇지 않다(수사준칙40 단서). 수사기관이 피의자를 불법촬영의 현행범으로 체포하면서 휴대전화기를 압수한 경우에 휴대전화기에 대한 압수조서 중 '압수경위'란에 기재된 내용은 피의자가 범행을 저지르는 현장을 직접 목격한 사람의 진술이 담긴 것으로서 형소법 제312조 제5항에서 정한 '피고인이 아닌 자가 수사과정에서 작성한 진술서'에 준하는 것으로 볼 수 있다(2019도13290).

(7) 영장의 실효

압수수색검증영장에 기재되는 유효기간은 집행에 착수할 수 있는 종기(終期)를 의미하는 것일 뿐이다. 그러므로 수사기관이 압수수색영장을 제시하고 집행에 착수하여 압수·수색을 실시하고 그 집행을 종료하였다면 이미 그 영장은 목적을 달성하여 효력이 상실된다(2020도5336) 동일한 장소 또는 목적물에 대하여 다시 압수·수색할 필요가 있는 경우라면 수사기관은 그 필요성을 소명하여 법원으로부터 새로운 압수수색영장을 발부받아야 한다. 앞서 발부받은 압수수색영장의 유효기간이 남아 있다고 하여 이를 제시하고 다시 압수·수색을 하는 것은 허용되지 않는다(2020도5336).

2. 전자정보의 압수·수색

(1) 전자정보 압수·수색의 특수성

전자정보는 정보처리장치 또는 정보저장매체에 저장되어 있는 정보를 말한다. 정보처리장치는 컴퓨터, 노트북, 태블릿 등을 가리킨다. 이에 대해 정보저장매체는 USB, 외장하드 등을 가리킨다(2024모2020 ☞ 602면). 아래에서는 서술의 편의를 위하여 정보처리장치와 정보저장매체를 통칭하여 정보저장매체등으로 표현하기로 한다.

정보저장매체등은 유형물에 속한다. 그런데 정보저장매체등의 경우에는 정보처리장치나 정보저장매체 자체가 아니라 그 안에 저장되어 있는 전자정보가 압수의 대상이 된다. 정보저장매체등과 그 안에 저장된 전자정보는 개념적으로나 기능적으로나 별도의 독자적 가치와 효용을 지닌 것으로서 상호 구별된다(2016도348 ☞ 531면).

전자정보는 다음과 같은 특성을 가지고 있다. (가) 전자정보는 그 자체로는 무정형의 관념에 불과할 뿐 물리적 존재가 아니다. (나) 전자정보는 (ㄱ) 복제가 용이하고 (ㄴ) 다수에게 손쉽게 전파·유통될 수 있으며 (ㄷ) 그 보유·사용·처분·변경 등이 다수에 의하여 동시다발적으로 이루어질 수 있는 비경합적·비배타적 성질을 가진다. (다) 전자정보가 복제되어 유통·처분·변경되거나 여러 번 재복제되더라도 원본 전자정보나 복제되기 전 단계의 정보들은 마모되거나 훼손되지 않은 채 복제된 정보와 독립하여 존재할 수 있다 (2023도3626 ☞ 582면).

정보저장매체등에는 다량의 전자정보가 수록되어 있다. 정보저장매체등에 대한 압수·수색은 그것이 영장에 의하여 이루어지더라도 자칫하면 일반영장에 의한 압수·수색으로 변질되기 쉽다. 이 때문에 정보처리장치나 정보저장매체에 대한 압수·수색에는 신중하고도 정밀한 법적 규제가 필요하다. 아래에서는 전자정보의 압수와 관련하여 특별히 준수해야 할 절차들을 살펴본다.

(2) 전자정보 압수수색절차 개관

정보저장매체등에 저장된 전자정보에 대한 압수는 수사기관이 (가) 정보저장매체등을 확보하여, (나) 혐의사실과 관련성이 있는 전자정보를 탐색한 후, (다) 탐지한 전자정보를 (ㄱ) 문서로 출력하거나, (ㄴ) 수사기관이 소유·관리하는 정보저장매체에 복제하는 형태로 이루어진다. (가)의 정보저장매체등 자체의 확보 과정뿐만 아니라 (나)의 관련성 있는 전자정보의 탐색 과정과 (다)의 탐지한 전자정보의 출력·복제 과정 전체가 전자정보의 압수수색절차를 이룬다.

수사기관은 이러한 전자정보의 압수과정에서 혐의사실과 무관한 전자정보의 임의적인 복제 등을 막기 위한 적절한 조치를 취하는 등 영장주의 원칙과 적법절차를 준수하여야 한다. 혐의사실과의 관련성에 대한 구분 없이 임의로 정보저장매체등에 저장된 전자정보를 문서로 출력하거나 파일로 복제하는 행위는 원칙적으로 영장주의 원칙에 반하는 위법한 압수가 된다(2021모1586).

(3) 전자정보의 압수방식

전자정보의 압수에는 (가) 정보저장매체등이 존재하는 현장에서의 압수, (나) 복제본 반

출에 의한 압수, (다) 정보저장매체등 자체의 반출에 의한 압수의 세 가지 방식이 있다. 수사
기관의 전자정보에 대한 압수·수색은 현장압수가 원칙이다(법219, 106③ 본문)(2011모1839).

복제본 반출에 의한 압수는 정보저장매체등에 들어 있는 전자파일 전부를 '하드카피'나
'이미징' 등 형태의 복제본으로 만들어서 수사기관이 이를 수사기관 사무실 등 외부로 반
출한 다음 복제본에서 전자정보를 탐색하여 전자정보를 압수하는 방법이다. 이 경우 하드
카피는 컴퓨터에서 처리된 결과나 화면 내용을 출력한 정보가 있을 때 그 정보를 원래의
출력장치와 분리해서도 볼 수 있도록 만든 출력 형태를 말하고, 이미징(imaging)은 컴퓨터
하드디스크의 각종 정보를 압축된 파일 또는 이미지로 변경해서 다른 하드디스크 등에 복
사하고 저장한 형태를 말한다.

정보저장매체등 반출에 의한 압수는 수사기관이 정보저장매체등을 직접 수사기관 사무
실 등 외부로 반출한 다음 정보저장매체등에서 전자정보를 탐색하여 관련성 있는 전자정
보를 문서로 출력하거나 파일로 복제하는 방법이다. 정보저장매체등 자체의 반출에 의한
전자정보의 압수는 정보저장매체등의 소재지(현장)에서의 전자정보 압수(수사준칙41①)는 물
론 정보저장매체등 복제본 반출에 의한 전자정보 압수(동조②)로는 그 압수 방법의 실행이
불가능하거나 그 방법으로는 압수의 목적을 달성하는 것이 현저히 곤란한 경우에 비로소
허용된다(수사준칙41③).

정보저장매체등의 복제본을 반출하는 방식이나 정보저장매체등을 직접 반출하는 방식
에 의한 전자정보의 압수·수색은 (가) 범위를 정하여 출력 또는 복제하는 방법이 불가능
한 때, 또는 (나) 범위를 정하여 출력 또는 복제하면 압수의 목적을 달성하기에 현저히 곤
란하다고 인정되는 때에 예외적으로 허용된다. (나)에 해당하는 상황으로는 (ㄱ) 현장의
사정이나 전자정보의 대량성으로 인하여 관련정보 획득에 긴 시간이 소요되는 경우, (ㄴ)
전문인력에 의한 기술적 조치가 필요한 경우 등이 있다(2011모1839). 복제본이나 정보저장
매체등 자체를 반출한 후 전자정보를 탐색하여 혐의사실과 관련된 전자정보를 문서로 출력
하거나 파일로 복제하는 일련의 과정은 전체적으로 하나의 영장에 따른 압수·수색을 이룬
다(2017도3449).

(4) 전자정보 압수 시의 준수사항

전자정보에 대한 압수·수색은 압수·수색의 형태를 불문하고 혐의사실과 관련된 부
분으로 한정되어야 한다(2017도3449)(전술 106면). 현장압수, 복제본 반출에 의한 압수, 정보
저장매체등 반출에 의한 압수의 어느 경우이든지 혐의사실 관련성에 대한 구분 없이 임의
로 저장된 전자정보를 문서로 출력하거나 파일로 복제하는 행위는 원칙적으로 영장주의

원칙에 반하는 위법한 압수가 된다(2021모1586).

복제본이나 정보저장매체등 자체를 수사기관 사무실 등으로 옮겨 전자정보를 탐색·출력하는 경우에도 수사기관은 영장주의와 적법절차를 준수해야 한다. 수사기관은 전자정보를 압수·수색할 때 영장집행의 전체 과정을 통하여 피압수자나 그 변호인에게 계속적인 참여권을 보장해야 한다(법219, 121). 수사기관이 피압수자 측이 배제된 상태에서 복제본이나 정보저장매체를 열람·복사하는 것은 금지된다(2009모1190). 수사기관은 범죄혐의사실과 무관한 전자정보의 임의적인 복제 등을 막기 위한 적절한 조치를 취해야 한다(2022도2960 ☞ 570면).

전자정보에 대한 압수수색절차에는 정보저장매체등에 대한 압수·수색과 이후에 이루어지는 전자정보 자체에 대한 탐색과 출력·복제의 절차가 모두 포함된다. 그리하여 전자정보 자체에 대한 압수수색영장을 집행할 때에도 미리 집행의 일시와 장소를 피압수자 또는 그의 변호인에게 통지하여야 한다(법219, 122 본문). 단, (가) 피압수자 또는 그의 변호인이 참여하지 아니한다는 의사를 명시한 때 또는 (나) 급속을 요하는 때에는 예외로 한다(법219, 122 단서). 수사기관은 전자정보에 대한 압수·수색절차가 종료될 때까지 피압수자 또는 그의 변호인에게 참여의 기회를 보장하여야 한다.

(5) 실질적 피압수자의 참여권 보장

피해자 등 제삼자가 소유·소지·보관하는 정보저장매체등을 대상으로 수사기관이 압수수색영장을 집행할 경우 피압수자인 제삼자에게 참여권을 인정해야 한다(전술 110면). 이 때 제삼자 외에 피의자에게도 참여권을 부여해야 하는 경우가 있는데, 이 경우의 피의자를 실질적 피압수자라고 한다.

제삼자로부터 압수한 정보저장매체등에 대해 피의자가 실질적 피압수자로서 참여권을 인정받으려면 다음의 요건을 갖추어야 한다. 즉, 피의자가 (가) 압수·수색 당시 또는 이와 시간적으로 근접한 시기까지 (나) 해당 정보저장매체등을 현실적으로 지배·관리하면서 (다) 그 정보저장매체등 내의 전자정보 전반에 관한 전속적인 관리처분권을 보유·행사하고, (라) 달리 이를 자신의 의사에 따라 제삼자에게 양도하거나 포기하지 아니하여야 한다. 이러한 경우라면 해당 정보저장매체등을 실질적으로 '피의자의 소유·관리에 속하는 정보저장매체등'으로 보아 피의자에게도 참여권을 인정해야 한다(2021도11170 ☞ 563면).

본범(갑)이 범죄혐의사실의 증거를 은폐할 목적으로 '자신에 대한 수사가 끝날 때까지' 은닉할 것을 부탁하면서 정보저장매체를 증거은닉범(을)에게 교부한 경우가 있다. 이러한 경우는 (가) 본범(갑)이 자신과 정보저장매체 및 그에 저장된 전자정보 사이의 외형적 연관성을 은폐·단절하겠다는 목적하에 (나) 그 목적 달성에 필요하다면 '수사 종료'라는 불확정 기한까지 정보저장매체에 관한 전속적인 지배·관리권을 포기하거나 증거은닉범(을)에게 이를 전적으로 양도한다는 의사를 표명한 것으로 볼 수 있다. 그 결과 증거은닉을 교사한 본범(갑)은 실질적 피압수자에 해당하지 않는다(2022도7453 ☞ 572면).

피의자가 실질적 피압수자에 해당하는지 여부는 (가) 민사법상 권리의 귀속에 따른 법률적·사후적 판단이 아니라 (나) 압수·수색 당시 외형적·객관적으로 인식 가능한 사실상의 상태를 기준으로 판단해야 한다(2021도11170 ☞ 563면). 정보저장매체등의 외형적·객관적 지배·관리 등 상태와 별도로 (가) 단지 피의자(기타 정보주체 포함)가 과거 그 정보저장매체등의 이용 내지 개별 전자정보의 생성·이용 등에 관여한 사실이 있다거나 (나) 그 과정에서 생성된 전자정보에 의해 식별되는 정보주체에 해당한다는 사정만으로 피의자(기타 정보주체 포함)를 실질적으로 압수·수색을 받는 당사자로 취급해야 하는 것은 아니다(2021도11170).

전자정보가 제3자 소유·관리의 정보저장매체에 복제되어 임의제출되는 경우가 있다. 이 경우에는 복제 전자정보와 원본 전자정보의 내용이 완전히 동일하다. 그렇지만 특별한 사정이 없는 한 그 정보의 동일성을 들어 (가) 복제 전자정보 임의제출자 외에 (나) 원본 전자정보 관리처분권자를 실질적 피압수자로 평가하고 그에게 참여권을 인정해야 하는 것은 아니다(2023도3626 ☞ 582면).

다만, (a) 복제 전자정보 생성 경위와 지배관리 상태, (b) 복제 전자정보를 임의제출하게 된 경위, (c) 원본 전자정보 임의제출이나 압수·수색 가능성 등 제반 사정과 (d) 전자정보 압수·수색에서 혐의사실과 무관한 전자정보의 무분별한 탐색·복제·출력 등을 방지하려는 참여권의 의의 및 기능을 종합적으로 살펴, (가) 원본 전자정보 임의제출이 충분히 가능함에도 (나) 오직 원본 전자정보 관리처분권자의 참여를 배제할 목적으로 원본 전자정보 대신 복제 전자정보를 임의제출하는 경우 등과 같이 (다) 복제 전자정보를 임의제출하는 사람에게만 참여의 기회를 부여하는 것이 현저히 부당하다는 등의 특별한 사정이 있으면 예외가 인정된다(2023도3626). 이러한 예외적인 사정이 인정될 때에만 그 정보의 동일성을 들어 (가) 복제 전자정보 임의제출자 외에 (나) 원본 전자정보 관리처분권자를 실질적 피압수자로 평가하여 그에게 참여권이 인정된다.

(6) 전자정보의 선별과 출력·복제

수사기관은 정보저장매체등에 기억된 전자정보 중에서 키워드 또는 확장자 검색 등을 통해 범죄 혐의사실과 관련 있는 전자정보를 선별한다. 수사기관은 선별된 전자정보를 (가) 문서로 출력하여 제출받거나 (나) 파일로 복제하여 제출받아야 한다(법219, 106③ 본문).

전자정보에 대한 압수 · 수색절차는 이로써 종결된다.

(나)의 경우, 즉 관련성 있는 전자정보를 선별하여 파일로 복제하는 경우에는 수사기관이 정보저장매체등에 저장된 전자정보와 동일하게 비트열 방식으로 복제하여 별도의 파일을 생성하게 된다. 이 경우 생성된 별도의 파일을 이미지 파일이라고 한다. 수사기관이 피압수자로부터 이미지 파일을 제출받아 압수하면 이로써 압수의 목적물(전자정보)에 대한 압수 · 수색절차는 종료된다(2017도13263). 정보저장매체등을 압수하여 전자정보를 취득한 경우 수사기관은 「개인정보 보호법」 제2조 제3호에 따라 정보주체에게 해당 사실을 지체 없이 알려야 한다(법219, 106④).

전자정보의 압수 · 수색절차가 종료된 후에는 피압수자 또는 그의 변호인에게 참여권이 보장되지 않는다. 수사기관이 피압수자로부터 이미지 파일을 제출받아 압수하였다면 이로써 압수의 목적물(전자정보)에 대한 압수 · 수색절차는 종료된 것이다(2017도13263). 수사기관이 수사기관 사무실에서 압수된 이미지 파일을 탐색 · 복제 · 출력하는 과정에서까지 피압수자나 그의 변호인에게 참여의 기회를 보장해야 하는 것은 아니다(2017도13263).

(7) 압수조서와 상세목록의 작성

검사 또는 사법경찰관은 전자정보를 압수했을 때에는 압수의 일시 · 장소, 압수 경위 등을 적은 압수조서를 작성해야 한다. 다만, 피의자신문조서, 진술조서, 검증조서에 압수의 취지를 적은 경우에는 그렇지 않다(수사준칙40 본문 · 단서).

수사기관은 전자정보의 탐색 · 복제 · 출력을 완료한 경우 지체 없이 피압수자에게 압수한 전자정보의 목록을 교부해야 한다(수사준칙42①). 압수물 목록은 피압수자 등이 압수처분에 대한 준항고(법417)를 하는 등 권리행사절차를 밟는 가장 기초적인 자료가 된다. 그러므로 수사기관은 이러한 권리행사에 지장이 없도록 압수 직후 현장에서 압수물 목록을 바로 작성하여 교부해야 하는 것이 원칙이다(2017도13263).

전자정보에 대한 압수목록은 상세목록이어야 한다. 상세목록에는 압수된 전자정보의 파일 명세가 특정되어 있어야 한다. 포괄적인 압축파일만을 기재한 후 이를 전자정보 상세목록이라고 하면서 피압수자 등에게 교부하는 것은 허용되지 않는다(2021모1586). 수사기관은 압수된 전자정보의 상세목록을 (가) 출력한 서면으로 교부하거나, (나) 전자파일 형태로 복사해 주거나, (다) 이메일을 전송하는 등의 방식으로 교부를 할 수 있다(2017도13263).

(8) 무관정보의 삭제 · 폐기 · 반환

수사기관은 범죄 혐의사실과 관련이 없어서 전자정보 목록에 포함되지 않은 전자정보

(무관정보)가 있는 경우에는 해당 전자정보를 지체 없이 삭제 또는 폐기하거나 반환해야 한다(수사준칙42②). 수사기관이 새로운 범죄 혐의의 수사를 위하여 무관정보가 남아 있는 복제본을 열람하는 것은 압수수색영장으로 압수되지 않은 전자정보를 영장 없이 수색하는 것과 다르지 않다. 따라서 복제본은 더 이상 수사기관의 탐색, 복제 또는 출력 대상이 될 수 없다. 수사기관은 새로운 범죄혐의의 수사를 위하여 필요한 경우에도 유관정보만을 출력하거나 복제한 기존 압수·수색의 결과물을 열람할 수 있을 뿐이다(2018도19782).

수사기관이 범죄 혐의사실과 관련 있는 전자정보(유관정보)를 선별하여 압수한 후에도 범죄혐의사실과 관련이 없는 나머지 전자정보(무관정보)를 삭제·폐기·반환하지 아니한 채 그대로 보관하고 있다면 무관정보 부분은 압수의 대상이 되는 전자정보의 범위를 넘어서는 전자정보를 영장 없이 압수·수색하여 취득한 것이어서 위법하다(2021모1586).

이러한 경우 영장 기재 범죄혐의사실과의 관련성 유무와 상관없이 수사기관이 임의로 전자정보를 복제·출력하여 취득한 정보 전체(유관정보 및 무관정보)에 대해 그 압수는 위법한 것으로 취소되어야 한다(2021모1586). 사후에 법원으로부터 그와 같이 수사기관이 취득하여 보관하고 있는 전자정보 자체에 대해 다시 압수수색영장이 발부되었다거나, 무관정보에 대해 사후에 법원으로부터 압수·수색영장이 발부되었다거나, 피고인이나 변호인이 이를 증거로 함에 동의하였다고 하여 그 위법성이 치유되지 않는다(2021모1586)(후술 494면).

(9) 전자정보 압수처분에 대한 준항고

형소법 제417조는 수사기관의 처분에 대한 불복방법으로 준항고를 규정하고 있다. 이에 따르면 수사기관의 전자정보 압수에 관한 처분에 대해 불복이 있는 피압수자는 관할법원에 그 처분의 취소 또는 변경을 청구할 수 있다(법417). 피압수자가 정보저장매체등이나 그 복제물에 대한 전체 압수·수색 과정을 단계적·개별적으로 구분하여 각 단계의 개별 처분에 대해 취소를 구하는 경우가 있다. 그렇다고 하더라도 준항고법원으로서는 특별한 사정이 없는 한 구분된 개별 처분의 위법이나 취소 여부를 판단할 것이 아니라 당해 압수·수색 과정 전체를 하나의 절차로 파악하여 그 과정에서 나타난 위법이 압수수색절차 전체를 위법하게 할 정도로 중대한지 여부에 따라 전체적으로 압수수색처분을 취소할 것인지를 가려야 한다(2011모1839)(후술 495면).

(10) 위법하게 수집된 전자정보의 증거능력

전자정보에 대한 압수수색절차에는 정보저장매체등에 대한 압수·수색과 이후에 이루어지는 전자정보 자체에 대한 탐색과 출력·복제의 절차가 모두 포함된다. 전자정보의 압수·수색에서 적법절차 준수를 위한 조치가 취해지지 않았다면 원칙적으로 그 압수·수색은 위법하다. 다만, (가) 피압수자 측이 참여하지 아니한다는 의사를 명시적으로 표시하였거나 (나) 절차 위반행위가 이루어진 과정의 성질과 내용 등에 비추어 피압수자 측에 절차참여를 보장한 취지가 실질적으로 침해되었다고 볼 수 없을 정도에 해당한다는 등의 특별한 사정이 있으면 압수·수색이 적법하다고 평가할 수 있다(2022도2960 ☞ 570면).

적법절차를 준수하지 않고 압수된 전자정보는 위법하게 수집된 증거로서 유죄의 증거로 사용할 수 없다(법308의2). 이러한 점은 수사기관이 정보저장매체에서 범죄혐의사실과 관련된 전자정보만을 복제·출력하였다 하더라도 다르지 않다(2022도2960).

3. 사전영장에 의하지 아니한 압수·수색·검증

(1) 타인의 주거 등에 대한 피의자수색

수사기관은 피의자를 체포·구속하는 경우에 필요한 때에는 영장 없이 타인의 주거나 타인이 간수하는 가옥, 건조물, 항공기, 선박·차량 안에서 피의자 수색을 할 수 있다(법216①ⅰ 본문). 다만 체포영장에 의하여 피의자를 체포하는 경우(법200의2) 또는 구속영장에 의하여 피의자를 구속하는 경우(법201)의 피의자 수색은 미리 수색영장을 발부받기 어려운 긴급한 사정이 있는 때에 한정한다(동항 단서). 이 경우에는 사전에 수색영장을 발부받을 가능성이 있기 때문이다.

수사기관이 형소법 제216조 제1항 제1호에 의하여 타인의 주거 등에 대하여 수색을 하는 경우에는 주거주, 간수자 또는 이에 준하는 사람의 참여(법123②)를 요하지 않으며, 야간집행의 제한(법125)을 받지 않는다(법220).

(2) 체포·구속현장에서의 압수·수색·검증

수사기관은 피의자를 체포·구속하는 경우에 필요한 때에는 영장 없이 체포현장에서 압수·수색·검증을 할 수 있다(법216①ⅱ). 이 경우에는 주거주, 간수자 또는 이에 준하는 사람의 참여(법123②)를 요하지 않으며, 야간집행의 제한(법125)을 받지 않는다(법220).

체포현장에서의 압수·수색·검증을 둘러싸고 부수처분설과 긴급행위설이 대립하고 있다. 부수처분설은 피의자에 대한 체포·구속의 현장에서 행하는 압수·수색·검증에는 영장을 요하지 않는다고 보는 견해이다. 부수처분설은 체포영장(법200의2) 또는 구속영장(법201)이 이미 발부되어 있는 경우 또는 앞으로 구속영장의 발부가 예상되는 긴급체포(법200의4)나 현행범체포(법213의2)의 경우에 "대는 소를 겸한다"는 원리가 작용한다고 본다.

긴급행위설은 신체구속시 압수수색검증영장 없이 행하는 압수·수색·검증은 피의자를 체포·구속하는 수사공무원 등의 안전을 도모하기 위하여 흉기를 빼앗거나 피의자가 증거를 파괴·은닉하는 것을 예방하기 위하여 행하는 긴급행위이므로 이러한 압수·수색·검증은 그 목적범위 내에서 제한적으로만 허용되어야 한다는 주장이다.

생각건대 체포영장 또는 구속영장은 가장 강력한 형태의 강제처분인 신체구속에 대한 법적 통제장치이므로 체포영장 또는 구속영장이 발부되었거나 발부될 여지가 충분한 경우에는 별도의 법적 안전장치 없이도 압수·수색·검증이 가능하다고 볼 것이다.

수사상 신체구속을 할 때 체포현장에서의 압수·수색·검증과 사실행위로서의 체포·구속 사이에 어느 정도의 시간적 근접성이 요구되는가 하는 문제가 있다. 이 문제는 형소법 제308조의2가 위법수집증거배제법칙을 규정하면서 더욱 더 실천적인 의미를 가지게 되었다. 위법하게 수집된 증거물은 유죄의 증거로 사용할 수 없기 때문이다.

이 문제에 대해서는, (가) 압수·수색·검증은 체포·구속의 전후를 묻지 않고 허용되며 압수·수색·검증이 사실행위로서의 체포행위에 시간적·장소적으로 접착되어 있으면 족하다고 보는 견해(소위 체포접착설), (나) 압수·수색·검증 당시에 체포·구속될 피의자가 현장에 있으면 족하다고 보는 견해(소위 체포현장설), (다) 피의자가 압수·수색·검증현장에 있고 체포·구속이 현실적으로 착수되어야 영장 없는 압수·수색·검증이 가능하다고 보는 견해(소위 체포착수설), (라) 피의자가 현실적으로 체포되는 경우에 한하여 영장 없는 압수·수색·검증이 가능하다고 보는 견해(소위 체포실현설) 등이 각각 제시되고 있다.

생각건대 체포착수설이 긴급한 압수·수색·검증의 필요성을 인정하면서도 그 남용을 방지할 수 있는 장점을 가지고 있다고 본다. 체포착수설에 의하면 체포에 착수하였으나 피의자가 도주한 경우에도 체포를 시도한 현장에서 영장 없이 압수·수색·검증을 할 수 있다.

수사기관은 체포·구속현장에서 압수·수색·검증을 영장 없이 할 수 있지만 압수물을 계속 압수하려면 영장이 필요하다. 검사 또는 사법경찰관이 압수한 물건을 계속 압수할 필요가 있는 경우에는 지체 없이 압수수색영장을 청구하여야 한다(법217② 1문). 압수수색영장 청구는 피의자를 체포한 때로부터 48시간 이내에 하여야 한다(동항 2문). 검사 또는 사법경찰관이 사후에 영장을 청구하였으나 압수수색영장을 발부받지 못한 때에는 압수한 물건을 즉시 반환하여야 한다(동조③).

사후에 압수수색영장을 받지 아니한 압수물은 영장주의 원칙에 위배하여 수집하거나 그에 기초한 증거로서 그 절차위반행위가 적법절차의 실질적인 내용을 침해하는 정도에 해당하여 증거능력이 없다(법308의2)(2008도10914). 위법하게 압수된 압수물을 기초로 한 임의제출동의서, 압수조서 및 압수목록, 압수품 사진 등 이차적 증거 역시 증거능력이 없다(2009도14376).

현행범 체포현장이나 범죄 현장에서도 소지자 등이 임의로 제출하는 물건은 형소법 제218조에 의하여 영장 없이 압수하는 것이 허용된다. 이 경우 검사나 사법경찰관은 별도로 사후에 영장을 받을 필요가 없다(2019도13290). 그런데 체포 현장에서는 수사기관의 우월적 지위에 의하여 임의제출이라는 명목 아래 실질적으로 강제적인 압수가 행해질 위험이 있다. 검사는 임의제출물의 압수에서 제출에 임의성이 있다는 점을 합리적 의심을 배제할 수 있을 정도로 증명해야 한다. 검사가 이를 증명하지 못하여 임의로 제출된 것이라고 볼 수 없다면 임의제출물로 압수된 물건에 대해 증거능력을 인정할 수 없다(2013도11233).

(3) 현행범 상황하의 압수·수색·검증

수사기관은 범행중 또는 범행 직후의 범죄장소에서 긴급을 요하여 법원판사의 영장을 받을 수 없는 때에는 영장 없이 압수·수색·검증을 할 수 있다(법216③ 1문). 이 경우에는 사후에 지체 없이 영장을 받아야 한다(동항 2문). 여기에서 '범행중 또는 범행 직후'란 현행범 상황을 가리킨다(법211① 참조)(전술 85면). 수사기관이 현행범 상황 아래 영장 없이 압수·수색·검증을 하는 경우에는 주거주, 간수자 또는 이에 준하는 사람의 참여(법123②)를 요하지 않으며, 야간집행의 제한(법125)을 받지 않는다(법220).

원래 현행범인(법211①)을 체포하는 경우에는 체포현장에서 영장 없이 압수·수색·검증을 할 수 있다(법216①ⅱ). 그런데 형소법 제216조 제3항은 범인의 체포와 무관하게 범죄장소에서 영장 없는 압수·수색·검증을 허용하고 있다. 이것은 현행범체포를 위한 전 단계로서, 또는 현행범인의 체포를 시도하였으나 체포가 이루어지지 아니한 상황에서, 수사공무원의 신변을 보호하거나 증거물 또는 몰수대상물의 신속한 확보를 위하여 수사기관으로 하여금 범죄장소에서 압수·수색·검증을 할 수 있도록 한 것이다.

피의자의 신체 내지 의복류에 주취로 인한 냄새가 강하게 나는 등 범죄의 증적이 현저한 준현행범인(법211②ⅲ)으로서의 요건이 갖추어져 있고 교통사고 발생 시각으로부터 사회통념상 범행 직후라고 볼 수 있는 시간 내라면 피의자의 생명·신체를 구조하기 위하여 사고현장으로부터 곧바로 후송된 병원 응급실 등의 장소는 현행범 상황하의 범죄장소(법216③)에 준한다(2011도15258).

따라서 수사기관은 피의자의 혈중알코올농도 등 증거의 수집을 위하여, 의료법상 의료인의 자격이 있는 자로 하여금 의료용 기구로 의학적인 방법에 따라, 필요최소한의 한도 내에서 피의자의 혈액을 채취하게 한 후, 그 혈액을 영장 없이 압수할 수 있다(2011도15258).

현행범 상황에서의 압수·수색·검증은 범인이 체포되지 아니한 상태에서 일어난다.

이 경우 수사기관은 사후에 지체 없이 압수·수색·검증영장을 발부받아야 한다(법216③ 2문). 체포현장에서 압수를 행한 경우(법216①ⅱ)에 압수한 물건을 계속 압수할 필요가 있는 경우에는 체포 후 48시간 이내에 압수수색영장을 '청구'하면 족하다(법217②). 이에 반하여 현행범 상황에서의 압수·수색·검증의 경우(법216③)에는 사후에 지체 없이 압수·수색·검증영장을 '발부받아야' 한다.

수사기관이 사후에 청구한 압수수색영장을 발부받지 못한 때에는 압수한 물건을 즉시 반환하여야 한다(법217③ 참조). 여기에서 압수한 물건을 즉시 반환한다는 것은 (가) 수사기관이 압수한 물건을 곧바로 반환하는 것이 현저히 곤란하다는 등의 특별한 사정이 없는 한 (나) 영장을 청구하였다가 기각되는 바로 그 때에 압수물을 돌려주기 위한 절차에 착수하여 (다) 그 절차를 지연하거나 불필요하게 수사기관의 점유를 계속하는 등으로 지체함이 없이 (라) 적극적으로 압수 이전의 상태로 회복시켜주는 것을 의미한다(2024도10062 ☞ 595면). 즉시 반환하지 아니한 압수물은 유죄의 증거로 사용할 수 없다. 헌법과 형사소송법이 선언한 영장주의의 중요성에 비추어 볼 때 피고인이나 변호인이 이를 증거로 함에 동의하였다고 하더라도 달리 볼 것은 아니다(2024도10062).

수사기관이 적법절차를 지키지 않고 압수물에 대한 사후압수영장이 기각되었음에도 압수한 물건을 즉시 반환하지 아니하다가 그 사이에 사전압수영장을 발부받아 압수물을 형식적으로 반환한 외관을 만든 후 다시 압수하는 것은 적법절차의 원칙이나 영장주의를 잠탈하는 것으로 허용할 수 없다. 압수한 물건에 대한 압수의 위법성이 사전압수영장 집행으로 희석·단절되었다고 할 수 없다(2024도10062).

(4) 긴급체포 후의 압수·수색·검증

수사기관은 긴급체포(법200의3)된 자가 소유, 소지 또는 보관하는 물건에 대하여 긴급히 압수할 필요가 있는 경우에는 체포한 때로부터 24시간 이내에 한하여 영장 없이 압수·수색·검증을 할 수 있다(법217①). 형소법 제216조 제1항 제2호는 체포현장에서의 압수·수색·검증을 규정하고 있다. 이에 반해 형소법 제217조 제1항은 긴급체포 후 체포현장이 아닌 장소에서 긴급체포된 자가 소유·소지 또는 보관하는 물건을 대상으로 하고 있다(2017도10309).

형소법 제217조 제1항이 24시간 이내에 한하여 긴급체포된 자에 대해 영장 없이 압수·수색·검증을 할 수 있도록 한 것은 수사기관이 피의자를 긴급체포한 상황에서 피의자가 체포되었다는 사실이 공범이나 관련자들에게 알려짐으로써 관련자들이 증거를 파괴하거나 은닉하는 것을 방지하고, 범죄사실과 관련된 증거물을 신속히 확보할 수 있도록 하기 위함이다(2017도10309).

형소법 제217조 제1항은 긴급함을 이유로 한 압수의 남용을 방지하기 위하여 '긴급히 압수할 필요가 있는 경우'라는 긴급성 요건을 명시하고 있다. 그런데 형소법 제217조 제1항은 압수의 긴급성 판단을 위한 구체적 기준을 제시하고 있지 않다. 생각건대 압수의 긴급성은 긴급체포의 긴급성에 준하여 해석해야 할 것이다. 따라서 압수가 긴급을 요한다 함은 압수대상물을 우연히 발견한 경우 등과 같이 법관으로부터 압수영장을 발부받을 시간적 여유가 없는 때를 의미한다고 본다(법200의3① 2문).

검사 또는 사법경찰관은 긴급체포된 자가 소유·소지 또는 보관하는 물건에 대하여 긴급하게 압수한 물건을 계속 압수할 필요가 있는 경우에는 지체 없이 압수수색영장을 청구하여야 한다(법217② 1문). 사후 압수수색영장의 청구는 피의자를 긴급체포한 때부터 최장 48시간 이내에 하여야 한다(동항 2문). 검사 또는 사법경찰관은 사후에 청구한 압수수색영장을 발부받지 못한 때에는 압수한 물건을 즉시 반환하여야 한다(법217③).

여기에서 압수한 물건을 즉시 반환한다는 것은 (가) 수사기관이 압수한 물건을 곧바로 반환하는 것이 현저히 곤란하다는 등의 특별한 사정이 없는 한 (나) 영장을 청구하였다가 기각되는 바로 그 때에 압수물을 돌려주기 위한 절차에 착수하여 (다) 그 절차를 지연하거나 불필요하게 수사기관의 점유를 계속하는 등으로 지체함이 없이 (라) 적극적으로 압수 이전의 상태로 회복시켜주는 것을 의미한다(2024도10062 ☞ 595면 참조).

4. 유류물의 압수

(1) 유류물 압수의 의의

유류물 압수는 수사기관이 (가) 소유권이나 관리처분권이 처음부터 존재하지 않는 물건, (나) 소유권이나 관리처분권이 존재하였지만 적법하게 포기된 물건, 또는 (다) 그와 같은 외관을 가진 물건 등의 점유를 수사상 필요에 따라 취득하는 수사방법을 말한다(2021도1181 ☞ 556면). 유류물 압수의 근거는 형사소송법 제218조 전단이다.

형소법 제218조는 유류물 압수 및 후술하는 임의제출물 압수의 경우에 사전, 사후에 영장을 받을 것을 요구하지 않는다(2021도1181). 수사기관이 피의자나 그 밖의 사람이 유류(遺留)한 물건이나 소유자, 소지자 또는 보관자가 임의로 제출한 물건을 영장 없이 압수하는 경우의 점유취득을 영치(領置)라고 한다.

(2) 유류물 압수와 임의제출물 압수의 차이점

유류물 압수와 임의제출물 압수는 같은 조문인 형소법 제218조에 규정되어 있다. 그러나 양자는 다음의 점에서 차이가 있다. 후술하는 것처럼 임의제출물 압수(법218 후단)의 경우, 제출자가 제출·압수의 대상을 개별적으로 지정하거나 그 범위를 한정할 수 있다. 그러나 유류물 압수(법218 전단)의 경우에는 그와 같은 제출자의 존재를 생각하기 어렵다.

형소법 제215조 제1항은 영장에 의한 압수·수색·검증에 관하여 해당 사건과의 관련성 요건을 규정하고 있다. 한편 형소법 제219조에 의하여 준용되는 제106조 제1항, 제3항, 제4항에 따라 임의제출물 압수에 관하여도 해당 사건과의 관련성 요건이 요구된다. 그러나 제출자의 존재를 상정하기 어려운 유류물 압수의 경우에는 이러한 관련성 요건이 적용되지 않는다(2021도1181 ☞ 556면).

(3) 정보저장매체가 유류물인 경우의 특수성

정보저장매체등이 유류물로서 압수되는 경우가 있다. 이 경우에는 사전영장 또는 사후영장에 의한 정보저장매체등의 압수(법215)나 정보저장매체등에 대한 임의제출물 압수(법218 후단)와 다른 특수성이 인정된다.

정보저장매체등이 제삼자로부터 압수되거나 제삼자가 임의제출물로 제출하는 경우가 있다. 이 경우 제삼자는 직접적으로 피압수자가 된다. 직접적 피압수자에게 참여권이 보장되는 것은 물론이다(법219, 121).

그런데 피의자가 (가) 압수·수색 당시 또는 이와 시간적으로 근접한 시기까지 (나) 정보저장매체등을 현실적으로 지배·관리하면서 (다) 그 정보저장매체등 내의 전자정보 전반에 관한 전속적인 관리처분권을 보유·행사하고, (라) 달리 이를 자신의 의사에 따라 제3자에게 양도하거나 포기하지 아니한 경우가 있다. 이러한 경우에는 그 지배·관리자인 피의자를 정보저장매체등에 저장된 전자정보 전반에 대한 실질적인 압수·수색 당사자로 평가할 수 있다(2021도11170 ☞ 563면). 이 경우의 피의자를 실질적 피압수자라고 한다. 실질적 피압수자에게는 직접적 피압수자와 마찬가지로 참여권이 보장된다(2021도11170).

그런데 유류물 압수는 수사기관이 (가) 소유권이나 관리처분권이 처음부터 존재하지 않는 물건, (나) 소유권이나 관리처분권이 존재하였지만 적법하게 포기된 물건, 또는 (다) 그와 같은 외관을 가진 물건 등의 점유를 수사상 필요에 따라 취득하는 수사방법이다. 유류물 압수에 있어서는 (ㄱ) 정보저장매체등의 현실적 지배·관리 혹은 (ㄴ) 이에 담겨있는 전자정보 전반에 관한 전속적인 관리처분권을 인정하기 어렵다(2021도1181 ☞ 556면).

한편 정보저장매체등을 소지하고 있던 사람이 이를 분실한 경우와 같이 그 권리를 포기하였다고 단정하기 어려운 경우가 있다. 그러한 경우에도 수사기관이 그러한 사정을 알거나 충분히 알 수 있었음에도 이를 유류물로서 영장 없이 압수하였다는 등의 특별한 사정이 없는 한, 영장에 의한 압수(법215)나 임의제출물 압수(법218 후단)와 같이 수사기관의 압수 당시 참여권 행사의 주체가 되는 피압수자가 존재한다고 평가할 수는 없다(2021도1181).

결국 (가) 범죄수사를 위해 정보저장매체등의 압수가 필요하고, (나) 정보저장매체등을 소지하던 사람이 그에 관한 권리를 포기하였거나 포기한 것으로 인식할 수 있는 경우에는, (다) 수사기관이 형소법 제218조 전단에 따라 피의자 기타 사람이 유류한 정보저장매체등을 영장 없이 압수할 때 (라) 해당 사건과 관계가 있다고 인정할 수 있는 것에 압수의 대상이나 범위가 한정된다거나, (마) 참여권자의 참여가 필수적이라고 볼 수는 없다(2021도1181).

5. 임의제출물의 압수

(1) 임의제출물 압수의 의의

수사기관은 소유자, 소지자 또는 보관자가 임의로 제출한 물건을 영장 없이 압수할 수 있다(법218 후단). 이러한 경우의 점유취득을 임의제출물의 압수라고 한다. 임의제출물의 압수는 압수물에 대한 수사기관의 점유 취득이 제출자의 의사에 따라 이루어진다는 점에서 차이가 있을 뿐 범죄혐의를 전제로 한 수사 목적이나 압수의 효력은 영장에 의한 경우(법215)와 동일하다(2016도348 ☞ 531면).

임의제출물의 압수는 영장 없는 압수에 해당하지만 긴급압수·수색·검증의 범주에는 들어가지 않는다. 상대방의 의사에 반하는 것이 아니므로 굳이 긴급성 요건을 상정할 필요가 없기 때문이다. 임의제출물의 압수는 수사기관이 상대방의 의사에 반하여 목적물의 점유를 취득하는 것이 아니라는 점에서 통상의 압수와 구별된다. 임의제출물을 압수하는 경우 수사기관은 별도로 사후에 영장을 발부받을 필요가 없다(2019도13290).

일단 임의제출물로 제출한 물건에 대하여는 이해관계인이 임의로 점유를 회복할 수 없다. 이 점에서 임의제출물의 압수는 압수의 일종으로 파악된다. 임의제출물 압수의 목적물은 특정 범죄혐의와 관련성이 있는 것이어야 한다(법219, 106① · ③ · ④). 임의제출물의 압수도 압수물의 환부·가환부(법133 이하, 218의2) 및 압수물처분에 대한 준항고(법417)의 대상이 된다.

(2) 임의제출의 주체

임의제출물은 소유자, 소지자 또는 보관자로부터 제출받아야 한다. 검사가 교도관으로부터 그가 보관하고 있던 피의자의 비망록을 뇌물수수죄 등의 증거자료로 임의로 제출받아 압수하였다면, 그 압수절차가 피의자의 승낙 및 영장 없이 행하여졌다고 하더라도 이에 적법절차를 위반한 위법이 있다고 할 수 없다(2008도1097).

소유자, 소지자 또는 보관자가 아닌 자(예컨대 피해자)로부터 제출받은 물건을 영장 없이 압수한 경우에 그 압수물 및 압수물을 찍은 사진은 유죄 인정의 증거로 사용할 수 없다(2009도10092). 헌법과 형사소송법이 선언한 영장주의의 중요성에 비추어 볼 때 피고인이나 변호인이 이를 증거로 함에 동의하였다고 하더라도 증거능력은 인정되지 않는다(2009도10092).

수사기관이 체포현장(법216①ii)을 벗어나 영장 없이 물건을 압수한 경우 그 압수물은 물론 이를 기초로 하여 획득한 이차적 증거 역시 유죄 인정의 증거로 사용할 수 없다. 위법한 압수가 있은 직후에 피의자로부터 작성받은 임의제출동의서도 마찬가지로 유죄의 증거로 사용할 수 없다(2009도14376).

(3) 임의제출물 압수와 임의성 증명

임의제출물을 압수하는 경우 수사기관은 별도로 사후에 영장을 발부받을 필요가 없다(2019도13290). 이 점에 주목하여 수사기관이 체포현장이나 범죄현장에서 우월적 지위를 이용하여 임의제출이라는 명목 아래 실질적으로 강제적인 압수를 행할 위험이 있다. 이 때문에 임의제출물의 압수에서 제출의 임의성을 확보하는 것이 중요하다. 임의제출물을 압수한 경우 압수물이 형소법 제218조에 따라 실제로 임의제출된 것인지에 관하여 다툼이 있을 때가 있다. 이 때에는 (가) 임의제출의 임의성을 의심할 만한 합리적이고 구체적인 사실을 피고인이 증명할 것이 아니라 (나) 검사가 그 임의성의 의문점을 없애는 증명을 해야 한다(2020도9431 ☞ 543면).

임의제출물 압수의 형태로 수집한 증거물에 대해서는 이후의 공판절차에서 검사가 제출에 임의성이 있었다는 점을 합리적 의심을 배제할 수 있을 정도로 증명하지 못하여 임의로 제출된 것이라고 볼 수 없는 경우에는 임의제출물로 압수된 물건에 대해 증거능력을 인정할 수 없다(2013도11233).

수사기관이 압수수색영장을 집행하면서 압수수색영장 발부의 사유로 된 범죄 혐의사실과 무관한 별개의 증거(무관증거)를 압수하였다면, 이 무관증거는 원칙적으로 유죄 인정의 증거로 사용할 수 없다. 다만 수사기관이 그 무관증거를 피압수자 등에게 환부하고 후에 이를 임의제출받아 다시 압수하였다면, 이는 그 증거를 압수한 최초의 절차 위반행위와 최종적인 증거수집 사이의 인과관계가 단절되었다고 평가할 수 있는 사정이 될 수 있다(2013도11233). 이 경우 무관증거의 제출에 임의성이 있다는 점에 관하여는 검사가 합리적 의심을 배제할 수 있을 정도로 증명해야 한다. 무관증거가 임의로 제출된 것이라고 볼 수 없는 경우에는 그 증거능력을 인정할 수 없다(2013도11233).

(4) 압수조서와 압수물목록의 작성

수사기관은 임의제출물 압수를 했을 때에는 압수물건의 품종·수량 등을 적은 압수목록을 작성해야 한다. 다만, 피의자신문조서, 진술조서, 검증조서에 압수의 취지를 적은 경우에는 그렇지 않다(수사준칙40 본문·단서). 작성된 압수목록은 압수물을 임의제출한 소유자, 소지자, 보관자 기타 이에 준할 자에게 교부하여야 한다(법219, 129).

압수물 목록은 피압수자 등이 압수물에 대한 환부·가환부신청(법218의2)을 하거나 압수처분에 대한 준항고(법417)를 하는 등 권리행사절차를 밟는 가장 기초적인 자료가 된다. 그러므로 수사기관은 이러한 권리행사에 지장이 없도록 유류한 물건이나 임의제출물의 압수 직후 현장에서 압수물 목록을 바로 작성하여 교부하는 것이 원칙이다(2008도763).

(5) 정보저장매체의 임의제출과 참여권자

임의제출물이 정보저장매체등인 경우 그 매체에 저장된 전자정보의 수집과 관련하여 피의자 측의 참여권이 문제된다. 정보저장매체등을 임의제출한 사람은 직접적 피압수자에 해당한다. 정보저장매체에 대한 압수수색절차에는 전자정보 자체에 대한 탐색과 출력·복제 절차가 모두 포함된다. 이 경우 일차적인 참여권자는 직접적 피압수자 또는 그의 변호인이다(2021도11170 ☞ 563면).

수사기관이 제삼자가 소유·소지·보관하는 정보저장매체등을 임의제출물 형태로 압수하여 그 안에 저장된 전자정보를 탐색·출력하여 피의자의 범죄혐의를 증명하는 증거로 사용하려고 할 때 직접적 피압수자인 제삼자(임의제출자) 외에 피의자가 '실질적 피압수자'로 인정되는 경우가 있다. 그러한 경우에는 피의자와 그의 변호인에게도 참여권이 인정된다(2021도11170). 실질적 피압수자로 인정받기 위한 요건은 앞에서 설명하였다(전술 118면).

(6) 전자정보의 임의제출물 압수와 관련성 요건

수사기관은 피의사실과 관계가 있다고 인정할 수 있는 것에 한정하여 증거물 또는 몰수할 것으로 사료하는 물건을 압수할 수 있다(법219, 106). 따라서 전자정보를 압수하고자 하는 수사기관이 정보저장매체등과 거기에 저장된 전자정보를 임의제출의 방식으로 압수할 때에는 제출자로부터 구체적인 제출 범위에 관하여 그 의사를 확인하여야 한다.

수사기관이 전자정보를 임의제출하는 제출자로부터 구체적인 제출 범위에 관한 의사를 제대로 확인하지 않는 등의 사유로 인해 임의제출자의 의사에 따른 전자정보 압수의 대상과 범위가 명확하지 않거나 이를 알 수 없는 경우가 있다. 이러한 경우에는 임의제출에 따른 압수의 동기가 된 범죄혐의사실과 관련되고 이를 증명할 수 있는 최소한의 가치가 있는 전자정보에 한하여 압수의 대상이 된다(2016도348 ☞ 531면).

이때 범죄혐의사실과 관련된 전자정보에는 (가) 범죄혐의사실 그 자체 또는 (나) 그와 기본적 사실관계가 동일한 범행과 직접 관련되어 있는 것은 물론 (다) 범행 동기와 경위, 범행 수단과 방법, 범행 시간과 장소 등을 증명하기 위한 간접증거나 정황증거 등으로 사용될 수 있는 것도 포함된다(2016도348). 임의제출된 전자정보의 관련성은 임의제출에 따른 압수의 동기가 된 범죄혐의사실의 내용과 수사의 대상, 수사의 경위, 임의제출의 과정 등을 종합하여 구체적·개별적 연관관계가 있는 경우에만 인정된다. 범죄혐의사실과 단순히 동종 또는 유사 범행이라는 사유만으로 관련성이 있다고 할 것은 아니다(2016도348).

(7) 불법촬영 범죄와 전자정보의 관련성

불법촬영 범죄는 범죄의 속성상 해당 범행의 상습성이 의심되거나 성적 기호(嗜好) 내지 경향성의 발현에 따른 일련의 범행의 일환으로 이루어진 것으로 의심되고, 범행의 직접 증거가 스마트폰 등 정보저장매체 안에 이미지 파일이나 동영상 파일의 형태로 남아 있을 개연성이 있다. 이러한 경우에는 그 안에 저장되어 있는 같은 유형의 전자정보에서 위의 관련성 요건의 세 가지 유형 가운데 (다)의 유형, 즉 불법촬영 범죄와 관련한 유력한 간접 증거나 정황증거가 발견될 가능성이 높다(2016도348).

스마트폰 등 정보저장매체를 이용한 불법촬영물은 범죄의 대상이 된 피해자의 인격권을 현저히 침해하는 성격의 전자정보를 담고 있다. 이와 관련하여 임의제출된 전자정보가 범죄혐의사실과 구체적·개별적 연관관계가 있는 경우인가는 전자정보를 임의제출한 사람이 피의자 자신인가 아니면 피해자 등 제삼자인가에 따라서 달라진다.

먼저, 피의자가 불법촬영물이 저장된 정보저장매체를 임의제출한 경우가 있다. 이 경우에는 불법촬영 범죄와 무관한 사적 전자정보 전반의 압수·수색으로 이어질 가능성이 적어 상대적으로 폭넓게 관련성을 인정할 여지가 있다(2016도348). 따라서 피의자가 임의제출한 정보저장매체 안에 저장되어 있는 같은 유형의 전자정보들은 관련성 유형 가운데 (다)의 간접증거나 정황증거로서 당해 범죄혐의사실과의 구체적·개별적 연관관계를 폭넓게 인정할 수 있다(2016도348).

다음으로, 피의자 아닌 사람이 피의자가 소유·관리하는 정보저장매체를 임의제출한 경우가 있다. 이 경우는 임의제출의 주체가 소유자 아닌 소지자·보관자이고 그 제출행위로 소유자의 사생활의 비밀 기타 인격적 법익이 현저히 침해될 우려가 있다. 그리하여 임의제출에 따른 압수·수색의 필요성과 함께 임의제출에 동의하지 않은 소유자의 법익에 대한 특별한 배려가 필요하다(2016도348). 피해자가 피의자가 소유·관리하는 정보저장매체를 임의제출한 경우에는 그 임의제출 및 그에 따른 수사기관의 압수가 적법하다 하더라도 임의제출의 동기가 된 범죄혐의사실과 구체적·개별적 연관관계가 있는 전자정보에 한하여 압수의 대상이 되는 것으로 보다 제한적으로 해석하여야 한다(2016도348).

6. 압수물의 관리와 처분

압수물은 사건종결시까지 이를 보관함이 원칙이다(2011헌마351). 압수물의 보관은 압수수색영장의 집행작용 가운데 하나이므로 검사 또는 사법경찰관의 직무에 속한다(법219, 115①). 압수물의 보관방법에는 자청보관(법219, 131), 위탁보관(법219, 130①), 대가보관(법219, 132①)의 방법이 있다. 사법경찰관이 압수물의 보관과 폐기(법130) 및 압수물의 대가보관(법132)의 처분을 함에는 검사의 지휘를 받아야 한다(법219 단서).

위험발생의 염려가 있는 압수물은 수사기관이 폐기할 수 있다(법219, 130②). 위험발생의 염려가 있는 압수물이란 폭발물, 유독물질 등 사람의 생명, 신체, 건강, 재산에 위해를 줄 수 있는 물건으로서 보관 자체가 대단히 위험하여 종국판결이 선고될 때까지 보관하기 매우 곤란한 압수물을 의미한다(2011헌마351).

법령상 생산·제조·소지·소유 또는 유통이 금지된 압수물로서 부패의 염려가 있거나 보관하기 어려운 압수물은 소유자 등 권한 있는 자의 동의를 받아 폐기할 수 있다(법219, 130③). 부패의 염려가 있거나 보관하기 어려운 압수물이라 하더라도 (가) 법령상 생산·제조·소지·소유 또는 유통이 금지되어 있고, 나아가 (나) 권한 있는 자의 동의를 받지 못하는 한 이를 폐기할 수 없다. 만약 그러한 요건이 갖추어지지 않았음에도 폐기하였다면 이는 위법하다(2019다282197).

7. 수사상 압수물의 환부·가환부

(1) 환부·가환부의 의의

압수물의 환부는 압수물의 점유를 종국적으로 원래의 점유자에게 회복시키는 처분을 말한다. 압수물의 가환부는 수사기관이 압수물에 대한 점유를 계속 유지하되 목적물의 경제적 이용을 위하여 소유자, 소지자 등에게 잠정적으로 압수물을 돌려주는 처분을 말한다.

압수장물의 피해자환부는 압수장물을 종국적으로 피해자에게 반환하는 것을 말한다. 피해자환부의 요건인 '환부할 이유가 명백한 때'(법219, 134)란 사법상 피해자에게 압수된 물건의 인도를 청구할 수 있는 권리가 있음이 명백한 경우를 의미한다. 인도청구권에 관하여 사실상·법률상 다소라도 의문이 있는 경우는 환부할 명백한 이유가 있는 경우라고 할 수 없다(84모38). 사법경찰관이 압수장물의 피해자환부(법134) 처분을 함에는 검사의 지휘를 받아야 한다(법219 단서).

압수물의 환부는 수사기관의 의무이다. 압수 상대방의 환부청구권은 주관적 공권이기 때문에 포기가 인정되지 않는다(94모51). 환부를 받을 자가 압수 후 그 소유권을 포기하여 실체법상의 권리를 상실하더라도 그 때문에 압수물을 환부해야 하는 수사기관의 의무에 변화가 생기지 않는다. 또한 환부를 받을 자가 수사기관에 대하여 형사소송법상의 환부청구권을 포기한다는 의사표시를 하더라도 그 효력이 없어 수사기관의 필요적 환부의무가 면제되지 않는다(2019다282197).

(2) 적법한 압수물의 환부·가환부

재산권의 신속한 회복이라는 관점에서 볼 때 압수물의 환부·가환부는 중요한 의미를 갖는다. 압수물의 환부·가환부는 두 가지 경우에 인정된다. 하나는 압수가 적법하게 이루어진 후 압수물의 환부·가환부를 신청하는 경우이다(법218의2). 다른 하나는 압수가 적법하게 이루어지지 않았음을 주장하면서 압수물의 환부·가환부를 구하는 경우이다(법417)(후술 494면). 아래에서는 적법하게 압수된 압수물의 환부·가환부에 대해 살펴본다.

검사와 사법경찰관은 사본을 확보한 경우 등 압수를 계속할 필요가 없다고 인정되는 압수물 및 증거에 사용할 압수물에 대하여 공소제기 전이라도 소유자, 소지자, 보관자 또는 제출인의 청구가 있는 때에는 환부 또는 가환부하여야 한다(법218의2①). 사법경찰관이 환부·가환부를 하는 경우에는 검사의 지휘를 받아야 한다(동조④).

검사 또는 사법경찰관이 환부·가환부 청구에 대하여 이를 거부하는 경우에는 신청인은 해당 검사(지휘검사 포함)의 소속 검찰청에 대응한 법원에 압수물의 환부 또는 가환부 결정을 청구할 수 있다(법218의2④·②). 환부·가환부의 청구에 대하여 법원이 환부 또는 가환부를 결정하면 검사 또는 사법경찰관은 압수물을 환부 또는 가환부하여야 한다(법218의2④·③). 이때 사법경찰관은 검사의 지휘를 받아야 한다(법218의2④·③).

제 5　통신수사

1. 통신비밀보호법의 시행

사생활의 비밀 및 자유와 관련하여 종래 도청의 법적 성질이 문제되고 있었다. 이에 대해 논란이 있었으나 입법자는 1994년 「통신비밀보호법」의 제정을 통하여 전기통신의 감청에 대해 독자적인 법적 근거를 마련하였다(동법2 iii, vii 참조)(후술 384면). 「통신비밀보호법」은 (가) 범죄수사를 위한 경우뿐만 아니라 (나) 범죄의 예방과 진압을 위한 경우까지를 염두에 두고 제정된 법률이다. 예컨대 통신제한조치를 보면, 범죄수사를 위한 통신제한조치(동법6)와 국가안보를 위한 통신제한조치(동법7)로 나누어져 청구의 주체와 허가절차를 달리하고 있다. 또한 범죄수사를 위한 통신제한조치(동법6)를 보더라도 그 대상자에는 피의자 외에 피내사자도 포함된다(동법6①).

「통신비밀보호법」은 통신제한조치(동법6)와 통신사실확인자료 제공(동법13)이라는 두 가지 형태의 강제처분을 규정하고 있으며, 모두 법관의 영장에 의하도록 하고 있다. 한편 통신과 관련된 임의수사의 법적 근거로 「전기통신사업법」이 주목된다. 정보통신망이 확장·보급되면서 전기통신에 대한 수사방법도 다양해지고 있다. 전기통신과 관련된 수사를 가리켜서 통신수사라고 한다.

2. 통신제한조치

통신제한조치는 우편물의 검열 또는 전기통신의 감청을 말한다(전술 102면). 이 가운데 전기통신의 감청은 (가) 감청대상자가 송수신하는 특정한 전기통신이나 (나) 감청대상자가 일정한 기간에 걸쳐 송·수신하는 전기통신을 대상으로 한다(통신비밀보호법5① 참조). 이미 수신이 완료된 전기통신에 관하여 남아 있는 기록이나 내용을 열어보는 등의 행위는 통신제한조치에 포함되지 않는다(2016도8137).

통신제한조치는 엄격한 보충성의 요건하에 허용된다. 먼저, 통신제한조치는 「통신비밀보호법」 제5조 제1항 각호에 열거된 특정 범죄들에 한하여 허용된다. 다음으로, 통신제한조치는 (가) 대상 범죄를 계획 또는 실행하고 있거나 실행하였다고 의심할 만한 충분한 이유가 있고 (나) 다른 방법으로는 그 범죄의 실행을 저지하거나 범인의 체포 또는 증거의 수집이 어려운 경우에 한하여 허가할 수 있다(동법5①).

다음으로, 범죄수사를 위한 통신제한조치는 법원의 사전허가를 받아 이루어지는 것이 원칙이다(통신비밀보호법6 참조). 그러나 수사기관은 긴급한 경우에 법원의 허가 없이 통신제한조치를 할 수 있다(통신비밀보호법8①). 긴급통신제한조치를 한 경우에 36시간 이내에 법원의 허가를 받지 못한 경우에는 해당 조치를 즉시 중지하고 해당 조치로 취득한 자료를 폐기하여야 한다(동조⑤).

수사기관이 인터넷 회선을 통하여 송신·수신하는 전기통신을 대상으로 통신제한조치를 집행한 경우 그 전기통신을 (가) 관련 범죄의 수사·소추에 사용하거나 (나) 사용을 위하여 보관하고자 하는 때에는 통신제한조치 집행종료일부터 14일 이내에 사용이나 보관이 필요한 전기통신을 선별하여 통신제한조치를 허가한 법원에 사용이나 보관의 승인을 청구하여야 한다(동법12의2①).

수사기관은 통신제한조치를 집행한 사건에 관하여 (가) 공소를 제기한 때, (나) 공소의 제기하지 아니하는 처분을 한 때, 또는 (다) 또는 입건을 하지 아니하는 처분을 한 때에는 원칙적으로 그 처분을 한 날부터 30일 이내에 감청의 대상이 된 전기통신의 가입자에게 통신제한조치를 집행한 사실과 집행기관 및 그 기간 등을 서면으로 통지하여야 한다(통신비밀보호법9의2 참조).

3. 통신사실확인자료의 제공

통신사실확인자료 제공이란 전기통신사업자가 통신사실확인자료를 수사기관에 제공하는 것을 말한다(통신비밀보호법2 xi, 13 참조). 통신사실확인자료 제공은 통신사실의 외형적 존재와 그 내역을 대상으로 한다. 통신사실확인자료 제공은 통신의 내용을 대상으로 하지 않기 때문에 원칙적으로 대상범죄의 제한이나 보충성원칙에 따른 제한을 받지 않는다. 그러나 위치추적자료나 특정기지국에 대한 통신사실확인자료의 제공은 보충성원칙에 따른 제한을 받는다(통신비밀보호법13 참조).

통신사실확인자료 제공요청은 「통신비밀보호법」이 정하는 강제처분에 해당하며, 헌법상 영장주의가 적용된다(2012헌마538). 수사기관이 통신사실 확인자료제공을 요청하는 경우에는 관할 법원의 허가를 받아야 한다(통신비밀보호법13③). 관할 법원의 허가를 받을 수 없는 긴급한 사유가 있는 때에는 통신사실 확인자료제공을 요청한 후 지체 없이 그 허가를 받아 전기통신사업자에게 송부하여야 한다(통신비밀보호법13③ 본문·단서). 수사기관은 통신사실 확인자료제공을 받은 사건에 관하여 일정한 기간 내에 통신사실 확인자료제공을 받은 사실과 제공요청기관 및 그 기간 등을 통신사실 확인자료제공의 대상이 된 당사자에게 서면으로 통지하여야 한다(통신비밀보호법13의3① 참조).

4. 통신이용자정보의 제공

통신이용자정보의 제공이란 전기통신사업자가 일정한 통신이용자정보를 수사기관에 제공하는 것을 말한다. 통신이용자정보의 제공에 관한 근거법률은 「전기통신사업법」이다. 제공되는 통신이용자정보는 (가) 이용자의 성명, (나) 이용자의 주민등록번호, (다) 이용자의 주소, (라) 이용자의 전화번호, (마) 이용자의 아이디(컴퓨터시스템이나 통신망의 정당한 이용자임을 알아보기 위한 이용자 식별부호를 말한다), (바) 이용자의 가입일 또는 해지일 등이다(동법83③ 참조). 통신이용자정보를 제공받은 검사, 수사관서의 장은 통신이용자정보 제공의 대상이 된 당사자에게 통신이용자정보 제공을 받은 사실을 서면 또는 문자메시지, 메신저 등 전자적 방법으로 통지하여야 한다(동법83의2 참조).

통신이용자정보의 제공은 영장이 필요한 통신제한조치(통신비밀보호법6)나 통신사실확인자료 제공(동법13)과 달리 임의수사의 일종이다(2010헌마439). 전기통신사업자는 수사기관이 통신이용자정보의 제공을 요청하면 그 요청에 따를 수 있지만(동법83③), 수사기관의 요청에 따라야 할 의무는 없기 때문이다. 검사 또는 수사관서의 장이 수사를 위하여 전기통신사업자에게 통신이용자정보의 제공을 요청하고, 이에 전기통신사업자가 형식적·절차적 요건을 심사하여 검사 또는 수사관서의 장에게 통신이용자정보를 제공한 경우 전기통신사업자는 원칙적으로 이용자에 대해 손해배상책임을 지지 않는다(2012다105482).

제6 수사상 감정위촉

1. 감정위촉

감정위촉이란 수사기관이 수사에 필요한 실험칙 등의 전문지식이나 경험부족 등을 보충할 목적으로 일정한 사항에 관하여 제삼자에게 조사를 시키거나, 제삼자로 하여금 전문지식을 적용하여 얻은 구체적 사실판단을 보고하게 하는 것을 말한다. 수사상의 감정위촉(법221의3)은 법원이 증거조사의 하나로서 행하는 감정(법169, 184)과 구별된다. 수사기관으로부터 감정을 위촉받은 자는 선서의무도 없고 허위감정을 하여도 허위감정죄(형법154)에 해당하지 않으며 그 절차에 있어서 소송당사자에게 반대신문의 기회도 부여되지 않는다. 수사상 감정위촉을 받은 자를 법원의 감정인과 구별하여 수탁감정인이라고 부른다. 수사상 감정위촉은 그 자체로는 강제처분이 아니며 임의수사에 속한다(2011도1902).

수사기관이 수사에 필요하여 감정을 위촉하는 경우 감정위촉 그 자체는 강제처분이 아니므로 법관의 영장을 요하지 않는다. 그러나 수탁감정인이 감정을 할 때 강제력의 행사가 불가피한 경우가 생기게 되는데, 이 때에는 수사상 감정이 강제수사로 되어 법관의 영장이 필요하게 된다. 검사 또는 사법경찰관의 감정위촉을 받은 수탁감정인은 감정에 관하여 필요한 때에는 판사의 허가를 얻어 타인의 주거, 간수자 있는 가옥, 건조물, 항공기, 선박·차량 안에 들어갈 수 있고 신체의 검사, 사체의 해부, 분묘의 발굴, 물건의 파괴를 할 수 있다(법221의4①, 173②). 이 경우 감정처분허가장의 청구는 검사가 하여야 한다(법221의4②). 사법경찰관은 검사에게 신청하여 검사의 청구로 하여야 한다(법215② 유추적용).

판사는 검사의 청구가 상당하다고 인정할 때에는 허가장을 발부하여야 한다(법221의4③).

허가장에는 피의자의 성명, 죄명, 들어갈 장소, 검사할 신체, 해부할 사체, 발굴할 분묘, 파괴할 물건, 수탁감정인의 성명과 유효기간을 기재하여야 한다(법221의4④, 173②). 수탁감정인은 감정처분을 받는 자에게 허가장을 제시하여야 한다(법221의4④, 173③). 신체검사에 관한 주의규정(법141)과 감정 시각의 제한에 관한 규정(법143)은 수탁감정인의 감정처분에 준용된다(법221의4④, 173⑤). 수사기관은 범죄 증거를 수집할 목적으로 피의자의 동의 없이 피의자의 소변(2018도6219)이나 혈액(2011도15258)을 채취할 때 그 방법의 하나로 법원으로부터 감정허가장(법221의4③)을 받아 '감정에 필요한 처분'(법221의4①, 173①)으로 할 수 있다.

감정위촉과 그로 인해 취득한 감정 결과는 소변 검사, 혈액 검사, 디엔에이 검사 등 소위 과학적 증거방법과 관련된 경우가 많다. 과학적 증거방법이 사실인정에 있어서 상당한 정도로 구속력을 갖기 위해서는 (가) 감정인이 전문적인 지식·기술·경험을 가지고 (나) 공인된 표준 검사기법으로 증거를 분석한 후 법원에 제출하였다는 것만으로는 부족하다. 과학적 증거방법이 사실인정에 있어서 상당한 정도로 구속력을 갖기 위해서는 감정인의 감정에 앞서서 (다) 시료의 채취·보관·분석 등 모든 과정에서 시료의 동일성이 인정되고, (라) 인위적인 조작·훼손·첨가가 없었음이 담보되어야 하며, (마) 각 단계에서 시료에 대한 정확한 인수·인계 절차를 확인할 수 있는 기록이 유지되어야 한다(2017도14222).

2. 수사상 감정유치

검사가 감정을 위촉하는 경우에 피의자의 정신 또는 신체에 관한 감정을 위하여 감정유치처분(법172③)이 필요한 때에는 판사에게 이를 청구하여야 한다(법221의3①). 사법경찰관이 감정을 위촉하는 경우에 피의자의 정신 또는 신체에 관한 감정을 위하여 감정유치처분(법172③)이 필요한 때에는 검사에게 신청하여 검사의 청구로 하여야 한다(법215② 유추적용). 판사는 검사의 청구가 상당하다고 인정할 때에는 유치처분을 하여야 한다(법172③). 이 경우에는 감정유치장이 발부된다(동조④). 수사기관이 범죄 증거를 수집할 목적으로 피의자의 동의 없이 피의자의 소변을 채취하는 것은 법원으로부터 감정허가장을 받아 '감정에 필요한 처분'(법221의4①, 173①)으로 할 수 있다. 그렇지만 피의자를 병원 등에 유치할 필요가 있는 경우에는 형소법 제221조의3에 따라 법원으로부터 감정유치장을 받아야 한다(2018도6219).

형사소송법은 수사상 감정유치처분에 관하여 수소법원이 피고인에 대하여 행하는 감정유치에 관한 규정을 준용하고 있다. 판사는 기간을 정하여 병원 기타 적당한 장소에 피의자를 유치할 수 있고 감정이 완료되면 즉시 유치를 해제하여야 한다(법221의3② 2문, 172③). 감정유치를 함에 있어서 필요한 때에는 판사는 직권 또는 피의자를 수용할 병원 기타 장소의 관리자의 신청에 의하여 사법경찰관리에게 피의자의 간수를 명할 수 있다(법221 의3② 2문, 172⑤).

구속에 관한 규정은 형사소송법에 특별한 규정이 없는 경우에는 감정유치에 관하여 이를 준용한다(법221의3② 2문, 172⑦ 본문). 감정유치기간은 미결구금일수의 산입에 있어서는 이를 구속으로 간주한다(법221의3② 2문, 172⑧). 그러나 구속중인 피의자에 대하여 감정유치장이 집행되었을 때에는 피의자가 유치되어 있는 기간 동안 구속은 그 집행이 정지된 것으로 간주된다(법221의3② 2문, 172의2①). 구속기간의 이중산입을 방지하기 위함이다.

3. 전문수사자문위원의 참여

검사는 공소제기 여부와 관련된 사실관계를 분명하게 하기 위하여 필요한 경우에는 직권이나 피의자 또는 변호인의 신청에 의하여 전문수사자문위원을 지정하여 수사절차에 참여하게 하고 자문을 들을 수 있다(법245의2①). 전문수사자문위원제도는 첨단산업분야, 지적재산권, 국제금융 기타 전문적인 지식이 필요한 사건에서 검사가 전문가의 조력을 받아 수사절차를 보다 충실하게 진행할 수 있도록 하기 위한 장치이다.

전문수사자문위원을 수사절차에 참여시키는 경우 검사는 각 사건마다 1명 이상의 전문수사자문위원을 지정하여야 한다(법245의3①). 검사는 상당하다고 인정하는 때에는 전문수사자문위원의 지정을 취소할 수 있다(동조②). 피의자 또는 변호인은 검사의 전문수사자문위원 지정에 대하여 관할 고등검찰청검사장에게 이의를 제기할 수 있다(동조③).

전문수사자문위원은 전문적인 지식에 의한 설명 또는 의견을 기재한 서면을 제출하거나 전문적인 지식에 의하여 설명이나 의견을 진술할 수 있다(법245의2②). 검사는 전문수사자문위원이 제출한 서면이나 전문수사자문위원의 설명 또는 의견의 진술에 관하여 피의자 또는 변호인에게 구술 또는 서면에 의한 의견진술의 기회를 주어야 한다(동조③).

제 3 절 수사상 증거보전

제 1 증거보전절차

1. 증거보전의 의의와 청구권자

검사, 피의자·피고인 또는 변호인은 미리 증거를 보전하지 아니하면 그 증거를 사용하기 곤란한 사정이 있는 때에는 제1회 공판기일 전이라도 판사에게 압수, 수색, 검증, 증인신문 또는 감정을 청구할 수 있다(법184①). 증거보전은 이해관계인의 청구에 따라 판사가 미리 증거조사를 하여 그 결과를 보전함으로써 공판에 대비하는 것이다. 수소법원이 정식으로 증거조사를 할 때까지 소송당사자가 기다릴 경우 그 증거의 사용이 불가능하게 되거나 곤란하게 될 사정이 있을 때 이에 대비하는 제도이다.

증거보전을 청구할 수 있는 사람은 검사, 피의자, 피고인 또는 변호인이다(법184①). 아직 사건수리의 절차를 밟지 아니하였더라도 수사기관이 범죄혐의 있음을 객관적으로 외부에 표시하였으면 그 때에 피의자의 지위가 개시된다(수사준칙16① 참조)(2000도2968). 따라서 형사입건이 되기 전이라도 피의자는 증거보전을 청구할 수 있다. 증거보전청구권자 가운데 '피고인'은 공소장에 피고인으로 기재된 자로서 아직 제1회 공판기일이 열리지 아니한 피고인을 말한다.

2. 증거보전의 요건

증거보전을 하려면 미리 그 증거를 보전하지 아니하면 그 증거를 사용하기 곤란한 사정이 있어야 한다(법184①). 증거를 사용하기 곤란한 경우에는 그 증거에 대한 조사가 불가능하게 되거나 곤란하게 되는 경우뿐만 아니라 증거의 실질적 가치에 변화가 일어나서 본래의 증명력을 발휘하기 곤란한 경우도 포함된다. 증거물의 멸실·훼손·변경의 위험성, 참고인 또는 증인의 중대한 질병이나 장기해외체류 등은 증거보전의 필요성이 인정되는 예이다.

증거보전은 수사단계는 물론 공소제기 이후의 시점에서도 청구할 수 있다. 그러나 제1회 공판기일 이후에는 허용되지 않는다. 공판절차는 진술거부권고지(법283의2②), 인정신문(법284), 검사의 모두진술(법285), 피고인의 모두진술(법286), 재판장의 쟁점정리(법287), 증거조사(법290), 피고인신문(법296의2), 검사의 의견진술(법302), 피고인 측의 최종진술(법303)의 순서로 진행된다. 공판절차의 진행순서에 의할 때 검사의 모두진술 다음에 행해지는 피고인의 모두진술(법286) 단계에서 피고인은 증거조사의 필요성을 진술할 수 있다. 이렇게 볼 때 원칙적으로 피고인은 제1회 공판기일에서 검사의 모두진술이 종료되는 시점까지 증거보전을 신청할 수 있다고 보아야 할 것이다.

다만 제1회 공판기일 전에 공판준비기일이 열리는 경우에는 증거보전신청이 제한된다. 법원은 공판준비절차에서 소송당사자에게 증거신청을 하도록 할 수 있다. 따라서 검사 또는 피고인은 공판준비기일에 수소법원에 증거조사를 신청할 수 있다(법266의9①ⅴ). 이 경우에는 증거보전의 필요성이 인정되지 않는다.

3. 증거보전의 절차

증거보전의 청구는 관할 지방법원판사에게 하여야 한다(법184①). 증거보전청구를 할 때에는 서면으로 그 사유를 소명하여야 한다(동조③). 증거보전을 청구할 수 있는 사항은 압수, 수색, 검증, 증인신문 또는 감정에 한한다(동조①). 따라서 검사는 증거보전절차에서 피의자 또는 피고인의 신문을 청구할 수 없다(79도792). 그러나 증거보전절차를 이용하여 공동피고인 또는 공범자를 증인으로 신문하는 것은 허용된다.

증거보전의 요건이 구비된 경우에 판사는 별도의 명시적 결정을 하지 않고 바로 청구된 증거보전절차를 행한다. 이 경우 증거보전의 청구를 받은 판사는 그 처분에 관하여 법원 또는 재판장과 동일한 권한이 있다(법184②). 증거보전절차에서 행해지는 증인신문의 경우에도 지방법원판사는 신문의 일시와 장소를 피의자·피고인 및 변호인에게 미리 통지하여야 한다(법163① · ②). 검사, 피의자·피고인 또는 변호인은 판사의 허가를 얻어 증거보전에 관한 서류와 증거물을 열람 또는 등사할 수 있다(법185). 증거보전에 의하여 작성된 조서는 법관의 조서로서 절대적 증거능력이 있다(법311 2문).

제2 판사에 의한 증인신문

1. 판사에 의한 증인신문의 의의와 특색

증거보전을 행할 수 있는 또 하나의 방법으로 판사에 의한 증인신문이 있다. 형소법 제221조의2에 기하여 검사의 청구로 판사가 행하는 증인신문이 그것이다. 이 장치는 특히 내부자의 증언이 유죄 인정의 결정적 자료가 되는 조직범죄나 뇌물범죄 등의 효율적 형사소추를 위하여 마련된 것이다.

수소법원이 공판기일을 열기에 앞서서 수소법원이 아닌 법관이 증인신문을 할 수 있는 장치로는 통상의 증거보전(법184)과 검사의 청구에 의한 증인신문(법221의2)의 두 가지가 있다. 양자는 (가) 수소법원 이외의 판사에 의하여 증인신문이 이루어진다는 점, (나) 제1회 공판기일 전에 한하여 증인신문청구가 가능하다는 점, (다) 작성된 증인신문조서는 법관의 조서로서 절대적 증거능력이 인정된다는 점(법311 2문) 등에서 공통점이 많다. 검사가 통상의 증거보전(법184)에 의하지 않고 별도의 증인신문(법221의2)을 청구하게 되는 이유로는 수사기밀의 유지를 들 수 있다. 형소법 제221조의2의 경우 판사의 증인신문에 의해 작성된 서류는 지체 없이 검사에게 송부된다(법221의2⑥). 이 때문에 피의자·피고인 측에게 서류 및 증거물의 열람·등사가 인정되는 증거보전(법185)에 비하여 수사기밀의 유지가 용이하다.

2. 판사에 의한 증인신문의 요건

검사가 판사에 대하여 증인신문의 청구를 하려면 (가) 신문의 상대방이 증인적격을 갖추어야 하고, (나) 일정한 증거보전의 필요성이 인정되며, (다) 그 청구가 수소법원의 제1회 공판기일 전에 행해져야 한다.

판사의 증인신문을 받게 될 참고인은 범죄수사 또는 범죄증명에 필요한 사실을 진술할 수 있는 자이어야 한다. 증인신문의 대상이 되는 증인은 비대체적 체험사실을 법관에게 보고할 수 있는 자이어야 하므로 단순히 대체적 전문지식을 가지고 있는 감정인에 대해서는 증인신문을 청구하지 못한다. 공범자 및 공동피고인은 다른 피의자에 대하여 제삼자의 관계에 있으므로 증인신문의 상대방이 될 수 있다.

판사의 증인신문에 의한 증거보전이 필요한 상황은 범죄의 수사에 없어서는 아니 될 사실을 안다고 명백히 인정되는 자가 검사 또는 사법경찰관에의 출석이나 진술을 거부하는 경우이다(법221의2①). 원래 검사 또는 사법경찰관은 참고인에 대하여 출석이나 진술을 강제할 권한이 없다. 또한 참고인이 단순히 출석이나 진술을 거부하는 것만으로는 판사에 의한 증인신문이 허용되지 않는다. 그러나 실체적 진실발견을 촉진하기 위하여 범죄사건과 관련된 핵심적 사실을 알고 있음이 명백한 참고인에 대하여 형사소송법은 예외적으로 판사에 의한 증인신문을 허용하고 있다. 검사의 청구에 의한 판사의 증인신문은 제1회 공판기일 전에 한하여 허용된다(법221의2①).

3. 판사에 의한 증인신문의 절차

판사에 의한 증인신문은 검사만 청구할 수 있다(법221의2① 참조). 증인신문의 청구를 할 때에는 서면으로 그 사유를 소명하여야 한다(동조③). 증인신문을 청구받은 법관은 청구가 요건에 해당하지 않는다고 인정되면 명시적으로 기각결정을 하여 검사에게 고지하여야 한다. 그러나 요건이 갖추어졌다고 판단하는 경우에는 별도의 명시적 결정을 할 필요 없이 곧바로 증인신문절차에 들어간다.

증인신문을 행함에 있어서 청구를 받은 판사는 증인신문에 관하여 법원 또는 재판장과 동일한 권한이 있다(법221의2④). 따라서 판사는 신문기일을 정하여 증인을 소환하고 검사와 피의자·피고인에게는 신문기일과 장소를 통지하며 신문절차를 주재한다. 판사는 검사

의 청구에 따라 증인신문기일을 정한 때에는 피의자·피고인 또는 변호인에게 이를 통지
하여 증인신문에 참여할 수 있도록 하여야 한다(동조⑤).

　　판사가 검사의 청구에 의한 증인신문을 한 때에는 참여한 법원사무관등은 증인신문조
서를 작성하여야 한다(법48). 판사는 증인신문을 한 때에는 지체 없이 증인신문에 관한 서
류를 검사에게 송부하여야 한다(법221의2⑥). 서류가 송부되면 통상의 증거보전(법184)의 경
우와 달리 피의자와 변호인은 증인신문에 관한 서류에 대해 열람·등사권을 행사할 수 없
다(법185 참조). 다만 공소제기 이후의 시점에서 피고인과 변호인은 이 서류를 소송계속 중
의 관계서류로 열람하거나 복사할 수 있다(법35①).

제 2 편 수사종결과 공소제기

제 1 장 수사종결

제 2 장 공소제기

제 1 장 수사종결

제 1 절 수사종결처분의 종류

제 1 경찰 단계에서의 수사종결처분

1. 2020년 검찰·경찰의 수사권 조정

수사단서를 시발점으로 개시된 수사절차는 공소제기의 결정이라는 목표를 향하여 나아간다. 공소제기 여부를 결정할 수 있을 정도로 피의사건이 규명되면 수사절차는 최종적으로 종결된다. 수사절차를 종결하는 처분을 수사종결처분이라고 한다. 2020년 입법자는 검찰과 경찰 사이의 수사권을 조정하면서 양자의 관계를 상호 협력관계로 규정하였다(법 195①). 이와 관련하여 입법자는 경찰공무원인 사법경찰관에게 일차적 수사개시권 및 일차적 수사종결권을 부여하였다. 동시에 입법자는 경찰의 수사종결처분에 대해 일정한 통제장치를 마련하였다.

2. 수사준칙 제51조

경찰공무원인 사법경찰관이 사건을 수사한 경우 사법경찰관이 경찰 단계에서의 수사절차를 종결하게 된다. 사법경찰관의 수사종결처분은 사건송치처분(법245의5 i)과 사건불송치처분(법245의5 ii)으로 나누어진다. 사법경찰관은 사건을 수사한 경우에는 다음 각 호의 구분에 따라 결정해야 한다(수사준칙51①).
① 법원송치 (1호)
② 검찰송치 (2호)
③ 불송치 (3호)
　가. 혐의없음
　　1) 범죄인정안됨
　　2) 증거불충분
　나. 죄가안됨

다. 공소권없음

라. 각하

④ 수사중지 (4호)

가. 피의자중지

나. 참고인중지

⑤ 이송 (5호)

3. 즉결심판청구

「즉결심판에 관한 절차법」(즉결심판법)은 범증이 명백하고 죄질이 경미한 범죄사실을 신속·적정한 절차로 심판하게 하기 위하여 마련된 법률이다(즉결심판법1 참조). 지방법원, 지방법원지원 또는 시·군법원의 판사는 즉결심판절차에 의하여 피고인에게 20만원 이하의 벌금, 구류 또는 과료에 처할 수 있다(즉결심판법2). 이때 즉결심판절차의 대상은 법정형이 아니라 선고형을 기준으로 결정된다. 즉결심판은 관할 경찰서장 또는 관할 해양경찰서장이 관할법원에 청구한다(즉결심판법3①)(후술 516면).

4. 사법경찰관의 불송치처분에 대한 통제

(1) 검사의 재수사요청

사법경찰관은 범죄를 수사한 후 범죄의 혐의가 있다고 인정되지 않는 경우에는 검사에게 사건을 송치하지 않는다. 사건불송치의 경우에 사법경찰관은 그 이유를 명시한 서면과 함께 관계 서류와 증거물을 지체 없이 검사에게 송부하여야 한다(법245의5 ii). 검사는 불송치사건의 관계 서류와 증거물을 송부받은 날부터 90일 이내에 사법경찰관에게 이를 반환하여야 한다(법245의5 ii 2문). 이 90일의 기간 내에 검사는 사법경찰관의 불송치결정에 대해 위법이나 부당 여부를 검토하여야 한다. 검사는 사법경찰관이 사건을 송치하지 아니한 것이 위법 또는 부당하다고 판단한 때에는 사법경찰관에게 재수사를 요청할 수 있다(법245의8①).

사법경찰관은 검사의 재수사 요청이 있는 때에는 사건을 재수사하여야 한다(법245의8②). 불송치사건의 재수사는 경찰공무원인 사법경찰관이 한다. 검사는 불송치사건의 재수사를 사법경찰관에게 요청할 수 있을 뿐이다. 사법경찰관은 재수사를 한 결과 범죄의 혐의가 있다고 인정되는 경우에는 검사에게 사건을 송치하고(법245의5 i) 관계 서류와 증거물을 송부한다(수사준칙64① i). 사법경찰관은 재수사를 한 결과 기존의 불송치 결정을 유지하는 경우에는 재수사 결과서에 그 내용과 이유를 구체적으로 적어 검사에게 통보한다(수사준칙64① ii).

(2) 고소인의 이의신청

사법경찰관은 사건을 불송치한 경우에 관계 서류와 증거물을 검사에게 송부한 날로부터 7일 이내에 서면으로 고소인·고발인·피해자 또는 그 법정대리인(피해자가 사망한 경우에는 그 배우자·직계친족·형제자매를 포함한다)에게 사건을 검사에게 송치하지 아니하는 취지와 그 이유를 통지하여야 한다(법245의6). 사법경찰관으로부터 사건불송치 통지를 받은 사람은 해당 사법경찰관의 소속 관서의 장에게 이의를 신청할 수 있다. 다만 고발인은 이의신청권이 없다(법245의7①). 사법경찰관은 이의신청이 있는 때에는 지체 없이 검사에게 사건을 송치하고 관계 서류와 증거물을 송부하여야 하며, 처리결과와 그 이유를 이의신청인에게 통지하여야 한다(동조②).

5. 사법경찰관의 송치처분에 대한 통제

사법경찰관은 고소·고발사건을 포함하여 범죄를 수사한 후 범죄의 혐의가 있다고 인정되는 경우에는 지체 없이 검사에게 사건을 송치하고, 관계 서류와 증거물을 송부하여야 한다(법245의5 i). 검사는 경찰 송치사건의 공소제기 여부 결정 또는 공소유지에 관하여 필요한 경우에 (가) 직접 보완수사를 하거나, (나) 사법경찰관에게 보완수사를 요구할 수 있다(법197의2① i, 수사준칙59① 본문).

보완수사의 주체는 원칙적으로 검사이다. 검사는 사법경찰관으로부터 송치처분에 의하여 송치받은 사건(법245의7②)에 관하여는 해당 사건과 동일성을 해치지 아니하는 범위 내에서 수사할 수 있다(법196②). 검사는 사법경찰관이 송치한 사건의 공소제기 여부 결정 또는 공소의 유지에 관하여 필요한 경우 사법경찰관에게 보완수사를 요구할 수 있다(법197의2① i). 사법경찰관은 검사의 보완수사 요구가 있는 때에는 정당한 이유가 없는 한 지체 없이 이를 이행하고, 그 결과를 검사에게 통보하여야 한다(법197의2②). 검찰총장 또는 각급 검찰청 검사장은 사법경찰관이 정당한 이유 없이 검사의 보완수사요구(법197의2①)에 따르지 아니하는 때에는 권한 있는 사람에게 해당 사법경찰관의 직무배제 또는 징계를 요구할 수 있다(법197의2③ 전단).

제 2 검찰 단계에서의 수사종결처분

1. 수사준칙 제52조

검사는 (가) 사법경찰관으로부터 송치받은 사건(법245의5 i)이나 (나) 직접 수사를 개시한 사건(검찰청법4①ⅰ 단서)에 대해 검찰 단계에서의 수사절차를 종결하게 된다. 그 밖에도 검사는 시정조치 불이행에 따른 사건송치(법197의3⑥), 구속장소 감찰에 따른 사건송치(법198의2②), 고소인의 이의신청에 따른 사건송치(법245의7②)에 따라 사법경찰관으로부터 송치받은 사건에 관하여 수사를 진행할 수 있다. 이 경우에 검사는 해당 사건과 동일성을 해치지 아니하는 범위 내에서만 수사할 수 있다(법196②). 검사가 고소 또는 고발에 의하여 범죄를 수사할 때에는 고소 또는 고발을 수리한 날로부터 3개월 이내에 수사를 완료하여 공소제기 여부를 결정해야 한다(법257).

형사소송법은 검사의 수사종결처분에 대해 공소제기(법246)와 기소유예처분(법247)에 대해서만 규정하고 있다. 이에 대해 수사준칙 제52조는 보다 상세하게 검사의 수사종결처분에 대해 규정하고 있다. 검사는 사법경찰관으로부터 사건을 송치받거나 직접 수사한 경우에는 다음 각 호의 구분에 따라 결정해야 한다(수사준칙52①).

① 공소제기 (1호)

② 불기소 (2호)

　　가. 기소유예

　　나. 혐의없음

　　　　1) 범죄인정안됨

　　　　2) 증거불충분

　　다. 죄가안됨

　　라. 공소권없음

　　마. 각하

③ 기소중지 (3호)

④ 참고인중지 (4호)

⑤ 보완수사요구 (5호)

⑥ 공소보류 (6호)

⑦ 이송 (7호)

⑧ 소년보호사건 송치 (8호)

⑨ 가정보호사건 송치 (9호)

⑩ 성매매보호사건 송치 (10호)

⑪ 아동보호사건 송치 (11호)

2. 공소제기

검사는 피의사건에 대해 객관적으로 범죄혐의가 충분하고 소송조건이 구비되어 법원이 유죄판결을 내릴 것으로 판단하는 경우에는 공소를 제기한다(법246 참조). 공소의 제기는 공소장을 관할법원에 제출함으로써 한다(법254①). 다만 벌금, 과료 또는 몰수에 처할 사건의 경우에 검사는 약식명령을 청구할 수 있다(법448①). 약식명령의 청구는 공소의 제기와 동시에 서면으로 하여야 한다(법449).

3. 불기소처분

검사가 피의사건에 대하여 공소를 제기하지 아니하기로 하여 내리는 최종적 판단을 불기소처분이라고 한다. 피의사건에 대해 객관적으로 범죄혐의가 충분하고 소송조건이 구비되어 법원이 유죄판결을 내릴 것으로 판단되는 경우일지라도 검사는 형법 제51조의 양형조건을 참작하여 공소를 제기하지 아니할 수 있다(법247). 이러한 경우의 불기소처분을 기소유예라고 한다.

불기소처분은 검사가 수사절차를 최종적으로 종결하는 처분이라는 점에서 잠정적으로 수사를 중지하는 기소중지와 구별된다. 검사의 불기소처분에는 법원의 종국판결과 달리 일사부재리의 효력이 인정되지 않는다(94도2598). 검사의 불기소처분은 사법부에 소속하는 법관의 재판이 아니기 때문이다.

제 2 절 공소제기의 기본원칙

제 1 국가소추주의

1. 공소제기의 입법유형

공소제기의 주체를 누구로 할 것인가 하는 문제에 대하여 각국은 국가소추주의, 사인소추주의, 공중소추주의 등 다양한 입법형식을 취하고 있다. 국가소추주의란 범죄사건에 대하여 법원의 심판을 구하는 권한의 주체를 국가기관으로 한정하는 원칙을 말한다. 이에 대하여 사인소추주의란 범죄로 인하여 피해를 입은 피해자가 직접 법원에 소를 제기하여 범인에 대한 처벌을 구할 수 있도록 하는 주의이다. 공중소추주의는 범죄의 피해자가 아닌 제삼자가 범인에 대한 처벌을 구하여 법원에 소를 제기할 수 있도록 하는 주의이다.

2. 국가소추주의와 관련 법률

우리나라의 경우를 보면, (가) 형사소송법은 공소를 검사가 제기하여 수행하도록 하고(법 246), (나)「즉결심판에 관한 절차법」은 즉결심판의 청구를 경찰서장이 행하도록 하고 있으며(동법3①), (다)「고위공직자범죄수사처 설치 및 운영에 관한 법률」은 일정한 범위의 고위공직자범죄(동법3① ⅲ)에 대한 공소제기와 그 유지를 공수처검사로 하여금 수행하도록 하여 (동법20①, 3① ⅱ)(전술 23면) 엄격한 국가소추주의를 채택하고 있다.

입법자가 국가소추주의를 채택한 것은 국가의 형벌권 행사가 사인의 복수감정에 좌우됨이 없이 객관적으로 공정하게 이루어지도록 하기 위함이다. 그러나 국가소추주의를 철저하게 유지할 경우 범죄피해자의 피해배상이나 정당한 응보감정이 외면되기 쉽다. 우리 입법자는 친고죄와 반의사불벌죄를 인정하여 간접적으로 국가소추주의의 경직성에 대처하고 있다(전술 49면).

제2 기소독점주의

1. 기소독점주의의 의의

국가소추주의를 채택할 경우 공소제기의 권한을 어느 국가기관에 맡길 것인지가 문제된다. 이때 공소제기의 권한을 검사에게 독점시키는 원칙을 기소독점주의라고 한다. 형사소송법은 "공소는 검사가 제기하여 수행한다."고 규정함으로써(법246) 기소독점주의를 원칙으로 선언하고 있다.

기소독점주의는 공익의 대표자(검찰청법4①)이며 법률전문가(동법29)인 검사로 하여금 공소제기 여부를 결정하도록 함으로써 부적법한 공소제기로부터 피의자를 보호하고, 나아가 개인적 감정이나 지역적 특수사정에 좌우되지 않는 공정한 형사소추권의 행사를 가능하게 한다는 장점을 갖는다. 또한 기소독점주의는 검사동일체의 원칙에 따라서 기능하는 검사에게 공소제기의 권한을 독점시킴으로써 전국적으로 통일된 기준하에 균질적인 공소권행사를 가능하게 한다.

2. 기소독점주의의 예외

형사소송법은 공소제기의 권한을 검사에게만 부여하고 있다. 그러나 입법자는 특별법을 통하여 일부 공소제기의 권한을 다른 국가기관에 부여하고 있다. 「즉결심판에 관한 절차법」이 즉결심판의 청구를 경찰서장이 행하도록 하고 있고(동법3①), 「고위공직자범죄수사처 설치 및 운영에 관한 법률」이 일정한 범위의 고위공직자범죄(동법3① ⅲ)에 대한 공소제기와 그 유지를 공수처검사로 하여금 수행하도록 한 것(동법20①)이 그것이다.

검사에게 공소제기의 권한을 독점시키게 되면 경우에 따라서 검사가 피해자나 일반시민이 가지는 정당한 형사소추권 행사의 요청을 외면하고 정실이나 검찰 외부의 정치적 영향력 등에 의하여 공소제기의 권한을 남용할 여지가 있다. 이 점을 고려하여 우리 형사소송법은 모든 고소사건 및 일부 고발사건(형법 제123조부터 제126조까지의 죄)에 대해 재정신청제도(법260 이하)를 마련하고 있다(후술 155면).

형사소송법은 검사의 불기소처분에 대한 재정신청을 허용하면서 기소강제의 방식을 취하고 있다. 고등법원의 공소제기결정(법262② ⅱ)에 대해 검사에게 공소제기의무를 부과한 것이 그것이다(동조⑥). 검사가 공소제기를 하기는 하지만 법원의 판단에 따라 검사가 기소한다는 점에서 재정신청제도에는 기소독점주의에 대한 예외로서의 성질이 일부 남아 있다.

제3 기소편의주의

1. 기소편의주의의 의의

기소편의주의란 국가기관이 형사소추를 함에 있어서 범죄의 혐의가 인정되고 법원에 의한 유죄판결의 가능성이 높음에도 불구하고 형사정책적 고려에 의하여 피의자에 대한 공소를 제기하지 않을 수 있도록 허용하는 주의이다. 기소편의주의는 기소법정주의와 대립된다. 기소법정주의란 범죄혐의와 소송조건이 구비되어 유죄판결의 가능성이 있을 때 소추기관에 재량권을 부여하지 않고 반드시 공소제기를 하도록 하는 원칙을 말한다.

우리 형소법 제247조는 기소편의주의를 채택하고 있다. 검사는 형법 제51조가 규정한 양형조건의 여러 사항을 참작하여 공소를 제기하지 아니할 수 있다(법247). 형법 제51조에 규정된 사항들은 예시적인 것이다. 형법 제51조에 예시되지 아니한 사항도 참작요소가 될 수 있다(94헌마246).

2. 기소편의주의의 장·단점

기소편의주의는 범죄사실에 집착하여 기계적으로 공소를 제기하기보다는 검사가 범죄인의 구체적 사정을 검토하여 개선의 여지가 높은 범죄인을 기소유예함으로써 그를 조기에 사회복귀시킬 수 있게 한다는 점에서 특별예방의 효과를 달성할 수 있다. 또한 기소편의주의는 기소법정주의를 고집할 경우에 초래되는 법원의 업무량 폭주를 방지함과 동시에 검사로 하여금 중요한 형사사건에 공소유지의 역량을 집중하도록 함으로써 효율적인 형사사법의 운용을 가능하게 한다.

그러나 기소편의주의는 검사의 소추재량권이 적정하게 행사되지 않을 경우 법 앞의 평등원칙을 침해하게 된다. 또 정치적 고려에 의하여 소추재량이 남용될 경우 형사사법에 대한 국민의 신뢰가 크게 실추될 우려가 있다. 기소유예의 재량은 스스로 합리적인 한계가 있다. 이 한계를 초월하여 기소를 해야 할 극히 상당한 이유가 있는 사안을 기소유예하는 것은 허용되지 않는다(86모58).

3. 기소유예와 재기소 여부

기소편의주의에 입각한 검사의 불기소처분을 기소유예라고 한다. 기소유예처분은 불기소처분의 일종으로서 법원의 확정판결과 달리 일사부재리의 효력이 발생하지 않는다. 기소유예된 사건에 대해서는 원칙적으로 재기수사나 공소제기가 허용된다(83도2686).

그러나 기소유예되었던 종전 사건의 피의사실과 현재 기소된 사건의 공소사실 사이에 기소유예 처분을 번복하고 공소를 제기해야 할 만한 의미 있는 사정변경이 없음에도 불구하고 검사가 현재 사건을 기소하였다면, 이는 통상적이거나 적정한 소추재량권 행사라고 보기 어렵고 어떠한 의도가 있다고 보여지므로 공소권을 자의적으로 행사한 것으로 위법하다. 이러한 경우 현재 사건에 대한 기소는 소추재량권을 현저히 일탈한 경우에 해당하며, 이 부분 공소는 공소제기의 절차가 법률의 규정에 위반하여 무효이다(법327ⅱ) (2016도14772).

제3절 검사의 수사종결처분에 대한 불복방법

제1 의의와 필요성

검사의 수사종결처분은 수사절차를 최종적으로 종결시키고 새로운 공판절차로의 이행 여부를 판단하는 결정이라는 점에서 전체 형사절차의 핵심적 분기점을 이룬다. 수사종결처분의 주체인 검사는 국가소추주의(법246), 기소독점주의(법246), 기소편의주의(법247) 등에 기하여 공소제기 여부를 결정할 수 있는 강력한 소추재량권을 보유하고 있다. 한편 사인소추나 공중소추의 가능성이 전적으로 배제되어 있는 우리 형사소송법의 체제에 비추어 볼 때 검사의 객관적이고 공정한 수사종결처분은 그 중요성이 더욱 강조된다.

　검사의 수사종결처분에 대한 불복방법은 크게 보아 불기소처분이 내려진 경우와 불법·부당하게 공소가 제기된 경우로 나누어 볼 수 있다. 불기소처분에 대한 불복방법으로는 검찰항고(검찰청법10), 재정신청(법260 이하), 헌법소원(헌법111①ⅴ, 헌법재판소법68①) 등이 있으며, 부당기소에 대한 불복방법으로는 공소권남용론이 전개되고 있다.

　형사소송법은 특히 이해관계인에게 검사의 불기소처분에 대한 불복을 용이하게 하기 위하여 고소인, 고발인, 피해자, 피의자 등에 대하여 각종 통지제도(법257, 258, 259, 259의2)를 마련하고 있다.

제 2 검찰항고

1. 검찰항고의 의의

　「검찰청법」 제10조는 검사의 불기소처분이 적정하게 이루어지도록 하기 위하여 검찰조직 내부에 항고절차를 마련하고 있다. 불기소처분에 대한 검찰조직 내부의 불복장치를 가리켜 검찰항고라고 한다. 검찰항고제도는 검사동일체의 원칙에 의해 계층구조를 이루고 있는 검찰조직을 토대로 통일적인 수사종결권 행사를 도모하기 위하여 마련된 장치이다.

　검찰항고제도는 검사동일체의 원칙에 기초한 것으로서 검사의 불법·부당한 불기소처분의 직접적 견제장치로 유력하다. 그렇지만 검찰조직 내부의 자체통제라는 점에서 그 기능에 한계가 있다. 이 점에서 검찰항고는 법관에 의한 통제장치인 재정신청(법260 이하)이나 헌법소원(헌법재판소법68①)과 크게 구별된다.

　검찰항고는 검사의 불기소처분에 대한 불복방법이다. 불기소처분에는 협의의 불기소처분뿐만 아니라 기소편의주의에 기초한 기소유예도 포함된다. 검찰항고를 할 수 있는 사람은 검사의 불기소처분에 불복이 있는 고소인 또는 고발인이다(검찰청법10①). 고소인, 고발인 이외의 제삼자는 검찰항고권자에 포함되지 않는다. 검찰항고는 다시 고소사건에 대한 경우와 고발사건에 대한 경우로 나누어 볼 수 있다.

2. 고소사건에 대한 검찰항고

　검사의 불기소처분에 불복이 있는 고소인은 그 검사가 속하는 지방검찰청 또는 지청을 거쳐 서면으로 관할 고등검찰청검사장에게 항고할 수 있다(검찰청법10①). 고소인에 의한 검찰항고는 원칙적으로 불기소처분 등 수사종결처분에 따른 통지를 받은 날부터 30일 이내에 하여야 한다(검찰청법10④).

불기소처분에 대한 고소인의 항고를 접수한 당해 지방검찰청 또는 지청의 검사는 항고가 이유 있다고 인정하는 때에는 그 처분을 경정하여야 한다(검찰청법10①). 당해 지방검찰청 또는 지청의 검사가 항고에 이유가 없다고 판단하는 경우에는 고등검찰청 차원에서 고소인의 항고에 대한 판단이 내려진다.

고등검찰청검사장은 불기소처분에 대한 고소인의 항고가 이유 있다고 인정하는 때에는 소속 검사로 하여금 지방검찰청 또는 지청 검사의 불기소처분을 직접 경정하게 할 수 있다. 이 경우 고등검찰청 검사는 지방검찰청 또는 지청의 검사로서 직무를 수행하는 것으로 본다(검찰청법10②).

고등검찰청검사장이 고소인의 검찰항고를 기각하는 처분을 내리면 검찰조직 내에서의 불복방법은 더 이상 존재하지 않는다(2012헌마983). 고소인이 검찰총장에게 검찰재항고를 하는 것은 허용되지 않는다. 그 대신 고소인은 형소법 제260조 이하에 규정된 재정신청제도에 따라 고등법원에 불기소처분의 당부에 대한 심사를 구하게 된다. 형사소송법은 재정신청에 앞서서 반드시 검찰항고를 거치도록 하여(법260② 본문) 검찰항고 전치주의를 채택하고 있다.

3. 고발사건에 대한 검찰항고

(1) 검찰항고

검사의 불기소처분에 불복이 있는 고발인은 그 검사가 속하는 지방검찰청 또는 지청을 거쳐 서면으로 관할 고등검찰청검사장에게 항고할 수 있다(검찰청법10①). 고발인에 의한 검찰항고도 원칙적으로 불기소처분 등 수사종결처분에 따른 통지(법258①)를 받은 날부터 30일 이내에 하여야 한다(검찰청법10④).

불기소처분에 대한 고발인의 항고를 접수한 당해 지방검찰청 또는 지청의 검사는 항고가 이유 있다고 인정하는 때에는 그 처분을 경정하여야 한다(검찰청법10①). 당해 지방검찰청 또는 지청의 검사가 고발인의 항고에 이유가 없다고 판단하는 경우에는 고등검찰청 차원에서 다시 판단한다.

고등검찰청검사장은 불기소처분에 대한 고발인의 항고가 이유 있다고 인정하는 때에는 소속 검사로 하여금 지방검찰청 또는 지청 검사의 불기소처분을 직접 경정하게 할 수 있다. 이 경우 고등검찰청 검사는 지방검찰청 또는 지청의 검사로서 직무를 수행하는 것으로 본다(동조②). 관할 고등검찰청검사장은 고발인의 검찰항고에 이유가 없다고 판단하는 경우에는 항고기각처분을 내리게 된다.

(2) 검찰재항고

검찰항고(검찰청법10①)를 한 자는 (가) 그 항고를 기각하는 처분에 불복하거나 (나) 항고를 한 날부터 항고에 대한 처분이 이루어지지 아니하고 3개월이 지났을 때에는 그 검사가 속한 고등검찰청을 거쳐 서면으로 검찰총장에게 재항고할 수 있다(동법③ 1문). 고등법원에 재정신청을 할 수 있는 사람은 검찰재항고권자에서 제외된다(동법③ 1문). 형법 제123조부터 제126조에 규정된 범죄의 경우에 고발인은 재정신청을 할 수 있으므로(법260①) 검찰총장에 대해 재항고를 할 수 없다.

검찰총장에 대한 재항고가 있는 경우에 당해 고등검찰청의 검사는 재항고가 이유 있다고 인정하는 때에는 그 처분을 경정하여야 한다(동조10③ 2문). 고발인의 재항고에 대해 검찰총장은 (가) 불복대상 처분을 경정하거나 (나) 재항고를 기각하는 처분을 내리게 된다. 고발인의 재항고에 대한 검찰총장의 기각처분은 형소법 제260조 이하의 재정신청 대상이 되지 않는다.

제3 재정신청

1. 재정신청제도의 의의

(1) 재정신청의 의의

검찰항고는 불법·부당한 불기소처분에 대하여 검찰 자체의 직접적 통제를 가능하게 한다는 장점을 가지지만 동시에 검찰조직 내부의 통제라는 점에서 본질적 한계를 갖는다. 이 때문에 불법·부당한 검찰권 행사에 대해 시민의 불만을 수렴하는 별도의 장치가 요구된다.

이 점과 관련하여 우리 입법자는 헌법상 신분이 보장되고(헌법106) 직무활동의 독립성이 담보되는(헌법103) 법관으로 구성되는 법원으로 하여금 검사의 불기소처분에 대한 불법·부당 여부를 판단하도록 하고 있다(법260). 여기에서 제3의 독립기관인 법원으로 하여금 검사의 불기소처분에 대한 불법·부당 여부를 판단해 줄 것을 이해관계인이 법원에 청구하는 제도를 가리켜서 재정신청제도라고 한다.

(2) 재정신청권자

검사의 불기소처분에 불복하여 재정신청을 할 수 있는 사람은 원칙적으로 고소권자로서 고소를 한 자이다(법260①). 고소권자는 범죄로 인한 피해자나 피해자의 법정대리인, 친족 등(법223, 225)을 의미한다. 예외적으로 고발인이라 할지라도 형법 제123조(직권남용), 제124조(불법체포·불법감금), 제125조(폭행, 가혹행위), 제126조(피의사실공표)의 죄에 대하여 고발을 한 자는 재정신청을 할 수 있다(법260① 본문). 다만, 형법 제126조(피의사실공표)의 죄에 대하여는 피공표자의 명시한 의사에 반하여 재정을 신청할 수 없다(동항 단서).

피의자나 일반적인 고발인은 고등법원에 재정신청을 할 수 없다. 기소유예처분을 받은 피의자는 헌법소원의 방법으로 헌법재판소에 검사의 불기소처분에 대해 불복할 수 있다(2008헌마716). 일반적인 고발인은 검찰항고의 방법으로 검찰에 검사의 불기소처분에 대해 불복할 수 있다.

(3) 재정신청의 대상

재정신청의 대상은 검사의 불기소처분이다. 불기소처분에는 협의의 불기소처분과 기소유예가 포함된다. 진정사건에 대한 검사의 내사종결처분은 불기소처분이 아니므로 재정신청의 대상이 되지 않는다(91모68). 형사소송법은 재정신청에 검찰항고전치주의를 취하고 있다(법260② 본문). 따라서 재정신청절차는 검찰 단계에서의 재정신청절차와 고등법원 단계의 기소강제절차로 나누어 볼 수 있다.

2. 검찰 단계에서의 재정신청절차

형사소송법은 재정신청제도에 대해 검찰항고 전치주의를 도입하고 있다. 따라서 검사의 불기소처분에 대해 재정신청을 하려는 사람은 먼저 검찰항고를 제기하여야 한다(법260② 본문). 검찰항고에 대해 고등검찰청검사장의 항고기각처분이 있을 때 비로소 고등법원에 재정신청을 할 수 있다.

그러나 (가) 검찰항고 이후 재기수사가 이루어진 다음에 다시 공소를 제기하지 아니한다는 통지를 받은 경우, (나) 검찰항고 신청 후 항고에 대한 처분이 행해지지 않고 3개월이 경과한 경우, (다) 검사가 공소시효 만료일 30일 전까지 공소를 제기하지 않는 경우의 어느 하나에 해당할 때에는 재정신청권자는 검찰항고 없이 곧바로 재정신청을 할 수 있다(법260② 단서).

재정신청을 하려는 자는 항고기각결정을 통지받은 날 또는 항고절차 불요의 사유가 발생한 날부터 10일 이내에 지방검찰청검사장 또는 지청장에게 재정신청서를 제출해야 한다(법260③ 본문). 다만, 검사가 공소시효 만료일 30일 전까지 공소를 제기하지 아니하는 경우에는 공소시효만료일 전날까지 재정신청서를 제출할 수 있다(동항 단서). 재정신청이 있으면 관할 고등법원의 재정결정(법262)이 확정될 때까지 공소시효의 진행이 정지된다(법 262의4①).

재정신청서를 제출받은 지방검찰청검사장 또는 지청장은 신청서를 제출받은 날부터 7일 이내에 재정신청서·의견서·수사관계서류 및 증거물을 관할 고등검찰청을 경유하여 관할 고등법원에 송부하여야 한다(법261 본문).

다만, 검찰항고를 거치지 않고 재정신청을 할 수 있는 경우(법260② 단서 참조)에는 지방검찰청검사장 또는 지청장은 다음의 구분에 따라 재정신청사건을 처리한다. 먼저, 신청이 이유 있는 것으로 인정하는 때에는 즉시 공소를 제기하고 그 취지를 관할 고등법원과 재정신청인에게 통지한다. 다음으로, 신청이 이유 없는 것으로 인정하는 때에는 30일 이내에 관할 고등법원에 송부한다(법261 단서).

3. 고등법원의 기소강제절차

(1) 기소강제절차의 구조

관할 고등법원은 재정신청서를 송부받은 때에는 송부받은 날부터 10일 이내에 피의자에게 그 사실을 통지하여야 한다(법262①). 관할 고등법원은 재정신청서를 송부받은 날부터 3개월 이내에 결정을 내려야 한다(동조②). 재정신청사건은 항고의 절차에 준하여 결정하여야 한다(법262②). 따라서 재정신청을 수리한 고등법원은 수리한 재정신청서와 수사기록 등을 기초로 구두변론 없이 기소강제절차를 진행할 수 있다(법37②). 또한 필요한 경우에는 사실을 조사하고(법37③) 증거조사를 실시할 수 있다(법262② 2문).

재정신청사건의 심리는 특별한 사정이 없는 한 공개하지 않는다(법262③). 재정신청사건의 심리를 비공개원칙으로 하는 것은 심리의 보안을 유지하여 적정한 재정결정이 이루어지게 하고 무죄추정을 받는 관련자의 사생활 침해를 방지할 수 있도록 하기 위함이다(2008헌마578).

재정신청사건의 심리 중에는 관련 서류 및 증거물을 열람 또는 등사할 수 없다(법262의2 본문). 재정신청사건 기록의 열람·등사를 금지하는 것은 민사소송 제출용 증거서류를 확보하려는 목적으로 재정신청을 남용하는 사태를 방지하기 위함이다(2008헌마578). 그러나 관할 고등법원이 증거조사를 행한 경우(법262② 후단)에는 그 증거조사과정에서 작성된 서류의 전부 또는 일부의 열람 또는 등사를 허가할 수 있다(법262의2 단서).

기소강제절차는 재정신청에 대한 기각결정 또는 공소제기결정에 의하여 종료한다(법262②). 재정신청의 이유 유무는 재정결정시를 기준으로 판단해야 한다. 재정신청사건은 항고의 절차에 준하여 심리되므로(동항 1문) 고등법원은 결정시점까지의 새로운 사실을 포함하여 판단할 수 있다.

(2) 기각결정

관할 고등법원은 재정신청이 법률상의 방식에 위배되거나 이유 없는 때에는 신청을 기 각한다(법262② i). 검사의 불기소처분이 위법·부당하더라도 불기소처분 당시에 공소시효 가 완성되어 공소권이 없는 경우에는 재정신청이 허용되지 않는다. 검사의 기소유예처분이 검사의 소추재량권 일탈이나 남용에 해당하는 경우에는 기각결정을 할 수 없다(86모58).

고등법원의 재정신청기각결정에 대해서는 형소법 제415조에 따라 대법원에 즉시항고 를 할 수 있다(법262④ 1문 전단). 즉시항고의 제기기간은 7일이다(법405). 대법원에의 즉시 항고는 재판에 영향을 미친 헌법·법률·명령 또는 규칙의 위반이 있음을 이유로 하는 때 에 한하여 할 수 있다(법415). 즉시항고 이외의 보통항고(법402 본문, 404)는 허용되지 않는 다(2008헌마578).

관할 고등법원은 재정신청기각결정을 하는 경우에 결정으로 재정신청인에게 재정신청절 차에 의하여 생긴 비용의 전부 또는 일부를 부담하게 할 수 있다(법262의3①). 또한 관할 고등 법원은 직권 또는 피의자의 신청에 따라 재정신청인에게 피의자가 재정신청절차에서 부담 하였거나 부담할 변호인선임료 등 비용의 전부 또는 일부의 지급을 명할 수 있다(동조②). 이상의 비용부담결정에 대해서는 즉시항고를 할 수 있다(동조③).

재정신청을 기각하는 결정이 확정된 사건에 대해서는 다른 중요한 증거를 발견한 경 우를 제외하고는 소추할 수 없다(법262④ 2문). 여기에서 '다른 중요한 증거를 발견한 경우' 란 재정신청 기각결정 당시에 제출된 증거에 새로 발견된 증거를 추가하면 충분히 유죄 의 확신을 가지게 될 정도의 증거가 있는 경우를 말한다. 단순히 재정신청 기각결정의 정 당성에 의문이 제기되거나 범죄피해자의 권리를 보호하기 위하여 형사재판절차를 진행할 필요가 있다는 정도의 증거가 있는 경우는 여기에 해당하지 않는다(2014도17182).

(3) 공소제기결정

관할 고등법원은 재정신청이 이유 있는 때에는 사건에 대한 공소제기를 결정한다(법 262② ii). 관할 고등법원의 공소제기결정이 있으면 관할 검찰청에 재정결정서가 송부된다. 관할 고등법원으로부터 재정결정서를 송부받은 관할 지방검찰청검사장 또는 지청장은 지 체 없이 담당 검사를 지정하고, 지정받은 검사는 공소를 제기하여야 한다(법262⑥). 이 경우 공소시효에 관하여는 관할 고등법원의 공소제기결정이 있은 날에 공소가 제기된 것으로 본다(법262의4②). 공소제기결정의 실효성을 담보하기 위한 장치이다.

관할 고등법원의 결정에 따라 검사가 공소를 제기하였으므로 공소유지 또한 검사가 담당한다. 고등법원의 결정에 따라 공소가 제기되었다고 하여도 공판절차의 진행에는 별 다른 차이가 없다. 공소권자인 검사가 공소를 제기하고 유지하기 때문이다. 다만 기소강제 된 사건의 공판절차에서는 검사가 공소취소를 할 수 없다(법264의2).

관할 고등법원의 공소제기결정에 대하여는 불복할 수 없다(법262④ 1문 후단). 검사는 물론이지만 공소제기결정의 대상이 된 피의자도 불복할 수 없다. 공소제기결정에 잘못이 있는 경우에는 이후 공소제기를 통하여 열리는 본안사건 자체의 재판을 통하여 대법원의 최종판단을 받을 수 있다(96모119).

제 2 장 공소제기

제 1 절 공소제기의 유효조건

제 1 공소제기의 기본원칙

1. 공소제기의 의의

수사기관의 수사활동에 의하여 진행된 수사절차는 검사의 공소제기에 의하여 공판절차로 넘어가게 된다. 공소제기는 수소법원에 대하여 공소제기된 사건의 심리와 판단을 행할 권한을 발생시키며, 공소제기의 상대방에 대하여는 피의자로부터 피고인으로 신분을 변화시키는 등 중요한 법적 효과를 발생시킨다. 또한 공소가 제기되었다는 사실 자체만으로도 피고인은 사회적으로 적지 않은 부담과 불이익을 안게 된다. 형사절차의 전체 과정에서 차지하는 공소제기의 이와 같은 중요성을 감안하여 우리 형사소송법은 공소제기의 조건과 방식 그리고 법적 효과 등에 대하여 상세한 규정들을 마련하고 있다(법246 이하).

2. 불고불리의 원칙

(1) 불고불리원칙의 의의

검사는 수사절차를 종결함에 있어서 범죄의 객관적 혐의가 충분하여 법원이 유죄판결을 내릴 것이라고 판단하는 경우에 공소를 제기한다. 검사의 공소제기는 형사절차의 진행에서 요구되는 불고불리의 원칙과 관련하여 중요한 의미가 있다. 불고불리의 원칙이란 (가) 검사의 공소제기가 없으면 법원은 심판할 수 없고, (나) 법원은 검사가 공소제기한 사건에 한하여 심판해야 한다는 법리를 말한다(2017도12649).

불고불리원칙은 소극적 측면과 적극적 측면을 가지고 있다. 먼저, 검사의 공소제기가 없는 한 법원은 범죄사실에 대해 심판할 수 없다. 이것은 불고불리원칙의 소극적 측면이다. 이러한 의미의 불고불리원칙은 규문절차를 타파하고 공소제기자와 심판자를 분리한 탄핵주의 형사절차가 수립된 이래 계속 유지되고 있는 형사소송법의 기본원칙이다.

다음으로, 공소제기를 받은 법원은 검사가 공소를 제기한 범죄사실의 한도 내에서 사건을 심리하고 판단해야 한다. 이것은 불고불리원칙의 적극적 측면이다. 우리 형사소송법이 공소의 효력은 검사가 피고인으로 지정한 자에게만 미친다고 규정하고(법248①), 범죄사실의 일부에 대한 공소의 효력은 범죄사실 전부에 미친다고 규정한 것(동조②)은 검사의 공소제기가 법원의 심판범위를 적극적으로 획정함을 나타내고 있다. 검사로부터 공소제기를 받은 법원을 가리켜서 수소법원(受訴法院)이라고 한다.

(2) 불고불리원칙과 석명권 행사

불고불리의 원칙상 검사의 공소제기가 없으면 법원이 심판할 수 없고, 법원은 검사가 공소제기한 사건에 한하여 심판을 해야 한다. 그러므로 검사는 공소장에 공소사실과 적용법조 등을 명백히 함으로써 공소제기의 취지를 명확히 하여야 한다. 검사가 어떠한 행위를 기소한 것인지는 기본적으로 공소장의 기재 자체를 기준으로 하되, 심리의 경과 및 검사의 주장내용 등도 고려하여 판단해야 한다(2017도3448).

재판장이 소송관계를 명료하게 하기 위하여 검사, 피고인 또는 변호인에게 사실상과 법률상의 사항에 관하여 그 내용을 밝혀서 설명하도록 요구하는 권한을 가리켜서 석명권이라고 한다(규칙141①). 검사의 공소제기 취지가 명료할 경우 법원은 석명권을 행사할 필요가 없다. 그러나 공소제기의 취지가 오해를 불러일으키거나 명료하지 못한 경우라면 법원은 검사에 대해 석명권을 행사하여 그 취지를 명확하게 하여야 한다(2017도3448).

제2 공소시효

1. 공소시효의 의의와 필요성

검사의 공소제기는 법률이 규정한 유효조건을 구비하여야 한다. 형사소송법이 규정한 유효조건의 하나로 공소시효가 있다. 공소시효란 검사가 일정기간 공소를 제기하지 않고 형사사건을 방치한 경우에 국가의 형사소추권이 소멸되는 제도를 말한다. 이에 대하여 공소시효를 일정한 기간의 경과에 의하여 형벌권이 소멸되는 제도로 보거나 또는 형벌권 및 공소권이 소멸되는 제도라고 이해하는 견해도 있다.

형벌권의 행사와 관련한 시효제도로서 우리 입법자는 공소시효(법249 이하)와 형의 시효(형법77 이하)를 각각 인정하고 있다. 양자는 모두 형사시효의 일종으로 일정한 시간이 경과함으로써 생성·축적된 사실상태를 법률적으로 유지·존중하기 위하여 마련된 제도라는 점에서 공통된다. 그러나 공소시효는 형사소추권의 행사와 관련한 형사절차상의 문제임에 대하여 형의 시효제도는 유죄판결 확정 후에 형벌권의 집행효를 차단하는 실체법상의 문제라는 점에서 양자는 구별된다. 공소시효가 완성되면 면소판결(법326 ⅲ)의 사유가됨에 반하여 형의 시효가 완성되면 그 형의 집행이 면제된다(형법77).

2. 공소시효의 본질

공소시효의 본질을 어떻게 파악할 것인가 하는 문제를 놓고 여러 가지 견해가 제시되고 있다. 공소시효의 본질 여하에 따라서 후술하는 바와 같이 공소시효정지에 관한 규정의 유추적용 인정 여부, 사실상의 공소시효정지사유 인정 여부, 공소시효완성의 효력범위 등에서 차이가 나게 되므로 공소시효 본질론을 논하는 실익은 적지 않다. 공소시효의 본질에 관하여는 실체법설, 소송법설, 병합설 등이 대립하고 있다.

실체법설은 일정한 시간이 경과하면 범죄인에 대한 사회의 처벌욕구가 감소하거나 또는 범죄인이 심리적으로 처벌받은 것과 같은 정도의 고통을 받기 때문에 국가의 형벌권이 소멸한다고 보는 견해이다. 결국 일정한 기간의 경과로 국가가 형벌권을 포기함으로써 형사피의자의 법적 안정성을 보장하려고 하는 장치가 공소시효제도라는 것이다. 헌법재판소는 실체법설을 지지하고 있다(92헌마284). 실체법설의 입장에서는 (가) 공소시효정지규정의 유추적용을 금지하고, (나) 법률상 인정된 사유가 아닌 사실상의 소추장애사유에 의한 공소시효정지를 불허하며, (다) 공소시효완성의 효력범위를 실체법상의 죄수를 단위로 결정한다.

실체법설에 대해서는 우선, 공소시효의 완성으로 인하여 형벌권이 소멸되었다고 한다면 면소판결(법326 ⅲ)이 아니라 무죄판결(법325)을 선고해야 할 것인데 형사소송법의 태도는 그렇지 않다는 비판이 가해지고 있다. 다음으로, 아무리 시간이 경과한다 하더라도 일단 실체법적으로 발생한 국가의 형벌권을 소멸시키는 것은 죄를 지은 자는 반드시 처벌되어야 한다는 형사사법적 정의의 요청에 비추어 바람직하지 못하다는 비판이 있다.

소송법설은 공소시효를 소송법적으로 인정된 제도라고 보는 견해이다. 시간의 경과로 증거가 흩어지거나 사라지기 때문에 국가기관이 현실적으로 형사소추를 행하기 곤란하다는 점과 국가기관의 임무태만에 대해 책임을 묻는다는 점이 소송법설의 논거이다. 소송법설의 입장에서는 (가) 공소시효정지에 관한 규정은 소송법상의 규범이므로 유추적용이 가능하며, (나) 법률상의 사유는 물론 국가기관이 형사소추권을 행사할 수 없었던 사실상의 장애사유가 존재하는 경우에도 공소시효의 정지를 인정한다. 또한 소송법설의 입장에서는 (다) 공소시효완성을 소송조건의 일종으로 파악하므로 공소시효의 효력범위를 과형상 일죄를 기준으로 결정하게 된다.

소송법설에 대해서는 공소시효기간이 특별구성요건에 규정된 법정형을 기준으로 결정되어 있다는 점(법249①, 251)과 공소시효의 완성이 다른 소송조건 결여의 경우(법327, 328①)와 달리 일사부재리의 효력이 부여되는 면소판결(법326ⅲ)의 사유로 된다는 점을 간과하고 있다는 비판이 가능하다.

병합설은 공소시효를 범죄에 대한 사회의 처벌욕구 감소나 범죄인의 처벌필요성 완화 등 실체형벌권에 관한 사유뿐만 아니라 증거가 흩어지거나 사라지기 때문에 발생하는 형사소추상의 애로점 등을 함께 고려하여 마련된 제도라고 보는 견해이다. 생각건대 공소시효의 본질은 병합설에 의하여 파악하는 것이 타당하다고 본다. 왜냐하면 공소시효제도는 기본적으로 죄를 범한 사람은 반드시 처벌되어야 한다는 범인필벌의 요청과 비록 죄를 범한 사람이라 하더라도 언제까지나 소추에 관하여 불안정한 상태에 두어서는 안 된다는 법적 안정성의 요청을 정책적으로 조화시킨 제도이기 때문이다. 병합설에 따르면, 개별 논점의 성질에 따라 해결책을 모색하게 된다.

3. 공소시효의 기간

(1) 공소시효의 완성기간

공소시효는 개별 구성요건이 규정하고 있는 법정형을 기준으로 하여 일정 기간이 경과하면 완성된다. 형소법 제249조 제1항이 규정하고 있는 공소시효의 기간은 다음과 같다.

① 사형에 해당하는 범죄에는 25년 (1호)

② 무기징역 또는 무기금고에 해당하는 범죄에는 15년 (2호)

③ 장기 10년 이상의 징역 또는 금고에 해당하는 범죄에는 10년 (3호)

④ 장기 10년 미만의 징역 또는 금고에 해당하는 범죄에는 7년 (4호)

⑤ 장기 5년 미만의 징역 또는 금고에 해당하는 범죄에는 5년 (5호)

⑥ 벌금에 해당하는 범죄에는 5년 (5호)

⑦ 장기 10년 이상의 자격정지에 해당하는 범죄에는 5년 (5호)

⑧ 장기 5년 이상 10년 미만의 자격정지에 해당하는 범죄에는 3년 (6호)

⑨ 장기 5년 미만의 자격정지에 해당하는 범죄에는 1년 (7호)

⑩ 구류, 과료 또는 몰수에 해당하는 범죄에는 1년 (7호)

형소법 제249조는 사형에 해당하는 범죄의 공소시효를 25년으로 규정하고 있다(1호). 그러나 사람을 살해한 범죄(종범은 제외한다)로 사형에 해당하는 범죄에 대하여는 형소법 제253조의2에 따라 형소법 제249조가 적용되지 않는다(법253의2). 이러한 살인범죄의 경우에는 25년이 경과하더라도 공소시효가 완성되지 않는다.

공소가 제기된 범죄는 판결의 확정이 없이 공소를 제기한 때로부터 25년을 경과하면 공소시효가 완성된 것으로 간주된다(법249②). 이를 의제공소시효라고 한다. 의제공소시효는 우리 형사소송법에 특유한 것으로서 피고인의 소재불명 등 여러 가지 사유로 발생하는 소위 영구미제사건을 종결하려는 실무적 구상에서 마련된 장치이다(79도1520). 특별법에 의하여 공소시효 기간이 단축되는 경우가 있다. 「공직선거법」(동법268; 6개월), 「조세범 처벌법」(동법22; 7년) 등이 그 예이다.

(2) 공소시효의 변경과 공소시효 기준법령

공소시효 자체가 피고인에게 불리하게 변경되는 경우가 있다. 공소시효를 연장하는 내용으로 공소시효 조항을 개정하거나 공소시효 배제조항을 신설하는 경우가 그러하다. 이러한 경우에 신법을 적용하도록 하는 경과규정이 있으면 그에 따른다.

입법자가 공소시효를 정지·연장·배제하는 내용의 특례조항을 개정·신설하면서 소급적용에 관하여 명시적인 경과규정을 두지 아니한 경우가 있다. 이 경우에 개정·신설된 조항을 소급하여 적용할 수 있을 것인지 문제된다. 판례는 이 문제에 관하여 보편타당한 일반원칙이 존재하지 않는다는 입장이다. 적법절차원칙(헌법12①)과 소급금지원칙(헌법13① 전단)을 천명한 헌법 규정의 정신을 바탕으로 하여 법적 안정성과 신뢰보호원칙을 포함한 법치주의 이념을 훼손하지 아니하는 범위 내에서 신중히 판단해야 한다는 것이다(2015도1362).

판례에 따르면 「성폭력범죄의 처벌 등에 관한 특례법」상의 '공소시효 배제규정'은 공소시효가 피고인에게 불리하게 변경되는 경우이므로 피고인에게 유리한 종전 규정을 적용해야 한다(2015도1362). 이에 대해 「아동학대범죄의 처벌 등에 관한 특례법」상의 '공소시효 연장규정'(동법34①)은 완성되지 아니한 공소시효의 진행을 일정한 요건 아래에서 장래를 향하여 정지시키는 것으로서, 그 시행일 당시 범죄행위가 종료되었으나 아직 공소시효가 완성되지 아니한 아동학대범죄에 대하여 적용된다(2016도7273).

(3) 공소시효의 결정기준

공소시효의 기간은 선고형이 아니라 법정형을 기준으로 결정한다. 공소시효의 결정기준과 관련하여 문제되는 사항으로는 다음의 경우들이 있다.

두 개 이상의 형을 병과하거나 두 개 이상의 형에서 한 개를 과할 범죄에 대해서는 무거운 형에 의하여 공소시효기간을 결정한다(법250, 249). 이때 '두 개 이상의 형을 병과할 범죄'라 함은 구성요건상 2개 이상의 주형이 병과되는 범죄를 말한다. 또 '두 개 이상의 형에서 한 개를 과할 범죄'란 구성요건상 여러 개의 형이 선택적으로 규정되어 있는 범죄를 말한다.

형법에 의하여 형을 가중 또는 감경할 경우에는 가중 또는 감경하지 아니한 형에 의하여 공소시효의 기간을 산정한다(법251). 그러나 형법에 의하는 것이 아니라 특별법에 의하여 형이 가중·감경되는 경우에는 특별법상의 법정형을 기준으로 공소시효기간을 결정한다(72도2976). 교사범·방조범의 경우에는 정범의 법정형을 기준으로 삼는다.

법률의 변경에 의하여 법정형이 변경되는 경우가 있다. 범죄 후 법률의 개정에 의하여 법정형이 가벼워진 경우에는 형법 제1조 제2항에 의하여 당해 범죄사실에 적용될 가장 가벼운 법정형이 공소시효기간의 기준으로 된다(2008도4376). 공소제기 후 공소장변경(법298)이 행해진 경우에는 공소제기의 시점을 기준으로 판단하되 공소장변경으로 변경된 공소사실을 대상으로 공소시효완성 여부를 결정해야 한다(2024도8454 ☞ 593면).

(4) 공소시효의 계산방법

공소시효는 범죄행위가 종료한 때로부터 진행한다(법252①). 공소시효의 초일은 시간을 계산함이 없이 1일로 산정한다(법66① 단서). 공소시효기간의 말일이 공휴일 또는 토요일에 해당하더라도 그 날은 공소시효기간에 산입된다(동조③ 단서).

공소시효의 기산점은 범죄행위의 종료시점이다. 즉시범의 경우에는 범죄성립 즉시(2019도5925), 계속범의 경우에는 계속되던 법익침해행위가 종료하는 시점(2004도4751), 결과범의 경우에는 결과발생의 시점(96도1231)이 각각 기산점이 된다. 미수범은 실행행위를 종료하지 못하였거나 결과가 발생하지 아니하여 더 이상 범죄가 진행될 수 없는 때에 종료하고, 그때부터 미수범의 공소시효가 진행한다(2016도14820).

포괄일죄의 공소시효는 최종 범죄행위가 종료한 때로부터 진행한다(2010도16001). 과형상 일죄는 실체법상 수 개의 죄에 해당하므로 각 범죄사실 별로 공소시효를 결정해야 한다. 따라서 상상적 경합관계에 있는 수 개의 죄에 대해서는 각 죄마다 따로 공소시효를 따져보아야 한다(2006도6356). 실체적 경합관계에 있어서 과형상 수 개의 죄를 이루는 범죄들의 경우 각 죄마다 따로 공소시효를 결정해야 함은 물론이다.

공범의 경우에는 최종행위가 종료한 때로부터 전 공범에 대한 시효기간을 기산한다(법252②). 공범에 대한 특칙은 공범의 일률적 취급을 통해 처벌의 공평을 도모하고자 마련된 것이다. 이때 공범은 2명 이상이 가공하여 공동의 구성요건을 실현하는 공범관계에 있는 자를 가리키며, 공동정범, 교사범, 방조범을 모두 포함한다. 그러나 필요적 공범은 공소시효와 관련하여 '공범'에 포함되지 않는다(2012도4842). 친고죄에 적용되는 고소불가분의 원칙(법233)이 필요적 공범까지 '공범'에 포함시키는 것과 구별되는 부분이다.

양벌규정은 직접 위법행위를 한 자 이외에 그 사업주를 처벌하도록 하는 규정이다. 양벌규정 사안에서 직접 위법행위를 한 자연인에 대해서는 징역·금고의 형이, 사업주에 대해서는 벌금형이 법정형으로 규정되어 있는 경우가 많다. 헌법재판소는 사업주에 대한 공소시효를 벌금형을 기준으로 정해야 한다는 입장이다(2019헌마1135). 그러나 양벌규정에서 사업주에 대한 공소시효는 직접 행위자에 대한 법정형을 기준으로 하는 것이 논리적이라고 생각된다. 이는 특히 법인 또는 개인 사업주에게 단기의 공소시효(벌금; 공소시효 5년)가 적용될 경우 양벌규정의 실효성이 떨어진다는 점에서 더욱 그러하다.

특별법에 의하여 공소시효의 기산점이 연기되는 경우가 있다. 「성폭력범죄의 처벌 등에 관한 특례법」은 미성년자에 대한 성폭력범죄의 공소시효를 해당 성폭력범죄로 피해를 당한 미성년자가 성년에 달한 날부터 진행하도록 규정하고 있다(동법21①). 일정한 성폭력범죄의 경우에 디엔에이 증거 등 그 죄를 증명할 수 있는 과학적 증거가 있는 때에는 공소시효가 10년 연장된다(동조② 참조). 「아동학대범죄의 처벌 등에 관한 특례법」은 아동학대범죄의 공소시효를 해당 아동학대범죄의 피해아동이 성년에 달한 날부터 진행하도록 규정하고 있다(동법34①).

4. 공소시효의 정지

(1) 공소시효 정지사유

공소시효는 일정한 사유가 있을 때 그 진행을 일시 멈추게 된다. 이를 공소시효정지라고 한다. 우리 형사소송법은 지금까지 진행되었던 공소시효의 기간을 무효로 하고 새로이 시효기간의 진행을 요구하는 공소시효중단의 개념을 인정하고 있지 않다. 공소시효에 중단이 인정되지 않는 것은 형의 시효에 중단이 인정되는 것(형법80)과 대비된다.

공소시효는 공소의 제기로 진행이 정지된다(법253① 전단). 이때 공소제기는 반드시 유효하고 적법함을 요하지 않는다. 피고인의 신병이 확보되기 전에 공소가 먼저 제기되었다 하더라도 그러한 사정만으로 공소제기가 부적법한 것은 아니다. 일단 공소가 제기되면 형소법 제253조 제1항에 따라 공소시효의 진행이 정지된다(2016도15526). 검사의 불기소처분에 대하여 재정신청(법260①)이 있으면 고등법원의 재정결정이 확정될 때까지 공소시효의 진행이 정지된다(법262의4①).

범인(피의자)이 형사처분을 면할 목적으로 국외에 있는 경우 그 기간 동안 공소시효는 정지된다(법253③). 공소제기된 범인(피고인)이 형사처분을 면할 목적으로 국외에 있는 경우에도 그 기간 동안은 형소법 제249조 제2항(의제공소시효)에 따른 기간의 진행이 정지된다(법253④). '범인이 형사처분을 면할 목적으로 국외에 있는 경우'는 범인이 국내에서 범죄를 저지르고 형사처분을 면할 목적으로 국외로 도피한 경우에 한정되지 않는다. 범인이 국외에서 범죄를 저지르고 형사처분을 면할 목적으로 국외에서 체류를 계속하는 경우도 포함한다 (2015도5916, 2024도8683 ☞ 594면). 형사처분을 면할 목적은 국외체류의 유일한 목적으로 되는 것에 한정되지 않으며, 범인이 가지는 여러 국외체류 목적 중에 포함되어 있으면 족하다 (2013도9162, 2024도8683).

특별법에 의하여 공소시효가 정지되는 경우가 있다. 「소년법」(동법54), 「가정폭력범죄의 처벌 등에 관한 특례법」(동법17), 「성매매알선 등 행위의 처벌에 관한 법률」(동법17①), 「아동학대범죄의 처벌 등에 관한 특례법」(동법34②), 「조세범 처벌절차법」(동법16), 「관세법」(동법311③) 등은 그 예이다.

(2) 공소시효의 재개

단독범(갑)의 경우 공소제기에 의하여 진행이 정지되었던 공소시효는 단독범(갑)에 대한 공소기각 또는 관할위반의 재판이 확정된 때로부터 다시 진행된다(법253① 후단). 공소기각 판결, 공소기각결정, 관할위반판결의 경우에는 흠이 있는 부분을 보완하여 검사가 단독범 (갑)을 다시 기소할 수 있기 때문이다. 이에 반해 유죄판결, 무죄판결, 면소판결의 재판이 확정된 때에는 공소시효가 다시 진행되지 않는다. 이 경우에는 일사부재리의 효력(기판력) 이 발생하여 검사가 더 이상 단독범(갑)을 기소할 수 없기 때문이다.

(3) 공소시효정지와 공범 특칙

공소시효정지의 효력범위는 객관적 측면과 주관적 측면으로 나누어서 고찰해야 한다. 공소시효정지의 객관적 범위는 공소시효완성의 경우처럼 실체법상 범죄의 성질 및 죄수를 기준으로 결정해야 한다(전술 165면).

공소시효정지의 주관적 범위에 대해 형소법 제253조 제2항은 "공범의 1인에 대한 전항의 시효정지는 다른 공범자에게 대하여 효력이 미치고 당해 사건의 재판이 확정된 때로부터 진행한다."고 규정하여 공범에 관한 특칙을 정하고 있다. 공소시효와 관련한 공범은 2인 이상이 가공하여 공동의 구성요건을 실현하는 공범관계에 있는 자를 가리킨다. 공범에는 공동정범, 교사범, 방조범이 모두 포함된다. 필요적 공범인 대향범은 공소시효정지와 관련하여 '공범'에 포함되지 않는다(2012도4842). 이 점은 친고죄에 대한 고소불가분원칙(법233)에서 공범이 필요적 공범까지 포함하는 것과 대비된다.

공범자 갑과 을이 있을 때 갑에 대해서만 공소가 제기되고 을은 아직 기소되지 않았다고 해 보자. 공범 갑에 대해 공소가 제기되면 갑 사건의 공소시효가 정지된다(법253①). 이

때 공범자 갑에 대한 공소시효정지의 효력은 아직 기소되지 않은 다른 공범 을에 대하여도 효력이 미친다(동조② 전단). 기소되지 않은 공범 을에 대한 공소시효정지의 효력은 공범 갑에 대한 재판이 확정될 때까지 계속된다(동조② 후단). 이때 당해 공범 갑에 대한 재판은 종국재판을 의미하며 그 종류를 묻지 않는다.

갑에 대한 재판이 확정된 후 을이 기소된 사안을 생각해 본다. 이 사안에서 검사는 갑과 을이 공범관계에 있으며, 갑에 대한 재판기간 동안 을에 대한 공소시효가 정지되었다고 주장한다. 이에 대해 을은 갑과 공범관계에 있지 아니하여 공소시효가 정지되지 않았다고 주장한다. 이러한 사안에서 갑과 을이 공범관계에 있는지 여부는 현재 시효가 문제되어 있는 사건, 즉 나중에 기소된 을의 사건을 심판하는 법원이 판단한다(98도4621).

위의 공범 의심 사안에서 법원이 갑과 을이 구성요건에 해당하는 위법행위를 공동으로 하였다고 인정되기는 하나 예컨대 형사미성년자(형법9)임을 들어서 갑에게 책임조각을 이유로 무죄를 선고하였다고 해 보자. 이 때에는 갑과 을 사이에 공범관계가 인정된다. 따라서 이후 을이 기소되었다면 갑에 대한 무죄판결이 확정되기까지의 기간 동안은 을에 대한 공소시효가 진행되지 않는다(98도4621). 위의 공범 의심 사안에서 갑이 먼저 기소되었으나 법원이 범죄의 증명이 없다는 이유로 무죄판결을 선고하여 확정되었다고 해 보자. 이 경우에는 갑과 을을 공범관계에 있다고 할 수 없다. 이후 을이 진범으로 기소되었다면 갑에 대한 무죄의 확정판결은 을에 대해 공소시효정지의 효력을 발생시키지 않는다(98도4621).

5. 공소시효의 배제

공소시효의 적용이 배제되는 경우가 있다. 사람을 살해한 범죄(종범은 제외)로 사형에 해당하는 범죄에 대하여는 형소법 제249조부터 제253조까지에 규정된 공소시효를 적용하지 않는다(법253의2). 「성폭력범죄의 처벌 등에 관한 특례법」은 일정한 형태의 중한 성폭력범죄에 대해 공소시효를 배제하고 있다(동법21③ · ④). 「아동 · 청소년의 성보호에 관한 법률」은 일정한 형태의 아동 · 청소년대상 성범죄의 공소시효를 배제하고 있다(동법20③ · ④). 또한 「국제형사재판소 관할 범죄의 처벌 등에 관한 법률」은 이 법률이 정하는 집단살해죄 등에 대해 공소시효를 배제하고 있다(동법6).

6. 공소시효의 완성

공소시효는 (가) 공소의 제기 없이 공소시효기간이 경과한 경우(법249①), (나) 공소가 제기되었더라도 판결의 확정 없이 25년이 경과한 경우(동조②), 또는 (다) 공소제기된 후 공소기각 또는 관할위반의 재판이 확정된 때로부터 다시 공소시효가 진행하여 나머지 공소시효기간이 경과된 경우(법253① 후단)에 완성된다.

수사중인 피의사건에 대하여 공소시효가 완성되었으면 경찰공무원인 사법경찰관은 공소권 없음을 이유로 하는 불송치결정으로 수사절차를 종결한다(수사준칙51①ⅲ 다). 검사가 수사중인 피의사건에 대하여 공소시효가 완성되었으면 검사는 공소권 없음을 이유로 하는 불기소처분으로 수사절차를 종결한다(수사준칙52①ⅱ 라). 공소시효가 완성된 범죄사건에 대하여 공소가 제기되었으면 법원은 판결로써 면소의 선고를 하여야 한다(법326ⅲ). 면소판결에는 일사부재리의 효력(기판력)이 인정된다.

제3 공소권남용론

1. 공소권남용론의 의의

검사의 공소제기는 법률이 규정한 유효조건을 구비하여야 한다. 공소제기의 유효조건을 구비하지 못한 경우에 법원은 유죄(법321, 322) 또는 무죄(법325)의 실체판결에 들어가지 아니하고 면소판결(법326), 관할위반판결(법319), 공소기각판결(법327), 공소기각결정(법328①) 등 형식재판을 통하여 형사절차를 종결하게 된다. 이때 형식재판의 사유는 법률로써 유형적·정형적으로 규정되어 있다.

그런데 법률이 정형적으로 규정한 것 이외의 사유를 공소제기의 유효조건으로 설정하고 그 조건이 구비되지 않을 경우에 이를 공소권의 남용으로 파악하여 형사절차를 형식재판으로 종결하려는 이론적 시도가 있는데, 이를 공소권남용론이라고 한다. 이 이론에 따르면 공소권의 남용은 공소권의 행사가 형식적으로는 적법하나 실질적으로 부당한 경우를 의미하게 된다. 판례는 공소권남용론을 긍정하고 있다(2001도3106).

2. 공소권남용의 유형

(1) 위법수사 후의 기소

검사가 공소제기의 권한을 남용하는 사례군으로 (가) 함정수사 등 수사절차에 중대한 위법이 있음에도 기소하는 경우, (나) 범죄의 객관적 혐의가 충분하지 않음에도 불구하고 기소하는 경우, (다) 피의사건의 성질, 내용 등에 비추어 볼 때 기소유예처분을 함이 상당함에도 불구하고 기소하는 경우, (라) 죄질과 범죄의 정상이 극히 유사한 여러 사람들이 있는 경우에 유독 일부 사람만을 선별하여 기소하는 경우, (마) 누락된 잔여사건을 뒤늦게 기소하는 경우 등이 거론되고 있다.

그런데 이상의 다섯 가지 문제유형 가운데 중대한 위법수사 후의 공소제기는 공소권남용의 이론에 의하기보다는 위법수집증거배제법칙(법308의2)을 매개로 위법수집증거를 배제한 가운데 유죄 · 무죄의 실체판결로 해결하는 것이 타당하다고 본다. 다만 위법수사의 유형 가운데 함정수사 문제는 별도로 함정수사의 법리에 의하여 해결해야 한다. 판례는 함정수사의 위법이 개입된 공소제기에 대해 공소기각판결로 대처하고 있다(2005도1247)(전술 42면). 아래에서는 공소권남용이 문제되는 나머지 경우에 대하여 검토해 보기로 한다.

(2) 무혐의사건과 공소권남용

범죄의 객관적 혐의가 충분하지 않음에도 불구하고 검사가 공소를 제기한 경우에 공소권남용을 긍정할 것인가 하는 문제가 있다. 이에 대해서는 공소권남용에 대한 제재방법의 강도에 따라 (가) 무죄판결설, (나) 면소판결설, (다) 공소기각판결설, (라) 공소기각결정설 등을 생각해 볼 수 있다. 피고인을 무용한 형사절차의 진행으로부터 조기에 해방시키는 것은 피고인보호를 위하여 요구되는 예단배제의 요청이나 공소장일본주의에 저촉되지 않는다는 점 등에 비추어 볼 때 무혐의사건에 대한 공소제기의 통제는 공소기각판결(법327 ii)에 의하는 것이 타당하다고 본다.

(3) 소추재량권의 남용

피의사건의 성질이나 내용 등에 비추어 볼 때 기소유예를 함이 타당함에도 불구하고 검사가 공소를 제기한 경우에 이를 공소권남용으로 볼 수 있는가 하는 문제가 있다. 검사의 소추재량은 그 스스로 내재적인 한계를 가진다. 검사가 자의적으로 공소권을 행사하여 피고인에게 실질적인 불이익을 가함으로써 소추재량을 현저히 일탈하였다고 판단되는 경우에는 이를 공소권의 남용으로 보아 그 공소제기의 효력을 부인할 수 있다(2016도5423).

기소유예되었던 종전 사건의 피의사실과 현재 기소된 사건의 공소사실 사이에 기소유예 처분을 번복하고 공소를 제기해야 할 만한 의미 있는 사정변경이 없음에도 불구하고 검사가 현재 사건을 기소하였다면, 현재 사건에 대한 기소는 소추재량권을 현저히 일탈한 경우에 해당하며, 이 부분 공소는 공소제기의 절차가 법률의 규정를 위반하여 무효이다(법327 ii)(2016도14772).

(4) 선별기소와 공소권남용

범죄의 성질과 내용이 비슷한 다수의 피의자들 가운데 일부의 사람만을 선별하여 본보기로 기소하고 다른 사람들에 대하여는 수사에 착수하지 않거나 또는 기소유예로 수사를 종결하는 것을 선별기소라고 한다. 선별기소의 문제에 대해서는 실체판결설과 공소기각판결설이 제시되고 있다. 판례는 실체판결설을 취하고 있는 것으로 생각된다(2003도5519). 생각건대 검사의 자의적인 선별기소는 헌법이 규정한 평등원칙(헌법11①)에 위반한 공소권의 행사로서 형소법 제327조 제2호에 입각한 공소기각판결의 대상이 된다고 볼 것이다.

(5) 누락사건의 기소와 공소권남용

항소심판결이 선고되면 관련사건에 대한 사실심리가 더 이상 허용되지 않는다. 이와 관련하여 항소심판결이 선고된 시점 이후에 누락사건을 검사가 기소하는 것이 허용되는가 하는 문제가 있다. 이 문제에 대해 판례는 검사가 자의적으로 공소권을 행사하여 피고인에게 실질적인 불이익을 줌으로써 소추재량권을 현저히 일탈하였다고 보여지는 경우에 이를 공소권의 남용으로 보아 공소제기의 효력을 부인할 수 있다고 판단하면서, 이 경우 '자의적인 공소권의 행사'라 함은 단순히 직무상의 과실에 의한 것만으로는 부족하고 적어도 미필적이나마 어떤 의도가 있어야 한다는 기준을 제시하였다(99도577).

제2절 공소제기의 방식

제1 공소장제출의 의의

1. 공소장의 제출

공소제기는 검사가 법원에 대하여 범죄사건의 심판을 구하는 소송행위이다. 검사가 공소를 제기할 때에는 공소장을 관할법원에 제출하여야 한다(법254①). 검사는 자신이 수사를 개시한 범죄에 대하여는 공소를 제기할 수 없다. 다만, 사법경찰관이 송치한 범죄에 대하여는 그러하지 아니하다(검찰청법4② 본문·단서). 검사로부터 공소제기를 받은 법원을 수소법원이라고 한다. 검사가 작성하는 공소장은 '공무원이 작성하는 서류'에 속하므로 공소장에는 검사의 기명날인 또는 서명이 있어야 한다(2015도3682).

검사가 관할법원에 공소장을 제출하는 경우에 공소장에는 피고인 수에 상응한 부본을 첨부하여야 한다(법254②). 부본은 법원 이외의 소송당사자가 법원에 제출하는 문서의 사본이다. 공소장 부본은 피고인의 방어준비를 위한 출발점을 이루는 것으로서 나중에 수소법원을 통하여 피고인 또는 변호인에게 송달된다(법266). 공소장에는 사건에 관하여 법원에 예단이 생기게 할 수 있는 서류 기타 물건을 첨부하거나 그 내용을 인용하여서는 안 된다(규칙118②). 이를 가리켜서 공소장일본주의라고 한다.

2. 공소제기와 서면주의

공소제기는 공소장에 의하여야 한다(법254①). 공소장에는 검사의 법원에 대한 심판청구의 의사표시가 직접 표시되어 있다. 공소제기는 서면에 의한 소송행위이다. 구두, 전보, 팩시밀리, CD 등 정보저장매체(2015도3682)에 의한 공소제기는 허용되지 않는다. 서면인 공소장의 제출 없이 공소를 제기한 경우에는 공소제기에 요구되는 소송법상의 정형을 갖추었다고 할 수 없어 소송행위로서의 공소제기가 성립되었다고 볼 수 없다(2015도3682). 소송행위가 성립하지 않으면 법원은 아무런 판단을 내리지 않는다. 판단대상이 없기 때문이다.

검사가 공소장변경신청서로 공소장을 갈음하는 것은 허용되지 않는다. 공소장변경신청서 제출이라는 서면행위가 있으면 일단 공소제기라는 소송행위는 성립한 것으로 볼 수 있다. 그러나 그 공소제기에는 공소제기의 절차가 법률의 규정을 위반하여 무효일 때라고 볼 정도(법327ⅱ)의 현저한 방식위반이 있다. 이 경우 법원은 공소기각판결(법327ⅱ)을 선고해야 한다(2008도11813).

제2 공소장의 기재사항

1. 필요적 기재사항

(1) 피고인을 특정할 수 있는 사항

공소장에는 피고인의 성명 기타 피고인을 특정할 수 있는 사항을 기재하여야 한다(법254③ⅰ). 피고인을 특정할 수 있는 기타 방법으로는 피고인의 인상이나 체격을 묘사하거나 사진을 첨부하는 방안을 생각할 수 있다. 피고인의 특정과 관련하여 성명모용(姓名冒用)이 문제된다. 성명모용이란 수사기관에 의하여 조사를 받는 피의자(갑)가 자신의 진실한 인적 사항을 은폐하기 위하여 다른 사람(을)의 인적 사항을 함부로 사용하는 경우를 말한다. 성명모용의 경우 원래 검사가 법원에 대하여 심판을 청구한 상대방은 피의자(갑)이지만 공소장에는 다른 사람(을)으로 표시되어 있기 때문에 아직 피고인이 특정되었다고 할 수 없다(후술 181면).

(2) 죄 명

공소장에는 죄명을 기재하여야 한다(법254③ii). 죄명이란 범죄의 유형적 성질을 나타내는 명칭을 말한다. 죄명의 기재는 적용법조의 기재와 함께 심판대상을 법률적으로 구성하는 데 중요한 역할을 한다.

(3) 공소사실

공소장에는 공소사실을 기재하여야 한다(법254③iii). 공소사실이란 법원에 대하여 검사가 심판을 청구한 사실로서 공소장에 기재된 범죄사실을 말한다. 공소사실은 범죄의 특별 구성요건을 충족하는 구체적 사실이다. 실무상 공소사실은 과거의 특정 시점에 발생하였던 범죄사실 부분과 그 범죄사실을 구성요건적으로 압축정리한 부분으로 이루어진다. 공소사실은 법원의 심판대상을 결정하기 위한 출발점으로서 중요한 의미를 갖는다.

공소사실의 기재는 범죄의 시일, 장소와 방법을 명시하여 사실을 특정할 수 있도록 하여야 한다(법254④). 이러한 요청을 가리켜서 공소사실의 특정성 요건이라고 한다. 공소사실의 특정은 (가) 심판의 대상을 한정함으로써 심판의 능률과 신속을 꾀함과 동시에 (나) 방어의 범위를 특정하여 피고인의 방어권 행사를 쉽게 해 주기 위한 것이다. 그러므로 검사로서는 일시·장소·방법의 세 가지 특정요소를 종합하여 다른 사실과의 식별이 가능하도록 범죄 구성요건에 해당하는 구체적 사실을 기재하여야 한다(2015도17674).

공소사실의 특정과 관련하여 (가) 범죄의 시일은 이중기소나 시효에 저촉되지 않는 정도의 기재를 요하고, (나) 장소는 토지관할을 가늠할 수 있는 정도의 기재를 요하며, (다) 방법은 범죄의 구성요건을 밝히는 정도의 기재를 요한다. 일시·장소·방법의 세 가지 특정 요소를 종합하여 범죄구성요건에 해당하는 구체적 사실을 다른 사실과 구별할 수 있는 정도로 기재하면 공소사실의 특정성을 인정할 수 있다(97도1211).

공소사실의 특정은 서면행위인 공소제기의 핵심적 요소로서 공소제기의 유효조건 가운데 하나로 파악된다. 공소사실이 특정되지 아니한 부분이 있다면 법원은 먼저 검사에게 석명을 구하여 특정을 요구해야 한다(2019도10086). 석명 요구에도 불구하고 검사가 공소사실을 특정하지 않는다면 그 부분에 대해 법원은 공소제기의 절차가 법률의 규정을 위반하여 무효일 때(법327ii)에 해당하여 공소기각판결로 형사절차를 종결해야 한다(2019도10086).

(4) 적용법조

공소장에는 적용법조를 기재하여야 한다(법254③iv). 적용법조는 범죄사실에 적용하게 될 구체적 형벌법규를 말한다. 공소장에 적용법조를 기재하는 것은 공소사실의 법률적 평가를 명확히 하여 공소의 범위를 확정하는 데 보조기능을 하게 하기 위함이다(2015도12372). 적용법조는 피고인의 방어권행사에 있어서 법률적 분석의 출발점이 된다. 검사가 기재한 적용법조가 공소사실과 불가분의 관계에 있는 경우가 있다. 이러한 경우에 공소장 변경절차를 밟지 않고 수소법원이 직권으로 적용법조를 바꾸어서 판단하는 것은 불고불리의 원칙에 따라 허용되지 않는다(2010도12950). 이에 대해 검사가 기재한 적용법조가 공소사실에 대해 부수적·보조적 관계에 있는 경우가 있다. 이 경우 수소법원은 검사가 공소장에 기재한 적용법조에 구속되지 않는다(2018도3443).

2. 임의적 기재사항

공소장에는 수 개의 범죄사실과 적용법조를 예비적 또는 택일적으로 기재할 수 있다(법254⑤). 공소장의 예비적·택일적 기재 문제는 주로 범죄사실의 예비적·택일적 기재라는 형태로 나타나게 된다. 범죄사실의 예비적 기재는 수 개의 범죄사실에 심판의 우선순위를 부여하여 선순위의 범죄사실이 인정되지 않으면 후순위 범죄사실의 심판을 구한다는 공소장의 기재방식이다. 이때 선순위의 범죄사실을 주위적 공소사실이라 하고 후순위의 범죄사실을 예비적 공소사실이라고 한다. 이에 반하여 범죄사실의 택일적 기재는 수 개의 범죄사실을 기재하면서 심판을 구하는 우선순위를 정하지 않고 단지 그 가운데 어느 범죄사실이라도 하나만 인정되면 충분하다는 취지를 기재하는 공소장의 기재방식이다. 공소장에 기재할 범죄사실과 적용법조의 예비적·택일적 기재를 어디까지 허용할 것인지가 문제된다. 범죄사실의 단일성(후술 184면) 범위를 넘어설 수 있는 것인지를 놓고 예비적·택일적 기재의 존재의의와 관련하여 소극설과 적극설이 대립하고 있다. 판례는 적극설을 취하고 있다(65도114).

공소장에 범죄사실이 예비적·택일적으로 기재되면 법원은 공소장에 기재된 모든 범죄사실에 대하여 심판할 권한과 의무를 가지게 된다. 예비적 기재의 경우에 주위적 범죄사실은 물론이고 예비적 범죄사실도 심판대상이 되며, 택일적 기재의 경우에는 모든 택일적 범죄사실들이 심판대상으로 된다(2006도1146). 범죄사실이 공소장에 예비적으로 기재되면 법원은 검사가 지정한 우선순위에 따라 심리와 판단을 행할 의무를 진다. 따라서 법원이 주위적 범죄사실을 판단하지 아니하고 예비적 범죄사실에 대하여 유죄판결을 하는 것은 위법하다. 이에 반하여 택일적 기재의 경우에는 법원의 심판순서에 제한이 없기 때문에 택일적으로 기재된 범죄사실 가운데 어느 것을 먼저 심판하더라도 상관이 없다.

제3 공소장일본주의

1. 공소장일본주의의 의의

검사는 공소를 제기함에 있어서 반드시 공소장을 관할법원에 제출해야 한다(법254①). 이때 공소장에는 형사소송규칙이 정한 일정한 서류 이외에 사건에 관하여 법원에 예단이 생기게 할 수 있는 서류 기타 물건을 첨부하거나 그 내용을 인용하여서는 안 된다(규칙118②). 이와 같이 공소제기에 있어서 공소장 하나만을 제출하도록 하고 법원에 예단이 생기게 할 수 있는 기타 서류·물건의 제출이나 그 내용의 인용을 금지하는 원칙을 가리켜서 공소장일본주의라고 한다.

공소장일본주의는 무죄추정과 예단배제의 원칙, 당사자주의와 공판중심주의, 직접심리주의와 증거재판주의 등 형사절차의 기본원칙을 공소제기 단계에서부터 실현할 것을 목적으로 하는 제도적 장치로서 우리나라 형사소송구조의 한 축을 이루고 있다(2009도7436).

2. 공소장일본주의의 내용

공소장에는 형사소송규칙이 허용하는 서류 이외에는 사건에 예단이 생기게 할 수 있는 서류 기타 물건을 첨부하여서는 안 된다(규칙118②). '사건에 관하여 예단이 생기게 할 수 있는 서류 또는 물건'이란 수소법원이 범죄사실에 대한 실체판단에 들어가기에 앞서서 법관의 심증형성에 영향을 미칠 수 있는 서류 또는 물건을 말한다. 따라서 검사가 수사기록과 증거물의 전부 또는 발췌된 일부를 공소장과 함께 법원에 제출하는 행위는 허용되지 않는다. 그러나 사건에 예단을 줄 염려가 없는 서류나 물건은 첨부가 가능하다. 형사소송규칙은 변호인선임서, 보조인신고서, 특별대리인선임결정등본, 체포영장, 긴급체포서, 구속영장과 기타 구속에 관한 서류를 첨부금지의 예외로 인정하고 있다(규칙118①).

공소장에는 형사소송규칙이 허용하는 서류 이외에는 사건에 예단이 생기게 할 수 있는 서류 기타 물건의 내용을 인용(引用)하여서는 안 된다(규칙118②). 다만 문서를 수단으로 하는 협박죄, 명예훼손죄 등의 경우에 협박문서나 명예훼손문서의 내용을 인용하는 것은 이러한 범죄의 특성상 공소사실의 특정을 위하여 예외적으로 허용된다.

형사소송규칙은 공소장일본주의를 규정하면서 예단이 생기게 할 수 있는 서류나 물건의 첨부금지 및 인용금지만을 명시하고 있다. 수소법원의 예단배제를 담보하려는 공소장일본주의의 취지에 비추어 볼 때 범죄사실 이외에 피고인에게 불리한 사실의 기재도 엄격히

금지되어야 한다. 공소사실과 관련이 있다는 이유로 범죄 전력을 공소사실의 첫머리 사실로서 불필요하게 길고 장황하게 나열하는 것은 공소장일본주의에 위배되어 위법하다(2020도12017). 다만, 공소장에 기재된 첫머리 사실이 공소사실의 범의나 공모관계, 공소범행에 이르게 된 동기나 경위 등을 명확히 나타내기 위하여 적시한 것으로 보이는 때에는 공소제기의 방식이 공소장일본주의에 위배되어 위법하다고 할 수 없다(2014도15129).

3. 공소장일본주의 위반에 대한 법적 효과

공소장일본주의에 위반된 공소제기라고 인정되는 때에는 공소제기의 절차가 법률의 규정을 위반하여 무효일 때에 해당하는 것으로 보아 수소법원은 공소기각판결을 선고하는 것이 원칙이다(법327 ii)(2009도7436). 공소기각판결이 선고되면 검사는 문제된 흠을 보정하여 다시 공소 제기 여부를 결정해야 한다.

공소제기가 공소장일본주의에 위반하여 공소기각판결의 대상이 되는 경우에 그 위법이 치유될 수 있는가 하는 문제가 있다. 판례는 (가) 공소장 기재의 방식에 관하여 피고인 측으로부터 아무런 이의가 제기되지 아니하였고, (나) 법원 역시 범죄사실의 실체를 파악하는 데 지장이 없다고 판단하여 그대로 공판절차를 진행한 결과, (다) 증거조사절차가 마무리되어 법관의 심증형성이 이루어진 단계에 이르면, (라) 소송절차의 동적 안정성 및 소송경제의 이념 등에 비추어 더 이상 공소장일본주의 위반을 주장하여 이미 진행된 소송절차의 효력을 다툴 수는 없다는 입장을 취하고 있다(2009도7436).

4. 공소장일본주의의 적용배제

공소장일본주의는 법원이 백지상태로 공판절차에 임하여 범죄사실의 실체를 파악하도록 함을 목적으로 한다. 공소장일본주의는 공소제기의 방식에 관한 원칙이다. 따라서 공소제기 이후의 단계에서 행해지는 각종 절차의 개시에는 공소장일본주의가 적용되지 않는다. 예컨대 공판절차갱신 후의 절차, 상소심의 절차, 파기환송 후의 절차 등을 개시함에는 공소장일본주의에 구애되지 않고 각종 서류나 물건의 첨부 또는 내용의 인용이 가능하다.

공판절차가 아닌 약식절차에 의하여 피고사건을 재판하는 경우에는 공소장일본주의가 적용되지 않는다. 약식절차에 공소장일본주의의 예외가 인정되는 것은 약식절차가 수사기록과 증거물에 의한 서면심리의 방식으로 형사사건을 신속하게 처리하기 위하여 마련된 특별절차이기 때문이다(2007도3906). 「즉결심판에 관한 절차법」은 즉결심판의 청구와 동시에 판사에게 증거서류 및 증거물을 제출하도록 하고 있다(동법4). 범증이 명백하고 죄질이 경미한 범죄사건을 신속·적정하게 심판하려는 입법적 고려에서 공소장일본주의가 배제되도록 한 것이다(2008도7375).

제3절 공소제기의 효과

제1 공소제기의 소송법적 효과

1. 소송계속과 이중기소금지

공소제기에 의하여 형사절차는 이제 법원, 검사, 피고인의 삼 주체가 등장하는 본격적인 소송의 형태를 취하게 된다. 공소제기는 법원, 검사, 피고인의 삼 주체에 대하여 소송계속의 효과를 비롯하여 여러 가지 소송법적 효과를 발생시킨다.

검사의 공소제기에 의하여 법원은 피고사건에 대한 심리와 재판을 행할 권한과 의무를 가지게 된다. 피고사건이 수소법원의 심리와 재판의 대상이 되는 상태를 가리켜 소송계속(訴訟繫屬)이라고 한다. 공소제기에 의하여 소송계속이 발생하면 기소된 피고사건에 대해 수소법원은 검사의 의견에 구속되지 않고 독자적인 판단에 의하여 심리와 재판을 진행하게 된다.

검사는 일단 공소가 제기된 사건에 대하여 다시 공소를 제기할 수 없다. 공소가 제기된 사건에 대하여 다시 공소가 제기되었을 때에는 공소기각판결(법327 iii)이나 공소기각결정(법328① iii)으로써 후소(後訴)의 절차를 종결해야 한다. 소송계속의 이러한 효과를 가리켜 이중기소금지라고 한다. 이중기소는 동일한 수소법원에 대하여 행해지는 경우와 서로 다른 법원에 대하여 행해지는 경우가 있다.

동일한 사건에 대해 동일한 법원에 이중기소가 행해지면 공소가 제기된 사건에 대하여 다시 공소가 제기된 때로 보아 수소법원은 후소에 대해 공소기각판결을 내려야 한다(법327 iii). 이중기소에 대해 공소기각판결을 하도록 한 것은 동일사건에 대하여 피고인으로 하여금 이중처벌의 위험을 받지 않게 하고 법원이 두 개의 실체판결을 하지 않도록 하기 위함이다(2007도2595).

서로 다른 법원 사이에 동일한 사건에 대해 이중기소가 이루어지는 경우가 있다. 이러한 경우에는 사물관할의 경중에 따라서 처리해야 한다. 동일사건이 사물관할을 달리하는 수 개의 법원에 소송계속이 된 때에는 법원합의부가 심판하며(법12), 심판할 수 없게 된

다른 법원은 공소기각결정으로 절차를 종결해야 한다(법328① ⅲ). 같은 사건이 사물관할이 같은 여러 개의 법원에 소송계속이 된 때에는 먼저 공소를 받은 법원이 심판한다(법13 본문). 다만, 각 법원에 공통되는 바로 위의 상급법원은 검사나 피고인의 신청에 의하여 결정으로 뒤에 공소를 받은 법원으로 하여금 심판하게 할 수 있다(동조 단서). 이상의 경우에 심판할 수 없게 된 다른 법원은 공소기각결정으로 절차를 종결해야 한다(법328① ⅲ).

2. 심판대상의 확정 등

(1) 심판대상의 확정

공소제기는 수소법원에 소송계속을 발생시키지만 그 밖에도 여러 가지 효과를 발생시킨다. 공소제기는 법원의 심판대상을 확정하는 효력을 갖는다. 검사의 공소제기에 의하여 심판의 대상이 되는 피고인과 범죄사실이 확정된다. 공소의 효력은 검사가 피고인으로 지정한 자에게만 미치며(법248①), 범죄사실의 일부에 대한 공소의 효력은 범죄사실 전부에 미친다(동조②).

(2) 공소시효의 정지

공소제기는 공소시효의 진행을 정지시키는 효력이 있다(법253① 전단). 이때 공소시효의 진행을 정지시키기 위하여 공소제기가 반드시 유효조건의 전부를 구비할 필요는 없다. 진행이 정지된 공소시효는 공소기각 또는 관할위반의 재판이 확정된 때로부터 다시 진행된다(동항 후단).

(3) 절차주재권의 이전

공소제기는 형사절차의 주재권을 검사로부터 법원으로 이전시키는 효력이 있다. 공소가 제기된 후에는 그 사건에 관한 형사절차의 모든 권한이 사건을 주재하는 수소법원에 속하게 된다(2018도2236). 먼저, 법원은 피고인의 신체구속을 비롯하여 압수·수색·검증 등 강제처분권의 행사와 압수물환부의 주체가 된다. 다만 체포·구속적부심사가 청구된 후에 피의자에 대해 공소제기 있은 경우에는 체포·구속적부심사청구를 받은 법원이 피고인에 대한 체포·구속의 적부(適否) 여부를 결정한다(법214의2④ 2문). 다음으로, 법원은 피고사건의 절차적 진행에 대해 전적인 권한을 가지며 아울러 책임을 진다. 나아가 법원은 법령적용에 있어서 원칙적으로 검사 및 피고인의 주장에 구애되지 않고 독자적인 판단하에 재판을 하게 된다. 다만 피고인보호를 위하여 적용법조의 변경에 공소장변경절차(법298)가 요구될 수 있다.

(4) 피고인 지위의 발생

검사의 공소제기에 의하여 피의자의 법적 지위는 피고인으로 변화된다. 공소가 제기된 후에는 수사의 대상이던 피의자는 검사와 대등한 당사자인 피고인의 지위에서 방어권을 행사하게 된다(2018도2236). 피고인은 피의자에 비하여 유죄판결의 가능성이 한층 높아진 사람이므로 그만큼 더 강력한 법적 보호가 제공된다. 이 때문에 헌법은 형사피고인의 기본권으로 국선변호인의 조력을 받을 권리(헌법12④ 단서), 무죄추정의 권리(헌법27④), 지체 없이 공개재판을 받을 권리(헌법27③ 2문) 등을 특별히 명시하고 있다. 그 밖에도 피고인은 법원과 검사에 대하여 소송주체로서 각종 소송행위를 할 수 있는 권리를 가진다. 한편 피고인은 법원의 절차진행에 협력해야 할 의무를 지게 된다.

제 2 공소제기 후의 수사제한

1. 문제의 소재

경찰공무원인 사법경찰관과 검사를 주재자로 하여 진행되어 오던 수사절차는 검사의 공소제기로 인하여 일단 종료된다. 공소제기 이후의 시점부터 피고사건에 대한 실체규명은 수소법원의 권한임과 동시에 의무가 된다. 그런데 공소제기 이후의 시점에서도 수사기관이 범죄사실의 진상규명 및 증거확보를 위하여 수사를 하는 경우가 있다. 이를 허용할 것인지 문제된다.

공소제기 후의 수사를 무제한으로 허용하게 되면 소송계속으로 인하여 발생한 수소법원의 심판권이 형해화할 우려가 있으며, 검사와 대등한 위치에서 소송주체로서 방어권을 행사해야 할 피고인이 수사의 객체로 전락할 염려가 있다. 따라서 공소제기 후의 수사는 제한된 범위에서 극히 예외적으로 허용되지 않으면 안 된다.

2. 공소제기 후 수사의 허용범위

(1) 강제수사의 경우

공소제기 후에 수사기관이 피고인을 체포·구속하거나 압수·수색·검증 등의 강제처분을 행하는 것은 원칙적으로 허용되지 않는다. 공소제기 후 행하는 피고인의 구속은 수소법원의 독자적 판단에 의하며(법70①) 검사의 신청을 기다리지 않는다(96모46). 일단 공소가 제기된 후에는 그 피고사건에 관하여 수사기관으로서는 형소법 제215조에 의한 압수·수색을 할 수 없다(2009도10412). 검사가 공소제기 후 형소법 제215조에 따라 수소법원 이외의 지방법원판사에게 청구하여 발부받은 영장에 의하여 압수·수색을 하였다면, 그와 같이 수집된 증거는 기본적 인권 보장을 위해 마련된 적법한 절차에 따르지 않은 것으로서 유죄의 증거로 삼을 수 없다(2009도10412). 공소제기 후 수사기관이 임의제출물의 압수(법218)를 할 수 있는지 문제된다. 형사소송법은 공소제기 전의 임의제출물 압수(법218)와 공소제기 후의 임의제출물 압수(법108)를 명확히 구별하고 있다. 공소제기 후에는 수사기관이 임의제출 형태의 압수를 할 수 없다고 생각된다.

공소제기 후에도 수사기관에 의한 압수·수색·검증이 예외적으로 허용되는 경우가 있다. 공소제기 후 수소법원이 발부한 피고인에 대한 구속영장을 집행할 때 검사 또는 사법경찰관은 구속 현장에서 압수·수색·검증을 할 수 있다(법216②).

(2) 임의수사의 경우

검사 또는 사법경찰관은 공소제기 후일지라도 임의수사는 기본적으로 할 수 있다. 임의수사는 상대방의 의사에 반하거나 기본적 인권을 침해하는 조사활동이 아니기 때문이다. 그러나 일단 공소가 제기된 이상 임의수사라고 해서 무제한으로 허용될 수는 없다.

공소제기 후 수사기관이 피고인을 공판정 이외의 장소에서 신문할 수 있겠는가 하는 문제가 있다. 판례는 피고인의 신문을 허용하는 입장이다(84도1646). 그러나 수사기관이 피고인을 피의자로 신문하면서 미리 진술거부권을 고지하지 않은 때에는 그 진술은 위법하게 수집된 증거로서 진술의 임의성이 인정되는 경우라도 증거능력이 부인된다(2008도8213).

참고인조사(법221① 1문)는 임의수사이므로 일단 공소제기 후에도 허용된다고 본다. 그러나 피고인에게 유리한 증언을 한 증인을 수사기관이 법정 외에서 다시 참고인으로 조사하여 공판정에서의 진술을 번복하게 하는 것은 수사의 공정성과 공판절차의 소송적 구조를 파괴하는 것으로 허용되지 않는다. 따라서 이 경우 작성된 참고인진술조서는 피고인이 증거로 할 수 있음에 동의하지 않는 한 증거능력이 없다(99도1108). 참고인이 스스로 작성한 진술서의 경우도 마찬가지이다(2012도534). 검사가 공판준비 또는 공판기일에서 이미 증언을 마친 증인에게 수사기관에 출석할 것을 요구하여 그 증인을 상대로 위증의 혐의를 조사한 내용을 담은 피의자신문조서도 증거능력이 부정된다(2012도13665).

검사가 공판기일에 증인으로 신청하여 신문할 사람을 특별한 사정 없이 미리 수사기관에 소환하여 면담하는 절차를 거친 후에 증인이 법정에서 피고인에게 불리한 내용의 진술을 하는 경우가 있다. 이러한 경우 검사가 증인신문 전 면담 과정에서 증인에 대한 회유나 압박, 답변 유도나 암시 등으로 증인의 법정진술에 영향을 미치지 않았다는 점이 담보되어야 증인의 법정진술을 신빙할 수 있다. 증인에 대한 회유나 압박 등이 없었다는 사정은 검사가 증명해야 한다(2020도15891).

검사 또는 사법경찰관은 공판절차의 소송적 구조를 파괴하지 않는 한도 내에서 그 밖의 임의수사를 행할 수 있다. 그러므로 감정·통역·번역의 위촉(법221②), 공무소 등에의 조회 (법199②), 승낙에 의한 수색이나 검증은 허용된다. 그러나 강제처분에 해당하는 감정유치(법 221의3)나 감정처분(법221의4)은 허용되지 않는다.

제3 공소제기의 주관적 효력범위

1. 공소제기와 심판대상

검사의 공소제기는 법원의 심판대상을 획정한다는 점에서 극히 중요한 의미를 가지고 있다. 법원은 검사가 공소를 제기한 피고인과 범죄사실에 대해서만 심판을 할 수 있고, 검사의 공소제기가 없는 사건에 대해서는 심판할 수 없다. 이를 불고불리의 원칙이라고 한다. 불고불리의 원칙은 탄핵주의 형사절차의 기본적 특징을 이룬다(전술 160면).

검사의 공소제기는 기소되지 아니한 사람에 대하여 수소법원이 심판을 행할 수 없다는 소극적 의미를 넘어서서(법248①), 앞으로 진행될 형사절차와 관련하여 심판의 객체를 결정짓는다는 적극적 의미를 갖는다(동조②). 피고인이 1명이고 범죄사실이 1개일 때 하나의 피고사건을 이룬다. 이를 피고사건의 단일성이라고 한다. 검사의 공소제기에 의하여 획정되는 심판의 대상은 피고인을 중심으로 하는 주관적 효력범위와 범죄사실을 중심으로 하는 객관적 효력범위로 나누어 볼 수 있다.

2. 공소제기의 주관적 효력범위

(1) 피고인의 특정 및 불특정의 효과

공소의 효력은 검사가 피고인으로 지정한 자에게만 미친다(법248①). 따라서 법원은 검사가 공소장에 성명과 기타 사항을 기재하여 특정한 피고인(법254③ⅰ)만을 심판할 수 있고 그 밖의 사람에 대해서는 심판할 수 없다. 피고인은 공소장에 특정되어야 한다. 피고인이 특정되지 않으면 법원은 실체심리에 들어갈 수 없다. 법원은 피고인이 특정되지 아니한 경우에 무죄판결(법325 전단)을 선고해서는 안 된다. 피고인표시정정 등의 절차에 의하여 피고인의 특정이 이루어지지 않으면 법원은 공소기각판결(법327ⅱ)을 선고해야 한다(92도2554).

(2) 피고인 여부의 판단기준

공소의 효력은 검사가 피고인으로 지정한 자에게만 미친다(법248①), '검사가 피고인으로 지정한 자'란 검사가 성명과 기타 사항으로 특정하여 공소장에 기재한 사람을 말한다(법254③ i). 그런데 경우에 따라 공소장에 기재된 피고인과 현실적으로 법원의 심판을 받는 사람이 일치하지 않는 경우가 있다. 소위 성명모용이나 위장출석이 그 예이다.

성명모용이란 예컨대 피의자 갑이 수사기관의 수사를 받으면서 을의 성명을 함부로 사용하였기 때문에 검사가 공소장에 을을 피고인으로 기재한 경우이다. 이에 대하여 위장출석은 검사가 공소장에 갑을 피고인으로 기재하였으나 실제 공판기일에는 을이 출석한 다음 마치 자신이 갑인 것처럼 행세하여 법원의 재판을 받는 경우를 말한다.

성명모용이나 위장출석과 같이 공소장에 기재한 피고인과 현실적으로 법원의 심판을 받는 사람이 일치하지 않는 경우에 공소제기의 효력이 누구에게 미치는가 하는 문제가 발생한다. 공소제기의 효력이 미치는 주관적 범위는 일차적으로는 의사설에 의하여 결정하는 것이 타당하다. 공소제기는 검사가 법원에 대하여 일정한 피고인과 범죄사실에 대하여 심판을 구하는 소송행위이므로 무엇보다도 그 의사표시의 진의가 중시되어야 하기 때문이다(97도2215).

그러나 예외적으로 검사가 공소제기를 의도하지 않은 사람이 피고인으로 취급되는 경우가 있다. 다른 사람을 검사가 착오로 공소장에 피고인으로 기재하였거나, 혹은 법원이 다른 사람을 피고인으로 취급하거나, 또는 제삼자가 스스로 피고인으로 행동할 경우에 법원에 사실상의 소송계속 상태가 발생하는 일이 있기 때문이다. 이러한 한도 내에서는 검사의 공소제기 효력이 이들에게도 가상적으로 미치는 것으로 보아야 할 것이다. 결론적으로는 의사설, 행위설, 표시설을 결합한 견해가 공소제기의 주관적 효력범위를 결정하는 기준이 된다고 본다. 이러한 결합설을 가리켜 실질적 표시설이라고 한다.

(3) 성명모용과 피고인의 특정

수사절차에서 갑이 을의 성명을 모용한 결과 검사가 을 명의로 공소를 제기한 경우가 성명모용의 사례이다. 이 경우 검사는 모용자(갑)에 대하여 공소를 제기한 것이므로 모용자(갑)가 피고인이 되고, 피모용자(을)에게는 공소의 효력이 미치지 않는다(2023도751 ☞ 580면). 그러나 동시에 피고인은 공소장에 특정되어 표시되어야 하므로(법254③ i) 검사는 공소장에 잘못 기재되어 있는 피고인의 표시(을)를 정정하여 피고인(갑)을 다시 특정하지 않으면 안 된다. 검사가 인적 사항의 정정을 하지 아니하여 피고인표시의 정정이 이루어지지 않았다면 법원은 공소제기의 절차가 법률의 규정을 위반하여 무효일 때로 보아 공소기각판결로써 형사절차를 종결해야 한다(법327ⅱ)(92도2554).

성명모용자 갑과는 달리 성명을 모용당한 을은 공소장에 피고인으로 기재되었더라도 원래 검사가 공소제기를 의도한 자가 아니므로 을에 대하여 공소제기의 효력은 발생하지 않는다. 따라서 피고사건에 대한 판결은 피모용자 을에 대하여 효력이 없다.

법원은 피고사건의 재판과정에서 성명모용사실을 발견하면 갑에 대하여는 공소장정정을 검사에게 요구하고, 을에 대하여는 단순히 절차에서 배제하는 조치를 취하면 족하다. 이 경우 법원은 피모용자 을에 대하여 무죄판결을 해서는 안 된다. 을에 대해서는 판결의 토대가 되는 구두변론이 없기 때문이다(법37① 참조). 다만, 약식명령의 경우에는 피모용자에 대해 법원의 판단이 필요하다. 예컨대 자신 앞으로 약식명령이 송달된 피모용자 을이 정식재판을 청구하였다면 을에 대한 검사의 공소제기가 없어도 사실상 소송계속이 발생하는 것으로 보아야 한다. 이 경우에는 피모용자 을에게 적법한 공소제기가 없었음을 밝혀주는 의미에서 법원은 공소기각판결을 선고해야 한다(법327ⅱ)(92도2554).

(4) 위장출석과 피고인의 특정

검사가 갑을 피고인으로 지정하여 공소를 제기하였으나 을이 갑인 것처럼 행세하는 가운데 법원이 심리를 진행하는 것이 위장출석이다. 이 경우 갑을 실질적 피고인, 을을 형식적 피고인이라고 한다. 갑은 검사가 공소제기를 의도한 자임과 동시에 공소장에 피고인으로 표시된 자이므로 갑에 대하여 공소제기의 효력이 미치는 것은 분명하다.

위장출석한 을의 처리는 공판절차의 진행단계에 따라 다소 달라진다. 공소제기 후 인정신문의 단계까지 위장출석의 사실이 발각된 경우에는 법원은 을을 퇴정시키고 갑에 대한 절차를 진행하면 족하다. 이에 반하여 모두절차, 증거조사와 피고인신문 등 사실심리의 단계에 들어가게 되면 을에 대하여 사실상의 소송계속상태가 발생하므로 형식적 소송조건의 흠결을 이유로 공소기각판결에 의하여 을에 대한 형사절차를 종결해야 할 것이다(법327ⅱ).

제4 공소제기의 객관적 효력범위

1. 공소제기의 객관적 효력범위에 관한 검토

피고인이 특정되면 이어서 객관적 심판대상을 획정해야 한다. 형사소송법은 조문 전체에 걸쳐서 객관적 심판대상을 '범죄사실'이라고 표현하고 있다. 다만 예외적으로 공소장변경절차에서 '공소사실'이라는 용어를 사용하고 있으나(법298① 2문) 그 내용은 '범죄사실'과 같다.

범죄사실의 일부에 대한 공소의 효력은 범죄사실 전부에 미친다(법248②). 예컨대 협박을 수단으로 하는 공갈죄 사안을 본다. 검사가 공소를 제기할 당시에는 범죄사실을 반의사불벌죄인 협박죄(형법283③)로 구성하여 기소하였다 하더라도 공소제기의 효력은 공갈죄(형법350①)에까지 미친다. 공갈죄의 수단으로서 한 협박은 공갈죄에 흡수될 뿐 별도로 협박죄를 구성하지 않는다. 그러므로 그 후 협박죄의 고소가 취소되었다 하여도 공갈죄로 처벌하는 데에 아무런 장애가 없다. 기본적 사실관계가 동일하여 공판절차 중에 공소사실을 협박죄에서 공갈미수죄로 공소장변경을 할 수 있으면 그 공소제기의 하자는 치유된다(96도2151).

공소제기의 객관적 효력범위는 범죄사실 전부에 미친다(법248②). 이때 일정한 시점을 기준으로 하여 공소제기의 효력이 미치는 범죄사실의 단위를 범죄사실의 단일성이라 하고, 시간의 경과에 따라 발생하는 사실관계의 증감변경에도 불구하고 전후의 범죄사실이 동질성을 유지하는 성질을 범죄사실의 동일성이라고 한다. 범죄사실의 단일성은 전체 형사절차의 진행과정에 있어서 특정시점을 기준으로 삼아 범죄사실을 횡단적으로 고찰하는 개념임에 반하여, 범죄사실의 동일성은 시간적 선후관계를 비교하여 범죄사실을 종적으로 파악하는 개념이다.

범죄사실의 단일성을 판단할 때에는 실체형법상의 죄수론이 중요한 기준이 된다. 포괄일죄를 포함한 단순일죄 및 과형상 일죄를 이루는 상상적 경합범은 하나의 단일한 범죄사실로 취급된다. 그러나 과형상 수죄를 이루는 실체적 경합범의 경우는 소송법적으로도 수 개의 범죄사실로 취급된다.

2. 범죄사실의 단일성 판단기준

(1) 단순일죄

실체형법상 단순일죄는 소송법적으로도 일죄를 이룬다. 단순일죄는 하나의 행위로 이루어지는 경우도 있지만 수 개의 행위로 구성되는 경우도 있다. 실체법상 단순일죄로 취급되는 결합범, 계속범, 접속범, 포괄일죄 등은 소송법적으로도 일죄로 취급된다. 그리하여 이들 범죄의 일부분에 대해서만 공소제기가 있더라도 공소의 효력은 범죄사실 전체에 미친다(법248②).

포괄일죄는 단순일죄에 속한다. 포괄일죄의 경우도 소송법상 일죄로 취급된다. 예컨대 사기죄(형법347①)에 있어서 피고인이 동일한 피해자에 대하여 여러 번에 걸쳐 기망행위를 하여 금원을 편취한 경우가 있다. 이때 피고인의 행위가 (가) 동일한 법익을 침해하고, (나) 범행방법이 동일하며, (다) 피고인의 범의가 단일하다면(전체고의) 사기죄의 포괄일죄가 성립한다. 그리하여 피고인의 일부범행만 기소되었어도 수소법원은 포괄일죄 전체에 대하여 실체판단을 할 수 있다(2005도8645).

단순일죄의 경우에는 부분행위에 대해서만 심판이 행해졌더라도 그 확정판결의 효력 (기판력)은 전체 범죄사실에 미친다(법248② 참조). 그런데 포괄일죄의 기판력이 지나치게 확장되는 것은 실체적 진실발견의 관점에서 문제가 있다. 판례는 이를 고려하여 상습범인 포괄일죄의 경우에 기판력을 제한하고 있다. 상습사기죄(형법347, 351)는 포괄일죄로 파악된다. 상습사기죄의 기판력이 포괄일죄의 범행 전부에 미치는 것은 처음부터 상습사기죄로 기소된 경우로 한정된다. 단순사기죄(법347)로 기소된 경우에는 상습범행 전체에 대해 확정판결의 효력이 인정되지 않는다(2001도3206)(후술 438면).

(2) 과형상 일죄

실체법상으로는 수죄이지만 형사절차의 진행과정에서는 일죄로 취급되어 하나의 형이 선고되는 경우를 과형상 일죄라고 한다. 우리 형법상 과형상 일죄에 해당하는 것은 상상적 경합범(형법40)뿐이다. 상상적 경합의 경우 범죄사실의 일부에 대한 공소만 있더라도 그 효력이 전부에 미친다(법248② 참조).

(3) 과형상 수죄

실체법상 실체적 경합관계(형법37)에 있는 수 개의 범죄행위는 형사절차의 진행에 있어서도 과형상 수죄로 파악된다. 수 개의 범죄행위가 포괄일죄의 관계에 있지 않고 실체적 경합관계에 있는 경우 실체적 경합관계에 있는 부분은 종전 공소사실과 기본적 사실관계가 동일하다고 볼 수 없다. 그리하여 기존의 공소사실에 실체적 경합관계에 있는 범죄행위를 추가하는 공소장변경은 허가될 수 없다(2022도10660).

3. 일죄의 일부에 대한 공소제기

소송법상 일죄로 파악되는 단순일죄나 상상적 경합범의 경우에 검사가 그 범죄를 구성하는 다수의 행위 가운데 일부를 분리하여 그 부분에 대해서만 공소를 제기하는 것을 일부기소라고 한다. 예컨대 강도강간(형법339)의 범죄사실 가운데에서 강도 부분만을 분리하여 기소하는 경우, 포괄일죄를 구성하는 다수의 범죄행위 가운데 일부 특정한 행위만을 지목하여 기소하는 경우, 상상적 경합관계에 있는 수 개의 죄 가운데 일부 범죄만을 기소하는 경우 등이 여기에 해당하는 사례들이다.

일부기소의 허용 여부에 관하여는 전면불허설, 전면허용설, 절충설 등이 제시되고 있다. 판례는 상상적 경합범 사안에 대해 "하나의 행위가 여러 범죄의 구성요건을 동시에 충족하는 경우 공소제기권자는 자의적으로 공소권을 행사하여 소추재량을 현저히 벗어났다는 등의 특별한 사정이 없는 한 증명의 난이 등 여러 사정을 고려하여 그중 일부 범죄에 관해서만 공소를 제기할 수도 있다."고 판시하여 일부기소를 허용하고 있다(2017도13458).

제4절 공소장변경

제1 공소장변경의 의의

1. 공소장변경의 개념

공소장변경이란 검사가 공소장에 기재한 공소사실 또는 적용법조를 추가, 철회 또는 변경하는 것을 말한다(법298①). 공소장변경은 객관적 심판대상과 관계된다. 이 점에서 공소장변경은 주관적 심판대상과 관계되는 피고인표시정정과 구별된다. 성명모용사건에 있어서 피고인표시를 바로잡으려면 검사는 공소장변경신청이 아니라 피고인표시정정신청을 해야 한다.

공소장변경은 범죄사실의 동일성이 인정되는 범위 내에서 공소사실과 적용법조의 변경을 꾀하는 장치이다. 이 점에서 공소장변경은 추가로 범죄사실의 심판을 구하는 추가기소나 피고사건에 대한 소송계속을 종결시키려는 공소취소(법255)와 구별된다(2002도4372).

공소장변경은 공소사실 및 적용법조의 변경을 통하여 법원의 심판과정에 실질적인 변동을 일으킨다. 이 점에서 공소장변경은 공소장에 대하여 행해지는 단순한 오기의 정정이나 하자의 보정과 구별된다. 공소장의 정정이 필요한 경우에는 법원이 공소장변경절차를 거치지 않고 이를 바로잡을 수 있다(2013도7896). 그러나 적용법조의 변경은 공소장변경절차를 밟아야 한다. 법원이 공소장변경절차 없이 적용법조를 바꾸어서 판단하는 것은 불고불리의 원칙에 위반하는 것으로서 허용되지 않는다(2010도12950).

2. 공소장변경의 형태

공소장변경의 형태에는 (가) 기존의 공소사실에 대해 다른 공소사실 또는 적용법조를 추가하는 경우와 (나) 기존의 공소사실에 대해 그 일부 공소사실 또는 적용범죄를 철회하는 경우가 있다. 공소사실 또는 적용법조가 추가되는 경우는 다시 단순추가, 예비적 추가, 택일적 추가의 세 가지로 나누어 볼 수 있다.

단순추가는 기존의 공소사실 또는 적용법조에 대해 동일성이 인정되는 다른 공소사실 또는 적용법조를 추가하는 것을 말한다. 예컨대 상습절도의 공소사실에 대하여 그 범죄사실과 포괄일죄의 관계에 있는 다른 절도의 범죄사실을 추가하는 경우가 여기에 해당한다. 예비적 추가는 기존의 공소사실 또는 적용법조에 대하여 동일성이 인정되는 다른 공소사실 또는 적용법조를 예비적으로 추가하는 것을 말한다. 예컨대 분묘발굴죄(형법160)의 공소사실에 예비적으로「장사 등에 관한 법률」위반죄의 공소사실을 추가하는 경우가 여기에 해당한다(91도3150). 택일적 추가는 기존의 공소사실 또는 적용법조에 대하여 동일성이 인정되는 다른 공소사실 또는 적용법조를 택일적으로 추가하는 것을 말한다. 예컨대 강도살인죄(형법388 1문)의 공소사실에 대하여 택일적으로 살인죄(형법250①) 및 절도죄(형법329)의 공소사실을 추가하는 경우가 여기에 해당한다(81도1269).

공소사실 또는 적용법조의 추가는 범죄사실(공소사실)의 동일성을 해하지 않는 범위 내에서만 가능하다(법298① 2문 참조). 따라서 예비적 또는 택일적 추가의 경우와 같이 당초의 공소사실을 별도의 법률적 관점에서 재구성하여 추가하거나 또는 과형상 일죄 또는 포괄일죄를 이루는 범죄사실의 누락부분을 공소사실에 단순 추가하는 경우에 이용된다. 그러나 검사가 전혀 별개의 범죄사실에 대하여 법원의 심판을 구하려고 하는 경우에는 공소장변경이 아니라 추가기소의 방법에 의하여야 한다.

공소사실 또는 적용법조의 철회는 공소사실 또는 적용법조를 법원의 심판대상에서 제외시키는 것을 말한다. 공소사실 또는 적용법조의 철회는 포괄일죄나 과형상 일죄의 관계에 있는 여러 개의 공소사실 가운데 일부를 철회하거나 예비적·택일적으로 기재된 공소사실에 대하여 이를 철회하는 경우에 행해진다.

제2 공소장변경의 허용한계

1. 의 의

공소장변경은 일단 피고인이 특정된 상황에서 객관적 심판대상과 관계되는 개념이다. 공소장변경은 검사가 공소를 제기한 범죄사실과 단일성 및 동일성이 인정되는 범위에 한하여 허용된다. 검사가 범죄사실과 단일성·동일성이 인정되지 않는 범위로 공소장변경을 신청하는 경우에 수소법원은 공소장변경을 허가해서는 안 된다(법298① 2문 참조). 형사소송법은 조문 전체에 걸쳐서 객관적 심판대상을 '범죄사실'이라는 용어로 표현하고 있다. 다만 형사소송법은 공소장변경절차와 관련하여 '공소사실의 동일성'이라는 표현을 사용하고 있으나(법298① 2문) 이것은 '범죄사실의 동일성'과 같은 의미이다.

만일 범죄사실(공소사실)의 단일성·동일성 범위를 초과하여 법원이 공소장변경을 허가하거나 또는 역으로 그 범위 내의 공소장변경을 불허하였다면 이후 그 법원이 내린 판결은 법령위반의 오류를 범한 것으로서 항소심 또는 상고심에서 판결파기의 대상이 된다 (법361의5 i, 383 i). 이와 같이 공소장변경에 있어서 지켜야 할 한계를 가리켜 공소장변경의 허용한계라고 한다.

공소장변경의 허용한계는 후술하는 공소장변경의 필요성과 구별된다. 공소장변경의 필요성 문제는 범죄사실의 단일성·동일성이 인정된다는 전제하에서 검사가 공소장에 기재한 범죄사실과 다른 범죄사실을 법원이 공소장변경절차를 거치지 않고 판결에서 인정할 수 있는가 하는 문제이다. 결국 공소장변경의 허용한계는 범죄사실의 단일성·동일성이라는 객관적 심판대상 자체에 관한 문제임에 대하여 공소장변경의 필요성은 동일한 객관적 심판대상의 범위 내에서 피고인에게 공소장변경절차에 수반하는 권리보장장치를 굳이 제공해야 하는가라는 문제라고 할 수 있다.

2. 공소장변경과 범죄사실의 단일성

공소장변경의 허용한계는 범죄사실(공소사실)의 단일성과 동일성에 의하여 결정된다. 피고인표시의 변경은 공소장변경이 아니라 피고인표시정정의 방법을 통해야 한다. 공소장변경을 통한 피고인의 변경이란 생각할 수 없다. 공소장변경의 한계를 이루는 범죄사실(공소사실)의 단일성 문제는 죄수론과 밀접한 관계가 있다. 범죄사실의 단일성과 죄수의 관계에 대해서는 앞에서 설명하였다(전술 184면).

3. 공소장변경과 범죄사실의 동일성

(1) 범죄사실 동일성의 의미

공소장변경은 범죄사실(공소사실)의 동일성이 인정되는 한도 내에서 허용된다. 성명모용의 사실이 뒤늦게 밝혀지는 경우와 같이 피고인표시를 변경할 필요가 생길 때에는 피고인표시정정신청에 의하여 이를 바로잡아야 하며 공소장변경에 의할 수 없다.

우리 형사소송법은 검사의 공소장변경신청이 있는 경우에 "법원은 공소사실의 동일성을 해하지 아니하는 한도 내에서 허가하여야 한다."고 규정하고 있다(법298① 2문). 이 경우 '공소사실'은 '범죄사실'을 의미한다. 요컨대 공소장변경은 범죄사실의 동일성이 인정되는 한도에서 허용된다. 범죄사실의 동일성 판단을 위한 기준에 대해서는 여러 가지 견해가 제시되고 있다.

(2) 학설의 개관

기본적 사실관계동일설은 공소장변경 전의 범죄사실과 변경이 요구되는 범죄사실을 각각 그 기초가 되는 사회적 사실로 환원하여 양자 사이에 지엽말단의 점에서 다소 차이가 있더라도 기본적 사실관계에서 동일성이 인정되면 공소장변경을 위한 범죄사실(공소사실)의 동일성이 인정된다고 보는 견해이다. 이 견해는 범죄사실의 동일성을 판단함에 있어서 일체의 법률적 관점을 배제하고 순수하게 전(前)법률적·자연적 관점에서 범죄사실의 동일성을 판단하려고 하는 점에 특색이 있다.

죄질동일설은 공소장에 기재된 범죄사실과 변경을 구하는 범죄사실이 가지고 있는 각각의 구성요건의 유형적 본질을 포착하여 양자 사이에 동일성이 인정되면 공소장변경을 허용하고 그렇지 아니하면 공소장변경을 불허해야 한다는 주장이다. 공소장변경 전후의 범죄사실을 비교하는 척도로 사용되는 '구성요건의 유형적 본질'을 죄질이라고 부른다는 이유에서 이 견해를 죄질동일설이라고 부른다.

죄질동일설은 구성요건의 유형적 본질을 주로 범죄사실에 대한 죄명, 적용법조의 장절(章節)상의 위치 또는 그 범죄의 보호법익 등을 통하여 파악하는 점에 특색이 있다. 죄질동일설의 입장에서는 공소장변경 전후의 죄명이나 보호법익과 관련한 범죄의 체계상 위치를 비교하여 공소장변경 여부를 결정하게 된다. 죄질동일설의 입장에서는 절도죄(형법329)와 강도죄(형법333) 사이에는 범죄사실의 동일성을 인정하지만 수뢰죄(형법129①)와 공갈죄(형법350①) 또는 장물죄(형법362①)와 강도상해죄(형법337) 사이에 대해서는 동일성을 인정하지 아니하여 공소장변경을 불허하게 된다.

구성요건공통설은 범죄란 구성요건을 떠나서는 관념할 수 없다고 보고 공소장변경 전후의 두 범죄사실에 대하여 적용되는 구성요건을 비교하여 양자가 상당한 정도로 부합하는 때에는 공소장변경을 허용하고 그렇지 않은 경우에는 이를 불허하자는 입장이다. 예컨대 처음의 범죄사실인 A사실이 갑 구성요건에 해당하고 뒤에 판명된 B범죄사실이 을 구성요건에 해당하는 경우에 을 구성요건이 갑 구성요건에 상당한 정도로 부합하면, A, B 두 범죄사실 사이에 동일성을 인정하여 공소장변경을 허가할 수 있다는 것이다.

구성요건공통설은 범죄에 적용될 구성요건이라는 규범적 척도를 중시한다는 점에서 구성요건의 유형적 본질을 중시하는 죄질동일성과 공통된다. 그렇지만 비교의 대상이 되는 두 개의 범죄사실이 반드시 죄질을 같이하거나 공통된 특징을 가질 필요가 없다고 보는 점에서 차이가 있다.

소인의 주요부분공통설은 법원의 심판대상을 소인으로 보는 견해이다. 소인(訴因, count)은 특정한 구성요건에 구체적인 사실관계를 대입하여 재구성한 범죄사실이다. 소인은 전후의 일본형사소송법이 채택하고 있는 개념이다. 소인의 주요부분공통설은 공소장에 기재된 소인과 변경을 구하는 소인을 비교하여 두 소인 사이에 주요부분이 공통되면 범죄사실(공소사실)의 동일성을 인정하는 견해이다. 소인의 주요부분이 공통되면 공소장변경을 허용하자는 것이다.

범죄행위동일설은 범죄행위의 동일 여부를 기준으로 범죄사실의 동일성 여부를 판단하자는 견해이다. 범죄행위동일설의 입장에서 보면 예컨대 A의 행위에 의하여 B가 사망한 경우에 A의 행위에 대한 구성요건적 평가는 수사 또는 공판심리의 결과에 따라 살인·강도살인·강도치사·상해치사·중과실치사·과실치사 등과 같이 달라질 수 있지만 A의 행위에 의하여 B가 사망하였다는 역사적·사회적 사실이 동일하기 때문에 각 범죄들 사이에는 동일성이 인정된다고 본다.

(3) 판례의 태도

대법원은 1994년 확정판결의 객관적 효력범위와 관련한 전원합의체판결을 통해 기본적 사실관계동일설을 바탕으로 하면서도 규범적 요소를 강조하는 입장을 천명하였다(93도 2080). 이 기준은 공소장변경의 경우에도 동일하게 적용된다. 새로운 판례의 기준에 따르면 범죄사실(공소사실)의 동일성 여부는 (가) 사실의 동일성이 갖는 법률적 기능을 염두에 두고 (나) 피고인의 행위와 그 사회적인 사실관계를 기본으로 하되 (다) 그 규범적 요소도 고려하여 판단하여야 한다. 대법원은 이후 이 입장을 견지하고 있다(2018도20928).

범죄사실(공소사실)의 동일성 판단과 관련하여 판례는 구체적으로 다음의 세부기준을 제시하고 있다. 일방의 범죄가 성립되는 때에는 타방 범죄의 성립은 인정할 수 없다고 볼 정도로 양자가 밀접한 관계에 있는 경우에는 양자의 기본적 사실관계는 동일하다(2010도 3950). 그러나 공소제기된 공소사실과 공소장변경이 신청된 공소사실 간에 그 일시만 달리하는 경우에도 사안의 성질상 두 개의 공소사실이 양립할 수 있다고 볼 사정이 있는 때에는 그 기본인 사회적 사실을 달리할 위험이 있다 할 것이므로 기본적 사실관계가 동일하다고 볼 수 없다(2010도3950).

제 3 공소장변경의 필요성

1. 의   의

범죄사실(공소사실)의 동일성이 인정되면 공소장변경이 허용된다. 공소장변경이 가능해지는 것이다. 그러나 공소장변경이 가능하다고 해서 반드시 공소장변경절차를 밟아야 할 필요가 있는 것은 아니다. 법원이 공소장에 기재된 공소사실과 다른 내용의 범죄사실을 인정하는 경우에 굳이 공소장변경절차를 거쳐야 하는가 하는 문제를 공소장변경의 필요성 문제라고 한다.

공소장변경이 필요한 경우인가 아니면 그렇지 아니한 경우인가에 따라서 공소사실과 적용법조를 변경함에 있어서 법원이 준수해야 할 사항이 달라진다. 공소장변경이 필요한 경우라면 법원은 공소사실이나 적용법조를 변경함에 있어서 반드시 검사의 신청을 기다려야 한다(법298① 1문). 법원은 공소장변경이 필요하다고 판단하더라도 스스로 공소장변경을 할 수는 없다. 법원은 검사에게 공소장변경을 요구하여(법298②) 검사가 공소장변경을 신청하는 절차를 밟아야 한다. 이에 반하여 공소장변경이 필요 없는 경우에 해당하면 법원은 검사의 공소장변경신청을 기다리지 아니하고 직권으로 자유롭게 공소사실과 적용법조의 기재를 변경할 수 있다.

2. 공소장변경 필요성에 관한 판단기준

공소사실과 적용법조를 변경함에 있어서 어느 범위까지 공소장변경절차가 필요한가 하는 문제에 대하여 견해가 나뉘고 있다. 학설대립의 중점은 판단기준을 사실적 척도에서 구할 것인가 아니면 규범적 척도에서 구할 것인가 하는 점에 모아진다.

적용법조설은 전후의 적용법조를 비교하여 변경이 없으면 공소장변경절차를 거칠 필요 없이 법원이 공소장에 기재된 공소사실과 다른 범죄사실을 인정할 수 있다고 보는 견해이다. 이때 적용법조는 당해 범죄사실에 적용되는 특별구성요건을 말한다.

법률구성설은 전후의 법률적 구성을 비교하여 공소사실의 법률적 구성 전반에 변화가 생기지 않으면 구체적 사실관계에서 차이가 발생하더라도 법원은 공소장변경절차를 밟을 필요가 없다고 보는 견해이다. 단순히 적용법조(특별구성요건)를 넘어서서 총칙상의 적용법조까지 포함한 법률적 구성 전반에 걸친 동일성을 판단의 기준으로 삼는다는 점에서 적용법조설과 구별된다.

실질적 불이익설은 공소장에 기재되어 있는 공소사실과 변경해서 인정하려는 범죄사실을 비교하여 피고인의 방어에 실질적 불이익이 없는 경우에는 공소장변경절차를 요하지 않는다고 보는 견해이다. 판례는 실질적 불이익설의 입장이다(2009도7166). 피고인의 방어권 행사에 있어서 실질적인 불이익을 초래할 염려가 존재하는지 여부는 범죄사실의 기본적 동일성이라는 요소 외에도 법정형의 경중 및 그러한 경중의 차이에 따라 피고인이 자신의 방어에 들일 노력 · 시간 · 비용에 관한 판단을 달리할 가능성이 뚜렷한지 여부 등의 여러 요소를 종합하여 판단해야 한다(2019도4608).

3. 예외적 직권판단 의무

실질적 불이익설에 따르면 법원은 범죄사실(공소사실)의 동일성이 인정되는 범위 내에서 공소가 제기된 범죄사실에 포함된 보다 가벼운 범죄사실을 공소장변경 없이 직권으로 인정할 수 있다. 이때 법원의 직권판단은 어디까지나 법원의 재량에 속한다(2017도4578). 그런데 예외적으로 법원이 공소장변경 없이 공소사실과 다른 범죄사실을 의무적으로 인정해야 하는 경우가 있다.

판례에 따르면, (가) 공소가 제기된 범죄사실과 대비하여 볼 때 실제로 인정되는 범죄사실의 사안이 중대하고, (나) 공소장이 변경되지 않았다는 이유로 이를 처벌하지 않는다면 적법절차에 의한 신속한 실체적 진실발견이라는 형사소송의 목적에 비추어 현저히 정의와 형평에 반하는 것으로 인정되는 경우라면 법원은 직권으로 그 범죄사실을 인정해야 한다(2007도1220).

예컨대 장물취득죄(형법362①)의 공소사실로 기소되었으나 장물보관죄(형법362①)의 범죄사실이 인정된 경우(2003도1366), 형법 제347조 제1항 사기죄의 공소사실로 기소되었으나 이익취득자가 다른 사람임이 판명되어 형법 제347조 제2항 사기죄의 범죄사실이 인정된 경우(2013도564) 등, 준강간죄 장애미수의 공소사실로 기소되었으나 준강간죄 불능미수의 범죄사실이 인정된 경우(2021도9043 ☞ 561면) 등에 대해 판례는 법원이 공소장에 기재된 공소사실 부분만 심리한 끝에 그 부분에 관하여 무죄를 선고하는 것을 허용하지 않는다.

제 4 공소장변경의 절차

1. 공소장변경의 신청

공소장변경신청은 서면에 의하는 것이 원칙이다. 검사의 공소장변경신청을 원칙적으로

서면에 의하도록 한 것은 심판의 대상을 명확히 한정하고 절차를 분명히 하여 피고인의 방어권 행사를 가능하게 하기 위함이다(2019도7217). 서면신청의 원칙에도 불구하고 검사가 구술로 공소장변경신청을 할 수 있는 경우가 있다. 법원은 피고인이 재정하는 공판정에서는 피고인에게 이익이 되거나 피고인이 동의하는 경우 구술에 의한 검사의 공소장변경신청을 허가할 수 있다(규칙142⑤).

검사가 구술로 공소장변경허가신청을 하면서 변경하려는 공소사실의 일부만 진술하고 나머지는 CD 등 전자적 형태의 문서로 저장한 정보저장매체를 제출하였다면, 공소사실의 내용을 구체적으로 진술한 부분에 한하여 공소장변경허가신청이 된 것으로 볼 수 있을 뿐이다. 이 경우 정보저장매체에 저장된 전자적 형태의 문서는 공소장변경허가신청이 된 것이라고 할 수 없고, 법원이 그 부분에 대해서까지 공소장변경허가를 하였다 하더라도 적법하게 공소장변경이 된 것으로 볼 수 없다(2016도11138).

검사의 공소장변경신청은 법원이 공판의 심리를 종결하기 전에 해야 한다. 법원이 적법하게 공판의 심리를 종결한 뒤에는 검사가 공소장변경신청을 하더라도 법원이 반드시 공판심리를 재개하여 공소장변경을 허가할 의무는 없다(86도1691). 법원은 피고사건에 대한 심리의 경과에 비추어 상당하다고 인정할 때에는 공소사실 또는 적용법조의 추가 또는 변경을 요구하여야 한다(법298②). 그러나 이 경우에도 법원은 스스로 공소장변경절차를 개시할 수 없고 검사의 공소장변경신청을 기다려야 한다.

2. 공소장변경의 허가

검사의 공소장변경신청이 범죄사실(공소사실)의 동일성을 해하지 않고 그 밖에 신청에 필요한 요건을 구비한 경우에는 법원은 공소장변경을 허가하여야 한다(법298① 2문)(2018도9810). 법원은 공소사실 또는 적용법조의 추가·철회 또는 변경이 있는 때에는 그 사유를 신속히 피고인 또는 변호인에게 고지하여야 한다(법298③).

판결 전의 소송절차에 관한 결정에 대하여는 특히 즉시항고를 할 수 있는 경우 외에는 항고를 하지 못한다(법403①). 공소사실 또는 적용법조의 추가·철회 또는 변경의 허가에 관한 결정은 판결 전의 소송절차에 관한 결정이다. 그 결정에 관한 위법이 판결에 영향을 미친 경우에는 그 판결에 대하여 상소를 하는 방법으로만 불복할 수 있다(2023도3038).

3. 항소심과 공소장변경

공소장변경은 피고사건의 심판대상인 범죄사실(공소사실)과 직접적인 관련을 가지는 제도이므로 사실심절차에서 행할 수 있다. 법률심을 원칙으로 하는 상고심에서는 공소장변경이 허용되지 않는다. 그런데 항소심에서 공소장변경이 허용되는가 하는 문제가 항소심의 구조와 관련하여 논란되고 있다. 판례는 현행 형사소송법상 항소심이 사후심적 성격이 가미된 속심이라는 이유로 항소심에서의 공소장변경을 허용하고 있다(2013도7101)(후술 463면).

제 5 법원의 공소장변경요구

1. 공소장변경요구의 의의

법원은 심리의 경과에 비추어 상당하다고 인정할 때에는 공소사실 또는 적용법조의 추가 또는 변경을 요구하여야 한다(법298②). 이를 법원의 검사에 대한 공소장변경요구라고 한다. 형사소송법은 범죄사실의 일부에 대한 공소의 효력은 범죄사실 전부에 미친다고 규정함으로써(법248②) 범죄사실 전체를 법원의 심판대상으로 설정하고 있다. 따라서 법원은 공소장에 기재되지 아니한 부분에 대해서도 적극적으로 실체적 진실을 규명해야 할 권한을 가지며 동시에 의무도 부담하고 있다.

그런데 법원이 실체적 진실발견을 이유로 내세워 공소장에 기재되지 아니한 부분에 대해서까지 임의로 심판범위를 확장하거나 변경한다면 피고인은 예상하지 못했던 부분에 대하여 심리를 받게 되고 그 결과 그의 방어권행사에 중대한 지장이 발생하게 된다. 여기에서 우리 형사소송법은 공소장변경요구제도를 마련하였다. 즉 법원이 검사에게 공소장변경을 요구하는 장치를 둠으로써 법원의 자의적인 심판범위 확장을 견제하고 나아가 공소유지자인 검사와 상대방인 피고인에게 각각 심리의 초점이 변경될 수 있다는 점을 알려서 피고인에게 방어준비를 할 기회를 주도록 하고 있는 것이다.

2. 공소장변경요구의 성질

법원의 공소장변경요구가 법원의 권한인가 아니면 의무인가에 대하여 견해가 나뉘고 있다. 이와 같은 논의의 계기는 검사의 공소장변경신청이 없음을 이유로 들어 법원이 피고인을 무죄방면하거나 또는 공소사실보다 가벼운 범죄사실로 유죄판결을 선고하는 경우가 생길 수 있기 때문이다. 이러한 경우에 법원이 공소장변경요구를 하지 않았음을 들어서 검사가 법령위반으로 불복 상소할 수 있는가 하는 점이 문제의 초점이다.

재량설은 검사에 대한 공소장변경요구가 법원의 재량에 속한다고 보는 견해이다. 즉 공소장변경요구는 법원의 권한일 뿐 의무는 아니라는 것이다. 재량설은 판례의 주류적 입장이다(90도1229). 재량설의 입장에서는 원래 공소사실의 변경은 심판대상에 관한 것이므로 소추권자인 검사의 권한에 속하는 것이라고 본다. 그 결과 법원은 검사가 제시한 공소사실의 범위 내에서 판단하면 족하고 적극적으로 공소장변경을 요구할 의무는 지지 않으며, 역으로 검사는 법원의 공소장변경요구가 없었음을 이유로 상소할 수 없다고 본다.

의무설은 검사에 대한 공소장변경요구가 법원의 의무에 속한다고 보는 견해이다. 법원은 공소불가분의 원칙(법248②)에 의하여 심판대상이 된 범죄사실 전부에 대하여 실체적 진실을 규명해야 할 권한과 의무를 지고 있으므로, 실체적 진실에 입각한 형벌권의 적정실현이 필요할 경우 법원은 검사에 대하여 반드시 공소장변경을 요구해야 한다는 것이다. 의무설의 입장에서는 우리 형소법 제298조 제2항이 "법원은 심리의 경과에 비추어 상당하다고 인정할 때에는 공소사실 또는 적용법조의 추가 또는 변경을 요구하여야 한다."고 규정하고 있음에 주목한다.

예외적 의무설은 공소장변경요구가 원칙적으로는 법원의 재량에 속하지만, 공소장변경이 없어서 피고인을 무죄방면하거나 경한 범죄사실로 처벌함에 그치는 것이 현저히 정의와 형평에 반하는 경우에는 예외적으로 공소장변경을 요구해야 할 의무가 법원에 발생한다고 보는 견해이다. 이 입장에서는 공소장변경요구를 하지 않는 것이 현저히 정의와 형평에 반하는가 아닌가를 판단하는 표지로 증거의 명백성과 범죄의 중대성에 주목한다. 이때 범죄의 중대성은 단순히 법정형만을 기준으로 할 것이 아니라 범죄의 죄질·태양·결과 등을 고려한 사회적 관심의 중대성을 고려하여 판단한다.

판례는 기본적으로 재량설에 서 있지만, 공소장변경의 필요성 항목에서 본 바와 같이 인정되는 범죄사실이 중대하여 공소장이 변경되지 않았다는 이유로 이를 처벌하지 않는다면 적법절차에 의한 신속한 실체적 진실의 발견이라는 형사소송의 목적에 비추어 현저히 정의와 형평에 반하는 것으로 판단되는 경우를 인정하고 있다(2007도1220). 이러한 경우에는 예외적으로 법원에 공소장변경 요구의무가 발생한다고 볼 수 있다.

3. 공소장변경요구의 구속력

법원의 공소장변경요구에도 불구하고 검사가 이 요구대로 공소장변경신청을 하지 아니한 경우 법원의 공소장변경요구에 어떠한 효력을 인정할 것인지 문제된다. 이와 관련하여 형성적 효력설과 권고적 효력설이 제시되고 있다.

형성적 효력설은 검사가 법원의 공소장변경요구에 불응하면 법원의 요구에 곧바로 공소장을 변경시키는 형성적 효력이 발생한다고 보는 견해이다. 형성적 효력설은 만일 이러한 효력을 인정하지 않는다면 법원의 공소장변경요구는 아무런 실제적 기능을 할 수 없을 것이라는 점을 논거로 제시한다. 권고적 효력설은 법원의 공소장변경요구가 검사에 대하여 권고적 효력을 발생시킬 뿐 검사에게 그 요구에 따라야 할 의무를 부과하는 것은 아니라고 보는 견해이다. 비슷한 견해로 명령적 효력설이 있다. 명령적 효력설은 법원의 공소장변경요구가 검사에게 복종의무를 발생시키기는 하나 그 이행을 강제할 방법이 없다고 보는 견해이다. 명령적 효력설도 결국 권고적 효력설의 일종이라고 할 수 있다. 권고적 효력설에 따르면 검사가 법원의 요구에 따르지 않을 경우에 법원은 공소장에 기재된 범죄사실의 범위 내에서만 판단해야 하므로 경우에 따라 무죄판결을 선고해야 할 경우도 생기게 된다.

생각건대 이 문제는 법원의 공소장변경요구가 재량에 기한 것인가 아니면 의무에 기한 것인가에 따라 달리 해결되어야 한다고 본다. 공소장변경요구제도를 예외적 의무설의 관점에서 파악하게 되면 우선 재량에 기한 변경요구에 검사가 불응할 경우 법원은 공소장에 기재된 범죄사실의 범위 내에서 심판하면 족하다. 이렇게 되면 법원은 경우에 따라 무죄를 선고해야 할 경우도 있다.

그러나 무죄판결을 내리는 것이 현저히 정의와 형평에 반하는 예외적 상황인 경우에는 법원에게 형벌권을 실현시켜야 할 의무가 부과되어 있으므로 법원은 검사의 공소장변경요구 불이행을 이유로 공소장변경 없이 피고인에게 유죄판결을 선고해야만 할 것이다. 판례가 현저히 정의와 형평에 반하는 경우 공소장변경절차 없이도 직권으로 공소사실과 다른 범죄사실을 인정할 수 있다고 판단한 것(2005도9268)과 같은 맥락이다(전술 192면).

제 5 절   공소취소

제 1 공소취소의 의의와 장 · 단점

1. 공소취소의 의의

공소취소란 검사가 법원에 대하여 제기한 공소를 철회하는 것을 말한다. 공소취소는 공소장변경의 한 형태인 공소사실의 철회와 구별된다. 공소취소는 소송법상 하나의 범죄사실 전부 또는 소송법상 수 개의 범죄사실 가운데 일부에 대해 법원의 소송계속을 종결시키려는 검사의 소송행위이다(88도67). 이에 반해 공소사실의 철회는 소송법상 하나의 범죄사실에 대해 부분사실의 판단요구를 철회하는 소송행위로서 피고사건의 소송계속은 여전히 유지된다.

2. 공소취소의 장점과 단점

검사의 공소취소는 피고인을 가능한 한 형사절차의 초기단계에서 유죄판결의 위험으로부터 해방시킴으로써 피고인에게 이익이 된다. 그뿐만 아니라 실체판단을 도출하기 위하여 필요한 절차를 생략함으로써 소송경제의 효과를 도모할 수 있다. 나아가 공소취소제도는 공소제기 이후에도 유죄판결의 가능성이 있는 피고인을 형사정책적 고려에 의하여 조기에 사회복귀시킬 수 있다는 장점을 가지고 있다. 이 점에서 공소취소제도는 형사소송법이 인정하고 있는 기소편의주의(법247)와 맥락을 같이하고 있다.

한편, 공소취소는 다음과 같은 단점을 안고 있다. 우선, 검사에게 공소취소를 인정하는 것은 소추권자인 검사에게 민사소송에서의 소취하와 같은 처분적 권한을 부여하는 것이 되어 실체적 진실발견을 추구하는 형사절차의 본질에 맞지 않는다. 다음으로, 검사는 공소취소를 통하여 자신의 기소판단에 대해 법원이 당부를 심사할 수 있는 기회를 스스로 제거할 수 있다. 나아가 검사는 공소취소를 통해 피고인이 무죄판결을 통하여 자신의 결백을 입증할 수 있는 길을 봉쇄하고, 실체판결의 기판력을 통해 피고인이 재기소의 위험으로부터 해방될 수 있는 가능성을 차단할 수 있다.

우리 형사소송법은 공소취소가 가지고 있는 이와 같은 양면적 성격을 고려하여 절충적인 형태로 검사에게 공소취소의 권한을 부여하고 있다. 우선, 검사의 공소취소는 민사소송에 있어서의 소취하와 같이 당연히 소송계속의 종료를 가져오는 것이 아니라(민사소송법267 참조) 법원으로부터 공소기각의 결정을 기다려야 한다(법328① i). 다음으로, 검사는 무제한하게 공소취소를 할 수 있는 것이 아니라 제1심판결의 선고 전까지만 공소를 취소할 수 있다(법255①).

제2 공소취소의 절차

1. 공소취소의 주체

공소의 취소는 검사만 할 수 있다. 법원은 여러 가지 소송조건의 흠결을 이유로 공소기각결정을 할 수 있으나(법328① i~iv) 검사와 같이 형사정책적 고려에 입각하여 공소기각결정을 내릴 수는 없다. 검사의 불기소처분에 대한 재정신청의 결과 고등법원이 공소제기결정을 내리고 이에 따라 검사가 공소를 제기한 경우 검사는 공소를 취소할 수 없다(법264의2). 고등법원의 공소제기결정에 따라 기소가 강제된 사건의 공판절차는 검사의 소추의무를 실현하기 위한 절차이기 때문이다.

공소는 제1심판결의 선고 전까지 취소할 수 있다(법255①). 공소취소는 이유를 기재한 서면으로 하여야 한다. 다만 공판정에서는 구술로써 할 수 있다(법255② 본문·단서). 공소취소의 사유는 반드시 기소편의주의적 관점에 기한 것에 국한되지 않으며 증거불충분, 소송조건의 흠결 등을 모두 포함한다.

2. 공소취소의 효과

검사가 공소를 취소하면 법원은 결정으로 공소를 기각하여야 한다(법328① ⅰ). 공소취소에 의한 공소기각결정이 확정된 때에는 검사는 공소취소 후 그 범죄사실에 대한 다른 중요한 증거를 발견한 경우에 한하여 다시 공소를 제기할 수 있다(법329). 이를 위반하여 공소가 제기되면 법원은 공소기각판결을 선고해야 한다(법327 ⅳ).

공소취소 후 재기소는 헌법 제13조 제1항 후문 '거듭처벌금지의 원칙'의 정신에 따라 불안정한 지위에 놓이게 될 수 있는 피고인의 인권과 법적 안정성을 보장한다는 관점에서 엄격하게 해석해야 한다(2020도16827 ☞ 553면). 따라서 '다른 중요한 증거를 발견한 경우'란 (가) 공소취소 전에 가지고 있던 증거 이외의 증거로서 (나) 공소취소 전의 증거만으로서는 증거불충분으로 무죄가 선고될 가능성이 있으나 (다) 새로 발견된 증거를 추가하면 충분히 유죄의 확신을 가지게 될 정도의 증거가 있는 경우를 말한다(2020도16827). 공소취소 전에 충분히 수집 또는 조사하여 제출할 수 있었던 증거들은 새로 발견된 증거에 해당한다고 보기 어렵다(2020도16827).

제3편 공판절차

제1장 소송주체

제1절 법   원

제1 법원의 구성과 종류

1. 법원의 조직

법원은 사법권을 행사하는 국가기관이다. 법원은 국법상 의미의 법원과 소송법적 의미의 법원으로 나누어 볼 수 있다. 국법상 의미의 법원은 대법원을 정점으로 하여 피라미드조직으로 배치 · 구성되어 있는 사법행정상의 단위로서의 법원을 의미한다. 국법상 의미의 법원은 최고법원인 대법원을 위시하여 고등법원, 특허법원, 지방법원, 가정법원, 행정법원, 회생법원 등 각급법원으로 조직된다(헌법101②, 법원조직법3①).

소송법적 의미의 법원이란 구체적 사건에 대하여 재판권을 행사하는 주체로서의 재판기관을 의미한다. 국법상 의미의 법원 내에는 하나 또는 수 개의 소송법적 의미의 법원이설치되어 있다. 형사소송법에서 '법원'을 지칭하는 경우 그 표현은 소송법적 의미의 법원을의미하는 것이 보통이다. 소송법적 의미의 법원은 국법상 의미의 법원에 소속된 일정한 수의 법관에 의하여 구성된다. 소송법적 의미의 법원이 구체적 사건에 대하여 심리와 재판을할 수 있는 권한을 가리켜 심판권이라고 한다.

2. 단독제와 합의제

소송법적 의미의 법원을 구성하는 방법으로는 단독제와 합의제가 있다. 한 명의 법관으로 법원을 구성하는 방식이 단독제이다. 단독제는 재판절차를 신속하게 진행하고 재판에 대한 법관의 책임소재를 분명히 한다는 점에서 장점이 있으나 자칫하면 심리가 경솔하게되거나 자의(恣意)에 흐르기 쉽다. 이에 대하여 다수의 법관으로 법원을 구성하는 방식이합의제이다. 합의제(合議制)는 사건의 심리와 재판에 공정과 신중을 기할 수 있지만 재판절차의 진행이 지연되고 개별 법관의 책임의식이 약화될 우려가 있다.

형사재판과 관련하여 볼 때, 지방법원과 지방법원지원, 그리고 시 · 군법원의 심판권은 단독판사가 행사한다(법원조직법7④). 대법원의 심판사건(동조①), 고등법원의 심판사건(동조③),

지방법원 및 지방법원지원에서 합의심판을 해야 하는 사건(동조⑤)은 합의부에서 심판권을 행사한다.

3. 재판장 · 수명법관 · 수탁판사 · 수임판사

소송법적 의미의 법원이 피고사건의 심리와 재판을 행하는 과정에는 여러 가지 형태로 법관이 개입하게 된다. 소송법적 의미의 법원이 합의체로 구성되어 있는 경우에는 그 구성법관 중 1명이 재판장이 된다(법원조직법27③, 30②, 31⑥ 참조). 재판장 이외에 합의체를 구성하는 법관을 합의부원이라고 한다. 합의체의 법원이 그 구성원인 법관에게 특정한 소송행위를 명하는 경우가 있다. 이때 법원에 의하여 특정한 소송행위를 하도록 명함을 받은 법관을 수명법관이라고 한다.

하나의 법원이 다른 법원의 법관에게 일정한 소송행위를 하도록 촉탁하는 경우가 있다(법77①, 136①). 이 경우 소송행위의 촉탁을 받은 판사를 수탁판사라고 한다. 수탁판사는 소송법적 의미의 법원을 구성하는 법관이 아니라는 점에서 수명법관과 구별된다. 촉탁을 받은 판사는 일정한 경우에 다른 지방법원의 판사에게 전촉(轉囑)할 수 있다(법77②, 136②). 이때 전촉을 받은 법관도 수탁판사이다.

피고사건의 심리를 담당하는 수소법원으로부터 독립하여 당해 형사절차에서 소송법적 권한을 행사할 수 있는 법관을 수임판사라고 한다. 예컨대 수사기관에 대하여 강제처분을 위한 각종 영장을 발부하는 판사(법200의2, 201, 215), 증거보전절차를 행하는 판사(법184), 수사상 증인신문을 행하는 판사(법221의2)는 수임판사의 예이다.

4. 국민참여재판과 배심원

국민참여재판이란 배심원이 참여하는 형사재판을 말한다(동법2ⅱ). 이에 대해 직업법관으로만 진행하는 재판을 통상재판이라고 한다. 국민참여재판은 형사사법에 있어서 민주적 정당성과 사법의 신뢰를 높이려는 목적을 가지고 있다(국민참여재판법1). 국민참여재판은 원칙적으로 합의부 관할사건이다(국민참여재판법5① 참조). 즉, (가) 1년 이상의 법정형이 규정되어 있는 범죄, (나) 단독판사 관할사건이지만 법원이 합의부에서 재판하기로 결정한 재정(裁定)합의사건, (다) 다른 법률에 의하여 지방법원 합의부 관할에 속하는 사건 등이 국민참여재판의 대상사건이 된다(법원조직법32① 참조). 다른 법률에 의한 합의부 관할사건의 예로「공직선거법」에 의한 선거사범이 있다(동법269).

누구든지「국민의 형사재판 참여에 관한 법률」이 정하는 바에 따라 국민참여재판을 받을 권리를 가진다(국민참여재판법3①). 법원은 대상사건의 피고인에 대하여 국민참여재판을 원하는지 여부에 관한 의사를 서면 등의 방법으로 반드시 확인하여야 한다. 이 경우 피고인 의사의 구체적인 확인 방법은 대법원규칙으로 정하되, 피고인의 국민참여재판을 받을 권리가 최대한 보장되도록 하여야 한다(동법8①). 일정한 사유가 있는 경우 법원은 국민참여재판 배제결정(동법9①)이나 통상절차 회부결정(국민참여재판법11①)을 할 수 있다.

제2 법원의 재판권

1. 재판권의 의의

국가의 사법권은 다시 법원의 재판권으로 구체화된다. 재판권이란 구체적 사건에 대하여 법원이 심리와 재판을 할 수 있는 일반적·추상적 권한이다. 법원의 재판권은 소송조건을 이룬다. 재판권은 소송계속 중인 사건에 대하여 심판을 행할 수 있는 일반적 권한이다. 이 점에서 동종 법원 상호간 또는 상급심과 하급심 사이에 업무분배의 기준이 되는 관할과 구별된다.

형사사건에 있어서 법원이 피고인에 대하여 재판권을 가지고 있지 않을 때에는 원칙적으로 공소기각판결(법327 i)을 통하여 절차를 종결한다(98도2734). 이에 반해 관할이 없는 경우에는 관할위반의 판결(법319)로써 절차를 종결해야 한다. 관할위반인 경우에는 그동안 이루어진 소송행위의 효력에 영향이 없다(법2).

2. 형사재판권의 범위

(1) 일반법원과 군사법원

형사재판권은 원칙적으로 일반법원에 의하여 행사된다. 우리 헌법은 특별법원으로 군사법원의 설치를 인정하고 있다(헌법110①). 이 때문에 형사재판권은 다시 일반법원의 형사재판권과 군사법원의 형사재판권으로 나누어진다.

군사법원은 군인 및 군무원 등의 준군인에 대해 재판권을 갖는 특별법원이다(군사법원법2① i 본문, 군형법1①~④ 참조). 나아가 군사법원이 예외적으로 일반인에 대해 재판권을 갖는 경우가 있다. 군사법원이 일반인에 대해 재판권을 가지는 경우는 (가) 대한민국의 영역 안에서 중대한 군사상 기밀·초병·초소·유독음식물공급·포로·군용물에 관한 죄 중 법률이 정한 범죄를 범한 경우와 (나) 비상계엄이 선포된 경우이다. 「군사법원법」과 「군형법」은 (가)에 해당하는 '법률이 정한 범죄'를 규정하고 있는데(군사법원법2① i, 군형법1④), 이에 해당하는 범죄를 가리켜서 특정군사범죄라고 한다. 군사법원이 군인 및 군무원 등의 준군인이나 일부 일반인에 대해 가지는 형사재판권을 가리켜서 신분적 재판권이라고 한다. 한편 일반법원이 군인 및 준군인에 대해 재판권을 가지는 경우가 있다(군사법원법2② 본문). 이 경우에는 군사법원의 신분적 재판권이 제한된다. 그러나 전시·사변 또는 이에 준하는 국가비상사태 시에는 군사법원의 신분적 재판권이 제한되지 않는다(동항 단서).

비상계엄이 아닌 상황에서, 일반인이 범한 수 개의 죄 가운데 특정군사범죄와 일반범죄가 동시적 경합범(형법37 전단)의 관계에 있다고 보아 하나의 피고사건으로 기소되는 경우가 있다. 이 경우 군사법원의 일반인에 대한 재판권은 어디까지나 해당 특정군사범죄에 한정된다. 군사법원은 일반인이 범한 일반범죄에 대해 재판권을 가지지 않는다(2016초기318). 역으로 일반법원은 일반인이 범한 특정군사범죄에 대해 재판권을 행사할 수 없다. 특정군사범죄에 대하여는 군사법원이 전속적인 재판권을 가진다. 특정군사범죄 이외의 일반범죄에 대해서는 일반법원이 재판권을 행사한다(2016초기318).

일반법원은 공소가 제기된 사건에 대하여 군사법원이 재판권을 가지게 되었거나 재판권을 가졌음이 판명된 때에는 결정으로 사건을 재판권이 있는 같은 심급의 군사법원으로 이송해야 한다. 이 경우에 이송전에 행한 소송행위는 이송후에도 그 효력에 영향이 없다(법16의2). 이 점은 역의 경우에도 같다(군사법원법2③).

(2) 외국인의 국외범

외국인이 외국에서 죄를 범한 경우에는 (가) 형법 제5조 제1호 내지 제7호에 열거된 죄를 범한 때(형법5)와 (나) 형법 제5조 제1호 내지 제7호에 열거된 죄 이외에 대한민국 또는 대한민국 국민에 대하여 죄를 범한 때(형법6)에만 대한민국 형법이 적용되어 우리나라에 재판권이 있게 된다. 여기서 (나)의 '대한민국 또는 대한민국 국민에 대하여 죄를 범한 때'라 함은 대한민국 또는 대한민국 국민의 법익이 직접적으로 침해되는 결과를 야기하는 죄를 범한 경우를 의미한다. 그러므로 예컨대 외국인이 외국에서 위조사문서행사죄(형법234)의 행위를 하더라도 이는 (가)의 경우에 해당하지 아니함은 물론 (나)의 대한민국 또는 대한민국 국민의 법익을 직접적으로 침해하는 행위라고 볼 수도 없기 때문에 우리나라 법원에 재판권이 없다(2011도6507).

(3) 세계주의

우리 형법은 총칙에서 세계주의를 선언하고 있지 않다. 세계주의란 특정한 범죄에 대해서 범죄지나 범인의 국적 여하를 묻지 않고 우리 형법을 적용하는 원칙을 말한다. 그러나 형법 각칙(형법296의2)과 「국제형사재판소의 관할 범죄의 처벌 등에 관한 법률」 등 일부 특별법에서는 세계주의가 명문화되어 있다. 세계주의가 개별적으로 명문화된 경우에는 외국인의 국외범이라 할지라도 우리나라 형벌법규가 적용되므로 우리나라 법원에 재판권이 있다.

제3 법원의 관할

1. 관할의 의의와 종류

(1) 관할의 의의

국법상의 법원 내에는 다수의 개별법원이 설치되어 있다. 이때 다수의 법원 사이에 재판업무를 분담하게 할 필요가 생긴다. 다수 법원 사이의 재판업무 분담기준을 관할이라고 한다. 구체적 피고사건이 특정한 법원의 관할에 속하게 되면 그 법원은 그 사건에 대한 심리와 재판의 권한을 가지게 된다.

형사사건의 관할은 심리의 편의와 사건의 능률적 처리라는 절차적 요구뿐만 아니라 피고인의 출석과 방어권 행사의 편의라는 방어상의 이익도 충분히 고려하여 결정해야 한다. 관할은 자의적 사건처리를 방지하기 위하여 법률에 규정된 추상적 기준에 따라 획일적으로 결정해야 한다(2015도1803).

(2) 관할의 종류

관할은 여러 가지 기준을 가지고 분류해 볼 수 있다. 관할은 법률에 의하여 직접 규정되는 법정관할과 법원의 재판을 기다려서 결정되는 재정관할로 구분할 수 있다. 법정관할은 다시 고유관할과 관련사건의 관할로 구분된다. 고유관할은 구체적 피고사건에 대하여 직접적으로 규정되는 관할이다. 이에 대해 고유관할 사건과 일정한 관련이 있어서 인정되는 관할이 관련사건의 관할이다.

관할은 또한 피고사건 자체의 심판에 관한 관할과 피고사건과 관련된 특수절차의 심판에 관한 관할로 나누어 볼 수 있다. 이때 전자를 사건관할, 후자를 직무관할이라고 한다. 피고사건에 대한 토지관할(법4 이하), 사물관할(법원조직법7④, 32), 심급관할(동법14, 28, 32②)은 사건관할에 해당하며, 재심청구사건(법423), 비상상고사건(법441), 재정신청사건(법260), 체포·구속적부심사청구사건(법214의2) 등에 대한 관할은 직무관할에 해당한다.

피고사건에 대하여 법률이 직접적으로 규정을 두고 있는 관할을 고유의 법정관할이라고 한다. 고유의 법정관할에는 심급관할, 사물관할, 토지관할이 있다.

2. 심급관할

심급관할이란 상소관계에 있어서의 관할을 말한다. 심급관할은 상소법원의 심판권을 의미한다.

대법원은 형사사건에 관하여 (가) 고등법원 또는 항소법원의 판결에 대한 상고사건(법원조직법14, 법371), (나) 항고법원, 고등법원 또는 항소법원의 결정·명령에 대한 재항고사건, (다) 다른 법률에 따라 대법원의 권한에 속하는 사건을 중심으로 심판한다(법원조직법14 ii, 법415).

고등법원은 형사사건에 관하여 (가) 지방법원 합의부의 제1심 판결·결정·명령에 대한 항소 또는 항고사건, (나) 다른 법률에 따라 고등법원의 권한에 속하는 사건을 심판한다(법원조직법28 i, iii).

지방법원 본원 합의부 및 춘천지방법원 강릉지원 합의부는 형사사건에 관하여 지방법원 단독판사의 판결·결정·명령에 대한 항소 또는 항고사건을 제2심으로 심판한다(법원조직법32② 본문). 지방법원 단독판사의 사물관할에 속하는 사건에 대한 항소사건을 고등법원이 심판한 것은 소송절차의 법령을 위반한 것에 해당한다(96도2789).

3. 사물관할

(1) 구별기준

사물관할이란 사건의 경중이나 성질에 따른 제1심법원의 관할분배를 말한다. 사물관할은 제1심법원의 관할분배라는 점에서 심급관할과 구별된다. 제1심의 사물관할은 제1심법원의 단독판사 또는 합의부에 속한다. 사물관할의 분배는 「법원조직법」에 규정되어 있다.

지방법원 및 그 지원과 시·군법원의 형사사건에 대한 심판권은 원칙적으로 단독판사가 행사한다(법원조직법7④). 시·군법원은 20만원 이하의 벌금 또는 구류나 과료에 처할 범죄사건을 즉결심판한다(법원조직법34① iii, ③). 시·군법원의 즉결심판사건 기준인 '20만원 이하의 벌금 또는 구류나 과료에 처할 범죄사건'은 법정형이 아니라 선고형을 기준으로 한다.

형사사건의 제1심은 단독판사가 관할하는 것이 원칙이지만(법원조직법7④), 법관 3명으로 구성된 합의부가 관할하는 경우가 있다. 지방법원과 그 지원의 합의부는 다음의 형사사건에 대하여 각각 제1심으로 심판한다(동법32① 참조).

① 합의부에서 심판할 것으로 합의부가 결정한 사건 (1호)

② 사형, 무기 또는 단기 1년 이상의 징역 또는 금고에 해당하는 사건(다만 예외가 있음)

(3호)

③ 위 3호의 사건과 동시에 심판할 공범사건 (4호)

④ 지방법원판사에 대한 제척·기피사건 (5호)

⑤ 다른 법률에 의하여 지방법원 합의부의 권한에 속하는 사건 (6호)

단독판사와 합의부 사이의 사물관할에 관한 구별기준은 기본적으로 피고사건의 성질과 피고사건에 대한 법정형의 경중이다. 원칙적인 기준은 3호 사유, 즉 법정형 단기 1년 이상의 징역 또는 금고 여부이다(법원조직법32① iii 본문)(99도4398). 다만, 일정한 범주의 사건은 단기 1년 이상의 징역 또는 금고가 규정되었음에도 불구하고 합의부 사물관할에서 제외된다(법원조직법32① iii 단서 참조).

단독판사의 사물관할에 속하던 피고사건이 공소장변경(법298)에 의하여 합의부 관할사건으로 변경되는 경우가 있다. 형사소송법은 소송경제를 도모하기 위하여 단독판사가 관할위반의 판결을 선고함이 없이 결정으로 피고사건을 관할권이 있는 합의부에 이송하도록 하고 있다(법8②). 형사소송법은 합의부 관할사건이 공소장변경에 의하여 단독판사 관할사건으로 변경된 경우에 관하여 규정하고 있지 않다. 이 경우의 사물관할은 합의부에 속한다(2013도1658).

(2) 문제되는 사례

특수상해죄(형법258의2①; 1년 이상 10년 이하 징역)는 법정형의 단기가 1년 이상의 징역에 해당하는 경우이지만 「법원조직법」의 예외규정에 의하여 단독판사의 관할에 속한다(법원조직법32① iii 가목). 그러나 상습특수상해죄(형법264, 258의2①; 단기 및 장기 각 2분의1 가중)는 「법원조직법」의 예외규정에 포함되어 있지 않고, 법정형의 단기가 1년 이상의 징역에 해당하는 경우이므로 합의부 관할사건에 속한다(2016도18194).

감금죄(형법276①; 5년 이하 징역 또는 700만원 이하 벌금) 및 존속감금죄(형법276②; 10년 이하 징역 또는 1,500만원 이하 벌금)는 법정형의 단기가 1년 이상의 징역 또는 금고에 해당하지 않으므로 단독판사 관할사건에 속한다. 그러나 감금치상죄(형법281① 1문; 1년 이상 징역), 감금치사죄(형법281① 2문; 3년 이상 징역), 존속감금치상죄(형법281② 1문; 2년 이상 징역), 존속감금치사죄(형법281② 2문; 무기 또는 5년 이상 징역)는 법정형의 단기가 1년 이상의 징역에 해당하는 경우이므로 합의부 관할사건에 속한다(99도4398). 「공직선거법」은 법정형의 경중을 묻지 않고 선거범과 그 공범에 관한 제1심재판을 합의부 관할사건으로 규정하고 있다(동법 269 본문).

4. 토지관할

(1) 토지관할의 의의

토지관할이란 동등한 법원 상호간에 사건의 지역적 관계에 의하여 이루어지는 관할의 배분을 말한다. 토지관할의 결정에는 사건의 효율적 처리와 피고인의 방어권보장을 함께 고려해야 한다. 토지관할은 형사소송법에 규정되어 있다. 한편 「각급법원의 설치와 관할구역에 관한 법률」은 각급 법원의 관할구역을 정해놓고 있다. 관할구역은 법원 또는 법관이 행하는 직무활동의 지역적 범위이다. 법원 또는 법관은 원칙적으로 그 관할구역 안에서만 직무활동을 수행할 수 있다(법3 참조).

토지관할의 일차적 기능은 동급의 제1심법원 사이에 관할을 배분하는 데에 있다. 제1심법원은 「각급법원의 설치와 관할구역에 관한 법률」이 규정해 놓은 관할구역을 전제로 형사소송법의 토지관할기준을 충족하고 있는 사건에 대해 토지관할을 가지게 된다. 제1심 형사사건에 관하여 지방법원 본원과 지방법원 지원은 소송법상 별개의 법원이자 각각 일정한 토지관할 구역을 나누어 가지는 대등한 관계에 있다. 지방법원 본원과 지방법원 지원 사이의 관할 분배는 소송법상 토지관할의 분배에 해당한다(2015도1803).

(2) 토지관할의 기준

토지관할의 기준은 범죄지, 피고인의 주소, 거소 또는 현재지이다(법4①). 국외에 있는 대한민국 선박 내에서 범한 죄에 관하여는 앞에 열거한 곳 이외에 선적지(船籍地) 또는 범죄 후의 선착지(船着地)가 토지관할의 기준이 된다(동조②). 국외에 있는 대한민국 항공기 내에서 범한 죄의 토지관할도 선박의 경우와 동일한 기준에 의하여 토지관할이 결정된다(동조③).

범죄지란 범죄사실의 전부 또는 일부가 발생한 장소이다. 범죄지에는 일반적으로 범죄에 대한 증거가 존재하므로 피고사건의 심리와 재판에 능률과 신속을 도모하기 위하여 범죄지를 토지관할의 기준으로 설정한 것이다. 범죄지는 범죄사실의 전부 또는 일부가 발생한 장소이므로 범죄실행의 장소는 물론 결과발생의 장소와 그 사이의 중간지도 모두 범죄지에 포함된다(98도2734).

주소와 거소는 민법상의 개념(민법18, 19)에 의한다. 주소와 거소는 공소제기 당시에 법원의 관할구역 내에 존재하면 족하고 공소제기 후에 발생한 주소·거소의 변동은 토지관할에 영향을 미치지 않는다.

현재지란 공소제기 당시에 피고인이 실제로 위치하고 있는 장소를 말한다. 피고인의 주소 또는 거소가 아니더라도 현재지라는 사실만으로 토지관할은 인정된다. 현재지는 피고인이 임의로 위치하는 곳뿐만 아니라 적법한 강제에 의하여 피고인이 현재하는 장소도 포함한다(2011도12927). 불법하게 연행된 장소는 현재지에 포함되지 않는다.

5. 관련사건의 관할

(1) 관련사건의 의의

관련사건이란 관할이 인정된 하나의 피고사건을 전제로 하여 그 사건과 주관적 또는 객관적으로 관련성이 인정되는 사건을 말한다. 형사소송법은 고유의 법정관할을 수정하여 원래 관할권이 없는 법원도 관련사건임을 이유로 관할을 가질 수 있도록 하고 있다. 관련사건의 관할은 법률의 규정에 의한 관할이라는 점에서 법원의 재판에 의한 재정관할과 구별된다. 형소법 제11조는 다음의 사건을 관련사건으로 규정하고 있다.

① 1인이 범한 수죄 (1호)

② 수인이 공동으로 범한 죄 (2호)

③ 수인이 동시에 동일장소에서 범한 죄 (3호)

④ 범인은닉죄, 증거인멸죄, 위증죄, 허위감정통역죄 또는 장물에 관한 죄와 그 본범의 죄 (4호)

(2) 병합관할과 병합심리

관련사건임이 인정되면 그 사건에 대하여 고유의 법정관할이 없는 법원도 관할을 가지게 된다(법5, 9 참조). 이 경우의 관할을 가리켜서 **병합관할**이라고 한다. 병합관할은 하나의 법원이 여러 개의 사건에 대해 관할을 가지는 경우이다. 관련사건에 대하여 병합관할을 인정한 것은 동일한 피고인에 대하여 행해지는 절차의 중복을 피하거나 증거가 공통된 사건들 사이에 모순된 판결이 나오는 것을 방지하기 위함이다. 관련사건임이 인정되면 소송계속중의 사건에 대한 병합심리가 허용된다(법6, 10 참조).

병합심리란 여러 개의 사건에 대하여 이미 여러 개의 소송계속이 병존하는 경우에 하나의 법원이 병존하는 여러 사건들을 병합하여 심리하는 것을 말한다. 병합심리는 검사가 여러 개의 법원에 각각 공소제기를 하여 여러 개의 소송계속이 발생할 때 일어난다.

사물관할을 달리하는 여러 개의 사건이 관련된 때에는 법원 합의부가 병합관할한다(법9 본문). 사물관할을 달리하는 여러 개의 관련사건이 기소되어 각각 법원 합의부와 단독판사에 계속된 때에는 합의부는 결정으로 단독판사에 속한 사건을 병합하여 심리할 수 있다(법10). 관련사건을 병합심리중인 합의부는 결정으로 관할권 있는 법원 단독판사에게 단독판사 관할사건을 이송할 수 있다(법9 단서).

토지관할을 달리하는 여러 개의 사건이 관련된 때에는 한 개의 사건에 관하여 관할권 있는 법원은 다른 사건까지 관할할 수 있다(법5). 토지관할에 대한 병합관할의 인정은 동일한 사물관할(합의부 또는 단독판사)을 가진 법원들 사이에 한정된다. 토지관할이 다른 여러 개의 관련사건이 기소되어 각각 다른 법원에 계속된 때에는 공통되는 바로 위의 상급법원은 검사나 피고인의 신청에 의하여 결정으로 한 개 법원으로 하여금 병합심리하게 할 수 있다(법6). 이 경우 '바로 위의 상급법원'은 「각급법원의 설치와 관할구역에 관한 법률」이 규정한 관할구역표를 기준으로 결정된다(2006초기335).

토지관할의 병합심리에는 검사나 피고인의 신청을 요한다(법6). 토지관할을 달리하는 수 개의 관련사건이 기소되어 동일법원에 계속된 경우에 병합심리의 필요가 없는 때에는 법원은 결정으로 이를 분리하여 관할권 있는 다른 법원에 이송할 수 있다(법7).

6. 재정관할

재정관할이란 법원의 재판에 의하여 정해지는 관할을 말한다. 재정관할에는 관할의 지정, 관할의 이전, 관할의 창설이 있다.

관할의 지정이란 (가) 어느 사건에 관하여 법원의 관할이 명확하지 아니한 때 또는 (나) 관할위반을 선고한 재판이 확정된 사건에 관하여 다른 관할법원이 없는 때에 관할법원을 정하는 것을 말한다(법14). 검사는 제1심법원에 공통되는 바로 위의 상급법원에 관할지정을 신청하여야 한다(동조). 관할지정을 신청하려면 그 사유를 기재한 신청서를 바로 위의 상급법원에 제출해야 한다(법16①).

관할의 이전이란 (가) 어느 사건의 관할법원이 법률상의 이유 또는 특별한 사정으로 재판권을 행할 수 없는 때 또는 (나) 범죄의 성질, 지방의 민심, 소송의 상황 기타 사정으로 재판의 공평을 유지하기 어려운 염려가 있는 때에 그 사건의 관할을 다른 법원으로 옮기는 것을 말한다(법15). 관할이전의 사유가 있으면 검사는 바로 위의 상급법원에 관할이전을 신청해야 한다. 검사의 관할이전 신청은 의무적이다(동조 1문). 이에 대해 피고인은 관할이전의 신청을 할 수 있다(동조 2문). 관할이전을 신청하려면 그 사유를 기재한 신청서를 바로 위의 상급법원에 제출하여야 한다(법16①).

관할의 창설이란 원래 관할이 없는 법원에 관할을 인정하는 것을 말한다. 국민참여재판사건의 경우에는 지방법원 본원 합의부에 관할이 집중된다. 지방법원 지원 합의부 관할사건 가운데 국민참여재판 대상사건의 피고인이 국민참여재판을 원하는 경우 지방법원 지원 합의부는 회부결정을 한 후 사건을 지방법원 본원 합의부로 이송하여야 한다(국민참여재판법10①). 이 경우에는 지방법원 지원 합의부가 회부결정을 한 사건에 대해 지방법원 본원 합의부가 관할을 가지게 된다(동조②). 지방법원 본원 합의부에 관할이 창설되는 것이다.

법원의 관할에 관한 결정에 대해서는 특히 즉시항고를 할 수 있는 경우 외에는 항고를 하지 못한다(법403①). 그런데 현행 형사소송법상 관할과 관련된 즉시항고의 규정이 없으므로 결국 재정관할에 관한 법원의 결정에 대해서는 불복이 허용되지 않는다.

7. 관할의 경합

(1) 관할경합의 의의

관할은 여러 가지 기준에 의하여 결정되기 때문에 경우에 따라서는 하나의 사건에 대하여 여러 개의 관할법원이 인정될 수 있다. 이때 하나의 사건에 대하여 두 개 이상의 법원이 관할권을 가지는 것을 관할의 경합이라고 한다. 관할의 경합은 하나의 사건에 대한 여러 개 법원의 관할문제이다. 관할의 경합은 관할의 병합과 구별된다. 관할의 병합은 여러 개의 사건을 하나의 법원이 관할하는 문제이다.

하나의 동일사건에 대하여 여러 개의 법원에 관할이 인정되면 검사는 그중 어느 법원에 대하여도 공소를 제기할 수 있다. 그러므로 경우에 따라 여러 법원이 동일한 피고사건을 심판하는 일이 생길 수 있다. 그러나 동일사건에 대하여 서로 다른 법원이 이중의 심리를 행하거나 모순된 판결을 내리는 것은 소송경제의 원칙에 반할 뿐만 아니라 국가의 공권적 판단작용인 재판의 권위를 위해서도 용납할 수 없다. 형사소송법은 관할이 경합하는 경우에 심판의 우선순위를 정하여 중복심리나 모순된 판결의 발생을 방지하고 있다.

(2) 사물관할의 경합

관할의 경합에는 사물관할의 경합과 토지관할의 경합이 있다. 사물관할의 경합이란 동일사건이 각각 합의부와 단독판사에게 기소되어 소송계속이 된 경우를 말한다. 동일사건이 사물관할을 달리하는 여러 개의 법원에 계속된 때에는 법원합의부가 심판한다(법12). 이때 단독판사는 합의부에 소송계속된 사실이 명확하게 되는 즉시 공소기각결정을 해야 한다(법328① iii).

(3) 토지관할의 경합

토지관할의 경합은 같은 사건이 사물관할이 같은 여러 개의 법원에 기소되어 소송계속이 된 경우를 말한다. 이 때에는 먼저 공소를 받은 법원이 심판하는 것이 원칙이다(법13 본문). 다만, 각 법원에 공통되는 바로 위의 상급법원은 검사나 피고인의 신청에 의하여 결정

으로 뒤에 공소를 받은 법원으로 하여금 심판하게 할 수 있다(동조 단서). 토지관할이 경합
한 경우에 다른 법원에 같은 사건이 먼저 기소되었음이 명백하게 되면 나머지 법원은 즉시
공소기각결정을 해야 한다(법328① ⅲ).

8. 관할위반의 효과

법원의 관할은 소송조건이다. 따라서 법원은 직권으로 관할의 유무를 조사해야 한다(법
1). 피고사건이 법원의 관할에 속하지 아니함이 판명된 때에는 법원은 판결로써 관할위반
의 선고를 해야 한다(법319). 관할위반임이 판명되어 관할위반의 판결을 선고하는 경우에도
그 동안 행해진 소송행위는 그 효력에 영향이 없다(법2).

관할은 소송조건이므로 원칙적으로 형사절차의 전과정에 걸쳐서 존재해야 할 것이다.
그런데 토지관할은 동급법원 사이의 업무분담 기준으로서 이들 법원 사이에는 심리의 정
도가 동일하다. 이 때문에 피고인에게 실질적 불이익이 발생하지 않는 한 피고사건의 진행
에서 특정한 토지관할을 고집할 필요가 없다. 법원은 피고인의 신청이 없으면 토지관할에
관하여 관할위반의 선고를 하지 못한다(법320①). 토지관할은 공소제기 시점에 존재하면 족
하다. 공소제기 이후의 시점까지 토지관할이 인정될 필요는 없다.

피고인의 관할위반신청은 피고사건에 대한 진술 전으로 한정된다(동조②). '피고사건에
대한 진술'은 피고인의 모두진술(법286)이 아니라 재판장의 쟁점정리(법287①)에 대한 피고
인 측의 의견진술(동조②)로 보아야 할 것이다. 피고인은 모두진술에서 자신에게 이익되는
사실 등을 진술할 수 있는데(법286②) 이때 토지관할위반의 신청을 할 수 있기 때문이다.

사물관할은 토지관할의 경우와 달리 공소제기부터 재판에 이르기까지 전체 형사절차
에 걸쳐서 존재해야 한다. 다만 단독판사의 관할사건이 공소장변경(법298)에 의하여 합의부
관할사건으로 변경된 경우에는 단독판사는 관할위반의 판결을 선고하지 않고 결정으로 사
건을 관할이 있는 합의부에 이송하여야 한다(법8②).

제 4 법원직원의 제척 · 기피 · 회피

1. 제도의 필요성

피고사건에 대한 법원의 심리와 재판은 공정해야 한다. 법원의 재판권과 관할은 추상
적 기준의 제시를 통하여 법원의 자의적인 구성을 방지함으로써 공정한 재판의 전제를 마
련하려는 장치이다. 그런데 법원이 추상적 기준에 따라 재판권과 관할을 가진다고 해도 그

법원이 불공평한 재판을 할 우려가 있는 법관으로 구성된다면 구체적 형사절차의 진행에서 공정한 재판을 기대할 수 없다. 여기에서 구체적·개별적인 소송법적 의미의 법원이 공정한 재판부로 기능하기 위한 제도적 담보장치가 요망된다. 이 문제에 대비하여 형사소송법은 법원직원에 대한 제척·기피·회피의 제도를 마련하고 있다.

2. 법관의 제척

(1) 제척사유

제척이란 피고사건의 심판을 담당하는 법관이 불공평한 재판을 하게 될 우려가 현저한 경우를 유형적으로 설정해 놓고 그 사유에 해당하는 법관을 자동적으로 직무집행에서 배제하는 것을 말한다. 제척은 일정한 제척사유가 인정되면 자동으로 당해 법관이 직무집행에서 배제된다. 별도로 피고인 등의 신청이나 법관의 의사표시를 기다리지 않는다. 자동배제라는 점에서 제척은 법관의 기피나 회피와 구별된다.

형소법 제17조는 제척사유로 다음의 아홉 가지 경우를 예정하고 있다.

① 법관이 피해자인 때 (1호)

② 법관이 피고인 또는 피해자의 친족, 가족 또는 이러한 관계가 있었던 자인 때 (2호)

③ 법관이 피고인 또는 피해자의 법정대리인, 후견감독인인 때 (3호)

④ 법관이 사건에 관하여 증인, 감정인, 피해자의 대리인으로 된 때 (4호)

⑤ 법관이 사건에 관하여 피고인의 대리인, 변호인, 보조인으로 된 때 (5호)

⑥ 법관이 사건에 관하여 검사 또는 사법경찰관의 직무를 행한 때 (6호)

⑦ 법관이 사건에 관하여 전심재판 또는 그 기초되는 조사, 심리에 관여한 때 (7호)

⑧ 법관이 사건에 관하여 피고인의 변호인이거나 피고인·피해자의 대리인인 법무법인, 법무법인(유한), 법무조합, 법률사무소, 「외국법자문사법」 제2조 제9호에 따른 합작법무법인에서 퇴직한 날부터 2년이 지나지 아니한 때 (8호)

⑨ 법관이 피고인인 법인·기관·단체에서 임원 또는 직원으로 퇴직한 날부터 2년이 지나지 아니한 때 (9호)

형소법 제17조가 규정한 제척사유들은 열거적이며 임의로 확장할 수 없다. 제척은 법률이 정형적으로 규정해 놓은 상황에 해당하는 법관을 직무집행에서 자동적으로 배제시키는 제도이기 때문이다.

(2) 전심재판

제척사유 가운데 7호 사유의 경우에는 '전심재판'이라는 용어가 사용되고 있다. 전심재판이란 불복신청을 한 당해 사건의 전심을 말한다. 제2심에 대한 제1심, 제3심에 대한 제2심 또는 제1심이 전심재판에 해당한다. 이 경우 당해 사건과 전심재판 사이에는 상소제기에 의하여 소송계속의 이전이 발생하고 있다(후술 452면).

소송계속의 이전을 통한 절차의 연결성이 인정되지 않는 경우는 전심재판에 해당하지 않는다. 재심청구사건에 있어서 재심대상이 되는 사건(원판결)은 전심재판에 해당하지 않는다(82모11). 공소제기 전에 증거보전절차(법184)에서 증인신문을 한 법관은 전심재판에 관여한 법관에 해당하지 않는다(71도974). 약식명령이나 즉결심판을 행한 법관이 이후 정식재판을 담당한 경우에 이는 전심재판에 관여한 것에 해당하지 않는다(2002도944).

'전심재판의 기초되는 조사, 심리에 관여한 때'라 함은 전심재판의 실체형성과 재판의 내부적 성립에 실질적으로 관여한 경우를 말한다. 전심 공판절차에서 사실조사나 증거조사를 행한 법관이 여기에 해당한다. 제1심 담당 법관이 피고인이 피의자였을 때 구속영장발부절차에서 영장실질심사를 담당하였던 것(법201의2)은 법관이 사건에 관하여 전심재판 또는 그 기초가 되는 조사ㆍ심리에 관여한 경우에 해당하지 않는다(2001도7095).

3. 법관의 기피

(1) 기피의 의의

기피란 (가) 법관이 제척사유가 있음에도 불구하고 재판에 관여하거나 또는 (나) 법관이 불공평한 재판을 할 염려가 있는 경우에 검사 또는 피고인의 신청에 의하여 당해 법관을 직무집행으로부터 배제시키는 제도를 말한다(법18①). 기피는 그 사유가 비유형적이고 검사 또는 피고인의 신청을 기다려야 한다는 점에서 정형적 사유를 기초로 직무집행의 자동적 배제를 초래하는 제척과 구별된다. 기피는 또한 검사 또는 피고인의 신청을 기초로 하는 제도라는 점에서 법관 본인의 의사를 기초로 하는 회피와 구별된다.

형사소송법은 기피의 사유로 (가) 법관이 제척사유에 해당하는 때와 (나) 법관이 불공평한 재판을 할 염려가 있는 때의 두 가지를 규정하고 있다(법18①). 이 가운데 제척사유는 앞에서 설명한 바와 같다.

'법관이 불공평한 재판을 할 염려가 있는 때'라 함은 검사나 피고인이 불공평한 재판이 될지도 모른다고 추측할 만한 주관적인 사정이 있는 때를 말하는 것이 아니라, 통상인의 판단으로서 법관과 사건과의 관계상 불공평한 재판을 할 것이라는 의혹을 갖는 것이 합리적이라고 인정할 만한 객관적인 사정이 있는 때를 말한다(95모93). 재판부가 당사자의 증거신청을 채택하지 아니하였다 하더라도 그러한 사유만으로 재판의 공평을 기대하기 어려운 객관적인 사정이 있다고 할 수 없다(90모44).

(2) 기피신청의 절차

법관의 기피를 신청할 수 있는 사람은 검사 또는 피고인이다(법18①). 변호인은 피고인의 명시한 의사에 반하지 아니하는 때에 한하여 법관에 대한 기피를 신청할 수 있다(동조②). 기피신청의 대상은 불공평한 재판을 할 염려가 있다고 주장되는 법관이다. 기피신청의 대상이 된 법관은 수소법원을 구성하는 법관이어야 한다.

재판부 자체에 대한 기피신청은 인정되지 않지만 합의부 법관 전원에 대한 기피신청은 가능하다. 그러나 대법원의 경우 전원합의체를 구성하는 대법관 전원에 대한 기피신청은 허용되지 않는다. 이 경우에는 기피신청을 판단할 법원을 구성할 수 없기 때문이다.

형사사건의 공판절차에서 기피신청은 변론종결 시점을 넘어 판결선고 직전까지 가능하다. 법관에 대한 기피신청이 있는 경우에 형소법 제22조에 의하여 정지될 소송진행에 판결선고는 포함되지 않는다. 이미 종국판결이 선고되어 버리면 그 담당재판부를 사건 심리에서 배제하고자 하는 기피신청은 그 목적의 소멸로 재판을 할 이익이 상실되어 부적법하게 된다(94모77).

합의부 법원의 법관에 대한 기피는 그 법관의 소속 법원에 신청하여야 한다(법19①). 이 경우 '법관의 소속 법원'은 소송법적 의미의 법원, 즉 기피당한 법관이 소속한 당해 합의부를 말한다. 수명법관, 수탁판사 또는 단독판사에 대한 기피는 당해 법관에게 신청하여야 한다(법19①). 기피사유는 신청한 날로부터 3일 이내에 서면으로 소명하여야 한다(동조②). 이때 소명이라 함은 기피신청의 주장이 일단 진실이라고 추정할 수 있는 정도의 증명을 말한다.

(3) 간이기각결정

기피신청이 형식적 요건을 구비하지 못하여 부적법한 경우에는 기피신청을 받은 법원 또는 법관이 결정으로 그 신청을 기각한다(법20① 참조). 이를 간이기각결정이라고 한다. 간이기각결정의 사유는 (가) 기피신청권자 아닌 자가 기피신청을 한 경우(법18 참조), (나) 관할 없는 법원 또는 법관에게 기피신청을 한 경우(법20①, 19①), (다) 3일 이내에 기피사유를 서면으로 소명하지 않은 경우(법20①, 19②), (라) 소송의 지연을 목적으로 함이 명백한 경우(법20①)이다.

간이기각결정은 기피신청을 당한 법관도 이를 할 수 있다(법20①, 21② 참조). 기피신청이라는 소송행위의 객관적·형식적 요건의 불비가 간이기각결정의 사유이기 때문에 기피신청을 당한 법관이 그 사유의 존부를 판단하더라도 자기사건의 자기심판이라는 모순은 생기지 않는다. 간이기각결정에 대해서는 즉시항고를 할 수 있다(법23①). 간이기각결정에 대한 즉시항고는 통상적인 즉시항고(법410)와 달리 재판의 집행을 정지하는 효력이 없다(법23②).

합의부 법관에 대한 기피신청에 대해 기피당한 법관이 소속한 당해 합의부가 간이기각결정을 내리면 그에 대한 즉시항고는 관할 고등법원에 제기해야 한다(법원조직법28 i). 그러나 재판장, 수명법관, 수탁판사 등 개별판사에 대한 기피신청이 기피당한 당해 판사에 의해 간이기각결정된 경우에는 형소법 제416조 제1항 제1호에 따라 당해 법관이 소속한 국법상 의미의 법원에 준항고를 제기해야 한다.

(4) 기피신청에 대한 이유심사

국법상 의미의 법원에는 기피신청사건을 담당할 합의부가 설치되어 있다(법원조직법32 ① v 참조). 기피당한 법관은 간이기각결정을 하는 경우를 제외하고는 지체 없이 기피신청에 대한 의견서를 기피신청사건 담당 합의부에 제출해야 한다(법20②). 이 경우에 기피당한 법관이 기피의 신청을 이유 있다고 인정하는 때에는 기피신청에 대한 인용결정이 있는 것으로 간주되며(동조③) 기피신청사건은 그것으로 종결된다.

기피신청의 적법요건이 인정되고 기피당한 법관으로부터 기피신청이 이유 없다는 의견서가 제출되면 기피신청사건 담당 합의부는 기피신청의 이유 유무를 판단하는 실질심사에 들어가게 된다. 이유 유무의 재판은 기피당한 법관의 소속 법원 합의부에서 결정으로 행한다(법21①). 이 경우 '법관의 소속 법원'은 국법상 의미의 법원을, '합의부'는 기피신청사건 담당 합의부를 말한다.

기피당한 법관은 이유 유무의 결정에 관여하지 못한다(법21②). 자기사건에 대한 자기심판의 모순을 방지하기 위함이다. 기피신청의 이유 유무를 판단할 때에는 당해 사건에 대한 소송진행을 원칙적으로 정지해야 한다(법22 본문). 다만 기피신청이 있더라도 급속을 요하는 경우 수소법원은 예외적으로 소송진행을 계속할 수 있다(동조 단서). 판결선고는 정지될 소송진행에 포함되지 않는다(94모77). 진행이 정지된 기간은 구속기간에 산입되지 않으나(법92③) 미결구금일수에는 통산된다(2005도4758).

기피당한 법관의 소속 법원 합의부(법원조직법32① v)는 기피신청이 이유 없다고 인정하는 때에는 기피신청에 대하여 이유 없으므로 기각한다는 결정을 하여야 한다(법21① 참조). 이 기각결정에 대하여는 즉시항고를 할 수 있다(법23①). 이 경우의 즉시항고는 간이기각결정에 대한 즉시항고(법23②)와 달리 집행정지의 효력이 있다(법410). 합의부가 기피신청을 이유 있다고 인정하는 때에는 기피당한 법관을 당해 사건의 절차에서 배제하는 결정을 하여야 한다. 기피신청 인용결정에 대하여는 불복할 수 없다.

4. 법관의 회피

회피라 함은 법관이 스스로 제척사유나 그 밖의 불공평한 재판을 할 염려가 있다고 생각하는 경우에 자발적으로 직무집행에서 물러나는 것을 말한다(법24①, 18). 그러나 법관의 회피는 개별법관의 독자적 권한에 속하지 아니하며, 소속 법원의 결정이 있어야 회피가 가능하다(법24③, 21①). 이 경우 '소속 법원'은 국법상 의미의 법원을 말한다.

5. 법원사무관등에 대한 제척 · 기피 · 회피

법관의 제척 · 기피 · 회피의 규정은 원칙적으로 법원사무관등과 통역인에게 준용된다(법25①)(84모24). 통역인이 사건에 관하여 증인으로 증언한 때에는 직무집행에서 제척된다(법25①, 17ⅳ)(2010도13583). 법원사무관등과 통역인은 당해 사건을 직접 심판하는 기관은 아니지만 재판과 밀접한 관련을 가진 직무활동을 수행하기 때문에 불공평한 재판의 원인을 제공할 위험을 안고 있다. 그러나 당해 사건의 실체심리는 법관만이 할 수 있으므로 전심재판 또는 그 기초되는 조사 · 심리에 관여한 때(법17ⅶ)라는 제척사유는 이들에게 적용되지 않는다(법25①).

법원사무관등과 통역인에 대한 기피재판은 그 소속 법원이 결정으로 하여야 한다. 이 경우 '소속 법원'은 국법상 의미의 법원(기피신청사건 담당 합의부)을 말한다. 다만, 간이기각결정(법20①)은 기피당한 자의 소속 법관이 한다(법25 본문 · 단서). 이 경우 '소속 법원'은 소송법적 의미의 법원(당해 재판부)을 말한다.

제2절 검 사

1. 수사검사와 기소검사의 분리

검사는 검찰권을 행사하는 국가기관이다(전술 13면). 공소제기 이후에 진행되는 공판절차에서 검사는 공소유지의 담당자로서 각종 소송행위를 수행하게 된다. 검사는 자신이 수사개시한 범죄에 대하여는 공소를 제기할 수 없다(검찰청법4② 본문). 따라서 자신이 수사개시한 범죄에 대하여 수사검사는 공소유지 활동도 할 수 없다. 그러나 사법경찰관이 송치한 범죄에 대하여는 수사검사도 공소제기를 할 수 있으므로(동항 단서) 공소유지 활동도 할 수 있다.

검사는 피고인의 유죄를 입증하기 위해 모두진술(법285)을 위시하여 증거조사(법290 이하)와 피고인신문(법296의2)에 관여하며, 피고인신문 종료 후에 사실과 법률적용에 관하여 의견을 진술한다(법302). 또한 검사는 제1심판결의 선고 전까지 공소를 취소함으로써 법원으로 하여금 형사절차를 종결하도록 할 수 있다(법255①, 328① i).

2. 검사의 객관의무

공판절차에서 검사는 단순히 피고인에 대립 · 갈등하는 반대당사자에 그치는 것이 아니다. 검사는 공익의 대표자로서 실체적 진실에 입각한 형벌권의 실현을 위해 노력해야 하며 이 과정에서 피고인의 정당한 이익까지도 보호하여야 한다. 검사가 수사 및 공판과정에서 피고인에게 유리한 증거를 발견하게 되었다면 피고인의 이익을 위하여 이를 법원에 제출하여야 한다(2001다23447). 피고인의 정당한 이익까지도 보호해야 하는 검사의 책무를 가리켜 검사의 객관의무라고 한다.

검사는 경우에 따라 피고인의 무죄를 구하는 변론을 할 수 있으며(법302 참조) 피고인의 이익을 위한 상소제기(74도3195) 또는 재심의 청구(법424 i)를 할 수 있다. 이와 같은 검사의 권한은 검사의 객관의무를 전제로 하여 인정된 것이다. 이와 관련하여 검사에 대한 제척 · 기피가 인정될 것인지 문제된다. 판례는 압수수색영장의 집행과정에서 피의자가 검사에게 폭행을 가하였고, 이후 피해자인 검사가 같은 피의자를 공무집행방해죄로 수사한 사안에서 피해자 검사의 수사는 위법하지 않다고 판단하였다(2011도12918) 검사에 대한 제척 · 기피를 인정하지 않는 태도라고 생각된다.

제3절 피고인

제1 피고인의 의의와 당사자능력

1. 피고인의 의의

피고인이란 검사가 형사책임을 져야 할 자로 공소를 제기한 사람(법254① i)을 말한다. 「즉결심판에 관한 절차법」에 의한 즉결심판절차에서 경찰서장이 즉결심판을 청구한 사람(동법3①)과 「고위공직자범죄수사처 설치 및 운영에 관한 법률」에 따라 공수처검사가 공소를 제기한 사람도 피고인에 해당한다(동법3① ii, 20①).

피고인은 법원에 형사책임을 져야 할 자로 기소된 사람이므로 수사절차에서 수사기관의 수사대상이 되는 피의자와 구별된다. 피고인은 법원에 심판이 청구된 사람이라는 점에서 유죄판결이 확정된 수형자와 구별된다.

2. 피고인의 당사자능력

(1) 당사자능력의 의의

당사자능력이란 형사절차에서 법원 이외의 소송주체가 될 수 있는 일반적 능력 내지 자격을 말한다. 국가기관인 검사의 자격과 법적 지위에 대하여는 이미 법률로 규정되어 있다. 이 때문에 당사자능력은 결국 피고인이 될 수 있는 일반적 능력이라는 의미를 가지게 된다. 형사절차는 형벌권의 실현을 목적으로 하므로 형사처벌의 가능성이 있는 사람은 누구나 당사자능력을 갖는다.

자연인은 연령이나 의사능력의 유무를 묻지 않고 언제나 피고인이 될 수 있다. 14세 미만자인 형사미성년자(형법9)는 원칙적으로 책임능력이 없으나 특별법에 따라서는 처벌되는 경우도 있기 때문에(예컨대 담배사업법31) 형사미성년자도 당사자능력을 갖는다. 그러나 사망한 사람은 피고인이 될 수 없다.

법인에 대한 형사처벌이 양벌규정을 통하여 인정되는 경우에 법인이 형사절차의 당사자능력을 갖는 것은 물론이다. 그런데 법인에 대한 형사처벌의 명문규정이 없는 경우에도 법인에 대하여 당사자능력을 인정할 것인지가 문제된다. 생각건대 명문의 규정이 없는 경우에도 법인의 형사처벌에 관한 논란의 여지가 남아 있고 또 당사자능력이란 형사절차에 있어서 피고인으로 될 수 있는 일반적·추상적 능력을 의미한다는 점에 비추어 볼 때 법인의 당사자능력은 긍정하는 것이 타당하다고 본다.

(2) 당사자능력의 소멸

당사자능력은 피고인이 사망하거나 피고인인 법인이 더 이상 존속하지 않게 되었을 때 소멸한다. 당사자능력은 소송주체인 피고인으로 될 수 있는 일반적 능력이므로 소송주체가 될 피고인이 존재하지 않는다면 당사자능력도 성립할 수 없다.

당사자능력의 소멸과 관련하여 법인소멸의 문제가 있다. 법인이 더 이상 존속하지 않게 되는 경우로는 법인의 합병과 해산이 있다. 법인이 합병되는 경우에는 합병시에 법인이 소멸하므로 당사자능력의 소멸시점도 이를 기준으로 명확하게 결정된다. 그러나 법인해산의 경우에는 청산절차와 관련하여 청산법인(민법81)이 존재하기 때문에 당사자능력의 소멸시점이 문제된다. 이에 대해서는 청산의 실질적 종료에 의하여 법인의 당사자능력이 소멸된다고

보는 적극설과 피고사건의 소송계속중에는 청산이 종결되지 아니한 것이므로 당사자능력도
소멸되지 않는다고 보는 소극설이 대립하고 있다. 판례는 소극설의 입장이다(84도693).

(3) 당사자능력의 흠결

당사자능력은 소송조건이다. 따라서 당사자능력이 처음부터 없거나 소송계속중에 소멸
한 경우에는 형식재판에 의하여 형사절차를 종결해야 한다. 당사자능력이 흠결된 경우의
처리에 관하여는 소송계속 중에 당사자능력이 소멸한 때와 처음부터 당사자능력이 결여된
때로 나누어 살펴볼 필요가 있다.

먼저, 소송계속 중에 피고인이 사망하거나 피고인인 법인이 존속하지 아니하게 되었을
때가 있다. 이 경우에는 공소기각결정을 하여야 한다(법328①ⅱ). 다음으로, 예컨대 사망자
에 대한 공소제기와 같이 처음부터 당사자능력이 존재하지 않는 경우가 있다. 형소법 제
438조 제2항이 사망자를 위한 재심청구가 있을 때 공소기각결정의 규정(법328①ⅱ)을 적용
하지 못하도록 하고 있는 것을 반대해석해 볼 때 공소기각결정설이 타당하다고 생각된다.

제2 피고인의 소송능력

1. 소송능력의 의의

소송능력이란 소송주체가 유효하게 소송행위를 할 수 있는 능력을 말한다. 검사는 법
률에 의하여 그 자격과 법적 지위가 인정되므로 공판절차에서 소송능력의 문제는 피고인
을 중심으로 논의된다. 피고인의 경우 소송능력은 자기의 소송상의 지위와 이해관계를 이
해하고 이에 따라 방어행위를 할 수 있는 의사능력을 의미한다(2009도6058). 피고인에게
자신의 소송법적 지위를 이해하고 이해득실을 따져서 행위할 수 있는 의사능력이 없다면
그의 소송행위는 효력을 발생할 수 없다.

소송능력은 당사자능력과 구별된다. 당사자능력은 형사절차에서 피고인으로 될 수 있
는 일반적 능력 내지 자격임에 대하여, 소송능력은 소송행위를 유효하게 할 수 있는 능력
을 말한다. 당사자능력이 결여되면 법원은 공소기각결정(법328①ⅱ)을 내려 형사절차를 종
결시켜야 하지만, 피고인에게 소송능력이 없는 경우에는 그 상태가 계속하는 기간 공판절
차를 정지해야 한다(법306①).

소송능력은 또한 변론능력과 구별된다. 변론능력이란 형사사건에 대하여 사실적 및 법
률적으로 적절한 공격·방어를 할 수 있는 능력을 말한다. 상고심에서는 변호사 아닌 자를

변호인으로 선임하지 못하며(법386) 변호인이 아니면 피고인을 위하여 변론하지 못한다(법387). 그러므로 상고심에서는 피고인의 변론능력이 제한된다. 이에 대해 소송능력은 형사절차의 심급 여하를 묻지 않고 모든 소송행위의 유효조건을 이룬다는 점에서 변론능력과 구별된다.

2. 소송능력흠결의 효과

소송능력은 소송행위가 효력을 발생하기 위한 기본조건이다. 따라서 의사능력이 없는 피고인의 소송행위는 원칙적으로 무효가 된다. 그런데 피고인이 의사능력을 가지고 있지 않은 경우에도 형사절차를 진행해야 할 경우가 있다. 이에 대비하여 형사소송법은 소송행위의 대리와 법인의 대표에 관한 규정을 마련하고 있다.

형법 제9조 내지 제11조의 적용을 받지 아니하는 범죄사건에 관하여 피고인이 의사능력이 없는 때에는 그 법정대리인이 소송행위를 대리한다(법26). 피고인이 법인인 때에는 그 대표자가 소송행위를 대표한다(법27①). 수인이 공동하여 법인을 대표하는 경우에도 소송행위에 관하여는 각자가 대표한다(동조②).

피고인이 의사무능력자이거나 법인의 경우에 피고인을 대리 또는 대표할 자가 없는 때에는 법원은 직권 또는 검사의 청구에 의하여 특별대리인을 선정하여야 한다(법28① 전단). 특별대리인은 피고인을 대리 또는 대표하여 소송행위를 할 자가 있을 때까지 그 임무를 행한다(동조②).

피고인이 사물을 변별하거나 의사결정을 할 능력이 없는 상태에 있는 때에는 법원은 검사와 변호인의 의견을 들어서 결정으로 그 상태가 계속하는 기간 동안 공판절차를 정지해야 한다(법306①)(후술 288면). 공판절차가 정지된 기간은 피고인의 구속기간에 산입되지 않는다(법92③). 공판절차의 정지는 피고인 보호를 위한 것이므로 피고사건에 대하여 무죄, 면소, 형의 면제 또는 공소기각의 재판을 할 것이 명백한 때에는 의사무능력의 등의 사유가 있더라도 피고인의 출정 없이 재판할 수 있다(법306④).

제3 피고인의 소송법적 지위

1. 소송주체로서의 지위

소송주체로서의 피고인의 지위는 적극적 지위와 소극적 지위로 나누어 볼 수 있다. 전자는 피고인이 자신의 방어를 위하여 적극적으로 형사절차에 참여할 수 있는 지위를 가리킨다. 이에 대하여 후자는 피고인이 자신의 의사와 관계없이 형사절차의 진행에 관여해야 하는 지위를 가리킨다. 그러나 소극적 지위라 할지라도 그 법적 허용한계에 엄격한 제한이 가해지므로 피고인은 그 한도 내에서 소송주체로서 보호를 받게 된다.

적극적 소송주체로서 피고인은 각종의 방어권과 절차참여권을 보유하고 있다. 또한 이러한 권리의 실효적 행사를 위하여 변호인의 조력을 받을 권리가 보장되고 있다. 적극적 소송주체로서 향유하는 권리에 대해서는 각각의 해당 항목에서 살피기로 하고 아래에서는 소극적 소송주체로서 피고인의 지위를 검토하기로 한다. 변호인에 대해서는 피의자 항목에서 이미 검토하였다(전술 30면).

2. 소극적 소송주체로서의 지위

피고인은 공판기일에 출정하고 진술을 행함으로써 피고사건의 실체심리를 위한 증거자료를 제공한다. 이 경우 피고인은 증거방법으로서의 지위를 갖는다. 증거방법으로 등장하는 형태에는 피고인의 진술과 피고인의 신체 자체가 있다. 전자는 피고인이 인적 증거방법으로서 신문의 대상이 되는 경우임에 대하여 후자는 물적 증거방법으로서 검증의 대상이 된다. 형사소송법은 피고인신문절차(법296의2)를 두고 있다. 피고인의 정신상태 및 신체부위는 법원이 증거조사의 일환으로 행하는 검증(법139, 141①)의 대상이 될 수 있다. 또 피고인은 증인신문에 있어서 대질의 상대방(법162③)이나 신체감정(법172③) 또는 정신감정(동항)의 대상이 될 수 있다.

피고인은 범죄사실에 대하여 법원에 심판이 청구된 사람이므로 공판절차진행에서 피고인의 출석은 공판기일의 불가결의 요소가 된다(법275③). 피고인은 재판장의 허가 없이 퇴정하지 못한다(법281①). 재판장은 피고인의 퇴정을 제지하거나 법정의 질서를 유지하기 위하여 필요한 처분을 할 수 있다(동조②). 피고인은 또한 소환(법68), 구속(법69 이하), 압수·수색(법106 이하) 등 수소법원이 행하는 강제처분의 대상이 된다.

제4 공정한 재판을 받을 권리

1. 공정한 재판을 받을 권리의 의의

헌법 제27조 제1항은 "모든 국민은 헌법과 법률이 정한 법관에 의하여 법률에 의한 재판을 받을 권리를 가진다."라고 규정하고, 헌법 제27조 제3항은 "모든 국민은 신속한 재판을 받을 권리를 가진다. 형사피고인은 상당한 이유가 없는 한 지체 없이 공개재판을 받을

권리를 가진다."라고 규정하여, 형사피고인에게 공정하고 신속한 공개재판을 받을 권리를
보장하고 있다.

공정한 재판을 받을 권리 속에는 (가) 신속하고 공개된 법정의 법관 면전에서 모든 증
거자료가 조사·진술되고 (나) 이에 대하여 피고인이 공격·방어할 수 있는 기회가 보장되
는 재판을 받을 권리가 포함되어 있다. 즉 공정한 재판을 받을 권리 속에는 원칙적으로 당
사자주의와 구두변론주의가 보장되어 당사자에게 공소사실에 대한 답변과 입증 및 반증의
기회가 부여되는 등 공격·방어권이 충분히 보장되는 재판을 받을 권리가 포함되어 있다
(2018헌바524). 이에 더하여 무죄추정의 원칙을 규정하고 있는 헌법 제27조 제4항을 종합하
면(후술 226면), 형사피고인은 형사소송절차에서 단순한 처벌대상이 아니라 절차를 형성·
유지하는 절차의 당사자로서, 검사에 대하여 '무기대등의 원칙'이 보장되는 절차를 향유할
헌법적 권리를 가진다(2018헌바524).

2. 반대신문권의 보장

반대신문권의 보장이란 자기에게 불리하게 진술한 증인에 대하여 피고인에게 반대신문
의 기회를 부여해야 한다는 절차적 권리의 보장을 의미한다. 반대신문권의 보장은 공정한
재판을 받을 권리의 핵심적 내용을 이룬다(2018헌바524).

먼저, 반대신문권 보장은 절차적 정의의 측면에서 의미가 있다. 자신에게 불리한 진술
을 한 원진술자를 반대신문할 기회를 가지게 되면 피고인은 단순한 형사절차의 객체로 취
급되지 아니하고 재판에 대한 형성과 참여를 보장받게 된다 이 점에서 원진술자의 불리한
진술을 기초로 한 형사처벌을 피고인이 수용할 수 있는 절차적 정당성이 확보될 수 있다
(2018헌바524).

다음으로, 반대신문권의 보장이 특히 강조되는 것은 전문증거(傳聞證據, hearsay
evidence)의 경우이다. 전문증거의 내용이 되는 '진술증거'는 불완전한 인간의 지각과 기억
에 기초한 것일 뿐 아니라 그 표현과 전달에 잘못이 있을 수 있는 증거방법이다. 또한 신
문자의 신문방식에 의해서도 진술자의 원래 의사나 기억과 다른 내용이 전달될 가능성이
커서 본질적으로 오류가 개입할 가능성이 큰 증거방법이다(2018헌바524). 반대신문권의 보
장은 진술증거의 오류 가능성을 차단한다는 점에서 공정한 재판을 받을 권리의 핵심적 내
용을 이룬다.

형사소송법은 다음과 같은 형태로 반대신문권을 보장하고 있다.

첫 번째로, 형소법 제161조의2는 교호신문제도를 규정하고 있다. 교호신문제도는 상대
당사자에 반대신문의 기회를 부여하는 증인신문방법이다(법161의2①, 규칙76).

두 번째로, 형소법 제310조의2는 전문법칙을 규정하고 있다. 전문법칙에 따라 법관의 면전에서 진술되지 아니하고 피고인에게 반대신문의 기회가 부여되지 아니한 진술에 대하여는 원칙적으로 증거능력이 부여되지 않는다.

세 번째로, 형소법 제312조 제4항 및 제5항은 피고인 또는 변호인이 공판준비 내지 공판기일에서 원진술자를 신문할 수 있는 때에 한하여 피고인 아닌 자의 진술을 기재한 조서나 진술서의 증거능력을 인정하도록 규정함으로써 피고인에게 불리한 증거에 대하여 반대신문할 수 있는 권리를 인정하고 있다.

네 번째로, 형소법 제313조 제2항 단서는 수사기관의 조서 이외의 일반서면 가운데 피고인 아닌 자가 작성한 진술서에 대해 피고인 또는 변호인이 공판준비 또는 공판기일에 그 기재 내용에 관하여 작성자를 신문할 수 있었을 것을 증거능력 요건의 하나로 규정함으로써 피고인에게 불리한 증거에 대하여 반대신문할 수 있는 권리를 인정하고 있다.

제5 피고인의 진술거부권

1. 진술거부권의 의의

우리 헌법 제12조 제2항은 "모든 국민은 고문을 받지 아니하며, 형사상 자기에게 불리한 진술을 강요당하지 아니한다."고 규정하고 있다. 형사책임에 관하여 자기에게 불리한 진술을 거부할 수 있는 권리를 진술거부권이라고 한다. 피고인은 진술거부권을 갖는다(법283의2, 266의8⑥). 피의자의 진술거부권에 대해서는 앞에서 설명하였다(전술 26면). 피고인이 의사무능력자인 경우에는 그의 법정대리인(법26)이나 특별대리인(법28)이, 피고인이 법인인 경우에는 법인의 대표자(법27), 특별대리인(법28) 또는 대리인(법276 단서)이 진술거부권을 갖는다.

헌법은 진술거부권에 대해 기본권의 지위를 부여하고 있다(헌법12②). 진술거부권은 주관적 공권으로서 포기가 허용되지 않는다. 진술거부권의 포기를 통한 피고인의 증인적격 취득은 인정되지 않는다(2001헌바41). 증인은 법률상 진술의무를 부담한다. 그러나 증인도 자기가 형사소추 또는 공소제기를 당하거나 유죄판결을 받을 사실이 드러날 염려 있는 사항에 대하여는 거부사유를 소명하고 증언을 거부할 수 있다(법148, 150).

진술거부권의 대상은 진술이다. 진술인 이상 구술에 의한 진술뿐만 아니라 서면에 기재된 진술도 포함한다. 형사소송법상 진술거부권의 적용대상은 형사상 자기에게 불리한 진술이다. 따라서 민사책임이나 행정상의 책임과 관련하여 자기에게 불리한 진술은 진술거부권의 대상에 포함되지 않는다. 형사책임에 관련되는 진술인 한 범죄사실 자체뿐만 아니라 간접사실이나 범죄사실의 발견에 단서를 제공하는 사항에 관한 진술도 진술거부권의 대상이 된다.

2. 피고인에 대한 진술거부권의 고지

진술거부권을 현실적으로 행사하려면 진술자가 자신에게 그러한 권리가 있음을 알아야 한다. 피고인은 진술하지 아니하거나 개개의 질문에 대하여 진술을 거부할 수 있다(법283의2①). 재판장은 제1회 공판기일을 시작함에 있어서 피고인에게 진술하지 아니하거나 개개의 질문에 대하여 진술을 거부할 수 있음을 고지하여야 한다(동조②). 한편 공판준비절차에서 진술거부권의 고지가 행해지는 경우가 있다. 공판준비절차에서 법원은 필요하다고 인정하는 때에는 피고인을 소환할 수 있으며, 피고인은 법원의 소환이 없는 때에도 공판준비절차에 출석할 수 있다(법266의8⑤). 이 경우 재판장은 출석한 피고인에게 진술을 거부할 수 있음을 알려주어야 한다(동조⑥).

위법수집증거배제법칙을 규정한 형소법 제308조의2는 공판절차에도 적용된다. 공판절차에서 재판장이 진술거부권을 고지하지 아니한 상태에서 행한 피고인의 진술은 증거능력이 부정된다. 진술거부권을 고지하지 않고 얻어진 피고인의 진술을 기초로 하여 수집된 이차적 증거도 위법수집증거로서 원칙적으로 그 증거능력이 배제된다. 공판절차에서의 피고인에 대한 진술거부권 고지 여부는 공판조서에 의해서만 증명해야 한다(법56 참조).

3. 불이익추정의 금지

공판절차에서 피고인은 진술하지 아니하거나 개개의 질문에 대하여 진술을 거부할 수 있다(법283의2①). 피고인이 개개의 질문에 대하여 진술을 거부하거나 시종 침묵으로 일관하는 경우에 법원은 이를 피고인에게 불이익한 간접증거로 삼거나 이를 이유로 피고인을 유죄로 추정해서는 안 된다. 만일 불이익추정을 허용한다면 진술거부권의 보장은 유명무실해질 것이다.

피고인이 진술거부권을 행사하거나 적극적으로 허위진술을 하는 경우에 이를 양형에서 불이익한 사유로 고려할 수 있는지 문제된다. 이에 대해서는 긍정설과 부정설이 대립하고 있다. 판례는 절충적인 입장을 취하여, (가) 범죄의 단순한 부인은 양형조건으로 고려해서는 안 되지만, (나) 예외적으로 피고인의 진술거부나 거짓진술이 피고인에게 보장된 방어권 행사의 범위를 넘어 객관적이고 명백한 증거가 있음에도 진실의 발견을 적극적으로

숨기거나 법원을 오도하려는 시도에 기인한 경우에는 가중적 양형조건으로 참작될 수 있다는 입장을 취하고 있다(2001도192). 양형판단에서 불이익 양형을 부정하는 것과 같은 이유로 진술거부권을 행사하는 피고인에 대해 진술거부 사실을 들어 신체구속을 하는 것은 허용되지 않는다.

제6 피고인의 무죄추정을 받을 권리

1. 의　의

헌법 제27조 제4항은 "형사피고인은 유죄의 판결이 확정될 때까지는 무죄로 추정된다."고 규정하여 무죄추정의 원칙을 천명하고 있다. 무죄추정의 원칙은 피고인의 입장에서 보면 무죄추정을 받을 권리, 즉 무죄추정의 권리를 의미한다. 무죄추정의 원칙이라는 표현은 피고인의 무죄추정을 받을 권리와 이를 제도적으로 보장하는 국가의 의무를 함께 표현하고 있다.

무죄추정의 원칙이란 아직 공소제기가 없는 피의자는 물론 공소가 제기된 피고인이라도 유죄의 확정판결이 있기까지는 원칙적으로 죄가 없는 자에 준하여 취급하여야 하고 불이익을 입혀서는 안 되며, 가사 불이익을 입힌다 하여도 필요한 최소한도에 그쳐야 한다는 원칙을 말한다(2010헌마418). 피의자의 무죄추정권은 앞에서 검토하였다(전술 28면). 헌법 제27조 제4항은 무죄추정의 권리를 헌법적으로 규정하고 있지만, 형사소송법은 제275조의2에서 공판기일의 진행과 관련하여 피고인의 무죄추정권을 다시 명시하고 있다.

2. 무죄추정권의 내용

무죄추정의 원칙상 금지되는 '불이익'이란 유죄 인정에 수반되는 도덕적·윤리적 비난에 기초한 불이익을 말한다. 금지되는 불이익은 유죄 인정의 효과로서의 불이익, 즉 범죄사실 또는 유죄의 인정을 전제로 그에 대하여 법률적·사실적 측면에서 가해지는 유형·무형의 차별취급을 가리킨다. 이는 비단 형사절차 내에서의 불이익뿐만 아니라 기타 일반 법생활 영역에서의 기본권 제한과 같은 경우에도 적용된다(2010헌마418). 무죄추정권의 내용은 크게 보아 (가) 증거법에 관한 사항, (나) 당해 형사절차의 진행에 관한 사항, (다) 당해 형사절차 이외의 영역에 관한 사항으로 나누어 고찰할 수 있다.

가장 좁은 의미에서 볼 때, 무죄추정의 권리는 "의심스러울 때에는 피고인에게 유리하게"(in dubio pro reo)라는 법언(法諺)과 같은 의미로 이해된다. 형사재판에서 유죄의 인정은 법관으로 하여금 합리적인 의심을 할 여지가 없을 정도(beyond a reasonable doubt)로 공소사실이 진실한 것이라는 확신을 가지게 하는 증명력을 가진 증거에 의해야 한다(후술 411면).

검사가 제출한 증거만으로 이러한 확신을 가지게 하는 정도에 이르지 못한 경우에는 법원은 설령 유죄의 의심이 든다고 하더라도 피고인의 이익으로 판단해야 한다(2016도 21231). 형사소송법은 이 점을 분명히 밝혀서 "범죄사실의 인정은 합리적인 의심이 없는 정도의 증명에 이르러야 한다."고 규정하고 있다(법307②). 범죄사실은 간접증거에 의하여 도 증명할 수 있다. 그런데 피고인은 무죄로 추정된다는 것이 헌법상의 원칙이므로 간접증거에 의한 무죄 추정의 번복은 직접증거가 존재할 경우에 버금가는 정도가 되어야 가능하다(2022도14645 ☞ 574면).

무죄추정의 권리는 다시 당해 형사절차의 진행과 관련하여 그 의미를 살펴볼 수 있다. 무죄추정의 권리가 피고인의 다른 권리들과 구별하여 독자적인 의미를 가지는 경우로 다음의 사항들을 들 수 있다. 무죄추정권과 관련하여 우선 주목되는 것으로서 예단배제의 원칙을 지향하는 공소장일본주의를 들 수 있다(규칙118②)(2009도7436). 다음으로, 재판장은 증거조사를 하기에 앞서 검사 및 변호인으로 하여금 공소사실 등의 증명과 관련된 주장 및 입증계획 등을 진술하게 할 수 있다(법287② 본문). 이때 검사는 증거로 할 수 없거나 증거로 신청할 의사가 없는 자료에 기초하여 법원에 사건에 대한 예단 또는 편견을 발생하게 할 염려가 있는 사항은 진술할 수 없다(동항 단서). 또한 피고인의 형사절차에 관한 서류는 공판의 개정 전에는 공익상 필요 기타 상당한 이유가 없으면 공개하지 못한다(법47).

피고인은 유죄판결이 확정될 때까지 무죄로 추정되므로 피고인에 대한 재판은 불구속으로 진행하는 것이 원칙이다. 구속재판이 허용될 경우라도 그 구속기간은 가능한 한 최소한에 그쳐야 한다(2009헌바8). 무죄추정권에 비추어 볼 때 구속피고인은 가능한 한 사회 일반인과 동일한 처우를 받아야 한다. 따라서 공판정에서는 원칙적으로 피고인의 신체를 구속하지 못한다(법280 본문).

무죄추정의 권리는 (가) 증거법의 원리나 (나) 당해 형사절차에 있어서 피고인의 처우에 관한 준칙을 넘어서서 (다) 그 피고사건과 관련이 있는 다른 분야에서도 실정법적 의미를 가지고 있다. 무죄추정권에 의하여 불이익처분이 금지되는 한계는 그 불이익처분이 유죄판결에 특별히 내재하고 있는 사회적·윤리적 비난을 수반하는가 아닌가 하는 점에서 구해야 한다.

선거에 의하여 선출된 자치단체장의 직무를 '금고 이상의 형을 선고받은 사실'만으로 정지시키는 것은 '유죄인정의 효과로서의 불이익'에 해당되어 무죄추정의 원칙에 반한다

(2010헌마418). 그러나 공소가 제기되어 아직 유죄판결이 확정되지 아니하였다는 사실이 다른 분야에서 피고인을 위한 전면적 면책사유가 될 수는 없다. 무죄추정의 원칙상 금지되는 '불이익'은 '범죄사실의 인정 또는 유죄를 전제로 그에 대하여 법률적·사실적 측면에서 가하는 유형·무형의 차별취급을 말한다. 공소제기의 기초를 이루는 공무원의 비위사실을 토대로 징계처분을 내리는 것은 무죄추정의 권리를 침해하는 것이 아니다(84누110).

3. 무죄추정권의 적용범위

무죄추정의 권리는 유죄판결이 확정될 때까지 존속한다. 피고인에 대하여 제1심 또는 항소법원이 유죄판결을 선고하였으나 그 유죄판결이 아직 확정되지 않은 경우에는 그 피고인에 대한 무죄의 추정이 깨지지 않는다.

유죄판결이 확정되면 무죄추정이 종료한다. 유죄판결은 형선고(법321①) 및 형의 집행유예(동조②)의 판결뿐만 아니라 유죄판결의 일종인 형의 면제(법322)와 형의 선고유예(법322)의 판결을 모두 포함한다. 확정판결의 효력이 부여된 약식명령(법457)이나 즉결심판(즉결심판법16)도 무죄추정을 종료시키는 유죄판결에 포함된다.

이에 반하여 무죄판결(법325)이 확정되면 무죄의 추정은 무죄의 확정으로 전환한다. 면소판결(법326), 관할위반판결(법319), 공소기각판결(법327), 공소기각결정(법328①) 등과 같은 형식재판은 유죄·무죄의 실체판결이 아니므로 무죄의 추정은 깨지지 않고 그대로 유지된다.

제 2 장 공판절차의 진행

제 1 절 공판절차의 기본원칙

제 1 공개재판의 원칙

1. 공판절차의 의의

검사의 공소제기에 의하여 소송계속(訴訟繫屬)이 발생하면 수소법원은 피고사건의 심리와 재판을 행하게 된다. 이때 수소법원이 피고사건을 심리하고 재판하는 절차를 공판절차라고 한다. 넓은 의미의 공판절차는 공소제기 후 소송계속이 종료할 때까지 법원이 행하는 심리와 재판의 전과정을 가리킨다. 여기에는 공판준비절차와 법정 외의 증인신문절차 및 검증절차 등이 모두 포함된다. 이에 대해 좁은 의미의 공판절차는 공판기일에 공판정에서 행하는 심리와 재판만을 의미한다.

공판절차를 진행할 때 헌법과 형사소송법이 수소법원에 준수를 요구하고 있는 몇 가지 원칙들이 있다. 공판절차의 기본원칙으로 거론되는 것으로 공개재판의 원칙, 신속한 재판의 원칙, 공판중심주의 등이 있다.

2. 공개재판의 의의

공개재판의 원칙이란 재판의 심리와 판결을 공개하는 원칙을 말한다. 헌법은 "재판의 심리와 판결은 공개한다."라고 규정하여(헌법109 본문) 공개재판의 원칙을 객관적으로 보장하는 동시에, "형사피고인은 상당한 이유가 없는 한 지체 없이 공개재판을 받을 권리를 가진다."라고 규정하여(헌법27③ 2문) 이를 기본권으로 인정하고 있다. 헌법을 이어받아 「법원조직법」은 재판의 심리와 판결을 원칙적으로 공개하도록 규정하고 있다(동법57① 본문). 공개재판을 받을 권리는 피고인의 헌법상 기본권이다. 따라서 공개금지사유는 엄격히 제한된다(2005도5854).

공개재판의 원칙은 공판절차의 심리과정과 재판결과를 일반인에게 공개함으로써 법관의 책임감을 제고하고, 재판의 공정성에 대한 국민의 감시를 가능하게 함으로써 형사사법에 대한 국민의 신뢰를 보장하려는 데에 그 취지가 있다.

3. 공개재판의 내용

공개재판의 원칙은 공판기일에 법원이 행하는 심리와 재판과정을 누구나 방청할 수 있다는 것을 의미한다. 공개재판의 원칙은 일차적으로 일반인의 공판정에의 출입 가능성과 재판절차의 내용파악 가능성을 그 내용으로 담고 있다. 이를 가리켜 직접적 공개라고 한다. 한편 심리와 재판의 결과를 구두 또는 서면으로 다른 사람에게 전파할 수 있는 가능성을 확보하는 것도 공개재판의 원칙이 가지는 내용에 속한다고 말할 수 있다. 이를 간접적 공개라고 부른다. 공개재판의 원칙은 공판기일의 진행에서 기본을 이루는 원칙이지만 절대적인 것은 아니다. 공개재판이 제한되는 사유로는 법원 건물의 수용능력과 같은 물리적·자연적 제약 이외에 피고사건의 성질, 소송관계인 및 방청인의 태도, 보도매체의 특수성 등을 들 수 있다.

피고사건의 심리가 국가의 안전보장 또는 안녕질서를 방해하거나 선량한 풍속을 해할 염려가 있을 때에는 법원은 결정으로 재판을 공개하지 아니할 수 있다(헌법109 단서, 법원조직법57① 단서). 법원은 재판비공개의 결정을 할 때 이유를 개시하여 법정에서 선고해야 한다(법원조직법57②, 법43). 이 경우에도 재판장은 적당하다고 인정되는 자의 재정을 허가할 수 있다(법원조직법57③). 재판장은 법정의 존엄과 질서를 해칠 우려가 있는 사람의 입정을 금지하거나 퇴정을 명할 수 있다(동법58② 전단). 누구든지 법정 안에서는 재판장의 허가 없이 녹화, 촬영, 중계방송 등의 행위를 하지 못한다(동법59).

법원이 헌법과 「법원조직법」이 정한 공개금지사유가 없음에도 불구하고 재판의 심리에 관한 공개를 금지하기로 결정하였다면 그러한 공개금지결정은 피고인의 공개재판을 받을 권리를 침해한 것이다. 따라서 그 절차에 의하여 이루어진 증인의 증언은 증거능력이 없고, 이는 변호인의 반대신문권이 보장되었다 하더라도 달리 볼 수 없다. 이러한 법리는 공개금지결정의 선고가 없어서 공개금지결정의 사유를 알 수 없는 경우에도 마찬가지이다(2013도2511).

제 2 신속한 재판의 원칙

1. 신속한 재판원칙의 의의

수소법원이 공판절차를 신속하게 진행해야 한다는 원칙을 신속한 재판의 원칙이라고 한다. 우리 헌법은 "형사피고인은 상당한 이유가 없는 한 지체 없이 공개재판을 받을 권리를 가진다."라고 규정하여(헌법27③ 2문) 신속한 재판의 원칙을 기본권으로 보장하고 있다. 한편 소송경제적 관점에서 볼 때 형사사법기관은 만성적인 사건적체에 시달리기 때문에 주어진 인력과 시설을 이용하여 최대한 신속하게 피고사건을 처리하지 않으면 안 된다.

신속한 재판의 원칙은 피고인의 이익보호와 소송촉진이라는 양 측면을 가지고 있지만 피고인의 이익보호라는 관점에서 주된 의미를 파악해야 한다. 신속한 재판의 원칙은 실체적 진실발견을 외면하지 아니하면서 피고인의 이익보호를 꾀하려는 상대적 원리로 파악되어야 한다.

2. 소송촉진을 위한 장치

소송촉진을 위한 장치로 각종 기간제한이 있다. 피고인에 대한 구속기간은 2개월을 원칙으로 한다(법92①). 그러나 특히 구속을 계속할 필요가 있는 경우에는 심급마다 2개월 단위로 2차에 한하여 결정으로 구속기간을 갱신할 수 있다(동조② 본문). 다만, 상소심은 피고인 또는 변호인이 신청한 증거의 조사, 상소이유를 보충하는 서면의 제출 등으로 추가 심리가 필요한 부득이한 경우에 3차에 한하여 구속기간을 갱신할 수 있다(동항 단서).

형사소송법은 신속한 재판과 소송촉진을 위하여 즉일선고의 원칙을 규정하고 있다. 판결의 선고는 원칙적으로 변론을 종결한 기일에 하여야 한다(법318의4① 본문). 변론을 종결한 기일에 판결을 선고하는 경우에는 판결의 선고 후에 판결서를 작성할 수 있다(동조②). 다만, 특별한 사정이 있는 때에는 따로 선고기일을 지정할 수 있다(동조① 단서). 이 경우 선고기일은 변론종결 후 14일 이내로 지정되어야 한다(동조③).

3. 집중심리주의

(1) 집중심리주의의 의의

신속한 재판의 원칙과 관련하여 무엇보다도 강조되어야 할 것은 집중심리주의의 확립이다. 집중심리주의란 공판기일의 심리를 집중적으로 실시해야 한다는 원칙이다. 형사소송법은 집중심리주의를 공판절차의 기본원칙으로 천명하고 있다(법267의2).

심증의 정확한 형성이라는 관점에서 볼 때 집중심리주의는 특히 국민참여재판의 심리에 필수적으로 요구되는 원칙이다. 국민참여재판의 경우에 법률문외한인 배심원은 공판조서와 같은 소송서류를 이용할 수 없다. 배심원은 오로지 자신의 오관에 의하여 공판정에 현출된 증거를 관찰하고 그에 기하여 얻어진 심증을 통하여 피고사건에 대한 판단을 내리게 된다. 이러한 기본적 제약 때문에 배심원이 참여하는 국민참여재판에서는 배심원의 심증이 생생하게 살아 있는 동안에 평결을 내려야 하며, 이를 위해 공판기일의 진행에 집중심리주의가 필수적으로 요구된다. 국민참여재판의 실시를 계기로 도입된 집중심리주의는 직업법관에 의한 통상재판의 경우에도 원칙으로 요청된다. 사법의 신뢰를 높이기 위하여 도입된 국민참여재판은 통상재판에 대해 이념적 모델을 제시하고 있기 때문이다.

공판기일의 심리는 집중되어야 한다(법267의2①). 심리에 2일 이상이 필요한 경우에는 부득이한 사정이 없는 한 매일 계속 개정하여야 한다(동조②). 재판장은 여러 공판기일을 일괄하여 지정할 수 있다(동조③). 재판장은 부득이한 사정으로 매일 계속 개정하지 못하는 경우에도 특별한 사정이 없는 한 전회의 공판기일로부터 14일 이내로 다음 공판기일을 지정해야 한다(동조④). 소송관계인은 기일을 준수하고 심리에 지장을 초래하지 않도록 해야 하며, 재판장은 이에 필요한 조치를 할 수 있다(동조⑤).

(2) 집중심리주의를 위한 장치

집중심리주의를 실효성 있게 유지하려면 소송관계인의 협조가 절대적으로 요구된다. 그러므로 소송관계인의 협조를 이끌어내기 위한 적절한 방안이 강구되어야 한다. 형사소송법은 이와 관련하여 몇 가지 장치를 마련하고 있다.

첫째로, 증거개시제도가 있다. 검사는 피고인 또는 변호인에게 공소제기된 사건에 관한 서류 또는 물건의 목록과 공소사실의 인정 또는 양형에 영향을 미칠 수 있는 일정한 서류 또는 물건의 열람·등사 또는 서면의 교부를 허용하여야 한다(법266의3①). 피고인과 변호인도 현장부재·심신상실 또는 심신미약 등 법률상·사실상의 주장을 한 때에는 일정한 서류나 물건의 열람·등사 또는 서면의 교부를 허용하여야 한다(법266의11①). 검사나 피고인·변호인이 증거개시 의무를 지체 없이 이행하지 않을 때에는 해당 증인 및 서류나 물건에 대해 증거신청을 할 수 없다(법266의4⑤, 266의11④).

둘째로, 공판준비절차가 있다. 재판장은 효율적이고 집중적인 심리를 위해 사건을 공판준비절차에 부칠 수 있다(법266의5①). 한편 국민참여재판의 경우에는 대상사건의 피고인이 국민참여재판을 원하는 의사를 표시하면 재판장은 사건을 공판준비절차에 부쳐야 한다(국민참여재판법36① 본문). 검사, 피고인 또는 변호인은 증거를 미리 수집·정리하는 등 공판준비절차가 원활하게 진행될 수 있도록 협력하여야 한다(법266의5③, 국민참여재판법36④). 증인을 신청한 자는 증인이 출석하도록 합리적인 노력을 할 의무가 있다(법150의2②).

검사, 피고인 또는 변호인이 공판준비기일에서 신청하지 못한 증거는 (가) 그 신청으로 인하여 소송을 현저히 지연시키지 아니하는 때, (나) 중대한 과실 없이 공판준비기일에 제출하지 못하는 등 부득이한 사유를 소명한 경우에 한하여 공판기일에 신청할 수 있다(법 266의13①).

셋째로 공판기일에서의 증거신청 제한이 있다. 공판기일에는 증거조사(법290 이하)가 실시된다. 증거조사절차는 증거신청으로부터 시작된다(후술 255면). 법원은 검사, 피고인 또는 변호인이 고의로 증거를 뒤늦게 신청함으로써 공판의 완결을 지연하는 것으로 인정할 때에는 직권 또는 상대방의 신청에 따라 결정으로 이를 각하할 수 있다(법294②).

제 3 공판중심주의

1. 공판중심주의의 의의

형사소송법은 헌법 제12조 제1항이 규정한 적법절차의 원칙, 그리고 헌법 제27조가 보장하는 공정한 재판을 받을 권리를 구현하기 위하여 공판중심주의·구두변론주의·직접심리주의를 기본원칙으로 삼고 있다(2013도12652). 공판중심주의란 형사사건의 실체에 대한 유죄·무죄의 심증 형성은 법정에서의 심리에 의하여야 한다는 원칙을 말한다(2005도9730). 이때 법정에서의 심리는 공개된 법정에서의 심리를 의미한다. 따라서 법관의 면전에서 조사·진술되지 아니하고 그에 대하여 피고인이 공격·방어할 수 있는 반대신문의 기회가 실질적으로 부여되지 아니한 진술은 원칙적으로 증거로 할 수 없다(법310의2)(2013도12652).

입법자는 팬데믹 사태를 계기로 전자통신·인터넷 분야 기술의 발전을 활용하기 위하여 영상재판 방식을 일부 도입하였다.

첫 번째로, 영상재판에 의한 구속심문절차의 진행이다. 법원은 피고인이 출석하기 어려운 특별한 사정이 있고 상당하다고 인정하는 때에는 검사와 변호인의 의견을 들어 비디오 등 중계장치에 의한 중계시설을 통하여 구속심문 절차를 진행할 수 있다(법72의2②).

두 번째로, 영상재판에 의한 공판준비기일의 진행이다. 공판준비기일은 법정에서 진행하는 것이 원칙이다(법266의17② 참조). 그러나 법원은 피고인이 출석하지 아니하는 경우 상당하다고 인정하는 때에는 검사와 변호인의 의견을 들어 비디오 등 중계장치에 의한 중계시설을 통하거나 인터넷 화상장치를 이용하여 공판준비기일을 열 수 있다(법266의17①).

세 번째로, 영상재판에 의한 증인신문의 실시이다. 법원이 증인을 신문할 때에는 법정에 출석시켜서 신문하는 것이 원칙이다(법165의2③ 참조). 예외적으로 법원은 증인이 멀리 떨어진 곳 또는 교통이 불편한 곳에 살고 있거나 건강상태 등 그 밖의 사정으로 말미암아 법정에 직접 출석하기 어렵다고 인정하는 때에는 검사와 피고인 또는 변호인의 의견을 들어 비디오 등 중계장치에 의한 중계시설을 통하여 신문할 수 있다(법165의2②).

공판중심주의는 공개된 법정, 구두변론, 조서의존의 탈피 등을 핵심요소로 한다. 따라서 공개재판의 원칙, 구두변론주의, 직접심리주의가 구체적인 실천원리로 주목된다. 이 가운데 공개재판의 원칙은 앞에서 검토하였으므로(전술 229면) 아래에서는 구두변론주의와 직접심리주의에 대하여 살펴보기로 한다.

2. 구두변론주의

구두변론주의란 공격·방어를 구두(口頭)로 해야 한다는 원칙을 말한다. 판결은 법률에 다른 규정이 없으면 구두변론에 의거해야 한다(법37①). 구두변론주의는 피고인의 공정한 재판을 받을 권리(헌법27①)를 실현하기 위하여 요구되는 원칙이다. 형사소송법은 "공판정에서의 변론은 구두로 하여야 한다."고 규정하여(법275의3) 구두변론주의를 공판절차의 기본원칙으로 다시 한번 확인하고 있다. 구두변론주의는 다시 구두주의와 변론주의로 나누어 볼 수 있다.

구두주의란 구술로 제공된 자료에 의하여 피고사건에 대한 실체판단을 해야 한다는 원칙을 말한다. 법정에서는 국어를 사용한다(법원조직법62). 소송관계인이 국어에 통하지 못하는 경우에는 통역에 의한다(동조②). 구두주의는 피고사건의 심판자에게 사안에 대한 신선한 인상을 부여하고 방청인으로 하여금 재판진행의 추이를 관찰할 수 있게 함으로써 재판의 공정성을 담보하는 장점을 갖는다.

그런데 일체의 자료제출행위를 구두주의에 의하도록 한다면 법원의 업무량 폭증으로 인한 재판지연 때문에 오히려 피고인에게 불리한 결과가 초래될 수 있다. 따라서 우리 형사소송법은 소송경제의 관점에서 실체형성과 관련된 소송행위들을 서면으로 전환하는 각종 조서를 인정하고 있다. 구두주의는 피고사건에 대한 유죄·무죄의 실체판단을 하기 위한 자료제출과정에서 요구되는 원칙이다. 형사절차의 진행과정에는 절차유지의 원칙이 지배한다. 형사절차의 진행과정에 관한 소송행위는 서면으로 명확히 해 두는 것이 바람직하다.

변론주의란 법원 이외의 소송주체에게 공격·방어의 주도적 지위를 부여하여 형사절차의 진행을 추진하는 원칙을 말한다. 변론주의의 전형적인 모습은 사적 권리의 실현을 목표로 하는 민사소송에서 찾아볼 수 있다. 민사소송과 달리 형벌권의 실현을 위하여 실체적 진실발견을 목표로 하고 있는 형사절차에서는 민사소송과 같은 철저한 변론주의를 채택할 수 없다. 따라서 형사절차에서는 피고인의 자백이 있더라도 보강증거가 요구되며(헌법12⑦

후단, 법310), 법원의 직권에 의한 증거조사가 인정된다(법295 후단).

형사사건 공판기일에서의 변론주의는 법원 이외의 소송주체에게 실체적 진실발견을 위하여 최대한의 공격·방어를 할 수 있는 기회를 보장하는 것을 그 의미내용으로 삼고 있다. 이를 위하여 형사소송법은 검사 및 피고인의 출석(법275③), 검사의 모두진술(법285), 피고인의 모두진술(법286), 검사 및 피고인의 증거신청권(법294①), 검사의 논고(법302), 변호인 및 피고인의 최종진술(법303) 등의 절차를 마련하고 있다.

3. 직접심리주의

(1) 직접심리주의의 의의와 내용

직접심리주의란 법원이 공판기일에 직접적으로 심리·조사한 증거만을 실체판단의 기초로 삼을 수 있다는 원칙을 말한다. 직접심리주의는 법관 및 배심원으로 하여금 정확한 심증을 형성하게 하고 피고인에게 증거에 관하여 직접적인 의견진술의 기회를 부여함으로써 실체적 진실발견과 공정한 재판을 달성하는 데에 기여한다. 직접심리주의는 형식적 직접심리주의와 실질적 직접심리주의로 나누어진다.

형식적 직접심리주의란 수소법원이 재판의 기초가 되는 증거를 직접 조사해야 한다는 원칙이다. 수소법원은 법원 자신이 증거조사에 임해야 하며 수명법관이나 수탁판사에 대한 증거조사의 위임은 원칙적으로 허용되지 않는다. 수명법관이나 수탁판사에 의한 증인신문·감정 등은 예외적으로 인정될 뿐이다(법167, 177 참조). 또한 형사소송법이 공판개정 후 판사의 경질이 있을 때 공판절차를 갱신하도록 규정한 것(법301)도 형식적 직접심리주의의 한 표현이다.

실질적 직접심리주의는 법관의 면전에서 직접 조사한 증거만을 재판의 기초로 삼는다는 원칙을 말한다(2022도14645 ☞ 574면). 이는 법원이 사실의 증명 여부를 판단함에 있어서 증명대상이 되는 사실과 가장 가까운 원본증거를 재판의 기초로 삼아야 한다는 원칙을 의미한다. 실질적 직접심리주의에 따르면 (가) 법관의 면전에서 직접 조사한 증거만을 재판의 기초로 삼을 수 있고, (나) 증명 대상이 되는 사실과 가장 가까운 원본증거를 재판의 기초로 삼아야 하며, (다) 원본증거의 대체물 사용은 원칙적으로 허용되어서는 안 된다(2008도7917).

과학기술이 발전함에 따라 컴퓨터용디스크 그 밖에 이와 비슷한 정보저장매체(법106③, 313① 참조)가 형사재판에서도 증거로 활용되고 있다. 정보저장매체에 기억된 전자정보나 그 출력물을 증거로 사용하기 위해서는 정보저장매체 원본에 저장된 정보의 내용과 출력물 사이에 동일성이 인정되어야 한다. 이를 위해서는 정보저장매체 원본이 압수시부터 출력물로 전환될 때까지 변경되지 않았다는 사정, 즉 무결성이 담보되어야 한다(2013도2511).

(2) 실질적 직접심리주의와 항소심의 관계

실질적 직접심리주의는 특히 제1심 공판절차와 관련하여 중요한 의미를 갖는다. 제1심 법정은 당사자의 주장과 증거조사가 이루어지는 원칙적인 절차이다. 제1심법원은 증인신문절차를 진행한 뒤 그 진술의 신빙성 유무를 판단함에 있어서 진술 내용 자체의 합리성·논리성·모순 또는 경험칙 부합 여부나 물증 또는 제삼자의 진술과의 부합 여부 등은 물론, 법관의 면전에서 선서한 후 공개된 법정에서 진술에 임하고 있는 증인의 모습이나 태도, 진술의 뉘앙스 등 증인신문조서에는 기록하기 어려운 여러 사정을 직접 관찰함으로써 얻게 된 심증까지 모두 고려하여 신빙성 유무를 평가하게 된다. 항소심으로서는 원칙적으로 제1심 증인이 한 진술의 신빙성 유무에 대한 제1심의 판단을 존중해야 한다(후술 410면).

(3) 실질적 직접심리주의와 전문법칙의 관계

실질적 직접심리주의는 전문법칙과 구별되는 개념이다. 전문법칙(傳聞法則, hearsay rule)이란 타인의 진술을 내용으로 하는 서류나 구두진술에 대해 유죄의 증거로 사용할 수 있는 자격(증거능력)을 부인하는 원칙이다. 전문법칙은 원진술자에 대한 피고인 또는 검사의 반대신문권 보장을 주된 목적으로 한다. 이에 대하여 실질적 직접심리주의는 법원으로 하여금 증명의 대상이 되는 사실에 가장 가까운 증거를 사용하도록 요구하는 원칙이다.

전문법칙은 검사 또는 피고인 이외의 제삼자의 진술에 대하여 피고인 측이나 검사가 반대신문을 행함으로써 그 진실 여부를 음미하도록 하는 제도라는 점에서 실질적 직접심리주의와 다소 성질을 달리한다. 원칙규정인 형소법 제310조의2 및 그 예외조항인 형소법 제311조 내지 제316조는 (가) 제삼자의 진술을 내용으로 하는 일반적인 서류 또는 진술, (나) 피고인의 진술을 기재한 서류, (다) 피고인의 진술을 내용으로 하는 타인의 진술에 대하여 증거능력 요건을 정하고 있다. (가)의 일반적인 전문진술 이외에 (나)와 (다)의 피고인진술까지도 규제대상으로 한다는 점에서 형소법 제310조의2의 적용범위는 통상의 전문법칙에 비하여 더 넓다고 생각된다. 따라서 형소법 제310조의2는 전문법칙과 실질적 직접심리주의를 함께 규정한 것으로 보아야 한다(후술 332면).

제 2 절 공판준비절차

제 1 공판준비절차의 의의

1. 넓은 의미의 공판준비절차

공판준비절차란 공판기일에서의 심리를 준비하기 위하여 수소법원이 행하는 일련의 절차를 말한다. 공판준비절차는 넓은 의미의 공판준비절차와 좁은 의미의 공판준비절차로 나누어 볼 수 있다. 넓은 의미의 공판준비절차는 공판기일을 열기 위하여 사전에 거쳐야 하는 준비절차 전반을 말한다. 공소장 부본의 송달(법266), 피고인의 의견서 제출(법266의 2), 공판기일의 지정(법267①), 피고인의 소환(동조②), 증거개시절차(법266의3 이하, 266의11), 좁은 의미의 공판준비절차(법266의5 이하) 등이 여기에 해당한다.

2. 좁은 의미의 공판준비절차

좁은 의미의 공판준비절차는 공판기일의 집중심리를 위하여 재판장이 특별히 시행하는 절차를 말한다. 좁은 의미의 공판준비절차는 다시 제1회 공판기일을 열기 전에 행하는 것과 제1회 공판기일이 열린 후 공판기일과 공판기일 사이에 행하는 것의 두 가지 유형으로 나누어진다. 전자를 기일전 공판준비절차라 하고 후자를 기일간 공판준비절차라고 한다. 기일전 공판준비절차는 주장 및 입증계획 등을 서면으로 준비하게 하거나 공판준비기일을 열어 진행한다(법266의5②). 법원은 쟁점 및 증거의 정리를 위하여 필요한 경우에는 제1회 공판기일 후에도 사건을 공판준비절차에 부칠 수 있다. 이 경우에는 기일전 공판준비절차에 관한 규정이 준용된다(법266의15).

제 2 공소장 부본 송달과 의견서 제출

1. 통상재판사건

법원은 공소의 제기가 있는 때에는 공소장의 부본을 피고인 또는 변호인에게 송달하여야 한다(법266 본문). 피고인은 공소장 부본을 송달받음으로써 법원의 심판대상을 구체적으로 알 수 있게 되고 그에 대비하여 방어전략을 수립하며 피고인으로서의 권리행사 여부를 결정하게 된다. 따라서 공소장 부본의 신속하고 정확한 송달은 매우 중요한 의미를 갖는다.

공소장 부본은 지체 없이 송달되어야 하며(법266 본문), 제1회 공판기일 전 5일까지 송달되어야 한다(동조 단서). '제1회 공판기일 전 5일까지'라 함은 공소장 부본의 송달 후 제1회 공판기일까지의 기간이 최소한 5일을 넘어야 한다는 의미이다. 제1심법원이 공소장 부본을 피고인 또는 변호인에게 송달하지 아니한 채 공판절차를 진행하였다면 이는 소송절차에 관한 법령을 위반한 경우에 해당한다. 공시송달의 방법으로 공소장 부본의 송달 없이 제1심 공판절차가 진행되었다면 그 절차에서 이루어진 소송행위는 효력이 없다(2013도9498).

피고인 또는 변호인은 공소장 부본을 송달받은 날부터 7일 이내에 공소사실에 대한 인정 여부, 공판준비절차에 관한 의견 등을 기재한 의견서를 법원에 제출하여야 한다(법266의2① 본문). 다만, 피고인이 진술을 거부하는 경우에는 그 취지를 기재한 의견서를 제출할 수 있다(동항 단서).

2. 국민참여재판 대상사건

국민참여재판 대상사건의 경우 피고인은 공소장 부본을 송달받은 날부터 7일 이내에 국민참여재판을 원하는지 여부에 관한 의사가 기재된 서면을 제출하여야 한다(국민참여재판법8② 1문). 그러나 판례는 공소장 부본을 송달받은 날부터 7일 이내에 의사확인서를 제출하지 아니한 피고인도 제1회 공판기일이 열리기 전까지는 국민참여재판 신청을 할 수 있다는 입장을 취하고 있다(2009모1032).

제3 증거개시제도

1. 증거개시제도의 의의

형사소송법은 집중심리주의(법267의2)와 구두변론주의(법275의3)를 대원칙으로 천명하여 재판의 신속한 진행과 정확한 심증형성을 도모하고 있다. 입법자는 집중심리를 가능하게 하기 위하여 공판준비절차를 정비하였고, 공판준비절차가 실효성 있게 진행될 수 있도록 증거개시제도를 도입하였다.

증거개시(證據開示, discovery)란 검사 또는 피고인·변호인이 자신이 보유하고 있는 증거를 상대방에게 드러내어 보여주는 것을 말한다. 형사소송법은 검사가 보유하고 있는 증거의 개시(開示)(법266의3)뿐만 아니라 일정한 경우 피고인 측이 보유하고 있는 증거의 개시(법266의11)도 인정하고 있다. 검사 측 증거의 개시는 피고인의 신속·공정한 재판을 받을 권리 및 변호인의 조력을 받을 권리를 실질적으로 보장하기 위하여 인정되고 있다(2019헌마356). 이에 대해 피고인 측 증거의 개시는 신속한 재판을 위한 집중심리의 확보라는 측면에 초점이 맞추어져 있다.

2. 증거개시신청의 시기

비교법적으로 볼 때 증거개시제도는 공판기일의 집중심리를 가능하게 하는 장치로서 공판준비절차의 일환으로 구성되어 있다. 그런데 우리 입법자는 증거개시의 시점에 제한을 두고 있지 않다. 그 결과 공판준비절차에서는 물론 공판기일에서도 증거개시신청을 할 수 있다. 이 점은 형사소송법이 피고인 측이 공판기일에 현장부재증명 등의 주장을 한 경우에도 검사가 증거개시신청을 할 수 있도록 규정한 점에서 확인할 수 있다(법266의11①).

3. 검사 측 증거의 개시

(1) 증거개시의 대상

증거개시의 대상이 되는 것은 증거 일반이다. 증거개시의 대상은 (가) 공소제기된 사건에 관한 서류 또는 물건의 목록과 (나) 공소사실의 인정 또는 양형에 영향을 미칠 수 있는 서류·물건이다(법266의3①). (나)의 서류·물건에는 다음과 같은 것들이 포함된다.

① 검사가 증거로 신청할 서류·물건 (1호)

② 검사가 증인으로 신청할 사람의 성명·사건과의 관계 등을 기재한 서면 또는 그 사람이 공판기일 전에 행한 진술을 기재한 서류·물건 (2호)

③ 제1호 또는 제2호의 서면 또는 서류·물건의 증명력과 관련된 서류·물건 (3호)

④ 피고인 또는 변호인이 행한 법률상·사실상 주장과 관련된 서류·물건(관련 형사재판 확정기록, 불기소처분기록 등을 포함한다) (4호)

증거개시의 대상은 크게 보아 (가) 서류·물건의 목록, (나) 증인에 관한 서면, (다) 그 밖의 서류·물건으로 분류할 수 있다. 서류·물건의 목록은 수사기관이 수사과정에서 작성하거나 취득한 서류·물건의 목록을 말한다. 검사·사법경찰관리와 그 밖에 직무상 수사에 관계있는 자는 수사과정에서 수사와 관련하여 작성하거나 취득한 서류 또는 물건에 대한 목록을 빠짐없이 작성하여야 한다(법198③). 서류·물건의 목록에 대하여 검사는 열람 또는 등사를 거부할 수 없다(법266의3⑤). 서류·물건의 목록을 빠짐없이 작성하도록 하고 그 목록을 반드시 개시하도록 한 것은 증거개시제도의 실효성을 도모하기 위함이다.

증인에 관한 서면은 서류 가운데 검사가 증인으로 신청할 사람의 성명, 사건과의 관계 등을 기재한 서류를 말한다(법266의3① ⅱ 전단). 그 밖의 서류·물건은 서류·물건의 목록과 증인에 관한 서면을 제외한 그 밖의 서류 또는 물건을 말한다. 서류·물건의 목록과 달리 증인에 관한 서면이나 그 밖의 서류·물건에 대해서는 증거개시의 제한이 가능하다.

(2) 검사에의 증거개시 신청

피고인 또는 변호인은 검사에게 (가) 공소제기된 사건에 관한 서류·물건의 목록의 열람·등사, (나) 공소사실의 인정 또는 양형에 영향을 미칠 수 있는 서류·물건의 열람·등사 또는 (다) 증인에 관한 서면의 교부를 신청할 수 있다(법266의3① 본문). 다만, 피고인에게 변호인이 있는 경우 피고인은 서류·물건·서면의 열람만을 신청할 수 있다(동항 단서). 열람만을 허용한 것은 변호인을 통하여 열람·등사와 서면을 교부받는 것이 모두 가능하기 때문이다.

증거개시의 대상은 검사가 신청할 예정인 증거에 한정하지 않는다. 증거개시는 피고인에게 유리한 증거까지를 포함한 전면적 증거개시를 원칙으로 한다(2009헌마257). 당해 형사사건뿐만 아니라 관련 형사사건의 서류도 증거개시의 대상에 포함된다(2019헌마356). 증거개시의 대상에는 형사사건의 수사기록 중 증거로 제출되지 아니한 수사서류도 포함된다(2015헌마632). 검사가 별건으로 공소제기되어 확정된 사건이라는 이유로 관련 형사사건 기록에 관한 열람·등사를 거부하는 것은 허용되지 않는다(2019헌마356). 검찰청이 보관하고 있는 불기소처분기록에 포함된 불기소결정서는 형사피의자에 대한 수사의 종결을 위한 검사의 처분결과와 이유를 기재한 서류로서 달리 특별한 사정이 없는 한 증거개시의 대상이 된다(2012도1284).

검사는 국가안보, 증인보호의 필요성, 증거인멸의 염려, 관련사건의 수사에 장애를 가져올 것으로 예상되는 구체적인 사유 등 열람·등사 또는 서면의 교부를 허용하지 아니할 상당한 이유가 있다고 인정하는 때에는 열람·등사 또는 서면의 교부를 거부하거나 그 범위를 제한할 수 있다(법266의3②).

검사는 증거로 제출하지 않는다는 이유로 수사서류에 대한 열람·등사를 거부할 수 없다(2015헌마632). 검사는 열람·등사의 신청이 있는 경우에는 원칙적으로 열람·등사를 허용해야 하고, 예외적으로 제한사유가 있는 경우에만 열람·등사를 제한할 수 있다(2009헌마257).

증거개시가 예외적으로 제한되는 경우가 있다. 즉, (가) 작성 목적이나 성격 등에 비추어 수사기관 내부의 의사결정과정 또는 검토과정에 있는 사항에 관한 문서 또는 (나) 그 공개로써 수사에 관한 직무의 수행을 현저하게 곤란하게 하는 것 등은 증거개시의 대상에서 제외된다(2012도1284).

(3) 법원에의 증거개시 신청

피고인 또는 변호인은 검사가 서류·물건의 열람·등사 또는 증인에 관한 서면의 교부를 거부하거나 그 범위를 제한한 때에는 법원에 그 서류·물건의 열람·등사 또는 증인에 관한 서면의 교부를 허용하도록 할 것을 신청할 수 있다(법266의4①). 검사의 열람·등사거부처분은 항고소송의 대상이 되는 행정처분이다. 따라서 형소법 제266조의4 소정의 불복절차는 행정처분에 대한 항고소송과 유사하며, 형소법 제417조의 준항고와 같은 성질을 갖는다(2015헌마632)(후술 494면).

법원은 증거개시의 신청이 있는 때에는 서류·물건의 열람·등사 또는 증인에 관한 서면의 교부를 허용하는 경우에 생길 폐해의 유형·정도, 피고인의 방어 또는 재판의 신속한 진행을 위한 필요성 및 해당 서류·물건의 중요성 등을 고려하여 검사에게 서류·물건의 열람·등사 또는 증인에 관한 서면의 교부를 허용할 것을 명할 수 있다(법266의4②).

(4) 불이행시의 구제방법

검사가 열람·등사 또는 서면의 교부에 관한 법원의 결정을 지체 없이 이행하지 아니하는 때에는 검사는 해당 증인 및 서류·물건에 대한 증거신청을 할 수 없다(법266의4⑤). 여기에서 '증거신청을 할 수 없다' 함은 검사가 그와 같은 불이익을 감수하기만 하면 법원의 열람·등사 결정을 따르지 않을 수도 있다는 의미가 아니다. '증거신청을 할 수 없다'는 의미는 피고인의 열람·등사권을 보장하기 위하여 검사로 하여금 법원의 열람·등사에 관한 결정을 신속히 이행하도록 강제하는 한편, 이를 이행하지 아니하는 경우에는 증거신청상의 불이익도 감수하여야 한다는 의미이다(2019헌마356).

법원이 검사의 열람·등사 거부처분에 정당한 사유가 없다고 판단하고 그러한 거부처분이 피고인의 신속하고 공정한 재판을 받을 권리 및 변호인의 조력을 받을 권리를 침해한다는 취지에서 수사서류의 열람·등사를 허용하도록 명하였다면, 법치국가와 권력분립의 원칙상 검사로서는 당연히 법원의 그러한 결정에 지체 없이 따라야 한다(2019헌마356).

검사가 법원의 증거개시명령에 불응하는 경우에 그 구제방법이 문제된다. 먼저, 헌법재판소에 의한 위헌확인이 있다. 법원으로부터 열람·등사 허용결정을 받았음에도 불구하고 검사가 이를 이행하지 아니한 채 다시 거부를 하고 있는 상황이라면 피고인 또는 변호인은 보충성원칙에 대한 예외로서 곧바로 헌법재판소에 헌법소원심판을 청구할 수 있다(2009헌마257). 검사가 법원의 열람·등사 허용결정이 있음에도 불구하고 열람만을 허용하는 경우도 헌법소원심판청구의 대상이 된다(2015헌마632). 법원의 증거개시결정에 검사가 불응하면 수사서류 각각에 대하여 검사가 열람·등사를 거부할 정당한 사유가 있는지를 심사할 필요 없이 검사의 거부행위 자체로써 피고인의 신속하고 공정한 재판을 받을 권리 및 변호인의 조력을 받을 권리 또는 변호인의 피고인을 조력할 권리가 침해된 것으로 판단된다(2015헌마632).

다음으로, 법원에 의한 무죄판결의 가능성이 있다. 법원이 열람·등사를 명한 서류·물건이 피고인의 무죄를 뒷받침할 수 있거나 적어도 법관의 유·무죄에 대한 심증을 달리할 만한 상당한 가능성이 있는 중요증거인 경우가 있다. 검사가 법원의 열람·등사명령을 거절하는 경우에 서류·물건의 열람·등사를 명령한 법원은 해당 서류·물건의 내용을 가능한 범위에서 밝혀보아야 한다. 이때 그 서류·물건이 제출된다면 유·무죄의 판단에 영향을 미칠 만한 상당한 개연성이 있다고 인정되면 법원은 공소사실이 합리적 의심의 여지 없이 증명(법307②)되었다고 보아서는 안 된다(2012도1284).

4. 피고인 측 증거의 개시

증거개시는 검사가 보유한 증거뿐만 아니라 피고인 측이 보유하고 있는 증거에 대해서도 인정된다. 피고인 측의 증거개시는 검사의 소추권을 강화하기 위한 것이 아니라 공판절차의 지연을 방지하기 위한 것이다.

검사는 피고인 또는 변호인이 공판기일 또는 공판준비절차에서 현장부재·심신상실 또는 심신미약의 주장을 하였을 때 피고인 측에 증거개시를 요구할 수 있다. 피고인 측의 증거개시 대상은 (가) 피고인 또는 변호인이 증거로 신청할 서류·물건, (나) 피고인 또는 변호인이 증인으로 신청할 사람의 성명, 사건과의 관계 등을 기재한 서면, (다) 신청할 서류·물건 또는 증인에 관한 서면의 증명력과 관련된 서류·물건, (라) 피고인 또는 변호인이 행한 법률상·사실상의 주장과 관련된 서류·물건이다(법266의11①).

피고인 또는 변호인은 검사의 요구가 있으면 증거를 개시해야 한다. 그러나 피고인 또는 변호인은 검사가 검사 측 증거의 개시를 거부한 때에는 피고인 측 증거의 개시를 거부할 수 있다(법266의11② 본문). 다만, 법원이 피고인 측의 증거개시신청(법266의4①)을 기각하는 결정을 한 때에는 증거개시를 거부할 수 없다(법266의11② 단서).

검사는 피고인 또는 변호인이 증거개시의 요구를 거부한 때에는 법원에 그 서류·물건의 열람·등사 또는 증인에 관한 서면의 교부를 허용할 것을 신청할 수 있다(법266의11③). 법원에 대한 검사의 증거개시신청에는 피고인 측의 법원에 대한 증거개시신청 규정(법266의4②~⑤)이 준용된다(법266의11④). 피고인 측이 서류·물건의 열람·등사 또는 증인에 관한 서면의 교부에 관한 법원의 결정을 지체 없이 이행하지 아니한 때에는 피고인 측은 해당 서류·물건 및 증인에 대한 증거신청을 할 수 없다(법266의4⑤ 참조).

5. 소송관계인의 소송서류 열람·복사권

소송에 관한 서류는 공판의 개정 전에는 공익상 필요 기타 상당한 이유가 없으면 공개하지 못한다(법47). 이를 소송서류 비공개의 원칙이라고 한다. 소송서류 비공개의 원칙은 소송에 관한 서류가 일반에게 공표되는 것을 금지하여 소송관계인의 명예를 훼손하거나 공서양속을 해하거나 재판에 대한 부당한 영향을 야기하는 것을 방지하려는 취지를 갖는다(2006두3049).

소송서류 비공개의 원칙을 피의자·피고인의 방어권을 제한하는 방편으로 사용하는 것은 허용되지 않는다. 형사소송법은 피고인의 방어권을 보장하기 위하여 소송서류의 열람·복사권을 대폭 확장하고 있다.

피고인과 변호인은 소송계속 중의 관계서류 또는 증거물을 열람하거나 복사할 수 있다(법35①). 피고인의 법정대리인, 특별대리인(법28), 보조인(법29) 또는 피고인의 배우자·직계친족·형제자매로서 피고인의 위임장 및 신분관계를 증명하는 문서를 제출한 자도 소송계속 중의 관계서류 또는 증거물을 열람하거나 복사할 수 있다(동조②).

한편, 형사소송법은 피해자의 보호를 위하여 피해자 측에게도 소송기록의 열람·등사를 허용하고 있다. 소송계속 중인 사건의 피해자(피해자가 사망하거나 그 심신에 중대한 장애가 있는 경우에는 그 배우자·직계친족 및 형제자매를 포함한다), 피해자 본인의 법정대리인 또는 이들로부터 위임을 받은 피해자 본인의 배우자·직계친족·형제자매·변호사는 소송기록의 열람 또는 등사를 재판장에게 신청할 수 있다(법294의4①). 재판장은 피해자 등의 권리구제를 위하여 필요하다고 인정하거나 그 밖의 정당한 사유가 있는 경우 범죄의 성질, 심리의 상황, 그 밖의 사정을 고려하여 상당하다고 인정하는 때에는 열람 또는 등사를 허가할 수 있다(동조③).

제4 공판준비절차의 유형

1. 기일전 공판준비절차

(1) 공판준비서면의 제출

재판장은 효율적이고 집중적인 심리를 위하여 사건을 공판준비절차에 부칠 수 있다(법 266의5①). 이 경우 공판준비절차는 좁은 의미의 공판준비절차를 가리킨다. 국민참여재판의 경우에는 공판준비절차가 필수적이다(국민참여재판법36①). 공판준비절차는 주장 및 입증계획 등을 서면으로 준비하게 하거나 공판준비기일을 열어 진행한다(법266의5②). 검사, 피고인 또는 변호인은 증거를 미리 수집·정리하는 등 공판준비절차가 원활하게 진행될 수 있도록 협력하여야 한다(동조③).

(2) 공판준비기일의 실시

법원은 검사, 피고인 또는 변호인의 의견을 들어 공판준비기일을 지정할 수 있다(법266의7①). 검사, 피고인 또는 변호인은 법원에 대하여 공판준비기일의 지정을 신청할 수 있다(동조②). 공판준비기일은 공개한다(법266의7④ 본문). 다만, 공개하면 절차의 진행이 방해될 우려가 있는 때에는 공개하지 아니할 수 있다(동항 단서).

공판준비기일은 법정에서 진행하는 것이 원칙이다(법266의17② 참조). 그러나 법원은 피고인이 출석하지 아니하는 경우 상당하다고 인정하는 때에는 검사와 변호인의 의견을 들어 비디오 등 중계장치에 의한 중계시설을 통하거나 인터넷 화상장치를 이용하여 공판준비기일을 열 수 있다(법266의17①).

법원은 공판준비기일이 지정된 사건에 관하여 변호인이 없는 때에는 직권으로 변호인을 선정해야 한다(법266의8④). 공판준비기일에는 검사 및 변호인이 출석하여야 한다(법266의8①). 피고인은 출석의무가 없다. 법원은 필요하다고 인정하는 때에는 피고인을 소환할 수 있으며, 피고인은 법원의 소환이 없는 때에도 공판준비기일에 출석할 수 있다(동조⑤). 피고인이 출석한 경우 재판장은 출석한 피고인에게 진술을 거부할 수 있음을 알려주어야 한다(동조⑥).

법원은 공판준비절차에서 다음의 행위를 할 수 있다(법266의9①).
① 공소사실 또는 적용법조를 명확하게 하는 행위 (1호)
② 공소사실 또는 적용법조의 추가·철회 또는 변경을 허가하는 행위 (2호)

③ 공소사실과 관련하여 주장할 내용을 명확히 하여 사건의 쟁점을 정리하는 행위 (3호)

④ 계산이 어렵거나 그 밖에 복잡한 내용에 관하여 설명하도록 하는 행위 (4호)

⑤ 증거신청을 하도록 하는 행위 (5호)

⑥ 신청된 증거와 관련하여 입증 취지 및 내용 등을 명확하게 하는 행위 (6호)

⑦ 증거신청에 관한 의견을 확인하는 행위 (7호)

⑧ 증거 채부(採否)의 결정을 하는 행위 (8호)

⑨ 증거조사의 순서 및 방법을 정하는 행위 (9호)

⑩ 서류등[공소제기된 사건에 관한 서류 또는 물건]의 열람 또는 등사와 관련된 신청의 당부를 결정하는 행위 (10호)

⑪ 공판기일을 지정 또는 변경하는 행위 (11호)

⑫ 그 밖에 공판절차의 진행에 필요한 사항을 정하는 행위 (12호)

법원은 공판준비기일을 종료하는 때에는 검사·피고인 또는 변호인에게 쟁점 및 증거에 관한 정리결과를 고지하고, 이에 대한 이의의 유무를 확인하여야 한다(법266의10①).

(3) 공판준비절차 종료의 효과

법원은 (가) 쟁점 및 증거의 정리가 완료된 때, (나) 사건을 공판준비절차에 부친 뒤 3개월이 지난 때, (다) 검사, 변호인 또는 소환받은 피고인이 출석하지 아니한 때의 어느 하나에 해당하는 사유가 있는 때에는 공판준비절차를 종결하여야 한다(법266의12 본문). 다만, (나)와 (다)에 해당하는 경우로서 공판의 준비를 계속해야 할 상당한 이유가 있는 때에는 그러하지 아니하다(동조 단서).

공판준비기일에서 신청하지 못한 증거는 (가) 그 신청으로 인하여 소송을 현저히 지연시키지 아니하는 때 또는 (나) 중대한 과실 없이 공판준비기일에 제출하지 못하는 등 부득이한 사유를 소명한 때에 한하여 공판기일에 신청할 수 있다(법266의13①). 이러한 제한에도 불구하고 법원은 직권으로 증거를 조사할 수 있다(동조②).

2. 기일간 공판준비절차

공판기일의 심리가 2일 이상 계속되는 경우가 있다. 이 경우에 집중심리를 도모하려면 공판기일 사이에도 공판준비절차를 진행할 필요가 있다. 법원은 쟁점 및 증거의 정리를 위하여 필요한 경우 제1회 공판기일 후에도 사건을 공판준비절차에 부칠 수 있다. 이 경우에는 기일전 공판준비절차에 관한 규정이 준용된다(법266의15).

제 5 공판기일의 지정과 피고인의 소환

1. 공판기일의 지정

공소장 부본의 송달(법266)과 의견서 제출(법266의2), 공판준비절차(법266의5 이하) 등이 완료되면 다음으로 공판기일이 지정된다. 공판기일은 재판장이 정한다(법267①). 집중심리 주의에 따라 공판기일의 심리는 집중되어야 한다(법267의2①). 심리에 2일 이상의 기일이 필요한 경우에는 부득이한 사정이 없는 한 매일 계속 개정해야 하는데(동조②), 이를 위해 재판장은 여러 공판기일을 일괄하여 지정할 수 있다(동조③). 재판장은 직권 또는 검사, 피고인이나 변호인의 신청에 의하여 공판기일을 변경할 수 있다(법270①).

공판기일에는 피고인, 대표자 또는 대리인을 소환하여야 한다(동법267②). 피고인에 대한 공판기일의 고지는 피고인 소환을 통해 이루어진다. 검사, 변호인과 보조인에게는 공판기일을 통지하여야 한다(동조③). 제1회 공판기일은 피고인에 대한 소환장(법73)의 송달 후 5일 이상의 유예기간을 두어야 한다(법269①). 그러나 피고인이 이의 없는 때에는 이 유예기간을 두지 않을 수 있다(동조②).

2. 피고인의 소환

(1) 피고인 소환과 소환장 송달

공판기일에는 피고인, 대표자 또는 대리인을 소환하여야 한다(법267②). 법원은 필요한 때에는 지정한 장소에 피고인의 출석 또는 동행을 명할 수 있다(법79). 소환 및 동행명령은 특정인에 대하여 일정한 일시와 장소에 출석할 것을 명하는 법원의 재판이다. 소환과 동행명령의 주체는 수소법원이 되는 것이 원칙이다(법68). 그러나 급속을 요하는 경우에는 재판장이 소환 또는 동행명령을 하거나 합의부원으로 하여금 하게 할 수 있다(법80).

피고인을 소환함에는 소환장을 발부하여야 하며(법73), 소환장은 송달하여야 한다(법76①). 소환장에는 피고인의 성명, 주거, 죄명, 출석일시, 장소와 정당한 이유 없이 출석하지 아니하는 때에는 도망할 염려가 있다고 인정하여 구속영장을 발부할 수 있음을 기재하고 재판장 또는 수명법관이 기명날인 또는 서명하여야 한다(법74).

(2) 불구속피고인의 소환

불구속피고인에 대한 소환장 송달은 피고인의 주소·거소·영업소 또는 사무소 등의 송달장소에서 하는 것이 원칙이다(법65, 민소법183③ 본문 참조). 불구속피고인에 대한 소환장 송달은 송달영수인에게도 할 수 있다. 불구속피고인은 법원 소재지에 서류의 송달을 받을 수 있는 주거 또는 사무소를 두지 아니한 때에는 법원 소재지에 주거 또는 사무소 있는 자를 송달영수인으로 선임하여 연명한 서면으로 신고하여야 한다(법60①).

송달영수인이 신고되면, (가) 송달영수인은 송달에 관하여 본인으로 간주하고, (나) 그 주거 또는 사무소는 본인의 주거 또는 사무소로 간주하며(동조②), (다) 송달영수인의 선임은 같은 지역에 있는 각 심급법원에 대하여 효력이 있다(동조③). 송달영수인이 송달받은 때에 송달의 효력이 발생한다. 그렇지만 송달영수인 신고의 효력은 그 심급에만 미친다. 상소 또는 이송을 받은 법원의 소송절차에서는 송달영수인 신고의 효력이 없다(2024도3298 ☞ 587면).

소환장의 송달이 없더라도 (가) 불구속피고인이 기일에 출석한다는 서면을 법원에 제출한 때(법76② 전단), (나) 법원이 출석한 불구속피고인에 대하여 차회기일을 정하여 출석을 명한 때(법76② 후단), (다) 법원의 구내에 있는 불구속피고인에 대하여 공판기일을 통지한 때(법268)에는 소환장의 송달과 동일한 효력이 인정된다.

(3) 구속피고인의 소환

구속피고인에 대해서는 소환장을 송달할 필요가 없다. 구속피고인에 대하여는 교도관에게 통지하여 피고인을 소환한다(법76④). 구속피고인이 교도관으로부터 소환통지를 받은 때에는 소환장의 송달과 동일한 효력이 있다(동조⑤). 송달영수인에 관한 규정(법60① · ② · ③)은 신체구속을 당한 자에게 적용되지 않는다(동조④). 법원이 피고인의 수감 사실을 모른 채 종전 주 · 거소에 소환장을 송달하였다고 하여도 송달의 효력은 발생하지 않는다(2017모2162). 법원의 구내에 있는 구속피고인에 대하여 공판기일을 통지한 때에는 소환장송달의 효력이 있다(법268).

제 3 절 공판정의 구성

제 1 공판정의 구성요소

1. 통상재판의 좌석배치

공판준비절차가 끝나면 공판기일이 열리게 된다. 공판기일이란 피고사건에 대한 심리가 열리는 때를 말한다. 공판기일에 수소법원은 공판정에서 심리를 행한다(법275①). 공판정은 수소법원의 심리가 행해지는 장소로서 일정한 시설을 갖춘 법원청사 내의 장소를 가리킨다. 공판정에서의 심리는 공개하는 것이 원칙이다(헌법27③ 2문, 법원조직법57① 본문 참조)(전술 229면).

공판정의 좌석배치는 검사와 피고인 간의 무기대등원칙을 반영하고 있다. 검사의 좌석과 피고인 및 변호인의 좌석은 대등하며, 법대의 좌우측에 마주보고 위치하고, 증인의 좌석은 법대의 정면에 위치한다. 다만, 피고인신문을 하는 때에는 피고인은 증인석에 좌석한다(법275③ 본문 · 단서).

2. 국민참여재판의 좌석배치

국민참여재판의 경우 공판정은 판사 · 배심원 · 예비배심원 · 검사 · 변호인이 출석하여 개정한다(국민참여재판법39①). 검사와 피고인 및 변호인은 대등하게 마주보고 위치한다. 다만, 피고인신문을 하는 때에는 피고인은 증인석에 위치한다(동조② 본문 · 단서). 배심원과 예비배심원은 재판장과 검사 · 피고인 및 변호인의 사이 왼쪽에 위치한다(동조③). 증인석은 재판장과 검사 · 피고인 및 변호인의 사이 오른쪽에 배심원과 예비배심원을 마주보고 위치한다(동조④).

제 2 소송관계인의 출석

1. 피고인의 출석과 불출석

피고인이 공판기일에 출석하지 아니한 때에는 특별한 규정이 없으면 개정하지 못한다(법276 본문). 공판정에서는 피고인의 신체를 구속하지 못한다(법280 본문). 다만, 재판장은 피고인이 폭력을 행사하거나 도망할 염려가 있다고 인정하는 때에는 피고인의 신체의 구속을 명하거나 기타 필요한 조치를 할 수 있다(동조 단서).

형법 제9조 내지 제11조의 규정의 적용을 받지 아니하는 범죄사건에 관하여 피고인이 의사능력이 없는 때에는 그 법정대리인이 소송행위를 대리하므로(법26) 법정대리인이 공판기일에 출석한다. 피고인을 대리할 자가 없는 때에는 법원은 직권 또는 검사의 청구에 의하여 특별대리인을 선임하여야 하므로(법28①) 특별대리인이 공판기일에 출석한다.

피고인의 출석은 공판기일 개정의 요건으로 피고인의 권리임과 동시에 의무이다. 피고인은 재판장의 허가 없이 퇴정하지 못한다(법281①). 이를 재정의무라고 한다. 재판장은 피고인의 퇴정을 제지하기 위하여 필요한 처분을 할 수 있다(동조②).

피고인이 법인인 때에는 법인의 대표자(법27①) 또는 특별대리인(법28①)이 공판기일에 출석하는 것이 원칙이다. 그러나 피고인이 법인인 경우에는 대표자 또는 특별대리인 이외에 대리인을 공판기일에 출석하게 할 수 있다(법276 단서).

2. 제1심 공판절차와 피고인의 불출석사유

(1) 의사무능력자

피고인의 출석은 공판개정의 요건이지만 예외적으로 제1심법원이 피고인의 출석 없이 피고사건에 대한 심판을 진행할 수 있는 경우가 있다.

먼저, 형법 제9조 내지 제11조의 적용을 받지 아니하는 범죄가 있다. 형법 제9조 내지 제11조의 적용을 받지 아니하는 범죄사건의 경우에는 피고인 본인의 출석 없이 법정대리인(법26) 또는 특별대리인(법28)이 출석하여 공판절차에 참여하게 된다.

일반범죄의 경우에는 형법 제9조 내지 제11조의 적용이 있다. 일반범죄에서 피고인이 사물의 변별 또는 의사의 결정을 할 능력이 없는 상태에 있는 경우에는 공판절차를 정지하는 것이 원칙이다(법306①). 또한 피고인이 질병으로 인하여 출정할 수 없는 경우에도 원칙적으로 공판절차를 정지해야 한다(동조②). 공판절차를 정지하는 경우에는 피고인의 출석·불출석이 문제되지 않는다.

그러나 의사무능력자나 병자의 피고사건에 대하여 무죄, 면소, 형의 면제 또는 공소기각의 재판을 할 것이 명백한 때에는 피고인의 출정 없이 재판할 수 있다(법306④). 공소기각의 재판에는 공소기각판결(법327)과 공소기각결정(법326①)이 모두 포함된다.

(2) 피고인에게 유리한 재판

의사무능력자나 병자가 아닌 일반 피고인의 경우에는 피고인이 불출석할 수 있는 재판의 범위가 제한된다. 피고인에게 공소기각판결(법327), 공소기각결정(법328①) 또는 면소판결(법326)을 할 것이 명백한 사건에 관하여는 피고인의 출석을 요하지 않는다(법277 ii). 이 경우 피고인은 대리인을 출석하게 할 수 있다(법277 2문). 피고인에게 무죄판결(법325)이나 형면제판결(법322)을 할 것이 명백한 경우는 불출석재판의 대상에 포함되지 않는다.

피고인은 원칙적으로 선고기일에 출석하여야 한다. 그러나 다액 500만원 이하의 벌금 또는 과료에 해당하는 사건에 관하여는 피고인의 출석을 요하지 아니한다(법277 i). 여기에 해당하는 사건인지 여부는 법정형을 기준으로 판단한다. 해당하는 경미사건의 경우 피고인은 대리인을 출석하게 할 수 있다(법277 2문).

(3) 약식명령에 대한 정식재판

약식명령에 대해 검사 또는 피고인은 정식재판을 청구할 수 있다(법453①). 정식재판이 청구되면 정식의 제1심 공판절차가 열리게 된다. 제1심의 공판기일에 피고인은 소환되며, 출석할 의무가 있다(법74). 피고인이 정식재판의 공판기일에 출석하지 아니한 때에는 법원은 다시 기일을 정하여야 한다. 피고인이 정당한 사유 없이 다시 정한 기일에 출정하지 아니한 때에는 법원은 피고인의 진술 없이 판결할 수 있다(법458②, 365).

약식명령에 대해 피고인만 정식재판청구를 한 경우에는 불출석재판의 요건이 더욱 완화된다. 약식명령에 대해 피고인만 정식재판청구를 한 사건에서 판결을 선고하는 경우에는 처음부터 피고인의 출석을 요하지 않는다(법277 iv). 이 경우 피고인은 대리인을 출석하게 할 수 있다(법277 2문).

(4) 불출석재판의 허가

법원이 불출석재판을 허가한 경우에는 피고인의 출석을 요하지 않는다. (가) 장기 3년 이하의 징역 또는 금고, 다액 500만원을 초과하는 벌금 또는 구류에 해당하는 사건에서 (나) 피고인의 불출석허가신청이 있고 (다) 법원이 피고인의 불출석이 그의 권리를 보호함에 지장이 없다고 인정하여 이를 허가한 사건에 관하여는 피고인의 출석을 요하지 않는다(법277 iii 본문). 이 경우 피고인은 대리인을 출석하게 할 수 있다(법277 2문). 다만, 인정신문절차(법284)를 진행하거나 판결을 선고하는 공판기일(법318의4)에는 피고인이 출석하여야 한다(법277 iii 단서).

(5) 불출석에 대한 제재

피고인이 출석하지 아니하면 개정하지 못하는 경우에 구속된 피고인이 정당한 사유 없이 출석을 거부하고, 교도관에 의한 인치가 불가능하거나 현저히 곤란하다고 인정되는 때에는 법원은 피고인의 출석 없이 공판절차를 진행할 수 있다(법277의2①). 구속피고인의 출석 없이 공판절차를 진행할 경우에 법원은 출석한 검사 및 변호인의 의견을 들어야 한다(동조②).

피고인이 재판장의 허가 없이 퇴정하거나, 재판장으로부터 질서유지를 위한 퇴정명령(법원조직법58②, 법281②)을 받은 때에는 수소법원은 피고인의 진술 없이 판결할 수 있다(법330). 따라서 그 판결의 전제가 되는 공판기일의 개정은 피고인의 불출석하에서도 가능하다. 재판장은 증인 또는 감정인이 피고인의 면전에서 충분한 진술을 할 수 없다고 인정한 때에는 그를 퇴정하게 하고 진술하게 할 수 있다(법297① 1문). 피고인을 퇴정하게 한 경우에 증인, 감정인 또는 공동피고인의 진술이 종료한 때에는 퇴정한 피고인을 입정하게 한 후 법원사무관등으로 하여금 진술의 요지를 고지하게 하여야 한다(동조②).

3. 변호인 및 검사의 출석

변호인(법32, 33) 또는 보조인(법29)은 소송주체가 아니므로 이들의 출석은 공판기일 개정의 요건이 아니다. 따라서 일반적인 사건의 경우에는 변호인이나 보조인이 공판기일의 통지(법267③)를 받고 공판기일에 출석하지 않더라도 수소법원은 공판기일을 개정할 수 있다.

일반사건의 경우에는 변호인 출석이 임의적이지만 변호인의 공판기일 출석이 필수적으로 요구되는 사건이 있다. 소위 필요적 변호사건이 그것이다. 형사소송법은 필요적 변호사건의 범위를 기본적으로 국선변호사건과 일치되도록 조정하고 있다. 필요적 국선변호사건(법33①)에 관하여는 변호인 없이 개정하지 못한다(법282 본문). 또한 청구국선변호사건(법33②)과 재량국선변호사건(동조③)으로서 변호인이 선정된 사건에 관하여도 변호인 없이 개정하지 못한다(법282 본문). 다만 필요적 변호사건이라 할지라도 판결만을 선고할 때에는 변호인 없이 개정할 수 있다(동조 단서). 필요적 변호사건의 경우에 변호인이 출석하지 아니한 때에는 법원은 직권으로 변호인을 선정하여야 한다(법283).

필요적 변호사건에서 변호인이 출석하지 않는 이상 법원은 원칙적으로 피고사건에 대한 실체심리를 할 수 없다. 필요적 변호사건에서 변호인이 없음에도 불구하고 법원이 공판기일을 개정하여 심리를 진행하였다면 그 공판절차는 위법한 것이 되며 그 절차에서 이루어진 소송행위는 무효로 된다(95도1721).

검사의 출석은 공판개정의 요건이다(법275②). 따라서 검사의 출석이 없는 때에는 공판기일을 개정하지 못한다. 다만, 검사가 공판기일의 통지를 2회 이상 받고도 출석하지 않거나 판결만을 선고하는 때에는 검사의 출석 없이 개정할 수 있다(법278).

제 4 절 소송지휘권과 법정경찰권

제 1 소송지휘권

1. 소송지휘권의 의의

소송지휘권이란 소송지휘를 할 수 있는 권한을 말한다. 소송지휘란 소송절차를 질서 있게 하고 그 원활한 진행을 도모하기 위하여 행하는 법원의 합목적적 활동을 말한다. 소송지휘는 원래 법원의 권한에 속하는 것이다. 그렇지만 공판기일에서는 시기를 놓치지 않는 신속한 조치가 요구되므로 형사소송법은 공판기일의 소송지휘를 재판장이 하도록 하고 있다(법279).

재판장의 소송지휘권 가운데 특히 중요한 의미를 갖는 것으로 불필요한 변론의 제한, 석명권의 행사를 들 수 있다(94모73). 재판장은 소송관계인의 진술 또는 신문이 중복된 사항이거나 그 소송에 관계없는 사항인 때에는 소송관계인의 본질적 권리를 해하지 아니하는 한도에서 이를 제한할 수 있다(법299). 여기에서 '소송에 관계없는 사항'이란 피고사건과 관련성이 없는 사항을 의미한다.

재판장은 소송관계를 명료하게 하기 위하여 검사, 피고인 또는 변호인에게 사실상과 법률상의 사항에 관하여 석명을 구하거나 입증을 촉구할 수 있다(규칙141①). 석명을 구한다고 함은 피고사건의 소송관계를 명확하게 하기 위하여 소송관계인에게 사실상 및 법률상의 사항에 관하여 질문을 하고 소송관계인의 진술 내지 주장을 보충하거나 정정할 기회를 부여하는 것을 말한다(2010도14391).

공판기일의 소송지휘라 할지라도 피고인의 방어권보호나 실체적 진실발견을 위하여 중요한 의미가 있는 것은 법원의 권한에 속한다. 이에 해당하는 예로서는 국선변호인의 선정(법283), 증거신청에 대한 결정(법295 전단), 증거조사의 이의신청에 대한 결정(법296②), 재판장의 처분에 대한 이의신청에 대한 결정(법304②) 등을 들 수 있다.

2. 소송지휘권 행사에 대한 불복방법

검사, 피고인 또는 변호인은 재판장의 소송지휘에 관한 처분에 대하여 이의신청을 할 수 있다(법304①). 재판장의 처분에 대하여 이의신청이 있는 때에는 법원은 결정을 하여야 한다(동조②). 판결 전의 소송절차에 관한 결정에 대하여는 특히 즉시항고를 할 수 있는 경우 외에는 항고를 하지 못하는 것이 원칙이다(법403①). 법원이 행하는 소송지휘권의 행사 및 재판장의 처분에 대한 이의신청에 대해 내려진 법원의 결정에 대하여는 피고사건 전체에 대한 불복으로서 항소 또는 상고의 방법으로 다툴 수 있을 뿐이다.

제2 법정경찰권

1. 법정경찰권의 의의

공판절차가 원활하게 진행되려면 법정의 질서와 권위가 유지되지 않으면 안 된다. 공판정의 질서를 유지하고 공판기일의 심리방해를 예방 또는 제지하기 위하여 법원이 행하는 권력작용을 법정경찰이라고 한다. 법정경찰은 피고사건의 실체심리와 관계없는 사법행정상의 작용이다. 법정경찰에 관한 법원의 권한을 법정경찰권이라고 한다. 「법원조직법」은 법정경찰권을 재판장의 권한으로 규정하고 있다(법원조직법58①). 법정의 질서유지에 신속성과 기동성을 도모하기 위함이다.

법정경찰권은 법정의 절차진행과 관련이 있는 모든 사람에게 미친다. 따라서 방청인, 피고인, 변호인 등 일반인은 물론 검사, 배석판사, 법원사무관등 국가기관을 구성하는 사람들도 모두 법정경찰권의 대상이 된다.

2. 법정경찰권의 내용

재판장은 법정의 존엄과 질서를 해칠 우려가 있는 사람의 입정 금지 또는 퇴정을 명할 수 있고, 그 밖에 법정의 질서유지에 필요한 명령을 할 수 있다(법원조직법58②). 누구든지 법정 안에서는 재판장의 허가 없이 녹화, 촬영, 중계방송 등의 행위를 하지 못한다(동법59). 법원은 직권으로 법정의 질서유지를 위한 명령 또는 녹화 · 촬영 · 중계방송 금지를 위반하는 행위를 하거나 폭언, 소란 등의 행위로 법원의 심리를 방해하거나 재판의 위신을 현저하게 훼손한 사람에 대하여 결정으로 20일 이내의 감치에 처하거나 100만원 이하의 과태료를 부과할 수 있다. 이 경우 감치와 과태료는 병과할 수 있다(법원조직법61①).

「법원조직법」이 인정한 감치와 과태료의 제재는 법정모욕죄(형법138)와 달리 검사의 공소제기를 기다리지 않는다. 감치와 과태료는 재판의 심리를 방해하거나 재판의 권위를 훼손하는 자에 대하여 법원이 직접적으로 가하는 제재로서 사법행정상의 질서벌에 해당한다. 제재의 주체는 재판장이 아니라 법원이다.

3. 법정경찰권 행사에 대한 불복방법

법정경찰권에 근거한 재판장의 명령이나 허가는 재판장이 법정의 권위를 지키고 법정 내 질서를 유지하며 심리의 방해를 저지하기 위하여 법정 내 모든 사람들에 대하여 행하는 사법행정행위이다. 이 점에서 법원이 소송의 심리를 신속 · 공평하고 충실하게 진행하기 위하여 소송당사자에 대하여 행하는 소송지휘권의 행사와 구별된다. 법정경찰권의 법적 성질은 법정경찰권 행사의 상대방이 소송당사자의 지위를 겸하고 있다고 하여 달라지지 않는다(2008헌바81 참조).

소송지휘권에 대한 불복방법은 이의신청이다(법304①). 이에 대해 법정경찰권 행사에 대한 불복방법은 행정소송 또는 헌법소원이다. 「법원조직법」 제59조에 근거한 재판장의 녹음불허가는 사법행정행위이다. 이에 대하여 이의를 신청하더라도 재판절차가 개시되는 것은 아니다. 그러므로 재판장의 녹음불허가에 대한 불복은 행정소송이나 헌법소원(헌법재판소법68①)의 방법에 의하여야 한다(2008헌바81).

제 5 절 공판기일의 절차

제 1 모두절차

1. 진술거부권의 고지와 인정신문

형사소송법은 피고인의 진술거부권 규정(법283의2)을 인정신문 규정(법284) 앞에 위치시키고 있다. 따라서 재판장은 인정신문에 앞서서 피고인은 진술하지 아니하거나 개개의 진술에 대하여 진술을 거부할 수 있다는 내용의 진술거부권을 고지해야 한다(법283의2② · ①). 재판장은 피고인의 성명, 연령, 등록기준지, 주거와 직업을 물어서 피고인임에 틀림없음을 확인하여야 한다(법284). 재판장이 피고인을 확인하는 신문을 인정신문(人定訊問)이라고 한다.

2. 검사의 모두진술

인정신문이 끝나면 검사의 모두진술(冒頭陳述, opening statement)이 이루어진다. 공판기일의 첫머리에서 검사와 피고인이 행하는 진술을 모두진술이라고 한다. 검사는 공소장에 의하여 공소사실 · 죄명 및 적용법조를 낭독하여야 한다(법285 본문). 다만, 재판장은 필요하다고 인정하는 때에는 검사에게 공소의 요지를 진술하게 할 수 있다(동조 단서).

검사의 공소장낭독은 공소사실, 죄명 및 적용법조의 세 가지로 이루어진다(법285 본문). 검사의 공소장낭독은 피고사건에 대한 실체심리의 출발점을 이룬다. 따라서 공소장낭독은 생략할 수 없는 절차이다. 공소장낭독은 공개재판의 원칙(헌법27③ 2문, 법원조직법57)과 구두변론주의(법275의3)에 입각하여 알아듣기 쉬운 말로 구술되어야 한다.

무죄추정의 원칙(법275의2), 공소장일본주의(규칙118②) 및 예단배제의 원칙(법287② 단서 참조)에 비추어 볼 때 검사는 공소장 낭독의 단계에서 피고인에 대한 예단 또는 편견을 발생하게 할 염려가 있는 사항을 진술할 수 없다. 따라서 검사는 공소장 낭독의 단계에서 공소사실과 무관한 피고인의 전과사실이나 불이익 사실을 진술해서는 안 된다(법287② 단서 참조).

3. 피고인의 모두진술

피고인은 검사의 모두진술이 끝난 뒤에 공소사실의 인정 여부를 진술해야 한다(법286① 본문). 다만, 피고인이 진술거부권을 행사하는 경우에는 그러하지 아니하다(동항 단서). 이 모두진술의 기회에 피고인 및 변호인은 이익이 되는 사실 등을 진술할 수 있다(법286②).

피고인은 모두진술절차를 이용하여 토지관할위반의 신청(법320①), 관할이전의 신청(법15 2문), 기피신청(법18), 국선변호인선정신청(법33②), 공판기일변경신청(법270①), 변론의 병합·분리신청(법300) 등을 할 수 있다. 또 피고인은 공소사실에 대한 자백을 행하여 간이공판절차의 결정을 유도할 수 있다(법286의2).

피고인의 모두진술은 특히 피고인의 소송행위시점과 관련하여 중요한 의미를 가진다. 토지관할위반에 대한 불복신청(법320②), 공소장 부본 송달(법266)의 하자에 대한 이의신청, 제1회 공판기일의 유예기간(법269①)에 대한 이의신청 등은 늦어도 피고인의 모두진술 단계까지는 행하여야 한다. 이 단계까지 이의신청을 하지 아니하면 절차상의 하자가 치유되어 피고인은 이후 그 하자를 다툴 수 없게 된다.

4. 쟁점정리와 입증계획의 진술

재판장은 피고인의 모두진술이 끝난 다음에 피고인 또는 변호인에게 쟁점의 정리를 위하여 필요한 질문을 할 수 있다(법287①). 재판장의 쟁점정리가 끝나면 증거조사에 들어가게 된다. 재판장은 증거조사를 하기에 앞서 검사 및 변호인으로 하여금 공소사실 등의 증명과 관련된 주장 및 입증계획 등을 진술하게 할 수 있다(법286② 본문). 다만, 증거로 할 수 없거나 증거로 신청할 의사가 없는 자료에 기초하여 법원에 사건에 대한 예단 또는 편견을 발생하게 할 염려가 있는 사항은 진술할 수 없다(동항 단서).

제2 증거조사의 순서

1. 검사와 피고인의 증거신청

증거신청은 법원에 대하여 특정한 증거조사의 시행을 구하는 소송행위이다. 증거신청이란 '증거조사의 신청'을 줄여서 표현한 말이다. 증거조사는 검사, 피고인 또는 변호인의 증거신청에 의하여 시작되는 것이 보통이지만(법294①), 범죄로 인한 피해자도 자신에 대한 증인신문을 신청할 권리를 갖는다(헌법27⑤, 법294의2). 증거신청은 재판장의 쟁점정리 및 검사·변호인의 증거관계 진술이 끝난 후에 실시한다(법290). 한편 증거신청은 공판기일 전에 공판준비의 일환으로도 이루어질 수 있다(법266의9① v).

검사, 피고인 또는 변호인은 서류나 물건을 증거로 제출할 수 있고, 증인·감정인·통역인 또는 번역인의 신문을 신청할 수 있다(법294①). 검사, 피고인이나 변호인은 법원에 대해 공무소 또는 공사단체에 조회하여 필요한 사항의 보고나 그 보관서류의 송부를 요구해 줄 것을 신청할 수 있다(법272①). 이를 문서송부촉탁신청이라고 한다. 문서송부촉탁신청도 넓은 의미에서 증거신청 속에 포함된다(2012도1284).

검사, 피고인 또는 변호인은 특별한 사정이 없는 한 필요한 증거를 일괄하여 신청하여야 한다(규칙132). 증거신청은 검사가 먼저 이를 한 후 다음에 피고인 또는 변호인이 이를 한다(규칙133). 검사, 피고인 또는 변호인이 증거신청을 함에 있어서는 그 증거와 증명하고자 하는 사실과의 관계를 구체적으로 명시하여야 한다(규칙132의2①). 이때 증명하고자 하는 사실을 요증사실이라 하고 증거와 요증사실과의 관계를 입증취지라고 한다.

전문법칙의 예외규정(법311~315, 318)에 따라 증거로 할 수 있는 서류나 물건이 수사기록의 일부인 때에는 검사는 이를 특정하여 개별적으로 제출함으로써 그 조사를 신청하여야 한다(규칙132의3① 1문). 이와 같이 검사가 수사기록을 개별적으로 분리하여 증거로 제출하게 하는 증거신청방식을 가리켜서 증거분리제출주의라고 한다. 증거분리제출주의에 위반한 증거신청은 이를 기각할 수 있다(동조②).

2. 피해자의 증인신청

헌법은 "형사피해자는 법률이 정하는 바에 의하여 당해 사건의 재판절차에서 진술할 수 있다."고 규정하여(헌법27⑤) 피해자의 재판절차진술권을 보장하고 있다. 이를 이어받아 형사소송법은 범죄피해자에게 증인신청권을 부여하고 있다(법294의2① 본문). 형사소송법은 (가) 피해자 외에 (나) 피해자의 법정대리인, (다) 피해자가 사망한 경우 그의 배우자·직계친족·형제자매에게도 재판절차진술권을 인정하고 있다(법294의2①). 형사소송법은 피해자, 법정대리인, 피해자가 사망한 경우 그의 배우자·직계친족·형제자매 등을 피해자등으로 통칭하고 있다.

법원은 피해자등의 신청이 있는 때에는 원칙적으로 이들을 증인으로 신문하여야 한다(법294의2① 본문). 다만, (가) 피해자등이 이미 당해 사건에 관하여 공판절차에서 충분히 진술하여 다시 진술할 필요가 없다고 인정되는 경우, (나) 피해자등의 진술로 인하여 공판절차가 현저하게 지연될 우려가 있는 경우에는 법원에 증인신문 의무가 없다(법294의2① 단서).

피해자등을 증인으로 신문하는 경우 그 증인은 자신이 체험한 사실을 법원에 보고해야 한다(법157② 참조). 형사소송법은 사실 보고에서 한 걸음 더 나아가 의견진술권을 피해자등에게 부여하고 있다. 법원은 피해자등을 신문하는 경우에 피해의 정도 및 결과, 피고인의 처벌에 관한 의견 그 밖에 당해 사건에 관한 의견을 진술할 기회를 주어야 한다(법294의2②).

법원은 피고인이 피해자의 권리 회복에 필요한 금전을 공탁한 경우에는 판결을 선고하기 전에 피해자등의 의견을 들어야 한다. 다만, 그 의견을 청취하기 곤란한 경우로서 대법원규칙으로 정하는 특별한 사정이 있는 경우에는 그러하지 아니하다(법294의5① 본문·단서).

법원은 범죄로 인한 피해자를 증인으로 신문하는 경우에 당해 피해자·법정대리인 또는 검사의 신청으로 피해자의 사생활비밀이나 신변보호를 위하여 필요하다고 인정하는 때에는 결정으로 심리를 공개하지 아니할 수 있다(법294의3①). 비공개 결정은 이유를 붙여 고지해야 한다(법294의2②).

3. 법원의 직권증거조사

형사절차에서는 민사소송과 달리 실체적 진실발견이 기본목적이 된다. 이 때문에 형사소송법은 실체적 진실발견의 최종책임을 지고 있는 법원에 대하여 직권에 의한 증거조사를 인정하고 있다. 법원은 직권으로 증거조사를 할 수 있다(법295 후단). 소송관계인이 증거로 제출한 서류나 물건에 대해 재판장은 직권으로 공판정에서 이를 조사할 수 있다(법291②).

공판기일에서의 구두변론주의(법275의3)를 특별히 규정하고 있는 형사소송법의 태도에 비추어 볼 때 직권증거조사는 당사자의 증거신청에 대해 보충적·예외적 지위를 갖는다. 법원은 검사가 신청한 증거 및 피고인·변호인이 신청한 증거에 대한 조사가 끝난 후 직권으로 결정한 증거를 조사한다(법291의2②). 법원은 직권 또는 검사, 피고인·변호인의 신청에 따라 위의 순서를 변경할 수 있다(동조②).

법원의 직권증거조사는 법원의 권한이자 의무가 된다. 법원은 공정한 재판의 보장과 함께 형사절차의 기본목적인 실체적 진실발견을 도모해야 하기 때문이다. 법원이 직권에 의한 증거조사의 책무를 다하지 아니한 때에는 심리미진의 위법이 발생한다(90도2205).

법원은 또한 직권으로 공무소 또는 공사단체에 조회하여 필요한 사항의 보고 또는 그 보관서류의 송부를 요구할 수 있다(법272①). 법원은 증인 소환장이 송달되지 아니한 경우에는 공무소 등에 대한 조회(법272①)의 방법으로 직권 또는 검사, 피고인, 변호인의 신청에 따라 소재탐지를 할 수 있다(2020도2623). 법원은 재판상 필요한 경우에는 형소법 제272조의 규정에 의하여 전기통신사업자에게 통신사실확인자료제공을 요청할 수 있다(통신비밀보호법13의2). 법원은 제출명령에 의하여 금융거래의 내용에 대한 정보 또는 자료의 제공을 요구할 수 있다(금융실명법4① i). 법원이 정보통신회사에 사실조회(법272)를 한 결과 정보통신회사가 법원의 사실조회 회신서에 첨부하여 법원에 제출한 개인정보는 증거능력이 있다(2015도2625).

4. 증거결정 여부에 관한 의견진술

(1) 의견진술의 의의

증거조사절차는 검사, 피고인, 피해자 등의 증거신청이나 법원의 직권에 의하여 개시된다. 증거조사절차가 개시되면 법원은 증거조사의 시행 여부를 결정하는 증거결정을 하게 되는데, 그에 앞서서 증거결정에 대한 검사 및 피고인 등의 의견진술이 행해지게 된다. 증거결정에 대한 의견진술(규칙134① · ②)은 증거조사가 시행되기 전의 단계에서 행해진다는 점에서 증거조사 실시 후 그 결과에 대하여 피고인이 행하는 증거조사결과에 대한 의견진술(법293)과 구별된다.

(2) 의견진술의 방식

증거결정에 대한 의견진술은 임의적 의견진술과 필요적 의견진술로 나누어진다. 먼저, 법원은 증거결정을 함에 있어서 필요하다고 인정할 때에는 그 증거에 대한 검사, 피고인 또는 변호인의 의견을 들을 수 있다(규칙134①). 이 임의적 의견진술은 증거신청이 행해진 경우뿐만 아니라 직권에 의하여 증거조사절차를 개시하는 경우에도 행해질 수 있다. 임의적 의견진술은 법원의 재량에 의한다.

법원은 서류 또는 물건이 증거로 제출된 경우에 이에 관한 증거결정을 함에 있어서 제출한 자로 하여금 그 서류 또는 물건을 상대방에게 제시하게 하여 상대방으로 하여금 그 서류 또는 물건의 증거능력 유무에 관한 의견을 진술하게 하여야 한다(규칙134② 본문). 다만, 형소법 제318조의3(간이공판절차에서의 증거능력에 관한 특칙)에 의하여 동의가 있는 것으로 간주되는 경우에는 그러하지 아니하다(규칙134① 단서).

(3) 의견진술의 종류

필요적 의견진술의 경우에 진술되는 의견의 종류에는 (가) 적법한 절차와 방식에 따른 작성의 인정 또는 부인(법312① · ③ · ④ · ⑥), (나) 실질적 진정성립의 인정 또는 부인(법312④,

313①), (다) 내용의 인정 또는 부인(법312①·③), (라) 진술의 임의성의 인정 또는 부인(법317 ①), (마) 증거에 대한 동의 또는 부동의(법318①) 등을 들 수 있다. 증거능력의 유무에 관한 의견으로는 그 밖에도 자백의 증거능력(헌법12⑦ 전단, 법309), 피고인의 열람·등사청구에 응하지 아니한 공판조서의 증거능력(법55③), 위법수집증거의 증거능력(법308의2) 등에 관한 의견진술을 들 수 있다.

5. 증거채부의 결정

법원이 증거신청이나 직권에 기하여 증거조사를 할 것인가 아닌가를 판단하는 결정을 증거채부결정이라고 한다(법266의9① viii 참조). 증거채부(採否)결정을 줄여서 증거결정이라 고도 한다. 법원의 증거채부결정에는 (가) 검사, 피고인, 피해자 등의 증거신청을 받아들 여 신청된 증거를 조사하기로 하는 채택결정, (나) 이들의 증거신청을 기각하는 기각결정, (다) 직권으로 증거조사를 하기로 하는 직권결정 등이 있다.

법원이 증거신청에 대하여 형식적 사유를 들어 각하하는 경우가 있다. 먼저, 증거신청 이 법정된 방식에 위반하면 부적법 각하된다(규칙132의2⑤, 132의3②). 다음으로, 법원은 검 사, 피고인 또는 변호인이 고의로 증거를 뒤늦게 신청함으로써 공판의 완결을 지연하는 것 으로 인정할 때에는 직권 또는 상대방의 신청에 따라 결정으로 증거신청을 각하할 수 있다 (법294②).

나아가 유죄의 증거로 사용할 수 있는 자격(즉 증거능력)이 없는 증거는 처음부터 증거 조사에서 배제되어야 한다. 임의성이 의심되는 자백(헌법12⑦ 전단, 법309), 위법하게 수집된 증거(법308의2), 임의성이 없는 진술(법317①), 내용이 부인된 검사 및 사법경찰관 작성의 피의자신문조서(법312①·③), 진정성립이 부인된 각종 조서(법312) 및 서류(법313) 등이 여 기에 해당한다.

실질적 사유에 기하여 증거신청이 기각되는 경우가 있다. 첫째, 피고사건에 대하여 관 련성이 없는 증거에 대한 증거신청을 들 수 있다. 둘째, 검사, 피고인의 중복된 증거신청 을 들 수 있다. 피해자등이 이미 당해 사건에 관하여 공판절차에서 충분히 진술하여 다 시 진술할 필요가 없다고 인정되는 경우에도 법원은 피해자등의 증거신청에 대하여 기각 결정을 할 수 있다(법294의2① ii)(90도646). 셋째, 검사, 피고인의 증거신청을 채택하여 증거 조사를 실시할 경우 공판절차가 현저하게 지연될 우려가 있는 때에는 법원은 증거신청을 기각할 수 있다. 피해자등의 진술로 인하여 공판절차가 현저하게 지연될 우려가 있는 경 우에도 증거신청을 기각할 수 있다(법294의2① iii).

재판부가 당사자의 증거신청을 채택하지 아니하였다 하더라도 그러한 사유만으로 '법관이 불공평한 재판을 할 염려'에 해당하는 기피사유(법18①ⅱ), 즉 재판의 공평을 기대하기 어려운 객관적인 사정이 있다고 할 수 없다(90모44).

6. 증거조사의 실시

증거신청에 대한 채택결정 또는 직권증거결정이 있게 되면 다음으로 증거조사의 실시에 들어가게 된다. 법원은 검사가 신청한 증거를 조사한 후 피고인 또는 변호인이 신청한 증거를 조사한다(법291의2①). 법원은 신청에 의한 증거조사가 끝난 후 직권으로 결정한 증거를 조사한다(동조②). 법원은 직권 또는 검사, 피고인·변호인의 신청에 따라 위의 순서를 변경할 수 있다(동조③).

형소법 제312조 제4항은 검사 또는 사법경찰관이 피고인 아닌 자의 진술을 기재한 조서에 증거능력을 인정하기 위한 요건으로 '피고인 또는 변호인이 공판준비 또는 공판기일에 그 기재내용에 관하여 원진술자를 신문할 수 있었을 때'라는 기준을 설정하고 있다. 한편 형소법 제313조 제2항 단서는 피고인 아닌 자가 작성한 일반적 진술서(정보저장매체에 저장된 전자정보 포함)가 증거능력을 인정받기 위한 조건의 하나로 '피고인 또는 변호인이 공판준비 또는 공판기일에 그 기재 내용에 관하여 작성자를 신문할 수 있었을 것'을 요구하고 있다.

이와 같이 반대신문권 보장의 요건이 설정됨에 따라 피고인 아닌 자의 진술을 기재한 조서(법312④) 또는 피고인 아닌 자의 진술을 기재한 일반적 진술서(법313①)에 대해 증거조사를 실시하려면 그에 앞서서 그 '피고인 아닌 자'(원진술자)에 대한 신문이 먼저 이루어져야 한다. 그리하여 증거조사의 순서는 증인신문에 이어서 증거서류에 대한 증거조사가 실시되는 형태를 취하게 된다.

7. 증거조사절차의 적법성 확인

엄격한 증명의 법리(법307①)에 의할 때 증거조사는 (가) 증거능력 있는 증거를 (나) 법률이 정하는 절차에 따라 조사하는 방식으로 이루어져야 한다. 우리 형사소송법은 증거조사의 구체적인 실시방법에 관하여 관계규정을 한 곳에 집중하지 않고 증거방법의 종류에 따라서 증거서류(법292), 증거물(법292의2, 292의3), 증인신문(법146 이하), 감정(법169 이하), 검증(법139 이하), 통역과 번역(법180 이하) 등으로 나누어서 규정하고 있다.

엄격한 증명의 법리(법307①)에 의할 때 증거조사의 실시절차는 엄격히 준수되어야 한다. 증거조사는 공판중심주의, 직접심리주의 및 증거재판주의 원칙에 입각하여 법률이 정한 요건과 절차에 따라 엄격하게 이루어져야 한다. 헌법상 보장되는 적법절차의 원칙에 따라 공정한 재판을 받을 피고인의 권리는 경제적 효율성이나 사법적 편의를 증진시킨다는 이유로 간과되어서는 안 된다(2020도14843 ☞ 551면). 관련 절차에 맞추어 증거조사를 실시하지 않은 서류나 물건, 증언(2020도14843)이나 감정 등은 이를 사실인정의 자료로 삼을 수 없다.

증거조사절차의 적법성을 확인하기 위하여 공판조서에 증거될 서류, 증거물과 증거조사의 방법을 반드시 기재하여야 한다(법51② ix). 증거조사절차의 적법한 이행 여부를 확인하기 위하여 공판조서의 일부로 증거목록이 작성된다. 공판조서의 기재가 명백한 오기인 경우를 제외하고는, 공판기일의 소송절차로서 공판조서에 기재된 것은 조서의 기재만으로 증명하여야 한다(법56). 이 경우 공판조서의 증명력은 절대적인 것으로 공판조서 이외의 자료로 반증하는 것이 허용되지 않는다(2018도4075).

증거조사의 구체적인 형태로 (가) 증인신문, (나) 증거서류 및 증거물에 대한 증거조사, (다) 정보저장매체에 대한 증거조사, (라) 감정·검증·통역·번역 등이 있다. 이에 대해서는 항목을 바꾸어서 자세히 설명하기로 하고(후술 262면), 아래에서는 증거조사에 대한 이의신청과 증거조사절차결과에 대한 의견진술에 대해 살펴본다.

8. 증거조사에 대한 이의신청

증거조사절차가 진행되는 동안 검사, 피고인 또는 변호인은 증거조사에 관하여 여러 가지 이의신청을 하게 된다. 원래 이의신청이란 소송관계인이 법원이나 다른 소송관계인의 소송행위가 위법하거나 부당하다고 주장하여 당해 심급의 법원에 시정을 구하는 소송행위이다.

검사, 피고인 또는 변호인은 증거조사에 관하여 이의신청을 할 수 있다(법296①). 증거조사에 대한 이의신청은 (가) 법령의 위반이 있거나 (나) 상당하지 아니함을 이유로 하여 이를 할 수 있다(규칙135의2 본문). 그러나 당사자의 증거신청(법294)에 대한 법원의 결정, 피해자등의 증거신청(법294의2)에 대한 법원의 결정, 직권으로 증거조사를 하기로 하는 법원의 결정 대해서는 (가)의 법령의 위반이 있음을 이유로 하여서만 이의신청을 할 수 있다(규칙135의2 단서).

법원은 검사, 피고인 또는 변호인으로부터 증거조사에 대한 이의신청이 있으면 결정을 내려야 한다(법296②). 이의신청이 이유 있다고 인정되는 경우에 법원은 결정으로 이의신청의 대상이 된 행위, 처분 또는 결정을 중지, 철회, 취소, 변경하는 등 그 이의신청에 상응하는 조치를 취해야 한다(규칙139③).

증거조사절차는 판결 전의 소송절차이다. 판결 전의 소송절차에 관한 결정에 대하여는 특히 즉시항고를 할 수 있는 경우 외에는 항고를 하지 못한다(법403①). 증거조사의 위법·부당은 그로 말미암아 사실을 오인하여 판결에 영향을 미쳤다는 이유로 판결 자체에 대해 상소하는 방법(법361의5ⅰ, 383ⅰ)으로만 다툴 수 있다. 증거조사절차의 위법·부당만을 들어서 상급법원에 독자적으로 불복할 수 있는 장치가 없기 때문이다(90도646).

9. 증거조사결과에 대한 의견진술

법원은 매 공판기일마다 그 기일에서의 모든 증거조사가 끝난 후에 증거조사에 대하여 피고인의 의견을 묻고 권리보호에 필요한 증거조사의 신청권이 있음을 알려주어야 한다. 이러한 안내는 재판장이 한다. 재판장은 피고인에게 각 증거조사의 결과에 대한 의견을 묻고 권리를 보호함에 필요한 증거조사를 신청할 수 있음을 고지하여야 한다(법293).

증거조사의 결과에 대해 피고인의 의견을 묻는 것은 법원이 그 증거조사에 의한 심증을 형성할 때 피고인의 의견을 참고하기 위함이다. 피고인에게 권리보호에 필요한 증거조사를 신청할 수 있음을 고지하는 것은 피고인에 대한 안내의 의미를 갖는다.

제3 증거조사의 개별 형태

1. 증인신문

(1) 증인의 의의

증인이란 법원 또는 법관에 대하여 자기가 과거에 체험한 사실을 진술하는 제삼자를 말한다. 그리고 증인으로부터 그 체험사실의 진술을 듣는 증거조사절차를 증인신문이라고 한다. 증인은 법원 또는 법관에 대하여 진술하는 제삼자라는 점에서 수사기관에 대하여 진술하는 참고인(법221①)과 구별된다.

증인 가운데에는 피해자가 포함된다. 피해자는 범죄로 인한 체험사실을 법원에 보고하는 제삼자이기 때문이다. 피해자에게는 당해 사건의 재판절차에서 진술할 수 있는 권리, 즉 재판절차진술권이 헌법적으로 보장된다(헌법27⑤). 피해자에게 보장되는 진술권에는 (가) 법원에 대한 범죄피해사실의 보고를 넘어서서, (나) 피해의 정도 및 결과, 피고인의 처벌에 관한 의견, 그 밖에 당해 사건에 관한 의견의 진술이 포함된다(법294의2②). 피해자의 재판절차진술권은 (ㄱ) 피해자 외에 (ㄴ) 피해자의 법정대리인, (ㄷ) 피해자가 사망한 경우에는 배우자·직계친족·형제자매에게도 보장된다(법294의2①).

증인(법146)은 자신이 체험한 사실을 진술하는 자이다. 이 점에서 증인은 감정인과 구별된다. 감정인(법169)은 특정한 분야에 특별한 학식과 경험을 가진 사람으로서, 감정인은 그 학식과 경험에 의하여 알고 있거나 그 전문적 학식과 경험에 의하여 얻은 일정한 원리 또는 판단을 법원에 진술·보고하는 사람이다(2024모358 ☞ 599면).

증인은 자신이 과거에 체험한 사실을 진술하는 자라는 점에서 비대체적이다. 그렇지만 감정인은 전문지식을 가지고 있는 한 누구나 감정인이 될 수 있다는 점에서 대체가 가능하다. 그 결과 감정에 관하여는 형사소송법의 증인에 관한 규정이 준용되지만, 감정인이 소환에 응하지 않더라도 구인할 수는 없다(법177).

감정인이라 하더라도 특별한 지식에 의하여 알게 된 과거의 사실에 관하여 진술해야 하는 경우에는 감정증인이 된다. 감정증인은 증인의 지위에 있다. 감정증인은 증인신문절차에 따라 신문하여야 한다(법179).

(2) 공무원의 증인적격

증인적격이란 증인으로 선서하고 진술할 수 있는 자격을 말한다. 법원은 증인적격이 인정되는 사람에 대해서만 증인신문을 할 수 있다. 법원이 증인적격 없는 자에 대하여 증인신문을 한 결과 진술을 얻었다고 할지라도 그 진술은 증거능력이 없다. 법원은 법률에 다른 규정이 없으면 누구든지 증인으로 신문할 수 있다(법146). 증인적격은 원칙적으로 누구에게나 인정된다. 그런데 증인의 개념요소나 입법정책적 필요에 의하여 증인적격이 제한되는 경우가 있다.

공무원 또는 공무원이었던 자가 그 직무에 관하여 알게 된 사실에 관하여 본인 또는 당해 공무소가 직무상 비밀에 속한 사항임을 신고한 때에는 그 소속 공무소 또는 감독 관공서의 승낙 없이는 증인으로 신문하지 못한다(법147①). 공무원 또는 공무원이었던 자의 소속 공무소 또는 당해 감독 관공서는 국가의 중대한 이익을 해하는 경우를 제외하고는 승낙을 거부하지 못한다(동조②).

(3) 법관, 검사, 변호인의 증인적격

증인은 법원이나 법관에게 자기가 과거에 체험한 사실을 진술하는 제삼자를 말한다. 여기에서 '제삼자'란 소송주체를 제외한 다른 사람을 말한다. 소송주체는 법원, 검사, 피고인의 삼 주체를 가리킨다. 여기에서 소송주체와 증인적격의 관계를 살펴볼 필요가 있다.

당해 사건을 심판하는 법관은 증인이 될 수 없다. 법관이 그 직무로부터 벗어나서 증인이 되는 것은 무방하지만 일단 피고사건에 관하여 증인이 된 때에는 제척사유가 성립되어 자동적으로 피고사건의 직무집행에서 배제된다(법17 iv).

당해 사건에 관여하는 검사에게 증인적격이 인정되는가 하는 문제가 있다. 형소법 제
316조 제1항은 피고인이 아닌 자의 공판준비 또는 공판기일에서의 진술이 피고인의 진술
을 그 내용으로 하는 것인 때에는 그 진술이 특히 신빙할 수 있는 상태하에서 행하여졌음
이 증명된 때에 한하여 증거로 할 수 있다고 규정하고 있다. 이때 '피고인 아닌 자'에는 공
소제기 전에 피고인을 피의자로 조사하였거나 그 조사에 참여하였던 자가 포함된다(법316
①). 그러므로 피의자를 조사하였던 검사도 조사자로서 피고인의 진술을 내용으로 하는 증
언을 할 수 있게 되었다. 이것은 형소법 제316조 제1항을 통하여 검사에게 증인적격이 인
정되었음을 의미한다.

피고인의 변호인에게 증인적격이 있는지가 문제된다. 이에 대해서는 긍정설, 부정설,
절충설 등이 제시되고 있다. 생각건대 변호인의 증인적격은 긍정하는 것이 타당하다고 본
다. 변호인의 신문은 때로는 실체적 진실발견과 피고인의 이익보호를 위하여 필수적인 경
우가 있을 수 있으며, 피고인과 변호인간의 신뢰관계를 유지하는 장치로 변호인에게 증언
거부권(법149 본문)이 보장되고 있기 때문이다. 그러나 변호인이 피고인에게 불리한 증언을
해야 하는 경우에는 변호인의 지위를 사임하는 것이 바람직할 것이다.

(4) 피고인의 증인적격

피고인은 피고사건의 직접적 소송주체이므로 증인에게 요구되는 제삼자성을 결여하여
증인적격이 없다. 실체적 진실발견을 위하여 필요하다고 하더라도 법원은 피고인을 증인으
로 신문할 수 없다. 피고인에게는 진술거부권(헌법12② 후단, 법283의2①)이 인정되고 있기 때
문이다(2001헌바41). 역으로 피고인이나 변호인도 피고인 자신을 증인으로 신문하도록 신청
할 수 없다. 헌법 제12조 제2항에 근거를 둔 진술거부권은 주관적 공권으로서 그 포기가
인정되지 않기 때문이다.

(5) 공동피고인의 증인적격

공동피고인이란 두 사람 이상의 피고인이 동일한 형사절차에서 심판을 받게 된 경우에
각각의 피고인을 가리킨다. 공동피고인의 진술은 자기 사건에 관련되는 한에 있어서는 피
고인의 진술인 동시에 다른 공동피고인의 사건에 대해서는 제삼자의 진술이라는 성질을
갖는다. 여기에서 공동피고인은 피고인으로서 진술거부권(헌법12② 후단, 법283의2①)을 가지
는 한편 제삼자로서 법원에 대하여 증언의무(법161①)와 진실의무(법158, 형법152① · ②)를 부
담하는 양면적 지위에 서게 된다.

공동피고인은 다시 공범인 공동피고인과 제삼자인 공동피고인으로 나누어 볼 수 있다.

공범인 공동피고인은 임의적 공범과 필요적 공범을 모두 포함하는 넓은 의미의 공범들이 동일한 재판부에 의하여 재판을 받게 되는 경우에 발생한다. 공범인 공동피고인들은 범죄 실행과 관련하여서는 이해관계가 일치되고 있지만 형사처벌과 관련하여서는 서로 책임을 전가하려는 이해상반성을 보인다.

이에 반해 제삼자인 공동피고인은 공범에서 유래하는 이해관계와 무관하게 우연히 동일한 재판부에 의하여 재판을 받게 된 피고인들을 가리킨다. 이 경우는 공동피고인들 상호간에 이해관계가 없기 때문에 제삼자성이 뚜렷하게 유지된다.

공범 아닌 공동피고인들 사이에 증인적격을 인정하는 데에는 별다른 문제가 없다. 공동피고인들 사이에 아무런 실질적 이해관계가 없이 우연히 심리만 병합된 경우 또는 맞고소 사건의 예에서 볼 수 있는 바와 같이 공동피고인 상호간에 이해관계가 상반된 경우 등이 공범 아닌 공동피고인의 사례들이다. 이러한 경우에는 공동피고인들 사이에 제삼자성이 유지되고 있어서 변론을 분리하지 않더라도 증인적격을 인정할 수 있다. 공동피고인인 절도범(갑)과 그 장물범(을)은 다른 공동피고인의 범죄사실에 관하여 서로 증인의 지위에 있다(2005도7601).

제삼자성이 인정되는 공동피고인들(갑과 을) 사이에 어느 공동피고인(갑)이 병합심리된 당해 형사절차에서 다른 공동피고인(을)에 관하여 진술할 때에는 증인신문의 절차에 따라 반드시 증인으로 선서하고 증언해야 한다(법156). 선서 없는 진술은 증거능력이 없다(82도1000).

공범인 공동피고인의 증인적격에 대해서는 견해가 대립하고 있다. 판례는 변론분리후 허용설을 취하고 있다(2009도11249). 판례는 (가) 피고인의 지위에 있는 공동피고인은 다른 공동피고인에 대한 공소사실에 관하여 증인이 될 수 없으나, (나) 소송절차가 분리되어 피고인의 지위에서 벗어나게 되면 다른 공동피고인에 대한 공소사실에 관하여 증인이 될 수 있고, (다) 이는 대향범인 공동피고인의 경우에도 다르지 않다는 판단기준을 제시하고 있다(2009도11249).

(6) 증인의 의무

증인의 출석을 위하여 법원은 증인을 소환하여야 한다(법150의2①). 법원의 증인 소환은 구체적인 증인에게 출석의무를 발생시킨다(법151, 152). 증인적격이 있는 사람은 원칙적으로 누구나 법원에 증인으로 출석할 의무를 진다. 증인의 출석의무는 내국인·외국인을 가리지 않는다. 증언거부권이 있는 자도 출석의무를 진다. 증인을 신청한 자는 증인이 출석하도록 합리적인 노력을 할 의무가 있다(법150의2②).

법원은 필요한 때에는 결정으로 지정한 장소에 증인의 동행을 명할 수 있다(법166①). 동행명령은 당초에 법원 내에서 신문할 예정으로 증인을 소환하였다가 재판부가 방침을 바꾸어 법원 외에서 신문하기로 하는 경우에 사용되는 조치이다.

증인의 출석의무위반에 대하여 가해지는 제재방법으로는 (가) 비용부담 및 과태료, (나) 구인, (다) 감치의 세 가지가 있다. 법원은 소환장을 송달받은 증인이 정당한 사유 없이 출석하지 아니한 때에는 결정으로 당해 불출석으로 인한 소송비용을 증인이 부담하도록 명하고, 500만원 이하의 과태료를 부과할 수 있다(법151① 1문).

법원은 정당한 사유 없이 소환에 응하지 아니하는 증인을 구인할 수 있다(법152). 증인이 정당한 사유 없이 동행을 거부하는 때에도 구인할 수 있다(법166②). 증인소환장을 송달받은 적이 없으면 법원에 출석하지도 않더라도 증인을 구인할 수 없다(2008도6985). 구인은 증인을 24시간 법원에 강제유치하는 것을 말한다(법71 참조).

증인이 출석불응에 따른 과태료의 재판을 받고도 정당한 사유 없이 다시 출석하지 아니한 때에는 법원은 증인을 7일 이내의 감치에 처할 수 있다(법151②). 감치는 증인의 출석 확보를 위한 장시간의 제재방법이다. 감치결정에 대하여는 즉시항고를 할 수 있다(동조⑧ 1문). 그러나 즉시항고의 집행정지 효력(법410)은 발생하지 않는다(법151⑧ 2문).

출석한 증인은 선서할 의무가 있다(법156① 본문). 선서란 진실을 말할 것을 서약하는 것이다. 선서 후 거짓진술을 하면 위증죄(형법152)로 처벌된다. 증인은 신문 전에 선서하게 하여야 하는 것이 원칙이지만(법156 본문) 법률에 다른 규정이 있는 경우에는 예외로 한다(동조 단서). 증인이 16세 미만의 자 또는 선서의 취지를 이해하지 못하는 자인 때에는 선서하게 하지 아니하고 신문하여야 한다(법159). 선서무능력자를 선서시키고 증언하도록 하더라도 그의 선서는 효력이 없으며 위증죄는 성립하지 않는다. 그러나 선서무능력자에게 증언능력이 있는 한 그의 증언 자체는 효력이 부인되지 않는다.

재판장은 선서할 증인에 대하여 선서 전에 위증의 벌을 경고하여야 한다(법158). 선서는 증인을 신문하기에 앞서서 해야 한다(법156 본문). 증인은 신문사항에 대하여 양심에 따라 숨김과 보탬이 없이 사실 그대로 진술하여야 한다(법157② 참조). 증인은 법원 또는 법관의 신문에 대해서뿐만 아니라 변호인, 피고인의 신문에 대하여도 진술하여야 한다.

증인이 증언의무를 수행하려면 그 전제로 구체적인 증인에게 증언능력이 있어야 한다. 증언능력은 증인적격과 구별된다. 증인적격은 증인으로 선서하고 진술할 수 있는 자격을 말한다. 이에 대하여 증언능력은 증인이 과거에 경험한 사실을 그 기억에 따라 진술할 수 있는 정신적 능력을 말한다. 따라서 증인적격이 있는 자라 할지라도 증언능력이 없을 수 있다. 반대로 형사미성년자(형법9)라고 하여 반드시 증언능력이 부인되는 것은 아니다(91도579).

(7) 증인의 권리

증인에게는 증언거부권과 비용청구권이 인정된다. 소환받은 증인은 법률이 규정한 바에 따라 여비, 일당과 숙박료를 청구할 수 있다. 단, 정당한 사유 없이 선서 또는 증언을 거부한 사람은 예외로 한다(법168 본문·단서).

증언거부권이란 일단 증언의무가 인정된 증인이 일정한 사유를 근거로 증언을 거부할 수 있는 권리를 말한다. 증언거부권이 인정된 증인은 증언을 거부할 수 있을 뿐이며 처음부터 출석을 거부할 수는 없다. 증언거부권을 가진 사람이 선서부터 거부하였다면 이는 증언거부로 보아야 한다. 증인이 형소법 제148조, 제149조에 의하여 증언거부권을 가지는 경우에는 재판장은 신문 전에 증인에게 증언을 거부할 수 있음을 설명하여야 한다(법160).

신문 전에 증언거부권을 고지받지 못한 증인은 위증죄(형법152① · ②)의 주체인 '법률에 의하여 선서한 증인'에 해당하지 않는다. 증언거부권을 고지받지 않은 증인이 허위진술을 하더라도 (가) 그것이 자기부죄금지특권(헌법12②)에 관한 것이거나 (나) 기타 증언거부사유가 있음에도 증언거부권을 고지받지 못함으로 인하여 증언거부권을 행사하는 데 사실상 장애가 초래되었다고 볼 수 있는 경우에는 위증죄가 성립하지 않는다(2008도942).

누구든지 (가) 자기, (나) 친족이거나 친족이었던 사람, (다) 법정대리인, 후견감독인의 관계에 있는 자가 형사소추 또는 공소제기를 당하거나 유죄판결을 받을 사실이 드러날 염려가 있는 증언을 거부할 수 있다(법148). 증인이 이미 유죄의 확정판결을 받은 경우에는 헌법 제13조 제1항에 정한 일사부재리의 원칙에 의해 다시 처벌받지 않는다. 그러므로 자신에 대한 유죄판결이 확정된 증인은 공범에 대한 피고사건에서 증언을 거부할 수 없다(2011도11994).

변호사, 변리사, 공증인, 공인회계사, 세무사, 대서업자, 의사, 한의사, 치과의사, 약사, 약종상, 조산사, 간호사, 종교의 직에 있는 자 또는 이러한 직에 있던 자가 그 업무상 위탁을 받은 관계로 알게 된 사실로서 타인의 비밀에 관한 것은 증언을 거부할 수 있다(법149 본문). 다만, 본인의 승낙이 있거나 중대한 공익상 필요가 있는 때에는 예외이다(동조 단서).

법정에 출석한 증인이 증언을 거부한 경우에 수사절차에서 수사기관이 그 증인을 상대로 작성한 참고인진술조서는 형소법 제314조에 근거하여 증거능력을 인정받지 못한다(후술 359면).

(8) 증인신문의 장소

형사소송법 제1편 제12장과 형사소송규칙 제1편 제12장은 증인에 대한 증거조사를 '신문'의 방식으로 하면서 (가) 법정에의 소환방법, (나) 법정에 불출석할 경우의 제재와 조치,

(다) 출석한 증인에 대한 선서와 위증의 벌의 경고, (라) 증언거부권 고지 및 (마) 신문의 구체적인 방식 등에 대하여 엄격한 절차 규정을 두고 있다. 한편 형사소송법은 (가) 법정외 신문(법165), (나) 비디오 등 중계장치 등에 의한 증인신문(법165의2① · ②) 규정에서 정한 사유 등이 있는 때에만 예외적으로 증인이 직접 법정에 출석하지 않고 증언할 수 있도록 정하고 있다.

증인신문절차를 증인이 직접 법정에 출석하여 증언하도록 규정한 것은 (가) 사건의 실체를 규명하는 데 가장 직접적이고 핵심적인 증인으로 하여금 (나) 원칙적으로 공개된 법정에 출석하여 (다) 법관 앞에서 선서한 후 (라) 정해진 절차에 따른 신문의 방식으로 증언하도록 하여 재판의 공정성과 증언의 확실성 · 진실성을 담보하기 위함이며, 법관이 그러한 증인의 진술을 토대로 형성된 유 · 무죄의 심증에 따라 사건의 실체를 규명하도록 하기 위함이다(2020도14843 ☞ 551면).

(9) 증인신문의 공개

증인신문은 공개재판의 원칙에 따라 공개된 법정에서 이루어져야 한다(헌법27③ 2문, 109 본문, 법원조직법57① 본문 참조). 다만 증인신문이 국가의 안전보장 · 안녕질서 또는 선량한 풍속을 해할 우려가 있는 때에는 이유를 개시(開示)한 결정으로 이를 공개하지 아니할 수 있다(헌법109 단서, 법원조직법57① 단서 참조). 그러나 (가) 법원이 공개금지사유가 없음에도 불구하고 증인신문의 공개를 금지하기로 결정한 경우 또는 (나) 공개금지결정의 선고가 없어서 공개금지결정의 사유를 알 수 없는 경우는 피고인의 공개재판을 받을 권리를 침해한 것으로서 그 절차에 의하여 이루어진 증인의 증언은 증거능력이 없다. 증인신문시에 변호인의 반대신문권이 보장되었다 하더라도 마찬가지이다(2013도2511).

법원은 범죄로 인한 피해자를 증인으로 신문하는 경우 당해 피해자 · 법정대리인 또는 검사의 신청에 따라 피해자의 사생활의 비밀이나 신변보호를 위하여 필요하다고 인정하는 때에는 결정으로 심리를 공개하지 아니할 수 있다(법294의3①). 심리비공개 결정은 이유를 붙여 고지한다(동조②). 법원은 심리비공개 결정을 한 경우에도 적당하다고 인정되는 자의 재정(在廷)을 허가할 수 있다(동조③).

법원은 다음 각 호의 어느 하나에 해당하는 사람을 증인으로 신문하는 경우 상당하다고 인정할 때에는 검사와 피고인 또는 변호인의 의견을 들어 가림 시설 등을 설치하고 신문할 수 있다(법165의2①).

① 「아동복지법」 제71조 제1항 제1호[아동매매] · 제1호의2[아동 성적 학대행위] · 제2호
   [신체적 학대행위, 정서적 학대행위, 방임행위, 장애아동 관람시키는 행위, 아동구걸행위] ·

제3호[불법 아동양육알선, 아동증여금품 용도외사용]에 해당하는 죄의 피해자 (1호)

② 「아동·청소년의 성보호에 관한 법률」 제7조[강간, 강제추행], 제8조[장애인 간음등], 제11조부터 제15조까지[성착취물 제작·배포, 성착취물이용 협박·강요, 인신매매, 성을 사는 행위, 강요행위, 알선영업행위] 및 제17조 제1항[「전기통신사업법」 제95조의2 1의2호로 바뀜; 불법촬영물 유통방지 불이행]의 규정에 해당하는 죄의 대상이 되는 아동·청소년 또는 피해자 (2호)

③ 범죄의 성질, 증인의 나이, 심신의 상태, 피고인과의 관계, 그 밖의 사정으로 인하여 피고인 등과 대면하여 진술할 경우 심리적인 부담으로 정신의 평온을 현저하게 잃을 우려가 있다고 인정되는 사람 (3호)

법원은 가림 시설 등의 설치요건이 충족될 경우 피고인뿐만 아니라 검사, 변호인, 방청인 등에 대하여도 가림 시설 등을 설치하는 방식으로 증인신문을 할 수 있다(2014도18006). 다만 변호인에 대한 가림 시설의 설치는 「특정범죄신고자 등 보호법」(동법7)에 따라 이미 인적사항에 관하여 비밀조치가 취해진 증인이 변호인을 대면하여 진술함으로써 자신의 신분이 노출되는 것에 대하여 심한 심리적인 부담을 느끼는 등의 특별한 사정이 있는 경우에 예외적으로 허용된다(2014도18006).

법원은 범죄로 인한 피해자를 증인으로 신문하는 경우에 증인의 연령, 심신의 상태, 그 밖의 사정을 고려하여 증인이 현저하게 불안 또는 긴장을 느낄 우려가 있다고 인정하는 때에는 직권 또는 피해자·법정대리인·검사의 신청에 따라 피해자와 신뢰관계에 있는 사람을 동석하게 할 수 있다(법163의2①). 범죄로 인한 피해자가 13세 미만이거나 신체적 또는 정신적 장애로 사물을 변별하거나 의사를 결정할 능력이 미약한 경우에는 재판에 지장을 초래할 우려가 있는 등 부득이한 경우가 아닌 한 피해자와 신뢰관계에 있는 자를 동석하게 하여야 한다(동조②). 피해자와 동석한 신뢰관계인은 법원·소송관계인의 신문 또는 증인의 진술을 방해하거나 그 진술의 내용에 부당한 영향을 미칠 수 있는 행위를 하여서는 아니 된다(동조③).

(10) 교호신문

증인은 신청한 검사, 변호인 또는 피고인이 먼저 이를 신문하고 다음에 다른 검사, 변호인 또는 피고인이 신문한다(법161의2①). 이와 같이 증인을 신청한 측과 그 상대방이 교차하여 신문하는 방식을 가리켜서 교호신문이라고 한다. 교호신문은 주신문과 반대신문의 방식으로 진행된다. 반대신문은 유도신문이 허용된다는 점(규칙76②)에서 주신문과 구별된다. 유도신문이란 증인에 대하여 바라는 답을 암시하는 질문을 말한다.

재판장은 교호신문이 끝난 뒤에 신문할 수 있다(법161의2②). 재판장은 필요하다고 인정하면 어느 때나 증인을 신문할 수 있으며, 증인신문순서를 변경할 수 있다(동조③). 합의부원은 재판장에게 고하고 증인을 신문할 수 있다(동조⑤). 법원이 직권으로 신문할 증인이나 범죄로 인한 피해자의 신청에 의하여 신문할 증인의 신문방식은 재판장이 정하는 바에 의한다(법161의2④). 합의부원은 재판장에게 고하고 증인을 신문할 수 있다(동조⑤).

형사소송법은 교호신문을 규정한 제161조의2와 전문법칙을 규정한 제310조의2를 통하여 피고인의 반대신문권을 원칙적으로 보장하고 있다. 반대신문권의 보장은 피고인에게 불리한 주된 증거의 증명력을 탄핵할 수 있는 기회를 보장한다는 것이다. 반대신문권의 보장은 형식적·절차적인 것이 아니라 실질적·효과적인 것이어야 한다. 피고인에게 불리한 증거인 증인이 주신문에서는 답변하였으나 반대신문에 대하여는 답변을 하지 아니하는 등 진술 내용의 모순이나 불합리를 그 증인신문 과정에서 드러내어 이를 탄핵하는 것이 사실상 곤란하였고, 그것이 피고인 또는 변호인에게 책임 있는 사유에 기인한 것이 아닌 경우라면, 관계 법령의 규정 혹은 증인의 특성 기타 공판절차의 특수성에 비추어 이를 정당화할 수 있는 특별한 사정이 존재하지 아니하는 이상, 이와 같이 실질적 반대신문권의 기회가 부여되지 아니한 채 이루어진 증인의 법정진술은 위법한 증거로서 증거능력이 인정되지 않는다(2016도17054).

(11) 피해자의 증언과 의견진술

법원은 (가) 범죄로 인한 피해자, (나) 피해자의 법정대리인, (다) 피해자가 사망한 경우에는 배우자·직계친족·형제자매의 신청이 있는 때에는 원칙적으로 이들(피해자등)을 증인으로 신문하여야 한다(법294의2①). 증인신문을 신청한 피해자등이 출석통지를 받고도 정당한 이유 없이 출석하지 아니한 때에는 그 신청을 철회한 것으로 본다(법294의2④).

피해자등이 출석하여 증인신문을 통해 범죄에 관한 체험사실을 진술한 내용은 범죄사실의 인정을 위한 증거로 할 수 있다(법311 본문). 출석한 피해자등을 증인으로 신문할 때 법원은 피해의 정도 및 결과, 피고인의 처벌에 관한 의견, 그 밖에 당해 사건에 관한 의견을 진술할 기회를 주어야 한다(법294의2②). 이 경우 피해자등의 의견진술은 체험사실의 보고가 아니므로 범죄사실의 인정을 위한 증거로 할 수 없다(규칙134의12).

피고인이 법령 등에 따라 피해자의 인적사항을 알 수 없는 경우에 그 피해자를 위하여 하는 변제공탁을 가리켜서 **형사공탁**이라고 한다(공탁법5의2①). 형사공탁은 해당 형사사건이 계속 중인 법원 소재지의 공탁소에 할 수 있다(동항). 공탁자가 형사사건 피해자를 위하여 변제공탁을 한 경우에는 원칙적으로 공탁물회수(공탁법9②i, 민법489) 및 공탁원인소멸(공탁법9② iii)의 사유로는 공탁물을 회수하지 못한다(공탁법9의2① 본문).

법원은 피고인이 피해자의 권리 회복에 필요한 금전을 공탁한 경우에는 판결을 선고하기 전에 (가) 피해자, (나) 피해자의 법정대리인, (다) 피해자가 사망한 경우에는 배우자·직계친족·형제자매의 의견을 들어야 한다(법294의5① 본문). 양형에 영향을 주기 위한 피고인 측의 기습공탁을 방지하기 위한 장치이다. 다만, 피해자등의 의견을 청취하기 곤란한 경우로서 대법원규칙으로 정하는 특별한 사정이 있는 경우에는 그러하지 아니하다(동항 단서).

(12) 대질과 피고인 퇴정

증인신문은 각 증인에 대하여 신문하여야 하며(법162①), 신문하지 아니한 증인이 재정한 때에는 퇴정을 명하여야 한다(동조②). 그러나 필요한 때에는 증인과 다른 증인 또는 피고인과 대질하게 할 수 있다(동조③). 대질이란 수명의 증인 또는 증인과 피고인을 함께 재정시켜 동시에 신문하는 방식을 말한다. 대질은 증인 상호간의 증언 또는 증인의 증언과 피고인의 진술이 일치하지 아니한 경우에 그중 어느 것을 믿을 것인지를 판단하기 위하여 실시하는 것으로 진술자 상호간의 모순 저촉되는 부분에 대하여 변명을 구하는 신문방식이다.

재판장은 증인이 피고인 또는 어떤 재정인의 면전에서 충분한 진술을 할 수 없다고 인정한 때에는 그를 퇴정하게 하고 진술하게 할 수 있다(법297①). 피고인을 퇴정하게 한 경우에 증인의 진술이 종료한 때에는 퇴정한 피고인을 입정하게 한 후 법원사무관등으로 하여금 진술의 요지를 고지하게 하여야 한다(동조②). 피고인을 퇴정하게 한 경우에도 피고인의 반대신문권을 배제하는 것은 허용되지 않는다. 피고인에게 변호인이 선임되어 있지 아니하여 변호인 또는 피고인이 증인신문과정에 전혀 참여할 수 없었던 경우에는 법원사무관 등이 진술의 요지를 고지하여 준 다음에 피고인에게 실질적인 반대신문의 기회를 부여하여야 한다(2009도9344).

(13) 법정외 증인신문

법원은 증인의 연령, 직업, 건강상태 기타의 사정을 고려하여 검사, 피고인 또는 변호인의 의견을 묻고 법정 외에 증인을 소환하거나 현재지에서 신문할 수 있다(법165). 이와 같이 공판기일이 아닌 일시와 장소에서 행해지는 증인신문을 가리켜 법정외 증인신문이라고 한다. 검사, 피고인 또는 변호인은 공판기일 외의 증인신문에 참여할 수 있다(법163①).

법원은 공판기일 외에서 증인신문을 행할 경우에 그 증인신문의 시일과 장소를 참여할 수 있는 자에게 미리 통지하여야 한다. 다만 참여하지 아니한다는 의사를 명시한 때에는 예외로 한다(법163②본문·단서). 검사, 피고인 또는 변호인이 증인신문에 참여하지 아니할 경우에는 법원에 대하여 필요한 사항의 신문을 청구할 수 있다(법164①). 피고인 또는 변호인의 참여 없이 증인을 신문한 경우에 피고인에게 예기하지 아니한 불이익 증언이 진술된 때에는 반드시 그 진술내용을 피고인 또는 변호인에게 알려주어야 한다(동조②).

(14) 비디오 등 중계장치 등에 의한 증인신문

증인은 법정에 소환하여 신문하는 방법으로 증거조사를 하는 것이 원칙이다. 그러나 증인의 법정 출석 없이 비디오 등 중계장치에 의한 증인신문이 허용되는 경우가 있다. 하나는 증인이 심리적인 부담을 강하게 느끼는 경우이고, 다른 하나는 증인이 법정에 직접 출석하기 어렵다고 인정되는 때이다.

먼저, 법원은 다음 각 호의 어느 하나에 해당하는 사람을 증인으로 신문하는 경우 상당하다고 인정할 때에는 검사와 피고인 또는 변호인의 의견을 들어 비디오 등 중계장치에 의한 중계시설을 통하여 신문할 수 있다(법165의2①).

① 「아동복지법」제71조 제1항 제1호[아동매매]·제1호의2[아동 성적 학대행위]·제2호[신체적 학대행위, 정서적 학대행위, 방임행위, 장애아동 관람시키는 행위, 아동구걸행위]·제3호[불법 아동양육알선, 아동증여금품 용도외사용]에 해당하는 죄의 피해자 (1호)

② 「아동·청소년의 성보호에 관한 법률」제7조[강간, 강제추행], 제8조[장애인 간음등], 제11조부터 제15조까지[성착취물 제작·배포, 성착취물이용 협박·강요, 인신매매, 성을 사는 행위, 강요행위, 알선영업행위] 및 제17조 제1항[「전기통신사업법」제95조의2 1의2호로 위치가 바뀜; 불법촬영물 유통방지 불이행]의 규정에 해당하는 죄의 대상이 되는 아동·청소년 또는 피해자 (2호)

③ 범죄의 성질, 증인의 나이, 심신의 상태, 피고인과의 관계, 그 밖의 사정으로 인하여 피고인 등과 대면하여 진술할 경우 심리적인 부담으로 정신의 평온을 현저하게 잃을 우려가 있다고 인정되는 사람 (3호)

다음으로, 법원은 증인이 멀리 떨어진 곳 또는 교통이 불편한 곳에 살고 있거나 건강상태 등 그 밖의 사정으로 말미암아 법정에 직접 출석하기 어렵다고 인정하는 때에는 검사와 피고인 또는 변호인의 의견을 들어 비디오 등 중계장치에 의한 중계시설을 통하여 신문할 수 있다(법165의2②). 이 경우 이루어진 증인신문은 증인이 법정에 출석하여 이루어진 증인신문으로 본다(동조③).

형사소송법은 (가) 법정 외 증인신문(법165), (나) 비디오 등 중계장치 등에 의한 증인신문(법165의2① · ②) 규정에서 정한 사유 등이 있는 때에만 예외적으로 증인이 직접 법정에 출석하지 않고 증언할 수 있도록 정하고 있다. 그러나 이 경우에도 그 밖의 증인신문절차는 준수되어야 한다.

재판부가 증인이 해외 체류 중이어서 법정 출석에 따른 증인신문이 어렵다는 이유로, (가) 증인 소환을 전제로 한 증인 증거조사 방식인 '신문'에 의하지 아니하고 (나) 선서 등 증인으로서 부담해야 할 각종 의무를 부과하지 아니한 채 (다) 별다른 법적 근거 없이 인터넷 화상장치를 통해서 검사의 주신문, 변호인의 반대신문 등의 방식을 통해 증인의 진술을 청취하는 조치는 형사소송법이 정한 증거방법(증인)에 대한 적법한 증거조사로 볼 수 없다(2020도14843 ☞ 551면). 따라서 그러한 진술청취의 결과물인 녹취록 등본과 USB 등 정보저장매체는 증거능력이 없어 사실인정의 자료로 삼을 수 없다(2020도14843).

(15) 책문권의 포기

유도신문에 의한 주신문(2012도2937), 주신문에 대해서만 답변하고 반대신문에 대해서는 답변하지 아니한 증인신문(2016도17054), 피고인에게 증인신문의 시일과 장소를 통지하지 아니하고 행해진 증인신문(73도2967), 퇴정당한 후 입정한 피고인에게 실질적 반대신문의 기회를 부여하지 아니한 증인신문(2009도9344) 등을 통하여 이루진 법정진술은 위법한 증거로서 증거능력을 인정하기 어렵다.

그러나 이러한 경우에도 피고인의 책문권 포기로 그 하자가 치유될 수 있다. 이때 책문권 포기의 의사는 명시적인 것이어야 한다(2016도17054). 재판장이 다음 공판기일에 공판조서(증인신문조서)에 의하여 증인신문 결과 등을 고지하고 소송관계인이 이에 대해 "이의할 점이 없다."고 진술하였다면 이는 책문권 포기의사를 명시한 것으로서 이로써 증인신문절차의 하자는 치유된다(2009도9344).

그러나 중대한 절차위반은 책문권 포기의 대상이 되지 않는다. 선서 등 증인으로서 부담해야 할 각종 의무를 부과하지 아니한 채 별다른 법적 근거 없이 인터넷 화상장치를 통해서 검사의 주신문, 변호인의 반대신문 등의 방식을 통해 증인의 진술을 청취하는 조치는 형사소송법이 정한 증거방법(증인)에 대한 적법한 증거조사로 볼 수 없다(2020도14843). 따라서 그러한 진술청취의 결과물인 녹취록 등본과 USB 등 정보저장매체는 증거능력이 없어 사실인정의 자료로 삼을 수 없다(2020도14843). 피고인과 변호인이 그와 같은 절차 진행에 동의하였거나 사후에 그 증거조사 결과에 대하여 이의를 제기하지 아니하고 증거로 함에 동의하였더라도 마찬가지이다(2020도14843).

2. 증거서류 등에 대한 증거조사

(1) 증거서류, 증거물, 증거물인 서면의 구별

범죄사실을 인정하려면 그 토대가 되는 증거자료가 있어야 한다. 증거자료를 제공하는 증거방법이 사람일 경우 이를 인적 증거라 하고, 증거자료를 제공하는 증거방법이 물건일 경우 이를 물적 증거라고 한다. 인적 증거의 대표적인 예가 증인이다. 이에 대해 물적 증거는 각종 유체물이나 서류 등의 형태로 나타난다.

물적 증거의 증거조사와 관련하여 증거서류, 증거물, 증거물인 서면의 구별이 필요하다. 증거서류는 어느 서류가 어떠한 사실을 직접 경험한 사람의 진술에 갈음하는 대체물인 경우이다(2015도2275). 증거서류에는 형소법 제310조의2에 규정된 전문법칙이 적용된다. 검사, 피고인 또는 변호인의 신청에 따라 증거서류를 조사하는 때에는 신청인이 이를 낭독하여야 한다(법292①). 법원이 직권으로 증거서류를 조사하는 때에는 소지인 또는 재판장이 이를 낭독하여야 한다(동조②). 재판장은 필요하다고 인정하는 때에는 낭독 대신에 내용을 고지하는 방법으로 조사할 수 있다(법292③). 재판장은 법원사무관등으로 하여금 위의 낭독이나 고지를 하게 할 수 있다(동조④). 재판장은 열람이 다른 방법보다 적절하다고 인정하는 때에는 증거서류를 제시하여 열람하게 하는 방법으로 조사할 수 있다(동조⑤).

증거물은 그 물건의 존재 또는 상태가 증거로 되는 것을 말한다. 검사, 피고인 또는 변호인의 신청에 따라 증거물을 조사하는 때에는 신청인이 이를 제시하여야 한다(법292의2①). 법원이 직권으로 증거물을 조사하는 때에는 소지인 또는 재판장이 이를 제시하여야 한다(동조②). 재판장은 법원사무관등으로 하여금 증거물의 제시를 하게 할 수 있다(동조③).

증거물인 서면은 서류에 기재된 내용이 진술의 대체물인지 여부를 문제 삼지 않고, 특정한 사항이 그 서류에 기재되었다는 사실 자체, 그 서류의 존재나 상태 자체, 또는 그 서류에 기재된 자체(字體)·필적 등을 증명하고자 하는 서면이다. 증거물인 서면의 증거능력은 증거물의 예에 의하여 판단해야 하며, 전문법칙이 적용될 여지가 없다(2015도2275). 증거물인 서면은 증거조사에 있어서 제시 및 낭독이 필요하다. 증거물인 서면에 해당하는 예로는 각종 문서위조죄의 위조문서, 무고죄의 허위고소장, 「부정수표단속법」 위반죄의 수표(2015도2275), 「국가보안법」상 이적표현물소지죄의 책자(2013도2511) 등을 들 수 있다.

(2) 영상녹화물

수사기관은 수사절차에서 피의자의 진술이나 피의자 아닌 자의 진술을 영상녹화할 수 있는데(법244의2, 221①), 이를 영상녹화물이라고 부른다. 피의자진술에 대한 영상녹화물은 그 자체로 범죄사실을 인정하기 위한 증거로 사용할 수 없다(2012도5041). 참고인진술에 대한 영상녹화물도 다른 법률에서 달리 규정하고 있는 등의 특별한 사정이 없는 한 공소사실을 직접 증명할 수 있는 독립적인 증거로 사용할 수 없다(2023도15133 ☞ 585면).

수사기관 작성의 영상녹화물에 대한 조사는 세 가지 경우에 이루어진다. 첫째로, 수사기관이 피의자가 아닌 자의 진술을 영상녹화(법221①)한 사건에서 검사는 영상녹화물에 의하여 수사기관이 작성한 피고인이 아닌 자의 진술을 기재한 조서의 성립의 진정을 증명할 수 있다(법312④ 참조). 이 경우 그 영상녹화물은 형사소송법 및 형사소송규칙에 규정된 방식과 절차에 따라 제작된 것이어야 한다(2023도15133).

둘째로, 진술자의 기억환기를 위한 영상물 재생의 경우가 있다. 피고인 또는 피고인이 아닌 자의 진술을 내용으로 하는 영상녹화물은 공판준비 또는 공판기일에 피고인 또는 피고인이 아닌 자가 진술함에 있어서 기억이 명백하지 아니한 사항에 관하여 기억을 환기시켜야 할 필요가 있다고 인정되는 때에 한하여 피고인 또는 피고인이 아닌 자에게 재생하여 시청하게 할 수 있다(법318의2②).

셋째로, 수사기관의 위법수사를 입증하기 위하여 영상물을 재생하는 경우이다. 이 때에는 수사기관 작성의 영상녹화물이 제한 없이 증거능력을 가질 수 있다.

법원은 검사가 영상녹화물의 조사를 신청한 경우 이에 관한 결정을 함에 있어 원진술자와 함께 피고인 또는 변호인으로 하여금 그 영상녹화물이 적법한 절차와 방식에 따라 작성되어 봉인된 것인지 여부에 관한 의견을 진술하게 하여야 한다(규칙134의4①). 법원은 공판준비 또는 공판기일에서 봉인을 해체하고 영상녹화물의 전부 또는 일부를 재생하는 방법으로 조사하여야 한다. 이때 영상녹화물은 그 재생과 조사에 필요한 전자적 설비를 갖춘 법정 외의 장소에서 이를 재생할 수 있다(규칙134의4③). 기억환기를 위한 영상녹화물의 조사(법318의2②)는 기억의 환기가 필요한 피고인 또는 피고인 아닌 자에게만 이를 재생하여 시청하게 하여야 한다(규칙134의5①).

(3) 정보저장매체

형사소송법은 도면·사진·녹음테이프·비디오테이프·컴퓨터용디스크 그 밖에 정보를 담기 위하여 만들어진 물건을 정보저장매체라고 지칭하고 있다(법106③, 292의3, 313①, 314 참조). 정보저장매체의 증거조사에 관하여 필요한 사항은 대법원규칙으로 정한다(법292의3). 형사소송규칙은 수사기관의 영상녹화물 이외의 정보저장매체를 (가) 문자정보매체, (나) 녹음·녹화매체, (다) 도면·사진등매체의 세 가지 유형으로 나누고 있다. 정보저장매체의 증거능력 문제는 전문증거의 관련 항목에서 설명하기로 하고(후술 351면) 아래에서는 증거조사에 관하여 살펴본다.

문자정보매체는 컴퓨터용디스크 그 밖에 이와 비슷한 정보저장매체로서 그에 기억된 문자정보를 증거자료로 하는 것을 말한다. 문자정보매체의 경우에는 문자정보매체 그 자체 이외에 읽을 수 있도록 출력하여 인증한 등본을 낼 수 있다(규칙134의7①). 문자정보매체에 대한 증거조사는 증거서류 또는 증거물인 서면에 준하여 조사해야 한다. 따라서 문자정보 매체가 증거서류에 준하는 경우에는 낭독, 요지의 고지 또는 열람의 방법으로, 증거물인 서 면에 준하는 경우에는 원칙적으로 증거신청인으로 하여금 출력된 서면을 제시하면서 낭독 하게 하거나 이에 갈음하여 그 내용을 고지 또는 열람하도록 해야 한다(2013도2511).

녹음 · 녹화매체는 녹음 · 녹화테이프, 컴퓨터용디스크, 그 밖에 이와 비슷한 방법으로 음성이나 영상을 녹음 또는 녹화하여 재생할 수 있는 매체를 말한다. 녹음 · 녹화매체에 대 한 증거조사를 신청하는 때에는 음성이나 영상이 녹음 · 녹화된 사람, 녹음 · 녹화를 한 사 람 및 녹음 · 녹화를 한 일시 · 장소를 밝혀야 한다(규칙134의8①). 녹음 · 녹화매체에 대한 증 거조사를 신청한 당사자는 법원이 명하거나 상대방이 요구한 때에는 녹음 · 녹화매체의 녹 취서, 그 밖에 그 내용을 설명하는 서면을 제출하여야 한다(동조②). 녹음 · 녹화매체에 대한 증거조사는 녹음 · 녹화매체를 재생하여 청취 또는 시청하는 방법으로 한다(규칙134의8③).

도면 · 사진매체는 도면 · 사진 그 밖에 정보를 담기 위하여 만들어진 물건으로서 문서 가 아닌 증거를 말한다. 도면 · 사진매체는 (가) 해당 도면 · 사진매체에 기억된 문자정보를 증거자료로 하는 경우와 (나) 그 밖의 경우로 나누어볼 수 있다. (가)의 경우에는 문자정보 매체의 증거조사에 관한 규정이 준용된다(규칙134의7③). (나)의 경우 도면 · 사진매체의 조 사에 관하여는 특별한 규정이 없으면 형소법 제292조와 제292조의2의 규정을 준용한다 (규칙134의9). 따라서 도면 · 사진매체가 증거물에 준하는 경우에는 증거신청인으로 하여금 도면 · 사진 등을 제시하는 방법으로(법292의2 참조), 증거물인 서면에 준하는 경우에는 낭독, 요지의 고지, 열람 및 제시의 방법으로(법292 참조) 각각 증거조사를 해야 한다.

3. 감정 · 검증 · 통역과 번역

(1) 감정인신문

감정인이란 법원이 필요로 하는 전문지식이나 경험부족 등을 보충할 목적으로 법원이 지시하는 사항에 대하여 조사를 행하는 제삼자이다. 법원은 학식경험 있는 자에게 감정을 명할 수 있다(법169)(전술 136면). 감정인(법169) 또는 감정촉탁을 받은 기관이나 단체(법179 의2①)는 감정의 경과와 결과를 서면으로 법원에 제출하여야 한다(법171①). 감정인이 제출 한 감정서는 공판준비나 공판기일에서 그 작성자인 감정인의 진술에 의하여 그 성립의 진정함이 증명된 때 증거로 할 수 있다(법313③·①). 감정서는 증거서류의 일종이므로 감정서에 대한 증거조사는 증거서류(법292)에 대한 증거조사의 방법에 따른다.

감정인이 감정을 하여 감정서(법171①)를 제출한 경우에 그 기재된 의견에 관한 설명을 추가로 듣는 절차(법171④) 등은 (가) 감정인이 과거의 사실을 진술하는 지위에 있지 않은 이상 (나) 증인신문이 아니라 (다) 형사소송법 제1편 제13장의 감정에 관한 규정에 따라 소환하여 진행하는 감정인신문으로 하여야 한다(2024모358 ☞ 599면). 경험한 과거의 사실을 진술할 지위에 있지 않음이 명백한 감정인을 법원이 증인 또는 감정증인으로 소환하는 경우가 있다. 이러한 경우 감정인이 소환장을 송달받고 출석하지 않았더라도 증인에 대한 제재를 규정한 형소법 제151조 제1항에 따른 과태료를 부과할 수 없다(2024모358).

이러한 법리는 형소법 제221조 제2항에 따라 수사기관에 의하여 감정을 위촉받은 사람이 감정의 결과로 감정서를 제출한 경우 그에 관한 법정에서의 진술이 그가 경험한 과거의 사실에 관한 것이 아니라 오로지 감정인으로서의 학식과 경험에 의하여 얻은 일정한 원리 또는 판단을 진술하는 것임이 명백한 때에도 마찬가지로 적용된다(2024모358).

감정인(법169)이나 수사기관의 위촉에 응하여 감정을 수행한 감정수탁자(법221②)가 공판절차에서 전문적 학식과 경험에 의하여 얻은 자신의 의견이나 판단을 진술하게 되는 것으로 명백히 볼 수 있는 경우 그러한 진술은 다른 감정인을 통해서도 이루어질 수 있는 성질의 것이다. 그럼에도 감정인 또는 감정수탁자를 증인 또는 감정증인으로 소환하여 신문한다면, 사안의 실체 규명을 위해 대체가능성이 없는 증인에게 인정되는 구인 등 조치를 비롯한 법정 출석 의무를 감정인신문을 하여야 할 지위에 있는 자에게 부과하는 부당한 결과가 되어 관련 형사소송법의 취지에 부합하지 않는다(2024모358).

그러나 감정인(법169)이나 수사기관의 위촉에 응하여 감정을 수행한 감정수탁자(법221②)에 대해 증인신문이 아니라 감정인신문이 이루어진다면 "감정에 관하여는 제12장[증인신문](구인에 관한 규정은 제외한다)을 준용한다."는 형소법 제177조의 준용규정을 매개로 하여 정당한 사유 없이 출석하지 아니한 감정인이나 감정수탁자에 대해 형소법 제151조 제1항에 따른 과태료를 부과할 수 있을 것이다.

(2) 검 증

검증이란 법관이 시각·청각 등 오관을 통해 물건이나 인체 또는 장소의 존재·형태·성질·상태 등을 실험하고 관찰하여 이를 인식하는 증거조사방법이다. 법원은 사실을 발견함에 필요한 때에는 검증을 할 수 있다(법139). 검증에는 물리력의 행사가 수반되는 경우가 많다. 검증이 법원의 강제처분으로 행해지는 경우에 대해서는 별도로 설명한다(후술 307면).

수소법원이 행하는 검증은 공판정에서 하는 경우와 공판정 외에서 하는 경우가 있다. 공판정에서 검증을 하는 경우에는 공판조서에 검증의 결과를 기재한다(법51②ⅹ). 공판정 외에서 검증을 하는 경우에는 검증조서를 작성한다(법49①). 검증의 결과가 기재된 공판조서나 검증조서는 법원 또는 법관의 검증의 결과를 기재한 조서로서 당연히 증거능력을 가진다(법311 1문).

(3) 통역과 번역

국어에 통하지 아니하는 자의 진술은 통역인으로 하여금 통역하게 하여야 한다(법180). 듣거나 말하는 데 장애가 있는 사람의 진술에 대해서는 통역인으로 하여금 통역하게 할 수 있다(법181). 국어 아닌 문자 또는 부호는 번역하게 하여야 한다(법182). 통역과 번역은 특별한 언어지식에 의한 진술내용의 보고이므로 이를 행하는 통역인과 번역인은 감정인에 준하는 지위에 있다. 따라서 감정에 관한 규정은 통역과 번역에 준용된다(법183). 통역인과 번역인은 선서하여야 한다(법183, 170). 법률에 의하여 선서한 통역인 또는 번역인이 허위의 통역 또는 번역을 한 때에는 허위통역·번역죄(형법154)로 처벌된다.

4. 전문심리위원

법원은 소송관계를 분명하게 하거나 소송절차를 원활하게 진행하기 위하여 필요한 경우에는 직권으로 또는 검사, 피고인 또는 변호인의 신청에 의해 결정으로 전문심리위원을 지정하여 공판준비 및 공판기일 등의 소송절차에 참여하게 할 수 있다(법279의2①). 전문심리위원제도는 첨단산업분야, 지적재산권, 국제금융, 아동진술 기타 전문적인 지식이 필요한 사건에서 법관이 전문가의 조력을 받아 재판절차를 보다 충실하게 진행할 수 있도록 하기 위한 장치이다.

전문심리위원을 소송절차에 참여시키는 경우 법원은 검사, 피고인 또는 변호인으로부터 전문심리위원의 지정에 관한 의견을 들어 각 사건마다 1명 이상의 전문심리위원을 지정하여야 한다(법279의4①). 법관에 대한 제척(법17)과 기피(법18~20, 23)의 규정은 전문심리위원에게 준용한다(법279의5①).

전문심리위원은 (가) 전문적인 지식에 의한 설명 또는 의견을 기재한 서면을 제출하거나 (나) 기일에서 전문적인 지식에 의하여 설명이나 의견을 진술할 수 있다. 다만, 재판의 합의에는 참여할 수 없다(법279의2②). 전문심리위원은 기일에서 재판장의 허가를 받아 피고인 또는 변호인, 증인 또는 감정인 등 소송관계인에게 소송관계를 분명하게 하기 위하여 필요한 사항에 관하여 직접 질문할 수 있다(법279의2③). 법원은 전문심리위원이 제출한 서면이나 전문심리위원의 설명 또는 의견의 진술에 관하여 검사, 피고인 또는 변호인에게 구술 또는 서면에 의한 의견진술의 기회를 주어야 한다(법279의2④).

제 4 피고인신문

1. 피고인신문의 시기

증거조사가 끝나면 피고인신문 단계로 들어가게 된다(법296의2① 본문). 다만, 재판장은 필요하다고 인정하는 때에는 증거조사가 완료되기 전이라도 피고인신문을 허가할 수 있다(동항 단서). 피고인신문은 임의적 절차이므로 생략할 수 있다.

변호인의 피고인 신문권은 변호인의 소송법상 권리이다. 재판장은 변호인이 피고인을 신문하겠다는 의사를 표시한 때에는 피고인을 신문할 수 있도록 조치해야 한다. 변호인이 피고인을 신문하겠다는 의사를 표시하였음에도 변호인에게 일체의 피고인 신문을 허용하지 않는 것은 변호인의 피고인 신문권에 관한 본질적 권리를 해하는 것으로서 소송절차의 법령 위반에 해당한다(2020도10778).

2. 피고인신문의 방법

검사 또는 변호인은 증거조사 종료 후에 순차로 피고인에게 공소사실 및 정상에 관하여 필요한 사항을 신문할 수 있다(법296의2① 본문). 재판장은 필요하다고 인정하는 때에는 피고인을 신문할 수 있다(동조②). 재판장은 필요하다고 인정하면 위의 순서에 불구하고 어느 때나 신문할 수 있으며 검사 또는 변호인의 신문순서를 변경할 수 있다(법296의2③, 161의2③). 합의부원은 재판장에게 고하고 피고인을 신문할 수 있다(법296의2③, 161의2⑤).

재판장 또는 법관은 피고인을 신문하는 경우에 일정한 사정을 고려하여 피고인과 신뢰관계에 있는 자를 동석하게 할 수 있다(법276의2①). 재판장은 피고인이 다른 피고인의 면전에서 충분한 진술을 할 수 없다고 인정한 때에는 그를 퇴정하게 하고 진술하게 할 수 있다(법297① 2문). 재판장은 피고인이 어떤 재정인 앞에서 충분한 진술을 할 수 없다고 인정한 때에는 그 재정인을 퇴정하게 하고 진술하게 할 수 있다(규칙140의3).

제5 결심절차

1. 검사의 논고와 구형

피고인신문과 증거조사가 종료한 때에는 검사는 사실과 법률적용에 관하여 의견을 진술하여야 한다(법302 본문). 이때 검사의 의견진술을 논고라고 하며 특히 양형에 관한 검사의 의견을 구형이라고 한다. 검사가 공판기일의 통지를 2회 이상 받고 출석하지 아니한 때에는 검사의 출석 없이 개정할 수 있다(법278). 이 경우에는 공소장의 기재사항에 의하여 검사의 의견진술이 있는 것으로 간주한다(법302 단서).

법원은 검사에게 의견진술의 기회를 부여하면 족하다. 사실과 법률적용에 관한 검사의 의견은 어디까지나 권고적 의미를 가질 뿐이며 법원을 기속하는 효력은 없다. 검사의 논고는 권고적 의미만을 가질 뿐이므로 경우에 따라 법원은 검사의 구형량보다 더 높은 형을 선고할 수도 있다. 검사는 그의 객관의무에 기초하여 피고인의 무죄를 구하는 의견진술을 할 수도 있다.

2. 피고인 측의 최종변론

재판장은 검사의 의견을 들은 후 피고인과 변호인에게 최종의 의견을 진술할 기회를 주어야 한다(법303). 최종의견진술의 기회는 변호인과 피고인에게 순차적으로 제공되어야 한다. 피고인이나 변호인에게 최종의견 진술의 기회를 주지 아니한 채 변론을 종결하고 판결을 선고하는 것은 소송절차의 법령위반에 해당한다(2018도327).

필요국선(법33①)에 해당하는 사건, 청구국선(법33②) 및 재량국선(법33③)으로 변호인이 선정된 사건에 관하여는 변호인 없이 개정하지 못한다(법282 본문). 이를 필요적 변호사건이라고 한다. 필요적 변호사건에서 변호인의 최종변론은 피고인보호를 위한 필수절차이다. 필요적 변호사건에서 변호인에게 최종변론의 기회가 제공되지 아니한 채 판결이 선고되었다면 그 판결은 소송절차가 법령에 위반하여 판결에 영향을 미친 위법을 범한 것으로서 파기를 면할 수 없다(95도1721). 필요적 변호사건이 아닌 일반사건의 경우에 변호인의 최종변론은 필수적인 절차가 아니다.

변호인의 최종변론이 끝나면 피고인에게 마지막으로 의견을 진술할 기회가 부여된다(법303). 이 경우 행해지는 진술을 최후진술이라고 한다. 피고인은 최후진술을 통하여 사실관계의 다툼이나 유리한 양형사유 등을 주장할 수 있다. 피고인의 최후진술은 피고인이 자신의 방어를 위하여 활용할 수 있는 마지막 기회이므로 생략할 수 없는 절차이다. 이를 생략하면 판결에 영향을 미친 소송법령위반이 된다. 다만 피고인이 진술하지 아니하거나 재판장의 허가 없이 퇴정하거나 재판장으로부터 질서유지를 위한 퇴정명령을 받은 경우에는 법원은 피고인의 최후진술 없이 판결할 수 있다(법330 참조).

변호인의 최종변론에 이어서 피고인의 최후진술이 끝나면 피고사건에 대한 구두변론은 종결된다. 실무상 이 단계를 가리켜서 **결심**(結審)이라고 부른다. 피고사건의 심리가 결심에 이르면 판결의 선고만을 기다리는 상태가 된다. 이 때에도 법원은 필요하다고 인정하면 직권 또는 검사, 피고인이나 변호인의 신청에 의하여 결정으로 종결한 변론을 재개할 수 있다(법305). 종결한 변론을 재개하느냐의 여부는 법원의 재량에 속한다(94도1520)(후술 290면).

제 6 합의와 판결의 선고

1. 심판의 합의

(1) 통상재판과 합의

피고사건에 대한 심리가 종료되면 법원은 판결을 위한 평의에 들어가게 된다. 이때 단독판사의 경우는 별다른 절차 없이 판결의 내용을 정할 수 있지만 수소법원이 합의부를 구성하고 있는 경우에는 판결의 내용결정을 위한 협의가 필요하게 된다. 판결내용에 관한 합의부 법관 3인의 협의를 **합의**(合議)라고 한다.

피고사건에 대한 심판의 합의는 공개하지 않는다(법원조직법65). 합의심판은 헌법 및 법률에 다른 규정이 없으면 과반수로 결정한다(동법66①). 피고사건의 합의에 관한 의견이 3개 이상의 설로 나뉘어 각각 과반수에 이르지 못할 때에는 과반수에 이르기까지 피고인에게 가장 불리한 의견의 수에 차례로 유리한 의견의 수를 더하여 그중 가장 유리한 의견에 따른다(동조②ⅱ).

(2) 국민참여재판과 배심원의 평의·평결

국민참여재판은 배심원이 참여하는 형사재판이다(국민참여재판법2ⅱ). 재판장은 변론이 종결된 후 법정에서 배심원에게 공소사실의 요지와 적용법조, 피고인과 변호인 주장의 요지, 증거능력 그 밖에 유의할 사항에 관하여 설명하여야 한다. 이 경우 필요한 때에는 증거의 요지에 관하여 설명할 수 있다(동법46①). 재판장이 변론 종결 후 법정에서 배심원에게 하는 설명을 가리켜서 **최종 설명**이라고 한다. 재판장의 배심원에 대한 최종 설명은 배심원이 올바른 평결에 이를 수 있도록 지도하고 조력하는 기능을 담당하는 것으로서 배심원의 평결에 미치는 영향이 크다. 재판장이 최종 설명 과정에서 설명의무가 있는 사항을 설명하지 않는 것은 원칙적으로 위법한 조치이다(2014도8377).

심리에 관여한 배심원은 재판장의 최종 설명을 들은 후 유·무죄에 관하여 평의하고, 전원의 의견이 일치하면 그에 따라 평결한다. 다만, 배심원 과반수의 요청이 있으면 심리에 관여한 판사의 의견을 들을 수 있다(국민참여재판법46② 본문·단서). 이 경우 '판사의 의견'은 유·무죄나 양형에 관한 의견이 아니라 평의 과정에서 배심원에게 불분명한 부분을 설명하는 것을 의미한다. 배심원은 재판부와 독립된 지위에서 평결을 하기 때문이다.

배심원은 유·무죄에 관하여 전원의 의견이 일치하지 아니한 때에는 평결을 하기 전에 심리에 관여한 판사의 의견을 들어야 한다(국민참여재판법46③ 1문). 이 경우에는 배심원 의견일치의 경우(동조② 본문·단서)와 달리 판사의 의견을 듣는 것이 필수적이다. 이 경우의 '의견'도 유·무죄나 양형에 관한 의견이 아니라 평의 과정에서 배심원에게 불분명한 부분을 설명하는 것을 의미한다. 심리에 관여한 판사는 평의에 참석하여 의견을 진술한 경우에도 배심원의 평결에는 참여할 수 없다(동조③ 3문). 배심원의 유·무죄 평결은 다수결의 방법으로 한다(동조③ 2문).

배심원의 평결이 유죄인 경우 배심원은 심리에 관여한 판사와 함께 양형에 관하여 토의하고 그에 관한 의견을 개진한다(국민참여재판법46④ 1문). 재판장은 양형에 관한 토의 전에 처벌의 범위와 양형의 조건 등을 설명하여야 한다(동항 2문). 배심원의 평결과 의견은 직업법관으로 구성된 재판부를 기속하지 않는다(국민참여재판법46⑤).

2. 판결선고 절차

(1) 통상재판과 판결선고

판결의 선고는 원칙적으로 변론을 종결한 기일에 하여야 한다(법318의4① 본문). 이를 즉일선고의 원칙이라고 한다. 판결의 선고를 변론종결 기일에 하도록 한 것은 재판의 투명성과 가시성을 제고하기 위함이며, 이러한 목적을 위하여 우리 헌법은 형사피고인에게 공개재판을 받을 권리를 보장하고 있다(헌법27③ 2문).

변론종결 기일에 곧바로 판결을 선고할 수 없는 특별한 사정이 있는 경우에는 법원은 따로 선고기일을 지정할 수 있다(법318의4① 단서). 그러나 이 경우에도 선고기일은 변론종결 후 14일 이내로 지정되어야 한다(동조③). 판결선고기일을 따로 정하는 경우 법원은 공판기일에 피고인을 소환해야 하고, 검사, 변호인에게 공판기일을 통지해야 한다(법267②·③).

　판결의 선고는 법관이 작성한 재판서에 의하여 공판정에서 하여야 한다(법38 본문, 42 본문 전단). 재판은 법관이 작성한 재판서에 의하여 하는 것이 원칙이지만(법38 본문) 변론을 종결한 기일에 판결을 선고하는 경우에는 판결선고 후에 판결서를 작성할 수 있다(법318의4②). 판결서에는 기소한 검사와 공판에 관여한 검사의 관직, 성명과 변호인의 성명을 기재하여야 한다(법40③).

　판결의 선고는 재판장이 하며, 주문을 낭독하고 이유의 요지를 설명하여야 한다(법43). 재판장은 판결을 선고할 때 피고인에게 이유의 요지를 말이나 판결서 등본 또는 판결서 초본의 교부 등 적절한 방법으로 설명한다(규칙147①). 재판장은 판결을 선고하면서 피고인에게 적절한 훈계를 할 수 있다(동조②).

　형을 선고하는 경우에는 재판장은 피고인에게 상소할 기간과 상소할 법원(법357, 371)을 고지해야 한다(법324). 실무상 재판장은 '상소할 법원' 외에 '상소장을 제출해야 할 원심법원'(법359, 375 참조)도 함께 고지한다. 상소장을 원심법원에 제출하도록 한 것은 원심법원이 판결의 확정 여부를 알 수 있도록 하기 위함이다. 판결의 선고가 있으면 그때부터 7일의 상소기간(법358, 374)이 진행된다(법343②). 판결선고법원(원심법원)에서의 소송계속은 판결선고로 끝나지 않는다. 판결선고법원에서의 소송계속은 (가) 상소의 제기(법359, 375), (나) 상소포기(법349) 또는 (다) 상소기간의 도과(법358, 374)에 의하여 종결된다.

(2) 국민참여재판과 판결의 선고

　국민참여재판은 국민이 배심원으로 참여하는 형사재판이다(국민참여재판법2ⅱ). 국민참여재판을 하는 경우에 판결의 선고는 변론을 종결한 기일에 하여야 한다. 다만, 특별한 사정이 있는 때에는 따로 선고기일을 지정할 수 있다(동법48① 본문·단서). 이 경우 선고기일은 변론종결 후 14일 이내로 정하여야 한다(동조③). 변론을 종결한 기일에 판결을 선고하는 경우에는 판결서를 선고 후에 작성할 수 있다(동조②).

　국민참여재판의 경우 직업법관으로 구성된 재판부는 배심원의 평결과 의견에 기속되지 않는다(국민참여재판법46⑤). 그러나 재판장은 판결 선고시 피고인에게 배심원의 평결결과를 고지해야 하며, 배심원의 평결결과와 다른 판결을 선고하는 때에는 피고인에게 그 이유를 설명하여야 한다(동법48④). 배심원의 평결결과와 다른 판결을 선고하는 때에는 재판부는 판결서에 그 이유를 기재하여야 한다(동법49②).

제 7 공판절차이분론

1. 공판절차이분론의 의의

공판절차의 진행에 관한 입법론적 논의로서 공판절차이분론이 있다. 공판절차이분론이란 현행 형사소송법이 채택하고 있는 일원적 공판절차의 진행방식에 대신하여 공판절차를 (가) 피고사건에 대한 유·무죄의 판단절차와 (나) 유죄로 인정된 피고인에 대한 양형절차로 이원화하자는 논의를 말한다.

공판절차이분론의 입법론적 모델은 영미법계통의 배심재판제도에서 찾아볼 수 있다. 영미식 배심재판에 있어서는 유·무죄 판단절차와 양형절차가 분명하게 구분된다. 피고사건에 대한 유·무죄의 판단은 일반인으로 구성된 배심원단에 의하여 공개재판으로 행해지며 엄격한 증거법칙과 적법절차의 준수가 요구된다. 이에 반하여 양형절차는 통상 직업법관의 주재하에 행해지며 피고인에 대한 처우의 개별화를 꾀할 목적에서 증거법칙과 적법절차의 준수가 대폭 완화된다. 양형절차에 있어서는 양형조사관이 작성한 양형조사서가 전문법칙의 제한을 받지 않고 사용되며 피고인의 재사회화를 촉진하기 위하여 양형심리과정이 비공개로 진행될 수 있다.

이처럼 공판절차를 범죄사실 인정단계와 양형단계로 엄격히 분리하여 피고인의 범죄사실 여부가 확인되는 시점에서는 유죄·무죄의 선고만을 행하고 유죄선고가 있는 경우에 비로소 양형판단에 들어가도록 하자는 입법론적 주장을 공판절차이분론이라고 한다.

2. 공판절차이분론의 이론적 검토

(1) 공판절차이분론의 장점

공판절차이분론을 지지하는 입장에서는 다음과 같은 장점을 제시한다.

첫째로, 공판절차이분론의 구상에 따르면 피고인의 양형에 관련되는 사정은 모두 양형절차에 집중시키고 그 대신 피고인에 대한 유·무죄의 판단절차는 범죄사실과 직접적으로 관련된 증거를 중심으로 진행할 수 있다. 유·무죄 판단절차를 엄격한 증거법칙과 적법절차원칙에 따라 진행함으로써 피고인의 방어권을 강화할 수 있다.

둘째로, 공판절차를 이분화하여 유·무죄의 판단절차와 양형절차를 분리하면 양형법관은 피고인의 양형자료만을 전문적으로 조사하는 양형조사관의 양형보고서를 활용할 수 있으며, 엄격한 증거법칙의 적용을 완화할 수 있다.

셋째로, 양형절차는 유죄로 판단된 피고인만을 대상으로 진행되는 절차이므로 공판절차를 이분화할 경우 무죄인 피고인을 조기에 절차에서 해방시키고, 양형심리 때문에 불필요하게 발생하는 사생활의 침해를 방지할 수 있다.

넷째로, 공판절차를 이분화하는 경우 효율적인 변호활동이 가능하다. 변호인은 유·무죄의 판단절차에서는 피고인의 무죄변론만을 행하고 양형절차에서는 정상론의 전개에만 전념할 수 있기 때문이다.

(2) 공판절차이분론의 문제점

공판절차이분론의 도입을 반대하는 견해도 적지 않다. 이 입장에서는 다음과 같은 단점을 지적한다.

첫째로, 공판절차이분론은 유·무죄 판단과 양형판단이 확연히 구분되어 있는 영미식 배심재판제도를 모델로 한 이론으로서 우리나라 실정에 맞지 않는다. 우리나라의 경우에는 제한된 형태의 배심재판인 국민참여재판이 실시되고 있다. 입법자는 배심원의 평결에 대해 직업법관에 대한 구속력을 부여하지 않고 권고적 효력만을 인정하고 있다(국민참여재판법46 ⑤). 나아가 평결이 유죄인 경우 배심원은 심리에 관여한 판사와 함께 양형에 관하여 토의하고 그에 관한 의견까지도 개진한다(동조④ 1문). 국민참여재판이 실시되면서 공판절차이분론을 실천하기 위한 제도적 기반의 일부가 마련되었으나 아직은 공판절차를 이분화하기 위한 현실적·제도적 여건이 충분하다고 할 수 없다.

둘째로, 우리 입법자는 형법 및 각종 특별형법에서 다른 나라와 달리 광범위한 상습범 처벌규정을 두고 있다. 상습범은 범죄의 습벽이라는 피고인의 인격이 범죄성립의 핵심적 요소를 구성하는 경우로서 피고인의 인격조사는 이미 유·무죄의 판단 단계에서 논해지지 않을 수 없다.

셋째로, 양형조사와 관련된 전문지식을 갖춘 양형조사관이 충분히 확보되지 아니한 현재의 상태에서 공판절차를 유·무죄 판단절차와 양형절차로 분리하는 것은 오히려 기존의 절차에 양형절차의 추가만을 초래하여 공판절차의 지연을 가져올 우려가 있다.

이상에서 공판절차이분론에 대한 장단점을 살펴보았다. 공판절차이분론은 유·무죄의 판단법원과 양형법원의 조직적 분리가 가능하고 양형조사관이 확보되며 실체형법이 행위형법으로 순화될 때 그 도입이 기대되는 제도라고 할 것이다.

제 6 절 공판절차상의 특수문제

제 1 간이공판절차

1. 간이공판절차와 기소인부절차

간이공판절차란 유·무죄에 다툼이 없는 사건에 대해 공판절차의 진행을 간이화함으로써 신속한 재판과 소송경제를 도모하려는 제도이다. 우리 입법자는 실체적 진실발견을 해치지 않는 범위 내에서 자백사건에 대하여 간이한 공판절차의 진행을 허용하고 이를 통해 얻어지는 여유분의 업무 역량을 다툼이 있는 다른 피고사건에 투입하도록 함으로써 형사사법의 원활한 운용을 도모하고 있다.

비교법적으로 볼 때 간이공판절차가 가장 발달한 형태로 미국 형사소송법상의 기소인부절차(起訴認否節次, arraignment)를 들 수 있다. 미국법의 경우에는 배심재판에 들어가기에 앞서서 법원이 피고인에 대하여 유·무죄의 답변을 구하게 되는데 이때 피고인이 유죄의 답변(plea of guilty)을 하면 법원은 이 진술에 대해 배심원단이 행하는 유죄평결과 같은 효력을 부여하고 이어서 바로 양형절차로 들어가게 된다. 미국법상의 기소인부(認否)절차는 대부분의 사건에서 배심재판을 생략하게 하는 중요한 기능을 담당하고 있다. 소수의 사건을 중심으로 엄격한 증거법칙을 적용하여 진행되는 미국법상의 배심재판제도는 기소인부절차가 있기 때문에 비로소 가능하게 된다. 그러나 우리나라 입법자는 유죄 자체를 인정하는 간이공판절차를 인정하고 있지 않다. 실체적 진실발견과 피고인 보호를 위한 안전장치가 필요하다고 판단하였기 때문이다.

2. 간이공판절차의 개시

단독판사 관할사건과 합의부 관할사건이 모두 간이공판절차의 대상이 된다(법286의2). 국민참여재판은 합의부 관할사건 및 관련되는 사건을 대상사건으로 하고 있다(국민참여재판법5① 참조). 국민참여재판에는 간이공판절차의 규정이 적용되지 않는다(동법43).

간이공판절차를 개시하려면 피고인이 공판정에서 공소사실에 대하여 자백하여야 한다(법286의2). '공소사실에 대한 자백'이란 공소장에 기재된 범죄사실을 전부 인정하고 위법성조각사유나 책임조각사유의 원인되는 사실이 존재하지 않음을 인정하는 것을 말한다. 반드시 명시적으로 유죄임을 자인하는 진술이 있어야 하는 것은 아니다(81도2422). 피고인이 객관적 범죄사실을 인정하더라도 고의를 부인하거나 위법성조각사유나 책임조각사유를 주장하는 경우는 간이공판절차 개시요건으로서의 자백에 해당하지 않는다.

자백은 피고인 본인이 공판정에서 행하여야 한다(법286의2). 따라서 변호인에 의한 자백이나 피고인의 출석 없이 개정할 수 있는 사건에서 대리인에 의한 자백은 허용되지 않는다. 다만 피고인이 법인인 경우에는 법인의 대표자(법27)가 자백할 수 있으며, 피고인이 의사무능력자인 경우에는 피고인의 법정대리인(법26)이나 특별대리인(법28)이 자백의 주체가 될 수 있다.

간이공판절차의 개시를 위한 자백은 공판정에서 행하여야 한다. 재판장은 검사의 모두진술(법285) 절차를 마친 뒤에 피고인에게 공소사실을 인정하는지 여부에 관하여 물어야 한다(법286①, 규칙127의2①). 이때 피고인이 모두진술(법286) 단계에서 공소사실을 인정하는 진술이 간이공판절차 개시를 위한 공판정의 자백이다. 공판정에서의 자백이라 할지라도 그 자백은 신빙성이 있지 않으면 안 된다. 신빙성 없는 자백을 기초로 한 간이공판절차 개시 결정은 취소의 대상이 된다(법286의3). 간이공판절차의 요건이 구비되었다고 판단하면 법원은 그 공소사실에 한하여 간이공판절차에 의하여 심판할 것을 결정할 수 있다(법286의2).

3. 간이공판절차의 내용

(1) 증거능력의 완화

우리 형사소송법상 간이공판절차의 실질적 내용은 증거조사절차의 간이화에 모아지고 있다. 증거조사의 간소화는 다시 증거능력의 완화와 증거조사방식의 완화로 구체화된다.

간이공판절차 개시결정이 있는 사건의 증거에 관하여는 직접심리주의와 전문법칙이 적용되지 않는다. 다시 말하자면 원래 직접심리주의와 전문법칙에 의하여 증거능력이 부정되는 증거(법310의2, 312 내지 314 및 316)라 할지라도 간이공판절차에서는 증거로 함에 대한 소송관계인의 동의(법318①)가 있는 것으로 간주되어 증거능력이 부여된다(법318의3 본문). 그러나 검사, 피고인 또는 변호인이 증거로 함에 이의가 있는 때에는 증거동의의 효력이 인정되지 않는다(동조 단서).

간이공판절차에서는 직접심리주의 및 전문법칙에 의하여 설정되었던 증거능력의 제한만 완화된다. 위법수집증거배제법칙(법308의2)이나 자백배제법칙(헌법12⑦ 전단, 법309)에 의한 증거능력의 제한은 간이공판절차에서도 그대로 유효하다. 한편 증거능력이 아니라 증명력의 문제인 자백의 보강법칙(헌법12⑦ 후단, 법310)은 간이공판절차에도 그대로 적용된다.

(2) 증거조사방식의 간이화

간이공판절차에서 법원은 엄격한 증거조사의 방식에 의하지 아니하고 상당하다고 인정하는 방법으로 증거조사를 할 수 있다(법297의2). 간이공판절차에 있어서 간소화되는 증거조사의 방식에는 다음과 같은 것들이 있다. (가) 증인신문을 함에 있어서 교호신문의 방식에 의할 필요가 없다(법161의2 비적용). (나) 피고인신문의 시기도 반드시 증거조사 종료 후일 필요가 없다(법290 비적용). (다) 서류나 물건의 증거조사시에도 개별적으로 지시설명할 필요가 없다(법291 비적용). (라) 서류나 물건의 증거조사방법도 반드시 제시나 낭독 등의 형식을 취할 필요가 없다(법292 비적용). (마) 증거조사의 종료시에 피고인에게 증거조사결과에 대한 의견을 묻거나 증거신청권을 알려줄 필요가 없다(법293 비적용). (바) 증인, 감정인, 공동피고인을 신문할 때에 피고인을 퇴정시킬 필요가 없다(법297 비적용).

증거조사방식 이외의 공판절차진행에 관한 규정들은 간이공판절차에도 그대로 적용된다. 이 때문에 간이공판절차에서도 공소장변경이 가능하다. 간이공판절차에 의하더라도 법원은 유죄판결 이외에 공소기각이나 관할위반의 재판은 물론 경우에 따라 무죄판결도 선고할 수 있다.

4. 간이공판절차의 취소

법원은 간이공판절차 개시결정을 한 사건에 대하여 (가) 피고인의 자백이 신빙할 수 없다고 인정되거나, (나) 간이공판절차로 심판하는 것이 현저히 부당하다고 인정할 때에는 검사의 의견을 들어 그 결정을 취소하여야 한다(법286의3). 간이공판절차의 취소는 법원의 직권에 의하여 결정으로 하되 사전에 검사의 의견을 들어야 한다(동조).

간이공판절차 개시결정이 취소된 때에는 법원은 원칙적으로 공판절차를 갱신하여야 한다(법301의2 본문). 그러나 검사, 피고인 또는 변호인의 이의가 없는 때에는 간이공판절차가 취소되더라도 공판절차의 갱신을 하지 않을 수 있다(동조 단서). 공판절차를 갱신하지 않는 경우에는 간이공판절차에서 행해진 증거조사가 그대로 효력을 유지하며 이미 조사된 전문증거의 증거능력도 그대로 인정된다.

제2 공판절차의 정지와 갱신

1. 공판절차의 정지

공판절차의 정지란 일정한 사유가 발생한 경우에 법원의 결정으로 공판절차를 진행하지 않는 것을 말한다. 공판절차의 정지는 법률상 공판절차의 진행이 정지된다는 점에서 법원이 사실상 피고사건의 심리를 행하지 않는 경우와 구별된다. 공판절차의 정지는 법원의 결정으로 공판절차정지의 의사를 명시한다는 점에서 예컨대 기피신청의 경우(법22)와 같이 특정한 사유가 발생하면 당연히 소송절차의 진행이 정지되는 경우와 구별된다.

피고인이 사물의 변별 또는 의사의 결정을 할 능력이 없는 상태에 있는 때에는 법원은 검사와 변호인 그리고 의사의 의견을 들어서 결정으로 그 상태가 계속하는 기간 공판절차를 정지하여야 한다(법306① · ③). 피고인이 질병으로 인하여 출정할 수 없는 때에도 법원은 검사와 변호인 그리고 의사의 의견을 들어서 결정으로 출정할 수 있을 때까지 공판절차를 정지하여야 한다(법306② · ③). 공소장변경이 있는 경우에 법원은 공소사실 또는 적용법조의 추가, 철회 또는 변경이 피고인의 불이익을 증가할 염려가 있다고 인정한 때에는 직권 또는 피고인이나 변호인의 청구에 의하여 피고인으로 하여금 필요한 방어의 준비를 하게 하기 위하여 결정으로 필요한 기간 공판절차를 정지할 수 있다(법298④).

피고사건에 대하여 무죄, 면소, 형의 면제 또는 공소기각의 재판을 할 것이 명백한 때에는 법원은 피고인에게 심신상실이나 질병의 사유가 있는 경우에도 피고인의 출정 없이 재판할 수 있다(법306④). 형소법 제277조는 경미사건 등 피고인의 불출석 허용사유를 규정하고 있다. 이에 해당하는 경우에 피고인은 대리인을 출석하게 할 수 있다(법277 2문). 피고인의 대리인이 출정할 수 있는 경우에는 공판절차의 정지 없이 재판할 수 있다(법306⑤).

법원이 공판절차정지의 결정을 취소한 경우에는 법원은 정지되었던 공판절차를 다시 진행하여야 한다. 공판절차가 정지된 기간은 피고인에 대한 구속기간(법92①) 및 구속갱신의 기간(동조②)에 산입되지 않는다(법92③).

2. 공판절차의 갱신

공판절차의 갱신이란 이미 진행된 공판심리절차를 무시하고 다시 절차를 진행하는 것을 말한다. 공판절차의 갱신은 판결의 선고 전에만 가능하다. 공판개정 후 판사의 경질이 있는 때에는 공판절차를 갱신하여야 한다(법301 본문). 피고사건에 대한 판단은 구두변론주의(법275의3)와 직접심리주의(법310의2)에 입각하여 심증을 직접적으로 형성한 법관이 행하여야 하기 때문이다. 그러나 판결의 선고만을 하는 경우에는 공판절차의 갱신을 요하지 않는다(법301 단서). 일단 판결이 선고되면 법원은 자신의 판단에 구속되어 이를 번복할 수 없기 때문이다.

제3 변론의 병합·분리·재개

1. 변론의 병합과 분리

법원은 필요하다고 인정한 때에는 직권 또는 검사, 피고인이나 변호인의 신청에 의하여 결정으로 변론을 분리하거나 병합할 수 있다(법300). 변론의 병합이란 수 개의 사건이 사물관할을 같이 하는 동일한 법원(국법상 의미의 법원을 말함)에 계속되어 있는 경우에 그 법원 소속의 한 재판부가 진행하는 하나의 공판절차에 수 개의 사건을 병합하여 심리하는 것을 말한다. 이에 대하여 변론의 분리는 하나의 재판부에 병합된 수 개의 사건을 분리하여 동일 또는 수 개의 재판부에서 수 개의 절차로 심리하는 것을 말한다.

변론의 병합이나 분리는 법원의 직권 또는 검사, 피고인이나 변호인의 신청에 의하여 법원의 결정으로 행한다(법300). 변론의 병합이나 분리는 소송경제와 실체적 진실발견의 요청을 비교교량해서 판단할 문제로서 법원의 재량에 속하는 사항이다. 동일한 피고인에 대하여 여러 개의 사건이 별도로 공소제기되었다고 하더라도 법원은 반드시 병합심리하여 동시에 판결을 선고해야 하는 것은 아니다(94도2354).

2. 변론의 재개

법원은 필요하다고 인정한 때에는 직권 또는 검사, 피고인이나 변호인의 신청에 의하여 결정으로 종결한 변론을 재개할 수 있다(법305). 변론의 재개란 일단 종결한 변론을 다시 여는 것을 말한다. 변론의 재개가 있으면 변론은 종결 이전의 상태로 돌아가서 앞서의 변론과 일체를 이루게 된다.

변론이 재개되면 검사의 의견진술(논고와 구형) 이전의 상태로 돌아가게 되므로 필요한 심리를 마치고 다시 변론을 종결할 때에는 검사의 의견진술(법302)과 변호인의 최종변론 및 피고인의 최후진술(법303)이 다시 행해지게 된다. 변론의 재개 여부는 법원의 전권에 속하는 사항이다(83도2279).

제**1**절 법원의 강제처분

제1 강제처분의 의의

일반적으로 강제처분이라 함은 강제력의 행사를 요소로 하는 국가기관의 공권적 처분을 말한다. 강제처분은 체포·구속, 압수·수색 등과 같이 직접 물리적 강제력의 행사를 내용으로 하는 처분과 소환, 동행명령, 제출명령 등과 같이 상대방에게 일정한 법적 의무를 과하는 것을 내용으로 하는 처분으로 나누어 볼 수 있다.

강제처분은 증거의 수집과 형집행의 확보를 위하여 행해진다. 강제처분은 수사절차와 공판절차에서 각각 행해진다. 형사소송법은 공판절차에서의 강제처분을 상세히 규정해 두고(법68 이하) 이를 수사절차에 준용하는 방식을 취하고 있다(법200의6, 209, 213의2, 219). 그러나 형사절차의 실제는 그 반대로 되어 있어 법전체계상 문제점으로 지적되고 있다.

제2 피고인의 구속

1. 피고인구속의 의의

(1) 구인과 구금

재판절차의 진행과 형집행의 확보를 위하여 피고인에게 신체의 자유를 불가피하게 제한하는 경우가 있다. 소환(법68), 출석 및 동행명령(법79), 구속(법70)과 구인(법71) 등은 피고인의 신체의 자유를 제한하는 강제처분이다. 그 가운데에서 소환과 출석은 공판준비절차와 관련하여 설명하였고 동행명령은 소환에 준하는 것이므로(전술 246면), 아래에서는 피고인의 구인과 구속을 중심으로 그 내용을 살펴보기로 한다.

피고인의 구속이란 피고인의 신체자유를 제한하는 대인적 강제처분이다. 형소법 제69조는 "본법에서 구속이라 함은 구인과 구금을 포함한다."고 규정하여 구속에 관한 개념정의를 제시하고 있다. 구인이란 강제력에 의하여 피고인을 일정한 장소로 데려오는 조치를 말한다. 법원은 구인한 피고인을 법원에 인치한 경우에 구금할 필요가 없다고 인정한 때에는 그 인치한 때로부터 24시간 내에 석방하여야 한다(법71). 구금이란 강제력에 의하여 피고인을 일정한 장소에 머물러 있게 하는 조치를 말한다. 피고인을 일정한 장소에 머물러 있게 하려면 그를 일정한 장소에 데려와야 하므로 구금은 구인을 포함하는 개념이라고 할 수 있다. 구인과 구금을 포함한 강제처분이 구속이다(법69). 구속기간은 원칙적으로 2개월이다(법92①).

구인은 구인을 위한 구속영장에 의한다(법73 참조). 피고인이 소환에 불응할 때에는 구인을 위한 구속영장이 발부될 수 있다(법74). 구인을 위한 구속영장을 가리켜서 구인영장이라고 한다. 구인영장을 발부할 때에는 구인의 성질상 사전의 구속신문(법72)을 요하지 않는다. 그러나 구인이 구금보다 요건이 완화되는 것은 아니다. 피고인이 정당한 이유 없이 소환에 불응한다고 하여도 그 사유만으로 당연히 구인할 수 있는 것은 아니며, 소환 불응으로 인하여 '도망할 염려가 있다고 인정되는 때'에 한하여 구인할 수 있다.

구인영장이 집행되면 피고인은 영장에 기재된 인치할 장소에 인치된다. 구인한 피고인을 법원에 인치한 경우에 구금할 필요가 없다고 인정한 때에는 그 인치한 때로부터 24시간 내에 석방하여야 한다(법71). 법원은 인치받은 피고인을 유치할 필요가 있는 때에는 교도소·구치소 또는 경찰서 유치장에 유치할 수 있다. 이 경우 유치기간은 인치한 때부터 24시간을 초과할 수 없다(법71의2).

구금은 구금을 위한 구속영장에 의한다(법73 참조). 일반적으로 구속영장이라고 하면 구금을 위한 구속영장을 가리킨다. 구금을 위한 구속영장을 발부하는 경우에는 원칙적으로 사전에 구속신문절차를 거쳐야 한다(법72). 아래에서는 구속영장을 중심으로 피고인 구속에 관한 사항을 살펴본다.

(2) 피고인구속의 주체

검사의 공소제기에 의하여 공판절차의 주재권은 수소법원으로 넘어간다. 따라서 피고인구속의 주체는 법원이다(법70①). 다만, 체포·구속적부심사청구 후 피의자에 대하여 공소제기가 있는 경우에는 공소제기 후임에도 불구하고 체포·구속적부심 관할법원이 체포·구속적부심사를 청구한 피고인의 석방 여부를 결정한다(법214의2④ 2문).

수소법원이 행하는 피고인구속에는 피의자구속과 달리 검사의 신청을 요하지 않는다(96모46). 재판장은 급속을 요하는 경우에는 소환(법68), 출석 및 동행명령, 구속을 위한 신문, 구속영장발부, 구속촉탁 등(법68~71, 71의2, 73, 76, 77)의 처분을 할 수 있으며, 합의부원으로 하여금 이러한 처분을 하게 할 수 있다(법80).

피고인에 대한 수소법원의 강제처분권은 당해 심급에 피고사건에 대한 소송계속이 발생하여 소멸할 때까지 계속 유지된다. 수소법원에 발생한 소송계속은 세 가지 형태로 종결된다. 첫째는, 상소포기(법349 본문)에 의하여 소송계속이 종료하는 경우이다. 둘째는, 상소기간의 도과(법358, 374)로 소송계속이 종료하는 경우이다. 셋째는, 원심판결에 대해 상소가 제기(법359, 375)되어 소송계속이 상소법원으로 이심(移審)되는 경우이다(85모12).

판결이 선고되었다고 하더라도 상소포기가 없고 상소기간이 아직 남아있는 경우에는 원심법원에 소송계속이 여전히 존재한다. 따라서 예컨대 항소기간 중의 사건에 관한 피고인구속, 구속기간갱신, 구속취소, 보석, 보석취소, 구속집행정지, 구속집행정지취소 등에 관한 결정은 제1심법원이 하여야 한다(법105, 규칙57①).

상소제기가 있으면 원심법원의 소송계속은 종료되고 상소법원에 소송계속이 발생한다. 이를 이심의 효력이라고 한다(후술 452면). 상소제기 이후에는 원심법원이 피고인의 구속과 관련된 판단을 할 수 없는 것이 원칙이다. 그러나 상소제기된 사건이라고 할지라도 소송기록이 아직 원심법원에 있거나 상소법원에 도달하기까지는 피고인구속, 구속기간갱신, 구속취소, 보석, 보석취소, 구속집행정지, 구속집행정지취소 등의 결정은 원심법원이 하여야 한다(법105, 규칙57①). 이 경우 상소 중의 사건에 관하여 원심법원이 행한 피고인구속 등의 결정은 원심법원이 상소법원의 권한을 대행한 것이다. 원심법원에 의한 피고인구속은 아니다(85모12).

2. 피고인구속의 요건

(1) 범죄혐의

피고인을 구속하려면 먼저 피고인이 죄를 범하였다고 의심할 만한 상당한 이유가 인정되어야 한다(법70①). '피고인에게 범죄혐의가 인정된다' 함은 주관적으로 피고인이 공소제기된 범죄사실을 범한 사람이라는 점에 대한 고도의 개연성이 있고, 객관적으로 범죄성립요건과 소송조건이 모두 구비되어 있음을 의미한다. 따라서 친고죄의 경우에 적법한 고소가 존재하지 않거나 고소가 취소된 경우, 반의사불벌죄의 경우에 처벌을 원하지 않는다는 의사표시가 명시된 경우, 피고사건에 대해 위법성조각사유나 책임조각사유 등이 인정되는 경우에는 피고인을 구속할 수 없다.

피고인에게 범죄혐의를 인정하려면 상당한 이유가 있어야 한다. 상당한 이유에 해당하는지는 일반인의 관점을 기준으로 법관이 판단하게 된다. 범죄혐의의 유무는 구속시를 기준으로 판단한다. 그러므로 공판절차의 진행상황에 따라서 범죄혐의가 증가 또는 소멸할 수 있다.

(2) 구속사유

법원이 피고인을 구속하려면 (가) 피고인이 일정한 주거가 없는 때, (나) 피고인이 증거를 인멸할 염려가 있는 때, (다) 피고인이 도망하거나 도망할 염려가 있는 때의 어느 하나에 해당하는 사유가 인정되어야 한다(법70①). 이를 구속사유라고 한다.

증거인멸의 염려란 피고인을 구속하지 않으면 피고인이 증거방법을 훼손·변경하거나 공범자·증인·감정인 등에게 허위의 진술이나 감정을 행하도록 함으로써 피고사건의 실체적 진실발견을 해칠 구체적 위험이 있는 경우를 말한다. 증거인멸의 염려는 피고인이 부정한 방법으로 진실발견을 저해하는 경우를 가리킨다. 피고인이 공소사실을 다투거나 적법하게 자신에게 유리한 증거를 수집하거나 또는 진술거부권을 행사하는 것은 증거인멸의 염려가 있는 경우에 해당하지 않는다.

도망할 염려에서 '도망'이란 피고인이 공판절차의 진행 또는 형의 집행을 면할 의사로 소재불명이 되는 것을 말한다(2014모2488). 법원의 소환을 피하기 위하여 종래의 주거를 떠나 잠적하거나 외국으로 나가는 행위 등이 여기에 해당한다. 도망은 피고인이 공판절차의 진행이나 형집행의 회피를 꾀할 목적으로 행하는 것이어야 한다.

주거부정은 피고인에게 일정한 주거가 없는 것을 말한다. 주거부정도 구속사유에 해당한다. 원래 피고인의 주거가 일정하지 않다고 하여 공판절차의 진행이나 형집행의 확보에 부정적인 영향을 미친다고 단정할 수는 없다. 따라서 주거부정은 '도망의 염려'를 판단하는 기준에 불과하다. 그러나 주거부정이 인정되면 증거인멸이나 도망의 염려가 큰 것이 일반적인 경험이므로 형사소송법은 이를 구속사유로 인정하고 있다. 형사소송법은 다액 50만 원 이하의 벌금, 구류 또는 과료에 해당하는 사건에 대해서는 주거부정을 이유로 하는 경우를 제외하고는 피고인을 구속할 수 없도록 하고 있다(법70③).

법원은 구속사유를 심사할 때 범죄의 중대성, 재범의 위험성, 피해자 및 중요 참고인 등에 대한 위해우려 등을 고려하여야 한다(법70②). 이것은 새로운 구속사유를 신설하거나 추가한 것이 아니라, 구속사유를 심사할 때 고려해야 할 사항을 명시한 것이다(2009헌바8)(전술 84면).

3. 피고인구속의 절차

(1) 피고인에 대한 구속심문

법원은 피고인에 대하여 (가) 범죄사실의 요지, (나) 구속의 이유와 (다) 변호인을 선임할 수 있음을 말하고 (라) 변명할 기회를 준 후가 아니면 구속할 수 없다(법72 본문). 구금을 위한 구속영장의 발부에 필요한 사전의 청문절차를 가리켜 구속심문이라고 한다. 법원은 피고인이 출석하기 어려운 특별한 사정이 있고 상당하다고 인정하는 때에는 검사와 변호인의 의견을 들어 비디오 등 중계장치에 의한 중계시설을 통하여 구속심문 절차를 진행할 수 있다(법72의2②). 법원은 합의부원으로 하여금 구속심문절차를 이행하게 할 수 있다(동조①).

　구속심문절차는 피고인을 구속함에 있어 법관에 의한 사전 청문절차를 규정한 것이다. 법원이 사전에 구속심문절차를 거치지 아니한 채 피고인에 대하여 구금용 구속영장을 발부하였다면 그 발부결정은 원칙적으로 위법하다(2014모2488). 그러나 다음의 경우에는 사전 구속심문에 대해 예외가 인정된다. 하나는 피고인이 도망한 경우이다(법72 단서). 이 경우에는 피고인이 청문권을 포기하였다고 볼 수 있다. 다른 하나는 소위 법정구속으로서, 피고인이 이미 변호인을 선정하여 공판절차에서 변명과 증거의 제출을 다하고 그의 변호 아래 판결을 선고받는 경우 등과 같이 형소법 제72조에서 정한 절차적 권리가 실질적으로 보장되었다고 볼 수 있는 경우이다(2014모2488). 피고인이 이미 구속되어 있는 경우에 변호인이 없는 때에는 법원은 직권으로 변호인을 선정하여야 한다(법33① i). 법원이 유죄판결을 선고하면서 피고인을 법정구속한 경우에도 피고인에게 변호인이 없으면 법원은 직권으로 변호인을 선정하여야 한다.

(2) 피고인에 대한 구속영장의 성질과 효력범위

　법원이 피고인을 구인 또는 구금함에는 구속영장을 발부하여야 한다(법73). 피고인에 대한 구속영장은 피고인의 구속을 결정하는 수소법원의 재판서로서 재판의 집행기관에 대하여 피고인구속을 집행해야 할 의무를 발생시킨다. 이 점에서 구속영장은 검사가 형 확정 후 형을 집행하기 위하여 발부하는 형집행장(법473②)과 구별된다.

　수소법원이 발하는 피고인에 대한 구속영장은 검사의 신청과 무관하다(96모46). 피고인에 대한 구속영장은 검사의 신청에 의하여 지방법원판사가 발부하는 피의자에 대한 구속영장과 달리 재구속 제한규정(법208①)이나 구속영장의 효력범위에 관한 제한규정(동조②)이 적용되지 않는다(85모12). 따라서 수소법원은 수사기관에 의하여 구속기소되었다가 구속기간이 만료된 피고인을 동일한 범죄사실을 이유로 재구속할 수 있으며(소위 재차구속), 구속기간이 만료된 피고인을 별개의 범죄사실을 이유로 재구속할 수도 있다(소위 별건구속)(96모46).

(3) 피고인에 대한 구속영장의 집행절차

　피고인에 대한 구속영장은 원칙적으로 검사의 지휘에 의하여 사법경찰관리가 집행한다(법81① 본문). 다만, 급속을 요하는 경우에는 재판장, 수명법관 또는 수탁판사가 구속영장의 집행을 지휘할 수 있다(동항 단서). 수소법원이 불구속 상태로 재판받는 피고인에게 유죄판결을 선고하면서 소위 법정구속을 행하는 상황이 여기에 해당하는 예이다.

구속영장을 집행함에는 피고인에게 반드시 구속영장을 제시하고 그 사본을 교부하여야 한다(법85① 전단). 구속영장을 소지하지 아니한 경우에 급속을 요하는 때에는 피고인에 대하여 공소사실의 요지와 영장이 발부되었음을 고하고 집행할 수 있다(동조③). 이 경우 집행을 완료한 후에는 신속히 구속영장을 제시하고 그 사본을 교부하여야 한다(동조④).

검사 또는 사법경찰관이 피고인에 대한 구속영장을 집행하는 경우에 필요한 때에는 구속현장에서 영장 없이 압수, 수색, 검증을 할 수 있다(법216②, ①ⅱ). 이 경우 급속을 요하는 때에는 타인의 주거, 간수자 있는 가옥, 건조물, 항공기 또는 선박·차량 안에서의 압수·수색에 주거주, 간수자 또는 이에 준하는 사람의 참여를 요하지 않으며, 야간집행의 제한을 받지 않는다(법220, 216, 123②, 125).

피고인의 신체를 확보한 후에는 신속히 피고인을 지정된 법원 기타 장소에 인치하여야 한다(법85① 후단). 피고인을 구속한 때에는 피고인에게 즉시 공소사실의 요지와 변호인을 선임할 수 있음을 알려야 한다(법88). 이 고지는 구속 이후의 사후 청문절차에 해당한다. 고지는 법원 또는 법관이 행한다(규칙52 참조).

피고인을 구속한 때에는 (가) 변호인이 있는 경우에는 변호인에게, (나) 변호인이 없는 경우에는 변호인선임권자(법30②) 중 피고인이 지정한 자에게, (다) 그러한 자도 없는 경우에는 친지나 고용주 등과 같이 피고인이 지정하는 자 1명에게 (ㄱ) 피고사건명, (ㄴ) 구속일시·장소, (ㄷ) 범죄사실의 요지, (ㄹ) 구속의 이유와 (ㅁ) 변호인을 선임할 수 있다는 취지를 알려야 한다(법87①, 규칙51①). 구속의 통지는 구속을 한 때로부터 24시간 이내에 지체 없이 서면으로 하여야 한다(헌법12⑤ 2문, 법87②; 규칙51②). 급속을 요하는 경우에는 구속되었다는 취지 및 구속의 일시·장소를 전화 또는 모사전송기 기타 상당한 방법에 의하여 통지할 수 있다(규칙51③ 본문). 다만, 이 경우에도 구속통지는 다시 서면으로 하여야 한다(동항 단서).

4. 피고인에 대한 구속기간

(1) 피고인 구속기간의 계산방법

법원에 의한 피고인의 구속기간은 2개월이다(법92①). 공소제기 전의 체포·구인·구금된 기간은 법원의 구속기간에 산입되지 않는다(동조③). 구속기간의 초일은 시간을 계산함이 없이 1일로 산정하며, 구속기간의 말일이 공휴일 또는 토요일에 해당하는 경우에도 구속기간에 산입한다(법66① 단서, ③ 단서). 2개월의 구속기간은 역서에 따라서 계산한다(법66②).

현실적으로 구속되지 아니한 일수는 피고인의 구속기간에 산입되지 않는다. 예컨대 도망 중의 기간, 구속집행정지(법101①), 감정유치(법172의2①) 중의 일수가 여기에 해당한다. 또한 (가) 기피신청에 의하여 소송진행이 정지된 경우(법22), (나) 공소장변경에 따라 공판절차가 정지된 경우(법298④), (다) 피고인이 사물의 변별 또는 의사의 결정을 할 능력이 없는 상태에 있어서 공판절차가 정지된 경우(법306①), (라) 피고인이 질병으로 인하여 출정할 수 없어서 공판절차가 정지된 경우(동조②) 등에 있어서는 공판절차가 정지된 기간을 구속기간에 산입하지 않는다(법92③).

(2) 피고인 구속기간의 갱신

피고인의 구속기간은 2개월이 원칙이다(법92①). 그렇지만 특히 구속을 계속할 필요가 있는 경우에는 심급마다 2개월 단위로 2차에 한하여 결정으로 갱신할 수 있다(법92② 본문). 다만, 상소심은 피고인 또는 변호인이 신청한 증거의 조사, 상소이유를 보충하는 서면의 제출 등으로 추가 심리가 필요한 부득이한 경우에는 3차에 한하여 갱신할 수 있다(동항 단서)(후술 292면).

5. 구속된 피고인의 권리

구속은 피고인을 기존의 생활관계로부터 분리시키는 강력한 강제처분이므로 그에 상응하여 구속된 피고인의 방어권을 일층 강화해야 할 필요가 있다. 이 점과 관련하여 헌법과 형사소송법은 구속된 피고인의 권리로서 특히 변호인의 조력을 받을 권리와 접견교통권을 인정하고 있다.

누구든지 체포 또는 구속을 당한 때에는 즉시 변호인의 조력을 받을 권리를 가지므로(헌법12④ 본문), 구속된 피고인에게 변호인의 조력을 받을 권리가 인정됨은 물론이다. 이를 구체화하기 위하여 피고인에게 변호인선임권이 인정되고 있을 뿐만 아니라(법30①) 형사피고인이 스스로 변호인을 구할 수 없을 때에는 국선변호인의 선정을 청구할 수 있는 권리가 헌법적으로 보장되고 있다(헌법12④ 단서, 법33②).

구속된 피고인은 법원, 교도소장·구치소장 또는 그 대리인에게 변호사를 지정하여 변호인의 선임을 의뢰할 수 있다(법90①). 변호인 선임 의뢰를 받은 법원, 교도소장 또는 구치소장 또는 그 대리자는 급속히 피고인이 지명한 변호사에게 그 취지를 통지하여야 한다(동조②). 변호인 또는 변호인이 되려는 자는 신체구속을 당한 피고인과 접견하고 서류 또는 물건을 수수할 수 있으며 의사로 하여금 진료하게 할 수 있다(법34). 피고인의 변호인조력을 받을 권리에 대해서는 앞의 피의자 및 변호인 항목에서 함께 설명하였다

(전술 29면).

구속된 피고인은 법률이 정한 범위에서 타인과 접견하고 서류 또는 물건을 수수하며 의사의 진료를 받을 수 있다(법89). 이 경우 타인은 변호인 또는 변호인이 되려는 자(법34) 이외의 사람이다. 법원은 도망하거나 범죄의 증거를 인멸할 염려가 있다고 인정할 만한 상당한 이유가 있는 때에는 직권 또는 검사의 청구에 의하여 결정으로 구속된 피고인과 타인과의 접견을 금지할 수 있고, 서류나 그 밖의 물건을 수수(授受)하지 못하게 하거나 검열 또는 압수할 수 있다(법91 본문). 다만, 의류 · 양식 · 의료품은 수수를 금지하거나 압수할 수 없다(동조 단서).

6. 피고인에 대한 구속영장의 실효와 집행정지

(1) 구속취소

피고인에 대한 구속영장은 다음의 몇 가지 사유로 인하여 실효된다. 우선, 구속취소가 있다. 구속의 사유가 없거나 소멸된 때에는 법원은 직권 또는 검사, 피고인, 변호인 또는 변호인선임권자(법30②)의 청구에 의하여 결정으로 구속을 취소해야 한다(법93). 법원은 구속취소에 관한 결정을 하기 전에 검사의 의견을 물어야 한다(법97①). 그러나 구속취소가 검사의 청구에 의하거나 급속을 요하는 경우에는 검사의 의견을 물을 필요가 없다(법97②).

구속취소는 구속영장의 효력을 소멸시키는 법원의 재판이다. 구속영장의 효력을 소멸시킨다는 점에서 구속취소는 유효한 구속영장의 존재를 전제로 하면서 그 집행만을 정지시키는 보석허가결정(법95, 96)이나 구속집행정지결정(법101)과 구별된다.

(2) 구속영장의 자동실효

다음으로 구속영장이 자동적으로 실효되는 경우가 있다. 구속영장은 피고인의 구속기간이 만료되면 실효된다. 무죄, 면소, 형의 면제, 형의 선고유예, 형의 집행유예, 공소기각 또는 벌금이나 과료를 과하는 재판이 선고된 때에는 구속영장은 효력을 잃는다(법331). 그러나 관할위반의 판결은 구속영장 실효사유에 포함되지 않는다. 소송행위는 관할위반인 경우에도 그 효력에 영향이 없다(법2). 관할위반의 경우에는 절차상 하자를 보정하여 재기소할 수 있으며, 이를 위해 피고인의 신병을 확보해 둘 필요가 있기 때문이다.

구속중인 피고인에 대하여 사형이나 자유형의 판결이 확정되면 그 때로부터 형의 집행이 시작된다(법459, 형법84①). 따라서 피고인에 대한 구속영장은 당연히 효력을 상실한다. 사형, 징역, 금고 또는 구류의 선고를 받은 자가 구금되지 아니한 때에는 검사는 형을 집행하기 위하여 수형자를 소환해야 한다(법473①). 수형자가 소환에 응하지 아니한 때에는 검사는 형집행장을 발부하여 구인해야 한다(동조②). 검사가 발부한 형집행장은 구속영장과 동일한 효력이 있다(법474②).

(3) 보 석

법원은 구속된 피고인이나 그 변호인 또는 변호인선임권자의 청구(법94)가 있으면 형소법 제95조가 규정한 특별한 사유가 없는 한 보석을 허가하여야 한다(법95). 또 법원은 일정한 제한사유의 존재에도 불구하고 상당한 이유가 있으면 직권 또는 신청에 의하여 보석을 허가할 수 있다(법96). 보석은 보증금의 납부 등을 조건으로 구속의 집행을 정지하여 구속된 피고인을 석방하는 제도이다. 피고인의 보석에 관하여는 별도의 항목에서 상론하기로 한다.

(4) 구속집행정지

구속집행정지란 구속의 집행력을 정지시켜서 피고인을 석방하는 재판 및 그 집행을 말한다(2011헌가36). 구속집행정지제도는 불구속재판의 원칙과 무죄추정의 원칙을 구현하기 위한 보석제도를 보충하는 기능을 담당한다(2011헌가36). 구속집행정지는 유효한 구속영장의 존재를 전제로 하면서 구속의 집행을 정지시키는 법원의 재판이다. 구속집행정지는 구속영장의 존재를 전제로 그 집행을 정지시키는 점에서 보석과 유사하다. 그렇지만 보증금의 납부 등을 필요로 하지 않는 점, 구속피고인이나 그 변호인 등에게 신청권이 인정되지 아니한 가운데 법원이 직권으로 행한다는 점 등에서 보석과 구별된다.

법원은 상당한 이유가 있는 때에는 결정으로 (가) 구속된 피고인을 친족, 보호단체, 기타 적당한 자에게 부탁하거나 (나) 피고인의 주거를 제한하여 구속의 집행을 정지할 수 있다(법101①). 형소법 제101조 제1항이 규정한 구속집행정지 조건의 내용은 예시로 볼 수 있으며, 반드시 이에 한정되지 않는다.

헌법 제44조(국회의원의 불체포특권)에 의하여 구속된 국회의원에 대한 국회의 석방요구가 있으면 당연히 구속영장의 집행이 정지된다(법101④). '당연히 구속영장의 집행이 정지된다' 함은 법원의 판단을 기다리지 않고 국회의 석방결의 자체로부터 구속영장의 집행정지 효력이 발생한다는 의미이다. 국회의 석방요구 통고를 받은 검찰총장은 즉시 석방을 지휘하고 그 사유를 수소법원에 통지하여야 한다(동조⑤). 국회의 석방요구에 따른 구속영장의 집행정지는 그 회기 중 취소하지 못한다(법102② 단서).

7. 피고인 보석

(1) 보석의 의의

보석이란 보증금의 납부 등을 조건으로 법원이 구속영장의 집행을 정지함으로써 구속 피고인을 석방하는 제도를 말한다. 피고인의 구속은 공판절차의 원활한 진행과 형집행의 확보를 위하여 행해지는 필요악이다. 보석제도는 피고인에게 공판절차 및 형집행에의 출석을 심리적으로 강제할 수 있을 정도의 보증금을 예치하거나 이에 상응하는 조건을 이행하도록 함으로써 피고인의 구속과 동일한 효과를 얻도록 하려는 데에 그 취지가 있다. 보석제도는 신체의 자유를 보장하려는 헌법정신을 구현하고 무죄추정의 권리에서 유래하는 불구속재판의 원칙을 실현하기 위하여 마련된 장치이다.

보석은 유효한 구속영장의 존재를 전제로 하면서 그 집행만을 정지시키는 제도라는 점에서 구속집행정지(법101)와 기본적으로 그 성질을 같이한다. 그러나 보증금의 납부 등을 필요로 하고 구속된 피고인 측에 보석청구권이 인정되어 있다는 점에서 차이가 있다. 또한 보석은 유효한 구속영장을 전제로 하면서 구속의 집행을 정지시키는 것에 불과하다는 점에서 구속영장을 전면적으로 실효시키는 구속취소(법93)와 구별된다. 보석이 취소되면 일시적으로 정지되어 있던 구속영장의 효력이 당연히 부활하게 된다.

형소법 제94조 이하에 규정된 보석은 구속된 피고인에게 인정되는 자유회복의 장치이다. 피고인 보석은 체포·구속된 피의자의 자유회복장치인 체포·구속적부심사제도(헌법12⑥, 법214의2)와 구별된다. 구속된 피의자에 대해서는 구속적부심사절차에서 보증금납입조건부 석방이 인정된다(법214의2⑤). 이 경우의 석방은 피의자보석이라고 지칭되지만 피의자에게 보석청구권이 인정되지 않는다는 점(97모21)과 보증금납입조건부 석방만 인정된다는 점에서 피고인에 대한 보석과 구별된다(전술 99면).

(2) 보석의 종류

보석은 피고인 측의 청구에 기하여 허가되는가(법94, 96 후단) 아니면 법원의 직권에 의하여 허여되는가(법96 전단)에 따라서 청구보석과 직권보석으로 나누어 볼 수 있다. 청구보석은 구속된 피고인이 신체자유의 회복을 적극적으로 법원에 청구할 수 있는 장치라는 점에서 특히 주목된다.

또한 보석은 일정한 조건이 갖추어진 경우에 법원이 보석을 허가해야 할 의무를 지는가 아닌가에 따라서 필요적 보석과 임의적 보석으로 나누어진다. 형소법 제95조는 피고인 측의 청구가 있는 때에는 법정된 사유가 있는 경우를 제외하고는 법원이 '보석을 허가하여야 한다'

고 규정함으로써 필요적 보석이 원칙임을 분명히 하고 있다. 한편 불구속재판의 원칙을 최대한 실현하기 위하여 형사소송법은 보석제한사유(법95)가 존재함에도 불구하고 상당한 이유가 있는 때에는 법원이 직권 또는 보석청구권자의 청구에 의하여 보석을 허가할 수 있도록 하고 있다(법96). 이 경우는 법원의 재량에 의한 것이므로 임의적 보석이다(90모22).

(3) 보석의 청구와 심리

피고인, 피고인의 변호인·법정대리인·배우자·직계친족·형제자매·가족·동거인 또는 고용주는 법원에 구속된 피고인의 보석을 청구할 수 있다(법94). 피고인은 실제로 구속이 집행 중인 자와 구속집행정지 중인 자를 모두 포함한다. 보석은 보석청구권자의 청구에 의하는 외에 법원의 직권에 기하여도 할 수 있다(법96 전단). 보석청구권자로부터 보석청구가 있으면 법원은 보석허가에 관한 결정을 하여야 한다. 직권보석을 하는 경우에도 법원은 보석결정을 해야 한다. 재판장은 보석에 관한 결정을 하기 전에 검사의 의견을 물어야 한다(법97①). 검사는 재판장의 의견요청에 대하여 지체 없이 의견을 표명하여야 한다(동조③).

보석청구가 있으면 법원은 다음이 경우 외에는 보석을 허가하여야 한다(법95).

① 피고인이 사형, 무기 또는 장기 10년이 넘는 징역이나 금고에 해당하는 죄를 범한 때
② 피고인이 누범에 해당하거나 상습범인 죄를 범한 때
③ 피고인이 죄증을 인멸하거나 인멸할 염려가 있다고 믿을 만한 충분한 이유가 있는 때
④ 피고인이 도망하거나 도망할 염려가 있다고 믿을 만한 충분한 이유가 있는 때
⑤ 피고인의 주거가 분명하지 아니한 때
⑥ 피고인이 피해자, 당해 사건의 재판에 필요한 사실을 알고 있다고 인정되는 자 또는 그 친족의 생명·신체나 재산에 해를 가하거나 가할 염려가 있다고 믿을 만한 충분한 이유가 있는 때

(4) 보석조건

법원이 보석을 허가하는 결정을 하는 경우에는 필요하고 상당한 범위 안에서 일정한 보석조건 중 하나 이상의 조건을 정하여야 한다(법98). 형소법 제98조는 보석조건으로 다음의 조건을 들고 있다.

① 법원이 지정하는 일시·장소에 출석하고 증거를 인멸하지 아니하겠다는 서약서를 제출할 것 (1호)
② 법원이 정하는 보증금에 해당하는 금액을 납입할 것을 약속하는 약정서를 제출할 것 (2호)

③ 법원이 지정하는 장소로 주거를 제한하고 주거를 변경할 필요가 있는 경우에는 법원의 허가를 받는 등 도주를 방지하기 위하여 행하는 조치를 받아들일 것 (3호)

④ 피해자, 당해 사건의 재판에 필요한 사실을 알고 있다고 인정되는 사람 또는 그 친족의 생명 · 신체 · 재산에 해를 가하는 행위를 하지 아니하고 주거 · 직장 등 그 주변에 접근하지 아니할 것 (4호)

⑤ 피고인 아닌 자가 작성한 출석보증서를 제출할 것 (5호)

⑥ 법원의 허가 없이 외국으로 출국하지 아니할 것을 서약할 것 (6호)

⑦ 법원이 지정하는 방법으로 피해자의 권리 회복에 필요한 금전을 공탁하거나 그에 상당하는 담보를 제공할 것 (7호)

⑧ 피고인이나 법원이 지정하는 자가 보증금을 납입하거나 담보를 제공할 것 (8호)

⑨ 그 밖에 피고인의 출석을 보증하기 위하여 법원이 정하는 적당한 조건을 이행할 것 (9호)

법원은 9호에 따른 보석조건으로 피고인에게 전자장치 부착을 명할 수 있다(전자장치부착법31의2①).

법원은 보석조건을 정함에 있어서 (가) 범죄의 성질 및 죄상, (나) 증거의 증명력, (다) 피고인의 전과 · 성격 · 환경 및 자산, (라) 피해자에 대한 배상 등 범행 후의 정황에 관련된 사항을 고려하여야 한다(법99①). 법원은 피고인의 자금능력 또는 자산 정도로는 이행할 수 없는 조건을 정할 수 없다(동조②). 법원은 직권 또는 보석청구권자(법94)의 신청에 따라 결정으로 피고인의 보석조건을 변경하거나 일정기간 동안 당해 조건의 이행을 유예할 수 있다(법102①). 보석을 허가하는 법원의 결정에 대해 검사는 즉시항고를 할 수 없다(법97③ 참조). 그러나 보통의 항고로 불복할 수는 있다(법403②, 409 단서 참조)(97모26).

보석조건은 구속영장의 효력이 소멸한 때에는 즉시 그 효력을 상실한다(법104의2①). 보석이 취소된 경우에도 보석조건은 즉시 그 효력을 상실한다(동조② 본문).

(5) 보석허가결정의 집행

보석조건 가운데 실질적으로 가장 중요한 것은 보석보증금의 납입(8호)이다. 보석보증금은 보석을 청구한 자가 납입하는 것이 원칙이다. 그러나 법원은 보석청구권자 이외의 자에게 보증금의 납입을 허가할 수 있다(법100②). 보증금은 현금으로 납입하는 것이 원칙이지만 법원은 유가증권이나 피고인 외의 자가 제출한 보증서로써 보증금에 갈음하는 것을 허가할 수 있다(동조③).

보석조건이 피고인이나 법원이 지정하는 자가 보증금을 납입하거나 담보를 제공할 것인 경우(8호)에는 피고인이나 법원이 지정한 자가 보증금납입 또는 담보제공을 한다는 보석조건을 이행한 후가 아니면 보석허가결정을 집행하지 못한다(법100① 전단).

(6) 보석조건 위반에 대한 제재

법원은 피고인이 정당한 사유 없이 보석조건을 위반한 경우에는 결정으로 피고인에 대하여 1천만원 이하의 과태료를 부과하거나 20일 이내의 감치에 처할 수 있다(법102③). 이 결정에 대하여는 즉시항고를 할 수 있다(동조④). 보석조건 가운데 5호의 출석보증서를 조건으로 한 보석허가결정에 따라 석방된 피고인이 정당한 사유 없이 기일에 불출석하는 경우에는 그 출석보증인에게 500만원 이하의 과태료를 부과할 수 있다(법100의2①). 이 결정에 대하여는 즉시항고를 할 수 있다(동조②).

법원은 피고인이 다음 사유의 어느 하나에 해당하는 경우에는 직권 또는 검사의 청구에 따라 결정으로 보석을 취소할 수 있다(법102② 본문).

① 도망한 때

② 도망하거나 죄증을 인멸할 염려가 있다고 믿을 만한 충분한 이유가 있는 때

③ 소환을 받고 정당한 사유 없이 출석하지 아니한 때

④ 피해자, 당해 사건의 재판에 필요한 사실을 알고 있다고 인정되는 자 또는 그 친족의 생명·신체·재산에 해를 가하거나 가할 염려가 있다고 믿을 만한 충분한 이유가 있는 때

⑤ 법원이 정한 조건을 위반한 때

법원의 보석취소결정에 대해 보석청구권자는 보통의 항고를 할 수 있다(법102②, 402, 403②). 보석취소결정에 대한 보통항고에는 재판의 집행을 정지하는 효력이 없다(법409 본문). 이는 결정과 동시에 집행력을 인정함으로써 석방되었던 피고인의 신병을 신속히 확보하기 위함이다(2020모633).

(7) 보증금 등의 몰취 및 환부

법원은 보석을 취소하는 때에는 직권 또는 검사의 청구에 따라 결정으로 보증금 또는 담보의 전부 또는 일부를 몰취할 수 있다(법103①). 보석취소시에 행하는 보증금이나 담보의 몰취는 임의적이며 법원의 재량에 속한다. 보증금이나 담보의 몰취를 보석취소와 동시에 할 필요는 없다(2000모22).

법원은 보증금의 납입 또는 담보제공을 조건으로 석방된 피고인이 동일한 범죄사실에 관하여 형의 선고를 받고 그 판결이 확정된 후 집행하기 위한 소환을 받고 정당한 이유 없

이 출석하지 아니하거나 도망한 때에는 직권 또는 검사의 청구에 따라 결정으로 보증금 또는 담보의 전부 또는 일부를 몰취하여야 한다(법103②). 이 경우 몰취는 필요적이다.

법원은 (가) 구속을 취소하는 때, (나) 보석을 취소하는 때, (다) 구속영장의 효력이 소멸된 때에는 몰취하지 아니한 보증금이나 담보를 납입자가 청구한 날로부터 7일 이내에 환부하여야 한다(법104).

제3 공판절차상의 압수·수색

1. 공판절차상 압수·수색의 의의

(1) 공판절차상 압수·수색의 주체

압수와 수색은 검증과 함께 증거수집을 목적으로 행해지는 대물적 강제처분이다. 압수란 목적물에 대한 점유의 취득 및 그 점유의 계속을 내용으로 하는 강제처분을 말하고, 수색은 물건 또는 사람을 발견하기 위하여 일정한 장소나 사람의 신체에 대하여 행하는 강제처분을 말한다. 공소제기 후 공판절차에서 행하는 압수·수색의 주체는 법원이다(법106①, 107①, 109①). 따라서 압수·수색의 필요성, 피고사건과의 관련성, 압수대상물 존재의 개연성 등에 대한 판단은 수소법원의 권한에 속한다.

(2) 공판절차상 압수·수색의 종류

수소법원이 행하는 압수에는 좁은 의미의 압수(법106①), 제출명령(동조②), 임의제출물의 압수(법108) 등 세 가지 형태가 있다. 좁은 의미의 압수는 물건의 점유를 처음부터 강제적으로 취득하는 것을 말한다. 제출명령은 법원이 압수할 물건을 지정하여 소유자, 소지자 또는 보관자에게 그 제출을 명하는 것을 말한다. 제출명령은 압수할 물건의 소유자 등에 대하여 그 물건을 제출해야 할 의무를 지우는 재판이다. 상대방이 제출명령에 응하여 물건을 제출하면 당연히 압수의 효력이 생긴다. 법원은 소유자, 소지자 또는 보관자가 임의로 제출한 물건 또는 유류한 물건을 영장 없이 압수할 수 있다(법108). 이를 임의제출물 압수라고 한다.

(3) 공판절차상 압수·수색의 절차

법원이 공판정 외에서 압수 또는 수색을 함에는 영장을 발부하여 시행해야 하지만(법113), 공판정에서 압수·수색을 하는 경우에는 영장을 발부할 필요가 없다(동조 반대해석).

압수수색영장은 검사의 지휘에 의하여 사법경찰관리가 집행한다(법115① 본문). 재판장은 필요한 경우에 법원사무관등에게 영장의 집행을 명할 수 있다(법115① 단서). 법원사무관등은 압수수색영장의 집행에 관하여 필요한 때에는 사법경찰관리에게 보조를 구할 수 있다(법117).

형사소송법은 공판절차상 압수·수색의 절차를 상세히 규정하고 이를 수사절차상 압수·수색에 준용하는 방식을 취하고 있다. 그러나 실무상으로는 수사절차상 압수·수색이 대부분이다. 공판절차에서 이루어지는 압수·수색의 집행절차 설명은 수사절차상 압수·수색의 집행절차에서 설명한 것으로 갈음한다(전술 108면).

2. 공판절차상 압수물의 관리와 환부·가환부

(1) 압수물관리의 필요성

압수는 증거물의 수집이나 몰수물의 확보에 그 목적이 있으므로 일단 목적물을 압수한 다음에는 압수 당시의 성질과 상태 및 형태를 보전하여 앞으로의 심판자료로 사용하거나 몰수가 가능하도록 유지하여야 한다. 압수물의 보관방법에는 (가) 자청보관, (나) 위탁보관, (다) 대가보관의 방법이 있고 그 밖에 폐기처분이 허용된다(전술 132면).

(2) 압수물의 환부

환부란 압수의 필요가 없게 된 경우에 압수의 효력을 소멸시키고 종국적으로 압수물을 피압수자에게 반환하는 조치를 말한다. 환부는 압수를 종국적으로 실효시키는 점에서 압수의 효력이 존속되는 가운데 일시적으로 압수물을 반환하는 데 불과한 가환부와 구별된다. 또 압수물의 환부는 피압수자에 대한 반환을 원칙으로 하는 점에서 피해자에 대하여 장물을 반환하는 피해자환부와 구별된다. 환부는 공판절차 도중에 이루어지는 경우와 판결선고시에 이루어지는 경우가 있다. 그러나 가환부는 공판절차 도중에만 가능하다.

먼저, 공판절차 도중에 이루어지는 환부가 있다. 법원은 공판절차를 진행함에 있어서 압수를 계속할 필요가 없다고 인정되는 압수물은 피고사건 종결 전이라도 결정으로 환부하여야 한다(법133① 전단). 또한 법원은 공판절차의 진행중에 있어서 압수한 장물이 피해자에게 환부할 이유가 명백한 때에는 피고사건의 종결 전이라도 결정으로 압수장물을 피해자에게 환부할 수 있다(법134). 압수물의 환부는 법원의 직권에 속하는 사항이며 피압수자 등 이해관계인에게 환부신청권은 인정되고 있지 않다. 그러나 법원이 환부결정을 할 때에는 검사, 피해자, 피고인 또는 변호인에게 미리 통지해야 한다(법135).

다음으로, 환부가 판결선고시에 이루어지는 경우가 있다. 압수물에 대한 최종적 처분은 수소법원이 유죄·무죄의 판결 등으로 당해 피고사건을 종결하는 경우에 몰수하거나 환부하는 형태로 이루어진다. 이 가운데 몰수는 형의 일종이므로(형법41ix, 49 본문) 유죄판결을 선고할 때 판결로써 선고된다(법321①). 압수된 서류 또는 물품에 대해 몰수의 선고가 없는 때에는 압수가 해제된 것으로 간주된다(법332). 이 때에는 압수한 물건을 피압수자에게 환부하게 된다.

그러나 압수한 장물로 피해자에게 환부할 이유가 명백한 것은 수소법원이 판결로써 피해자에게 환부하는 선고를 하여야 한다(법333①). 이 경우 장물을 처분하였을 때에는 판결로써 그 대가로 취득한 것을 피해자에게 교부하는 선고를 하여야 한다(동조②). 이상의 피해자 환부는 이해관계인이 민사소송절차에 의하여 그 권리를 주장함에 영향을 미치지 않는다(동조④).

(3) 압수물의 가환부

가환부란 압수의 효력은 그대로 존속시키면서 압수물을 피압수자나 보관자 등에게 일시적·잠정적으로 돌려주는 것을 말한다. 가환부는 일정한 자의 청구를 기다려 행한다. 가환부는 임의적으로 행하는 경우와 필요적으로 행하는 경우가 있다.

압수물이 증거에 공할 물건인 경우에 법원은 소유자, 소지자, 보관자 또는 제출인의 청구에 의하여 가환부할 수 있다(법133① 후단). 이 때의 압수물의 가환부는 법원의 재량에 속한다. 그러나 목적물이 증거에만 공할 목적으로 압수된 물건으로서 그 소유자 또는 소지자가 계속 사용하여야 할 물건은 사진촬영 기타 원형보존의 조치를 취하고 신속히 가환부하여야 한다(법133②). 이 경우에는 가환부가 필요적으로 행해진다. 가환부결정을 함에는 검사, 피해자, 피고인 또는 변호인에게 미리 통지하여야 한다(법135).

가환부는 공판절차 진행 도중에 피해자에 대한 장물의 가환부 형태로도 이루어질 수 있다. 수소법원이 공판절차를 종결하여 판결을 선고할 때 가환부한 장물에 대하여 별단의 선고가 없는 때에는 환부의 선고가 있는 것으로 간주한다(법333③). 이 경우 이해관계인이 민사소송절차에 의하여 그 권리를 주장함에 영향을 미치지 않는다(동조④).

3. 공판절차상 압수물과 관련된 불복방법

공판절차 진행 도중에 이루어지는 압수나 압수물의 환부에 관한 법원의 결정에 대해서는 보통항고를 제기할 수 있다(법403②). 다음으로 재판장 또는 수명법관이 압수 또는 압수물환부에 관한 재판을 고지한 경우에 불복이 있으면 그 법관 소속의 법원에 재판의 취소 또는 변경을 구하는 준항고를 제기할 수 있다(법416①ii)(후술 493면). 압수물의 관리와 환부·가환부에 대한 항고법원 및 준항고법원의 결정에 대하여는 재판에 영향을 미친 헌법, 법률, 명령 또는 규칙의 위반이 있음을 이유로 하여서만 대법원에 즉시항고할 수 있다(법 415, 419).

유죄판결을 선고할 때 압수된 서류 또는 물품에 대해 몰수의 선고가 없는 때에는 압수가 해제된 것으로 간주된다(법332). 압수장물에 대한 피해자환부는 판결로써 이를 선고해야 한다(법333①). 종국판결의 선고와 관련하여 이루어지는 환부에 대해서는 판결 자체에 대한 불복방법을 통해 다투어야 한다. 판결에 대한 불복방법은 항소(법357) 또는 상고(법371)이다.

제 4 공판절차상의 검증

1. 공판절차상 검증의 의의

공판절차상 강제처분의 하나로 검증이 있다. 원래 검증은 사물의 성질과 상태를 오관으로 확인하는 작용이다. 공판절차에서 검증은 증거조사의 일환으로 이루어지지만, 검증과정에서 강제처분이 행해지는 일이 있다. 그리하여 수소법원의 검증은 넓은 의미에서 강제처분의 하나로 파악된다. 증거조사로서의 검증에 대해서는 앞에서 검토하였다(전술 277면).

2. 공판절차상 검증의 절차

법원은 사실을 발견함에 필요한 때에는 검증을 할 수 있다(법139). 검증을 함에 필요한 때에는 사법경찰관리에게 보조를 명할 수 있다(법144). 검증을 함에는 신체의 검사, 사체의 해부, 분묘의 발굴, 물건의 파괴 기타 필요한 처분을 할 수 있다(법140).

법원은 검증의 일환으로 신체검사를 할 수 있다(법141① · ② 참조). 법원은 신체를 검사하기 위하여 피고인 아닌 자를 법원 기타 지정한 장소에 소환할 수 있다(법142). 여자의 신체를 검사하는 경우에는 의사나 성년 여자를 참여하게 하여야 한다(법141③). 사체의 해부 또는 분묘의 발굴을 하는 때에는 예(禮)에 어긋나지 아니하도록 주의하고 미리 유족에게 통지하여야 한다(동조④).

검증을 할 때에는 시간적 제한이 있다(법143 참조). 검증에는 공판절차상의 압수·수색에 관한 규정이 준용된다(법145). 군사상 비밀을 요하는 장소에의 검증의 제한(법145, 110), 검증의 통지 및 참여, 검증시의 출입금지(법145, 119~123, 127), 수명법관·수탁판사에 의한 검증(법145, 136) 등은 공판절차상 압수·수색의 경우에 준한다.

제3장 증　　거

제1절　증거법 서설

제1　증거의 의의와 종류

1. 증거의 의의

(1) 증거, 증명, 입증취지

형사절차는 피고사건의 실체적 진실을 밝히고 이에 형벌규정을 적용함으로써 형벌권을 실현시키는 과정이다. 형사절차에서는 심판의 대상이 되는 피고인과 범죄사실을 구체적으로 확인하는 작업이 필수적으로 요구된다. 이때 문제되는 사실관계의 확인자료를 증거라 하고 증거에 의하여 사실관계가 확인되는 과정을 증명이라고 한다. 증거는 일정한 사실을 증명하는 자료이다. 이 경우 증명의 대상이 되는 사실을 요증사실이라 하고 증거와 증명하고자 하는 사실과의 관계를 입증취지라고 한다(규칙132의2① 참조).

(2) 증거방법과 증거자료

형사소송법상 증거의 개념은 증거방법과 증거자료의 두 가지 의미로 사용되고 있다. 증거방법이란 증인, 감정인, 증거물, 증거서류 등과 같이 사실의 인정에 사용될 수 있는 수단 자체를 말한다. 증거방법은 증거조사의 대상이 된다. 피고인은 형사절차에서 소송주체가 되므로 통상의 증거방법과 다른 지위를 가진다. 그러나 우리 형사소송법상 임의로 행해지는 피고인의 진술이나 피고인의 신체 등은 증거로 사용될 수 있다. 따라서 피고인도 제한적인 범위에서 증거방법이 된다.

증거자료라 함은 증거방법을 조사하여 얻어진 내용 그 자체를 말한다. 예컨대 증인의 증언, 감정인의 감정의견, 증거물의 성질과 상태, 증거서류의 의미내용, 피고인의 진술 등은 증거자료이다. 증거자료는 증거방법을 조사하여 얻어진 자료인바, 이때 증거자료를 획득·감지하는 절차를 증거조사라고 한다. 증인을 예로 들어보면, 증인은 증거방법이고 증언 그 자체는 증거자료이며 증인신문은 증거조사에 해당한다.

2. 증거의 종류

(1) 직접증거와 간접증거

직접증거란 요증사실을 직접적으로 증명하는 증거이다. 예컨대 목격자의 진술이나 범행현장을 촬영한 CCTV 영상 등은 직접증거이다. 직접증거에 의하여 증명되는 사실을 직접사실이라고 한다. 요증사실 가운데 피고사건의 유죄입증에 있어서 핵심적 내용을 이루는 사실을 주요사실이라고 한다.

요증사실을 직접 증명하는 것이 아니라 추론할 수 있게 하는 사실을 간접사실이라고 한다. 간접증거는 간접사실을 증명하는 증거이다. 간접증거는 정황증거라고도 한다. 예컨대 범행현장을 직접 목격한 증인의 증언은 직접증거임에 반하여 범행현장에서 채취된 피고인의 지문이나 디엔에이 감정결과는 간접증거이다. 살인죄와 같이 법정형이 무거운 범죄의 경우에도 직접증거 없이 간접증거만으로 유죄를 인정할 수 있다. 그 경우 주요사실의 전제가 되는 간접사실의 인정은 합리적 의심을 허용하지 않을 정도의 증명이 있어야 하고, 그 하나하나의 간접사실이 상호 모순, 저촉이 없어야 함은 물론 논리와 경험칙, 과학법칙에 의하여 뒷받침되어야 한다(2017도1549).

(2) 인증, 물증, 서증

인증이라 함은 피고인, 증인, 감정인 등과 같이 살아 있는 사람이 증거방법으로 되는 경우를 말한다. 인증은 증거조사를 위한 강제처분으로 소환의 방법이 사용되며 경우에 따라서 과태료, 구인, 감치의 제재가 가해지기도 한다. 이에 대하여 물증은 사람 이외의 유체물이 증거방법으로 되는 경우이다. 물증의 조사를 위한 강제처분은 압수이다. 서류는 물증의 일종이다. 서류 가운데 특히 그의 성질·상태 및 의미내용이 증거로 되거나 또는 그 의미내용 자체만 증거로 되는 경우를 서증이라고 한다.

(3) 인적 증거, 물적 증거, 증거서류

인적 증거란 사람이 언어로 진술하는 내용이 증거로 되는 경우를 말한다. 이때 진술은 서면 또는 구술의 형태로 이루어진다. 증인의 증언, 감정인의 진술, 피고인의 진술 등은 인적 증거에 해당한다. 인적 증거에 대한 조사는 신문의 형식에 의한다.

이에 대하여 물적 증거는 증거방법의 존재 또는 상태가 증거로 되는 경우를 말한다. 예컨대 범행에 사용된 흉기, 절도죄에 있어서 도품 등은 물적 증거에 해당한다. 한편 사람의 신체도 상처의 정도나 특징과 같이 신체의 물질적 성질이나 상태가 증거로 될 때에는 물적 증거가 된다. 물적 증거에 대한 조사는 검증의 방법에 의한다. 물적 증거는 법관이 오관에 의하여 조사객체의 성질과 상태를 감득하여야 하기 때문이다.

서류는 그의 존재 또는 상태가 증거로 되는 경우 이외에 그 의미내용이 증거로 사용되는 경우가 있다. 이때 그 의미내용이 증거로 사용되는 서류를 가리켜 증거서류라고 부른다. 이에 반하여 단순히 서류의 존재나 상태만 증거로 사용되는 서류는 통상의 증거물에 지나지 않는다. 그리고 양자의 성질을 함께 가지고 있어서 서류의 성질·상태 및 의미내용이 모두 증거로 사용되는 경우를 증거물인 서면이라고 부른다.

서류를 단순한 증거물, 증거물인 서면, 증거서류로 나누는 것은 그 증거조사의 방식에 차이가 있기 때문이다. 즉 서류가 단순히 증거물인 경우에는 제시가, 증거서류인 경우에는 낭독(요지의 고지 또는 열람 포함)이, 증거물인 서면은 제시 및 낭독이 각각 요구된다(2013도 2511)(전술 274면). 또한 증거서류의 경우에는 전문법칙(법310의2)이 적용된다.

(4) 진술증거와 비진술증거

진술증거란 사람의 진술이 증거로 되는 경우를 말한다. 진술증거는 범죄의 흔적이 사람의 지각에 남아 있어서 그 내용을 외부적으로 표현하여 법관에게 전달하는 경우에 사용된다. 이에 대하여 단순한 증거물이나 신체의 성질·상태 등이 증거로 되는 경우는 비진술증거이다. 진술증거와 비진술증거의 구별은 증거능력의 인정과 관련하여 의미가 있다. 우선, 진술증거는 그 진술에 임의성이 인정되어야 증거능력이 있다(법309, 317). 다음으로, 진술증거와 비진술증거의 구별은 특히 전문법칙의 적용과 관련하여 중요한 의미를 가진다. 진술증거는 전문법칙(법310의2)에 의하여 그 증거능력이 제한되기 때문이다.

진술증거는 다시 구술에 의한 진술증거와 서면에 의한 진술증거로 나누어 볼 수 있다. 증인의 증언이나 피고인의 구두진술은 전자에 속하지만 피의자신문조서, 피의자의 자술서, 참고인진술조서, 참고인의 진술서 등은 후자에 해당한다.

진술증거는 또 본래증거와 전문증거로 나누어 볼 수 있다. 범죄사실에 관련된 사실을 체험한 사람이 중간의 매개체를 거치지 않고 직접 법원에 진술하는 것은 본래증거이다. 이에 대하여 직접체험자의 진술이 서면이나 타인의 진술이라는 매개를 통하여 법원에 전달되는 경우가 전문증거(傳聞證據)이다. 이 경우 직접체험자의 진술을 원진술이라고 한다. 전문증거에는 원칙적으로 증거능력이 인정되지 않는다(법310의2). 전문증거에 대한 증거능력의 제한이 예외적으로 완화되는 경우는 서면의 형식에 의한 전문증거(법311 내지 315)와 구두진술의 형식에 의한 전문증거(법316)로 나누어 볼 수 있다.

(5) 실질증거와 보조증거

실질증거란 주요사실의 존부를 직접·간접으로 증명하기 위하여 사용되는 증거를 말한다. 주요사실은 피고사건의 유죄입증에 있어서 핵심적 내용을 이루는 사실이다. 이에 대하여 주요사실이 아닌 사실로서 실질증거의 증거능력에 관련된 사실이나 증명력과 관련된 사실을 증명하기 위한 증거를 보조증거라고 한다. 보조증거는 그 자체만으로 주요사실을 증명할 수 없다는 점에서 실질증거와 구별된다. 보조증거는 다시 증강증거와 탄핵증거로 나누어진다. 증강증거는 실질증거의 증거능력을 뒷받침하고 증명력을 강화시키는 것임에 반하여 탄핵증거는 이를 감소·멸실시키는 것이다.

(6) 본증과 반증

본증이란 거증책임을 지는 당사자가 제출하는 증거이다. 이에 대하여 반대당사자가 본증에 의하여 증명될 사실을 부정하기 위하여 제출하는 증거를 반증이라고 한다. 증거조사 절차의 진행을 보면 검사가 신청한 증거를 먼저 조사하므로(법291의2①) 통상적으로 공소유지자인 검사가 제출하는 증거를 본증, 피고인이 제출하는 증거를 반증이라고 부른다.

(7) 증명과 소명

증거 자체에 대한 분류는 아니지만 입증하려는 사실에 대하여 법관이 가져야 할 심증의 정도에 관한 구별로서 증명과 소명이 있다. 증명이란 법관이 요증사실에 대하여 합리적 의심의 여지가 없을 정도로 강력한 심증을 가지게 되는 것을 말한다(법307②). 이에 대하여 소명이란 주장되는 사실의 존재를 일단 추측할 수 있게 하는 정도의 심증을 불러일으키는 것을 말한다.

범죄사실의 인정을 위시하여 형사절차와 관련된 사실의 존부판단은 증명의 방법에 의하는 것이 원칙이지만, 형사소송법과 형사소송규칙이 증명 대신 소명만으로 사실의 존부를 판단하도록 허용하는 경우가 있다. 기피신청시 기피사유의 소명(법19②), 증언거부시 증언거부사유의 소명(법150) 등은 증명의 정도에 이르지 않더라도 입증이 허용되는 예이다.

제2 증거법의 체계

1. 광의의 증거법과 협의의 증거법

증거법은 형벌법규 적용의 전제인 사실관계를 확정하는 데 필요한 법규범의 총체이다.

증거법은 증거를 수집하고 조사하는 증거조사절차에 관한 규범과 개별적 증거의 증거능력과 증명력에 관한 규범으로 크게 나누어 볼 수 있다. 우리 형사소송법은 증거조사방식과 관련하여 검증(법139 이하), 증인신문(법146 이하), 감정(법169 이하), 통역과 번역(법180 이하)에 대해서는 총칙편에서 증거방법별로, 그리고 서류나 물건의 조사에 대해서는 제1심의 공판절차와 관련하여(법291 이하) 개별적으로 규정하고 있다.

한편 형사소송법은 개별 증거의 증거능력과 증명력에 대해 '증거'라는 표제하에 제307조 이하에 관계규정을 집중시켜 놓고, 이를 항소심과 상고심에 준용하는 입법형식을 취하고 있다(법370, 399). 여기에서 증거능력과 증명력에 관한 규범의 총체를 가리켜 협의의 증거법이라고 한다. 본장에서 논하고자 하는 증거법은 바로 이 협의의 증거법이다.

2. 증거능력과 증명력

형소법 제307조 이하에 규율되어 있는 협의의 증거법은 크게 증거능력에 관한 규범과 증명력에 관한 규범으로 나누어진다.

증거능력이란 증거가 엄격한 증명의 자료로 사용될 수 있는 법률상의 자격을 말한다. 피고인을 유죄로 판단하려면 (가) 법률상 자격을 갖춘 증거를 (나) 법률이 정한 방식대로 조사하여 범죄사실을 증명하지 않으면 안 되는데, 이를 엄격한 증명이라고 한다. 형소법 제307조 제1항이 천명한 증거재판주의는 바로 엄격한 증명의 법리를 입법화한 것이다. 그런데 (나)의 증거조사의 방식에 대해서는 각각의 증거수집절차(법139 이하 참조) 및 공판절차(법290 이하 참조)에서 별도로 규율하고 있으므로 결국 형소법 제307조 제1항은 (가)의 증거능력에 관한 문제에 규범력이 집중된다.

증명력이란 문제되고 있는 사실을 증명할 수 있는 증거의 실질적 가치, 즉 신용성을 말한다. 형소법 제308조는 "증거의 증명력은 법관의 자유판단에 의한다."고 규정함으로써 자유심증주의를 증거법의 원칙으로 천명하고 있다.

증거능력과 증명력은 엄격하게 구별을 요하는 개념이다. 증거능력은 엄격한 증명의 자료로 사용될 수 있는 자격을 가리킨다. 증거능력은 입법자에 의하여 형식적·객관적으로 결정되며 법관의 주관적·개별적 판단에 좌우되지 않는 것이 원칙이다. 이에 대하여 증명력은 증거에 증거능력이 인정됨을 전제로 하여 그 증거가 문제되는 사실을 증명할 수 있는 실질가치를 갖추고 있는가 하는 문제를 다룬다. 증명력은 법관의 주관적 판단대상이 된다.

3. 현행 증거법의 구조

(1) 엄격한 증명과 자유심증주의의 관계

증거조사의 방법을 제외하고 볼 때, 현행 증거법은 엄격한 증명의 법리(법307①)와 자유심증주의(법308)를 양대 지주로 하여 구성된다. 그런데 엄격한 증명의 법리를 지나치게 강조하면 형사절차가 지연될 뿐만 아니라, 사실관계의 판단자료가 처음부터 제한되어 법관이 자신의 합리적 심증에 기초하여 피고사건의 실체적 진실을 규명할 수 있는 여지가 줄어든다. 이에 반하여 증거의 증거능력에 제한을 두지 않고 사실인정을 법관의 합리적 판단에만 의지하게 되면 법관의 자의(恣意)와 전단(專斷) 때문에 오판이 행해질 여지가 있을 뿐만 아니라, 증거의 수집과정에 개입하는 각종 위법활동을 방지할 수 없게 된다. 여기에서 형사소송법은 우리 사회의 실정과 역사적 체험을 바탕으로 하여 엄격한 증명의 법리와 자유심증주의를 적절한 선에서 조화시키려고 노력하고 있다.

(2) 양자의 관계에 관한 증거법의 체계

먼저, 형사소송법은 엄격한 증명의 원칙을 천명한 증거재판주의(법307①)에 기초하여 위법수집증거의 증거능력(법308의2), 임의성이 의심되는 자백의 증거능력(법309), 전문증거의 증거능력(법310의2)을 각각 제한한다. 그와 동시에 소송경제의 필요성을 감안하여 전문법칙의 예외(법311 내지 316)를 광범위하게 인정함과 동시에 증거동의(법318)의 방법에 의하여 전문증거에 증거능력을 부여할 수 있는 길을 넓게 열어 놓고 있다.

다음으로, 형사소송법은 자유심증주의(법308)에 따라서 법관의 증명력 판단에 제한을 두지 않음을 원칙으로 하면서도, 오판의 위험성을 방지할 목적으로 자백의 증명력을 제한하여 보강증거를 요구하고(법310), 나아가 증거능력 없는 전문증거도 진술증거의 증명력을 다투기 위한 탄핵증거로 사용할 수 있도록 허용하고 있다(법318의2).

한편 형사소송법은 공판절차진행의 적법성을 둘러싼 논란의 소지를 차단하기 위하여 공판기일의 소송절차로서 공판조서에 기재된 것은 그 조서만으로써 증명하도록 함으로써 (법56) 자유심증주의에 제한을 가하고 있다. 그런데 공판조서의 증명력에 관한 특칙은 피고사건의 실체적 진실발견과 무관하게 소송경제적 관점에서 마련된 것이므로 형사소송법은 이를 증거법이 아니라 소송서류에 관한 부분에서 규정하고 있다.

제2절 증거재판주의

제1 증거재판주의의 의의

1. 형사절차와 증거재판주의

형소법 제307조 제1항은 "사실의 인정은 증거에 의하여야 한다."고 규정하여 증거재판주의를 증거법의 기본원칙으로 천명하고 있다. 형사절차는 국가가 보유하고 있는 제재방법 가운데 가장 강력한 제재인 형벌을 실현하는 절차이므로 그만큼 피고인보호의 필요성이 크다. 이 때문에 형사절차에 있어서의 증거재판주의는 피고사건을 구성하는 사실이 법률상 자격(즉 증거능력)이 인정된 증거에 의하여 법률이 규정한 증거조사절차에 따라 합리적 의심이 없는 정도의 증명에 이르는 경우에 한하여 피고인을 처벌할 수 있다는 제한적 의미를 가지게 된다(법307① · ②).

2. 엄격한 증명과 자유로운 증명

범죄사실의 인정은 (가) 법률이 자격을 인정한 증거에 의하여 (나) 법률이 규정한 증거조사방식에 따라 증명하여야 한다는 원칙을 엄격한 증명의 법리라고 부른다. 엄격한 증명은 자유로운 증명에 대립하는 개념이다. 자유로운 증명은 엄격한 증명 이외의 방법에 의한 증명을 말한다. 즉 증거능력이 없는 증거를 사용하거나, 법률이 규정한 증거조사방식을 거치지 아니하고 사실을 증명하는 것이다.

자유로운 증명은 자유심증주의와 구별되는 개념이다. 자유심증주의란 증거의 증명력을 법률로 규정하지 않고 법관의 자유판단에 맡기는 원칙을 말한다. 형사소송법은 증거능력의 분야에 있어서는 엄격한 증명의 법리(법307①)를, 증명력의 분야에 있어서는 자유심증주의(법308)를 양대 원칙으로 설정하고 있다. 자유로운 증명은 엄격한 증명의 법리를 완화한 것으로서 증거능력의 영역에 속한다.

제2 엄격한 증명의 대상

1. 문제의 소재

형소법 제307조 제1항을 엄격한 증명의 법리를 규정한 것이라고 새기게 되면 먼저 엄격한 증명을 요하는 사실의 범위를 규명해야 한다. 그리고 나아가 엄격한 증명에 사용되는 증거의 증거능력 요건과 증거조사의 방식을 밝히지 않으면 안 된다. 그런데 증거조사의 방법은 개별 증거의 수집절차(법139 이하) 및 공판절차(법290 이하)와 관련하여 별도로 규정되어 있고, 증거능력의 문제도 위법수집증거배제법칙(법308의2), 자백배제법칙(법309), 전문법칙(법310의2) 등에 의하여 규율된다. 그러므로 결국 형소법 제307조 제1항의 핵심적 규율대상은 엄격한 증명을 요하는 사실의 범위를 획정하는 일에 모아진다.

형사절차에서 피고인을 보호한다는 관점에서 보면 피고사건과 관련되는 모든 사실의 인정은 엄격한 증명에 의하도록 하는 것이 바람직할 것이다. 그러나 이렇게 되면 형사절차가 지나치게 번잡하게 되어 소송경제의 관점에서 바람직하지 않을 뿐만 아니라 절차의 지연으로 인하여 오히려 피고인에게 불이익이 초래되는 경우도 없지 않다. 여기에서 피고인 보호와 소송경제의 요청을 조화하기 위하여 엄격한 증명을 어느 범위까지 요구해야 하는가 하는 문제가 나오게 된다.

2. 사   실

(1) 공소범죄사실

공소장에 기재된 범죄사실(즉 공소사실)은 형사처벌의 기초를 이루는 주요사실이므로 엄격한 증명의 대상이 된다. 범죄사실은 범죄의 특별구성요건을 충족하는 구체적 사실로서 위법성과 책임의 요건이 갖추어진 것을 말한다. 특별구성요건의 성립요소에 해당하는 사실은 구성요건의 객관적 요소인가 주관적 요소인가를 가리지 않고 모두 엄격한 증명의 대상이 된다.

구성요건에 해당하는 사실은 엄격한 증명에 의하여 이를 인정하여야 한다. 행위의 주체, 객체, 결과발생, 인과관계 등 객관적 구성요건요소를 이루는 사실은 엄격한 증명의 방식으로 그 유무를 판단해야 한다. 객관적 구성요건을 이루는 요소 가운데 '정당한 이유(사유) 없이'와 같이 그 사유가 소극적으로 규정되어 있는 경우가 있다(형법122, 병역법88① 등). 이를 소극적 구성요건요소라고 한다. '정당한 이유(사유)가 없다'는 사실은 범죄구성요건이므로 검사가 증명하여야 한다(2019도17322). '허위사실'이 특별구성요건의 요소로 되어 있는 경우에 사실이 허위라는 점은 검사가 이를 적극적으로 증명해야 하고, 단지 사실이 진실이라는 증명이 없다는 것만으로는 범죄가 성립할 수 없다(2006도7915).

고의(2003도6056), 과실(2021도1833), 목적범의 목적(2010도1189), 공동정범의 공모(2011도9721), 불법영득의사 등 주관적 구성요건요소를 충족하는 사실도 모두 엄격한 증명의 방식으로 그 유무를 판단해야 한다. 객관적 구성요건요소를 충족하는 사실만으로 초과주관적 구성요건요소인 목적이 있었다고 추정해서는 안 된다(2015도464). '허위사실'이 객관적 구성요건요소인 경우에 '허위사실' 자체뿐만 아니라 '허위사실의 인식'도 엄격한 증명의 대상이 된다(2009도4949).

피고인이 고의나 공모 등 범죄의 주관적 요소를 부인하는 경우에는 사물의 성질상 이와 상당한 관련성이 있는 간접사실 또는 정황사실을 증명하는 방법에 의하여 이를 입증할 수밖에 없다. 이때 무엇이 상당한 관련성이 있는 간접사실에 해당할 것인가는 정상적인 경험칙에 바탕을 두고 치밀한 관찰력이나 분석력에 의하여 사실의 연결상태를 합리적으로 판단하는 방법에 의하여 판단해야 한다(2011도9721).

구체적 범행사실이 특별구성요건을 충족하면 그로부터 그 사실의 위법성과 책임은 사실상 추정된다. 그러나 사실상 추정의 효력은 피고인으로부터 다툼이 있을 때 즉시 깨지므로 이 경우에는 위법성조각사유와 책임조각사유의 부존재가 엄격한 증명의 방식을 통해 입증되지 않으면 안 된다. 따라서 정당행위, 정당방위, 긴급피난, 자구행위, 피해자의 승낙, 책임무능력, 강요된 행위 등의 사유에 해당하는 사실의 부존재는 엄격한 증명을 거쳐야 한다.

객관적 처벌조건과 인적 처벌조각사유는 구성요건해당성, 위법성, 책임의 삼 요소 이외에 예외적으로 요구되는 범죄성립의 요소이다. 객관적 처벌조건과 인적 처벌조각사유는 실체법상의 범죄성립요소이므로 그와 관련된 사실은 엄격한 증명을 거치지 않으면 안 된다. 따라서 파산범죄에 있어서 파산선고의 확정(「채무자 회생 및 파산에 관한 법률」 650 이하 참조), 범죄은닉죄 또는 증거인멸죄에 있어서 일정한 친족관계의 존재(형법151②, 155④) 등은 모두 엄격한 증명의 대상이 된다.

(2) 양형에 관한 사실

형의 종류와 형량에 관한 사실은 범죄사실과 마찬가지로 엄격한 증명의 대상이 되는 것이 바람직하다. 형의 종류와 형량은 범죄사실의 존부 못지않게 피고인의 이익에 중대한 영향을 미치는 사유이기 때문이다. 그러나 소송경제의 관점에서 볼 때 모든 양형사실에 엄격한 증명을 요구할 수는 없다. 양형에 관한 사실은 다음의 몇 가지 유형으로 나누어 볼 수 있다.

법률상 형의 가중·감면의 이유되는 사실은 엄격한 증명의 대상이 된다(2010도750). 즉 (가) 누범전과, 상습범가중시의 상습성 등과 같이 법률상 형을 가중하는 사유는 물론, (나) 심신미약, 장애미수, 중지미수, 불능미수, 자수 및 자복, 친족상도례 등과 같이 법률상 형을 감면하는 사유에 해당하는 사실도 엄격한 증명의 대상이 된다.

이에 반해 일반적인 양형조건(형법51)은 널리 형의 양정에 관한 법원의 재량사항에 속한다. 법원은 범죄의 구성요건이나 법률상 규정된 형의 가중·감면의 사유가 되는 경우를 제외하고는, 법률이 규정한 증거로서의 자격이나 증거조사방식에 구애됨이 없이 상당한 방법으로 조사하여 양형의 조건이 되는 사항을 인정할 수 있다(2010도750). 따라서 전과사실이라고 하더라도 누범가중이나 상습범가중의 사유가 아니라 일반적 양형사실에 그치는 경우에는 엄격한 증명의 대상이 되지 않는다.

(3) 간접사실

간접사실이란 범죄구성에 관한 주요사실의 존부를 간접적으로 추인하게 하는 사실을 말한다. 요증사실이 주요사실인 경우에는 간접사실도 엄격한 증명의 대상이 된다. 범죄구성요건사실의 존부를 알아내기 위해 과학공식 등의 경험칙을 이용하는 경우에는 그 법칙 적용의 전제가 되는 개별적이고 구체적인 사실에 대해 엄격한 증명을 요한다(2021도14074).

피고인의 운전 당시 혈중알코올농도 측정(직접사실)이 없어서 수사기관이 위드마크 공식을 사용하여 피고인이 마신 술의 양을 기초로 피고인의 운전 당시 혈중알코올농도를 추산(간접사실)하는 경우가 있다. 위드마크 공식을 적용하려면 섭취한 알코올의 양·음주시각·체중 등의 자료가 필요하고, 이러한 전제사실에 대해서는 엄격한 증명이 요구된다(2021도14074). 위드마크 공식의 적용을 위한 전제사실의 증명을 방해하기 위하여 음주운전 혐의자가 추가 음주나 약물 복용을 하는 경우가 있다. 2024년 입법자는 이러한 경우에 대처하기 위하여 「도로교통법」을 개정하여 음주측정방해행위 자체를 처벌하는 별도의 규정을 마련하였다(동법44⑤, 148의2④).

피고인의 현장부재(알리바이) 주장은 구성요건해당사실의 존재에 대한 다툼으로 새기고 이 다툼에 기초하여 검사가 구성요건해당사실 자체를 엄격한 증명의 방법으로 입증해야 한다.

(4) 보조사실

보조사실의 입증에도 엄격한 증명을 요하는지가 문제된다. 보조사실이란 범죄사실과 직접 관련된 주요사실이 아니라 수집된 증거의 증명력에 영향을 미치는 사실을 말한다. 예컨대 증인의 전력이나 시각·청각의 상태와 같이 증언의 신빙성에 영향을 미치는 사실이 여기에 해당한다. 엄격한 증명의 대상과 관련하여 볼 때 보조사실은 두 가지 경우로 나누어 검토할 필요가 있다.

먼저, 보조사실이 유죄증거의 증명력을 감쇄시키는 경우가 있다. 이 때에는 엄격한 증명을 요하지 않으며, 전문증거이어서 증거능력이 부인되는 탄핵증거(법318의2)를 가지고도 보조사실을 입증할 수 있다. 그러나 보조사실이 적극적으로 유죄증거의 증명력을 증강시키는 경우에는 엄격한 증명을 요한다고 본다. 단순히 증거의 증명력에 관한 문제라는 이유로 엄격한 증명을 포기한다면 피고인보호를 위하여 마련된 증거재판주의가 무력해질 것이기 때문이다. 증거능력이 없는 증거는 구성요건 사실을 추인하게 하는 간접사실이나 구성요건 사실을 입증하는 직접증거의 증명력을 보강하는 보조사실의 인정자료로서도 허용되지 않는다(2006도6356).

(5) 소송법적 사실

소송법적 사실이란 범죄사실이나 양형사실 이외의 것으로서 형사절차와 관련된 사실을 말한다. 소송법적 사실에는 (가) 소송조건의 존부에 관한 사실, (나) 절차진행의 적법성에 관한 사실, (다) 증거의 증거능력 인정을 위한 기초사실 등이 있다.

소송법적 사실 가운데 소송조건의 존부에 관한 사실은 피고인의 보호와 직접 관련이 없는 사항이므로 엄격한 증명에 의할 필요가 없고 자유로운 증명으로 족하다. 친고죄에서 적법한 고소가 있었는지 여부는 자유로운 증명의 대상이 된다(2011도4451). 「교통사고처리특례법」이 규정한 신호위반 등의 예외사유(동법3② 단서 참조)는 「교통사고처리특례법」 위반죄(동법3①)의 구성요건요소가 아니라 공소제기의 조건에 관한 사유일 뿐이다. 따라서 예외사유의 유무는 자유로운 증명의 대상이 된다(2006도4322).

공판기일의 소송절차에 관한 사실은 공판조서에 기재되어야 한다(법51①·② 참조). 공판조서에 기재되지 않은 소송절차의 존재 여부는 공판조서에 기재된 다른 내용이나 공판조서 이외의 자료로 증명될 수 있고, 이는 소송법적 사실이므로 자유로운 증명의 대상이 된다(2023도3038).

형소법 제312조 제4항, 제313조 제1항, 제314조, 제316조 제1항, 제2항은 각종 증거서류나 구두진술의 증거능력 요건을 정하면서 "진술이 특히 신빙할 수 있는 상태하에서 행하여졌음이 증명된 때에 한한다."라고 규정하고 있다. 이때 진술이 특히 신빙할 수 있는 상태하에서 행하여졌다는 것을 가리켜서 특신상태의 요건이라고 한다. 여기에서 '특히 신빙할 수 있는 상태'라 함은 (가) 진술 내용이나 조서·서류의 작성에 허위개입의 여지가 거의 없고,

(나) 진술 내용의 신빙성이나 임의성을 담보할 구체적이고 외부적인 정황이 있는 것을 말한다(2012도2937).

특신상태는 증거능력의 요건에 해당하므로 검사가 그 존재에 대하여 구체적으로 주장·입증해야 하는 것이지만, 소송법적 사실에 관한 것이므로 엄격한 증명을 요하지 아니하고 자유로운 증명으로 족하다(2012도2937). 그러나 그 증명의 정도는 단지 그러할 개연성이 있다는 정도로는 부족하고 합리적인 의심의 여지를 배제할 정도에 이르러야 한다(2013도12652).

3. 법 규

피고사건에 적용할 법규의 존재와 내용은 법원의 직권조사사항이므로 엄격한 증명의 대상이 되지 않는다. 법은 법원이 알고 있기 때문이다. 그런데 외국법이나 관습법과 같이 그 법규의 내용이 분명하지 아니한 경우가 문제된다.

죄형법정주의에 비추어 볼 때 외국법이나 관습법은 그 자체가 처벌법규로 될 수는 없다. 그러나 친족간 특례(형법151②, 155④), 친족상도례(형법328, 344, 354, 361, 365①·②), 국제형법(형법6 단서) 등의 문제가 제기될 때 외국법이나 관습법이 엄격한 증명을 요하는 사실의 판단을 위한 전제로 될 수 있다. 이러한 경우에는 외국법규(2011도6507)나 관습법이 그 전제되는 사실과 밀접불가분의 관계를 이루게 되므로 법원은 엄격한 증명에 의하여 그 내용을 판단하여야 한다.

4. 경험법칙

경험법칙이란 사실 그 자체가 아니라 사실판단의 전제가 되는 지식을 말한다. 경험법칙에는 사회 일반인이면 누구나 알고 있는 일반적 경험법칙과 전문지식을 요하는 특별한 경험법칙이 있다. 일반적 경험법칙은 공지의 사실에 해당하여 증명을 요하지 않는다. 그렇지만 범죄구성요건에 해당하는 사실을 증명하기 위하여 근거가 되는 과학적인 연구결과는 적법한 증거조사를 거친 증거능력 있는 증거에 의하여 엄격한 증명으로 증명되어야 한다(2009도2338). 법관이 특별한 지식을 가지고 있어서 개인적으로 알고 있는 경험법칙이라 할지라도 이를 판단의 자료로 사용하려면 엄격한 증명을 거쳐야 한다.

5. 엄격한 증명의 담보장치

엄격한 증명은 증거능력 있는 증거를 법률이 정하는 증거조사방식에 따라 조사하여 사실을 인정할 것을 요구한다(법307①). 또한 범죄사실의 인정은 합리적인 의심이 없는 정도의 증명에 이르러야 한다(동조②).

엄격한 증명의 요청이 준수되었는가를 확인하기 위하여 형사소송법은 몇 가지 담보장치를 마련하고 있다. 우선, 증거능력의 유무 및 증거조사절차의 이행 여부를 확인하기 위하여 공판조서의 일부로 증거목록이 작성된다. 증거조사절차의 적법성을 확인하기 위하여 공판조서에는 증거될 서류, 증거물과 증거조사의 방법을 반드시 기재하여야 한다(법51② ix). 다음으로, 유죄판결에는 범죄될 사실과 함께 증거의 요지를 기재하여야 한다(법323① 참조). 공판조서에 증거목록의 작성을 누락하거나 유죄판결에 증거의 요지를 기재하지 아니한 경우는 법령위반으로서 항소이유(법361의5 xi) 또는 상고이유(법383 i)에 해당한다.

제 3 불요증사실

1. 공지의 사실

불요증사실이란 엄격한 증명은 물론 자유로운 증명조차 필요로 하지 않는 사실을 말한다. 법규에 대한 판단은 법원의 전권사항이므로 증명의 대상이 되지 않음은 물론이다. 불요증사실에는 공지의 사실과 법률상 추정된 사실이 있다.

공지의 사실이란 보통의 지식이나 경험을 가지고 있는 사람이라면 누구나 인정하는 사실을 말한다. 역사상 명백한 사실이나 자연계의 현저한 사실은 공지의 사실에 해당한다. 공지의 사실은 반드시 모든 사람에게 알려져 있어야 하는 것은 아니고 일정한 시점에서 일정한 범위의 사람에게 일반적으로 알려져 있는 것이면 족하다.

공지의 사실과 비슷한 것으로 법원에 현저한 사실이 있다. 법원에 현저한 사실이란 당해 재판부에서 이전에 판단하였던 사건의 결과와 같이 법원이 그 직무상 명백하게 알고 있는 사실을 말한다. 법원에 현저한 사실은 당해 재판부로 보아서는 명백한 사실이지만, 형사절차에 있어서 법원에 대한 국민의 신뢰를 확보하고 공정한 재판을 담보하기 위해서는 증명을 요한다고 보아야 할 것이다. 다만 그 증명의 정도는 자유로운 증명으로도 족하다고 할 것이다. 법관이 개인적으로 알고 있는 사실이 증명의 대상이 됨은 물론이다.

2. 법률상 추정된 사실

(1) 의제, 법률상 추정, 사실상 추정

의제란 A사실의 성립으로부터 B사실의 존재를 인정하며 그에 대한 반증을 허용하지 않는 것을 말한다. 의제는 간주라고도 한다. 의제는 반증을 불허한다는 점에서 추정된 사실의 반증을 허용하는 법률상 추정과 구별된다.

「불법정치자금 등의 몰수에 관한 특례법」은 범인이 취득한 불법재산은 물론 범인 외의 자가 범죄 후 그 정을 알면서 취득한 불법재산도 몰수할 수 있도록 하고 있다(동법5①). 이와 관련하여 범인 외의 자가 정당인 경우에 정당대표자·회계책임자 또는 회계사무보조자가 취득재산이 불법재산이라는 정을 알았을 때 '정당이 안 것으로 본다'(동조③). 의제의 한 예이다.

법률상 추정이란 법률의 규정에 의하여 사실을 추정하는 것을 말한다. 추정이란 인정된 하나의 사실(A사실)로부터 다른 사실(B사실)의 존재를 추론하는 것을 말한다. 법률상 추정된 사실은 반증의 형식에 의하여 부인되지 않는 한 그의 존재가 인정된다. 따라서 법률상 추정된 사실은 추정이 계속되는 한 증명을 요하지 않는다. 법률상 추정을 깨뜨리는 반증은 증거능력 있는 증거에 의하여 증거조사의 방식을 거쳐서 행해져야 한다.

법률상 추정은 법률의 규정에 의하여 추정이 인정된다는 점에서 경험칙에 의하여 전제사실로부터 다른 사실을 논리적으로 추론하는 사실상 추정과 구별된다. 사실상 추정의 예로는 구성요건해당사실에 대하여 위법성과 책임의 존재가 추정되는 경우를 들 수 있다. 그런데 사실상 추정의 경우 추정되는 사실의 존부를 소송당사자가 다투기만 하면 즉시 그 추정이 깨진다. 이 점에서 사실상 추정은 반증의 형식에 의하지 않는 한 추론된 사실의 추정이 깨지지 않는 법률상 추정과 구별된다.

(2) 법률상 추정의 사용례

법률상 추정은 A사실이 인정될 때 B사실의 인정을 법관에게 강제하는 결과를 가져오므로 실체적 진실발견을 목표로 하는 형사절차에서는 그 사용이 극히 제한된다. 그러나 특수한 입법목적을 달성하기 위하여 법률상 추정의 기법이 예외적으로 사용되는 경우가 있다. 「환경범죄 등의 단속 및 가중처벌에 관한 법률」상의 인과관계 추정(동법11), 「공무원범죄에 관한 몰수 특례법」상의 불법재산의 추정(동법7), 「마약류 불법거래 방지에 관한 특례법」상의 불법수익의 추정(동법17), 「범죄수익은닉의 규제 및 처벌 등에 관한 법률」상의 범죄수익의 추정(동법10의4) 등은 여기에 해당하는 예이다.

제3절 거증책임

제1 거증책임의 의의

1. 거증책임의 일반적 의의

(1) 거증책임의 개념과 기능

거증책임이란 증명을 요하는 사실의 존부에 관하여 증명이 불충분한 경우에 그로 인하여 불이익을 받게 되는 소송당사자의 지위를 말한다. 거증책임은 소송절차에서 사건의 진상을 밝히기 위하여 증명을 시도하였으나 법원이 확실한 심증을 형성할 수 없는 경우에 증명곤란으로 인한 불이익을 소송당사자의 어느 일방에게 부담시킴으로써 재판불능의 상태에 빠지는 것을 방지하는 법적 장치이다.

거증책임은 재판불능의 상태를 방지하기 위한 장치이다. 거증책임은 소송당사자나 법원의 증명활동이 일단 사건의 실체판단을 행할 수 있을 정도로 진행되어 있음을 전제로 한다. 아직 실체판단에 대한 심리가 충분히 행해지지 아니한 상태에서 판결을 내리는 것은 심리미진의 위법에 해당하므로 거증책임의 문제는 발생하지 않는다.

(2) 거증책임과 입증의 부담

거증책임은 재판절차의 종결단계에서 증명불능으로 발생하는 위험부담을 지게 되는 법적 지위를 의미한다. 이러한 의미에서 거증책임은 처음부터 고정되어 있으며 재판절차의 개시에서부터 종결시까지 그 지위에 변동을 일으키지 않는다. 이때 증명불능 때문에 불이익한 재판을 받게 될 고정적 지위를 가리켜 실질적 거증책임이라고 한다.

구체적 재판절차가 진행되어 감에 따라서 어느 사실이 증명되지 않으면 소송당사자에게 불이익한 판단이 행해질 가능성이 높아지는 일이 있다. 이때 소송당사자는 그 불이익의 가능성을 제거하기 위해 사실을 증명하기 위한 증거를 제출해야 할 부담을 안게 되는데, 이를 입증의 부담이라고 한다. 입증의 부담은 절차가 진행되는 도중에 증거제출의 상황에 따라서 일방의 소송당사자로부터 다른 소송당사자에게 이전되는 성질이 있다.

입증의 부담은 절차의 진행과정에 따라 소송당사자 사이에 이전 또는 반전되므로 절차의 전과정에 걸쳐서 그 지위가 고정되어 있는 거증책임과 구별된다. 그러나 입증의 부담과 거증책임은 모두 증명불능으로 인한 불이익의 부담을 의미한다는 점에서 공통된다. 그리고 이 때문에 입증의 부담을 형식적 거증책임, 원래의 거증책임을 실질적 거증책임이라고 부른다.

2. 거증책임의 분배

거증책임의 분배란 증명불능으로 인한 불이익을 누구에게 부담시킬 것인가를 결정하는 문제이다. 거증책임의 분배는 거증책임을 전제로 하는 개념이다. 형사절차에서 거증책임은 원칙적으로 공소를 제기한 검사에게 있지만, 예외적으로 피고인에게 거증책임이 돌아가는 경우가 있다.

형사재판에서 공소가 제기된 범죄의 구성요건을 이루는 사실은 그것이 주관적 요건이든 객관적 요건이든 그 입증책임은 검사에게 있다(2009도12132). 검사는 구성요건해당사실뿐만 아니라 위법성과 책임의 존재에 대하여도 거증책임을 진다. 또한 예외적으로 범죄성립에 객관적 처벌조건이나 인적 처벌조각사유가 문제되는 경우에는 그 존부에 대해서도 검사가 거증책임을 부담한다. 검사가 구성요건해당사실을 증명하면 위법성 및 책임의 존재가 사실상 추정되므로 피고인은 이 추정을 깨뜨릴 필요가 있다. 이 경우에 피고인은 위법성조각사유나 책임조각사유가 존재함을 주장할 필요는 있으나 적극적으로 이를 증명할 필요는 없다. 피고인은 사실상 추정을 깨뜨리기만 하면 족하다.

제2 거증책임의 전환

1. 거증책임전환의 의의

형사절차에서 거증책임은 원칙적으로 공소제기자인 검사가 부담한다. 그런데 원래 검사에게 부과되어야 할 거증책임이 예외적으로 피고인에게 전가되는 경우가 있다. 이러한 경우를 거증책임의 전환이라고 부른다.

거증책임의 전환은 법률상 추정과 구별하지 않으면 안 된다. 법률상 추정은 A사실이 증명될 때 그로부터 B사실을 인정하고 반증이 없는 한 이를 유지하는 사실인정의 기법이다. 법률상 추정은 개별적 사실을 대상으로 법률에 명문의 근거가 있을 때 인정된다.

이에 대해 거증책임의 전환은 법원이 소송당사자의 신청과 직권에 의하여 증명활동의 노력을 다하였으나 아직 사실이 불분명한 경우에 일어난다. 이 경우 법원이 판단불능의 상태에 빠지는 것을 막기 위하여 피고인에게 불이익을 돌리도록 하는 소송법상의 판단법칙이 거증책임의 전환이다. 법률상 추정은 개별사실을 대상으로 하는 것임에 반하여 거증책임의 전환은 법원의 증명활동이 끝난 후에 고려되는 한계적 관념이라는 점에서 양자는 구별된다.

"의심스러울 때에는 피고인에게 유리하게"의 법원칙은 헌법상 기본권인 무죄추정의 권리(헌법27④)에서 도출되는 것이다. 그러므로 이 원칙의 수정을 의미하는 거증책임의 전환은 강력한 정책적 요구와 법률적 근거를 갖추지 않는 한 허용되어서는 안 된다. 거증책임의 전환으로 논해지는 상황으로는 상해죄에 있어서 동시범의 특례(형법263)와 명예훼손죄에 있어서 사실의 증명(형법310)을 들 수 있다.

2. 상해죄에 있어서 동시범의 특례

형법 제263조는 "독립행위가 경합하여 상해의 결과를 발생하게 한 경우에 있어서 원인된 행위가 판명되지 아니한 때에는 공동정범의 예에 의한다."고 규정하고 있다. 이 조문은 상해죄의 동시범의 특례를 규정한 것으로 집단범죄의 위험성에 대처하고 인과관계 입증의 곤란을 덜기 위하여 각각의 독립행위를 공동정범의 기수범으로 처벌하려는 것이다. 이 규정의 법적 성질에 대해서 법률상 추정설, 거증책임전환설, 이원설 등 여러 가지 학설이 제시되고 있다.

원래 공동정범이 성립하려면 공동실행의 사실과 의사의 연락이 필요하다. 그런데 독립행위의 경합이란 둘 이상의 행위가 동시 또는 이시에 서로 의사연락 없이 행해지는 것이다. 그러므로 의사연락을 필수적 요소로 하는 공동정범과 양립할 수 없다. 상해죄의 독립행위를 공동정범으로 처벌하려면 의사의 연락을 매개하는 법적 장치가 반드시 필요하게 된다. 여기에 더하여 형법 제19조는 "동시 또는 이시의 독립행위가 경합한 경우에 그 결과발생의 원인된 행위가 판명되지 아니한 때에는 각 행위를 미수범으로 처벌한다."고 규정하고 있으므로 상해죄의 독립행위를 미수범이 아닌 기수범으로 처벌하려면 인과관계의 입증을 가능하게 하는 법적 장치도 마련되어야 한다.

이렇게 볼 때 형법 제263조는 (가) 상해죄의 공동정범 성립을 위한 의사연락에 관해서는 의사연락을 의제하고, (나) 기수범처벌을 위한 인과관계의 입증에 관해서는 피고인에게 거증책임을 전환하는 규정이라고 보아야 할 것이다.

3. 명예훼손죄에 있어서 사실의 증명

(1) 명예훼손죄의 구조

형법 제307조는 제1항에서 '공연히 사실을 적시하여 사람의 명예를 훼손한 자'를, 제2

항에서 '공연히 허위의 사실을 적시하여 사람의 명예를 훼손한 자'를 각각 처벌하도록 규정하고 있다. 명예훼손죄가 성립하려면 제1항의 명예훼손죄이든 제2항의 명예훼손죄이든 '사실의 적시'가 있어야 한다.

형법 제307조 제1항의 '사실'은 제2항의 '허위의 사실'과 반대되는 '진실한 사실'을 말하는 것이 아니라 가치판단이나 평가를 내용으로 하는 '의견'에 대치되는 개념이다(2016도18024). 그러므로 형법 제307조 제1항의 명예훼손죄는 적시된 사실이 진실한 사실인 경우이든 허위의 사실인 경우이든 모두 성립될 수 있다(2016도18024). 적시된 사실이 허위의 사실이라고 하더라도 행위자에게 허위성에 대한 인식이 없는 경우에는 형법 제307조 제2항의 명예훼손죄가 아니라 형법 제307조 제1항의 명예훼손죄가 성립한다(2016도18024).

(2) 형법 제310조와 사실증명

형법 제310조는 "제307조 제1항의 행위가 진실한 사실로서 오로지 공공의 이익에 관한 때에는 처벌하지 아니한다."고 규정하고 있다. 형법 제307조 제1항의 사실적시 행위는 진실한 사실을 적시하는 경우와 허위사실을 적시하는 경우를 모두 포함한다(2016도18024). 형법 제310조는 형법 제307조 제1항의 사실적시 행위 가운데 진실한 사실을 적시하는 행위에만 적용된다.

형법 제310조를 적용하려면 (가) 적시된 사실이 진실한 사실이고, (나) 적시된 사실이 오로지 공공의 이익에 관한 것이어야 한다. (가)의 진실성 요건이 충족되려면 (ㄱ) 그 적시된 사실이 진실한 것이거나, 또는 (ㄴ) 적어도 행위자가 그 사실을 진실한 것으로 믿었고, 또 그렇게 믿을 만한 상당한 이유가 있어야 한다. (나)의 공공의 이익 요건이 충족되려면, (ㄱ) 적시된 사실이 객관적으로 볼 때 공공의 이익에 관한 것이고, 또한 (ㄴ) 행위자도 공공의 이익을 위하여 행위하였어야 한다(2016도18024).

(3) 학설의 대립

형법 제310조가 적용되려면 (가)의 진실성 요건과 관련하여 (ㄱ) 그 적시된 사실이 진실한 것이거나, 또는 (ㄴ) 적어도 행위자가 그 사실을 진실한 것으로 믿었고, 또 그렇게 믿을 만한 상당한 이유가 있어야 한다. 명예훼손죄의 사실증명과 관련하여 형법 제310조가 거증책임의 전환을 규정한 것인가에 대하여 긍정설과 부정설이 제시되고 있다.

거증책임의 전환을 부정하는 입장에서는 형법 제310조가 실체법적으로만 기능하며 소송법적으로는 아무런 의미가 없다고 본다. 이에 대해 거증책임전환을 긍정하는 입장에서는 형법 제310조가 실체법적으로 명예훼손죄의 범죄성립을 조각하는 기능을 수행할 뿐만 아니라 소송법적으로도 사실의 증명에 일정한 역할을 담당한다고 본다.

두 학설이 논쟁의 실익을 보여 주는 부분은 피고인이 적시된 사실(A사실)을 진실이라고 믿었으나 적시된 사실(A사실)의 진위가 밝혀지지 않는 경우이다. 거증책임전환 부정설에 의하면 이 경우는 위법성조각사유의 전제사실에 관한 착오의 법리(형법16 참조)에 따라 해결될 것이지만, 거증책임전환 긍정설에 따르면 이러한 경우에 사실(A사실)을 적시한 피고인의 처벌을 긍정하게 된다.

(4) 판례의 판단기준

판례는 (가)의 진실한 사실의 증명과 관련하여 다음의 판단기준을 제시하고 있다. 먼저, 진실한 사실임이 증명되는 (ㄱ)의 경우이다. 이 경우와 관련하여 판례는 형법 제310조를 거증책임전환 규정으로 보고 있다. 즉 피고인에게 진실한 사실의 증명을 요구하고, 진실한 사실에 대한 증명이 없으면 형법 제310조의 적용을 부정한다(95도1473). 그러나 판례는 동시에 피고인의 입증부담을 완화하기 위하여 '자유로운 증명'으로 진실한 사실임을 증명해도 좋다는 입장을 취하고 있다(95도1473). 그리하여 피고인이 적시된 사실이 진실임을 증명할 때 증거능력 없는 전문증거(법310의2)를 사용하는 것을 허용한다.

다음으로, 진실한 사실 여부가 증명되지 않아 불분명한 경우이다. 이 때에는 원칙적으로 형법 제310조가 적용되지 않아야 할 것이다. 이 경우에는 적시된 사실이 형법 제307조제1항의 사실 가운데 허위의 사실의 영역에 속하기 때문이다. 그런데 행위자가 적시한 사실을 진실한 것으로 믿었고, 또 그렇게 믿을 만한 상당한 이유가 있는 경우가 있다. 그것이 위 (ㄴ)의 경우이다. 이 경우의 착오에 대해 판례는 위법성을 조각하는 효과를 부여하고 있다(92도3160).

형법 제310조는 위법성조각사유를 규정하고 있다. 형법 총칙의 규정에 의하면 위법성조각사유의 착오에 정당한 이유가 있으면 형법 제16조에 따라 책임이 조각될 것이다. 그렇지만 판례는 형법 제310조와 관련한 착오주장에 대해 상당한 이유가 있다고 판단되는 경우에 위법성조각의 효과를 부여하고 있다. 위법성조각의 효과가 부여되면 피고인은 형사처벌은 물론 민사상 불법행위(민법750)에 의한 손해배상책임도 지지 않는다.

제 4 절   전문증거의 증거능력

제 1   전문증거의 의의

1. 전문증거의 의의와 성립요소

(1) 원진술과 전문증거

전문증거란 사실인정의 기초가 되는 경험적 사실을 경험자 자신이 직접 구두로 법원에 진술하지 않고 다른 형태로 간접보고하는 것을 말한다. 이때 경험자가 자신이 체험한 사실을 외부에 알리는 행위를 원진술이라 하고 원진술을 법원에 간접적으로 전달하는 증거를 전문증거라고 한다. 형소법 제310조의2는 "제311조 내지 제316조에 규정한 것 이외에는 공판준비 또는 공판기일에서의 진술에 대신하여 진술을 기재한 서류나 공판준비 또는 공판기일 외에서의 타인의 진술을 내용으로 하는 진술은 이를 증거로 할 수 없다."고 규정하여 전문법칙을 선언하고 있다.

전문법칙이란 사실을 직접 경험한 사람의 진술이 법정에 직접 제출되어야 하고 이에 갈음하는 대체물인 진술 또는 서류가 제출되어서는 안 된다는 원칙을 말한다(2006도2556). 전문법칙을 규정한 형소법 제310조의2는 위법수집증거배제법칙을 규정한 형소법 제308조의2 및 자백배제법칙을 규정한 형소법 제309조와 함께 증거의 증거능력을 규율하는 세 가지 축을 형성하고 있다.

(2) 전문증거의 형태

전문증거는 그 전달의 형태에 따라 몇 가지로 나누어 볼 수 있다. 첫째로, 원진술자의 진술을 청취한 제삼자가 법원에 대하여 원진술의 내용을 구두로 보고하는 경우가 있다. 이를 협의의 전문진술이라고 부를 수 있다. 구두의 전문진술에 대한 전문법칙 관련 조문은 형소법 제316조이다.

둘째로, 원진술자가 자신이 체험한 사실을 수사기관에게 진술하고, 수사기관이 그 진술을 조서로 기재해 둔 결과 그 조서가 법원에 제출되는 경우가 있다. 이때 수사기관이 피의자의 진술을 기재한 조서를 피의자신문조서, 제삼자의 진술을 기재한 조서를 참고인진술조서라고 한다. 수사기관의 조서에 대한 전문법칙 관련 조문은 형소법 제312조이다.

셋째로, 원진술자가 자신이 체험한 사실을 서면에 기재하여 둔 결과 그 서면이 법원에 제출되는 경우가 있다. 이때 그 서면을 진술서라고 한다. 넷째로, 원진술자가 체험한 사실을 진술하고 이를 제삼자가 녹취한 결과 그 서면이 법원에 제출되는 경우가 있다. 이때 그 서면을 진술녹취서라고 한다. 진술서와 진술녹취서에 대한 전문법칙 관련 조문은 형소법 제313조이다.

(3) 재전문증거

전문증거는 재전문증거의 형태로도 나타날 수 있다. 예컨대 성폭행 피해아동(갑)으로부터 피해사실을 들은 모(을)가 피해아동(갑)의 진술내용을 성폭력상담소 직원(병)에게 진술하는 상황을 생각할 수 있다. 이 경우 원진술자(갑)의 진술을 들은 제삼자(을)가 또 다른 제삼자(병)에게 그 진술을 전달한 결과 나중의 제삼자(병)가 원진술자(갑)의 진술내용을 법원에 보고(증언)하는 상황이 생길 수 있다. 또 위의 사례에서 모(을)가 사법경찰관(정)에게 원진술자(갑)의 진술내용을 진술하였다면 사법경찰관(정)이 원진술자(갑)의 진술내용을 기재해 놓은 진술서류(조서)가 법원에 제출되는 상황도 예상할 수 있다. 이러한 경우에 나중의 제삼자(병)가 행한 구두진술(증언)이나 사법경찰관(정)이 작성한 진술서류(조서)는 재전문증거에 해당한다. 원진술자(갑)와 법원에 보고하는 자(병) 사이 또는 원진술자(갑)와 법원에 제출되는 사법경찰관(정) 작성 진술서류(조서) 사이에 또 다른 전달자(을)가 존재하기 때문이다.

통상의 전문증거와 재전문증거가 구별되어야 하는 실익은 전문증거가 전문법칙의 예외규정(법316, 312, 313 참조)에 의하여 증거능력을 인정받을 수 있음에 반하여 재전문증거의 경우에는 명문의 예외규정이 없어서 증거능력 인정의 가능성이 없다는 데에 있다(2000도159). 재전문진술(병의 증언)이나 재전문진술을 기재한 서류(사법경찰관 정의 조서)는 피고인이 증거로 하는 데 동의하지 않는 한 전문법칙의 원칙규정인 형소법 제310조의2에 의하여 이를 증거로 할 수 없다(2003도171).

2. 전문증거의 개념요소

(1) 진술증거일 것

전문증거는 요증사실을 직접 체험한 자의 진술을 핵심내용으로 하는 증거이다. 따라서 진술증거만 전문증거가 될 수 있다. 형소법 제310조의2는 '진술을 기재한 서류' 또는 '타인의 진술을 내용으로 하는 진술'이라는 표현을 사용함으로써 이 점을 분명히 하고 있다. 이러한 관점에서 볼 때 흉기나 지문과 같은 순전한 증거물, 검증의 대상이 되는 물건이나 장소, 피해자의 상해부위를 촬영한 사진(2007도3906) 등은 비진술증거로서 전문법칙이 적용되지 않는다.

정보통신망을 통하여 공포심이나 불안감을 유발하는 글을 반복적으로 상대방에게 도달하게 하는 행위를 하였다는 공소사실을 증명함에 있어서 휴대전화기에 저장된 문자정보가 그 증거로 되는 경우가 있다. 이 경우 그 문자정보는 범행의 직접적인 수단이 될 뿐 경험자의 진술에 갈음하는 대체물에 해당하지 않는다. 따라서 이 경우에는 전문법칙이 적용될 여지가 없다(2006도2556).

전문증거는 진술증거이므로 원진술은 언어적 표현에 의하여 진술자의 체험사실을 외부에 전달하는 것이어야 한다. 이때 언어적 표현은 그 형태를 묻지 않는다. 그러나 도망이나 침묵과 같은 행동은 진술에 해당하지 않는다. 도망이나 침묵 같은 행동까지 진술에 해당하는 것으로 보아 형소법 제310조의2를 적용한다면 피고사건의 증명을 위한 자료가 지나치게 제한되어 실체적 진실발견을 저해할 우려가 있기 때문이다.

(2) 요증사실과 관련될 것

타인의 진술(원진술)을 내용으로 하는 진술이 전문증거인지 여부는 요증사실과의 관계에서 결정된다. 원진술의 내용인 사실이 요증사실인 경우 그 진술은 전문증거이다. 그러나 원진술의 존재 자체가 요증사실인 경우 그 진술은 본래증거이지 전문증거가 아니다(2012도2937).

예컨대 A의 사기죄 피고사건에서 고소인(B)이 공판기일에 나와 "피고인(A)이 고소인(B)에게 'ⓐ토지를 저가로 매입하게 해 주겠다'고 말하였다."라고 진술한 사안이라면 피고인(A)의 진술 그 자체가 사기죄 피고사건의 요증사실을 이룬다. 그러므로 이를 직접 경험한 고소인(B)이 피고인(A)으로부터 위와 같은 말을 들었다고 법원에 대하여 하는 진술은 전문증거가 아니라 본래증거에 해당한다. 따라서 고소인(B)의 진술은 전문진술에 해당하지 아니하여 전문법칙의 원칙규정인 형소법 제310조의2는 물론 예외규정인 형소법 제316조도 적용되지 않는다(2012도2937).

전문증거는 요증사실을 체험한 자의 진술을 핵심내용으로 하고 있다. 따라서 원진술의 존재 자체가 아니라 원진술의 내용이 된 사실의 존부가 요증사실을 이루고 있어야 한다. 다시 말하면 전문증거는 당해 사건에서 주장되고 있는 사실의 진위를 밝히기 위하여 제출된 증거이어야 한다. 예컨대 "X가 Y를 살해하는 것을 내(A)가 보았다."라고 말하는 것을 A로부터 들은 B가 A의 진술내용을 X의 살인죄 범죄사실을 심리하는 법원에 대해 증언하는 것은 전문증거에 해당한다.

이에 반하여 요증사실과 관련이 없는 사항을 내용으로 하는 진술은 전문증거가 아니다. 예컨대 "X가 Y를 살해하는 것을 내(A)가 보았다."라고 A가 말하는 것을 들은 B가 법원에 대해 A의 진술을 보고한 경우에, 그 법원이 A의 X에 대한 무고죄 피고사건을 심리하는 법원이라면 B의 진술은 A의 X에 대한 무고죄 사건에 있어서 전문증거가 아니라 원본증거가 된다. X가 Y를 살해하였다는 살인죄 범죄사실이 증명의 대상으로 되지 않기 때문이다.

(3) 인정진술의 요증사실

어떠한 진술을 한 일이 있다는 것을 인정하는 진술을 가리켜서 인정진술이라고 한다. 예컨대 갑이 "X가 Y를 살해하였다."고 수사기관에서 진술하여(㉠진술) 참고인진술조서를 작성한 후, X의 살인죄 피고사건의 법정에서 갑이 X의 범행사실을 부인하자 검사가 갑에 대해 증인신문을 한 바, "내(갑)가 'X가 Y를 살해하였다.'고 수사기관에서 진술한 일이 있다."고 진술하는 경우(㉡진술)를 생각해 본다. 이때 ㉡진술은 인정진술에 해당한다.

여기에서 ㉠진술이 ㉡진술 속에 들어 있으므로 인정진술인 ㉡진술이 전문증거에 해당하는 것이 아닌가 하는 생각을 할 수 있다. ㉡진술이 전문증거로 인정된다면 전문법칙의 예외규정을 통하여 원진술인 ㉠진술을 유죄인정의 증거로 사용할 수 있다.

그러나 인정진술(㉡진술)에 담긴 "X가 Y를 살해하였다."는 진술 내용(㉠진술)은 피고인 X의 살인죄 요증사실을 증명하기 위한 증거가 아니다. 인정진술(㉡진술)은 단지 갑이 "X가 Y를 살해하였다."는 진술(㉠진술)을 수사기관 면전에서 하였다는 사실(요증사실) 자체를 증명하기 위한 증거에 불과하다. 따라서 갑의 ㉡진술은 전문진술이 아니어서 전문법칙이 적용되지 않으며, 전문법칙의 예외규정에 의하여 ㉠진술 부분이 X의 살인죄 피고사건의 요증사실을 증명하는 증거로도 사용될 수 없다.

판례는 인정진술을 전문증거로 보지 않고 있다. 어떤 진술이 기재된 서류가 그 내용의 진실성이 범죄사실에 대한 직접증거로 사용될 때는 전문증거가 된다고 하더라도 그와 같은 진술을 하였다는 것 자체에 대한 정황증거로 사용될 때는 반드시 전문증거가 되는 것은 아니다(2012도16001). 나아가 어떤 진술이 기재된 서류가 그 내용의 진실성이 범죄사실에 대한 직접증거로 사용될 때는 전문증거가 된다고 하더라도 그 진술의 진실성과 관계없는 간접사실에 대한 정황증거로 사용될 때는 반드시 전문증거가 되는 것은 아니다(2012도16001).

인정진술임에도 불구하고 다시 전문법칙이 적용되는 경우가 있다. 어떠한 내용의 진술을 하였다는 사실(B사실) 자체에 대한 정황증거로 사용될 것이라는 이유로 서류의 증거능력을 인정한 다음, 그 사실을 다시 '진술 내용'(A사실)이나 그 진술 내용(A사실)의 '진실성'을 증명하는 간접사실로 사용한다면 그 서류는 전문증거에 해당한다. 서류가 그곳에 기재된 원진술의 내용인 사실(A사실)을 증명하는 데 사용되어 원진술의 내용인 사실(A사실)이 요증사실이 되기 때문이다. 이러한 경우에는 형소법 제310조의2가 적용되며, 형소법 제311조부터 제316조까지 정한 요건을 충족하지 못한다면 그 서류는 증거능력이 없다(2018도13792).

예컨대 피고인 X가 피해자 갑을 강제추행하였다는 피고사건을 상정해 본다. 이 강제추행 피고사건에서 갑이 피해자 증인으로 출석하여 "피고인(X)으로부터 강제추행을 당하였다."(㉠진술)라고 증언하고, 을이 제삼자 증인으로 출석하여 "갑으로부터 '피고인(X)이 추행하였다.'는 말을 들었다."(㉡진술)라고 증언한 경우를 상정해 본다. 이 경우 을의 ㉡진술이 갑이 을에게 '피고인(X)이 추행하였다.'는 진술을 하였다는 사실(B사실) 자체에 대한 증거로 사용된다면 ㉡진술은 전문법칙의 적용을 받지 않고 증거능력이 인정된다.

그러나 인정진술로서 증거능력이 인정된 을의 ㉡진술이 갑의 ㉠진술에 부합한다고 보아 을의 ㉡진술을 갑의 ㉠진술 내용(A사실)의 진실성을 증명하는 간접사실로 사용하는 것은 허용되지 않는다. 을의 ㉡진술이 ㉡진술에 포함된 원진술(㉠진술)의 내용인 사실(A사실)을 증명하는 데 사용되어 원진술(㉠진술)의 내용인 사실(A사실, "피고인이 A를 강제추행하였다.")이 요증사실이 되고, 이로 인해 형소법 제310조의2가 규정한 전문법칙이 적용되기 때문이다(2020도17109).

(4) 공판준비 또는 공판기일 외에서의 진술일 것

전문증거로 되기 위하여는 원진술이 공판준비 또는 공판기일에서 행해진 것이 아니어야 한다(법310의2). 예컨대 폭행죄 피고사건에서 수사기관이 피해자의 진술을 기재한 수사보고서는 전문증거이다. 따라서 피고인이 증거로 함에 동의하지 않으면 그 수사보고서는 형소법 제311조 내지 제316조의 예외규정에 해당하지 아니하는 한 증거로 할 수 없다(2000도2933).

형소법 제310조의2의 '공판준비 또는 공판기일'은 '공판준비기일 또는 공판기일'을 줄인 말이다. '기일'이란 법원이 사건의 심리를 행하는 일정한 시간과 장소를 말한다. 공판준비기일(법266의7)과 공판기일의 공통적 특성은 법관의 면전에서 절차가 진행된다는 점이다. 전문증거는 원진술이 간접적으로 법관에게 전달되는 경우이다. 공판준비기일 또는 공판기일에 법관이 원진술을 직접 청취하는 경우에는 전문법칙이 적용될 여지가 없다.

제2 형소법 제310조의2의 이론적 근거

1. 문제의 소재

형소법 제310조의2는 "제311조 내지 제316조에 규정한 것 이외에는 공판준비 또는 공판기일에서의 진술에 대신하여 진술을 기재한 서류나 공판준비 또는 공판기일 외에서의 타인의 진술을 내용으로 하는 진술은 이를 증거로 할 수 없다."고 규정하여 전문증거의 증거능력을 원칙적으로 부인하고 있다. 그런데 이 조문을 해석함에 있어서 그 이론적 근거를 어디에서 구할 것인가를 놓고 일원설과 이원설이 대립하고 있다.

일원설은 형소법 제310조의2가 전문법칙과는 별도로 대륙의 직접심리주의를 규정하는 바 없다는 이유를 들어 이 조문이 영미법상의 전문법칙을 우리나라에 도입한 것이라고 주장한다. 이에 반하여 이원설은 이 조문이 대륙법에서 나온 직접심리주의와 영미법에서 유래하는 전문법칙을 함께 규정하고 있다고 본다.

2. 전문법칙

(1) 영미법상 전문법칙의 이론적 근거

전문법칙이란 "전문증거는 증거로 되지 않는다."(hearsay is no evidence.)는 법원칙을 말한다. 전문법칙은 배심재판을 기본으로 하고 있는 영미법에서 자백배제법칙과 함께 배심원의 합리적 심증형성을 위하여 발달한 증거법칙이다. 영미법에서 인정되는 전문법칙의 이론적 근거로는 (가) 선서의 결여, (나) 원진술자의 공판정 불출석, (다) 반대신문의 결여 등이 거론되고 있다. 그런데 전문법칙의 이론적 근거로 가장 주목되는 것은 (다)의 반대신문 결여이다.

배심재판을 전제로 하는 영미법에 있어서는 검사와 피고인을 대리한 변호인이 배심원의 면전에서 구두변론을 행하여 변증법적으로 피고사건의 실체를 규명해 나간다. 이때 체험사실의 보고를 내용으로 하는 진술증거(statement)는 진술자의 기억이나 표현에 오류가 개입할 가능성이 크다. 이 때문에 검사와 변호인은 주신문과 반대신문으로 구성되는 교호신문(cross-examination) 방식을 통하여 진술자의 진술내용을 비판적으로 배심원에게 전달한다.

그런데 전문증거를 증거로 사용하게 한다면 문제된 사실의 증명으로 인하여 불이익을 받게 될 당사자가 원진술자에 대해 반대신문을 행하여 그 진술의 오류를 지적하고 이를 통하여 자신을 방어할 수 있는 기회가 박탈된다. 그리하여 반대신문권의 보장을 위하여 전문증거의 증거능력을 부인해야 한다는 결론에 이른다.

(2) 형소법 제310조의2와 전문법칙의 한계

형소법 제310조의2는 전문증거의 증거능력을 부정하면서 형소법 제311조 내지 제316조의 요건이 갖추어지는 예외적인 경우에 증거능력의 회복을 인정하고 있다. 그런데 증거능력이 회복되는 증거 가운데에는 (가) 피고인의 진술을 기재한 조서(법311, 312), (나) 피고인이 작성한 진술서나 그 진술을 기재한 서류(정보저장매체 포함)(법313), (다) 피고인의 진술을 내용으로 하는 제삼자의 진술(법316①)이 포함되고 있다. 여기에서 과연 피고인이 행한 진술에 관하여 피고인을 반대신문할 수 있을 것인가 하는 근본적 의문이 제기된다.

원래 영미법에서 반대신문의 결여가 전문법칙의 근거를 이루는 것은 영미식 형사절차의 특수성과 밀접한 관계가 있다. 영미식 형사절차에서 피고인은 당사자이므로 피고인신문은 생각할 수 없다. 미국법의 경우 피고인은 자기부죄금지의 특권을 가지고 있다(미국수정헌법5). 이 특권(privilege)은 권리(right)보다는 다소 약한 법적 지위로서 포기가 가능하다. 미국법상 피고인은 자기부죄금지의 특권을 포기하고 증인으로 선서하여 체험사실을 진술할 수 있으며, 이 경우 검사는 피고인을 제삼자인 증인으로 대하여 반대신문을 행할 수 있다. 따라서 미국법에 있어서 모든 진술증거는 제삼자의 진술로서 원칙적으로 반대신문의 대상이 될 수 있다.

이에 반하여 우리 법은 피고인신문절차(법296의2)를 인정하고 피고인에게 진술거부권(헌법12②, 법283의2)을 부여하고 있다. 헌법은 진술거부권에 대해 기본권의 지위를 부여하고 있다(헌법12②). 진술거부권은 주관적 공권으로서 포기가 허용되지 않는다. 진술거부권의 포기를 통한 피고인의 증인적격 취득은 인정되지 않는다(2001헌바41). 그러므로 피고인을 제삼자의 지위에 세워서 검사가 반대신문을 행한다는 것은 생각할 수 없다. 여기에서 형소법 제310조의2가 적용대상으로 규정하고 있는 피고인의 진술을 원진술로 하는 전문증거에 대해서도 증거능력을 부인하기 위하여 추가적인 이론적 근거가 필요하게 되는데 이것이 바로 실질적 직접심리주의이다.

3. 직접심리주의

직접심리주의는 형식적 직접심리주의와 실질적 직접심리주의로 나누어진다(전술 235면). 형식적 직접심리주의란 수소법원이 재판의 기초가 되는 증거를 직접 조사해야 한다는 원칙을 말한다. 이에 대해 실질적 직접심리주의란 (가) 법관의 면전에서 직접 조사한 증거만을 재판의 기초로 삼을 수 있고, (나) 증명대상이 되는 사실과 가장 가까운 원본증거를 재판의 기초로 삼아야 하며, (다) 원본증거의 대체물 사용은 원칙적으로 허용되어서는 안 된다는 원칙을 말한다(2008도7917).

실질적 직접심리주의는 형사사건의 실체에 대한 유죄 · 무죄의 심증 형성은 법정에서의 심리에 의하여야 한다는 공판중심주의의 한 요소를 이룬다. 우리 형사소송법이 실질적 직접심리주의를 채택한 것은 법관이 법정에서 직접 원본증거를 조사하는 방법을 통하여 사건에 대해 신선하고 정확한 심증을 형성할 수 있고, 피고인에게 원본증거에 관하여 직접적인 의견진술의 기회를 부여함으로써 실체적 진실을 발견하고 공정한 재판을 실현할 수 있기 때문이다(2008도7917).

헌법재판소는 "[형소법 제310조의2]는 공개된 법정에서 법관의 면전에서 진술되지 아니하고 피고인에게 반대신문의 기회를 부여하지 않은 전문증거의 증거능력을 배척함으로써 피고인의 반대신문권을 보장하고, 직접심리주의와 공판중심주의를 철저히 하여 피고인의 공정한 재판을 받을 권리를 보장하기 위한 것이다."라고 설시하여 형소법 제310조의2의 의미를 반대신문권의 보장과 직접심리주의의 철저화라는 이원설의 관점에서 파악하고 있다(2018헌바524). 대법원 또한 "형사소송법은 헌법이 요구하는 적법절차를 구현하기 위하여 사건의 실체에 대한 심증형성은 법관의 면전에서 본래증거에 대한 반대신문이 보장된 증거조사를 통하여 이루어져야 한다는 실질적 직접심리주의와 전문법칙을 채택하고 있다."고 판시하여 이원설의 입장을 분명히 하고 있다(2018도13945).

4. 정보저장매체의 원본성 요건

(1) 원본성 요건과 전문법칙의 관계

형소법 제310조의2를 이원설의 관점에서 접근하면 정보저장매체의 원본성 요건을 용이하게 이해할 수 있다. 정보저장매체란 도면 · 사진 · 녹음테이프 · 비디오테이프 · 컴퓨터용 디스크, 그 밖에 정보를 담기 위하여 만들어진 물건을 말한다(법106③, 292의3, 313①, 314 참조). 우리 입법자는 문서 이외의 새로운 정보저장매체의 증거조사에 필요한 사항을 대법원규칙으로 정하도록 하고 있다(법292의3). 정보저장매체의 증거조사방법에 대해서는 공판기일의 증거조사 항목에서 검토하였다(전술 275면).

어느 정보저장매체에 대한 증거조사를 하려면 그 전제로서 당해 정보저장매체의 증거능력이 인정되어야 한다. 이와 관련하여 판례는 정보저장매체의 증거능력 요건을 (가) 정보저장매체의 원본성 확인과 (나) 정보저장매체에 기억된 정보에 대한 전문법칙 적용 여부라는 두 가지 단계로 나누어 검토하고 있다. 이에 따르면 법원은 정보저장매체의 원본성을 확인한 후, 당해 정보저장매체에 기억된 전자정보가 진술증거임이 확인되면 그 진술증거를 중심으로 형소법 제310조2 이하에 규정된 전문법칙 및 그 예외규정의 적용 여부를 검토하게 된다.

(2) 정보저장매체의 원본성 요건

정보저장매체는 그 성질상 작성자의 서명 혹은 날인이 없을 뿐만 아니라 작성자·관리자의 의도나 특정한 기술에 의하여 그 내용이 편집·조작될 위험성이 있다(2017도13263). 정보저장매체는 (가) 원본인 경우와 (나) 원본으로부터 복사한 사본인 경우가 있다. 정보저장매체는 (가) 원본임이 증명되거나, (나) 원본으로부터 복사한 사본일 경우에는 복사 과정에서 편집되는 등 인위적 개작 없이 원본의 내용 그대로 복사된 사본임이 증명되어야만 한다. 그러한 증명이 없는 경우에는 증거능력을 인정할 수 없다(2017도13263).

정보저장매체에 기억된 전자정보 또는 그 출력물을 증거로 사용하기 위해서는 정보저장매체 원본에 저장된 내용과 출력된 문건(파일 포함)의 동일성이 인정되어야 한다. 이를 위해서는 정보저장매체 원본이 압수시부터 문건(파일 포함) 출력시까지 변경되지 않았다는 사정, 즉 무결성이 담보되어야 한다(2013도2511). 정보저장매체 원본을 대신하여 저장매체에 저장된 자료를 하드카피 또는 이미징한 매체로부터 출력한 문건(파일 포함)의 경우에는 정보저장매체 원본과 하드카피 또는 이미징한 매체 사이에 자료의 동일성도 인정되어야 할 뿐만 아니라, 이를 확인하는 과정에서 이용한 컴퓨터의 기계적 정확성, 프로그램의 신뢰성, 입력·처리·출력의 각 단계에서 조작자의 전문적인 기술능력과 정확성이 담보되어야 한다(2013도2511)(전술 115면).

정보저장매체의 원본 동일성은 증거능력의 요건에 해당한다. 그러므로 검사는 원본 동일성의 존재에 대하여 구체적으로 주장·증명해야 한다(2017도13263). 출력 문건(파일 포함)과 정보저장매체에 저장된 자료가 동일하고 정보저장매체 원본이 문건(파일 포함) 출력 시까지 변경되지 않았다는 점을 증명하는 데에는 몇 가지 방법이 있다.

첫 번째로는, 피압수자가 정보저장매체 원본과 하드카피 또는 이미징한 매체의 해쉬(Hash) 값이 동일하다는 취지로 서명한 확인서면을 교부받아 법원에 제출하는 방법이 있다. 동일성을 증명하는 원칙적인 방법이다(2013도2511). 그러나 확인서면의 방법에 의한 증명이 불가능하거나 현저히 곤란한 경우들이 있다. 이러한 경우에는 다음의 방법들에 의한다.

두 번째로는, 정보저장매체 원본에 대한 압수, 봉인, 봉인해제, 하드카피 또는 이미징 등 일련의 절차에 참여한 수사관이나 전문가 등의 증언에 의해 (가) 정보저장매체 원본이 최초 압수 시부터 밀봉되어 증거 제출 시까지 전혀 변경되지 않았다거나, (나) 정보저장매체 원본

과 하드카피 또는 이미징한 매체 사이의 해쉬 값이 동일하다는 등의 사정을 증명하는 방법
이 있다(2013도2511). 세 번째로는, 법원이 정보저장매체 원본에 저장된 자료와 증거로 제출
된 출력 문건을 대조하여 양자의 동일성·무결성을 인정하는 방법이 있다(2013도2511).

제3 전문증거 예외인정의 이론적 근거

1. 신용성의 정황적 보장

형소법 제311조 내지 제316조에 규정된 전문증거의 예외적 허용사유들은 크게 보아
신용성의 정황적 보장과 증거사용의 필요성이라는 두 가지 관점을 이론적 기초로 삼고 있
다. 먼저, 신용성의 정황적 보장(circumstantial guarantees of trustworthiness)이란 원진술
이 법원의 면전에서 행해지지 아니하였더라도 그 원진술의 진실성이 제반정황에 의하여
담보되는 것을 말한다. 형사소송법은 원진술이 '특히 신빙할 수 있는 상태하에서 행하여진
때'라는 표현을 사용하여(법312④, 313, 314, 316 참조) 신용성의 정황적 보장이 전문법칙예외
인정의 근거가 됨을 밝히고 있다.

신용성의 정황적 보장을 전문법칙의 예외사유로 인정하는 것은 소송경제의 도모에 그
취지가 있다. 원진술자를 공판정에서 반대신문하지 않더라도 그 진술이 진실하다고 신빙할
만한 경우에까지 원진술자를 법정에 소환하여 진술하게 하는 것은 절차의 지연과 불편만
을 초래하므로 전문증거에 증거능력을 인정하여 소송경제를 도모하고자 하는 것이다.

2. 증거사용의 필요성

증거사용의 필요성(necessity, unavailability)이란 원진술과 동일한 내용의 진술을 구하
는 것이 불가능하거나 현저히 곤란하기 때문에 전문증거라도 사용하여 실체적 진실을 규
명할 필요가 있음을 말한다. 예컨대 원진술자의 사망, 질병, 외국거주, 소재불명(법314 본문,
316② 참조) 등과 같이 원진술자를 공판정에서 신문하는 것이 불가능하거나 현저히 곤란한
경우가 여기에 해당한다.

전문증거의 필요성에 관한 특수한 예로서 피고인의 진술을 원진술로 하는 전문증거를
들 수 있다. 우리 형사소송법은 피고인을 원진술자로 하는 전문증거의 증거능력을 광범위
하게 인정하고 있다(법312, 313, 316① 참조). 이것은 (가) 피고인이 애당초 자신에게 불리한
진술을 하였다가 시간의 경과와 함께 유죄판결의 가능성이 높아지면 그 진술을 번복할 염
려가 크다는 점과 (나) 피고인에게는 진술거부권(헌법12②, 법283의2)이 인정되기 때문에 법

원이 피고인으로부터 종전과 동일한 내용의 진술을 얻을 수 없다는 점을 입법자가 고려하였기 때문이라고 생각된다.

전문증거에 증거능력을 부여하기 위해서는 신용성의 정황적 보장과 증거사용의 필요성이라는 두 가지 요건이 동시에 존재하는 것이 이상적이다(법314, 316② 참조). 그러나 양자는 병존하지 않고 상호보완관계 또는 반비례의 관계에 있는 경우가 많다. 따라서 신용성의 정황적 보장이 강력하면 증거사용의 필요성 요건은 어느 정도 완화될 수 있으며 그 역의 경우도 성립이 가능하다. 그러나 증거사용의 필요성을 지나치게 강조하여 전문증거에 증거능력을 인정하게 되면 피고인의 방어권을 중대하게 침해하는 역작용이 일어날 수 있다. 그러므로 증거사용의 필요성을 이유로 한 증거능력의 부여에는 특별히 신중을 기하지 않으면 안 된다.

제 4 전문증거의 예외규정

1. 제311조에 의한 예외

(1) 예외 인정의 취지

형소법 제311조는 법원 또는 법관이 주재하는 절차에서 작성된 조서에 대하여 증거능력을 부여하고 있다. 원래 직접심리주의의 관점에 의하면 원진술자는 공개된 법정에서 법원에 대하여 체험사실을 보고해야 하는 것이 원칙이다. 이것은 수소법원이 진술자의 태도증거를 음미하고 진술내용을 직접 청취함으로써 심증형성에 정확성을 기하기 위함이다.

그러나 수소법원이 아니라 할지라도 수소법원을 구성하는 법관과 동일한 자격을 가지고 있는 법관이 진술을 청취하고 그 결과로서 조서가 작성되었다면 그 성립의 진정과 신용성의 정황적 보장에 의문이 없다. 이 때문에 우리 입법자는 직접심리주의 원칙에 예외를 인정하여 별도의 제한 없이 전면적으로 법관면전의 조서에 증거능력을 인정하고 있다. 형소법 제311조에 의하여 증거능력이 인정되는 법원·법관의 조서에는 다음과 같은 것들이 있다.

(2) 피고인의 진술을 기재한 조서

'공판준비에 피고인의 진술을 기재한 조서'는 공판준비절차에서 피고인신문이 행해진 결과(법273①) 작성된 조서를 말한다. 공판준비절차는 제1회 공판기일을 열기 전에 행하는 기일전 공판준비절차(법266의5 이하)가 일반적이지만 공판기일 사이에 진행하는 기일간 공판준비절차도 가능하다(법266의15).

'공판기일에 피고인의 진술을 기재한 조서'란 공판조서를 가리킨다. 공판정에서 행하는 피고인의 진술은 그 자체가 증거로 된다. 이 때문에 피고사건과 관련하여 피고인의 진술을 기재한 공판조서가 전문증거로서 예외적으로 증거능력이 인정되는 경우란 결국 (가) 공판절차갱신 전에 작성된 공판조서, (나) 관할위반의 재판이 확정된 후 관할법원에 재기소된 경우에 먼저 재판에서 작성된 공판조서, (다) 피고사건에 대한 상소심에서 원심이 파기환송 또는 파기이송될 때 원심이 작성하였던 공판조서 등을 가리킨다. 공판기일의 조서는 당해 피고사건에 대한 조서를 의미한다. 다른 피고사건의 공판조서는 형소법 제315조 제3호가 규정한 '기타 특히 신용할 만한 정황에 의하여 작성된 문서'로서 증거능력이 인정된다(2003도3282).

(3) 피고인 아닌 자의 진술을 기재한 조서

'공판준비에 피고인 아닌 자의 진술을 기재한 조서'란 당해 사건의 공판준비절차에서 증인, 감정인, 통역인, 번역인 등을 신문한 결과(법273①) 작성된 조서를 말한다. 공판기일 외의 증인신문조서(법52 본문 참조)가 여기에 해당하는 예이다.

'공판기일에 피고인 아닌 자의 진술을 기재한 조서'란 당해 피고사건에 대한 공판조서를 의미한다. 다른 사건의 공판조서는 형소법 제315조 제3호의 '기타 특히 신용할 만한 정황에 의하여 작성된 문서'로 보아 증거능력이 인정된다(66도617). '피고인 아닌 자'란 피고인을 제외한 제삼자를 가리키므로 증인, 감정인뿐만 아니라 공범자나 공동피고인을 모두 포함한다. 따라서 당해 사건의 공판정에서 공동피고인이 행한 진술을 기재한 조서는 형소법 제311조에 의하여 당연히 증거능력이 인정된다.

공판기일에 증인이 행한 증언은 그 자체가 수소법원에 대한 원본증거이므로 전문증거의 예외사유에 해당하지 않는다. 그러나 피고사건이 상소심에 의하여 파기환송되거나 파기이송된 경우 또는 관할위반의 재판이 확정된 후 관할법원에 재기소된 경우 등에는 증인의 증언을 기재한 공판조서가 형소법 제311조의 규정에 의하여 증거능력을 인정받게 된다.

(4) 검증의 결과를 기재한 조서

법원 또는 법관의 검증의 결과를 기재한 조서는 증거로 할 수 있다(법311 1문 후단). '법원 또는 법관의 검증조서'(법49① · ①)는 법관이 오관의 작용에 의하여 사람의 신체상태나 물건의 존재 및 상태에 대하여 감득(感得)한 것을 기재한 서면이다. 법원 또는 법관의 검증조서는 당연히 증거능력이 인정된다. 이 점에서 검사 또는 사법경찰관이 검증의 결과를 기재한 조서가 원진술자(즉 검증을 행한 자)에 의하여 성립의 진정이 인정되어야 증거능력이 부여되는 것과 구별된다(법312⑥ 참조)(후술 350면).

형소법 제311조 제1문 후단에 의하여 절대적으로 증거능력이 인정되는 법원 또는 법관의 검증조서는 당해 사건에 관한 검증조서에 한정된다. 법원 또는 법관의 검증조서에 증거능력을 인정하는 기본취지가 당해 사건의 수소법원과 동일시할 수 있는 지위에 있는 법관의 검증조서를 신뢰함과 동시에 피고사건 자체의 심리에 소송경제를 도모하기 위한 것이라고 생각되기 때문이다.

법관의 검증조서에 검증의 결과 그 자체뿐만 아니라 법관이 행하는 검증에 참여한 자의 직접 진술이 기재되는 경우가 있다. 검증참여자의 진술은 현장지시와 현장진술의 두 가지 형태로 나누어 볼 수 있다. 현장지시란 법관이 행하는 검증의 대상을 지시하는 진술이다. 이에 대하여 현장진술은 현장지시를 제외한 나머지 진술로서 법관 면전에서 진행되는 검증현장의 기회를 이용하여 행해진 것이다.

그런데 검증조서에 기재된 참여인의 진술은 검증 결과 자체가 아니라 법관 면전의 진술에 불과하므로 그 진술부분의 증거능력을 어떻게 판단해야 할 것인가 하는 문제가 생긴다. 이 문제에 대해서는 증거능력의 인정과 관련하여 긍정설, 부정설, 절충설 등 여러 가지 해결방안이 제시되고 있다. 생각건대 검증조서에 기재된 진술은 검증조서의 구성부분에 불과하며 독립된 진술조서는 아니다. 검증조서에 기재된 진술은 법원 또는 법관의 검증조서와 일체화된 것이기 때문에 제311조 제1문 후단에 의하여 증거능력을 인정하는 것이 타당하다.

(5) 제184조 및 제221조의2의 규정에 의하여 작성한 조서

증거보전절차(법184)에 의하여 작성된 조서 및 제1회 공판기일 전 검사의 신청으로 지방법원판사가 행한 증인신문절차(법221의2)에 의하여 작성된 조서는 당연히 증거능력이 있다(법311 2문).

구속영장실질심사(법201의2⑥)와 체포·구속적부심사(법214의2⑭, 201의2⑥) 단계에서는 조서가 작성된다. 판례는 구속적부심사 청구사건에서 피의자에 대하여 작성된 법원의 심문조서(법214의2⑭)에 대해 형소법 제311조에 기한 증거능력을 인정하지 않고, 형소법 제315조 제3호가 규정한 '특히 신빙할 만한 정황에 의하여 작성된 문서'로 보아 증거능력을 인정하면서 다만 그 증명력의 판단에 신중을 기해야 한다는 입장을 취하고 있다(2003도5693). 같은 법리는 구속영장실질심사절차에서 피의자에 대하여 작성된 법원의 심문조서(법201의2⑥)에 대해서도 적용된다.

2-1. 제312조에 의한 예외 - 피의자신문조서

(1) 조서의 범위

형소법 제312조는 검사 및 사법경찰관이 작성한 각종 조서의 증거능력에 관하여 규정하고 있다. 조서란 공무원이 법령에 기하여 법령이 정한 방식에 따라 작성한 문서를 말한다. 형사소송법이 수사기관에서 작성된 조서 등 서면증거에 대하여 일정한 요건을 충족하는 경우에 증거능력을 인정하는 것은 실체적 진실발견의 이념과 소송경제의 요청을 고려하여 예외적으로 허용하는 것일 뿐이므로 증거능력 인정 요건에 관한 규정은 엄격하게 해석·적용하여야 한다(2024도11314 ☞ 597면).

형소법 제312조의 규율대상은 수사기관의 조서와 조서에 준하여 취급되는 진술서이다. 조서에는 (가) 수사기관이 작성한 '피의자신문조서'(법312① · ③), (나) 수사기관이 '피고인이 아닌 자의 진술을 기재한 조서'(법312④), (다) 수사기관이 '검증의 결과를 기재한 조서'(법312⑥)가 있다. 또한 (라) '피고인 또는 피고인이 아닌 자가 수사과정에서 작성한 진술서'(법312⑤)는 조서에 준하는 것으로 취급된다.

수사보고서는 단지 수사의 경위 및 결과를 내부적으로 보고하기 위하여 작성된 서류로서 조서에 해당하지 않는다. 따라서 수사보고서는 형소법 제312조의 적용대상에 포함되지 않는다(2022도14645 ☞ 574면) 수사보고서 안에 검증의 결과에 해당하는 기재가 있다고 하여도 이를 검증조서라고 할 수 없고, 피의자나 참고인의 진술이 기재되어 있다고 하여도 피의자신문조서나 참고인진술조서와 같이 취급할 수 없다(2000도2933).

(2) 형소법 제312조의 수사기관

2020년 입법자는 검찰 · 경찰 사이의 수사권 조정과 관련하여 형소법 제312조를 개정하였다. 입법자는 사법경찰관 작성의 피의자신문조서의 경우 피고인이 그 내용을 부인하면 증거능력이 부정되는 반면에(법312③) 검사 작성 피의자신문조서의 경우에는 피고인이 그 내용을 부인하더라도 증거능력이 인정되는 것(개정전 법312① · ②)은 검사와 사법경찰관 사이의 상호 협력관계(법195①)에 비추어 적절하지 않다고 판단하였다. 그리하여 입법자는 형소법 제312조를 개정하여 사법경찰관 작성 피의자신문조서의 증거능력과 검사 작성 피의자신문조서의 증거능력 요건을 일치시켰다.

형소법 제312조 제1항은 "검사가 작성한 피의자신문조서는 적법한 절차와 방식에 따라 작성된 것으로서 공판준비, 공판기일에 그 피의자였던 피고인 또는 변호인이 그 내용을 인정할 때에 한정하여 증거로 할 수 있다."고 규정하고 있다. 형소법 제312조 제3항은 "검사 이외의 수사기관이 작성한 피의자신문조서는 적법한 절차와 방식에 따라 작성된 것으로서 공판준비 또는 공판기일에 그 피의자였던 피고인 또는 변호인이 그 내용을 인정할 때에 한하여 증거로 할 수 있다."고 규정하고 있다. 형소법 제312조 제1항과 제3항은 피의자신문조서의 작성주체를 제외하고 나머지 부분은 요건이 동일하다. 따라서 두 조항은 "수사기관이 작성한 피의자신문조서는 적법한 절차와 방식에 따라 작성된 것으로서 공판준비 또는 공판기일에 그 피의자였던 피고인 또는 변호인이 그 내용을 인정할 때에 한정하여 증거로 할 수 있다."는 형태로 통합이 가능하다.

'수사기관 작성 피의자신문조서'에서 '수사기관'은 원칙적으로 사법경찰관 또는 검사를 가리킨다. 사법경찰리가 사법경찰관사무취급의 자격으로 작성한 피의자신문조서는 수사기관 작성 피의자신문조서에 해당한다(82도1080). 달리 특별한 사정이 없는 한 외국의 권한 있는 수사기관도 '수사기관'에 포함된다(2003도6548). 검사직무대리(검찰청법32① · ③)가 재정합의사건을 포함한 단독판사 심판사건의 피의자에 대해 작성한 신문조서는 수사기관 작성 피의자신문조서에 포함된다(2012도3927).

「범죄피해자 보호법」은 피의자 및 범죄피해자 간 형사분쟁을 원만히 해결하기 위하여 형사조정제도를 규정하고 있다. 형사조정위원은 일반인 가운데에서 위촉된다. 검사는 수사 중인 형사사건을 형사조정에 회부할 수 있다(동법41①). 형사조정위원은 형사조정조서를 작성한다(동법45①). 그런데 형사조정위원은 수사기관이 아니다. 그러므로 수사과정에서 조서의 형식으로 작성되고 피의자의 진술이 기재되어 있다고 할지라도 형사조정조서는 형소법 제312조의 규율대상에 포함되지 않는다(2024도11314 ☞ 597면).

(3) 내용인정의 입법취지

수사기관 작성 피의자신문조서의 증거능력 요건 가운데 핵심적인 부분은 내용인정의 요건이다. 내용인정의 요건을 규정한 우리 입법자의 의도는 다음과 같다. 수사기관은 피고인의 자백 진술을 획득하기 위하여 고문 등 위법수사를 자행할 유혹을 느끼게 된다. 그런데 애써서 확보한 피고인의 진술이 기재된 피고인신문조서에 대해 피고인이 법정에서 그 내용을 부인하면 칠판에 써두었던 글씨를 지우는 것처럼 피고인신문조서의 증거능력이 부정되게 해보자. 어차피 내용부인을 통하여 공판절차에서 피의자신문조서의 증거능력이 없어지게 된다면 수사기관이 피의자에 대해 무리하게 고문 등 강압수사를 할 유인(誘因)이 없어지게 된다.

내용인정 요건을 도입한 입법취지를 살펴볼 때 형소법 제312조 제1항 및 제3항은 단순히 직접심리주의에 대한 예외규정이라는 의미를 넘어서서 고문 등 위법수사 방지장치 및 인권보장장치로서 독자적 의미를 가진다. 그리하여 형소법 제312조 제1항 및 제3항은 전문증거에 증거능력을 부여하는 다른 예외규정들과 뚜렷이 구별되는 특별한 지위를 가지고 있다.

판례는 사경작성 피의자신문조서의 내용인정 요건을 확대 적용해 왔다. 축적된 판례의 내용이 검사작성 피의자신문조서에도 그대로 인정될 것인지가 문제되었다. 개정된 형소법 제312조 제1항이 시행된 후 대법원은 검사작성 피의자신문조서에 대해서도 사경작성 피의자신문조서와 동일한 기준을 제시하였다(2023도3741 ☞ 583면, 2024도8200 ☞ 592면).

(4) 수사기관 작성 피의자신문조서의 범위

형소법 제312조 제1항 및 제3항에 따르면 수사기관 작성 피의자신문조서는 그 피의자였던 피고인 또는 변호인이 그 내용을 인정할 때에 한정하여 증거능력이 인정된다. 여기에서 '그 피의자였던 피고인'의 범위가 문제된다.

'수사기관의 피의자신문조서'에 피의자 본인의 진술을 기재한 피의자신문조서가 포함됨은 물론이다. 나아가 '수사기관의 피의자신문조서'에는 공범의 진술을 기재한 조서도 포함된다. 여기서 말하는 '공범'에는 형법 총칙의 공범 이외에도 서로 대향된 행위의 존재를 필요로 할 뿐 각자의 구성요건을 실현하고 별도의 형벌 규정에 따라 처벌되는 강학상 필요적 공범 또는 대향범까지 포함한다(2023도3741, 2024도8200).

피의자나 공범의 진술을 기재한 서류 또는 문서가 수사기관의 조사과정에서 작성된 것이라면, 그것이 '진술조서, 진술서, 자술서'라는 형식을 취하였다고 하더라도 수사기관 작성 피의자신문조서와 같은 요건 아래 증거능력이 인정된다(법312⑤)(2014도5939). 형소법 제312조 제5항의 적용대상인 '수사과정에서 작성한 진술서'는 (가) 수사가 시작된 이후에 수사기관의 관여 아래 작성된 것이거나, (나) 개시된 수사와 관련하여 수사과정에 제출할 목적으로 작성한 것을 가리킨다. 작성 시기와 경위 등 여러 사정에 비추어 그 실질이 이에 해당하는 이상 명칭이나 작성된 장소 여부를 불문한다(2022도9510).

(5) 적법한 절차와 방식

수사기관 작성 피의자신문조서가 증거능력을 인정받으려면 우선 그 피의자신문조서가 형식적 측면에서 볼 때 '적법한 절차와 방식'에 따라 작성된 것이어야 한다. 여기에서 적법한 절차와 방식이라 함은 (가) 피의자에 대한 조서 작성 과정에서 지켜야 할 진술거부권의 고지 등 형사소송법이 정한 제반 절차를 준수하고 (나) 조서의 작성 방식에도 어긋남이 없어야 한다는 것을 의미한다(2010도3359).

'적법한 절차와 방식'의 첫 번째 요소는 형식적 진정성립이다. 형식적 진정성립은 피고인신문조서에 기재된 간인·서명·날인이 피고인 자신의 것임을 의미한다. 그런데 적법한 절차와 방식은 형식적 진정성립을 넘어서는 개념이다. 형식적 진정성립 이외에 추가로 요구되는 점을 살펴보면 다음과 같다.

먼저, 수사기관 작성 피의자신문조서가 작성되는 과정에서 신문주체가 적법하여야 한다. 검사작성 피의자신문조서의 경우 피의자신문의 주체는 검사이다(법241). 검사직무대리(검찰청법32①·③)는 검사에 준한다. 검사가 피의자를 신문함에는 검찰청수사관 또는 서기관이나 서기를 참여하게 하여야 하고, 사법경찰관이 피의자를 신문함에는 사법경찰관리를 참여하게 하여야 한다(법243). 수사기관 작성 피의자신문조서는 공무원이 작성하는 서류이므로 사법경찰관이나 검사의 기명날인 또는 서명이 있어야 한다(법57①). 진술자인 피고인과 참여자인 검찰주사보의 기명날인이나 서명이 되어 있을 뿐 신문주체인 검사의 기명날인이나 서명이 누락되어 있는 검사작성 피의자신문조서는 증거능력이 없다. 설사 피의자신문조서에 진술자인 피고인의 서명날인이 되어 있거나 피고인이 법정에서 그 피의자신문조서에 대하여 진정성립과 임의성을 인정하였다고 하여 달리 볼 것은 아니다(2001도4091).

수사기관 작성 피의자신문조서가 '적법한 절차와 방식'에 따라 작성된 것으로 인정되려면 나아가 그 신문조서가 형사소송법이 규정한 피의자신문절차를 준수하여 작성된 것이어야 한다. 수사과정의 기록(법244의4①)(2013도3790), 피의자신문조서의 기재내용 확인(법244②·③) 등은 형소법 제312조 제1항 및 제3항이 규정한 '적법한 절차와 방식'의 주요 사항이 된다. 수사기관이 피의자에게 진술거부권을 행사할 수 있음을 알려 주고 그 행사 여부를 질문하였다 하더라도 형소법 제244조의3 제2항에 규정한 방식에 위반하여 진술거부권 행사 여부에 대한 피의자의 답변이 자필로 기재되어 있지 아니하거나 그 답변 부분에 피의자의 기명날인 또는 서명이 되어 있지 아니한 수사기관 작성의 피의자신문조서는 '적법한 절차와 방식에 따라 작성'된 조서라 할 수 없다(2014도1779).

'적법한 절차와 방식' 가운데 진술거부권의 보장이나 변호인의 조력을 받을 권리의 보장은 헌법상의 요청에 근거한 것으로서 헌법상 적법절차의 핵심적 내용을 이룬다. 따라서 진술거부권이 고지되지 않거나 변호인의 참여권이 배제된 상태하에서 작성된 피의자신문조서는 형소법 제312조 제1항 및 제3항뿐만 아니라 위법수집증거배제법칙을 규정한 형소법 제308조의2에 따라서도 증거능력이 부정된다. 위법하게 수집된 증거는 피고인 또는 변호인의 증거동의가 있더라도 증거능력이 인정되지 않는다(2009도10092).

수사기관 작성 피의자신문조서가 '적법한 절차와 방식'에 따라 작성되었음은 공판준비 또는 공판기일에서 원진술자인 피고인의 진술에 의하여 인정되어야 한다(법312①·③). 공판준비 또는 공판기일에서 인정한다 함은 법관의 면전에서 원진술자인 피고인이 조서가 적법한 절차와 방식에 따라 작성되었음을 인정한다는 의미이다.

(6) 실질적 진정성립

수사기관 작성 피의자신문조서에 '적법한 절차와 방법'의 요건이 확인되면 이어서 실질적 진정성립의 요건을 검토하여야 한다. 실질적 진정성립은 조서의 기재내용과 진술자의 진술내용이 일치한다는 것을 가리킨다. 형소법 제312조 제1항 및 제3항은 실질적 진성성립의 요건을 명시하고 있지 않다. 그러나 '적법한 절차와 방식'(형식적 진정성립)은 실질적 진정성립과 표리의 관계에 있기 때문에 불문의 요건으로 인정된다.

수사기관 작성 피의자신문조서의 실질적 진정성립이 인정되려면 원칙적으로 피고인이 수사기관 면전에서 진술한 내용과 동일하게 기재되어 있음이 공판준비 또는 공판기일에 피고인의 진술에 의하여 인정되어야 한다. 여기서 '기재 내용이 동일하다'는 것은 (가) 적극적으로 진술한 내용이 그 진술대로 기재되어 있어야 한다는 것뿐 아니라, (나) 진술하지 아니한 내용이 진술한 것처럼 기재되어 있지 아니할 것을 포함하는 의미이다(2011도8325). 실질적 진정성립은 공판준비 또는 공판기일에서의 피고인의 진술에 의해서 인정되어야 한다(2011도8325). 영상녹화물에 의한 증명(법312④ 참조)은 허용되지 않는다.

(7) 내용인정과 내용부인

내용인정은 조서에 기재된 진술내용이 실제의 사실과 부합함을 인정하는 것이다(2023도2102). 이 점에서 내용인정은 피의자신문조서의 기재내용이 수사기관 면전에서 진술한 대로 기재되어 있다고 진술하는 실질적 진정성립과 구별된다(2024도8200 ☞ 592면). 내용인정의 진술은 피고인 또는 변호인이 법관의 면전에서 행하여야 한다. 원진술자인 피고인 이외에 원진술자와 무관한 변호인도 내용인정의 진술을 할 수 있다. 내용인정의 진술은 소극적인 형태로 행해지는 경우가 많은데, 이를 가리켜 내용부인이라고 한다. '증거로 사용함에 동의하지 않는다'는 의견을 밝히는 것도 내용부인에 해당한다(2024도8200).

피고인 또는 변호인이 수사기관 작성 피의자신문조서의 내용을 부인하면 그 조서는 물론 그 조서에 기재된 진술 자체도 증거능력이 없다(2000도4383). 피고인이 공소사실을 부인하는 경우 수사기관이 작성한 피의자신문조서 중 공소사실을 인정하는 취지의 진술 부분은 그 내용을 인정하지 않았다고 보아야 한다(2023도2102). 피고인(갑)과 공범관계에 있는 공동피고인(을)에 대해 수사기관이 작성한 피의자신문조서는 그 공동피고인(을)의 법정진술에 의하여 성립의 진정이 인정되더라도 당해 피고인(갑)이 그 조서의 내용을 부인하면 증거능력이 부정된다(2009도2865).

형소법 제312조 제1항 및 제3항은 피고인 또는 변호인의 내용부인 진술이 있기만 하면 수사기관 작성 피의자신문조서의 증거능력이 소멸되는 강력한 효력을 발생시킨다. 여기에서 실체적 진실을 규명하기 위한 보완장치가 필요하게 되는데, 조사자 증언이 그것이다. 피의자의 진술을 청취한 검사나 사법경찰관을 공판기일에 증인으로 채택하여 피의자의 진술내용을 증언하게 한 후 이 증언에 증거능력을 인정하는 방법을 조사자증언제도라고 한다 (법316①)(후술 364면).

「즉결심판에 관한 절차법」(즉결심판법)은 범증이 명백하고 죄질이 경미한 범죄사실을 신속·적정한 절차로 심판하게 하기 위하여 마련된 절차법이다(즉결심판법1 참조). 즉결심판 절차에서는 내용인정 요건을 규정한 형소법 제312조 제3항이 적용되지 않는다(동법10). 따라서 피고인이 즉결심판절차에서 사경작성 피의자신문조서의 내용을 부인하더라도 증거능력이 인정된다. 이와 같이 증거능력이 완화되는 것은 피고인에게 정식재판청구권이 보장되기 때문이다(동법14)(후술 516면).

(8) 내용부인의 적용 확대

내용부인 진술에 의하여 증거능력이 상실되는 것은 사법경찰관 또는 검사가 작성한 피의자신문조서, 즉 수사기관 작성 피의자신문조서이다. 수사기관 작성 피의자신문조서의 범위에 대해서는 앞에서 살펴보았다. 여기에서는 판례가 제시한 사항을 몇 가지 추가해 본다.

양벌규정에 따라 처벌되는 행위자(종업원)와 행위자가 아닌 사업주(법인 또는 개인) 간의 관계는 행위자(종업원)가 저지른 법규위반행위가 사업주의 법규위반행위와 사실관계가 동일하거나 적어도 중요 부분을 공유한다는 점에서 내용상 불가분적 관련성을 지니고 있다 (2016도9367). 그러므로 수사기관이 양벌규정의 행위자인 종업원에 대하여 작성한 피의자신 문조서에 관하여 법인 사업주의 대표자(법27①)나 개인 사업주가 내용을 부인하면 형소법 제312조 제1항 또는 제3항이 적용되어 그 피의자신문조서는 증거능력이 없다(2016도9367).

형소법 제312조 제1항 및 제3항에 의하여 증거능력이 부정된 공범자 등에 대한 피의자 신문조서를 형소법 제312조 제4항의 참고인진술조서로 보아 증거능력을 인정할 수는 없다. 위법수사를 방지하려는 내용인정 요건의 입법취지를 고려할 때 형소법 제312조 제1항 및 제3항을 형소법 제312조 제4항에 우선하여 적용해야 하기 때문이다. 그리하여 공범자 등에 대한 수사기관 작성 피의자신문조서가 형소법 제312조 제4항(참고인진술조서)의 요건을 갖춘 경우라고 하더라도 해당 피고인이 공판기일에서 그 조서의 내용을 부인하면 그 조서를 유죄 인정의 증거로 사용할 수 없다(2016도9367).

형소법 제312조 제1항 및 제3항에 의하여 증거능력이 부정된 수사기관 작성 피의자신문조서에 대하여는 원진술자가 사망, 질병, 외국거주, 소재불명이나 기타 이에 준하는 사유로 법정에서 진술할 수 없는 때 예외적으로 증거능력을 인정하는 형소법 제314조가 적용되지 않는다(2016도9367). 위법수사를 방지하려는 내용인정 요건의 입법취지를 충실히 실현하려면 형소법 제312조 제1항과 제3항을 형소법 제314조에 우선시켜야 하기 때문이다.

2-2. 제312조에 의한 예외 - 참고인진술조서

(1) 수사기관이 피고인 아닌 자의 진술을 기재한 조서

수사기관이 피고인 아닌 자의 진술을 기재한 조서를 일반적으로 참고인진술조서라고 부른다. 형사소송법은 검사작성 참고인진술조서와 사경작성 참고인진술조서의 증거능력 요건을 동일한 조문에서 동일하게 규정하고 있다(법312④). 이하에서는 양자를 '수사기관 작성 참고인진술조서'로 통칭하기로 한다.

형소법 제312조 제5항에 따르면 피고인이 아닌 자가 수사과정에서 작성한 진술서는 수사기관 작성의 참고인진술조서와 동일한 요건 아래 증거능력이 인정된다. 형소법 제312조 제5항의 적용대상인 '수사과정에서 작성한 진술서'는 (가) 수사가 시작된 이후에 수사기관의 관여 아래 작성된 것이거나, (나) 개시된 수사와 관련하여 수사과정에 제출할 목적으로 작성한 것을 가리킨다. 작성 시기와 경위 등 여러 사정에 비추어 그 실질이 이에 해당하는 이상 명칭이나 작성된 장소 여부를 불문한다(2022도9510).

수사기관이 피의자를 불법촬영 범죄의 현행범으로 체포하면서 휴대전화기를 압수한 경우에 휴대전화기에 대한 압수조서(수사준칙40) 중 '압수경위'란에 기재된 내용은 피의자가 범행을 저지르는 현장을 직접 목격한 사람의 진술이 담긴 것으로서 형소법 제312조 제5항에서 정한 '피고인이 아닌 자가 수사과정에서 작성한 진술서'에 준하는 것으로 볼 수 있다(2019도13290).

진술분석관(성폭력처벌법33① · ④ 참조)이 성범죄 가해자나 피해자 진술의 신빙성을 분석한 진술분석결과통보서는 수사기관이 작성한 피의자신문조서나 피고인이 아닌 자의 진술을 기재한 조서가 아니며, 피고인 또는 피고인이 아닌 자가 작성한 진술서도 아니다. 그러므로 형소법 제312조에 의하여 증거능력을 인정할 수 없다(2023도15133 ☞ 585면).

(2) 적법한 절차와 방식

형소법 제312조 제4항은 수사기관 작성의 참고인진술조서에 대해 다음과 같이 증거능력 요건을 규정하고 있다. 검사 또는 사법경찰관이 피고인 아닌 자의 진술을 기재한 조서는 (가) 적법한 절차와 방식에 따라 작성된 것으로서, (나) 그 조서가 검사 또는 사법경찰관 앞에서 진술한 내용과 동일하게 기재되어 있음이 (ㄱ) 원진술자의 공판준비 또는 공판기일에서의 진술이나 (ㄴ) 영상녹화물 기타 객관적인 방법에 의하여 증명되고, (다) 피고인 또는 변호인이 공판준비 또는 공판기일에 그 기재 내용에 관하여 원진술자를 신문할 수 있었던 때에 증거로 할 수 있다. 다만, (라) 그 조서에 기재된 진술이 특히 신빙할 수 있는 상태하에서 행하여졌음이 증명된 때에 한한다(법312④).

먼저, '적법한 절차와 방식에 따라 작성한'는 것은 형사소송법이 피고인 아닌 사람의 진술에 대한 조서작성 과정에서 지켜야 한다고 정한 여러 절차를 준수하고 조서의 작성방식에도 어긋나지 않아야 한다는 것을 의미한다(2015도12981).

'적법한 절차와 방식'에는 일차적으로 간인·서명·날인의 진정성을 의미하는 형식적 진정성립이 포함된다. '적법한 절차와 방식'은 형식적 진정성립에 머무르지 않고 한 걸음 더 나아가 조서작성 과정의 절차 및 방식의 적법성까지 포함하는 의미를 갖는다. 수사기관이 작성한 참고인진술조서가 '적법한 절차와 방식'에 따라 작성된 것으로 인정되려면 형사소송법이 규정한 참고인 조사절차를 준수해야 한다. 신뢰관계인 동석(법221③, 163의2①), 수사과정의 기록(법244의4③·①)(2022도9510), 참고인진술조서의 기재내용 확인(법244의4③, 244②·③) 등은 형소법 제312조 제4항이 규정한 '적법한 절차와 방식'의 주요 사항이 된다.

증언 번복용 참고인진술조서는 증거능력이 부정된다. 공판준비 또는 공판기일에서 이미 증언을 마친 증인을 검사가 소환한 후 피고인에게 유리한 증언 내용을 추궁하여 이를 일방적으로 번복시키는 방식으로 작성한 참고인진술조서는 피고인이 증거로 할 수 있음에 동의하지 아니하는 한 증거능력이 없다(2012도13665). 그 후 원진술자인 종전 증인이 다시 법정에 출석하여 증언을 하면서 그 진술조서의 성립의 진정함을 인정하고 피고인 측에 반대신문의 기회가 부여되었다고 하더라도, 그 증언 자체를 유죄의 증거로 할 수 있음은 별론으로 하고, 참고인진술조서는 증거능력이 없다(2012도13665). 검사가 공판준비 또는 공판기일에서 이미 증언을 마친 증인에게 수사기관에 출석할 것을 요구하여 그 증인을 상대로 위증의 혐의를 조사한 내용을 담은 피의자신문조서도 증거능력이 없다(2012도13665).

1심에서 피고인에 대해 무죄판결이 선고되어 검사가 항소한 후, 수사기관이 항소심 공판기일에 증인으로 신청해 신문할 수 있는 사람을 특별한 사정 없이 미리 수사기관에 소환해 작성한 진술조서는 피고인이 증거로 할 수 있음에 동의하지 않는 한 증거능력이 없다(2013도6825). 참고인 등이 나중에 법정에 증인으로 출석하여 수사기관이 미리 작성한 진술조서 등의 진정성립을 인정하고 피고인 측에 반대신문의 기회가 부여된다 하더라도 위 진술조서 등의 증거능력을 인정할 수 없음은 마찬가지이다(2018도2236)(전술 179면).

(3) 실질적 진정성립

실질적 진정성립은 참고인진술조서의 기재내용과 진술자의 진술내용이 일치한다는 것을 가리킨다. 형식적 진정성립이 인정되었다고 하여 그로부터 실질적 진정성립을 추정하는 것은 허용되지 않는다(2002도537). 실질적 진정성립은 '원진술자의 진술'에 의하여 인정되어야 하는 것이 원칙이다. 즉 실질적 진정성립은 원칙적으로 공판준비 또는 공판기일에서의 피고인 아닌 자의 진술에 의해서 인정되어야 한다(2011도8325).

형소법 제312조 제4항은 피고인 아닌 자가 실질적 진정성립을 부인하는 경우에 대비하여 영상녹화물 등의 대체적 증명방법을 허용하고 있다. 형소법 제312조 제4항이 허용한 대체적 증명방법은 '영상녹화물 또는 그 밖의 객관적인 방법'이다. 형소법 제312조 제4항에서 예시적으로 규정하고 있는 '영상녹화물'은 형사소송법(법244의2)과 형사소송규칙(규칙134의2③·④·⑤, 134의4)이 규정한 방식과 절차에 따라 제작되어 조사 신청된 영상녹화물을 의미한다(2020도13957).

영상녹화물은 수사기관의 참고인조사절차에서 참고인의 동의를 받아 제작된다(법221① 2문). 이 영상녹화물은 조사의 개시부터 종료까지의 전 과정 및 객관적 정황이 영상녹화된 것이어야 한다(법244의2① 참조). 조사의 전 과정이 녹화되지 아니한 영상녹화물에 의하여는 특별한 사정이 없는 한 참고인진술을 기재한 조서의 실질적 진정성립을 증명할 수 없다(2022도364). 이 경우 조사의 전 과정은 개별 조사에서의 전 과정을 의미한다(2020도13957 참조).

형소법 제312조 제4항이 허용한 '그 밖의 객관적인 방법'은 영상녹화물과 같은 정도로 진술내용을 과학적·기계적으로 재현해 낼 수 있는 방법을 의미한다(2015도16586). 참고인을 조사한 조사관이나 조사과정에 참여한 통역인 등의 증언은 증인의 주관적 기억능력에 좌우되기 때문에 '객관적인 방법'에 해당한다고 볼 수 없다(2015도16586).

형소법 제312조 제4항은 실질적 진정성립의 입증과 관련하여 피고인이 아닌 자의 진술을 기재한 조서가 수사기관 앞에서 진술한 내용과 동일하게 기재되어 있음이 영상녹화물이나 그 밖의 객관적인 방법에 의하여 '증명'될 것을 요구하고 있다. 이 경우 '증명'은 단순한 '소명'을 넘어서는 것으로서, 합리적 의심의 여지가 없을 정도로 입증하는 것을 말한다.

실질적 진정성립의 증명은 범죄사실 자체에 대한 증명이 아니므로 자유로운 증명으로도 족하다. 그러나 영상녹화물이나 그 밖의 객관적인 증명방법은 반드시 공판준비나 공판기일에 법관의 면전에서 조사되어야 한다. 실질적 진정성립의 원칙적 입증방법인 피고인 아닌 자의 진술이 공판준비 또는 공판기일에 이루어지는 점과 조화를 이루어야 하기 때문이다.

(4) 반대신문의 기회부여

수사기관이 작성한 피의자신문조서와 수사기관이 작성한 참고인진술조서의 증거능력 요건을 비교할 때 크게 차이가 있는 부분은 반대신문 기회부여의 요건이다. 참고인진술조서에 증거능력이 부여되려면 피고인 또는 변호인이 공판준비 또는 공판기일에 그 기재내용에 관하여 원진술자(참고인)를 신문할 수 있었어야 한다(법312④). 공판준비기일 또는 공판기일에는 법관의 면전에서 절차가 진행된다. 따라서 원진술자(참고인)는 법관의 면전에 출석하여 선서한 다음 피고인 또는 변호인의 반대신문에 응하지 않으면 안 된다. 다만 반대신문권의 보장은 반대신문의 기회가 제공되는 것으로 족하다. 반드시 반대신문이 실시되어야 하는 것은 아니다.

원진술자에 대한 반대신문권의 보장은 피고인에게 불리한 주된 증거의 증명력을 탄핵할 수 있는 기회가 보장되어야 한다는 점에서 형식적·절차적인 것이 아니라 실질적·효과적인 것이어야 한다(2016도17054). 피고인에게 불리한 증인이 주신문에서 답변을 하였으나 반대신문에 대하여는 답변을 하지 아니하는 경우가 있다. 이와 같이 피고인 또는 변호인에게 피의자 아닌 자의 진술조서의 기재 내용에 대하여 원진술자를 신문할 기회가 실질적으로 주어졌다고 볼 수 없다면 그 진술조서는 형소법 제312조 제4항에서 규정한 '피고인 또는 변호인이 공판기일에 그 기재 내용에 관하여 원진술자를 신문할 수 있었던 때'의 요건을 갖추지 못하여 전문법칙의 예외로서 증거능력을 인정할 수 없다(2016도17054).

(5) 특신상태

형소법 제312조 제4항 단서는 참고인진술조서의 증거능력과 관련하여 "그 조서에 기재된 진술이 특히 신빙할 수 있는 상태하에서 행하여졌음이 증명된 때에 한한다."는 요건을 규정하고 있다. '조서에 기재된 진술이 특히 신빙할 수 있는 상태하에서 행하여졌음'을 가리켜서 특신상태라고 한다. 형사소송법은 전문증거의 증거능력 요건으로 여러 곳에서 특신상태를 요구하고 있다(법312④, 313① 단서, 314, 316①·②). 특신상태의 요건은 전문법칙의 예외가 과도하게 인정되는 것을 통제하는 장치이다.

특신상태는 (가) 진술의 내용이나 조서 또는 서류의 작성에 허위개입의 여지가 거의 없고, (나) 그 진술 내용의 신빙성이나 임의성을 담보할 구체적이고 외부적인 정황이 있는 경우를 가리킨다(2011도3809). 특신상태의 판단은 전문증거의 유형에 따라 구체적·개별적으로 이루어져야 할 것이다.

특신상태는 증거능력의 요건에 해당하므로 검사가 그 존재에 대해 구체적으로 주장·입증하여야 한다. 특신상태는 소송법적 사실에 관한 것이므로 엄격한 증명을 요하지 아니하고 자유로운 증명으로 족하다(2012도2937). 그러나 특신상태는 반드시 '증명'되어야 하며 그러한 증명이 이루어진 때에 '한하여' 전문증거의 증거능력이 인정된다. 특신상태의 '증명'은 합리적 의심의 여지가 없을 정도로 증명하는 것이다.

2-3. 제312조에 의한 예외 - 검증조서

(1) 수사기관의 검증 결과를 기재한 조서

수사기관이 검증의 결과를 기재한 조서는 (가) 적법한 절차와 방식에 따라 작성된 것으로서 (나) 공판준비 또는 공판기일에서의 작성자의 진술에 따라 그 성립의 진정함이 증명된 때에는 이를 증거로 할 수 있다(법312⑥). '성립의 진정함이 증명된 때'라는 요건은 형식적 진정성립과 실질적 진정성립을 모두 포함하는 의미이지만 (가)의 '적법한 절차와 방식'의 요건 속에 형식적 진정성립이 포함되어 있으므로 결국 (나)의 요건은 실질적 진정성립을 의미하게 된다. (나) 요건의 경우 '작성자'는 검증의 주체가 된 검사 또는 사법경찰관을 말한다. 단순히 검증에 참여한 데 불과한 사법경찰리는 검증조서에 대해 성립의 진정을 인정할 수 없다(76도500).

형소법 제312조 제6항에 의하여 증거능력이 인정되는 수사기관의 검증조서에는 영장에 의한 검증(법215)에 기하여 작성된 조서와 영장에 의하지 아니한 강제처분으로서의 검증(법216, 217)에 기하여 작성된 조서가 있다(법49). 긴급처분으로서 검증이 행해진 경우에는 그 검증이 사후에 법원으로부터 영장을 발부받은 것일 때 비로소 당해 검증조서에 증거능력이 부여될 수 있다(83도3006). 수사보고서는 단지 수사의 경위 및 결과를 내부적으로 보고하기 위하여 작성된 서류에 불과하다. 그러므로 수사보고서 안에 검증의 결과에 해당하는 기재가 있다고 하여 이를 '검사 또는 사법경찰관이 검증의 결과를 기재한 조서'라고 할 수는 없다(2000도2933).

검증조서는 조서이다. 조서는 공무원이 법령에 근거하여 법령이 정한 형식을 갖추어서 작성한 문서를 말한다. 이와 관련하여 (가) 피검증자의 승낙에 의하여 검증한 결과를 기재한 서면이나, (나) 수사기관이 임의수사의 하나로 실황조사를 행하고 그 결과를 기재한 실황조사서를 형소법 제312조 제6항이 규정한 '검사 또는 사법경찰관이 검증의 결과를 기재한 조서'에 해당한다고 볼 것인가 하는 문제가 있다. 이에 대해서는 검증조서라고 보는 견해와 이를 부정하는 견해가 각각 제시되고 있다. 판례는 실황조사서를 검증조서에 해당하지 않는다고 본다(84도378).

(2) 검증조서에 기재된 진술

증거능력이 인정되는 수사기관 작성의 검증조서에 검증참여자의 진술이 기재되는 경우가 있는데, 이때 검증조서에 기재된 진술의 증거능력이 문제된다. 수사기관의 검증조서에 기재된 진술의 증거능력은 법관의 검증조서(법311)에 기재된 진술과 달리 증거능력을 엄격히 제한해야 한다. 수사기관 작성의 검증조서에 기재된 진술의 증거능력은 특히 그 진술내용이 요증사실을 증명하는 경우에 많이 문제된다. 이 경우 검증조서에 기재된 진술의 증거능력은 그 진술이 피의자의 것인가 참고인의 것인가를 따져서 결정해야 한다.

그리하여 (가) 피의자의 진술이 수사기관 작성 검증조서에 기재되었다면 수사기관 작성 피의자신문조서(법312① · ③)에 준하여, (나) 참고인의 진술이 수사기관 작성 검증조서에 기재되었다면 수사기관의 참고인진술조서(법312④)에 준하여 증거능력 여부를 판단해야 한다.

3-1. 제313조에 의한 예외 – 피고인 작성 진술서

(1) 제313조의 객체

형소법 제313조의 규율대상은 원칙적으로 형소법 제311조 및 제312조에 규정된 것 이외의 '서류'이다(법313①). 피고인 또는 피고인 아닌 자가 작성하였거나 진술한 내용이 포함된 문자 · 사진 · 영상 등의 정보로서 컴퓨터용디스크, 그 밖에 이와 비슷한 정보저장매체에 저장된 것은 '서류'와 동일하게 취급된다(법313①).

형소법 제313조의 객체는 수사과정 외에서 작성된 것이어야 한다. 피고인이 아닌 자의 진술을 기재한 서류가 비록 수사기관이 아닌 자에 의하여 작성되었다고 하더라도, (가) 수사가 시작된 이후 (나) 수사기관의 관여나 영향 아래 작성된 경우로서 (다) 서류를 작성한 자의 신분이나 지위, 서류를 작성한 경위와 목적, 작성 시기와 장소 및 진술을 받는 방식 등에 비추어 실질적으로 고찰할 때 (라) 그 서류가 수사과정 외에서 작성된 것이라고 보기 어렵다면, (마) 이를 형사소송법 제313조 제1항의 '전 2조의 규정 이외에 피고인이 아닌 자의 진술을 기재한 서류'에 해당한다고 할 수 없다(2023도15133 ☞ 585면). 진술분석관(성폭력처벌법33① · ④ 참조)이 성범죄 가해자나 피해자 진술의 신빙성을 분석한 진술분석결과통보서는 수사과정 외에서 작성된 것이라고 볼 수 없으므로 형소법 제313조 제1항에 따라 증거능력을 인정할 수 없다(2023도15133).

「즉결심판에 관한 절차법」(즉결심판법)은 범증이 명백하고 죄질이 경미한 범죄사실을 신속 · 적정한 절차로 심판하게 하기 위하여 마련된 절차법이다(즉결심판법1 참조). 즉결심판절차에서는 조서 이외의 서류에 관하여 규정한 형소법 제313조가 적용되지 않는다(즉 결심판법10). 따라서 형소법 제313조의 요건이 구비되지 않더라도 증거능력이 인정된다(후술 516면).

피고인 또는 피고인이 아닌 자가 수사과정에서 작성한 진술서는 조서에 준하여 취급되므로(법312⑤) 형소법 제313조의 적용대상에서 제외된다. 그러나 수사기관이 작성한 수사보고서는 형소법 제313조의 서류에 포함된다(2022도14645 ☞ 574면). 예컨대 공범(X)이 피고인(Y)과의 범죄사실을 자백하였음을 수사기관(갑)이 수사보고서에 기재한 경우 그 수사보고서는 수사기관(갑)이 수사의 경위 및 결과를 내부적으로 보고하면서 피고인 아닌 자에 해당하는 사람(X)의 진술을 기재한 것에 불과하여 형소법 제313조의 서류에 해당한다(2022도14645).

선거관리위원회의 위원이나 직원은 사법경찰관리가 아니다. 선관위의 위원이나 직원이 선거사범 제보자를 상대로 작성한 문답서는 형소법 제313조에 따라 증거능력이 부여된다(2013도5441).

「사법경찰관리의 직무를 수행할 자와 그 직무범위에 관한 법률」(사법경찰직무법)은 「관세법」에 따라 관세범(關稅犯)의 조사 업무에 종사하는 세관공무원을 특별사법경찰관리로 규정하고 있다(동법5 xvii). 그러나 사법경찰직무법은 「조세범 처벌절차법」에 따라 조세범칙조사(동법7 이하)를 담당하는 세무공무원을 특별사법경찰관리에 포함시키지 않고 있다. 따라서 세무공무원은 특별사법경찰관에 해당하지 않는다(2022도8824). 세무공무원이 작성한 심문조서는 피고인 또는 피고인이 아닌 자가 작성한 진술서나 그 진술을 기재한 서류에 해당하므로 형소법 제313조에 따라 공판준비 또는 공판기일에서 작성자·진술자의 진술에 따라 성립의 진정함이 증명되고 나아가 그 진술이 특히 신빙할 수 있는 상태 아래에서 행하여진 때에 한하여 증거능력이 인정된다(2022도8824).

형소법 제313조 제1항의 서류(정보저장매체 포함)는 (가) 피고인이 작성한 진술서, (나) 피고인의 진술을 제삼자가 기재한 서류, (다) 피고인 아닌 자가 작성한 진술서, (라) 피고인 아닌 자의 진술을 제삼자가 기재한 서류의 네 가지 형태로 분류할 수 있다. 피고인의 진술이 기재된 서류, 즉 (가)와 (나)의 서류는 증거능력의 요건이 상이하다. 이에 반해 피고인 아닌 자의 진술이 기재된 서류, 즉 (다)와 (라)의 서류는 증거능력의 요건이 동일하다.

(2) 자필, 서명·날인

피고인이 작성한 진술서(정보저장매체 포함)는 (가) 그 서류에 작성자(피고인)의 자필이거나 그(피고인)의 서명 또는 날인이 있고(법313① 본문), (나) 공판준비나 공판기일에서 그 작성자(피고인)의 진술에 의하여 그 성립의 진정함이 증명되고(법313① 본문), (다) 그(피고인) 진술이 특히 신빙할 수 있는 상태하에서 행하여진 때(법313① 단서)라는 세 가지 요건이 갖추어질 때 증거로 할 수 있다.

자필은 진술자(피고인) 자신의 필적을 말한다. 자필은 진술자(피고인)가 자신의 진술을 서면에 직접 기록하고 있음을 보여주는 명확한 표시로서 진술이 기재된 서류의 직접성을 확인하는 가장 확실한 방법이다. 서명은 진술자(피고인)가 서면에 직접 자신의 이름을 기재하는 방식이다. 날인은 진술주체가 서면에 직접 자신의 인장을 압날하는 방식이다. 서명이나 날인은 모두 자신의 진술이 서면에 직접적으로 기재되고 있음을 확인하는 표시방법으로서 자필에 필적하는 방법이다.

(3) 형식적 진정성립과 실질적 진정성립

피고인이 작성한 진술서가 증거능력을 인정받으려면 자필이나 서명·날인의 요건 이외에 '성립의 진정' 요건을 갖추어야 한다. 피고인이 작성한 진술서의 경우 '성립의 진정'은 진술자인 피고인에 의하여 인정되어야 한다. '성립의 진정'은 형식적 진정성립과 실질적 진정성립으로 이루어진다. 형식적 진정성립이란 진술서의 작성자가 피고인임을 확인하는 것이다. 형식적 진정성립은 진술자인 피고인이 진술서에 기재된 필적이나 서명·날인이 피고인 자신의 것임을 법관의 면전에서 확인하는 진술을 통하여 인정된다. 실질적 진정성립은 진술서의 기재내용이 진술자(피고인)가 진술한 대로 기재되었다는 확인진술을 말한다(2011도8325).

피고인이 작성한 진술서가 '성립의 진정'을 인정받으려면 형식적 진정성립과 실질적 진정성립이 각각 증명되어야 한다. 형식적 진정성립으로부터 실질적 진정성립을 추정하는 것은 원칙적으로 허용되지 않는다(2002도537). 그러나 피고인의 자필로 작성된 진술서의 경우에는 서류의 작성자가 동시에 진술자이므로 진정하게 성립된 것으로 인정된다(2000도1743).

피고인이 작성한 진술서가 진정성립을 인정받으려면 원칙적으로 피고인이 공판준비기일 또는 공판기일에 출석하여 해당 서류에 대해 직접 성립의 진정에 관한 진술을 해야 한다. 공판준비기일 또는 공판기일에는 법관으로 구성된 재판부가 절차를 진행한다. 따라서 진술자인 피고인은 법정에서 법관이 보고 듣는 가운데 성립의 진정을 인정하지 않으면 안 된다(법313① 본문).

피고인이 작성한 진술서에는 서면과 정보저장매체가 모두 포함된다(법313①). 피고인이 공판준비나 공판기일에서 피고인이 작성한 진술서에 대해 성립의 진정을 부인하는 경우에

는 과학적 분석결과에 기초한 디지털포렌식 자료, 감정 등 객관적 방법으로 성립의 진정함
이 증명되는 때에는 증거로 할 수 있다(법312② 본문). 목격자나 참여자의 진술과 같은 것은
객관적인 방법이 아니므로 진정성립의 대체적 증명방법으로 허용되지 않는다(2015도16586
참조).

(4) 특신상태

피고인이 작성한 진술서는 진술증거로서 그 서류에 기재되어 있는 피고인의 진술이 요
증사실을 증명하게 된다. 이 경우 피고인의 진술은 특히 신빙할 수 있는 상태하에서 행하
여진 것이어야 한다(법313① 단서). 이를 특신상태의 요건이라고 한다. 형소법 제313조 제1
항 본문은 특신상태의 요건을 명시하고 있지 않다. 그러나 판례는 형소법 제313조 제1항
단서를 근거로 특신상태를 요구하고 있다(2000도1743).

피고인이 작성한 진술서의 경우 특신상태는 (가) 피고인의 진술서 작성에 허위개입의
여지가 거의 없고, (나) 그 진술 내용의 신빙성이나 임의성을 담보할 구체적이고 외부적인
정황이 있는 경우를 가리킨다(2011도3809). 특신상태는 증거능력의 요건에 해당하므로 검
사가 그 존재에 대하여 구체적으로 주장·입증하여야 한다. 특신상태는 소송법적 사실에
관한 것이므로 엄격한 증명을 요하지 아니하고 자유로운 증명으로 족하다(2000도1743). 그
러나 특신상태는 반드시 '증명'되어야 한다. 특신상태의 '증명'은 합리적 의심의 여지가 없
을 정도로 증명하는 것이다.

피고인이 작성한 진술서의 예로 소위 각서를 들 수 있다. 경리직원(갑)이 고용주(A)
에게 횡령사실을 인정하여 자필로 각서(㉠서류)를 작성하여 교부한 사안을 생각해 본다.
검사가 경리직원(갑)에 대한 횡령죄 피고사건에서 ㉠각서를 증거로 제출한 경우 이를
유죄 인정의 증거로 사용하려면 다음의 검토과정을 거쳐야 한다. 먼저, ㉠각서는 피고인
이 작성한 진술서에 해당한다. ㉠각서는 자필로 작성되어 있으므로 '성립의 진정'이 증
명된다. 이제 ㉠각서에 기재된 피고인(갑)의 진술("횡령사실을 인정한다")이 특히 신빙할
수 있는 상태에서 행하여진 것인지를 검토해야 한다. 특신상태는 ㉠각서의 작성 당시의
상황, 작성의 동기와 경위, 목격자의 존재 등 여러 가지 사정을 종합적으로 고려하여 판
단해야 한다.

3-2. 제313조에 의한 예외 – 피고인진술 기재서면

(1) 형소법 제313조 제1항 단서의 입법취지

형소법 제313조가 규정한 서류 가운데 두 번째 유형은 피고인의 진술을 제삼자가 기재

한 서류(정보저장매체 포함)이다. 이러한 서류는 (가) 진술자(피고인)의 서명 또는 날인이 있고(자필은 상정할 수 없음), (나) 공판준비 또는 공판기일에서의 그 작성자(제삼자)의 진술에 의하여 그 성립의 진정함이 증명되고 (다) 그 진술이 특히 신빙할 수 있는 상태하에서 행하여진 때에 한하여 (라) 피고인의 공판준비 또는 공판기일에서의 진술에 불구하고 증거로 할 수 있다(법313① 단서).

　피고인의 진술을 기재한 서류가 피고인이 작성한 서류와 구별되는 이유는 증거능력 요건이 완화되기 때문이다. 피고인은 진술거부권(헌법12②, 법283의2)을 가지고 있다. 이 때문에 피고인이 공판준비 또는 공판기일에 진술을 거부하거나 성립의 진정을 부인하게 되면 '피고인의 진술을 기재한 서류'에 기재된 진술과 동일한 내용의 진술을 피고인으로부터 재차 획득할 수 없다. '피고인의 공판준비 또는 공판기일에서의 진술에 불구하고'라는 표현은 '피고인이 법관 면전에서 형식적 진정성립 또는 실질적 진정성립을 부인하는 진술에 불구하고'라는 의미로 이해된다. 그리하여 피고인의 진술을 기재한 서류의 경우에는 피고인이 아니라 피고인의 진술을 기재한 제삼자가 '성립의 진정'을 인정하게 된다. 결국 형소법 제313조 제1항 단서의 '그 작성자의 진술에 의하여 그 성립의 진정함이 증명된다' 함은 피고인이 아니라 피고인의 진술을 기재한 제삼자의 진술에 의하여 피고인의 진술을 기재한 서류의 '성립의 진정'이 증명된다는 것을 의미하게 된다(2018도3914).

(2) 증거능력 요건

　피고인의 진술을 기재한 서류(정보저장매체 포함)의 경우 증거능력 요건은 (가) 진술자(피고인)의 서명 또는 날인(자필은 상정할 수 없음), (나) 피고인의 진술을 기재한 작성자(제삼자)의 진술에 의한 진정성립, (다) 특신상태의 세 가지로 요약된다. 이들 요건의 구체적인 내용은 피고인 작성의 진술서에서 설명한 것에 준한다.

　피고인의 진술을 기재한 서류의 예로 각종 확인서를 들 수 있다. 정부합동공직복무점검단 소속 점검단원(사법경찰관이 아님) A가 공무원 갑으로부터 금품수수 사실을 시인하는 진술을 듣고 ㉠확인서를 작성한 사안을 생각해 본다. ㉠확인서는 피고인(갑)의 진술을 제삼자(A)가 기재한 서류에 해당한다. 검사가 공무원 갑을 뇌물수수죄로 기소하면서 ㉠확인서를 증거로 제출한 경우에 이를 유죄 인정의 증거로 사용하려면 다음의 검토과정을 거쳐야 한다. 먼저, ㉠확인서에 피고인 갑의 서명 또는 날인이 있음을 확인한다. 다음으로, 공판준비 또는 공판기일에 ㉠확인서의 작성자인 A의 진술에 의하여 성립의 진정함이 증명되었음을 확인한다. 나아가 ㉠확인서에 기재된 피고인 갑의 진술("뇌물을 수수한 사실이 있다")이 특히 신빙할 수 있는 상태하에서 행하여졌음을 확인한다. 검사가 이 요건들을 증명하면 피고인 갑이 성립의 진정을 부인하더라도 ㉠확인서는 형소법 제313조 제1항 단서에 따라 증거능력이 인정된다(2018도3914).

피고인의 진술을 기재한 서류가 비록 수사기관이 아닌 자에 의하여 작성되었다고 하더라도 수사가 시작된 이후 수사기관의 관여나 영향 아래 작성된 것이라면 형소법 제313조 제1항의 적용범위에서 제외된다. 피고인의 진술을 기재한 서류가 비록 수사기관이 아닌 자에 의하여 작성되었다고 하더라도 (가) 수사가 시작된 이후 (나) 수사기관의 관여나 영향 아래 작성된 경우로서 (다) (ㄱ) 서류를 작성한 자의 신분이나 지위, (ㄴ) 서류를 작성한 경위와 목적, (ㄷ) 작성 시기와 장소 및 (ㄹ) 진술을 받는 방식 등에 비추어 실질적으로 고찰할 때 (라) 그 서류가 수사과정 외에서 작성된 것이라고 보기 어렵다면, (마) 이를 형소법 제313조 제1항의 '전 2조의 규정 이외에 피고인의 진술을 기재한 서류'에 해당한다고 할 수 없다(2024도11314 ☞ 597면).

「범죄피해자 보호법」은 피의자 및 범죄피해자 간 형사분쟁을 원만히 해결하기 위하여 형사조정제도를 규정하고 있다. 형사조정위원은 일반인 가운데에서 위촉된다. 검사는 수사 중인 형사사건을 형사조정에 회부할 수 있다(동법41①). 형사조정위원은 형사조정조서를 작성한다(동법45①). 형사조정조서는 수사기관이 아닌 자에 의하여 작성되었다. 그렇다고 하더라도 수사가 시작된 이후 수사기관의 관여나 영향 아래 작성된 경우이다. 실질적으로 고찰할 때 이를 수사과정 외에서 작성된 것이라고 볼 수 없다. 그러므로 형사조정조서에 기재된 피고인의 진술은 형소법 제313조 제1항에 따라 증거능력을 인정할 수 없다(2024도11314).

3-3. 제313조에 의한 예외 – 피고인 아닌 자의 진술서면

(1) 증거능력 요건

형소법 제313조가 규정한 서류의 세 번째 유형은 피고인 아닌 자가 작성한 진술서나 그 진술을 기재한 서류이다. '서류'에는 정보저장매체가 포함된다(법313①). 피고인 아닌 자가 작성한 진술서나 그 진술을 기재한 서류는 (가) 그 작성자 또는 진술자의 자필이거나 그 서명 또는 날인이 있고, (나) 공판준비나 공판기일에서의 그 작성자 또는 진술자의 진술에 의하여 그 성립의 진정함이 증명되며(대체적 증명 허용됨), (다) 피고인 또는 변호인이 공판준비 또는 공판기일에 그 기재 내용에 관하여 작성자를 신문할 수 있었고, (라) 피고인 아닌 자의 진술이 특히 신빙할 수 있는 상태하에서 행하여진 것일 때 증거능력이 인정된다. (가)의 자필, 서명·날인, (나)의 '성립의 진정'(대체적 증명방법 허용됨), (라)의 특신상태의 요건은 피고인이 작성한 서류의 항목에서 설명한 것에 준한다.

(2) 반대신문권의 보장

피고인 아닌 자가 작성한 진술서나 그 진술을 기재한 서류의 경우에는 피고인이 작성한 진술서나 그 진술을 기재한 서류의 경우와 달리 (다)의 반대신문권 보장이 증거능력의 요건으로 추가된다. 피고인 측의 반대신문권 보장은 피고인 측이 피고인 아닌 자를 반드시 신문해야 한다는 의미는 아니다. 피고인 측에게 반대신문의 기회를 제공하는 것으로 족하다.

피고인 아닌 자의 진술을 기재한 서류의 예로서 공범자의 진술을 기재한 수사보고서를 들 수 있다. 갑과 을이 함께 마약류를 불법적으로 투약한 혐의로 수사받는 과정에서 공범자 을이 "갑과 함께 마약류를 투약하였다."고 자백하였고, 을의 자백진술이 ㉠수사보고서에 기재된 사안을 생각해 본다. 이 사안에서 검사가 갑을 마약류관리법 위반죄로 기소하면서 ㉠수사보고서를 증거로 제출한 경우에 증거능력이 인정될 것인지 문제된다. 이 문제는 다음의 검토과정을 거쳐서 판단해야 한다.

먼저, ㉠수사보고서는 조서가 아니므로 형소법 제312조가 아니라 제313조의 적용을 받는다. 다음으로, ㉠수사보고서는 수사의 경위 및 결과를 내부적으로 보고하면서 피고인(갑) 아닌 자에 해당하는 사람(을)의 진술을 기재한 서류이다. ㉠수사보고서가 증거능력을 인정받으려면 (가) 피고인 아닌 자(을)의 서명 또는 날인이 있고, (나) 공판준비나 공판기일에서의 피고인 아닌 자(을)의 진술에 의하여 ㉠수사보고서의 성립의 진정함이 증명되며, (다) 피고인(갑) 또는 변호인이 공판준비 또는 공판기일에 그 기재 내용에 관하여 피고인 아닌 자(을)를 신문할 수 있었고, (라) 피고인 아닌 자(을)의 진술이 특히 신빙할 수 있는 상태하에서 행하여진 것임을 검사가 증명하여야 한다. 만일 ㉠수사보고서에 진술자인 을의 서명·날인이 없다면 ㉠수사보고서는 전문증거로서 형소법 제313조에 따른 증거능력이 인정되지 않는다(2022도14645 ☞ 574면).

3-4. 제313조에 의한 예외 – 감정서

형소법 제313조 제3항은 "감정의 경과와 결과를 기재한 서류(정보저장매체 포함)도 제1항 및 제2항과 같다."고 규정하고 있다. 감정의 경과와 결과를 기재한 서류는 일차적으로 법원의 명령에 의하여 감정인이 제출하는 감정서(법171)를 가리킨다. '감정의 경과와 결과를 기재한다'는 것은 감정인이 전문지식에 기하여 경험한 바를 서면에 기재하는 것이다. 경험한 바를 외부에 전달하는 표현이 진술이다. 따라서 감정의 경과와 결과를 기재한 서류도 진술증거로서 전문증거에 해당한다.

'감정의 경과와 결과를 기재한 서류(정보저장매체 포함)'는 진술자가 자신이 경험한 바를 기재하여 직접 법원에 보고하는 서류이다. 그러므로 진술자의 진술을 제삼자가 법원에 간접적으로 보고하는 전형적인 전문진술과 구별된다. 이 점에서 형소법 제313조 제3항은 전문법칙의 예외가 아니라 실질적 직접심리주의의 예외를 이룬다.

'감정의 경과와 결과를 기재한 서류(정보저장매체 포함)'는 피고인 아닌 자의 진술을 기재한 서류에 해당한다. 따라서 (가) 감정인의 자필이거나 서명 또는 날인이 있어야 하고, (나) 공판준비 또는 공판기일에 감정인의 진술에 의하여 그 성립의 진정함이 증명(대체적 증명방법 허용됨)되어야 하며(2011도1902), (다) 감정인의 진술내용에 특신상태가 인정되어야 한다. 그런데 법원 또는 법관의 감정명령에 의하는 경우에는 선서와 허위감정죄(형법154)의 경고에 의하여(법170) 진술내용에 대한 특신상태가 인정된다.

수사기관에 의하여 감정을 촉탁받은 자(수탁감정인)가 작성한 감정서도 형소법 제313조 제3항에 의하여 증거능력 유무가 결정된다고 본다. 형사소송법은 수사기관의 촉탁에 의한 감정도 법원의 명에 의한 감정에 준하는 것으로 취급하고 있기 때문이다(법221의3, 221의4 참조). 사인이 의뢰하여 의사가 작성한 진단서는 법원의 명이나 수사기관의 촉탁에 의한 경우와 같은 정도로 특신상태를 갖추고 있지 못하므로 형소법 제313조 제3항의 적용대상이 되지 않는다. 사인인 의사의 진단서는 일반적인 진술서면으로서 형소법 제313조 제1항에 따라 증거능력 유무를 결정해야 한다(4293형상247).

4. 제314조에 의한 예외

(1) 형소법 제314조의 입법취지

형소법 제314조는 "제312조 또는 제313조의 경우에 공판준비 또는 공판기일에 진술을 요하는 자가 사망·질병·외국거주·소재불명 그 밖에 이에 준하는 사유로 인하여 진술을 할 수 없는 때에는 그 조서 및 그 밖의 서류(정보저장매체 포함)를 증거로 할 수 있다. 다만, 그 진술 또는 작성이 특히 신빙할 수 있는 상태하에서 행하여졌음이 증명된 때에 한한다."고 규정하고 있다. 형소법 제314조는 형소법 제312조에 규정된 각종 조서나 형소법 제313조에 규정된 각종 서류(정보저장매체 포함)가 원진술자의 진술불능으로 인하여 진정성립의 요건을 구비할 수 없는 경우에 대비하여 마련된 보충적 규정이다.

형사소송법은 제312조에서 수사기관이 작성한 각종 조서를, 제313조에서 그 밖의 진술서(정보저장매체 포함)를 규율대상으로 규정하면서, 피고인 또는 변호인의 반대신문권이 보장되는 등 엄격한 요건이 충족될 경우에 한하여 증거능력을 인정하고 있다. 형소법 제312조 및 제313조는 실질적 직접심리주의와 전문법칙의 기본원칙에 대한 예외를 인정한 것이다(2011도6035). 형소법 제314조가 참고인의 소재불명 등의 경우에 그 참고인이 진술하거나 작성한 진술조서나 진술서(정보저장매체 포함)에 대해 증거능력을 인정하는 것은 형소법 제312조 및 제313조가 예외를 인정한 데 대하여 다시 중대한 예외를 인정하는 것이다 (2013도12652). 거듭된 예외라는 점에 비추어 볼 때 형소법 제314조에 의한 증거능력의 판단에는 특별히 신중을 기해야 한다.

형소법 제314조는 피고인 아닌 자가 진술자인 경우로서 진술자가 진술불능인 때에 적용되는 조문이다. 피고인이 진술자인 조서나 서류(정보저장매체 포함)의 경우에는 피고인이 원칙적으로 법정에 출석하게 되므로(법275③, 276) 형소법 제314조는 처음부터 적용될 여지가 없다. 한편 피고인의 출정 없이 증거조사를 할 수 있는 경우에 피고인이 출정하지 아니한 때에는 피고인의 증거동의가 있는 것으로 간주된다(법318②). 이 경우에는 형소법 제318조 제1항에 따라 해당 조서나 서류(정보저장매체 포함)의 증거능력이 인정되므로 형소법 제314조가 적용될 여지가 없다. 결국 형소법 제314조는 '피고인 아닌 자의 진술'을 원진술로 하는 조서나 진술서(정보저장매체 포함)를 적용대상으로 하게 된다.

한편 공동피의자에 대한 수사기관 작성 피의자신문조서에 대해서는 위법수사를 방지하려는 형소법 제312조 제1항과 제3항이 우선 적용되어 형소법 제314조의 적용이 배제된다(2003도7185).

형소법 제314조는 단순한 전문의 형태를 취하는 경우에 한하여 예외적으로 그 증거능력을 인정하고 있다. 재전문진술을 기재한 조서나 서류(정보저장매체 포함)에 대하여는 달리 그 증거능력을 인정하는 규정이 마련되어 있지 않다. 그러므로 피고인이 증거로 하는 데 동의하지 아니하는 한 재전문진술을 기재한 조서나 서류(정보저장매체 포함)는 원칙규정인 형소법 제310조의2이 적용되어 이를 증거로 할 수 없다(2003도171).

(2) 진술불능의 요건

형소법 제314조가 증거능력 부여의 요건으로 설정하고 있는 것은 원진술자의 진술불능과 특신상태의 두 가지이다. 형소법 제314조에 의하여 증거능력이 인정되려면 먼저 공판준비 또는 공판기일에 진술을 요하는 자가 사망·질병·외국거주·소재불명 그 밖에 이에 준하는 사유로 인하여 진술을 할 수 없어야 한다.

질병은 공판이 계속되는 기간 동안 임상신문이나 출장신문도 불가능할 정도의 중병임을 요한다(2004도3619). 소재불명은 소환장이 주소불명 등으로 송달불능이 되어 소재탐지촉탁까지 하여 소재수사를 하였어도 진술을 요하는 자의 소재를 확인할 수 없는 경우를 가리킨다(2003도171). '외국거주'는 진술을 해야 할 사람이 단순히 외국에 있다는 것만으로는 부족하고, 가능하고 상당한 수단을 다하더라도 그 사람을 법정에 출석하게 할 수 없는 사정이 있어야 예외적으로 그 요건이 충족될 수 있다(2013도2511).

원진술자의 진술불능에는 원진술자가 공판준비기일 또는 공판기일에 법관의 면전에 출두할 수 없는 경우뿐만 아니라 출석한 후에 진술을 하지 않는 경우도 포함된다. 원진술자가 공판정에서 진술을 한 경우라 할지라도 증인신문 당시 일정한 사항에 관하여 기억이 나지 않는다는 취지로 진술하여 그 진술의 일부가 재현 불가능하게 된 경우는 진술불능에 포함된다(2005도9561).

법정에 출석한 증인이 형소법 제148조 및 제149조에 따라 정당하게 증언거부권을 행사하여 증언을 거부한 경우는 형소법 제314조의 '그 밖에 이에 준하는 사유로 인하여 진술할 수 없는 때'에 해당하지 않는다(2012도16001). 증인이 증언거부권을 행사하려면 거부사유를 소명해야 한다(법150). 증인이 거부사유를 소명하지 않고 선서를 거부하거나 증언을 거부하는 행위는 정당한 증언거부권의 행사라고 할 수 없다. 또한 증인에 대해 유죄판결이 확정된 경우에는 새로이 처벌받을 위험이 없으므로 공범에 대한 피고사건에서 증언을 거부할 수 없다(2011도11994). 증인이 정당하게 증언거부권을 행사한 것으로 볼 수 없는 경우도, 피고인이 증인의 증언거부 상황을 초래하였다는 등의 특별한 사정이 없는 한, 정당하게 증언거부권을 행사하여 증언을 거부한 경우와 마찬가지로 형소법 제314조의 '그 밖에 이에 준하는 사유로 인하여 진술할 수 없는 때'에 해당하지 않는다(2018도13945). 증인이 정당하게 증언거부권을 행사한 경우와 증언거부권의 정당한 행사가 아닌 경우를 비교하면 양자 모두 피고인의 반대신문권이 보장되지 않는다는 점에서 차이가 없기 때문이다.

(3) 특신상태

형소법 제314조를 적용하기 위한 두 번째 요건은 특신상태이다. 형소법 제314조 단서에 규정된 '그 진술 또는 작성이 특히 신빙할 수 있는 상태하에서 행하여진 때'라 함은 (가) 그 진술내용이나 조서 또는 서류(정보저장매체 포함)의 작성에 허위개입의 여지가 거의 없고, (나) 그 진술내용의 신용성이나 임의성을 담보할 구체적이고 외부적인 정황이 있는 경우를 가리킨다(2004도3619).

(가)의 요건과 관련하여 '그 진술'이란 요증사실을 증명할 수 있는 진술내용을 가리킨다. 그리고 '그 작성'이란 진술자의 진술내용을 서면에 기재하거나 정보저장매체에 기록·저장하는 행위를 가리킨다. (가)의 요건은 진술내용 자체에 대해서뿐만 아니라 진술내용이 서면에 기재되거나 정보저장매체에 기록·저장되는 과정에 대해서도 허위개입의 여지가 거의 없음을 의미한다.

(4) 증거능력 요건의 조사방법

형소법 제314조는 직접심리주의와 전문법칙에 대해 이중의 예외를 인정한 것이다. 그리하여 형소법 제314조의 요건 충족 여부는 엄격히 심사해야 한다. 전문증거의 증거능력을 갖추기 위한 요건에 관한 입증책임은 검사에게 있다. 법원이 증인이 소재불명이거나 그 밖에 이에 준하는 사유로 인하여 진술할 수 없는 때에 해당한다고 인정할 수 있으려면, 증인의 법정 출석을 위한 가능하고도 충분한 노력을 다하였음에도 불구하고 부득이 증인의 법정 출석이 불가능하게 되었다는 사정을 검사가 입증해야 한다(2013도1435).

형소법 제314조에서 참고인 등의 진술 또는 작성이 '특히 신빙할 수 있는 상태하에서 행하여졌음에 대한 증명'은 단지 그러할 개연성이 있다는 정도로는 부족하고 합리적인 의심의 여지를 배제할 정도에 이르러야 한다(2015도12981).

5. 제315조에 의한 예외

(1) 공무원 등이 작성한 직무상 증명문서

형소법 제315조는 일정한 서류에 대하여 별도의 요건 없이 증거능력을 인정하고 있다. 형소법 제315조에 열거된 서류들은 신용성의 정황적 보장이 고도로 인정되므로 진정성립을 증명하기 위한 진술자의 법정진술이나 별도의 특신상태 요건이 갖추어지지 않더라도 당연히 증거능력이 인정되고 있다. 형소법 제315조의 적용대상이 되는 서류는 (가) 공권적 증명문서, (나) 업무상 통상문서, (다) 특신정황 문서로 나누어볼 수 있다.

가족관계기록사항에 관한 증명서, 공정증서등본 기타 공무원 또는 외국공무원이 직무상 증명할 수 있는 사항에 관하여 작성한 문서는 당연히 증거능력이 있다(법315 i). 이러한 서류들은 공권적 증명문서이다. 공권적 증명문서는 고도의 신용성이 보장될 뿐만 아니라, 문서의 원본을 제출하거나 공무원을 공판정에서 신문하여 진정성립을 증명하는 것이 공무 수행상 상당한 부담을 가져오기 때문에 이를 경감해야 할 공익적 필요성이 있다.

공무원 등이 직무상 증명할 수 있는 사항에 관하여 작성한 문서는 등기부등·초본, 주민등록등·초본, 인감증명, 전과조회회보, 신원증명서, 시가감정서 등 그 예가 많다(85도225). 군의관이 작성한 진단서도 공무원이 직무상 증명할 수 있는 사항에 관하여 작성한 문서에 해당한다(72도922). 그러나 사인인 의사가 작성한 진단서는 공권적 증명문서에 해당하지 않는다. 법원의 판결서사본은 직무상 증명에 관한 문서이다. 영사가 공무를 수행하는 과정에서 작성한 증명서는 그 목적이 공적인 증명에 있다기보다 상급자 등에 대한 보고에 있는 것으로서 엄격한 증빙서류를 바탕으로 하여 작성된 것이라고 할 수 없으므로 직무상 증명할 수 있는 사항에 관하여 작성한 문서라고 볼 수 없다(2007도7257).

(2) 업무상 필요로 작성한 통상문서

상업장부, 항해일지 기타 업무상 필요로 작성한 통상문서는 당연히 증거능력이 있다(법 315ⅱ). 일상의 업무과정에서 통상적으로 작성되는 문서를 가리켜서 업무상 통상문서라고 한다. 업무상 통상문서는 상업장부나 항해일지, 진료일지 또는 이와 유사한 금전출납부 등과 같이 범죄사실의 인정 여부와는 관계없이 자기에게 맡겨진 사무를 처리한 내역을 그때 그때 계속적·기계적으로 기재한 문서이다(2015도2625).

업무상 통상문서는 업무의 기계적 반복성으로 인하여 허위가 개입될 여지가 적고, 또 문서의 성질에 비추어 고도의 신용성이 인정되어 반대신문의 필요가 없거나, 작성자를 소환해도 서면제출 이상의 의미가 없는 것들에 해당하기 때문에 당연히 증거능력이 인정된다(2015도2625). 업무의 계속성·반복성이라는 관점에서 볼 때 전표, 전산자료 등은 물론 수기수첩(94도2865)도 업무상 통상문서에 해당한다. 의사가 작성한 진료일지는 업무상 통상문서에 속한다(2015도2625). 그러나 사인인 의사가 작성한 진단서는 업무상 통상문서라고 볼 수 없다(69도179). 경찰관이 작성하는 체포·구속인접견부는 유치된 피의자가 죄증을 인멸하거나 도주를 기도하는 등 유치장의 안전과 질서를 위태롭게 하는 것을 방지하기 위한 목적으로 작성되는 서류로 보일 뿐이어서 형소법 제315조 제2호 또는 제3호에 규정된 당연히 증거능력이 있는 서류로 볼 수 없다(2011도5459).

업무의 계속성·반복성은 실질적 관점에서 판단한다. 성매매 여성들이 성매매를 업으로 하면서 영업에 참고하기 위하여 성매매를 전후하여 상대 남성의 아이디와 전화번호 및 성매매방법 등을 메모지에 적어두었다가 입력한 메모리카드에 기재된 내용은 영업상 필요로 작성된 통상문서로서 그 자체가 당연히 증거능력 있는 문서에 해당한다(2007도3219).

(3) 기타 특히 신용할 만한 정황에 의하여 작성된 문서

형소법 제315조 제3호는 '기타 특히 신용할 만한 정황에 의하여 작성된 문서'에 대하여 증거능력을 인정하고 있다. 여기에서 '기타 특히 신용할 만한 정황에 의하여 작성된 문서' 란 형소법 제315조 제1호와 제2호에서 열거된 공권적 증명문서 및 업무상 통상문서에 준하여 '굳이 반대신문의 기회 부여 여부가 문제되지 않을 정도로 고도의 신용성의 정황적 보장이 있는 문서'를 의미한다(2017도12671). 여기에 해당하는 문서의 예로는 공공기록, 역서(曆書), 정기간행물상의 시장가격표, 스포츠기록, 공무소 작성의 각종 통계와 연감 등을 들 수 있다.

보험사기 사건에서 건강보험심사평가원이 수사기관의 의뢰에 따라 보내온 자료를 토대로 입원진료의 적정성에 대한 의견을 제시한 회신서와 같이, 사무처리 내역을 계속적, 기계적으로 기재한 문서가 아니라 범죄사실의 인정 여부와 관련 있는 어떠한 의견을 제시하는 내용을 담고 있는 문서는 형소법 제315조 제3호에서 규정하는 당연히 증거능력이 있는 서류에 해당한다고 볼 수 없다(2017도12671).

전문법칙의 예외를 규정한 형소법 제312조 내지 제314조는 '특히 신빙할 수 있는 상태하에서' 진술이 이루어질 것을 요구하고 있다(특신상태). 이에 반해 형소법 제315조 제3호는 '특히 신용할 만한 정황에 의하여' 문서가 작성될 것을 요구하고 있다. 이를 특신상태에 대비하여 특신정황이라고 부른다. 특신상태는 (가) 그 진술내용이나 조서 또는 서류의 작성에 허위개입의 여지가 거의 없고, (나) 그 진술내용의 신용성이나 임의성을 담보할 구체적이고 외부적인 정황이 있는 경우를 가리킨다(2004도3619). 이에 대해 특신정황은 문서가 작성되는 일반적, 외부적 상황 자체를 중시하는 표현으로서 특신상태의 구성요소 가운데 (나)의 부분, 즉 문서내용의 신용성이나 임의성을 담보할 구체적이고 외부적인 정황이 있는 경우를 가리킨다.

판례는 당해 사건의 체포·구속적부심사절차에서 작성된 조서(법214의2⑭, 201의2⑥)에 대해 이를 형소법 제315조 제3호의 '특히 신용할 만한 정황에 의하여 작성된 문서'로 보아 일단 증거능력을 긍정하고 있다. 그러나 동시에 판례는 체포·구속적부심사절차가 피고인의 권리보장을 위한 절차라는 점에 주목하여 그 체포·구속적부심사조서에 기재된 진술의 신빙성 판단에 신중을 기할 것을 요구하고 있다(2003도5693). 동일한 법리는 판사의 영장실질심사절차에서 작성된 조서(법201의2⑥)에 대해서도 적용된다. 피고사건과 별도의 공범사건에서 작성된 공판조서는 형소법 제311조가 아니라 제315조 제3호에 의하여 당연히 증거능력이 인정된다(66도617).

6. 제316조에 의한 예외

(1) 의의와 적용범위

형사소송법은 전문증거를 서류의 형태를 취하는 것과 구두진술의 형태를 취하는 것으로 나누면서(법310의2) 서면 형식에 의한 전문증거에 대해서는 형소법 제311조 내지 제315조에서, 구두진술에 의한 전문증거에 대해서는 형소법 제316조에서 각각 전문법칙 예외규정을 두고 있다. 형소법 제316조는 단순한 전문의 형태를 취하는 경우에 한하여 예외적으로 그 증거능력을 인정하고 있다. 재전문진술에 대해서는 형소법 제316조에 의한 예외 인정이 허용되지 않는다(2003도171)(전술 328면).

　타인의 진술(원진술)을 내용으로 하는 진술이 전문증거인지 여부는 요증사실과의 관계에서 정해진다. 타인 진술의 내용인 사실이 요증사실인 경우에는 전문증거이다. 그러나 타인 진술의 존재 자체가 요증사실인 경우는 본래증거이지 전문증거가 아니다(전술 329면). 예컨대 알선수재죄 피고사건에서 고소인(A)이 공판기일에 나와 "피고인(갑)이 고소인(A)에게 '관계당국을 상대로 로비활동을 하고 있다'고 말하였다."라고 진술한 경우를 본다. 이 경우 피고인(갑)의 진술 내용이 아니라 피고인(갑)의 진술 자체가 알선수재죄 피고사건의 요증사실에 관한 것이다. 그러므로 이를 직접 경험한 고소인(A)이 "피고인(갑)으로부터 '관계당국을 상대로 로비활동을 하고 있다'는 말을 들었다."라고 하는 진술은 전문증거가 아니라 본래증거에 해당하여 형소법 제316조의 적용대상이 되지 않는다(2008도8007).

(2) 피고인의 진술을 내용으로 하는 제삼자의 진술

　형소법 제316조 제1항에 따르면 피고인 아닌 자의 공판준비 또는 공판기일에서의 진술이 피고인의 진술을 내용으로 하는 것인 때에는 그(피고인) 진술이 특히 신빙할 수 있는 상태하에서 행하여졌음이 증명될 때 이를 증거로 할 수 있다. 형소법 제316조 제1항은 직접심리주의에 대한 예외규정이라고 생각된다. 범죄사실의 증명에 피고인의 진술이 필요한 경우 그 진술은 공판정에서 피고인신문(법296의2)의 형태를 통하여 현출(顯出)되는 것이 원칙이다. 그러나 피고인의 진술은 피고인에게 인정되는 진술거부권(법283의2①)으로 인하여 동일한 내용의 진술이 재현될 가능성이 희박하다는 특성을 가지고 있다. 이 때문에 형소법 제316조 제1항은 실체적 진실발견의 관점에서 피고인의 진술을 내용으로 하는 제삼자의 진술을 증거로 사용할 수 있도록 허용한 것이다. 그런데 실체적 진실발견만을 추구하여 전문진술의 사용을 허용하게 되면 오히려 오판을 불러일으킬 위험이 있다. 그리하여 형소법 제316조 제1항은 피고인의 원진술이 '특히 신빙할 수 있는 상태하에서 행하여졌음이 증명된 때에 한하여'라는 요건을 붙여서 증거능력을 인정하고 있다.

　형소법 제316조 제1항은 공소제기 전에 피고인을 피의자로 조사하였거나 그 조사에 참여하였던 자의 공판준비 또는 공판기일에서의 진술이 피고인의 진술을 그 내용으로 하는 것인 때에도 그 진술이 특히 신빙할 수 있는 상태하에서 행하여졌음이 증명될 때 이를 증거로 할 수 있다고 규정하고 있다. 이러한 경우의 진술을 조사자 증언이라고 한다. '공소제기 전에 피고인을 피의자로 조사하였거나 그 조사에 참여하였던 자'에는 사법경찰관리뿐만 아니라 검사와 검찰사무관등이 모두 포함된다.

　피고인의 진술을 내용으로 하는 제삼자(조사자 포함)의 진술이 형소법 제316조 제1항에 의하여 증거능력을 가지려면 피고인의 진술이 특히 신빙할 수 있는 상태하에서 행하여졌음이 증명되어야 한다. 특신상태는 (가) 그 진술내용에 허위개입의 여지가 거의 없고, (나) 그 진술내용의 신용성이나 임의성을 담보할 구체적이고 외부적인 정황이 있는 경우를 가리킨다(2004도3619). 특신상태는 증거능력의 요건에 해당하므로 검사가 그 존재에 대하여 구체적으로 주장·증명하여야 한다(2023도7301). '특히 신빙할 수 있는 상태하에서 행하여졌음에 대한 증명'은 단지 그러할 개연성이 있다는 정도로는 부족하고 합리적인 의심의 여지를 배제할 정도에 이르러야 한다(2023도7301).

판례는 조사자 증언의 경우 특신상태 증명에 대해 특별히 엄격한 입장을 취하고 있다. 수사기관이 작성한 피의자신문조서는 피고인이나 변호인이 그 내용을 인정하지 않으면 증거능력이 없다(법312①·③). 그런데 조사자의 법정증언을 통하여 피고인의 수사기관 진술내용이 법정에 현출되는 것을 폭넓게 허용하면 형소법 제312조 제1항, 제3항의 입법취지와 기능이 크게 손상될 수 있다(2023도7301). 피고인이 진술의 경위나 과정에 관하여 치열하게 다투고 있고, 피고인의 진술이 체포된 상태에서 변호인의 동석 없이 이루어졌다면 그 피고인의 진술은 특신상태하에서 행하여졌음이 증명되었다고 보기 어렵다(2011도5459).

(3) 피고인 아닌 타인의 진술을 내용으로 하는 제삼자의 진술

형소법 제316조 제2항은 "피고인 아닌 자의 공판준비 또는 공판기일에서의 진술이 피고인 아닌 타인의 진술을 그 내용으로 하는 것인 때에는 원진술자가 사망, 질병, 외국거주, 소재불명 그 밖에 이에 준하는 사유로 인하여 진술할 수 없고, 그 진술이 특히 신빙할 수 있는 상태하에서 행하여졌음이 증명된 때에 한하여 이를 증거로 할 수 있다."고 규정하고 있다. '피고인 아닌 자'에는 공소제기 전에 피고인 아닌 타인을 조사하였거나 그 조사에 참여하였던 자(이하 '조사자'라고 한다)도 포함된다(법316①)(2008도6985). '피고인 아닌 타인의 진술'에서 타인은 목격자, 피해자 등의 제삼자는 물론이고 공범자와 공동피고인을 모두 포함한다(2019도11552).

형소법 제316조 제2항에 의하여 전문진술에 증거능력이 인정되려면 원진술자의 진술불능과 특신상태의 존재라는 두 요건이 모두 구비되어야 한다. 진술불능과 특신상태의 내용은 서면형태 전문증거의 증거능력을 규정한 형소법 제314조의 그것과 같다(전술 358면).

진술불능의 사유는 원진술자의 사망, 질병, 외국거주, 소재불명 그 밖에 이에 준하는 사유이다. 참고인이 법정에 출석하여 수사기관에서의 진술을 부인하는 취지로 증언을 하였다면 이후 참고인이 공판정에 재차 출석하지 아니하여 진술불능이 되더라도 형소법 제316조 제2항의 진술불능 사유에 해당하지 않는다. 그리하여 참고인의 진술을 내용으로 하는 조사자의 증언은 증거능력이 없다(2008도6985).

피고인 아닌 타인의 진술은 특히 신빙할 수 있는 상태하에서 행하여졌음이 증명되어야 한다. 이는 (가) 그 진술내용에 허위개입의 여지가 거의 없고, (나) 그 진술내용의 신빙성이나 임의성을 담보할 구체적이고 외부적인 정황이 있는 경우를 가리킨다(2012도725). 원진술이 특히 신빙할 수 있는 상태하에서 이루어진 것이라는 점은 검사가 합리적 의심을 배제할 정도로 증명하여야 한다(2012도725).

(4) 피고인 아닌 타인의 진술을 내용으로 하는 피고인의 진술

형사소송법은 피고인이 공판준비기일 또는 공판기일에 피고인 아닌 자의 진술을 내용으로 하는 진술을 하는 경우에 대해 명문의 규정을 두고 있지 않다. 피고인 아닌 자(A)의 법정 외 진술이 피고인(갑)에게 불리함에도 불구하고 피고인(갑)이 그 피고인 아닌 자(A)의 진술을 법관 면전에서 진술할 때 그 증거능력의 인정 여부가 문제된다.

이에 대해 피고인(갑) 자신에게 불리한 진술임에도 불구하고 피고인 아닌 자(A)의 진술을 피고인(갑)이 법정에서 진술하였다면, 이는 피고인(갑)이 피고인 아닌 자(A)에 대한 반대신문권을 포기한 것으로 볼 수 있으므로 형소법 제316조 제1항의 특신상태만 인정되면 증거능력을 인정된다고 보는 견해를 생각할 수 있다.

생각건대 전문법칙은 엄격한 증명의 법리(법307①)를 전제로 피고인에게 범죄사실을 인정할 때 필요한 증거의 증거능력을 제한하는 원리이다. 따라서 전문법칙에 대한 예외규정은 제한적으로 해석하는 것이 타당하다. 그렇다면 피고인 아닌 자(A)의 진술을 원진술로 하는 피고인(갑)의 진술에 대해 반대신문권의 포기를 들어 증거능력을 인정하는 것은 엄격한 증명의 기본정신에 반하는 것이라고 하지 않을 수 없다.

이렇게 볼 때 원진술자(A)의 진술내용이 피고인(갑)에게 불리한 것인지 아닌지를 묻지 않고 원진술자(A)의 진술불능과 특신상태라는 이중의 요건이 갖추어질 때 비로소 피고인(갑)의 전문진술에 증거능력을 인정하는 것이 타당하다고 할 것이다. 결국 이 문제는 형소법 제316조 제2항을 유추적용하여 해결하는 것이 타당하다고 본다.

제 5 진술증거의 임의성

1. 형소법 제317조의 입법취지

형소법 제317조는 진술증거의 임의성 요건에 대하여 규정하고 있다. 즉 제1항에서 "피고인 또는 피고인 아닌 자의 진술이 임의로 된 것이 아닌 것은 증거로 할 수 없다."고 규정하여 구두진술에 임의성을 요구하고, 제2항에서 "전항의 서류는 그 작성 또는 내용인 진술이 임의로 되었다는 것이 증명된 것이 아니면 증거로 할 수 없다."고 규정하여 서면화된 진술의 임의성을 요구하며, 제3항에서 "검증조서의 일부가 피고인 또는 피고인 아닌 자의 진술을 기재한 것인 때에는 그 부분에 한하여 전2항의 예에 의한다."고 규정하여 검증조서에 기재된 진술의 임의성을 요구하고 있다.

임의성 없는 진술의 증거능력을 부정하는 취지는 다음의 두 가지이다. 첫째는, 허위진술을 유발 또는 강요할 위험성이 있는 상태하에서 행하여진 진술은 그 자체가 실체적 진실에 부합하지 아니하여 오판을 일으킬 소지가 있기 때문이다. 둘째는, 진술의 진위를 떠나서 진술자의 기본적 인권을 침해하는 위법 부당한 압박이 가해지는 것을 사전에 막기 위함이다(2004도7900).

2. 임의성에 대한 조사와 증명

(1) 임의성의 조사절차

진술의 임의성은 진술증거의 증거능력 인정을 위한 기본요건이다. 진술의 임의성은 진술증거의 증거능력 인정을 위한 요건이므로 증거조사에 들어가기 전에 이를 심사하는 것이 원칙이다(규칙134① · ②). 그런데 일단 임의성이 있다고 판단하여 증거조사에 들어간 후에 진술의 임의성에 의문이 생기는 경우가 있다. 이 때에는 실체적 진실발견과 피고인 보호의 관점에서 원진술의 임의성을 다시 조사할 수 있다. 이러한 경우에는 진술증거에 대한 증거조사와 진술의 임의성 조사가 함께 진행될 수도 있다.

피고인이나 변호인은 수사기관 작성 피의자신문조서에 대해 일단 진술의 임의성을 인정하였다 하더라도 증거조사가 완료되기 전에 최초의 진술을 번복함으로써 피의자신문조서를 유죄 인정의 자료로 사용할 수 없게 할 수 있다. 그러나 증거조사가 완료된 뒤에는 임의성 번복의 의사표시에 의하여 이미 인정된 조서의 증거능력이 당연히 상실되지는 않는다(2007도7760).

그러나 적법절차 보장의 정신에 비추어 임의성을 인정한 최초의 진술에 (가) 그 효력을 그대로 유지하기 어려운 중대한 하자가 있고 (나) 그에 관하여 진술인에게 귀책사유가 없는 경우에는 예외적으로 증거조사절차가 완료된 뒤에도 임의성을 인정한 진술을 취소할 수 있다. 이때 그 취소 주장이 이유 있는 것으로 받아들여지게 되면 법원은 증거배제결정(규칙139④)을 통하여 그 조서를 유죄 인정의 자료에서 제외하여야 한다(2007도7760).

(2) 임의성의 증명

진술의 임의성은 '증명'을 요한다(법317② 참조). 진술의 임의성을 다툴 때에는 피고인이 먼저 진술의 임의성을 의심할 만한 합리적이고 구체적인 사실을 주장해야 한다. 다만 자백 진술의 경우에는 피고인의 자백이 고문, 폭행, 협박, 신체구속의 부당한 장기화 또는 기망 기타의 방법으로 임의로 진술한 것이 아니라고 의심할 만한 사실을 주장하는 것으로 족하다(법309). 피고인이 진술의 임의성을 다툴 때에는 피고인이 임의성을 의심할 만한 합리적이고 구체적인 사실을 증명할 것이 아니라 검사가 진술의 임의성에 대한 의문점을 없애는 증명을 하여야 한다. 검사가 임의성의 의문점을 없애는 증명을 하지 못한 경우에는 그 진술증거는 증거능력이 부정된다(2004도7900).

진술의 임의성은 진술증거의 증거능력을 인정하기 위한 기본요건이다. 피고인이 진술의 임의성을 다투지 않더라도 진술증거의 임의성에 관하여 의심할 만한 사정이 나타나 있는 경우에는 법원은 직권으로 그 임의성 여부에 관하여 조사를 해야 한다(2004도7900). 임의성이 인정되지 아니하여 증거능력이 없는 진술증거는 피고인이 증거로 함에 동의하더라도 증거로 삼을 수 없다(2004도7900).

제 6 증거동의

1. 증거동의의 의의와 성질

(1) 증거동의의 의의

형소법 제318조 제1항은 "검사와 피고인이 증거로 할 수 있음을 동의한 서류 또는 물건은 진정한 것으로 인정한 때에는 증거로 할 수 있다."고 규정하고 있다. 서류 또는 물건에 대해 증거로 할 수 있음을 동의하는 의사표시를 가리켜서 증거동의라고 한다. 전문증거의 증거능력 확인절차를 일일이 준수하게 하는 것은 법원의 업무량을 증가시킬 뿐만 아니라 재판 지연으로 인하여 오히려 피고인에게 불이익을 초래하는 경우도 없지 않다. 입법자는 신속한 재판과 소송경제를 도모하기 위하여 검사와 피고인에게 증거동의권을 부여하고 있다.

(2) 증거동의의 본질

증거동의의 본질에 대해 반대신문권포기설, 처분권설, 이원설 등이 제시되고 있다. 반대신문권포기설은 증거동의의 본질을 반대신문권의 포기라고 보는 견해이다. 전문증거에 대해 당사자가 굳이 반대신문권을 행사하여 진실 여부를 음미할 필요를 느끼지 않는 경우가 있으며, 당사자가 반대신문권을 포기하는 경우에는 그 증거에 증거능력을 인정해도 무방하다는 것이다.

처분권설은 증거동의를 증거능력에 관한 당사자의 처분권행사라고 보는 견해가 있다. 형소법 제318조 제1항이 당사자에게 증거능력에 관한 처분권을 부여하였다고 보는 것이다. 이 입장에서는 증거동의의 객체에 전문증거뿐만 아니라 위법한 절차에 의하여 수집된 증거물 등 모든 증거가 포함된다고 본다.

이원설은 증거동의를 한편으로는 반대신문권의 포기로, 다른 한편으로는 실질적 직접심리주의의 예외로 파악하는 견해이다. 생각건대 이원설이 타당하다고 본다. 형소법 제318조 제1항은 소송당사자가 굳이 반대신문권을 행사하여 원진술의 진실 여부를 음미할 필요를 느끼지 않는 경우뿐만 아니라, 법원이 원본증거를 직접 조사하지 않더라도 실체적 진실발견에 지장을 초래하지 않는 증거에 대해 소송경제와 신속한 재판의 관점에서 소송당사자에게 증거동의권을 부여한 것이라고 생각되기 때문이다.

형소법 제318조 제1항을 이와 같이 이원적으로 파악하게 되면 다음과 같은 결론들을 도출해 낼 수 있다. 첫째로, 증거동의의 객체는 원칙적으로 전문증거에 한정되고 위법수집증거(법308의2)는 처음부터 증거동의의 적용대상에서 배제된다(2009도11401). 형소법 제318조 제1항은 소송당사자에게 증거에 관한 절대적 처분권을 부여한 조문이 아니기 때문이다(후술 390면). 둘째로, 원진술자에 대한 반대신문을 관념할 수 없는 물건, 사진, 피고인진술 기재서면 등도 증거동의의 대상에 포함된다.

2. 증거동의의 객체

(1) 전문증거의 경우

형소법 제318조 제1항은 형소법 제310조의2에 대응하는 조문이므로 기본적으로 전문증거를 그 대상으로 한다. 위법하게 수집된 증거(법308의2)는 증거동의의 객체가 될 수 없다. 증거동의의 대상이 되는 전문증거는 전문증거의 예외적 허용요건이 구비되지 아니하였거나 아직 그 존부가 판명되지 아니한 것이어야 한다. 형소법 제318조 제1항은 증거동의 객체를 '서류 또는 물건'으로 규정하고 있는데, 구두의 전문진술도 증거동의의 객체가 된다.

(2) 물건에 대한 증거동의

진술이 기재된 물건이 아니라 물건 자체에 대해 증거동의가 가능한가 하는 문제가 있다. 이에 대해서는 물건불포함설과 물건포함설이 대립하고 있다. 물건불포함설은 물건에 대한 증거동의란 생각할 수 없으며 형소법 제318조 제1항이 이를 규정한 것은 입법의 과오라고 보는 견해이다. 이 입장에서는 물적 증거는 반대신문과 관계없는 증거일 뿐 아니라 현행법은 물적 증거에 대해서 증거능력을 제한하고 있지 아니하므로 증거동의의 대상이 되지 않는다고 주장한다.

물건포함설은 물건 자체도 증거동의의 객체에 포함된다고 보는 견해이다. 생각건대 물건포함설이 타당하다고 본다. 공판정 심리에 현출시키는 과정에서 오류가 개입할 위험성이 높은 물건은 실질적 직접심리주의(법310의2)의 관점에서 증거능력을 배제하는 것이 원칙이다. 그렇지만 그 물건이 진정한 것으로 인정되는 경우라면 신속한 재판과 소송경제의 관점에서 증거동의를 허용해도 무방하다. 입법자가 형소법 제318조 제1항에서 물건을 증거동의 대상으로 명시한 것은 이러한 사정을 고려한 의도적 결단이라고 생각된다.

3. 증거동의의 방법

(1) 증거동의의 주체

증거동의는 피고인과 검사가 할 수 있다(법318①). 증거동의는 신청된 증거에 의하여 불이익을 받게 될 우려가 있는 상대방이 증거동의권을 행사하게 된다. 따라서 검사가 신청한 증거에 대해서는 피고인이, 피고인이 신청한 증거에 대해서는 검사가, 법원이 직권으로 채택하는 증거에 대해서는 검사와 피고인의 동의가 각각 필요하다(87도966). 증거동의는 증거능력 인정을 위한 요건이 구비되지 아니한 증거에 대하여 증거능력을 부여하려는 소송당사자의 소송행위이다. 이와 같이 증거동의는 증거능력의 인정을 구하는 소송행위이므로 법원을 상대로 행해져야 한다. 검사에 대한 동의는 증거동의로서 효력이 없다.

형사소송법은 수사기관 작성 피의자신문조서에 대한 내용인정·내용부인의 경우(법312 ①·③)와 달리 증거동의의 경우에는 변호인을 주체로 명시하고 있지 않다. 형소법 제318조 제1항에 규정된 증거동의의 주체는 어디까지나 소송주체인 검사와 피고인이다. 변호인은 피고인을 대리하여 증거동의에 관한 의견을 낼 수 있을 뿐이므로 피고인의 명시한 의사에 반하여 증거로 함에 동의할 수는 없다. 피고인이 출석한 공판기일에서 피고인이 증거로 함에 부동의한다는 의견을 진술하였다면, 그후 피고인이 출석하지 아니한 공판기일에 변호인만이 출석하여 종전 의견을 번복하여 증거로 함에 동의하더라도 이는 특별한 사정이 없는 한 효력이 없다(2013도3).

(2) 증거동의의 시기

법원은 증거결정을 함에 있어서 필요하다고 인정할 때에는 그 증거에 대한 검사, 피고인 또는 변호인의 의견을 들을 수 있다(규칙134①). 따라서 증거동의는 원칙적으로 이 증거결정의 단계에서 행해져야 한다. 증거결정 후에 실시하는 증거조사 단계에서는 증거능력 있는 증거만 조사대상이 될 수 있으므로 증거동의는 원칙적으로 증거조사의 실행에 들어가기 전에 이루어져야 한다.

(3) 증거동의의 방법

증거분리제출주의에 따라 검사는 증거를 특정하여 개별적으로 제출해야 한다(규칙132의3①). 검사가 특정하여 개별적으로 제출하는 증거에 대해서는 개별적으로 증거동의가 이루어져야 한다. 묵시적 증거동의나 포괄적 증거동의는 허용되지 않는다.

피고인이 공소사실을 부인하였다면 법원은 수사기관 작성 피의자신문조서 중 공소사실을 인정하는 진술에 대해 내용인정(법312① · ③)을 하지 않았다고 보아야 한다. 피고인의 공소사실 부인에도 불구하고 공판조서에 피고인이 공판기일에서 수사기관 작성 피의자신문조서에 동의한 것으로 기재되어 있다면, 이는 (가) 착오 기재이거나 (나) 피고인이 그 조서 내용과 같이 진술한 사실이 있었다는 것을 인정한다는 것(소위 인정진술)을 '동의'로 기재하여 조서를 잘못 정리한 것으로 이해될 뿐이다. 이 경우 조서에 증거동의로 기재되어 있어도 이로써 수사기관 작성 피의자신문조서가 증거능력을 가지게 되는 것은 아니다(2023도2102).

(4) 진정성의 조사

검사와 피고인이 증거로 할 수 있음에 동의한 서류나 물건이라 할지라도 그것으로 즉시 증거동의의 효력이 발생하는 것은 아니며, 법원이 그 증거를 진정한 것으로 인정한 때에 비로소 증거로 할 수 있다(법318① 후단). 이때 '진정한 것으로 인정한다'는 의미는 그 서류 또는 물건의 신용성을 의심스럽게 하는 유형적 상황이 없음을 의미한다.

형소법 제318조 제1항은 진정한 것으로 인정하는 방법에 대해 제한을 가하고 있지 않다. 그러므로 증거동의가 있는 서류 또는 물건은 법원이 제반 사정을 참작해 진정한 것으로 인정하면 증거로 할 수 있다(2018도13685). 진정성은 증거능력의 요건이므로 법원은 자유로운 증명에 의하여 그 유무를 판단하면 족하다. 이때 법원은 진정성의 유무를 조사함에 있어서 증거의 내용을 판단의 기초로 삼을 수 있다고 본다.

문서의 사본은 실질적 직접심리주의에 따라 증거능력이 인정되지 않는다. 그러나 문서의 사본이라도 피고인이 증거로 함에 동의하였고 진정으로 작성되었음이 인정되는 경우에는 증거능력이 인정된다(2010도11030). 작성자의 서명과 무인이 있는 문서는 진정한 것으로 인정할 수 있다(90도1229).

4. 증거동의의 효과

(1) 증거능력의 인정

검사와 피고인이 증거로 할 수 있음을 동의한 서류 또는 물건은 진정한 것으로 인정한 때에는 증거로 할 수 있다(법318①). 이때 '증거로 할 수 있다' 함은 형소법 제310조의2에 해당하는 전문증거로서 제311조 내지 제315조의 예외사유에 포함되지 않거나 포함 여부가 불분명한 서류(정보저장매체 포함)나 그 밖의 물건이라도 증거능력을 인정한다는 의미이다.

증거동의는 증거동의를 한 피고인에 대해서만 효력이 있다. 전문증거에 대하여 공동피고인(갑)이 증거로 함에 동의하였다고 하여 동의하지 아니한 다른 공동피고인(을)과의 관계에서 그 전문증거가 증거능력을 인정받는 것은 아니다. 증거동의를 한 검사 또는 피고인이 일단 동의한 증거의 증명력을 다툴 수 있는가 하는 문제가 있다. 증명력은 증거능력이 인정된 증거를 전제로 하여 그 증거가 가지고 있는 사실인정의 힘을 말하는 것이므로 증거동의를 한 소송당사자가 증명력을 다투는 것은 원칙적으로 허용된다.

(2) 증거동의의 효력범위

증거동의의 효력은 원칙적으로 동의의 대상으로 특정된 서류(정보저장매체 포함) 또는 물건의 전부에 미친다. 일부에 대한 증거동의는 허용되지 않는다. 수사기관 작성의 피고인 아닌 자에 대한 진술조서에 관하여 피고인이 "공판정 진술과 배치되는 부분은 부동의한다."라고 진술한 경우에는 그 조서 전부를 증거로 함에 동의하지 않는다는 취지로 보아야 한다(84도1552). 증거동의는 진정성의 인정을 조건으로 전문증거나 그 밖의 물건에 증거능력을 부여하는 소송행위이다. 따라서 증거동의의 효력은 소송행위의 일반원칙에 따라서 피고사건과 단일성 및 동일성이 인정되는 전범위에 미치는 것이 원칙이다.

5. 증거동의의 철회와 취소

증거동의의 의사표시는 증거조사가 완료되기 전까지 취소 또는 철회할 수 있다. 그러나 일단 증거조사가 완료된 뒤에는 취소 또는 철회가 인정되지 아니하므로 취소 또는 철회 이전에 이미 취득한 증거능력은 상실되지 않는 것이 원칙이다(2007도3906). 따라서 제1심에서 한 증거동의를 항소심에서 취소할 수 없다(96도2507).

그러나 적법절차 보장의 정신에 비추어 증거동의를 한 최초의 진술에 (가) 그 효력을 그대로 유지하기 어려운 중대한 하자가 있고 (나) 그에 관하여 진술인에게 귀책사유가 없는 경우라면 그 때에 한하여 예외적으로 증거조사절차가 완료된 뒤에도 증거동의의 진술을 취소할 수 있다(2007도7760 참조). 이 경우 증거동의를 취소하는 주장이 이유 있는 것으로 판단되면 법원은 증거배제결정(규칙139④)을 통하여 그 증거를 유죄 인정의 자료에서 제외하여야 한다(2007도7760 참조).

6. 증거동의의 의제

피고인의 출정 없이 증거조사를 할 수 있는 경우에 피고인이 출정하지 아니한 때에는 형소법 제318조 제1항에 의한 증거동의가 있는 것으로 간주된다(법318② 본문). 그러나 피고인이 출정하지 아니하더라도 대리인 또는 변호인이 출정한 때에는 증거동의가 있는 것으로 간주되지 않는다(동조 단서). 증거동의 간주는 피고인의 진의와는 관계없이 이루어진다. 형소법 제318조 제2항의 입법취지는 재판의 필요성과 신속성이다. 즉 피고인의 불출정으로 인한 소송행위의 지연을 방지하고 피고인 불출정의 경우 전문증거의 증거능력을 결정하지 못함에 따른 소송지연을 방지하는 데에 있다(2010도15977).

피고인의 출정 없이 공판기일을 진행할 수 있는 경우들 가운데에 일정 범위의 유리한 재판(법306④)이나 경미사건(법277 참조) 등의 경우가 있다(전술 249면). 피고인이 재판장의 허가 없이 퇴정하는 경우에 피고인의 무단퇴정은 방어권의 남용으로서 형소법 제330조(진술없이 하는 판결)를 매개로 증거동의가 의제된다(91도865).

형소법 제318조의3은 간이공판절차에서의 증거동의 특칙을 규정하고 있다. 간이공판절차의 결정(법286의2)이 있는 사건의 증거에 관하여는 전문증거에 대하여 증거동의가 있는 것으로 간주된다(법318의3 본문). 그러나 검사, 피고인 또는 변호인이 증거로 함에 이의를 표시한 때에는 증거동의의 효력이 의제되지 않는다(동조 단서)(전술 286면).

제7 탄핵증거

1. 탄핵증거의 의의

(1) 탄핵증거의 개념

진술의 증명력을 다투기 위한 증거를 가리켜서 탄핵증거라고 한다. 원래 전문증거는 형소법 제310조의2에 의하여 원칙적으로 증거능력이 부인되며 예외적으로 형소법 제311

조 내지 제316조의 요건을 갖춘 경우에만 유죄 인정의 자료로 사용될 수 있다. 그러나 형
소법 제318조의2 제1항은 증거능력 없는 전문증거가 법관 면전에서 행해지는 진술의 증명
력을 다투기 위하여 탄핵증거로 사용되는 것을 허용하고 있다. 탄핵증거는 범죄사실을 인
정하는 증거가 아니어서 엄격한 증거능력을 요하지 않는다(2012도7467).

탄핵증거는 법관의 증명력 판단에 합리성을 제고하기 위하여 마련된 장치이다. 탄핵증
거는 범죄사실의 존재를 증명하는데 사용되지 아니하므로 증거능력 있는 증거만을 사용하
도록 하는 엄격한 증명(법307①)의 법리에 저촉되지 않는다. 또 탄핵증거는 반증이라는 우
회적이고 번잡한 절차를 거치지 아니하고 법관으로 하여금 증거가치를 재음미할 수 있도
록 함으로써 증명력 판단에 합리성을 도모할 수 있다.

(2) 형소법 제318조의2 제1항의 체계상 위치

탄핵증거의 사용을 규정한 형소법 제318조의2 제1항이 전문법칙의 예외를 규정한 것
인가 아니면 전문법칙의 적용이 없는 것인가에 대하여 다툼이 있다. 전문증거의 사용을
금지한 형소법 제310조의2와 그 예외를 규정한 형소법 제311조 내지 제316조는 반대신
문권의 보장과 실질적 직접심리주의의 실현을 원칙으로 설정하면서 신용성의 정황적 보
장과 증거사용의 필요성을 고려하여 예외적으로 전문증거에 증거능력을 부여하는 규정들
이다.

이에 대하여 탄핵증거를 규정한 형소법 제318조의2 제1항은 원진술의 내용이 되는 사
실 자체를 증명하려고 하는 것이 아니라 피고인 또는 피고인 아닌 자의 진술의 증명력을
다투려고 하는 것으로서 신용성의 정황적 보장과 증거사용의 필요성 요건을 요구하지 않
는다. 따라서 탄핵증거에 관한 형소법 제318조의2 제1항은 전문법칙의 예외가 아니라 전
문법칙의 적용이 없는 것이라고 보아야 한다.

2. 탄핵증거의 문제점

검사가 '피고인 또는 피고인 아닌 자의 진술의 증명력을 다투기 위하여'라는 명목하에
증거능력 없는 전문증거를 법원에 제출하게 되면 그 증거가 진술증거의 증명력 판단의 자
료로 사용되는 것을 넘어서서 범죄사실의 존부 자체에 관한 법관이나 배심원의 심증에 영
향을 미치기 쉽다. 이렇게 되면 피고인의 방어를 위하여 마련된 엄격한 증명의 법리(법307
①)가 탄핵증거의 규정(법318의2①) 때문에 그 의미를 잃게 된다.

여기에서 전문증거의 사용을 통하여 진술증거의 증명력을 음미하도록 함으로써 법관
이나 배심원의 증명력 판단에 적정을 기하려는 탄핵증거의 기본목적과 증거능력 있는 증

거만을 사용하여 범죄사실을 증명하도록 함으로써 피고인을 보호하려는 엄격한 증명의 법리가 충돌하게 되며, 양자의 요청을 적정한 선에서 조화시키는 노력이 필요하게 된다.

3. 탄핵증거의 허용범위

(1) 학설의 검토

증거능력 없는 전문증거를 어느 범위까지 진술증거의 증명력을 다투기 위한 증거로 사용할 수 있게 할 것인가를 놓고 여러 가지 학설들이 제시되고 있다.

한정설은 피고인 또는 피고인 아닌 자가 종전에 행한 진술 가운데 법관의 면전에서 행한 진술과 일치하지 않는 것만을 탄핵증거로 사용할 수 있다고 보는 견해이다. 법관 면전의 진술과 일치하지 않는 종전의 진술을 자기모순의 진술이라고 한다. 한정설의 입장에서는 전문증거가 원진술자의 진술내용을 가지고 요증사실을 증명하려는 증거임에 반하여 탄핵증거는 진술자의 전후 진술이 일치하지 않는다는 사실 자체를 증명의 대상으로 삼는다는 점을 강조한다. 탄핵증거를 자기모순의 진술에 국한하려는 한정설의 입장에서는 탄핵증거를 전문법칙과는 관계없는, 독자적으로 진술증거의 증명력을 다투는 증거라고 본다.

절충설은 자기모순의 진술 이외에 진술자의 신빙성에 관한 사실을 입증하는 증거도 탄핵증거로 사용될 수 있다고 보는 견해이다. 진술자의 신빙성에 관한 사실로 진술자의 성격, 이해관계, 전과사실, 평판 등을 들 수 있다. 진술자의 신용성에 관한 부차적 사실을 가리켜 보조사실이라고 한다. 절충설은 자기모순의 진술 이외에 진술자에 관한 보조사실까지도 탄핵증거의 허용범위에 포함시킨다. 그러나 범죄사실 자체에 관련된 주요사실이나 간접사실의 증거는 탄핵증거에 포함시키지 않는다.

이원설은 탄핵증거의 사용범위를 검사의 경우와 피고인의 경우로 나누어 검토해야 한다고 보는 견해이다. 이 입장에서는 다음과 같은 분석을 제시한다. 먼저, 피고인의 입장에서 보면 증거능력의 유무를 가리지 않고 모든 증거를 자신의 무죄입증의 자료로 사용할 수 있으므로 피고인이 검사 측 진술증거의 증명력을 다투기 위하여 사용하는 탄핵증거에는 제한이 없다. 이에 반하여 검사는 범죄수사를 위하여 강력한 조직과 권한을 보유하고 있으므로 엄격한 증명의 법리에 따라 범죄사실을 증명해야 하며, 피고인 측 진술증거의 증명력을 다툰다는 명목하에 증거능력 없는 증거를 제출하는 일은 삼가하지 않으면 안 된다. 그리하여 검사는 탄핵증거로서 자기모순의 증거만을 사용할 수 있다.

비한정설은 자기모순의 진술, 진술자의 신빙성에 관한 증거 그리고 범죄사실에 관한 주요사실 및 간접사실의 증거까지도 모두 탄핵증거로 사용될 수 있다고 본다. 비한정설은 형소법 제318조의2 제1항이 진술의 증명력을 다투기 위한 전문증거의 사용범위에 아무런 제한을 두고 있지 않다는 점을 강조한다.

생각건대 탄핵증거로 사용할 수 있는 전문증거의 범위는 다음과 같은 이유에서 절충설에 의하여 결정하는 것이 타당하다고 본다. 우선, 비교법적으로 볼 때 탄핵증거의 개념이 발전한 영미법의 경우에 탄핵의 의미가 진술자의 신빙성을 다툰다는 의미로 사용되고 있음에 주목할 필요가 있다. 다음으로, 검사와 피고인 모두에 대해 적용되는 탄핵증거의 통일적 기준이 필요하다. 이 점은 특히 국민참여재판의 실시와 함께 공판절차의 구조가 당사자주의로 전환되면서 그 의미가 더욱 강조된다.

결국 형소법 제318조의2 제1항에 의하여 탄핵증거로 사용될 수 있는 전문증거 안에는 자기모순의 진술 이외에 진술자의 편견, 성격, 이해관계, 평판, 전과사실 등 진술자의 신빙성에 관한 보조사실을 입증하는 증거가 포함된다고 보아야 할 것이다. 그러나 범죄사실에 관한 주요사실 및 간접사실을 입증하기 위한 증거가 탄핵증거라는 명목으로 법관이나 배심원의 면전에 제출되는 것은 허용되지 않는다.

(2) 피고인이 제출한 탄핵증거의 증거능력

피고인이 유죄증거의 증명력을 다투기 위하여 탄핵증거로 제출한 증거를 수소법원이 곧바로 범죄사실 인정의 자료로 삼을 수 있을 것인지 문제된다. 엄격한 증명의 법리(법307①)에 비추어 볼 때 탄핵증거로 제출된 증거를 바로 유죄인정의 자료로 사용하는 것은 허용되지 않는다. 증거제출의 상대방으로부터 동의가 없는 한 수소법원은 당해 증거의 진정성립 여부 등을 조사해야 하며, 그 증거에 대해 피고인이나 변호인에게 의견과 변명의 기회를 준 후가 아니면 그 증거를 유죄인정의 증거로 사용할 수 없다(87도966).

4. 탄핵증거사용의 요건

(1) 탄핵증거의 자격

탄핵증거로 사용할 수 있는 것은 형소법 제312조 내지 제316조의 규정에 의하더라도 증거능력이 인정되지 않는 전문증거이다. 형소법 제311조는 법원 또는 법관의 면전에서 작성된 조서에 대해 제한 없이 증거능력을 인정하고 있으므로 이에 대해서는 처음부터 탄핵증거로서의 사용 여부가 문제되지 않는다.

탄핵증거로 사용될 수 있는 전문증거에는 서류(정보저장매체 포함) 및 구두진술이 모두 포함된다(법318의2① 전단). 그러나 자백배제법칙(법309)에 위반하여 증거능력이 없는 자백, 위법수집증거배제법칙(법308의2)에 의하여 증거능력이 배제된 진술(후술 390면), 또는 진술의 임의성(법317①)이나 서류작성의 임의성(동조②)이 인정되지 아니하여 증거능력이 부인된 구두진술이나 서류(97도1770)는 탄핵증거로 사용할 수 없다. 수사기관이 조사과정에서 촬영한 영상녹화물(법244의2, 221① 2문)은 탄핵증거로 사용할 수 없다(법318의2②). 진술자에게 기억환기용으로만 재생이 허용될 뿐이다(동항)(2012도5041).

(2) 탄핵의 대상

증명력을 탄핵할 대상이 되는 증거는 (가) 공판준비기일 또는 공판기일에서의 피고인의 진술과 (나) 공판준비기일 또는 공판기일에서의 피고인 아닌 자의 진술(조사자 증언 포함)이다(법318의2①).

형소법 제318조의2 제1항은 증명력을 탄핵할 대상에 피고인의 진술을 포함시키고 있다. 형사소송법이 피고인의 진술을 탄핵의 대상으로 명시하고 있다는 점, 법관 면전에서 행한 피고인의 임의의 진술은 증거능력이 인정된다는 점 등에 비추어 볼 때 피고인진술의 증명력을 다투어야 할 필요성은 인정된다고 할 것이다.

피고인이 내용을 부인하는 수사기관 작성 피의자신문조서는 증거능력이 없다(법312① · ③). 내용이 부인된 수사기관 작성 피의자신문조서일지라도 그것이 임의로 작성된 것이 아니라고 의심할 만한 사정이 없는 한 '피고인의 법정에서의 진술'을 탄핵하기 위한 반대증거로 사용할 수 있다(97도1770). 예컨대 목격자의 진술을 부인하는 피고인의 법정 진술을 탄핵하기 위하여 내용부인된 피의자신문조서를 반대증거로 사용하는 것은 허용된다(97도1770). 피의자의 진술을 기재한 서류가 수사기관의 조사과정에서 작성된 것이라면, 그것이 '진술조서'라는 형식을 취하였다고 하더라도 피의자신문조서와 달리 볼 수 없다(법312⑤). 내용부인으로 증거능력이 상실된 피의자 진술조서에 문자전송내역이 첨부되어 있는 경우 검사는 그 진술조서를 피고인의 법정 진술의 증명력을 다투기 위한 탄핵증거로 사용할 수 있다(2013도12507).

검사가 '피고인의 법정에서의 진술'을 탄핵할 수 있다고 하더라도 그 범위는 제한된다. 검사가 피고인의 단순한 법정 진술 탄핵을 넘어서서 '공소사실을 부인하는 피고인의 법정 진술'을 탄핵한다는 명목으로 증거능력 없는 증거를 제출하는 것은 허용되지 않는다. 공소사실을 부인하는 피고인의 법정 진술을 탄핵한다는 것은 결국 검사에게 입증책임이 있는 공소사실 자체를 입증하기 위한 것에 지나지 않기 때문이다(2011도5459).

자기측 증인이 행한 진술의 증명력을 다투기 위하여 탄핵증거를 사용할 수 있는가 하는 문제가 있다. 이에 대해서는 부정설, 긍정설, 절충설을 각각 생각해 볼 수 있다. 탄핵증거가 법관의 증명력 판단에 합리성을 제고하려는 장치라는 점에서 볼 때 증인을 신청하였다는 사실만 가지고 증인신청인에게 그 증인에 대한 탄핵을 금지하는 것은 현명하지 못하다. 자기측의 증인에 대해서도 전면적으로 탄핵증거의 사용을 허용하는 것이 타당하다.

(3) 탄핵증거의 입증취지

탄핵증거는 피고인 또는 피고인 아닌 자의 진술의 증명력을 다투는 경우에 한하여 증거로 할 수 있다(법318의2① 후단). 즉 탄핵증거의 입증취지는 피고인 또는 피고인 아닌 자의 진술의 증명력이 취약하다는 점에 한정된다. 탄핵증거는 범죄사실 자체를 증명의 대상으로 할 수 없고, 진술자의 자기모순의 진술과 진술자의 신용성에 관한 보조사실의 증명을 목적으로 해야 한다. 피고인이 탄핵증거로 제출한 증거를 유죄인정의 자료로 사용하려면 검사로부터 동의가 있거나 그렇지 않으면 진정성립의 인정 등 증거능력 확인절차를 거친 후 증거조사절차를 밟아야 한다(87도966).

탄핵증거는 진술증거의 '증명력을 다투기 위하여' 사용되어야 한다. 탄핵증거는 진술의 증명력을 감쇄하기 위하여 인정되는 것이고 범죄사실 또는 그 간접사실의 인정의 증거로서는 허용되지 않는다(2011도5459). '증명력을 다투기 위하여'라는 의미가 증명력을 감쇄시키는 경우만을 가리키는가 아니면 일단 감쇄된 증명력을 다시 증강·지지하는 경우까지도 포함하는가를 놓고 긍정설과 부정설이 대립하고 있다. 생각건대 공평성의 관점에서 볼 때 긍정설이 타당하다고 본다. 다만 증명력 회복을 위한 회복증거의 사용을 허용하더라도 그것이 범죄사실에 관한 심증형성에 영향을 미치는 일이 없도록 주의하지 않으면 안 된다.

5. 탄핵증거의 조사방법

탄핵증거는 범죄사실을 인정하는 증거가 아니므로 엄격한 증거조사를 거쳐야 할 필요가 없다. 그러나 공개재판의 원칙에 비추어 볼 때 공판정에서 탄핵증거로서의 증거조사는 필요하다(2005도2617). 법정에서 증거로 제출된 바가 없어 전혀 증거조사가 이루어지지 아니한 채 수사기록에만 편철되어 있는 서류를 법원이 탄핵증거로 사용하는 것은 허용되지 않는다(97도1770).

탄핵증거의 경우 검사는 해당 증거를 탄핵증거로 신청하여야 한다(규칙132의2①)(2022도9284). 탄핵증거를 제출할 때에도 상대방에게 그에 대한 공격·방어의 수단을 강구할 기회를 부여해야 한다. 따라서 탄핵증거를 제출할 때에는 탄핵증거의 어느 부분에 의하여 진술의 어느 부분을 다투려고 하는지를 사전에 상대방에게 알려야 한다(2005도2617). 탄핵증거에 대한 증거조사는 법정에서 피고인과 변호인에게 탄핵증거에 관한 의견진술권 등 방어권이 충분히 보장된 상태로 이루어져야 한다(2022도9284). 탄핵증거에 대한 증거조사절차

는 검사가 입증취지 등을 진술하고 피고인 측에 열람의 기회를 준 후 그 의견을 듣는 방법
에 의한다(2005도2617).

제 5 절   위법수집증거배제법칙

제 1   위법수집증거배제법칙의 의의

1. 위법수집증거배제법칙의 도입과정

수사기관이 위법수사를 자행하게 되는 근본요인에 착안하여 이를 사전에 억제하는 장치
로서 위법수집증거배제법칙이 주목을 받게 된다. 위법수집증거배제법칙(exclusionary rules)
이란 위법수사로 인하여 획득된 증거와 그 증거를 원인으로 하여 얻어진 이차적 증거들에
대해 증거능력을 부인하는 법리를 말한다. 위법수집증거배제법칙에 의하여 증거능력이 부
인된 증거는 유죄 인정의 증거로 삼을 수 없다. 형소법 제308조의2는 "적법한 절차에 따
르지 아니하고 수집한 증거는 증거로 할 수 없다."고 규정하여 위법수집증거배제법칙을
명문화하였다.

위법수집증거배제법칙이 도입되기 전에는 판례가 비진술증거인 증거물에 대하여 압수
절차가 위법하다 하더라도 물건 자체의 성질·상태에 변경을 가져오는 것은 아니므로 그
형상 등에 관한 증거가치에는 변함이 없다고 하여 증거능력을 계속 인정하는 입장을 취하
고 있었다(96초88). 이때 물건 자체의 성질·상태에 변함이 없어서 증거로 사용할 수 있다
는 입장을 가리켜서 성상불변론이라고 불렀다. 입법자는 2007년에 형사소송법을 개정하면
서 제308조의2로 위법수집증거배제법칙을 명문화하였다. 개정형사소송법은 2008년부터 시
행되었는데, 그 시행을 목전에 둔 시점에서 대법원은 전원합의체판결을 통하여 성상불변론
을 폐기하였다(2007도3061).

위법수집증거배제법칙을 입법화하는 과정에서 배제되는 증거의 범위를 어디까지로 할
것인가를 놓고 논란이 제기되었다. 위법수집증거배제의 범위를 좁게 설정할 경우 모처럼
도입한 위법수집증거배제법칙이 공문화할 가능성이 있다. 이에 반해 사소한 절차위반에 대
해서까지 위법수사라고 보아 수집된 증거의 증거능력을 배제한다면 국가의 소추역량에 지
나친 제약이 가해져서 실체적 진실발견에 지장을 초래하게 될 것이다. 피의자·피고인의
방어권보장과 실체적 진실발견이라는 두 가지 원리가 충돌하는 과정에서 절충점으로 적법

절차의 원칙이 제안되어 채택되었다. 즉 '적법한 절차에 따르지 아니하고 수집한 증거'에 대해서만 증거능력을 배제하기로 한 것이다.

2. 위법수집증거배제법칙과 적법절차

형소법 제308조의2가 균형점으로 설정한 '적법한 절차'는 헌법이 천명한 '적법한 절차'와 동일한 의미를 갖는다. 우리 헌법은 적법절차의 원칙을 형사절차의 기본원칙으로 천명하고(헌법12① 2문 후단), 강제수사에 관하여 이를 재천명하고 있다(헌법12③). 헌법재판소는 적법절차의 원칙을 "공권력에 의한 국민의 생명·자유·재산의 침해는 반드시 합리적이고 정당한 법률에 의거해서 정당한 절차를 밟은 경우에만 유효하다는 원칙"이라고 정의한 바가 있다(2001헌바41). 또한 헌법재판소는 적법절차를 "기본권 보장을 위한 정당한 절차 즉 근본적인 공정성을 담보하는 절차"라고 파악하고 있다(94헌바1).

헌법과 형사소송법이 정한 절차에 따르지 아니하고 수집된 증거는 기본적 인권보장을 위해 마련된 적법한 절차에 따르지 않은 것으로서 원칙적으로 유죄 인정의 증거로 삼을 수 없다. 위법수집증거 자체는 물론 이를 기초로 획득한 이차적 증거도 유죄 인정의 증거로 삼을 수 없다(2007도3061).

위법하게 수집된 증거라 할지라도 예외적으로 증거능력이 허용되는 경우가 있다. 즉 (가) 수사기관의 절차위반행위가 적법절차의 실질적인 내용을 침해하는 경우에 해당하지 아니하고, (나) 오히려 그 증거의 증거능력을 배제하는 것이 헌법과 형사소송법이 형사소송에 관한 절차조항을 마련하여 적법절차의 원칙과 실체적 진실규명의 조화를 도모하고 이를 통하여 형사사법정의를 실현하려 한 취지에 반하는 결과를 초래하는 것으로 평가되는 예외적인 경우라면 법원은 그 증거를 유죄 인정의 증거로 사용할 수 있다(2007도3061).

동일한 법리는 이차적 증거의 경우에도 적용된다. 적법절차에 따르지 아니한 증거수집과 이차적 증거수집 사이의 인과관계 희석 또는 단절 여부를 중심으로 이차적 증거수집과 관련된 모든 사정을 전체적·종합적으로 고려하여 예외적으로 이차적 증거를 유죄 인정의 증거로 사용할 수 있다(2007도3061).

그런데 이러한 예외적인 경우를 함부로 인정하게 되면 결과적으로 헌법과 형사소송법이 정한 절차에 따르지 아니하고 수집된 증거는 기본적 인권 보장을 위해 마련된 적법한 절차에 따르지 않은 것으로서 유죄 인정의 증거로 삼을 수 없다는 원칙을 훼손하는 결과를 초래할 위험이 있다. 그러므로 법원은 구체적인 사안이 예외적인 경우에 해당하는지를 판단하는 과정에서 이러한 결과가 초래되지 않도록 유념하여야 한다. 나아가, 법원이 수사기관의 절차 위반행위에도 불구하고, 그 수집된 증거를 유죄 인정의 증거로 사용할 수 있는 예외적인 경우에 해당한다고 볼 수 있으려면, 그러한 예외적인 경우에 해당한다고 볼 만한 구체적이고 특별한 사정이 존재한다는 것을 검사가 입증하여야 한다(2008도763).

3. 위법수집증거배제법칙과 주장적격 문제

위법수집증거배제법칙의 적용과 관련하여 소위 주장적격의 문제가 제기된다. 미국 증거법에서 말하는 주장적격의 이론이란 위법수사를 당한 사람만이 자기의 피고사건에서 증거능력의 배제를 주장할 수 있다는 법리를 말한다. 우리 형소법 제308조의2를 해석함에 있어서도 주장적격의 법리가 적용되어야 한다고 주장하는 견해가 있다. 위법수집증거배제법칙이 미국법에서 유래하였다는 점과 위법수집증거배제법칙이 지나치게 확대적용될 경우 실체적 진실발견에 지장을 초래하게 된다는 점이 주장적격을 주장하는 논거이다.

미국법의 위법수집증거배제법칙은 연방수정헌법의 기본권조항에서 유래하는 법리가 아니라 연방대법원이 각 주의 법원에 대하여 가지고 있는 사법적 통제권에 근거한 것이라고 설명되고 있다. 이에 대해 우리 형소법 제308조의2가 규정하고 있는 위법수집증거배제법칙은 우리 헌법 제12조 제1항과 제3항이 규정하고 있는 적법절차원칙을 근거로 하고 있다. 판례는 주장적격 이론을 부정하는 입장이다. 수사기관이 피고인이 아닌 자(을)를 상대로 적법한 절차에 따르지 아니하고 수집한 증거는 형소법 제308조의2에 의하여 그 증거능력이 부정되므로 피고인(갑)에 대한 유죄 인정의 증거로도 삼을 수 없다는 것이다. 판례에 따르면, 위법한 임의동행 후에 작성된 제삼자(종업원)의 진술조서는 피고인(업주)에 대해 유죄 인정의 증거로 삼을 수 없고(2009도6717), 진술거부권을 고지하지 않고 공범 피의자(을)를 신문하여 작성한 진술조서는 피고인(갑)에 대해 유죄의 증거로 사용할 수 없다(2008도8213). 헌법과 형사소송법이 선언한 영장주의의 중요성에 비추어 볼 때 피고인이나 변호인이 위법하게 수집된 압수물을 증거로 함에 동의하였다고 하더라도 증거능력이 인정되지 않는다(2009도11401).

제 2 위법수집증거배제법칙의 구체적 내용

1. 국가기관 수집증거와 위법수집증거배제법칙

(1) 영장주의 위반

형사소송법은 각종 영장의 집행과 관련하여 영장제시 및 사본교부를 원칙을 정하고 있다(법85①, 118, 200의6, 209). 피의자에 대한 구속영장의 집행 당시 구속영장이 사전에 제시된 바 없다면 이는 헌법 및 형사소송법이 정한 절차를 위반한 구속집행이다. 그와 같은 구속중에 수집한 수사기관 작성 피의자신문조서와 이후에 이루어진 피고인의 법정진술은 유죄인정의 증거로 삼을 수 없는 것이 원칙이다(2009도526). 수사기관이 압수·수색에 착수하면서 그 장소의 관리책임자에게 영장을 제시하였다고 하더라도, 물건을 소지하고 있는 다른 사람으로부터 이를 압수하고자 할 때에는 그 사람에게 따로 영장을 제시하여야 한다(2008도763).

수사기관은 피의자를 체포·구속하는 경우에 필요한 때에는 영장 없이 체포현장에서 압수·수색을 할 수 있다(법216①ⅱ). 그러나 체포 후 체포현장에서 떨어진 장소에서 압수한 물건은 증거능력이 없다(2009도14376). 수사기관이 영장 없이 압수한 물건을 계속 압수할 필요가 있는 경우에는 지체 없이 압수수색영장을 신청·청구해야 하며(법216③ 2문, 217② 본문), 신청·청구한 압수수색영장을 발부받지 못한 때에는 압수한 물건을 즉시 반환해야 한다(법217③). 긴급체포(2009도11401) 또는 현행범체포(2008도10914)의 경우에 사후에 압수수색영장을 발부받지 아니하고도 즉시 반환하지 아니한 압수물은 이를 유죄 인정의 증거로 사용할 수 없다.

수사기관 사무실 등으로 옮긴 정보저장매체에서 범죄혐의와의 관련성에 대한 구분 없이 저장된 전자정보 가운데에서 임의로 문서출력 혹은 파일복사를 하는 행위는 특별한 사정이 없는 한 영장주의 등에 반하는 위법한 집행이 되며, 이로써 수집된 증거는 증거능력이 없다(2009모1190). 정보저장매체 자체 또는 하드카피나 이미징(imaging) 등 형태의 복제본을 수사기관 사무실 등으로 옮겨 복제·탐색·출력하는 경우에도, 피압수자나 변호인에게 참여 기회를 보장하고 혐의사실과 무관한 전자정보의 임의적인 복제 등을 막기 위한 적절한 조치를 취하는 등 영장주의 원칙과 적법절차를 준수하여야 한다. 만일 그러한 조치를 취하지 않았다면 압수·수색이 적법하다고 평가할 수 없다. 이는 수사기관이 정보저장매체 또는 복제본에서 혐의사실과 관련된 전자정보만을 복제·출력한 경우에도 마찬가지이다(2018도20504).

압수수색영장의 집행과정에서 영장에 기재된 피의자의 해당 사건과 관련성이 없는 증거물이 발견된 경우에 수사기관이 별도의 압수수색영장을 발부받지 아니하고 그 증거물을 압수하는 것은 관련성 요건을 갖추지 못한 압수가 된다(전술 106면). 이때 압수된 해당 증거물은 형소법 제308조의2에서 정한 적법한 절차에 따르지 아니하고 수집한 증거로서 증거능력이 없다. 관련성 요건을 갖추지 못한 압수라는 절차적 위법은 헌법상 규정된 영장주의 내지 적법절차의 실질적 내용을 침해하는 중대한 위법에 해당하므로 압수된 해당 증거물은 예외적으로도 그 증거능력을 인정받지 못한다(2013도7101).

수사기관이 법원으로부터 압수수색검증영장 또는 감정처분허가장을 발부받지 아니한 채 피의자의 동의 없이 피의자의 신체로부터 혈액을 채취하고 사후적으로도 지체 없이 이에 대한 영장을 발부받지 아니하고서 강제채혈한 피의자의 혈중알코올농도에 관한 감정이 이루어졌다면, 이러한 혈액과 감정결과보고서는 형사소송법상 영장주의 원칙을 위반하여 수집되거나 그에 기초한 증거로서 그 절차위반행위가 적법절차의 실질적인 내용을 침해하는 정도에 해당하여 유죄의 증거로 사용할 수 없다(2009도2109).

법원으로부터 압수수색검증영장 또는 감정처분허가장을 발부받지 아니한 채 법정대리인의 동의를 받아 의식불명인 미성년자 피의자로부터 혈액을 채취하고, 사후에도 영장을 발부받지 아니하였다면 감정의뢰회보와 이에 기초한 다른 증거는 증거능력이 부정된다(2013도1228).

피의자의 신체 내지 의복류에 주취로 인한 냄새가 강하게 나는 등 범죄의 증거가 될 만한 뚜렷한 흔적이 있는 준현행범인(법211② ⅲ)으로서의 요건이 갖추어져 있고, 교통사고 발생 시각으로부터 사회통념상 범행 직후라고 볼 수 있는 시간 내라면, 사고현장으로부터 곧바로 후송된 병원 응급실 등의 장소는 범죄장소(법216③)에 준한다(2011도15258). 이러한 경우 수사기관은 의료법상 의료인의 자격이 있는 자로 하여금 의료용 기구로 의학적인 방법에 따라 필요최소한의 한도 내에서 피의자의 혈액을 채취하게 한 후 그 혈액을 영장 없이 압수할 수 있다. 다만 이 경우에도 사후에 지체 없이 법원으로부터 압수영장을 발부받아야 한다(법216③ 2문)(2011도15258). 이러한 절차를 밟아 취득한 혈액과 그에 대한 감정결과보고서는 증거능력이 있다.

임의제출에 의한 압수의 대상은 소유자, 소지자 또는 보관자가 임의로 제출한 물건이다(법218 후단). 소유자, 소지자 또는 보관자가 아닌 자로부터 제출받은 물건을 영장 없이 압수한 경우에 그 압수물과 압수물을 찍은 사진은 이를 유죄 인정의 증거로 사용할 수 없다(2009도10092).

수사기관이 압수수색영장의 집행과정에서 관련성이 없는 별개의 증거를 압수하였다가 피압수자 등에게 환부하고 후에 이를 임의제출받아 다시 압수하는 경우가 있다. 이 경우 임의제출에 의한 압수는 그 증거를 압수한 최초의 절차 위반행위와 최종적인 증거수집 사이의 인과관계가 단절되었다고 평가할 수 있는 사정이 될 수 있다(2013도11233). 그러나 환부 후 다시 제출하는 과정에서 수사기관의 우월적 지위에 의하여 임의제출의 명목으로 실질적으로 강제적인 압수가 행해질 수가 있다. 그러므로 증거의 제출에 임의성이 있다는 점에 관하여는 검사가 합리적 의심을 배제할 수 있을 정도로 증명하여야 하고, 임의로 제출된 것이라고 볼 수 없는 경우에는 그 증거능력을 인정할 수 없다(2013도11233).

수사관이 수사과정에서 당사자의 동의를 받는 형식으로 피의자를 수사관서 등에 동행하는 수사기법이 임의동행이다. 임의동행의 적법성은 원칙적으로 부정된다(2005도6810). 불법 임의동행에 의한 유치 중에 작성된 진술조서는 체포ㆍ구속에 관한 영장주의 원칙에 위배하여 수집된 증거로서 증거능력이 없고, 이는 다른 피고인에 대한 관계에서도 또한 같다(2009도6717).

일단 공소가 제기되면 검사는 그 피고사건에 관하여 형소법 제215조에 기한 압수ㆍ수색을 할 수 없다. 그럼에도 불구하고 검사가 공소제기 후 형소법 제215조에 따라 수소법원 이외의 지방법원판사에게 청구하여 발부받은 영장에 의하여 압수ㆍ수색을 하였다면, 그와 같이 수집된 증거는 기본적 인권 보장을 위해 마련된 적법한 절차에 따르지 않은 것으로서 원칙적으로 유죄의 증거로 삼을 수 없다(2009도10412).

(2) 수사기관의 비밀녹음

위법수집증거배제법칙을 규정한 형소법 제308조의2는 2008년부터 시행되었다. 이에 앞서 1994년에 「통신비밀보호법」이 제정되면서 통신 및 대화의 비밀과 관련하여 위법수집증거배제법칙이 일부 도입되었다. 「통신비밀보호법」은 제3조 제1항 본문에서 "누구든지 이 법과 형사소송법 또는 군사법원법의 규정에 의하지 아니하고는 우편물의 검열ㆍ전기통신의 감청 또는 통신사실확인자료의 제공을 하거나 공개되지 아니한 타인 간의 대화를 녹음 또는 청취하지 못한다."고 규정하고, 제14조 제1항에서 "누구든지 공개되지 아니한 타인 간의 대화를 녹음하거나 전자장치 또는 기계적 수단을 이용하여 청취할 수 없다."고 규정하고 있다.

「통신비밀보호법」 제4조는 "제3조의 규정에 위반하여, 불법검열에 의하여 취득한 우편물이나 그 내용 및 불법감청에 의하여 지득 또는 채록된 전기통신의 내용은 재판 또는 징계절차에서 증거로 사용할 수 없다."고 규정하고 있다. 그러므로 불법한 비밀녹음은 형사재판에서 유죄의 증거로 사용할 수 없다.

「통신비밀보호법」 제4조에 의한 증거능력 배제의 효력은 국가기관에 의한 비밀녹음뿐만 아니라 사인에 의한 비밀녹음에까지도 미친다. 사인의 비밀녹음은 증거능력을 부정되지만, 정당방위나 긴급피난 등에 준하는 특별한 사정이 있는 경우에는 예외적으로 비밀녹음에 증거능력을 인정할 수 있다(97도240).

「통신비밀보호법」이 녹음이나 청취를 금지하는 대화는 '타인 간의 대화'이다. 「통신비밀보호법」에서 보호하는 타인 간의 '대화'는 원칙적으로 현장에 있는 당사자들이 육성으로 말을 주고받는 의사소통행위를 가리킨다(2016도19843). 따라서 사람의 육성이 아닌 사물에

서 발생하는 음향은 타인 간의 '대화'에 해당하지 않는다. 또한 사람의 목소리라고 하더라
도 상대방에게 의사를 전달하는 말이 아닌 단순한 비명소리나 탄식 등은 타인과 의사소통
을 하기 위한 것이 아니라면 특별한 사정이 없는 한 타인 간의 '대화'에 해당한다고 볼 수
없다(2016도19843). '타인 간의 대화'에는 당사자가 마주 대하여 이야기를 주고받는 경
우뿐만 아니라 당사자 중 한 명이 일방적으로 말하고 상대방은 듣기만 하는 경우도
포함된다. 따라서 강연과 토론·발표 등도 대상자와 상대방 사이의 대화에 해당한다
(2014도10978).

「통신비밀보호법」 제3조 제1항 본문이 녹음이나 청취를 금지하는 대화는 '공개되지 아
니한' 타인 간의 대화이다. 여기에서 '공개되지 않았다'는 것은 반드시 비밀과 동일한 의미
는 아니다. 대화가 구체적으로 공개된 것인지는 발언자의 의사와 기대, 대화의 내용과 목
적, 상대방의 수, 장소의 성격과 규모, 출입의 통제 정도, 청중의 자격 제한 등 객관적인 상
황을 종합적으로 고려하여 판단해야 한다(2020도1007).

「통신비밀보호법」 제3조 제1항 본문이 공개되지 아니한 타인 간의 대화를 녹음 또는
청취하지 못하도록 한 것은 대화에 원래부터 참여하지 않는 제삼자가 그 대화를 하는 타인
간의 발언을 녹음 또는 청취해서는 안 된다는 취지이다(2013도15616). 대화에 원래부터 참
여하지 않는 제삼자가 일반 공중이 알 수 있도록 공개되지 않은 타인 간의 발언을 (가) 녹
음하거나 (나) 전자장치 또는 기계적 수단을 이용하여 청취하는 것은 특별한 사정이 없는
한 「통신비밀보호법」 제3조 제1항에 위반된다(2020도1007).

수사기관이 구속수감된 자로 하여금 피고인과 통화하게 하여 피고인의 범행에 관한
통화 내용을 녹음하게 한 행위는 수사기관 스스로가 주체가 되어 구속수감된 자의 동의
만을 받고 상대방인 피고인의 동의가 없는 상태에서 그들의 통화 내용을 녹음한 것으로
서 범죄수사를 위한 통신제한조치의 허가 등을 받지 아니한 불법감청에 해당한다. 그리
하여 그 녹음 자체는 물론이고 이를 근거로 작성된 수사보고서의 기재 내용과 첨부 녹취
록 및 첨부 녹음파일 등은 모두 피고인과 변호인의 증거동의에 상관없이 증거능력이 없
다(2010도9016).

입법자는 위법수집증거배제법칙을 형사소송법의 차원에서 전면적으로 수용하였다(법
308의2). 이제 「통신비밀보호법」과 함께 형사소송법이 국가기관의 비밀녹음행위를 직접 규
제하는 단계로 접어들게 되었다. 선거관리위원회의 위원이나 직원이 관계인에게 진술이
녹음된다는 사실을 미리 알려 주지 아니한 채 진술을 녹음하였다면, 그와 같은 조사절차에
의하여 수집한 녹음파일 내지 그에 터잡아 작성된 녹취록은 형소법 제308조의2에서 정하
는 '적법한 절차에 따르지 아니하고 수집한 증거'에 해당하여 원칙적으로 유죄의 증거로

쓸 수 없다(2011도3509).

수사기관의 비밀녹음 문제와 함께 논의되어야 할 것이 수사기관의 비밀촬영 문제이다. 수사기관이 채증을 위하여 영장 없이 사진을 촬영하는 경우에 그 사진의 증거능력이 문제된다. 이 문제는 영장주의의 한계영역과 관련하여 앞에서 검토하였다(전술 71면).

(3) 증거물과 진술증거

형소법 제308조의2는 단순히 압수물의 증거능력을 부정하는 조문에 그치는 것은 아니다. 형소법 제308조의2는 위법수집증거배제법칙이 적용되는 대상을 '적법한 절차에 따르지 아니하고 수집한 증거'로 일반화하고 있다. 이 증거에는 압수물 등 물건뿐만 아니라 진술증거도 포함된다. 긴급체포의 요건을 갖추지 못한 상태에서 작성된 피의자신문조서는 그 위법이 영장주의에 위배되는 중대한 것이다. 그리하여 긴급체포중에 작성된 피의자신문조서는 위법하게 수집된 증거로서 특별한 사정이 없는 한 이를 유죄의 증거로 할 수 없다(2000도5701).

진술증거 가운데 피고인의 자백진술은 헌법적으로 특별한 지위를 갖는다. 헌법 제12조 제7항은 "피고인의 자백이 고문·폭행·협박·구속의 부당한 장기화 또는 기망 기타의 방법에 의하여 자의로 진술된 것이 아니라고 인정될 때 … 에는 이를 유죄의 증거로 삼[을 수] 없다."고 규정하고 있다. 피고인의 자백진술을 위법하게 수집한 경우에 대해 헌법 제12조 제7항은 독자적인 증거배제장치를 마련하고 있으며, 이를 구체화하기 위하여 형소법 제309조가 자백배제법칙을 다시 한번 규정하고 있다. 이 경우 자백배제법칙에 의하여 증거능력이 배제되는 것은 피고인의 '자백' 그 자체이다. 헌법 제12조 제7항과 형소법 제309조에 근거하여 자백배제법칙이 적용되는 경우에 헌법 제12조 제1항·제3항과 형소법 제308조의2를 근거로 한 위법수집증거배제법칙은 보충적 지위로 후퇴한다. 자백배제법칙은 헌법적 차원에서 인정된 증거배제법칙으로서 형사소송법적 차원에서 증거배제를 규정한 위법수집증거배제법칙에 우선하기 때문이다.

소위 증인 빼돌리기 수사기법은 적법절차 위반에 해당한다. 증인 빼돌리기 수사기법이란 증인의 증언 전에 일방당사자가 그 증인과의 접촉을 독점하고 이를 통해 상대방의 접촉을 제한하는 것을 말한다. 만일 수사기관이 증인 빼돌리기 수법을 사용한다면 피고인 측은 그 증인이 어떠한 내용의 증언을 할 것인지를 알지 못하여 방어준비를 할 수 없게 된다. 이는 결국 피의자·피고인으로 하여금 수사기관이 가하는 예기치 못한 타격에 그대로 노출될 수밖에 없는 위험을 감수하라는 것이 되어 헌법 제12조 제1항의 적법절차원칙에 반하게 된다(99헌마496). 이와 같이 적법절차에 반하는 증인 빼돌리기 수법에 의하여 작성된 참고인진술조서나 이후에 이루어진 증인의 법정진술은 형소법 제308조의2에 의하여 증거능력이 배제된다.

(4) 진술거부권의 불고지

수사기관은 출석한 피의자를 신문하기 전에 미리 피의자에 대하여 진술을 거부할 수 있음을 알려주어야 한다(법244의3①). 피의자의 진술거부권은 헌법이 보장하는바, 형사상 자기에 불리한 진술을 강요당하지 않는다는 자기부죄금지의 권리에 터잡은 것이다(헌법12②). 그러므로 수사기관이 피의자를 신문함에 있어서 피의자에게 미리 진술거부권을 고지하지 않은 때에는 그 피의자의 진술은 위법하게 수집된 증거로서 진술의 임의성이 인정되는 경우라도 증거능력이 부인된다(2011도8125).

진술거부권을 고지하지 아니하고 피의자의 진술을 녹취 내지 기재한 서류 또는 문서가 수사기관에서의 조사과정에서 작성된 것이라면, 그것이 피의자신문조서 이외에 진술조서, 진술서, 자술서라는 형식을 취하였다고 하더라도 모두 증거능력이 없다(2011도8125). 피의자에 대해 피의자신문조서가 아니라 '진술서' 또는 '진술조서'가 작성되는 경우는 특히 공범수사와 관련된 경우가 많다. 수사기관이 공범자(갑)를 다른 공범자(을)에 대한 참고인으로 조사하여 진술조서를 작성하는 경우가 있다. 이때 공범자(갑)는 자신에 대한 피의사실에 대해 범죄혐의에서 벗어나지 못한 피의자 신분이다. 공범자(갑)의 다른 공범자(을)에 대한 참고인진술조서는 진술조서의 형식을 취하였다고 하더라도 피의자신문조서와 달리 볼 수 없다. 그리하여 진술거부권 고지 없이 이루어진 참고인진술조서는 진술의 임의성이 인정되는 경우라도 위법하게 수집된 증거로서 증거능력이 없다(2014도1779).

피고인(을)이 다른 사람(갑)을 내세워 범의를 부인한 경우에 이를 확인하기 위하여 수사기관이 공범 가능성이 있는 그 사람(갑)을 참고인으로 조사한 것이라면 그 사람(갑)은 수사기관에 의해 범죄혐의를 인정받아 수사가 개시된 자(피의자)의 지위에 있었다고 할 수 없다. 그러므로 그 사람(갑)이 피의자로서의 지위가 아닌 참고인으로서 조사를 받으면서 수사기관으로부터 진술거부권을 고지받지 않았다 하더라도 그 이유만으로 그 사람(갑)의 진술조서가 피고인(을)에 대해 위법수집증거로서 증거능력이 없다고 할 수 없다(2011도8125).

(5) 위법수집증거의 예외적 허용

수사기관이 헌법과 형사소송법이 정한 절차에 따르지 아니하고 수집한 증거는 그 자체는 물론, 이를 기초로 하여 획득한 이차적 증거 역시 유죄 인정의 증거로 삼을 수 없는 것이 원칙이다. 그러나 위법하게 수집된 증거에 대해 예외적으로 증거능력이 인정되는 경우가 있다(전술 380면).

판사의 서명날인란에 서명만 있고 그 옆에 날인이 없는 압수수색영장은 영장에 법관의 서명날인을 요구하는 형사소송법의 요건(법219, 114① 본문)을 갖추지 못하여 적법하게 발부되었다고 볼 수 없다(2018도20504). 그러나 이러한 경우에까지 영장에 의하여 수집된 일차적 증거의 증거능력을 배제하는 것은 적법절차의 원칙과 실체적 진실 규명의 조화를 도모하고 이를 통하여 형사 사법 정의를 실현하려는 취지에 반하는 결과를 초래할 수 있다. 따라서 판사의 날인 없는 압수수색영장에 의하여 수집한 일차적 증거와 이에 기초하여 획득한 이차적 증거는 증거능력이 인정된다(2018도20504).

수사기관이 진술거부권을 고지하지 않은 상태에서 피의자가 임의로 자백을 하고, 그 피의자의 자백을 기초로 수사기관이 이차적 증거를 수집하는 경우가 있다. 1차 자백 이후의 반복된 2차 자백, 1차 자백을 계기로 취득한 물적 증거나 증인의 증언 등이 그 예이다. 이러한 이차적 증거들이 유죄 인정의 증거로 사용될 수 있는가 하는 문제는 위법수집증거 예외적 허용의 법리에 따라서 판단되어야 한다. 이와 관련하여 판례는 이차적 증거의 증거능력을 인정할 만한 통상적인 정황으로 다음의 경우를 상정하고 있다(2008도11437).

첫째로, (가) 진술거부권을 고지하지 않은 것이 단지 수사기관의 실수일 뿐 (나) 피의자의 자백을 이끌어내기 위한 의도적이고 기술적인 증거확보의 방법으로 이용되지 않았고, (다) 그 이후 이루어진 신문에서 진술거부권을 고지하여 잘못이 시정되는 등 수사절차가 적법하게 진행된 경우이다. 둘째로, 최초 자백 이후 구금되었던 피고인이 석방되었다거나 변호인으로부터 충분한 조력을 받은 가운데 상당한 시간이 경과하였음에도 다시 자발적으로 계속하여 동일한 내용의 자백을 한 경우이다. 셋째로, 최초의 자백 외에도 다른 독립된 제삼자의 행위나 자료 등이 물적 증거나 증인의 증언 등 이차적 증거 수집의 기초가 된 경우이다. 넷째로, 증인이 그의 독립적인 판단에 의해 형사소송법이 정한 절차에 따라 소환을 받고 임의로 출석하여 증언한 경우이다.

2. 사인 수집증거와 위법수집증거배제법칙

(1) 적법절차원칙의 대사인효

형소법 제308조의2는 "적법한 절차에 따르지 아니하고 수집한 증거는 증거로 할 수 없다."고 규정하고 있다. 이 조문은 헌법 제12조 제1항의 적법절차원칙을 기준으로 설정하고 있다. 헌법 제12조 제1항의 적법절차원칙은 국가기관에 대한 요청이지만 동시에 다른 기본권들과 마찬가지로 대 사인적 효력을 가진다. '정당한 절차'를 핵심적 요소로 하는 적법절차의 원칙은 사인간의 관계에서도 존중되어야 한다.

「통신비밀보호법」은 통신과 대화의 비밀과 관련하여 위법수집증거배제법칙을 도입하

고 있다. 「통신비밀보호법」은 제4조에서 불법감청에 의하여 지득 또는 채록된 전기통신의
내용은 재판 또는 징계절차에서 증거로 사용할 수 없도록 하고 있다. 그러므로 불법한 비
밀녹음은 형사재판에서 유죄의 증거로 사용할 수 없다. 「통신비밀보호법」 제4조에 의한 증
거능력 배제의 효력은 국가기관에 의한 비밀녹음뿐만 아니라 사인에 의한 비밀녹음에까지
도 미친다. 사인 간의 경우 사인이 비밀리에 촬영하거나 녹음한 사진, 비디오테이프, 녹음
테이프 등이 위법수집증거배제법칙의 중요한 논의대상으로 등장하고 있다. 사인간의 비밀
녹음 문제는 앞에서 수사기관의 비밀녹음과 관련하여 함께 검토하였다(전술 384면).

(2) 사인에 대한 위법수집증거배제법칙의 적용범위

사인이 위법하게 수집한 증거와 위법수집증거배제법칙의 관계가 문제된다. 이에 대해
서는 두 가지 대립되는 시각이 제시되고 있다. 하나는 권리범위설이며 다른 하나는 이익
형량설이다. 권리범위설은 침해된 권리의 중요성을 기준으로 위법수집증거배제법칙을 적
용하자는 주장이다. 권리범위설의 입장에서는 사인의 위법행위가 침해를 가져오는 기본권
의 영역을 기준으로 (가) 기본권의 핵심적 영역을 침해하는 경우, (나) 기본권의 주변적 영
역을 침해하는 경우, (다) 기본권의 침해와 무관한 경우로 나눈다. 그리하여 사인의 위법행
위가 기본권의 핵심적 영역을 침해하는 경우에는 그 사인이 수집한 증거에 대해 증거능력
을 부인해야 한다고 주장한다. 권리범위설의 입장에서는 예컨대 사인에 의한 사진촬영이라
하더라도 헌법상 보장된 인격권이나 초상권 등의 기본권을 중대하게 침해하는 경우에는
증거능력이 부인된다고 본다. 그리하여 부녀의 나체사진과 같은 것은 설사 형사소추를 위
하여 필요한 증거라고 할지라도 기본권의 핵심영역을 침해하는 것이므로 증거능력을 배제
해야 한다고 주장한다.

이익형량설은 실체적 진실발견이라는 공익과 사생활보호라는 개인의 이익을 비교형량
하여 위법수집증거배제법칙의 적용 여부를 결정하자는 주장이다. 판례는 이익형량설을 취
하고 있다. 이익형량설에 따르면, 법원은 효과적인 형사소추 및 형사소송에서의 진실발견
이라는 공익과 개인의 인격적 이익 등의 보호이익을 비교형량하여 그 허용 여부를 결정해
야 한다(2008도3990). 법원은 공익과 개인의 보호이익을 비교형량할 때 증거수집절차와 관
련된 모든 사정을 전체적·종합적으로 고려해야 하고, 단지 형사소추에 필요한 증거라는 사
정만을 들어 곧바로 형사소송에서의 진실발견이라는 공익이 개인의 인격적 이익 등의 보
호이익보다 우월한 것으로 섣불리 단정하여서는 안 된다(2010도12244).

판례는 사기죄 피고사건에서 제삼자가 절취한 물건으로서 대가를 주고 입수한 증거물
에 대하여(2008도1584), 「공직선거법」 위반죄 피고사건에서 제삼자가 권한 없이 피고인의

전자우편에 대한 비밀 보호조치를 해제하는 방법을 통하여 수집한 전자우편에 대하여
(2010도12244),「저작권법」위반죄 피고사건에서 저작권자 측이 저작권 침해 회사의 검색
제한 조치를 무력화하는 프로그램을 이용하여 수집한 저작권 침해자료 목록에 대하여
(2011도1435), 선거법위반 피고사건에서, 대화상대방이 피고인의 동의 없이 피고인의 휴대
전화를 조작하여 피고인의 전화통화 내용을 모두 녹음하였고, 그 전화통화 녹음파일이 피
고인의 휴대전화에 저장되어 있는데, 수사기관이 피고인의 휴대전화를 적법하게 압수하여
분석하던 중 우연히 이를 발견하여 압수한 녹음파일에 대하여(2021도2299) 각각 증거능력
을 긍정한 바가 있다.

3. 위법수집증거배제법칙의 관련문제

(1) 위법수집증거의 탄핵증거 사용 여부

위법수집증거배제법칙(법308의2)에 의하여 증거능력이 배제된 증거를 탄핵증거로 사용
할 수 있는가 하는 문제가 있다. 이에 대해서는 긍정설과 부정설이 대립하고 있다. 긍정설
의 입장에서는 위법수집증거라고 해도 일반적으로는 탄핵증거로 사용할 수 있다고 본다.
다만, 임의성이 없는 진술이나 고문, 폭행 등과 같은 중대한 인권침해에 의한 진술에 대해
서는 예외적으로 탄핵증거로도 허용될 수 없다는 제한을 가한다.

그러나 이 문제는 부정설의 관점에서 접근해야 한다고 본다. 탄핵증거는 전문법칙에
의하여 증거능력이 배제된 증거를 피고인 또는 피고인 아닌 자의 진술의 증명력을 다투기
위하여 사용하는 것이다(법318의2①). 전문법칙(법310의2)은 형사소송법이 규정한 입법정책
의 문제로서 헌법적 지위를 갖지 않는다(2003헌가7). 이에 대하여 위법수집증거배제법칙(법
308의2)은 형사소송법에 명시되어 있지만 헌법 제12조 제1항 및 제3항이 규정한 적법절차
원칙과 직접 관련을 맺고 있다. 우리나라 형사사법에 헌법상의 적법절차원칙을 실현하기
위하여 입법자가 의도적으로 도입한 장치가 위법수집증거배제법칙이다. 이러한 우리 법체
계의 특성으로부터 전문증거의 사용과 관련한 탄핵증거의 법리는 위법수집증거에 대하여
적용되지 않으며, 위법수집증거는 탄핵증거로도 사용할 수 없다는 결론이 도출된다.

(2) 위법수집증거에 대한 증거동의 여부

위법수집증거배제법칙에 대한 증거동의는 허용되지 않는다(2009도11401). 형소법 제318
조에 근거를 둔 증거동의는 반대신문권의 포기 및 소송경제의 관점에서 인정되는 제도로
서 전문법칙을 규정한 형소법 제310조의2와 표리관계에 있다. 이에 대해 형소법 제308조
의2가 규정하고 있는 위법수집증거배제법칙은 헌법 제12조 제1항과 제3항이 규정하고 있

는 적법절차의 원칙과 관련을 맺고 있다. 헌법적 요청에서 유래하는 증거능력의 제한을 전문법칙과 실질적 직접심리주의의 관점에서 도출되는 증거동의의 법리로 우회할 수는 없다. 요컨대 위법수집증거에 대한 증거동의는 인정되지 않는다.

4. 거짓말탐지기 검사결과의 증거능력

(1) 거짓말탐지기 검사결과의 의의

사람은 진실을 은폐하거나 거짓을 진술하는 경우에 심리적 동요와 함께 호흡, 맥박, 혈압, 발한(發汗) 등의 생리적 변화를 수반하는 일이 많다. 거짓말탐지기는 이러한 점에 착안하여 피고인이나 제삼자가 진술할 때 생기는 신체적 변화를 기술적 방법으로 측정하여 그 진술의 진위를 판별하려는 목적에서 사용되는 기계장치이다. 거짓말탐지기에 의하여 피검사자의 생리적 변화를 측정하여 기록하는 것이 거짓말탐지기 검사이며, 거짓말탐지기 검사를 근거로 하여 피검사자의 진술이 허위 또는 사실은폐에 해당하는가를 판단한 자료를 거짓말탐지기 검사결과라고 한다(2005도130). 거짓말탐지기 검사결과가 피고인의 범죄사실을 증명할 수 있는 증거로 사용될 수 있으려면 다음과 같은 전제조건들이 단계적으로 구비되어야 한다.

첫째로, 거짓말탐지기 검사결과는 피고사건과 자연적 관련성을 가지고 있어야 한다. 자연적 관련성이란 증거가 문제되고 있는 사실의 증명과 관련되고 있으며 또 이를 증명할 수 있는 최소한의 힘이 있음을 의미한다. 자연적 관련성은 사실적 관련성이라고도 불린다. 거짓말탐지기와 관련하여 자연적 관련성이 문제되는 항목으로는 (가) 일반적으로 볼 때 거짓말탐지기의 이론적 근거가 공인된 과학적 법칙에 기초하고 있는가, (나) 구체적으로 볼 때 실제로 사용되고 있는 거짓말탐지기의 성능, 검사요원의 자질, 검사절차가 과학적 정밀성을 구비하고 있는가 하는 두 가지 점을 들 수 있다.

둘째로, 거짓말탐지기 검사결과는 피고사건과 법적 관련성을 가지고 있어야 한다. 법적 관련성은 자연적 관련성에 대립하는 개념이다. 법적 관련성은 자연적 관련성이 인정되는 증거라 할지라도 그 증거를 사용함으로써 얻는 이익과 그 대가로 치러야 할 해악을 비교하여 전자가 후자를 능가하는 것을 말한다. 법적 관련성을 거짓말탐지기 검사결과와 관련해서 보면, 설사 거짓말탐지기 검사결과에 자연적 관련성이 인정된다고 하더라도 (가) 이를 사용하는 것이 법관의 심증형성에 부당한 영향을 미칠 수 있는 경우, (나) 소송경제적인 관점에서 필요 이상의 비용을 부담시키는 경우, 또는 (다) 인간의 기본권을 침해하는 경우 등에 해당한다면 법적 관련성이 없음을 이유로 거짓말탐지기 검사결과의 사용을 허용할 수 없다는 결론에 이르게 된다.

셋째로, 거짓말탐지기 검사결과에 자연적 관련성과 법적 관련성을 긍정한다고 하더라도 형사소송법이 명시하고 있는 증거능력 제한규정에 저촉되는 일이 없어야 한다.

판례는 거짓말탐지기 검사결과에 대해 사실적 관련성의 관점에서 접근하고 있다. 판례는 거짓말탐지기 검사결과가 요증사실에 대하여 필요한 최소한도의 증명력을 가지고 있어야 한다고 하면서, 이에 필요한 제반 요건이 충족되지 않는 한 증거능력을 부여하기는 어렵다는 입장을 취하고 있다(2005도130). 나아가 판례는 설사 자연적 관련성이 예외적으로 인정되어 거짓말탐지기 검사결과에 증거능력이 부여되는 경우라 하더라도 그 검사결과는 검사를 받는 사람의 진술의 신빙성 유무를 판단하는 정황증거로서의 기능을 하는 데 그친다는 입장이다(83도3146)(후술 309면).

(2) 거짓말탐지기의 관련문제

거짓말탐지기의 사용은 법적 관련성의 결여를 이유로 금지하는 것이 마땅하다고 본다. 그런데 다수의 견해가 거짓말탐지기의 사용을 제한적으로 허용하고 있다. 다수견해에 따라 거짓말탐지기 사용을 허용하게 되면 다음으로 진술거부권의 문제를 검토해야 한다.

진술거부권의 고지는 피의자의 진술거부권 행사와 달리 수사기관에게 부과되는 의무이다(법244의3①). 거짓말탐지기 검사절차를 보면 검사자의 질문과 피검사자의 답변이 불가분의 관계를 이루면서 진행되며 이 과정에서 신체상황의 변화가 기계에 의하여 측정된다. 이러한 점에 비추어 볼 때 거짓말탐지기에 의한 검사를 할 때에는 피의자신문의 경우에 준하여 검사자가 피검사자에게 반드시 진술거부권을 고지해야 할 것이다. 거짓말탐지기 검사를 계기로 하여 얻은 자백에 대해 증거능력을 인정할 것인지가 문제된다. 판례는 증거능력을 긍정하고 있다(83도712)(후술 400면).

제 3 독수과실의 이론

1. 독수과실이론의 의의

위법수집증거배제법칙을 검토할 경우에 그와 표리관계에 있어서 설명을 요하는 것으로 독수과실의 이론이 있다. 독수과실의 이론이란 위법수사에 의하여 획득한 일차적 증거를 근거로 하여 취득한 그 밖의 이차적 증거들까지도 증거능력을 배제하는 이론을 말한다. 위법수사에 의하여 오염된 일차적 증거를 독나무에 비유하고 그로부터 얻어진 이차적·파생적 증거를 독나무의 과실에 비유하여 오염된 이차적 증거의 증거능력을 부정하자는 것이 독수과실의 이론이다.

독수과실의 이론은 위법수사로 인한 일차적 증거에 대해서만 증거능력을 부인하고 파생적 증거에 대해 증거능력을 인정할 경우 위법수집증거배제법칙이 무의미해지는 것을 막기 위하여 고안된 장치이다. 예컨대 살인죄 피고사건에서 고문 등으로 임의성이 의심되어 증거능력이 부정된 자백에 의하여 획득한 망치나 의류 등 증거물의 증거능력을 부인함으로써 범죄성립을 부정하는 것이 독수과실의 적용사례이다.

2. 독수과실이론의 예외이론

위법수집증거배제법칙이 독수과실의 이론을 매개로 하여 일차적 증거뿐만 아니라 이차적 증거에까지도 적용된다고 할 경우 사소한 위법수사만 있으면 그 이후에 획득된 모든 증거의 증거능력을 부정하지 않으면 안 된다. 그러나 이렇게 되면 형벌권의 무력화를 초래하여 형사사법에 대한 국민의 신뢰가 실추되는 것이 아닌가 하는 우려가 제기될 수 있다. 여기에서 독수과실의 이론을 제한하는 법리가 필요하게 된다. 독수과실의 이론을 제한하는 법리로는 희석이론, 독립된 증거원의 이론, 불가피한 발견의 이론, 선의신뢰의 이론 등이 있다.

희석이론은 위법수사로 인하여 획득한 일차적 증거의 오염성이 점차로 희석되어 더 이상 이차적 증거에 영향을 미치지 않게 되는 경우를 인정하는 견해이다. 희석이론이 적용되는 경우로 위법수사에 의하여 취득된 일차적 증거와 문제의 이차적 증거 사이에 여러 단계의 연결고리가 존재하는 상황을 들 수 있다. 희석의 정도를 결정하는 기준은 당해 증거에 대한 증거능력의 배제가 수사기관의 위법수사에 대해 견제력을 발휘할 수 있겠는가 아닌가 하는 점에서 구한다.

일차적 증거와 이차적 증거 사이에 조건설적 인과관계가 인정된다고 하더라도, 이차적 증거를 획득한 것이 일차적 증거의 수집원인이었던 위법수사를 이용한 것이 아닌 경우에는 그 이차적 증거의 증거능력을 인정하자는 견해가 독립된 증거원의 이론이다. 예컨대 위법수사가 있었다고 하더라도 그것이 이차적 증거의 발견을 위한 특별한 계기나 촉진제가 되지 않았다면 그 후의 실제 수사에 의하여 발견된 이차적 증거는 독립된 증거원에 의하여 수집된 증거로서 증거능력이 인정된다는 것이다.

예컨대 정신분열증 비슷한 행동을 하는 것으로 보아 마약을 투약한 것이거나 자살할지도 모른다고 판단되는 용의자를 적법하지 아니한 임의동행의 방법으로 경찰서에 연행하여 소변과 모발을 채취한 경우 수집된 소변과 모발은 위법수집증거에 해당한다. 그러나 용의자를 연행할 당시 상황에 비추어 긴급한 구호의 필요성이 있었다고 판단된다면 「경찰관 직무집행법」에 따른 보호조치(동법4 참조)의 대상이 되어 수집된 증거는 독립된 증거원에 의하여 수집

된 증거로서 증거능력이 인정될 수 있다(2012도13611). 이 경우 이후 수집된 피고인신문조서
는 독립된 증거원에 의하여 수집된 증거의 이차증거로서 증거능력이 인정될 수 있다.

불가피한 발견의 이론은 위법수사에 의하여 오염된 일차적 증거가 없었다고 하더라도
이차적 증거가 다른 경로를 통하여 어차피 불가피하게 발견될 상황에 있었다면 그 이차적
증거의 증거능력을 인정하자는 견해이다. 불가피한 발견의 이론은 독립된 증거원의 이론과
유사하다. 그러나 독립된 증거원의 이론은 파생된 증거를 수집하기 위하여 현실적으로 독
립된 수사가 진행되고 있었던 상황에 대비하는 것임에 반하여 불가피한 발견의 이론은 가
설적인 관계에서 검토되고 있다는 점에서 차이가 있다. 불가피한 발견의 이론은 이차적 증
거의 발견에 대한 불가피성의 정도가 고도의 개연성에 이르러야 하며 불가피성에 대한 입증
은 국가기관이 부담한다는 제약조건하에서 인정된다.

선의신뢰의 이론은 수사기관이 영장의 유효함을 신뢰하여 강제수사를 행한 경우에 사
후에 영장의 유효요건이 갖추어지지 않았음이 밝혀진다고 하여도 영장에 기한 수사 당시
에 수사관이 선의이었음에 주목하여 수집된 증거의 증거능력을 배제하지 않도록 하자는
주장이다. 예컨대 판사의 서명날인란에 서명만 있고 그 옆에 날인이 없는 압수수색영장은
영장에 법관의 서명날인을 요구하는 형사소송법의 요건(법219, 114① 본문)을 갖추지 못하여
적법하게 발부되었다고 볼 수 없다(2018도20504). 그러나 수사기관이 판사의 날인 없는 압
수수색영장을 유효한 것으로 신뢰하여 대상물을 압수하였다면 일차적 증거인 압수물과 이
에 기초하여 획득한 이차적 증거인 피의자신문조서는 증거능력이 인정된다(2018도20504).

판례는 적법절차에 따르지 아니한 증거수집과 이차적 증거수집 사이의 인과관계 희석
또는 단절 여부를 중심으로 이차적 증거수집과 관련된 모든 사정을 전체적·종합적으로
고려하여 예외적으로 이차적 증거를 유죄 인정의 증거로 사용할 수 있다는 입장을 취하고
있다(2007도3061).

제 6 절   자백배제법칙

제 1   자백배제법칙의 의의

1. 자백의 개념

자백이란 자신이 범죄사실의 전부 또는 일부를 범하였음을 인정하는 피고인의 진술을

말한다. 자백은 시간적 관점에서 볼 때 피의자의 지위에서 행하는 것과 피고인의 지위에서 행하는 것, 그리고 피의자·피고인의 지위가 발생하기 전의 시점에서 행하는 것으로 나누어 볼 수 있으나 그 성질에 차이는 없다.

증거법상 자백배제법칙이 발달한 영미법에서는 범죄성립에 필요한 전범위의 사실을 인정하는 자백(confession)과 범죄사실의 증명에 필요한 사실의 일부분이나 자신에게 불리한 부분사실을 긍정하는 자인(admission)을 구별한다. 그러나 우리 형사소송법상의 자백은 범죄사실의 전부에 대한 긍정뿐만 아니라 범죄사실의 일부에 대한 시인도 모두 포함하는 개념이다. 따라서 구성요건에 해당하는 사실을 긍정하면서 위법성조각사유나 책임조각사유의 존재를 주장하는 경우도 자백에 해당한다. 고의와 같은 주관적 구성요건요소도 자백의 대상이 된다(2010도11272).

자백은 피고인이 범죄사실을 범하였음을 인정하는 진술인 한 그 형식이나 상대방을 묻지 않는다. 따라서 자백은 구두로 행해지는 경우뿐만 아니라 서면에 의한 경우도 모두 포함한다. 자백은 그 상대방에 따라서 법원 또는 법관에 대한 자백, 수사기관에 대한 자백, 그 밖의 자백으로 나누어 볼 수 있다. 자백은 범인이 범죄사실을 수첩이나 일기장에 기재하는 경우와 같이 상대방 없이 행해질 수도 있다.

영미법은 자백을 재판상의 자백(judicial confession)과 그 밖의 자백으로 구분하고 있다. 그러나 우리 형사소송법은 간이공판절차의 개시요건으로 공판정에서의 자백(법286의2)을 요구하는 외에는 재판상의 자백과 그 밖의 자백을 분리하여 취급하지 않는다. 따라서 형소법 제309조의 자백은 재판상의 자백과 그 밖의 자백을 모두 포함하는 개념이다.

2. 자백배제법칙의 의의

우리 헌법 제12조 제7항은 "피고인의 자백이 고문·폭행·협박·구속의 부당한 장기화 또는 기망 기타의 방법에 의하여 자의(自意)로 진술된 것이 아니라고 인정될 때… 이를 유죄의 증거로 삼[을 수] 없다."고 규정하고 있다. 이를 받아 형소법 제309조는 "피고인의 자백이 고문, 폭행, 협박, 신체구속의 부당한 장기화 또는 기망 기타의 방법으로 임의로 진술한 것이 아니라고 의심할 만한 이유가 있는 때에는 이를 유죄의 증거로 하지 못한다."고 규정하고 있다. 이와 같이 임의성이 의심되는 자백의 증거능력을 배제하는 원칙을 가리켜서 자백배제법칙이라고 한다.

자백배제법칙은 자백의 증거능력을 제한하는 법리이다. 이에 대해 증거능력이 있는 자백의 증명력을 제한하는 법리가 자백보강법칙이다. 헌법 제17조는 "… 또는 정식재판에 있어서 피고인의 자백이 그에게 불리한 유일한 증거일 때에는 … 이를 이유로 처벌할 수 없다.”고 규정하고 있다. 이를 받아 형소법 제310조는 “피고인의 자백이 그 피고인에게 불이익한 유일의 증거인 때에는 이를 유죄의 증거로 하지 못한다.”고 규정하고 있다. 이처럼 자백을 유일한 증거로 삼아 처벌하지 못하고 독립한 보강증거를 요한다는 법리를 가리켜서 자백보강법칙이라고 한다(후술 413면). 자백배제법칙과 자백보강법칙을 통칭하여 자백법칙이라고 부르기도 한다.

3. 자백배제법칙의 이론적 근거

(1) 문제의 소재

우리 입법자는 영미법의 모델을 따라서 자백배제법칙을 수용하면서도, 이 원칙을 증거법상의 한 원리로 인정한 영미법과는 달리 임의성(voluntariness)이 의심되는 자백의 증거능력을 헌법상의 기본권조항(헌법12⑦ 전단)과 형사소송법의 증거법에 관한 조항(법309)을 통하여 정면에서 제한하고 있다. 그런데 헌법과 형사소송법의 규정이 가지는 이론적 근거에 대하여 여러 가지 견해가 대립하고 있다. 이와 같은 논란이 빚어지게 되는 이유는 이론적 근거 여하에 따라서 자백배제법칙의 적용범위가 달라지기 때문이다.

(2) 허위배제설

허위배제설은 임의성이 의심되는 자백은 허위가 개입될 염려가 크기 때문에 증거능력이 배제된다고 보는 견해이다. 임의성이 의심되는 자백을 증명의 자료로 사용하면 오히려 피고사건의 진실발견을 해치기 때문에 증거능력이 부인된다고 보는 것이다. 허위배제설은 영국 보통법에서 자백배제법칙이 발달하는 과정에서 제시된 이론으로서 미국법에서도 임의성이 의심되는 자백의 증거능력을 배제하기 위한 토대로 채택되었던 견해이다. 허위배제설은 피고사건의 실체적 진실을 규명해야 할 법원 또는 배심원의 입장에서 자백배제법칙을 고찰하는 견해라고 볼 수 있다.

허위배제설에 의하면 임의성이 의심되는 자백(법309 참조)이란 허위의 진술을 할 염려가 있는 상황하에서 행해진 자백을 의미하게 된다. 따라서 설사 고문, 폭행, 유도, 사술 등에 의한 자백이라 할지라도 예외적으로 내용의 진실성이 확인된다면 그 자백은 증거능력이 있다고 보게 된다. 따라서 허위배제설의 입장에서는 자백의 임의성에 영향을 미칠 수 있는 사유가 확인되더라도 그것만으로 족하지 않고 그 사유와 임의성이 의심되는 자백 사이에 인과관계가 인정될 것을 요구한다.

(3) 위법배제설

위법배제설은 자백배제법칙을 자백의 취득과정에 적법절차를 보장하기 위한 장치라고 보는 견해이다. 즉 자백배제법칙은 적법절차원칙에 반하여 위법하게 취득한 자백의 증거사용을 금지하는 실천적 원칙이라는 것이다. 위법배제설은 수사기관을 고찰의 중점에 놓는다. 위법배제설은 위법수사의 소산인 자백의 증거능력을 부인함으로써 자백배제법칙을 수사기관의 위법활동에 대한 견제장치로 활용하려고 한다.

위법배제설의 입장에서는 자백배제법칙을 수사기관의 위법활동에 대한 제재수단으로 파악한다. 이 때문에 고문, 폭행, 협박 등 자백의 임의성에 영향을 미칠 수 있는 사유가 확인되면 곧바로 자백의 증거능력을 부인하고 그 위법사유와 자백의 임의성 사이에 별도로 인과관계를 묻지 않는다. 위법배제설은 허위배제설에 비하여 자백배제법칙으로 증거능력을 배제할 수 있는 자백의 범위를 확장할 뿐만 아니라 자백의 증거능력에 관한 표준을 객관화함으로써 자백배제법칙의 실제적 적용을 촉진시킬 수 있다는 점을 장점으로 내세우고 있다.

(4) 인권옹호설

인권옹호설은 자백배제법칙을 헌법이 인정한 진술거부권(헌법12②)의 담보장치로 보는 견해이다. 인권옹호설의 입장에서는 피고인이 내심의 의사를 결정하고 이를 외부적으로 표현하는 주체적 자기결정권을 가지고 있음에 주목하고, 이러한 피고인의 기본적 인권이 침해된 상태에서 행해진 자백은 증거능력이 부인되어야 한다고 주장한다. 인권옹호설은 자백배제법칙의 의미내용을 검토함에 있어서 피고인을 그 고찰의 중심에 놓는 태도라고 할 수 있다.

인권옹호설의 입장에서 보면 수사기관의 강압수사가 없더라도 피고인의 진술의 자유를 침해하는 사정이 있으면 자백의 증거능력은 부인된다. 이 견해는 원칙적으로 자백에 영향을 미칠 수 있는 사유와 자백의 임의성 사이에 인과관계가 있을 것을 요구하게 된다.

(5) 종합설

임의성 없는 자백의 증거능력을 제한하는 자백배제법칙은 그 근거를 어느 하나의 학설에 한정하지 않고 이들을 포괄하는 종합설에 따라서 이해하는 것이 타당하다고 본다. 먼저, 우리 법상 자백배제법칙은 단순히 형사소송법상의 증거법칙이라는 차원을 넘어서서 헌법상 기본권으로 규정되어 있으므로(헌법12⑦) 그 독자적 의미를 검토하지 않으면 안 된다. 또한 자백배제법칙은 자백편중의 실무관행을 극복하고 객관적·과학적 증거에 의한 범죄사

실의 증명을 촉진하는 유력한 장치라는 점에서 그 적용범위를 최대한 확장하는 것이 바람
직하다. 그러므로 허위배제설, 위법배제설, 인권옹호설은 서로 배척·상충하는 이론이 아
니라 보완관계에 서서 자백배제법칙의 적용범위를 순차적으로 확장하는 데 기여한다고 새
겨야 할 것이다.

종합설의 관점에서 보게 되면 임의성이 의심되어 자백이 증거능력을 상실하게 되는 상
황은 자백에 허위가 개입할 위험성이 정형적으로 인정되는 경우뿐만 아니라 수사기관이
강압수사로 자백을 획득한 경우와 피고인의 의사결정권이 침해된 상태에서 자백이 행해진
경우를 모두 포괄하게 된다. 헌법 및 형사소송법이 고문, 폭행, 협박, 구속의 부당한 장기화
또는 기망 등과 같은 정형적 사유를 제시하면서 동시에 '기타의 방법'이라는 비유형적 사
유를 인정한 것(헌법12⑦, 법309)은 바로 이와 같은 확장해석의 요청을 입법적으로 수용하였
기 때문이라고 생각된다.

자백배제법칙의 근거에 관한 종합설과 위법배제설의 대립은 그 실익이 인과관계의 입
증 문제에서 나타난다. 양설의 상이한 결론에 관해서는 뒤에 자세히 검토하기로 한다.

제2 자백배제법칙의 내용

1. 자백의 임의성에 영향을 미치는 사유

(1) 상황의 총체적 평가

자백의 임의성이 의심됨을 이유로 증거능력을 부정하려면 원칙적으로 자백을 둘러
싸고 있는 여러 가지 구체적 사정들을 종합적으로 고려해야 한다. 즉 자백의 임의성
(voluntariness)은 주위사정의 총체(totality of circumstances)를 감안하여 판단해야 한다.
이러한 판단방법을 가리켜 상황의 총체적 평가라고 한다.

형소법 제309조는 "피고인의 자백이 고문, 폭행, 협박, 신체구속의 부당한 장기화 또는
기망 기타의 방법으로 임의로 진술한 것이 아니라고 의심할 만한 이유가 있는 때에는 이를
유죄의 증거로 하지 못한다."고 규정하여 정형적·유형적 사정을 예시하는 외에 비유형적
사정도 임의성 판단의 자료가 될 수 있음을 명시하고 있다. 자백의 임의성을 의심하게 할
만한 사유로는 다음의 경우들이 있다.

(2) 고문·폭행·협박

고문이란 사람의 정신 또는 신체에 대하여 비인도적·비정상적인 위해를 가하는 것을

말한다. 폭행은 신체에 대한 유형력의 행사이며, 협박은 해악을 고지하여 상대방에게 공포심을 일으키는 행위를 말한다. 폭행과 협박은 넓은 의미에서 고문의 일종으로 파악할 수 있다. 고문·폭행·협박의 형태에는 제한이 없다. 수사기관이 피의자를 손으로 때리거나 발로 차는 행위(93도1843)는 물론 장시간의 신문이나 철야신문을 통하여 잠을 자지 못하게 하는 행위(82도2413) 등은 자백의 임의성에 영향을 미치는 사유가 된다.

고문·폭행·협박은 자백진술이 행해지는 시점을 전후하여 행해지는 것이 보통이지만 양자는 시간적으로 반드시 일치할 필요가 없다. 따라서 피의자가 경찰조사 과정에서 고문에 의한 자백을 한 후 다시 검사 앞에서 자백한 경우에 검사 면전의 자백이 경찰의 강압수사에 의하여 생긴 임의성 없는 심리상태가 검사의 조사단계까지 계속된 결과 행해진 것이라면 검사 앞에서 조사받을 당시에는 고문 등 자백강요를 당한 바 없었다고 하여도 검사 앞에서의 자백은 증거능력이 없다(92도2409).

(3) 신체구속의 부당한 장기화

신체구속의 부당한 장기화는 고문·폭행·협박과 달리 피고인의 정신 또는 신체에 직접적으로 위해를 주는 행위는 아니지만 국가기관의 위법활동이 객관적으로 표현되었다는 점에서 자백의 증거능력 제한사유로 인정되고 있다. 특히 신체구속의 부당한 장기화는 고문·폭행·협박 등에 비하여 외부적으로 입증이 훨씬 용이한 사유라는 점에서 자백배제법칙의 운용에 있어서 실제적 중요성을 갖는다(84도135).

엄밀한 의미에서 '자백이 신체구속의 부당한 장기화로 임의로 진술한 것이 아니라고 의심할 만한 이유가 있는 때'라 함은 구속기간이 만료하였음에도 불구하고 부당하게 장기간 구속이 행해진 끝에 자백이 행해진 경우를 가리킨다. 그러나 처음부터 불법구금을 행한 결과 자백이 행해진 경우도 신체구속의 부당한 장기화에 당연히 포함시켜야 할 것이다.

(4) 기 망

기망에 의한 자백이란 위계, 거짓말, 술책 등을 사용하여 상대방을 착오에 빠지게 한 결과 행해진 자백을 말한다. 기망은 진술 여부에 대한 피고인의 자기결정권을 침해하는 행위이기 때문에 자백의 임의성에 영향을 미치는 사유로 인정되고 있다. 그러나 기망에 의한 자백임을 이유로 증거능력을 부인하기 위해서는 국가기관에 대하여 신문방법이 정당하지 않음을 비난할 수 있는 적극적인 사정이 있어야 한다. 따라서 기망에는 적극적인 사술이 사용되어야 하며 단순히 상대방의 착오를 이용하는 것만으로는 족하지 않다. 단순한 착오나 논리모순을 이용하는 것은 통상의 신문방법으로 허용된다고 보아야 하기 때문이다.

기망에 의한 자백의 전형적인 예로는 피의자에게 불리한 사정이 이미 발견되었다고 거짓말하여 자백하게 하는 경우를 들 수 있다. 공범자가 이미 자백하였다고 거짓말을 하여 자백하게 한 경우나 물적 증거가 발견되었다고 기망하여 자백하게 한 경우 등은 여기에 해당하는 예이다. 기망은 사실에 관한 것뿐만 아니라 법률문제에 관한 것도 포함된다. 자백을 하더라도 그 진술이 공판절차에서 증거로 사용될 수 없다고 거짓말하는 것은 법률사항에 대한 기망의 예이다.

(5) 기타 방법

우리 형소법 제309조는 자백의 임의성을 부인하는 사유로 고문, 폭행, 협박, 신체구속의 부당한 장기화, 기망 등의 정형적인 사유를 예시하는 외에 '기타 방법'이라는 비정형적 사유를 인정하고 있다. 형사소송법이 '기타 방법'이라는 비정형적 사유를 규정한 것은 자백배제법칙의 활용범위를 더욱 확장하려는 의도의 표현이라고 생각된다. 자백의 임의성을 의심하게 하는 기타 방법에는 제한이 없다.

기타 방법의 하나로 별건수사에 의한 자백강요가 있다. 수사기관은 다른 사건의 수사를 통하여 확보된 증거 또는 자료를 내세워 관련 없는 사건에 대한 자백을 강요해서는 안된다(법198④ 후단).

기타 방법에 속하는 것으로 약속에 의한 자백이 있다. 약속에 의한 자백이란 수사기관이 자백의 대가로 법률이 허용하지 않는 이익을 제공하겠다고 약속하고 피의자·피고인이 그 약속에 기하여 자백하는 경우를 말한다. 이때 이익의 약속은 자백에 영향을 미치는 데 적합한 것이어야 한다. 이익은 반드시 형사처벌 자체에 관련되는 것뿐만 아니라 가족의 보호 등과 같은 일반적·세속적 이익도 포함한다. 약속에 의한 자백의 예로는 기소유예해 주겠다는 검사의 약속을 믿고 자백한 경우, 「특정범죄 가중처벌 등에 관한 법률」(동법2①)을 적용하지 않고 형법상의 단순수뢰죄(형법129①)의 규정을 적용하겠다고 약속한 결과 자백한 경우(83도2782) 등을 들 수 있다.

기본권침해의 위법이 있는 자백도 기타 방법에 의한 자백에 포함시키는 것이 타당하다고 생각한다. 진술거부권 등 기본권침해의 위법이 있는 자백은 적법절차에 따르지 아니하고 수집한 증거에 해당하여 형소법 제308조의2에 따라 증거능력이 부정된다(전술 387면). 그럼에도 불구하고 기본권침해의 위법이 있는 자백은 형소법 제309조에 의한 증거능력 배제의 대상이 된다.

우선, 자백배제법칙(법309)과 위법수집증거배제법칙(법308의2)을 운영함에 있어서 요건사실의 증명문제를 고려할 필요가 있다. 형소법 제309조에 의하면 자백배제법칙을 원용함에 있어서 임의로 진술한 것이 아니라고 의심할 만한 이유를 제시하면 족하다. 이에 대하여 위법수집증거배제법칙을 적용하려면 증거수집과정에서의 위법사실이 증명되어야 한다. 위법사실의 존부가 불분명할 때에는 증거를 제출한 검사에게 거증책임이 부과되지만, 거증책임을 논하려면 위법사실의 존부에 대한 증거조사가 실현 가능한 범위에서 최선을 다해 이루어져야 한다. 이에 대해 자백배제법칙의 경우에는 임의성을 의심하게 할 만한 사유의 주장과 입증으로 족하다.

마취분석이란 일정한 약물을 투여하여 무의식 상태하에 진술을 획득하는 수사방법이다. 마취분석은 약물에 의하여 인간의 의사결정능력을 배제하는 것이며 피의자의 진술거부권을 침해하는 비인도적 신문방법이다. 따라서 그로 인한 자백은 증거능력이 부정되어야 한다. 동일한 이유에서 최면술에 의한 자백도 증거능력이 인정되지 않는다고 볼 것이다.

거짓말탐지기 검사결과 취득한 자백에 대해 증거능력을 인정할 것인가를 놓고 견해가 나뉘고 있다(전술 391면). 판례는 "거짓말탐지기 검사에서 본인(피검사자)이 일정한 반응을 보였다면 범행을 자백하기로 한다."고 약속한 끝에 나온 자백을 임의성 없는 자백이라고 단정할 수 없다는 입장을 취하고 있다(83도712).

2. 인과관계의 요부

자백배제법칙을 적용하기 위해서는 먼저 자백이 존재하고 다음으로 이 자백에 시간적으로 선행하는 자백의 임의성을 의심하게 할 만한 사유가 인정되어야 한다. 그런데 자백의 증거능력을 부인하기 위하여 이러한 사유와 자백 사이에 인과관계가 존재해야 하는가 하는 문제가 제기된다. 만일 인과관계를 요구한다면 "그 사유가 없었더라면 자백은 행해지지 않았을 것이다"라는 관계가 인정되어야 문제된 자백의 증거능력을 부인하게 된다. 역으로 임의성을 의심하게 할 만한 사유가 존재한다 하더라도 자백은 행해졌을 것이라는 관계가 인정되면 문제된 자백에는 증거능력이 인정된다. 형소법 제309조의 사유와 자백 사이에 인과관계를 요구할 것인가에 대하여 인과관계요구설과 인과관계불요설이 대립하고 있다.

인과관계요구설은 자백과 임의성에 영향을 미치는 사유 사이에 인과관계가 인정되어야 한다고 보는 견해이다. 판례가 취하고 있는 입장이다(84도135). 자백배제법칙의 이론적 근거를 허위배제설이나 인권옹호설에서 찾는 입장에서는 인과관계의 요부에 대하여 적극설을 지지하게 된다. 임의성에 영향을 미치는 사유가 자백에 허위를 개입하게 하거나 또는 피고인의 의사결정에 영향을 미쳐야 자백의 증거능력이 부인된다고 보기 때문이다.

인과관계불요설은 자백이 존재하고 형소법 제309조가 인정하는 사유가 인정되면 양자 사이의 인과관계를 묻지 않고 곧바로 자백의 증거능력을 부인해야 한다고 보는 견해이다. 인과관계불요설은 주로 위법배제설의 입장에서 주장되고 있다. 위법배제설은 수사기관이 형소법 제309조가 규정한 위법행위를 하여 자백을 획득한 경우에 이러한 위법행위가 장차 또다시 행해지지 않도록 방지해야 할 필요가 있음을 지적한다. 그리고 이와 같은 정책적 목적을 달성하기 위해서는 발생한 위법사유가 자백의 임의성에 영향을 미쳤는가 아닌가를 묻지 말고 곧바로 자백의 증거능력을 부인해야 한다고 주장한다.

이원설은 위의 두 견해를 절충한 견해이다. 자백배제법칙의 이론적 근거를 종합설의 관점에서 구하게 되면 형소법 제309조의 사유와 자백 사이의 관계에 대해 다음과 같은 이원적 고찰이 가능하다고 생각된다. 먼저, 자백의 임의성을 의심하게 하는 사유가 중대한 위법에 해당하는 경우가 있다. 자백의 임의성을 침해하는 사유가 고문, 폭행, 협박, 신체구속의 장기화, 기망 등과 같은 중대한 위법에 해당하고 수사기관에 의하여 그러한 위법행위가 행하여졌음이 객관적으로 판명된 경우에는 인과관계의 존부를 묻지 않고 곧바로 자백의 증거능력을 부인한다. 이 경우에는 위법수집증거배제법칙을 규정한 형소법 제308조의2가 중첩적으로 적용된 것과 같은 결과가 된다. 다음으로, 수사기관의 중대한 위법활동 이외의 사유를 이유로 자백의 증거능력을 부인하려고 하는 경우에는 인과관계의 존부를 검토해야 한다.

3. 자백의 임의성에 대한 입증문제

자백의 임의성은 자백에 증거능력을 부여하기 위한 핵심요건이다. 이때 자백의 임의성을 피고인이 다투는 경우에 그에 대한 거증책임이 누구에게 있는가 하는 문제가 발생한다. 거증책임의 문제는 자백의 임의성을 의심하게 하는 사유의 존부에 관하여 조사를 하였으나 그 존부에 관하여 재판부가 확실한 심증을 얻지 못하는 경우에 대두된다.

자백의 임의성에 대한 거증책임은 검사에게 있다. 자백의 임의성에 다툼이 있을 때 그 임의성을 의심할 만한 합리적이고, 구체적인 사실은 피고인이 입증할 것이 아니다. 검사가 그 임의성의 의문점을 해소하는 입증을 해야 한다(97도3234).

4. 자백배제법칙의 효과

임의성이 의심되는 자백은 증거능력이 없다. 따라서 그 자백을 유죄인정의 자료로 삼아서는 안 된다. 자백배제법칙은 헌법상 기본권의 지위를 가지므로(헌법12⑦) 임의성이 의심되는 자백의 사용을 피고인이 동의하더라도 자백에 증거능력이 생기지 않는다. 임의성이 의심되는 자백은 또한 탄핵증거(법318의2①)로도 사용할 수 없다.

형소법 제309조에 의하여 자백에 증거능력이 없어지는 경우에 증거능력이 부인된 그 자백에 근거하여 획득한 다른 증거의 증거능력도 부인할 것인가 하는 문제가 제기된다. 임의성 없는 자백에서 비롯된 파생증거의 증거능력 문제는 위법수집증거배제법칙에서 논의되는 독수과실의 예외이론에 의하여 해결하는 것이 타당하다고 본다. 즉 원칙적으로 파생증거의 증거능력을 부인해야 하지만, 희석이론, 독립된 증거원의 이론, 불가피한 발견의 이론, 선의신뢰의 이론 등에 의하여 증거능력이 예외적으로 회복되는 경우를 인정해야 할 것이다(전술 393면).

제 7 절 자유심증주의

제 1 자유심증주의의 의의와 연혁

1. 자유심증주의의 의의

(1) 증거능력과 증명력

법원은 적법하게 수집한 증거자료를 기초로 사실의 존부에 관한 심증을 형성하게 된다. 유죄의 증거로 사용될 수 있는 자격을 증거능력이라고 한다. 법원은 증거능력 있는 증거를 토대로 그 증거의 실질가치를 평가하여 문제되는 사실의 존부를 판단하게 된다. 이때 요증사실을 증명할 수 있는 증거의 실질적 가치를 증명력이라고 부른다. 형사소송법은 형사절차가 피고인의 범죄사실 유무를 가리는 절차라는 점에 주목하여 증거능력의 분야에서는 엄격한 증명의 법리(법307①)를, 증명력의 분야에서는 자유심증주의(법308)를 양대 원칙으로 설정하고 있다.

(2) 자유심증주의와 법정증거주의

자유심증주의란 증거의 증명력을 법률로 규정하지 않고 법관의 자유판단에 맡기는 원칙을 말한다. 형소법 제308조는 "증거의 증명력은 법관의 자유판단에 의한다."고 규정함으로써 자유심증주의가 우리나라 증거법의 기본원칙임을 밝히고 있다. 자유심증주의는 법정증거주의에 대립하는 개념이다.

법정증거주의란 증거의 증명력을 법률로 정해 놓는 원칙을 말한다. 일정한 증거가 존재하면 반드시 일정한 사실의 존재를 인정하거나 또는 역으로 일정한 증거가 존재하지 아니하면 일정한 사실의 존재를 인정할 수 없도록 하는 방식이다. 원래 법정증거주의는 법관이 사실판단을 함에 있어서 주관적·자의적으로 심증을 형성하는 것을 방지하기 위하여 규문절차 시대에 고안되었던 원칙이다. 그렇지만 다종다양한 증거의 증명력을 획일적으로 규정해 놓는 것은 구체적 사건의 실체진실을 발견함에 있어 오히려 부당한 결과를 초래할 위험이 있었다.

(3) 자유심증주의의 연혁

규문주의를 타파하고 새로이 등장한 것이 프랑스의 소위 개혁된 형사소송법이다. 자유심증주의는 개혁된 형사소송법이 채택한 증거법의 대원칙이다. 자유심증주의는 인간이성을 신봉하는 합리주의와 치자(治者)와 피치자(被治者)의 동일성을 내용으로 하는 국민주권주의에 바탕을 두고 있다. 자유심증주의는 프랑스식 배심제도의 도입을 계기로 프랑스 치죄법(治罪法)에 최초로 명시된 이후 독일 형사소송법에 계수되었고, 일반시민이 형사법원의 구성에 참여하지 않았던 일본과 우리나라에도 형사소송법의 기본원칙으로 수용되기에 이르렀다.

우리나라는 직업법관이 증거의 증명력 판단을 전담해 오는 과정에서 자백 위주의 형사재판이 초래하였던 폐해를 절감한 바 있다. 그리하여 1954년 제정형사소송법의 입법자들은 영미법에 모델을 둔 자백보강법칙(법310)을 도입함으로써 자유심증주의에 제한을 가하였다. 우리 입법자는 특히 자백편중의 형사재판을 방지하기 위하여 자백보강법칙을 단순한 소송준칙(법308)의 차원을 넘어서서 헌법상의 기본권(헌법12⑦)으로까지 고양시키고 있다.

2. 자유심증주의의 보장장치

(1) 통상재판과 자유심증주의

자유심증주의(법308)는 엄격한 증명의 법리를 내용으로 하는 증거재판주의(법307①)와 함께 우리나라 형사증거법의 양대 지주를 이룬다. 자유심증주의는 단순히 이념적 지향점을 선언하는 것이 아니라 형사소송법이 설정한 소송규범으로서 여러 가지 법적 담보장치를 수반하고 있다.

우선, 법관은 유죄를 선고할 때 범죄사실을 인정하면서 채택한 증거의 요지를 판결이유에 기재해야 한다(법323①). 만일 법관이 증거요지를 명시하지 않는다면 이것은 '판결에 이유를 붙이지 아니한 때'(법361의5 xi 전단)에 해당하여 절대적 항소이유에 해당하며, '판결에 영향을 미친 법률위반'(법383 i)으로서 상대적 상고이유에 해당한다.

다음으로, 법관은 논리칙·경험칙에 따라서 사실인정을 해야 한다(후술 407면). 만일 이 준칙에 위반하여 판결을 선고한다면 이 판결은 '판결의 이유에 모순이 있는 때'(법361의5 xi 후단)에 해당하여 절대적 항소이유에 해당하며, '판결에 영향을 미친 법률위반'(법383 i)으로서 상대적 상고이유에 해당한다.

(2) 국민참여재판과 자유심증주의

국민참여재판에서 재판장은 변론이 종결된 후 법정에서 배심원에게 공소사실의 요지와 적용법조, 피고인과 변호인 주장의 요지, 증거능력, 그 밖에 유의할 사항에 관하여 설명하여야 한다. 이 경우 필요한 때에는 증거의 요지에 관하여 설명할 수 있다(국민참여재판법46). 이때 재판장은 '유의할 사항'의 일부로 배심원에게 피고인의 무죄추정(법275의2), 증거재판주의(법307① · ②), 자유심증주의(법308)를 설명해야 한다(국민참여재판규칙37① i).

국민참여재판의 경우 배심원의 평결과 의견은 직업법관으로 구성된 재판부를 기속하지 않는다(국민참여재판법46⑤). 그러나 재판장은 판결 선고시에 피고인에게 배심원의 평결결과를 고지해야 한다(동법48④ 전단). 재판장은 배심원의 평결결과와 다른 판결을 선고하는 때에는 피고인에게 그 이유를 설명하여야 하며(동항 후단), 판결서에 그 이유를 기재하여야 한다(동법 49②). 국민참여재판에 대해 인정되는 이와 같은 특례규정들은 배심원의 평결을 통하여 나타나는 시민들의 건전하고도 합리적인 자유심증이 직업법관의 재판에 반영될 수 있도록 하기 위함이다.

제 2 자유심증주의의 내용

1. 증명력판단의 주체

증거의 증명력은 법관의 자유판단에 의한다(법308). 즉 증명력 판단의 주체는 개개의 법관이 된다. 국민참여재판의 경우에는 개별적인 배심원이 증명력 판단의 주체가 된다. 그러나 배심원의 평결과 양형의견은 법원을 기속하지 않는다(국민참여재판법46⑤).

자유심증주의는 증거가치의 판단에 있어서 법관이나 배심원의 이성에 대한 신뢰를 법률의 규제에 우선시키는 증거법칙이다. 자유심증주의는 개별 법관이나 배심원을 전제로 한 원칙이다. 따라서 합의체(合議體) 법원의 경우에도 그 구성원인 법관은 각자의 합리적 이성에 기하여 증거의 증명력을 판단하게 된다. 합의체가 합의한 결과 개별 법관이 자유판단에 의하여 얻게 된 심증과 합의부의 결론이 달라질 수가 있다. 그러나 이것은 합의체 법원

구성에 따른 필연적 결과이며 자유심증주의와 관계없는 사항이다.

국민참여재판의 경우에 배심원은 각자의 합리적 이성에 따라 증거의 증명력을 평가한다. 국민참여재판에서 배심원이 유·무죄의 의견을 모아가는 과정을 평의라 하고, 평의의 결과를 모아 결론을 내리는 것을 평결이라고 한다. 유·무죄에 관한 평의에서 배심원 전원의 의견이 일치하면 그에 따라 평결한다(국민참여재판법46② 본문). 유·무죄의 판단에 관하여 배심원 전원의 의견이 일치하지 아니하는 때에는 평결을 하기 전에 심리에 관여한 판사의 의견을 들어야 한다. 이 경우에 유·무죄의 평결은 다수결의 방법으로 한다(동조③)(전술 281면).

2. 자유판단의 대상과 의미

자유심증주의에 의하여 법관이 자유롭게 판단할 수 있는 것은 증거의 증명력이다. 증거의 증명력이란 요증사실의 인정을 위한 증거의 실질적 가치를 의미한다. 증거의 증명력은 증거의 신용력과 협의의 증명력으로 나누어진다. 증거의 신용력은 요증사실과의 관계를 떠나 증거 그 자체가 진실일 가능성을 말한다. 이에 대하여 협의의 증명력은 증거의 신용력을 전제로 하여 요증사실의 존재를 인정하게 하는 힘을 말한다. 법관의 자유판단은 양자 모두를 대상으로 한다.

형소법 제308조가 증거의 증명력을 법관의 자유판단에 의하도록 한 것은 그것이 실체적 진실발견에 적합하기 때문이다. 증거판단에 관하여 전권을 가지고 있는 사실심 법관은 사실인정에 있어 공판절차에서 획득된 인식과 조사된 증거를 남김없이 고려해야 한다 (2010도12728).

증거의 증명력은 법관의 자유판단에 의한다. 자유판단이란 법관이 증거의 증명력을 판단함에 있어서 법률이 정해 놓은 일정한 법칙에 따르지 않고 자신의 합리적 이성에 의하여 사실의 존부에 관한 판단을 내리는 것을 말한다. 따라서 법관은 자유롭게 증거의 취사선택을 할 수 있고 모순되는 증거가 있는 경우에 어느 증거를 믿을 것인가를 자유롭게 결정할 수 있다(86도586). 또 법관은 동일 증거의 일부만을 취신하거나 다수증거를 종합한 종합증거에 의하여도 사실인정을 할 수 있다(2003도6056).

증거의 증명력은 법관이나 배심원의 자유판단에 의하지만 그 자유판단은 형사소송법이 설정한 증거법의 테두리 안에서 행해지지 않으면 안 된다. 법관이나 배심원의 자유심증은 법관 또는 배심원의 합리적 이성에 바탕을 둔 것으로 자의(恣意)에 의한 심증을 의미할 수는 없기 때문이다.

제3 자유심증주의의 제한원리

1. 논리칙과 경험칙에 의한 제한

법관은 증거의 증명력을 판단함에 있어서 일반적인 논리칙과 경험칙을 존중하지 않으면 안 된다. 논리칙이란 인간의 추론능력에 비추어 보아 명백한 사고법칙을 말한다. 이에 대하여 경험칙이란 각개의 경험으로부터 귀납적으로 얻어지는 사물의 성상이나 인과의 관계에 관한 사실판단의 법칙이다(2021도3451). 경험칙을 도출하기 위하여서는 그 기초되는 구체적인 경험적 사실의 존재가 전제되어야 한다. 경험칙은 개별적인 체험적 관찰과 그 집적을 통하여 경험적으로 얻어진 판단법칙으로서 일반인들이 공유하고 있는 것을 말한다. 논리칙과 경험칙은 개념적으로 구별되지만 불가분의 관계에 있다.

살인죄 등과 같이 법정형이 무거운 범죄라 할지라도 직접증거 없이 간접증거만으로 유죄를 인정할 수 있다(2022도2236). 간접증거에 의하여 주요사실의 전제가 되는 간접사실을 인정함에 있어서는 그 증명이 합리적인 의심을 허용하지 않을 정도에 이르러야 하고, 그 하나하나의 간접사실은 그 사이에 모순, 저촉이 없어야 함은 물론 논리칙과 경험칙, 과학법칙에 의하여 뒷받침되어야 한다(2011도1902).

공소사실을 뒷받침하는 증거가 과학적 증거일 경우 그 과학적 증거방법은 (가) 전제로 하는 사실이 모두 진실임이 입증되고, (나) 추론의 방법이 과학적으로 정당하여 오류의 가능성이 전혀 없거나 무시할 정도로 극소한 것으로 인정되는 경우라야 법관이 사실인정을 하는 데 상당한 정도로 구속력을 가진다. 이를 위하여는 그 증거방법이 (ㄱ) 전문적인 지식·기술·경험을 가진 감정인에 의하여, (ㄴ) 공인된 표준 검사기법으로 분석을 거쳐 법원에 제출된 것이어야 할 뿐만 아니라, (ㄷ) 채취·보관·분석 등 모든 과정에서 자료의 동일성이 인정되고 인위적인 조작·훼손·첨가가 없었음이 담보되어야 한다(2017도14222).

2. 채증법칙위반과 사실오인

자유심증주의의 한계를 이루는 논리칙과 경험칙을 가리켜서 채증법칙이라 하고, 논리칙과 경험칙에 위반하는 판단을 내릴 때 이를 채증법칙위반이라고 한다. 이에 대해 논리칙과 경험칙의 범위 내에서 이루어진 증거의 취사(取捨)와 사실인정을 다투는 것을 가리켜서 사실오인의 주장이라고 한다. 채증법칙위반은 법령위반(법383 i)의 상고이유에 포함된다.

채증법칙에 위반되지 않는 한 증거의 취사와 사실인정은 사실심 법관의 전권에 속한

다. 따라서 사실심 법관이 내린 증거의 증명력에 대한 판단과 증거취사에 대한 판단에 그
와 달리 볼 여지가 상당한 정도 있는 경우라 하더라도 사실심 법관의 판단이 논리칙이나
경험칙에 따른 자유심증주의의 한계를 벗어나지 아니하는 한 그것만으로 바로 상고이유로
서 법령위반(법383 i)에 해당한다고 단정할 수 없다(2007도1755). 사실심 법관의 구체적인
논리칙 위반이나 경험칙 위반의 점을 지적하지 아니한 채 단지 사실심 법관의 증거취사와
사실인정만을 다투는 것은 특별한 사정이 없는 한 사실오인의 주장에 불과하다(2007도1755).
단순한 사실오인의 주장은 법령위반(법383 i)에 해당하지 아니하여 법률심인 상고심에서 적
법한 상고이유가 되지 못한다(후술 479면).

3. 법률의 규정 및 그 밖의 제한

(1) 자백의 증명력 제한

형소법 제310조는 "피고인의 자백이 그 피고인에게 불이익한 유일의 증거인 때에는 이
를 유죄의 증거로 하지 못한다."고 규정하여 자백의 증명력에 중대한 제한을 가하고 있다.
법관은 자백에 의하여 유죄의 심증을 얻더라도 보강증거가 없으면 피고인에게 유죄를 선
고할 수 없기 때문이다. 이와 같이 자백의 증명력에 제한을 가하여 보강증거를 요하도록
하는 원칙을 자백보강법칙이라고 하며 자유심증주의의 중요한 제한원리가 된다. 우리 입법
자는 자백보강법칙의 법적 지위를 헌법상의 기본권(헌법12⑦ 후단)으로 강화하고 있다(후술
413면).

(2) 공판조서의 증명력

공판조서란 공판기일의 소송절차가 법정된 방식에 따라서 적법하게 행하여졌는지 여
부를 인증하기 위하여 법원사무관등이 공판기일의 소송절차 경과를 기재한 조서를 말한
다. 공판조서는 그 기재의 정확성을 담보하기 위하여 재판장과 참여한 법원사무관등이 기
명날인 또는 서명을 하도록 되어 있다(법53①). 피고인은 공판조서의 열람 또는 등사를 청
구할 수 있다(법55①). 법원이 피고인의 청구에 응하지 아니한 때에는 그 공판조서를 유죄
의 증거로 할 수 없다(동조③).

형소법 제56조는 "공판기일의 소송절차로서 공판조서에 기재된 것은 그 조서만으로써
증명한다."고 규정하고 있다. 공판조서의 기재가 명백한 오기인 경우를 제외하고는 공판기일
의 소송절차로서 공판조서에 기재된 것은 조서의 기재만으로 증명하여야 하고, 그 증명력은
절대적인 것으로 공판조서 이외의 자료로 반증하는 것이 허용되지 않는다(2018도4075).

공판조서의 배타적 증명력을 인정한 형소법 제56조는 소송경제적 관점에서 마련된 특

칙이다. 따라서 형소법 제56조는 피고사건에 대한 유죄판결의 심증형성에 신중을 기하기 위하여 고안된 통상적인 자유심증주의의 제한원리들과 성질을 달리한다. 공판조서에 배타적 증명력을 인정하는 이유는 공판절차의 진행을 둘러싸고 후일 상소심에서 그 적법성에 관한 논란이 발생할 경우 이로 인하여 상소심 사건의 실체심리가 지연되거나 심리의 초점이 흐려지는 위험을 방지하기 위함이다(2003도3282).

형소법 제56조가 부여한 배타적 증명력은 당해 사건에 관한 절차에서만 인정된다. 다른 사건에서 피고사건의 공판기일에 관한 절차가 문제되는 경우는 형소법 제56조의 적용대상에서 제외된다. 공판조서의 배타적 증명력은 공판기일의 소송절차에 한정된다. 범죄사실의 유무 등 실체판단과 관련된 공판조서의 기재 부분은 여전히 자유심증주의의 적용대상이 된다.

어떤 소송절차가 진행된 내용이 공판조서에 기재되지 않았다고 하여 당연히 그 소송절차가 당해 공판기일에 행하여지지 않은 것으로 추정되는 것은 아니다. 공판조서에 기재되지 않은 소송절차의 존재는 공판조서에 기재된 다른 내용이나 공판조서 이외의 자료로 증명할 수 있고, 이는 소송법적 사실이므로 자유로운 증명의 대상이 된다(2023도3038).

(3) 자백의 신빙성

법률에 근거를 둔 것은 아니지만 판례는 법관으로 하여금 자백의 신빙성을 신중하고 면밀하게 검토할 것을 요구하고 있다. 피고인이 수사기관이나 법정에서 공소사실을 인정하는 진술을 한 경우에 그 자백에 증거능력이 인정되더라도(임의성 인정) 법관은 자백의 신빙성을 판단할 때 신중을 기해야 한다. 자백의 신빙성 유무를 판단함에 있어서는 (가) 그 진술 내용이 객관적으로 합리성을 띠고 있는가, (나) 자백의 동기나 이유가 무엇인가, (다) 자백에 이르게 된 경위는 어떠한가, (라) 자백 이외의 다른 증거 중 자백과 저촉되거나 모순되는 것은 없는가 등을 고려하여야 한다(2011도15653). 판례를 통하여 확립되고 있는 이러한 판단기준을 자백의 신빙성 요건이라고 한다.

(4) 상급심 재판의 기속력

「법원조직법」 제8조는 "상급법원 재판에서의 판단은 해당 사건에 관하여 하급심을 기속(羈束)한다."고 규정하고 있다. 이 조문은 심급제도 아래에서 상급심법원이 하급심법원의 재판을 파기하여 환송·이송한 경우를 전제하고 있다. 이때 다시 재판하게 되는 하급심법원은 상급심법원이 사실관계 및 법령적용의 점에서 판단한 내용에 기속된다(95도830)(후술 461면).

사실관계의 확정에 있어서 상급심법원이 내린 판단이 다시 재판하게 되는 하급심법원의 법관들이 가지고 있는 심증과 다른 경우가 발생할 수 있다. 이러한 상황에서 상급심법원의 심증을 우선하는 것이 자유심증주의에 반하는 것은 아닌가 하는 의문이 생길 수 있다. 그러나 「법원조직법」 제8조가 규정하고 있는 상급심 판단의 기속력은 심급제도를 유지하기 위하여 불가피한 장치로서 이 한도에서 자유심증주의의 적용영역이 축소된다고 할 수 있다.

(5) 제1심 판단과 항소심 판단의 관계

제1심법원은 공판중심주의에서 유래하는 실질적 직접심리주의 원칙에 따라 증인신문 절차를 진행하고 증인의 진술에 대한 신빙성 유무를 판단한다(전술 236면). 이에 대해 항소법원은 원칙적으로 증인신문조서를 포함한 기록만을 판단의 자료로 삼는다(규칙156의5② 참조). 제1심과 항소심의 신빙성 평가방법의 차이를 고려해 볼 때, (가) 제1심판결 내용과 제1심에서 적법하게 증거조사를 거친 증거들에 비추어 제1심 증인이 한 진술의 신빙성 유무에 대한 제1심의 판단이 명백하게 잘못되었다고 볼 특별한 사정이 있거나, (나) 제1심의 증거조사 결과와 항소심 변론종결시까지 추가로 이루어진 증거조사 결과를 종합하면 제1심 증인이 한 진술의 신빙성 유무에 대한 제1심의 판단을 그대로 유지하는 것이 현저히 부당하다고 인정되는 예외적인 경우가 아니라면, (다) 항소심으로서는 제1심 증인이 한 진술의 신빙성 유무에 대한 제1심의 판단이 항소심의 판단과 다르다는 이유만으로 이에 대한 제1심의 판단을 함부로 뒤집어서는 안 된다(2018도17748).

(6) 국민참여재판과 항소심 판단의 관계

국민참여재판에서 직업법관으로 구성된 재판부는 배심원의 평결과 의견에 기속되지 않는다(국민참여재판법46⑤). 따라서 배심원의 유·무죄 평결이나 양형의견은 법관의 자유심증에 영향을 미치지 않는다. 그런데 배심원이 증인신문 등 사실심리의 전 과정에 함께 참여한 후 증인이 한 진술의 신빙성 등 증거의 취사와 사실의 인정에 관하여 만장일치의 의견으로 내린 무죄평결이 제1심 재판부의 심증에 부합하여 그대로 채택되는 경우가 있다.

이러한 경우에도 앞에서 살펴본 사실판단과 관련한 제1심법원과 항소법원의 관계가 그대로 적용됨은 물론이다. 그런데 배심원의 만장일치 무죄평결에 기초한 제1심법원의 무죄판결에 대해서는 항소법원이 이를 한층 더 존중하지 않으면 안 된다. 배심원이 만장일치 의견으로 내린 무죄평결이 제1심 재판부의 심증에 부합하여 그대로 채택되는 경우, 이러한 절차를 거쳐 이루어진 증거의 취사 및 사실의 인정에 관한 제1심의 판단은 실질적 직접심리주의 및 공판중심주의의 취지와 정신에 비추어 (가) 항소심에서의 새로운 증거조사를 통해, (나) 그에 명백히 반대되는, (다) 충분하고도 납득할 만한, (라) 현저한 사정이 나타나지 않는 한 항소심에서 한층 더 존중되어야 한다(2009도14065).

이러한 법리의 취지와 정신은 배심원의 만장일치 무죄평결을 채택한 제1심법원의 무죄판결에 대하여 검사가 항소하여 진행되는 항소심에서 항소법원이 추가적이거나 새로운 증거조사를 실시할지 여부 등을 판단함에 있어서도 충분하게 고려되어야 한다(2020도7802 ☞ 539면)(후술 474면).

제4 증명의 정도

1. 합리적 의심의 여지가 없는 증명

형소법 제307조 제2항은 "범죄사실의 인정은 합리적인 의심이 없는 정도의 증명에 이르러야 한다."고 규정하고 있다. 그 의미는, (가) 법관은 검사가 제출하여 공판절차에서 적법하게 채택·조사한 증거만으로 유죄를 인정하여야 하고, (나) 법관이 합리적인 의심을 할 여지가 없을 만큼 확신을 가지는 정도의 증명력을 가진 엄격한 증거에 의하여 공소사실을 증명할 책임은 검사에게 있다는 것이다(2024도3794 ☞ 588면).

검사가 법관으로 하여금 그만한 확신을 가지게 하는 정도로 증명하지 못한 경우에는 설령 피고인의 주장이나 변명이 모순되거나 석연치 않은 면이 있는 등 유죄의 의심이 가는 사정이 있다고 하더라도 피고인의 이익으로 판단하여야 한다. 따라서 (가) 피고인이 유리한 증거를 제출하면서 범행을 부인하는 경우에도 공소사실에 대한 증명책임은 여전히 검사에 있고, (나) 피고인이 공소사실과 배치되는 자신의 주장 사실에 관하여 증명할 책임까지 부담하는 것은 아니다(2024도3794).

검사가 제출한 증거와 피고인이 제출한 증거를 종합하여 볼 때 공소사실에 관하여 조금이라도 합리적인 의심이 있는 경우 법원은 무죄를 선고하여야 한다. 피고인이 제출한 증거만으로 피고인의 주장 사실을 인정하기에 부족하다는 이유를 들어 공소사실에 관하여 유죄판결을 선고하는 것은 (가) 헌법상 무죄추정의 원칙은 물론 (나) 형사소송법상 증거재판주의 및 (다) 검사의 증명책임에 반하는 것이어서 허용될 수 없다(2024도3794).

형사재판에서 유죄의 증거는 단지 우월한 증명력을 가진 정도로는 부족하고 법관으로 하여금 합리적인 의심을 할 여지가 없을 정도의 확신을 생기게 할 수 있는 증명력을 가진 것이어야 한다. 형사재판에서 유죄판결시의 심증형성이 합리적 의심의 여지가 없는 증명의 정도에 이르러야 한다는 요청은 민사재판에서 사실판단의 기준으로 증거우위의 원칙이 지배하는 것과 크게 구별된다(전술 4면).

여기에서 합리적 의심은 모든 의문, 불신을 포함하는 것이 아니라 논리칙과 경험칙에 기하여 요증사실과 양립할 수 없는 사실의 개연성에 대한 합리성 있는 의문을 의미한다. 단순히 관념적인 의심이나 추상적인 가능성에 기초한 의심은 합리적 의심에 포함되지 않는다(2010도12728). 형사재판에서 유죄로 인정하기 위한 심증형성의 정도는 합리적 의심을 할 여지가 없을 정도이어야 하나 모든 가능한 의심을 배제할 정도에 이를 것까지 요구하는 것은 아니다. 증명력이 있는 것으로 인정되는 증거를 합리적 근거가 없는 의심을 일으켜 이를 배척하는 것은 자유심증주의의 한계를 벗어나는 것으로 허용될 수 없다(2008도7112).

2. 의심스러울 때에는 피고인에게 유리하게

유죄확정을 위하여 법관이 합리적 의심의 여지가 없는 정도의 심증형성을 하려면 그 전제로 피고사건에 대하여 충분한 심리가 이루어져야 한다. 피고사건에 대한 실체적 진실 규명의 최종적 책임은 법원에 있으므로 심리가 미진된 상태에서 유죄판결을 위한 심증형성을 하는 것은 허용될 수 없다(90도2205).

그런데 법원이 범죄사실의 존부와 그 밖의 관련사실들을 판단함에 있어서 최선을 다하여 심리를 행하였으나 심증형성이 불가능한 경우가 있다. 이때 법원은 심증형성이 불가능함을 이유로 재판을 기피할 수 없으므로 재판불능의 사태에 대비하는 특별한 판단기준이 필요하게 된다. 여기에서 재판불능의 사태를 방지하기 위하여 마련된 해결책이 거증책임이다.

형사재판에서 거증책임은 원칙적으로 검사가 진다(2005도4737). 이와 같은 거증책임의 기본원리는 "의심스러울 때에는 피고인에게 유리하게"(in dubio pro reo)의 원칙에서 유래한다. 그런데 예외적으로 피고인이 자신에게 유리한 사실을 주장하였으나 그 사실의 진위에 대한 증명이 불가능한 경우에 "의심스러울 때에는 피고인에 불리하게" 피고인에게 거증책임이 돌아가는 경우가 있다. 이를 가리켜서 거증책임의 전환이라고 한다(전술 323면).

"의심스러울 때에는 피고인에게 유리하게"의 원칙은 사실판단을 위한 최종적 기준으로 작용하며 법률판단의 문제는 그 적용대상으로 되지 않는다. 법률판단은 법원의 전권사항으로서 그 판단의 불분명이란 생각할 수 없기 때문이다. 따라서 법률문제의 판단에 있어서 피고인에게 유리한 견해와 불리한 견해가 대립하고 있을 때 법관이 피고인에게 불리한 견해를 채택하여 판단하는 것은 "의심스러울 때에는 피고인에게 유리하게"의 원칙에 반하는 것이 아니다.

제 8 절   자백보강법칙

제 1   자백보강법칙의 의의와 필요성

1. 자백보강법칙의 의의

형소법 제310조는 "피고인의 자백이 그 피고인에게 불이익한 유일의 증거인 때에는 이를 유죄의 증거로 하지 못한다."고 규정하고 있다. 이 조문은 법관이 피고인의 자백을 기초로 유죄의 심증을 얻게 되었다 할지라도 그 자백이 다른 증거에 의하여 보강되지 않는 유일한 증거인 경우에는 유죄인정을 할 수 없음을 밝힌 것이다. 이와 같이 자백을 이유로 유죄판단을 하기 위해서는 보강증거가 요구된다는 원칙을 자백보강법칙이라고 한다.

헌법 제12조 제7항은 "… 정식재판에 있어서 피고인의 자백이 그에게 불리한 유일한 증거일 때에는 … 이를 이유로 처벌할 수 없다."고 규정하여 자백보강법칙이 단순한 증거법상의 법리를 넘어서서 헌법상 기본권의 지위를 누리고 있음을 밝히고 있다. 자백보강법칙 위반은 중대한 위법이다. 하급심이 자백보강법칙에 위반하여 유죄를 인정한 경우에 상급심은 하급심판결을 반드시 파기해야 하며 결론의 타당함을 들어서 하급심을 유지하는 것은 허용되지 않는다(2007도7835).

2. 자백보강법칙의 필요성

자백보강법칙은 실질적 직접심리주의(법310의2), 위법수집증거배제법칙(법308의2), 자백배제법칙(법309) 등의 관문을 거쳐서 증거능력이 인정된 자백이 있음을 전제로 한다. 자백배제법칙이 자백의 증거능력에 관한 것임에 대하여 자백보강법칙은 자백의 증명력에 관한 것이다. 자백배제법칙을 규정한 형소법 제309조와 자백보강법칙을 규정한 형소법 제310조는 그 법적 효과에 관하여 모두 '이를 유죄의 증거로 하지 못한다'라는 표현을 사용하고 있다. 그러나 문언상의 동일한 표현에도 불구하고 전자는 자백의 증거능력을, 후자는 자백의 증명력을 부인하는 것이다.

증거능력이 인정되는 자백에 기하여 법관이 유죄의 심증을 얻었음에도 불구하고 보강증거가 없으면 유죄의 판단을 하지 못하도록 하는 것이 자백보강법칙의 특수한 성질이다. 이러한 의미에서 자백보강법칙은 자유심증주의의 예외를 이룬다. 자백보강법칙은 허위자백의 배제와 자백편중 수사관행의 견제라는 두 가지 측면에서 그 필요성이 인정된다.

제2 자백보강법칙의 적용범위

1. 정식재판

자백보강법칙은 정식재판에 적용되는 원칙이다(헌법12⑦ 후단). 여기에서 정식재판이란 기본적으로 검사의 공소제기에 의하여 공판절차가 진행되는 통상의 형사절차를 말한다. 약식절차는 검사의 공소제기로 진행되는 절차이므로 자백보강법칙이 적용된다. 그러나 정식재판이 아닌 경우에는 자백보강법칙이 제한될 수 있다.

「즉결심판에 관한 절차법」에 의한 즉결심판절차에서는 자백보강법칙을 규정한 형소법 제310조가 적용되지 않는다(즉결심판법10). 즉결심판절차는 선고형을 기준으로 피고인에게 20만원 이하의 벌금, 구류 또는 과료에 처할 경미한 범죄사건을 신속하게 심판하기 위한 절차이다. 즉결심판에 대해서는 피고인에게 정식재판청구권이 보장되어 있다(동법14). 정식재판절차에서는 자백보강법칙이 적용된다. 소년보호사건(82므36)에도 자백보강법칙이 적용되지 않는다. 소년보호사건은 형사처벌을 목적으로 하지 않기 때문이다.

2. 피고인의 자백

증명력이 제한되어 보강증거를 필요로 하는 것은 피고인의 자백이다. 자백이란 자신에게 불리한 사실을 인정하는 피고인의 진술이다. 범죄사실의 전부를 시인하는 경우뿐만 아니라 부분사실의 인정도 포함한다. 구술에 의한 자백뿐만 아니라 서면형태로 이루어진 자백도 모두 자백에 해당한다. 보강증거를 요하는 피고인의 자백은 피의자의 지위에서 수사기관에 대하여 행한 자백에만 국한되는 것은 아니다. 형사절차와 전혀 무관하게 사인의 지위에서 행한 자백도 자백보강법칙의 적용대상이 된다. 따라서 일기장, 비망록, 편지, 개인수첩 등에 기재된 자백에도 보강증거가 필요하다.

법관이 주재하는 공판기일 또는 공판준비기일에서 행한 자백에도 보강증거가 필요한가 하는 문제가 있다. 우리나라의 경우에는 미국과 달리 유죄 자체를 인정하여 더 이상의 증거조사를 필요로 하지 않는 유죄의 답변(plea of guilty)(전술 286면)이나 피고인에 대한 증인신문(전술 264면)이라는 것을 생각할 수 없다. 또 공판정에서의 자백에도 허위가 개입할 여지는 남아 있으므로 공판정에서의 자백에도 자백보강법칙은 여전히 적용된다. 자백보강법칙을 규정한 형소법 제310조는 심급 여하를 불문하며 공판정의 자백과 공판정 외의 자백에 모두 적용된다.

3. 공범자의 자백

공범자의 자백에도 보강증거를 요하는가 하는 문제가 있다. 공범자의 자백이란 피고인(갑)과 공범관계에 있다고 생각되는 사람(을)이 자신의 범죄사실을 자백하면서 피고인(갑)도 함께 범행에 가담하였음을 진술하는 것을 말한다. 예컨대 갑이 뇌물수수죄로, 을이 뇌물공여죄로 각각 기소된 사안에서 갑은 뇌물을 수수하지 않았다고 주장함에 대하여 을은 자신이 공여한 뇌물을 갑이 수수하였다고 진술한 경우에 을의 자백진술에 의하여 갑의 뇌물수수죄를 인정할 수 있을 것인지 문제된다.

공범자(을)의 자백에 보강증거를 요하도록 한다면 공범자(을)의 자백이 있더라도 보강증거가 없어서 그 자백이 피고인(갑)에게 불이익한 유일의 증거일 때에는 그 자백을 이유로 피고인(갑)을 처벌할 수 없다는 결론에 이르게 될 것이다. 보강증거의 필요성 여부에 대해서는 여러 견해들이 제시되고 있다.

전면적 필요설은 피고인(갑)에게 유죄판결을 하려면 공범자(을)의 자백과 독립한 별도의 보강증거가 필요하다고 보는 견해이다. 공범자(을)의 자백을 유일한 증거로 하여 피고인(갑)에게 유죄를 선고할 수는 없다는 것이다.

제한적 필요설은 공범자의 자백이 가지는 특성에 따라서 보강증거를 제한적으로 요구해야 한다고 보는 견해이다. 제한적 필요설은 다시 공판정자백 기준설과 공동피고인자백 기준설로 나누어진다. 공판정자백 기준설은 공범자의 자백이 공판정에서 행해진 것인가 아닌가를 기준으로 하여 공판정 외에서의 공범자의 자백에는 보강증거를 요한다고 보는 입장이다. 이에 대해 공동피고인자백 기준설은 공범자(을)가 피고인(갑)과 공동피고인으로 병합심리되어 공판정에서 자백을 한 경우에만 보강증거를 요하지 않는다고 본다. 그러나 공범자(을)의 자백이 다른 공판절차에서의 자백인 경우에는 보강증거가 필요하다고 본다.

전면적 불요설은 피고인(갑)이 범죄사실을 부인하고 보강증거가 존재하지 않는다 할지라도 공범관계에 있는 자(을)의 자백진술만 있으면 피고인(갑)에게 유죄판단을 내릴 수 있다고 보는 견해이다. 형소법 제310조의 문언에 비추어 볼 때 '피고인의 자백'을 '피고인 또는 공범자의 자백'으로 확장해석하는 것은 무리가 있으며, 공범자(을)의 자백은 피고인(갑)을 중심으로 볼 때 제삼자의 진술에 지나지 않는다는 것이다. 판례는 전면적 불요설의 입장을 취하고 있다(90도1939).

제3 보강증거의 자격

1. 일반적 자격

보강증거는 자백의 증명력을 보강하여 피고사건에 대한 유죄판결을 가능하게 하는 증거이다. 보강증거는 먼저 엄격한 증명의 자료로 사용될 수 있는 자격, 즉 증거능력을 갖추고 있어야 한다. 위법수집증거(법308의2)나 전문증거(법310의2)는 보강증거가 될 수 없다. 보강증거로 제출된 증거가 전문증거라면 그 증거는 형소법 제311조 내지 제316조의 예외규정이나 형소법 제318조 제1항의 증거동의에 의하여 증거능력이 인정되지 않는 한 보강증거로 사용될 수 없다(82도669).

보강증거는 자백의 증명력을 보강하는 증거이므로 자백과 독립한 별개의 증거이지 않으면 안 된다. 자백을 자백으로 보강하는 것은 허용되지 않는다(70도143). 보강증거는 독립증거인 한 인증, 물증, 증거서류 등 그 형태를 묻지 않는다. 피고인이 범행사실을 기재한 서면이라 할지라도 그것이 업무상 통상의 문서로 작성되는 경우에는 독립성을 갖는다. 업무의 계속성·반복성에 비추어 누구든지 그 상황에서 동일한 내용을 기재할 것으로 예상되기 때문에 그 문서에 기재된 내용을 자백이라고 할 수 없다. 따라서 피고인의 자백을 피고인이 업무상 작성한 수첩으로 보강하는 것은 허용된다(94도2865).

수사기관이 불법촬영(성폭력처벌법14①) 용의자를 범행현장에서 발견하여 휴대전화를 임의제출받고 이어서 용의자로부터 범행사실을 자백받은 사안을 생각해 본다. 이 사안에서 수사기관이 임의제출된 휴대전화에서 전자정보(사진, 동영상 등)를 탐색하는 과정에서 피압수자인 피의자에게 참여의 기회를 부여하지 않았다면 탐색된 전자정보는 위법하게 수집된 증거로서 증거능력이 없다(법308의2). 이 경우 피의자가 범행사실을 자백하고 탐색된 전자정보에 대해 증거로 함에 동의하였다고 하더라도 탐색된 전자정보는 증거능력이 없어서 자백의 보강증거가 될 수 없다(2019도11967).

그런데 수사기관이 임의제출받은 휴대전화에 대한 압수조서에 "피의자로부터 휴대전화를 임의제출받아 이를 압수하였다."라는 내용이 기재되어 있다면 그 압수조서는 범행 적발현장에서의 불법촬영범죄 부분에 대한 자백의 보강증거가 될 수 있다. "피고인으로부터 휴대전화를 임의제출받아 압수하였다."는 내용은 휴대전화에 저장된 전자정보(사진, 동영상 등)의 증거능력 여부에 영향을 받지 않는 별개의 독립적인 증거에 해당하기 때문이다(2019도11967).

2. 보강증거로서의 공범자의 자백

공범자의 자백을 보강증거로 사용할 수 있는가 하는 문제가 있다. 피고인(갑)이 자백하고 있는 경우에 그와 공범관계에 있는 자(을)의 자백을 보강증거로 삼아 유죄판결을 할 수 있는가 하는 점에 대하여 학설은 긍정설과 부정설로 나뉘고 있다. 판례는 긍정설의 입장이다(90도1939).

공범자의 자백을 형소법 제310조의 '피고인의 자백'으로 보는 입장에 서게 되면 피고인(갑)의 자백을 공범자(을)의 자백으로 보강하는 것이 결국 피고인의 자백으로 피고인의 자백을 보강하는 것은 아닌가 하는 논리적 의문이 나오게 된다. 생각건대 공범자(을)의 자백을 유일한 증거로 하여 피고인(갑)에게 유죄를 인정할 수 없다고 하는 것과 공범자(을)의 자백을 이미 존재하는 피고인(갑)의 자백에 대한 보강증거로 사용한다는 것은 별개의 문제이다. 따라서 공범자(을)의 자백을 피고인(갑)의 자백에 대한 보강증거로 사용할 수 있다고 본다.

제4 보강증거의 증명대상

1. 죄체의 개념

자백을 유일한 증거로 하여 피고인을 처벌할 수 없다고 할 때(헌법12⑦ 후단, 법310) 역으로 어느 범위까지 보강증거가 있어야 피고인에게 유죄를 인정할 수 있을 것인지가 문제된다. 형소법 제310조가 규정한 보강증거의 범위에 대해 죄체설과 진실성담보설이 대립하고 있다.

원래 죄체(corpus delicti; body of the crime)란 영미법에서 유래하는 개념이다. 영미법상 피고인에게 유죄판결을 선고하려면 (가) 범죄를 구성할 만한 침해행위나 손해발생이 확인되고, (나) 이 침해행위나 손해발생이 범죄행위에 의하여 발생하였음이 판명되며, (다) 피고인이 그 침해행위나 손해발생을 야기한 자라는 사실이 밝혀져야 한다. 이때 영미법상 죄체의 개념은 대체로 피고인의 범인성을 제외한 처음의 두 요건을 종합한 의미로 이해되고 있다.

2. 죄체설과 진실성담보설

자백에 대한 보강증거의 정도에 대해 죄체설과 진실성담보설이 주장되고 있다. 죄체설은 유죄판결을 선고하기 위해서는 최소한 죄체의 전부 또는 일부를 긍정할 만한 보강증거가 있어야 한다고 보는 견해이다. 즉 범죄의 구성요소를 세분화해 놓고 개별 구성부분별로 보강증거가 인정되어야 한다는 것이다.

이에 대하여 진실성담보설은 유죄판결을 선고하기 위한 자백의 보강증거는 범죄사실의 전부 또는 중요 부분을 인정할 수 있는 정도가 되지 아니하더라도 피고인의 자백이 가공적인 것이 아닌 진실한 것임을 인정할 수 있는 정도만 되면 족하다고 보는 견해이다. 판례의 입장이다(2010도11272). 진실성담보설의 입장에서는 직접증거가 아닌 간접증거나 정황증거도 보강증거가 될 수 있고, 자백과 보강증거가 서로 어울려서 전체로서 범죄사실을 인정할 수 있으면 유죄의 증거로 충분하다고 본다(2017도17628).

3. 증명대상의 범위

범죄의 주관적 구성요건요소의 입증에 보강증거를 요할 것인가 하는 문제가 있다. 판례는 고의와 같은 주관적 구성요건요소는 물론 범인의 내적인 상태도 이에 준하여 자백의 대상이 된다고 보고, 이러한 자백에 보강증거가 필요하다는 입장이다(2010도11272). 협의의 범죄구성요건요소를 이루는 사실에 대하여 보강증거가 요구되는가 하는 점에 관하여는 죄체설과 실질설 사이에 다소 다툼이 있다. 그러나 협의의 구성요건 사실 이외에 누범가중의 원인사실, 전과 및 정상 등에 관한 사실은 범죄사실과 구별되기 때문에 보강증거 없이 피고인의 자백만으로 이를 인정할 수 있다(79도1528).

4. 죄수론과 보강증거

자백에 보강증거를 요할 것인가 하는 문제는 언제나 당해 피고사건과 관련하여 검토해야 한다. 실체적 경합관계에 있는 수 개의 사건들은 과형상 수죄의 관계에 있으므로 개별 범죄사건을 단위로 보강증거의 유무를 검토해야 한다(95도1794). 상상적 경합관계에 있는 범죄들은 실체법상 수죄이므로 각 범죄별로 보강증거가 필요하다고 보는 견해가 있다. 그러나 보강증거의 요부는 피고사건의 실체판단에 있어서 자백의 증명력을 제한하는 소송법적 문제이므로 과형상 일죄를 기준으로 판단하는 것이 타당하다고 본다.

포괄일죄의 경우에 보강증거가 요구되는 단위를 놓고 포괄적으로 평가되는 각 행위의 상당부분에 대해서 보강증거가 있으면 된다는 견해와 포괄일죄를 유형별로 나누어 문제를 검토해야 한다는 견해가 제시되고 있다. 포괄일죄는 침해법익과 범죄태양의 유사성을 근거로 하는 협의의 포괄일죄와 범죄의 상습성 등을 이유로 하는 광의의 포괄일죄로 나누어 볼 수 있다. 행위의 연계성이 강한 전자의 경우에는 개별 행위별로 보강증거를 요하지 않지만 연계성이 약한 후자의 경우에는 각 행위별로 보강증거를 요하는 것이 타당하다고 본다. 판례는 상습범의 경우 각 행위별로 보강증거를 요구하고 있다(95도1794).

제4장 재 판

제1절 재판의 의의와 종류

제1 재판의 의의

1. 실체재판과 형식재판

좁은 의미의 재판은 일정한 절차에 따라서 피고사건의 실체에 관한 심리를 행하고 그 결과 내리는 공권적 판단, 즉 유죄·무죄의 실체적 종국재판을 가리킨다. 이에 대하여 넓은 의미의 재판은 법원 또는 법관이 행하는 법률행위적 소송행위를 가리킨다.

재판을 그 내용에 따라 분류하면 실체재판과 형식재판으로 나누어 볼 수 있다. 실체재판이란 법원이 피고사건의 실체를 심리하고 그 실체관계에 구체적 형벌법규를 적용하여 얻은 공권적 판단을 말한다. 유죄판결(법321, 322)과 무죄판결(법325)은 실체재판에 해당한다. 이에 대해 형식재판이란 피고사건의 실체면을 제외한 나머지 부분과 관련하여 행해진 일체의 재판을 의미한다.

2. 종국재판과 종국전의 재판

종국재판이란 피고사건의 소송계속을 그 심급에서 종결시키는 재판을 말한다. 이에 대해 종국전 재판이란 종국재판에 이르기까지의 절차에 관한 재판을 가리킨다. 종국전 재판을 중간재판이라고 부르기도 한다. 종국재판에 해당하는 것으로는 유죄판결(법321, 322) 및 무죄판결(법325)을 비롯하여 면소판결(법326), 관할위반판결(법319), 공소기각판결(법327), 공소기각결정(법328①)이 있다. 종국재판을 제외한 그 밖의 결정이나 명령은 종국전 재판에 해당한다.

제2 재판의 형식

1. 판 결

판결은 수소법원이 행하는 종국재판의 원칙적인 형식이다. 판결은 법원의 재판 가운데 가장 중요한 의미를 갖는다. 판결은 법률에 다른 규정이 없으면 구두변론(口頭辯論)을 거쳐서 해야 하고(법37①), 이유를 명시해야 한다(법39 본문). 판결의 선고는 재판장이 한다(법43 1문). 판결을 선고함에는 주문을 낭독하고 이유의 요지를 설명하여야 한다(동조 2문). 판결의 외부적 표시는 법관이 작성한 판결서에 의하여 공판정에서 선고하는 것이 원칙이다(법38, 42). 다만 변론을 종결한 기일에 판결을 선고하는 경우에는 판결의 선고 후에 판결서를 작성할 수 있다(법318의4②). 판결에 대한 상소방법은 항소(법357) 및 상고(법371)이다.

2. 결 정

결정은 수소법원이 행하는 종국전 재판의 기본형식이다. 그러나 공소기각결정(법328①)은 결정이면서 종국재판이다. 결정은 구두변론을 거치지 아니할 수 있으며(법37②), 필요하면 사실을 조사할 수 있다(동조③). 이 경우 조사는 부원(部員)에게 명할 수 있고 다른 지방법원의 판사에게 촉탁할 수 있다(동조④). 판결은 반드시 구두로 선고해야 하지만(법43), 결정은 선고 외에 고지의 방법으로도 할 수 있다. 고지는 선고 이외의 방법으로 재판의 내용을 외부에 표시하는 것이다(법42 참조). 다만 재판의 심리를 비공개하기로 하는 결정은 이유를 밝혀서 구두로 선고해야 한다(법원조직법47① 단서, ②).

결정의 고지는 재판장이 한다(법43 1문). 재판은 법관이 작성한 재판서에 의하는 것이 원칙이지만, 결정을 고지하는 경우에는 재판서를 작성하지 아니하고 조서에만 기재하여 할 수 있다(법38 본문·단서). 상소를 불허하는 결정에는 이유를 명시할 필요가 없다(법39 단서). 결정의 고지는 공판정에서는 재판서에 의하여야 하고 기타의 경우에는 재판서등본의 송달 또는 다른 적당한 방법으로 해야 한다(법42 본문). 단, 법률에 다른 규정이 있는 때에는 예외로 한다(동조 단서). 결정에 대한 상소방법은 항고(법402) 및 재항고(법415)이다.

3. 명 령

명령이란 수소법원의 구성원인 재판장 또는 수명법관이 행하거나 수소법원의 촉탁을 받은 수탁판사가 행하는 재판을 말한다. 명령은 전부 종국전 재판에 해당한다. 명령은 결정의 경우와 마찬가지로 구두변론을 거치지 아니하고 할 수 있으며(법37②), 필요하면 사실을 조사할 수 있다(법37③). 이 경우 조사는 부원(部員)에게 명할 수 있고 다른 지방법원의 판사에게 촉탁할 수 있다(동조④). 명령에 관한 재판서의 방식과 이유설시, 그리고 재판의 고지에 엄밀성이 완화되는 것은 결정의 경우와 같다(법38, 39, 42). 결정에 대해서는 상소방법으로 항고(법402), 재항고(법415)가 마련되어 있지만 명령의 경우에는 상소방법이 없다

(2006모646). 다만 일정한 사유가 있는 경우에 예외적으로 이의신청(법304① 등)이나 준항고(법416)가 허용되지만 동급법원에 하는 것이어서 상소에 해당하지 않는다.

수사절차에서 지방법원판사가 행하는 영장발부나 영장기각의 재판은 성질상 명령에 해당한다. 수사절차에서 지방법원판사가 영장의 발부를 기각한 재판(2006모646)이나 구속기간연장불허의 재판(97모1)에 대하여는 준항고(법416)나 재항고(법415) 등 불복이 허용되지 않는다(전술 94면).

제 2 절 종국재판의 종류와 내용

제 1 유죄판결

1. 유죄판결의 의의와 종류

유죄판결이란 수소법원이 피고사건에 대하여 범죄의 증명이 있다고 판단하는 경우에 내리는 종국재판이다(법321, 322). 여기에서 '범죄의 증명이 있다'고 함은 수소법원이 공판정에서 구두변론을 거친 결과 피고사건에 대하여 합리적 의심의 여지가 없을 정도로(법307②) 유죄의 확신을 얻게 된 것을 말한다. 유죄판결은 그 주문의 형식에 따라 (가) 형을 선고하는 유죄판결(법321①), (나) 형을 면제하는 유죄판결(법322 전단), (다) 형의 선고를 유예하는 유죄판결(법322 후단)로 구별된다.

형을 선고하는 유죄판결의 경우에는 기본적으로 형을 선고하는 주문이 기재된다. 형을 선고할 때 압수한 서류 또는 물품이 몰수의 요건(형법48)을 갖춘 경우에는 주형에 부가하여 몰수를 선고한다(형법49 본문). 압수한 서류 또는 물건에 대하여 몰수의 선고가 없는 때에는 압수를 해제한 것으로 간주한다(법332).

형 선고의 유죄판결에는 형 선고의 주문 이외에 여러 가지 다른 형태의 주문이 병기되는 경우가 많다. 기타의 주문으로는 (가) 집행유예 및 그에 따른 보호관찰, 수강명령, 사회봉사명령(법321②, 형법62, 62의2), (나) 노역장유치(법321②, 형법70① · ②), (다) 가납판결(법334① · ②), (라) 압수장물 환부(법333①), (마) 소송비용부담(법186① 본문), (바) 배상명령(소송촉진법31①), (사) 피해자를 위한 판결공시(형법58①) 등을 들 수 있다.

「소송촉진 등에 관한 특례법」(소송촉진법)은 배상명령 제도를 규정하고 있다. 법원은 제1심 또는 제2심의 형사공판 절차에서 일정한 범죄에 관하여 유죄판결을 선고할 경우에 그와 동시에 피고사건의 범죄행위로 인하여 발생한 직접적인 물적 피해, 치료비 손해 및 위자료의 배상을 명할 수 있다(소송촉진법25①, 31①).

2. 유죄판결에 명시할 이유

일반적으로 재판에 이유를 붙이는 것(법39 본문)은 소송당사자에게 재판의 공정성을 확인시킴과 동시에 상소권자에게 상소제기 여부를 결정할 수 있는 근거를 제공하고, 상소법원으로 하여금 원심재판을 검토할 수 있도록 하기 위함이다. 이와 같은 일반론을 넘어서서 유죄판결에는 특별히 상세한 이유기재가 요구된다. 그 까닭은 유죄판결에 기재된 이유가 피고사건의 심판범위를 특정함으로써 기판력의 효력범위를 확정하고 재판의 집행기관에게 수형자의 처우에 관한 기준을 제시하기 때문이다.

법원이 유죄판결의 이유로 명시해야 할 기본사항은 (가) 범죄될 사실, (나) 증거의 요지, (다) 법령의 적용이다(법323①). 한편 법원은 (라) 피고인으로부터 법률상 범죄의 성립을 조각하는 이유 또는 형의 가중·감면의 이유되는 사실의 진술이 있는 경우에는 이에 대한 판단을 명시해야 한다(동조②). 이 경우의 판단설시는 피고인의 방어권보장을 위한 배려에서 나온 것으로 유죄판결의 이유설시 자체와는 다소 성질을 달리한다.

3. 범죄될 사실

유죄판결의 이유에 기재되는 범죄될 사실이란 특정한 구성요건에 해당하는 위법하고 유책한 구체적 사실로서 피고인에 대한 형사처벌의 근거를 이루는 사실을 말한다. 유죄판결에 범죄될 사실을 기재하는 것은 이를 통하여 형벌법규의 적용대상을 명확하게 밝힐 뿐만 아니라 그 유죄판결로부터 발생하는 기판력의 범위를 확정한다는 점에서 중요한 의미를 갖는다. 기판력의 객관적 범위는 유죄판결에 기재된 범죄될 사실과 동일성이 인정되는 전체 범죄사실에 미친다(법248② 참조). 따라서 범죄될 사실의 기재는 공소사실의 기재와 마찬가지로 기판력의 범위를 판단할 수 있을 정도로 충분히 특정되어야 한다(89도1688)(전술 173면).

범죄될 사실은 엄격한 증명의 대상이 되는 사실과 밀접한 관련이 있다. 엄격한 증명의 대상은 피고인의 방어권보장을 위하여 범죄사실과 중요한 양형사실 전반에 미치지만 유죄판결에 기재되는 범죄될 사실은 검사의 공소사실과 동일성이 인정되고 실체형벌법규의 적용을 긍정할 수 있는 정도의 구성요건에 해당하는 사실을 기재하는 것으로 족하다. 따라서 범죄될 사실은 엄격한 증명의 대상이 되는 사실 속에 포함되지만 역으로 엄격한 증명의 대상사실이 전부 유죄판결에 기재해야 할 '범죄될 사실'이 되는 것은 아니다.

4. 증거의 요지

증거의 요지란 범죄될 사실을 인정하는 자료가 된 증거의 개요를 말한다. 유죄판결의 이유에 증거의 요지를 기재하도록 한 것은 법관의 사실인정에 합리성을 담보하고 소송당사자에게 판결의 타당성을 설득하며 상소심법원의 심판자료로 제공하기 위함이다. '증거의 요지를 기재한다' 함은 법원이 인정한 범죄사실의 내용과 적시된 증거의 요지를 대조하여 어떠한 증거자료에 의하여 범죄사실을 인정하였는가를 짐작할 수 있을 정도로 기재함을 의미한다. 증거의 표목만을 기재해서는 안 된다. '증거의 요지'는 어느 증거의 어느 부분에 의하여 범죄사실을 인정하였는가 하는 이유설명까지 할 필요는 없지만, 적어도 어떤 증거에 의하여 어떤 범죄사실을 인정하였는가를 알아볼 정도로 증거의 중요 부분을 표시해야 한다(2009도2338). 유죄판결에 기재되는 증거는 증거능력 있는 증거로서 적법한 증거조사를 거친 것에 한정된다. 증거의 요지에는 이러한 증거를 적시하면 족하고 그 증거가 적법하다는 이유를 설시할 필요는 없다.

5. 법령의 적용

유죄판결의 이유에는 법령의 적용을 명시하여야 한다. 적용될 법령을 명시하는 것은 인정된 범죄사실에 실체법이 올바르게 적용되고 정당한 형벌이 과하여졌는지를 알 수 있도록 하기 위함이다. 법령의 적용은 어떠한 범죄사실에 대하여 어떠한 법률을 적용하였는지 객관적으로 알 수 있도록 분명하게 명시해야 한다(74도1477).

법관은 형의 종류를 선택하고 형량을 정함에 있어서 양형기준을 존중해야 한다. 다만, 양형기준은 법적 구속력을 갖지 않는다(법원조직법81의7① 본문·단서). 법원이 양형기준을 벗어난 판결을 하는 경우에는 판결서에 양형의 이유를 기재하여야 한다. 다만, 약식절차 또는 즉결심판절차에 의하여 심판하는 경우에는 그렇지 않다(동조② 본문·단서). 양형기준을 벗어난 판결을 함에 따라 판결서에 양형이유를 기재해야 하는 경우에는 당해 양형을 하게 된 사유를 합리적이고 설득력 있게 표현하는 방식으로 그 이유를 기재해야 한다(2010도7410). 국민참여재판의 경우 배심원의 유·무죄 평결과 양형의견은 법원을 기속하지 않는다(국민참여재판법46⑤). 그러나 법원이 배심원의 평결결과와 다른 판결을 선고하는 때에는 판결서에 그 이유를 기재하여야 한다(동법49②).

6. 소송당사자의 주장에 대한 판단

유죄판결의 이유는 기본적으로 (가) 범죄될 사실, (나) 증거의 요지, (다) 법령의 적용

세 가지를 명시하는 것으로 족하다. 그러나 형사소송법은 이에 만족하지 않고 (라) 법률상 범죄의 성립을 조각하는 이유 또는 형의 가중·감면의 이유되는 사실의 진술이 있은 때에는 이에 대한 판단을 명시하도록 요구하고 있다(법323②). 다만 공소사실에 대한 적극부인만으로는 이를 법률상 범죄의 성립을 조각하는 사유에 관한 주장이라고 볼 수 없다(90도427).

소송당사자가 법률상 범죄의 성립을 조각하는 이유 또는 형의 가중·감면의 이유되는 사실을 진술하는 경우에 법원이 어느 정도 구체적으로 그에 대한 판단을 기재해야 할 것인지가 문제된다. 판례는 임의적 감면사유를 주장하는 경우 그에 대한 판단을 하지 않아도 위법이 아니라는 입장을 취하고 있다(2011도12041).

제 2　무죄판결

1. 무죄판결의 의의

피고사건이 범죄로 되지 아니하거나 범죄사실의 증명이 없는 때에는 판결로써 무죄를 선고해야 한다(법325). 다른 판결서와 마찬가지로 무죄판결의 판결서에도 기소한 검사와 공판에 관여한 검사의 관직, 성명과 변호인의 성명을 기재하여야 한다(법40③). 무책임한 공소제기와 공소유지를 방지하기 위하여 소위 기소실명제를 규정한 것이다.

무죄판결이란 피고사건에 대하여 국가의 구체적 형벌권이 존재하지 않음을 확인하는 판결이다. 무죄판결은 실체재판이며 종국판결이다. 실체재판을 하려면 그 전제로서 소송조건이 구비되어 있어야 한다. 따라서 범죄사실 없음이 증명되고 동시에 소송조건의 흠결이 확인된 경우에는 원칙적으로 무죄판결이 아니라 공소기각판결 등 형식재판을 해야 한다(94도1818).

무죄판결의 주문은 원칙적으로 "피고인은 무죄"라는 형식을 취한다. 무죄판결 가운데에는 판결 주문에서 무죄가 선고되지 아니하고 판결 이유에서만 무죄로 판단되는 경우도 있다. 과형상 일죄인 상상적 경합범으로 기소된 사안에서 일부 공소사실이 유죄로, 다른 공소사실이 무죄로 인정되는 경우에 무죄 부분의 공소사실이 판결 이유에서만 무죄로 판단되는 경우가 여기에 해당하는 대표적인 예이다.

피고사건에 대해 무죄판결을 선고하는 경우에는 무죄판결공시의 취지를 선고하여야 한다(형법58② 본문). 다만, 무죄판결을 받은 피고인이 무죄판결공시 취지의 선고에 동의하지 아니하거나 피고인의 동의를 받을 수 없는 경우에는 그러하지 아니하다(동조 단서).

무죄판결은 (가) 피고사건이 범죄로 되지 아니하여 무죄로 되는 경우와 (나) 범죄사실의 증명이 없어서 무죄로 되는 경우로 나누어 볼 수 있다.

2. 피고사건이 범죄로 되지 아니하는 때

(1) 범죄불성립

'피고사건이 범죄로 되지 아니하는 때'라 함은 (가) 공소제기된 사실 자체는 인정되지만 법령의 해석상 범죄를 구성하지 않는 경우와 (나) 그 사실이 범죄구성요건을 충족하는 사실임은 인정되지만 위법성조각사유 또는 책임조각사유 등이 존재하여 범죄가 성립하지 않는 경우를 의미한다. 무죄판결의 사유로서 '피고사건이 범죄로 되지 아니하는 때'의 의미는 공소기각결정의 사유로서 '공소장에 기재된 사실이 진실하다 하더라도 범죄가 될 만한 사실이 포함되지 아니하는 때'(법328① iv)와 구별해야 한다. 전자는 실체심리를 거친 후에 판명된 경우임에 반하여 후자는 공소사실을 심리할 필요 없음이 실체심리를 행하기 전부터 명백한 경우를 가리킨다.

(2) 위헌인 형벌법규

'피고사건이 범죄로 되지 아니하는 때'에는 범죄사실의 부존재가 확인되는 경우뿐만 아니라 위헌법령에 의하여 공소가 제기된 경우도 포함된다. 형벌에 관한 법률 또는 법률의 조항이 위헌으로 결정된 경우 그 법률 또는 법률 조항은 소급하여 그 효력을 상실한다(헌법재판소법47③ 본문). 다만, 해당 법률 또는 법률의 조항에 대하여 종전에 합헌으로 결정한 사건이 있는 경우에는 그 결정이 있는 날의 다음 날로 소급하여 효력을 상실한다(동조 단서). 「헌법재판소법」 제47조 제3항 본문에 따라 '형벌에 관한 법률조항'에 대하여 위헌결정이 선고된 경우 그 조항은 소급하여 효력을 상실하므로, 법원은 해당 조항이 적용되어 공소가 제기된 피고사건에 대하여 형소법 제325조 전단에 따라 무죄를 선고하여야 한다(2021도14878).

위헌법령임을 이유로 형소법 제325조 전단의 '피고사건이 범죄로 되지 아니하는 때'에 해당하는 것으로는, (가) 헌법재판소의 위헌결정(91도2825)으로 형벌법령이 소급하여 효력을 상실한 경우(헌법재판소법47③ 본문), (나) 헌법재판소의 헌법불합치결정(2015도17936)으로 형벌법령이 소급하여 효력을 상실한 경우(헌법재판소법47③ 본문 참조), (다) 형벌법령이 법원에서 위헌·무효로 선언된 경우(2010도5986), (라) 형벌법령이 재심판결 당시 폐지되었다 하더라도 그 폐지가 당초부터 헌법에 위배되어 효력이 없는 법령에 대한 것인 경우(2010도5986) 등이 있다.

3. 범죄사실의 증명이 없는 때

'범죄사실의 증명이 없는 때'라 함은 (가) 범죄사실의 부존재가 적극적으로 증명되는 경우와 (나) 범죄사실의 존재에 관하여 법관이 합리적 의심의 여지가 없을 정도(법307②)의 확신을 얻지 못하는 경우를 가리킨다. 이때 후자의 경우를 가리켜 증거불충분이라고 한다. 증거불충분으로 인한 무죄판결은 무죄추정의 권리(헌법27④, 법275의2)에서 유래하는 "의심스러울 때에는 피고인에게 유리하게"(in dubio pro reo) 원칙의 당연한 귀결이다. 한편 법관은 피고인의 자백에 의하여 유죄의 심증을 충분히 가지게 되었다 할지라도 보강증거가 없으면 유죄판결을 할 수 없으므로(헌법12⑦, 법310) 이 경우에도 무죄판결을 선고해야 한다. 보강증거가 결여되었다는 점에서 이 경우도 증거불충분에 의한 무죄판결에 포함된다.

공소장에 기재된 범죄사실을 기준으로 하면 무죄에 해당하지만 공소장변경절차를 통하여 공소사실을 변경하면 유죄로 인정될 수 있는 경우에 법원이 공소장변경요구(법298②)를 하지 않고 바로 무죄판결을 할 수 있는지가 문제된다. 탄핵주의 형사절차를 채택하고 있는 우리 형사소송법의 구조에 비추어 볼 때 공소장변경신청을 게을리한 검사의 태만을 법원이 보완하여 유죄판결을 행하는 것은 용납할 수 없으므로 법원은 원칙적으로 무죄판결을 내려야 한다고 본다. 그러나 증거의 명백성과 중대성에 비추어 볼 때 피고인을 무죄 방면하는 것이 형사사법의 존립 자체를 의심하게 할 정도로 현저히 정의에 반하는 때에는 법원은 무죄판결을 해서는 안 된다(2005도9268)(전술 192면).

제3 면소판결

1. 면소판결의 의의

형소법 제326조는 (가) 확정판결이 있는 때, (나) 사면이 있는 때, (다) 공소의 시효가 완성되었을 때, (라) 범죄 후의 법령개폐로 형이 폐지되었을 때의 네 가지 경우에는 면소판결을 선고하도록 규정하고 있다. 종국재판을 실체재판과 형식재판으로 분류할 때 면소판결은 형식재판의 일종으로 파악된다. 그러나 면소판결은 공소기각판결, 공소기각결정, 관할위반판결과 달리 정지된 공소시효를 다시 진행시키지 않으며(법253① 참조), 고소인 등의 소송비용부담(법188) 및 재심사유(법420 v)의 판단에 있어서 무죄판결과 대등하게 취급된다. 이러한 점에서 면소판결은 실체재판에 가까운 성질을 갖는다. 이러한 특성에 기초하여 면소판결에 대해 유·무죄의 실체판결과 마찬가지로 확정판결의 효력(기판력)이 인정된다.

면소판결의 경우에는 무죄판결에 준하여 판결공시와 명예회복제도가 마련되어 있다. 피고사건에 대하여 면소판결을 선고하는 경우에는 면소판결공시의 취지를 선고할 수 있다(형법58③). 무죄판결의 경우(동조② 본문)와 달리 면소판결의 공시는 법원의 재량에 속한다.

2. 면소판결의 사유

(1) 확정판결이 있은 때

피고사건의 실체와 관련된 확정판결이 이미 존재하고 있음에도 불구하고 재소(再訴)를 허용하게 되면 종전 법원의 판단과 후소(後訴) 법원의 판단이 불일치하는 사태가 발생하여 재판의 권위를 해치게 된다. 이 때문에 형사소송법은 확정판결이 있은 때에는 면소판결을 통하여 후소의 형사절차를 종결시키도록 하고 있다. 여기에서 확정판결은 유죄 · 무죄의 확정판결뿐만 아니라 면소의 확정판결도 포함한다. 확정판결에는 확정판결의 효력이 부여된 약식명령(법457)과 즉결심판(즉결심판법16)이 포함된다(95도1270).

(2) 사면이 있은 때

「사면법」에 따르면 사면은 일반사면과 특별사면으로 구분된다(동법2). 일반사면은 죄를 범한 자를 대상으로 하여(동법3 i), 죄의 종류를 정하여 행하는 사면이다(동법8 2문). 일반사면은 대통령령으로 한다(동조 1문). 일반사면이 있으면 형을 선고받아 확정된 자에 대하여는 형 선고의 효력이 상실되며, 형을 선고받지 아니한 자에 대하여는 공소권이 상실된다. 다만, 특별한 규정이 있을 때에는 예외로 한다(동법5① i 본문 · 단서). 형의 선고에 따른 기성(既成)의 효과는 일반사면으로 인하여 변경되지 않는다(동조②).

특별사면은 형을 선고받아 확정된 특정한 사람을 대상으로 하는 사면이다(동법3 ii). 특별사면이 있으면 형의 집행이 면제된다. 다만, 특별한 사정이 있을 때에는 이후 형 선고의 효력을 상실하게 할 수 있다(동법5① ii 본문 · 단서). 특별사면은 대통령이 한다(동법9). 형의 선고에 따른 기성(既成)의 효과는 특별사면으로 인하여 변경되지 않는다(동법5②).

형사절차를 면소판결로 종결할 필요가 생기는 것은 아직 형의 선고가 없는 경우이다. 그러므로 면소판결의 사유로 되는 사면은 형의 선고를 받지 아니한 자에 대한 일반사면을 의미한다(2011도1932). 형의 선고(법321①)가 있더라도 아직 판결이 확정되지 않은 상태는 형의 선고가 없는 경우에 해당한다.

(3) 공소시효가 완성되었을 때

공소시효가 완성되면 증거가 흩어지고 사라지기 때문에 형사소추 가능성이 희박해지고 일반인의 처벌감정이 감소한다. 공소가 제기되면 공소시효의 진행이 정지되므로(법253 ① 전단) 면소판결을 하기 위해서는 원칙적으로 공소제기시에 공소시효가 완성되어 있어야 한다. 공소장변경에 의하여 공소사실이 변경된 경우에도 공소제기 당시를 기준으로 변경된 공소사실에 대한 공소시효완성 여부를 판단해야 한다(2001도2902). 형사소송법은 공소가 제기된 범죄가 판결의 확정 없이 공소를 제기한 때로부터 25년을 경과하면 공소시효가 완성된 것으로 간주하므로(법249②) 이 경우에도 면소판결을 통하여 형사절차를 종결해야 한다(79도1520)(전술 163면).

(4) 범죄 후의 법령개폐로 형이 폐지되었을 때

형의 폐지는 법령상 명문으로 벌칙이 폐지된 경우뿐만 아니라 법령에 규정된 유효기간이 경과하거나 전법과 후법의 저촉에 의하여 실질적으로 법규의 효력이 상실된 경우를 포함한다(2003도2770). 범죄 후의 법령개폐라는 면소판결의 사유와 관련하여 '범죄 후'의 기준이 중요하다. 범죄 후에 형이 폐지되었으면 면소판결의 대상이 됨에 반하여 범죄 전에 형이 폐지되었다면 무죄가 된다. 결과발생을 요하는 결과범의 경우에 '범죄 후'는 결과발생시점 이후가 아니라 실행행위시점 이후로 보아야 한다.

제4 관할위반의 판결

1. 관할위반판결의 의의

피고사건이 법원의 관할에 속하지 아니한 때에는 판결로써 관할위반의 선고를 하여야 한다(법319). 관할은 법원의 재판권을 전제로 한 개념이다. 피고인에 대하여 재판권이 없을 때에는 공소기각판결(법327ⅰ)을 선고해야 하지만(법327ⅰ), 피고사건에 대하여 관할이 없을 때에는 관할위반판결(법319)을 선고해야 한다. 관할위반의 판결은 관할의 부존재만을 유일한 사유로 하는 형식재판이다. 이 점에서 관할위반의 판결은 면소판결, 공소기각판결, 공소기각결정 등의 다른 형식재판과 구별된다. 그러나 기판력이 발생하지 않는 점은 공소기각판결이나 공소기각결정과 같다. 다만 소송행위는 관할위반인 경우에도 그 효력에 영향이 없다(법2).

2. 관할위반판결의 사유

관할위반의 판결을 하는 사유는 피고사건이 법원의 관할에 속하지 아니하는 때이다(법319).

이때 관할은 사물관할과 토지관할을 모두 포함한다(99도4398). 관할권의 존재는 소송조건
이므로 공소제기시는 물론 재판시에도 관할이 인정되어야 한다. 법원은 직권으로 관할의
유무를 조사해야 한다(법1). 소송행위는 관할위반인 경우에도 그 효력에 영향이 없다(법2). 따
라서 관할위반판결이 내려진 소송절차에 이루어진 변호인 선임은 관할 있는 법원에 다시
공소가 제기될 때 효력이 유지된다.

사물관할의 유무는 공소장에 기재된 공소사실을 기준으로 판단해야 한다. 단독판사의
관할사건이 공소장변경에 의하여 합의부 관할사건으로 변경된 경우에 단독판사는 관할위
반의 판결을 내릴 것이 아니라 결정으로 피고사건을 관할권이 있는 법원에 이송하여야 한
다(법8②)(전술 206면).

피고사건에 대해 토지관할이 존재하지 않는 경우에도 수소법원은 관할위반의 판결을
하는 것이 원칙이다. 토지관할은 법원간의 업무 배분이라는 기능과 방어권행사와 관련된
피고인의 이익보호 기능이라는 두 가지 측면을 가지고 있다. 토지관할의 부존재를 이유로
하는 관할위반의 판결에는 다소 제한이 가해지고 있다.

토지관할은 공소제기 시점에 존재하면 족하다. 공소제기 이후의 시점까지 토지관할이
인정될 필요는 없다. 법원은 피고인의 신청이 없으면 토지관할에 관하여 관할위반의 선고
를 하지 못한다(법320①). 피고인이 관할위반의 신청을 하려면 피고사건에 대한 진술 전에
하여야 한다(동조②). 이때 '피고사건에 대한 진술'은 피고인의 모두진술(법286)이 아니라 재
판장의 쟁점정리(법287①)에 이은 피고인 측 의견진술을 가리킨다(동조②). 피고인과 변호인
은 피고인의 모두진술 기회에 이익되는 사실 등을 진술할 수 있는데(법286②) 피고인의 이
익을 위한 토지관할위반의 신청은 이 단계까지 할 수 있기 때문이다(전술 212면).

제 5 공소기각의 판결

1. 공소기각판결의 의의

공소기각판결은 피고사건에 대한 형식적 소송조건이 결여된 경우에 판결로써 소송계
속을 종결시키는 종국적 형식재판이다. 소송조건의 흠결을 이유로 공소기각판결(법327)을
선고해야 함에도 불구하고 법원이 무죄판결(법325)을 선고하는 것은 원칙적으로 허용되지
않는다. 하급심이 위법하게 무죄판결을 한 경우에는 상급심은 직권으로 판단하여 하급심
판결을 파기하고 공소기각판결을 선고해야 한다(94도1818).

이러한 원칙에 대해 판례는 일부 예외를 인정하고 있다. 「교통사고처리 특례법」 위반

죄 사안에서 특례사유(동법3② 본문, 4① 본문)가 인정되어 공소를 제기할 수 없는 경우에 해당하면 법원은 공소기각판결(법327 ii, vi)을 선고하는 것이 원칙이다. 그런데 사건의 실체에 관한 심리가 이미 완료되어 특례배제사유(동법3② 단서, 4① 단서)가 없는 것으로 판명되고 달리 피고인이 과실로 교통사고를 일으켰다고 인정되지 않는 경우라면, 사실심법원이 피고인의 이익을 위하여 「교통사고처리 특례법」 위반의 공소사실에 대하여 무죄의 실체판결을 선고하였더라도 이를 위법이라고 볼 수 없다(2012도11431).

공소기각판결은 기판력을 발생시키지 않는다는 점에서 면소판결(법326)과 구별된다. 형식적 소송조건 가운데 관할권 부존재를 이유로 하는 경우는 관할위반의 판결(법319)이 별도로 마련되어 있으므로 공소기각판결의 대상이 되지 않는다.

공소기각판결은 공소기각결정과 함께 형식적 소송조건이 결여된 경우에 대비한 종국재판의 형식이다. 공소기각이라는 형태로 형사절차를 종결시킨다는 점에서는 공통되지만 양자는 다음의 점에서 구별된다. 공소기각판결(법327)은 판결이므로 구두변론에 의하고(법37①) 공판정에서 선고해야 한다(법42 본문, 43). 공소기각판결에 대한 상소방법은 항소(법357)와 상고(법371)이다. 이에 대해 공소기각결정(법328①)은 결정이므로 구두변론에 의하지 아니할 수 있고(법37②), 재판서등본의 송달 또는 다른 적당한 방법으로 고지할 수 있다(법42 본문). 공소기각결정에 대한 상소방법은 즉시항고(법328②)와 재항고(법415)이다. 공소기각판결의 사유는 형소법 제327조에 규정되어 있다.

2. 공소기각판결의 사유

(1) 피고인에 대하여 재판권이 없을 때

재판권은 원칙적으로 대한민국 내에 있는 내국인과 외국인 모두에게 미친다. 피고인에 대하여 재판권이 없을 때(법327 i)는 공소제기 후에 재판권이 없게 된 경우와 그 이전에 재판권이 없는 경우를 모두 포함한다(98도2734). 일반법원과 군사법원은 서로 재판권을 달리한다(전술 203면). 그러므로 일반법원에 군사법원 심판사건이 기소된 경우에는 재판권 없음을 이유로 공소기각판결을 하는 것이 원칙일 것이지만, 우리 입법자는 일반법원에 공소가 제기된 사건에 대하여 군사법원이 재판권을 가지게 되었거나 재판권을 가졌음이 판명된 때에는 결정으로 사건을 재판권이 있는 같은 심급의 군사법원으로 이송하도록 함으로써 소송경제를 꾀하고 있다(법16의2 1문). 이 경우에 이송 전에 행한 소송행위는 이송 후에도 그 효력에 영향이 없다(동조 2문)(2011도1932).

(2) 공소제기의 절차가 법률의 규정을 위반하여 무효일 때

형소법 제327조 제2호는 공소기각판결의 사유로서 '공소제기의 절차가 법률의 규정을 위반하여 무효일 때'라는 일반조항을 두고 있다. 이에 해당하는 예로는 공소제기권한이 없는 자가 공소제기를 한 경우, 공소사실의 불특정(법254④ 참조)과 같이 공소장의 기재방식에 중대한 하자가 있는 경우(2006도5147), 공소제기 당시에 소송조건이 결여된 경우, 공소장일본주의(규칙118②)에 위반하여 공소를 제기한 경우(2009도7436) 등을 들 수 있다.

그러나 공소장제출이 아예 없는 경우는 공소제기라는 소송행위의 본질적 요소가 결여되어 공소제기가 불성립한 것으로 되므로 공소기각판결을 내릴 수 없다(2003도2735). 구두나 전보, CD등 정보저장매체(2015도3682)에 의한 공소제기도 공소장제출이 없는 경우이므로 동일하게 취급해야 한다(전술 172면). 판례는 국회의원의 면책특권에 속하는 행위에 대해 공소가 제기된 사안에 대하여 공소권 없음에도 불구하고 공소가 제기된 것이라고 보아 공소기각의 판결을 선고하였다(91도3317). 나아가 판례는 위법한 함정수사가 개입된 사건에 대해 공소기각판결을 내리고 있다(2005도1247)(전술 42면).

(3) 공소가 제기된 사건에 대하여 다시 공소가 제기되었을 때

공소가 제기된 사건에 대하여 다시 공소가 제기되었을 때(법327ⅲ)라 함은 동일한 피고사건에 대하여 국법상 동일한 법원에 이중으로 공소가 제기된 경우를 말한다. 한 개의 범죄사실에 두 개의 실체판결이 내려지는 것을 방지하기 위해 이 경우를 공소기각판결의 사유로 규정한 것이다. 동일한 사건이 국법상 서로 다른 법원에 이중으로 기소된 경우에는 공소기각결정의 사유(법328① ⅲ)가 된다. 이중기소에 해당하는지 여부는 범죄사실의 동일성을 기준으로 판단한다(전술 177면).

이중기소가 된 경우에는 뒤에 기소된 사건에 대하여 공소기각판결을 해야 하는 것이 원칙이다. 뒤에 기소된 사건에 대해 판결선고가 있었다 하더라도 판결이 확정되기 전이라면 먼저 공소제기된 사건에 대해 심판해야 한다. 그리고 뒤에 기소된 사건에 대해서는 이후 상소절차를 밟아 공소기각판결(법363, 382)을 선고해야 한다. 그러나 뒤에 공소제기된 사건에 대하여 먼저 판결이 행해지고 그 판결이 확정되었다면 예외적으로 먼저 기소된 사건에 대해 공소기각판결을 선고해야 한다. 한 개의 피고사건에 두 개의 실체판결이 있을 수 없기 때문이다.

(4) 제329조를 위반하여 공소가 제기되었을 때

공소취소(법255)에 의한 공소기각결정(법328① ⅰ)이 확정된 때에는 공소취소 후 그 범죄사실에 대한 다른 중요한 증거를 발견한 경우에 한하여 다시 공소를 제기할 수 있다(법329). 형소법 제329조를 위반하여 공소가 제기되었을 때에는 공소기각판결(법327 iv)로 절차를 종결해야 한다(전술 196면).

재기소의 요건으로서 '다른 중요한 증거가 발견된 때'라 함은 공소취소 전에 검사가 가지고 있던 증거 이외의 증거로서 공소취소 전의 증거만으로는 증거불충분으로 무죄가 선고될 가능성이 있으나 새로 발견된 증거를 추가하면 충분히 유죄의 확신을 가지게 될 증거가 발견된 때를 말한다. 다른 중요한 증거가 발견되지 않았음에도 불구하고 공소가 제기되면 공소기각의 판결을 통하여 소송계속을 종결시켜야 한다.

(5) 고소가 있어야 공소를 제기할 수 있는 사건에서 고소가 취소되었을 때

고소가 있어야 공소를 제기할 수 있는 범죄를 친고죄라고 한다. 친고죄 사건에서 유효한 고소의 존재가 인정되어 공소가 제기되었으나 제1심 판결선고 전까지 고소가 취소된 때(법232①)에는 공소기각판결로써 당해 사건을 종결시켜야 한다(전술 57면). 항소심판결이 대법원에서 제1심법원으로 파기환송된 후 제1심 판결선고 전에 친고죄의 고소가 취소되면 환송후 제1심법원은 공소기각판결(법327 v)을 내려야 한다(2009도9112).

공소기각판결 사유로서의 고소취소는 유효한 고소를 전제로 한다. 공소제기 당시에 처음부터 유효한 고소가 없었던 때에는 '공소제기의 절차가 법률의 규정을 위반하여 무효일 때'에 해당하여 형소법 제327조 제2호에 의하여 공소기각판결을 해야 한다.

(6) 반의사불벌죄에서 처벌을 원하는 의사표시가 없거나 철회되었을 때

피해자의 명시한 의사에 반하여 공소를 제기할 수 없는 범죄를 반의사불벌죄라고 한다. 반의사불벌죄 피고사건에서 피해자가 수소법원에 대해 피고인의 처벌을 원하지 아니하는 의사표시를 하거나 처벌을 원하는 의사표시를 철회하였을 때에는 형소법 제327조 제6호에 따른 공소기각판결로써 당해 사건을 종결시켜야 한다. 이 경우 처벌을 원하지 않는다는 의사표시의 표명이나 처벌을 원한다는 기존의 의사표시의 철회는 제1심 판결선고 전까지 이루어져야 한다(법232③·①)(전술 57면).

공소제기 전에 피해자가 피의자의 처벌을 원하지 않는다는 의사표시를 수사기관에 하였음에도 불구하고 공소가 제기된 경우는 형소법 제327조 제2호에 의한 공소기각판결로써 절차를 종결해야 한다(82도2860).

제6 공소기각의 결정

1. 공소기각결정의 의의

공소기각결정은 형식적 소송조건의 흠결이 중대하고 명백한 경우에 결정의 형식으로 공판절차를 종결시키는 재판을 말한다. 공소기각결정에 대한 불복방법은 즉시항고(법328②)와 재항고(법415)이다. 공소기각판결과의 차이점은 앞에서 설명하였다. 형소법 제328조 제1항은 공소기각결정의 사유를 규정하고 있다.

2. 공소기각결정의 사유

(1) 공소취소

검사가 공소를 취소하면(법255) 수소법원은 공소기각결정을 내려야 한다. '공소가 취소되었을 때'란 적법하게 공소가 취소된 경우를 말한다. 범죄사실(공소사실)의 동일성이 인정되는 범위에서 공소사실을 일부 철회하거나 변경하는 것은 공소장변경(법298)이며 공소취소(법255)가 아니므로 공소기각결정을 할 수 없다(2002도4372)(전술 186면).

(2) 피고인의 사망 등

피고인이 사망하거나 피고인인 법인이 존속하지 아니하게 되었을 때에도 수소법원은 공소기각결정을 내려야 한다. '피고인이 사망하거나 피고인인 법인이 존속하지 아니하게 되었을 때'란 공소제기 후에 이러한 사유가 발생한 경우를 말한다(2013도658). 공소제기 전 사망 사유가 발견된 경우에도 공소기각결정을 하는 것이 타당하다고 본다(전술 220면).

(3) 중복기소

동일사건이 수 개의 국법상 의미의 법원에 중복기소되는 경우가 있다. 이때 동일사건이 사물관할을 달리하는 수 개의 법원에 계속된 때에는 법원합의부가 심판하여야 한다(법12). 이때 심판을 할 수 없게 된 단독판사는 공소기각결정을 통하여 소송계속을 종료시켜야 한다(법328① ⅲ). 같은 사건이 사물관할이 같은 여러 개의 법원에 계속된 때에는 원칙적으로 먼저 공소를 받은 법원이 심판한다(법13 본문·단서 참조). 이때 심판을 할 수 없게 된 후소법원은 공소기각결정을 통해 소송계속을 종료시켜야 한다(법328① ⅲ)(전술 177면).

(4) 범죄사실 불포함

공소장에 기재된 사실이 진실하다 하더라도 범죄가 될 만한 사실이 포함되지 아니하는 때에는 수소법원은 공소기각결정을 내려야 한다. '공소장에 기재된 사실이 진실하다 하더라도 범죄가 될 만한 사실이 포함되지 아니하는 때'(법328① iv)란 공소장 기재사실 자체에 대한 판단만으로 그 사실 자체가 죄로 되지 아니함이 명백한 경우를 말한다(2012도12867). 따라서 범죄의 성립 여부에 대해 다소라도 의문이 남는 경우 또는 공소장의 보정이나 공소장변경에 의하여 그 공소가 유효하게 될 가능성이 있는 경우에는 공소기각결정을 할 수 없다.

제3절   재판의 확정과 효력

제1 재판의 확정

1. 재판확정의 의의

재판이 보통의 상소방법이나 기타 불복방법으로 더 이상 다툴 수 없게 되어 그 내용을 변경할 수 없는 상태에 이른 것을 가리켜서 재판의 확정이라고 한다. 재판은 확정되어야 그 본래의 효력이 발생한다. 이 점에서 재판확정의 유무와 그 시기는 소송법적으로 매우 중요한 의미를 갖는다. 재판의 확정시기는 재판에 불복이 허용되는가 아닌가에 따라서 달라진다.

2. 재판확정의 시기

(1) 불복이 허용되지 않는 재판

불복이 허용되지 않는 재판은 재판의 선고 또는 고지와 동시에 확정된다. 법원의 관할 또는 판결 전의 소송절차에 관한 결정에 대하여는 특히 즉시항고를 할 수 있는 경우 외에는 항고를 하지 못하므로(법403①) 여기에 해당하는 결정은 원칙적으로 그 선고 또는 고지와 동시에 확정된다.

대법원의 재판에 대해서는 불복이 허용되지 않으므로(87모4) 상고기각판결은 선고와 함께 확정되고, 상고기각결정(법380① · ②, 381) 등은 송달 등 고지와 함께 확정된다(2011도15914). 대법원의 판결에 대해서는 판결정정제도(법400, 401)가 마련되어 있으나 대법원판결의 정정은 오기, 오산과 같이 예외적인 경우에 그 판결내용의 오류를 바로 잡기 위한 장치라는 점에 비추어 볼 때 대법원판결은 선고와 동시에 확정되는 것으로 보아야 한다(67초22).

(2) 불복이 허용되는 재판

불복이 허용되는 재판은 그 불복의 가능성이 소멸한 때에 확정된다. 먼저, 불복신청의 기간이 경과하면 재판은 확정된다. 제1심판결(법358) 및 항소심판결(법374)은 판결이 선고된 날로부터 7일의 상소기간을 경과하면 판결이 확정된다. 약식명령(법453 본문)이나 즉결심판(즉결심판법14① · ②)의 경우에는 재판을 고지받은 날로부터 7일을 경과하면 재판이 확정된다(법405). 즉시항고의 경우에도 7일을 경과하면 재판이 확정된다(법405). 보통항고가 허용되는 결정은 그 항고기한에 제한이 없으므로 그 결정을 취소하여도 실익이 없게 된 때에 확정된다(법404 본문 · 단서).

다음으로, 재판은 불복신청의 포기 또는 취하에 의하여 확정된다. 검사나 피고인 또는 기타 항고권자(법339)는 원칙적으로 상소의 포기 또는 취하를 할 수 있다(법349 본문). 단, 피고인 또는 상소권자(법341)는 사형 또는 무기징역이나 무기금고가 선고된 판결에 대하여는 상소의 포기를 할 수 없다(법349 단서). 약식명령에 대한 정식재판의 청구는 제1심판결 선고 전까지 취하할 수 있다(법454). 단, 피고인은 정식재판청구를 포기할 수 없다(법453① 단서). 즉결심판에 대해서는 정식재판청구의 취하뿐만 아니라 포기도 가능하다(즉결심판법14 ④). 이러한 경우에는 상소의 포기 · 취하 또는 정식재판청구의 포기 · 취하에 의하여 재판이 확정된다.

제2 기 판 력

1. 기판력의 의의

헌법은 제13조 제1항에서 "모든 국민은 … 동일한 범죄에 대하여 거듭 처벌받지 아니한다."고 규정하여 이른바 이중처벌금지의 원칙 내지 일사부재리의 원칙을 선언하고 있다. 이는 한번 판결이 확정되면 그 후 동일한 사건에 대해서는 다시 심판하는 것이 허용되지 않는다는 원칙을 말한다(2016도5423). 여기에서 '처벌'이라고 함은 원칙적으로 범죄에 대한 국가의 형벌권 실행으로서의 과벌(科罰)을 의미하는 것이고, 국가가 행하는 일체의 제재나 불이익처분이 모두 여기에 포함되는 것은 아니다(2016도5423).

2. 기판력이 인정되는 재판

(1) 기판력이 인정되는 경우

기판력(旣判力)은 동일한 피고사건에 대해 후소법원의 새로운 심판을 금지하는 효력이다. 기판력은 원칙적으로 유죄판결(법321, 322), 무죄판결(법325), 면소판결(법326)이 확정된 경우에 발생한다. 판결은 주문과 이유로 구성된다(법43 참조). 기판력은 주문에 대하여 인정된다. 이유부분에 기재된 사실판단에 대해서는 기판력이 인정되지 않는다.

유죄판결, 무죄판결, 면소판결 외에 입법자가 일정한 재판에 대해 확정판결의 효력을 부여함으로써 기판력이 인정되는 경우가 있다. 입법자가 경미사건의 신속한 처리를 위하여 일정한 재판에 확정판결과 동일한 효력을 부여하는 경우가 있다. 약식명령(법457)(2008도5634)이나 즉결심판(즉결심판법16)(95도1270)이 확정된 경우에는 확정판결과 동일한 효력이 생긴다. 그러나 통고처분에 따른 범칙금납부는 확정판결에 해당하지 않는다.

「도로교통법」이나 「경범죄 처벌법」은 범칙금제도를 규정하고 있다. 범칙금제도는 형사절차에 앞서 경찰서장 등의 통고처분에 의하여 일정액의 범칙금을 납부하는 기회를 부여하여 그 범칙금을 납부하는 사람에 대하여는 기소를 하지 아니하고 사건을 간이하고 신속, 적정하게 처리하기 위하여 처벌의 특례를 마련해 둔 것이다. 이 점에서 법원의 재판절차와는 제도적 취지 및 법적 성질에서 차이가 있다(2023도751 ☞ 580면).

「도로교통법」과 「경범죄 처벌법」은 범칙금 납부에 대해 '다시 벌(처벌)받지 아니한다'는 효력을 부여하고 있다. 그런데 범칙금의 납부에 따라 확정판결에 준하는 효력이 인정되는 범위는 (가) 범칙금 통고의 이유에 기재된 당해 범칙행위 자체 및 (나) 그 범칙행위와 동일성이 인정되는 범칙행위에 한정된다(제한적 기판력). 범칙행위와 같은 시간과 장소에서 이루어진 행위라 하더라도 범칙행위의 동일성을 벗어난 형사범죄행위에 대하여는 범칙금의 납부에 따라 확정판결에 준하는 일사부재리의 효력이 미치지 않는다(2023도751).

(2) 기판력이 부정되는 경우

형사사건 이외의 사건을 대상으로 하는 과태료 납부(91도2536) 등 행정벌은 확정판결이 아니어서 면소판결의 사유가 되지 않는다. 「소년법」은 「소년법」상의 보호처분을 받은 소년이 있을 때 그 심리결정된 사건에 대해 '다시 공소를 제기할 수 없다'고 규정하고 있다(동법53 본문). 「가정폭력범죄의 처벌 등에 관한 특례법」(가정폭력처벌법)은 가정폭력처벌법에 따른 보호처분이 확정된 경우에 '그 가정폭력행위자에 대하여 같은 범죄사실로 다시 공소를 제기할 수 없다'고 규정하고 있다(동법16 본문).

그런데 「소년법」이나 가정폭력처벌법에 따른 보호처분은 확정판결이 아니므로 기판력이 인정되지 않는다. 보호처분을 받은 사건과 동일한 사건에 대해 다시 공소제기가 되었다면 후소법원은 이에 대해서는 면소판결(법326 i)을 할 것이 아니라 공소제기의 절차가 법률의 규정을 위배하여 무효일 때에 해당한다는 이유로 공소기각판결(법327 ii)을 선고해야 한다(2016도5423).

3. 기판력의 주관적 범위

유죄·무죄의 실체재판 및 면소판결에 인정되는 일사부재리의 효력은 공소가 제기된 피고인에 대해서만 발생한다. 공소의 효력은 검사가 피고인으로 지정한 자에게만 미치기 때문이다(법248①). 따라서 공동피고인(갑과 을)의 경우에도 한 피고인(갑)에 대한 확정판결의 효력은 다른 피고인(을)에게 영향을 미치지 않는다(2004도4751).

피고인이 타인의 성명을 모용한 경우에 판결의 기판력이 피모용자에게 미치지 않음은 물론이다. 다만 약식명령을 송달받은 피모용자가 정식재판을 청구하였다면 피모용자에게는 검사의 공소제기가 없어도 사실상 소송계속이 발생한다. 이 경우에는 피모용자 을에게 적법한 공소제기가 없었음을 밝혀주는 의미에서 법원은 공소기각판결(법327 ii)을 선고해야 한다(92도2554)(전술 182면). 이와 같이 성명모용의 경우에 피모용자나 위장출석한 피고인에 대하여 판결이 선고되어 확정된다면 그 판결의 기판력은 피고인으로 취급된 자에게 미치게 된다.

이와 관련하여 판결확정 후의 구제방법에 대해 재심(법420)에 의해야 한다는 견해와 비상상고(법441)에 의해야 한다는 견해가 대립하고 있다. 피고인으로 취급된 자의 구제 문제는 확정판결에 대해 그 사실관계의 오류를 시정하는 것이 아니라 소송조건의 흠결을 간과한 위법을 바로잡는다는 의미를 가지고 있다. 그러므로 비상상고의 방법에 의하는 것이 타당하다고 생각된다. 비상상고가 제기된 경우 원판결이 피고인으로 취급된 자에게 불이익한 때에 해당하므로 대법원은 원판결을 파기하고 피고사건에 대해 다시 판결을 해야 한다(법446 i 단서).

4. 기판력의 객관적 범위 1 - 범죄사실의 단일성

(1) 범죄사실의 단일성

기판력의 객관적 범위는 범죄사실의 단일성과 동일성을 기준으로 판단된다. 범죄사실의 단일성에 대한 설명은 공소제기 항목에서 범죄사실(공소사실)의 단일성에 대해 설명한 것과 같다(전술 184면). 범죄사실의 단일성은 죄수론과 밀접한 관계가 있다. 단순일죄와 과형상 일죄의 관계에 있는 범행들 사이에는 범죄사실의 단일성이 인정되지만, 과형상 수죄의 관계에 있는 범행들 사이에는 범죄사실의 단일성이 인정되지 않는다. 범죄사실의 단일성·동일성과 관련하여 문제되는 점을 몇 가지 살펴본다.

(2) 포괄일죄

포괄일죄는 단순일죄에 속한다. 포괄일죄의 경우에 확정판결의 기판력은 실제로 법원의 심리대상이 되지 아니한 부분행위에까지 미치는 것이 원칙이다. 심리대상이 되지 않았던 부분에 대해 법원이 심리할 가능성이 있었기 때문이다. 예컨대 상습범에 있어서 공소제기의 효력은 공소가 제기된 범죄사실과 동일성이 인정되는 범죄사실 전체에 미치며, 또한 공소제기의 효력이 미치는 시적 범위는 사실심리의 가능성이 있는 최후의 시점인 판결선고시를 기준으로 삼아 결정된다(99도3929). 그런데 이렇게 되면 기판력의 범위가 지나치게 확장되어 범죄인이 과도한 보호를 받게 될 우려가 있다. 판례는 이러한 점을 고심하여 여러 가지 형태로 기판력을 제한해 왔다.

첫째로, 중간범행에 대한 확정판결로 기판력의 범위를 제한하는 방법이 있다. 즉 포괄일죄로 묶일 수 있는 같은 종류의 범행들(A, B, C사실) 가운데 '동일성이 인정되는' 중간범행(B사실)에 대해 확정판결이 있는 경우에 그 확정판결(B사실)에 의하여 원래 포괄일죄로 묶일 수 있었던 일련의 범행(A, C사실)은 그 확정판결(B사실)의 전후로 분리된다. 법원이 B사실을 심리할 때 A사실도 판단할 가능성이 있었기 때문이다. 중간의 확정판결에 의하여 분리된 각 사건(A, C사실)은 서로 동일성이 없으므로 확정판결(B사실)의 기판력은 분리 후의 범행(C사실)에 미치지 않는다(2010도9317).

그러나 동일성이 인정되어 포괄일죄로 묶이는 개개의 범죄행위(A, C사실)가 '동일성이 없는' 다른 죄(B죄)의 확정판결 전후에 걸쳐 행하여진 때에는 그 죄(A, C사실)는 두 죄로 분리되지 않고 확정판결(B죄) 후인 최종 범죄행위(C사실) 시점에 완성된다(2015도7081). 법원이 B사실을 심리할 때 동일성이 없는 A사실을 판단할 가능성이 없었기 때문이다. 따라서 포괄일죄의 일부에 대해서만 확정판결이 있다 하더라도 그 확정판결의 효력은 포괄일죄 전체에 미친다. 그런데 중간의 확정판결에 의하여 기판력의 범위를 제한하는 접근방법은 중간범행에 대해 확정판결이 있었다는 우연한 사정에 의존하는 문제점이 있다.

둘째로, 상습사기죄(형법351, 347)의 범인이 포괄일죄의 기판력을 인정받으려면 범인이 처음부터 상습사기죄로 기소되어 확정판결을 받아야 한다(2001도3206). 이 기준에 의할 때 단순사기죄(형법347① · ②)로 기소되어 유죄판결이 확정된 범인은 상습성을 매개로 상습사기죄(형법351, 347)의 포괄일죄로 파악되는 여타의 사기범행에 대해 기판력을 주장하지 못한다.

(3) 상상적 경합범

상상적 경합관계에 있는 수 개의 죄는 과형상 일죄를 이룬다. 우리 형법상 연속범이나 견련범은 과형상 일죄를 구성하지 않는다. 상상적 경합범의 경우 그중 1죄에 대한 확정판결의 기판력은 다른 죄에 대하여도 미친다(2017도11687). 상상적 경합관계에서 1개의 행위라 함은 법적 평가를 떠나 사회관념상 행위가 사물자연의 상태로서 1개로 평가되는 것을 의미한다(2008도5634). 예컨대 수 개의 사기죄가 상상적으로 경합하는 경우에 과형상 일죄의 일부 사기죄에 대한 확정판결의 기판력은 다른 사기죄 부분에 대하여도 미치고(89도252), 배임죄와 사문서위조죄가 상상적 경합관계 있는 경우에 사문서위조죄에 대한 확정판결의 기판력은 배임죄 부분에까지 미친다(2008도5634).

5. 기판력의 객관적 범위 2 – 범죄사실의 동일성

(1) 범죄사실의 동일성 판단기준

기판력의 객관적 범위는 범죄사실의 단일성과 동일성을 기준으로 판단된다. 범죄사실의 동일성에 대한 판단기준은 앞에서 살펴본 공소장변경의 허용한계에 대한 판단기준과 같다(전술 188면). 범죄사실의 동일성에 관한 판단기준으로는 기본적 사실관계동일설, 죄질동일설, 구성요건공통설, 소인의 주요부분공통설, 범죄행위동일설 등이 제시되고 있다.

판례는 종래 순수한 형태의 기본적 사실관계동일설에 입각하여 범죄사실의 동일성 여부를 판단해 왔으나 1994년의 대법원 전원합의체판결(93도2080)을 전환점으로 규범적 요소도 기본적 사실관계동일설의 실질적 내용의 일부를 이루는 것으로 보고 있다. 이후 판례는 범죄사실(공소사실)의 동일성 여부는 (가) 사실의 동일성이 갖는 법률적 기능을 염두에 두고 (나) 피고인의 행위와 그 사회적인 사실관계를 기본으로 하되 (다) 그 규범적 요소도 고려에 넣어 판단해야 한다는 기준을 지속적으로 유지하고 있다(2010도3950).

(2) 판결확정 후의 결과발생

판결이 확정된 후 사건의 내용에 변경이 생긴 경우에 기판력의 객관적 범위가 문제된다. 예컨대 단순폭행죄의 유죄판결이 확정된 후 피해자가 사망한 경우에 폭행치사 부분에 대해 기판력이 인정될 수 있는가 하는 물음이 여기에 해당한다. 그러나 범죄사실의 단일성과 동일성은 과거에 일어난 삶의 한 단면으로서 일반인의 자연적 생활경험에 비추어 그 여부를 결정해야 한다. 그리하여 기판력은 확정판결 후에 변경된 부분에 대해서까지도 인정된다(89도1046).

6. 기판력의 시간적 범위

상습범, 영업범(2013도12937), 계속범 등과 같이 부분행위가 포괄적으로 결합하여 하나의 죄를 이루는 포괄일죄의 경우에 일련의 행위가 확정판결 이후에도 계속하여 행해지는 경우가 있다. 이때 기판력을 어느 시점의 행위에까지 인정할 것인가 하는 문제가 있다. 변론의 재개(법305)가 인정되고 있는 형사소송법의 해석에 있어서는 사실심 판결선고시를 표준으로 기판력의 범위를 결정해야 한다(2013도11649). 이 경우 판결선고 후의 포괄일죄 부분은 판결선고 전의 포괄일죄 부분과 분리하여 별개의 범죄사실을 구성하게 된다.

포괄일죄 피고사건에서 제1심판결에 불복하여 항소한 경우에 사실심 판결선고 시점은 항소심의 판결선고시를 의미한다. 상고심의 파기환송에 의하여 포괄일죄가 항소심에 다시 소송계속이 되었다면 그 판결의 기판력 범위는 사실심리가 가능한 최후 시점, 즉 환송 후 항소심의 판결선고 시점을 기준으로 결정해야 한다. 포괄일죄 관계에 있는 범행의 일부에 대하여 약식명령이 확정된 경우에는 약식명령의 송달시점이 아니라 발령시점이 기판력의 기준시점이 된다(2020도3705).

7. 기판력의 배제

확정판결의 기판력은 피고인의 보호를 꾀하고 공적 판단의 권위유지를 통한 법생활의 안정을 도모하기 위하여 인정된다. 그런데 이러한 요청만을 강조하여 실체적 진실에 반하는 판결의 효력을 고집한다면 정의의 실현이라는 형사재판의 본질적 요청에 배치될 경우가 있다. 여기에서 형사소송법은 확정판결의 기판력을 배제하기 위한 예외적 장치로서 상소권회복(법345 이하), 재심(법420 이하), 비상상고(법441 이하)의 제도를 마련하고 있다.

상소권회복은 판결의 확정 그 자체가 현저히 부당한 경우에 재판의 확정을 저지하기 위하여 마련된 구제장치이다. 상소권이 회복되면 확정판결 자체가 존재하지 않게 된다(후술 450면). 재심과 비상상고는 일단 확정판결이 존재함을 전제로 한다는 점에서 상소권회복과 구별된다. 재심은 확정된 유죄판결의 토대를 이루는 사실관계 인정에 개입된 오류를 바로 잡아 유죄의 확정판결을 받은 자의 불이익을 구제하는 장치이다(후술 497면). 이에 대하여 비상상고는 확정판결에 적용된 법령위반을 시정하여 법령해석의 통일을 기하는 제도이다(후술 508면).

제 4 편　상소와 그 밖의 절차

제1장 상 소

제1절 상소 통칙

제1 상소의 의의와 종류

1. 상소의 의의

상소란 미확정의 재판에 대하여 상급법원에 그 구제를 구하는 불복방법이다. 상소제도는 원심재판의 오류를 상급법원에 의하여 바로잡게 함으로써 법령적용의 정확성과 통일을 기하고 피고인의 불이익을 구제하기 위하여 마련된 법적 장치이다. 형사소송법은 상소의 형태로 항소(법357 이하), 상고(법371 이하), 항고(법402 이하)를 규정하고 있다.

원래 재판이 외부적으로 성립하면 불가변력이 발생하여 재판을 행한 법원은 이를 스스로 변경할 수 없는 것이 원칙이며, 예외적으로 사소한 오기나 오류에 대한 재판서의 경정(규칙25)만 가능하다. 따라서 외부적으로 성립한 재판의 내용적 오류를 바로잡기 위해서는 형사소송법이 예정하고 있는 각종의 불복방법에 의하지 않으면 안 된다. 상소는 이러한 불복방법 가운데 가장 전형적이고 중요한 것이다.

상소는 법원의 재판에 대한 불복방법이라는 점에서 검사의 불기소처분에 대한 검찰항고(검찰청법10)나 재정신청(법260), 검사 또는 사법경찰관의 구금·압수 등 처분에 대한 준항고(법417)와 구별된다. 또한 상소는 미확정의 재판에 대한 불복방법이라는 점에서 확정판결에 대한 비상구제절차인 재심(법420 이하)이나 비상상고(법441 이하)와 구별된다.

한편 상소는 상급법원에 구제를 신청하는 불복방법이라는 점에서 당해 법원이나 동급법원에 구제를 구하는 이의신청이나 정식재판청구와 구별된다. 예컨대 증거조사에 대한 이의신청(법296), 재판장의 처분에 대한 이의신청(법304), 대법원판결에 대한 정정신청(법400)은 동일한 법원에 대한 불복방법이라는 점에서, 약식명령이나 즉결심판에 대한 정식재판의 청구(법453, 즉결심판법14)는 동급법원에 대한 불복방법이라는 점에서 각각 상소에 해당하지 않는다.

재판장 또는 수명법관이 일정한 재판을 고지한 경우에 그 법관 소속의 법원에 재판의 취소 또는 변경을 청구하는 준항고(법416)도 엄밀한 의미에서 상소가 아니다. 동급법원에 제기하는 불복방법이기 때문이다. 그러나 형사소송법은 입법의 편의상 재판장 또는 수명법관의 재판에 대한 준항고(법416)와 검사 또는 사법경찰관의 처분에 대한 준항고(법417)를 상소의 일종인 항고의 장에 함께 규정하고 있다.

2. 상소의 종류

(1) 항 소

항소는 제1심판결에 대한 상소이다. 제1심법원의 판결에 대하여 불복이 있으면 (가) 지방법원 단독판사가 선고한 것은 지방법원 본원 합의부에, (나) 지방법원 합의부가 선고한 것은 고등법원에 항소할 수 있다(법357).

(2) 상 고

상고는 제2심판결에 대한 상소이다. 제2심판결에 대하여 불복이 있으면 대법원에 상고할 수 있다(법371). 상고심은 대법원으로 한정되어 있다. 상고는 (가) 지방법원 단독판사, 지방법원 본원 합의부(춘천지방법원 강릉지원 합의부 포함), 대법원의 순서로 제기하는 경우와 (나) 지방법원 합의부, 고등법원, 대법원의 순서로 제기하는 경우가 있다(법원조직법14 i).

상고는 제2심판결에 대한 불복방법이지만 예외적으로 제1심판결에 대하여도 상고가 허용되는 경우가 있다. 즉 (가) 원심판결이 인정한 사실에 대하여 법령을 적용하지 아니하였거나 법령의 적용에 착오가 있는 때, (나) 원심판결이 있은 후 형의 폐지나 변경 또는 사면이 있는 때의 두 가지 경우에는 제1심판결에 대하여 항소를 제기하지 아니하고 곧바로 상고를 할 수 있다(법372). 이를 비약적 상고 또는 비약상고라고 한다(후술 478면).

(3) 항 고

항고는 법원의 결정에 대한 상소이다. 법원의 결정에 대하여 불복이 있으면 형사소송법에 특별한 규정이 있는 경우를 제외하고는 항고를 할 수 있다(법402 본문·단서). 항고는 보통항고(법402)와 즉시항고(법405)로 나누어진다. 즉시항고는 제기기간이 7일로 제한되어 있는 항고이다(법405). 보통항고는 즉시항고 이외의 항고를 말한다(법404). 즉시항고의 경우에는 즉시항고의 제기기간 내와 즉시항고의 제기가 있을 때 재판의 집행이 정지된다(법410).

항고법원, 고등법원 또는 항소법원의 결정에 대하여는 재판에 영향을 미친 헌법, 법률, 명령 또는 규칙의 위반이 있음을 이유로 하는 때에 한하여 대법원에 즉시항고를 할 수 있다(법415, 법원조직법14 ii). 대법원에 제기하는 즉시항고를 가리켜서 재항고라고 한다.

지방법원 단독판사의 결정에 대한 항고사건은 지방법원 본원 합의부 또는 일정한 지방법원 지원합의부가 제2심으로 심판하며(법원조직법32②), 지방법원 합의부의 제1심결정에 대한 항고사건은 고등법원이 심판한다(동법28 ⅰ). 항고법원, 고등법원 또는 항소법원의 결정에 대한 재항고사건은 대법원이 종심으로 심판한다(법415, 법원조직법14ⅱ).

제2 상 소 권

1. 상소권의 의의와 발생

상소권이란 형사재판에 대하여 상소할 수 있는 소송법상의 권리를 말한다. 상소권은 재판의 선고 또는 고지에 의하여 발생한다(법343②). 그러나 상소가 허용되지 않는 재판은 선고 또는 고지가 있더라도 상소권이 발생하지 않는다. 법원의 관할 또는 판결 전의 소송절차에 관한 결정에 대해서는 특히 즉시항고를 할 수 있는 경우 외에는 항고를 하지 못한다(법403①). 피고인에게 소송비용을 부담시키는 재판도 본안의 재판에 관하여 상소하는 경우에 한하여 불복할 수 있다(법191②).

2. 상소권자

검사 또는 피고인은 상소를 할 수 있다(법338). 검사와 피고인은 소송주체로서 원심재판에 관여하였기 때문이다. 이 경우 검사는 공익의 대표자(검찰청법4①)로서 피고인의 이익을 위하여도 상소할 수 있다(92모21). 검사 또는 피고인 아닌 자로서 법원의 결정을 받은 자는 항고를 할 수 있다(법339). 여기에 해당하는 예로는 과태료나 감치의 결정을 받은 증인(법151① · ② · ⑧, 161① · ②) 또는 과태료의 결정을 받은 감정인(법177, 151, 161) 등을 들 수 있다.

피고인의 법정대리인은 피고인을 위하여 상소할 수 있다(법340). 또한 (가) 피고인의 배우자, 직계친족, 형제자매, (나) 원심의 대리인(법276 단서, 277 2문), (다) 원심의 변호인은 피고인을 위하여 상소할 수 있다(법341①). 피고인의 법정대리인은 피고인의 명시한 의사에 반하여도 상소할 수 있음에 반하여(법340), 그 밖의 상소권자는 피고인의 명시한 의사에 반하여 상소하지 못한다(법341②).

3. 상소제기기간

상소권은 상소제기기간 내에 행사되어야 한다. 상소제기기간이 경과하면 상소권은 소멸한다. 상소의 제기기간은 재판을 선고 또는 고지한 날로부터 진행된다(법343②). 판결은 재판장이 공판정에서 선고한다(법42, 43). 판결의 경우에는 판결등본이 당사자에게 송달되는 여부에 관계없이 공판정에서 판결이 선고된 날로부터 상소기간이 기산된다. 이는 피고인이 불출석한 상태에서 재판을 하는 경우에도 마찬가지이다(2002모6). 판결 이외의 재판은 고지한다. 고지는 공판정에서 하거나 재판서등본의 송달 또는 다른 적당한 방법으로 한다(법42 본문). 공판정에서 재판이 고지된 경우에는 재판이 고지된 날로부터 상소기간이 기산된다. 공판정 외에서 재판서등본이 송달된 경우에는 송달된 날부터 상소기간이 기산된다.

상소제기기간은 항소(법358), 상고(법374) 및 즉시항고(법405)의 경우에는 7일이다. 보통항고의 경우에는 항고기간에 제한이 없지만(법404 본문), 원심결정을 취소해도 실익이 없게 된 때에 상소권이 소멸한다(동조 단서 참조). 상소제기기간은 일(日) 단위로 계산하므로 재판이 선고·고지된 초일을 산입하지 않고 익일부터 계산해야 한다(법66① 본문 후단). 상소제기기간의 말일이 공휴일 또는 토요일에 해당하는 날은 상소제기기간에 산입하지 않는다(법66③ 본문). 상소제기기간을 산정함에 있어서 법정기간의 연장에 관한 형소법 제67조에 주목할 필요가 있다. 법정기간은 소송행위를 할 자의 주거 또는 사무소의 소재지와 법원 또는 검찰청 소재지와의 거리 및 교통통신의 불편 정도에 따라 대법원규칙으로 이를 연장할 수 있기 때문이다(법67).

교도소 또는 구치소에 있는 피고인이 상소 제기기간 내에 상소장을 교도소장·구치소장 또는 그 직무를 대리하는 자에게 제출한 때에는 상소 제기기간 내에 상소한 것으로 간주된다(법344①). 이 경우에 피고인이 상소장을 작성할 수 없는 때에는 교도소장 또는 구치소장은 소속공무원으로 하여금 대서하게 하여야 한다(동조②). 이러한 특례를 가리켜서 재소자 특칙이라고 한다.

4. 상소의 포기

상소포기는 상소취하와 함께 상소권을 소멸시키는 주요한 사유이다. 상소권의 소멸사유로는 그 밖에 상소제기기간의 도과, 피고인의 사망 등을 생각할 수 있다. 상소포기는 상소권자가 상소제기기간 내에 원심법원에 대하여 상소권행사를 포기한다는 의사를 표시하는 소송행위이다(법353 본문). 상소포기는 상소제기기간 경과 전에 재판을 확정시킬 수 있고 이를 통하여 형집행 시기를 앞당길 수 있다는 장점이 있다(99모40).

검사나 피고인 또는 항고권자(법339)는 상소포기를 할 수 있다(법349 본문). 그러나 피고인 또는 기타 상소권자(법341)는 사형, 무기징역이나 무기금고가 선고된 판결에 대하여는 상소포기를 할 수 없다(법349 단서). 법정대리인이 있는 피고인이 상소포기를 할 때에는 법정대리인의 동의를 얻어야 한다(법350 본문). 다만, 법정대리인의 사망 기타 사유로 인하여 그 동의를 얻을 수 없는 때에는 예외로 한다(동조 단서).

상소포기는 상소제기기간 내이면 언제든지 할 수 있다. 상소포기는 원심법원에 해야 한다(법353 본문). 상소포기는 서면으로 해야 한다. 다만 공판정에서는 구술로 할 수 있다(법352① 본문·단서). 구술로 상소의 포기를 한 경우에는 그 사유를 조서에 기재하여야 한다(동조②). 상소포기가 있는 때에는 법원은 지체 없이 상대방에게 그 사유를 통지해야 한다(법356). 상소포기에는 재소자 특칙이 적용된다(법355).

상소포기가 있으면 상소권이 소멸한다. 따라서 상소를 포기한 자 또는 상소포기에 동의한 자는 그 사건에 대하여 다시 상소하지 못한다(법354)(99모40). 원심변호인은 상소권이 있다(법341①). 그런데 원심변호인의 상소권은 대리권에 불과하므로 피고인이 상소권을 포기한 경우에는 원심변호인의 상소권도 소멸한다. 따라서 피고인이 상소권을 포기한 후에는 원심변호인은 상소할 수 없다(98도253).

5. 상소의 취하

상소취하는 일단 제기한 상소를 철회하는 소송행위이다. 상소취하는 상소법원에 대한 소송행위이다(법353 본문). 단, 소송기록이 상소법원에 송부되지 아니한 때에는 상소의 취하를 원심법원에 제출할 수 있다(동조 단서). 상소포기가 상소제기 이전의 소송행위임에 대하여 상소취하는 상소제기 이후의 소송행위이다.

상소취하권자의 범위는 검사, 피고인, 항고권자로서 기본적으로 상소포기권자와 같다(법349). 상소심 변호인은 피고인의 동의를 얻어 상소를 취하할 수 있다(법351). 피고인은 공판정에서 구술로 상소취하를 할 수 있다(법352① 단서). 변호인의 상소취하에 대한 피고인의 동의도 공판정에서는 구술로 할 수 있다. 상소를 취하하거나 상소취하에 동의한 자는 다시 상소를 하지 못하는 제한을 받게 되므로(법354) 변호인의 상소취하에 대한 피고인의 구술 동의는 명시적으로 이루어져야 한다(2015도7821).

상소취하는 상소심의 종국재판이 있기 전까지 가능하다. 상소취하는 상소법원에 해야 한다(법353 본문). 다만 소송기록이 아직 상소법원에 송부되지 아니한 때에는 상소취하를 원심법원에 할 수 있다(동조 단서). 상소취하는 서면으로 해야 하지만(법352① 본문), 공판정에서는 구술로 할 수도 있다(동항 단서). 구술로 상소취하를 한 경우에는 그 사유를 조서에 기재해야 한다(동조②). 상소취하가 있는 때에는 법원은 지체 없이 상대방에게 그 사유를 통지해야 한다(법356). 상소취하에는 재소자 특칙이 적용된다(법355).

상소취하가 있으면 상소권이 소멸한다. 따라서 상소를 취하한 자 또는 상소취하에 동의한 자는 그 사건에 대하여 다시 상소하지 못한다(법354).

6. 상소권회복

(1) 상소권회복의 의의

상소권회복이란 상소제기기간의 경과로 소멸된 상소권을 법원의 결정에 의하여 회복시키는 것을 말한다. 상소권자가 책임질 수 없는 사유로 상소제기기간이 경과한 경우에 구체적 타당성의 관점에서 재판의 확정을 저지하고 상소권자에게 상소의 기회를 주기 위하여 마련된 장치가 상소권회복제도이다. 상소권회복은 상소권자가 자신 또는 그 대리인이 책임질 수 없는 사유로 상소 제기기간 내에 상소를 하지 못한 경우에 허용된다(법345). 재판에 대하여 적법하게 상소를 제기한 자는 다시 상소권회복을 청구할 수 없다(2023모350).

'상소권자 또는 그 대리인이 책임질 수 없는 사유'라 함은 상소권자 본인 또는 그 대리인에게 귀책사유가 없음을 말한다. 이 경우 귀책사유가 없다 함은 상소불능의 사유가 상소권자 또는 그 대리인의 고의·과실에 기하지 아니한 것을 의미한다. 상소권회복청구사유는 상소권자 또는 그 대리인에게 귀책사유가 전혀 없는 경우는 물론, 본인 또는 대리인의 귀책사유가 있더라도 그 사유와 상소제기기간의 도과라는 결과 사이에 다른 독립한 원인이 개입된 경우에도 인정된다(2005모507).

(2) 상소권회복청구절차

상소권 있는 자(법338 내지 341)는 상소권회복청구를 할 수 있다(법345). 상소권회복을 청구할 때에는 형소법 제345조의 사유가 해소된 날로부터 상소 제기기간에 해당하는 기간 내에 서면으로 원심법원에 제출해야 한다(법346①). 상소권회복을 청구할 때에는 형소법 제345조의 책임질 수 없는 사유를 소명하여야 한다(동조②). 상소권회복을 청구한 자는 상소권회복청구와 동시에 상소를 제기하여야 한다(동조③). 상소권회복청구 및 상소제기가 있는 때에는 법원은 지체 없이 상대방에게 그 사유를 통지해야 한다(법356). 상소권회복청구에는 재소자 특칙이 적용된다(법355).

상소권회복청구를 받은 법원(원심법원)은 청구의 허부에 관한 결정을 해야 한다(법347①). 상소권회복청구를 받은 법원은 그 결정을 할 때까지 재판의 집행을 정지하는 결정을 할 수 있다(법348①). 재판의 집행정지결정을 한 경우에 피고인의 구금을 요하는 때로서 구속사유(법70)의 요건이 구비된 때에는 구속영장을 발부하여야 한다(법348② 본문·단서). 상소권회복청구에 대한 법원의 허부 결정에 대하여는 즉시항고를 할 수 있다(법347②). 상소권회복청구를 인용하는 결정이 확정된 때에는 상소권회복청구(법346①)와 동시에 행한 상소제기(동조③)가 적법·유효하게 되며, 일단 발생하였던 재판의 확정력이 배제된다.

(3) 상소권회복청구의 가능시점

상소권회복청구(법346①) 및 그와 동시에 제기하는 상소(동조③)는 상소심판결이 선고되기 전에 이루어져야 한다. 예컨대 피고인의 항소권회복청구 및 항소제기는 검사의 항소에 의하여 진행된 항소심 판결선고 전까지 하여야 한다. 항소심판결이 선고되면 항소법원은 원칙적으로 다시 항소심 소송절차를 진행하여 판결을 선고할 수 없다. 그 결과 제1심판결에 대한 항소권은 소멸한다. 항소심 판결선고 후에 이루어지는 제1심판결에 대한 항소권회복청구와 항소는 적법하지 않다(2016모2874).

제3 상소제기의 방식과 효력

1. 상소제기의 방식

상소제기는 상소제기 기간 내에 서면으로 해야 한다(법343①). 상소장은 원심법원에 제출해야 한다(법359, 375, 406). 상소장을 상소법원이 아닌 원심법원에 제출하도록 한 것은 재판의 확정 여부를 신속하게 알 수 있도록 하기 위함이다. 항소(법358), 상고(법374)의 및 즉시항고(법405)의 제기기간은 7일이다. 보통항고는 항고의 실익이 있는 한 언제든지 할 수 있다(법404 본문·단서). 교도소 또는 구치소에 있는 피고인이 상소제기기간 내에 상소장을 교도소장이나 구치소장 또는 그 직무를 대리하는 자에게 제출한 때에는 상소제기기간 내에 상소한 것으로 간주한다(법344①).

상소제기를 할 때에는 법률상의 방식과 상소제기기간을 준수하여야 한다. 상소제기가 법률상의 방식에 위반하거나 상소권 소멸 후인 것이 명백한 경우에는 원심법원이 상소기각결정을 하거나(법360①, 376①, 407①) 소송기록과 증거물이 상소법원에 송부된 후에는 상소법원이 상소기각결정을 한다(법362①, 381, 413).

2. 상소제기의 효력

(1) 정지의 효력

상소장의 제출이 있게 되면 그 때로부터 상소제기의 효력이 발생한다. 상소제기의 효력에는 정지의 효력과 이심(移審)의 효력 두 가지가 있다.

상소제기에 의하여 원심재판의 확정과 집행이 정지된다. 이를 정지의 효력이라고 한다.

재판확정에 대한 정지의 효력은 항소, 상고, 항고를 가리지 않고 언제나 발생하지만 집행정지의 효력에는 예외가 인정된다. 우선, 항고는 즉시항고(법409 본문)를 제외하고는 재판의 집행을 정지하는 효력이 없다(법409 본문). 다만 원심법원 또는 항고법원은 결정으로 항고에 대한 결정이 있을 때까지 재판의 집행을 정지할 수 있다(동조 단서).

다음으로, 무죄, 면소, 형의 면제, 형의 선고유예, 형의 집행유예, 공소기각 또는 벌금이나 과료를 과하는 판결이 선고된 때에는 구속영장은 효력을 잃는데(법331), 그 효력은 그 재판에 불복하는 상소제기에 의하여 영향을 받지 않는다. 한편, 법원은 벌금, 과료 또는 추징의 선고를 하는 경우에 판결의 확정 후에는 집행할 수 없거나 집행하기 곤란한 염려가 있다고 인정한 때에는 직권 또는 검사의 청구에 의하여 피고인에게 벌금, 과료 또는 추징에 상당한 금액의 가납을 명할 수 있다(법334①). 가납 재판은 상소제기 여부에 관계없이 이를 즉시로 집행할 수 있다(동조③).

(2) 이심의 효력

상소제기가 있으면 피고사건에 대한 소송계속은 원심법원으로부터 상소심으로 옮아가게 된다. 상소제기의 이러한 효력을 가리켜 이심의 효력이라고 한다. 상소는 상소법원에 의한 구제적 재판을 목적으로 하는 제도이므로 이심(移審)의 효력은 상소제기의 본질적 효과에 속한다.

상소제기에 의한 이심의 효력이 구체적으로 어느 시점에 발생하는지 문제된다. 이에 대해서는 원심법원이 판결을 선고하는 시점에 원심의 소송계속이 종결함과 동시에 상소법원에 소송계속이 이전된다고 보는 원심판결기준설, 상소를 제기하는 시점에 소송계속이 이전한다고 보는 상소제기기준설, 원심의 소송기록이 상소법원에 송부되는 시점에 소송계속이 이전한다고 보는 소송기록송부기준설이 각각 제시되고 있다. 판례는 상소제기기준설을 취하고 있다(85모12). 상소제기와 이심의 효력에 관한 논의는 특히 피고인의 신체구속과 관련하여 구체적 실익이 나타난다(전술 292면).

제4 상소이익

1. 상소이익의 의의

상소는 원심재판에 대하여 불복이 있을 때 제기할 수 있다(법357, 371, 402). 불복은 재판의 주문에 관한 것이어야 하고 단순히 재판의 이유만을 다투기 위하여 상소하는 것은 허용되지 않는다(2021도2299) 상소에 의하여 원심재판에 대한 불복을 제거함으로써 얻게 되는 법률상태의 개선이나 변화를 상소이익이라고 한다. 상소이익이 없음에도 불구하고 제기된 상소는 상소기각재판의 대상이 된다. 상소이익은 상소이유와 구별되는 개념이다. 상소이익은 상소에 의하여 제거할 불만이 존재하는가를 따지는 문제이다. 이에 반하여 상소이유는 원심재판의 사실인정, 법령적용, 양형 등에 있어서 구체적인 오류가 개입하고 있는가를 따지는 문제이다.

상소이익은 검사, 피고인 그리고 그 밖의 상소권자가 위치한 입장에 따라서 의미내용과 판단기준이 달라진다.

2. 검사의 상소이익

검사는 공익의 대표자로서 법원에 대한 법령의 정당한 적용을 청구할 직무와 권한을 가진다(검찰청법4① iii). 이때 검사는 단순히 법령의 정당한 적용을 청구할 뿐만 아니라 그 법령의 적용대상이 되는 사실관계의 정확한 규명을 청구할 수 있다. 이와 같은 검사의 직무와 권한에 비추어 볼 때 검사는 원심판결이 피고인에게 유리한 것인가 불리한 것인가를 가리지 않고 원심재판에 오류가 개입하였다고 판단되면 상소를 제기할 이익을 갖는다. 이에 따라 검사는 피고인에게 불리한 원심재판의 경우에도 오류가 개입했다고 판단할 경우 그 재판에 불복하여 상소할 수 있는 상소이익을 가진다. 형사소송법은 이 점에 대한 명문의 규정을 두고 있지 않으나 판례는 피고인의 이익을 위한 검사의 상소제기를 인정하고 있다(2021도2299).

3. 피고인의 상소이익

피고인을 위한 상소는 하급심법원의 재판에 대한 불복으로서 피고인에게 불이익한 재판을 시정하여 이익된 재판을 청구함을 그 본질로 하는 것이다. 그러므로 하급심법원의 재판이 피고인에게 불이익하지 아니하면 이에 대하여 피고인은 상소권을 가질 수 없다(2005도4866). 피고인은 유리한 원심재판을 불리한 내용으로 변경할 것을 구하여 상소할 수는 없다. 이 경우에는 피고인에게 상소이익이 없기 때문이다.

형 선고의 유죄판결(법321)은 피고인에게 가장 불리한 재판이다. 그러므로 피고인이 무죄를 주장하거나 경한 형벌의 선고를 구하여 상소하는 경우에 상소이익은 당연히 인정된다. 그러나 형 선고 판결에 대해 상소를 구하는 취지가 보다 무거운 형의 선고를 요구하는 데에 있는 경우(2016도8347)에는 피고인에게 상소이익을 인정할 수 없다.

형면제의 판결(법322) 및 형의 선고유예 판결(법322)은 유죄판결의 일종이다. 따라서 피고인이 이들 재판에 대하여 무죄를 주장하여 상소를 제기하는 경우에 상소이익이 인정됨은 물론이다. 피고인이 벌금형을 선고한 원심판결에 대해 징역형의 집행유예를 구하여 상소하는 것은 허용되지 않는다(2004헌가27). 그러나 피고인이 벌금형을 선고한 원심판결에 대해 500만원 이하의 벌금형의 집행유예(형법62①)를 구하여 상소하는 것은 허용된다.

무죄판결은 피고인에게 가장 유리한 재판이므로 원심의 무죄판결에 대해 피고인이 상소를 제기할 이익은 인정되지 않는다(2022도364). 따라서 피고인이 무죄판결에 대하여 유죄판결을 구하는 것은 물론 면소판결, 관할위반의 판결, 공소기각의 판결이나 공소기각의 결정 등을 구하여 상소하는 것은 허용되지 않는다.

면소판결, 관할위반의 판결, 공소기각의 판결, 공소기각의 결정 등 형식재판이 선고된 경우에 피고인이 무죄를 구하여 상소할 수 있는지 문제된다. 판례는 공소기각판결에 대해 무죄판결을 구하는 상소에 대하여 상소이익이 없다는 이유로(2007도6793), 면소판결에 대해 무죄판결을 구하는 상소에 대해 실체판결청구권이 없다는 이유로(84도2106) 각각 피고인에게 무죄를 구하는 상소를 허용하지 않고 있다.

검사의 항소를 기각한 항소심판결은 피고인에게 불이익한 판결이 아니어서 상고의 이익이 없으므로 피고인에게 상고권이 인정되지 않는다(2005도4866). 면소판결에 대하여 무죄판결인 실체판결이 선고되어야 한다고 주장하면서 상고할 수 없는 것이 원칙이다. 그렇지만 위헌법령의 경우에는 면소를 할 수 없고 피고인에게 무죄의 선고를 해야 한다. 이러한 경우에는 면소를 선고한 판결에 대하여 예외적으로 상소가 가능하다(2010도5986).

제 5 일부상소

1. 일부상소의 의의

(1) 허용되는 일부상소

상소는 재판의 일부에 대하여 할 수 있다(법342①). 이때 재판의 일부에 대한 상소를 일부상소라고 한다. 일부상소는 재판의 객관적 범위의 일부에 대한 상소를 말한다. 공동피고인 중 일부가 상소하는 경우와 같이 주관적 견련관계(법11 ii, iii, iv)에 있는 사람들 가운데 일부 사람만 상소하는 것은 일부상소에 해당하지 않는다. 일부상소는 잔여부분에 대한 재판의 확정을 촉진하여 법적 안정성을 꾀하고 상소법원의 심판범위를 축소함으로써 심리의 신속·정확과 소송경제를 도모하기 위하여 허용된다.

(2) 허용되지 않는 일부상소

허용되는 일부상소는 과형상 수죄를 전제로 하고 있다. 소송법적으로 하나인 피고사건에 대하여 그 일부분만 분리하여 상소하는 것은 허용되지 않는다. 단순일죄 또는 과형상 일죄 등이 상소에서 불가분으로 취급되는 것을 가리켜 상소불가분의 원칙이라고 한다. 그런데 형사소송법은 일부에 대한 상소는 그 일부와 '불가분의 관계'에 있는 부분에 대하여도 효력이 미친다고 규정하여(법342②) 과형상 일죄의 범위를 넘어서는 일부 영역에 대해서도 상소불가분의 원칙을 확장하고 있다.

상소불가분의 원칙이 적용되는 일부상소는 (가) 피고사건의 주위적 주문과 불가분적 관계에 있는 주문에 대한 것, (나) 일죄의 일부에 대한 것, (다) 경합범에 대하여 1개의 형이 선고된 경우에 경합범의 일부 죄에 대한 것 등으로 나누어 볼 수 있다(2008도5596). 아래에서는 일부상소의 허용 여부가 문제되는 경우를 몇 가지 살펴본다.

2. 일부상소의 허용 여부

(1) 일죄의 일부상소

수 개의 범죄사실이 단순일죄(89도478), 포괄일죄(2004도5014), 과형상 일죄(89도252)를 이루어서 소송법적으로 하나의 사건으로 취급되는 경우에는 일부에 대한 상소가 허용되지 않는다. 상소불가분의 원칙에 따라 일죄의 일부에 대한 상소는 그 일부와 불가분의 관계에 있는 부분에 대하여도 효력이 미치기 때문이다(법342②). 예컨대 과형상 일죄의 일부에 대해 무죄판결이 선고된 경우에 검사만 상소하였다 하더라도 그 상소의 효력은 유죄부분을 포함하여 과형상 일죄의 전부에 미친다(2004도7488). 주위적·예비적 공소사실의 일부에 대한 상소제기의 효력은 나머지 공소사실 부분에 대하여도 미친다(2006도1146).

뇌물이나 마약류 등의 경우에 몰수·추징이 필수적으로 부과된다(형법134 참조). 필요적 몰수·추징은 범죄행위로 인한 이득의 박탈을 목적으로 하는 것이 아니라 징벌적인 성질을 가지는 처분으로 부가형(형법49)으로서의 성격을 띠고 있다. 그러므로 필요적 몰수·추징은 (가) 피고사건 본안에 관한 판단에 따른 주형 등에 부가하여 한 번에 선고되고, (나) 본안에 관한 주형과 일체를 이루어 동시에 확정되어야 하며, (다) 본안에 관한 주형 등과 분리되어 이심되어서는 안 되는 것이 원칙이다. 필요적 몰수·추징 사건의 주위적 주문과 몰수·추징에 관한 주문은 상호 불가분적 관계에 있어 상소불가분의 원칙이 적용된다(2008도5596).

(2) 1개 주문의 동시적 경합범과 일부상소

법원이 판결이 확정되지 아니한 수 개의 범죄사실에 대해 판결을 선고하는 경우가 있다. 이 경우를 가리켜서 동시적 경합범이라고 한다. 형법 제37조 전단의 경합범이 여기에 해당한다. 동시적 경합범의 사안에서 형이 하나의 주문으로 선고되는 경우가 있다(형법38① ⅰ·ⅱ). 이러한 경우에는 과형상 수 개의 죄가 존재하지만 주문이 하나이므로 이들 수 개의 죄 사이에 형소법 제342조 제2항이 규정한 '불가분의 관계'를 인정할 필요가 있다. 그 결과 하나의 형이 선고된 과형상 수죄는 소송상 일체로 취급되어 일부 범죄사실에 대한 상소의 효력이 다른 범죄사실에 대해서도 미치며, 일부 범죄사실에 관하여 원심판단에 위법이 있다면 다른 범죄사실 부분까지 함께 파기된다(2008도11921).

경합범의 관계에 있는 범죄사실 전부에 대하여 원심법원이 무죄를 인정하고 이를 하나의 주문으로 기재하는 경우가 있다. 그러나 이 경우 무죄의 주문은 과형상 수죄의 관계에 있는 각각의 범죄사실 별로 행해진 것이므로 경합범 범죄사실들 사이에 '불가분의 관계'를 인정할 수 없다. 그리하여 검사가 일부 범죄사실만을 한정하여 상소하는 것은 허용된다.

(3) 수 개 주문의 동시적 경합범과 일부상소

경합범은 소송법상 수죄를 이룬다. 동시적 경합범에 있어서 각 범죄사실 별로 다른 주문이 선고된 경우에는 상소불가분의 원칙이 적용되지 않는다. 이러한 경우에는 일부 주문이 선고된 부분에 한정하여 상소를 제기하는 것이 허용된다(법342①). 여기에 해당하는 사례로서는 원심법원이 동시적 경합범 관계에 있는 수 개의 범죄사실에 대하여, (가) 일부에 대해서는 유죄를, 다른 부분에 대해서는 무죄, 면소, 관할위반판결, 공소기각판결, 공소기각결정 등을 선고한 경우, (나) 일부에 대해서는 형의 선고를, 다른 부분에 대해서는 형의 면제나 형의 선고유예를 한 경우, (다) 일부에 대해서는 징역형을, 다른 부분에 대해서는 벌금형을 선고하는 등 형이 병과된 경우(2008도11921)를 들 수 있다.

그런데 수 개의 주문이 선고된 동시적 경합범 사안임에도 불구하고 상소불가분의 원칙을 확대적용하려는 시도가 있다. 예컨대 일부 유죄, 일부 무죄의 주문이 선고된 동시적 경합범 사안에서 원심법원이 심리를 올바르게 하였더라면 전부 유죄가 되어 형법 제38조 제1항의 동시적 경합범 처벌례에 따라 하나의 주문이 선고될 수 있었던 경우가 있다. 이와 같은 경우에 무죄 부분에 대한 일부상소에 대해 예외적으로 동시적 경합범 전체에 대해 상소불가분의 원칙을 확대적용할 수 있을 것인지 문제된다. 이에 대해서는 전부파기설과 일부파기설이 대립하고 있다.

전부파기설은 하나의 주문이 선고될 가능성이 있는 일부상소에 대해 상소불가분원칙의 확대적용을 긍정하는 견해이다. 이 입장에 따르면 유죄 주문과 무죄 주문이 각각 있는 동시적 경합범 사안이라도 일부상소에 의하여 경합범 사안 전부가 상소심으로 이심되고, 상소심법원은 경합범 사안 전부를 파기해야 한다고 본다. 일부파기설은 원심에서 하나의 주문이 선고될 수 있었다는 가능성만 가지고 수 개 주문의 동시적 경합범 사안에 대해 상소불가분원칙을 확대적용하는 것에 반대하는 견해이다. 이 입장에 따르면 수 개 주문의 동시적 경합범 사안에서 일부상소가 있으면 상소된 부분만 상소심으로 이심되고, 상소심법원은 이심된 일부상소 부분에 대해서만 파기해야 한다고 본다. 판례는 일부파기설의 입장을 취하고 있다(2010도10985).

3. 일부상소의 방식과 효력

상소불가분의 원칙(법342②)이 적용되지 않는 경우에는 일부상소(법342①)가 허용된다. 일부상소를 함에는 상소장에 일부상소를 한다는 취지를 명시하고 불복 부분을 특정해야 한다. 상소장에 불복 부분을 특정하지 않고 이유에서 일부상소의 취지로 상소한 경우는 재판의 전부에 대해 상소한 것으로 취급된다(2014도342).

적법한 일부상소(법342①)가 있으면 상소제기된 부분만 상소심에 소송계속이 이전하고 상소 없는 부분에 대해서는 재판이 확정된다. 따라서 상소심법원은 일부상소된 부분만 심판할 수 있고 확정된 부분에 대하여는 심판하지 못한다(80도814). 상소심의 파기환송에 의하여 피고사건을 환송받은 법원도 일부상소된 부분에 대해서만 심판해야 하고 확정된 부분에 대해서는 판단할 수 없다.

제 6 불이익변경금지의 원칙

1. 불이익변경금지원칙의 의의와 근거

불이익변경금지의 원칙이란 피고인이 상소한 사건이나 피고인을 위하여 상소한 사건에 관하여 상소심이 원심판결의 형보다 무거운 형을 선고하지 못한다는 원칙을 말한다. 위치추적 전자장치 부착명령과 같은 보안처분을 불리하게 변경하는 것은 형의 변경이 아니므로 불이익변경금지원칙에 저촉되지 않는다(2010도16939).

불이익변경금지의 원칙은 피고인에게 불이익한 일체의 변경을 금지하는 원칙이 아니라 원심판결의 형보다 무거운 형을 선고할 수 없도록 하는 원칙이다. 이 점에서 중형변경금지의 원칙이라고 부르는 것이 보다 정확하다고 할 수 있다. 이처럼 불이익변경금지의 원칙은 형의 선고와 관련이 있기 때문에 항소심과 관련된 부분에 해당 조문이 위치하고 있다(법368). 상고심은 법률심이므로 형의 선고와 직접 관련이 없다. 그리하여 상고심과 관련된 부분에는 불이익변경금지에 관한 독자적 조문이 없다. 그러나 대법원이 예외적으로 파기자판(법396①)을 하여 형을 선고하는 경우에는 불이익변경금지의 원칙(법368)을 따라야 한다(법396②).

2. 불이익변경금지원칙의 적용범위

(1) 불이익변경금지원칙의 적용대상

불이익변경금지의 원칙(법368)은 (가) 피고인만이 상소한 사건과 (나) 피고인을 위하여 상소한 사건에 대하여는 원심판결의 형보다 무거운 형을 선고하지 못한다는 내용을 갖는다. 그러나 (다) 검사가 상소한 사건과 (라) 피고인과 검사 쌍방이 상소한 사건에 대하여는 이 원칙이 적용되지 않는다(2017도14322). 피고인과 검사 쌍방이 상소하였으나 검사가 상소부분에 대한 상소이유서를 제출하지 아니하여 결정으로 상소를 기각해야 하는 경우(98도2111), 또는 상소심이 양형이 지나치게 가볍다는 검사의 상소를 이유 없다고 배척하여 상소를 기각하는 경우(74도1785)에는 실질적으로 피고인만 상소한 경우와 같게 되므로 불이익변경금지원칙이 적용된다.

불이익변경금지의 원칙은 '원심판결의 형보다 중한 형'으로의 변경만을 금지하고 있을 뿐이다. 상소심은 원심법원이 형을 정함에 있어서 전제로 삼았던 사정이나 견해에 반드시 구속되지는 않는다. 피고인만이 상소한 사건에서 상소심이 원심법원이 인정한 범죄사실의 일부를 무죄로 인정하면서도 피고인에 대하여 원심법원과 동일한 형을 선고하였다고 하여 그것이 불이익변경금지 원칙을 위반하였다고 볼 수 없다(2021도1282).

불이익변경금지의 원칙은 피고인을 위하여 상소한 사건에 대하여도 적용된다(법368). '피고인을 위하여 상소한 사건'이란 고유의 상소권자(법338)가 아닌 자, 즉 피고인의 법정대리인(법340), 피고인의 배우자, 직계친족, 형제자매 또는 원심의 대리인이나 원심의 변호인 등(법341) 형사소송법에 의하여 상소권이 인정된 자가 상소를 제기한 사건을 말한다. 검사가 피고인의 이익을 위하여 상소한 경우에는 이를 피고인을 위하여 상소한 사건으로 보아 불이익변경금지원칙을 적용해야 한다.

(2) 불이익변경금지원칙의 적용배제

불이익변경금지의 원칙은 피고인의 상소권행사를 보장하기 위하여 마련된 법적 장치이므로 그 적용대상은 원칙적으로 상소사건에 한정된다(법368, 396②). 소송비용은 형벌이 아니므로 소송비용부담의 재판에 대한 상소에는 불이익변경금지의 원칙이 적용되지 않는다(2001도872). 재심사건은 상소사건이 아니지만 별도로 불이익변경금지원칙이 적용된다(법439). 이는 확정판결의 오류로부터 피고인의 이익을 보호하려는 이익재심(법420, 421①)의 본질에서 나오는 것으로서 상소사건에 적용되는 불이익변경금지의 원칙(법368)을 넘어서는 의미를 갖는다(2012도2938)(후술 506면).

　불이익변경금지원칙은 상소사건을 그 대상으로 하므로 약식명령에 대한 정식재판청구(법453)가 있은 후 통상의 공판절차에 의하여 심판이 행해지는 경우에는 이론상 이 원칙이 적용되지 않아야 할 것이다. 원래 정식재판은 약식명령을 실효시킨 후 새로이 진행되는 제1심 공판절차를 의미하기 때문이다. 그런데 형소법 제457조의2는 "피고인이 정식재판을 청구한 사건에 대하여는 약식명령의 형보다 중한 종류의 형을 선고하지 못한다."고 규정하여 형종 상향금지원칙을 천명하고 있다. 약식명령에 대한 정식재판청구권 행사를 보장하면서 동시에 남상소의 폐단을 방지하기 위하여 마련된 장치이다. 형종 상향금지원칙은 넓은 의미에서 불이익변경금지원칙에 속한다(후술 516면).

(3) 환송·이송 후의 사건

　상소심법원이 피고인의 상소를 이유 있는 것으로 받아들여 원심판결을 파기하고 피고사건을 원심법원에 환송(법366, 393, 395)하거나 또는 그와 동등한 다른 법원에 이송(법367, 394)할 경우에 환송받은 법원 또는 이송받은 법원이 원심법원의 판결보다 더 무거운 형을 선고하는 것은 피고인의 상소권을 보장하려는 불이익변경금지원칙의 취지에 반한다. 따라서 상소심의 파기자판(법364①, 396①) 자체는 물론 환송이나 이송을 받은 법원의 판단에도 불이익변경금지원칙이 적용된다(2021도1282).

3. 불이익변경금지원칙의 내용

(1) 중형 변경의 금지

　불이익변경금지원칙에 의하여 금지되는 것은 원심판결의 형보다 무거운 형을 선고하는 것이다. 따라서 새로이 선고하는 형이 무겁게 변경되지 않는 한 사실인정, 법령적용, 죄명선택 등 판결내용이 원심재판보다 중하게 변경되었다 할지라도 불이익변경금지의 원칙에 반하지 않는다. 형의 선고와 동시에 선고되는 형의 집행유예(법321②), 노역장 유치기간(동항) 등을 불이익하게 변경하는 것은 형 선고의 불이익변경과 마찬가지로 금지된다. 같은 이유에서 추징(형법48②)도 불이익변경이 금지된다(2006도4888).

항소심이 제1심판결에서 정한 형과 동일한 형을 선고하면서 새로 수강명령 또는 이수명령을 병과하는 것은 전체적·실질적으로 볼 때 피고인에게 불이익하게 변경한 것이므로 허용되지 않는다(2016도15961). 항소심이 제1심판결에서 정한 형과 동일한 형을 선고하면서 제1심에서 정한 취업제한기간보다 더 긴 취업제한명령을 부과하는 것은 전체적·실질적으로 피고인에게 불리하게 변경한 것이므로, 피고인만이 항소한 경우에는 허용되지 않는다(2019도11540).

(2) 불이익변경의 판정기준

형의 선고가 불이익하게 변경되었는가 아닌가를 판단하는 기준에 대하여 형사소송법은 명문의 규정을 두고 있지 않다. 불이익변경 여부의 판단기준에 대해서는 형식설과 실질설이 제시되고 있다. 형식설은 전후 판결의 두 주문을 놓고 형의 종류(형법41) 및 형의 경중(형법50)에 관한 형법의 규정을 기준으로 불이익 여부를 판단하려는 입장이다. 이에 대하여 실질설은 원심판결과 상소심 판결의 두 주문을 전체적·종합적으로 고찰하여 어느 형이 실질적으로 피고인에게 불이익한가를 판단하려는 입장이다. 판례는 실질설의 입장을 취하고 있다(2018도13367). 실질적 불이익의 발생 여부는 형에 관하여 비교 판단되어야 한다. 그 형이 선고됨으로 말미암아 다른 법규에 의해 초래될 수 있는 법적·경제적 불이익은 고려의 대상이 되지 않는다(99도3776).

제1심이 선고한 '징역 1년 6개월'의 형과 항소심이 선고한 '징역 1년 6개월에 집행유예 3년 및 벌금 5천만' 형을 비교해 본다. '징역 1년 6개월'의 형과 '징역 1년 6개월에 집행유예 3년의 형만을 놓고 본다면 제1심판결보다 항소심판결이 가볍다고 할 수 있다. 그러나 항소심이 제1심에서 선고되지 아니한 벌금을 병과하였다면 집행유예의 실효나 취소가능성, 벌금 미납 시의 노역장 유치 가능성 및 그 기간 등을 전체적·실질적으로 고찰할 때 항소심이 선고한 형은 제1심이 선고한 형보다 무거워 피고인에게 불이익하다(2012도7198).

1심에서 부정기형을 선고받은 소년범 피고사건에서 소년범만 항소하여 항소심 과정에서 소년범이 성인이 되었다면 항소심은 제1심판결을 파기하고 정기형을 선고해야 한다. 이 경우 불이익변경금지원칙을 적용할 때 1심이 선고한 부정기형의 단기(예컨대 징역 7년)와 장기(예컨대 징역 15년) 중 어느 형을 상한으로 삼아야 하는지가 문제된다. 이때 항소심이 선고할 수 있는 정기형의 상한은 부정기형의 장기와 단기의 정중앙에 해당하는 중간형(예컨대 11년)이 된다(2020도4140).

제 7 파기재판의 기속력

1. 기속력의 의의

「법원조직법」 제8조는 "상급법원 재판에서의 판단은 해당 사건에 관하여 하급심을 기속한다."고 규정하고 있다. 상소법원이 원심재판을 파기하여 사건을 하급심으로 환송 또는 이송하는 경우에 상소심이 행한 판단은 환송 또는 이송을 받은 하급심을 기속한다. 이와 같이 상소법원의 파기재판이 하급심을 구속하는 효력을 가리켜 파기재판의 기속력이라고 한다. 파기재판의 기속력은 재판의 일반적 효력인 재판의 구속력과 구별된다. 전자는 상소법원의 파기재판이 하급법원을 기속하는 효력임에 반하여 후자는 재판을 행한 법원이 재판 후에 스스로 그 재판을 철회 또는 변경할 수 없는 효력으로서 당해 법원에 대한 효력을 의미한다.

2. 기속력의 근거

상소심의 파기재판이 기속력을 가지는 근거에 대하여 법령해석의 통일이라는 상소제도의 관점에서 설명하는 견해, 심급제도의 유지라는 법원조직의 관점에서 설명하는 견해, 그리고 양자의 종합이라고 보는 견해가 각각 제시되고 있다. 생각건대 파기재판의 기속력은 하급심이 상급법원의 판단에 기속되지 않을 때 사건의 종국적 해결이 불가능하게 되는 문제점을 해결하기 위하여 마련된 법적 장치라고 보아야 할 것이다. 파기재판의 기속력을 인정하지 않는다면 하급심과 상급심 사이에 벌어지는 사건의 무한한 왕복을 통하여 심급제도는 그 기능을 잃게 되고 결국에는 사법제도의 존립 자체가 위태롭게 될 것이다.

3. 기속력의 범위

(1) 기속력을 발생시키는 재판

기속력을 발생시키는 재판은 상소심의 파기재판이다. 파기재판인 한 원심법원에의 환송인가 원심 동급법원에의 이송인가를 묻지 않는다. 기속력은 파기재판이 있으면 발생한다. 예컨대 상고심으로부터 형사사건을 환송받은 하급심 법원은, 환송 후의 심리과정에서 새로운 증거가 제시되어 기속력 있는 판단의 기초가 된 증거관계에 변동이 생기지 않는 한, 그 사건의 재판에서 상고법원이 파기이유로 제시한 사실상·법률상의 판단에 기속된다

(2017도14322).

파기판결의 기속력이 해당 사건의 하급심에 미치는 것은 분명하지만, 파기판결을 행한 상급법원 자신까지도 기속하는가 하는 문제가 있다. 환송 후의 하급심이 파기환송한 상급심의 판단에 따라 사건을 재판하였는데 그 결과에 대해 피고인 또는 검사가 다시 상고를 제기하여 상고법원에 환송 후의 하급심판결의 변경을 구하는 경우가 여기에 해당하는 예이다. 이러한 경우에는 파기판결이 상급법원 자신까지도 기속한다고 보아야 한다(98두15597). 따라서 위의 예에서 상고법원은 하급법원의 판결을 변경할 수 없다. 그러나 대법원이 전원합의체재판으로 종전에 내린 환송 · 이송재판의 법률상 판단을 변경한 경우에는 예외적으로 자신이 내린 파기재판에 기속되지 않는다(98두15597).

(2) 파기재판의 기속력이 미치는 판단의 범위

상급법원이 파기재판에서 내린 판단이 해당 사건에 관하여 하급심을 기속한다고 할 때 (법원조직법8) 그 판단의 기속력이 어디까지 미치는지가 문제된다. 먼저, 파기판결의 기속력은 파기의 직접적 이유로 된 부분, 즉 원심재판에 대한 소극적 · 부정적 판단 부분("……의 인정은 잘못이다")에 대하여 미친다. 다음으로, 상고법원이 법령의 해석과 적용에 관하여 내린 판단은 하급심을 기속한다. 상고법원은 법률심으로서 법령해석의 통일을 기해야 하기 때문이다.

상고법원이 사실관계의 존부에 관하여 내린 판단이 하급심을 기속할 것인지 문제된다. 이에 대해 형사소송법은 명문의 규정을 두고 있지 않다. 그렇지만 법률심을 원칙으로 하는 상고심도 사형, 무기 또는 10년 이상의 징역이나 금고가 선고된 사건에 있어서 중대한 사실의 오인이 있어 판결에 영향을 미친 때(법383 iv) 또는 직권심판사항(법384)이 있는 때에는 사실인정에 관한 원심판결의 당부에 관하여 제한적으로 개입할 수 있다. 그러므로 조리상 상고심판결의 파기이유가 된 사실상의 판단도 하급심에 대해 기속력을 가진다(2022오5 ☞ 577면).

상고심으로부터 사건을 환송받은 법원은 그 사건을 재판함에 있어서 상고법원이 파기이유로 한 사실상 및 법률상의 판단에 대하여 기속되는 것이 원칙이다. 기속적 판단의 기초가 된 증거관계에 변동이 생기지 아니하였음에도 하급심이 상급심판결의 파기이유와 달리 판단한 경우 그 하급심판결에는 파기판결의 기속력에 관한 법리를 위반한 위법이 있다(2022오5) 그러나 환송 후의 심리과정에서 새로운 증거가 제시되어 기속적 판단의 기초가 된 증거관계에 변동이 생기는 경우에는 상급심 재판의 기속력이 미치지 않는다(2008도10572).

제2절 항 소

제1 항소심의 의의와 구조

1. 항소심의 의의

항소란 제1심판결에 불복하여 제2심법원에 제기하는 상소이다(법357). 항소는 제1심판결에 대한 불복방법이므로 결정이나 명령에 대해서는 항소할 수 없다. 판결인 한 유죄, 무죄, 공소기각, 관할위반 등 그 내용을 가리지 않는다. 항소심은 원심판결에 포함된 법령위반, 사실오인, 양형부당의 오류를 바로잡기 위하여 마련된 심급이다. 항소심은 사실오인과 양형부당까지 다룬다는 점에서 법령위반의 문제를 중점적으로 다루는 상고심과 구별된다. 제1심판결에 대하여 법률심이 원칙인 대법원에 바로 상소하는 것을 가리켜 비약적 상고(법372)라고 한다. 비약적 상고는 상고이며 항소에 해당하지 않는다(후술 478면).

2. 항소심의 구조에 관한 입법모델

(1) 복심구조

항소심을 복심구조로 파악하는 입법례가 있다. 복심(覆審)이란 원심판결을 전부 무로 돌리고 처음부터 새로 재판하는 것을 말한다. 복심구조 모델에 따르면 제1심판결에 대한 불복신청이 있으면 항소법원은 원심판결을 전부 무시하고 처음부터 사실심리를 새로이 시작하여 법령적용과 양형을 행하게 된다. 우리나라는 1961년까지 복심구조 항소심을 시행한 바 있다.

복심구조 항소심은 제1심법원이 경솔하게 피고사건의 심판을 행하는 경우에 충실히 대비할 수 있다. 복심구조는 사실인정, 법령적용, 양형의 전 분야에 대해 철저한 재심리를 할 수 있다는 점에서 실체적 진실발견과 피고인의 이익보호에 기여하는 장점이 있다. 그러나 복심구조는 제1심법원의 심리결과를 전면적으로 무용화함으로써 제1심법원의 심판절차를 경시하게 된다. 나아가 항소권남용으로 인하여 발생하는 소송지연 때문에 형사사법의 효율적 운용과 소송경제의 요청에 반하는 흠이 있다.

(2) 사후심구조

사후심이란 원심판결 자체를 심판대상으로 삼아 그의 적법 여부를 심사하는 것을 말한다. 항소심을 사후심구조로 파악하는 대표적인 입법례로 미국의 경우를 들 수 있다. 중죄사건에 대하여 배심재판을 원칙으로 하는 미국의 경우에는 제1심법원이 사실심(trial court)으로서 피고사건에 대한 사실판단을 전담한다. 제1심의 유죄판결에 대한 항소는 직업법관으로 구성된 항소법원에 대하여 행해지는데, 항소법원은 항소이유를 중심으로 원심판결에서 쟁점이 되었던 법령적용의 적정 여부만을 판단한다. 항소법원은 원심판결 자체를 심판대상으로 삼아 그의 적법 여부를 심사한 후 위법임을 확인한 때에는 원심판결을 파기하고 사실심법원에 사건을 환송한다. 이때 환송받은 법원은 새로운 배심원단을 구성하여 피고사건에 대한 사실판단을 행하게 된다.

사후심구조는 제1심법원의 판단결과를 바탕으로 그 타당성 여부만을 검토한다. 이 때문에 사후심구조 항소심은 절차가 신속하게 진행되고 항소법원의 업무량을 크게 절감할 수 있다는 장점이 있다. 그러나 사후심구조는 그 전제로 제1심법원의 경솔한 재판을 방지할 수 있는 장치가 완비되어야 한다. 이를 위하여 제1심 재판부의 인적 구성을 강화하고 사실심리의 철저화를 위한 제1심 공판절차의 집중심리가 요구된다. 이러한 담보장치가 선행되지 않으면 사후심구조 항소심은 실체적 진실발견을 소홀히 하기 쉽고 피고인을 오판으로부터 구제한다는 항소제도의 기능을 충분히 수행하지 못하게 된다.

(3) 속심구조

복심구조와 사후심구조의 중간에 위치하는 것으로 속심구조의 항소심이 있다. 속심은 제1심법원의 심리결과를 토대로 하면서 항소심이 새로운 사실과 증거를 추가하여 판단을 내리는 것이다. 속심구조 항소심에서는 마치 제1심법원의 변론이 재개된 것과 같은 형태로 항소심절차가 진행된다.

속심구조 항소심은 복심구조 및 사후심구조의 장점을 골고루 취하기 위하여 고안된 절충형이라고 할 수 있다. 속심구조는 원심판결의 자료를 그대로 인수함으로써 소송경제를 도모할 뿐만 아니라 원심판결 이후에 발생한 새로운 사실이나 증거도 판단자료로 활용함으로써 실체적 진실발견과 피고인보호에 기여할 수 있다는 장점을 가지고 있다. 그러나 속심은 자칫 복심과 사후심의 약점을 모두 가질 위험성도 있다. 속심구조에 의하게 되면 항소심이 제2차 사실심으로 변질되어 제1심절차가 무의미해진다. 또한 사실조사 때문에 항소법원에 지나친 업무부담을 지울 우려가 있다. 한편 항소심절차에서 새로운 증거를 제출할 수 있다는 점을 이용하여 소송당사자가 제1심절차의 경과를 지켜 본 후 증거제출 여부를 결정하는 등 피고사건의 심리과정에 의도적인 조작을 가할 염려가 있다.

(4) 현행법의 항소심 구조

현행 형사소송법은 속심을 원칙으로 하면서 사후심적 요소를 가미한 구조를 가지고 있다. 현행 형사소송법이 항소심을 원칙적 속심구조로 파악하고 있다는 사실은 다음의 몇 가지 점에서 확인할 수 있다. (가) 제1심법원에서 증거로 할 수 있었던 증거는 항소법원에서도 증거로 할 수 있다(법364③). (나) 항소심에서 증거조사(규칙156의5)를 실시하여 그 심리결과를 종합하여 항소이유의 유무를 판단한다. (다) 항소이유가 인정되는 경우 항소법원은 원칙적으로 파기자판을 한다(법364⑥). (라) 항소법원은 원심(제1심)에서 사건의 실체에 대한 심리가 이루어지지 않은 경우에만 파기환송(법366) 또는 파기이송(법367)을 하여 제1심의 실체적 심리를 받도록 한다.

현행 형사소송법과 형사소송규칙이 항소심에 사후심적 요소를 가미하고 있는 부분을 보면 다음과 같다. (가) 제1심판결에 대하여 항소하려면 항소이유서를 제출해야 한다(법361의3①). (나) 항소이유서가 제출되지 않은 때에는 항소기각결정을 한다(법361의4①). (다) 항소이유 없음이 명백한 경우에 무변론 항소기각판결을 인정한다(법364⑤). (라) 항소심에서의 증인신문은 예외적으로만 허용된다(규칙156의5②). (마) 항소심에서의 피고인신문은 항소이유의 당부를 판단함에 필요한 사항에 한하여 허용된다(규칙156의6①).

판례는 항소심을 제1심에 대한 사후심적 성격이 가미된 속심으로 파악하고 있다. 그리하여 항소심은 제1심과 구분되는 고유의 양형재량을 가지고 있다고 보고 있으며(2015도3260), 항소심에서 공소장변경을 할 수 있다는 입장을 취하고 있다(2013도7101).

제2 항소이유

1. 항소이유와 직권조사사유

(1) 항소이유

형사소송법은 항소인 또는 변호인에게 항소이유서를 항소법원에 제출하도록 요구하고 있다(법361의3①). 항소를 제기함에는 항소법원에 불복하는 이유를 제시해야 하는데, 이때 항소권자 및 변호인이 적법하게 항소를 제기할 수 있는 법률상 이유를 가리켜 항소이유라고 한다. 항소이유는 원칙적으로 항소이유서를 통하여 제시되어야 한다(법361의3①). 다만, 예외적으로 항소장에 항소이유를 기재할 수 있다(법361의4① 단서 후단). 항소이유서제도는 원래 사후심구조에서 유래한 것이다. 항소이유서 미제출은 원칙적으로 항소기각결정의 사유가 된다(법361의4① 본문). 피고인에게 불이익한 결과를 초래하는 주장은 피고인 측에서 항소이유로 삼을 수 없다(2016도8347).

(2) 직권조사사유

항소이유와 구별되는 것으로 항소법원의 직권조사사유가 있다. 형소법 제361조의4 제1항은 항소이유서 제출기간(20일) 내에 항소이유서(항소장이 이유가 기재된 경우 포함)를 제출하지 아니한 때에는 결정으로 항소를 기각하도록 하고 있다. 그러나 직권조사사유가 있는 때에는 예외이다. 여기에서 직권조사사유란 법령적용이나 법령해석의 착오 여부 등 당사자가 주장하지 아니하는 경우에도 법원이 직권으로 조사해야 할 사유를 말한다(2005모564). 항소법원은 판결에 영향을 미친 사유에 관하여는 항소이유서에 포함되지 아니한 경우에도 직권으로 심판할 수 있다(법364②).

소송조건은 전체로서의 소송을 생성·유지·발전시키기 위한 기본조건이다. 관할은 소송조건이므로 직권조사사유에 해당한다(법1). 반의사불벌죄에서 처벌불원의 의사표시의 부존재는 소극적 소송조건으로서 직권조사사유에 해당하므로 당사자가 항소이유로 주장하지 않았더라도 항소심은 이를 직권으로 조사·판단해야 한다(2019도10678 ☞ 536면).

직권조사사유는 항소심과 상고심 사이에 차이가 있다. 항소심의 직권조사사유는 법령위반 외에 사실오인까지 포함한다. 그러나 양형부당은 포함하지 않는다(2015도11696). 이에 대해 상고심의 직권조사사유(법384 2문)는 원칙적으로 법령위반만을 대상으로 한다(2001도6730). 사실오인이나 양형부당은 상고심의 직권조사사유에 포함되지 않는다. 상고심은 법률심이기 때문이다. 직권조사사유를 간과한 항소심판단은 이후 상고심에서 파기의 대상이 된다.

2. 상대적 항소이유

(1) 상대적 항소이유의 의미

항소이유는 절대적 항소이유와 상대적 항소이유로 나누어 볼 수 있다. 상대적 항소이유란 객관적으로 오류가 존재하더라도 그것이 판결에 영향을 미쳤음이 확인되는 경우에 비로소 원심판결을 파기하도록 하는 항소이유를 말한다. 형소법 제361조의5는 '판결에 영향을 미친 헌법·법률·명령 또는 규칙의 위반이 있는 때'(1호)를 상대적 항소이유로 규정하고 있다.

이에 대하여 판결에 영향을 미쳤는가를 묻지 않고 바로 원심판결을 파기하도록 하는 항소이유를 절대적 항소이유라고 한다. 예컨대 피고인의 자백이 그 피고인에게 불이익한 유일의 증거인 때에는 이를 유죄의 증거로 하지 못한다(법310). 보강증거 없이 피고인의 자백만을 근거로 공소사실을 유죄로 판단한 경우에는 그 자체로 판결결과에 영향을 미친 위법이 있는 것으로 보아야 한다(2007도7835). 따라서 제1심이 자백보강법칙에 위반하여 유죄판결을 하였다면 그 사유는 절대적 항소이유에 해당한다.

상대적 항소이유의 경우에는 객관적 오류와 판결결과 사이에 규범적 인과관계가 존재해야 한다. 이때 인과관계의 정도는 그 객관적 오류가 없었더라면 판결결과가 달리 나오게 되었을 것이라는 가능성이 인정되면 족하다. 규범적 인과관계가 인정되어 판결결과에 영향을 미친 때라 함은 판결내용에 영향을 미친 경우를 말한다. 판결의 내용에는 주문뿐만 아니라 이유도 포함된다.

상대적 항소이유는 다시 법령위반, 사실오인, 양형부당으로 나누어진다. 이 세 가지 항소이유 사이에는 법령위반, 사실오인, 양형부당의 순으로 우선순위가 부여된다. 항소이유로 양형부당만을 다툰 경우에는 이후 상고심에서 상고이유로 법령위반이나 사실오인을 주장할 수 없다. 항소심에서 사실오인만을 다투었다가 철회한 경우에는 이후 상고심에서 법령위반을 주장할 수 없다(2010도15986).

(2) 법령위반

형소법 제361조의5 제1호는 '판결에 영향을 미친 헌법, 법률, 명령 또는 규칙의 위반이 있는 때'를 상대적 항소이유로 규정하고 있다. 법령위반의 사유는 항소이유 이외에도 상고이유(법383 i) 및 재항고이유(법415)로 된다는 점에서 상소제도 전반에 걸쳐서 중요한 의미를 가지고 있다. 법령위반 가운데에는 판결에의 영향이 현저하거나 또는 영향 여부의 입증이 곤란한 사유에 대해 입법자가 이를 절대적 항소이유로 설정하는 경우가 있다.

상대적 항소이유를 이루는 법령위반은 다시 실체법령 위반과 소송절차에 관한 법령위반으로 나누어 볼 수 있다. 실체법령위반은 원심판결이 인정한 사실관계를 전제로 형법 등 실체법규의 적용을 하지 않았거나 그 해석 및 적용에 오류가 있는 것을 말한다. 소송절차에 관한 법령위반은 원심의 심리 및 판결절차가 소송법규에 위반한 경우를 말한다. 소송절차의 법령위반은 단순히 원심법원의 공판절차나 공판준비절차의 진행에 잘못이 있는 경우뿐만 아니라 법원이 자신에게 부과된 실체적 진실발견의 의무(법295 후단)를 다하지 아니하여 발생하는 심리미진의 위법을 포함한다(2005도890).

판결내용 자체가 아니고 단지 피고인의 신병확보를 위한 구속 등의 소송절차가 법령에 위반된 경우에는, 그로 인하여 피고인의 방어권이나 변호인의 조력을 받을 권리가 본질적

으로 침해되고 판결의 정당성마저 인정하기 어렵다고 보이는 정도에 이르지 않는 한, 그것
자체만으로는 판결에 영향을 미친 위법이라고 할 수 없다(2018도19034). 소송절차의 법령
위반은 원심절차에 관한 법령위반을 의미한다. 따라서 수사절차에 관한 법령위반은 그 자
체로는 항소이유로 되지 않는다(96도561). 다만 위법수집증거배제법칙(법308의2)을 근거로
항소심에서 증거능력 부분의 위법을 다투는 것은 별개 문제이다.

(3) 사실오인

사실의 오인이 있어 판결에 영향을 미친 때(법361의5 xiv)에는 이를 원심판결에 대한 항
소이유로 삼을 수 있다. 사실오인이란 원심법원이 인정한 사실과 객관적 사실 사이에 차이
가 있는 것을 말한다. 범죄구성사실, 범죄성립조각사유에 해당하는 사실, 형의 가중감면의
이유되는 사실, 객관적 처벌조건을 이루는 사실, 인적 처벌조각사유에 해당하는 사실 등은
사실오인의 대상이 된다.

(4) 양형부당

형의 양정이 부당하다고 인정할 사유가 있는 때(법361의5 xv)에도 이를 항소이유로 삼
을 수 있다. 형의 양정은 법정형, 선택형, 처단형, 선고형의 각 단계를 거쳐서 구체화된다.
양형부당은 원심판결의 선고형이 구체적인 사안의 내용에 비추어 너무 무겁거나 너무 가
벼운 경우를 말한다(2015도3260). 법정형이나 선택형, 처단형의 범위 자체를 벗어나서 형을
선고하는 것은 양형부당이 아니라 법령위반(법361의5 i)에 해당한다.

3. 절대적 항소이유

판결에 영향을 미쳤는지 여부를 묻지 않고 곧바로 원심판결을 파기하도록 하는 항소이
유를 절대적 항소이유라고 한다. 형소법 제361조의5는 다음과 같은 8개의 절대적 항소이유
를 규정해 놓고 있다.

① 판결 후 형의 폐지나 변경 또는 사면이 있는 때 (2호)
② 관할 또는 관할위반의 인정이 법률에 위반한 때 (3호)
③ 판결법원의 구성이 법률에 위반한 때 (4호)
④ 법률상 그 재판에 관여하지 못할 판사가 그 사건의 심판에 관여한 때 (7호)
⑤ 사건의 심리에 관여하지 아니한 판사가 그 사건의 판결에 관여한 때 (8호)
⑥ 공판의 공개에 관한 규정에 위반한 때 (9호)
⑦ 판결에 이유를 붙이지 아니하거나 이유에 모순이 있는 때 (10호)

⑧ 재심청구의 사유가 있는 때 (11호)

판결 후 형의 폐지나 변경 또는 사면이 있는 때(2호)에서 '사면'은 일반사면을 가리킨다. 형의 폐지·변경 및 일반사면의 사유(2호)는 원심(제1심)판결이 선고된 이후에 발생한 사유라는 점에 특색이 있다. 만일 원심판결이 지연되었더라면 이러한 사유의 발생으로 인하여 면소판결을 선고하거나(법326ⅱ·ⅳ) 경한 형을 선고했어야 할 것인데(형법1②) 원심재판의 신속이나 지연이라는 우연한 사정에 의하여 재판결과가 달라지는 것은 불합리하기 때문이다.

재심청구의 사유가 있는 때(13호)를 절대적 항소이유로 한 것은 유죄의 선고를 받은 자에 대하여 재심사유(법420 참조)가 존재함에도 불구하고 항소를 허용하지 않고 재판이 확정되기를 기다린 다음 재심을 청구하도록 하는 것은 피고인보호와 소송경제의 이념에 반하기 때문이다(90도1753).

제3 항소심의 절차

1. 항소의 제기

제1심법원의 판결에 대해 불복이 있으면 (가) 지방법원 단독판사가 선고한 것은 지방법원 본원 합의부(춘천지방법원 강릉지원 합의부 포함)에 항소할 수 있고, (나) 지방법원 합의부가 선고한 것은 고등법원에 항소할 수 있다(법357). 항소의 제기기간은 7일이다(법358). 제1심법원이 형을 선고하는 경우 재판장은 피고인에게 항소할 기간과 항소할 법원을 고지하여야 한다(법324). 항소를 할 때에는 항소장을 원심법원에 제출해야 한다(법359). 원심법원에 항소장을 제출하도록 한 것은 원심법원이 판결의 확정 여부를 신속하게 알 수 있도록 하기 위함이다.

교도소 또는 구치소에 있는 피고인이 항소 제기기간 내에 항소장을 교도소장 또는 구치소장 또는 그 직무를 대리하는 자에게 제출한 때에는 항소의 제기기간 내에 항소한 것으로 간주된다(법344①).

2. 원심법원에서의 절차

항소를 할 때에는 항소장을 원심(제1심)법원에 제출해야 한다(법359). 항소제기가 법률상의 방식에 위반하거나 항소권소멸 후인 것이 명백한 때에는 원심(제1심)법원은 항소를 기각하여야 한다(법360①). 이 결정에 대하여는 즉시항고를 할 수 있다(동조②). 항소기각결정을 하지 않는 경우에는 원심법원은 항소장을 받은 날부터 14일 이내에 소송기록과 증거물을 항소법원에 송부하여야 한다(법361). 항소제기가 법률상의 방식에 위반하거나 항소권 소멸 후인 것이 명백한 때에 원심법원이 항소기각결정을 하지 않았다면 항소법원이 결정으로 항소를 기각한다(법362①). 이 결정에 대하여는 즉시항고를 할 수 있다(동조②).

3. 항소법원의 공판준비절차

(1) 공소기각결정

항소법원은 (가) 공소가 취소되었거나, (나) 피고인이 사망하거나 피고인인 법인이 존속하지 아니하게 되었거나, (다) 동일사건이 이중계속되어 다른 법원이 심판하게 된 때이거나, (라) 공소장에 기재된 사실이 진실하다 하더라도 범죄가 될 만한 사실이 포함되지 아니하는 등 공소기각결정(법328①)에 해당하는 사유가 있는 때에는 결정으로 공소를 기각하여야 한다(법363①). 공소기각결정의 사유가 있으면 항소법원은 공판절차를 거칠 필요 없이, 또한 원심판결을 파기할 필요도 없이 곧바로 결정으로 공소를 기각하게 된다. 공소기각결정에 대하여는 즉시항고를 할 수 있다(법363②).

(2) 국선변호인 선정

원심(제1심)에서 선임된 변호인은 항소제기로 제1심법원의 소송계속이 종료함과 동시에 그 권한이 종료된다(법32① 참조). 따라서 필요적 변호사건(법282, 33)이나 국선변호가 신청된 사건(법33②)의 경우에는 항소심에서 새로이 변호인의 선임이나 선정이 필요하다.

(3) 항소법원의 소송기록접수통지

항소법원이 원심(제1심)법원으로부터 기록의 송부를 받은 때에는 즉시 항소인과 상대방에게 그 사유를 통지해야 한다(법361의2①). 통지는 법령에 다른 정함이 있다는 등의 특별한 사정이 없는 한 서면 이외에 구술·전화·모사전송·전자우편·휴대전화 문자전송 그 밖에 적당한 방법으로도 할 수 있고, 통지의 대상자에게 도달됨으로써 효력이 발생한다(2017모1680). 통지는 송달의 형태로도 할 수 있다.

불구속 피고인이 항소한 경우(법338①)에는 피고인에게 소송기록접수통지를 해야 한다. 불구속 피고인의 배우자 등이 피고인을 위하여 항소한 경우(법341①)에도 소송기록접수통지는 항소인인 피고인에게 해야 한다(2018모642).

소송기록접수통지는 피고인의 주소·거소·영업소 또는 사무소 등의 장소에서 하여야 한다(법65, 민소법183①). 피고인 또는 변호인은 피고인의 주소 등 외의 장소를 송달받을 장소로 정하여 항소법원에 신고할 수 있으며, 이 경우에는 송달영수인을 정하여 신고할 수 있다(법65, 민소법184). 그러나 제1심법원에서 이루어진 송달영수인 신고의 효력은 그 심급에만 미친다. 항소법원의 소송절차에서는 송달영수인 신고의 효력이 없다(2024도3298 ☞ 587면).

소송기록접수통지를 하기 전에 피고인이 사선변호인을 선임한 경우 항소법원은 사선변호인에게도 소송기록접수통지를 해야 한다(법361의2②). 항소법원이 피고인에게 소송기록접수통지를 한 후에 사선변호인이 선임되는 경우 항소법원은 별도의 소송기록접수통지를 하지 않는다.

교도소 · 구치소 또는 국가경찰관서의 유치장에 체포 · 구속 또는 유치된 사람에게 할 송달은 교도소 · 구치소 또는 국가경찰관서의 장에게 하여야 한다(법65, 민사소송법182). 피고인이 수감되기 전의 종전 주소 · 거소에 대하여 행한 송달(95모14), 법원이 피고인의 수감사실을 모른 채 종전 주소 · 거소에 대하여 행한 송달(2017모2162), 교도소 · 구치소 또는 국가경찰관서의 장에게 송달하지 않고 교도소 등에 수감된 피고인을 송달받을 사람으로 한 송달(2017모1680)은 모두 적법한 것이 아니어서 소송기록접수 통지로서의 효력이 없다.

항소법원이 기록의 송부를 받은 때에는 즉시 항소의 상대방에게 그 사유를 통지해야 한다(법361의2①). 송달의 형식에 의할 경우 검사에 대한 송달은 서류를 소속검찰청에 송부해야 한다(법62). 피고인이 교도소 또는 구치소에 있는 경우에 원심(제1심)법원에 대응한 검찰청 검사는 소송기록접수의 통지를 받은 날로부터 14일 이내에 피고인을 항소법원 소재지의 교도소 또는 구치소에 이송해야 한다(법361의2③).

소송기록 접수통지는 소송당사자에 대한 안내의 의미와 함께 20일의 항소이유서 제출기간(법361의3① 1문)을 기산시키는 효력이 있다. 항소이유서 제출기간은 피고인, 사선변호인, 국선변호인에게 소송기록 접수통지가 이루어지는 시점으로부터 각각 계산된다. 기간의 말일이 공휴일 또는 토요일에 해당하는 날은 항소이유서 제출기간에 산입하지 않는다(법66③ 본문). 임시공휴일은 공휴일에 해당한다(2020모3694).

(4) 항소이유서 제출

항소인 또는 변호인은 항소법원으로부터 소송기록 접수통지를 받은 날로부터 20일 이내에 항소이유서를 항소법원에 제출해야 한다(법361의3① 전단). 다만, 항소장에 항소이유의 기재가 있는 때에는 예외로 한다(법361의4① 단서 후단). 항소이유서란 원심판결에 대한 불복의 이유를 기재한 서면을 말한다. 항소이유서의 제출에 대해서는 재소자 특칙이 인정된다(법361의3① 2문, 344). 따라서 구속된 피고인은 항소이유서 제출기간 내에 항소이유서를 교도소장이나 구치소장 또는 그 직무를 대리하는 자에게 제출하면 항소이유서 제출기간 내에 제출한 것으로 간주된다(법344① 참조).

항소심은 피고인 또는 변호인이 법정기간 내에 제출한 항소이유서에 의하여 심판하는 구조를 가지고 있다. 항소법원은 항소이유서가 제출되었더라도 항소이유서 제출기간의 경과를 기다리지 않고는 항소사건을 심판할 수 없다. 항소이유서 제출기간 만료 시까지 항소이유서를 제출하거나 수정·추가 등을 할 수 있는 변호인의 권리는 보호되어야 하기 때문이다(2014도4496).

(5) 항소이유서 미제출과 항소기각결정

20일의 항소이유서 제출기간 내에 항소이유서를 제출하지 아니한 때에는 항소법원은 결정으로 항소를 기각한다(법361의4① 본문). 다만, 직권조사사유가 있거나 항소장에 항소이유의 기재가 있는 때에는 예외로 한다(동항 단서).

항소이유서 제출 없음을 이유로 항소기각결정을 하기 위해서는 항소인이 적법한 소송기록접수통지서를 받고서도 정당한 이유 없이 20일 이내에 항소이유서를 제출하지 아니하였어야 한다(2017모2162). 피고인이 적법하게 소송기록접수통지서를 받지 못하였다면 항소이유서 제출기간이 지났다는 이유로 항소기각결정을 하는 것은 위법하다(2018모642).

(6) 답변서 제출

항소이유서의 제출을 받은 항소법원은 지체 없이 그 부본 또는 등본을 상대방에게 송달해야 한다(법361의3②). 항소이유서 부본이나 등본의 송달은 항소한 소송당사자의 상대방으로 하여금 방어준비를 할 기회를 주기 위함이다. 항소이유서의 부본 또는 등본을 송달받은 상대방은 송달일로부터 10일 이내에 답변서를 항소법원에 제출하여야 한다(법361의3③). 답변서란 항소이유서에 대해 상대방이 반론을 기재한 서면을 말한다.

(7) 무변론 항소기각판결

항소법원은 항소이유 없음이 명백한 때에는 항소장, 항소이유서 기타의 소송기록에 의하여 변론 없이 판결로써 항소를 기각할 수 있다(법364⑤). 다만 판결의 선고는 공판기일에 하여야 한다(법42 본문). 무변론 항소기각판결은 무분별한 항소를 방지하기 위한 장치이다. 변론 없이 판결을 선고한다는 점에서 현행 항소심의 사후심적 요소를 보여주고 있다.

항소이유서와 답변서의 제출 및 부본송달이 끝나면 항소법원은 공판기일을 지정하여 피고인을 소환하고, 검사, 변호인 등에게 공판기일을 통지하며, 공판기일 전의 증거조사준비 등을 행한다.

4. 항소법원의 공판기일

(1) 피고인의 소환과 출석

특별한 규정이 없으면 제1심 공판절차에 관한 규정은 항소의 심판에 준용된다(법370). 따라서 항소심절차는 제1심 공판절차에 준하여 진행된다. 형사소송법과 형사소송규칙은 몇 가지 특례들을 항소심절차에 인정하고 있다.

피고인의 출석은 항소심의 공판개정 요건이다(법370, 276 본문). 피고인이 항소심 공판정에 출정하지 아니한 때에는 다시 기일을 정하여야 한다(법365①). 피고인이 정당한 사유 없이 다시 정한 기일에 출석하지 아니한 때에는 피고인의 진술 없이 판결을 할 수 있다(동조②). 피고인이 출석과 불출석을 반복하여 2회 불출석한 경우 항소법원은 피고인 불출석 상태로 공판기일을 개정할 수 없다(2019도5426).

약식명령에 대하여 피고인만이 정식재판청구(법453)를 하여 항소심에 이른 경우라면 형소법 제370조에 의하여 준용되는 형소법 제277조 제4호에 따라 항소법원은 지정된 공판기일에 피고인이 출석하지 아니한 상태에서 곧바로 판결을 선고할 수 있다(2011도16166). 이 경우에는 2회 연속 불출석을 기다리지 않는다.

(2) 항소심 공판기일의 진행순서

제1심 공판절차에서는 피고인에 대한 진술거부권고지(법283②), 인정신문(법284), 검사의 모두진술(법285), 피고인의 모두진술(법286), 재판장의 쟁점정리(법287①) 및 검사·변호인의 증거관계 등에 대한 진술(동조②) 등의 순서로 공판기일이 진행된다. 이러한 공판순서는 원칙적으로 항소심에도 준용될 것이지만(법370), '검사의 모두진술'과 '피고인의 모두진술'은 '항소인의 항소이유 진술'과 '상대방에 의한 답변 진술'의 형태로 전환된다.

항소이유는 공판정에서 구두변론의 형태로 제시되어야 한다. 검사가 공판정에서 구두변론을 통해 항소이유를 주장하지 않았고 피고인도 그에 대한 적절한 방어권을 행사하지 못하는 등 검사의 항소이유가 실질적으로 구두변론을 거쳐 심리되지 않았다고 평가될 경우 항소법원이 이러한 검사의 항소이유 주장을 받아들여 피고인에게 불리하게 제1심판결을 변경하는 것은 허용되지 않는다(2015도11696).

항소이유진술 및 답변진술이 끝나고 항소법원의 쟁점정리가 이루어지면 항소심 사실심리의 첫 단계로서 증거조사가 행해지게 된다. 항소심에서의 증거조사에 대해서는 항목을 바꾸어서 후술한다.

제1심 공판절차에 관한 규정은 특별한 규정이 없으면 항소의 심판에 준용되므로(법

370) 항소법원은 원칙적으로 증거조사(법290)에 이어서 피고인신문(법296의2)을 진행해야 한다. 검사 또는 변호인은 항소심의 증거조사가 종료한 후 항소이유의 당부를 판단함에 필요한 사항에 한하여 피고인을 신문할 수 있다(규칙156의6①). 항소심에서 피고인신문을 항소이유 판단에 필요한 사항에 '한하여' 할 수 있도록 한 것은 제1심재판의 충실화를 전제로 항소심의 사후심적 요소를 강화한 것이다.

항소심의 증거조사와 피고인 신문절차가 종료한 때에는 검사는 원심판결의 당부와 항소이유에 대한 의견을 구체적으로 진술하여야 한다(규칙156의7①). 재판장은 검사의 의견을 들은 후 피고인과 변호인에게도 원심판결의 당부와 항소이유에 대한 의견을 진술할 기회를 주어야 한다(동조②). 판례는 형사소송법상 항소심은 사후심적 성격이 가미된 속심이라는 이유로 항소심에서도 공소장변경을 할 수 있다는 입장을 취하고 있다(2013도7101). 검사의 공소장변경신청이 가능한 시점은 항소심 변론종결시까지이다(86도1691).

(3) 항소심의 증거조사 제한

제1심법원에서 증거로 할 수 있었던 증거는 항소법원에서도 증거로 할 수 있다(법364③). 즉 (가) 제1심법원에서 증거능력이 있었던 증거는 항소심에서도 증거능력이 그대로 유지되어 재판의 기초가 될 수 있고 (나) 다시 증거조사를 할 필요가 없다. 항소심 재판장은 증거조사절차에 들어가기에 앞서 제1심의 증거관계와 증거조사결과의 요지를 고지하면 된다(규칙156의5①)(2020도7802 ☞ 539면).

피고인이 정당한 이유 없이 2회 연속 불출석하여 피고인의 출정 없이 증거조사를 할 수 있는 경우(법365① · ② 참조)에 피고인이 출정하지 아니한 때에는 증거동의(법318①)가 있는 것으로 간주한다. 단, 대리인 또는 변호인이 출정한 때에는 예외로 한다(법370, 318② 본문 · 단서).

재판장은 증거조사절차에 들어가기에 앞서 제1심의 증거관계와 증거조사결과의 요지를 고지해야 한다(규칙156의5①). 기본적으로 속심구조를 취하고 있는 현행 항소심구조에 비추어 볼 때 항소심절차에서 새로운 증거조사가 가능함은 물론이다. 따라서 항소법원은 새로운 증거신청과 증거결정에 기하여 추가적인 증거조사를 할 수 있다. 그러나 (가) 형사소송법이 채택하고 있는 실질적 직접심리주의의 취지, (나) 형사재판 항소심 심급구조의 특성, (다) 증거조사절차에 관한 형사소송법령의 내용 등을 종합해 보면 항소심에서의 증거신청 및 증거조사는 제1심에서보다 제한된다(2020도7802).

형사소송규칙은 제1심의 공판중심주의 강화에 주목하여 항소심절차의 사후심적 요소를 보다 강화하였다. 그 내용은 특히 항소심절차에서의 증인신문 제한에서 나타난다. 항소법원은 (가) 제1심에서 조사되지 아니한 데에 대하여 고의나 중대한 과실이 없고, 그 신청으로 인하여 소송을 현저하게 지연시키지 아니하는 경우(1호), (나) 제1심에서 증인으로 신문하였으나 새로운 중요한 증거의 발견 등으로 항소심에서 다시 신문하는 것이 부득이하다고 인정되는 경우(2호), (다) 그 밖에 항소의 당부에 관한 판단을 위하여 반드시 필요하다고 인정되는 경우(3호)의 어느 하나에 해당하는 경우에 한하여 증인을 신문할 수 있다(규칙156의5②).

　형사소송규칙 제156조의5 제2항은 형사재판의 사실인정에 있어서 제1심법원과 항소법원의 역할 및 관계 등에 관한 입법취지 등에 비추어 항소심에서의 증거조사는 필요 최소한에 그쳐야 한다는 점을 반영한 것이다. 이를 고려하면, 형사소송규칙 제156조의5 제2항 제3호는 비록 포괄적 사유이기는 하지만 항소법원에 증인신문에 관한 폭넓은 재량을 부여한 것으로 볼 것이 아니라 제1호, 제2호가 규정한 사유에 준하는 '예외적 사유'로 보아야 한다(2020도7802 ☞ 539면).

　실체적 진실발견이라는 형사소송의 이념에 비추어 항소심에서의 추가적인 증거조사가 필요한 경우가 있음을 긍정하더라도, (가) 피해자가 범죄의 성격과 다양한 사정에서 비롯된 심리적 부담 등으로 인하여 제1심법원에 증인으로 출석하지 못하거나 제대로 증언할 수 없었던 경우 등과 같은 특별한 사정이 없는 이상, (나) 항소법원으로서는 형사소송규칙 제156조의5 제2항의 규정 취지와 내용에 유념하여야 한다(2020도7802).

(4) 항소법원의 심판과 판결선고

　항소법원은 항소이유에 포함된 사유에 관하여 심판하여야 한다(법364①). 형사법 제364조 제1항이 규정한 항소법원의 '심판'은 사실을 조사하여 판단하는 것을 가리킨다. 항소법원은 판결에 영향을 미친 사유에 관하여는 항소이유서에 포함되지 아니한 경우에도 직권으로 심판할 수 있다(직권조사사유)(법364②). 판결에 영향을 미친 직권조사사유에는 법령위반과 사실오인이 포함된다. 그러나 양형부당은 포함되지 않는다(2015도11696).

　최종진술이 끝나면 판결선고가 있게 된다. 항소심에 특별규정이 없으므로 항소심판결의 선고도 변론을 종결한 기일에 하는 것이 원칙이다(법370, 318의4① 본문). 다만, 특별한 사정이 있는 때에는 따로 선고기일을 지정할 수 있다(법370, 318의4① 단서). 항소심의 판결선고는 기록의 송부를 받은 날부터 4월 이내에 하여야 한다(소송촉진법21).

　피고인이 구속된 경우 구속기간은 2개월이다(법92①). 항소법원은 특히 구속을 계속할 필요가 있는 경우에는 2개월 단위로 2차에 한하여 결정으로 갱신할 수 있다(동조② 본문). 다만, 항소심은 피고인 또는 변호인이 신청한 증거의 조사, 항소이유를 보충하는 서면의 제출 등으로 추가 심리가 필요한 부득이한 경우에는 3차에 한하여 갱신할 수 있다(동항 단서). 이와 같이 피고인이 구속된 경우에는 항소법원이 구속기간을 최장 3차까지 갱신할 수 있으므로 판결선고기간은 6개월까지 연장될 수 있다.

제4 항소심의 재판

1. 항소심판결의 종류

(1) 항소기각판결과 파기판결

항소법원은 공판기일에 변론을 열어 심리한 결과 항소이유 없다고 인정한 때에는 판결로써 항소를 기각하여야 한다(법364④). 항소법원은 공판기일에 변론을 열어 심리한 결과 (가) 항소가 이유 있다고 인정하거나(법364⑥) (나) 항소이유에는 포함되지 않았으나 판결에 영향을 미친 사유(직권조사사유)가 있다고 판단한 때(동조②)에는 항소법원은 판결로써 원심판결을 파기해야 한다. 파기 이후의 재판형식에는 파기자판(법364⑥), 파기환송(법366), 파기이송(법367)이 있다.

항소법원의 재판서에는 항소이유에 대한 판단을 기재해야 하며, 원심판결에 기재한 사실과 증거를 인용할 수 있다(법369). 원심판결을 파기하여 형을 선고하는 경우에는 판결이유에 범죄될 사실, 증거의 요지와 법령의 적용을 명시해야 한다(법370, 323①).

(2) 파기자판

항소가 이유 있다고 인정한 때에는 항소법원은 원심판결을 파기하고 다시 판결을 해야 한다(법364⑥). '원심판결을 파기하고 다시 판결한다' 함은 원심판결을 없었던 것으로 돌리고 원심(제1심) 및 항소심의 심리결과를 총결산하여 새로이 판결하는 것을 말한다. 항소법원의 이러한 판단을 가리켜 파기자판이라고 한다. 파기자판은 항소법원의 원칙적인 판단형식이다.

항소법원이 파기자판에 의하여 선고하는 재판에는 유죄판결, 무죄판결, 면소판결, 공소기각판결, 공소기각결정이 있다. 항소법원이 형 선고의 판결을 하는 경우에는 불이익변경금지원칙이 적용된다. 피고인이 항소한 사건과 피고인을 위하여 항소한 사건에 대하여는 원심판결의 형보다 무거운 형을 선고하지 못한다(법368). 항소심이 파기자판하여 무죄, 면소, 형의 면제, 형의 선고유예, 형의 집행유예, 공소기각 또는 벌금이나 과료를 과하는 판결을 선고하는 경우 피고인에 대한 구속영장은 효력을 잃는다(법370, 331).

(3) 파기환송과 파기이송

공소기각 또는 관할위반의 재판이 법률에 위반됨을 이유로 원심판결을 파기하는 때에는 항소법원은 판결로써 사건을 원심법원에 환송하여야 한다(법366). 이를 파기환송이라고 한다. 파기환송을 받으면 원심법원에 피고사건에 대한 소송계속이 부활한다. 원심법원에서의 변호인 선임은 파기환송이 있은 후에도 효력이 있다(규칙158).

관할인정이 법률에 위반됨을 이유로 원심판결을 파기하는 때에는 판결로써 사건을 관할법원에 이송하여야 한다(법367 본문). 이를 파기이송이라고 한다. 다만 항소법원이 그 사건의 제1심 관할권이 있는 때에는 제1심으로 심판하여야 한다(동조 단서). '관할인정이 법률에 위반되었다' 함은 원심법원이 사건에 대하여 관할이 없음에도 불구하고 관할위반의 선고를 하지 않고 사건에 대하여 실체판결을 행한 경우를 말한다. 파기이송을 받으면 이송받은 법원에 피고사건에 대한 소송계속이 연결된다. 원심법원에서의 변호인 선임은 파기이송이 있은 후에도 효력이 있다(규칙158).

2. 공동피고인을 위한 파기

항소법원이 피고인을 위하여 원심판결을 파기하는 경우에 파기의 이유가 항소한 공동피고인에게 공통되는 때에는 그 공동피고인에 대하여도 원심판결을 파기하여야 한다(법364의2). 항소를 제기한 공동피고인 상호간에 공평을 도모하기 위함이다(2002도6834). 여기에서 항소한 공동피고인이라 함은 제1심의 공동피고인으로서 (가) 자신이 항소한 경우는 물론 (나) 그에 대하여 검사만 항소한 경우까지도 포함한다(2021도10579). 항소심에서도 공동피고인으로 병합심리되었는지는 묻지 않는다.

공동파기 사례의 하나로 부적법한 변호인 선임의 경우를 들 수 있다. 변호인의 선임은 심급마다 변호인과 연명날인한 서면을 제출하는 방식으로 하여야 한다(법32①). 항소심에서의 변호인 지위는 항소법원에 변호인선임서를 제출할 때 발생한다. 제1심의 공동피고인 갑과 을이 함께 항소한 사안에서 갑이 변호사 A를 변호인으로 선임하였으나 갑과 변호사 A가 변호인 선임서를 제출하지 아니한 상태에서 변호사 A가 항소이유서(법361의3①)만을 제출하고, 갑과 변호사 A가 항소이유서 제출기간이 경과한 후에 비로소 변호인선임서를 제출하였다면 갑의 항소이유서는 적법·유효한 항소이유서가 될 수 없다(2013도9605). 그런데 함께 항소한 제1심 공동피고인 을의 항소이유를 받아들여 항소법원이 제1심판결을 파기하는 경우에, 그 파기의 이유가 항소한 제1심 공동피고인 갑에게 공통되는 때라면 항소법원은 갑에 대해서도 제1심판결을 파기해야 한다(2013도9605).

제3절 상　　고

제1 상고의 의의

1. 상고의 의의

상고란 판결에 대한 대법원에의 상소를 말한다. 상고제기에 의하여 대법원에서 진행되는 심리절차를 상고심이라고 한다. 상고는 제2심판결에 대하여 불복이 있을 때 대법원에 제기하는 것이 원칙이다(법371). 따라서 (가) 지방법원 합의부의 제1심판결에 대한 고등법원의 항소심판결이나 (나) 지방법원 단독판사의 판결에 대한 지방법원 본원 합의부(일부 지원합의부 포함)의 항소심판결이 대법원에의 상고대상이 된다.

2. 비약적 상고

제1심판결에 대해 항소를 제기하지 아니하고 곧바로 대법원에 상고하는 것이 허용되는 경우가 있다. 이러한 경우를 가리켜 비약적 상고 또는 비약상고라고 한다. 형소법 제372조는 비약적 상고가 허용되는 상황으로 두 가지 경우를 규정하고 있다. 첫째는 원심판결(제1심판결)이 인정한 사실에 대하여 법령을 적용하지 아니하였거나 법령적용에 착오가 있는 때(법372 i)이다. 이 가운데 '법령적용의 착오가 있는 때'라고 함은 제1심판결이 인정한 사실이 올바르다는 것을 전제로 해 놓고 그에 대해 법령의 적용을 잘못한 경우를 말한다. 둘째는 원심판결(제1심판결)이 있은 후 형의 폐지나 변경 또는 사면이 있는 때(동조 ii)이다.

비약적 상고는 제2심절차를 생략함으로써 판결의 신속한 확정에 도움이 되지만 반대로 상대방은 심급의 이익을 상실할 우려가 있다. 이에 대비하여 형사소송법은 제1심판결에 대한 상고는 그 사건에 대한 항소가 제기된 때에는 효력을 잃도록 하고 있다(법373 본문). 단, 항소의 취하 또는 항소기각의 결정이 있는 때에는 예외로 한다(동조 단서). 여기에서 '그 사건에 대한 항소'란 비약적 상고를 제기한 자의 상대방이 제기한 항소를 가리킨다. '항소취하' 또는 '항소기각의 결정'의 항소 또한 상대방이 제기한 항소를 의미한다.

제1심판결에 대하여 피고인은 비약적 상고를, 검사는 항소를 각각 제기하여 이들이 경합한 경우 피고인의 비약적 상고에 상고의 효력이 인정되지는 않는다(법373 본문). 그렇다고 하더라도, (가) 피고인의 비약적 상고가 항소기간 준수 등 항소로서의 적법요건을 모두 갖추었고, (나) 피고인이 자신의 비약적 상고에 상고의 효력이 인정되지 않는 때에도 항소심에서는 제1심판결을 다툴 의사가 없었다고 볼 만한 특별한 사정이 없다면, 피고인의 비약적 상고에 항소로서의 효력이 인정된다(2021도17131).

제2 상고심의 구조

1. 법 률 심

(1) 상고심의 기능

상고심의 주된 임무는 사실심인 제1심 및 항소심의 판단이 이루어진 후에 진행되는 법률심으로서 법령해석의 통일을 기하는 데에 있다. 동시에 상고심은 오판으로부터 피고인을 구제하여 구체적 정의가 실현되도록 할 책무도 있다. 우리 입법자는 상고심에 부여되는 법령체계의 통일성 확보와 구체적 정의의 실현이라는 두 가지 요청을 조화하는 과정에서 상고심을 원칙적으로 원심판결에 대한 사후의 법률심으로 파악하고 있다. 다만 입법자는 사형, 무기 또는 10년 이상의 징역이나 금고가 선고된 사건의 경우에 (가) 중대한 사실오인이 있거나, (나) 현저한 양형부당이 있는 원심판결에 대해 예외적으로 사실심으로서의 기능을 부여하고 있다(법383 iv).

(2) 채증법칙위반과 법령위반

상소심에 있어서 법률심은 하급심의 법령적용의 잘못을 심사하는 판단작용이다. 이에 대해 상소심에 있어서 사실심은 하급심의 증거취사와 사실인정의 잘못을 심사하는 판단작용이다. 양자의 한계선상에 있는 것으로 채증법칙위반이 있다. 형소법 제308조는 "증거의 증명력은 법관의 자유판단에 의한다."고 규정하여 자유심증주의를 천명하고 있다. 자유심증주의의 한계를 이루는 논리칙과 경험칙을 가리켜서 채증법칙이라고 한다. 그리고 논리칙과 경험칙에 위반하는 판단을 내릴 때 이를 가리켜서 채증법칙위반이라고 한다.

채증법칙위반은 법률심의 판단대상이다. 그러나 단순한 사실오인은 사실심인 항소심의 판단대상에 속하여 원칙적으로 법률심인 상고심의 대상이 되지 못한다. 하급심의 구체적인 논리법칙 위반이나 경험법칙 위반의 점 등을 지적하지 아니한 채 단지 하급심의 증거취사와 사실인정만을 다투는 것은 특별한 사정이 없는 한 사실오인의 주장에 불과하다(2007도1755)(전술 407면).

2. 사 후 심

(1) 원칙적 사후심

형사소송법은 상고심을 사후심으로 규정하고 있다. 이 점은 항소심이 속심구조를 가지고 있는 것과 크게 구별된다. 항소심의 경우에는 항소이유에 포함된 사유와 항소이유에 포함되지 않더라도 판결에 영향을 미친 사유(직권조사사유)는 전반적으로 판단대상이 된다(법 364① · ②). 이에 반하여 상고심의 경우에는 원칙적으로 상고이유서에 포함된 사유에 관하여 심판해야 한다(법384 본문). 상고이유서에 포함되지 않은 사유는 (가) 판결에 영향을 미친 법령위반, (나) 판결 후 형의 폐지나 변경 또는 사면, (다) 재심청구사유라는 세 가지 경우에 한하여 예외적으로 상고심의 심판대상이 된다(동조 단서).

상고심이 원심판결에 대한 사후심의 성질을 갖는다는 점에서 다음과 같은 상고심의 특징을 발견할 수 있다. 첫째로, 상고심은 원심의 소송자료만을 기초로 삼아 원판결의 당부를 판단해야 하므로 상고심에서는 새로운 증거에 대하여 증거조사를 신청하거나 새로운 사실의 발생을 주장하지 못한다. 둘째로, 상고심에서는 원칙적으로서 사실판단이 허용되지 않으므로 검사의 공소장변경신청(법298①)은 인정되지 않는다.

(2) 예외적 속심

상고심은 사후심을 원칙으로 하지만 예외적으로 원심판결 이후에 나타난 사실이나 증거를 사용함으로써 속심적 성질을 가지는 경우가 있다. 즉 (가) 판결 후 형의 폐지나 변경 또는 사면이 있는 때(법383ii) 또는 (나) 원심판결 후에 재심청구의 사유가 판명된 때(동조iii)에는 원심판결 후에 발생한 사실이나 증거가 상고심판단의 대상이 되므로 이러한 경우에는 상고심이 속심으로 파악될 여지가 있다.

이와 같이 원심판결 이후에 발생한 사실이나 증거를 상고심의 판단자료로 삼게 한 것은 (가) 형의 폐지나 변경, 사면 등과 같은 사유가 원심판결의 신속이나 지연과 같은 우연한 사정이 원심판결에 영향을 미치는 것은 피고인의 보호를 위하여 바람직하지 않다는 점과 (나) 재심사유의 경우 판결이 확정되기를 기다려 재심의 절차를 밟도록 하는 것은 피고인의 신속한 권리구제와 소송경제의 요청에 반한다는 점을 고려한 것이다.

(3) 상고이유 제한의 법리

상고심은 항소법원 판결에 대한 사후심이다. 그러므로 항소심에서 심판대상이 되지 않은 사항은 상고심의 심판범위에 들지 않는다. 여기에서 항소인이 항소심에서 항소이유로 주장하지 아니하거나 항소심이 직권조사사유로 삼은 사항 이외의 사유에 대하여 이를 상고이유로 삼을 수는 없다는 제한을 가리켜서 상고이유 제한의 법리라고 한다(2017도16593-1).

예컨대 제1심판결에 대해 피고인이 항소하지 않았다면 이는 제1심판결에 대해 피고인이 법령위반, 사실오인, 양형부당의 사유를 모두 다투지 않겠다는 것이다. 제1심판결에 대해 피고인이 양형부당만을 이유로 항소하였다면 이는 제1심판결에 대해 피고인이 법령위반과 사실오인의 사유를 다투지 않겠다는 것이다. 상고이유 제한의 법리에 따르면 피고인이 항소하지 않거나 양형부당만을 이유로 항소함으로써 항소심의 심판대상이 되지 않았던 법령위반 등 새로운 사항에 대해서는 피고인이 이를 상고이유로 삼아 상고하더라도 부적법한 것으로 취급되어 상고심의 심판대상이 제한된다(2017도16593-1)(전술 466면).

제3 상고이유

1. 상고이유

(1) 절대적 상고이유와 상대적 상고이유

형소법 제383조는 상고이유로 다음의 네 가지 사유를 들고 있다.

① 판결에 영향을 미친 헌법·법률·명령 또는 규칙의 위반이 있는 때 (1호)

② 판결후 형의 폐지나 변경 또는 사면이 있는 때 (2호)

③ 재심청구의 사유가 있는 때 (3호)

④ 사형, 무기 또는 10년 이상의 징역이나 금고가 선고된 사건에 있어서 중대한 사실의 오인이 있어 판결에 영향을 미친 때 또는 형의 양정이 심히 부당하다고 인정할 현저한 사유가 있는 때 (4호)

이 가운데 1호와 4호의 상고이유는 '판결에 영향을 미친 때'를 요건으로 하고 있으므로 상대적 상고이유이다. 이에 대해 2호와 3호의 상고이유는 절대적 상고이유이다. 1호 내지 3호의 사유는 항소이유의 경우와 동일하며 그 내용은 항소이유에 대하여 설명한 것과 같다(전술 466면). 재심청구의 사유가 있는 때(3호)에는 특별법에 의한 재심청구사유도 포함된다. 피고인에게 불이익한 결과를 초래하는 주장은 피고인 측에서 상고이유로 삼을 수 없다(2016도8347).

(2) 중대한 사실오인과 현저한 양형부당

일반적인 사실오인이나 양형부당 주장은 상고이유에 해당하지 않는다. 대법원은 법률심이기 때문이다. 원심인 사실심법원이 양형의 기초사실에 관하여 사실을 오인하였다거나 양형의 조건이 되는 정상에 관하여 심리를 제대로 하지 않았다는 주장은 원칙적으로 적법한 상고이유가 아니다(2020도8358). 법원은 1년 이하의 징역이나 금고, 자격정지 또는 벌금의 형을 선고할 경우에 형법 제51조의 양형조건을 고려하여 뉘우치는 정상이 뚜렷할 때에는 그 형의 선고를 유예할 수 있다(형법59① 본문). 상고심은 선고유예에 관하여 제51조의 양형조건과 뉘우치는 정상이 뚜렷한지 여부에 대한 원심판단의 당부를 심판할 수 없다(2001도6138).

그런데 형사소송법은 사형, 무기 또는 10년 이상의 징역이나 금고가 선고된 사건에서 중대한 사실오인이나 현저한 양형부당을 상고이유로 인정하고 있다(법383 iv). 이 점은 상고심이 법률심이라는 점에 비추어 보면 매우 이례적이다. 우리 입법자가 중대한 사실오인이나 현저한 양형부당을 상고이유로 인정한 것은 구체적 정의의 관점에서 피고인의 이익을 구제하기 위함이다. 따라서 이 상고이유는 피고인의 이익을 위해서만 주장할 수 있다. 사형, 무기 또는 10년 이상의 징역이나 금고가 선고된 사건에서 검사가 사실오인 또는 양형부당을 이유로 상고하는 것은 허용되지 않는다(2021도16719).

2. 직권조사사유

상고이유와 대비되는 것으로 상고법원의 직권조사사유가 있다. 항소이유와 직권조사사유의 관계에 대해서는 항소심 항목에서 검토하였다(전술 466면). 상고심에서 직권조사사유란 상고인이 법령적용이나 법령해석의 착오 등을 상고이유로 주장하지 않았다고 하더라도 원심판결의 잘못을 시정하기 위하여 상고법원이 직권으로 조사를 해야 하는 사유를 말한다(2005모564). 상고법원은 (가) 판결에 영향을 미친 헌법·법률·명령 또는 규칙의 위반이 있는 때(소위 법령위반)(법383 i)(2001도6730), (나) 판결 후 형의 폐지나 변경 또는 사면이 있는 때(동조 ii), (다) 재심청구의 사유가 있는 때(동조 iii)에는 상고이유서에 포함되지 않더라도 직권으로 심판할 수 있다(법384 2문). 항소심에서는 법령위반과 사실오인이 직권조사사유에 포함되며, 양형부당은 포함되지 않는다. 이에 대해 상고심에서는 법령위반만 직권조사사유에 포함되며, 사실오인과 양형부당은 포함되지 않는다. 상고심은 법률심이기 때문이다.

제4 상고심의 절차

1. 상고의 제기

제2심판결에 대하여 불복이 있으면 대법원에 상고할 수 있다(법371). 상고는 (가) 지방법원 단독판사, 지방법원 본원 합의부(춘천지방법원 강릉지원 합의부 포함)를 거쳐 대법원에 제기하는 경우와 (나) 지방법원 합의부, 고등법원을 거쳐 대법원에 제기하는 경우가 있다(법원조직법14 i).

대법원은 유일한 상고법원이다. 대법원의 심판권은 대법관 전원의 3분의 2 이상의 합의체에서 행사하며 대법원장이 재판장이 된다(법원조직법7① 본문). 다만 다음의 경우를 제외하고 대법관 3명 이상으로 구성된 부에서 먼저 사건을 심리하여 의견이 일치한 경우에 한정하여 그 부에서 재판할 수 있다(동항 단서).

대법원의 부에서 재판할 수 없는 사건은 (가) 명령 또는 규칙이 헌법에 위반된다고 인정하는 경우, (나) 명령 또는 규칙이 법률에 위반된다고 인정하는 경우, (다) 종전에 대법원에서 판시한 헌법·법률·명령 또는 규칙의 해석 적용에 관한 의견을 변경할 필요가 있다고 인정하는 경우, (라) 부에서 재판함이 적당하지 아니함을 인정하는 경우이다(법원조직법7① 단서).

상고 제기기간은 7일이다(법374). 상고의 불복대상은 제2심판결이다. 판결의 경우에는 판결등본이 당사자에게 송달되는 여부에 관계없이 공판정에서 판결이 선고된 날로부터 상소기간이 기산(起算)된다. 이는 피고인이 불출석한 상태에서 재판을 하는 경우에도 마찬가지이다(2002모6). 상고를 함에는 상고장을 원심(항소심)법원에 제출해야 한다(법375). 원심법원에 상고장을 제출하도록 한 것은 원심법원이 판결의 확정 여부를 신속하게 알 수 있도록 하기 위함이다. 구속된 피고인이 상고장을 교도소장 등에게 제출한 때에는 상고의 제기기간 내에 상고한 것으로 간주한다(법344①).

2. 상고법원에서의 변론 이전의 절차

(1) 원심법원에서의 절차

상고심절차는 특별한 규정이 없는 한 항소심에 관한 규정이 준용된다(법399). 상고심절차의 주요한 사항을 살펴보면 다음과 같다.

상고제기가 법률상의 방식에 위반하거나 상고권소멸 후인 것이 명백한 때에는 원심

(항소심)법원은 결정으로 상고를 기각하여야 한다(법376①). 이 결정에 대하여는 즉시항고를 할 수 있다(동조②). 상고를 기각하는 경우 외에는 원심법원은 상고장을 받은 날로부터 14일 이내에 소송기록과 증거물을 상고법원에 송부하여야 한다(법377).

(2) 상고법원의 상고기각결정과 공소기각결정

소송기록과 증거물을 송부받은 상고법원은 상고제기가 법률상의 방식에 위반하거나 상고권소멸 후인 것이 명백한 경우로서 원심(항소심)법원이 상고기각의 결정을 하지 아니한 때에는 결정으로 상고를 기각하여야 한다(법381). 이 경우에는 소송기록 등에 의한 변론 없이 상고심이 종결된다. 상고기각결정은 송달 등에 의하여 고지된 때 확정된다(2011 도15914).

공소기각결정의 사유(법328① i~iv)가 있는 때에는 상고법원은 결정으로 공소를 기각하여야 한다(법382). 공소기각결정은 원심판결의 당부에 대한 것이 아니라 피고사건 자체와 관련된 판단이다. 상고법원의 공소기각결정에 의하여 피고사건의 소송계속은 확정적으로 종결된다.

(3) 상고심에서의 변론준비절차

상고법원이 소송기록의 송부를 받은 때에는 즉시 상고인과 상대방에 대하여 그 사유를 통지하여야 한다(법378①). 상고법원의 통지 전에 변호인의 선임이 있는 때에는 변호인에 대하여도 그 통지를 하여야 한다(동조②). 원심에서 선임된 변호인은 상고제기에 따른 원심법원의 소송계속 종료와 함께 그 권한이 종료된다(법32①). 상고심에서 사선변호인을 선임하는 경우에는 변호사 아닌 자를 변호인으로 선임하지 못한다(법386). 상고심은 원칙적으로 법률심이므로 법률에 관하여 전문지식을 가진 변호사에게 변호를 한정시킨 것이다.

상고인 또는 변호인은 상고법원으로부터 소송기록접수의 통지를 받은 날로부터 20일 이내에 상고이유서를 상고법원에 제출해야 한다(법379① 1문). 이 점은 항소의 경우와 같다(전술 471면). 상고제기기간은 법정기간이다. 법정기간은 소송행위를 할 자의 주거 또는 사무소의 소재지와 법원 또는 검찰청 소재지와의 거리 및 교통통신의 불편정도에 따라 대법원규칙으로 이를 연장할 수 있다(법67). 구속된 피고인이 상고이유서 제출기간 내에 상고이유서를 교도소장, 구치소장 또는 그 직무를 대리하는 자에게 제출하면 상고이유서 제출기간 내에 제출한 것으로 간주한다(법379① 2문, 344①).

상고인이나 변호인이 상고이유서 제출기간 내에 상고이유서를 제출하지 아니한 때에는 결정으로 상고를 기각하여야 한다(법380① 본문). 다만 상고장에 이유의 기재가 있는 때에는 예외로 한다(동항 단서).

상고이유서에는 소송기록과 원심법원의 증거조사에 표현된 사실을 인용하여 그 이유를 명시해야 한다(법379②). 항소이유서에 기재된 항소이유를 그대로 원용하는 것은 적법한 상고이유가 될 수 없다(2013도658). 상고장 및 상고이유서에 기재된 상고이유의 주장이 상고이유(법383)에 해당하지 아니함이 명백한 때에는 상고법원은 결정으로 상고를 기각하여야 한다(법380②). 상고기각결정은 송달 등에 의하여 고지된 때 확정된다(2011도15914).

상고이유서의 제출을 받은 상고법원은 지체 없이 그 부본 또는 등본을 상대방에게 송달해야 한다(법379③). 상대방은 상고이유서의 송달을 받은 날로부터 10일 이내에 답변서를 상고법원에 제출할 수 있다(동조④). 답변서의 제출을 받은 상고법원은 지체 없이 그 부본 또는 등본을 상고인 또는 변호인에게 송달해야 한다(동조⑤).

3. 상고심에서의 변론절차

(1) 상고심에서의 변론

상고법원이 공판기일을 열어 상고이유에 대한 변론을 듣기로 결정한다면 공판기일을 지정해야 한다. 검사와 변호인은 상고이유서에 의하여 변론하여야 한다(법388). 상고이유서에 기재되지 않은 사항에 관하여 변론하는 것은 허용되지 않는다. 변호인의 선임이 없거나 변호인이 공판기일에 출정하지 아니한 때에는 검사의 진술을 듣고 판결을 할 수 있다(법389① 본문). 단, 필요적 변호사건(법283)에 해당한 경우에는 예외로 한다(동항 단서).

상고심의 공판기일에는 피고인의 소환을 요하지 않는다(법389의2). 피고인은 상고심의 공판기일에 출석하더라도 변론능력이 없다. 상고심에서는 변호인이 아니면 피고인을 위하여 변론하지 못한다(법387). 피고인은 공판기일에 출석하더라도 적극적으로 이익사실을 진술하거나 최종의견을 진술할 수 없다. 다만 수동적으로 재판부의 질문에 대한 답변은 할 수 있다. 상고법원은 필요한 경우에는 특정한 사항에 관하여 변론을 열어 참고인의 진술을 들을 수 있다(법390②). 상고심의 참고인진술은 상고법원의 판단에 필요한 전문가의 의견을 듣기 위한 장치이다.

(2) 상고심과 서면심리

판결은 구두변론에 의하는 것이 원칙이다(법37①). 이론상 상고심에서의 변론도 공판기일에서 하는 것이 원칙이다(법389① 참조). 우리 입법자는 예외적으로 상고심 변론에 서면심리 방식을 허용하고 있다. 상고법원은 상고장, 상고이유서 기타의 소송기록에 의하여 변론 없이 판결할 수 있다(법390①). 상고심의 실제를 보면 상고법원이 공판기일을 열어 변론을 듣는 경우는 대단히 드물다. 상고심의 서면심리는 상고를 기각하는 경우와 원심판결을 파기하는 경우에 모두 가능하다.

제5 상고심의 재판

1. 상고심재판의 종류

(1) 상고기각판결과 파기판결

상고제기의 적법요건이 구비되었으나 상고가 이유 없다고 인정한 때에는 상고법원은 상고기각판결을 선고한다(법399, 법364④). 상고가 이유 있는 때에는 상고법원은 판결로써 원심판결을 파기하여야 한다(법391). 상고법원의 재판서에는 상고이유에 관한 판단을 기재하여야 한다(법398). 이것은 법령해석의 통일이라는 상고심의 기능에서 요구되는 것이다. 대법원 재판서에는 합의에 관여한 모든 대법관의 의견을 표시하여야 한다(법원조직법15).

상고법원이 원심판결의 어느 부분를 파기하고, 나머지 부분에 대해 상고이유가 없다고 하여 파기하지 아니한 경우가 있다. 이러한 경우에 상고심에서 상고이유가 없다고 하여 파기되지 아니한 부분은 그 판결 선고와 동시에 확정된다. 파기되지 아니한 부분에 대하여는 피고인은 더 이상 다툴 수 없고, 환송·이송받은 법원으로서도 이와 배치되는 판단을 할 수 없다(2018도7575).

피고인의 이익을 위하여 원심판결을 파기하는 경우에 파기의 이유가 상고한 공동피고인에게 공통되는 때에는 그 공동피고인에 대하여도 원심판결을 파기해야 한다(법392)(2000도3483, 2013도9605). 이 경우 상고한 공동피고인이란 항소심의 공동피고인으로서 (가) 자신이 상고한 경우는 물론 (나) 그에 대하여 검사만 상고한 경우까지도 포함한다(2021도10579 참조). 상고심에서 반드시 공동피고인이어야 할 필요는 없다.

(2) 환송, 이송, 파기자판

원심판결을 파기하는 경우에 상고법원이 행하는 재판에는 환송, 이송, 자판의 세 가지 형식이 있다. 상고심에서 원심판결을 파기한 때에는 원칙적으로 판결로써 사건을 원심법원에 환송하거나 그와 동등한 다른 법원에 이송하여야 한다(법397 참조). 상고심은 기본적으로 사후심이기 때문이다.

적법한 공소를 기각하였다는 이유로 원심판결 또는 제1심판결을 파기하는 경우에는 판결로써 사건을 원심법원 또는 제1심법원에 환송하여야 한다(법393). 관할위반의 인정이 법률에 위반됨을 이유로 원심판결 또는 제1심판결을 파기하는 경우에는 판결로써 사건을 원심법원 또는 제1심법원에 환송하여야 한다(법395). 관할의 인정이 법률에 위반됨을 이유로 원심판결 또는 제1심판결을 파기하는 경우에는 판결로써 사건을 관할 있는 법원에 이송하여야 한다(법394).

상고법원은 원심판결을 파기한 경우에 그 소송기록과 원심법원과 제1심법원이 조사한 증거에 의하여 판결하기 충분하다고 인정한 때에는 피고사건에 대하여 직접 판결을 할 수 있다(법396①). 상고법원이 원심판결을 파기하면서 직접 재판하는 것을 가리켜서 파기자판이라고 한다(2004도8672). 상고법원이 파기자판을 하는 경우에는 불이익변경금지원칙이 적용된다. 따라서 피고인이 상고한 사건과 피고인을 위하여 상고한 사건에 대하여는 원심판결의 형보다 무거운 형을 선고하지 못한다(법396②, 368).

2. 상고심판결의 정정

상고법원은 그 판결의 내용에 오류가 있음을 발견한 때에는 직권 또는 검사, 상고인이나 변호인의 신청에 의하여 판결로써 이를 정정할 수 있다(법400①). 원래 상고심판결은 최종심의 판결로서 그 선고와 함께 확정되므로 이를 정정할 수 없는 것이 원칙이다. 그러나 상고심판결의 내용에 오류가 있음이 분명한 때에도 확정판결이라는 이유로 이를 방치한다면 판결의 적정이라는 관점에서 불합리하다. 그리하여 상고법원이 이를 자체적으로 시정할 수 있는 길을 마련한 것이다(79도952). 상고심판결의 정정이 이루어지더라도 상고심판결이 판결선고와 동시에 확정된다는 점에는 변함이 없다(67초22).

형소법 제400조에서 '판결내용의 오류'라 함은 판결의 내용에 계산 잘못, 오기 기타 이와 유사한 것이 있는 경우를 의미한다. 판결정정은 판결내용의 오류를 정정하는 데 그치는 것이므로 판결의 결론이 부당하다고 하여도 판결정정의 방법으로 이를 바로 잡을 수는 없다(81초60). 이 때에는 재심(법420 이하)이나 비상상고(법441 이하)의 방법에 의하여 구제해야 한다.

제4절 항　고

제1 항고의 의의와 대상

1. 항고의 의의

항고는 법원의 결정에 대한 상소를 말한다. 결정은 수소법원이 판결에 이르는 과정에서 문제되는 절차상의 사항에 관하여 행하는 재판이 일반적이지만, 공소기각결정(법328①)과 같이 종국재판인 경우도 있다. 법원의 결정에 대해 불복이 있으면 원칙적으로 항고를 할 수 있다(법402 본문). 지방법원 단독판사의 결정에 대한 항고법원은 지방법원 본원 합의부(춘천지방법원 강릉지원 합의부 포함)이다(법원조직법32②). 지방법원 합의부의 제1심결정에 대한 항고법원은 고등법원이다(동법28 ⅰ). 항고법원, 고등법원 또는 항소법원의 결정에 대한 재항고법원은 대법원이다(동법14ⅱ).

2. 즉시항고

항고는 즉시항고와 보통항고로 대별할 수 있다. 즉시항고는 제기기간이 제한되어 있는 항고이다(법405). 즉시항고는 (가) 당사자의 중대한 이익에 관련된 사항이나 (나) 소송절차의 원활한 진행을 위하여 신속한 결론을 얻는 것이 필요한 사항을 그 대상으로 한다(2015헌바77). (가)와 관련해서 보면, 즉시항고의 대상이 되는 결정은 당사자에게 중대한 영향을 미치는 경우가 많다. 결정의 집행이 이루어질 경우 항고인에게 회복할 수 없는 손해가 발생하는 것을 방지하기 위한 장치가 즉시항고이다(2010헌마499).

즉시항고는 법률에서 개별적으로 허용하는 경우에만 인정된다. 즉시항고는 공소기각결정과 같은 종국재판으로서의 결정을 대상으로 하는 경우(법328②, 363②)와 보석조건 위반시의 감치결정(법102④), 증인에 대한 감치결정(법151⑧) 등과 같은 종국전 결정을 대상으로 하는 경우가 있다. 검사의 불기소처분에 대한 재정신청을 기각하는 고등법원의 결정에 대해서는 재항고(법415) 방식으로 대법원에 즉시항고를 할 수 있다(법262④ 1문 전단).

즉시항고의 제기기간은 7일이다(법405). 즉시항고의 제기기간은 결정을 고지한 날로부터 기산한다(법343②). 즉시항고의 종기(終期)는 결정을 고지한 날로부터 기산하여(법343②) 초일 불산입(법66① 본문 후단)한 후의 7일째가 된다. 즉시항고 기간의 말일이 공휴일 또는 토요일에 해당하는 날은 기간에 산입하지 아니한다(동조③ 본문).

즉시항고는 보통항고와 달리 그 제기기간 내에 제기가 있는 때에는 재판의 집행이 정지된다(법410). 즉 (가) 즉시항고의 제기기간 동안은 물론이고, (나) 즉시항고가 제기된 경우 그 항고심의 재판이 확정될 때까지 원심재판의 집행은 일률적으로 정지된다(2011헌가36). 즉시항고이면서도 집행정지의 효력이 발생하지 않는 경우가 있다. 예컨대 기피신청에 대한 간이기각결정에 대해서는 즉시항고를 할 수 있으나(법23①, 416 i①), 통상적인 즉시항고와 달리 재판의 집행을 정지하는 효력이 없다(법23②). 증인에 대한 감치명령에 대해서는 즉시항고를 할 수 있으나 집행정지의 효력이 없다(법151⑧, 410).

3. 보통항고

보통항고는 즉시항고를 제외한 항고를 말한다. 법원의 결정에 대하여 불복이 있으면 항고를 할 수 있다(법402 본문). 단, 형사소송법에 특별한 규정이 있는 경우에는 예외로 한다(동조 단서). 보통항고가 허용되지 않는 결정으로는 다음과 같은 경우들이 있다. 법원의 관할 또는 판결 전의 소송절차에 관한 결정에 대하여는 특히 즉시항고를 할 수 있는 경우 외에는 항고를 하지 못한다(법403①). 관할에 관한 결정이나 판결 전의 소송절차에 관한 결정은 종국재판을 향해 나아가는 절차의 일부이므로 종국재판에 대하여 상소하면 족하고 별도로 독립한 항고를 인정할 필요가 없기 때문이다.

구금, 보석, 압수나 압수물의 환부에 관한 결정 또는 감정하기 위한 피고인의 유치에 관한 결정은 판결 전의 소송절차에 관한 결정이지만 이에 대해서는 보통항고가 허용된다(법403②). 이 경우의 결정은 피고인에게 인신구속이나 재산권행사의 제약을 초래하는 경우이므로 신속한 구제를 가능하게 하기 위하여 항고가 허용되고 있다.

체포·구속된 피의자 등이 체포·구속적부심사를 청구한 경우에 그에 대하여 내려진 기각결정이나 인용결정에 대해서는 항고가 허용되지 않는다(법214의2⑧). 그러나 형소법 제214조의2 제5항에 기한 기소 전 보증금 납입조건부 석방결정(소위 피의자보석)에 대해서는 항고가 가능하다(97모21)(전술 99면).

성질상 항고가 허용되지 않는 결정이 있다. 대법원의 결정은 최종심의 결정이므로 항고가 허용되지 않는다(87모4). 또 항고법원, 고등법원 또는 항소법원의 결정에 대하여는 재판에 영향을 미친 헌법, 법률, 명령 또는 규칙의 위반이 있음을 이유로 하는 때에 한하여 대법원에 즉시항고가 허용될 뿐이므로(법415) 여기에 해당하지 않는 항고법원, 고등법원, 항소법원의 결정은 항고의 대상이 되지 않는다.

4. 항고의 절차와 재판

(1) 원심법원에서의 절차

항고를 제기하려면 항고장을 원심법원에 제출해야 한다(법406). 항고장의 기재사항에 관해서는 아무런 규정이 없고, 항소나 상고와 달리 항고장 제출 이후 항고이유서를 제출하는 절차가 따로 마련되어 있지 않다. 항고는 즉시항고 외에는 언제든지 할 수 있다(법404 본문). 단, 원심결정을 취소하여도 실익이 없게 된 때에는 항고를 제기할 수 없다(동조 단서). 항고의 제기가 법률상의 방식에 위반하거나 항고권소멸 후인 것이 명백한 때에는 원심법원은 결정으로 항고를 기각하여야 한다(법407①). 이 결정에 대하여는 즉시항고를 할 수 있다(동조②).

원심법원은 항고가 이유 있다고 인정한 때에는 결정을 경정하여야 한다(법408①). 결정을 경정한다 함은 원결정 자체를 취소하거나 변경하는 것을 말한다. 항소의 경우에도 항고(법406)와 마찬가지로 항소장을 원심법원에 제출한다(법359). 그런데 항소의 경우에는 원심법원이 항소가 이유 있다고 판단하더라도 판결을 경정할 수 없다. 이에 반해 항고의 경우에는 원심법원이 스스로 원결정을 경정할 수 있다. 이를 가리켜서 원심법원의 재검토라고 한다. 원결정의 신속한 수정을 통해 절차진행을 촉진하기 위함이다.

항고는 즉시항고 외에는 재판의 집행을 정지하는 효력이 없다(법409 본문). 따라서 원심법원이 재판을 고지하면 바로 집행기관에 의하여 그 집행이 개시된다. 그러나 원심법원은 결정으로 항고에 대한 결정이 있을 때까지 원결정의 집행을 정지할 수 있다(동조 단서). 원심법원은 항고의 전부 또는 일부가 이유 없다고 인정한 때에는 항고장을 받은 날로부터 3일 이내에 의견서를 첨부하여 항고법원에 송부하여야 한다(법408②). 또 원심법원이 필요하다고 인정한 때에는 소송기록과 증거물을 항고법원에 송부하여야 한다(법411①).

(2) 항고법원에서의 절차

항고의 제기가 법률상의 방식에 위반하거나 항고권소멸 후인 것(법407)이 명백한 사건에 대하여 원심법원이 항고기각결정을 하지 아니한 때에는 항고법원은 결정으로 항고를 기각해야 한다(법413). 보통항고가 제기된 경우에 원심법원이 집행정지결정을 하지 않은 때에는 항고법원은 결정으로 항고에 대한 결정이 있을 때까지 원결정의 집행을 정지할 수 있다(법409 단서). 원심법원은 소송기록과 증거물을 항고법원에 송부할 수 있지만(법411①) 원심법원이 소송기록을 송부해 오지 않은 경우 항고법원은 소송기록과 증거물의 송부를 원심법원에 요구할 수 있다(동조②).

원심이 소송기록을 송부한 경우와 항고법원이 원심법원에 소송기록의 송부를 요구한 경우에 항고법원은 소송기록과 증거물의 송부를 받은 날로부터 5일 이내에 당사자에게 그 사유를 통지해야 한다(법411③). 그 취지는 당사자에게 항고에 관하여 이유서를 제출하거나 의견을 진술하고 유리한 증거를 제출할 기회를 부여하려는 데 있다(2018모1698). 항고인에게 소송기록접수통지서가 송달된 날에 항고법원이 곧바로 항고인의 항고를 기각하는 것은 당사자에게 의견진술의 기회를 부여하지 아니한 것으로서 위법하다(2007모601).

항고심은 결정을 위한 심리절차이므로 구두변론에 의거하지 않을 수 있다(법37②). 항고법원은 결정을 함에 필요한 경우에는 사실을 조사할 수 있다(동조③). 검사는 항고사건에 대하여 의견을 진술할 수 있다(법412). 항고법원은 항고가 이유 없다고 인정한 때에는 결정으로 항고를 기각하여야 한다(법414①). 항고가 이유 있다고 인정한 때에는 결정으로 원심결정을 취소하고 필요한 경우에는 항고사건에 대하여 직접 재판을 하여야 한다(동조②).

5. 재 항 고

(1) 재항고의 의의

재항고란 대법원에 제기하는 항고를 말한다(법415). 항고법원, 고등법원, 항소법원의 결정에 대하여는 대법원에 재항고할 수 있다(법원조직법14ⅱ 참조). 형소법 제415조는 항고법원 또는 고등법원의 결정만을 재항고 대상으로 규정하고 있으나「법원조직법」제14조에 의하여 항소법원의 결정도 재항고의 대상이 될 수 있음은 분명하다(2007모726). 또한 준항고에 대한 관할법원(법416, 417)의 결정에 대해서도 대법원에 재항고할 수 있다(법419). 재항고(再抗告)라는 표현은 항고법원의 결정에 대한 재차의 항고라는 의미를 가지고 있다. 그러나 고등법원 또는 항소법원의 결정은 그 자체가 제1심으로서의 결정이면서 대법원에 의하여 심판되므로 재항고의 의미내용이 확장되고 있다.

재항고는 원심결정의 재판에 영향을 미친 헌법, 법률, 명령, 규칙의 위반이 있음을 이유로 하는 때에 한하여 제기할 수 있다(법415). 사실오인을 이유로 하는 재항고는 허용되지 않는다. 이와 같이 재항고이유를 법령위반으로 제한한 것은 법령해석의 통일성 확보라는 대법원의 권한을 존중함과 동시에 그 업무부담을 경감하기 위함이다.

(2) 재항고심의 절차와 재판

재항고는 즉시항고의 일종이므로(법415) 재항고제기기간은 7일로 한정된다(법405). 재항고가 제기되면 재판의 집행이 정지된다(법410). 재항고절차에 관하여는 형사소송법이 아무런 규정을 두고 있지 아니하므로 그 성질상 상고에 관한 규정이 준용된다(2012모1090). 재항고를 함에는 재항고장을 원심법원에 제출해야 한다(법375 참조). 재항고 대상이 아닌 원심법원의 결정에 대해 재항고가 제기된 경우는 재항고 제기가 법률상의 방식에 위반한 것이 명백한 때에 해당하므로 원심법원은 결정으로 이를 기각해야 한다(법376① 참조)(2012 모1090).

위의 경우를 제외하고는 원심법원은 재항고장을 받은 날부터 14일 이내에 소송기록과 증거물을 재항고법원에 송부해야 한다(법377 참조). 소송기록과 증거물을 송부받은 재항고법원은 재항고제기가 법률상의 방식에 위반한 것이 명백한 때에 해당한 경우로서 원심법원이 재항고기각결정을 하지 아니한 때에는 결정으로 재항고를 기각하여야 한다(법 381 참조).

재항고심의 심리는 구두변론을 요하지 않으므로(법37②) 서면심리의 형태를 취한다(법390 참조). 재항고법원은 재항고가 부적법한 경우 또는 이유 없다고 인정하는 경우에는 결정으로 재항고를 기각하여야 한다(법380 참조). 재항고를 이유 있다고 인정한 때에는 결정으로 원심결정을 취소하고 필요한 경우에는 재항고사건에 대하여 직접 재판을 해야 한다(법414② 참조).

제2 준 항 고

1. 준항고의 의의

준항고란 통상의 항고에 비하여 간이한 형태의 불복방법을 말한다. 형사소송법은 두 가지 형태의 준항고를 규정하고 있다. 하나는 법관의 일정한 재판에 대한 준항고이며(법 416) 다른 하나는 수사기관의 일정한 처분에 대한 준항고이다(법417). 준항고는 상급법원에 대한 불복신청이 아니라는 점에서 상소가 아니다.

법관의 재판에 대한 준항고의 경우 상급법원에 의한 것은 아니지만 강화된 재판부에 의하여 심사를 받는다는 점에서 실질적으로 항고에 준하는 성질을 가진다. 수사기관의 처분에 대한 준항고 또한 재판에 대한 불복방법이 아니라는 점에서 상소에 포함되지 않는다. 그러나 관할법원이 판단한다는 점에서 재판에 대한 불복방법에 준하여 규율되고 있다. 준항고에는 항고에 관한 여러 규정들이 준용되고 있다(법419). 준항고는 항고의 경우와 달리 그 사유가 엄격하게 제한되어 있다.

2. 재판장 · 수명법관의 재판에 대한 준항고

(1) 준항고의 대상

형소법 제416조는 재판장 또는 수명법관의 재판에 대한 준항고에 대하여 규정하고 있다. 법관이 재판장 또는 수명법관으로서가 아니라 수소법원으로서 행한 재판에 대해서는 준항고가 허용되지 않는다. 1인 재판부인 단독판사의 재판은 수소법원으로서 행한 재판이다. 재판장 또는 수명법관의 재판에 대하여 준항고가 허용되는 경우로 형사소송법은 다음 네 가지 사유를 규정하고 있다(법416①).

① 기피신청을 기각한 재판 (1호)

② 구금, 보석, 압수 또는 압수물환부에 관한 재판 (2호)

③ 감정하기 위하여 피고인의 유치를 명한 재판 (3호)

④ 증인, 감정인, 통역인 또는 번역인에 대하여 과태료 또는 비용의 배상을 명한 재판 (4호)

(2) 준항고의 절차

재판장 또는 수명법관의 재판에 대한 준항고는 서면으로 관할법원에 제출해야 한다(법418). 이때 관할법원은 재판장 또는 수명법관이 소속한 법원이 된다(법416①). 이 경우 '소속한 법원'은 국법상 의미의 법원을 가리킨다. 지방법원이 준항고의 청구를 받은 때에는 준항고 사건 담당 합의부에서 결정을 하여야 한다(동조②). 이 경우 '지방법원'에는 지방법원 지원도 포함된다(법원조직법32① 참조).

준항고의 청구는 재판의 고지가 있는 날로부터 7일 이내에 해야 한다(법416③). 증인 · 감정인 · 통역인 · 번역인에 대한 과태료 또는 비용배상의 재판(4호)은 7일의 청구기간 내와 청구가 있는 때에는 그 재판의 집행이 정지된다(법416④). 그 밖의 준항고는 재판의 집행을 정지하는 효력이 없다. 단, 준항고법원은 결정으로 준항고에 대한 결정이 있을 때까지 재판장 또는 수명법관이 한 재판의 집행을 정지할 수 있다(법419, 409).

준항고의 절차 및 재판의 형태에 관하여는 일반적인 항고의 규정들이 준용된다(법419). 준항고의 제기가 법률상의 방식에 위반하거나 준항고권 소멸 후인 것이 명백한 때에는 준항고법원은 결정으로 준항고를 기각해야 한다(법419, 413). 준항고를 이유 없다고 인정한 때에도 결정으로 준항고를 기각해야 한다(법419, 414①). 준항고를 이유 있다고 인정한 때에는 결정으로 재판장 또는 수명법관의 재판을 취소하고 필요한 경우에는 준항고사건에 대하여 직접 재판을 해야 한다(법419, 414②). 준항고법원의 결정에 대하여는 재판에 영향을 미친 헌법·법률·명령 또는 규칙의 위반이 있음을 이유로 하는 때에 한하여 대법원에 즉시항고를 할 수 있다(법419, 415).

3. 수사기관의 처분에 대한 준항고

(1) 형소법 제417조 준항고의 의의와 성질

형소법 제417조는 수사기관의 각종 처분에 대한 불복절차로서 준항고를 규정하고 있다. 형소법 제417조의 준항고절차는 검사 또는 사법경찰관의 각종 수사처분에 대한 사후적 통제수단이자 수사기관의 처분을 받는 사람의 신속한 구제절차로 마련된 것이다(2022모1566). 형소법 제417조에 따른 준항고 절차는 행정처분에 대한 항고소송과 유사하며(2015헌마632), 당사자주의에 의한 소송절차와는 달리 대립되는 양 당사자의 관여를 필요로 하지 않는다(2022모1566).

(2) 형소법 제417조 준항고의 절차

형소법 제417조에 따른 수사기관의 처분에 대한 준항고는 서면을 관할법원에 제출하는 방식으로 제기하여야 한다(법418). 이때 관할법원은 검사 또는 사법경찰관의 직무집행지의 관할법원 또는 검사의 소속검찰청에 대응한 법원이 된다(법417). 수사기관의 처분을 받은 사람은 준항고서면을 관할법원에 제출하여야 한다(법418). 준항고서면은 불복의 대상이되는 수사처분을 특정하고 준항고취지를 명확히 한 것이어야 한다. 준항고인이 불복의 대상이 되는 수사처분을 구체적으로 특정하기 어려운 사정이 있는 경우에는 법원은 석명권 행사 등을 통해 준항고인에게 불복하는 수사처분을 특정할 수 있는 기회를 부여하여야 한다(2022모1566)

수사기관의 처분에 대한 준항고에는 법률상 이익이 있어야 한다. 그러므로 (가) 준항고 계속중에 준항고로써 달성하고자 하는 목적이 이미 이루어졌거나, (나) 시일의 경과 또는 그 밖의 사정으로 인하여 그 이익이 상실된 경우에는 준항고는 그 이익이 없어 부적법하게 된다(2013모1970). 수사기관의 처분에 대한 준항고절차와 재판에는 일반적인 항고의 규정들이 준용된다(법419). 수사기관의 처분에 관하여 관할법원이 행한 결정에 대해서는 재판에 영향을 미친 헌법·법률·명령 또는 규칙의 위반이 있음을 이유로 하는 때에 한하여 대법원에 즉시항고를 할 수 있다(법419, 415). 형소법 제417조에 따른 준항고의 세부유형은 다음과 같다.

(3) 수사기관의 구금처분에 대한 준항고

검사 또는 사법경찰관의 구금처분에 대하여 불복이 있으면 관할법원에 그 처분의 취소 또는 변경을 청구할 수 있다. 수사기관의 구금처분 가운데에는 구속장소변경, 구금장소에서의 접견불허처분(법200의6, 209, 91)이 주목된다. 준항고의 대상이 되는 수사기관의 구금처분은 적극적인 처분뿐만 아니라 소극적인 부작위도 포함된다(91모24).

(4) 수사기관의 압수처분에 관한 준항고

검사 또는 사법경찰관의 압수에 관한 처분에 대하여 불복이 있으면 관할법원에 그 처분의 취소 또는 변경을 청구할 수 있다. 수사기관의 압수처분에 대한 준항고는 특히 정보저장매체에 대한 압수절차에서 중요한 의미를 갖는다. 준항고인이 정보저장매체 또는 그 복제물에 대한 전체 압수·수색 과정을 단계적·개별적으로 구분하여 각 단계의 개별 처분에 대해 취소를 구하는 경우가 있다. 이 경우 준항고법원으로서는 특별한 사정이 없는 한 구분된 개별 처분의 위법이나 취소 여부를 판단할 것이 아니라 당해 압수·수색 과정 전체를 하나의 절차로 파악하여 그 과정에서 나타난 위법이 압수수색절차 전체를 위법하게 할 정도로 중대한지 여부에 따라 전체적으로 압수수색처분을 취소할 것인지를 가려야 한다(2011모1839)(전술 121면).

(5) 수사기관의 압수물 환부처분에 대한 준항고

형소법 제417조는 검사 또는 사법경찰관의 압수물 환부에 관한 처분에 대하여 불복이 있는 사람에게 수사절차상의 준항고를 허용하고 있다. 한편 형소법 제218조의2는 별도로 수사절차상 압수물의 환부·가환부에 관한 규정을 두고 있다(전술 133면). 여기에서 양자의 관계가 문제된다. 형소법 제417조는 위법하게 압수된 압수물의 환부에 관한 규정이다. 이 점은 형소법 제417조가 '압수물의 환부에 관한 처분에 불복이 있을 때'를 요건으로 규정하고 있는 점에서 확인할 수 있다. 이에 대해 형소법 제218조의2는 적법하게 압수된 압수물의 환부·가환부에 관한 규정이다.

압수절차가 위법함을 이유로 수사기관의 압수처분에 불복하여 압수물의 환부를 청구하는 경우로는 압수영장을 제시하지 않고 이루어진 압수(2020모2485), 피압수자 측의 참여를 허용하지 않고 이루어진 압수(2020모2485), 관련성 없는 별건증거에 대한 압수(2011모1839) 등을 들 수 있다. 이러한 경우에 피압수자 측은 형소법 제417조에 기하여 위법한 압수처분의 취소를 구하면서 압수물의 환부·가환부를 청구할 수 있다.

(6) 변호인 접견불허처분에 대한 준항고

검사 또는 사법경찰관은 피의자신문절차에서 피의자 또는 그 변호인 · 법정대리인 · 배우자 · 직계친족 · 형제자매의 신청에 따라 변호인을 피의자와 접견하게 하여야 한다(법243의2①). 이 경우 '변호인'에는 신체구속된 피의자의 변호인이 되려는 자(법34)뿐만 아니라 불구속피의자의 변호인이 되려는 자도 포함한다(2000헌마138). 변호인과의 접견교통에 관한 검사 또는 사법경찰관의 처분에 대하여 불복이 있으면 관할법원에 그 처분의 취소 또는 변경을 청구할 수 있다(전술 76면).

(7) 변호인의 피의자신문 참여 제한에 대한 준항고

검사 또는 사법경찰관은 피의자신문절차에서 피의자 또는 그 변호인 · 법정대리인 · 배우자 · 직계친족 · 형제자매의 신청에 따라 정당한 사유가 없는 한 피의자에 대한 신문에 변호인을 참여하게 하여야 한다(법243의2①). 검사 또는 사법경찰관의 변호인 참여에 관한 처분에 대하여 불복이 있으면 관할법원에 그 처분의 취소 또는 변경을 청구할 수 있다(전술 76면).

변호인 신문참여와 관련한 '변호인'에는 사선변호인과 국선변호인은 물론, 신체구속된 피의자의 변호인이 되려는 자(법34)와 불구속피의자의 변호인이 되려는 자(2000헌마138)가 모두 포함된다. 검사 또는 사법경찰관의 부당한 신문방법에 대한 변호인의 이의제기(법243의2③ 단서)는 (가) 고성, 폭언 등 그 방식이 부적절하거나 또는 (나) 합리적 근거 없이 반복적으로 이루어지는 등의 특별한 사정이 있는 경우에만 허용되지 않는다. 그러한 특별한 사정이 없는 한 검사 또는 사법경찰관의 부당한 신문방법에 대한 이의제기는 원칙적으로 변호인에게 인정된 권리의 행사에 해당하며, 신문을 방해하는 행위로 볼 수 없다(2015모2357).

제 2 장 비상구제절차

제1절 재   심

제1 재심의 의의와 기능

1. 비상구제절차의 의의

피고사건에 대한 종국재판이 확정되면 확정력이 발생하고 더 이상 그 재판의 당부를 다툴 수 없게 된다. 그러나 아무리 신중한 재판을 하더라도 인간의 불완전성으로 인하여 확정판결에 오류가 개입하는 상황을 배제할 수 없다. 여기에서 예외적으로 확정판결의 효력을 깨뜨려서 재판의 오류를 바로잡는 법적 장치가 필요한데 이를 비상구제절차라고 한다. 비상구제절차의 방법에는 재심(법420 이하)과 비상상고(법441 이하)가 있다.

확정판결에 오류가 개입하는 사례로는 피고사건의 사실인정이 잘못된 경우와 피고사건의 법령적용에 오류가 개입한 경우를 생각할 수 있다. 재심은 확정판결에 내재하는 사실인정의 잘못을 바로잡는 구제장치이다. 이에 대하여 비상상고는 확정판결에 내재하는 법령위반을 시정하는 구제장치이다. 항소, 상고, 항고 등 통상의 상소방법은 재판이 확정되기 전에 그 재판의 오류를 제거하는 일반적인 구제장치임에 반하여 재심과 비상상고는 확정판결의 오류를 시정하는 비상구제절차라는 점에서 구별된다.

2. 재심의 대상과 구조

(1) 재심의 대상

재심의 대상이 되는 것은 (가) 유죄의 확정판결(법420)과 (나) 항소기각판결 또는 상고기각판결(법421)이다. 재심의 대상이 되는 판결을 가리켜서 원판결(법420 참조) 또는 재심대상판결이라고 한다. 형사소송법은 이익재심만을 인정하고 있다(법420, 421①). 재심대상판결은 원칙적으로 유죄의 확정판결에 한정된다(법420). 이 경우 확정판결은 검사의 공소제기가 있고 공판절차에서 심리와 판단이 행해진 정규의 유죄판결(법321, 322)과 확정판결의 효력이 부여되는 약식명령(법457) 및 즉결심판(즉결심판법16)을 모두 포함한다. 특별사면으로 형 선고의 효력이 상실된 유죄의 확정판결도 재심대상판결에 포함된다(2011도1932).

무죄판결, 면소판결(2015모3243), 공소기각판결, 관할위반판결 등은 설사 그 판결에 중대한 사실오인이 있다고 하더라도 재심의 대상으로 되지 않는다. 다만 위헌무효인 법령의 폐지를 이유로 인한 면소판결은 재심대상이 된다(2011초기689). 판결이 아닌 재판에 대해서도 재심이 인정되지 않는다. 공소기각결정(법328①), 항고기각결정(법407①, 413, 414①), 재정신청기각결정(법262② i) 등은 재심의 대상에서 제외된다(86모38).

재심은 확정된 유죄판결뿐만 아니라 항소 또는 상고를 기각한 판결도 그 대상으로 한다(법421①). 여기에서 '항소기각판결' 또는 '상고기각판결'은 그 판결에 의하여 확정된 하급심판결을 의미하는 것이 아니라 하급심판결을 확정에 이르게 한 항소기각판결 또는 상고기각판결 자체를 의미한다(84모48). 항소기각판결 또는 상고기각판결은 유죄판결 자체는 아니지만 그 확정에 의하여 원심의 유죄판결도 확정된다는 점에서 유죄판결과는 별개의 재심대상으로 인정되고 있다.

(2) 재심절차의 구조

재심은 재심대상판결(원판결)에 일정한 사실오인의 흠이 있다고 판단되는 경우에 피고사건을 다시 심판하는 절차이다. 재심은 재심대상판결에 일정한 사실오인의 흠이 개입되어 있는가를 판단하는 사전절차와 사실오인의 흠이 판명된 경우에 진행되는 재차의 심판절차로 구성된다. 이때 전자를 재심청구절차 또는 재심개시절차라 하고 후자를 재심심판절차라고 한다. 재심청구절차는 결정(법433 내지 435)의 형식으로 종료됨에 반하여 재심심판절차는 통상의 공판절차에서와 같이 유죄·무죄 등의 판결 형식으로 종결된다.

제2 재심사유

1. 재심사유의 개관

(1) 형사소송법상의 재심사유

형소법 제420조는 유죄의 확정판결에 대한 재심사유로 다음의 일곱 가지 경우를 열거하고 있다.

① 원판결의 증거가 된 서류 또는 증거물이 확정판결에 의하여 위조되거나 변조된 것임이 증명된 때 (1호)

② 원판결의 증거가 된 증언, 감정, 통역 또는 번역이 확정판결에 의하여 허위임이 증명된 때 (2호)

③ 무고로 인하여 유죄를 선고받은 경우에 그 무고의 죄가 확정판결에 의하여 증명된 때 (3호)

④ 원판결의 증거가 된 재판이 확정재판에 의하여 변경된 때 (4호)

⑤ 유죄를 선고받은 자에 대하여 무죄 또는 면소를, 형의 선고를 받은 자에 대하여 형의 면제 또는 원판결이 인정한 죄보다 가벼운 죄를 인정할 명백한 증거가 새로 발견된 때 (5호)

⑥ 저작권, 특허권, 실용신안권, 디자인권 또는 상표권을 침해한 죄로 유죄의 선고를 받은 사건에 관하여 그 권리에 대한 무효의 심결 또는 무효의 판결이 확정된 때 (6호)

⑦ 원판결, 전심판결 또는 그 판결의 기초가 된 조사에 관여한 법관, 공소의 제기 또는 그 공소의 기초가 된 수사에 관여한 검사나 사법경찰관이 그 직무에 관한 죄를 지은 것이 확정판결에 의하여 증명된 때. 다만, 원판결의 선고 전에 법관, 검사 또는 사법경찰관에 대하여 공소가 제기되었을 경우에는 원판결의 법원이 그 사유를 알지 못한 때로 한정한다. (7호)

형소법 제421조 제1항은 항소기각판결 또는 상고기각판결에 대하여 별도로 재심사유를 규정하고 있다. 유죄를 선고한 원심판결 자체에는 재심사유가 없더라도 항소기각판결 또는 상고기각판결 자체에 재심사유가 개입될 수 있기 때문이다. 이러한 경우에는 상소를 기각한 판결 자체의 확정력을 제거하여 피고사건을 상소심에 소송계속된 상태로 복원시킴으로써 피고사건의 실체를 계속 심판할 수 있다(84모48).

형소법 제421조 제1항은 항소기각판결 또는 상고기각판결에 대한 재심사유로 아래의 세 가지 사유를 인정하고 있다. 신증거의 발견을 이유로 한 재심사유(제5호)는 항소기각판결 또는 상고기각판결에 대한 재심사유(법421①)로 되지 않는다.

① 원판결의 증거가 된 서류 또는 증거물이 확정판결에 의하여 위조되거나 변조된 것임이 증명된 때 (1호)

② 원판결의 증거가 된 증언, 감정, 통역 또는 번역이 확정판결에 의하여 허위임이 증명된 때 (2호)

③ 원판결, 전심판결 또는 그 판결의 기초가 된 조사에 관여한 법관, 공소의 제기 또는 그 공소의 기초가 된 수사에 관여한 검사나 사법경찰관이 그 직무에 관한 죄를 지은 것이 확정판결에 의하여 증명된 때. 다만, 원판결의 선고 전에 법관, 검사 또는 사법경찰관에 대하여 공소가 제기되었을 경우에는 원판결의 법원이 그 사유를 알지 못한 때로 한정한다. (7호)

제1심 확정판결에 대한 재심청구사건의 판결이 있은 후에는 항소기각판결에 대하여 다시 재심을 청구하지 못한다(법421②). 제1심 또는 제2심의 확정판결에 대한 재심청구사건의 판결이 있은 후에는 상고기각판결에 대하여 다시 재심을 청구하지 못한다(동조③). 이 경우 '재심청구사건의 판결'은 재심개시결정에 의하여 개시된 재심심판절차(법438 참조)에서 내려진 판결을 의미한다.

(2) 특별법상의 재심사유

재심사유는 특별법에 의하여 인정되기도 한다. 「소송촉진 등에 관한 특례법」(소송촉진법)에 따르면 이 법률에 따른 불출석재판으로 유죄판결을 받고 그 판결이 확정된 자가 책임을 질 수 없는 사유로 공판절차에 출석할 수 없었던 경우에 재심청구권자(법424)는 그 판결이 있었던 사실을 안 날부터 14일 이내에 제1심법원에 재심을 청구할 수 있다(소송촉진법23의2①). 재심청구인이 책임을 질 수 없는 사유로 위 기간에 재심청구를 하지 못한 경우에는 그 사유가 없어진 날부터 14일 이내에 제1심법원에 재심을 청구할 수 있다(동항).

「헌법재판소법」은 제47조에서 위헌으로 결정된 형벌법규의 소급효를 규정하고 있다. 위헌으로 결정된 형벌법규에 근거한 유죄의 확정판결에 대하여는 재심을 청구할 수 있다(동조④). 이 경우 재심절차에 대하여는 형사소송법을 준용한다(동조⑤). 「헌법재판소법」 제75조 제7항은 「헌법재판소법」 제68조 제2항에 따른 헌법소원이 인용된 경우에 해당 헌법소원과 관련된 소송사건이 이미 확정된 때에는 당사자는 재심을 청구할 수 있다고 규정하고 있다. 이 경우 형사사건에 대한 재심에는 형사소송법이 준용된다(헌법재판소법75⑧).

2. 신증거형 재심사유

(1) 새로운 증거의 의미와 자격

형사소송법상의 재심사유는 새로운 증거의 발견을 이유로 하는 경우(신증거형)와 그 밖에 증거 자체가 부정확하여 사실관계의 확정에 오류가 개입되는 경우(오류형)로 나누어 볼 수 있다. 형소법 제420조 제5호는 (가) 유죄를 선고받은 자에 대하여 무죄 또는 면소를, (나) 형의 선고를 받은 자에 대하여 형의 면제 또는 원판결이 인정한 죄보다 가벼운 죄를 인정할 명백한 증거가 새로 발견된 때를 유죄의 확정판결에 대한 재심사유(신증거형)로 규정하고 있다.

(나)의 경우 '원판결이 인정한 죄보다 가벼운 죄를 인정할 경우'라 함은 원판결(재심대상판결)에서 인정한 죄와는 별개의 가벼운 죄를 말하고, 원판결에서 인정한 죄 자체에는 변함이 없고 다만 양형상의 자료에 변동을 가져올 사유에 불과한 것은 여기에 해당하지 않는

다(2017도14769). 공소기각판결을 인정할 증거가 발견된 때는 형소법 제420조 제5호의 재심사유에 해당되지 않는다(96모51).

(2) 증거의 신규성

발견된 증거가 재심사유로 인정되기 위해서는 그 증거가 새로운 것이어야 한다. '증거가 새로 발견된 때'라 함은 (가) 재심대상이 되는 확정판결의 소송절차에서 발견되지 못하였던 증거로서 이를 새로이 발견한 때와 (나) 재심대상이 되는 확정판결의 소송절차에서 발견되기는 하였지만 제출할 수 없었던 증거로서 이를 비로소 제출할 수 있게 된 때를 말한다(2005모472). 형벌에 관한 법령이 당초부터 헌법에 위반되어 법원이 위헌·무효라고 선언한 때는 무죄 등을 인정할 '증거가 새로 발견된 때'에 해당한다(2010모363).

새로운 증거는 법원의 입장에서 볼 때 새로운 것이어야 한다. 따라서 유죄를 인정한 원판결(재심대상판결)의 증거로 되었던 자백이나 증인의 증언 또는 공동피고인의 진술이 이후 단순히 번복되었다는 것만으로는 새로운 증거라고 할 수 없다.

(3) 증거의 명백성

새로운 증거의 발견이 5호의 재심사유에 해당하기 위해서는 그 증거가 (가) 유죄의 선고를 받은 자에 대하여 무죄 또는 면소를, (나) 형의 선고를 받은 자에 대하여 형의 면제 또는 원판결이 인정한 죄보다 가벼운 죄를 인정할 명백한 증거이어야 한다. 증거의 명백성을 판단함에 있어서 새로 발견된 증거만을 기준으로 할 것인가 기존의 구증거도 함께 고려의 대상으로 삼아야 할 것인가를 놓고 견해가 나뉘고 있다.

단독평가설은 새로 발견된 증거만을 독립적·고립적으로 고찰하여 그 증거가치만으로 재심의 개시 여부를 판단해야 한다는 견해이다. 전면적 종합평가설은 새로 발견된 증거와 재심대상판결(원판결)이 그 사실인정시에 채용한 모든 구증거를 함께 고려하여 종합적으로 평가·판단해야 한다는 견해이다. 제한적 종합평가설은 재심대상판결(원판결)을 선고한 법원이 사실인정의 기초로 삼은 증거들 가운데 새로 발견된 증거와 유기적으로 밀접하게 관련·모순되는 것들만을 함께 고려하여 평가해야 한다는 견해이다. 판례는 제한적 종합평가설의 입장이다(2005모472).

3. 오류형 재심사유

형소법 제420조는 유죄의 확정판결에 사용되었던 증거 자체가 부정확하여 사실관계의 확정에 오류가 개입되는 경우를 재심사유로 설정하고 있다. 1호 내지 4호, 6호, 7호의 재심사유가 여기에 해당한다. 오류형 재심사유에서 문제되는 원판결의 증거는 원판결의 이유 중에서 증거로 채택되어 범죄사실을 인정하는 데 인용된 증거를 뜻한다. 그 증거는 원판결의 범죄사실과 직접·간접으로 관련된 내용의 것이어야 한다(95모38). 예컨대 증인이 위증죄로 처벌되어 그의 증언이 허위인 것으로 증명되었다는 것만으로는 오류형 재심사유로 충분하지 않다(99모93).

오류형 재심사유의 경우에는 확정판결로써 오류의 원인사실을 증명해야 하는 경우가 많다. 확정판결로써 범죄가 증명됨을 재심청구의 이유로 할 경우에 그 확정판결을 얻을 수 없는 때에는 그 사실을 증명하여 재심의 청구를 할 수 있다(법422 본문). 단, 증거가 없다는 이유로 확정판결을 얻을 수 없는 때에는 예외로 한다(동조 단서). 확정판결에 갈음하는 사실증명의 예로 검사의 불기소처분을 들 수 있다(96모123).

제3 재심청구절차

1. 재심청구절차

(1) 재심절차의 선후 구조

형사소송법상 재심절차는 재심청구에 따라 재심개시 여부를 심리하는 재심청구절차와 재심개시결정이 확정된 후에 진행되는 재심심판절차로 구성된다. 재심청구절차는 재심개시를 목포로 진행되므로 재심개시절차라고도 한다. 재심청구절차에서는 형사소송법 등에서 규정하고 있는 재심사유가 있는지 여부만을 판단한다. 재심청구절차에서는 재심사유가 재심대상판결에 영향을 미칠 가능성이 있는가의 실체적 사유를 고려해서는 안 된다(2018도20698).

(2) 재심청구사건의 관할

재심의 청구는 원판결의 법원이 관할한다(법423). 여기에서 '원판결'이란 재심청구인이 재심사유 있음을 주장하여 재심청구의 대상으로 삼은 확정판결(재심대상판결)을 말한다. 따라서 재심청구인이 제1심의 유죄 확정판결(법321, 322)을 재심청구대상으로 하는 경우에는 제1심법원이, 항소심의 파기자판 확정판결(법364⑥)을 대상으로 하는 경우에는 항소법원이 각각 재심청구사건의 관할법원이 된다. 항소기각판결(법364④) 또는 상고기각판결(법399, 법364④)을 대상으로 하는 경우에는 항소법원 또는 상고법원이 각각 재심청구사건의 관할법원이 된다. 재심청구사건에서 재심대상사건(원판결)은 제척사유의 하나인 전심재판(법17 vii)

에 해당하지 않는다(82모11). 재심대상사건과 재심청구사건 사이에는 소송계속의 이전을 통한 절차의 연결성이 인정되지 않기 때문이다.

(3) 재심청구권자

재심을 청구할 수 있는 자는 (가) 검사, (나) 유죄의 선고를 받은 자, (다) 유죄의 선고를 받은 자의 법정대리인, (라) 유죄의 선고를 받은 자가 사망하거나 심신장애가 있는 경우에는 그 배우자, 직계친족 또는 형제자매이다(법424). 검사 이외의 자가 재심의 청구를 하는 경우에는 변호인을 선임할 수 있다(법426①). 이 경우 변호인의 선임은 재심의 판결이 있을 때까지 그 효력이 있다(동조②). 재심개시결정을 구하는 재심청구절차(법420 이하)에는 재심심판절차의 국선변호인 선정에 관한 규정(법438④)이 적용되지 않는다(92모49).

재심청구는 피고인 측뿐만 아니라 공익의 대표자인 검사도 피고인의 이익을 위하여 할 수 있다(법420, 424 i)(2019모3197). 다만, 원판결, 전심판결 또는 그 판결의 기초가 된 조사에 관여한 법관, 공소의 제기 또는 그 공소의 기초가 된 수사에 관여한 검사나 사법경찰관이 그 직무에 관한 죄를 지은 것이 확정판결에 의하여 증명된 때를 재심사유로 하는 경우(법420 vii)에 유죄의 선고를 받은 자가 그 죄를 범하게 한 경우에는 검사가 아니면 재심청구를 하지 못한다(법425).

(4) 재심청구의 시기와 방법

재심청구의 시기에는 제한이 없다. 형의 집행중에는 물론이지만, 재심청구는 형의 집행을 종료하거나 형의 집행을 받지 않게 된 때에도 할 수 있다(법427). 재심청구는 확정판결을 선고받은 자가 사망한 경우에도 가능하다. 확정판결을 선고받은 자가 사망한 경우에는 그 선고를 받은 자의 이익을 위하여 사망자의 배우자, 직계친족 또는 형제자매가 재심을 청구할 수 있다(법420, 424 iv).

재심청구를 함에는 재심청구의 취지 및 재심청구의 이유를 구체적으로 기재한 재심청구서에 원판결의 등본 및 증거자료를 첨부하여 관할법원에 제출해야 한다(규칙166). 유죄판결을 선고받은 자가 교도소 또는 구치소에 있는 경우에는 재심청구서를 교도소장이나 구치소장 또는 그 직무를 대리하는 자에게 제출한 때에 재심을 청구한 것으로 간주한다(법430, 344①).

재심청구는 형의 집행을 정지하는 효력이 없다(법428 본문). 단, 관할법원에 대응한 검찰청검사는 재심청구에 대한 재판이 있을 때까지 형의 집행을 정지할 수 있다(동조 단서). 재심청구는 취하할 수 있다(법429①). 재심청구를 취하한 자는 동일한 이유로써 다시 재심을 청구하지 못한다(동조②).

2. 재심청구사건에 대한 심리와 재판

(1) 재심청구사건의 심리

재심청구사건에 대한 심리는 결정의 형태로 종결된다(법433 내지 435 참조). 그러므로 판결의 경우와 달리 반드시 구두변론에 의할 필요가 없으며(법37②) 공개할 필요도 없다(법42 본문). 또한 필요한 경우에는 사실을 조사할 수도 있다(법37③). 이 경우 사실조사는 공판절차에 적용되는 엄격한 증거조사 방식에 따라야만 하는 것은 아니다(2015모2229). 소송당사자에게는 사실조사신청권이 없다.

재심청구에 대하여 결정을 할 때에는 청구한 자와 상대방의 의견을 들어야 한다(법432 본문). 단, 유죄의 선고를 받은 자의 법정대리인이 재심을 청구한 경우에는 유죄의 선고를 받은 자의 의견을 들어야 한다(동조 단서). 재심을 청구한 자와 상대방에게는 의견진술의 기회를 주면 족하고 반드시 의견진술이 있어야 할 필요는 없다(82모11).

(2) 재심청구사건에 대한 재판

재심청구를 받은 법원은 (가) 재심의 청구가 법률상의 방식에 위반한 때, (나) 재심의 청구가 재심청구권의 소멸 후인 것이 명백한 때, (다) 재심의 청구가 이유없다고 인정한 때에는 결정으로 재심청구를 기각하여야 한다(법433, 434①). 재심청구기각결정에 대해서는 즉시항고를 할 수 있다(법437). 재심청구가 이유없다고 판단되어 기각결정이 내려진 경우에는 누구든지 동일한 이유로써 다시 재심을 청구하지 못한다(법434②).

항소기각의 확정판결과 그 판결에 의하여 확정된 제1심 유죄판결에 대하여 각각 재심청구가 있고, 제1심법원이 재심청구를 받아들여 재심의 판결을 한 때에는 항소법원은 결정으로 재심청구를 기각하여야 한다(법436①). 이 결정에 대하여는 즉시항고를 할 수 있다(법437). 제1심 또는 제2심의 유죄판결에 대한 상고기각의 판결과 그 판결에 의하여 확정된 제1심 또는 제2심의 유죄판결에 대하여 각각 재심청구가 있는 경우에 제1심법원 또는 항소법원이 재심청구를 받아들여 재심의 판결을 한 때에는 상고법원은 결정으로 재심청구를 기각하여야 한다(법436②). 상고법원의 결정에 대하여는 즉시항고를 할 수 없다(법437 참조). 이처럼 상급심에 제기한 재심청구를 기각하도록 한 것은 하급심의 유죄확정판결에 대해 재심심판절차에서 재심판결이 내려지면 재심청구의 목적을 달성한 것이 되어 상소심판결에 대한 재심청구가 무의미해지기 때문이다.

재심청구를 받은 법원은 재심의 청구가 이유 있다고 인정한 때에는 재심개시의 결정을 하여야 한다(법435①). 재심개시결정으로 인하여 형의 집행이 당연히 정지되는 것은 아니다(2018도20698). 재심청구를 받은 법원은 재심개시의 결정을 할 때 결정으로 형의 집행을 정지할 수 있다(동조②). 재심개시결정에 대해서는 즉시항고를 할 수 있다(법437). 재심심판절차는 재심개시결정이 확정된 뒤에 비로소 진행된다.

재심개시결정은 재심심판절차를 진행시키는 효력만 있을 뿐 원판결(재심대상판결)의 확정판결 효력에 아무런 영향을 미치지 않는다. 확정된 원판결은 여전히 존재하며 재심심판절차의 재판이 확정될 때 비로소 소멸한다. 재심개시결정에 따른 형집행정지가 임의적인 것(법435②)은 원판결의 효력이 지속되기 때문이다.

제4 재심심판절차

1. 재심심판의 의미

재심개시결정이 확정되면 법원은 그 심급에 따라 다시 심판을 해야 한다(법438①). 법원이 재심대상판결(원판결)에 대하여 그 심급에 따라 다시 심판하는 절차를 재심심판절차라고 한다. '심급에 따라 다시 심판을 한다' 함은 (가) 제1심의 확정판결에 대한 재심의 경우에는 제1심의 공판절차에 따라, (나) 항소심에서 파기자판된 확정판결에 대해서는 항소심절차에 따라, (다) 상고심에서 파기자판된 확정판결에 대해서는 상고심절차에 따라(2008재도11 판결), (라) 항소기각 또는 상고기각의 확정판결에 대해서는 항소심 또는 상고심의 절차에 따라 각각 다시 심판하는 것을 의미한다.

재심심판절차에서 '다시 심판한다'는 의미는 원판결(재심대상판결)의 당부를 심사하는 것이 아니라 원판결과는 별도로 피고사건을 처음부터 새로이 심판하는 것을 말한다(2014도2946). 그러므로 다시 심판한 결과 원판결과 동일한 결론에 이르는 상황도 배제할 수 없다.

원판결(재심대상판결)은 재심심판사건에 대해 제척·기피사유의 요건인 전심재판(법17 vii, 18① i)에 해당하지 않는다(82모11). 원판결이 상소심을 거쳐 확정되었더라도 재심심판사건에서는 재심대상판결(원판결)의 기초가 된 증거와 재심심판사건의 심리과정에서 제출된 증거를 모두 종합하여 공소사실이 인정되는지를 새로이 판단해야 한다(2014도2946). 재심심판사건의 공소사실에 관한 증거취사와 이에 근거한 사실인정은 다른 사건과 마찬가지로 그것이 논리칙·경험칙에 위반하거나 자유심증주의의 한계를 벗어나지 않는 한 사실심으로서 재심심판사건을 심리하는 법원의 전권에 속한다(2014도2946).

재심심판사건에서 범죄사실에 대하여 적용해야 할 법령은 재심판결을 내리는 시점의 법령이다. 원판결(재심대상판결) 당시 적용되었던 법령이 이후 수 차례 변경된 경우에는 그 범죄사실에 대하여 가장 경한 법령을 적용해야 한다(형법1① · ②)(2008재도11 판결). 재심대상판결에 적용된 법령이 당초부터 위헌이라면 이를 적용할 수 없어 형소법 제325조에 따라 무죄를 선고해야 한다(2016도14781).

2. 재심심판절차의 특칙

재심개시결정이 확정되면 법원은 원칙적으로 그 심급에 따라 다시 심판을 하여야 한다(법438①). 일반 절차에 관한 법령은 비상구제절차인 재심의 취지와 특성에 반하지 않는 범위 내에서 재심심판절차에 적용될 수 있다(2018도20698).

형사소송법은 재심심판사건의 특수성에 비추어 사망자나 심신장애인에 대한 특칙을 인정하고 있다. 재심사건의 심판에 관하여 (가) 사망자를 위하여 재심의 청구가 있는 때 및 (나) 유죄의 선고를 받은 자가 재심의 판결 전에 사망한 때에는 피고인이 사망한 때에 내려야 할 공소기각결정(법328① ii)에 관한 규정을 적용하지 않는다(법438②).

재심사건의 심판에 관하여 (가) 회복할 수 없는 심신장애인을 위하여 재심의 청구가 있는 때 및 (나) 유죄의 선고를 받은 자가 재심의 판결 전에 회복할 수 없는 심신장애인으로 된 때에는 심신장애인 등에 대한 공판절차정지(법306①)에 관한 규정을 적용하지 않는다(법438②). 이러한 경우에는 피고인이 출정하지 아니하여도 심판을 할 수 있다(법438③ 본문). 그러나 변호인이 출정하지 아니하면 개정하지 못한다(동항 단서). 사망자나 심신장애인과 관련된 재심청구의 경우에 재심을 청구한 자가 변호인을 선임하지 아니한 때에는 재심심판법원의 재판장은 직권으로 변호인을 선정하여야 한다(동조④).

재심심판절차에서는 특별한 사정이 없는 한 검사가 재심대상사건과 별개의 공소사실을 추가하는 내용으로 공소장을 변경하는 것은 허용되지 않는다(2018도20698). 재심심판사건은 최소한 제1심판결이 선고되어 확정된 재심대상판결(원판결)을 전제로 하고 있다. 그러므로 제1심판결에 대한 재심심판이라고 해도 공소취소는 할 수 없다(76도3203).

3. 재심과 불이익변경금지원칙

(1) 이익재심과 불이익변경금지원칙

재심심판절차에서 '다시 심판한다'는 의미는 원판결(재심대상판결)과는 별도로 피고사건을 처음부터 새로이 심판하는 것을 말한다(2014도2946). 그러므로 다시 심판한 결과 원판결과 동일하게 유죄판결에 이르는 상황도 배제할 수 없다. 이 경우 재심판결이 유죄로 확정되었다 하더라도 원판결에 의한 형의 집행까지 무효로 되는 것은 아니다. 따라서 재심대상판결(원판결)에서 자유형이 선고된 경우에 그 자유형의 집행 부분은 재심판결에 의한 자유형의 집행에 통산된다(법482①, 형법57① 참조).

재심심판절차에서 유죄판결이 선고되는 경우와 관련하여 형소법 제439조는 "재심에는 원판결의 형보다 무거운 형을 선고할 수 없다."고 규정하여 재심심판절차에서의 불이익변경금지원칙을 별도로 선언하고 있다. 형소법 제439조는 형사소송법이 채택하고 있는 이익재심(법 420, 421①)의 본질에 비추어 볼 때 당연한 규정이다. 일반적인 상소절차에서는 검사가 상소한 사건에는 불이익변경금지원칙이 적용되지 않는다(전술 458면). 그러나 형소법 제439조의 불이익변경금지원칙은 검사가 재심을 청구한 경우(법424 i)에도 적용된다.

재심심판절차에서의 불이익변경금지원칙은 실체적 정의를 실현하기 위하여 재심을 허용하지만 피고인의 법적 안정성을 해치지 않는 범위 내에서 재심이 이루어져야 한다는 취지를 갖는다. 따라서 재심심판절차에서의 불이익변경금지원칙은 단순히 전의 판결보다 무거운 형을 선고할 수 없다는 원칙을 넘어서서 이익재심의 본질에 맞게 해석해야 한다(2012 도2938).

(2) 특별사면과 불이익변경금지원칙

특별사면된 사람에 대해 재심심판절차를 진행하는 법원은 그 심급에 따라 다시 심판하여 실체에 관한 유·무죄 등의 판단을 해야 하며, 특별사면이 있음을 들어 면소판결을 해서는 안 된다(2011도1932). 그런데 피고인이 원판결(재심대상판결) 이후에 형 선고의 효력을 상실하게 하는 특별사면(사면법5① ii 단서)을 받아 형사처벌의 위험에서 벗어나 있는 경우라면 재심심판법원은 재심심판절차에서 형을 다시 선고함으로써 특별사면에 따라 발생한 피고인의 법적 지위를 상실하게 하여서는 안 된다. 특별사면으로 형 선고의 효력이 상실된 유죄의 확정판결에 대해 재심심판법원이 그 심급에 따라 다시 심판할 때 선고해야 할 판단형식을 살펴보면 다음과 같다.

먼저, 다시 심판한 결과 무죄로 인정되는 경우라면 재심심판법원은 무죄를 선고해야 한다. 다음으로, 다시 심판한 결과 유죄로 인정되는 경우라면 재심심판법원은 "피고인에 대하여 형을 선고하지 아니한다."는 주문을 선고해야 한다. 피고인에 대하여 다시 형을 선고하거나 피고인의 항소를 기각하여 제1심판결을 유지시키는 것은 이미 형 선고의 효력을 상실하게 하는 특별사면을 받은 피고인의 법적 지위를 해치는 결과가 되어 이익재심과 불이익변경금지의 원칙에 반하기 때문이다(2012도2938).

4. 무죄판결의 공시

재심심판절차에서 무죄를 선고한 때에는 그 판결을 관보와 그 법원소재지의 신문지에 기재하여 공고해야 한다(법440 본문). 다만 (가) 검사, 유죄의 선고를 받은 자, 유죄의 선고를 받은 자의 법정대리인이 재심을 청구한 때에는 재심에서 무죄를 선고받은 사람(법440 단서 i)이, (나) 유죄의 선고를 받은 자가 사망하거나 심신장애가 있어서 그 배우자, 직계친족 또는 형제자매가 재심을 청구한 때에는 재심을 청구한 그 사람(법440 단서 ii)이 무죄판결의 공시를 원하지 아니하는 의사를 표시한 경우에는 무죄판결을 공고하지 않는다(법440 단서).

제2절 비상상고

제1 비상상고의 의의

1. 비상상고의 의의와 대상

비상상고란 확정판결에 대하여 그 심판의 법령위반을 바로잡기 위하여 인정되는 비상구제절차이다. 비상상고는 확정판결의 오류를 시정하기 위한 제도라는 점에서 미확정판결의 시정방법인 상소와 구별된다. 비상상고(법441)는 확정판결에 대한 비상구제절차라는 점에서 특히 대법원에의 상고(법371) 및 비약적 상고(법372)와 구별된다.

비상상고는 확정판결의 오류를 시정하기 위한 비상구제절차라는 점에서 재심(법420 이하)과 공통된다. 그러나 비상상고는 (가) 신청의 이유가 확정재판의 법령위반이라는 점(법441), (나) 신청권자가 검찰총장에 국한된다는 점(법441), (다) 관할법원이 원판결을 한 법원이 아니라 대법원이라는 점(법441, 442), (라) 신청을 기각할 때 결정이 아니라 판결로 한다는 점(법445, 446), (마) 비상상고절차에 의한 판결의 효력이 원칙적으로 확정판결이 선고된 자에게 미치지 않는다는 점(법447) 등에서 재심과 구별된다.

비상상고의 대상은 재심의 경우와 달리 유죄의 확정판결에 한정되지 않는다. 비상상고는 확정된 재판을 대상으로 한다. 형소법 제441는 '판결'이 확정된 때를 요건으로 규정하고 있지만 판결 이외의 종국재판도 포함한다. 유죄판결, 무죄판결, 면소판결, 공소기각판결, 관할위반판결은 모두 비상상고의 대상이 된다. 공소기각결정, 항소기각결정, 상고기각결정 등은 결정의 형식을 취하지만 그 사건에 대한 종국재판이라는 점에서 비상상고의 대상이 된다(62오4). 확정판결의 효력이 인정되는 약식명령(법457)과 즉결심판(법16)도 비상상고의 대상이 된다.

2. 비상상고의 목적

상소나 재심이 피고인 또는 유죄의 확정판결을 받은 자의 불이익을 구제하는데 중점을 두고 있음에 반하여 비상상고는 법령체계의 통일이라는 법률적 이익을 유지하는 데 주된 목적이 있다. 법령적용에 관하여 지도적 역할을 담당하는 대법원으로 하여금 문제된 확정판결에 법령적용상의 위법이 있음을 선언하게 함으로써 법령체계의 해석·적용에 통일을 기하려는 것이 비상상고제도의 핵심적 임무이다. 한편 우리 입법자는 법령위반의 원판결이 피고인에게 불이익한 때에는 원판결을 파기하고 피고사건에 대하여 다시 판결을 하도록 함으로써(법446 i 단서) 비상상고제도에 대해 피고인의 불이익을 구제하는 기능을 일부 수행하도록 하고 있다.

3. 비상상고의 허용범위

비상상고는 '판결이 확정한 후 그 사건의 심판이 법령에 위반한 것을 발견한 때'에 이를 이유로 제기할 수 있다(법441). 이때 '판결'은 확정재판을 의미하며, '그 사건의 심판'이란 확정재판에 이르게 된 심리와 재판을 가리킨다. '사건의 심판이 법령에 위반하였다' 함은 사건의 심판에 절차법상의 위반이 있거나 실체법의 적용에 위법이 있는 것을 말한다.

비상상고는 원판결의 심판이 법령에 위반하였음을 이유로 하므로 원판결에 사실오인의 흠이 있다는 이유만으로는 비상상고를 제기할 수 없다. 그런데 사실오인의 불가피한 결과로 법령위반의 오류가 발생한 경우에 이러한 법령위반을 이유로 비상상고를 할 수 있는지가 문제된다. 이 문제에 대해서는 전면부정설, 전면긍정설, 절충설 등의 견해를 생각할 수 있다.

전면부정설은 비상상고가 원판결의 심판이 법령에 위반하였음을 이유로 하는 경우에만 허용된다는 점을 이유로 제시한다. 전면허용설은 피고인의 이익을 위해서는 되도록 비상상고의 범위를 넓혀야 된다는 점을 강조한다. 절충설은 실체법상의 사실과 소송법상의 사실을 구별하여 실체법상의 사실에 대해서는 원판결법원의 사실인정에 구속되지만, 소송법상의 사실에 대해서는 이를 바로잡아 그 사실에 기초하여 법령위반의 유무를 심사해야 한다고 주장한다. 판례는 전면부정설의 입장을 취하고 있다.

판례는 비상상고제도가 법령 적용의 오류를 시정함으로써 법령의 해석·적용의 통일을 도모하려는 데에 주된 목적이 있다는 점을 강조하고 있다. 판례는 형소법 제441조의 '그 사건의 심판이 법령에 위반한 것'이라고 함은 확정판결에서 인정한 사실을 변경하지 아니하고 이를 전제로 한 실체법의 적용에 관한 위법 또는 그 사건에 있어서의 절차법상의 위배가 있음을 뜻하는 것이라고 본다(2004오2). 판례는 원판결 선고 전에 피고인이 이미 사망하였는데 원판결법원이 그 사실을 알지 못하여 실체판결을 한 사안에 대해, 원판결법원이 공소기각결정(법328① ii)을 하지 않고 실체판결에 나아감으로써 법령위반의 결과를 초래하였다고 하더라도, 이는 형소법 제441조에 정한 '그 심판이 법령에 위반한 것'에 해당한다고 볼 수 없다고 판단하여 비상상고를 허용하지 않고 있다(2004오2).

제2 비상상고의 절차

1. 비상상고의 청구와 심리

비상상고의 신청권자는 검찰총장이다. 검찰총장은 판결이 확정한 후 그 사건의 심판이 법령에 위반한 것을 발견한 때에는 대법원에 비상상고를 할 수 있다(법441). 비상상고를 함에는 그 이유를 기재한 신청서를 대법원에 제출해야 한다(법442). 비상상고의 신청에는 시기의 제한이 없다. 비상상고사건을 심리하려면 대법원은 공판기일을 열어야 한다. 형소법 제443조가 비상상고사건의 심리와 관련하여 검사로 하여금 공판기일에 신청서에 의하여 진술하도록 규정하고 있기 때문이다. 공판기일에는 검사만 출석한다. 피고인은 출석할 권리가 없다. 그러나 피고인은 변호사인 변호인을 선임하여 의견을 진술하게 할 수 있다(법 386, 387 참조).

대법원은 비상상고의 신청에 대하여 조사를 한다. 이때 대법원은 신청서에 포함된 이유에 한하여 조사해야 한다(법444①). 대법원은 법원의 관할, 공소의 수리와 소송절차에 관하여는 사실조사를 할 수 있다(동조②).

2. 비상상고에 대한 재판

(1) 기각판결과 파기판결

비상상고가 이유 없다고 인정한 때에는 대법원은 판결로써 이를 기각해야 한다(법445). 대법원은 비상상고의 신청이 부적법한 경우에도 기각판결을 해야 한다. 상급심의 파기판결에 의해 효력을 상실한 재판은 비상상고의 대상이 될 수 없다. 상급심의 파기판결에 의해 효력을 상실한 재판의 법령위반 여부를 다시 심사하는 것은 무익할 뿐만 아니라, 법령의 해석·적용의 통일을 도모하려는 비상상고 제도의 주된 목적과도 부합하지 않기 때문이다 (2019오1).

비상상고가 이유 있다고 인정할 때에는 대법원은 해당 확정판결의 법령위반 부분을 파기하게 된다. 이때 파기판결은 파기의 사유에 따라서 그 모습을 달리 한다.

첫째로, 원판결이 법령에 위반된 때에는 원칙적으로 그 위반된 부분을 파기해야 한다 (법446 i 본문). 이 경우에는 원판결의 일부분에 대한 파기가 일어난다. 예컨대 「경범죄 처벌법」에는 형의 면제에 관한 규정이 없다. 그런데 법관이 「경범죄 처벌법」위반죄를 인정하면서 형면제를 선고한 즉결심판을 내린 경우에 그 즉결심판에 대해 형면제의 주문 부분만을 파기하는 것이 여기에 해당하는 사례이다(94오1). 이 경우 원판결은 부분적으로 파기된다.

둘째로, 원판결이 법령에 위반함을 이유로 파기하는 경우에 원판결이 피고인에게 불이익한 때에는 대법원은 원판결을 파기하고 피고사건에 대하여 다시 판결을 하여야 한다 (법446 i 단서). '피고인에게 불이익한 때'라 함은 새로이 내리게 될 판결이 원판결보다 이익된다는 점이 명백한 경우를 말한다. 피고인에게 불이익한 경우에는 원판결의 전부파기가 일어난다. 파기자판을 할 때에는 원판결의 시점을 표준으로 하여 자판한다(2022오5 ☞ 577면).

셋째로, 원심소송절차가 법령에 위반한 때에는 그 위반된 절차를 파기한다(법446 ii). 이 경우에는 원판결 자체가 파기되는 것이 아니라 위반된 절차만 파기된다. 이와 같이 비상상고의 판결이 부분파기를 원칙으로 하는 것은 비상상고의 목적이 법령해석 및 법령적용에 통일을 기하려는 데에 있기 때문이다.

(2) 파기판결의 효력

비상상고의 판결은 원판결이 피고인에게 불이익하여 파기자판되는 경우(법446 i 단서)를 제외하고는 그 효력이 피고인에게 미치지 않는다(법447). 즉 확정판결의 위법부분에 대한 일부파기가 있는 경우(법446 i 본문) 또는 원심소송절차의 위법한 부분을 파기하는 경우(동조 ii)에도 확정판결 자체는 그대로 유지되며 종결된 소송계속은 부활하지 않는다. 이와 같이 비상상고에 대한 판결은 원칙적으로 이론적 효력이 있을 뿐이다. 이 때문에 비상상고의 파기판결에 대하여는 '재판의 옷을 입은 학설'이라는 평가가 나오고 있다. 그러나 피고인에게 불이익함을 이유로 파기자판하는 경우에는 예외적으로 확정되었던 원판결이 파기되고, 비상상고에 대한 판결의 효력이 피고인에게 미치게 된다(법447, 446 i 단서).

제3장 특별절차

제1절 약식절차

제1 약식절차

1. 약식절차와 약식명령

약식절차란 공판절차를 거치지 아니하고 서면심리만으로 형을 선고하는 형사절차이다. 형사소송법은 피고인에게 벌금, 과료 또는 몰수를 과하는 경우에 약식절차를 인정하고 있다(법448①). 약식절차에서는 추징 기타 부수처분을 할 수 있다(동조②). 약식절차에 의하여 재산형을 과하는 재판을 약식명령이라고 한다. 약식절차는 서면심리를 원칙으로 하는 절차이다. 이 점에서 약식절차는 피고인이 공판정에서 자백한 때에 행해지는 간이공판절차(법286의2)와 구별된다. 또 약식절차는 검사의 청구에 의하여 진행된다는 점에서 경찰서장의 청구에 의하여 진행되는 즉결심판절차(즉결심판법3①)와 차이가 있다.

약식절차는 경미사건을 신속하게 처리함으로써 형사사법의 역량을 보다 중한 범죄와 복잡한 사건에 투입할 수 있도록 하는 장점이 있다. 피고인 보호의 관점에서 보더라도 우리 형사소송법은 피고인에게 정식재판청구권을 보장할 뿐만 아니라(법453① 본문), 정식재판청구권을 포기할 수 없도록 하고 있다(동항 단서). 우리 입법자는 피고인이 정식재판을 청구한 경우에 "약식명령의 형보다 중한 종류의 형을 선고하지 못한다."는 형종 상향금지원칙을 규정하여(법457의2①) 제한된 형태이기는 하나 불이익변경금지원칙까지 인정하고 있다.

2. 약식명령의 청구

약식명령을 청구할 수 있는 사건은 지방법원의 관할에 속하는 사건으로서 피고인을 벌금, 과료 또는 몰수에 처할 수 있는 사건이다(법448①). 법정형으로 징역이나 금고 등 자유형만 규정되어 있는 사건이나 또는 이들 형과 벌금, 과료 또는 몰수를 병과해야 하는 사건에 대해서는 약식명령을 청구할 수 없다. 그러나 벌금, 과료 또는 몰수의 형이 단독이나 선택적으로 선고될 수 있는 사건이면 지방법원 합의부의 사물관할에 속하는 사건도 약식명령청구의 대상이 된다.

약식명령의 청구는 공소제기와 동시에 서면으로 해야 한다(법449). 검사는 약식명령의 청구와 동시에 약식명령을 하는데 필요한 증거서류 및 증거물을 법원에 제출해야 한다(규칙170). 약식절차에는 공소장일본주의(규칙118②)가 적용되지 않는다(2007도3906).

3. 약식절차의 특징

약식명령의 청구가 있으면 법원은 검사가 그 청구와 함께 제출한 증거서류 및 증거물을 토대로 서면심리에 의하여 약식명령의 발령 여부를 결정한다. 약식절차에서는 증인신문, 검증, 감정 등 통상의 증거조사나 피고인신문 또는 압수·수색 등의 강제처분이 허용되지 않으며, 약식절차의 본질에 반하지 않는 한도에서 간단한 절차로 확인할 수 있는 조사만 허용된다. 약식절차는 공판절차와 본질을 달리하므로 약식절차 내에서의 공소장변경(법298)은 인정되지 않는다.

약식절차는 공판절차에 의하지 않고 서면심리의 형태를 취하므로 공판절차에서 요구되는 엄격한 증명의 법리(법307①)가 제한되지 않을 수 없다. 직접심리주의 및 전문법칙(법310의2)은 공판절차에서 이루어지는 직접신문과 반대신문을 전제로 하는 것이므로 '성립의 진정'을 요건으로 하여 그의 예외를 규정한 형소법 제311조 이하의 규정은 약식절차에서는 적용되지 않는다. 그러나 위법수집증거배제법칙(법308의2), 자백배제법칙(헌법12⑦, 법309) 및 자백보강법칙(헌법12⑦, 법310)은 위법수사의 배제와 자백편중의 수사관행 타파라는 정책적 고려에서 특별히 마련된 법적 장치이므로 약식절차에도 그 적용이 있다. 약식절차에서는 자백보강법칙(법310)이 적용된다. 이 점은 즉결심판절차에서 자백보강법칙의 적용이 배제되는 것(즉결심판법10 참조)과 크게 구별되는 부분이다.

4. 공판절차회부

법원은 약식명령의 청구가 있는 경우에 그 사건이 약식명령으로 할 수 없거나 약식명령으로 하는 것이 적당하지 않다고 인정한 때에는 공판절차에 의하여 심판하여야 한다(법450). '약식명령을 할 수 없는 때'라 함은 법정형에 벌금이나 과료가 규정되어 있지 않거나 벌금이나 과료가 다른 형의 병과형으로 규정되어 있는 경우, 소송조건이 결여되어 면소판결, 관할위반판결, 공소기각판결, 공소기각결정 등을 해야 할 경우, 무죄나 형면제의 판결을 해야 할 경우 등을 말한다.

'약식명령으로 하는 것이 적당하지 아니한 때'라 함은 법률상으로는 약식명령을 하는 것이 가능하지만 사건의 성질상 공판절차에 의한 신중한 심리가 필요한 경우 또는 벌금, 과료, 몰수 이외의 형을 과하는 것이 적당하다고 인정되는 경우를 말한다.

법원이 약식명령 청구사건을 공판절차에 의하여 심판하기로 함에 있어서는 사실상 공판절차를 진행하면 되고, 특별한 형식상의 결정을 할 필요는 없다(2003도2735).

5. 약식명령의 발령

법원은 검사의 약식명령청구를 심사한 결과 공판절차에 회부할 사유가 없다고 판단되면 약식명령을 발하게 된다. 약식명령은 그 청구가 있은 날로부터 14일 내에 이를 하여야 한다(규칙171). 약식명령의 고지는 검사와 피고인에 대한 재판서의 송달에 의해야 한다(법452). 약식명령에는 범죄사실, 적용법령, 주형, 부수처분과 약식명령의 고지를 받은 날로부터 7일 이내에 정식재판의 청구를 할 수 있음을 명시해야 한다(법451). '범죄사실'이란 유죄판결의 이유에 설시할 '범죄될 사실'(법323①)과 같은 의미이다. 그러나 통상의 유죄판결과 달리 증거의 요지를 기재할 필요는 없다.

약식명령은 정식재판청구기간이 경과하거나 그 청구의 취하 또는 청구기각의 결정이 확정된 때에는 확정판결과 동일한 효력이 있다(법457). 확정된 약식명령은 유죄의 확정판결과 동일한 효력을 가지므로 집행력과 기판력을 발생시킨다. 확정된 약식명령은 재심(법420) 또는 비상상고(법441)에 의해서만 구제가 가능하다. 약식명령의 기판력이 미치는 시간적 범위는 약식명령의 송달시가 아니라 약식명령의 발령시를 기준으로 판단해야 한다. 기판력의 시적 범위를 통상적인 판결절차와 달리해야 할 이유가 없으므로 판결선고 시점에 대응하는 약식명령의 발령시점을 기준으로 하는 것이다(84도1129).

제2 정식재판절차

1. 정식재판의 청구

정식재판청구란 약식명령이 발해진 경우에 그 재판에 불복이 있는 자가 통상의 절차에 의한 심판을 구하는 소송행위를 말한다. 정식재판청구는 동일심급의 법원에 대하여 원재판의 시정을 구한다는 점에서 상소가 아니지만, 원재판인 약식명령의 변경을 구하는 불복방법이라는 점에서 상소와 유사하다. 형사소송법은 상소에 관한 규정의 일부를 정식재판청구에 준용하고 있다(법458).

검사 또는 피고인은 약식명령에 대하여 정식재판을 청구할 수 있다(법453① 본문). 정식재판의 청구는 약식명령의 고지를 받은 날로부터 7일 이내에 해야 한다(법453① 본문). 정식재판의 청구는 약식명령을 한 법원에 서면으로 제출하여야 한다(동조②). 약식절차에서 피고인은 정식재판청구권을 포기할 수 없다(법453① 단서). 그러나 검사가 정식재판청구권을 포기하는 것은 무방하다(법458, 349). 검사와 피고인은 정식재판청구를 취하할 수 있다(법458, 349). 이때 정식재판청구의 취하는 제1심판결 선고 전까지 할 수 있다(법454). 정식재판청구를 취하한 사람은 그 사건에 대하여 다시 정식재판을 청구하지 못한다(법458, 354).

2. 정식재판사건의 심리와 재판

(1) 정식재판절차의 진행
정식재판의 청구가 법령상의 방식에 위반하거나 청구권의 소멸 후인 것이 명백한 때에는 결정으로 청구를 기각하여야 한다(법455①). 이 결정에 대하여는 즉시항고를 할 수 있다(동조②).

정식재판의 청구가 적법한 때에는 공판절차에 의하여 심판해야 한다(법455③). 공판절차에 의하여 심판할 경우 공판법원은 약식명령에 구애받지 않고 사실인정, 법령적용, 양형의 모든 부분에 대하여 자유롭게 판단할 수 있다. 정식재판은 약식명령의 당부를 사후에 심사하는 것이 아니기 때문이다. 약식명령 청구사건을 심사한 법관이라도 정식재판절차에 회부된 사건의 심판에 관여하는 것이 가능하다. 약식명령청구의 심사는 통상재판에 대한 전심절차에 해당하는 것이 아니므로 법관의 제척사유(법17 vii)로는 되지 않는다(2002도944).

(2) 정식재판절차의 특수문제
피고인이 정식재판청구에 기하여 열린 공판기일에 출정하지 아니한 때에는 다시 기일을 정해야 한다(법458②, 365①). 피고인이 정당한 사유 없이 다시 정한 기일에 출정하지 아니한 때에는 피고인의 진술 없이 판결할 수 있다(법458②, 365②). 불출석재판의 특례는 피고인만 정식재판청구를 한 경우에 더욱 확장된다. 피고인만이 정식재판청구를 하여 판결의 선고를 하는 경우에는 피고인의 출석을 요하지 아니한다. 이 경우에 피고인은 대리인을 출석하게 할 수 있다(법277 iv)(전술 249면).

갑에 의하여 성명이 모용된 을에게 약식명령이 송달되자 을이 정식재판을 청구한 경우에 그 처리방법이 문제된다. 을이 정식재판을 청구하여 그 공판절차에서 진술하였다면 을은 형식상 또는 외관상 피고인의 지위를 가지게 되었으므로 을에 대한 공소제기의 절차가 법률의 규정을 위반하여 무효일 때(법327 ii)로 보아 공소기각판결을 해야 한다. 갑에 대하여는 다시 공소를 제기할 필요가 없고 법원은 공소장보정의 형식을 통하여 공소장의 피고인표시를 을로부터 갑으로 고쳐서 약식절차를 새로 진행하면 족하다(92도2554).

(3) 형종 상향금지의 원칙

피고인이 정식재판을 청구한 사건에 대하여는 형종 상향금지원칙이 적용된다. 법원은 피고인이 정식재판을 청구한 사건에 대하여는 약식명령의 형보다 중한 종류의 형을 선고하지 못한다(법457의2①). 피고인이 정식재판을 청구한 사건에 대하여 약식명령의 형보다 중한 형을 선고하는 경우 공판법원은 판결서에 양형의 이유를 적어야 한다(동조②). 검사가 정식재판을 청구한 경우나 피고인이 정식재판을 청구하였더라도 정식재판에서 사건이 병합된 경우에는 형종 상향금지원칙이 적용되지 않는다(2001도3212). 약식명령은 정식재판의 청구에 대한 판결이 있는 때에는 그 효력을 잃는다(법456). '판결'에는 공소기각결정(법328①)도 포함되며, '판결이 있는 때'란 판결이 확정된 때를 가리킨다.

제 2 절 즉결심판절차

제 1 즉결심판절차

1. 즉결심판절차의 의의

즉결심판이란 즉결심판절차에 의하여 행해지는 재판을 말한다. 즉결심판절차를 규율하기 위하여 「즉결심판에 관한 절차법」(즉결심판법)이 제정되어 있다. 즉결심판법은 범증이 명백하고 죄질이 경미한 범죄사실을 신속·적정한 절차로 심판하게 하기 위하여 마련된 절차법으로서(즉결심판법1 참조) 형사소송법에 대한 특별법을 이룬다.

즉결심판은 경미사건을 신속하게 심판하기 위한 절차라는 점에서 약식절차(법448 이하)와 성격 및 기능이 유사하다. 그러나 즉결심판은 (가) 청구권자가 검사가 아니라 경찰서장이라는 점(즉결심판법3①), (나) 즉심청구사건의 심리가 서면심리의 형태를 취하지 않고 원칙적으로 공개된 법정에서 판사가 피고인을 직접 신문하여 이루어진다는 점(동법7①), (다) 약식절차에서는 재산형의 부과만 가능하지만 즉결심판절차에서는 1일 이상 30일 미만의 구류형(형법46) 선고가 가능하다는 점(즉결심판법2), (라) 즉결심판절차에서는 무죄, 면소, 또는 공소기각의 재판도 할 수 있다는 점(즉결심판법11⑤) 등에서 차이가 있다.

그렇지만 양자는 경미사건의 신속처리라는 목적을 위하여 확정판결과 동일한 효력이 부여된다는 점(법457, 즉결심판법16), 피고인보호를 위하여 정식재판청구권(법453, 즉결심판법14)이 보장되고 있다는 점 등에서 비슷한 구조를 가지고 있다.

2. 즉결심판 대상사건

즉결심판절차에 의하여 처리할 수 있는 사건은 20만원 이하의 벌금 또는 구류나 과료에 처할 범죄사건이다(즉결심판법2). 이때 즉결심판절차의 대상은 선고형을 기준으로 결정된다. 즉결심판절차는 일종의 사물관할에 준하는 성질을 가지지만, 사물관할의 결정은 법정형을 기준으로 함에 반하여 즉결심판절차의 대상은 선고형을 기준으로 한다.

즉결심판대상으로 주목되는 사건으로는 「경범죄 처벌법」 위반죄와 「도로교통법」 위반죄를 들 수 있다. 「경범죄 처벌법」(동법9 참조)과 「도로교통법」(동법165 참조)은 범칙금 부과의 통고처분을 이행하지 아니하는 사람 등에 대해 경찰서장이 즉결심판청구를 청구하도록 하고 있다. 그러나 즉결심판은 반드시 이러한 범죄에 한정되지 않으며 벌금, 구류 또는 과료가 단일형 또는 선택형으로 규정되어 있으면 일반 형사범의 경우에도 가능하다.

3. 즉결심판절차의 내용

즉결심판의 청구권자는 관할 경찰서장 또는 관할 해양경찰서장이다(즉결심판법3①). 즉결심판 청구권자는 경찰서장이 되지만 일선 경찰관은 경찰서장의 대리인으로 즉결심판을 청구할 수 있다. 경찰서장의 즉결심판청구권은 검사의 기소독점주의(법246)에 대한 예외를 이룬다.

즉결심판사건의 관할법원은 지방법원, 지방법원지원 또는 시군법원이다(즉결심판법3의2, 법원조직법34① iii, ③). 즉결심판절차에서는 형소법 제310조[자백보강법칙], 제312조 제3항[사경작성피의자신문조서] 및 제313조[조서 이외의 서류]의 규정이 적용되지 않는다(즉결심판법10).

판사는 사건이 즉결심판을 할 수 없거나 즉결심판절차에 의하여 심판함이 적당하지 않다고 인정할 때에는 결정으로 즉결심판의 청구를 기각해야 한다(즉결심판법5①). 즉결심판청구기각결정이 있는 때에는 경찰서장은 지체 없이 사건을 관할 지방검찰청 또는 지청의 장에게 송치해야 한다(즉결심판법5②). 판사의 즉결심판청구기각결정이 있은 사건에 대해 검사는 적법하게 공소를 제기할 수 있다. 공소를 제기할 때에는 반드시 공소장을 법원에 제출해야 한다(2003도2735).

즉결심판절차에서는 유죄의 선고(즉결심판법11①)뿐만 아니라 무죄, 면소, 또는 공소기각의 선고 또는 고지를 할 수 있다(동조⑤). 즉결심판절차에서 가능한 형의 선고는 20만원 이하의 벌금, 구류 또는 과료이다(즉결심판법2). 즉결심판은 정식재판청구기간의 경과, 정식재판청구권의 포기 또는 정식재판청구의 취하에 의하여 확정되며, 확정판결과 동일한 효력이 생긴다(즉결심판법16 1문). 정식재판청구를 기각하는 재판이 확정된 때에도 같다(동조 2문).

제2 정식재판절차

1. 정식재판의 청구

판사의 즉결심판에 불복이 있는 사람은 정식재판을 청구할 수 있다. 정식재판청구권자는 피고인과 경찰서장(해양경찰서장 포함)이다(즉결심판법14① · ②, 3①). 피고인의 법정대리인(법340) 및 피고인의 배우자, 직계친족, 형제자매 또는 즉결심판절차의 대리인이나 변호인(법341)은 피고인을 위하여 정식재판을 청구할 수 있다(즉결심판법14④). 약식명령에 대해 피고인이 정식재판을 청구할 때 인정되는 형종 상향금지원칙(법457의2)은 피고인의 즉결심판에 대한 정식재판청구사건에 준용된다(98도2550).

정식재판을 청구하고자 하는 피고인은 즉결심판의 선고 · 고지를 받은 날로부터 7일 이내에 정식재판을 청구하여야 한다(즉결심판법14① 1문). 피고인은 정식재판청구서를 경찰서장에게 제출해야 한다(동항 1문). 정식재판청구서를 받은 경찰서장은 지체 없이 판사에게 이를 송부하여야 한다(동항 2문).

경찰서장은 즉결심판을 청구한 사건에 대하여 판사가 무죄, 면소 또는 공소기각을 선고 · 고지한 경우(즉결심판법11⑤)에 그 선고 · 고지가 있은 날로부터 7일 이내에 정식재판을 청구할 수 있다(동법14② 1문). 경찰서장이 정식재판을 청구하는 경우 경찰서장은 관할지방검찰청 또는 지청의 검사의 승인을 얻어 정식재판청구서를 판사에게 제출해야 한다(즉결심판법14② 2문). 경찰서장의 정식재판청구는 검사의 공소제기 없이 수소법원에 소송계속을 발생시킨다는 점에서 주목된다. 그러나 정식재판절차에서 공소유지는 검사가 담당한다.

2. 정식재판사건의 심리와 재판

정식재판의 청구가 적법한 때에는 공판절차에 의하여 심판한다. 경찰서장의 즉결심판청구는 공소제기와 동일한 소송행위이므로 관할 법원은 공판절차에 따라 심판해야 한다(2017모3458). 공판절차에서의 심판은 제1심 공판절차가 새로 개시되는 것이므로 공판법원은 즉결심판의 결과에 구속받지 않는다. 정식재판청구에 기한 공판절차는 정식의 공판절차이므로 국선변호에 관한 규정(법33, 282, 283)이 적용된다(96도3059).

약식명령에 대한 정식재판절차에는 형종 상향금지원칙(법457의2)이 적용된다. 즉결심판에 대한 정식재판절차에도 형소법의 규정을 준용하는 즉결심판법 제19조를 매개로 형종 상향금지원칙이 준용된다(98도2550 참조). 그 결과 피고인이 정식재판을 청구한 사건에 대하여는 법원은 즉결심판의 형보다 중한 종류의 형을 선고하지 못한다(즉결심판법19, 법457의2①). 피고인이 정식재판을 청구한 사건에 대하여 즉결심판의 형보다 중한 형을 선고하는 경우에는 판결서에 양형의 이유를 적어야 한다(즉결심판법19, 법457의2②).

즉결심판은 정식재판의 청구에 의한 판결이 있는 때에는 그 효력을 잃는다(즉결심판법15). '정식재판의 청구에 의한 판결'이란 적법한 정식재판의 청구에 의하여 새로이 진행된 공판절차에서 행해진 판결을 가리킨다. 이 경우 '판결'에는 공소기각결정(법328①)도 포함된다. '판결'은 확정판결을 의미한다. 정식재판절차에서 선고된 형의 집행은 형사소송법의 재판집행에 관한 규정(법459 이하)에 따라 검사가 집행한다(법460① 본문).

제4장 재판의 집행절차

제1절 재판의 집행

제1 재판집행의 의의

재판은 법원의 공권적 의사표시이다. 재판집행이란 재판의 의사표시내용을 국가의 강제력에 의하여 실현하는 것을 말한다. 국가의 강제력에 의한 재판집행 가운데 가장 강력한 것은 형의 집행이다. 형의 집행 가운데 징역형이나 금고형 등과 같은 자유형의 집행을 가리켜 특별히 행형이라고 부르기도 한다. 재판의 집행에는 형의 집행 이외에 (가) 추징이나 소송비용 등 부수처분의 집행, (나) 과태료, 비용배상, 보증금의 몰수 등 형 이외의 제재의 집행, (다) 법원이나 법관이 발부한 각종 영장의 집행 등이 포함된다. 이러한 경우들은 형의 집행과 함께 넓은 의미에서 재판의 집행에 속한다.

형사절차에서 재판의 집행 가운데 가장 중요한 것은 형의 집행이다. 형의 집행에 의하여 형사절차의 최종결론인 형벌권이 구체적으로 실현되기 때문이다. 형사절차를 통하여 얻어진 재판이라 할지라도 그 의사표시만으로 충분하고 그 내용을 국가의 강제력에 의하여 굳이 실현할 필요가 없는 경우에는 재판의 집행이 문제되지 않는다. 무죄, 관할위반판결, 공소기각판결, 공소기각결정 등의 경우가 그러하다.

제2 재판집행의 일반원칙

1. 재판집행의 시기

(1) 즉시집행의 원칙

재판은 형사소송법에 특별한 규정이 없으면 확정된 후에 집행한다(법459). 재판은 확정된 후 즉시 집행하는 것이 원칙이다. 이를 즉시집행의 원칙이라고 한다. 형 선고의 재판에 대해 형의 집행에 착수하지 않으면 형의 시효가 진행하게 된다. 형의 선고를 받은 자에게 형의 시효가 완성되면 형의 집행이 면제되는 효과가 발생한다(형법77). 재판의 즉시집행원칙에 대해서는 일정한 예외가 인정된다.

(2) 확정전의 재판집행

재판이 확정되기 전에 재판을 집행할 수 있는 경우가 있다. 먼저, 결정과 명령의 재판은 즉시항고(법410)나 일부 준항고(법416④) 등을 제외하고는 즉시 집행할 수 있다. 원칙적으로 결정이나 명령에 대한 불복은 즉시항고 이외에는 재판의 집행을 정지하는 효력이 없기 때문이다(법409 본문).

다음으로, 가납재판이 있는 경우에도 재판확정 전에 재판의 집행이 가능하다. 법원은 벌금, 과료 또는 추징의 선고를 하는 경우에 판결의 확정 후에는 집행할 수 없거나 집행하기 곤란한 염려가 있다고 인정한 때에는 직권 또는 검사의 청구에 의하여 피고인에게 벌금, 과료 또는 추징에 상당한 금액의 가납을 명할 수 있다(법334①). 이 가납판결은 즉시로 집행할 수 있다(동조③).

(3) 확정후 일정기간 경과후의 집행

재판이 확정한 후에도 즉시 집행할 수 없는 경우들이 있다. (가) 소송비용부담의 재판은 소송비용집행면제(법487)의 신청기간 내와 그 신청이 있는 때에는 신청에 대한 재판이 확정될 때까지 그 집행이 정지된다(법472). (나) 벌금과 과료는 판결확정일로부터 30일 내에 납입하면 족하므로(형법69① 본문) 벌금·과료의 미납으로 인한 노역장유치의 집행은 벌금·과료의 확정일로부터 30일 이내에는 집행할 수 없다.

(다) 사형의 집행은 법무부장관의 명령 없이는 집행할 수 없다(법463). 사형선고를 받은 사람이 심신의 장애로 의사능력이 없는 상태이거나 임신 중인 여자인 때에는 법무부장관의 명령으로 집행을 정지한다(법469①). 이에 따라 형의 집행을 정지한 경우에는 심신장애의 회복 또는 출산 후에 법무부장관의 명령에 의하여 형을 집행한다(동조②).

(라) 징역, 금고 또는 구류의 선고를 받은 자가 심신의 장애로 의사능력이 없는 상태에 있는 때에는 형을 선고한 법원에 대응한 검찰청검사 또는 형의 선고를 받은 자의 현재지를 관할하는 검찰청검사의 지휘에 의하여 심신장애가 회복될 때까지 형의 집행을 정지한다(법470①).

2. 재판집행의 지휘

재판집행의 지휘·감독은 공익의 대표자인 검사의 직무에 속한다(검찰청법4① iv). 재판의 집행은 그 재판을 한 법원에 대응한 검찰청 검사가 지휘하는 것이 원칙이다(법460① 본문). 단, 재판의 성질상 법원 또는 법관이 지휘할 경우에는 예외로 한다(동항 단서). 상소의 재판을 집행할 경우 또는 상소의 취하로 인하여 하급법원의 재판을 집행할 경우에는 상소법원에 대응한 검찰청 검사가 지휘한다(법460② 본문). 단, 소송기록이 하급법원에 있는 때에는 그 법원에 대응한 검찰청 검사가 지휘한다(동항 단서). 이 경우 '상소의 재판'은 원심판결을 확정시키는 항소기각 또는 상고기각의 재판을 말한다.

제 2 절 형의 집행

제 1 형집행을 위한 소환

사형, 징역, 금고 또는 구류의 선고를 받은 자가 구금되지 아니한 때에는 검사는 형을 집행하기 위하여 대상자를 소환해야 한다(법473①). 벌금형에 따르는 노역장유치는 실질적으로 자유형과 동일한 것으로서 그 집행에 대하여는 자유형의 집행에 관한 규정이 준용된다(법492). 대상자가 소환에 응하지 아니한 때에는 검사는 형집행장을 발부하여 구인해야 한다(법473②). 형집행장은 구속영장과 동일한 효력이 있다(법474②). 형집행장의 집행에는 공판절차에 있어서 피고인의 구속에 관한 규정을 준용한다(법475). 여기서의 '피고인의 구속에 관한 규정'은 '피고인의 구속영장의 집행에 관한 규정'을 의미한다. 형집행장의 집행에 관하여는 구속사유에 관한 형소법 제70조나 구속이유의 고지에 관한 형소법 제72조가 준용되지 않는다(2012도2349).

사법경찰관리가 형집행을 위하여 대상자를 구인하려면 검사로부터 발부받은 형집행장을 그 상대방에게 반드시 제시해야 한다(법475, 85①). 형집행장을 소지하지 아니한 경우에 급속을 요하는 때에는 그 상대방에 대해 형집행 사유와 형집행장이 발부되었음을 고하고 집행할 수 있다(법475, 85③ 참조). 이 경우 '급속을 요하는 때'라고 함은 애초 사법경찰관리가 적법하게 발부된 형집행장을 소지할 여유가 없이 형집행의 상대방을 조우한 경우 등을 가리킨다(2012도2349).

제 2 형의 집행

1. 형집행의 순서

2개 이상의 형이 선고된 경우에는 그 집행의 순서를 정할 필요가 있다. 2 이상의 형을 집행하는 경우에 자격상실, 자격정지, 벌금, 과료와 몰수 외에는 무거운 형을 먼저 집행하는 것이 원칙이다(법462 본문). 형의 경중은 형법 제41조 및 제50조에 의하여 결정한다. 따라서 형은 사형, 징역, 금고, 구류의 순서로 집행된다. 다만, 검사는 소속 장관의 허가를 얻어 무거운 형의 집행을 정지하고 다른 형의 집행을 할 수 있다(법462 단서). 자격상실, 자격정지, 벌금, 과료와 몰수는 그 집행순위를 결정할 필요 없이 동시에 집행할 수 있다.

2. 사형의 집행

사형확정자는 교도소 또는 구치소에 수용한다(「형의 집행 및 수용자의 처우에 관한 법률」 11① iv). 사형을 선고한 판결이 확정된 때에는 검사는 지체 없이 소송기록을 법무부장관에게 제출해야 한다(법464). 사형은 법무부장관의 명령에 의하여 집행한다(법463). 사형집행의 명령은 판결이 확정된 날로부터 6개월 이내에 해야 한다(법465①). 이 6개월의 기간규정은 훈시규정이다. 상소권회복의 청구, 재심의 청구 또는 비상상고의 신청이 있는 때에는 그 절차가 종료할 때까지의 기간은 사형집행명령의 기간에 산입하지 않는다(동조②).

법무부장관이 사형의 집행을 명한 때에는 5일 이내에 집행해야 한다(법466). 사형은 교정시설 안에서 교수(絞首)하여 집행한다(형법66). 사형의 집행에는 검사와 검찰청서기관과 교도소장 또는 구치소장이나 그 대리자가 참여해야 한다(법467①). 검사 또는 교도소장 또는 는 구치소장의 허가가 없으면 누구든지 형의 집행장소에 들어가지 못한다(동조②). 사형의 집행에 참여한 검찰청서기관은 집행조서를 작성하고 검사와 교도소장 또는 구치소장이나 그 대리자와 함께 기명날인 또는 서명해야 한다(법468).

사형선고를 받은 자가 심신의 장애로 의사능력이 없는 상태이거나 임신 중인 여자인 때에는 법무부장관의 명령으로 집행을 정지한다(법469①). 형의 집행을 정지한 경우에는 심신장애의 회복 또는 출산 후 법무부장관의 명령에 의하여 형을 집행한다(동조②).

3. 자유형의 집행

자유형은 재판집행의 일반원칙에 따라 검사의 형집행지휘서에 의하여 집행한다(법460, 461). 징역은 교정시설에 수용하여 집행하며, 정해진 노역(勞役)에 복무하게 한다(형법67). 금고와 구류는 교정시설에 수용하여 집행한다(형법68). 자유형의 형기는 판결이 확정된 날로부터 기산한다(형법84①). 징역, 금고, 구류와 유치에 있어서는 구속되지 아니한 일수는 형기에 산입하지 아니한다(동조②). 형집행의 초일은 시간을 계산함이 없이 1일로 산정한다(형법85). 석방은 형기종료일에 하여야 한다(형법86).

판결선고 후 판결확정 전 구금일수(판결선고 당일의 구금일수를 포함한다)는 전부를 본형에 산입한다(법482①). 상소기각결정 시에 송달기간이나 즉시항고기간 중의 미결구금일수는 전부를 본형에 산입한다(동조②). 위의 경우에 구금일수의 1일은 형기의 1일 또는 벌금이나 과료에 관한 유치기간의 1일로 계산한다(동조③). 무죄가 확정된 다른 사건에서의 미결구금 일수는 유죄가 확정된 사건의 형기에 산입되지 않는다(97모112).

형법 제7조는 "죄를 지어 외국에서 형의 전부 또는 일부가 집행된 사람에 대해서는 그 집행된 형의 전부 또는 일부를 선고하는 형에 산입한다."고 규정하고 있다. 형사사건으로 외국 법원에 기소되었다가 무죄판결을 받은 사람은 '외국에서 형의 전부 또는 일부가 집행 된 사람'에 해당한다고 볼 수 없다. 외국 법원에 기소되었다가 무죄판결을 받은 사람의 미 결구금 기간은 형법 제7조에 의한 산입의 대상이 되지 않는다(2017도5977).

일정한 사유의 발생에 의하여 자유형의 집행이 정지되는 경우가 있다. 징역, 금고 또는 구류의 선고를 받은 자가 심신장애로 의사능력이 없는 상태에 있는 때에는 형을 선고 한 법원에 대응한 검찰청 검사 또는 형의 선고를 받은 자의 현재지를 관할하는 검찰청 검 사의 지휘에 의하여 심신장애가 회복될 때까지 형의 집행을 정지한다(법470①). 형의 집행 을 정지한 경우에는 검사는 형의 선고를 받은 자를 감호의무자 또는 지방공공단체에 인도 하여 병원 기타 적당한 장소에 수용하게 할 수 있다(법470②). 형의 집행이 정지된 자는 병 원수용 등의 처분이 있을 때까지 교도소 또는 구치소에 구치하고 그 기간을 형기에 산입 한다(동조③).

징역, 금고 또는 구류의 선고를 받은 자에 대하여 일정한 사유가 있는 경우에는 형을 선고한 법원에 대응한 검찰청 검사 또는 형의 선고를 받은 자의 현재지를 관할하는 검찰청 검사의 지휘에 의하여 형의 집행을 정지할 수 있다(법471① 참조). 이 경우 검사가 형집행정 지의 지휘를 함에는 소속 고등검찰청검사장 또는 지방검찰청검사장의 허가를 얻어야 한다 (동조②). 형의 집행으로 인하여 현저히 건강을 해하거나 생명을 보전할 수 없을 염려가 있 을 때 행하는 형집행정지 및 그 연장에 관한 사항을 심의하기 위하여 각 지방검찰청에 형 집행정지 심의위원회를 둔다(법471의2①).

4. 자격형의 집행

자격상실이란 (가) 공무원이 되는 자격, (나) 공법상의 선거권과 피선거권, (다) 법률로 요 건을 정한 공법상의 업무에 관한 자격, (라) 법인의 이사, 감사 또는 지배인 기타 법인의 업 무에 관한 검사역이나 재산관리인이 되는 자격 등을 상실케 하는 형벌이다(형법43①). 형 법은 자격상실을 주형으로 규정하고 있지만(형법41iv) 개별 형벌법규에서 자격상실을 주형으로 규정한 경우는 없다. 자격상실은 사형, 무기징역 또는 무기금고의 판결을 받은 자에 대하여 자동적으로 부과된다(형법43①).

자격정지는 위의 (가) 내지 (라)의 자격을 전부 또는 일부 정지하는 것으로 그 기간은 1년 이상 15년 이하이다(형법44①). 자격정지는 개별 형벌법규에서 독립적으로 병과형 또는 선택형으로 부과된다. 한편 유기징역 또는 유기금고의 판결을 받은 자에게는 그 형의 집행이 종료하거나 면제될 때까지 위의 자격정지 가운데 (가) 내지 (다)의 자격정지가 자동적으로 부과된다. 다만, 다른 법률에 특별한 규정이 있는 경우에는 그 법률에 따른다(형법43② 본문 · 단서).

자격상실 또는 자격정지의 선고를 받은 자에 대하여는 이를 수형자원부에 기재하고 지체 없이 그 등본을 형의 선고를 받은 자의 등록기준지와 주거지의 시 · 구 · 읍 · 면장에게 송부해야 한다(법476). 이때 수형자원부란 「형의 실효 등에 관한 법률」(형실효법)이 규정한 수형인명부를 가리킨다. 수형인명부란 자격정지 이상의 형을 받은 수형인을 기재한 명부로서 검찰청 및 군검찰부에서 관리하는 것을 말한다(동법2 ii).

자격상실 또는 자격정지가 기재된 등본을 수형자의 등록기준지와 주거지의 시 · 구 · 읍 · 면장에게 송부하게 되면 이를 기초로 수형인명표가 작성된다. 수형인명표라 함은 자격정지 이상의 형을 받은 수형인을 기재한 명표로서 수형인의 등록기준지 시 · 구 · 읍 · 면 사무소에서 관리하는 것을 말한다(형실효법2 iii).

5. 재산형의 집행

벌금과 과료는 판결확정일로부터 30일 내에 납입하여야 한다(형법69① 본문). 벌금 · 과료 · 몰수 · 추징 등 재산형을 선고한 재판, 과태료 · 소송비용 · 비용배상 등 재산형에 준하는 기타 제재의 재판, 그리고 이들 재판에 대한 가납의 재판은 검사의 명령에 의하여 집행한다(법477①). 이 명령은 집행력 있는 집행권원과 동일한 효력이 있다(동조②, 민사집행법 부칙7).

재산형, 재산형에 준하는 제재, 그리고 그 가납재판의 집행에는 「민사집행법」의 집행에 관한 규정을 준용한다(법477③ 본문). 다만 집행 전에 재판의 송달을 요하지 않는다(동항 단서). 형사재판은 재판의 선고 · 고지로부터 바로 효력이 발생하기 때문이다. 「민사집행법」에 따른 집행의 원칙에도 불구하고 재산형 등의 재판은 「국세징수법」에 따른 국세체납처분의 예에 따라 집행할 수 있다(동조④).

검사는 재산형 등의 재판을 집행하기 위하여 필요한 조사를 할 수 있다. 이 경우 검사는 공무소 기타 공사단체에 조회하여 필요한 사항의 보고를 요구할 수 있다(법477⑤, 199②). 재산형 등의 재판집행비용은 집행을 받은 자의 부담으로 하고 「민사집행법」의 규정에 준하여 집행과 동시에 징수해야 한다(법493).

벌금 등의 납부능력이 부족한 서민의 경제적 어려움을 덜어주기 위하여 벌금·과료의 분할납부가 허용된다(법477⑥). 법원이 벌금이나 과료 등을 선고한 경우에 벌금, 과료, 추징, 과태료, 소송비용 또는 비용배상의 분할납부, 납부연기 및 납부대행기관을 통한 납부 등 납부방법에 필요한 사항은 법무부령으로 정한다(동항). 「벌금 미납자의 사회봉사 집행에 관한 특례법」은 벌금 미납자에 대한 노역장유치를 사회봉사로 대신하여 집행할 수 있는 특례와 절차를 규정하고 있다(동법1 참조). 벌금 또는 과료를 완납하지 못한 자에 대한 노역장유치의 집행에는 형의 집행에 관한 규정이 준용된다(법492).

6. 몰수 · 추징의 집행

몰수의 재판이 확정되면 몰수물의 소유권은 국고에 귀속된다. 몰수판결은 검사가 집행한다. 검사의 몰수판결 집행업무는 몰수를 명한 판결이 확정된 후 검사의 집행지휘에 의하여 몰수집행을 하는 것이다(94도2990). 재판확정시 몰수물이 이미 압수되어 있는 경우에는 점유가 국가에 있으므로 검사의 집행지휘만으로 몰수재판의 집행은 종료된다. 이에 대하여 몰수물이 아직 압수되어 있지 않다면 검사가 몰수선고를 받은 자에게 그 제출을 명하고, 이에 불응할 경우 몰수집행명령서를 작성하여 집행관에게 집행을 명하는 방법으로 몰수재판을 집행해야 한다(94도2990).

몰수물은 검사가 처분해야 한다(법483). 문서, 도화, 전자기록 등 특수매체기록 또는 유가증권의 일부가 몰수의 대상이 된 경우에는 그 부분을 폐기한다(형법48③). 몰수를 집행한 후 3개월 이내에 그 몰수물에 대하여 정당한 권리 있는 자가 몰수물의 교부를 청구한 때에는 검사는 파괴 또는 폐기할 것이 아니면 이를 교부해야 한다(법484①). 몰수물을 처분한 후 권리 있는 자의 교부청구가 있는 경우에는 검사는 공매에 의하여 취득한 대가를 교부해야 한다(동조②). 몰수 대상 물건을 몰수할 수 없을 때에는 그 가액을 추징한다(형법48②). 추징판결의 집행은 (가) 「민사집행법」의 집행에 관한 규정을 준용하거나(법477③), (나) 「국세징수법」에 따른 국세체납처분의 예에 따라 집행할 수 있다(동조④).

압수한 서류 또는 물건에 대하여 몰수의 선고가 없는 때에는 압수를 해제한 것으로 간주한다(법332). 그러므로 이 경우에는 그 목적물을 정당한 권리자에게 환부해야 한다. 압수물에 대한 몰수의 선고가 포함되지 않은 판결이 선고되어 확정되면, 검사에게 그 압수물을 제출자나 소유자 기타 권리자에게 환부하여야 할 의무가 당연히 발생한다. 권리자의 환부 신청에 대한 검사의 환부결정 등 처분에 의하여 비로소 환부의무가 발생하는 것은 아니다 (2019다282197).

피압수자 등 환부를 받을 자가 압수 후 그 소유권을 포기하는 등의 형태로 실체법상의 권리를 상실하더라도 그 때문에 압수물을 환부하여야 하는 검사의 의무에 어떠한 영향을 미칠 수 없다. 또한 피압수자 등이 수사기관에 대하여 형사소송법상의 환부청구권을 포기 한다는 의사표시를 하더라도 그 효력이 없어 그 의사표시에 의하여 검사의 필요적 환부의 무가 면제된다고 볼 수 없다(2019다282197).

법원은 압수한 장물로서 피해자에게 환부할 이유가 명백한 것은 판결로써 피해자에게 환부하는 선고를 해야 한다(법333①). 이 경우에 장물을 처분하였을 때에는 법원은 판결로 써 그 대가로 취득한 것을 피해자에게 교부하는 선고를 해야 한다(동조②). 검사는 이상의 환부판결의 집행을 지휘한다(법460① 본문). 위조 또는 변조한 물건을 환부하는 경우에는 그 물건의 전부 또는 일부에 위조나 변조인 것을 표시해야 한다(법485①). 위조 또는 변조 된 물건이 압수되지 아니한 경우에는 그 물건을 제출하게 하여 위조 또는 변조표시의 처 분을 해야 한다. 다만 그 물건이 공무소에 속한 것인 때에는 위조나 변조의 사유를 공무소 에 통지하여 적당한 처분을 하게 하여야 한다(동조② 본문·단서).

압수물의 환부를 받을 자의 소재가 불명하거나 기타 사유로 인하여 환부할 수 없는 경 우에는 검사는 그 사유를 관보에 공고해야 한다(법486①). 공고 후 3개월 이내에 환부의 청 구가 없는 때에는 그 물건은 국고에 귀속한다(동조②). 이 기간 내에도 가치 없는 물건은 폐 기할 수 있고 보관하기 어려운 물건은 공매하여 그 대가를 보관할 수 있다(동조③).

제3 재판집행에 대한 구제방법

1. 재판의 해석에 대한 의의신청

재판의 집행과 관련하여 불복이 있는 경우에 그 구제를 구하는 방법으로 의의신청(법 488)과 이의신청(법489)이 있다. 재판집행에 대한 의의신청(疑義申請)은 확정재판에 있어서 주문의 취지가 불명확하여 주문의 해석에 의문이 있는 경우에 제기하는 불복방법임에 대 하여, 재판집행에 대한 이의신청(異議申請)은 확정재판의 집행기관인 검사가 그 집행과 관 련하여 행하는 처분이 부당함을 이유로 제기하는 불복방법이라는 점에서 구별된다.

형의 선고를 받은 자는 집행에 관하여 재판의 해석에 대한 의의(疑義)가 있는 때에는 재판을 선고한 법원에 의의신청을 할 수 있다(법488). 재판해석에 대한 의의신청(법488)은 확정판결에 기재된 판결주문의 취지가 불명확하여 주문의 해석에 의문이 있는 경우에 한하여 제기할 수 있다. 따라서 판결이유의 모순, 불명확 또는 부당을 주장하는 의의신청은 허용되지 않는다(87초42). 재판집행에 대한 의의신청에는 재소자 특칙이 인정된다(법490②, 344).

재판해석에 대한 의의신청의 관할법원은 재판을 선고한 법원이다(법488). 여기에서 '재판을 선고한 법원'이란 형을 선고한 법원을 의미한다. 재판해석에 대한 의의신청이 있으면 법원은 결정을 해야 한다(법491①). 이 결정에 대하여는 즉시항고를 할 수 있다(동조②). 재판해석에 대한 의의신청은 취하할 수 있다(법490①). 신청의 취하에는 재소자 특칙이 인정된다(동조②).

2. 재판의 집행에 대한 이의신청

재판의 집행을 받은 자 또는 그 법정대리인이나 배우자는 집행에 관한 검사의 처분이 부당함을 이유로 재판을 선고한 법원에 이의신청을 할 수 있다(법489). 검사의 재판집행에 대한 이의신청은 확정판결에 대한 집행을 전제로 하는 것이 원칙이지만 재판확정 전에 검사가 형의 집행지휘를 하는 경우에는 확정 전에도 이의신청이 인정될 수 있다. 재판의 집행이 종료된 후의 이의신청은 아무런 실익이 없으므로 집행종료 후의 재판집행에 대한 이의신청은 허용되지 않는다(92모39).

검사의 재판집행에 대한 이의신청은 검사의 집행처분이 부적법한 경우 외에 부당한 경우도 대상으로 한다(법489). 이의신청을 하면서 재판의 내용 자체의 부당을 주장하거나(87초42) 또는 현행 형벌제도를 비난하는 것은 이의신청의 대상이 되지 않는다.

재판집행에 대한 이의신청은 재판을 선고한 법원에 해야 한다(법489). 이 경우 '재판을 선고한 법원'은 형을 선고한 법원이다. 형을 선고한 판결에 대해 상소기각 판결이 있는 경우 이의신청 관할법원은 상소법원이 아니라 원심법원이 된다. 검사의 재판집행에 대한 이의신청이 있는 때에는 법원은 결정을 해야 한다(법491①). 이 결정에 대하여는 즉시항고를 할 수 있다(동조②). 재판집행에 대한 이의신청은 법원의 결정이 있을 때까지 취하할 수 있다(법490①). 신청의 취하에는 재소자 특칙이 인정된다(동조②).

부 록

일러두기

○ 본문 괄호 속 판례번호에 ☞가 붙은 판례들을 분석하였다.
○ 2024년 공표된 판례를 주로 하되 필요한 경우 이전 판례도 정리·수록하였다.
○ 판례의 배열은 사건번호 순서에 따랐다.
○ 독자에게 가독성을 높이기 위하여 판례 본문을 과감하게 각색하였다.
○ 판례 데이터베이스에서 사용되는 피고인, 피해자, 공소외 1 등의 익명표시는 갑, A, B 등으로 전환
  하여 표시하였다.
○ 판결문에 등장하는 장문의 복문(複文)은 다수의 단문(單文)으로 재구성하였고, 단문들 앞에 (가),
  (나), (다) 등의 부호를 부여하였다.
○ 단문으로 구성된 문장이라 할지라도 의미 이해에 필요하다고 판단하면 (ㄱ), (ㄴ), (ㄷ) 등의 표시를
  부여하였다.
○ 공소사실이나 범죄사실의 특정을 위한 일시, 장소 등의 구체적인 사항은 내용 파악에 지장이 없는
  한 과감하게 생략하였다.
○ 부록에 소개된 판례들은 어디까지나 강학상의 관점에서 독자를 위하여 정리한 것이다. 판례의 정확
  한 이해를 위하여 판례원문을 반드시 확인할 것을 권한다.
○ 법률명칭은 정식명칭을 사용하지 않고 관용적으로 사용되는 것에 따랐다.
○ 몇 가지 예를 들어 본다.

• 마약류관리법	마약류 관리에 관한 법률
• 범죄수익은닉규제법	범죄수익은닉의 규제 및 처벌 등에 관한 법률
• 성폭력처벌법	성폭력범죄의 처벌 등에 관한 특례법
• 아동학대처벌법	아동학대범죄의 처벌 등에 관한 특례법
• 전자장치부착법	전자장치 부착 등에 관한 법률
• 정보통신망법	정보통신망 이용촉진 및 정보보호 등에 관한 법률
• 즉심법, 즉결심판법	즉결심판에 관한 절차법
• 청소년성보호법	아동·청소년의 성보호에 관한 법률
• 폭처법, 폭력행위처벌법	폭력행위 등 처벌에 관한 법률
• 특가법, 특정범죄가중법	특정범죄 가중처벌 등에 관한 법률
• 특경가법, 특정경제범죄법	특정경제범죄 가중처벌 등에 관한 법률

2016도348

정보저장매체 임의제출과 실질적 피압수자

2021. 11. 18. 2016도348 전원합의체 판결, 공 2022상, 57 =『휴대폰 2대 임의제출 사건』

2014. 12. 11. 갑은 자기 집에서 A의 의사에 반해 A의 성기를 촬영하였다(㉮ 범행). A는 갑의 범행을 알아차렸다. ⓐ아이폰과 ⓑ삼성휴대폰는 갑 소유의 휴대전화이다. A는 갑의 집에서 ⓐ아이폰과 ⓑ삼성휴대폰를 들고 나왔다. A는 경찰에 즉시 ㉮범행 피해사실을 신고하였다. A는 ⓐ아이폰과 ⓑ삼성휴대폰에 갑이 촬영한 동영상과 사진이 저장되어 있다고 말하였다. A는 ⓐ아이폰과 ⓑ삼성휴대폰을 범행의 증거물로 임의제출하였다. 경찰관들은 ⓐ아이폰과 ⓑ삼성휴대폰을 임의제출물로 영장 없이 압수하였다. 경찰관들은 A에게 ⓐ아이폰과 ⓑ삼성휴대폰에 저장된 동영상과 사진 등 전자정보 전부를 제출하는 취지인지 등 제출 범위에 관한 의사를 따로 확인하지는 않았다.

경찰관들은 갑에 대한 수사에 착수하였다. 갑은 경찰에 ⓐ아이폰에 대한 비밀번호를 제공하고 그 파일 이미징 과정에 참여하였다. 갑은 ⓑ삼성휴대폰에 대해서는 사실상 비밀번호 제공을 거부하고, 저장된 동영상 파일의 복원·추출 과정에 참여하지 않았다. 경찰은 ⓐ아이폰에 저장된 동영상 파일을 통해 A에 대한 2014년 범행을 확인하였다(㉠동영상으로 통칭함). 경찰은 ⓑ삼성휴대폰에서 2014년 범행의 증거 영상을 추가로 찾기 시작하였다. 경찰은 A가 아닌 다른 남성 2인이 침대 위에서 잠든 모습, 누군가가 손으로 그들의 성기를 잡고 있는 모습 등이 촬영된 동영상 30개와 사진 등을 발견하였다(㉡동영상으로 통칭함). 경찰은 ㉡동영상의 내용을 확인한 후 이를 시디(CD)에 복제하였다(㉢시디).

경찰은 A를 소환하여 ㉡동영상에 등장하는 남성 2인의 인적 사항 등에 대해 조사하여 그들이 B, C라는 사실을 알게 되었다. 경찰은 추가 수사를 통해 갑이 2013. 12.경 B, C가 술에 취해 잠든 사이 성기를 만지고 ㉡동영상을 촬영한 범행을 저지른 사실을 인지하였다(㉯범행). 그 후에 경찰은 압수·수색영장을 발부받아 ㉯범행 영상의 전자정보를 복제한 ㉢시디를 증거물로 압수하였다.

검사는 ㉮범행과 ㉯범행에 대해 갑을 성폭력처벌법위반죄(카메라등이용촬영)로 기소하였다. 제1심법원은 ㉮범행과 ㉯범행 모두에 대해 유죄를 인정하였다. 갑은 불복 항소하였다. 항소법원은 ㉮범행에 대해 유죄를 인정하였다. 항소법원은 ㉯범행에 대해 다음의 이유를 들어서 무죄로 판단하였다.

(가) ㉯범행은 ㉮범행과 무관한 별건 범행이다. (나) 수사기관으로서는 우연히 발견한 B, C에 대한 ㉯범행에 관하여는 더 이상의 추가 탐색을 중단하고 법원으로부터 별도의 범죄혐의에 대한 압수·수색영장을 발부받은 경우에 한하여 ㉡동영상에 대하여 적법하게 압수·수색을 할 수 있다. (다) ㉡동영상을 압수·수색하려면 갑에게 (ㄱ) 형사소송법 제219조, 제121조, 제129조에 따라 (ㄴ) 참여권을 보장하고 (ㄷ) 압수한 전자정보 목록을 교부하는 등 피압수자의 이익을 보호하기 위한 적절한 조치를 취하여야 한다. (라) 그럼에도 경찰이 ㉯범행에 대하여 갑의 참여권을 보장하는 등의 아무런 조치를 취하지 않은 채 그에 대한 증거를 수집한 것은 위법하다. 검사는 ㉯범행에 대한 무죄 부분에 불복하여 상고하였다.

대법원은 대법관 전원일치로 다음의 이유를 제시하여 상고를 기각하였다.

대법원은 정보저장매체의 압수 방법에 대해 다음과 같이 설시하였다.

(가) 오늘날 개인 또는 기업의 업무는 컴퓨터나 서버, 저장매체가 탑재된 정보처리장치 없이 유지되기 어렵다. (나) 전자정보가 저장된 각종 저장매체(이하 '정보저장매체'라 한다)는 대부분 대용량이어서 수사의 대상이 된 범죄혐의와 관련이 없는 개인의 일상생활이나 기업경영에 관한 정보가 광범위하게 포함되어 있다. (다) 이러한 전자정보에 대한 수사기관의 압수·수색은 (ㄱ) 사생활의 비밀과 자유, (ㄴ) 정보에 대한 자기결정권, (ㄷ) 재산권 등을 침해할 우려가 크므로 포괄적으로 이루어져서는 안 되고, 비례의 원칙에 따라 수사의

목적상 필요한 최소한의 범위 내에서 이루어져야 한다. (라) 수사기관의 전자정보에 대한 압수·수색은 원칙적으로 (ㄱ) 영장 발부의 사유로 된 범죄혐의사실과 관련된 부분만을 (ㄴ) 문서 출력물로 수집하거나 (ㄷ) 수사기관이 휴대한 정보저장매체에 해당 파일을 복제하는 방식으로 이루어져야 한다.

(마) (ㄱ) 정보저장매체 자체를 직접 반출하거나 (ㄴ) 저장매체에 들어 있는 전자파일 전부를 하드카피나 이미징 등 형태(이하 '복제본'이라 한다)로 수사기관 사무실 등 외부로 반출하는 방식으로 압수·수색하는 경우가 있다. (바) 이러한 압수·수색은 (ㄱ) 현장의 사정이나 전자정보의 대량성으로 인하여 관련 정보 획득에 긴 시간이 소요되거나 (ㄴ) 전문 인력에 의한 기술적 조치가 필요한 경우 등 (ㄷ) 범위를 정하여 출력 또는 복제하는 방법이 불가능하거나 압수의 목적을 달성하기에 현저히 곤란하다고 인정되는 때에 한하여 (ㄹ) 예외적으로 허용될 수 있을 뿐이다.

대법원은 정보저장매체의 임의제출과 관련한 압수 방법에 대해 다음과 같이 설시하였다.

(가) 위와 같은 법리는 정보저장매체에 해당하는 임의제출물의 압수(형사소송법 제218조)에도 마찬가지로 적용된다. (나) 임의제출물의 압수는 (ㄱ) 압수물에 대한 수사기관의 점유 취득이 제출자의 의사에 따라 이루어진다는 점에서 차이가 있을 뿐 (ㄴ) 범죄혐의를 전제로 한 수사 목적이나 압수의 효력은 영장에 의한 경우와 동일하기 때문이다. (다) 따라서 수사기관은 (ㄱ) 특정 범죄혐의와 관련하여 전자정보가 수록된 정보저장매체를 임의제출받아 그 안에 저장된 전자정보를 압수하는 경우 (ㄴ) 그 동기가 된 범죄혐의사실과 관련된 전자정보의 출력물 등을 임의제출받아 압수하는 것이 원칙이다. (라) 다만 (ㄱ) 현장의 사정이나 (ㄴ) 전자정보의 대량성과 탐색의 어려움 등의 이유로 (ㄷ) 범위를 정하여 출력 또는 복제하는 방법이 불가능하거나 압수의 목적을 달성하기에 현저히 곤란하다고 인정되는 때에 한하여 (ㄹ) 예외적으로 정보저장매체 자체나 복제본을 임의제출받아 압수할 수 있다.

대법원은 정보저장매체 임의제출자의 의사 확인에 대해 다음과 같이 설시하였다.

(가) (ㄱ) 정보저장매체와 (ㄴ) 그 안에 저장된 전자정보는 개념적으로나 기능적으로나 별도의 독자적 가치와 효용을 지닌 것으로 상호 구별된다. (나) 뿐만 아니라 임의제출된 전자정보의 압수가 적법한 것은 어디까지나 제출자의 자유로운 제출 의사에 근거한 것이기 때문이다. (다) 그러한 이상 (ㄱ) 범죄혐의사실과 관련된 전자정보와 (ㄴ) 그렇지 않은 전자정보가 혼재되어 있는 (ㄷ) 정보저장매체나 복제본을 (ㄹ) 수사기관에 임의제출하는 경우 (ㅁ) 제출자는 제출 및 압수의 대상이 되는 전자정보를 개별적으로 지정하거나 그 범위를 한정할 수 있다. (라) 이처럼 정보저장매체 내 전자정보의 임의제출 범위는 제출자의 의사에 따라 달라질 수 있는 만큼 (ㄱ) 이러한 정보저장매체를 임의제출받는 수사기관은 (ㄴ) 제출자로부터 임의제출의 대상이 되는 전자정보의 범위를 확인함으로써 (ㄷ) 압수의 범위를 명확히 특정하여야 한다. (마) 나아가 헌법과 형사소송법이 구현하고자 하는 (ㄱ) 적법절차, 영장주의, 비례의 원칙은 물론, (ㄴ) 사생활의 비밀과 자유, (ㄷ) 정보에 대한 자기결정권 및 (ㄹ) 재산권의 보호라는 관점에서 정보저장매체 내 전자정보가 가지는 중요성에 비추어 본다. (바) 그렇게 볼 때, (ㄱ) 정보저장매체를 임의제출하는 사람이 거기에 담긴 전자정보를 지정하거나 제출 범위를 한정하는 취지로 한 의사표시는 엄격하게 해석하여야 하고, (ㄴ) 확인되지 않은 제출자의 의사를 수사기관이 함부로 추단하는 것은 허용될 수 없다.

(사) 따라서 (ㄱ) 수사기관이 제출자의 의사를 쉽게 확인할 수 있음에도 이를 확인하지 않은 채 (ㄴ) 특정 범죄혐의사실과 관련된 전자정보와 그렇지 않은 전자정보가 혼재된 정보저장매체를 임의제출받은 경우, (ㄷ) 그 정보저장매체에 저장된 전자정보 전부가 임의제출되어 압수된 것으로 취급할 수는 없다. (아) 이 경우 제출자의 임의제출 의사에 따라 압수의 대상이 되는 전자정보의 범위를 어떻게 특정할 것인지가 문제 된다.

대법원은 임의제출자의 의사 확인이 없는 경우의 관련성 판단에 대해 다음과 같이 설시하였다.

(가) 수사기관은 피의사실과 관계가 있다고 인정할 수 있는 것에 한정하여 증거물 또는 몰수할 것으로 사료하는 물건을 압수할 수 있다(형사소송법 제219조, 제106조). (나) (ㄱ) 전자정보를 압수하고자 하는 수사기관이 정보저장매체와 거기에 저장된 전자정보를 임의제출의 방식으로 압수할 때, (ㄴ) 제출자의 구체적인 제출 범위에 관한 의사를 제대로 확인하지 않는 등의 사유로 인해 (ㄷ) 임의제출자의 의사에 따른 전자정보 압수의 대상과 범위가 명확하지 않거나 이를 알 수 없는 경우가 있다. (다) 이러한 경우에는 임의제출에 따른 압수의 동기가 된 범죄혐의사실과 관련되고 이를 증명할 수 있는 최소한의 가치가 있는 전자정보에 한하여 압수의 대상이 된다.

(라) 이때 범죄혐의사실과 관련된 전자정보에는 (ㄱ) 범죄혐의사실 그 자체 또는 (ㄴ) 그와 기본적 사실관계가 동일한 범행과 직접 관련되어 있는 것은 물론 (ㄷ) (a) 범행 동기와 경위, (b) 범행 수단과 방법, (c) 범행 시간과 장소 등을 증명하기 위한 간접증거나 정황증거 등으로 사용될 수 있는 것도 포함될 수 있다. (마) 다만 그 관련성은 임의제출에 따른 압수의 동기가 된 범죄혐의사실의 내용과 수사의 대상, 수사의 경위, 임의제출의 과정 등을 종합하여 구체적·개별적 연관관계가 있는 경우에만 인정된다. (바) 범죄혐의사실과 단순히 동종 또는 유사 범행이라는 사유만으로 관련성이 있다고 할 것은 아니다.

대법원은 불법촬영 범죄 등의 경우 임의제출된 전자정보의 관련성 판단에 대해 다음과 같이 설시하였다.

(가) 범죄혐의사실과 관련된 전자정보인지를 판단할 때는 범죄혐의사실의 내용과 성격, 임의제출의 과정 등을 토대로 구체적·개별적 연관관계를 살펴볼 필요가 있다. (나) 특히 카메라의 기능과 정보저장매체의 기능을 함께 갖춘 휴대전화인 스마트폰을 이용한 불법촬영 범죄와 같이 (ㄱ) 범죄의 속성상 해당 범행의 상습성이 의심되거나 (ㄴ) 성적 기호 내지 경향성의 발현에 따른 일련의 범행의 일환으로 이루어진 것으로 의심되고, (ㄷ) 범행의 직접증거가 스마트폰 안에 이미지 파일이나 동영상 파일의 형태로 남아 있을 개연성이 있는 경우가 있다. (다) 그러한 경우에는 (ㄱ) 그 안에 저장되어 있는 같은 유형의 전자정보에서 그와 관련한 유력한 간접증거나 정황증거가 발견될 가능성이 높다는 점에서 (ㄴ) 이러한 간접증거나 정황증거는 범죄혐의사실과 구체적·개별적 연관관계를 인정할 수 있다.

(라) 이처럼 범죄의 대상이 된 피해자의 인격권을 현저히 침해하는 성격의 전자정보를 담고 있는 불법촬영물은 범죄행위로 인해 생성된 것으로서 몰수의 대상이기도 하다. (마) 그러므로 임의제출된 휴대전화에서 해당 전자정보를 신속히 압수·수색하여 불법촬영물의 유통 가능성을 적시에 차단함으로써 피해자를 보호할 필요성이 크다.

(바) 나아가 이와 같은 경우에는 (ㄱ) 간접증거나 정황증거이면서 몰수의 대상이자 압수·수색의 대상인 전자정보의 유형이 (ㄴ) 이미지 파일 내지 동영상 파일 등으로 비교적 명확하게 특정되어 (ㄷ) 그와 무관한 사적 전자정보 전반의 압수·수색으로 이어질 가능성이 적어 (ㄹ) 상대적으로 폭넓게 관련성을 인정할 여지가 많다는 점에서도 그러하다.

대법원은 제3자에 의한 정보저장매체의 임의제출과 관련성 판단에 대해 다음과 같이 설시하였다.

(가) 피의자가 소유·관리하는 정보저장매체를 피의자 아닌 피해자 등 제3자가 임의제출하는 경우가 있다. (나) 이러한 경우에는 (ㄱ) 그 임의제출 및 그에 따른 수사기관의 압수가 적법하더라도 (ㄴ) 임의제출의 동기가 된 범죄혐의사실과 구체적·개별적 연관관계가 있는 전자정보에 한하여 압수의 대상이 되는 것으로 (ㄷ) 더욱 제한적으로 해석하여야 한다. (다) (ㄱ) 임의제출의 주체가 소유자 아닌 소지자·보관자이고 (ㄴ) 그 제출행위로 소유자의 사생활의 비밀 기타 인격적 법익이 현저히 침해될 우려가 있는 경우에는 (ㄷ) 임의제출에 따른 압수·수색의 필요성과 함께 (ㄹ) 임의제출에 동의하지 않은 소유자의 법익에 대한 특별한 배려도 필요하다. (라) (ㄱ) 피의자 개인이 소유·관리하는 정보저장매체에는 (ㄴ) 그의 사생활의 비밀과 자유,

정보에 대한 자기결정권 등 인격적 법익에 관한 모든 것이 저장되어 있어 (ㄷ) 제한 없이 압수·수색이 허용될 경우 피의자의 인격적 법익이 현저히 침해될 우려가 있기 때문이다.

(마) 그러므로 (ㄱ) 임의제출자인 제3자가 제출의 동기가 된 범죄혐의사실과 구체적·개별적 연관관계가 인정되는 범위를 넘는 전자정보까지 일괄하여 임의제출한다는 의사를 밝혔더라도, (ㄴ) (a) 그 정보저장매체 내 전자정보 전반에 관한 처분권이 그 제3자에게 있거나 (b) 그에 관한 피의자의 동의 의사를 추단할 수 있는 등의 특별한 사정이 없는 한, (ㄷ) 그 임의제출을 통해 수사기관이 영장 없이 적법하게 압수할 수 있는 전자정보의 범위는 범죄혐의사실과 관련된 전자정보에 한정된다고 보아야 한다.

대법원은 전자정보 탐색·복제·출력 시 피압수자의 참여권 보장 등에 대해 다음과 같이 설시하였다.

(가) (ㄱ) 압수의 대상이 되는 전자정보와 그렇지 않은 전자정보가 혼재된 정보저장매체나 그 복제본을 (ㄴ) 임의제출받은 수사기관이 (ㄷ) 그 정보저장매체 등을 수사기관 사무실 등으로 옮겨 이를 탐색·복제·출력하는 경우가 있다. (나) 이러한 경우 그와 같은 일련의 과정에서 (ㄱ) 형사소송법 제219조, 제121조에서 규정하는 피압수·수색 당사자(이하 '피압수자'라 한다)나 그 변호인에게 참여의 기회를 보장하고 (ㄴ) 압수된 전자정보의 파일 명세가 특정된 압수목록을 작성·교부하여야 하며 (ㄷ) 범죄혐의사실과 무관한 전자정보의 임의적인 복제 등을 막기 위한 적절한 조치를 취하는 등 영장주의 원칙과 적법절차를 준수하여야 한다.

(다) (ㄱ) 만약 그러한 조치가 취해지지 않았다면 (ㄴ) 피압수자 측이 참여하지 아니한다는 의사를 명시적으로 표시하였거나 (ㄷ) 임의제출의 취지와 경과 또는 그 절차 위반행위가 이루어진 과정의 성질과 내용 등에 비추어 피압수자 측에 절차 참여를 보장한 취지가 실질적으로 침해되었다고 볼 수 없을 정도에 해당한다는 등의 특별한 사정이 없는 이상 (ㄹ) 압수·수색이 적법하다고 평가할 수 없다. (라) 비록 수사기관이 정보저장매체 또는 복제본에서 범죄혐의사실과 관련된 전자정보만을 복제·출력하였다 하더라도 달리 볼 것은 아니다.

대법원은 전자정보 탐색·복제·출력 시 실질적 피압수자(피의자)의 참여권 보장 등에 대해 다음과 같이 설시하였다.

(가) 나아가 피해자 등 제3자가 피의자의 소유·관리에 속하는 정보저장매체를 영장에 의하지 않고 임의제출한 경우가 있다. (나) 이러한 경우에는 실질적 피압수자인 피의자가 수사기관으로 하여금 그 전자정보 전부를 무제한 탐색하는 데 동의한 것으로 보기 어렵다. (나) 뿐만 아니라 피의자 스스로 임의제출한 경우[라면] 피의자의 참여권 등이 보장되어야 한다. (다) 이러한 것과 견주어 보더라도 특별한 사정이 없는 한 (ㄱ) 형사소송법 제219조, 제121조, 제129조에 따라 (ㄴ) 피의자에게 참여권을 보장하고 (ㄷ) 압수한 전자정보 목록을 교부하는 등 피의자의 절차적 권리를 보장하기 위한 적절한 조치가 이루어져야 한다.

대법원은 임의제출된 정보저장매체 탐색 과정에서 무관정보 발견 시 필요한 조치·절차에 대해 다음과 같이 설시하였다.

(가) 앞서 본 바와 같이 (ㄱ) 임의제출된 정보저장매체에서 (ㄴ) 압수의 대상이 되는 전자정보의 범위를 초과하여 수사기관이 임의로 전자정보를 탐색·복제·출력하는 것은 (ㄷ) 원칙적으로 위법한 압수·수색에 해당하므로 허용될 수 없다. (나) (ㄱ) 만약 전자정보에 대한 압수·수색이 종료되기 전에 (ㄴ) 범죄혐의사실과 관련된 전자정보를 적법하게 탐색하는 과정에서 (ㄷ) 별도의 범죄혐의와 관련된 전자정보를 우연히 발견한 경우라면, (ㄹ) 수사기관은 더 이상의 추가 탐색을 중단하고 (ㅁ) 법원으로부터 별도의 범죄혐의에 대한 압수·수색영장을 발부받은 경우에 한하여 (ㅂ) 그러한 정보에 대하여도 적법하게 압수·수색을 할 수 있다.

(다) 따라서 (ㄱ) 임의제출된 정보저장매체에서 (ㄴ) 압수의 대상이 되는 전자정보의 범위를 넘어서는 전자정보에 대해 (ㄷ) 수사기관이 영장 없이 압수·수색하여 취득한 증거는 (ㄹ) 위법수집증거에 해당한다.

(라) (ㄱ) 사후에 법원으로부터 영장이 발부되었다거나 (ㄴ) 피고인이나 변호인이 이를 증거로 함에 동의하였다고 하여 그 위법성이 치유되는 것도 아니다.

대법원은 ㉮범행과 ㉯범행 사이의 관련성 여부에 대해 다음과 같이 판단하였다.

(가) (사실관계 분석; 생략함.) (나) A는 경찰에 갑의 휴대전화를 증거물로 제출할 당시 그 안에 수록된 전자정보의 제출 범위를 명확히 밝히지 않았다. (다) 담당 경찰관들도 제출자(A)로부터 그에 관한 확인절차를 거치지 않았다. (라) 그러한 이상 ⓐ아이폰과 ⓑ삼성휴대폰에 담긴 전자정보의 제출 범위에 관한 제출자(A)의 의사가 명확하지 않거나 이를 알 수 없는 경우에 해당한다. (마) 따라서 (ㄱ) ⓐ아이폰과 ⓑ삼성휴대폰에 담긴 전자정보 중 (ㄴ) 임의제출을 통해 적법하게 압수된 범위는 (ㄷ) 임의제출 및 압수의 동기가 된 갑의 ㉮범행 자체와 구체적·개별적 연관관계가 있는 전자정보로 제한적으로 해석하는 것이 타당하다.

(바) 이에 비추어 볼 때 (ㄱ) 범죄발생 시점 사이에 상당한 간격[1년 정도]이 있고 (ㄴ) 피해자(A) 및 범행에 이용한 휴대전화(ⓐ아이폰)도 전혀 다른 (ㄷ) 갑의 ㉯범행에 관한 [ⓑ삼성휴대폰의] ㉡동영상은 (ㄹ) 간접증거와 정황증거를 포함하는 구체적·개별적 연관관계 있는 관련 증거의 법리에 의하더라도 (ㅁ) 임의제출에 따른 압수의 동기가 된 범죄혐의사실(㉮범행)과 구체적·개별적 연관관계 있는 전자정보로 보기 어렵다. (사) 그러므로 수사기관이 사전영장 없이 이를 취득한 이상 증거능력이 없다. (아) 사후에 압수·수색영장을 받아 압수절차가 진행되었더라도 달리 볼 수 없다.

2019도7891

불특정다수인 출입장소와 사진촬영

2023. 7. 13. 2019도7891, 판례속보 = 『춤추는 손님 촬영 사건』

「식품위생법」은 다음의 규정을 두고 있다(조문 번호 생략함). (가) 누구든지 영리를 목적으로 식품접객업을 하는 장소(유흥업소 제외)에서 노래 또는 춤으로 손님의 유흥을 돋우는 접객행위를 하여서는 아니된다. (나) 식품접객영업자는 영업자가 지켜야 할 사항을 지켜야 한다. (다) 영업자가 지켜야 할 사항을 지키지 아니한 자는 3년 이하의 징역 또는 3천만원 이하의 벌금에 처한다.

갑은 P식품접객업소의 영업자이다. P업소는 유흥업소가 아니다. A 등은 경찰관들이다. A 등은 P업소에서 손님들이 춤을 추는 것을 허용하고 있다는 첩보를 입수하였다. A 등은 P업소의 영업시간에 영장 없이 P업소에 들어갔다(㉮행위). A 등은 손님들이 춤추는 장면을 촬영하였다(㉯행위). ㉯행위에 의하여 손님 B 등이 춤추는 모습이 촬영되었다(㉠사진).

검사는 갑을 식품위생법 위반의 공소사실로 기소하였다. 갑의 피고사건은 제1심을 거친 후, 항소심에 계속되었다. 항소법원은 유죄를 인정하였다. 갑은 불복 상고하였다. 갑은 상고이유로 다음의 점을 주장하였다. (가) 경찰관 A 등은 영장 없이 P업소에 들어왔다(㉮행위). (나) ㉮행위는 영장주의에 위반한 강제수사로 위법수사에 해당한다. (다) 경찰관 A 등은 영장 없이 손님 B 등의 사진을 촬영하였다(㉯행위). (라) ㉯행위는 손님 B 등의 초상권, 사생활의 비밀과 자유를 침해한 위법수사에 해당한다. (마) ㉮, ㉯행위가 위법수사에 해당하므로 ㉠사진은 증거능력이 없다.

대법원은 다음의 이유를 제시하여 상고를 기각하였다.

대법원은 임의수사와 강제수사의 한계에 대해 다음과 같이 설시하였다.

(가) 수사기관이 범죄를 수사하면서 (ㄱ) 불특정, 다수의 출입이 가능한 장소에 (ㄴ) 통상적인 방법으로 출입하여 (ㄷ) 아무런 물리력이나 강제력을 행사하지 않고 (ㄹ) 통상적인 방법으로 위법행위를 확인하는 것은 특별한 사정이 없는 한 임의수사의 한 방법으로서 허용된다. (나) 그러므로 그 행위가 영장 없이 이루어졌

다고 하여 위법하다고 할 수 없다.

대법원은 사진촬영의 허용 여부에 대해 다음과 같이 설시하였다.

(가) 수사기관이 범죄를 수사하면서 (ㄱ) 현재 범행이 행하여지고 있거나 행하여진 직후이고, (ㄴ) 증거보전의 필요성 및 (ㄷ) 긴급성이 있으며, (ㄹ) 일반적으로 허용되는 상당한 방법으로 촬영한 경우라면 위 촬영이 영장 없이 이루어졌다 하여 이를 위법하다고 할 수 없다. (나) 다만, 촬영으로 인하여 초상권, 사생활의 비밀과 자유, 주거의 자유 등이 침해될 수 있다. (다) 그러므로 수사기관이 일반적으로 허용되는 상당한 방법으로 촬영하였는지 여부[(ㄹ) 부분]는 (a) 수사기관이 촬영장소에 통상적인 방법으로 출입하였는지 또 (b) 촬영장소와 대상이 사생활의 비밀과 자유 등에 대한 보호가 합리적으로 기대되는 영역에 속하는지 등을 종합적으로 고려하여 신중하게 판단하여야 한다.

대법원은 다음과 같이 판단한 원심판결의 타당성을 인정하였다.

(가) 경찰관들은 (ㄱ) 갑에 대한 범죄 혐의가 포착된 상태에서 (ㄴ) 그에 관한 증거를 보전하기 위한 필요에 의하여, (ㄷ) 불특정, 다수가 출입할 수 있는 P업소에 (ㄹ) (a) 통상적인 방법으로 출입하여 (b) P업소 내에 있는 사람이라면 누구나 볼 수 있었던 손님들의 춤추는 모습을 확인하고 이를 촬영하였다. (나) 경찰관들이 촬영한 것이 영장 없이 이루어졌다 하여 위법하다고 볼 수 없다. (다) 경찰관들이 촬영한 ㉠사진의 증거능력은 인정된다.

2019도10678

피해자 변호사의 권한 범위

2019. 12. 13. 2019도10678, 공 2020상, 297 = 『피해자 변호사 고소취소 사건』

갑(남)과 A(여)는 내연관계에 있었다. A는 갑에게 결별을 요구하였다. 갑은 A와의 유사성행위 장면을 A의 의사에 반하여 촬영하였다(㉠영상물). 갑은 "A의 가족들에게 갑과의 내연관계를 알리겠다"는 내용의 ㉡문자메세지와 ㉠영상물을 연속적으로 A에게 전송하였다. A는 갑을 고소하였다(㉮고소). 성폭력처벌법 제27조는 성폭력범죄 피해자에 대한 변호사 선임의 특례를 규정하고 있다. 검사는 성폭력처벌법 제27조 제6항에 따라 변호사 B를 A의 국선변호사로 선정하였다.

검사는 갑을 다음의 공소사실로 기소하였다. (가) 성폭력처벌법위반(카메라등이용촬영). (나) 성폭력처벌법위반(통신매체이용음란). (다) 협박. (라) 정보통신망법위반(불안문자전송). A의 국선변호사 B는 제1심판결 선고 전 재판부에 다음 내용의 '고소취소 및 처벌불원서'를 제출하였다(㉯고소취소). "피해자 A는 피고인 갑과 합의하였으므로 ㉮고소를 취소하고, 피고인 갑에 대한 처벌을 원하지 않는다는 의사를 표시한다." 제1심법원은 공소사실 전부를 유죄로 인정하고 갑에게 징역 10개월, 집행유예 2년 등을 선고하였다. 제1심판결에 대해 검사만 양형부당을 이유로 항소하였다. 항소법원은 장애인복지법의 개정에 따라 부수처분인 취업제한명령에 관하여 심리·판단해야 한다는 이유로, 검사의 양형부당 주장에 관한 판단을 생략한 채 제1심판결을 직권으로 파기하였다. 항소법원은 공소사실 전부를 유죄로 인정하고 갑에게 징역 6개월 등을 선고하였다. 갑은 불복 상고하였다.

대법원은 다음의 이유를 제시하여 원심판결을 파기환송하였다.

대법원은 반의사불벌죄의 고소취소에 대해 다음과 같이 설시하였다.

(가) 형법 제283조 제3항은 '제283조[협박] 제1항의 죄는 피해자의 명시한 의사에 반하여 공소를 제기할 수 없다.'고 정하고 있다. (나) 정보통신망법 제74조 제2항은 '제74조 제1항 제3호[불안문자전송]의 죄는 피해자가 구체적으로 밝힌 의사에 반하여 공소를 제기할 수 없다.'고 정하고 있다. (다) 즉 협박죄와 정보통신망법

제74조 제1항 제3호에서 정한 제44조의7 제1항 제3호[불안문자전송]를 위반한 죄는 모두 반의사불벌죄에 해당한다. (라) 반의사불벌죄에서 처벌을 희망하는 의사표시의 철회 또는 처벌을 희망하지 않는 의사표시는 제1심판결 선고 전까지 할 수 있다(형사소송법 제232조 제1항, 제3항). (마) 처벌불원의 의사표시의 부존재는 소극적 소송조건으로서 직권조사사항에 해당하므로 당사자가 항소이유로 주장하지 않았더라도 원심은 이를 직권으로 조사·판단하여야 한다.

대법원은 피해자 변호사의 지위에 대해 다음과 같이 설시하였다.

(가) 성폭력처벌법 제27조는 성폭력범죄 피해자에 대한 변호사 선임의 특례를 정하고 있다. (나) 성폭력범죄의 피해자는 형사절차상 법률적 조력을 받기 위해 스스로 변호사를 선임할 수 있다(제1항). (다) 검사는 피해자에게 변호사가 없는 경우 국선변호사를 선정하여 형사절차에서 피해자의 권익을 보호할 수 있다(제6항). (라) 피해자의 변호사는 형사절차에서 피해자 등의 대리가 허용될 수 있는 모든 소송행위에 대한 포괄적인 대리권을 가진다(제5항). (마) 따라서 피해자의 변호사는 피해자를 대리하여 (ㄱ) 피고인에 대한 처벌을 희망하는 의사표시를 철회하거나 (ㄴ) 처벌을 희망하지 않는 의사표시를 할 수 있다.

대법원은 갑의 사안에 대해 다음과 같이 판단하였다.

(가) (사실관계 분석; 생략함.) (나) 이러한 사실관계를 위에서 본 법리에 비추어 살펴본다. (다) 피해자의 국선변호사가 제1심판결 선고 전에 제출한 '고소취소 및 처벌불원서'에 피해자가 처벌을 희망하지 않는다는 내용이 기재되어 있다. (라) 그러므로 원심은 피해자의 처벌희망 의사표시가 적법하게 철회되었는지를 직권으로 조사하여 반의사불벌죄의 소극적 소송조건을 명확히 심리·판단할 필요가 있다. (마) 그런데도 원심은 이에 대하여 심리·판단하지 않은 채 이 사건 공소사실 전부를 유죄로 판단하였다. (바) 원심판결에는 반의사불벌죄에 관한 법리를 오해한 나머지 필요한 심리를 다하지 않아 판결에 영향을 미친 잘못이 있다.

2019도14341

성범죄 압수수색영장의 객관적 관련성

2020. 2. 13. 2019도14341, 공 2020상, 658 =『초등생 채팅 유인 사건』

A(여, 10세)는 미성년자이다. 갑은 모바일 게임 내 채팅으로 A를 알게 되었다. 갑은 A로 하여금 갑에게 친밀한 감정을 가지도록 한 후 A에게 접근하여 성관계를 가지기로 마음을 먹었다. 2018. 5. 6.경 갑은 A에게 친밀감을 표시하며 음란한 내용의 ㉠문자를 보냈다. 2018. 5. 7. 10:47경 갑은 A를 불러낸 후 숙박업소 등으로 이동하기 위해 인근 버스정류장까지 데리고 갔다. 인근 주민이 갑과 A의 관계를 묻자 A는 집으로 돌아갔다. (이상 A에 대한 행위를 묶어서 ㉮행위로 통칭함.) [A의 부모는 ㉠문자를 발견하였다.] [A의 부모는 수사기관에 신고하였다.]

수사기관은 갑을 긴급체포하였다. 수사기관은 갑을 긴급체포하는 현장에서 갑의 ⓐ휴대전화를 영장 없이 압수하였다. 수사기관은 압수를 계속하기 위하여 이후 형소법 제217조 제2항에 의하여 ⓑ사후영장을 발부받았다. ⓑ압수수색영장에는 다음의 내용이 기재되어 있었다. (가) 범죄사실 : A에 대한 간음유인미수 및 통신매체이용음란 (㉮행위). (나) 계속 압수·수색·검증이 필요한 사유 : 영장 범죄사실에 관한 혐의의 상당성 및 추가 여죄수사의 필요성.

ⓐ휴대전화에 대한 포렌식 작업이 진행되었다. 수사기관은 갑에게 포렌식 작업에 대한 참여권을 보장하여 통지하였다. 갑은 스스로 포렌식 절차에 참여하지 않겠다는 의사를 표시하였다. ⓐ휴대전화에 대한 포렌식 결과 다음 사실에 대한 전자정보가 확인되었다(ⓒ전자정보로 통칭함). (가) 2017. 12. 28. 미성년자 B(9세)에 대한 음란문자 전송. (나) 2018. 3. 24. 미성년자 C(10세)에 대한 음란문자 전송. (다) 2018. 4. 6. 미성년자

D(12세)에 대한 음란문자 전송. 이후 수사결과 다음의 사실이 확인되었다. (가) 2017. 12. 30. 미성년자 B에 대한 간음목적 유인. (나) 2017. 12. 30. 미성년자 B에 대한 간음. (다) 2018. 3. 31. 미성년자 C에 대한 간음 목적 유인. (라) 2018. 3. 31. 미성년자 C에 대한 강간. (마) 2018. 4. 14. 미성년자 D에 대한 간음목적 유인미 수. (이하 B에 대한 행위를 묶어서 ㉯행위, C에 대한 행위를 묶어서 ㉰행위, D에 대한 행위를 묶어서 ㉱행위 로 통칭함.)

검사는 갑의 미성년자 A, B, C, D에 대한 행위에 대해 다음의 죄명으로 기소하였다. (가) 성폭력처벌법위 반(13세미만미성년자강간). (나) 미성년자의제강간. (다) 간음목적 유인. (라) 성폭력처벌법위반(통신매체이용 음란). 갑의 피고사건은 제1심을 거친 후, 항소심에 계속되었다. 항소법원은 ⓒ전자정보를 증거의 하나로 채 택하여 유죄를 인정하였다. 갑은 불복 상고하였다. 갑은 상고이유로 다음의 점을 주장하였다. (가) ⓑ사후압 수영장은 2018. 5. 6.경의 A에 대한 ㉮행위에 대하여 발부되었다. (나) B, C, D에 대한 ㉯, ㉰, ㉱행위는 수 개월 전에 일어난 일이다. (다) ⓑ사후압수영장의 효력은 ㉯, ㉰, ㉱행위에 미치지 않는다. (라) 따라서 ⓒ전 자정보는 위법하게 수집된 증거로서 증거능력이 없다. (마) 위법하게 수집된 ⓒ전자정보를 토대로 취득된 이 후의 증거들도 증거능력이 없다.

대법원은 다음의 이유를 제시하여 상고를 기각하였다.

대법원은 압수수색의 관련성 요건에 대한 종전의 대법원판례를 다음과 같이 확인하였다.

(가) 형사소송법 제215조 제1항은 "검사는 (ㄱ) 범죄수사에 필요한 때에는 (ㄴ) 피의자가 죄를 범하였다 고 의심할 만한 정황이 있고 (ㄷ) 해당 사건과 관계가 있다고 인정할 수 있는 것에 한정하여 (ㄹ) 지방법원판 사에게 청구하여 발부받은 영장에 의하여 압수, 수색 또는 검증을 할 수 있다."라고 정하고 있다. (나) 따라서 영장 발부의 사유로 된 범죄 혐의사실과 무관한 별개의 증거를 압수하였을 경우 이는 원칙적으로 유죄 인정 의 증거로 사용할 수 없다. (다) 그러나 (ㄱ) 압수·수색의 목적이 된 범죄나 (ㄴ) 이와 관련된 범죄의 경우에 는 그 압수·수색의 결과를 유죄의 증거로 사용할 수 있다.

(라) 압수·수색영장의 범죄 혐의사실과 관계있는 범죄라는 것은 (ㄱ) 압수·수색영장에 기재한 혐의사실 과 객관적 관련성이 있고 (ㄴ) 압수·수색영장 대상자와 피의자 사이에 인적 관련성이 있는 범죄를 의미한다. (마) 그중 혐의사실과의 객관적 관련성은 (ㄱ) 압수·수색영장에 기재된 혐의사실 자체 또는 (ㄴ) 그와 기본 적 사실관계가 동일한 범행과 직접 관련되어 있는 경우는 물론 (ㄷ) (a) 범행 동기와 경위, (b) 범행 수단과 방법, (c) 범행 시간과 장소 등을 증명하기 위한 간접증거나 정황증거 등으로 사용될 수 있는 경우에도 인정 될 수 있다.

(바) 이러한 객관적 관련성은 (ㄱ) 압수·수색영장에 기재된 혐의사실의 내용과 수사의 대상, 수사 경위 등을 종합하여 (ㄴ) 구체적·개별적 연관관계가 있는 경우에만 인정된다고 보아야 하고, (ㄷ) 혐의사실과 단 순히 동종 또는 유사 범행이라는 사유만으로 객관적 관련성이 있다고 할 것은 아니다.

대법원은 갑의 사안에 대해 다음과 같이 판단하였다.

(가) (사실관계 분석; 내용 생략함.) (나) ⓑ압수·수색영장에 기재된 혐의사실[㉮행위]은 미성년자인 A 에 대하여 간음행위를 하기 위한 중간 과정 내지 그 수단으로 평가되는 행위에 관한 것이다. (다) 나아가 갑 은 형법 제305조의2에 따라 상습범으로 처벌될 가능성이 완전히 배제되지 아니한 상태였다. (라) 그러므 로 이 사건 추가 자료들[ⓒ전자정보]로 밝혀지게 된 B, C, D에 대한 범행[㉯, ㉰, ㉱행위]은 ⓑ압수·수색영 장에 기재된 혐의사실[㉮행위]과 기본적 사실관계가 동일한 범행에 직접 관련되어 있는 경우라고 볼 수 있다.

(마) 실제로 2017. 12.경부터 2018. 4.경까지 사이에 저질러진 위 추가 범행들[㉯, ㉰, ㉱행위]은, ⓑ압 수·수색영장에 기재된 혐의사실[㉮행위]의 일시인 2018. 5. 7.과 시간적으로 근접한 것이다. (바) 뿐만 아니

라, 갑이 자신의 성적 욕망을 해소하기 위하여 미성년자인 피해자들을 대상으로 저지른 일련의 성범죄로서 범행 동기, 범행 대상, 범행의 수단과 방법이 공통된다는 점에서 그러하다.

(사) 이 사건 추가 자료들[ⓒ전자정보]은 ⓑ압수·수색영장의 범죄사실[㉮행위] 중 (ㄱ) 간음유인죄의 '간음할 목적'이나 (ㄴ) 성폭력범죄의 처벌 등에 관한 특례법 위반(통신매체이용음란)죄의 '자기 또는 다른 사람의 성적 욕망을 유발하거나 만족시킬 목적'을 뒷받침하는 간접증거로도 사용될 수 있었다. (아) 나아가 이 사건 추가 자료들[ⓒ전자정보]은 갑의 ⓑ영장 범죄사실[㉮행위]과 같은 범행[㉯, ㉰, ㉱행위]을 저지른 수법 및 준비과정, 계획 등에 관한 정황증거에 해당한다. (자) 뿐만 아니라 영장 범죄사실[㉮행위] 자체에 대하여 갑이 하는 진술의 신빙성을 판단할 수 있는 자료로도 사용될 수 있었다.

대법원은 원심판결의 타당성에 대해 다음과 같이 판단하였다.

(가) 앞서 본 법리와 위와 같은 사정들을 종합해 본다. (나) 이 사건 추가 자료들[ⓒ전자정보]로 인하여 밝혀진 갑의 B, C, D에 대한 범행[㉯, ㉰, ㉱행위]은 ⓑ압수·수색영장의 범죄사실[㉮행위]과 (ㄱ) 단순히 동종 또는 유사 범행인 것을 넘어서, (ㄴ) 이와 구체적·개별적 연관관계가 있는 경우로서 (ㄷ) 객관적·인적 관련성을 모두 갖추었다고 봄이 타당하다.

(다) 원심은 같은 취지에서 이 사건 추가 자료들[ⓒ전자정보]은 위법하게 수집된 증거에 해당하지 않으므로 ⓑ압수·수색영장의 범죄사실[㉮행위]뿐 아니라 위 추가 범행들[㉯, ㉰, ㉱행위]에 관한 증거로 사용할 수 있다고 판단하였다. (라) 원심의 판단에 상고이유의 주장과 같이 위법수집증거에 관한 법리를 오해한 잘못이 없다.

2020도7802

만장일치 국민참여재판과 항소심의 증거조사

2024. 7. 25. 2020도7802, 공 2024하, 1541 =『물류사업 화물트럭 사기 사건』

검사는 갑을 다음의 공소사실로 특정경제범죄법위반죄(사기)로 기소하였다. (가) 갑은 A로부터 받은 돈으로 화물트럭을 구입하거나 구입하지 못하면 이를 다시 A에게 돌려줄 의사나 능력이 없었다. (나) 그러나 갑은 A에게 "수익성이 아주 좋은 유망한 물류사업이 있다. 화물트럭 20대 가량을 구매하여 P회사 등 큰 회사에 지입차량 계약을 체결하면, 1대당 월 400만 원의 수익을 낼 수 있다. 차량을 구입할 자금을 빌려주면 원금과 수익금 일부를 지급하겠다."라고 거짓말을 하였다. (다) 갑은 A로부터 합계 24억원을 송금받아 편취하였다. 갑에게 공소장부본이 송달되었다. 갑은 제1심법원에 국민참여재판을 희망하는 의사 확인서를 제출하였다. 제1심법원은 국민참여재판을 실시하기로 결정하였다.

국민참여재판에서는 공판준비절차가 필수적이다. 제1심법원은 공판준비기일을 지정하였다. 2018. 9. 18. 제2회 공판준비기일에 검사는 다음 사람들에 대한 증인신청을 하였다. (가) 갑으로부터 사기피해를 입었다고 주장하는 A. (나) 갑으로부터 유사한 사기피해를 입었다고 주장하는 B. (다) 갑으로부터 유사한 사기피해를 입었다고 주장하는 C. 제1심법원은 검사의 증인신청을 채택하였다. 2018. 11. 2. 증인으로 채택된 C는 다음 취지의 불출석사유서를 제출하였다. "가족과 함께하는 생업인 가게 운영을 위해 출석을 할 수 없다."

2018. 11. 12. 제1심법원의 국민참여재판이 진행되었다. 갑은 다음과 같이 주장하였다. (가) 공소사실 기재와 같은 기망행위를 한 사실이 없다. (나) 편취의사 역시 존재하지 않는다. 제1심 공판절차에서는 다음의 증거에 대한 증거조사가 이루어졌다. (가) A에 대한 증인신문. (나) B에 대한 증인신문. (다) 입출금거래내역서, 장부 등 검사 제출 증거서류에 대한 증거조사. (라) 피고인신문. C가 불출석함에 따라 검사가 C에 대한 증인신청을 철회하여 그 증인채택이 취소되었다. 갑이 공소사실을 부인함에 따라 공소사실에 대한 직접증거인 A

의 진술의 신빙성이 공판의 쟁점이 되었다. 배심원 평의 결과 배심원 7명의 만장일치로 무죄평결이 내려졌다. 제1심법원은 배심원의 평결 결과를 받아들여 A의 진술의 신빙성을 배척하고 갑에 대한 공소사실을 무죄로 판단하였다.

검사는 불복 항소하였다. 검사는 항소이유로 사실오인의 위법을 주장하였다. 검사는 다음 사람들에 대한 증인신청서를 제출하였다. (가) A의 배우자 D. (나) 갑이 근무한 직장의 대표 E. (다) 제1심 법정에 불출석하였던 C. 2019. 4. 11. 항소법원은 제1회 공판기일에 D에 대한 증인신청만을 채택하고 나머지 신청을 기각하였다. 2019. 6. 13. 항소법원은 D에 대한 증인신문절차를 진행하였다. D는 A의 배우자이다. D는 갑에게 금원을 직접 송금하고 관련 장부를 작성한 당사자이다. D는 A의 진술에 부합하는 진술을 하였다.

2019. 7. 3. 항소법원은 변론을 재개하였다. 검사는 다음의 사람을 증인으로 다시 신청하였다. (가) A. (나) 항소심에서 기존에 신청하였던 증인 E. (다) 제1심법원에서 신청하였다가 철회한 후 항소심에서 재차 신청하였던 증인 C. 검사는 C에 대한 증인신청과 관련하여 다음의 입증취지가 기재된 증인신청서만을 제출하였다. "피고인(갑)이 주변인들을 상대로 동일한 사기 범행을 저지르고 있었다는 점을 입증하기 위함." 항소법원은 위의 각 증인신청을 채택하여 증인신문절차를 진행하였다. 2020. 5. 14. 항소심법원은 직권으로 재차 D에 대한 증인신문절차를 진행하였다. 항소법원은 변론을 종결하였다. 항소법원은 A의 진술의 신빙성이 인정된다고 판단하였다. 2020. 6. 11. 항소법원은 제1심판결을 파기하고 갑에 대한 공소사실을 유죄로 판단하였다. 갑은 불복 상고하였다.

대법원은 다음의 이유를 제시하여 원심판결을 파기환송하였다.

대법원은 배심원 만장일치 무죄평결의 존중효에 대해 다음과 같이 설시하였다.

(가) 배심원이 참여하는 형사재판이 국민참여재판이다. (나) 국민참여재판을 거쳐 제1심법원이 배심원의 만장일치 무죄평결을 받아들여 피고인에 대하여 무죄판결을 선고한 경우가 있다. (다) 이 경우 국민참여재판을 도입한 입법취지, 실질적 직접심리주의의 의미와 정신 등에 비추어 '증거의 취사 및 사실의 인정'에 관한 제1심법원의 단은 한층 더 존중될 필요가 있다. (라) 그런 면에서 제1심법원의 무죄판결에 대한 항소심에서의 추가적이거나 새로운 증거조사는 형사소송법과 형사소송규칙 등에서 정한 바에 따라 신중하게 이루어져야 한다.

대법원은 배심원 만장일치 무죄평결의 존중효를 인정하는 구체적 이유를 다음과 같이 제시하였다.

(가) 국민참여재판은 사법의 민주적 정당성과 신뢰를 높이기 위해 도입된 것이다. (나) 국민참여재판의 형식으로 진행된 형사공판절차에서는 엄격한 선정절차를 거쳐 양식 있는 시민으로 구성된 배심원이 사실의 인정에 관하여 재판부에 집단적 의견을 제시한다. (다) 배심원이 제시하는 집단적 의견은 실질적 직접심리주의 및 공판중심주의 아래에서 증거의 취사와 사실의 인정에 관한 전권을 가지는 사실심 법관의 판단을 돕기 위한 권고적 효력을 가진다.

(라) (ㄱ) 배심원이 증인신문 등 사실심리의 전 과정에 함께 참여한 후 (ㄴ) 증인이 한 진술의 신빙성 등 증거의 취사와 사실의 인정에 관하여 (ㄷ) 만장일치의 의견으로 내린 무죄의 평결이 (ㄹ) 재판부의 심증에 부합하여 그대로 채택된 경우가 있다. (마) 그러한 경우라면 이러한 절차를 거쳐 이루어진 증거의 취사 및 사실의 인정에 관한 제1심의 판단은 우리 형사소송법이 채택하고 있는 실질적 직접심리주의 및 공판중심주의의 취지와 정신에 비추어 (ㄱ) 항소심에서의 새로운 증거조사를 통해 (ㄴ) 그에 명백히 반대되는 (ㄷ) 충분하고도 (ㄹ) 납득할 만한 (ㅁ) 현저한 사정이 나타나지 않는 한 함부로 뒤집어서는 안 될 것이고 한층 더 존중될 필요가 있다. (바) (ㄱ) 제1심 법정에서 집중적으로 이루어진 '당사자의 주장과 증거조사'를 직접 보고 들으면서 심증을 갖게 된 배심원들이 (ㄴ) 서로의 관점과 의견을 나누며 숙의한 결과 '피고인은 무죄'라는 일치

된 평결에 이르렀다면, (ㄷ) 이는 피고인에 대한 유죄 선고를 주저하게 하는 합리적 의심이 일반적으로 존재한다는 점이 분명하게 확인된 경우로 볼 수 있기 때문이다.

(사) 따라서 이러한 대법원 법리의 취지와 정신은, (ㄱ) 배심원의 만장일치 무죄평결을 채택한 제1심법원의 판결에 대하여 (ㄴ) 검사가 항소하여 진행되는 항소심에서 (ㄷ) 제2심 법원이 추가적이거나 새로운 증거조사를 실시할지 여부 등을 판단함에 있어서도 충분하게 고려되어야 한다.

대법원은 항소심에서 증거신청 및 증거조사의 범위에 대해 다음과 같이 설시하였다.

(가) (ㄱ) 형사소송법이 채택하고 있는 실질적 직접심리주의의 취지, (ㄴ) 형사재판 항소심 심급구조의 특성, (ㄷ) 증거조사절차에 관한 형사소송법령의 내용 등을 종합하여 본다. (나) 그렇게 보면, 항소심에서의 증거신청 및 증거조사는 제1심에서보다 제한된다.

대법원은 공판준비절차와 제1심 공판중심주의에 대해 다음과 같이 설시하였다.

(가) 형사소송법은 공판준비절차제도를 도입하여, (ㄱ) 증거조사와 관련해서는, 입증취지와 내용을 명확히 한 증거신청을 하게 하고, (ㄴ) 증거신청에 관한 상대방의 의견을 듣고 (ㄷ) 증거 채택 여부를 결정한 다음 (ㄹ) 증거조사의 순서 및 방법을 공판준비절차에서 미리 정할 수 있게 하였다(제266조의5 내지 제266조의9).

(나) 형사소송법은 공판준비기일 종결의 효과로서 (ㄱ) 공판준비기일에서 신청하지 못한 증거는 (ㄴ) '중대한 과실 없이 공판준비기일에 제출하지 못하는 등 부득이한 사유를 소명한 때' 등에 한하여 (ㄷ) 공판기일에 신청할 수 있다고 규정하였다(제266조의13 제1항). (다) 형사소송규칙도 검사·피고인 또는 변호인은 특별한 사정이 없는 한 필요한 증거를 일괄하여 신청하여야 한다고 정하고 있다(제132조).

(라) 위와 같은 규정들을 통하여 형사소송법령은, (ㄱ) 형사소송절차를 주재하는 법원으로 하여금 (ㄴ) 형사소송절차의 진행과 심리 과정에서 (ㄷ) 법정을 중심으로, (ㄹ) 특히 당사자의 주장과 증거조사가 집중적으로 이루어지는 원칙적인 절차인 제1심의 법정에서 (ㅁ) 실질적 직접심리주의의 정신을 충분하고도 완벽하게 구현할 것을 상정하고 있다.

(마) 이와 관련하여 「국민의 형사재판 참여에 관한 법률」 제36조 제1항은 국민참여재판의 경우 공판준비절차를 반드시 거치도록 규정하고 있다. (바) 이는 (ㄱ) 배심원이 참여하는 재판의 특성상 (ㄴ) 실질적 직접심리주의의 정신을 보다 완벽하게 구현하기 위해서는 (ㄷ) 제1심법원의 심리가 집중되어야 할 필요성이나 당위성이 매우 큰 점을 고려한 입법으로 볼 수 있다.

대법원은 항소심 구조와 증거조사의 관계에 대해 다음과 같이 설시하였다.

(가) 제1심법원에서 증거로 할 수 있었던 증거는 항소법원에서도 증거로 할 수 있다(형사소송법 제364조 제3항). (나) 즉 (ㄱ) 제1심법원에서 증거능력이 있었던 증거는 (ㄴ) 항소심에서도 증거능력이 그대로 유지되어 재판의 기초가 될 수 있고 (ㄷ) 다시 증거조사를 할 필요가 없다. (다) 항소심 재판장은 증거조사절차에 들어가기에 앞서 제1심의 증거관계와 증거조사결과의 요지를 고지하면 된다(형사소송규칙 제156조의5 제1항).

대법원은 항소심에서의 증인신문 제한에 대해 다음과 같이 설시하였다.

(가) 형사소송규칙 제156조의5 제2항에 의하면 항소심의 증거조사 중 증인신문의 경우, 항소심법원은 (ㄱ) '제1심에서 조사되지 아니한 데에 대하여 고의나 중대한 과실이 없고, 그 신청으로 인하여 소송을 현저하게 지연시키지 아니하는 경우(제1호)', (ㄴ) '제1심에서 증인으로 신문하였으나 새로운 중요한 증거의 발견 등으로 항소심에서 다시 신문하는 것이 부득이하다고 인정되는 경우(제2호)', (ㄷ) '그 밖에 항소의 당부에 관한 판단을 위하여 반드시 필요하다고 인정되는 경우(제3호)'에 한하여 증인을 신문할 수 있다. (나) 형사소송규칙 제156조의5 제2항은 (ㄱ) 형사재판의 사실인정에 있어서 (ㄴ) 제1심법원과 항소심법원의 역할 및 관

계 등에 관한 입법취지 등에 비추어 (ㄷ) 항소심에서의 증거조사는 필요 최소한에 그쳐야 한다는 점을 반영한 것이다.

(다) 이를 고려하면, 형사소송규칙 제156조의5 제2항 제3호는 비록 포괄적 사유이기는 하지만 (ㄱ) 항소심법원에 증인신문에 관한 폭넓은 재량을 부여한 것으로 볼 것이 아니라 (ㄴ) 제1, 2호가 규정한 사유에 준하는 '예외적 사유'로 보아야 한다. (라) (ㄱ) 따라서 실체적 진실발견이라는 형사소송의 이념에 비추어 항소심에서의 추가적인 증거조사가 필요한 경우가 있음을 긍정하더라도, (ㄴ) 피해자가 범죄의 성격과 다양한 사정에서 비롯된 심리적 부담 등으로 인하여 제1심법원에 증인으로 출석하지 못하거나 제대로 증언할 수 없었던 경우 등과 같은 특별한 사정이 없는 이상, (ㄷ) 항소심법원으로서는 형사소송규칙 제156조의5 제2항의 규정 취지와 내용에 유념하여야 한다.

대법원은 배심원 만장일치 무죄평결 사건에 대한 항소심의 증거조사 제한에 대해 다음과 같이 설시하였다.

(가) (ㄱ) 국민참여재판제도를 도입한 배경과 취지, (ㄴ) 실질적 직접심리주의의 의미와 정신, (ㄷ) 형사재판 항소심 심급구조의 특성, (ㄹ) 증거조사절차에 관한 형사소송법령의 내용 등에 비추어 본다. (나) (ㄱ) 공판준비기일을 필수적으로 거친 다음 국민참여재판으로 진행한 제1심법원에서 (ㄴ) 배심원이 만장일치의 의견으로 내린 무죄의 평결이 (ㄷ) 재판부의 심증에 부합하여 그대로 채택된 경우가 있다. (다) 이러한 경우라면 (ㄱ) 그 무죄판결에 대한 항소심에서의 추가적이거나 새로운 증거조사는 (ㄴ) 형사소송법과 형사소송규칙 등에서 정한 바에 따라 (ㄷ) 증거조사의 필요성이 분명하게 인정되는 예외적인 경우에 한정하여 실시하는 것이 바람직하다.

(라) 그럼에도 항소심이 위에서 언급한 점들에 관한 충분한 고려 없이 증거신청을 채택하여 증거조사를 실시한 다음 가령 (ㄱ) 제1심법원에서 이미 고려하였던 사정, (ㄴ) 같거나 유사한 취지로 반복된 진술, (ㄷ) 유·무죄 판단에 관건적이라고 보기 어려운 부수적·지엽적 사정들에 주목하여 의미를 크게 둔 나머지 제1심법원의 판단을 쉽게 뒤집는다면, 그로써 증거의 취사 및 사실의 인정에 관한 배심원의 만장일치 의견의 무게를 존중하지 않은 채 앞서 제시한 법리에 반하는 결과가 될 수 있으므로 이를 경계할 필요가 있다.

대법원은 항소법원이 추가한 증거조사의 타당성에 대해 다음과 같이 판단하였다.

(가) (사실관계 분석; 생략함.) (나) 국민참여재판으로 진행된 제1심법원에서 배심원이 만장일치의 의견으로 내린 무죄의 평결이 재판부의 심증에 부합하여 무죄판결이 선고되었다. (다) 그러한 이상 그 항소심인 원심으로서는 검사의 추가적인 증거신청 등에 관하여 새로운 증거조사가 필요한 경우에 해당하는지를 더욱 신중하게 판단할 필요가 있었다.

대법원은 항소법원이 추가로 진행한 증인신문의 타당성에 대해 다음과 같이 판단하였다.

(가) 그런데 원심이 증인으로 채택하여 신문한 증인 중 D와 E는 (ㄱ) 제1심법원 공판준비기일 내지 공판기일에서 신청하지 않은 증거로서 (ㄴ) 그 당시 신청할 수 없었던 부득이한 사유가 있다고 볼 만한 특별한 사정을 찾을 수 없다. (나) 원심이 채택한 나머지 증인들인 C와 A는 제1심법원에서 이미 신청하였던 증인들이다. (다) C는 제1심 법정에 정당한 사유 없이 불출석하고 검사가 증인신청을 철회하여 그 채택이 취소되었다. (라) A는 제1심법원에서 증인신문절차를 마쳤다. (마) C와 A에 대한 제1심법원에서의 증거결정이 (ㄱ) 법령에 위반되거나 (ㄴ) 제1심법원에서 조사할 수 없었던 정당한 사유가 인정되는 경우 내지 (ㄷ) 새로운 중요한 증거의 발견 등으로 다시 신문하는 것이 부득이한 경우라고 보기 어렵고, (ㄹ) 달리 위 증인들에 대한 증인신문의 필요성이 명백하게 인정되는 경우라고 볼 만한 사정도 발견되지 않는다.

(바) 특히 검사는 제1심법원에서 핵심증인이라고 보이지 않는 C에 대한 증인신청을 철회한 후 무죄판결을 선고받자 원심에서 재차 증인신청을 하였다. (사) 그렇게 하면서 검사는 (ㄱ) 형사소송규칙 제156조의5

제2항이 정한 사유와 같이 (ㄴ) 항소심에서 새로운 증거조사가 반드시 필요한 사유가 있는지 여부에 관하여 (ㄷ) 아무런 자료를 제출하지 아니한 채 (ㄹ) 제1심법원 공판준비기일에서와 유사한 입증취지를 항소심에서 반복하였을 뿐이다.

(아) 피해자(A)의 원심법정 진술은 (ㄱ) 피고인(갑)과 대립되는 이해당사자로서 수사과정에서부터 대체로 공소사실에 부합하는 내용으로 일관하여 온 것과 같거나 (ㄴ) 유사한 취지의 진술의 반복에 지나지 아니하여 (ㄷ) 제1심법원의 판단을 뒤집을 만한 특별한 사정으로 볼 수 없다.

(자) (ㄱ) 원심에서 추가로 조사된 다른 증거(증인 D, E, C의 원심법정 진술 등)를 통해 알 수 있는 사정들 역시 (ㄴ) 제1심법원의 피해자(A)에 대한 증인신문내용 등에 포함되어 (ㄷ) 제1심법원이 피해자 진술의 신빙성 유무를 판단함에 있어 이미 고려했던 사정 중 일부에 불과하거나 (ㄹ) 유·무죄 판단에 관건적이라고 보기 어려운 부수적·지엽적 사정들이라고 볼 여지가 많다. (차) D의 경우 피해자(A)의 배우자로서 피해자와 동일한 취지의 진술을 반복하였을 뿐이다. (타) D가 송금한 금원 내역 및 직접 작성한 장부 등 증거들은 제1심법원의 증거조사과정에서 이미 현출되었다.

대법원은 원심판결의 타당성에 대해 다음과 같이 판단하였다.

(가) 결국 원심의 위와 같은 추가적인 증거조사는 적절하지 않은 측면이 있다. (나) 그러한 증거조사를 통하여 배심원이 참여한 제1심법원의 증거가치 판단 및 사실인정에 관한 판단에 (ㄱ) 명백히 반대되는 (ㄴ) 충분하고도 (ㄷ) 납득할만한 (ㄹ) 현저한 사정이 나타났다고 보기도 어렵다. (다) 그럼에도 원심은 위 증인들에 대한 증인신문절차를 거친 다음 판시와 같은 사정을 들어 피해자(A) 진술의 신빙성이 인정된다는 이유로 제1심법원의 판단을 뒤집어 유죄라고 인정하였다. (라) 이러한 원심의 판단에는, (ㄱ) 국민참여재판 항소심의 심리·증거조사에 관한 법리, (ㄴ) 범죄사실의 인정은 합리적인 의심이 없는 정도의 증명에 이르러야 한다고 하는 증거재판주의에 관한 법리 등을 오해하여 판결에 영향을 미친 잘못이 있다.

2020도9431

임의제출물의 임의성 증명

2024. 3. 12. 2020도9431, 공 2024상, 686 =『전철역 몰카범 임의제출 사건』

2018. 9. 23. 12:13경 행인 K와 L은 M전철역 출구 에스컬레이터에서 갑이 에스컬레이터에 서 있는 A(여, 33세)의 뒤에서 ⓐ휴대전화 카메라를 A의 치마 안으로 밀어 넣어 몰래 동영상으로 촬영하는 것을 목격하였다(㉮범행). K와 L은 갑을 붙잡고 ⓐ휴대전화기를 빼앗았다. K와 L은 신고를 받고 관할 경찰서 소속 경장 E가 현장에 출동하였다. K와 L은 경장 E에게 갑의 신병과 ⓐ휴대전화기를 인계하였다. 경장 E는 위 현장에서 갑의 ⓐ휴대전화기를 건네받고 저장정보를 확인하려고 하였다. 이때 갑은 ⓐ휴대전화기를 회수하려는 태도를 취하였다. 그러자 경장 H는 갑을 현행범으로 체포하고 관할 지구대로 인치하였다.

2018. 9. 23. 12:17경 사법경찰관 경위 F는 관할 지구대에서 갑이 작성한 임의제출 동의서를 징구하였다. 경위 F는 ⓐ휴대전화기 잠금장치를 해제받은 다음 ⓐ휴대전화기에 대한 압수조서(임의제출)를 작성하였다. 갑은 관할 경찰서로 연행되었다. 2018. 9. 23. 15:27부터 사법경찰관 경위 G는 관할 경찰서 여성청소년과 사무실에서 갑에 대한 피의자신문을 하였다. 이때 경위 G는 갑의 ⓐ휴대전화기에 저장된 비디오폴더 속에 담긴 ㉠동영상파일들을 찾아 제시하였다. 그러자 갑은 관련된 범행들을 자백하였다(㉯범행으로 통칭함). 갑은 나머지 동영상파일에 관하여는 진술을 거부하였다. 갑의 진술은 ㉡피의자신문조서에 기재되었다. 갑은 ㉡피의자신문조서 말미에 편철된 수사 과정 확인서에 다음과 같은 기재를 하였다. (가) 지구대에서 조사를 하는 과정에서 휴대폰 반환을 할 수 있다고 해서 서류에 작성하고 지장을 찍었습니다. (나) 그런데 경찰서로 오게

되어 반환이 안 된다고 말씀하셨습니다. (다) 정말 연락 때문에 꼭 필요한 거라서 반환받고 싶습니다. (라) 반환이 안 된다는 서류나 문서 없이 조사관님 말로서만 이야기를 하셔서 저는 이의제기를 하겠습니다. 2018. 9. 23. 17:35 갑은 석방되었다. 2018. 9. 27. 갑은 P법무법인을 변호인으로 선임하였다.

  2018. 10. 2. 경위 G는 압수한 ⓐ휴대전화기를 다시 탐색하여 저장된 ㉠동영상을 캡쳐한 사진을 수사보고서로 작성하였다. 2018. 10. 4. 갑의 주거지에 대한 사전 ㉢압수수색영장이 발부되었다. 2018. 10. 6. 09:00경 경위 G는 갑의 주거지에서 ㉢영장을 집행하여 ⓑ컴퓨터 1대를 압수하였다. 이때 경위 G는 갑으로부터 ㉣전자정보확인서를 징구하였다. ㉣전자정보확인서에는 ⓑ컴퓨터에 관한 디지털기기봉인 등 참여절차 불희망 취지가 기재되었다. 경위 G는 변호인에게 형사소송법 제219조, 제121조 소정의 참여 통지를 하지 않았다.

  2018. 10. 10. 경위 G는 압수된 ⓐ휴대전화기와 ⓑ컴퓨터에 대한 디지털증거분석을 관할 지방경찰청에 의뢰하였다. 경찰관 H는 관할 지방경찰청 수사과 소속 디지털증거분석관이다. 2018. 10. 31. 경찰관 H는 다음 내용의 ㉤디지털 증거분석 결과보고서를 작성하여 회신하였다. (가) ⓐ휴대전화기를 탐색하여 ㉰범행 관련 ㉠동영상 파일을 CD로 복제·첨부하였다. (나) ⓑ컴퓨터에서는 관련 파일을 찾지 못했다.

  2018. 11. 15. 경위 G는 ㉰범행 관련 ㉠동영상을 캡쳐 사진으로 종합한 수사보고(디지털 증거분석 결과)를 작성하였다. 2018. 11. 22. 경위 G는 ㉰범행의 피해자 B에 대한 진술조서를 작성하였다. 이때 B는 ㉠동영상 캡쳐 사진 2장만 확인하고 피해사실을 진술하였다. 2018. 11. 26. 경위 G는 갑의 ⓐ휴대전화기를 다시 탐색하였다. 경위 G는 B에 대한 사진파일 4개를 추가로 찾아내었다. 경위 G는 이미 확인된 ㉠동영상 파일의 ㉰범죄와 같다고 보아 추가 범죄인지를 하지 않았다. 이 과정에서도 경위 G는 형사소송법 제219조, 제121조의 참여절차를 위한 통지절차를 하지 않았다. 2019. 1. 10. 관할 지방검찰청 검사는 B에 대한 진술조서를 작성하였다. 이때 위 B는 피해사실을 진술하였으나 ㉠동영상 내지 사진 열람은 거절하였다.

  검사는 ㉮, ㉯범행에 대해 갑을 성폭력처벌법위반(카메라등이용촬영)로 기소하였다. 갑의 피고사건은 제1심을 거친 후, 항소심에 계속되었다. 항소법원은 ⓐ휴대전화의 임의제출에 대해 임의성 증명이 없다고 판단하였다. 항소법원은 ⓐ휴대전화 및 이를 기초로 하여 이후 취득한 ㉠동영상 등의 증거가 위법수집증거에 해당한다고 판단하였다. 항소법원은 ㉮범행만을 유죄로 인정하고, ㉯범행은 무죄로 판단하였다. 검사는 불복 상고하였다.

  대법원은 다음의 이유를 제시하여 상고를 기각하였다.

  대법원은 임의제출물 압수와 임의성 증명에 대해 다음과 같이 설시하였다.

  (가) 임의제출물을 압수한 경우 압수물이 형사소송법 제218조에 따라 실제로 임의제출된 것인지에 관하여 다툼이 있을 때가 있다. (나) 이 때에는 (ㄱ) 임의제출의 임의성을 의심할 만한 합리적이고 구체적인 사실을 피고인이 증명할 것이 아니라 (ㄴ) 검사가 그 임의성의 의문점을 없애는 증명을 해야 한다.

  대법원은 갑의 사안에 대해 다음과 같이 판단하였다.

  (가) 갑은 현행범 체포 당시 목격자로부터 ⓐ휴대전화를 빼앗겨 위축된 심리 상태였다. (나) 갑은 목격자 및 경찰관으로부터 ⓐ휴대전화를 되찾기 위해 달려들기도 하였다. (다) 갑은 경찰서로 연행되어 변호인의 조력을 받지 못한 상태에서 피의자로 조사받으면서 일부 범행에 대하여 부인하고 있는 상황이었다. (라) 그러므로 갑이 자발적으로 ⓐ휴대전화를 수사기관에 제출하였는지 여부를 엄격히 심사해야 한다. (마) 수사기관이 임의제출자인 갑에게 임의제출의 의미, 절차와 임의제출할 경우 피압수물을 임의로 돌려받지는 못한다는 사정 등을 고지하였음을 인정할 자료가 없다.

  (바) 갑은 ㉮사건 당시 도로교통법 위반(음주운전)죄로 1회 처벌받은 이외에 아무런 범죄전력이 없는 사람이었다. (사) 갑은 임의제출 당시 "경찰관으로부터 'ⓐ휴대전화를 반환할 수 있다.'는 말을 들었다."라고 진

술하고 있다. (아) 갑이 ⓐ휴대전화를 임의제출할 경우 나중에 번의하더라도 되돌려받지 못한다는 사정을 인식하고 있었다고 단정하기 어렵다.

대법원은 결론적으로 다음과 같이 판단하였다.

(가) ⓐ휴대전화 제출에 관하여 검사가 임의성의 의문점을 없애는 증명을 다하지 못하였다. (나) 그러므로 ⓐ휴대전화 및 그에 저장된 전자정보는 위법수집증거에 해당하여 증거능력이 없다.

2020도10729

전자정보 압수수색과 변호인 참여권
2020. 11. 26. 2020도10729, 공 2021상, 171 =『노래방 몰카 참여권 사건』

M노래방 여자 화장실에서 몰래 카메라가 발견되었다. 갑이 용의자로 지목되었다. A는 경찰공무원인 사법경찰관이다. A는 검사에게 압수·수색·검증영장을 신청하였다. 검사는 관할 지방법원판사에게 영장을 청구하였다. 2019. 10. 24. 관할 지방법원판사로부터 ㉮압수·수색·검증영장이 발부되었다.

2019. 10. 25. 09:00경 A는 갑의 주거지에서 ㉮영장을 집행하였다. A는 갑 소유의 ㉠컴퓨터 본체와 ㉡휴대전화를 직접 경찰서로 반출하는 방식으로 압수하였다. ㉠컴퓨터 본체와 ㉡휴대전화를 경찰서로 반출할 당시 ㉢원본반출확인서가 작성되었다. ㉢원본반출확인서에는 다음 내용이 기재된 ㉣항목이 있었다. (가) 본인은 디지털기기·저장매체 봉인 과정에 참여하여 봉인에 이상이 없음을 확인하였다. (나) 봉인 해제, 복제본의 획득, 디지털기기·저장매체 또는 복제본에 대한 탐색·복제·출력 과정에 참여할 수 있음을 고지받았다. (다) 본인은 위 과정에 참여하지 않겠다. 갑은 ㉣항목에 자필로 'V' 표시를 하고 서명·무인을 하였다. ㉢원본반출확인서 작성 직후 갑에 대해 제1회 경찰 피의자신문이 있었다. 갑은 "4~5년 전부터 피시방, 노래방 등 화장실 쓰레기통에 인터넷으로 구매한 몰래카메라를 설치하여 여성의 음부 등을 촬영하였고, 그 영상을 ㉠컴퓨터 하드디스크에 저장해 두었다."라고 진술하였다(㉤사경작성 피신조서).

B는 경찰공무원인 사법경찰관이다. 2019. 10. 25. B는 ㉠컴퓨터 하드디스크를 탐색하였다. B는 갑이 몰래 카메라로 촬영한 것으로 보이는 다수의 동영상 파일 등을 발견하였다(㉥동영상). B는 그 취지 등을 기재한 ㉦수사보고를 작성하고, 거기에 ㉥동영상 파일이 저장된 폴더 화면을 촬영한 ㉧사진을 첨부하였다.

2019. 10. 25. 검사는 갑에 대한 구속영장을 청구하였다. 2019. 10. 26. 관할 지방법원판사는 갑의 국선변호인으로 변호사 C를 선정하였다. 관할 지방법원판사는 갑에 대한 구속 전 피의자 심문을 거쳐 구속영장을 발부하였다. 2019. 10. 29. 갑은 제2회 경찰 피의자신문을 받았다. 갑은 "2011년경부터 2019년경까지 M노래방을 포함하여 피시방, 병원, 노래방 등 총 여섯 곳의 화장실에 몰래카메라를 설치하여 타인의 신체를 촬영하였다."라고 진술하면서 연도별 범행 장소를 특정하였다(㉨사경작성 피신조서). 2019. 10. 30. 경찰공무원인 사법경찰관리 A, B, D는 그들의 사무실에서 ㉠컴퓨터에 내장된 세 개의 하드디스크를 한 개씩 맡아 탐색하였다. A, B, D는 각자 자신이 찾은 불법 촬영 동영상의 재생장면을 캡처하여 해당 동영상 파일 정보를 캡처한 이미지와 함께 출력하였다(㉩출력물로 총칭함).

검사는 갑을 성폭력처벌법위반죄(카메라등이용촬영) 공소사실로 기소하였다. 갑은 공판기일에 공소사실을 인정하였다(㉪법정진술). 검사는 ㉤피신조서, ㉨피신조서, ㉩출력물을 증거로 제출하였다. 갑은 검사가 제출한 증거들에 대해 증거동의를 하였다. 제1심법원은 유죄를 인정하였다. 갑은 불복 항소하였다. 항소법원은 다음의 이유를 들어서 제1심판결을 파기하고 공소사실을 무죄로 판단하였다. (가) 수사기관은 (ㄱ) 갑의 국선변호인에게 미리 집행의 일시와 장소를 통지하지 않은 채 (ㄴ) 2019. 10. 30. 수사기관 사무실에서 저장매체를 탐색·복제·출력하는 방식으로 압수·수색영장을 집행하여 적법절차를 위반하였다. (나) 당시 갑이 구속

상태였던 점과 형소법 제219조, 제121조에서 정한 참여절차의 중요성을 고려하면, 위와 같은 적법절차 위반은 그 정도가 무겁다. (다) 따라서 위법한 압수·수색을 통해 수집된 동영상 캡처 ㉫출력물 등은 형사소송법 제308조의2에 따라 증거로 사용할 수 없다. (라) 갑의 자백(㉰피신조서, ㉱피신조서) 또한 위 증거들에 터 잡은 결과물이어서 형소법 제308조의2에 따라 유죄의 증거로 사용할 수 없다. (마) 갑의 자백(㉲법정진술)은 공소사실의 유일한 증거여서 형소법 제310조에 따라 유죄의 증거로 사용할 수 없다. 검사는 불복 상고하였다.

대법원은 다음의 이유를 제시하여 원심판결을 파기환송하였다.

대법원은 변호인의 압수·수색절차 참여권에 대해 다음과 같이 설시하였다.

(가) 수사기관이 압수·수색영장을 집행할 때에는 피압수자 또는 변호인은 그 집행에 참여할 수 있다(형사소송법 제219조, 제121조). (나) 저장매체에 대한 압수·수색 과정에서 (ㄱ) 범위를 정하여 출력·복제하는 방법이 불가능하거나 (ㄴ) 압수의 목적을 달성하기에 현저히 곤란한 예외적인 사정이 인정되어 (a) 전자정보가 담긴 저장매체, (b) 하드카피나 이미징(imaging) 등 형태(이하 '복제본'이라 한다)를 수사기관 사무실 등으로 옮겨 복제·탐색·출력하는 경우가 있다. (다) 그러한 경우에도 (ㄱ) 피압수자나 변호인에게 참여 기회를 보장하고 (ㄴ) 혐의사실과 무관한 전자정보의 임의적인 복제 등을 막기 위한 적절한 조치를 취하는 등 영장주의 원칙과 적법절차를 준수하여야 한다.

(라) 만일 그러한 조치를 취하지 않았다면 (ㄱ) 피압수자 측이 위와 같은 절차나 과정에 참여하지 않는다는 의사를 명시적으로 표시하였거나 (ㄴ) 절차 위반행위가 이루어진 과정의 성질과 내용 등에 비추어 피압수자에게 절차 참여를 보장한 취지가 실질적으로 침해되었다고 볼 수 없을 정도에 해당한다는 등의 특별한 사정이 없는 이상 압수·수색이 적법하다고 할 수 없다. (마) 이는 수사기관이 저장매체 또는 복제본에서 혐의사실과 관련된 전자정보만을 복제·출력한 경우에도 마찬가지이다.

(바) 한편 형사소송법 제219조, 제121조가 규정한 변호인의 참여권은 피압수자의 보호를 위하여 변호인에게 주어진 고유권이다. (아) 따라서 설령 피압수자가 수사기관에 압수·수색영장의 집행에 참여하지 않는다는 의사를 명시하였다고 하더라도, 특별한 사정이 없는 한 그 변호인에게는 형사소송법 제219조, 제122조에 따라 미리 집행의 일시와 장소를 통지하는 등으로 압수·수색영장의 집행에 참여할 기회를 별도로 보장하여야 한다.

대법원은 위법수집증거배제법칙의 원칙에 대한 종전의 대법원판례를 다음과 같이 확인하였다.

(가) 형사소송법 제308조의2는 '적법한 절차에 따르지 아니하고 수집한 증거는 증거로 할 수 없다'고 정하고 있다. (나) 이는 위법한 압수·수색을 비롯한 수사 과정의 위법행위를 억제하고 재발을 방지함으로써 국민의 기본적 인권 보장이라는 헌법 이념을 실현하고자 위법수집증거 배제 원칙을 명시한 것이다. (다) 헌법 제12조는 기본적 인권을 보장하기 위하여 압수·수색에 관한 적법절차와 영장주의 원칙을 선언하고 있다. (라) 형사소송법은 이를 이어받아 실체적 진실 규명과 개인의 권리보호 이념을 조화롭게 실현할 수 있도록 압수·수색절차에 관한 구체적 기준을 마련하고 있다. (마) 이러한 헌법과 형사소송법의 규범력을 확고하게 유지하고 수사 과정의 위법행위를 억제할 필요가 있으므로, (ㄱ) 적법한 절차에 따르지 않고 수집한 증거는 물론 (ㄴ) 이를 기초로 하여 획득한 2차적 증거 또한 기본적 인권 보장을 위해 마련된 적법한 절차에 따르지 않고 확보한 것으로서 원칙적으로 유죄 인정의 증거로 삼을 수 없다고 보아야 한다.

대법원은 위법수집증거배제법칙의 예외에 대한 종전의 대법원판례를 다음과 같이 확인하였다.

(가) 그러나 법률에 정해진 절차에 따르지 않고 수집한 증거라는 이유만을 내세워 획일적으로 증거능력을 부정하는 것은 헌법과 형사소송법의 목적에 맞지 않는다. (나) 실체적 진실 규명을 통한 정당한 형벌권의 실현도 헌법과 형사소송법이 형사소송절차를 통하여 달성하려는 중요한 목표이자 이념이기 때문이다. (다) 수

사기관의 절차 위반행위가 (ㄱ) 적법절차의 실질적인 내용을 침해하는 경우에 해당하지 않고, (ㄴ) 오히려 증거능력을 배제하는 것이 헌법과 형사소송법이 형사소송에 관한 절차 조항을 마련하여 적법절차의 원칙과 실체적 진실 규명의 조화를 도모하고 이를 통하여 형사 사법 정의를 실현하려 한 취지에 반하는 결과를 초래하는 것으로 평가되는 예외적인 경우라면, 법원은 그 증거를 유죄 인정의 증거로 사용할 수 있다고 보아야 한다.

(라) 이에 해당하는지는 수사기관의 증거 수집 과정에서 이루어진 절차 위반행위와 관련된 모든 사정, 즉 (ㄱ) 절차 조항의 취지, (ㄴ) 위반 내용과 정도, (ㄷ) 구체적인 위반 경위와 회피가능성, (ㄹ) 절차 조항이 보호하고자 하는 권리나 법익의 성질과 침해 정도, (ㅁ) 이러한 권리나 법익과 피고인 사이의 관련성, (ㅂ) 절차 위반행위와 증거 수집 사이의 관련성, (ㅅ) 수사기관의 인식과 의도 등을 전체적·종합적으로 고찰하여 판단해야 한다.

(마) 이러한 법리는 적법한 절차에 따르지 않고 수집한 증거를 기초로 하여 획득한 2차적 증거에 대해서도 마찬가지로 적용된다. (바) 그러므로 절차에 따르지 않은 증거 수집과 2차적 증거 수집 사이 인과관계의 희석이나 단절 여부를 중심으로 2차적 증거 수집과 관련된 모든 사정을 전체적·종합적으로 고려하여 예외적인 경우에는 유죄 인정의 증거로 사용할 수 있다.

대법원은 갑의 사안에 대해 변호인 참여권과 관련하여 다음과 같이 판단하였다.

(가) (사실관계 분석; 내용 생략함.) (나) 그런데 수사기관은 갑의 국선변호인 C에 대하여 ㉠컴퓨터의 탐색·복제 및 ㉫출력물의 생성절차에 관한 사전통지를 하지 않았다. (다) 갑이나 국선변호인 C가 ㉠컴퓨터의 탐색·복제 및 ㉫출력물의 생성절차에 참여하지도 않았다. (라) 위와 같은 사실관계를 앞서 본 법리에 비추어 살펴본다. (마) 갑이 수사기관에 ㉠컴퓨터의 탐색·복제·출력 과정에 참여하지 않겠다는 의사를 표시하였다고 하자. (바) 설령 그렇다고 하더라도 수사기관으로서는 2019. 10. 30. 수사기관 사무실에서 저장매체인 ㉠컴퓨터를 탐색·복제·출력하기에 앞서 갑의 국선변호인 C에게 그 집행의 일시와 장소를 통지하는 등으로 위 절차에 참여할 기회를 제공하였어야 함에도 그러지 않았다. (사) 따라서 원심이 이 사건 영장을 집행한 수사기관이 압수절차를 위반하였다고 판단한 것은 정당하다.

대법원은 위법수집증거배제법칙의 예외에 해당하는지에 대해 다음과 같이 판단하였다.

(가) 그러나 위와 같은 사실관계 및 기록을 통하여 알 수 있는 다음과 같은 사정을 모두 종합하여 보면, 수사기관의 위와 같은 절차 위반행위가 적법절차의 실질적인 내용을 침해하는 경우에 해당하지 않는다. (나) 오히려 ㉮영장의 집행을 통해 수집된 증거의 증거능력을 배제하는 것이 (ㄱ) 헌법과 형사소송법이 형사소송에 관한 절차 조항을 마련하여 적법절차의 원칙과 실체적 진실 규명의 조화를 도모하고 (ㄴ) 이를 통하여 형사 사법 정의를 실현하려 한 취지에 반하는 결과를 초래하는 것으로 평가되는 예외적인 경우에 해당한다고 볼 여지가 충분하다.

(다) 수사기관은 2019. 10. 25. 당시 피압수자로서 유일한 참여권자이던 갑으로부터 ㉠컴퓨터의 탐색·복제·출력 과정에 참여하지 않겠다는 의사를 확인한 후 ㉠컴퓨터에 대한 탐색을 시작하였다. (라) 위 탐색 당시 '㉠컴퓨터 하드디스크에 불법 촬영 영상물이 저장되어 있다'는 갑의 진술도 나온 상태였다. (마) 그 후 갑의 국선변호인 C가 선정될 무렵에는 이미 수사기관이 ㉠컴퓨터에 대한 탐색을 어느 정도 진행하여 압수 대상 전자정보가 저장된 폴더의 위치 정도는 파악하고 있었던 것으로 보인다.

(바) 갑의 국선변호인 C가 수사기관에 ㉮영장의 집행 상황을 문의하거나 그 과정에의 참여를 요구한 바 없다. (사) ㉮영장 집행 당시 피압수자의 참여 포기 또는 거부 의사에도 불구하고 압수·수색절차 개시 후 선임 또는 선정된 그 변호인에게 별도의 사전통지를 하여야 한다는 점에 관하여 판례나 수사기관 내부의 지

침이 확립되어 있었던 것은 아니다.

(아) 수사기관은 ㉮영장의 집행 과정에서 갑이 2011년경부터 피시방, 노래방 등의 화장실에 설치해 둔 몰래카메라를 통해 수백 명에 이르는 피해자들의 신체를 촬영해 둔 영상물을 압수하였다. (자) 검사는 그중 296건에 대한 범행을 기소하였다(이 사건 쟁점 공소사실이다). (차) 갑은 수사기관 및 법정에서 위 범행을 모두 자백하였다.

대법원은 원심판결의 타당성 여부에 대해 다음과 같이 판단하였다.

(가) 그렇다면 원심으로서는 (ㄱ) ㉮영장에 따른 압수·수색의 경위, (ㄴ) ㉮영장의 집행 당시에 시행되던 전자정보에 대한 압수절차 관련 규정, (ㄷ) 압수된 증거의 입증 취지, (ㄹ) 절차 위반에 이른 경위와 그에 대한 수사기관의 인식과 의도, (ㅁ) 이 사건 범행의 내용과 죄질 등을 종합적으로 고려하여 위법수집증거 배제 원칙의 예외에 해당하는지 여부를 신중히 판단하였어야 한다. (나) 그런데도 원심은 판시와 같은 이유만으로 ㉮영장에 따른 압수·수색을 통해 수집된 증거들을 유죄의 증거로 사용할 수 없다고 단정하여 이 사건 쟁점 공소사실을 무죄로 판단하였다. (다) 이와 같은 원심의 판단에는 위법수집증거 배제 원칙의 예외에 관한 법리를 오해하여 필요한 심리를 다하지 않은 위법이 있다.

2020도11223

압수수색과 주거주의 참여

2024. 10. 8. 2020도11223, 판례속보 = 『정신지체인 압수수색 참여 사건』

갑에게는 딸 A(1994년 생)가 있다. 2016. 12. 2.경부터 2019. 5. 24.경까지 A는 정신병적 증세를 이유로 짧게는 약 1주일, 길게는 한 달 이상의 기간씩 약 13회에 걸쳐 반복적으로 P병원에 입원하여 치료를 받았다. 2017. 3. 29. 자 심리평가결과에서 A는 "전체지능 57, 사회성숙연령 11세 수준"이라고 평가되었다. 2017. 9. 11. 관할 가정법원은 A에 대하여 '정신적 제약으로 사무를 처리할 능력이 지속적으로 결여되었다'라는 이유로 성년후견을 개시하는 심판을 하였다.

2019. 3.경 수사기관은 A에게 필로폰 투약 혐의가 있음을 인지하였다. 2019. 3.경 수사기관은 P병원으로부터 A에 대한 진료기록과 검사결과기록을 확보하였다(㉠기록). 수사기관은 ㉠기록을 통하여 다음 사실을 확인하였다. (가) A는 P병원 정신과에서 입원치료를 받았다. (나) A는 과거에 수차례 요금을 내지 않고 장거리 택시를 탑승하는 등의 이상행동을 반복하였다. (다) A는 심한 공격성을 보이거나 대화가 어렵고 자신의 문제행동을 인지하지 못하고 있다. (라) A는 2018. 9.경 P병원 정신과에서 입원치료를 받던 중 담당 의사에게 '필로폰을 투약하였다'라는 취지로 말하였다.

2019. 5. 9. 관할 지방법원판사는 다음 내용의 체포영장을 발부하였다(㉡체포영장). (가) 피의자 : A. (나) 혐의사실 : 필로폰 투약 등. 2019. 5. 9. (동시) 관할 지방법원판사는 다음 내용의 압수·수색·검증영장을 발부하였다(㉢압수수색영장). (가) 피의자 : A. (나) 혐의사실 : 필로폰 투약 등. (다) 수색·검증장소 : A의 거주지 ⓐ아파트.

2019. 5. 28. A는 사우나에서 소란을 부리며 재물을 손괴하였다. A는 출동한 경찰관과 시비를 벌이는 등의 상태에서 현행범으로 체포되었다. 수사기관은 A를 재물손괴, 공무집행방해의 현행범으로 체포한 다음, 이미 발부되어 있던 ㉡체포영장을 집행하였다. 2019. 5. 28. (같은 날) 수사기관은 A와 함께 A의 거주지 ⓐ아파트로 이동하였다. 수사기관은 ⓐ아파트에서 이미 발부되어 있던 ㉢압수수색영장을 집행하였다(㉣압수·수색). ㉣압수·수색 당시 A만이 현장에 참여하였다. 수사기관은 ⓐ아파트 안방 금고에 보관되어 있던 대마 약 0.62g(㉤대마)과 스포이드, 깔때기 등 마약 관련 증거물을 발견하여 이를 압수하였다. 수사기관은 ㉣압수·수

색에 관하여 ⓗ압수조서를 작성하였다. 2019. 6. 25. 자로 A에 대한 진단서가 작성되었다(ⓐ진단서). ⓐ진단
서에는 "주의나 처치가 필요한 심각한 행동의 장애가 있는 경도 정신지체, 상세불명의 양극성 정동장애"라는
진단이 기재되어 있다.

검사는 A의 아버지 갑을 다음의 공소사실로 기소하였다. "피고인(갑)은 2019. 5. 28.경 ⓐ주소에 있는 피
고인의 주거지에서 안방 금고에 대마 약 0.62g을 보관하였다." 제1심법원은 ⓑ대마를 포함하여 ⓒ영장에 의
한 ⓓ압수·수색을 통하여 확보한 증거와 ⓗ압수조서 등을 유죄의 증거로 하여 공소사실을 유죄로 인정하였
다. 갑은 불복 항소하였다. 항소법원은 항소를 기각하고, 제1심판결을 유지하였다. 갑은 불복 상고하였다.

대법원은 갑의 상고이유와 무관하게 직권으로 판단하였다.

대법원은 다음의 이유를 제시하여 원심판결을 파기 환송하였다.

대법원은 적법절차와 영장주의의 중요성에 대해 다음과 같이 설시하였다.

(가) 우리 헌법은 (ㄱ) '누구든지 법률에 의하지 아니하고는 체포·구속·압수·수색 또는 심문을 받지
아니하며, 법률과 적법한 절차에 의하지 아니하고는 처벌·보안처분 또는 강제노역을 받지 아니한다.'(제12조
제1항 후문), (ㄴ) '체포·구속·압수 또는 수색을 할 때에는 적법한 절차에 따라 검사의 신청에 의하여 법관
이 발부한 영장을 제시하여야 한다.'(제12조 제3항 본문)라고 정하여 압수·수색에 관한 적법절차와 영장주의
의 근간을 선언하고 있다.

(나) 형사소송법은 이와 같은 헌법 정신을 이어받아 압수·수색절차에 관한 다양한 구체적 기준을 마련
하였다. (다) 특히 형사소송법은 (ㄱ) 제121조, 제219조에서 압수·수색절차에서 피고인과 피의자의 참여권
일반을 정하는 한편, (ㄴ) 제123조, 제219조에서 압수·수색이 이루어지는 장소의 특수성을 고려하여 특정
장소에서 압수·수색영장을 집행할 때는 그 장소의 책임자가 참여하게 함으로써, 압수·수색영장의 집행과
정에서 절차적 권리로서의 참여권이 적법절차와 영장주의의 이념을 실질적으로 구현하는 장치로 기능하도록
하였다.

(라) 이와 같이 기본권 보장을 위하여 압수·수색에 관한 적법절차와 영장주의의 근간을 선언한 헌법과
실체적 진실 규명과 개인의 권리보호 이념을 조화롭게 실현할 수 있도록 그 구체적인 절차를 정하고 있는
형사소송법의 규범력은 확고히 유지되어야 한다. (마) 참여권에 관한 규정을 비롯하여 형사소송법이 정한 압
수·수색절차에 관한 구체적 규정들은 헌법 원칙인 적법절차와 영장주의를 구현하는 관점에 따라 해석·실
현되어야 한다.

대법원은 압수수색영장의 집행과 책임자의 참여능력에 대해 다음과 같이 설시하였다.

(가) 형사소송법 제123조는 '영장의 집행과 책임자의 참여'라는 표제 아래 [다음과 같이 규정하고 있다.]
(나) 공무소, 군사용 항공기 또는 선박·차량 안에서 압수·수색영장을 집행하려면 그 책임자에게 참여할 것
을 통지하여야 한다(제1항). (다) 제1항에서 규정한 장소 외에 타인의 주거, 간수자 있는 가옥, 건조물, 항공기
또는 선박·차량 안(이하 '주거지 등'이라고 한다)에서 압수·수색영장을 집행할 때에는 주거주, 간수자 또는
이에 준하는 사람(이하 '주거주 등'이라고 한다)을 참여하게 하여야 한다(제2항). (라) 주거주 등을 참여하게
하지 못할 때에는 이웃 사람 또는 지방공공단체의 직원(이하 '이웃 등'이라고 한다)을 참여하게 하여야 한다
(제3항). (마) 이는 형사소송법 제219조에 의해 수사기관의 압수·수색영장 집행에서도 준용된다.

(바) 형사소송법 제123조 제2항, 제3항, 제219조가 주거지 등에서 압수·수색영장을 집행할 때 주거주 등
이나 이웃 등을 참여하도록 한 것은 (ㄱ) 주거의 자유나 사생활의 비밀과 자유와 같은 기본권 보호의 필요성
이 특히 요구되는 장소에 관하여 (ㄴ) 밀접한 이해관계를 갖는 사람을 참여시켜 영장집행절차의 적정성을 담
보함으로써 (ㄷ) 수사기관이나 법원의 강제처분을 받는 당사자를 보호하고 궁극적으로 국민의 기본권을 보호

하려는 데 그 취지가 있다.

(사) 이러한 점에 비추어 보면 형사소송법 제123조 제2항, 제3항, 제219조에서 정한 바에 따라 압수·수색영장의 집행에 참여하는 주거주 등 또는 이웃 등은 최소한 압수·수색절차의 의미를 이해할 수 있는 정도의 능력(이하 '참여능력'이라고 한다)을 갖추고 있어야 한다. (아) 압수·수색영장의 집행에 참여하는 주거주 등 또는 이웃 등이 참여능력을 갖추지 못한 경우에는 영장의 집행 과정에서 발생할 수 있는 위법·부당한 처분이나 행위로부터 당사자를 보호하고 영장집행절차의 적정성을 담보하려는 형사소송법의 입법취지나 기본권 보호·적법절차·영장주의 등 헌법적 요청을 실효적으로 달성하기 어렵기 때문이다.

대법원은 당사자 참여와 주거주 등 참여의 차이점에 대해 다음과 같이 설시하였다.

(가) 형사소송법 제123조 제2항과 제3항은 주거주 등이나 이웃 등의 참여에 관하여 그 참여 없이 압수·수색영장을 집행할 수 있는 예외를 인정하지 않고 있다. (나) 이는 형사소송법 제121조, 제122조에서 압수·수색영장의 집행에 대한 검사, 피의자, 변호인의 참여에 대하여 급속을 요하는 등의 경우 집행의 일시와 장소의 통지 없이 압수·수색영장을 집행할 수 있다고 한 것과 다른 점이다. (다) 따라서 형사소송법 제123조 제2항에서 정한 주거지 등에 대한 압수·수색영장의 집행이 주거주 등이나 이웃 등의 참여 없이 이루어진 경우 특별한 사정이 없는 한 그러한 압수·수색영장의 집행은 위법하다고 보아야 한다.

(라) 나아가 (ㄱ) 주거주 등 또는 이웃 등이 참여하였다고 하더라도 (ㄴ) 그 참여자에게 참여능력이 없거나 부족한 경우에는, (ㄷ) 주거주 등이나 이웃 등의 참여 없이 이루어진 것과 마찬가지로 (ㄹ) 형사소송법 제123조 제2항, 제3항에서 정한 압수수색절차의 적법요건이 갖추어졌다고 볼 수 없으므로 (ㅁ) 그러한 압수·수색영장의 집행도 위법하다.

대법원은 장애인차별금지법에 의한 형사절차 조력의무에 대해 다음과 같이 설시하였다.

(가) 「장애인차별금지 및 권리구제 등에 관한 법률」(이하 '장애인차별금지법'이라고 한다) 제26조 제6항은 '사법기관은 사건관계인에 대하여 의사소통이나 의사표현에 어려움을 겪는 장애가 있는지 여부를 확인하고, 그 장애인에게 형사사법 절차에서 조력을 받을 수 있음과 그 구체적인 조력의 내용을 알려주어야 한다. 이 경우 사법기관은 해당 장애인이 형사사법 절차에서 조력을 받기를 신청하면 정당한 사유 없이 이를 거부하여서는 아니 되며, 그에 필요한 조치를 마련하여야 한다.'라고 정하고 있다. (나) 이는 수사, 기소, 공판에 이르는 일련의 형사사법절차에서 의사소통이나 의사표현에 어려움을 겪는 장애가 있는 사람으로 하여금 자기의 형사사법절차상의 지위와 이해관계를 이해하고 충분한 방어행위를 할 수 있도록 함으로써 그들의 절차적 지위와 권리, 방어권을 보장하는 데에 그 취지가 있다.

(다) 형사소송법 제123조 제2항, 제3항에 따라 압수·수색영장의 집행에 참여하는 주거주 등이나 이웃 등에게도 의사소통이나 의사표현에 어려움을 겪는 장애가 있을 수 있다. (라) 그러므로 압수·수색영장을 집행하는 수사기관으로서는 그러한 장애가 있는 참여자에 대하여 장애인차별금지법 제26조 제6항의 취지에 맞는 적법한 조치를 취함으로써 형사소송법 제123조 제2항, 제3항이 요구하는 압수수색절차의 적법요건이 갖추어질 수 있도록 하여야 한다.

대법원은 피의자가 주거주인 경우의 참여권에 대해 다음과 같이 설시하였다.

(가) 이러한 법리는, 주거지 등에 대한 압수·수색에서 피의자가 동시에 주거주 등인 경우에도 동일하게 적용된다. (나) 형사소송법이 제121조, 제122조, 제219조에서 '당사자의 참여권'이라는 표제 아래 검사, 피의자, 변호인의 참여권을 규정하면서도 제123조에서 '책임자의 참여'라는 표제로 주거주 등이나 이웃 등의 필요적 참여를 별도로 정하고 있다. (다) [이는] '당사자의 참여권'과 '책임자의 참여'는 그 취지나 목적, 보호법익이 동일하지 않기 때문이다.

(라) 따라서 피의자가 주거주 등인 주거지 등에서 압수·수색영장을 집행하는 경우 피의자에게 참여능력이 없다면 그 피의자만 참여하는 것으로는 부족하다. (마) 수사기관은 형사소송법 제123조 제3항에 따라 참여능력이 있는 이웃 등을 함께 참여시켜야 한다. (바) 이때 참여능력이 없는 피의자만이 참여하였다면 그 압수·수색은 형사소송법 제123조 제2항, 제3항을 위반한 것으로 원칙적으로 위법하다.

대법원은 영장집행 참여의 적법성 판단기준에 대해 다음과 같이 설시하였다.

(가) 위와 같이 형사소송법 제123조 제2항, 제3항, 제219조에 따라 압수수색절차에 참여한 참여자와 관련하여 해당 절차의 적법요건이 갖추어졌는지는, (ㄱ) 수사기관이 인식하였거나 인식할 수 있었던 사정 등을 포함하여 (ㄴ) 압수·수색 당시를 기준으로 (ㄷ) 외형적으로 인식 가능한 사실상의 상태를 살펴 판단하여야 한다. (나) (ㄱ) 압수·수색 당시 수사기관이 인식할 수 없었던 참여자의 내부적, 주관적 사정이나 (ㄴ) 참여자의 객관적 능력에 관한 법률적·사후적인 판단은 고려대상이 아니다.

대법원은 갑의 사안에 대해 다음과 같은 결론을 제시하였다.

(가) (사실관계 분석; 생략함.) (나) 이러한 사실관계를 앞서 본 법리에 비추어 본다. (다) A는 ㉣압수·수색 당시 형사소송법 제123조 제2항에서 정한 주거주 등으로서 참여능력이 없거나 부족하였던 것으로 볼 여지가 있다. (라) 수사기관으로서도 위에서 인정한 A의 정신과 치료 내역이나 현행범체포 당시의 사정 등을 파악하고 있었다. (마) 그러한 만큼 수사기관으로서는 A가 참여능력이 없거나 부족하다는 점을 인식하고 있었거나 충분히 인식할 수 있었다고 보인다. (바) 그럼에도 수사기관은 ㉣압수·수색 당시 A만을 참여시켰고, 형사소송법 제123조 제3항에 따라 이웃 등을 참여시키는 등의 조치를 취하지 않았다. (사) 따라서 ㉣압수·수색은 위법하다고 볼 소지가 크다. (아) 그렇다면 ㉣압수·수색을 통해 확보한 증거들은 수사기관이 위법하게 수집한 증거에 해당하여 증거능력이 인정되기 어렵다고 볼 여지가 많다.

(자) 그럼에도 원심은 ㉤대마를 포함하여 위법한 ㉣압수·수색을 통해 수집된 증거를 근거로 쟁점 공소사실을 유죄로 판단한 제1심판결을 그대로 유지하였다. (차) 이러한 원심의 판단에는 형사소송법 제123조에서 정한 참여자의 참여능력에 관한 법리를 오해하고 필요한 심리를 다하지 않아 판결에 영향을 미친 위법이 있다.

┌─────────────┐
│ **2020도14843** │
└─────────────┘

인터넷 화상장치와 증인신문 방법
2024. 9. 12. 2020도14843, 공 2024하, 1669 = 『대학원생 화상 신문 사건』

갑은 P대학교 교수이다. A는 P대학교 대학원생이다. B는 P대학교 행정조교이다. 갑은 다음 요지의 공소사실로 기소되었다. (가) 갑은 A에게 "네(A) 명의로 조교 등록을 하고 계좌로 조교 장학금이 입금되면 그 돈을 현금으로 뽑아서 달라"고 말하였다. (나) 갑은 A로 하여금 행정조교 B에게 조교인사제청 관련 서류 등을 제출하게 하였다. (다) 갑은 B에게 "A를 교육조교로 임용할 테니 A로부터 관련 서류를 제출받아 P대학교 교학팀에 제출하라"고 지시하였다. (라) 갑은 B로 하여금 P대학교에 A를 교육조교로 제청하겠다는 취지의 Q학과 학과장 명의 조교인사제청서를 제출하게 하였다. (마) 그러나 갑은 A에게 지급된 장학금을 자신이 개인적으로 사용할 생각이었을 뿐 A를 교육조교로 근무시키고 장학금을 받게 해 줄 생각이 전혀 없었다. (바) 갑은 이와 같이 P대학교를 기망하여 이에 속은 P대학교로부터 장학금 명목으로 250만원을 교부받아 편취하였다.

갑은 공소사실을 부인하였다. 검사는 제1심 제2회 공판기일에 A에 대한 경찰 진술조서, A 작성 탄원서를 증거로 신청하였다. 갑은 이를 증거로 사용함에 동의하지 아니하였다. 검사는 A를 증인으로 신청하였다. 제1

심법원은 이를 채택하였다. 검사는 A가 해외로 출국한 사실을 확인하였다. 검사는 베트남에 A의 소재지 정보 제공 등에 관한 형사사법공조를 요청하였다. 그러나 아직 회신이 오지 않았다. 제1심법원은 제5회 공판기일에 A에 대한 증인 채택결정을 취소하였다. 제1심법원은 A에 대한 경찰 진술조서, A 작성 탄원서에 대하여 증거신청 기각결정을 하였다. 이후 형사사법공조 요청 회신자료가 도착하였다. 이 회신자료에서 A가 베트남에 체류 중인 사실이 확인되었다. 그러나 검사는 A를 증인으로 다시 신청하지 않았다. 제1심법원은 다음의 이유를 들어서 갑에게 무죄를 선고하였다. (가) A의 진술을 기재한 서류는 형사소송법 제314조 소정의 증거능력 인정요건을 갖추지 못하여 증거로 채택되지 않았다. (나) A의 법정 증언도 이루어지지 않았다.

검사는 불복 항소하였다. 검사는 항소심 제1회 공판기일에 A를 증인으로 신청하였다. 항소법원은 이를 채택하였다. 항소심 제2회 공판기일에 A가 불출석하였다. 검사는 "A의 국내 입국 여부가 불투명하여 베트남 현지에서 영상으로 증인신문절차를 진행하는데 동의를 구한다."라고 진술하였다. 갑의 변호인은 "위 증인신문절차에 이의가 없다."라고 진술하였다. 항소법원 재판장은 제3회 공판기일에 다음과 같이 고지하였다. (가) 증인 A의 법정 출석이 이루어지지 않아 증인신문이 불가능하다. (나) 검사와 변호인들의 의견을 들어 인터넷 화상장치를 이용한 영상과 음향의 송수신을 통해서 말레이시아에 소재하고 있는 A의 진술을 청취하는 방법으로 증거조사를 하겠다.

항소법원 재판장은 형사법 제56조의2 제1항에 따라 A의 진술내용을 녹음할 것을 명하였다. 항소법원 재판장은 A에게 위증의 벌을 경고하고 선서하게 하거나 증언거부권을 고지하는 등의 절차 없이 A의 진술을 청취하였다. 진술청취에는 통상의 증인신문처럼 교호신문의 방식으로 주신문과 반대신문 등이 이루어졌다. A의 진술은 ㉠녹취서에 기록되고, ㉡USB에 저장되었다. 항소법원 재판장은 다음과 같이 정리하여 증거조사를 마쳤다. (가) 검사는 ㉠녹취서 등본, ㉡USB 증거로 신청한다. (나) 피고인(갑)은 이에 동의하였다. (다) ㉠녹취서 등본, ㉡USB를 증거로 채택한다. (라) 검사의 A에 대한 증인신청은 철회·취소한 것으로 한다. 항소법원은 변론을 종결하였다. 항소법원은 ㉠녹취서 등본, ㉡USB를 유죄의 증거로 인정하여 공소사실을 유죄로 판단하였다. 갑은 불복 상고하였다.

대법원은 다음의 이유를 제시하여 원심판결을 파기환송하였다.

대법원은 공판절차의 기본원칙에 대해 다음과 같이 판시하였다.

(가) 헌법은 제12조 제1항 후문에서 적법절차원칙을 천명하고 있다. (나) 헌법은 제27조에서 '법률에 의한 재판을 받을 권리'를 보장하고 있다. (다) 형사소송법은 이를 실질적으로 구현하기 위하여, (ㄱ) 피고사건에 대한 실체 심리는 공개된 법정에서 (ㄴ) 검사와 피고인 양 당사자의 공격·방어활동에 의하여 행해져야 한다는 (ㄷ) 당사자주의와 공판중심주의 원칙을 기본원칙으로 채택하고 있다. (라) 형사소송법은 이를 실질적으로 구현하기 위하여, (ㄱ) 공소사실의 인정은 법관의 면전에서 직접 조사한 증거만을 재판의 기초로 해야 한다는 (ㄴ) 직접심리주의와 증거재판주의 원칙을 기본원칙으로 채택하고 있다.

대법원은 증거방법에 대한 증거조사 방식에 대해 다음과 같이 설시하였다.

(가) 형사소송법은 (ㄱ) 증인 등 인증(人證), 증거서류와 증거물 및 그 밖의 증거를 구분한 다음 (ㄴ) 각각의 증거방법에 대한 증거조사 방식을 개별적·구체적으로 규정하여 위와 같은 헌법적 형사소송의 이념을 구체화하고 있다. (나) 특히 형사소송법 제1편 제12장 및 형사소송규칙 제1편 제12장에서 증인에 대한 증거조사를 '신문'의 방식으로 하면서 (ㄱ) 소환방법과 (ㄴ) 법정에 불출석할 경우의 제재와 조치, (ㄷ) 출석한 증인에 대한 선서와 위증의 벌의 경고, (ㄹ) 증언거부권 고지 및 (ㅁ) 신문의 구체적인 방식 등에 대하여 엄격한 절차 규정을 두고 있다.

(다) 한편 형사소송법은 (ㄱ) 법정 외 신문(제165조), (ㄴ) 비디오 등 중계장치 등에 의한 증인신문(제165

조의2) 규정에서 정한 사유 등이 있는 때에만 예외적으로 증인이 직접 법정에 출석하지 않고 증언할 수 있도록 정하였다. (라) 이는 (ㄱ) 사건의 실체를 규명하는 데 가장 직접적이고 핵심적인 증인으로 하여금 (ㄴ) 원칙적으로 공개된 법정에 출석하여 (ㄷ) 법관 앞에서 선서한 후 (ㄹ) 정해진 절차에 따른 신문의 방식으로 증언하도록 하여 재판의 공정성과 증언의 확실성·진실성을 담보하기 위함이다. (마) 이는 법관이 그러한 증인의 진술을 토대로 형성된 유·무죄의 심증에 따라 사건의 실체를 규명하도록 하기 위함이다.

(바) 그러므로 범죄사실의 인정을 위한 증거조사는 특별한 사정이 없는 한 (ㄱ) 공개된 법정에서 (ㄴ) 법률이 그 증거방법에 따라 정한 방식으로 하여야 하고, (ㄷ) 이를 토대로 형성된 심증에 따라 (ㄹ) 공소가 제기된 범죄사실이 합리적인 의심이 없는 정도로 증명되었는지 여부를 판단하여야 한다. (사) (ㄱ) 형사소송법에서 정한 절차와 방식에 따른 증인신문절차를 거치지 아니한 채 (ㄴ) 증인에 대하여 선서 없이 법관이 임의의 방법으로 청취한 진술과 (ㄷ) 그 진술의 형식적 변형에 불과한 증거(녹음파일 등)는 (ㄹ) 적법한 증거조사 절차를 거치지 않은 증거로서 증거능력이 없다. (아) 따라서 사실인정의 자료로 삼을 수도 없다.

(자) (ㄱ) 피고인이나 변호인이 그러한 절차 진행에 동의하였다거나 (ㄴ) 사후에 그와 같은 증거조사 결과에 대하여 이의를 제기하지 아니하고 그 녹음파일 등을 증거로 함에 동의하였더라도 그 위법성이 치유되지 않는다.

대법원은 갑의 사안에 대해 다음과 같이 판단하였다.

(가) 위와 같은 사실관계를 앞서 본 법리에 비추어 살펴본다. (나) 증거조사는 공판중심주의, 직접심리주의 및 증거재판주의 원칙에 입각하여 법률이 정한 요건과 절차에 따라 엄격하게 이루어져야 한다. (다) 헌법상 보장되는 적법절차의 원칙에 따라 공정한 재판을 받을 피고인의 권리는 경제적 효율성이나 사법적 편의를 증진시킨다는 이유로 간과되어서는 아니 된다.

(라) 원심은 A가 해외 체류 중이어서 법정 출석에 따른 증인신문이 어렵다는 이유로, (ㄱ) 형사소송법이 규정한 증인에 대한 증거조사 방식인 '신문'에 의하지 아니하고 (ㄴ) A에게 증인으로서 부담해야 할 각종 의무를 부과하지 아니한 채 (ㄷ) 별다른 법적 근거 없이 (ㄹ) A가 증인으로서 출석하지 않았음을 전제로 하면서도 (ㅁ) 인터넷 화상장치를 통해서 검사의 주신문, 변호인의 반대신문 등의 방식을 통해 A의 진술을 청취하는 방법으로 증거조사를 한 다음 (ㅂ) 진술의 형식적 변형(녹취파일과 녹취서 등본)에 해당하는 ㉠, ㉡증거를 검사로부터 제출받는 우회적인 방식을 취하였다.

(마) 이와 같은 원심의 조치는 형사소송법이 정한 증거방법(증인)에 대한 적법한 증거조사로 볼 수 없다. (바) 따라서 그러한 진술청취의 결과물인 ㉠녹취록 등본과 ㉡USB 증거는 증거능력이 없어 사실인정의 자료로 삼을 수 없다. (사) 이는 피고인과 변호인이 그와 같은 절차 진행에 동의하였거나 사후에 그 증거조사 결과에 대하여 이의를 제기하지 아니하고 증거로 함에 동의하였더라도 마찬가지이다.

(아) 그럼에도 원심은 ㉠녹취록 등본과 ㉡USB 증거를 비롯한 판시 증거들을 종합하여 쟁점 공소사실을 유죄로 인정하였다. (자) 이러한 원심판단에는 증거재판주의를 위반하거나 증거조사에 관한 법리를 오해하여 판결에 영향을 미친 위법이 있다.

2020도16827

공소취소 후 재기소 증거

2024. 8. 29. 2020도16827, 판례속보 = 『증거불충분 대비 공소취소 사건』

검사는 갑을 특정경제범죄법위반죄(사기)로 기소하였다(㉮사건). 갑은 공소사실을 부인하였다. 검사는 ㉠ 증거 등을 제출하였다. [갑에 대해 증거불충분으로 무죄판결이 내려질 가능성이 높아졌다.] 검사는 ㉮사건 제

1심법원에 공소취소장을 제출하였다. 공소취소장에는 공소취소의 이유에 관하여 아무런 기재가 없었다. ㉮사건 제1심법원은 공소기각결정을 내렸다(형소법 제328조 제1항 제1호). ㉮사건 제1심법원의 공소기각결정이 확정되었다.

검사는 공소취소 후에도 증거수집을 계속하여 ㉡증거를 확보하였다. 검사는 갑을 다시 특정경제범죄가중처벌법위반죄(사기)로 기소하였다(㉯사건). 검사는 새로운 증거로 ㉡증거를 제출하였다. ㉯사건 제1심법원은 ㉯사건 공소제기가 '공소취소 후 그 범죄사실에 대한 다른 중요한 증거를 발견한 경우'에 해당하지 않는다고 판단하였다. ㉯사건 제1심법원은 공소기각판결을 내렸다(형소법 제327조 제4호). 검사는 불복 항소하였다. 항소법원은 항소를 기각하였다. (항소법원의 판단이유는 후술함.) 검사는 불복 상고하였다.

대법원은 다음의 이유를 제시하여 상고를 기각하였다.

대법원은 공소취소와 재기소의 관계에 대해 다음과 같이 설시하였다.

(가) 형사소송법 제329조는 "공소취소에 의한 공소기각의 결정이 확정된 때에는 공소취소 후 그 범죄사실에 대한 다른 중요한 증거를 발견한 경우에 한하여 다시 공소를 제기할 수 있다."라고 규정하고 있다. (나) 공소취소 후 재기소는 헌법 제13조 제1항 후문 '거듭처벌금지의 원칙'의 정신에 따라 불안정한 지위에 놓이게 될 수 있는 피고인의 인권과 법적 안정성을 보장한다는 관점에서 엄격하게 해석해야 한다. (다) 따라서 '다른 중요한 증거를 발견한 경우'란 (ㄱ) 공소취소 전에 가지고 있던 증거 이외의 증거로서 (ㄴ) 공소취소 전의 증거만으로는 증거불충분으로 무죄가 선고될 가능성이 있으나 (ㄷ) 새로 발견된 증거를 추가하면 충분히 유죄의 확신을 가지게 될 정도의 증거가 있는 경우를 말한다. (라) 공소취소 전에 충분히 수집 또는 조사하여 제출할 수 있었던 증거들은 새로 발견된 증거에 해당한다고 보기 어렵다.

대법원은 다음과 같이 판단한 원심(항소심)판결의 타당성을 인정하였다.

(가) 검사는 ㉮선행사건에서 공소취소장에 공소취소의 이유에 관하여 아무런 기재를 하지 아니하였다. (나) 검사가 공소취소를 한 이유가 무엇인지에 관한 사실관계가 명확하게 인정된다고 보기도 어렵다. (다) 따라서 ㉯사건에서는 검사가 ㉮선행사건에서 공소를 취소한 구체적인 사유가 무엇이었는지는 고려될 수 없다. (라) 형사소송법 제329조 법문에 충실하게 공소취소 후 재기소의 요건이 충족되는지 여부에 관하여만 판단할 수밖에 없다.

(마) 검사가 ㉮선행사건에서 공소를 취소한 후 새로 조사하여 제출한 ㉡증거들이 (ㄱ) 공소취소 전에 조사하였거나 조사할 수 있었으리라고 보이는 증거 이외의 증거로서, (ㄴ) 독자적으로 또는 공소취소 전 ㉠증거와 함께 살펴볼 때 (ㄷ) 공소취소 전의 ㉠증거만으로는 증거불충분으로 무죄가 선고될 가능성이 있으나 (ㄹ) 새로 발견된 ㉡증거를 추가하면 충분히 유죄의 확신을 가지게 될 정도의 증거에 해당한다고 보기 어렵다. (바) 결국 ㉯사건 공소제기는 '공소취소 후 그 범죄사실에 대한 다른 중요한 증거를 발견한 경우'에 해당하지 않는다. (사) 그러므로 ㉯사건 공소를 기각한 제1심판결은 정당하다.

2020모3326

압수수색 참여자의 범위

2024. 12. 16. 2020모3326, 중요결정 요지 = 『치과위생사 압수수색 참여 사건』

갑은 P치과병원을 운영하고 있다. P병원에 대해 보험사기 혐의가 제기되었다. 사법경찰관은 P병원에 대한 ㉠압수수색영장을 발부받았다. 사법경찰관은 ㉠영장에 기하여 P병원에 대한 압수·수색을 실시하였다. A는 생명보험협회 소속 치과위생사이다. A는 6명의 경찰관들과 함께 P병원에 진입하여 ㉠영장에 기한 압수수색 전과정에 참여하였다. 사법경찰관은 이 수색을 통하여 P병원에 보관되어 있던 ⓐ유체물과 ⓑ전자정보를 압수하였다(ⓒ압수처분).

　갑은 ⓒ압수처분에 불복하여 관할 지방법원에 준항고를 제기하였다. 관할 준항고법원은 다음과 같은 이유를 들어 준항고를 기각하였다. (가) 치과위생사 A가 ⓒ압수처분 당시 활발히 참여한 사실은 인정된다. (나) 그러나 A가 주도적으로 ㉠압수수색영장을 집행하지 않았다. (다) A는 적법한 수색업무 집행을 위한 이행보조자나 조력인 정도의 역할을 수행한 것에 불과하다. 갑은 준항고기각결정에 불복하여 대법원에 재항고하였다.

　대법원은 다음의 이유를 제시하여 원심결정을 파기환송하였다.

　대법원은 압수수색절차의 참여자에 관한 형사소송법의 조문을 분석하였다.

　(가) 압수 · 수색영장은 검사의 지휘에 의하여 사법경찰관리가 집행한다(형사소송법 제115조 제1항). (나) 압수 · 수색영장의 집행을 위하여 잠금장치를 열거나 개봉 기타 필요한 처분을 할 수 있다(형사소송법 제120조 제1항). (다) 압수 · 수색영장의 집행을 위하여 타인의 출입을 금지할 수 있다(형사소송법 제119조 제1항).

　(라) 한편 검사, 피고인 또는 변호인(이하 '참여권자'라 한다)은 압수 · 수색영장 집행에 참여할 수 있다(형사소송법 제121조). (마) (ㄱ) 압수 · 수색영장의 집행에 앞서 참여권자가 참여하지 아니한다는 의사를 명시한 때 또는 (ㄴ) 급속을 요하는 때 이외에는 미리 집행의 일시와 장소를 참여권자에게 통지하여야 한다(형사소송법 제122조).

　(바) 공무소, 군사용 항공기 또는 선박 · 차량 안에서 압수 · 수색영장을 집행하려면 그 책임자에게 참여할 것을 통지하여야 한다(형사소송법 제123조). (사) 타인의 주거, 간수자 있는 가옥, 건조물(建造物), 항공기 또는 선박 · 차량 안에서 압수 · 수색영장을 집행할 때에는 주거주(住居主), 간수자 또는 이에 준하는 사람을 참여하게 하여야 한다(형사소송법 제123조). (아) 이들을 참여하게 하지 못할 때에는 이웃 사람 또는 지방공공단체의 직원을 참여하게 하여야 한다(형사소송법 제123조). (자) 그리고 여자의 신체에 대하여 수색할 때에는 성년의 여자를 참여하게 하여야 한다(형사소송법 제124조).

　(차) 형사소송법은 수소법원의 압수 · 수색 · 검증에 관한 위와 같은 규정을 수사기관이 행하는 압수 · 수색 · 검증에 준용하고 있다(형사소송법 제219조).

　대법원은 압수수색 참여자의 범위 해석에 대해 다음과 같이 설시하였다.

　(가) 형사소송법 제199조 제1항 단서는 "강제처분은 이 법률에 특별한 규정이 있는 경우에 한하며, 필요한 최소한도의 범위 안에서만 하여야 한다."라고 규정하여 강제처분 법정주의를 취하고 있다. (나) 그러므로 형사소송법에 근거하지 아니한 수사기관의 강제처분은 허용될 수 없다.

　(다) 압수 · 수색은 주거의 자유나 사생활의 비밀과 자유를 중대하게 제한하는 강제처분이다. (라) (ㄱ) 강제채혈, 강제채뇨 등과 같이 강제처분이 법률상 의료인 아닌 자가 수행할 수 없는 의료행위를 수반하는 경우, (ㄴ) 잠금장치 해제, 전자정보의 복호화나 중량 압수물의 운반과 같이 단순한 기술적, 사실적 보조가 필요한 경우, (ㄷ) 압수수색 후 환부 대상이 될 도품의 특정을 위하여 필요한 경우 등 제한적 범위 내에서 압수 · 수색영장의 집행기관인 사법경찰관리의 엄격한 감시 · 감독 하에 제3자의 집행 조력이 정당화될 수 있는 예외적인 경우가 있다. (마) 그러한 예외적인 경우가 아닌 이상 수사기관은 압수 · 수색 현장에 형사소송법상 참여권자나 참여할 수 있도록 규정된 사람 이외의 사람을 참여시킬 수는 없다. (바) 참여가 허용된 사람 이외의 제3자를 임의로 참여케 하여 압수 · 수색영장을 집행하거나 영장 없이 압수 · 수색을 한 것은 위법하다.

　대법원은 갑의 사안에 대해 다음과 같이 판단하였다.

　(가) ⓒ압수처분이 법률상 의료기사인 치과위생사만이 할 수 있는 행위를 수반한다고 보기 어렵다. (나) 치과위생사 A가 ⓒ압수처분 당시 한 압수 대상물 분류, PC 탐색 등과 같은 행위는 전자정보 복호화, 잠금장

치 해제나 중량 압수물 운반과 같이 단순한 기술적, 사실적 보조에 그친다고 보기 어렵다. (다) ⓒ압수처분을 통하여 압수된 ⓐ유체물이나 ⓑ전자정보가 치과위생사 A 혹은 생명보험협회에게 환부되어야 할 물건이나 전자정보로 보기 어렵다. (라) 치과위생사 A가 사법경찰관의 압수·수색 과정에 참여한 것이 정당화될 수 있는 예외적인 경우에 해당한다고 볼 만한 특별한 사정을 찾을 수 없다. (마) 치과위생사 A는 보험사기의 피해자인 개별 생명보험회사의 공동 이익 증진 등을 위해 설립된 단체인 생명보험협회의 사용인으로 이들과 이해관계를 같이 한다고 볼 여지도 있다.

(바) 이러한 점 등에 비추어 본다. (사) 사법경찰관이 ⓒ압수처분 당시 형사소송법이 규정한 참여권자 또는 참여할 수 있도록 규정된 사람 이외의 제3자인 치과위생사 A를 압수수색 전과정에 참여케 한 행위는 강제처분에 있어 헌법과 형사소송법이 정한 절차에 따르지 아니한 것으로 위법하다. (아) 헌법 제12조에서 정한 적법절차 원칙과 헌법 제16조, 제17조에서 규정하고 있는 기본권인 주거의 자유와 사생활의 비밀과 자유의 중요성에 비추어 그 위반의 정도도 무겁다. (자) 그러므로 ⓒ압수처분은 취소되어야 한다.

2021도1181

유류물 압수와 참여권자

2024. 7. 25. 2021도1181, 공 2024하, 1549 = 『USB 신발주머니 투척 사건』

A(여)는 갑의 배우자이다. B는 A의 지인이다. 2018. 4.경 A는 B에게 다음과 같이 말하였다. (가) 갑의 컴퓨터에서 여성의 신체를 몰래 촬영한 ㉠사진들을 발견하였다. (나) 갑으로부터 "㉠사진들을 몰래 촬영하여 다른 사람들과 공유했다."고 들었다. A는 자신의 휴대전화로 갑의 모니터 화면에 나타나 있는 ㉠사진들을 촬영하여 이를 B에게 전송하였다. 2018. 5. 8. B는 '스마트 국민제보' 사이트에 다음 내용의 신고를 하였다. "갑이 상습적으로 자신의 차 안 등에서 여자의 신체 사진을 몰래 찍어 유포한다고 하니 조사를 부탁드린다." B의 신고로 경찰에 갑의 사건이 접수되었다.

2018. 5. 12. 경찰은 B에 대한 참고인 조사를 하였다. B는 A로부터 전송받은 ㉠사진들을 경찰에 제출하였다. ㉠사진들의 내용은 다음과 같다. (가) 차량 조수석에 반바지 차림으로 앉아있는 여성을 운전석 위쪽에서 내려다보는 방향으로 촬영한 사진 8장. (나) 편의점 앞 의자에 원피스를 입고 앉아 있는 여성을 앞에서 촬영한 사진 1장.

2018. 5. 30.경 경찰은 관할 법원에 피의자의 특정 및 증거 확보를 위한 압수수색영장의 발부를 신청하였다. 2018. 5. 30. 관할 법원 영장담당판사는 ⓛ압수수색영장을 발부하였다. ⓛ영장에 기재된 주요 내용은 다음과 같다. (가) 피의자 : 갑. (나) 범죄사실 : 피의자는 2017. 시간불상경 피의자 소유의 차량 등에서 사업상 알게 된 성명불상의 피해자를 자신의 휴대전화를 이용하여 성적수치심을 느낄 수 있는 허벅지와 다리 등의 신체부위를 그 의사에 반하여 촬영하였고, 카카오톡 어플을 이용하여 게임동호회 회원 단체 카톡방에 전송하는 방법으로 유포하였다. (다) 압수·수색·검증을 필요로 하는 사유 : (생략함.) (라) 수색, 검증할 장소, 신체, 물건 : 1. 피의자의 신체, 2. 피의자 주소지(서울 M아파트 ⓐ동), 3. 피의자 소유의 ⓑ차량, ⓒ차량. (마) 압수할 물건 : (ㄱ) 피의자가 소지 및 소유하고 있는 휴대전화, 외장메모리, 유심칩, 컴퓨터 본체, usb, 외장하드 등 저장매체 일체, (ㄴ) 단, 휴대전화 외의 물건은 별지와 같이 압수대상 및 방법 제한 (별지 생략함.)

2018. 6. 5. 08:20경 관할 경찰서 경찰관들은 M아파트 ⓐ동 근처 지상 주차장에 도착하였다. 경찰관들은 갑에게 전화하여 ⓛ압수수색영장이 발부되었음을 통지하고 ⓑ, ⓒ차량들에 대한 수색을 위하여 나와 달라고 요구하였다. 경찰관들은 M아파트 ⓐ동 근처 지상 주차장에서 갑을 기다리고 있었다. 그러던 중 ⓒ신발주머니가 ⓐ동 불상의 호실에서 바닥으로 떨어지는 것을 목격하였다. 경찰관들은 ⓒ신발주머니를 열어 확인한 결

과 그 안에서 ⓔ하드디스크 1개와 ⓜSSD카드 1개를 발견하였다.

2018. 6. 5. 08:30경 경찰관들은 갑이 주차장에 나타나자 ⓛ영장을 제시하고 ⓑ, ⓒ차량들을 수색하였다. 경찰관들은 ⓛ영장에 기재된 피의사실에 관련된 물품을 발견하지 못하였다. 곧이어 경찰관들은 갑에게 ⓒ신발주머니를 보여주면서 신발주머니 및 그 안에 들어 있는 ⓔ하드디스크와 ⓜSSD카드가 갑의 것이 맞는지 물어보았다. 갑은 ⓒ신발주머니와 ⓔ하드디스크, ⓜSSD카드는 자신의 것이 아니고 이를 던진 적도 없다고 답변하였다.

2018. 6. 5. 08:35경 경찰관들은 갑의 주거지로 이동하였다. 경찰관들은 ⓛ영장에 기하여 노트북, 컴퓨터 본체 등을 압수하였다(ⓗPC로 통칭함). 경찰관들은 갑의 주거지에서 ⓛ영장 집행을 하면서 A(갑의 배우자)에게 ⓒ신발주머니와 ⓔ하드디스크, ⓜSSD카드가 누구 것인지 물어보았다. A는 "ⓒ신발주머니는 자신(A)의 것이나 그 안에 들어있는 ⓔ하드디스크, ⓜSSD카드에 대하여는 모른다."고 답변하였다.

2018. 6. 5. 09:00경 경찰관들은 ⓒ신발주머니 안에 들어있던 ⓔ하드디스크와 ⓜSSD카드를 유류물로 압수하였다. 2018. 6. 5. 경찰관들은 ⓗPC 등에 관하여 ⓛ영장에 의하여 압수하였다는 취지의 압수조서를 작성하였다. 2018. 6. 5. 경찰관들은 ⓔ하드디스크와 ⓜSSD카드에 관하여 유류물로 압수했다는 취지의 압수조서를 작성하였다. 2018. 6. 5. 09:00경 갑은 ⓛ영장에 의하여 압수한 ⓗPC에 대한 원본 반출 확인서를 작성하였다. 갑은 디지털기기ㆍ저장매체의 봉인해제, 복제본의 획득, 디지털기기ㆍ저장매체 또는 복제본에 대한 탐색ㆍ복제ㆍ출력 과정에 참여하겠다는 의사를 밝혔다. 2018. 6. 14. 갑은 경찰과 통화를 하면서 참여의사를 번복하여 탐색절차에 참여하지 않겠다는 의사를 밝혔다. 2018. 6. 18. 갑은 변호인과 함께 관할 경찰서를 방문하여 "개인 일정 조절이 어려워 전체 절차에 참여하기 어렵다"는 사유로 참여의사를 철회한다는 내용의 참여 철회 확인서를 제출하였다.

이후 ⓔ하드디스크, ⓜSSD카드, ⓗPC 등 압수물에 대한 디지털증거분석이 진행되었다. 디지털증거분석 결과는 다음과 같다. (가) ⓗPC에서 불상의 여성 엉덩이와 다리 사진 11장이 발견되었다(ⓐ사진). (나) ⓗPC에서 갑이 미성년자 C와 성관계를 하는 장면 등이 촬영된 동영상들이 발견되었다(ⓞ동영상으로 통칭함). (다) ⓜSSD카드에서 갑이 미성년자 D 등과 성관계를 하는 장면 등이 촬영된 동영상들이 발견되었다(ⓩ동영상으로 통칭함). B가 경찰에서 참고인 조사를 받을 당시 제출한 ㉠사진들은 다시 발견되지 않았다.

검사는 갑을 다음의 공소사실로 기소하였다. {이하 미성년자 C와의 청소년성보호법 위반(아동ㆍ청소년성매수) 부분은 고찰에서 제외함.} (적용법조는 행위시법에 의함.) (가) ⓞ동영상 부분 : 청소년성보호법 위반(음란물제작ㆍ배포등), 성폭력처벌법 위반(카메라등이용촬영). (나) ⓩ동영상 부분 : 청소년성보호법 위반(음란물제작ㆍ배포등), 성폭력처벌법 위반(카메라등이용촬영). B가 경찰에 제출한 ㉠사진과 관련된 피의사실에 관하여는 공소가 제기되지 않았다. ⓗPC에서 발견된 ⓐ사진에 관하여서도 공소가 제기되지 않았다. 갑은 공소사실을 자백하였다.

갑의 피고사건은 제1심을 거친 후, 항소심에 계속되었다. 항소법원은 다음과 같이 판단하였다. (가) ⓞ동영상 부분 : 무죄. (나) ⓩ동영상 부분 : 무죄. 항소법원은 ⓞ동영상 부분에 대한 무죄판단에 대해 다음의 이유를 제시하였다. (가) 갑은 공소사실을 자백하였다. (나) ⓗPC에서 발견된 ⓞ동영상은 ⓛ압수수색영장의 피의사실과 관련성이 없어서 증거능력이 없다. (다) 갑의 자백이 진실한 것임을 인정할 만한 보강증거가 없다. 항소법원은 ⓩ동영상 부분에 대한 무죄판단에 대해 다음의 이유를 제시하였다. (가) ⓜSSD카드를 유류물로서 영장 없이 압수한 것은 적법하다. (나) 갑은 ⓜSSD카드에 대한 실질적 피압수자에 해당한다. (다) ⓜSSD카드를 탐색하는 과정에서 실질적 피압수자인 갑에게 참여권을 보장하지 아니하였다. (라) ⓜSSD카드에서 발견된 ⓩ동영상은 증거능력이 없다. 검사는 무죄 부분에 불복하여 상고하였다.

대법원은 다음의 이유를 제시하여 원심판결을 파기환송하였다.

대법원은 ⓓ동영상 부분에 대한 원심법원의 판단을 인정하였다.

대법원은 ㉑동영상 부분에 대한 원심법원의 판단을 배척하였다.

㉑동영상 부분에 대한 대법원의 판단은 다음과 같다.

대법원은 유류물 압수와 관련성 요건의 관계에 대해 다음과 같이 설시하였다.

(가) 형사소송법 제215조 제1항은 '범죄수사에 필요한 때에는 피의자가 죄를 범하였다고 의심할 만한 정황이 있고 해당 사건과 관계가 있다고 인정할 수 있는 것에 한정하여 지방법원판사에게 청구하여 발부받은 영장에 의하여 압수, 수색 또는 검증을 할 수 있다.'고 규정하고 있다. (나) 그러나 유류물 압수의 근거인 형사소송법 제218조는 유류물을 압수하는 경우에 사전, 사후에 영장을 받을 것을 요구하지 않는다.

(다) 유류물 압수와 임의제출물 압수는 같은 조문[형소법 제218조]에 규정되어 있다. (라) 임의제출물 압수[형소법 제218조 후단]의 경우, 제출자가 제출·압수의 대상을 개별적으로 지정하거나 그 범위를 한정할 수 있다. (마) 그러나 유류물 압수[형소법 제218조 전단]는 그와 같은 제출자의 존재를 생각하기도 어렵다. (바) 따라서 유류물 압수·수색에 대해서는 원칙적으로 (ㄱ) 영장에 의한 압수·수색·검증에 관하여 적용되는 형사소송법 제215조 제1항에 따른 관련성 제한이나 (ㄴ) 임의제출물 압수에 관하여 적용되는 형사소송법 제219조에 의하여 준용되는 제106조 제1항, 제3항, 제4항에 따른 관련성의 제한이 적용된다고 보기 어렵다.

대법원은 유류물 압수와 실질적 피압수자의 관계에 대해 다음과 같이 설시하였다.

(가) 정보저장매체에 대한 압수·수색에 있어, (ㄱ) 압수·수색 당시 또는 이와 시간적으로 근접한 시기까지 (ㄴ) 정보저장매체를 현실적으로 지배·관리하면서 (ㄷ) 그 정보저장매체 내 전자정보 전반에 관한 전속적인 관리처분권을 보유·행사하고, (ㄹ) 달리 이를 자신의 의사에 따라 제3자에게 양도하거나 포기하지 아니한 경우에는, 그 지배·관리자인 피의자를 정보저장매체에 저장된 전자정보 전반에 대한 실질적인 압수·수색 당사자로 평가할 수 있다.

(나) 그러나 유류물 압수는 수사기관이 (ㄱ) 소유권이나 관리처분권이 처음부터 존재하지 아니한 물건, (ㄴ) 존재하였지만 적법하게 포기된 물건, 또는 (ㄷ) 그와 같은 외관을 가진 물건 등의 점유를 수사상 필요에 따라 취득하는 수사방법을 말한다. (다) 따라서 유류물 압수에 있어서는 (ㄱ) 정보저장매체의 현실적 지배·관리 혹은 (ㄴ) 이에 담겨있는 전자정보 전반에 관한 전속적인 관리처분권을 인정하기 어렵다.

(라) 정보저장매체를 소지하고 있던 사람이 이를 분실한 경우와 같이 그 권리를 포기하였다고 단정하기 어려운 경우가 있다. (마) 그러한 경우에도 (ㄱ) 수사기관이 그러한 사정을 알거나 충분히 알 수 있었음에도 이를 유류물로서 영장 없이 압수하였다는 등의 특별한 사정이 없는 한, (ㄴ) 영장에 의한 압수나 임의제출물 압수와 같이 수사기관의 압수 당시 참여권 행사의 주체가 되는 피압수자가 존재한다고 평가할 수는 없다.

(바) 따라서 (ㄱ) 범죄수사를 위해 정보저장매체의 압수가 필요하고, (ㄴ) 정보저장매체를 소지하던 사람이 그에 관한 권리를 포기하였거나 포기한 것으로 인식할 수 있는 경우에는, (ㄷ) 수사기관이 형사소송법 제218조에 따라 피의자 기타 사람이 유류한 정보저장매체를 영장 없이 압수할 때 (ㄹ) 해당 사건과 관계가 있다고 인정할 수 있는 것에 압수의 대상이나 범위가 한정된다거나, (ㅁ) 참여권자의 참여가 필수적이라고 볼 수는 없다.

대법원은 ㉑동영상의 증거능력에 대해 다음과 같이 판단하였다.

(가) 원심은 그 판시와 같은 이유로 유류물로서 영장 없이 압수한 이 사건 저장매체[ⓓSSD카드]로부터 복제, 출력된 SSD 카드 파일[㉑동영상]의 증거능력을 부정하였다. (나) 이러한 원심의 판단에는 유류물 압수에 관한 법리를 오해하고, 필요한 심리를 다하지 아니함으로써 판결에 영향을 미친 위법이 있다.

2021도2488

법정대리인의 고소권

2022. 5. 26. 2021도2488, 공 2022하, 1318 = 『부재자 재산관리인 형사고소 사건』

갑과 A는 동거하지 않는 자매 사이다. A는 종래의 주소·거소를 떠난 부재자이다. 관할 법원은 갑을 A의 재산관리인으로 선임하였다. A는 ㉠부동산을 소유하고 있다. 관할 행정관청은 ㉠부동산을 수용하고 수용보상금 14억원을 공탁하였다(㉡공탁금). 갑은 A의 부재자 재산관리인으로서 ㉡공탁금을 수령하였다. 이후 관할 법원은 A의 부재자 재산관리인을 변호사 B로 개임하였다. 갑은 변호사 B에게 ㉡공탁금의 존재를 알려주지도 않고 인계하지도 않았다. 갑은 A의 부재자 재산관리인으로 있는 동안에는 선량한 관리자의 주의의무로 A를 위해 A의 재산을 보존하고 이용·개량해야 할 임무가 있다. 갑은 개임되어 A의 부재자 재산관리인 지위를 상실할 경우 새롭게 선임된 부재자 재산관리인이 A의 재산을 제대로 파악하고 보존·관리할 수 있도록 할 임무가 있다. 변호사 B는 관할 법원으로부터 고소권 행사에 관하여 허가를 받아 갑을 고소하였다.

검사는 갑을 특경가법위반죄(배임)으로 기소하였다(㉮사건). 특경가법위반죄(배임)는 친족상도례(형법제361조, 제328조 제2항)에 의하여 친고죄에 해당한다. 갑은 다음의 점을 들어 유효한 고소가 없다고 주장하였다. (가) 사안에서 피해자 A의 고소가 없다. (나) 새롭게 선임된 부재자 재산관리인 변호사 B는 적법한 고소권자가 아니다. (다) ㉮사건은 공소제기 절차가 무효이어서 공소기각판결을 내려야 한다. 갑의 피고사건은 제1심을 거친 후, 항소심에 계속되었다. 항소법원은 변호사 B를 적법한 고소권자라고 판단하였다. 항소법원은 공소제기가 적법하다고 보고 공소사실을 유죄로 인정하였다. 갑은 불복 상고하였다. 갑은 상고이유로 다음의 점을 주장하였다. (가) 부재자 재산관리인의 권한은 부재자의 재산에 대한 관리행위에 한정된다. (나) 형사처벌을 구하는 고소권 행사는 부재자 재산관리인의 권한에 속하지 않는다. (다) 검사의 공소제기는 법률의 규정에 위반하여 무효이다.

대법원은 다음의 이유를 제시하여 상고를 기각하였다.

대법원은 부재자 재산관리인의 법적 지위에 대해 다음과 같이 설시하였다.

(가) 법원이 선임한 부재자 재산관리인이 그 관리대상인 부재자의 재산에 대한 범죄행위에 관하여 법원으로부터 고소권 행사에 관한 허가를 얻은 경우가 있다. (나) 이러한 경우 부재자 재산관리인은 형사소송법 제225조 제1항에서 정한 법정대리인으로서 적법한 고소권자에 해당한다고 보아야 한다.

대법원은 이와 같이 해석해야 하는 이유를 다음과 같이 제시하였다.

(가) 형사소송법은 "피해자의 법정대리인은 독립하여 고소할 수 있다."라고 정하고 있다(제225조 제1항 참조). (나) 법정대리인이 갖는 대리권의 범위는 법률과 선임 심판의 내용 등을 통해 정해진다. (다) 그러므로 독립하여 고소권을 가지는 법정대리인의 의미도 법률과 선임 심판의 내용 등을 통해 정해진다.

(라) 법원이 선임한 부재자 재산관리인은 법률에 규정된 사람의 청구에 따라 선임된 부재자의 법정대리인에 해당한다. (마) 부재자 재산관리인의 권한은 원칙적으로 부재자의 재산에 대한 관리행위에 한정된다. (바) 그러나 부재자 재산관리인은 재산관리를 위하여 필요한 경우 법원의 허가를 받아 관리행위의 범위를 넘는 행위를 하는 것도 가능하다. (사) 여기에는 관리대상 재산에 관한 범죄행위에 대한 형사고소도 포함된다.

(아) 부재자 재산관리인은 관리대상이 아닌 사항에 관해서는 고소권이 없다. (자) 그렇지만 부재자 재산관리인은 관리대상 재산에 관한 범죄행위에 대하여 법원으로부터 고소권 행사 허가를 받은 경우에는 독립하여 고소권을 가지는 법정대리인에 해당한다.

대법원은 법정대리인 고소의 법적 성질에 대해 다음과 같이 설시하였다.

(가) 고소권은 일신전속적인 권리로서 피해자가 이를 행사하는 것이 원칙이다. (나) 그러나 형사소송법이

예외적으로 법정대리인으로 하여금 독립하여 고소권을 행사할 수 있도록 한 [경우가 있다.] (다) [그] 이유는 피해자가 고소권을 행사할 것을 기대하기 어려운 경우 피해자와 독립하여 고소권을 행사할 사람을 정하여 피해자를 보호하려는 데 있다.

　(라) 부재자 재산관리제도의 취지는 (ㄱ) 부재자 재산관리인으로 하여금 부재자의 잔류재산을 본인의 이익과 더불어 사회경제적 이익을 기하고 나아가 (ㄴ) 잔존배우자와 상속인의 이익을 위하여 관리하게 하고 (ㄷ) 돌아올 부재자 본인 또는 그 상속인에게 관리해 온 재산 전부를 인계하도록 하는 데 있다. (마) 부재자는 자신의 재산을 침해하는 범죄에 대하여 처벌을 구하는 의사표시를 하기 어려운 상태에 있다. (바) 따라서 부재자 재산관리인에게 법정대리인으로서 관리대상 재산에 관한 범죄행위에 대하여 고소권을 행사할 수 있도록 하는 것이 형사소송법 제225조 제1항과 부재자 재산관리제도의 취지에 부합한다.

2021도6357

구속피고인의 국선변호

2024. 5. 23. 2021도6357 전원합의체 판결, 공 2024하, 945 =『구속피고인 국선변호 확대 사건』

　검사는 갑을 건조물침입죄 등으로 관할 법원에 기소하였다(㉮사건). 2020. 9. 9. 관할 법원은 갑에 대하여 징역 1년을 선고하면서 ㉠구속영장을 발부하였다(㉮판결). [갑은 불복 항소하였다.] 2020. 12. 22. 검사는 갑을 상해죄로 관할 법원에 기소하였다(㉯사건). 2021. 1. 12. 갑은 ㉯사건 제1심법원에 '빈곤 기타 사유'를 이유로 국선변호인의 선정을 청구하였다. ㉯사건 제1심법원은 갑의 청구를 기각하였다. 2021. 1. 14. ㉯사건 제1심법원은 공소사실을 유죄로 인정하면서 갑에게 징역 3개월을 선고하였다(㉯판결). 갑은 ㉯판결에 대해 양형부당을 이유로 항소하였다.

　㉯사건 항소심절차는 갑을 위한 국선변호인의 선정 없이 갑만 출석한 상태에서 진행되었다. 2021. 3. 11. ㉮사건에 대한 ㉮판결이 확정되었다. 2021. 4. 13. ㉯사건 항소심 제1회 공판기일이 진행된 다음 곧바로 변론이 종결되었다. 2021. 5. 4. 항소법원은 다음과 같이 판결하였다(㉰판결). (가) ㉯사건 제1심판결 선고 이후 ㉮사건 ㉮판결이 확정되었다. (나) 확정된 ㉮사건 죄와 ㉯사건의 죄는 형법 제37조 후단의 경합범 관계에 있다. (다) ㉯사건 제1심판결을 파기한다. (라) 갑에게 징역 3개월을 선고한다. 갑은 불복 상고하였다. 갑은 상고이유로 다음의 점을 주장하였다. (가) 갑은 줄곧 구속 상태에 있었다. (나) 제1심 및 원심(항소심) 재판은 갑을 위한 국선변호인이 선정되지 않은 채 진행되었다. (다) 제1심 및 원심의 재판 과정은 위법하다.

　대법원은 다음의 이유를 제시하여 원심판결을 파기환송하였다.

　대법원은 갑의 상고사건에 대해 다음과 같이 쟁점을 정리하였다.

　(가) 형사소송법 제33조 제1항 제1호는 피고인에게 변호인이 없는 때에 법원이 직권으로 변호인을 선정하여야 할 사유(이하 '필요적 국선변호인 선정사유'라고 한다) 중 하나로 '피고인이 구속된 때'를 정하고 있다. (나) 대법원은 그동안 형사소송법 제33조 제1항 제1호의 '피고인이 구속된 때'라고 함은, (ㄱ) 원래 구속제도가 형사소송의 진행과 형벌의 집행을 확보하기 위하여 법이 정한 요건과 절차 아래 피고인의 신병을 확보하는 제도라는 점 등에 비추어 볼 때 (ㄴ) 피고인이 해당 형사사건에서 구속되어 재판을 받는 경우를 의미하고, (ㄷ) 피고인이 해당 형사사건이 아닌 별개의 사건 즉 별건으로 구속되어 있거나 (ㄹ) 다른 형사사건에서 유죄로 확정되어 수형 중인 경우는 이에 해당하지 않는다고 판시하여 왔다(이하 '종래의 판례 법리'라고 한다). (다) 피고인은 상고이유로, 줄곧 구속 상태에 있었던 자신을 위하여 국선변호인이 선정되지 않은 채 진행된 제1심 및 원심의 재판 과정이 위법하다는 취지로 주장한다.

　(라) 결국 이 사건의 쟁점은, 필요적 국선변호인 선정사유인 형사소송법 제33조 제1항 제1호의 '피고인이

구속된 때'의 의미를 (ㄱ) 종래의 판례 법리처럼 해당 형사사건에서 구속되어 재판을 받는 경우로 한정하여 해석할 것인지, 아니면 그와 같이 한정하여 볼 것이 아니라 (ㄴ) 피고인이 별건으로 구속영장이 발부되어 집행되거나 (ㄷ) 다른 형사사건에서 유죄판결이 확정되어 그 판결의 집행으로 구금 상태에 있는 경우 또한 위 법률조항에서 정한 필요적 국선변호인 선정사유에 해당한다고 볼 것인지 여부이다.

　　대법원은 10(다수의견) 대 3(별개의견)으로 견해가 나뉘었다. 별개의견도 원심판결을 파기환송해야 한다는 점에서 다수의견과 결론이 같다. 대법원은 종전 판례를 폐기하였다. 대법원(다수의견)은 변경된 판례의 입장을 다음과 같이 설시하였다.

　　(가) (ㄱ) 형사소송법 제33조 제1항 제1호의 문언, (ㄴ) 위 법률조항의 입법 과정에서 고려된 '신체의 자유', '변호인의 조력을 받을 권리', '공정한 재판을 받을 권리' 등 헌법상 기본권 규정의 취지와 정신 및 입법 목적 (ㄷ) 그리고 피고인이 처한 입장 등을 종합하여 본다.

　　(나) 형사소송법 제33조 제1항 제1호의 '피고인이 구속된 때'라고 함은 (ㄱ) 피고인이 해당 형사사건에서 구속되어 재판을 받고 있는 경우에 한정된다고 볼 수 없고, (ㄴ) 피고인이 별건으로 구속영장이 발부되어 집행되거나 (ㄷ) 다른 형사사건에서 유죄판결이 확정되어 그 판결의 집행으로 구금 상태에 있는 경우 또한 포괄하고 있다고 보아야 한다.

　　대법원은 판례변경의 이유를 상세하게 제시하였다(지면관계상 내용 생략함).

2021도9043

공소장변경 없는 직권판단
2024. 4. 12. 2021도9043, 공 2024상, 803 = 『준강간죄 불능미수 직권 유죄 사건』

　　2019. 9. 14. 04:00경부터 05:00경 사이에 일어난 일이다. 갑은 M공영주차장에 주차되어 있던 A(여, 22세) 소유의 ⓐ승용차 안 조수석에 앉아 있었다. 운전석에 앉은 A가 술에 취하여 잠이 들었다. 갑은 A의 이름을 서너 번 불러 A가 잠이 든 사실을 확인하였다. 갑은 A의 바지와 속옷을 벗기고 손으로 A의 성기를 만졌다. 그러다가 갑은 A의 음부에 자신의 성기를 삽입하여 간음하려고 하였다. 그러나 A가 갑의 움직임과 동영상 촬영음을 듣고 정신을 차렸다. 갑은 A가 거부하며 항의하는 바람에 간음의 뜻을 이루지 못하였다.

　　검사는 갑을 준강간죄의 장애미수로 기소하였다. 갑은 제1심 공판 과정에서 다음과 같이 다투었다. (가) 갑에게 준강간의 고의가 없었다. (나) A는 항거불능 상태에 있지도 않았다. 제1심법원은 다음의 이유를 들어서 무죄를 선고하였다. (가) 갑은 A가 심신상실 또는 항거불능 상태에 있는 것으로 인식하였다. (나) 갑은 A의 그러한 상태를 이용하여 간음할 의사로 준강간의 실행에 착수하였다. (다) 그러나 당시 A가 항거불능 상태에 있었다는 점이 합리적인 의심을 할 여지가 없을 정도로 증명되었다고 보기 어렵다. (라) 준강간죄의 장애미수가 성립한다고 볼 수 없다.

　　검사는 불복 항소하였다. 검사는 항소이유로 다음의 점을 주장하였다. (가) 대법원 2018도16002 전원합의체 판결의 법리에 따라 준강간죄 불능미수의 성립이 인정되어야 한다. (나) 제1심이 무죄로 판단한 것은 잘못이다. 갑의 변호인은 다음과 같은 답변서를 제출하였다. (가) 갑에게 준강간의 고의가 없었다. (나) 그러므로 준강간죄 불능미수가 성립하지 않는다. 검사는 준강간죄 장애미수 공소사실을 준강간죄 불능미수로 변경하는 공소장변경을 신청하지 않았다.

　　항소법원은 다음과 같은 이유를 들어서 검사의 항소를 기각하였다. (가) 갑의 행위를 준강간죄의 불능미수로 의율할 수는 있다고 보인다. (나) 그러나 [준강간죄의 불능미수를 인정하는 것은] 피고인(갑)의 방어권 행사에 실질적인 불이익을 초래할 염려가 있다. (다) 그러므로 공소장변경 없이 직권으로 갑이 준강간죄의 불능미수 범행을 한 것으로 인정할 수는 없다. 검사는 불복 상고하였다. 검사는 상고이유로 다음의 점을 주장하였다. (가) 원심법원은 갑의 행위를 준강간죄의 불능미수로 의율할 수 있다고 판단하였다. (나) 갑의 범죄의 중대성에 비추어 원심법원은 공소장변경이 없더라도 직권으로 준강간죄의 불능미수 범행을 인정하였어야 한다.

대법원은 다음의 이유를 제시하여 원심판결을 파기환송하였다.

대법원은 공소장 변경 없이 직권으로 범죄사실을 인정할 수 있는 경우와 직권으로 범죄사실을 인정해야 하는 경우에 대해 다음과 같이 설시하였다.

(가) 법원은 (ㄱ) 공소사실의 동일성이 인정되는 범위 내에서 (ㄴ) 심리의 경과에 비추어 (ㄷ) 피고인의 방어권 행사에 실질적인 불이익을 초래할 염려가 없다고 인정되는 때에는, (ㄹ) 공소장이 변경되지 않았더라도 직권으로 공소장에 기재된 공소사실과 다른 범죄사실을 인정할 수 있다.

(나) 이와 같은 경우 (ㄱ) 공소가 제기된 범죄사실과 대비하여 볼 때 실제로 인정되는 범죄사실의 사안이 가볍지 아니하여 (ㄴ) 공소장이 변경되지 않았다는 이유로 이를 처벌하지 않는다면 (ㄷ) 적정절차에 의한 신속한 실체적 진실의 발견이라는 형사소송의 목적에 비추어 (ㄹ) 현저히 정의와 형평에 반하는 것으로 인정되는 경우라면 (ㅁ) 법원으로서는 직권으로 그 범죄사실을 인정하여야 한다.

대법원은 첫 번째 요건인 사실관계의 동일성 여부에 대해 다음과 같이 판단하였다.

(가) 이 사건 공소사실[준강간죄 장애미수]과 준강간죄 불능미수의 범죄사실은 기본적 사실관계가 동일하다. (나) (ㄱ) 범행일시, 장소는 물론, (ㄴ) 갑이 당시 A가 항거불능 상태에 있다고 인식하고 (ㄷ) 그러한 상태를 이용하여 간음할 의사로 (ㄹ) A의 바지와 속옷을 벗기고 손으로 A의 성기를 만지다가 A의 음부에 갑의 성기를 삽입하려 하였다는 기본적 사실에 차이가 없다.

대법원은 두 번째 요건인 방어권 행사에 불이익이 있는지에 대해 다음과 같이 판단하였다.

(가) 공소장변경 없이 직권으로 준강간죄 불능미수의 범죄사실을 인정하더라도 피고인의 방어권 행사에 실질적인 불이익을 초래할 염려가 있다고 볼 수 없다. (나) 준강간죄의 불능미수는 (ㄱ) 피고인이 준강간의 고의로 실행에 착수하였다는 점, (ㄴ) 피해자가 당시 실제 항거불능 상태에 있지 않았다는 점, (ㄷ) 준강간의 결과 발생 위험성이 있었다는 점이 인정되면 성립하는 범죄이다.

(다) 갑은 이 사건 공판 과정에서 '준강간의 고의가 없었고, 피해자가 항거불능 상태에 있지도 않았다.'는 취지로 다투었다. (라) 이에 따라 갑이 (ㄱ) 준강간의 고의로 실행에 착수하였는지 여부, (ㄴ) 피해자가 당시 실제 항거불능 상태에 있었는지 여부에 관해서 충분한 심리가 이루어졌다.

(마) 또한 준강간의 결과 발생 위험성은 (ㄱ) 피고인이 당시 인식한 사정을 기초로 (ㄴ) 일반인의 객관적 관점에서 판단되어야 한다. (바) (ㄱ) 갑에게 준강간의 고의가 있었는지 여부에 관한 심리 과정에서 (ㄴ) 갑이 당시 인식한 A의 상태와 관련된 사정에 관해서 충분한 공방이 이루어졌다. (사) 결국 이 사건 공판 과정에서 준강간죄의 불능미수 성립 여부와 관련된 심리 및 공방이 이미 충실히 이루어졌다고 평가할 수 있다.

(아) 나아가 검사는 제1심판결에 대하여 항소하면서 대법원 2018도16002 전원합의체 판결 법리에 따라 준강간죄 불능미수의 성립이 인정되어야 함에도 제1심이 무죄로 판단한 것은 잘못이라는 취지의 항소이유서를 제출한 바 있다. (자) 갑의 변호인도 이에 대하여 갑에게 준강간의 고의가 없었으므로 준강간죄 불능미수가 성립하지 않는다는 취지의 '검사의 항소이유에 대한 답변서'를 제출하였다. (차) 이와 같이 검사와 갑 사이에서 갑의 행위가 준강간죄의 불능미수로서 유죄로 인정될 수 있는지에 관한 언급 및 공방이 있었다. (카) 이러한 점에서도 직권으로 준강간죄의 불능미수 범죄사실을 인정하는 것이 피고인의 방어권 행사에 실질적인 불이익을 초래한다고 보기 어렵다.

대법원은 세 번째 요건인 현저히 정의와 형평에 반하는지 여부에 대해 다음과 같이 판단하였다.

(가) 이와 같은 상황에서 공소장이 변경되지 않았다는 이유로 이[준강간죄 불능미수]를 처벌하지 않는다면 (ㄱ) 적정절차에 의한 신속한 실체적 진실의 발견이라는 형사소송의 목적에 비추어 (ㄴ) 현저히 정의와 형평에 반한다. (나) 준강간죄의 불능미수는 중대한 범죄이다. (다) 준강간죄의 법정형은 징역 3년 이상의 유기징역이다. (라) 준강간죄의 불능미수범에 대하여는 그 형을 임의적으로 감경 또는 면제할 수 있을 뿐이다.

(마) 준강간죄의 불능미수 범행과 이 사건 공소사실인 준강간죄의 장애미수 범행 사이에 범죄의 중대성, 죄질, 처벌가치 등 측면에서 별다른 차이가 있다고 보기도 어렵다. (바) 두 범행 모두 (ㄱ) 피해자의 항거불능 상태를 이용하여 간음하겠다는 의사로 저질러지는 것이고, (ㄴ) 구성요건적 결과가 발생하지 않았다는 점에서도 차이가 없다. (사) 구성요건적 결과가 발생하지 않은 원인이 (ㄱ) 실행의 착수 이전부터 존재하였는지, (ㄴ) 실행의 착수 이후 발생하였는지에 관하여만 차이가 있을 뿐이다. (아) 이는 갑이 행위 당시 인식하지 못한 우연한 사정으로, 본질적 차이에 해당한다고 보기 어렵다.

(자) 그럼에도 원심의 결론대로라면 (ㄱ) 준강간의 고의로 실행에 착수하여 결과 발생의 위험성이 있는 범행을 저지른 갑에 대하여 (ㄴ) 단지 실행의 착수 당시 A가 항거불능 상태에 있었다는 점이 합리적인 의심을 할 여지가 없을 정도로 증명되지 않았다는 이유만으로 아무런 처벌을 할 수 없게 된다. (차) 원심판결이 그대로 확정되면 기판력이 발생하여 준강간죄의 불능미수로 다시 기소할 수도 없다.

대법원은 원심판결의 타당성 여부에 대해 다음과 같이 판단하였다.

(가) 따라서 원심으로서는 준강간의 불능미수 범죄사실을 직권으로 인정하였어야 한다. (나) 그럼에도 원심은 판시와 같은 이유만으로 이 사건 공소사실[준강간죄 장애미수]을 무죄로 판단한 제1심판결을 그대로 유지하였다. (다) 이러한 원심의 판단에는 공소장변경 없이 심판할 수 있는 범위에 관한 법리를 오해하여 판결에 영향을 미친 잘못이 있다.

2021도11170

공용PC 전자정보의 실질적 피압수자

2022. 1. 27. 2021도11170, 공 2022상, 486 = 『강사휴게실 PC 임의제출 사건』

갑과 을은 부부 사이다. A는 갑과 을의 자녀이다. 갑은 P대학교 교수이다. P대학교에는 M강사휴게실이 있다. M강사휴게실에는 PC들이 보관되고 있다(㉠PC로 통칭함). ㉠PC는 P대학교에서 공용PC로 사용되고 있다. 갑은 ㉠PC를 일정 기간 자신의 주거지 등으로 가져가 사용하였다. 2016. 12.경 갑은 P대학교 영어캠프 등에서 공용PC로 사용할 수 있도록 ㉠PC를 다시 P대학교 M강사휴게실에 가져다 놓았다. 2019.경 A가 Q의학전문대학원에 부정한 방법으로 지원·합격하였다는 혐의가 제기되었다. 혐의 가운데 하나는 갑이 P대학교 총장 명의의 ㉡표창장을 위조하여 Q의학전문대학원에 제출하였다는 것이다(㉮혐의사실).

2019. 9. 6. 검사는 갑을 사문서위조죄로 기소하였다(㉮사건). ㉮사건의 공소사실은 다음과 같다. "피고인(갑)은 2012. 9. 7. P대학교에서 P대학교 총장 직인을 임의로 날인하여 P대학교 총장 명의 ㉡표창장을 위조하였다." ㉮사건 공소제기 후에도 검찰은 갑에 대해 A의 의학전문대학원 부정지원 관련 범행을 범죄혐의사실로 하여 수사를 진행하였다. 검사는 다음의 범죄혐의사실로 압수·수색영장을 발부받았다(㉢영장). (가) 2012. 9. 7. P대학교 총장 명의 ㉡표창장에 관한 사문서위조(㉮혐의사실). (나) A의 K대학교 및 Q대학교 의학전문대학원 지원 과정에서의 ㉡표창장의 제출로 인한 위조사문서행사(㉯혐의사실). (다) ㉢표창장 및 그밖에 허위 경력의 기재로 인한 Q의학전문대학원 입학사정 업무에 관한 위계공무집행방해(㉰혐의사실).

2019. 9. 10. 검사는 ㉢영장에 기하여 P대학교에 대한 압수·수색을 실시하였다. B는 P대학교 L학부 조

교이다. B는 2019. 3. 1.부터 M강사휴게실 및 그 안에 있는 물건들을 전임자로부터 인계받아 관리하는 업무를 담당하고 있었다. C는 P대학교에서 물품 관리를 총괄하는 행정지원처장이다. B는 P대학교 측의 협조지시를 받았다. B는 이 지시를 토대로 검찰수사관들에게 P대학교 L학부 건물 내부를 안내하는 등으로 수사에 협조하고 있었다. B는 검찰수사관의 요청에 따라 검찰수사관이 ㉠PC를 구동하여 거기에 저장된 전자정보를 확인할 수 있도록 하였다. 검찰수사관은 B와 함께 있는 가운데 ㉠PC에 저장된 전자정보를 탐색하였다. 이 과정에서 검찰수사관은 갑의 배우자 을과 관련한 폴더를 발견하였다.

㉠PC에 대한 탐색이 계속되던 중 ㉠PC에서 '퍽' 소리가 나면서 전원이 꺼지는 사태가 발생하였다. 그러자 검찰수사관은 M강사휴게실에서의 탐색을 중단하고 조교 B와 행정지원처장 C에게 ㉠PC를 검찰에 제출하여 줄 수 있는지 문의·요청하였다. 이에 B와 C는 검찰수사관의 요청에 응하여 임의로 ㉠PC를 제출하였다. B와 C는 다음 내용이 기재되어 있는 '임의제출동의서'에 자신들의 인적사항을 기재하고 서명 및 무인을 하였다(㉣임의제출동의서). (가) (위와 같은 경위로) ㉠PC를 임의로 제출한다. (나) 임의제출목록 : ㉠PC. 검찰수사관은 B와 C에게 ㉠PC의 이미징 및 탐색, 전자정보 추출 등 과정에 참관할 의사가 있는지 확인하였다. B와 C는 참관하지 않겠다고 대답하였다. 검찰수사관은 B와 C에게 '정보저장매체 제출 및 이미징 등 참관여부 확인서'를 제시하였다(㉤참관여부 확인서). ㉤참관여부확인서에는 다음 내용이 기재되어 있었다. "임의제출된 정보저장매체에 대한 하드카피·이미징, 전자정보의 탐색 및 복제(출력) 등 과정에 참관하지 않겠다." B와 C는 ㉤참관여부 확인서의 '피압수자(임의제출자)'란에 자신들의 인적사항을 기재하고 서명 및 무인을 하였다. 검찰수사관은 B, C로부터 ㉣임의제출동의서, ㉤참관여부 확인서를 각각 제출받았다. 검찰수사관은 B와 C에게 ㉠PC에 관한 ㉥압수목록 교부서를 교부하였다.

검찰수사관은 이후 ㉠PC를 대검찰청 국가디지털포렌식센터로 가져갔다. 검찰수사관은 그 과정에서 B와 C에게 ㉠PC에 저장된 전자정보의 구체적인 제출 범위에 관한 의사를 추가로 다시 확인하지는 않았다. 그 후 검찰은 ㉠PC에 대한 이미징 및 포렌식 작업을 하여 ⓐ전자정보를 추출하였다. ⓐ전자정보에 의하여 P대학교 총장 명의 ㉡표창장에 관한 갑의 사문서위조 범행이 2013. 6. 16.경 ㉠PC를 이용하여 이루어진 정황이 발견되었다.

2019. 11. 27. 검찰은 ㉮사건 제1심법원에 다음 내용의 공소장변경신청을 하였다. (가) 기존의 공소사실 : 피고인(갑)은 2012. 9. 7. P대학교에서 P대학교 총장 직인을 임의로 날인하여 P대학교 총장 명의 ㉡표창장을 위조하였다(㉮혐의사실). (나) 변경된 공소사실 : 피고인(갑)은 2013. 6. 16. 주거지에서 ㉠PC를 이용하여 전자파일로 P대학교 총장 명의 ㉡표창장을 위조하였다(㉯혐의사실). ㉮사건 제1심법원은 공소사실의 동일성이 인정되지 않는다는 이유로 검사의 공소장변경신청을 허가하지 않았다.

2019. 12. 17. 검사는 위 공소장변경허가 신청과 같은 내용의 ㉰공소사실로 추가 기소를 하였다. 2020. 2. 11. 검찰은 B와 C에게 ㉠PC에서 추출되어 압수된 ⓐ전자정보의 파일 명세가 특정된 목록을 교부하였다(ⓞ파일명세목록). ㉠PC에 저장된 ⓐ전자정보는 공소사실 중 A의 Q의학전문대학원 부정지원 관련 범행의 증거로 사용되었다. 2020. 12. 23. 제1심법원은 갑에게 ㉰공소사실 등에 대해 유죄를 인정하였다.

갑은 불복 항소하였다. 2021. 8. 11. 항소법원은 유죄를 인정하였다. 갑은 불복 상고하였다. 갑은 상고이유로 다음의 점을 주장하였다. (가) ㉠PC의 임의제출에 임의성이 인정되지 않는다. (나) ㉮공소사실에 대한 ㉢영장으로 ㉰공소사실의 증거인 ⓐ전자정보를 압수·수색한 것은 압수의 필요성과 관련성이 없어서 위법하다. (다) ㉠PC에 저장된 ⓐ전자정보에 대한 탐색 및 추출 등의 과정에서 실질적 피압수자인 피의자 갑에게 참여권이 보장되지 않았다. (라) ⓐ전자정보의 정보주체는 갑이다. (마) ⓐ전자정보의 탐색 및 추출과정에서 정보주체인 갑에게 참여권이 보장되지 않았다. (바) 결국 ⓐ전자정보는 증거능력이 없다.

대법원은 다음의 이유를 제시하여 상고를 기각하였다.

대법원은 전자정보가 저장된 정보저장매체를 임의제출받는 경우 압수의 범위에 대해 다음과 같이 설시하였다.

(가) 헌법과 형사소송법이 구현하고자 하는 (ㄱ) 적법절차, 영장주의, 비례의 원칙은 물론, (ㄴ) 사생활의 비밀과 자유, (ㄷ) 정보에 대한 자기결정권 및 (ㄹ) 재산권의 보호라는 관점에서 정보저장매체 내 전자정보가 가지는 중요성에 비추어 본다. (나) 정보저장매체를 임의제출하는 사람이 거기에 담긴 전자정보를 지정하거나 제출 범위를 한정하는 취지로 한 의사표시는 엄격하게 해석하여야 한다. (다) 확인되지 않은 제출자의 의사를 수사기관이 함부로 추단하는 것은 허용될 수 없다.

(라) 따라서 (ㄱ) 수사기관이 제출자의 의사를 쉽게 확인할 수 있음에도 이를 확인하지 않은 채 (ㄴ) 특정 범죄혐의사실과 관련된 전자정보와 그렇지 않은 전자정보가 혼재된 정보저장매체를 (ㄷ) 임의제출받은 경우, (ㄹ) 그 정보저장매체에 저장된 전자정보 전부가 임의제출되어 압수된 것으로 취급할 수는 없다.

대법원은 정보저장매체를 임의제출받을 때 제출자의 의사가 확인되지 않는 경우의 압수 범위에 대해 다음과 같이 설시하였다.

(가) (ㄱ) 전자정보를 압수하고자 하는 수사기관이 (ㄴ) 정보저장매체와 거기에 저장된 전자정보를 임의제출의 방식으로 압수할 때, (ㄷ) 제출자의 구체적인 제출 범위에 관한 의사를 제대로 확인하지 않는 등의 사유로 인해 (ㄹ) 임의제출자의 의사에 따른 전자정보 압수의 대상과 범위가 명확하지 않거나 이를 알 수 없는 경우가 있다. (나) 이러한 경우에는 (ㄱ) 임의제출에 따른 압수의 동기가 된 범죄혐의사실과 관련되고 (ㄴ) 이를 증명할 수 있는 최소한의 가치가 있는 전자정보에 한하여 압수의 대상이 된다.

(다) 이때 범죄혐의사실과 관련된 전자정보에는 (ㄱ) 범죄혐의사실 그 자체 또는 (ㄴ) 그와 기본적 사실관계가 동일한 범행과 직접 관련되어 있는 것은 물론 (ㄷ) 범행 동기와 경위, 범행 수단과 방법, 범행 시간과 장소 등을 증명하기 위한 간접증거나 정황증거 등으로 사용될 수 있는 것도 포함될 수 있다.

(라) 다만 그 관련성은 (ㄱ) 임의제출에 따른 압수의 동기가 된 범죄혐의사실의 내용과 수사의 대상, 수사의 경위, 임의제출의 과정 등을 종합하여 (ㄴ) 구체적·개별적 연관관계가 있는 경우에만 인정된다. (마) 범죄혐의사실과 단순히 동종 또는 유사 범행이라는 사유만으로 관련성이 있다고 할 것은 아니다.

대법원은 전자정보 탐색·복제·출력 시 참여권 보장에 관하여 다음과 같이 설시하였다.

(가) 압수의 대상이 되는 전자정보와 그렇지 않은 전자정보가 혼재된 정보저장매체나 그 복제본을 (ㄴ) 임의제출받은 수사기관이 (ㄷ) 그 정보저장매체 등을 수사기관 사무실 등으로 옮겨 이를 탐색·복제·출력하는 경우가 있다.

(나) 이러한 경우, 그와 같은 일련의 과정에서 형사소송법 제219조[준용규정], 제121조[영장집행과 당사자의 참여]에서 규정하는 (ㄱ) 피압수·수색 당사자(이하 '피압수자'라 한다)나 그 변호인에게 참여의 기회를 보장하고 (ㄴ) 압수된 전자정보의 파일 명세가 특정된 압수목록을 작성·교부하여야 하며 (ㄷ) 범죄혐의사실과 무관한 전자정보의 임의적인 복제 등을 막기 위한 적절한 조치를 취하는 등 영장주의 원칙과 적법절차를 준수하여야 한다.

(다) 만약 그러한 조치가 취해지지 않았다면 (ㄱ) 피압수자 측이 참여하지 아니한다는 의사를 명시적으로 표시하였거나 (ㄴ) 임의제출의 취지와 경과 또는 그 절차 위반행위가 이루어진 과정의 성질과 내용 등에 비추어 피압수자 측에 절차 참여를 보장한 취지가 실질적으로 침해되었다고 볼 수 없을 정도에 해당한다는 등의 특별한 사정이 없는 이상 (ㄷ) 압수·수색이 적법하다고 평가할 수 없다. (라) 비록 수사기관이 정보저장매체 또는 복제본에서 범죄혐의사실과 관련된 전자정보만을 복제·출력하였다 하더라도 달리 볼 것은 아

니다.

대법원은 제3자가 정보저장매체를 임의제출한 경우 참여권 보장에 대해 다음과 같이 설시하였다.

(가) 피해자 등 제3자가 피의자의 소유·관리에 속하는 정보저장매체를 영장에 의하지 않고 임의제출한 경우가 있다. (나) 이러한 경우에는 실질적 피압수자인 피의자가 수사기관으로 하여금 그 전자정보 전부를 무제한 탐색하는 데 동의한 것으로 보기 어렵다. (다) 뿐만 아니라 피의자 스스로 임의제출한 경우[였다면] 피의자의 참여권 등이 보장되어야 한다.

(라) 이러한 것과 견주어 보더라도 이러한 경우에는 (ㄱ) 특별한 사정이 없는 한 (ㄴ) 형사소송법 제219조 [준용규정], 제121조[영장의 집행과 당사자의 참여], 제129조[압수목록의 교부]에 따라 (ㄷ) 피의자에게 참여권을 보장하고 (ㄹ) 압수한 전자정보 목록을 교부하는 등 (ㅁ) 피의자의 절차적 권리를 보장하기 위한 적절한 조치가 이루어져야 한다.

대법원은 소위 실질적 피압수자의 참여권 보장에 대해 다음과 같이 설시하였다.

(가) 이와 같이 (ㄱ) 정보저장매체를 임의제출한 피압수자에 더하여 (ㄴ) 임의제출자 아닌 피의자에게도 참여권이 보장되어야 하는 '피의자의 소유·관리에 속하는 정보저장매체'[가 있다.] (나) [이때] '피의자의 소유·관리에 속하는 정보저장매체'라 함은, 피의자가 (ㄱ) 압수·수색 당시 또는 이와 시간적으로 근접한 시기까지 (ㄴ) 해당 정보저장매체를 현실적으로 지배·관리하면서 (ㄷ) 그 정보저장매체 내 전자정보 전반에 관한 전속적인 관리처분권을 보유·행사하고, (ㄹ) 달리 이를 자신의 의사에 따라 제3자에게 양도하거나 포기하지 아니한 경우로써, (ㅁ) 피의자를 그 정보저장매체에 저장된 전자정보에 대하여 실질적인 피압수자로 평가할 수 있는 경우를 말하는 것이다.

(다) 이에 해당하는지 여부는 (ㄱ) 민사법상 권리의 귀속에 따른 법률적·사후적 판단이 아니라 (ㄴ) 압수·수색 당시 외형적·객관적으로 인식 가능한 사실상의 상태를 기준으로 판단하여야 한다. (라) 이러한 정보저장매체의 외형적·객관적 지배·관리 등 상태와 별도로 (ㄱ) 단지 피의자나 그 밖의 제3자가 과거 그 정보저장매체의 이용 내지 개별 전자정보의 생성·이용 등에 관여한 사실이 있다거나 (ㄴ) 그 과정에서 생성된 전자정보에 의해 식별되는 정보주체에 해당한다는 사정만으로 그들을 실질적으로 압수·수색을 받는 당사자로 취급하여야 하는 것은 아니다.

대법원은 사실관계를 분석하였다(내용 소개는 생략함).

대법원은 ㉠PC 임의제출의 임의성 여부에 대해 다음과 같이 판단하였다.

(가) ㉠PC는 2019. 9. 10. [㉢영장 집행일] 당시 특정인이 이를 특정 용도로 전속적으로 사용하고 있던 것이 아니다. (나) ㉠PC는 (ㄱ) P대학교 관계자가 P대학교에서 공용PC로 사용하거나 기타 방법으로 임의처리할 것을 전제로 3년 가까이 강사휴게실 내에 보관하면서 (ㄴ) P대학교 L학부 조교 B가 ㉠PC에 대한 보관·관리 업무를 수행하고 있던 것이다. (다) 당시 ㉠PC의 보관·관리 업무의 담당자인 조교 B와 P대학교 물품 관리를 총괄하는 행정지원처장 C가 P대학교 측의 입장을 반영한 임의적인 의사에 따라 ㉠PC를 검찰에 제출한 것이라고 인정된다.

대법원은 ㉠PC에 저장된 Ⓐ전자정보에 대한 압수의 필요성과 관련성에 대해 다음과 같이 판단하였다.

(가) ㉠PC는 갑에 대한 범죄혐의사실 관련 전자정보와 그렇지 않은 전자정보가 혼재된 정보저장매체이다. (나) 이 경우 확인되지 않은 제출자의 의사를 임의로 추단하여 ㉠PC에 저장된 전자정보 전부가 임의제출되어 압수된 것으로 취급하는 것은 원칙적으로 허용될 수 없다. (다) (ㄱ) 이처럼 임의제출자의 의사에 따른 전자정보 압수의 대상과 범위를 명확하게 알 수 없는 경우에는 (ㄴ) 임의제출에 따른 압수의 동기가 된 범죄혐의사실과 관련되고 (ㄷ) 이를 증명할 수 있는 최소한의 가치가 있는 전자정보에 한하여 압수의 대상이 된

다고 보아야 한다.

(라) ㉠PC의 임의제출 당시 갑은 이미 (ㄱ) A의 K대학교 및 Q대학교 의학전문대학원 지원 과정에서 위조된 P대학교 총장 명의 ㉡표창장을 제출하였다는 취지의 위조사문서행사, (ㄴ) ㉡표창장 및 그 밖에 허위경력의 기재로 인한 Q대학교 의학전문대학원 입학사정 업무에 관한 위계공무집행방해 등의 범죄혐의사실로 수사를 받고 있었다.

(마) 따라서 (ㄱ) 갑이 2013. 6. 16. ㉠PC 중 1대를 이용하여 ㉡표창장 위조행위를 하는 등 A의 의학전문대학원 부정지원 과정에서 ㉠PC를 사용하여 생성된 ㉳전자정보는 (ㄴ) 위 범죄혐의사실에 관한 범행의 동기와 경위, 수단과 방법 등을 증명하기 위한 구체적·개별적 연관관계 있는 증거에 해당한다고 볼 수 있다. (바) 그리고 그 밖에 이 사건 수사의 대상과 경위, 임의제출의 과정 등을 종합해 보더라도 그 필요성과 관련성을 인정하기에 충분하다. (사) 결국 ㉠PC에 저장된 ㉳전자정보 가운데 이 사건 공소사실 중 A의 의학전문대학원 부정지원 관련 범행의 증거로 사용된 부분은 임의제출에 따른 압수의 필요성과 관련성이 모두 인정된다.

대법원은 피압수자의 참여권 보장 여부에 대해 다음과 같이 판단하였다.

(가) ㉠PC는 갑에 대한 범죄혐의사실과 관련된 전자정보와 그렇지 않은 전자정보가 혼재된 정보저장매체이다. (나) 검찰이 ㉠PC를 B, C로부터 임의제출받아 압수한 후 대검찰청 국가디지털포렌식센터로 옮겨 거기에 저장된 전자정보를 탐색하고 추출하는 등의 과정에서 원칙적으로 피압수자인 P대학교 측에 참여의 기회를 보장하여야 한다. (다) 그런데 ㉠PC에서 범죄혐의사실과 관련된 전자정보를 탐색하고 추출하는 일련의 경과에 비추어 검찰이 피압수자 측인 B, C에게 참여 의사를 확인하고 기회를 부여하였으나 피압수자 측이 이를 포기하였다고 인정된다. (라) 그러므로 ㉠PC에서 추출된 전자정보의 압수·수색절차에 피압수자 측의 참여권을 보장하지 아니한 하자가 있다고 할 수는 없다.

대법원은 소위 실질적 피압수자의 참여권 보장 여부에 대해 다음과 같이 판단하였다.

(가) (ㄱ) ㉠PC의 임의제출에 따른 압수·수색 당시 외형적·객관적으로 인식 가능한 사실상의 상태를 기준으로 볼 때, (ㄴ) ㉠PC나 거기에 저장된 ㉳전자정보가 갑의 소유·관리에 속한 경우에 해당한다고 인정되지 않는다. (나) 오히려 (ㄱ) P대학교 측이 ㉠PC를 2016. 12.경 이후 3년 가까이 강사휴게실 내에 보관하면서 현실적으로 지배·관리하는 한편, (ㄴ) 이를 공용PC로 사용하거나 임의처리 등의 조치를 할 수 있었던 것으로 보이는 등의 객관적인 사정에 비추어 (ㄷ) ㉠PC에 저장된 전자정보 전반에 관하여 당시 P대학교 측이 포괄적인 관리처분권을 사실상 보유·행사하고 있는 상태에 있었다고 인정된다.

(다) (ㄱ) 갑이 2016. 12.경 이전에 ㉠PC를 갑의 주거지 등으로 가져가 전속적으로 이용한 바 있다거나, (ㄴ) 2016. 12.경 이후 ㉠PC가 보관된 장소인 강사휴게실이 갑의 교수연구실 주변에 있었다는 점 등 피고인(갑)이 주장하는 모든 사정들을 고려해 보더라도, (ㄷ) 갑이 (a) ㉠PC에 대한 현실적 지배·관리 상태와 (b) 이에 저장된 전자정보 전반에 관한 관리처분권이 [ⓒ영장에 의한] 압수·수색 당시까지 유지되고 있었다고 볼 수 없다. (라) 그러므로 갑을 [ⓒ영장에 의한] 압수·수색에 관하여 실질적인 피압수자로 평가할 수 있는 경우에 해당하지 아니한다. (마) 따라서 ㉠PC에 저장된 전자정보의 압수·수색은 위 대법원 2016도348 전원합의체 판결이 설시한 법리[실질적 피압수자에 대한 참여권 보장]에 따르더라도 피의자에게 참여권을 보장하여야 하는 경우에는 해당하지 아니한다.

대법원은 소위 정보주체의 참여권 보장 여부에 대해 다음과 같이 설시하였다.

(가) 갑은 ㉠PC에 저장된 ㉳전자정보의 압수·수색 과정에서 피고인(갑) 측을 전자정보의 '정보주체'라고 하면서 이를 근거로 피고인 측에게 참여권이 보장되었어야 한다는 취지의 주장도 한다. (나) 앞서 본 바와 같이, 피의자의 관여 없이 임의제출된 정보저장매체 내의 전자정보 탐색 등 과정에서 피의자가 참여권을 주

장하기 위해서는 (ㄱ) 정보저장매체에 대한 현실적인 지배·관리 상태와 (ㄴ) 그 내부 전자정보 전반에 관한 전속적인 관리처분권의 보유가 전제되어야 한다.

(다) 따라서 이러한 지배·관리 등의 상태와 무관하게 (ㄱ) 개별 전자정보의 생성·이용 등에 관여한 자들 혹은 (ㄴ) 그 과정에서 생성된 전자정보에 의해 식별되는 사람으로서 (ㄷ) 그 정보의 주체가 되는 사람들에게까지 모두 참여권을 인정하는 취지가 아니므로, 위 주장은 받아들이기 어렵다.

(라) 결국 ㉠PC에 저장된 전자정보에 대한 탐색 및 추출 등 과정에서 (ㄱ) 피압수자 측에게는 참여권이 보장되었고, (ㄴ) 이에 더하여 피고인(갑) 측의 참여권까지 보장되어야 하는 경우에는 해당하지 않는다.

2022도2071

미성년자의 압수수색 참여권

2024. 12. 24. 2022도2071, 중요판결 요지 = 『쌍둥이 딸 휴대전화 사건』

A는 P사립학교의 교사이다. 갑과 을(각 16세)은 A의 쌍둥이 딸들이다. 갑과 을은 P학교에 재학중이다. 갑과 을은 휴대전화 4대를 소유하면서 사용하거나 보관하고 있었다(㉠휴대전화로 통칭함). A는 시험부정과 관련된 업무방해의 혐의를 받았다(㉮혐의사실). 경찰은 A를 피의자로 하여 ㉡압수수색검증영장을 발부받았다. ㉡영장의 '압수할 물건'란에는 '참고인 갑과 을이 실제 사용보관 중인 휴대전화'라고 기재되어 있었다.

경찰은 ㉡영장을 A에게 제시하였다. 경찰은 갑과 을이 미성년자이므로 친권자인 A가 ㉠휴대전화를 대신 받아달라고 말하였다. A는 갑과 을로부터 ㉠휴대전화를 인도받아 경찰에 제출하였다. 경찰은 ㉢압수조서를 작성하였다. ㉢압수조서에는 A가 ㉠휴대전화의 피압수자인 소지자·제출자로 기재되었다. A는 ㉠휴대전화의 압수수색절차의 참여인으로서 ㉢압수조서에 서명하였다. 경찰은 A에게 ㉠휴대전화 반출 후의 탐색·복제·출력 등 과정에 참여할 수 있다는 취지로 고지하였다. 경찰은 ㉣전자정보 확인서를 작성하였다. A는 ㉣확인서의 다음 내용에 표시하고 서명하였다. "피압수자(제출자)의 지위에서 ㉠휴대전화에 대한 탐색·복제·출력 과정에 참여하지 않겠다." 경찰은 ㉡영장에 기초한 일련의 압수·수색의 과정에서 갑과 을에게는 ㉡영장을 제시하지 않았다. 경찰은 ㉡영장에 기초한 일련의 압수·수색의 과정에서 갑과 을에게는 참여의 기회를 보장하지 않았다. 수사기관은 ㉠휴대전화에 대한 탐색·복제·출력 결과 ㉤전자정보를 발견하였다. ㉤전자정보의 내용은 갑과 을이 시험부정에 관여하였다는 것이었다(㉯혐의사실).

검사는 ㉯혐의사실에 대해 갑과 을을 업무방해죄로 기소하였다. 갑과 을의 피고사건은 제1심을 거친 후, 항소심에 계속되었다. 항소심에서 ㉤전자정보의 증거능력이 문제되었다. 항소법원은 다음과 같이 판단하였다(임의로 재구성함). (가) 갑과 을에게 ㉡영장을 제시하지 않고, 참여권을 보장하지 아니한 위법이 있다고 하자. (나) 수사기관은 갑과 을의 친권자 A에게 ㉡영장을 제시하고 참여권을 보장하였다. (다) A는 친권자로서 미성년자 자녀 갑과 을의 이익을 위하여 갑과 을 대신 ㉡영장을 제시받은 것이다. (라) 그러므로 갑과 을에게 ㉡영장을 제시하고 참여권을 보장한 것과 마찬가지이다. (마) ㉠휴대전화와 ㉤전자정보에 대한 압수·수색절차는 적법하다. (바) ㉠휴대전화에 기초하여 수집된 ㉤증거들의 증거능력이 인정된다. 항소법원은 ㉤전자정보를 증거의 하나로 채택하여 갑과 을에게 유죄를 인정하였다. 갑과 을은 불복 상고하였다.

대법원은 다음의 이유를 제시하여 갑과 을의 상고를 기각하였다.

대법원은 압수수색영장의 제시와 참여권 보장에 대해 다음과 같이 설시하였다.

(가) 헌법 제12조 제3항 본문은 '체포·구속·압수 또는 수색을 할 때에는 적법한 절차에 따라 검사의 신청에 의하여 법관이 발부한 영장을 제시하여야 한다.'고 규정하고 있다. (나) 형사소송법 제219조, 제118조는 '수사기관이 압수·수색영장을 집행할 때에는 처분을 받는 자에게 반드시 압수·수색영장을 제시하여야 한

다.'는 취지로 규정하고 있다.

(다) 이와 같이 압수·수색영장은 현장에서 처분을 받는 자가 여러 명일 경우에는 그들 모두에게 개별적으로 영장을 제시해야 하는 것이 원칙이다. (라) 수사기관이 압수·수색에 착수하면서 (ㄱ) 그 장소의 관리책임자에게 영장을 제시하였다고 하더라도, (ㄴ) 물건을 소지하고 있는 다른 사람으로부터 이를 압수하고자 하는 때에는 (ㄷ) 그 사람에게 따로 영장을 제시하여야 한다.

(마) 압수·수색이 정보저장매체에 대하여 이루어질 때 (ㄱ) 그 범위를 정하여 출력 또는 복제하는 방법이 불가능하거나 (ㄴ) 압수의 목적을 달성하기에 현저히 곤란한 예외적인 사정이 인정되어 (ㄷ) 전자정보가 담긴 저장매체 또는 복제본을 수사기관 사무실 등으로 옮겨 이를 복제·탐색·출력하는 경우가 있다. (바) 이러한 경우 그와 같은 일련의 과정에서 (ㄱ) 형사소송법 제219조, 제121조에서 규정하는 압수·수색영장의 집행을 받는 당사자(이하 '피압수자'라 한다)나 그 변호인에게 참여의 기회를 보장하고 (ㄴ) 혐의사실과 무관한 전자정보의 임의적인 복제 등을 막기 위한 적절한 조치를 취하는 등 영장주의 원칙과 적법절차를 준수하여야 한다.

(사) 만약 그러한 조치가 취해지지 않았다면 (ㄱ) 피압수자 측이 참여하지 아니한다는 의사를 명시적으로 표시하였거나 (ㄴ) 절차 위반행위가 이루어진 과정의 성질과 내용 등에 비추어 피압수자 측에 절차 참여를 보장한 취지가 실질적으로 침해되었다고 볼 수 없을 정도에 해당한다는 등의 특별한 사정이 없는 이상 (ㄷ) 압수·수색이 적법하다고 평가할 수 없다.

대법원은 미성년자에 대한 압수수색영장 제시와 참여권 보장에 대해 다음과 같이 설시하였다.

(가) 이와 같은 수사기관의 압수·수색절차 과정에서 처분을 받는 자가 미성년자인 경우가 있다. (나) 이러한 경우 의사능력이 있는 한 미성년자에게 영장이 반드시 제시되어야 한다. (다) 의사능력이 있는 미성년자의 친권자에 대한 영장제시로 이를 갈음할 수 없다. (라) 또한 의사능력이 있는 미성년자나 그 변호인에게 압수·수색영장 집행 절차에 참여할 기회가 보장되어야 한다. (마) 의사능력이 있는 미성년자의 친권자에게 참여의 기회가 보장되었다는 이유만으로 압수·수색이 적법하게 되는 것은 아니다.

대법원은 압수수색영장 집행과 사인의 조력행위와의 관계에 대해 다음과 같이 설시하였다.

(가) 헌법 제12조는 적법절차와 영장주의 원칙을 선언하고 있다. (나) 형사소송법은 이 원칙을 이어받아 압수·수색절차에서 (ㄱ) 실체적 진실 규명과 (ㄴ) 개인의 권리보호 이념을 조화롭게 실현할 수 있도록 구체적 기준을 마련하고 있다. (다) 형사소송법이 마련한 구체적 기준의 규범력은 확고히 유지되어야 한다.

(나) (ㄱ) 수사기관의 지시·요청에 따라 사인(私人)이 자기 외의 제3자가 지배·관리하는 물건을 취거하여 수사기관에 전달하는 등으로 (ㄴ) 수사기관이 직접 하였다면 강제처분인 압수·수색에 해당하는 행위를 한 경우, (ㄷ) 이러한 사인의 행위가 (a) 오로지 자기의 이익이나 목적 추구를 위해 이루어진 것이라거나 (b) 수사기관이 해당 물건의 실제 점유자가 제3자임을 미처 인식·예견하지 못하였다는 등의 특별한 사정이 없는 이상, (ㄹ) 수사기관이 사인을 이용하여 강제처분을 하였다고 보아, (ㅁ) 형사소송법에서 규정하는 영장의 제시, 참여권의 보장 등 절차의 준수를 요구하는 것이 헌법과 형사소송법이 구현하고자 하는 적법절차와 영장주의의 정신에 부합한다.

대법원은 갑과 을의 사안에 대해 다음과 같이 판단하였다.

(가) A는 ⓛ영장 집행에 착수한 경찰로부터 영장을 제시받고 그 지시에 따라 갑과 을로부터 ㉠휴대전화의 점유를 이전받아 경찰에 제출하였다고 보인다. (나) 이러한 A의 행위가 (ㄱ) 오로지 A의 사적 이익이나 목적 추구를 위해 이루어졌다거나 (ㄴ) 경찰이 ㉠휴대전화의 실제 점유자가 갑과 을임을 인식·예견하지 못하였다고 보기 어렵다. (다) 그러므로 경찰이 A를 이용하여 ㉠휴대전화에 대한 압수 등 강제처분을 하였다고

보는 것이 타당하다. (라) 경찰은 ㉠휴대전화를 압수함에 있어 '처분을 받는 자'로서 ㉡영장 집행에 참여할 능력이 충분하였다고 보이는 갑과 을에게 ㉡영장을 제시하였어야 한다. (마) A가 친권자의 지위에서 갑과 을의 이익을 위하여 ㉡영장을 제시받았다고 하더라도 달리 볼 수 없다.

(바) ㉠휴대전화와 ㉣전자정보에 대하여 한 압수·수색은 (ㄱ) 비단 ㉡영장에 피의자로 기재된 A 등의 범죄 혐의사실에 대한 수사에 그치는 것이 아니라 (ㄴ) 갑과 을의 범죄 혐의사실에 대한 수사의 일환으로 한 것에도 해당한다. (사) 갑과 을은 ㉠휴대전화에 대한 관리처분권을 행사하고 있었다. (아) 그러므로 경찰은 피압수자인 갑과 을에게 ㉠휴대전화의 탐색·복제·출력 등 일련의 과정에 참여할 기회를 보장하였어야 한다.

(자) (ㄱ) 경찰이 갑과 을의 이익을 위하여 갑과 을을 대신하여 친권자인 A에게 참여의 기회를 부여하였다는 사정만으로 (ㄴ) 피압수자인 갑과 을의 절차 참여를 보장한 취지가 실질적으로 침해되지 않았다거나 (ㄷ) 압수·수색이 적법하게 된다고 볼 수 없다. (차) ㉠휴대전화의 ㉣전자정보나 이에 기초하여 수집한 증거의 증거능력은 부정된다.

그러나 대법원은 나머지 적법하게 채택된 증거들만으로도 갑과 을에 대한 업무방해 공소사실을 유죄로 인정하기에 충분하다고 판단하였다. 그리하여 대법원은 원심의 유죄판단에 판결에 영향을 미친 잘못이 없다고 보아 갑과 을의 상고를 기각하였다.

2022도2960

전자정보 압수수색과 참여권 보장

2022. 7. 28. 2022도2960, 공 2022하, 1817 =『성매매업체 엑셀파일 사건』

2021. 4. 2.경 관할 지방법원판사는 갑에 대하여 성매매처벌법 위반(성매매알선등) 혐의로 ㉠체포영장을 발부하였다. 관할 지방법원판사는 그와 함께 갑이 사용·보관 중인 휴대전화(성매매여성 등 정보가 보관되어 있는 저장장치 포함) 등에 대한 사전 압수·수색영장(㉡사전영장)을 함께 발부하였다. 2021. 4. 15. 13:25경 경찰관은 갑을 체포하였다. 그와 함께 경찰관은 갑 소유의 ⓐ휴대전화를 압수하였다. 2021. 4. 15. 21:36분경 갑은 유치장에 입감되었다.

2021. 4. 16. 09:00경 경찰관은 ⓐ휴대전화를 탐색하던 중 ⓑ엑셀파일을 발견하였다. ⓑ엑셀파일에는 갑이 2018. 12.부터 P성매매업체를 운영하면서 얻은 영업수익이 기록되어 있었다. 경찰관은 ⓑ엑셀파일을 별도의 ⓒ저장매체에 복제하여 ⓓ문서로 출력하였다. 경찰관은 ⓒ저장매체와 ⓓ출력문건을 갑에 대한 수사기록에 편철하였다. 2021. 4. 16. 12:38경 갑은 유치장에서 나와 수사 장소에 도착하여 조사를 받았다. 갑은 ⓐ휴대전화의 ⓑ엑셀파일을 기초로 한 경찰관의 신문에 범행을 자백하였다(ⓔ자백조서). 2021. 4. 17. 경찰관은 ⓑ엑셀파일에 대해 사후영장을 청구하여 법원으로부터 발부받았다(㉢사후영장). 경찰관은 ㉢영장 집행과정에서 갑에게 참여권을 보장하여 '디지털 증거 압수시 피압수자의 권리'를 고지하고 갑으로부터 이를 확인하는 서명과 무인을 받았다(ⓕ확인서).

검사는 갑을 성매매처벌법 위반(성매매알선등)의 공소사실로 기소하였다. 검사는 ⓑ엑셀파일을 저장한 ⓖ시디, ⓔ자백조서, ⓕ확인서를 증거로 제출하였다. 갑은 검사가 제출한 증거들에 대해 증거동의를 하였다. 제1심법원은 ⓑ엑셀파일을 저장한 ⓖ시디, ⓔ자백조서, ⓕ확인서를 증거로 삼아 유죄를 인정하였다. 제1심법원은 갑에게 징역 2년과 추징금 13억원을 선고하였다. 갑은 불복 항소하였다. 항소법원은 항소를 기각하였다. 갑은 불복 상고하였다.

대법원은 다음의 이유를 제시하여 원심판결을 파기환송하였다.

대법원은 전자정보의 압수수색과 참여권 보장의 관계에 대해 다음과 같은 종전의 판례를 확인하였다.

(가) (ㄱ) 압수의 대상이 되는 전자정보와 그렇지 않은 전자정보가 혼재된 정보저장매체나 그 복제본을 (ㄴ) 압수ㆍ수색한 수사기관이 (ㄷ) 정보저장매체 등을 수사기관 사무실 등으로 옮겨 이를 탐색ㆍ복제ㆍ출력하는 경우가 있다. (나) 이러한 경우 그와 같은 일련의 과정에서 (ㄱ) 형사소송법 제219조, 제121조에서 규정하는 피압수ㆍ수색 당사자(이하 '피압수자'라 한다)나 변호인에게 참여의 기회를 보장하고 (ㄴ) 압수된 전자정보의 파일 명세가 특정된 압수목록을 작성ㆍ교부하여야 하며 (ㄷ) 범죄혐의사실과 무관한 전자정보의 임의적인 복제 등을 막기 위한 적절한 조치를 취하는 등 영장주의 원칙과 적법절차를 준수하여야 한다.

(다) 만약 그러한 조치가 취해지지 않았다면 (ㄱ) 피압수자 측이 참여하지 아니한다는 의사를 명시적으로 표시하였거나 (나) 절차 위반행위가 이루어진 과정의 성질과 내용 등에 비추어 피압수자 측에 절차 참여를 보장한 취지가 실질적으로 침해되었다고 볼 수 없을 정도에 해당한다는 등의 특별한 사정이 없는 이상 압수ㆍ수색이 적법하다고 평가할 수 없다. (라) 비록 수사기관이 정보저장매체 또는 복제본에서 범죄혐의사실과 관련된 전자정보만을 복제ㆍ출력하였다 하더라도 달리 볼 것은 아니다.

(마) 따라서 수사기관이 (ㄱ) 피압수자 측에 참여의 기회를 보장하거나 (ㄴ) 압수한 전자정보 목록을 교부하지 않는 등 영장주의 원칙과 적법절차를 준수하지 않은 위법한 압수ㆍ수색 과정을 통하여 취득한 증거는 위법수집증거에 해당한다. (바) (ㄱ) 사후에 법원으로부터 영장이 발부되었다거나 (ㄴ) 피고인이나 변호인이 이를 증거로 함에 동의하였다고 하여 위법성이 치유되는 것도 아니다.

대법원은 사실관계를 다음과 같이 분석하였다.

(가) (사실관계 전반부; 생략함.) (나) 경찰관은 2021. 4. 16. 09:00경 ⓐ휴대전화를 탐색하던 중 성매매영업 매출액 등이 기재된 ⓑ엑셀파일을 발견하였고, 이를 별도의 저장매체에 복제하여 출력한 후 이 사건 수사기록에 편철하였다. (다) 그러나 ⓐ휴대전화 탐색 당시까지도 갑은 경찰서 유치장에 입감된 상태였던 것으로 보인다. (마) (갑에 대한 수사과정 확인서에 의하면 갑은 2021. 4. 16. 12:38경에야 수사 장소에 도착하여 조사를 진행한 것으로 되어 있다.) (바) 경찰관은 2021. 4. 17.경 ⓑ엑셀파일 등에 대하여 사후 압수ㆍ수색영장을 발부받았다.

(사) 그러나 ⓐ휴대전화 내 전자정보 탐색ㆍ복제ㆍ출력과 관련하여 (ㄱ) 사전에 그 일시ㆍ장소를 통지하거나 (ㄴ) 갑에게 참여의 기회를 보장하거나, (ㄷ) 압수한 전자정보 목록을 교부하거나 또는 (ㄹ) 갑이 그 과정에 참여하지 아니할 의사를 가지고 있는지 여부를 확인할 수 있는 어떤 객관적인 자료도 존재하지 않는다.

대법원은 원심판결의 타당성 여부에 대해 다음과 같이 판단하였다.

(가) 위와 같은 사실관계를 앞서 본 법리에 비추어 살펴본다. (나) 압수된 ⓐ휴대전화에서 탐색된 ⓑ엑셀파일을 출력한 ⓓ출력물 및 ⓑ엑셀파일을 복사한 ⓖ시디(검사는 이를 증거로 제출하였다)는 (ㄱ) 경찰이 피압수자인 갑에게 참여의 기회를 부여하지 않은 상태에서 임의로 탐색ㆍ복제ㆍ출력한 전자정보로서, (ㄴ) 갑에게 압수한 전자정보 목록을 교부하거나 (ㄷ) 갑이 그 과정에 참여하지 아니할 의사를 가지고 있는지 여부를 확인한 바가 없으므로, 이는 위법하게 수집된 증거로서 증거능력이 없다. (다) 사후에 ⓒ압수ㆍ수색영장을 발부받아 압수절차가 진행되었더라도 위법성이 치유되지 않는다.

(라) 그럼에도 원심은 ⓑ엑셀파일에 관한 압수절차가 적법하다고 보아 ⓓ출력물 및 ⓖ시디의 증거능력을 인정하였다. (마) 이러한 원심의 판단에는 (ㄱ) 피의자의 참여권 보장 및 (ㄴ) 전자정보 압수목록 교부에 관한 법리를 오해한 잘못이 있다. (바) 원심으로서는 증거능력이 없는 증거들을 제외한 나머지 증거들에 의하여 공소사실을 인정하고 그 판시 액수의 추징을 명한 제1심의 판단을 유지할 수 있는지 다시 심리, 판단하여야 할 것이다.

2022도7453

전자정보 압수수색과 실질적 피압수자

2023. 9. 18. 2022도7453 전원합의체 판결, 공 2023하, 1835 =『재산관리사 하드디스크 은닉 사건』

갑과 을은 부부이다. A는 갑과 을의 자녀이다. 병은 갑과 을의 재산관리를 해주는 사람이다. 정은 변호사로서 P법무법인의 대표이다. 갑과 정은 가까운 지인 사이이다. 갑과 을에 대해 여러 가지 혐의가 제기되었다. 제기된 혐의 가운데에는 A에 대한 입시비리 혐의가 있다. 2019. 8. 27.경 수사기관은 갑과 을의 각종 혐의에 대해 관련 장소에 대한 압수·수색을 시작하여 수사를 본격화하였다. 갑은 압수·수색 등 수사에 대비하여 혐의사실과 관련된 전자정보가 저장된 컴퓨터 등을 은닉하려고 하였다. 갑은 자신의 주거지에 있던 컴퓨터들에서 하드디스크를 떼어 내었다(㉠하드디스크로 통칭함). 2019. 8. 31.경 갑은 병에게 ㉠하드디스크를 건네주면서 "수사가 끝날 때까지 숨겨 놓으라."고 지시하였다. 병은 ㉠하드디스크를 M장소에 숨겨 두었다.

2019. 9. 10.경 수사기관은 병을 증거은닉혐의 피의자로 입건하였다. 2019. 9. 11. 병은 수사기관에 ㉠하드디스크를 임의제출하였다. 수사기관은 ㉠하드디스크 임의제출 및 그에 저장된 전자정보에 관한 탐색·복제·출력 과정에서 병과 그 변호인에게 참여 의사를 확인하고 참여 기회를 부여하였다. 병 측은 탐색·복제·출력 과정에 참여하지 않겠다는 의사를 밝혔다. 수사기관은 갑 등에게는 ㉠하드디스크에 대한 포렌식 과정에의 참여 의사를 확인하거나 참여 기회를 부여하지 않았다. ㉠하드디스크에 대한 포렌식 결과 다음의 증거들이 발견되었다. (가) A의 Q대학교 대학원 입시에 활용한 ㉡인턴십 확인서. (나) A, 정 등 관련자들의 문자메시지. ㉡인턴십 확인서는 A가 P법무법인에서 인턴 활동을 하였다는 내용이다. ㉡인턴십 확인서는 정이 갑의 부탁을 받아 작성해 준 것이다. 조사 결과 A가 실제로는 P법무법인에서 인턴으로 활동한 사실이 없음이 확인되었다.

검사는 정을 다음의 공소사실로 기소하였다. "피고인(정)은 갑 등과 공모하여 Q대학교 대학원 입학담당자들의 입학사정업무를 방해하였다." 제1심법원은 유죄를 인정하였다. 정은 불복 항소하였다. 항소법원은 항소를 기각하였다. 정은 불복 상고하였다. 정의 상고이유는 다음과 같다. (가) 병은 제삼자로서 ㉠하드디스크를 수사기관에 임의제출하였다. (나) 정보저장매체의 임의제출자 외에 실질적 피압수자에게도 참여권이 보장된다. (다) ㉠하드디스크에 대해 갑과 을은 실질적 피압수자에 해당한다. (라) ㉠하드디스크에 대한 포렌식 과정에서 갑과 을에게 참여권이 보장되지 않았다. (마) 그러므로 ㉠하드디스크는 위법수집증거에 해당한다. (바) 이차 증거인 ㉡증거(인턴십 확인서)도 위법수집증거에 해당하여 증거능력이 없다.

대법원은 갑과 을이 실질적 피압수자에 해당하는가를 놓고 9 대 3으로 견해가 나뉘었다.

대법원은 다수의견에 따라 상고를 기각하였다. (이하 다수의견을 소개함.)

대법원은 정보저장매체 임의제출 절차에서의 참여권에 관하여 다음과 같이 설시하였다.

(가) 정보저장매체 내의 전자정보가 가지는 중요성은 헌법과 형사소송법이 구현하고자 하는 (ㄱ) 적법절차, 영장주의, 비례의 원칙과 함께 (ㄴ) 사생활의 비밀과 자유, (ㄷ) 정보에 대한 자기결정권 등의 관점에서 유래된다.

(나) 압수의 대상이 되는 전자정보와 그렇지 않은 전자정보가 혼재된 정보저장매체나 그 복제본을 임의제출받은 수사기관이 그 정보저장매체 등을 수사기관 사무실 등으로 옮겨 이를 탐색·복제·출력하는 경우가 있다. (다) 그러한 경우 수사기관은 그와 같은 일련의 과정에서 형사소송법 제219조, 제121조에서 규정하는 압수·수색영장의 집행을 받는 당사자(이하 '피압수자'라 한다)나 그 변호인에게 참여의 기회를 보장하여야 한다. (라) 수사기관은 압수된 전자정보의 파일 명세가 특정된 압수목록을 작성·교부하여야 한다. (마) 수사기관은 범죄혐의사실과 무관한 전자정보의 임의적인 복제 등을 막기 위한 적절한 조치를 취하는 등 영장주의

원칙과 적법절차를 준수하여야 한다.

(바) 만약 그러한 조치가 취해지지 않았다면 (ㄱ) 피압수자 측이 참여하지 않겠다는 의사를 명시적으로 표시하였거나 (ㄴ) 임의제출의 취지와 경과 또는 그 절차 위반행위가 이루어진 과정의 성질과 내용 등에 비추어 피압수자 측에 절차 참여를 보장한 취지가 실질적으로 침해되었다고 볼 수 없을 정도에 해당한다는 등의 특별한 사정이 없는 이상 압수·수색이 적법하다고 평가할 수 없다. (사) 비록 수사기관이 정보저장매체 또는 복제본에서 범죄혐의사실과 관련된 전자정보만을 복제·출력하였다고 하더라도 달리 볼 것은 아니다.

대법원은 제삼자의 정보저장매체 임의제출과 실질적 피의자의 참여권 보장에 대해 다음과 같이 설시하였다.

(가) 피해자 등 제3자가 피의자의 소유·관리에 속하는 정보저장매체를 임의제출한 경우가 있다. (나) 이러한 경우에는 실질적 피압수자인 피의자가 수사기관으로 하여금 그 전자정보 전부를 무제한 탐색하는 데 동의한 것으로 보기 어렵다. (다) 뿐만 아니라 피의자 스스로 임의제출한 경우 피의자의 참여권 등이 보장되어야 하는 것과 견주어 보더라도 특별한 사정이 없는 한 (ㄱ) 피의자에게 참여권을 보장하고 (ㄴ) 압수한 전자정보 목록을 교부하는 등 피의자의 절차적 권리를 보장하기 위한 적절한 조치가 이루어져야 한다.

대법원은 실질적 피의자의 요건에 대해 다음과 같이 설시하였다.

(가) 이와 같이 정보저장매체를 임의제출한 피압수자에 더하여 임의제출자 아닌 피의자에게도 참여권이 보장되어야 하는 '피의자의 소유·관리에 속하는 정보저장매체'라 함은, (ㄱ) 피의자가 압수·수색 당시 또는 이와 시간적으로 근접한 시기까지 해당 정보저장매체를 현실적으로 지배·관리하면서 (ㄴ) 그 정보저장매체 내 전자정보 전반에 관한 전속적인 관리처분권을 보유·행사하고, (ㄷ) 달리 이를 자신의 의사에 따라 제3자에게 양도하거나 포기하지 아니한 경우로서, (ㄹ) 피의자를 그 정보저장매체에 저장된 전자정보 전반에 대한 실질적인 압수·수색 당사자로 평가할 수 있는 경우를 말하는 것이다.

(나) 이에 해당하는지 여부는 (ㄱ) 민사법상 권리의 귀속에 따른 법률적·사후적 판단이 아니라 (ㄴ) 압수·수색 당시 외형적·객관적으로 인식 가능한 사실상의 상태를 기준으로 판단하여야 한다. (다) 이러한 정보저장매체의 외형적·객관적 지배·관리 등 상태와 별도로 (ㄱ) 단지 피의자나 그 밖의 제3자가 과거 그 정보저장매체의 이용 내지 개별 전자정보의 생성·이용 등에 관여한 사실이 있다거나 (ㄴ) 그 과정에서 생성된 전자정보에 의해 식별되는 정보주체에 해당한다는 사정만으로 그들을 실질적으로 압수·수색을 받는 당사자로 취급하여야 하는 것은 아니다.

대법원은 사실관계를 분석하였다(내용 생략함.).

대법원은 병의 실질적 피의자 여부에 대해 다음과 같이 판단하였다.

(가) 병은 임의제출의 원인된 범죄혐의사실인 증거은닉범행의 피의자로서 자신에 대한 수사 과정에서 ㉠하드디스크를 임의제출하였다. (나) ㉠하드디스크 및 그에 저장된 ㉡전자정보는 (ㄱ) 본범인 갑 등의 혐의사실에 관한 증거이기도 하지만 동시에 (ㄴ) 은닉행위의 직접적인 목적물에 해당하므로 병의 증거은닉 혐의사실에 관한 증거이기도 하다. (다) 따라서 병은 ㉠하드디스크와 그에 저장된 ㉡전자정보에 관하여 실질적 이해관계가 있는 자에 해당한다. (라) ㉠하드디스크 자체의 임의제출을 비롯하여 증거은닉 혐의사실 관련 전자정보의 탐색·복제·출력 과정 전체에 걸쳐 병은 참여의 이익이 있다.

(마) 갑은 자신과 을 등에 대한 수사가 본격화되자 병에게 은닉을 지시하면서 ㉠하드디스크를 전달하였다. (바) 병은 ㉠하드디스크가 발각되지 않도록 자신만이 아는 장소에 임의로 은닉하였다. (사) 이후 병은 증거은닉혐의에 관한 피의자로 입건되자 수사기관에 은닉 사실을 밝히면서 ㉠하드디스크를 임의제출하였다. (아) ㉠하드디스크의 은닉과 임의제출 경위, 그 과정에서 병과 갑 등의 개입 정도 등에 비추어 압수·수색

당시 또는 이에 근접한 시기에 ㉠하드디스크를 현실적으로 점유한 사람은 병이다. (자) 나아가 병이 그 무렵 위와 같은 경위로 ㉠하드디스크를 현실적으로 점유한 이상 다른 특별한 사정이 없는 한 저장된 전자정보에 관한 관리처분권을 사실상 보유·행사할 수 있는 지위에 있는 사람도 병이라고 볼 수 있다.

대법원은 갑, 을, 정 등의 실질적 피의자 여부에 대해 다음과 같이 판단하였다.

(가) 갑은 임의제출의 원인된 범죄혐의사실인 증거은닉범행의 피의자가 아니다. (나) 뿐만 아니라 갑은 ㉠ 하드디스크의 존재 자체를 은폐할 목적으로 막연히 '자신에 대한 수사가 끝날 때까지' 은닉할 것을 부탁하며 ㉠하드디스크를 병에게 교부하였다. (다) 이는 (ㄱ) 자신과 ㉠하드디스크 및 그에 저장된 ㉡전자정보 사이의 외형적 연관성을 은폐·단절하겠다는 목적하에 (ㄴ) 그 목적 달성에 필요하다면 '수사 종료'라는 불확정 기한 까지 (ㄷ) ㉠하드디스크에 관한 전속적인 지배·관리권을 포기하거나 (ㄹ) 병에게 전적으로 양도한다는 의사를 표명한 것으로 볼 수 있다.

(라) 이로써 결과적으로 병은 ㉠하드디스크에 대한 현실적·사실적 지배 및 그에 저장된 전자정보 전반에 관한 전속적인 관리처분권을 사실상 보유·행사할 수 있는 상태가 되었다. (마) 병은 자신이 임의로 선택한 장소에 ㉠하드디스크를 은닉하였다가 이후 이를 수사기관에 임의제출함으로써 그 권한을 실제로 행사하였다.

대법원은 결론적으로 다음과 같이 판단하였다.

(가) 증거은닉범행의 피의자로서 ㉠하드디스크를 임의제출한 병에 더하여 임의제출자가 아닌 갑 등에게 도 참여권이 보장되어야 한다고 볼 수 없다. (나) 같은 취지에서 ㉠하드디스크에 저장된 ㉡전자정보의 증거 능력을 인정한 원심의 판단은 정당한 것으로 수긍할 수 있다.

$\boxed{\text{2022도14645}}$

직접심리주의와 항소심의 관계

2023. 1. 12. 2022도14645, 공 2023상, 474 =『필로폰 투약 자필 반성문 사건』

[수사기관은 갑과 을의 필로폰 투약 첩보를 입수하였다.] [수사기관은 갑의 집을 급습하였다.] 2020. 3. 30. 01:00경 갑과 을은 갑의 집에 함께 있었다. 수사기관은 갑의 집에서 일회용 ⓐ주사기를 압수하였다. ⓐ주사기 에서 필로폰 양성반응과 더불어 을의 DNA가 검출되었다. 갑은 을에게 필로폰을 주사한 사실이 없다고 진술 하였다. 을은 자신이 필로폰을 주사한 사실이 없다고 진술하였다(㉠부인진술). 갑은 구속되었다. 갑의 구속기 간 중 을은 갑을 수 차례 면회하고 영치금을 넣어주었다.

2020. 10. 13. 수사기관은 을의 ⓑ모발을 압수하였다. 수사기관은 관계기관에 ⓑ모발에 대한 감정을 의뢰 하였다. 을의 ⓑ모발에 대해 다음 내용의 감정결과가 회신되었다(ⓒ감정결과). "2020. 3. 30. 이전은 물론 그 이후에도 을이 필로폰을 여러 차례 투약한 사실이 인정된다." 2020. 11.경 을은 수사기관에 자필 반성문을 제출하였다(ⓓ반성문). 을은 ⓓ반성문에서 갑이 자신에게 필로폰을 주사해 주었다고 진술하였다(㉡시인진 술). 을의 ㉡진술은 수사기관이 작성한 ⓔ수사보고서에 첨부된 ⓕ의견기재 부분에 기록되었다. 을은 다음의 피의사실로 교육조건부 기소유예 처분을 받았다(㉮피의사실). "2020. 3. 30. 01:00경 을은 갑의 집에서 갑이 필로폰 약 0.05g을 1회용 주사기에 넣어 을의 오른팔 부위에 주사하여 필로폰을 투약하였다."

검사는 갑을 「마약류 관리에 관한 법률」 위반죄(향정)로 기소하였다. 공소사실의 요지는 다음과 같다(㉯ 공소사실). "2020. 3. 30. 01:00경 갑은 자신의 집에서 필로폰 약 0.05g을 1회용 주사기에 넣어 을의 오른팔 부위에 주사하여 필로폰을 사용하였다." 갑은 ㉯공소사실을 부인하였다. 검사는 을의 ㉡시인진술이 기재된 ⓔ수사보고서와 ⓕ의견서 사본을 증거로 제출하였다. 검사가 제출한 증거에 대해 갑 측의 의견진술이 있었 다. 증거목록에는 갑이 ⓔ수사보고서와 ⓕ의견서 사본에 대해 증거동의를 한 것으로 기재되었다. 을은 갑의 제1심 공판절차에 증인으로 출석하여 다음과 같이 진술하였다(ⓒ부인진술). (가) 갑이 나(을)에게 필로폰을 투약한 사실이 없다. (나) 범행 당일이 잘 기억나지 않는다. (다) 수사기관에서 진술한 것(ⓒ시인진술)은 사실이 아니다.

제1심법원은 다음과 같이 판단하였다. (가) 갑의 투약 사실을 부인하는 을의 ⓒ증언이 있다. (나) 을은 수사기관(㉠진술) 및 법정(ⓒ진술)에서 '필로폰을 투약한 적이 전혀 없다.'고 진술하였다. (다) 2020. 10. 13. 압수된 을의 ⓑ모발에 대한 ⓒ감정결과에 따르면 공소사실 기재 일시(2020. 3. 30.) 이전은 물론 그 이후에도 을이 필로폰을 여러 차례 투약한 사실이 인정된다. (라) 을의 진술(ⓒ시인진술)은 최초 경찰 조사부터 법정에 이르기까지 일관성이 없어 그 자체로 믿기 어렵다. (마) 뿐만 아니라 을이 본인(을)의 형사책임을 경감받을 목적으로 허위 진술을 하였을 가능성을 배제하기 어렵다. 제1심법원은 갑에게 무죄를 선고하였다.

검사는 불복 항소하였다. 항소법원은 제1회 공판기일에 추가적인 증거 제출 없이 곧바로 변론을 종결하였다. 항소법원은 다음과 같이 판단하였다. (가) 제1심이 인정한 사정에 다음의 사정을 더해 본다. (나) 을은 ㉯공소사실 기재 일시(2020. 3. 30.)경 갑과 교제하는 사이였다. (다) 을은 2020. 8.경부터 2020. 11.경까지 구금된 갑을 수회 접견하고 영치금을 여러 차례 입금해 주었다. (라) 그러한 관계임에도 ㉯공소사실과 동일한 혐의사실을 자백하였다(ⓒ시인진술). (마) 을의 제1심 법정진술(ⓒ부인진술)은 위와 같이 범행을 인정하여 교육조건부 기소유예 처분을 받고 교육 과정까지 이수한 행위와 배치된다. (바) 을의 진술 번복 경위 등이 합리적이라고 보기 어렵다. 항소법원은 제1심판결을 파기하고 갑에게 유죄를 선고하였다. 갑은 불복 상고하였다.

대법원은 다음의 이유를 제시하여 원심판결을 파기환송하였다.

대법원은 제1심 공판중심주의에 대해 다음과 같이 설시하였다.

(가) 현행 형사소송법상 항소심은 속심을 기반으로 하되 사후심적 요소도 상당 부분 들어 있는 사후심적 속심의 성격을 가진다. (나) 그러므로 항소심이 제1심판결의 당부를 판단할 때에는 이러한 심급구조의 특성을 고려하여야 한다. (다) 그러므로 항소심 심리과정에서 심증 형성에 영향을 미칠 만한 객관적 사유가 새로 드러난 것이 없음에도 불구하고 제1심판단을 재평가하여 사후심적으로 판단하여 뒤집고자 할 때에는, (ㄱ) 제1심의 증거가치 판단이 명백히 잘못되었다거나 (ㄴ) 사실인정에 이르는 논증이 논리와 경험법칙에 어긋나는 등으로 (ㄷ) 그 판단을 그대로 유지하는 것이 현저히 부당하다고 볼 만한 합리적인 사정이 있어야 한다. (라) 그러한 예외적 사정도 없이 [항소심은] 제1심의 사실인정에 관한 판단을 함부로 뒤집어서는 아니 된다.

(마) 특히 공소사실을 뒷받침하는 증거의 경우에는, (ㄱ) 증인신문 절차를 진행하면서 진술에 임하는 증인의 모습과 태도를 직접 관찰한 제1심이 증인 진술의 신빙성을 인정할 수 없다고 판단하였음에도 불구하고, (ㄴ) 항소심이 이를 뒤집어 그 진술의 신빙성을 인정할 수 있다고 판단하려면, (ㄷ) 진술의 신빙성을 배척한 제1심의 판단을 수긍할 수 없는 (ㄹ) (a) 충분하고도 (b) 납득할 만한 (c) 현저한 사정이 나타나는 경우이어야 한다. (바) 그것이 (ㄱ) 형사사건의 실체에 관한 유무죄의 심증은 법정 심리에 의하여 형성하여야 한다는 공판중심주의, (ㄴ) 그리고 법관의 면전에서 직접 조사한 증거만을 재판의 기초로 삼는 것을 원칙으로 하는 실질적 직접심리주의의 정신에 부합한다.

대법원은 증거재판주의 및 무죄추정의 원칙에 대해 다음과 같이 설시하였다.

(가) 형사재판에 있어서 사실의 인정은 증거에 의하여야 한다(형사소송법 제307조). (나) 이는 (ㄱ) 증거능력 있고 (ㄴ) 적법한 증거조사를 거친 증거에 의해서만 (ㄷ) 공소가 제기된 범죄사실을 인정할 수 있음을 뜻한다. (다) 나아가 형사재판에서 범죄사실의 인정은 법관으로 하여금 합리적인 의심을 할 여지가 없을 정도의 확신을 가지게 하는 증명력을 가진 엄격한 증거에 의하여야 한다. (라) 그러므로 (ㄱ) 검사의 증명이 그만

한 확신을 가지게 하는 정도에 이르지 못한 경우에는 (ㄴ) 설령 피고인의 주장이나 변명이 모순되거나 석연치 않은 면이 있어 유죄의 의심이 가는 등의 사정이 있다고 하더라도 (ㄷ) 피고인의 이익으로 판단하여야 한다.

(마) 그러므로 유죄의 인정은 (ㄱ) 범행 동기, 범행수단의 선택, 범행에 이르는 과정, 범행 전후 피고인의 태도 등 여러 간접사실로 보아 (ㄴ) 피고인이 범행한 것으로 보기에 충분할 만큼 (ㄷ) 압도적으로 우월한 증명이 있어야 한다. (바) (ㄱ) 피고인이 범행한 것이라고 보기에 의심스러운 사정이 병존하고 (ㄴ) 증거관계 및 경험법칙상 위와 같이 의심스러운 정황을 확실하게 배제할 수 없다면 (ㄷ) 유죄로 인정할 수 없다. (사) 피고인은 무죄로 추정된다는 것이 헌법상의 원칙이다. (아) 그 추정의 번복은 직접증거가 존재할 경우에 버금가는 정도가 되어야 한다.

대법원은 사실관계를 분석하였다(내용 생략함.)

대법원은 원심이 인정한 ⓛ증거(시인진술)의 증거능력에 대해 다음과 같이 판단하였다.

(가) 원심은 을이 수사과정에서 ⓑ공소사실과 동일한 혐의사실을 자백하였다는 정황(ⓛ시인진술)을 공소사실을 뒷받침하는 주된 증거로 보았다. (나) 이에 부합하는 증거는 ⓕ의견서 사본 및 ⓔ수사보고뿐이다. (다) 그러나 후자는 전자의 서류를 다시 추가로 첨부한 것에 불과하므로 결국 ⓕ의견서 사본만이 유일한 증거이다.

(라) 그런데 갑은 일관되게 공소사실을 부인하면서 공소사실에 부합할 여지가 있는 을의 수사기관 진술(ⓣ, ⓛ진술)을 모두 부동의하였다. (마) 이 점에 비추어 증거목록상 ⓕ의견서 사본에 대한 증거의견란 부분은 착오로 잘못 기재된 것으로 볼 수 있다. (바) 그러므로 증거목록상의 위 기재 내용을 근거로 곧바로 증거능력을 인정할 수는 없다.

대법원은 수사보고서와 전문법칙의 관계에 대해 다음과 같이 판단하였다.

(가) 결국 ⓕ의견서 사본 중 공소사실에 부합하는 내용(ⓛ시인진술)은 을이 수사과정에서 ⓑ공소사실과 동일한 혐의사실을 자백하였다는 부분이다. (나) 이는 수사의 경위 및 결과를 내부적으로 보고하면서 피고인 아닌 자에 해당하는 을의 진술을 기재한 것에 불과하여 형사소송법 제313조의 서류에 해당한다. (다) 앞서 본 법리에 비추어 보면 형사소송법 제313조에서 정한 진술자인 을의 서명 · 날인이 없는 이상 전문증거로서 증거능력을 인정할 수 없다.

대법원은 항소심에서의 새로운 증거 여부에 대해 다음과 같이 판단하였다.

(가) 제1심은 을의 수사기관 및 제1심 법정진술(ⓣ, ⓛ, ⓒ진술)의 신빙성을 배척하였다. (나) 원심이 제1심의 판단을 뒤집기 위해서는 제1심의 판단을 수긍할 수 없는 (ㄱ) 충분하고도 (ㄴ) 납득할 만한 (ㄷ) 현저한 사정이 나타나는 경우이어야 한다. (다) 그런데 원심이 지적한 사정은 (ㄱ) 모두 제1심에서 증거조사를 마친 증거기록에 기초하여 제1심 공판과정에서 이미 드러나 있었던 것이지 (ㄴ) 원심 공판과정에서 새롭게 드러난 것이 아니다. (라) 그리고 원심이 지적한 사정은 (ㄱ) 제1심이 을의 수사기관 및 법정진술의 신빙성을 배척함에 있어 이미 고려했던 여러 정황 중 일부에 불과한 것일 뿐 (ㄴ) 제1심판단을 뒤집을 만한 특별한 사정으로 내세울 만한 것에 해당한다고 보기도 어렵다.

(마) 을의 수사기관 진술(ⓛ시인진술)은 앞서 본 바와 같이 증거능력을 인정할 수도 없다. (바) 설사 을의 수사기관 진술(ⓛ시인진술)에 증거능력이 인정된다고 하자. (사) 그렇다고 하더라도 제1심법원은 증인신문절차를 진행하면서 진술에 임하는 을의 모습 · 태도를 직접 관찰한 후 수사기관(ⓣ, ⓛ진술) 및 법정진술(ⓒ진술)의 신빙성을 모두 인정할 수 없다고 판단하였다. (아) 그러한 이상 (ㄱ) 원심이 이를 뒤집어 을의 수사기관 진술(ⓛ시인진술)의 신빙성을 인정할 수 있다고 판단하려면 (ㄴ) 제1심의 판단을 수긍할 수 없는 (a) 충분

하고도 (b) 납득할 만한 (c) 현저한 사정이 나타나는 경우이어야 할 것인데, (ㄷ) 원심이 유죄의 근거로 든 정황이 이러한 사정에 해당한다고 보이지 않는다.

대법원은 을의 시인진술의 신빙성 여부에 대해 다음과 같이 판단하였다.

(가) 나아가, 을의 법정진술(ⓒ부인진술)의 신빙성을 인정하기 어렵다고 보는 경우에도, 원심과 같이 이러한 사정만으로 곧바로 을의 수사기관 진술 중 공소사실에 부합하는 부분(ⓛ시인진술)에 대하여 신빙성을 부여할 수 있는 것도 아니다. (나) 즉, 을의 수사기관 진술(㉠, ㉡진술)은 객관적 감정결과 등에 따라 내용이 바뀌는 등 그 자체로도 일관되지 않은데다가, 수사기관 진술 후 [을은] 기소유예의 처분을 받았다. (다) 이러한 사실에 비추어 보면, 자신의 형사책임을 경감할 목적으로 상황에 따라 임의로 진술의 내용·방향이 바뀌었다고 볼 여지가 크다. (라) 이러한 상황에서 을의 수사기관 진술(㉠, ㉡진술)은 쉽게 그 신빙성을 인정하기 어렵게 되었다고 봄이 타당하다.

(마) 이러한 취지의 제1심의 판단을 수긍할 수 없는 (ㄱ) 충분하고도 (ㄴ) 납득할 만한 (ㄷ) 현저한 사정에 해당하는 직접적·객관적 증거도 없다. (바) 그러한 이상 을의 수사기관 진술 중 공소사실에 부합하는 부분(ⓛ시인진술)에 한하여만 함부로 신빙성을 인정할 수도 없다.

대법원은 신빙성 판단에 관한 그 밖의 사정들에 대해 다음과 같이 판단하였다.

(가) 또한 갑의 일관된 [부인]진술 내용·태도에다가 다음의 점들을 더하여 본다. (나) 범행 도구로 압수된 일회용 ⓐ주사기 조각에서 갑의 DNA가 검출되지 않은 상황에서 갑이 이를 사용하였다고 볼 객관적·합리적인 근거가 없다.

(다) 을의 진술 내용은 ⓐ주사기 조각 및 ⓒ모발 감정결과에 따라 수시로 변경되었다. (라) 뿐만 아니라 을의 필로폰 투약 경험 여부에 관한 진술(㉠부인진술)은 객관적 ⓒ감정결과와도 명백히 배치된다. (마) 이러한 상황에서 을이 수사기관에 자필 진술서를 제출한 후 ⓑ공소사실과 동일한 혐의사실로 교육조건부 기소유예 처분을 받았다. (바) 이러한 사정은 자신의 필로폰 투약 사실을 부인하다가 객관적 감정결과로 인해 허위성이 드러나자 자신의 투약 사실을 인정하였다는 정도의 의미로 볼 수 있을 뿐이다. (사) 추가적인 심리 및 증거조사도 없이 이를 넘어 ⓑ공소사실과 같이 '갑이 을에게 필로폰을 주사하여 사용하였다.'는 부분에까지 객관적·적극적 증명력이 미친다고 보기 어렵다.

(아) 이러한 점 등에 비추어 보면 비록 갑의 주장·변명에 일부 석연치 않은 면이 있다 하더라도 유죄의 의심이 드는 정도에 불과하다. (자) 여전히 을이 제1심 법정에서 증언한 바와 같이 스스로 필로폰을 투약하였을 가능성을 배제할 수 없다. (차) 검사가 제출한 나머지 증거만으로는 갑이 을에게 필로폰을 주사하여 사용한 것으로 보기에 충분할 만큼 압도적으로 우월한 증명이 있다고 보기 어려워 증거관계상 의심스러운 정황이 확실히 제거되었다고 할 수 없다. (카) 그러므로 ⓑ공소사실을 유죄로 인정할 수 없다. (타) 결국 원심의 판단에는 증거재판주의·공판중심주의·직접심리주의 원칙에 관한 법리를 위반함으로써 판결에 영향을 미친 잘못이 있다.

2022오5

파기재판의 기속력

2024. 6. 27. 2022오5, 공 2024하, 1213 = 『공격기피죄 비상상고 사건』

1978년경의 일이다. 갑은 M사단 N부대 소속 자동화기 사수로 복무하고 있었다. 1978. 10. 5.경 북한 무장간첩 3명이 M사단 GOP 지역에 출현하였다. 무장간첩들은 M사단 소속 휴가병 3명을 사살한 뒤 탈출을 기도하였다. 무장간첩들은 M사단 GOP 지역에 은신하였다. 갑은 그 무렵부터 무장간첩들을 포획·섬멸하기 위한 대간첩작전에 참가하였다.

1978. 10. 18. 06:20경 갑은 M사단 GOP 지역 ⓐ소초 안에서 경계근무를 서고 있었다. 이때 적이 나타났다는 아군의 소리와 함께 ⓐ소초 우측 후방에서 무장간첩 3명이 나타났다. 무장간첩들은 소총 몇 발을 사격한 다음 북한 지역으로 도주하려고 파괴통으로 철책을 파괴하고 다시 산발적으로 사격해 왔다. 무장간첩들은 철책선을 통과하여 사라졌다. [이후 이 사건에 대한 문책이 진행되었다.] 당시 갑의 행위에 대해 수사가 진행되었다.

군검사는 갑을 다음의 군형법 위반죄로 기소하였다. (가) 공격기피죄(㉠공소사실). (나) 명령위반죄(㉡공소사실). ㉠공소사실의 요지는 다음과 같다. (가) 갑은 직무상 적을 즉각 관찰하여 사격하며 수류탄을 투척하여 공격하거나 적의 퇴로를 추적하여야 할 임무가 있다. (나) 그럼에도 갑은 겁이 나고 당황하여, ⓐ소초 좌측으로 약 3~4m 뛰어나가 적도 관찰하지 아니한 채 순찰로 비탈에 쪼그리고 기대어 숨어 있었다. (다) 그러다가 갑은 적이 철책선을 통과하여 사라질 때야 비로소 일어나 그 방향을 향해 45발가량을 사격하였다. (라) 이로써 갑은 정당한 사유 없이 적에 대하여 공격을 하지 아니하였다. ㉡공소사실의 요지는 다음과 같다. (가) 갑은 GOP 근무지침을 위반하여 수류탄 컨테이너를 개봉하지 아니하였다. (나) 이로써 갑은 정당한 규칙을 위반하였다.

갑의 피고사건에 대한 제1심법원은 M사단 보통군법회의이다. 1978. 11. 18. 제1심법원은 판결을 선고하였다(㉮판결). 제1심법원은 ㉠공소사실(공격기피)과 ㉡공소사실(명령위반)을 모두 유죄로 인정하였다. 제1심법원은 갑에 대하여 무기징역을 선고하였다. 갑은 사실오인, 법리오해, 양형부당을 이유로 항소하였다. 항소법원은 육군고등군사법원이다. 1979. 2. 28. 항소법원은 판결을 선고하였다(㉯판결). 항소법원은 사실오인, 법리오해 주장을 배척하였다. 항소법원은 제1심의 형이 너무 무거워 부당하다고 보아 양형부당 항소이유를 받아들였다. 항소법원은 제1심법원의 ㉮판결을 파기하였다. 항소법원은 ㉠, ㉡공소사실 전부를 유죄로 인정하면서 징역 5년을 선고하였다. 갑은 불복 상고하였다. 상고법원은 대법원이다.

1979. 6. 26. 대법원은 판결을 선고하였다(㉰판결; 1차 상고심). 대법원(1차 상고심)은 ㉡공소사실(명령위반)에 대하여 다음과 같이 판단하였다. "㉡공소사실 부분은 심리미진 또는 증거판단을 잘못하여 사실인정을 한 위법이 있다." 대법원(1차 상고심)은 ㉠공소사실(공격기피)에 대하여 다음과 같이 판단하였다. (가) 갑에게 ㉠공소사실과 같은 전투상의 잘못이 있다고 할 수 없다. (나) 갑에게 일부러 공격을 기피한 경우인 공격불이행죄의 책임을 물을 수 없다. (다) 군형법 제35조에 대한 법리오해 또는 채증법칙을 어기고 당시의 전투상황에 대한 심리미진의 위법이 있다. 대법원(1차 상고심)은 전부 무죄의 취지로 ㉯항소심판결을 파기하였다. 대법원(1차 상고심)은 사건을 육군고등군법회의에 환송하였다.

환송 후 항소심(1차 환송 후 항소심)은 육군고등법원이다. 1979. 9. 27. 환송 후 항소심은 판결을 선고하였다(㉱판결). 환송 후 항소심(1차 환송 후 항소심)은 1차 상고심판결(㉰판결)의 취지에 따라 ㉡공소사실(명령위반)에 대하여 무죄를 선고하였다. 환송 후 항소심(1차 환송 후 항소심)은 ㉠공소사실(공격기피)에 대하여는 다시 유죄로 판단하면서 징역 3년을 선고하였다. 갑은 ㉱판결의 ㉠공소사실(공격기피) 유죄 부분에 불복하여 재상고하였다. ㉡공소사실(명령위반) 부분의 무죄판결은 그대로 확정되었다.

1980. 3. 11. 대법원(재상고심)은 판결을 선고하였다(㉲판결; 2차 상고심). 대법원(재상고심)은 1차 상고심판결(㉰판결)과 동일한 취지로 다음과 같이 판단하였다. (가) 갑의 행위를 가리켜 적에 대하여 공격을 아니하였거나 위난으로부터 이탈하였다고 볼 수 없다. (나) 1차 환송 후 항소심(㉱판결)은 (ㄱ) 증거 없이 사실을 단정한 위법과 (ㄴ) 새로운 증거 없이 1차 상고심판결(㉰판결)이 지적한 판시 취지에 반하는 판단을 한 위법이 있다. 대법원(재상고심)은 무죄 취지로 1차 환송 후 항소심(㉱판결)을 파기하고 사건을 다시 육군고등군법

회의에 환송하였다.

1980. 5. 2. 2차 상고심판결(⑩판결)에 따라 사건을 2차로 환송받은 항소심은 판결을 선고하였다(⑪판결). 2차 환송 후 항소심은 다음과 같이 판단하였다. (가) 1차 환송 후 항소심판결(⑧판결)이 유죄의 증거로 설시한 증거와 동일한 증거를 그대로 인정한다. (나) ㉠공소사실(공격기피)을 인정하기에 증거가 충분하다. (다) 제1심(㉮판결)의 사실인정이 잘못되었다고 볼 수 없다. 2차 환송 후 항소심은 2차 상고심판결(⑩판결)의 취지와 달리 ㉠공소사실(공격기피)을 다시 유죄로 판단하면서 갑에게 징역 3년을 선고하였다.

1979. 10. 27.경 제주도를 제외한 전 지역에 비상계엄이 선포되었다. 이에 따라 당시의 군법회의법 제525조에 의하여 상소가 제한되었다. 이에 2차 환송 후 항소심의 ⑪유죄판결이 확정되었다(⑪원판결). [갑은 ⑪원판결에 따라 3년 징역을 복역하였다.]

2020년대에 들어와서 검찰총장은 대법원에 ⑪원판결에 대한 비상상고를 제기하였다. 2024. 6. 27. 대법원은 판결을 선고하였다(⑭판결). 대법원은 다음 내용의 주문을 선고하였다. "원판결을 파기한다. 피고인은 무죄."

대법원은 다음의 이유를 제시하였다.

대법원은 ㉠, ㉡공소사실의 내용을 분석하였다(내용 생략함.)

대법원은 ⑪원판결의 확정경위에 대해 분석하였다(내용 생략함.)

대법원은 상급법원의 파기판결의 기판력에 대해 다음과 같이 설시하였다.

(가) [⑪원판결 당시] 구 법원조직법(1981. 1. 29. 법률 제3362호로 개정되기 전의 것, 이하 같다) 제18조는 "대법원의 심판에서 판시된 법령의 해석은 당해 사건에 관하여 하급심을 기속한다."라고 규정하였다. (나) 현행 법원조직법 제8조는 "상급법원의 재판에 있어서의 판단은 당해 사건에 관하여 하급심을 기속한다."라고 규정하고 있다. (다) 민사소송법 제436조 제2항 후문은 상고법원이 파기의 이유로 삼은 사실상 및 법률상의 판단은 하급심을 기속한다는 취지를 규정하고 있다.

(라) 반면 형사소송법에서는 이에 상응하는 명문의 규정은 없다. (마) 그렇지만 법률심을 원칙으로 하는 상고심도 형사소송법 제383조[상고이유] 또는 제384조[심판범위]에 의하여 사실인정에 관한 원심판결의 당부에 관하여 제한적으로 개입할 수 있다. (바) 그러므로 조리상 상고심판결의 파기이유가 된 사실상의 판단도 기속력을 가진다.

(사) 한편 상고심으로부터 사건을 환송받은 법원이 (ㄱ) 상고법원이 파기이유로 한 사실상 및 법률상의 판단에 대하여 심리하는 과정에서 (ㄴ) 새로운 증거가 제시되어 기속적 판단의 기초가 된 증거관계에 변동이 생기지 아니하는 한 (ㄷ) 그 판단에 기속된다. (아) (ㄱ) 기속적 판단의 기초가 된 증거관계에 변동이 생기지 아니하였음에도 (ㄴ) 하급심이 상급심판결의 파기이유와 달리 판단한 경우 (ㄷ) 그 하급심판결에는 파기판결의 기속력에 관한 법리를 위반한 위법이 있다고 보아야 한다.

대법원은 갑의 사안에 대해 다음과 같이 판단하였다.

(가) 이 사건에 관하여 본다. (나) ㉠공소사실을 유죄로 본 최초 항소심판결(㉯판결)에 대하여 1차 상고심(㉰판결)은 구 군형법 제35조에 대한 법리오해, 채증법칙, 심리미진의 위법이 있다고 보아 이를 파기하였다. (다) 그런데 1차 환송 후 항소심(⑧판결)이 다시 ㉠공소사실을 유죄로 판단하였다. (라) 이에 2차 상고심(⑩판결)은 '피고인의 행위를 가리켜 적에 대하여 공격을 아니하였거나 위난으로부터 이탈하였다고 볼 수 없고, 1차 환송 후 원심판결에는 증거 없이 사실을 단정하고 새로운 증거 없이 1차 상고심판결의 판시 취지에 반하는 판단을 한 위법이 있다.'고 판단하였다. (마) 그렇게 하면서 2차 상고심(⑩판결)은 무죄 취지로 1차 환송 후 항소심판결(⑧판결)을 다시 파기하면서 사건을 하급심인 육군고등군법회의에 환송하였다.

(사) 이러한 사실관계를 앞서 본 법리에 비추어 본다. (아) 위와 같은 2차 상고심(⑭판결)의 판단에는 기속력이 발생하여 사건을 환송받은 2차 환송 후 원심(⑭판결)으로서는 위와 같은 기속적 판단의 기초가 된 증거관계에 변동이 없는 한 그 판단의 취지와 다르게 판단할 수 없다. (자) 그럼에도 2차 환송 후 항소심(⑭판결)은 그러한 증거관계에 변동이 없음에도 2차 상고심(⑭판결)의 기속적 판단에 반하여 '피고인이 정당한 사유 없이 공격하지 아니한 것'이라고 보고 이 부분 공소사실을 유죄로 판단하였다. (차) 원판결(⑭판결)에는 [원판결 시점의 법령인] 구 법원조직법 제18조와 기속력에 관한 법리를 위반한 잘못이 있다. (아) 이 점을 지적하는 비상상고는 이유 있다.

대법원은 결론적으로 다음과 같이 판단하였다. (가) ⑭원판결은 군사법원법 제498조 제1호 본문에 의하여 파기되어야 한다. (나) ⑭원판결은 피고인에게 불이익하므로 군사법원법 제498조 제1호 단서에 따라 다음과 같이 피고사건에 대하여 다시 판결하기로 한다.

【다시 쓰는 판결 이유】

이 부분 [㉠]공소사실의 요지는 제1항 기재와 같고, 기속적 판단의 기초가 된 증거관계에 아무런 변동이 없는데, 제출된 증거만으로는 피고인이 정당한 사유 없이 적에 대하여 공격을 아니하였거나 위난으로부터 이탈하였다고 볼 수 없어 이 부분 공소사실은 범죄의 증명이 없는 경우에 해당하므로 무죄를 선고하기로 하여, 관여 대법관의 일치된 의견으로 주문과 같이 판결한다.

2023도751

범칙금 통고처분과 성명모용

2023. 3. 16. 2023도751, [미간행] = 『성명모용 통고처분 취소 사건』

「경범죄 처벌법」은 여러 가지 경미 범죄행위를 규정하고 있다. 「경범죄 처벌법」은 경미 범죄행위의 유형에 따라 10만원, 20만원, 60만원 이하의 벌금으로 처벌하고 있다(동법 제3조 제1항, 제2항, 제3항). 「경범죄 처벌법」은 벌금 대신 범칙금을 납부하는 제도를 규정하고 있다(동법 제6조 이하). 범칙금 납부 대상범죄를 범칙행위라고 한다. 범칙행위자에 대한 범칙금 부과행위를 통고처분이라고 한다. 통고처분의 주체는 경찰서장이다. 일선 현장에서는 담당 경찰관이 경찰서장의 대리인으로 통고처분을 행한다.

「경범죄 처벌법」상 통고처분은 최장 20일 이내에 이행하여야 한다(동법 제8조 제2항). 통고처분을 이행하지 않으면 즉결심판에 회부된다(동법 제9조 제1항). 즉결심판에 회부되더라도 범칙금의 2분의 1을 가산한 금액을 납부하면 즉결심판청구는 취소된다(동법 제9조 제2항). 범칙금을 납부한 사람은 그 범칙행위에 대하여 다시 처벌받지 않는다(동법 제8조 제3항, 제9조 제3항).

(사실관계가 불명하여 임의로 구성함.) 갑은 P식당에서 무전취식과 함께 음주소란 행위를 하였다(㉮행위). 업주의 신고를 받고 경찰관이 출동하였다. 갑은 신원을 확인하는 경찰관에게 을의 성명과 주민등록번호 등 인적 사항을 말하였다(㉯행위). 경찰관은 ㉮행위에 대해 을을 대상자로 하여 다음의 범칙사실로 범칙금을 부과하였다(㉠통고처분). (가) 무전취식. (나) 음주소란. 통고처분의 이행기간인 20일이 경과하기 전의 시점이다. 갑에 대해 다른 범행이 적발되었다. 범행의 내용은 갑이 을의 신용카드를 절취하여 사용하면서 전표에 위조된 서명을 하였다는 것이다(㉰행위). ㉰범행을 통하여 갑이 을의 성명을 모용한 사실이 확인되었다. 경찰서장은 을을 대상자로 한 ㉠통고처분을 취소하였다.

[㉠통고처분의 취소와 함께] 검사는 갑을 다음의 공소사실로 기소하였다. (가) ㉮행위 : 사기, 업무방해. (나) ㉯행위 : 주민등록법위반. (다) ㉰행위 : 절도, 사서명위조, 위조사서명행사. 제1심법원은 ㉮, ㉯, ㉰공소사실 전부를 유죄로 인정하였다. 갑은 불복 항소하였다. 항소법원은 ㉯, ㉰행위 부분에 대해서는 유죄를 인정

하였다. 항소법원은 ㉮행위 부분에 대해 다음과 같이 판단하였다. (가) ㉮행위 부분 공소사실은 이미 ㉠통고처분이 이루어진 범칙행위와 동일성이 인정된다. (나) ㉮행위 부분 공소사실은 공소제기의 절차가 법률의 규정을 위반하여 무효인 때에 해당한다. (다) ㉮행위 부분에 대한 원심(제1심)판결을 파기한다. (라) ㉮행위 부분에 대해 공소기각판결을 선고한다.

검사는 ㉮행위 부분에 대한 공소기각판결에 불복하여 상고하였다. 검사는 상고이유로 다음의 점을 주장하였다. (가) ㉠통고처분이 이루어진 범칙행위는 을에 대한 것이다. (나) ㉮행위 부분 공소사실은 갑에 대한 것이다. (다) ㉮행위 부분 공소사실은 이미 ㉠통고처분이 이루어진 범칙행위와 동일성이 인정되지 않는다.

대법원은 다음의 이유를 제시하여 상고를 기각하였다.

대법원은 「경범죄 처벌법」상의 범칙금 제도에 대해 다음과 같이 설시하였다.

(가) 「경범죄 처벌법」상 범칙금제도는 (ㄱ) 범칙행위에 대하여 (ㄴ) 형사절차에 앞서 (ㄷ) 경찰서장의 통고처분에 따라 범칙금을 납부할 경우 (ㄹ) 이를 납부하는 사람에 대하여는 기소를 하지 않는 처벌의 특례를 마련해 둔 것이다.

(나) 「경범죄 처벌법」상 범칙금제도는 법원의 재판절차와는 제도적 취지와 법적 성질에서 차이가 있다. (다) 「경범죄 처벌법」상 범칙금제도는 (ㄱ) 범칙자가 통고처분을 불이행하였더라도 (ㄴ) [검사의] 기소독점주의의 예외를 인정하여 (ㄷ) 경찰서장의 즉결심판청구를 통하여 (ㄹ) 공판절차를 거치지 않고 사건을 간이하고 신속·적정하게 처리함으로써 소송경제를 도모한다. (라) 또한 「경범죄 처벌법」상 범칙금제도는 (ㄱ) 즉결심판 선고 전까지 범칙금을 납부하면 형사처벌을 면할 수 있도록 함으로써 (ㄴ) 범칙자에 대하여 형사소추와 형사처벌을 면제받을 기회를 부여하고 있다.

(마) 따라서 경찰서장이 범칙행위에 대하여 통고처분을 한 이상, 범칙자의 위와 같은 절차적 지위를 보장하기 위하여 (ㄱ) 통고처분에서 정한 범칙금 납부기간까지는 원칙적으로 경찰서장은 즉결심판을 청구할 수 없고, (ㄴ) 범칙행위에 대한 형사소추를 위하여 이미 한 통고처분을 임의로 취소할 수 없다.

(바) 경찰서장이 범칙행위에 대하여 통고처분을 한 이상, 검사도 동일한 범칙행위에 대하여 공소를 제기할 수 없다고 보아야 한다. (사) 이때 공소를 제기할 수 없는 범칙행위는 통고처분 시까지의 행위 중 (ㄱ) 범칙금 통고의 이유에 기재된 당해 범칙행위 자체 및 (ㄴ) 그 범칙행위와 동일성이 인정되는 범칙행위에 한정된다.

대법원은 성명모용의 법적 효과에 대해 다음과 같이 설시하였다.

(가) 형사소송법 제248조에 따라 공소는 검사가 피고인으로 지정한 이외의 다른 사람에게 그 효력이 미치지 않는다. (나) 그러므로 공소제기의 효력은 검사가 피고인으로 지정한 자에 대하여만 미친다. (다) 따라서 피의자가 다른 사람의 성명을 모용한 탓으로 공소장에 피모용자가 피고인으로 표시되었더라도 이는 당사자의 표시상의 착오일 뿐이다. (마) 검사는 모용자에 대하여 공소를 제기한 것이므로 모용자가 피고인이 된다. (바) 피모용자에게 공소의 효력이 미친다고는 할 수 없다.

(사) 이와 같은 법리는 「경범죄 처벌법」에 따른 경찰서장의 통고처분의 효력에도 마찬가지로 적용된다고 보아야 한다.

대법원이 설시한 성명모용의 법리에 따르면 「경범죄 처벌법」에 따른 경찰서장의 통고처분의 효력을 다음과 같이 정리할 수 있다. (가) 형사소송법 제248조[의 준용]에 따라 통고처분은 경찰서장이 범칙행위자로 지정한 이외의 다른 사람에게 그 효력이 미치지 않는다. (나) 그러므로 통고처분의 효력은 경찰서장이 범칙행위자로 지정한 자에 대하여만 미치는 것이다. (다) 따라서 범칙행위자(갑)가 다른 사람(을)의 성명을 모용한 탓으로 통고처분에 피모용자(을)가 범칙행위자로 표시되었더라도 이는 당사자의 표시상의 착오일 뿐이다. (라)

경찰서장은 모용자(갑)에 대하여 통고처분을 한 것이므로 모용자(갑)가 범칙행위자가 된다. (마) 피모용자 (을)에게 통고처분의 효력이 미친다고는 할 수 없다. 이상의 판단을 토대로 대법원은 이중기소를 이유로 공소 기각판결을 선고한 원심의 판단을 유지하였다.

2023도3626
전자정보 복제파일의 실질적 피압수자
2024. 12. 26. 2023도3626, 중요판결 요지 =『복제파일 임의제출 참여권자 사건』

(아래에서는 다수의 미성년자 피해자들을 A로 통칭하여 사실관계를 정리함.) ㉠USB는 갑 소유이다. A 는 ㉠USB에서 A와의 성교 장면이나 A의 신체 부위를 사진과 동영상으로 촬영한 파일들을 발견하였다(ⓐ 파일로 통칭함). A는 자신이 소유하는 ㉡USB에 ⓐ파일을 복제하였다(ⓑ복제파일). A는 ⓑ복제파일이 저장 된 ㉡USB를 수사기관에 임의제출하였다.

검사는 갑을 다음의 공소사실로 기소하였다. (가) 청소년성보호법 위반(청소년이용음란물 제작). (나) 청소년성보호법 위반(청소년이용음란물 소지). 검사는 ㉡USB를 증거로 제출하였다. 제1심법원은 다음의 이유를 들어 무죄를 선고하였다. (가) ㉡USB 및 그에 저장된 전자정보(ⓑ복제파일)의 실질적 피압수자는 갑이다. (나) ㉡USB의 임의제출 과정에서 갑에게 참여권이 보장되지 않았다. (다) ㉡USB은 위법수집증거에 해당한다. (라) ㉡USB에 기초하여 획득한 ⓑ복제파일도 2차적 증거로서 증거능력이 없다. 검사는 불복 항소하였다. 항소법원은 항소를 기각하고, 제1심판결을 유지하였다. 검사는 불복 상고하였다.

대법원은 다음의 이유를 제시하여 원심판결을 파기환송하였다.

대법원은 복제된 전자정보의 압수·수색과 원본 전자정보 소유자의 참여권의 관계에 대해 다음과 같이 설시하였다.

(가) 전자정보가 제3자 소유·관리의 정보저장매체에 복제되어 임의제출되는 경우가 있다. (나) 이 경우에 복제 전자정보와 원본 전자정보의 내용이 완전히 동일하다. (다) 그렇다고 하더라도, 특별한 사정이 없는 한 그 정보의 동일성을 들어 (ㄱ) 복제 전자정보 임의제출자 외에 (ㄴ) 원본 전자정보 관리처분권자를 실질적 피압수자로 평가하고 그에게 참여권을 인정해야 하는 것은 아니라고 보아야 한다.

(라) 다만, 복제 전자정보 생성 경위와 지배관리 상태, 복제 전자정보를 임의제출하게 된 경위, 원본 전자정보 임의제출이나 압수·수색 가능성 등 제반 사정과 전자정보 압수·수색에서 혐의사실과 무관한 전자정보의 무분별한 탐색·복제·출력 등을 방지하려는 참여권의 의의 및 기능을 종합적으로 살펴, (ㄱ) 원본 전자정보 임의제출이 충분히 가능함에도 (ㄴ) 오직 원본 전자정보 관리처분권자의 참여를 배제할 목적으로 원본 전자정보 대신 복제 전자정보를 임의제출하는 경우 등과 같이 (ㄷ) 복제 전자정보를 임의제출하는 사람에게만 참여의 기회를 부여하는 것이 현저히 부당하다는 등의 특별한 사정이 있으면 예외가 인정된다.

(마) 그 정보의 동일성을 들어 복제 전자정보 임의제출자 외에 원본 전자정보 관리처분권자를 실질적 피압수자로 평가하고 그에게 참여권을 인정해야 하는 것은 아니라고 보아야 한다.

대법원은 위와 같이 판단하는 이유에 대해 다음과 같이 설시하였다.

대법원은 먼저 전자정보의 특성에 대해 다음과 같이 설시하였다.

(가) 전자정보는 그 자체로는 무정형의 관념에 불과할 뿐 물리적 존재가 아니다. (나) 전자정보는 (ㄱ) 복제가 용이하고 (ㄴ) 다수에게 손쉽게 전파·유통될 수 있으며 (ㄷ) 그 보유·사용·처분·변경 등이 다수에 의하여 동시다발적으로 이루어질 수 있는 비경합적·비배타적 성질을 가진다. (다) (ㄱ) 전자정보가 복제되어 유통·처분·변경되거나 여러 번 재복제되더라도 (ㄴ) 원본 전자정보나 복제되기 전 단계의 정보들은 마

모되거나 훼손되지 않은 채 복제된 정보와 독립하여 존재할 수 있다.

(라) 이와 같은 전자정보의 특성을 고려하면, (ㄱ) '제3자가 피의자 소유·관리의 정보저장매체 자체를 수사기관에 제출하는 방법으로 그 정보저장매체 내에 저장된 전자정보를 임의제출하는 것'과 (ㄴ) '그 전자정보를 제3자 소유·관리의 정보저장매체에 복제한 후 복제 전자정보가 저장된 정보저장매체를 그 제3자가 수사기관에 제출하는 방법으로 복제 전자정보를 임의제출하는 것'은 (ㄷ) 적어도 그 임의제출 과정에서 보장되어야 하는 참여권의 관점에서는 동일하다고 평가할 수 없다.

대법원은 원본 전자정보 소유자의 실질적 피압수자 여부에 대해 다음과 같이 설시하였다.

(가) 참여권자로서의 실질적 피압수자에 해당하는지 여부는, 임의제출(압수)되는 전자정보나 정보저장매체의 관리처분권에 관하여 (ㄱ) 민사법상 권리의 귀속에 따른 사후적 판단이 아니라 (ㄴ) 압수·수색 당시의 외형적·객관적인 기준에 의하여, (ㄷ) 즉 임의제출(압수)의 직접적 대상인 당해 정보저장매체의 현실적 지배관리 상태와 (ㄹ) 그로부터 외형적·객관적으로 추단되는 저장 전자정보에 대한 관리처분권 유무를 통하여 판단하여야 한다.

(나) 원본 전자정보에 대한 관리처분권을 복제 전자정보 임의제출 시 참여권 인정의 근거로 새기게 되면 무한한 복제·유통·변형·합성 등이 가능한 전자정보의 압수절차에서 일일이 원본 전자정보나 그 관리처분권자를 특정해야 할 것이다. (다) 이는 현실적으로 불가능할 뿐만 아니라 수사의 현장성·적시성·밀행성에도 어긋난다.

(라) 복제 전자정보가 사인(私人)이 임의로 수집, 제출한 증거로서 위법한지 여부는 전자정보 및 저장매체 임의제출(압수) 과정에서의 절차적 권리인 참여권 보장 문제와는 다른 측면에서 판단되어야 한다.

대법원은 갑의 사안에 대해 다음과 같이 판단하였다.

(가) A가 임의제출한 ⓒUSB는 A의 소유·관리에 속하는 정보저장매체로서 그 자체로는 피고인(갑)과 관련이 없다. (나) 갑이 소유·관리하는 정보저장매체는 ⓐ원본 USB 뿐이다. (다) ⓐ원본 USB는 수사기관에 임의제출되거나 압수된 바 없다. (라) 그러므로 ⓐ원본 USB에 관하여 (ㄱ) 형사소송법이 정한 참여권이나 (ㄴ) 그 참여권 인정을 위한 전제로 실질적 피압수자라는 지위를 상정하기 어렵다.

(마) ⓑ복제 전자정보 등의 압수·수색(임의제출) 과정에서는 특별한 사정이 없는 한 임의제출자인 A(피압수자)에게 형사소송법이 정하는 바에 따라 참여의 기회를 부여하는 것으로 충분하다. (바) ⓐ원본 USB 소유·관리자이자 그 저장 전자정보의 관리처분권자인 피고인(갑)을 실질적 피압수자로 보아 갑에게까지 참여의 기회를 부여해야만 그 임의제출이 적법하다고 평가할 수는 없다.

2023도3741

검사작성 공범 피의자신문조서와 내용부인

2023. 6. 1. 2023도3741, 공 2023하, 1182 = 『필로폰 공범 검사 피신조서 사건』

갑이 을에게 필로폰을 판매하였다는 혐의가 제기되었다. 경찰은 갑과 을을 조사한 후 검찰에 사건을 송치하였다. 검사는 을을 피의자로 조사하였다. 을은 검사의 신문에 대해 다음과 같이 진술하였다. "2021. 3. 29. 갑으로부터 필로폰을 매수한 후 이를 투약하였다." 을의 진술은 ⓐ검사작성 피의자신문조서에 기재되었다. 검사는 을을 필로폰 투약의 공소사실로 기소하였다(㉮사건). ㉮사건 제1심법원은 다음의 범죄사실을 인정하였다(㉮판결). "2021. 3. 29. 을은 갑으로부터 필로폰 1g을 50만원에 매수하였다." [2022경] ㉮판결은 확정되었다.

검사는 갑을 일련의 필로폰 매도의 공소사실로 기소하였다. 여기에는 2021. 3. 29. 갑이 을에게 필로폰을 매도한 사실이 포함되어 있다(㉯사건). 갑은 공소사실을 부인하였다. 검사는 을에 대한 ㉠검사작성 피의자신문조서 사본와 ㉮판결문 사본을 증거로 제출하였다. 갑과 갑의 변호인은 ㉠조서에 대해 증거로 함에 동의하지 않았다. 을은 갑에 대한 ㉯피고사건 공판절차에 증인으로 출석하였다. 을은 다음과 같이 진술하였다(㉡진술). (가) 검사에게 ㉠검사작성 피의자신문조서에 기재된 대로 진술한 사실이 있다. (나) 그러나 사실은 2021. 3. 29. 갑으로부터 필로폰을 구입한 사실이 없다. 2022. 8. 16. ㉯사건 제1심법원은 갑에게 유죄를 인정하였다. ㉯사건 제1심법원은 판결문에 유죄의 증거로 을에 대한 ㉠피의자신문조서와 ㉮판결문을 기재하였다.

갑은 불복 항소하였다. 2023. 2. 16. 항소법원은 항소를 기각하고, 제1심판결을 유지하였다. 갑은 불복 상고하였다. 갑은 상고이유로 다음의 점을 주장하였다. (가) 갑과 갑의 변호인은 을에 대한 ㉠검사작성 피의자신문조서에 대해 증거로 함에 동의하지 않았다. (나) 이는 곧 내용부인의 진술에 해당한다. (다) 2021년 시행된 개정 형사소송법에 의하면 검사작성 피의자신문조서에 대해서도 내용부인이 있으면 증거능력이 부정된다. (라) 이는 공범자에 대한 검사작성 피의자신문조서에 대해서도 마찬가지이다. (마) 개정 규정은 개정규정 시행 후 공소제기된 사건부터 적용된다(부칙 1조의2). (바) 원심판결에는 증거능력 없는 ㉠검사작성 피의자신문조서를 유죄의 증거로 채택한 잘못이 있다.

2023. 6. 1. 대법원은 다음의 이유를 제시하여 상고를 기각하였다.

대법원은 검사작성 피의자신문조서의 증거능력에 대해 다음과 같이 설시하였다. (가) 형사소송법 제312조 제1항이 2020. 2. 4. 법률 제16924호로 개정되어 2022. 1. 1.부터 시행되었다. (나) 개정된 형사소송법 제312조 제1항은 (ㄱ) 검사가 작성한 피의자신문조서의 증거능력에 대하여 (ㄴ) '적법한 절차와 방식에 따라 작성된 것으로서 (ㄴ) 공판준비, 공판기일에 (ㄷ) 그 피의자였던 피고인 또는 변호인이 그 내용을 인정할 때에 한정하여 증거로 할 수 있다.'고 규정하였다. (다) 여기서 '그 내용을 인정할 때' 라 함은 (ㄱ) 피의자신문조서의 기재 내용이 진술 내용대로 기재되어 있다는 의미가 아니고 (ㄴ) 그와 같이 진술한 내용이 실제 사실과 부합한다는 것을 의미한다. (라) 형사소송법 제312조 제1항에서 정한 '검사가 작성한 피의자신문조서'란 (ㄱ) 당해 피고인에 대한 피의자신문조서만이 아니라 (ㄴ) 당해 피고인과 공범관계에 있는 다른 피고인이나 피의자에 대하여 검사가 작성한 피의자신문조서도 포함된다. (마) 여기서 말하는 '공범'에는 (ㄱ) 형법 총칙의 공범 이외에도 (ㄴ) 서로 대향된 행위의 존재를 필요로 할 뿐 각자의 구성요건을 실현하고 별도의 형벌 규정에 따라 처벌되는 강학상 필요적 공범 또는 대향범까지 포함한다. (사) 따라서 피고인이 (ㄱ) 자신과 공범관계에 있는 다른 피고인이나 피의자에 대하여 검사가 작성한 피의자신문조서의 내용을 부인하는 경우에는 (ㄴ) 형사소송법 제312조 제1항에 따라 유죄의 증거로 쓸 수 없다.

대법원은 갑의 사안에 대해 다음과 같이 판단하였다. (가) 원심은 판시와 같은 이유로, 이 사건 공소사실 중 을에 대한 필로폰 매도 부분(㉯사건)에 대하여 '을에 대한 검찰 피의자신문조서 사본' 등을 증거로 하여 유죄로 판단한 제1심판결을 유지하였다. (나) 원심판결 이유를 관련 법리와 적법하게 채택된 증거에 비추어 살펴본다. (다) 피고인(갑)과 변호인이 '을에 대한 검찰 피의자신문조서 사본'에 관하여 내용 부인 취지에서 '증거로 사용함에 동의하지 않는다.'는 의견을 밝혔다. (라) 그럼에도 불구하고 이를 유죄인정의 증거로 사용한 것은 형사소송법 제312조 제1항에 관한 법리를 오해한 것이다. (마) 그렇지만 적법하게 채택한 나머지 증거능력 있는 증거[㉮판결문]만으로도 ㉯공소사실을 유죄로 인정하기에 충분하다. (바) 그러므로 위와 같은 원심의 일부 부적절한 판단이 판결에 영향을 미친 잘못에 해당한다고 볼 수는 없다.

2023도15133

진술분석관 영상녹화물의 증거능력

2024. 3. 28. 2023도15133, 공 2024상, 739 =『진술분석 과정 영상녹화물 사건』

A(여; 2009년생)는 초등학생이다. 갑(여)은 A의 친모이다. 을은 A의 계부이다. 병과 정은 갑의 지인이다. 갑은 병과 내연관계에 있다. 2021. 5. 3.경 A는 자신이 다니던 학교 측으로부터 정으로부터 성폭행을 당할 뻔 했다고 알렸다. 2021. 5. 25. A에 대해 해바라기센터의 제1회 조사가 있었다. 2021. 5. 26. A에 대해 제1회 경찰조사가 있었다. 2021. 7. 5. A에 대해 해바라기센터의 제2회 조사가 있었다. 2021. 7. 5. A에 대해 제2회 경찰조사가 있었다. 2021. 9. 11. A에 대해 해바라기센터의 제3회 조사가 있었다. 2021. 9. 11. A에 대해 제3회 경찰 조사가 있었다. 경찰 조사과정은 모두 영상녹화되었다(ⓐ영상녹화물로 통칭함). ⓐ영상녹화물에 대해 ⓑ녹취록이 작성되었다. 조사결과 갑, 을, 병, 정이 A에 대해 여러 가지 성적 범죄행위를 하였다는 혐의가 제기되었다(㉮사건으로 통칭함). 경찰은 갑, 을, 병, 정을 피의자로 입건하여 조사하였다. 경찰은 갑, 을, 병, 정의 피의사건을 검찰에 송치하였다.

성폭력처벌법 제33조 제4항 및 제1항에 따르면 피해자가 13세 미만인 경우 수사기관은 정신건강의학과의사, 심리학자, 사회복지학자, 그 밖의 관련 전문가에게 피해자의 정신·심리 상태에 대한 진단 소견 및 진술내용에 관한 의견을 조회하여야 한다. 검사는 위의 성폭력처벌법 규정에 의하여 대검찰청 과학수사부 법과학분석과 소속 진술분석관 B에게 피해자(A) 진술의 신빙성 여부에 대한 분석을 의뢰하였다.

진술분석관 B는 경찰의 3회에 걸친 ⓐ영상녹화 CD 및 ⓑ속기록을 포함한 ㉮사건 기록을 받았다. 2022. 4. 27. 10:44부터 14:23까지 진술분석관 B는 관할 지방검찰청 여성·아동조사실에서 A를 면담하였다. 2022. 5. 2. 13:56부터 16:32까지 진술분석관 B는 관할 지방검찰청 여성·아동조사실에서 A를 면담하였다. 면담은 당시까지 수사기관이 ㉮사건에 대하여 조사한 내용에 관하여 A에게 문답을 하는 방식으로 진행되었다. 면담과정은 영상녹화되어 '피해자 진술분석 과정 영상녹화 CD'로 제작되었다(㉠CD). ㉠CD에 대해 ㉡녹취록이 작성되었다. 진술분석관 B는 ㉮사건 ⓐ영상녹화물과 ⓑ녹취록 및 ㉮사건 기록을 분석 자료로 하여 A의 진술의 신빙성을 분석한 ㉢진술분석결과통보서를 작성하였다. 2022. 6. 17.경 진술분석관은 ㉢진술분석결과통보서와 ㉡녹취록을 검사에게 제출하였다. 2022. 9. 30.경 진술분석관은 ㉠CD를 검사에게 제출하였다.

검사는 갑, 을, 병, 정을 「아동복지법」위반, 청소년성보호법위반, 성폭력처벌법위반의 공소사실로 기소하였다. 갑, 을, 병, 정의 공소사실은 다음과 같이 대별할 수 있다. (가) A에 대한 신체적, 정서적 학대행위 (㉯행위로 통칭함). (나) A에 대한 간음행위 (㉰행위로 통칭함). 제1심 공판절차에서 갑, 을, 병, 정은 공소사실을 부인하였다. 검사는 경찰에서 작성된 ⓐCD와 ⓑ녹취록을 증거로 제출하였다. A는 ⓐCD에 대해 진정성립을 인정하였다. ㉯행위 부분에 대한 공소사실에 대해서는 A의 진술 이외에도 다른 증거들이 제출되었다. 그러나 ㉰행위 부분 공소사실에 대해서는 A의 진술이 유일한 증거였다. 검사는 ⓐCD에 수록된 A의 진술의 신빙성을 뒷받침하기 위하여 진술분석관 B가 작성한 ㉠CD를 증거로 신청하였다.

제1심법원은 다음의 이유를 들어서 ㉠CD의 증거능력을 부정하였다. (가) ㉠CD는 수사기관의 조서가 아니므로 형소법 제312조를 적용할 수 없다. (나) ㉠CD는 수사과정 외에서 작성된 것이 아니므로 형소법 제313조를 적용할 수 없다. 제1심법원은 ㉯행위 부분에 대해 피고인들에게 유죄를 인정하였다. 제1심법원은 A의 진술이 일관되지 않음을 들어서 ㉰행위 부분에 대해 피고인들에게 무죄를 선고하였다.

검사는 불복 항소하였다. 항소법원은 검사의 공소장변경신청이 있었음을 이유로 제1심판결을 파기하였다. 항소법원은 ㉠CD의 증거능력을 부인한 제1심법원의 판단을 유지하였다. 항소법원은 ㉯행위 부분에 대해 피고인들에게 유죄를 인정하였다. 항소법원은 ㉰행위 부분에 대해 피고인들에게 무죄를 선고하였다. 검사는 무죄 부분에 불복하여 상고하였다. 검사는 상고이유로 다음의 점을 주장하였다. (가) ㉠CD의 증거능력이 인정되어야 한다. (나) ㉠CD에 대해 형소법 제312조와 제313조를 모두 적용할 수 없다면 중대한 법적 공백이 발생한다.

대법원은 다음의 이유를 제시하여 상고를 기각하였다.

대법원은 서면증거의 증거능력 판단기준에 대해 다음과 같이 설시하였다.

(가) (ㄱ) 헌법 제12조 제1항이 규정한 적법절차의 원칙과 (ㄴ) 헌법 제27조에 의하여 보장된 공정한 재판을 받을 권리를 구현하기 위하여 (ㄷ) 형사소송법은 공판중심주의와 구두변론주의 및 직접심리주의를 기본원칙으로 하고 있다. (나) 따라서 형사소송법이 수사기관에서 작성된 조서 등 서면증거에 대하여 일정한 요건을 충족하는 경우에 증거능력을 인정하는 것은 실체적 진실발견의 이념과 소송경제의 요청을 고려하여 예외적으로 허용하는 것일 뿐이다. (다) 그러므로 증거능력 인정 요건에 관한 규정은 엄격하게 해석 · 적용하여야 한다.

대법원은 전문법칙과 그 예외규정에 대해 다음과 같이 분석하였다.

(가) 형사소송법 제311조는 법원 또는 법관의 조서의 증거능력에 관하여 규정한다.

(나) 형사소송법 제312조 제1항 내지 제3항은 검사 또는 검사 이외의 수사기관이 작성한 피의자신문조서의 증거능력에 관하여 규정한다. (다) 형사소송법 제312조 제4항은 검사 또는 사법경찰관이 피고인이 아닌 자의 진술을 기재한 조서에 대하여 (ㄱ) 적법한 절차와 방식에 따라 작성된 것으로서 (ㄴ) 실질적 진정성립이 증명되고 (ㄷ) 반대신문이 보장되며 (ㄹ) 진술이 특히 신빙할 수 있는 상태하에서 행하여졌음이 증명된 때에 한하여 증거능력을 인정한다. (라) 형사소송법 제312조 제5항은 피고인 또는 피고인이 아닌 자의 진술서가 수사과정에서 작성된 경우 같은 조 제1항 내지 제4항을 준용한다.

(마) 형사소송법 제313조 제1항은 '전 2조의 규정 이외에 피고인 또는 피고인이 아닌 자가 작성한 진술서나 그 진술을 기재한 서류'로서 (ㄱ) 그 작성자 또는 진술자의 자필이거나 그 서명 또는 날인이 있는 것에 대하여 (ㄴ) 그 진정성립이 증명되면 증거능력을 인정한다. (바) 수사과정에서 작성된 서류의 증거능력에 관하여 형사소송법 제312조는 형사소송법 제313조 제1항보다 더욱 엄격한 요건을 규정하고 있다. (사) 형사소송법 제312조의 취지에 비추어 보면, 형사소송법 제313조 제1항이 규정하는 서류는 수사과정 외에서 작성된 서류를 의미한다.

대법원은 수사기관이 제작한 영상녹화물의 증거능력에 대해 다음과 같이 설시하였다.

(가) 수사기관이 제작한 영상녹화물의 증거능력 내지 증거로서의 사용 범위는 더욱 엄격하게 제한되어 있다. (나) 즉 (ㄱ) 검사 또는 사법경찰관이 (ㄴ) 피고인이 아닌 자를 조사하는 과정에서 (ㄷ) 형사소송법 제221조 제1항에 따라 제작한 영상녹화물은, (ㄹ) 다른 법률에서 달리 규정하고 있는 등의 특별한 사정이 없는 한 (ㅁ) 공소사실을 직접 증명할 수 있는 독립적인 증거로 사용할 수 없다. (다) 또한 (ㄱ) 영상녹화물이 (ㄴ) 형사소송법 제312조 제4항에 의하여 (ㄷ) 검사 또는 사법경찰관이 피고인이 아닌 자의 진술을 기재한 조서에 대한 실질적 진정성립을 증명하는 수단으로 사용될 때에도 (ㄹ) 그 영상녹화물은 형사소송법 및 형사소송규칙에 규정된 방식과 절차에 따라 제작되어야 한다.

대법원은 수사기관 이외의 자가 수사과정에서 제작한 영상녹화물의 증거능력에 대해 다음과 같이 설시하였다.

(가) 이러한 헌법과 형사소송법의 규정 및 전문증거의 증거능력 인정에 관한 해석 원칙에 비추어 본다. (나) 피고인이 아닌 자의 진술을 기재한 서류가 비록 수사기관이 아닌 자에 의하여 작성되었다고 하더라도, (ㄱ) 수사가 시작된 이후 (ㄴ) 수사기관의 관여나 영향 아래 작성된 경우로서 (ㄷ) 서류를 작성한 자의 신분

이나 지위, 서류를 작성한 경위와 목적, 작성 시기와 장소 및 진술을 받는 방식 등에 비추어 실질적으로 고찰할 때 (ㄹ) 그 서류가 수사과정 외에서 작성된 것이라고 보기 어렵다면, (ㅁ) 이를 형사소송법 제313조 제1항의 '전 2조의 규정 이외에 피고인이 아닌 자의 진술을 기재한 서류'에 해당한다고 할 수 없다.

(다) 나아가 (ㄱ) 전문증거의 증거능력은 이를 인정하는 법적 근거가 있는 때에만 예외적으로 인정된다는 원칙 및 (ㄴ) 수사기관이 제작한 영상녹화물의 증거능력 내지 증거로서의 사용 범위를 다른 전문증거보다 더욱 엄격하게 제한하는 관련 판례의 취지에 비추어 본다. (라) 그렇게 보면, (ㄱ) 수사기관이 아닌 자가 (ㄴ) 수사과정에서 (ㄷ) 피고인이 아닌 자의 진술을 녹화한 영상녹화물의 증거능력도 (ㄷ) 엄격하게 제한할 필요가 있다.

대법원은 진술분석관이 제작한 ㉠영상녹화물의 증거능력에 대해 다음과 같이 판단하였다.

(가) (사실관계 분석; 생략함.) (나) 위와 같은 진술분석관의 소속 및 지위, 진술분석관이 피해자와 면담을 하고 ㉠영상녹화물을 제작한 경위와 목적, 진술분석관이 면담과 관련하여 수사기관으로부터 확보한 자료의 내용과 성격, 면담 방식과 내용, 면담 장소 등을 앞서 본 법리에 비추어 살펴본다. (다) ㉠영상녹화물은 수사과정 외에서 작성된 것이라고 볼 수 없다. (라) 그러므로 형사소송법 제313조 제1항에 따라 증거능력을 인정할 수 없다.

(라) ㉠영상녹화물은 수사기관이 작성한 피의자신문조서나 피고인이 아닌 자의 진술을 기재한 조서가 아니다. (마) ㉠영상녹화물은 피고인 또는 피고인이 아닌 자가 작성한 진술서도 아니다. (바) 그러므로 형사소송법 제312조에 의하여 증거능력을 인정할 수도 없다.

(사) 이와 같은 취지에서 ㉠영상녹화물의 증거능력이 없다고 본 원심의 판단은 정당하다. (아) 원심의 판단에 전문증거의 증거능력에 관한 형사소송법 제313조 등의 법리를 오해한 잘못이 없다.

2024도3298

송달영수인에 대한 송달과 심급제한

2024. 5. 9. 2024도3298, 공 2024하, 941 =『제1심 송달영수인 송달 사건』

검사는 갑을 공직선거법위반 공소사실로 기소하였다. 갑은 변호사 A를 변호인으로 선임하였다. 갑은 제1심법원에 A에 대한 변호인선임서를 제출하였다. 2022. 12. 1. 제1심법원은 공소장에 기재된 갑의 ⓐ주소지로 공소장 부본 등을 송달하였다. 2023. 2. 2. 제1심 변호인 A는 갑을 대리하여 제1심법원에 다음 내용의 송달영수인 신고서를 제출하였다(㉠신고서). (가) 피고인의 송달영수인 : 변호인 A. (나) 송달장소 : 변호인 A의 ⓑ사무소. 2023. 9. 13. 제1심법원은 갑에 대해 유죄판결을 선고하였다. 제1심판결에 대해 갑과 검사는 각각 항소하였다.

2023. 9. 27. 항소법원은 변호사 B를 국선변호인으로 선정하는 결정을 하였다. 2023. 10. 4. 항소법원은 국선변호인 B에게 국선변호인선정결정, 소송기록접수통지서 등을 송달하였다. 항소법원은 항소인에게 소송기록접수통지를 하여야 한다(형소법 제361조의2 제1항). 2023. 10. 5. 항소법원은 제1심 변호인 A의 ⓑ사무소로 갑에 대한 소송기록접수통지서 등을 송달하였다. 갑은 항소심에서 제1심과 다른 변호사 C를 변호인으로 선임하였다. 2023. 10. 10. 갑은 C에 대한 변호인선임서를 항소법원에 제출하였다. 항소법원은 B에 대한 국선변호인 선정을 취소하였다.

2023. 10. 16. 항소법원은 갑에 대한 제1회 공판기일 소환장을 제1심 변호인 A의 ⓑ사무소로 송달하였다. 항소법원은 항소심 변호인 C에게 소송기록접수통지를 하지 않았다. 2023. 11. 7. 항소법원은 제1회 공판기일을 진행하였다. 2023. 12. 19. 항소법원은 제2회 공판기일을 진행한 후 변론을 종결하였다. 2024. 1. 30. 항소

법원은 제3회 공판기일을 열었다. 항소법원은 갑과 검사의 항소를 모두 기각하는 판결을 선고하였다. 갑은 불복 상고하였다.

대법원은 다음의 이유를 제시하여 갑에 대한 항소기각판결을 파기환송하였다.

대법원은 송달영수인에 대한 송달에 대해 다음과 같이 설시하였다.

(가) 형사소송법 제65조는 서류의 송달에 관하여 법률에 다른 규정이 없는 때에는 민사소송법을 준용한다. (나) 「민사소송법」 제183조 제1항에 의하면, 송달은 송달받을 사람의 주소·거소·영업소 또는 사무소 등의 송달장소에서 하여야 한다. (다) 「민사소송법」 제184조에 의하면, 당사자·법정대리인 또는 변호인은 주소 등 외의 장소를 송달받을 장소로 정하여 법원에 신고할 수 있으며, 이 경우에는 송달영수인을 정하여 신고할 수 있다. (라) 송달영수인의 신고가 있으면 송달은 신고된 장소와 영수인에게 하여야 한다. (마) 송달영수인이 송달받은 때에 송달의 효력이 발생한다. (바) 그러나 송달영수인 신고의 효력은 그 심급에만 미친다. (사) 그러므로 상소 또는 이송을 받은 법원의 소송절차에서는 송달영수인 신고의 효력이 없다.

대법원은 항소심에서의 사선변호인에 대한 소송기록접수통지에 대해 다음과 같이 설시하였다.

(가) 항소법원이 기록의 송부를 받은 때에는 즉시 항소인과 상대방에게 그 사유를 통지하여야 한다(형소법 제361조의2 제1항). (나) 항소인과 상대방에 대한 통지 전에 변호인의 선임이 있는 때에는 변호인에게도 소송기록접수통지를 하여야 한다(형소법 제361조의2 제2항). (다) 항소인 또는 변호인은 그 통지를 받은 날부터 20일 이내에 항소이유서를 항소법원에 제출하여야 한다(형소법 제361조의3 제1항).

(라) 항소심의 구조는 피고인 또는 변호인이 법정기간 내에 제출한 항소이유서에 의하여 심판되는 것이다. (마) 그러므로 항소이유서 제출기간의 경과를 기다리지 않고는 항소사건을 심판할 수 없다.

대법원은 갑의 사안에 대해 다음과 같이 판단하였다.

(가) (사실관 분석; 생략함.) (나) 이러한 사실관계를 앞서 본 법리에 비추어 본다. (다) 제1심 변호인(A)의 ⓑ사무소는 피고인(갑)의 주소·거소·영업소 또는 사무소 등의 송달장소가 아니다. (라) 제1심에서 한 송달영수인 신고(㉠신고서)의 효력은 항소법원에 미치지 않는다. (마) 그러므로 갑에게 소송기록접수통지서가 적법하게 송달되었다고 볼 수 없다.

(바) 이와 같이 갑에 대한 적법한 소송기록접수통지가 이루어지지 않은 상태에서 사선변호인(C)이 선임되고 국선변호인(B) 선정이 취소되었다. (사) 그러므로 원심으로서는 갑과는 별도로 원심(항소심)에서 선임된 변호인(C)에게도 소송기록접수통지를 하여야 한다. (아) 그 통지가 이루어지기 전에는 항소이유서 제출기간이 진행하지 않는다. (자) 그러므로 그 기간의 경과를 기다리지 않고는 항소사건을 심판할 수 없다.

(차) 그럼에도 원심은 갑에 대한 적법한 소송기록접수통지가 이루어지지 않은 상태에서 원심에서 선임된 변호인(C)에게도 소송기록접수통지를 하지 아니한 채 판결을 선고하였다. (카) 이러한 원심판결에는 소송절차의 법령위반으로 인하여 판결에 영향을 미친 위법이 있다.

2024도3794

무죄 주장과 검사의 증명책임

2024. 11. 14. 2024도3794, 판례속보 =『준강간미수 공갈미수 사건』

갑(여)과 A(남)는 지인 사이이다. B는 갑의 동거남이다. 2021. 9. 14. 저녁 갑과 A는 L식당에서 식사를 하면서 소주 2병, 복분자 3병을 나누어 마셨다. 2021. 9. 14. 21:57경 갑과 A는 L식당으로부터 약 7.3㎞ 떨어져 있는 M모텔에 들어가 ⓐ호실에 투숙하였다. 2021. 9. 14. 자정 무렵 A는 M모텔에서 나왔다. 2021. 9. 15. 02:15경 갑은 M모텔 객실에 있던 중 구급차를 불렀다. 갑은 P병원 응급실로 가 치료를 받은 후 퇴원하였다. 당시 병원 진료기록에 따르면, 갑은 지병인 발작성 심방세동 증상과 함께 구토를 동반한 메스꺼움 증상을 보였다. B는 갑의 동거남이다. B는 P병원 응급실에서 갑을 만났다.

2021. 9. 15. 14:30경 B는 지인 C와 함께 A의 사무실을 찾아갔다. B는 갑(여)에 대한 성폭행 행위에 대해 항의하며 A를 폭행하였다. A는 B에게 사과하였다. A의 사무실 앞에는 갑이 영업하는 N호프집이 있다. A는 B, C와 함께 N호프집을 찾아가 갑에게 잘못했다고 말하며 사과하였다. 그 이전에 갑은 A로부터 N호프집의 임차권을 양수하였다. 이때 갑이 잔대금 채무 2,100만 원을 지급하는 내용의 공증을 한 것이 있었다. N호프집에서 갑에게 사과하는 자리에서 A는 갑에게 가게를 넘겨주겠다는 제안을 하기도 하였다. 2021. 9. 16. A는 B를 만나 게임장을 같이 동업하자고 말하기도 하였다.

2021. 9. 17. 15:30경 갑은 자신이 운영하는 N호프집에서 A를 만났다. 갑은 A에게 준강간상해 피해를 주장하면서 다음과 같이 말하였다(㉠발언). "나에게 합의금 5,000만 원을 주면 조용히 끝내겠다. 합의금을 안주면 남자친구인 B가 너를 어떻게 할지 모른다. B가 칼을 품고 다닌다. 칼부림이 난다. B가 술 먹으면 눈깔돌아가는 것이다." 갑은 ㉠발언과 함께 A에게 5,000만 원 상당의 합의금을 요구하였다.

2021. 9. 17. 15:43경 A는 갑에게 일주일 시간을 달라는 등의 문자 메시지를 보냈다. 2021. 9. 17. 15:54경 B는 A로부터 합의 문제와 관련하여 '일주일도 안 되나?'는 문자 메시지를 받았다. B는 다음 내용의 답을 하였다. "A를 고소해서 처벌받게 하고 싶지만 갑이 계속 구(求)해서 이렇게 합의 보는 것이니 낼까지 마지막이다" 2019. 9. 17. 15:54경 B는 A에게 멍이 든 갑의 무릎 사진을 보내며 '동생 여자를 이렇게 할 수 있나?'라는 문자메시지를 보냈다. 이에 대하여 A는 '때린 적 없어. 어디서 생긴 상처인지는 모르겠지만 나랑 상관 없다'고 답하였다. 그러다가 다시 갑의 질책에 화장실에서 넘어지면서 무릎에 상처가 생긴 것이라고 말하였다.

2021. 9. 17. 23:20경 B는 갑이 A로부터 성폭행을 당하였다고 112 신고를 하였다. 갑은 A에게 성폭행 사실을 항의하면서 다음 내용의 문자 메시지를 보냈다. "내가 작업 칠 사람으로 보였나? B가 지금 신고했다. 조용히 마무리하라고 했잖아. 알았다. 법정에서 보자." 갑은 그 이후로는 합의금을 언급한 적이 없다. 2021. 9. 18. 갑은 관할 경찰서에서 진술하면서 무릎과 허벅지 부분의 멍과 찰과상 등 사진을 제출하였다. 갑은 경찰서에서 추가로 멍든 부분 사진을 촬영하기도 하였다.

2021. 9. 21. 갑은 관할 경찰서에 M모텔 투숙 과정에서 A로부터 준강간상해죄의 피해를 입게 되었다는 취지로 A에 대한 형사고소를 제기하였다(㉯고소사건). 수사기관은 A와 갑의 문자메시지나 통화 내용, CCTV 영상 등을 조사하였다. 2021. 11. 16. 수사기관은 ㉯고소사건에 대해 증거 불충분을 이유로 불송치(혐의없음) 결정을 하였다. 2022. 3. 11. A는 갑을 공갈미수로 수사기관에 고소하였다.

검사는 갑을 공갈미수죄로 기소하였다. 제1심 공판절차에서 갑의 ㉠발언이 확인되었다. 갑은 ㉠발언이 준강간상해 피해자의 정당한 권리행사에 해당하여 공갈죄의 협박에 해당하지 않는다고 주장하였다. 제1심 공판절차에서 A는 다음과 같이 진술하였다. "2021. 9. 14. 갑과 저녁을 같이 먹고 모텔에 들어가 서로 동의 하에 성적 접촉을 하였다."(㉡진술). 제1심법원은 A의 ㉡진술의 신빙성이 충분히 인정된다고 판단하였다. 제1심법원은 갑에게 유죄를 인정하였다.

갑은 불복 항소하였다. 항소법원은 다음과 같이 판단하였다. (가) 적법하게 채택·조사한 CCTV 영상 등에 의하면 A가 몸을 가누지 못할 정도로 술에 취했던 것으로 보이지 않는다. (나) A가 갑의 어깨를 팔로 감싸 안고 갑이 A의 허리를 팔로 감싸 안은 채로 함께 모텔로 들어간 것으로 보인다. (다) 준강제추행 혐의를 부인한 A의 ㉡진술의 신빙성이 인정된다. (라) 갑이 A에게 사회통념상 허용되는 정도나 범위를 넘는 해악을 고지하여 공갈죄의 실행에 착수하였음을 충분히 인정할 수 있다. 항소법원은 항소를 기각하고, 제1심판결을 유지하였다. 갑은 불복 상고하였다.

대법원은 다음의 이유를 제시하여 원심판결을 파기환송하였다.

대법원은 검사의 증명책임에 대해 다음과 같이 설시하였다.

(가) 형사소송법 제307조 제2항이 "범죄사실의 인정은 합리적인 의심이 없는 정도의 증명에 이르러야 한다."라고 정한 것의 의미는, (ㄱ) 법관은 검사가 제출하여 공판절차에서 적법하게 채택·조사한 증거만으로 유죄를 인정하여야 하고, (ㄴ) 법관이 합리적인 의심을 할 여지가 없을 만큼 확신을 가지는 정도의 증명력을 가진 엄격한 증거에 의하여 공소사실을 증명할 책임은 검사에게 있다는 것이다. (나) 결국 (ㄱ) 검사가 법관으로 하여금 그만한 확신을 가지게 하는 정도로 증명하지 못한 경우에는 (ㄴ) 설령 피고인의 주장이나 변명이 모순되거나 석연치 않은 면이 있는 등 유죄의 의심이 가는 사정이 있다고 하더라도 (ㄷ) 피고인의 이익으로 판단하여야 한다.

(다) 따라서 (ㄱ) 피고인이 유리한 증거를 제출하면서 범행을 부인하는 경우에도 (ㄴ) 공소사실에 대한 증명책임은 여전히 검사에 있고, (ㄷ) 피고인이 공소사실과 배치되는 자신의 주장 사실에 관하여 증명할 책임까지 부담하는 것은 아니다. (라) 그러므로 검사가 제출한 증거와 피고인이 제출한 증거를 종합하여 볼 때 공소사실에 관하여 조금이라도 합리적인 의심이 있는 경우에는 무죄를 선고하여야 할 것이다. (마) 피고인이 제출한 증거만으로 피고인의 주장 사실을 인정하기에 부족하다는 이유를 들어 공소사실에 관하여 유죄판결을 선고하는 것은 (ㄱ) 헌법상 무죄추정의 원칙은 물론 (ㄴ) 형사소송법상 증거재판주의 및 검사의 증명책임에 반하는 것이어서 허용될 수 없다.

대법원은 사실관계를 분석하였다(내용 생략함).

대법원은 다음과 같이 판단하였다. "검사가 제출한 증거들만으로는 갑이 공소사실 기재와 같이 A를 공갈하려다가 미수에 그쳤다는 점이 합리적인 의심을 할 여지가 없을 정도로 증명되었다고 볼 수 없다."

대법원은 그와 같은 판단에 이르게 된 구체적 이유를 다음과 같이 제시하였다.

대법원은 먼저 갑의 ㉠발언이 권리행사에 해당하는지에 대한 판단기준을 다음과 같이 제시하였다.

(가) 이 사건 공소사실[㉠발언]은 갑이 A로부터 M모텔에서 준강간상해죄의 피해를 입었다고 주장하며 A에게 합의금을 요구하는 과정에서 발생한 것이었고, 갑은 그로부터 며칠 후 A를 준강간상해죄로 고소하였다. (나) 따라서 갑이 합의금을 요구하면서 A에게 한 말이 공갈죄를 구성하는 해악의 고지에 해당하는지 판단하기 위해서는 먼저 (ㄱ) 갑의 이러한 언행이 갑이 주장하는 준강간상해죄에 대한 형사소송법 상 고소권의 행사와 관련하여 이루어진 것인지 또는 (ㄴ) 당시 갑에게 준강간상해죄의 피해자라는 인식이 있었는지 여부가 중요하다. (다) 갑의 ㉠발언이 (ㄱ) 범죄피해자의 고소권 행사에 수반하여 이루어진 것으로서 (ㄴ) 정당한 권리자에 의하여 권리실행의 수단으로서 사용된 것으로 인정될 여지가 있다면, (ㄷ) 그것이 권리남용에 이를 정도의 것이라는 등의 특별한 사정이 없는 한 (ㄹ) 공갈죄를 구성할 수 없게 되기 때문이다.

대법원은 다음의 사실관계를 토대로 고소권 행사 여부를 판단하였다.

(가) 갑은 M모텔에서 병원으로 이송된 직후부터 A로부터 성폭행 피해를 입었다고 주장하기 시작하였다. (나) 이를 전해 들은 B는 사건 다음 날 A를 찾아가 이를 항의하는 과정에서 A를 폭행하였다. (다) A는 같은 날 갑, B 및 지인 C가 있는 자리에서 자신의 잘못을 사과하였다. (라) 그 자리에서 A는 갑이 A로부터 인수한 호프집을 갑 측에 주겠다는 말을 하기도 하였다. (마) 그후 갑은 2021. 9. 17. A에게 합의금 5,000만 원의 지급을 요구하면서 ㉠발언을 하였다.

(바) B가 A를 신고하고 A가 성폭행 사실을 부인하며 합의할 의사를 보이지 않자 갑은 더 이상 합의금을 요구하지 않았다. (사) 그로부터 4일 후 갑은 수사기관에 M모텔에서 A로부터 준강간상해죄의 피해를 입게 되었다는 취지로 고소장을 제출하였다. (아) 이러한 일련의 과정을 살펴볼 때, 갑의 ㉠발언은 갑이 주장하는

준강간상해죄에 대한 고소권의 행사와 관련하여 이루어진 것이라고 봄이 타당하다.

대법원은 갑에게 피해자라는 인식이 있었는지에 대해 다음과 같이 판단하였다. "아래에서 인정하는 사정들을 더하여 보면, 당시 피고인(갑)에게 준강간상해죄의 피해자라는 인식이 있었다고 판단된다."

대법원은 먼저 성폭행 범죄와 공갈죄의 관계에 대해 다음과 같이 판단하였다.

(가) 무고죄의 판단에서 성폭행 등의 피해를 입었다는 신고사실에 관하여 불기소처분이나 무죄판결이 내려졌다고 하여 신고 내용을 허위라고 단정하여서는 아니 된다. (나) 이러한 법리는 공갈죄 성립과 관련하여 정당한 권리 실현의 수단 내지 방법에 해당하는지 여부를 판단할 때에도 동일한 기준으로 적용되어야 한다.

(다) 성폭력 피해를 입었다고 주장하는 사람이 특정인을 가해자로 지목하며 합의금을 주지 않으면 불이익을 끼칠 것과 같은 언동을 하고 나아가 그 사람을 수사기관에 고소한 경우가 있다. (라) 그러한 경우에 (ㄱ) 가해자로 지목된 사람(피고소인)의 성폭력범죄 성립이 증명되지 않는다고 하여 (ㄴ) 바로 성폭력 피해를 입었다고 주장하는 사람이 합의금과 관련하여 한 위와 같은 언동이나 고소행위가 정당한 권리자에 의하여 권리 실행의 수단으로서 사용된 것이 아니라고 쉽사리 단정하여서는 안된다. (마) 나아가 고소인의 그러한 언행이 공갈죄를 구성하는 해악의 고지에 당연히 해당하게 되는 것은 아니다.

대법원은 갑의 사안에 대해 다음과 같이 판단하였다.

(가) 갑이 A를 준강간상해죄로 고소한 사건에서 수사기관은 A와 갑의 문자메시지나 통화 내용, CCTV 영상 등을 근거로 증거 불충분을 이유로 혐의 없음의 불송치 결정을 하였다. (나) 그렇다고 하여 A의 준강간상해 혐의에 관하여 무죄가 확정된 것은 아니다. (다) 더욱이 A가 갑을 무고죄로 고소한 바도 없어 준강간상해에 관한 갑의 고소사실이 허위라는 점이 사법절차에 의하여 판단·확정된 것은 아니다.

(라) 그럼에도 원심이 (ㄱ) 갑이 A를 고소한 준강간상해죄의 성립과 관련하여 이를 부인하는 A 진술의 신빙성이 인정된다는 이유만으로 만연히 성관계를 비롯한 성적 접촉에 관한 동의나 합의가 있었다고 단정하고, (ㄴ) 나아가 이를 바탕으로 고소 전 합의과정에서 피고인이 한 이 사건 발언을 공갈죄를 구성하는 해악의 고지라고 판단한 것은 공갈죄에서 유죄인정의 증명책임의 원칙에 반한다.

(마) 갑이 A를 성범죄로 고소한 것과 관련하여 갑과 A의 주장에 부합하는 증거가 각각 제출되었고 그것들이 함부로 배척하기 어려운 나름의 합리성을 갖춘 상황이라면, (ㄱ) 증명책임의 원칙상 유죄의 증명을 다하지 못하였다는 이유로 해당 고소사실에 대하여 불기소처분 내지 무죄라는 판단이 내려질 수 있고, (ㄴ) 동시에 갑이 고소권의 행사 과정에서 A에게 합의금을 주지 않으면 불이익을 끼칠 것처럼 해악의 고지를 한 것이 공갈죄를 구성하는지에 대하여도 증명책임의 원칙상 유죄의 증명이 부족하다고 보아 무죄 판단이 내려질 수 있다.

(바) 즉, (ㄱ) 갑의 고소사실에 대하여 성범죄 피해자로서의 갑의 진술의 신빙성이 배척되었다고 하여, (ㄴ) 이러한 사정을 갑에 대한 위 공갈죄 판단에서 갑의 진술을 배척하고 유죄의 근거로 삼는 것은 (ㄷ) 사실상 피고인의 유죄를 추정하는 것이나 다름없는 결과를 가져와 정의와 형평의 이념에 입각한 논리와 경험의 법칙에 따른 증거판단이라고 볼 수 없다.

대법원은 원심법원의 추론과정을 분석하였다(내용 생략함).

대법원은 결론적으로 다음과 같이 판단하였다.

(가) 그럼에도 원심은 판시와 같은 이유로 이 사건 공소사실을 유죄로 판단한 제1심판결을 그대로 유지하였다. (나) 이러한 원심의 판단에는 (ㄱ) 필요한 심리를 다하지 아니한 채 논리와 경험의 법칙을 위반하여 자유심증주의의 한계를 벗어나거나 (ㄴ) 유죄인정의 증명책임 및 (ㄷ) 공갈죄에 있어서 '협박'에 관한 법리를 오해하는 등으로 판결에 영향을 미친 잘못이 있다.

| 2024도8200 |

검사작성 공범 피의자신문조서의 증거능력

2024. 8. 29. 2024도8200, 판례속보 =『경찰·검찰 공범 피의자신문조서 사건』

검사는 갑을 마약류관리법 위반죄(향정)로 기소하였다. 갑에 대한 공소사실의 요지는 다음과 같다. "피고인(갑)은 2022. 12. 15. 14:00경 A에게 필로폰을 매도하였다." 갑은 공소사실을 부인하였다. 검사는 다음의 증거를 제출하였다. (가) 2023. 3. 11. 자 경찰의 A에 대한 피의자신문조서 사본(㉠조서). (나) 2023. 3. 16. 자 검찰의 A에 대한 피의자신문조서 사본(㉡조서). ㉠조서와 ㉡조서에는 A가 갑으로부터 필로폰을 매수하였다는 진술이 기재되어 있다. 갑과 갑의 변호인은 ㉠조서와 ㉡조서에 대해 '증거로 사용함에 동의하지 않는다'는 의견을 제시하였다.

갑의 피고사건은 제1심을 거친 후, 항소심에 계속되었다. 항소법원은 다음과 같이 판단하였다. (가) 매수자 A에 대한 사경작성 ㉠피의자신문조서는 형소법 제312조 제4항의 요건을 모두 갖추어 그 증거능력이 인정된다. (나) 매수자 A에 대한 검사작성 ㉡피의자신문조서는 형소법 제312조 제4항의 요건을 모두 갖추어 그 증거능력이 인정된다. (다) ㉠조서, ㉡조서 등 검사가 제출한 증거들을 종합하면 공소사실이 인정된다. 항소법원은 공소사실을 유죄로 판단하였다. 갑은 불복 상고하였다.

대법원은 다음의 이유를 제시하여 원심판결을 파기환송하였다.

대법원은 검사작성 피의자신문조서의 증거능력에 대해 다음과 같이 설시하였다.

(가) 형사소송법 제312조 제1항은 2020. 2. 4. 법률 제16924호로 개정되어 2022. 1. 1.부터 시행되었다. (나) 형사소송법 제312조 제1항은 검사가 작성한 피의자신문조서의 증거능력에 대하여 "(ㄱ) 적법한 절차와 방식에 따라 작성된 것으로서 (ㄴ) 공판준비, 공판기일에 (ㄷ) 그 피의자였던 피고인 또는 변호인이 그 내용을 인정할 때에 한정하여 증거로 할 수 있다."라고 규정하였다. (다) 여기서 '그 내용을 인정할 때'라 함은 (ㄱ) 피의자신문조서의 기재 내용이 진술 내용대로 기재되어 있다는 의미가 아니고 (ㄴ) 그와 같이 진술한 내용이 실제 사실과 부합한다는 것을 의미한다.

(라) 그리고 형사소송법 제312조 제1항에서 정한 '검사가 작성한 피의자신문조서'란 (ㄱ) 당해 피고인에 대한 피의자신문조서만이 아니라 (ㄴ) 당해 피고인과 공범관계에 있는 다른 피고인이나 피의자에 대하여 검사가 작성한 피의자신문조서도 포함된다. (마) 여기서 말하는 '공범'에는 (ㄱ) 형법 총칙의 공범 이외에도 (ㄴ) 서로 대향된 행위의 존재를 필요로 할 뿐 각자의 구성요건을 실현하고 별도의 형벌 규정에 따라 처벌되는 강학상 필요적 공범 또는 대향범까지 포함한다. (바) 따라서 피고인이 자신과 공범관계에 있는 다른 피고인이나 피의자에 대하여 검사가 작성한 피의자신문조서의 내용을 부인하는 경우에는 형사소송법 제312조 제1항에 따라 유죄의 증거로 쓸 수 없다.

대법원은 사경작성 피의자신문조서의 증거능력에 대해 다음과 같이 설시하였다.

(가) 형사소송법 제312조 제3항은 "검사 이외의 수사기관이 작성한 피의자신문조서는 (ㄱ) 적법한 절차와 방식에 따라 작성된 것으로서 (ㄴ) 공판준비 또는 공판기일에 그 피의자였던 피고인 또는 변호인이 그 내용을 인정할 때에 한하여 증거로 할 수 있다."라고 규정하고 있다.

(나) 위 규정은 (ㄱ) 검사 이외의 수사기관이 작성한 당해 피고인에 대한 피의자신문조서를 유죄의 증거로 하는 경우뿐만 아니라, (ㄴ) 검사 이외의 수사기관이 작성한 당해 피고인과 공범관계에 있는 다른 피고인이나 피의자에 대한 피의자신문조서를 당해 피고인에 대한 유죄의 증거로 채택할 경우에도 적용된다. (다) 여기서 말하는 '공범'에는 (ㄱ) 형법 총칙의 공범 이외에도, (ㄴ) 서로 대향된 행위의 존재를 필요로 할 뿐 각자의 구성요건을 실현하고 별도의 형벌 규정에 따라 처벌되는 강학상 필요적 공범 내지 대향범도 포함된다.

(라) 그리고 위 규정에서 '그 내용을 인정할 때'라 함은 (ㄱ) 피의자신문조서의 기재 내용이 진술 내용대로 기재되어 있다는 의미가 아니고 (ㄴ) 그와 같이 진술한 내용이 실제 사실과 부합한다는 것을 의미한다.

　대법원은 이상의 법리 설시를 통하여 검사작성 피의자신문조서의 증거능력 요건과 사경작성 피의자신문조서의 증거능력 요건이 동일함을 확인하였다.

　대법원은 갑의 사안에 대해 다음과 같이 판단하였다.

　대법원은 원심의 판단을 분석하였다(내용 생략함.)

　대법원은 원심판단에 대하여 다음과 같이 판단하였다.

　(가) 그런데 기록에 의하면, 피고인(갑)과 변호인이 ㉠, ㉡ 각 피의자신문조서에 관하여 내용 부인 취지에서 '증거로 사용함에 동의하지 않는다'는 의견을 밝혔음을 알 수 있다. (나) 그러므로 ㉠, ㉡ 각 피의자신문조서는 형사소송법 제312조 제1항, 제3항에 따라 유죄의 증거로 쓸 수 없다.

　(다) 그럼에도 원심은 ㉠, ㉡ 각 피의자신문조서의 증거능력이 인정된다고 판단한 후 ㉠, ㉡ 각 피의자신문조서 등을 증거로 하여 이 부분 공소사실을 유죄로 인정하였다. (라) 이러한 원심의 판단에는 형사소송법 제312조 제1항, 제3항에 관한 법리를 오해하여 판결에 영향을 미친 잘못이 있다.

▣2024도8454

항소심 공소장변경과 공소시효

2024. 9. 27. 2024도8454, 법률신문 2024. 10. 21. = 『항소심 사서명위조 공소장변경 사건』

　갑은 특가법위반(사기), 공문서위조, 위조공문서행사, 사기, 약사법위반, 사문서위조, 위조사문서행사 등의 혐의로 수사기관의 조사를 받았다. 피의사실 가운데에는 다음 내용의 것이 있다(㉮행위). "2016. 9. 18. 갑은 타인 명의의 사문서를 위조하고 이를 행사하였다." (이하 ㉮행위 부분만을 고찰함.)

　2023. 6. 30. 검사는 ㉮행위에 대해 갑을 사문서위조 및 위조사문서행사의 공소사실로 기소하였다. 사문서위조죄 및 위조사문서행사죄의 법정형은 5년 이하의 징역 또는 1천만원 이하의 벌금이다(형법 제231조, 제234조). 사문서위조죄 및 위조사문서행사죄의 공소시효는 7년이다(형소법 제249조 제1항 제4호). 제1심법원은 ㉮행위 부분에 대해 무죄를 선고하였다. 검사는 불복 항소하였다. 항소심에서 검사는 ㉮행위 부분에 대해 사문서위조죄 및 위조사문서행사죄의 공소사실을 사서명위조죄 및 위조사서명행사죄의 공소사실로 공소장변경을 신청하였다. 항소법원은 검사의 공소장변경신청을 허가하였다. 2024. 5. 10. 항소법원은 ㉮행위 부분에 대해 유죄를 인정하였다. 갑은 불복 상고하였다.

　대법원은 다음의 이유를 제시하여 원심판결을 파기환송하였다.

　대법원은 공소장변경과 공소시효의 관계에 대해 다음과 같이 설시하였다.

　(가) 공소장변경절차에 의하여 공소사실이 변경됨에 따라 그 법정형에 차이가 있는 경우에는 변경된 공소사실에 대한 법정형이 공소시효기간의 기준이 된다고 보아야 한다. (나) 그러므로 (ㄱ) 공소제기 당시의 공소사실에 대한 법정형을 기준으로 하면 공소제기 당시 아직 공소시효가 완성되지 않았으나 (ㄴ) 변경된 공소사실에 대한 법정형을 기준으로 하면 공소제기 당시 이미 공소시효가 완성된 경우에는 (ㄷ) 공소시효의 완성을 이유로 면소판결을 선고하여야 한다.

　대법원은 갑의 사안에 대해 다음과 같이 판단하였다.

　(가) 이 사건 공소사실 중 원심에서 변경되어 원심이 유죄로 인정한 사서명위조죄, 위조사서명행사죄의 법정형은 '3년 이하의 징역'이므로 형사소송법 제249조 제1항 제5호에 따라 공소시효의 기간이 5년이다. (나) 이 부분 공소사실은 갑이 2016. 9. 18. 타인의 서명을 위조하고 이를 행사하였다는 것이다. (다) 그런데

이 사건 공소는 그로부터 5년이 지난 2023. 6. 30. 제기되었음이 기록상 명백하다. (라) 그러므로 공소시효가 정지되었다는 등의 특별한 사정이 없는 한 공소 제기 당시 이미 공소시효가 완성되었다.

(마) 그런데도 원심은 공소시효 완성 여부를 판단하지 않은 채 이 부분 공소사실을 유죄로 인정하였다. (바) 이러한 원심의 판단에는 공소시효에 관한 법리를 오해하여 필요한 심리를 다하지 아니함으로써 판결에 영향을 미친 잘못이 있다.

2024도8683

국외도피와 공소시효의 정지

2024. 7. 31. 2024도8683, 판례속보 =『해외금융계좌 미신고 사건』

「국제조세조정에 관한 법률」 제53조는 일정금액을 초과하는 해외금융계좌를 개설하는 사람은 이를 관할 세무서장에게 신고하도록 규정하고 있다. 해외금융계좌 신고의무를 이행하지 않으면 「조세범 처벌법」 제16조에 따라 2년 이하의 징역 등으로 처벌된다. 해외금융계좌 신고의무 불이행죄의 공소시효는 5년이다.

갑은 해외에 체재하고 있었다. 2017. 7. 1. 갑은 ㉠해외금융계좌를 개설하고 거액을 입금하였다. 갑은 ㉠해외금융계좌 개설 사실을 관할 세무서에 신고하지 않았다(㉮위반행위). 갑은 국내로 입국하였다. 2022. 4. 22. 갑은 [사업 목적으로] 홍콩으로 출국하였다. 2022. 5. 27. 서울지방국세청장은 ㉠해외금융계좌를 조사하기 시작하였다. 서울지방국세청장은 ㉮위반행위를 적발하였다.

2022. 5. 27. 서울지방국세청장은 갑에게 자료제출요구서를 송부하였다(㉡요구서). A는 갑의 세무대리인이다. 2022. 5. 27. A는 서울지방국세청장의 ㉡자료제출요구서를 대리 수령하였다. 2022. 6. 7. 서울지방국세청 소속 세무공무원 B는 A를 통하여 갑을 상대로 문답조사를 실시하였다. 2022. 6. 7. A는 B의 문답조사에 응하였다. 2022. 6. 7. 서울지방국세청장은 ㉮위반행위에 대해 20억 원의 과태료부과 사전통지를 하였다(㉢과태료부과). 2022. 6. 7. A는 ㉢과태료부과 사전통지를 대리수령하였다. 갑은 조세 및 회계 전문가 등을 통하여 서울지방국세청장의 세무조사에 대응하였다. 갑은 이 과정에서 20억 원의 ㉡과태료 부과 사유가 무엇인지에 관하여 전문적이고 상세한 자문을 받았다. 2022. 6. 15. 갑은 A를 통하여 서울지방국세청에 ㉠해외금융계좌 잔액의 자금 원천을 소명하였다. 2022. 7. 28. 갑은 귀국하였다.

「조세범 처벌법」 제21조에 따르면 「조세범 처벌법」에 따른 범칙행위에 대해서는 국세청장, 지방국세청장 또는 세무서장의 고발이 없으면 검사는 공소를 제기할 수 없다. 서울지방국세청장은 갑을 수사기관에 고발하였다. 검사는 ㉮위반행위에 대해 갑을 「국제조세조정에 관한 법률」 위반죄로 기소하였다. 제1심법원은 갑에게 유죄를 인정하였다.

갑은 불복 항소하였다. 갑은 첫 번째 항소이유로 다음의 점을 주장하였다. (가) 형사소송법 제253조 제3항은 '국외도피'를 공소시효 정지사유로 규정하고 있다. (나) ㉮위반행위는 국외에서 이루어진 것이다. (다) ㉮행위의 처벌을 피하기 위하여 갑이 국내에서 국외로 도피한 사실이 없다. 갑은 두 번째 항소이유로 다음의 점을 주장하였다. (가) ㉮해외계좌 미신고행위에 대한 공소시효는 5년이다. (나) ㉮행위에 대한 공소시효 기산일은 2017. 7. 1.이다. (다) ㉮행위에 대한 공소시효 완성일은 2022. 6. 30.이다. (라) ㉮행위에 대한 공소시효가 완성되었다. 항소법원은 갑의 항소이유를 배척하고 유죄를 인정하였다. (항소법원의 판단이유는 후술함.) 갑은 불복 상고하였다. 갑의 상고이유는 항소이유와 같다.

대법원은 다음의 이유를 제시하여 상고를 기각하였다.

대법원은 국외도피와 공소시효정지의 관계에 대해 다음과 같이 설시하였다.

(가) 형사소송법 제253조 제3항은 "범인이 형사처분을 면할 목적으로 국외에 있는 경우 그 기간 동안 공

소시효는 정지된다."라고 규정하고 있다. (나) 형사소송법 제253조 제3항의 입법취지는 범인이 우리나라의 사법권이 실질적으로 미치지 못하는 국외에 체류한 것이 도피 수단으로 이용된 경우에 그 체류기간 동안은 공소시효가 진행되는 것을 저지하여 범인을 처벌할 수 있도록 함으로써 형벌권을 적정하게 실현하고자 하는 데 있다.

(다) 따라서 형사소송법 제253조 제3항이 정한 '범인이 형사처분을 면할 목적으로 국외에 있는 경우'는 (ㄱ) 범인이 국내에서 범죄를 저지르고 형사처분을 면할 목적으로 국외로 도피한 경우에 한정되지 아니하고, (ㄴ) 범인이 국외에서 범죄를 저지르고 형사처분을 면할 목적으로 국외에서 체류를 계속하는 경우도 포함된다.

(라) 이때 '형사처분을 면할 목적'은 (ㄱ) 그것이 국외 체류의 유일한 목적으로 되는 것에 한정되지 않고 (ㄴ) 범인이 가지는 여러 국외 체류 목적 중에 포함되어 있으면 충분하다. (마) 범인이 국외에 있는 것이 형사처분을 면하기 위한 하나의 방편이었다면 '형사처분을 면할 목적'이 있었다고 볼 수 있다. (바) '형사처분을 면할 목적'과 양립할 수 없는 범인의 주관적 의사가 명백히 드러나는 객관적 사정이 존재하지 않는 한 국외 체류기간 동안 '형사처분을 면할 목적'은 계속 유지된다고 볼 것이다.

대법원은 다음과 같이 판단한 원심결의 타당성을 인정하였다.

(가) (사실관계 분석 생략함.) (나) 갑은 공소시효 완성을 얼마 남겨두지 않은 2022. 4. 22. 홍콩으로 출국하여 체류 중이었다. (다) 2022. 6. 7. 서울지방국세청 소속 세무공무원이 갑의 세무대리인 A를 통하여 갑을 상대로 ㉮위반행위에 대한 문답조사를 실시하였다. (라) 2022. 6. 7. 갑의 세무대리인 A는 ㉮위반행위에 대한 20억 원의 과태료부과 사전통지를 받았다. (마) 갑은 ㉮위반행위가 문제된다는 사실을 인식하였음에도 특별한 사정 없이 곧바로 귀국하지 아니하였다. (바) 갑은 ㉮위반행위로 인한 범죄의 공소시효 기산일인 2017. 7. 1.부터 공소시효기간인 5년이 도과한 2022. 7. 28. 귀국하였다. (사) 갑은 늦어도 2022. 6. 7.부터 2022. 7. 28.의 전날인 2022. 7. 27.까지 형사처분을 면할 목적으로 국외에 체류한 것으로 봄이 상당하다. (아) 그러므로 위 기간 동안 공소시효가 정지되었다. (자) 공소시효 완성을 주장하는 갑의 주장을 받아들이지 않는다.

2024도10062

현행범상황 압수와 사후영장

2024. 10. 8. 2024도10062, 공 2024하, 1804 =『외국환거래위반 사후영장 기각 사건』

A는 대전지방경찰청 소속 사법경찰관이다. 갑은 서울 광진구 소재 M영업소에서 영업을 하고 있다. 2020. 10. 6. A는 갑의 M영업소에서 형사소송법 제216조 제3항에 의하여 갑으로부터 ㉠휴대전화를 영장 없이 압수하였다. 갑에 대한 피의사실은 외국환거래법위반이다(㉮사건). A는 관할 법원에 ㉡사후영장을 신청하였다. 2020. 10. 8. 관할 법원은 다음의 이유를 들어서 ㉡사후압수영장을 기각하였다. (가) 압수조서를 작성하지 않았다. (나) 갑에게 압수목록을 교부하지 않았다.

2020. 10. 8. A는 대전지방경찰청에서 갑에 대해 피의자신문을 하였다. 갑이 대전지방경찰청을 떠난 후 A는 ㉡사후영장이 기각된 사실을 인지하였다. 2020. 10. 8. 21:03 A는 갑에게 전화하여 다음과 같이 말하였다. (가) 대전지방경찰청에 다시 방문하여 ㉠휴대전화를 반환받아 가라. (나) 갑이 ㉠휴대전화를 반환받더라도 다시 압수할 것이다. 갑은 다음과 같이 답하였다. (가) 이미 서울에 도착하였고 시간이 늦어 당일에는 대전으로 갈 수 없다. (나) 다음 날 이후에도 일을 해야 할 뿐만 아니라 어린 자녀가 있어 대전으로 가기 어렵다. (다) ㉠휴대전화를 우편으로 보내달라. A는 갑의 요청을 거절하고 직접 출석하여 수령할 것을 계속 요구하였다. 이에 갑은 2020. 10. 12. 오전에 대전지방경찰청에 출석하여 ㉠휴대전화를 반환받기로 하였다.

2020. 10. 12. 오전 갑은 대전지방경찰청에 출석하지 않았다. 2020. 10. 12. A는 ㉠휴대전화에 저장된 전자정보에 대한 ㉢사전압수영장을 신청하였다. 2020. 10. 13. ㉢사전압수영장이 발부되었다. ㉢사전압수영장의 유효기간은 2020. 10. 20.까지이다. 이후 A는 다시 갑에게 연락하여 다음과 같이 말하였다. (가) ㉠휴대전화를 반환받아 가라. (나) A는 ㉠휴대전화를 다시 압수해야 한다. (다) 그래서 갑이 ㉠휴대전화를 가져갈 수는 없다. 갑은 ㉠휴대전화를 반환받을 수 없다고 생각하여 대전지방경찰청에 출석하지 않았다. 2020. 10. 18.까지 이러한 상태가 유지되었다.

㉢사전압수영장의 유효기간인 2020. 10. 20.이 다가왔다. 2020. 10. 19. A는 서울 광진구 소재 갑의 M영업소를 방문하여 갑에게 ㉠휴대전화를 건네주었다. 그리고 A는 곧바로 ㉢사전압수영장을 집행하여 ㉠휴대전화를 반출하였다. ㉠휴대전화에 대한 디지털 분석이 진행되었다. 그 결과 외국환거래법위반 ㉮피의사실과 관련된 ㉣전자정보가 복제·출력되었다.

검사는 갑을 공갈, 사기, 외국환거래법위반의 공소사실로 기소하였다. (이하 공갈, 사기 부분은 고찰을 생략함.) 검사는 ㉠휴대전화와 ㉣전자정보를 증거로 제출하였다. 갑의 피고사건은 제1심을 거친 후, 항소심에 계속되었다. 항소법원은 갑의 ㉠휴대전화 및 거기에 저장된 ㉣전자정보를 복제·출력한 증거들은 위법하게 수집된 증거이거나 이를 기초로 획득한 2차 증거로서 증거능력이 부정된다고 판단하였다. 항소법원은 갑에게 무죄를 선고하였다. 검사는 불복 상고하였다.

대법원은 다음의 이유를 제시하여 상고를 기각하였다.

대법원은 위법수집증거배제법칙의 원칙적 적용과 예외적 배제를 설시한 대법원 2007. 11. 15. 선고 2007도3061 전원합의체 판결을 인용(引用)하였다(내용 생략함).

대법원은 형소법 제216조 제3항의 규율내용에 대해 다음과 같이 설시하였다.

(가) 형사소송법 제216조 제3항은 "범행 중 또는 범행직후의 범죄 장소에서 긴급을 요하여 법원판사의 영장을 받을 수 없는 때에는 영장 없이 압수, 수색 또는 검증을 할 수 있다. 이 경우에는 사후에 지체 없이 영장을 받아야 한다."라고 규정하고 있다. (나) 이 규정에 따라 압수수색영장을 청구하였다가 영장을 발부받지 못한 때에는 수사기관은 압수한 물건을 즉시 반환하여야 한다. (다) 즉시 반환하지 아니한 압수물은 유죄의 증거로 사용할 수 없다. (라) 헌법과 형사소송법이 선언한 영장주의의 중요성에 비추어 볼 때 피고인이나 변호인이 이를 증거로 함에 동의하였다고 하더라도 달리 볼 것은 아니다.

(마) 여기서 압수한 물건을 즉시 반환한다는 것은 (ㄱ) 수사기관이 압수한 물건을 곧바로 반환하는 것이 현저히 곤란하다는 등의 특별한 사정이 없는 한 (ㄴ) 영장을 청구하였다가 기각되는 바로 그 때에 압수물을 돌려주기 위한 절차에 착수하여 (ㄷ) 그 절차를 지연하거나 불필요하게 수사기관의 점유를 계속하는 등으로 지체함이 없이 (ㄹ) 적극적으로 압수 이전의 상태로 회복시켜주는 것을 의미한다.

대법원은 이상의 법리를 토대로 원심판결의 다음과 같은 판단을 인용(認容)하였다.

(가) (사실관계 분석; 생략함.) (나) 갑은 2020. 10. 8. 합리적 이유를 들어 우편 반환을 요청하였다. (다) 갑은 약한 2020. 10. 12. 오전에 대전지방경찰청에 출석하지 않았다. (라) 그러므로 사법경찰관은 즉시 ㉠휴대전화를 우편으로 반환하거나 갑의 주거지 또는 영업소에 방문하는 등 그 반환을 위한 적절한 조치를 취했어야 했다. (마) 그런데 사법경찰관은 ㉠휴대전화를 즉시 반환하는 것이 곤란하다고 볼만한 특별한 사정이 없음에도, 대전지방경찰청에 직접 출석하여 반환받을 것만을 요구하는 한편 반환받더라도 다시 압수되어 가져갈 수 없다는 취지의 말을 하였다. (바) 그렇게 함으로써 사법경찰관은 정당한 이유 없이 ㉠휴대전화의 반환을 지연하거나 압수를 계속하는 등으로 그 반환을 불필요하게 지체하였다고 할 수 있다. (사) 사법경찰관은 ㉢사전압수영장의 유효기간 만료가 2020. 10. 20.로 다가오자 2020. 10. 19. 갑의 M영업소에 방문하여 갑에

게 ㉠휴대전화를 건네주고 곧바로 ㉢사전압수영장을 집행하여 ㉠휴대전화를 반출하였다.

(아) 이와 같이 수사기관이 적법절차를 지키지 않고 ㉠휴대전화를 압수하고 이에 대한 ㉡사후압수영장이 기각되었음에도 즉시 반환하지 아니하다가 그 사이에 ㉢사전압수영장을 발부받아 ㉠휴대전화를 형식적으로 반환한 외관을 만든 후 다시 압수하는 것은 적법절차의 원칙이나 영장주의를 잠탈하는 것으로 허용할 수 없다. (자) 따라서 ㉠휴대전화 압수의 위법성이 ㉢사전압수영장 집행으로 희석·단절되었다고 할 수 없다. (차) 원심판결의 위와 같은 이유를 앞서 본 법리와 기록에 비추어 살펴보면, 원심이 ㉠·㉣증거들의 증거능력을 부정한 것은 정당하다.

2024도11314
형사조정조서의 증거능력
2024. 11. 14. 2024도11314, 판례속보 =『강간치상죄 형사조정조서 사건』

「범죄피해자 보호법」은 다음의 규정을 두고 있다. (가) 검사는 피의자 및 범죄피해자 간 형사분쟁을 공정하고 원만하게 해결하여 범죄피해자가 입은 피해를 실질적으로 회복하는 데 필요하다고 인정하면 (ㄱ) 피의자 및 범죄피해자의 신청 또는 (ㄴ) 직권으로 수사 중인 형사사건을 형사조정에 회부할 수 있다(동법 제41조 제1항). (나) 형사조정을 담당하기 위하여 각급 지방검찰청 및 지청에 형사조정위원회를 둔다(동법 제42조 제1항). (다) 형사조정위원회는 2명 이상의 형사조정위원으로 구성된다(동법 제42조 제2항). (라) 형사조정위원은 형사조정에 필요한 법적 지식 등 전문성과 덕망을 갖춘 사람 중에서 관할 지방검찰청 또는 지청의 장이 위촉한다(동법 제42조 제3항). (마) 형사조정위원회의 사무 처리를 위하여 간사 1명을 둘 수 있다. (바) 이 경우 간사는 관할 지방검찰청 또는 지청 소속 공무원 중에서 지방검찰청 또는 지청의 장이 지명한다(동법 시행령 제48조 제2항).

(바) 형사조정위원회는 형사사건을 형사조정에 회부한 검사에게 해당 형사사건에 관하여 당사자가 제출한 서류, 수사서류 및 증거물 등 관련 자료의 사본을 보내 줄 것을 요청할 수 있다(동법 제44조 제1항). (사) 형사조정위원회는 조정기일마다 형사조정의 과정을 서면으로 작성하며, 형사조정이 성립되면 그 결과를 서면으로 작성하여야 한다(동법 제45조 제1항). (아) 형사조정위원회가 작성하는 서면의 서식은 형사조정조서, 형사조정결정문의 각 서식에 따른다(동법 제45조 제5항). (자) 형사조정절차가 끝나면 형사조정조서, 형사조정결정문을 붙여 해당 사건을 형사조정에 회부한 검사에게 보내야 한다(법 제45조 제3항). (차) 검사는 형사사건을 수사하고 처리할 때 형사조정 결과를 고려할 수 있다. 다만 검사는 형사조정이 성립되지 아니하였다는 사정을 피의자에게 불리하게 고려하여서는 아니 된다(법 제45조 제4항).

갑은 A에 대한 성폭력처벌법위반(강간등치상)의 피의사실로 검찰의 수사대상이 되었다(㉮사건). 갑과 A가 양형참작을 위하여 형사조정절차 회부를 신청하였다. 2023. 8. 30. 검찰주사보 B는 갑과 A가 양형참작을 위하여 형사조정절차 회부를 신청하였음을 확인한다는 내용의 '형사조정신청확인서'를 작성하였다. 이에 따라 담당 검사는 ㉮사건을 형사조정절차에 회부하였다. C와 D는 관할 검찰청이 위촉한 형사조정위원들이다. 간사는 검찰수사관 E이다. 2023. 10. 18. C가 조정장, D가 조정위원으로서 ㉮사건 형사조정절차를 진행하였다. 형사조정절차는 관할 검찰청 형사조정실에서 갑만이 출석한 상태에서 A와는 전화통화를 하는 방식으로 진행되었다. ㉮사건 형사조정절차에서 조정이 이루어지지 아니하였다.

C와 D는 ㉮사건 형사조정조서를 작성하여 그 무렵 이를 검사에게 보냈다(㉠형사조정조서). ㉠형사조정조서 '피의자의 주장'란에는 '피해자(A)에게 성추행 및 간음 미수 피해를 입혔음'이라고 기재되어 있다(㉡진술). ㉠형사조정조서 말미에는 형사조정절차에 참여한 조정장(C)과 조정위원(D) 및 출석한 피고인(갑)의 각

성명과 서명이 기재되어 있다. 간사인 검찰수사관 E도 ㉠형사조정조서의 말미에 성명을 기재하고 서명을 하였다. 2023. 11. 20. 검사는 갑에 대한 피의자신문절차를 진행하였다. 검사는 피의자신문 과정에서 ㉠형사조정조서에 기재된 ㉡진술을 바탕으로 갑의 범죄 혐의를 추궁하였다.

검사는 갑을 성폭력처벌법 위반(강간등치상)의 공소사실로 기소하였다. 갑은 공소사실을 부인하였다. A는 법정에서 갑에 의한 피해사실을 진술하였다(㉢진술). 갑의 피고사건은 제1심을 거친 후, 항소심에 계속되었다. 항소법원은 다음과 같이 판단하였다. (가) ㉠형사조정조서에는 피고인 갑의 진술(㉡진술)이 기재되어 있다. (나) ㉠형사조정조서는 형사소송법 제313조 제1항 단서에서 규정하는 진술기재서에 해당된다. (다) ㉠형사조정조서는 증거능력이 인정된다. (라) A의 ㉢진술에 신빙성이 인정된다. 항소법원은 갑에게 유죄를 인정하였다. 갑은 불복 상고하였다.

대법원은 다음의 이유를 제시하여 상고를 기각하였다.

(가) ㉠형사조정조서는 형사소송법 제313조 제1항 단서에서 규정하는 진술기재서에 해당된다는 원심의 판단은 위법하다. (나) 그러나 피해자 A의 ㉢진술에 신빙성이 인정된다. (다) ㉠형사조정조서에 관한 원심판단의 잘못은 판결에 영향을 미친 위법이 아니다.

대법원은 ㉠형사조정조서의 증거능력을 부정하는 이유에 대해 다음과 같이 설시하였다.

대법원은 먼저 수사기관 작성 조서의 증거능력 판단 기준에 대해 다음과 같이 설시하였다.

(가) 헌법 제12조 제1항은 적법절차의 원칙을, 헌법 제27조는 공정한 재판을 받을 권리를 보장하고 있다. (나) 이를 구현하기 위하여 형사소송법은 공판중심주의와 구두변론주의 및 직접심리주의를 기본원칙으로 하고 있다. (다) 따라서 형사소송법이 수사기관에서 작성된 조서 등 서면증거에 대하여 일정한 요건을 충족하는 경우에 증거능력을 인정하는 것은 (ㄱ) 실체적 진실발견의 이념과 소송경제의 요청을 고려하여 예외적으로 허용하는 것일 뿐이므로 (ㄴ) 증거능력 인정 요건에 관한 규정은 엄격하게 해석·적용하여야 한다.

대법원은 이어서 서면증거의 증거능력에 관한 형사소송법의 규정들을 다음과 같이 분석하였다.

(가) 형사소송법은 제310조의2에서 원칙적으로 전문증거의 증거능력을 인정하지 않고 있다. (나) 형사소송법은 제311조부터 제316조까지 정한 요건을 충족하는 경우에만 예외적으로 증거능력을 인정한다.

(다) 형사소송법 제311조는 법원 또는 법관의 조서의 증거능력에 관하여 규정하고 있다.

(라) 형사소송법 제312조 제1항 내지 제3항은 검사 또는 검사 이외의 수사기관이 작성한 피의자신문조서의 증거능력에 관하여 규정한다. (마) 형사소송법 제312조 제4항은 검사 또는 사법경찰관이 피고인이 아닌 자의 진술을 기재한 조서에 대하여 (ㄱ) 적법한 절차와 방식에 따라 작성된 것으로서 (ㄴ) 실질적 진정성립이 증명되고 (ㄷ) 반대신문이 보장되며 (ㄹ) 진술이 특히 신빙할 수 있는 상태 하에서 행하여졌음이 증명된 때에 한하여 증거능력을 인정한다. (바) 형사소송법 제312조 제5항은 피고인 또는 피고인이 아닌 자의 진술서가 수사과정에서 작성된 경우 같은 조 제1항 내지 제4항을 준용한다.

(사) 형사소송법 제313조 제1항은 '전 2조의 규정 이외에 피고인 또는 피고인이 아닌 자가 작성한 진술서나 그 진술을 기재한 서류'로서 (ㄱ) 그 작성자 또는 진술자의 자필이거나 그 서명 또는 날인이 있는 것에 대하여 (ㄴ) 그 진정성립이 증명되면 증거능력을 인정한다.

(아) 형사소송법 제312조는 수사과정에서 작성된 서류의 증거능력에 관하여 형사소송법 제313조 제1항보다 더욱 엄격한 요건을 규정하고 있다. (자) 이러한 형사소송법 제312조의 취지에 비추어 보면, 형사소송법 제313조 제1항이 규정하는 서류는 수사과정 외에서 작성된 서류를 의미한다.

대법원은 수사기관 이외의 자가 수사과정에서 작성한 서류의 증거능력에 대해 다음과 같이 설시하였다.

(가) 이러한 헌법과 형사소송법의 규정 및 전문증거의 증거능력 인정에 관한 해석 원칙에 비추어 본다.

(나) 피고인의 진술을 기재한 서류가 비록 수사기관이 아닌 자에 의하여 작성되었다고 하더라도, (ㄱ) 수사가 시작된 이후 (ㄴ) 수사기관의 관여나 영향 아래 작성된 경우로서 (ㄷ) 서류를 작성한 자의 신분이나 지위, 서류를 작성한 경위와 목적, 작성 시기와 장소 및 진술을 받는 방식 등에 비추어 실질적으로 고찰할 때 (ㄹ) 그 서류가 수사과정 외에서 작성된 것이라고 보기 어렵다면, 이를 형사소송법 제313조 제1항의 '전 2조의 규정 이외에 피고인의 진술을 기재한 서류'에 해당한다고 할 수 없다.

(다) 나아가 (ㄱ) 전문증거의 증거능력은 이를 인정하는 법적 근거가 있는 때에만 예외적으로 인정된다는 원칙 및 (ㄴ) 피고인 또는 피고인이 아닌 자의 진술서가 수사과정에서 작성된 경우 그 증거능력에 관하여 형사소송법 제313조 제1항보다 더욱 엄격한 요건을 규정한 형사소송법 제312조의 취지 등에 비추어 본다. (라) 그렇게 보면 (ㄱ) 수사기관이 아닌 자가 (ㄴ) 수사과정에서 작성한 (ㄷ) 피고인의 진술을 기재한 서류의 증거능력도 엄격하게 제한할 필요가 있다.

대법원은 「범죄피해자 보호법」이 규정한 형사조정에 관한 법령의 내용을 분석하였다(내용 생략함.)

대법원은 사실관계를 분석하였다(내용 생략함.)

대법원은 갑의 사안에 대해 다음과 같이 판단하였다.

(가) (ㄱ) 위와 같은 형사조정위원들의 소속 및 지위, (ㄴ) 형사조정위원들이 갑 및 A와 면담이나 전화통화를 하여 이들의 진술을 듣고 ㉠형사조정조서를 작성한 경위와 목적, (ㄷ) 형사조정위원들이 형사조정절차의 진행과 관련하여 수사기관으로부터 확보한 자료의 내용과 성격, (ㄹ) 형사조정의 방식 및 내용과 그 진행 장소, (ㅁ) 간사로 검찰수사관이 관여한 상황, (ㅂ) 형사조정의 불성립 이후 ㉠형사조정조서를 받은 검사가 이를 토대로 갑에 대한 피의자신문을 실시한 수사의 진행 경과 등 제반 사정을 앞서 본 법리와 관련 법령의 내용에 비추어 살펴본다.

(나) ㉠형사조정조서 중 '피의자의 주장'란에 갑의 진술을 기재한 부분(ⓛ진술)은 수사기관이 아닌 자에 의하여 작성되었다. (다) 비록 그렇다고 하더라도 수사가 시작된 이후 수사기관의 관여나 영향 아래 작성된 경우이다. (라) 실질적으로 고찰할 때 이를 수사과정 외에서 작성된 것이라고 볼 수 없다. (마) 그러므로 ㉠형사조정조서 중 '피의자의 주장'란에 갑의 진술을 기재한 부분(ⓛ진술)은 형사소송법 제313조 제1항에 따라 증거능력을 인정할 수 없다.

(사) ㉠형사조정조서 중 '피의자의 주장'란에 갑의 진술을 기재한 부분(ⓛ진술)은 (ㄱ) 수사기관이 작성한 '피의자신문조서'[형소법 제312조 제1항, 제3항]나 (ㄴ) '피고인이 아닌 자의 진술을 기재한 조서'[형소법 제312조 제4항]가 아니고, (ㄷ) '피고인 또는 피고인이 아닌 자가 작성한 진술서'[형소법 제312조 제5항]라 보기도 어려우므로 형사소송법 제312조에 의하여 증거능력을 인정할 수도 없다.

(아) 그럼에도 원심은 피고인의 진술이 기재된 ㉠형사조정조서에 대하여 형사소송법 제313조에서 규정하는 진술기재서에 해당된다고 보아 그 증거능력을 인정하고 이를 이 사건 공소사실에 대한 유죄의 증거로 삼았다. (자) 이러한 원심의 판단과 조치에는 전문증거의 증거능력에 관한 형사소송법 제313조 등의 법리를 오해한 잘못이 있다.

2024모358

감정수탁자 불출석과 과태료

2024. 10. 31. 2024모358, 판례속보 = 『법의학자 과태료 항고 사건』

갑은 다음의 피의사실로 수사기관의 수사대상이 되었다(㉮사건). "갑은 2021. 12. 초순경부터 자녀인 A의 머리 등에 심각한 타격을 주는 아동학대행위를 하여 생후 2개월 정도에 불과한 A로 하여금 2022. 1. 27. 사망하게 하였다." A의 사망 후 국립과학수사연구원 소속 부검의 B가 부검을 담당하였다. 부검의 B는 ㉠감정서를 작성하였다.

C는 P대학교 의과대학 소속 법의학자이다. 관할 M경찰청은 A에게 발생한 골절의 경위 등에 관하여 C에게 감정을 위촉하였다. C는 감정위촉과 함께 의료기록, 영상자료, 사진 등을 제공받았다. C는 제공받은 자료를 분석하였다. C는 A의 손상소견, 사망상황 분석, 아동학대의 가능성 등에 관한 전문가로서의 판단을 ㉡감정서에 기재하였다. C는 ㉡감정서를 M경찰청에 회보하였다.

검사는 갑을 다음의 공소사실로 기소하였다. "갑은 2021. 12. 초순경부터 자녀인 A의 머리 등에 심각한 타격을 주는 아동학대행위를 하여 생후 2개월 정도에 불과한 A로 하여금 2022. 1. 27. 외상성 뇌손상으로 인한 뇌부종으로 사망하게 하였다." 제1심법원은 C에게 2022. 10. 17. 증인신문기일에 증인으로 출석하라는 고지를 하였다. 2022. 10. 17. 증인신문기일에 C는 출석하지 않았다. 2022. 12. 1. 제1심법원은 형사소송법 제151조 제1항에 따라 C에게 과태료 500만 원을 부과하였다. C는 불복 항고하였다. C는 항고이유로 다음의 점을 주장하였다. (가) C는 공소사실을 목격하거나 직접 또는 간접적으로 관여되어 있지 않다. (나) C는 전문가로서 소견만을 밝혔을 뿐이다. (다) 그러므로 C는 증인이나 감정증인에 해당하지 않는다. (라) C는 형소법 제221조 제2항에 근거한 수사기관의 위촉에 응하여 감정을 수행한 사람이다. (마) 수탁감정인을 일반증인으로 채택하여 소환하는 것에는 응하기 어렵다. 항고법원은 다음과 같이 판단하였다. (가) 제1심의 과태료 부과 결정은 정당하다. (나) 500만 원의 과태료가 다소 무겁다. (다) 제1심결정을 취소하고 C에게 과태료 100만 원을 부과한다. C는 항고법원의 결정에 불복하여 대법원에 재항고하였다.

대법원은 다음의 이유를 제시하여 원심결정을 파기환송하였다.

대법원은 증인의 법정 출석 의무에 대해 다음과 같이 설시하였다.

(가) 증인은 법정에 출석하여 선서하고 자신이 경험한 사실을 진술하여야 하는 의무를 부담한다. (나) 법원은 소환장을 송달받은 증인이 정당한 사유 없이 출석하지 아니한 경우에 당해 불출석으로 인한 소송비용을 증인이 부담하도록 명하고, 500만 원 이하의 과태료를 부과할 수 있다(형사소송법 제151조 제1항 전문). (다) 법원은 증인이 정당한 사유 없이 소환에 응하지 아니하는 경우에는 구인할 수 있다(형사소송법 제152조).

(라) 형사소송법이 증인의 법정 출석을 강제할 수 있는 권한을 법원에 부여한 취지는, (ㄱ) 다른 증거나 증인의 진술에 비추어 굳이 추가 증인신문을 할 필요가 없다는 등 특별한 사정이 없는 한 (ㄴ) 사건의 실체를 규명하는 데 가장 직접적 · 핵심적인 증인으로 하여금 (ㄷ) 공개된 법정에 출석하여 선서 후 증언하도록 하고, (ㄹ) 법원은 출석한 증인의 진술을 토대로 형성된 유죄 · 무죄의 심증에 따라 사건의 실체를 규명하도록 하기 위함이다.

법원은 감정인의 법정 출석 의무 여부에 대해 다음과 같이 설시하였다.

(가) 감정인은 특정한 분야에 특별한 학식과 경험을 가진 사람이다. (나) 감정인은 그 학식과 경험에 의하여 알고 있거나 그 전문적 학식과 경험에 의하여 얻은 일정한 원리 또는 판단을 법원에 진술 · 보고한다. (다) 감정에 관하여는 (ㄱ) 형사소송법의 증인에 관한 규정이 준용되나, (ㄴ) 감정인이 소환에 응하지 않더라도 구인할 수는 없다(형사소송법 제177조). (라) 감정인이라 하더라도 특별한 지식에 의하여 알게 된 과거의 사실에 관하여 진술하여야 하는 경우에는 증인의 지위에 해당하는 감정증인으로서 증인신문절차에 따라 신문하여야 한다(형사소송법 제179조).

(마) 그러나 감정인이 감정을 하여 감정서(형사소송법 제171조 제1항)를 제출한 경우에 그 기재된 의견에 관한 설명을 추가로 듣는 절차(형사소송법 제171조 제4항) 등은 (ㄱ) 감정인이 과거의 사실을 진술하는 지위

에 있지 않은 이상 (ㄴ) 증인신문이 아니라 (ㄷ) 형사소송법 제1편 제13장의 감정에 관한 규정에 따라 소환하여 진행하는 감정인신문으로 하여야 한다. (바) 따라서 (ㄱ) 경험한 과거의 사실을 진술할 지위에 있지 않음이 명백한 감정인을 (ㄴ) 법원이 증인 또는 감정증인으로 소환한 경우, (ㄷ) 감정인이 소환장을 송달받고 출석하지 않았더라도 (ㄹ) 그 불출석에 대한 제재로서 형사소송법 제151조 제1항에 따른 과태료를 부과할 수는 없다.

(사) 이러한 법리는 (ㄱ) 법원으로부터 감정의 명을 받아 형사소송법 제169조 내지 제177조에서 정한 선서 등 절차를 거쳐 감정을 행한 감정인에게 적용됨은 물론, (ㄴ) 형사소송법 제221조 제2항에 따라 수사기관에 의하여 감정을 위촉받은 사람이 감정의 결과로 감정서를 제출한 경우 (ㄷ) 그에 관한 법정에서의 진술이 그가 경험한 과거의 사실에 관한 것이 아니라 (ㄹ) 오로지 감정인으로서의 학식과 경험에 의하여 얻은 일정한 원리 또는 판단을 진술하는 것임이 명백한 때에도 마찬가지이다. (아) 이 때에는 필요한 범위 내에서 형사소송법 제1편 제13장의 관련 절차를 거쳐 감정인신문으로 하여야 할 것이다.

(자) (ㄱ) 형사소송법 제221조 제2항에 근거한 검사 또는 사법경찰관의 위촉에 응하여 감정을 수행한 사람이 (ㄴ) 공판절차에서 전문적 학식과 경험에 의하여 얻은 자신의 의견이나 판단을 진술하게 되는 것으로 명백히 볼 수 있는 경우 (ㄷ) 그러한 진술은 다른 감정인을 통해서도 이루어질 수 있는 성질의 것이다. (차) 그럼에도 이와 다른 전제에서 (ㄱ) 그를 증인 또는 감정증인으로 소환하여 신문한다면, (ㄴ) 사안의 실체 규명을 위해 대체가능성이 없는 증인에게 인정되는 구인 등 조치를 비롯한 법정 출석 의무를 (ㄷ) 감정인신문을 하여야 할 지위에 있는 자에게 부과하는 부당한 결과가 되어 (ㄹ) 관련 형사소송법의 취지에 부합하지 않는다.

대법원은 C의 사안에 대해 다음과 같이 판단하였다.

대법원은 C의 감정증인 여부에 대해 다음과 같이 판단하였다.

(가) (사실관계 분석; 생략함.) (나) C는 공소사실에 관하여 목격자의 지위에 있는 등 직접·간접적으로 연관되어 있지 않다. (다) C는 피해자 A의 진단이나 부검에 참여한 사실도 없다. (라) C는 수사기관으로부터 감정의 위촉과 함께 의료기록 등 A에 관한 자료를 전달 받아 법의학 지식과 경험에 바탕을 둔 판단을 기재한 ©감정서를 수사기관에 제출하였을 뿐이다.

(마) C가 A의 의료기록, 사진 등을 법의학적 지식을 통해 분석하여 A의 사망 경과 등을 추단한 것은 수사기관의 위촉에 응하여 자신의 법의학적 의견 또는 판단을 진술한 것임이 명백해 보인다. (바) 그러므로 C가 그가 경험한 과거의 사실을 진술하여야 할 지위에 있다고 보기 어렵다.

(사) C가 수사기관으로부터 받은 의료기록이나 사진을 열람하여 알게 된 과거의 사실에 관하여 진술할 여지는 있다. (아) 그러나 이는 감정에 필연적으로 수반되는 경험에 불과하고 다른 법의학자들을 통해서도 반복적으로 이루어질 수 있는 것이다. (자) 그러므로 그와 같은 사정만으로는 C가 감정증인의 지위에 있다고 보기 어렵다.

대법원은 C에 대한 신문절차에 대해 다음과 같이 판단하였다.

(가) C는 형사소송법 제221조 제2항에 근거한 사법경찰관의 위촉에 응하여 감정을 수행한 것으로 보인다. (나) 그러므로 제1심법원으로서는 (ㄱ) 검사가 C를 증인으로 신청하여 법정에서 들으려는 진술의 내용과 취지가 무엇인지를 석명을 통해 분명히 한 다음, (ㄴ) 그것이 C가 작성한 감정서에 기재된 C의 법의학적 의견 또는 판단에 관한 것이라면 (ㄷ) 원칙적으로 C를 감정인으로 채택·소환하여 선서 등 관련 절차를 거친 후 (ㄹ) 감정인신문으로 감정결과를 설명하게 하는 등의 조치를 취했어야 한다(형사소송법 제169조, 제171조 제4항, 제177조).

(다) C가 작성한 ⓛ감정서가 법원에 증거로 제출되지 않아 법원이 그 내용을 확인하기 어려운 사정이 있었다고 하자. (라) 그렇다고 하더라도, 제1심법원으로서는 소송지휘권을 적절히 행사함으로써 검사가 신문하고자 하는 내용을 확인하였어야 한다. (마) 제1심법원은 확인 결과 (ㄱ) C가 경험한 사실을 진술하여야 하는 지위에 있지 않다면 (ㄴ) 증거신청을 변경하도록 하는 등의 조치를 취하였어야 한다.

대법원은 감정증인과 감정인의 구별이 곤란한 경우에 대해 다음과 같이 설시하였다.

(가) 공판절차에서 진술을 하여야 하는 사람이 증인 또는 감정인 중 어느 지위에서 진술하는지 여부가 명백하지 않을 수 있다. (나) 법원이 형사소송법 제146조에 따라 그러한 사람을 증인으로 채택하여 신문하는 것이 허용된다 하자. (다) 그렇다고 하더라도 (ㄱ) C에 대하여 형사소송법에서 정한 의무 위반에 대한 제재로서 과태료를 부과하거나 (ㄴ) 그 부과에 대한 불복절차에서 과태료 부과처분이 적법한지 여부를 판단하는 경우에는 C의 형사소송법상의 지위에 관하여 보다 면밀하게 심리할 필요가 있다.

(라) 특히 이 사건 과태료 결정에 대하여 C가 제출한 이의신청서와 즉시항고장에는 'C는 공소사실을 목격하거나 직접 또는 간접적으로 관여되어 있지 않고, 전문가로서 소견만을 밝혔을 뿐이므로, 증인이나 감정증인에 해당하지 않는다.'는 취지가 명확히 기재되어 있다. (마) 검사가 제출한 증거목록에도 C가 작성한 감정서의 증명취지가 "사망경위"로 기재되어 있다는 점에서도 그러하다.

대법원은 결론적으로 원심결정의 타당성 여부에 대해 다음과 같이 판단하였다.

(가) 원심은 C에게 과태료를 부과한 제1심결정이 정당하다고 판단하였다. (나) 원심의 이러한 판단에는 (ㄱ) 감정증인신문과 감정인신문 대상자의 형사소송법상 지위에 관한 구분 및 (ㄴ) 형사소송법 제151조 제1항[불출석 증인에 대한 과태료]에 관한 법리를 오해하여 C에 대하여 과태료를 부과함에 있어서 그 형사소송법상의 지위를 면밀하게 심리하지 않은 잘못이 있다.

2024모2020
일반영장 금지와 휴대전화 압수수색
2024. 9. 25. 2024모2020, 공 2024하, 1719 = 『휴대전화 압수 준항고 사건』

A는 M경찰서 소속 사법경찰관이다. A는 갑에 대하여 「기부금품의 모집 및 사용에 관한 법률」 위반 혐의로 수사를 하고 있었다(㉮사건). 2024. 5. 22. A는 춘천지방법원 판사로부터 압수수색영장을 발부받았다(㉠영장). ㉠영장의 '압수할 물건' 항목은 다음과 같이 기재되어 있었다. "정보처리장치(컴퓨터, 노트북, 태블릿 등) 및 정보저장매체(USB, 외장하드 등)에 저장되어 있는 ㉮범죄사실에 해당하는 회계, 회의 관련 전자정보." 2024. 5. 23. A는 ㉠압수수색영장에 의하여 갑의 소유인 ⓛ휴대전화를 압수하였다.

B는 갑의 변호인이다. 2024. 5. 23. B는 ⓛ휴대전화 압수의 취소를 구하는 준항고를 춘천지방법원에 제기하였다(㉯준항고). 2024. 5. 28. 춘천지방법원은 다음의 이유를 들어서 ㉯준항고를 기각하였다(㉰준항고기각결정). "ⓛ휴대전화는 ㉠압수수색영장의 '압수할 물건'에 기재된 정보처리장치 또는 정보저장매체에 해당한다." 갑은 ㉰준항고기각결정에 불복하여 대법원에 재항고하였다.

2024. 9. 25. 대법원은 다음의 이유를 제시하여 ㉰준항고기각결정을 파기환송하였다.

대법원은 휴대전화 압수와 일반영장 금지 원칙의 관계에 대해 다음과 같이 설시하였다.

(가) 헌법과 형사소송법이 구현하고자 하는 적법절차와 영장주의의 정신에 비추어 볼 때, (ㄱ) 법관이 압수·수색영장을 발부하면서 '압수할 물건'을 특정하기 위하여 기재한 문언은 엄격하게 해석해야 하고, (ㄴ) 함부로 피압수자 등에게 불리한 내용으로 확장해석 또는 유추해석을 하는 것은 허용될 수 없다.

(나) 휴대전화는 정보처리장치나 정보저장매체의 특성을 가지고 있기는 하다. (다) 그러나 휴대전화는 기

본적으로 통신매체의 특성을 가지고 있다. (라) 휴대전화는 컴퓨터, 노트북 등 정보처리장치나 USB, 외장하드 등 정보저장매체와는 명확히 구별되는 특성을 가지고 있다. (마) 휴대전화, 특히 스마트폰에는 (ㄱ) 전화·문자메시지·SNS 등 통신, (ㄴ) 개인 일정, 인터넷 검색기록, 전화번호, 위치정보 등 통신의 비밀이나 사생활에 관한 방대하고 광범위한 정보가 집적되어 있다. (바) 이와 같이 휴대전화에 저장된 전자정보는 컴퓨터나 USB 등에 저장된 전자정보와는 그 분량이나 내용, 성격 면에서 현저한 차이가 있다. (사) 그러므로 휴대전화에 대한 압수·수색으로 얻을 수 있는 전자정보의 범위와 그로 인한 기본권 침해의 정도도 크게 다르다.

(아) 따라서 압수·수색영장에 기재된 '압수할 물건'에 휴대전화에 저장된 전자정보가 포함되어 있지 않다면, 특별한 사정이 없는 한 그 영장으로 휴대전화에 저장된 전자정보를 압수할 수는 없다고 보아야 한다.

대법원은 ⓒ휴대전화의 압수·수색과 일반영장 금지 원칙의 관계에 대해 다음과 같이 분석하였다.

(가) ㉠압수수색영장의 '압수할 물건'에는 (ㄱ) '정보처리장치(컴퓨터, 노트북, 태블릿 등) 및 (ㄴ) 정보저장매체(USB, 외장하드 등)에 저장되어 있는 전자정보'가 기재되어 있을 뿐이다. (나) ㉠압수수색영장의 '압수할 물건'에 '휴대전화에 저장된 전자정보'는 기재되어 있지 않다. (다) 영장주의의 원칙상 압수·수색의 대상을 특정하지 아니하고 포괄적 강제처분을 허용하는 일반영장은 금지된다. (라) 이러한 취지에서 형사소송법 제114조, 제219조는 압수·수색영장에 (ㄱ) 압수할 물건, (ㄴ) 수색할 장소·신체·물건을 기재하도록 하고 있다. (마) 수사기관이 휴대전화에 저장된 전자정보를 압수·수색하기 위해서는 '압수할 물건'에 휴대전화에 저장된 전자정보가 포함되어 있어야 함이 원칙이다.

(바) ㉠압수수색영장의 '압수할 물건'에는 (ㄱ) 정보처리장치로 컴퓨터, 노트북, 태블릿 등이, (ㄴ) 정보저장매체로 USB, 외장하드 등이 열거되어 있다. (사) 여기에 휴대전화가 포함된다고 해석하는 것은 수사기관의 자의적인 해석에 따라 압수·수색의 범위가 지나치게 확대될 수 있으므로 일반영장금지 원칙에 위배될 여지가 있다. (아) 아울러 ㉠압수수색영장 청구서에 '압수할 물건'으로 휴대전화를 기재하지 못할 불가피한 사정이 있었던 것으로 보이지도 않는다.

대법원은 휴대전화 압수와 관련성 요건의 관계에 대해 다음과 같이 설시하였다.

(가) 형사소송법 제215조 제2항은 "사법경찰관이 범죄수사에 필요한 때에는 (ㄱ) 피의자가 죄를 범하였다고 의심할 만한 정황이 있고 (ㄴ) 해당 사건과 관계가 있다고 인정할 수 있는 것에 한정하여 (ㄷ) 검사에게 신청하여 검사의 청구로 지방법원판사가 발부한 영장에 의하여 압수, 수색 또는 검증을 할 수 있다."라고 정하고 있다.

(나) 압수할 물건과 해당 사건과의 관련성은 압수·수색영장의 집행 단계에서는 선별압수원칙으로 발현된다(형사소송법 제106조 제3항, 제219조). (다) 압수할 물건과 해당 사건과의 관련성은 압수·수색영장의 발부 단계에서는 압수·수색영장의 발부 요건으로 기능한다(형사소송법 제215조). (라) 이러한 점에서 형사소송법 제114조 제1항과 형사소송규칙 제58조는 압수·수색영장에는 압수수색의 사유를 기재하도록 규정하고 있다.

(마) 수사기관은 압수·수색영장 청구서에 압수·수색·검증이 필요한 이유로 해당 사건과의 관련성, 압수·수색의 필요성 등을 기재하고 있다. (바) 그런데 ㉠압수·수색영장 청구서에는 ⓒ휴대전화와 해당 사건과의 관련성에 대한 기재가 없다. (사) ㉠압수·수색영장 청구서에는 갑이 범행에 ⓒ휴대전화를 이용하였다는 등 해당 사건과의 관련성을 인정할 만한 자료도 없다. (아) 따라서 영장담당판사가 ⓒ휴대전화와 해당 사건과의 관련성을 심사하여 ㉠압수·수색영장을 발부하였다고 볼 수 없고, '압수할 물건'에 ⓒ휴대전화가 포함된다고 해석하기 어렵다.

대법원은 결론적으로 원심결정에 대해 다음과 같이 판단하였다.

(가) 원심은 ⓒ휴대전화가 ㉠압수수색영장의 '압수할 물건'에 기재된 정보처리장치 또는 정보저장매체에 해당한다는 이유로 ㉮준항고를 기각하였다. (나) 이러한 원심결정에는 (ㄱ) 영장주의 및 적법절차의 원칙, (ㄴ) 압수·수색영장에서의 압수할 물건의 특정에 관한 법리를 오해하여 재판에 영향을 미친 잘못이 있다.

판례번호 색인

선고일자 색인

사항색인

〔저자약력〕
서울대학교 법과대학 법학과 졸업, 동 대학원 졸업(법학석사), 독일 Max-Plank 국
제 및 외국형법연구소 객원연구원, 독일 프라이부르크 대학교 법학박사(Dr. jur.),
미국 워싱턴 주립대학교 로스쿨 방문학자, 일본 동경대학 법학부 방문학자, 국가인
권위원회 비상임 인권위원, 사법개혁위원회 위원, 사법제도개혁추진위원회 실무위
원, 법무부 형사법개정특별심의위원회 위원, 국민사법참여위원회 위원장, 경찰수사
제도개선위원회 위원장, 경찰수사정책위원회 위원장, 서울대학교 법과대학·법학전
문대학원 교수, 인하대학교 법학전문대학원 초빙교수, 서울대학교 명예교수, 대한
민국학술원 회원

〔저 서〕
Anklagepflicht und Opportunitätsprinzip im deutschen
    und koreanischen Recht (Dissertation)

형법총론 (제16판)   신판례백선 형법총론 (제2판)   판례분석 형법총론
형법각론 (제3판)   판례분석 형법각론 (증보판)   신형사소송법 (제6판)
판례분석 신형사소송법 Ⅰ, Ⅱ (증보판), Ⅲ (증보판)

〔역 저〕
입문 일본형사수속법 (三井誠·酒卷匡 저)

〔편 저〕
효당 엄상섭 형법논집 (신동운·허일태 공편저)
효당 엄상섭 형사소송법논집 (신동운 편저)
권력과 자유 (엄상섭 저, 허일태·신동운 공편)
재판관의 고민 (유병진 저, 신동운 편저)

간추린 신형사소송법 〔제17판〕

2007년 8월 30일 초 판 발행	2008년 1월 30일 제 2 판 발행
2011년 9월 1일 제 3 판 발행	2012년 3월 1일 제 4 판 발행
2013년 3월 1일 제 5 판 발행	2014년 2월 10일 제 6 판 발행
2015년 2월 10일 제 7 판 발행	2016년 2월 29일 제 8 판 발행
2017년 2월 25일 제 9 판 발행	2018년 2월 25일 제10판 발행
2019년 2월 28일 제11판 발행	2020년 3월 5일 제12판 발행
2021년 3월 5일 제13판 발행	2022년 3월 5일 제14판 발행
2023년 3월 5일 제15판 발행	2024년 3월 20일 제16판 발행
2025년 2월 28일 제17판 발행	

저 자 신 동 운
발행인 배 효 선

발행처 도서출판 法 文 社

주 소 경기도 파주시 회동길 37-29 ☎ 10881
등 록 1957년 12월 12일 제 2-76 호(윤)
TEL (031) 955-6500~6, FAX (031) 955~6525
e-mail(영업) : bms@bobmunsa.co.kr
    (편집) : edit66@bobmunsa.co.kr
홈페이지 http://www.bobmunsa.co.kr

조판 동 국 문 화

정가 39,000원   ISBN 978-89-18-91586-9